गोपाल राय

गोपाल राय का जन्म 13 जुलाई, 1932 को बिहार के बक्सर जिले के गाँव चुन्नी में हुआ था। उनकी आरम्भिक शिक्षा गाँव और निकटस्थ कस्बे के स्कूल में हुई। उन्होंने हिन्दी विभाग, पटना विश्वविद्यालय से स्नातकोत्तर किया। पटना विश्वविद्यालय से ही 1964 में 'हिन्दी कथा साहित्य और उसके विकास पर पाठकों की रुचि का प्रभाव' विषय पर डी.लिट. की उपाधि प्राप्त की। 21 फरवरी, 1957 को पटना विश्वविद्यालय, पटना में हिन्दी प्राध्यापक के रूप में उनकी नियुक्ति हुई जहाँ से 4 दिसम्बर, 1992 को प्रोफेसर और विभागाध्यक्ष के रूप में सेवानिवृत्त हुए।

उनकी प्रमुख पुस्तकें हैं–'हिन्दी कथा साहित्य और उसके विकास पर पाठकों की रुचि का प्रभाव', 'हिन्दी उपन्यास कोश' (दो खंडों में), 'उपन्यास का शिल्प', 'अज्ञेय और उनके उपन्यास', 'हिन्दी भाषा का विकास'। 'हिन्दी कहानी का इतिहास' (तीन खंडों में), 'उपन्यास की पहचान' शृंखला के अन्तर्गत–'शेखर : एक जीवनी', 'गोदान : नया परिप्रेक्ष्य', 'रंगभूमि : पुनर्मूल्यांकन', 'मैला आँचल', 'दिव्या', 'महाभोज', 'हिन्दी उपन्यास का इतिहास', 'उपन्यास की संरचना', 'अज्ञेय और उनका कथा-साहित्य'। उन्होंने पं. गौरीदत्त कृत 'देवरानी-जेठानी की कहानी', 'राष्ट्रकवि दिनकर' का सम्पादन किया। जुलाई, 1967 से कई वर्षों तक 'समीक्षा' पत्रिका का सम्पादन-प्रकाशन भी किया।

निधन : 25 सितम्बर, 2015

हिन्दी उपन्यास का इतिहास

प्रो. गोपाल राय

राजकमल पेपरबैक्स

पहला पुस्तकालय संस्करण
राजकमल प्रकाशन प्राइवेट लिमिटेड द्वारा
2002 में प्रकाशित

पहला पाठ्य पुस्तक संस्करण : 2005
आठवाँ संस्करण : 2022
पहला पेपरबैक संस्करण : 2023
दूसरा पेपरबैक संस्करण : 2025

राजकमल पेपरबैक्स : उत्कृष्ट साहित्य के जनसुलभ संस्करण

राजकमल प्रकाशन प्रा.लि.
1-बी, नेताजी सुभाष मार्ग, दरियागंज
नई दिल्ली-110 002
द्वारा प्रकाशित

शाखाएँ : अशोक राजपथ, साइंस कॉलेज के सामने, पटना-800 006
पहली मंजिल, दरबारी बिल्डिंग, महात्मा गांधी मार्ग, प्रयागराज-211 001
1, अनमोल सोराबजी सन्तुक लेन, धोबी तलाव, मरीन लाइंस, मुम्बई-400 002

वेबसाइट : www.rajkamalprakashan.com
ई-मेल : info@rajkamalprakashan.com

बी.के. ऑफसेट
नवीन शाहदरा, दिल्ली-110 032
द्वारा मुद्रित

मूल्य : ₹499

HINDI UPANYAS KA ITIHAS
by Gopal Rai

ISBN : 978-81-966726-2-1

परम आस्था, चरित्र और विद्या के धनी

प्रो. विष्णुकान्त शास्त्री

को

क्रम

प्रस्तुति

बीसवीं शताब्दी के अन्त के साथ हिन्दी उपन्यास की उम्र लगभग 130 वर्ष की हो चुकी है। बड़े ही बेमालूम ढंग से 1870 ई. में पं. गौरीदत्त की *देवरानी जेठानी की कहानी* के रूप में इसका जन्म हुआ, जिसकी तरफ लगभग सौ वर्षों तक किसी का ध्यान भी नहीं गया। इस दृष्टि से सौभाग्यशाली लाला श्रीनिवास दास का *परीक्षागुरु* (1882) रहा जिसे हिन्दी का **प्रथम उपन्यास** होने का गौरव प्राप्त हो गया और आज भी इस लकीर को पीटने वालों की कोई कमी नहीं है। प्रस्तुत पंक्तियों के लेखक ने पुष्ट तर्कों के आधार पर *देवरानी जेठानी की कहानी* को हिन्दी के प्रथम उपन्यास के रूप में स्वीकार किया है और 1870 ई. से 2000 ई. तक की अवधि में हिन्दी उपन्यास के ऐतिहासिक विकास को समझने का प्रयास किया है।

इतिहास में घटनाओं और तिथियों का महत्त्व निर्विवाद है। साहित्य के इतिहास की घटनाएँ पुस्तकें होती हैं जिनकी रचना और प्रकाशन की तिथियाँ उसके विकास को समझने की कुंजी होती हैं। हिन्दी में प्रकाशित पुस्तकों के प्रामाणिक अभिलेख सुरक्षित रखने की विश्वसनीय परम्परा प्रायः नहीं है। इस कारण हिन्दी साहित्य के इतिहास-लेखन में अनेक प्रकार की मुश्किलें आती हैं। सन्तोष की बात है कि प्रस्तुत पंक्तियों के लेखक द्वारा प्रस्तुत *हिन्दी उपन्यास कोश,* डॉ. सकलदेव शर्मा के अप्रकाशित शोधप्रबन्ध *हिन्दी उपन्यास (1918-36)* और डा. रामशोभित प्रसाद सिंह के प्रकाशित शोधप्रबन्ध *हिन्दी उपन्यास : 1937-1947* के रूप में सन् 1803-1947 अवधि में प्रकाशित उपन्यासों की प्रामाणिक प्रकाशन-तिथियाँ उपलब्ध हैं। *हिन्दी साहित्याब्दकोश (1967-1980)* तथा डा. सत्यकेतु सांकृत के **भाषा** में प्रकाशित निबन्ध 'नवें दशक का हिन्दी उपन्यास' में 1967-1990 अवधि में प्रकाशित अधिकांश उपन्यासों की प्रामाणिक प्रकाशन-तिथियाँ भी उपलब्ध हैं। इन तिथियों का उपयोग मैंने इस पुस्तक में किया है, इसलिए मैं डॉ. शर्मा, डा. सिंह और डा. सांकृत तीनों का आभारी हूँ। 1947-1966 अवधि में प्रकाशित उपन्यासों के विवरण का कोई प्रामाणिक स्रोत उपलब्ध न होने के कारण उनकी प्रकाशन-तिथियों की जानकारी के लिए मुझे अनेक पुस्तकालयों की धूल फाँकनी पड़ी है। मधुरेश और उनकी किताब *हिन्दी उपन्यास का विकास* से भी मुझे कुछ प्रत्यक्ष-अप्रत्यक्ष सहायता प्राप्त हुई है। सदी के अन्तिम दशक में प्रकाशित उपन्यास मुझे सहज ही उपलब्ध हो गये हैं और इस दशक में प्रकाशित कतिपय उपन्यासों की प्रकाशन-तिथियाँ और अन्य सूचनाएँ मुझे उपन्यास के जबरदस्त पाठक प्रकाश मनु से प्राप्त हुई हैं। मैं मधुरेश और प्रकाश मनु, दोनों का आभारी हूँ। इस प्रकार इस किताब में मैं लगभग 425 उपन्यासकारों और 1375 उपन्यासों का यत्किंचित् विस्तृत विवेचन या उल्लेख करने में समर्थ हो सका हूँ। मैं यह दावा तो नहीं कर सकता कि इस किताब में कोई महत्त्वपूर्ण उपन्यासकार या उपन्यास

छूट नहीं गया है, पर इस बात की कोशिश मैंने जरूर की है। साहित्य के इतिहास में सभी लिखित-प्रकाशित रचनाओं का उल्लेख न सम्भव है न आवश्यक, इसलिए सचेत रूप में भी अनेक उपन्यासों का जिक्र इस पुस्तक में नहीं किया गया है। पर यदि प्रमादवश कोई महत्त्वपूर्ण उपन्यास उल्लेखित होने से रह गया है, तो मैं अत्यन्त विनयपूर्वक उसके रचयिता से क्षमा चाहता हूँ और प्रयास करूँगा कि भविष्य में इसका मार्जन हो जाए। इसी प्रकार यद्यपि मेरा विश्वास है कि इस किताब में दी गई तिथियाँ प्रामाणिक हैं, पर अन्यथा सिद्ध होने पर उनका सुधार भी दूसरे संस्करण में कर दिया जाएगा।

साहित्य के इतिहास में पुस्तकों की प्रकाशन-तिथियों की प्रामाणिकता के साथ-साथ यह भी जरूरी होता है कि सम्बद्ध विधा के विकास की धाराओं की सही पहचान की जाए। सारे संसार में **उपन्यास** का उदय यथार्थवादी चेतना की अभिव्यक्ति से जुड़ा हुआ है और हिन्दी उपन्यास भी इसका अपवाद नहीं है। **कथा** का **उपन्यास** में रूपान्तरण इसी यथार्थवादी चेतना का अनिवार्य परिणाम है। पर 'यथार्थ' कोई बहुत ही सपाट अवधारणा नहीं है; उसके भी अनेक आयाम हैं, जिसके फलस्वरूप उससे जुड़े उपन्यास के आयाम भी अनेक हो जाते हैं। एक विशेष बात यह है कि विधा के रूप में हिन्दी उपन्यास का विकास अभी जारी है। कुल मिलाकर यह तय किया गया है कि यह पुस्तक हिन्दी उपन्यास का मात्र 'इतिहास' न बनकर 'विकासात्मक इतिहास' बने और इस विकास का अन्तिम बिन्दु विगत शताब्दी का अन्तिम बिन्दु हो, जो हमें संयोगवश प्राप्त भी हो गया है।

इतिहास की किताब में सबसे मुश्किल काम उसे कालखंडों में बाँटना और उनका नामकरण करना होता है। तेरह दशकों की अवधि इतनी लम्बी भी नहीं होती कि उसे प्रवृत्तियों के अनुसार कालखंडों में विश्वसनीयता के साथ विभाजित किया जा सके। पर इतिहास-लेखन इसके बिना सम्भव भी नहीं है। इसके पूर्व प्रेमचन्द को केन्द्र में रखकर हिन्दी उपन्यास को 'प्रेमचन्द-पूर्व युग', 'प्रेमचन्द युग' और 'प्रेमचन्दोत्तर युग' में विभाजित किया जाता रहा है। कभी-कभार स्वतन्त्रता-प्राप्ति की तिथि को विभाजक-रेखा मानकर 'स्वातन्त्र्योत्तर हिन्दी उपन्यास' जैसे पद का भी प्रयोग किया जाता है। मेरे सामने कई विकल्प थे। एक विकल्प यह था कि उपन्यास के विकास को जैविक विकास की तरह स्वीकार कर उसे 'गर्भावस्था' (1801-1869), 'शैशवास्था' (1870-1890), 'किशोरावस्था' (1891-1917), 'युवावस्था' (1918-1936) और 'प्रौढ़ावस्था' (1937-2000) में विभाजित किया जाए। पर इसका एक खतरा यह था कि अगले विकास-चरण को 'वृद्धावस्था' और फिर 'अवसान' कहना पड़ता। यदि हम उपन्यास को एक वृक्ष के रूप में देखते हैं तो प्रथम काल को 'क्षेत्र-निर्माण काल', द्वितीय को 'पादप काल', तृतीय को 'पल्लवन काल', चतुर्थ को 'प्रौढ़त्व काल' और पंचम को 'विस्तार काल' कहा जा सकता है। इस किताब में काल-विभाजन तो हमने बहुत कुछ इसी पद्धति पर किया है, पर उसके नामकरण में कुछ नयापन लाने की कोशिश की है। हिन्दी उपन्यास के इतिहास में ई. सन् 1803, 1870, 1891, 1918, 1937 और 1947 ऐसे वर्ष हैं जो काल-विभाजन की दृष्टि से नये प्रस्थान-बिन्दु के रूप में स्वीकार किये जा सकते हैं। हमने 1801-1869 के काल को उपन्यास की दृष्टि से 'दरवाजे पर दस्तक', 1870-1890 को 'नवजागरण और हिन्दी उपन्यास', 1891-1917 को 'रोमांस, पाठक और उपन्यास', 1918-1947 को 'यथार्थ के नये स्वर' ('केन्द्र में किसान : 1918-36'; 'नयी दिशाओं की तलाश : 1937-47'), 1948-1980 को 'विमर्श के

नये क्षितिज' और 1981-2000 को 'समकालीन परिदृश्य' की संज्ञा दी है। ऐसा नहीं कि इस नामकरण से मैं पूर्ण सन्तुष्ट हूँ। वस्तुतः नामकरण की कला में मैं माहिर हूँ भी नहीं। अतः विकल्प खुले हुए हैं और हिन्दी के छात्र और विद्वान अपनी सुविधा और तर्क के अनुसार कोई भी नया नामकरण कर सकते हैं। सम्भव है, हम भी उन्हें स्वीकार कर लें।

इस इतिहास में हमने प्रत्येक दशक में उपन्यास-लेखन का आरम्भ करने वाले रचनाकारों को उनके कालक्रम में रखकर प्रत्येक उपन्यासकार की समस्त रचनाओं का विवेचन उनके कालक्रम से किया है। उदाहरण के लिए 1947 में अमृतलाल नागर का पहला उपन्यास *महाकाल* और 1990 में उनका अन्तिम उपन्यास *पीढ़ियाँ* प्रकाशित हुआ। अतः उनके समस्त उपन्यास-साहित्य का विवेचन 1947 से आरम्भ करके किया गया है। प्रवृत्तियों के स्पष्टीकरण के लिए प्रत्येक अध्याय के अन्त में 'सिंहावलोकन' और 'और अन्त में' का विधान किया गया है।

यह किताब तीन वर्षों के दौरान दिल्ली, कलकत्ता और कटनी में लिखी गयी है। मेरी तीनों बहुएँ (सीमा, रागिनी और सुस्मिता), पुत्र (सत्यकाम, सत्यकेतु और सत्यजित), पोतियाँ (शान्तला और ऋषिता), और पोते (ऋत्विक और शाद्वल) इसलिए प्रथम धन्यवाद के पात्र हैं कि उन्होंने मुझे जीवन की सारी चिन्ताओं से मुक्त कर लिखने के लिए समय और ऊर्जा प्रदान किया। और, मेरा 'उगना' रंजीत। यदि वह न होता तो न मैं दिल्ली के विभिन्न पुस्तकालयों का उपयोग कर पाता न ही कलकत्ता और कटनी की यात्रा कर पाता। उसे धन्यवाद क्या दूँ, आशीष ही देता हूँ। आर्यभाषा पुस्तकालय (नागरी प्रचारिणी सभा), वाराणसी; चैतन्य पुस्तकालय, पटना; सिन्हा लाइब्रेरी, पटना; राष्ट्रीय पुस्तकालय, कलकत्ता; साहित्य अकादमी पुस्तकालय, नयी दिल्ली और दिल्ली पब्लिक लाइब्रेरी, सरोजिनी नगर, नयी दिल्ली से यदि पुरानी पुस्तकें उपलब्ध न हुई होतीं तो इस किताब का लिखा जाना कतई सम्भव न होता। अतः इनके प्रति मैं अपना आभार व्यक्त करता हूँ। डा. हरदयाल और डा. सत्यकाम ने इस किताब को निर्दोष बनाने में उल्लेखनीय योगदान किया है, पर उन्हें धन्यवाद देकर उनकी नाराजगी मोल लेना नहीं चाहता। साथ ही मैं उन सभी विद्वानों का आभारी हूँ जिनसे मुझे इस पुस्तक के लेखन में प्रत्यक्ष-अप्रत्यक्ष सहायता मिली है।

इस किताब के लेखन में राजकमल प्रकाशन प्रा.लि. के प्रबन्ध निदेशक श्री अशोक माहेश्वरी की भूमिका भी कम महत्त्वपूर्ण नहीं है, जिनकी प्रेरणा से ही यह पुस्तक इस रूप में लिखी गयी है। मुझे विश्वास है कि इसका मुद्रण और समग्र प्रस्तुति भी सुरुचिपूर्ण होगी। इसके लिए अशोक जी को बहुशः धन्यवाद।

सम्प्रति हिन्दी में हिन्दी उपन्यास के इतिहास पर कतिपय पुस्तकें हैं तो, पर वे इस विषय की व्यापकता को देखते हुए पर्याप्त नहीं मानी जा सकती। इस पुस्तक के लेखन का उद्देश्य इस अभाव की पूर्ति है। यदि इसमें मुझे थोड़ी भी सफलता मिली है तो वह मेरे सन्तोष के लिए पर्याप्त होगी।

गोपाल राय

नयी दिल्ली
भाद्र पूर्णिमा, वि.सं. 2058
2 सितम्बर, 2001

दरवाजे पर दस्तक

[1801-1869]

उपन्यास साहित्य की प्रमुख विधाओं में सबसे आधुनिक है। ई. सन् की पहली सहस्राब्दी में दुनिया की किसी भी भाषा में उपन्यास नहीं मिलता। सम्भवतः उपन्यास के उदय और विकास के लिए जो परिस्थितियाँ अपेक्षित थीं वे प्रथम सहस्राब्दी तक अस्तित्व में नहीं आयी थीं। पाठक उपन्यास की बुनियादी जरूरत है। उपन्यास कभी भी श्रव्य नहीं रहा, न आज है। उपन्यास की पहचान उसका पाठ्य होना ही है। एक भिन्न परिस्थिति में चार्ल्स डिकेंस अमेरिका में श्रोताओं के समक्ष अपने उपन्यासों का वाचन करने गये थे और इसमें उन्हें सफलता भी मिली थी। पर यह अपवाद है और इसका एक कारण डिकेंस का उपन्यासकार के रूप में बहुत प्रसिद्ध होना भी था। उपन्यास के जन्म के पूर्व 'कथा' श्रव्य ही होती थी। 'कथा' और 'उपन्यास' का एक अन्तर प्रथम का श्रव्य और दूसरे का पाठ्य होना भी है। अतः उपन्यास के अंकुरण और पल्लवन के लिए जरूरी बुनियादी संरचना के रूप में गद्य का विकास और मुद्रण यन्त्र का आविष्कार आवश्यक था। यूरोप में तेरहवीं शताब्दी में मुद्रण यन्त्र का आविष्कार हुआ, जिससे गद्य के विकास में अभूतपूर्व तेजी आयी। सामन्तवाद के स्थान पर पूँजीवाद के उदय का भी समय लगभग यही है। पूँजीवाद के साथ मध्यवर्ग का भी विकास हुआ, जिसने अपनी विशालता और बौद्धिक जागरूकता के कारण विशाल पाठक वर्ग का भी रूप ले लिया। चौदहवीं-पन्द्रहवीं शताब्दी में यूरोप में मध्यवर्गीय पाठकवर्ग पैदा हो गया था, जिसने वहाँ उपन्यास के उदय के लिए बुनियादी संरचना के निर्माण में योग दिया। फलस्वरूप सत्रहवीं शताब्दी के पूर्व ही यूरोप में 'उपन्यास' अस्तित्व में आ गया।

हिन्दुस्तान में इस प्रकार की परिस्थितियाँ औपनिवेशिक शासन के बाद निर्मित हुईं। उन्नीसवीं शताब्दी के आरम्भ से लेकर लगभग आगामी सात दशकों तक हिन्दी पाठकवर्ग के निर्माण की प्रक्रिया बहुत धीमी रही और उपन्यास एक विधा के रूप में लगातार दस्तक देता रहा। आलंकारिक भाषा में यह भी कहा जा सकता है कि वह लगभग सत्तर वर्ष तक परिस्थितियों के गर्भ में कुलबुलाता रहा और 1870 ई. में *देवरानी जेठानी की कहानी* के रूप में प्रकट हुआ। इसके लगभग पन्द्रह वर्ष पूर्व बँगला और मराठी में उपन्यास का जन्म हो चुका था। बँगला और हिन्दी में उसे 'उपन्यास', उर्दू में 'नाविल', मराठी में 'कादम्बरी' तथा गुजराती में 'नवल कथा' की संज्ञा प्राप्त हुई।

कथा के उपन्यास में रूपान्तरण की कतिपय अनिवार्य शर्तों में इसका **लिखित गद्यकथा** होना जरूरी था। हिन्दी क्षेत्र में 'मौखिक गद्यकथा' का अस्तित्व तो सदियों से था, पर

'लिखित' रूप में उसका प्रचलन बहुत कम था। ब्रजभाषा, हिन्दी (हिन्दवी) और राजस्थानी में लिखित गद्यकथाओं की एक क्षीण सी परम्परा अवश्य विद्यमान थी पर उसका सम्बन्ध भी पाठक से उतना नहीं था जितना 'श्रोता' से। जैसा पहले कहा जा चुका है, श्रोता के पाठक बनने की प्रमुख शर्तें व्यक्ति का पठन-योग्यता से सम्पन्न होना और लिखित पुस्तकें प्राप्त करने में सक्षम होना है। मुद्रित पुस्तकों की उपलब्धता भी पाठक समूह के निर्माण से अनिवार्यतः जुड़ी हुई है। ये सारी परिस्थितियाँ अठारहवीं शताब्दी के पूर्वार्ध तक भारत में, विशेषतः हिन्दी क्षेत्र में, नहीं थीं। यद्यपि अँगरेजों के शासन के पूर्व हिन्दी क्षेत्र में शिक्षा का अभाव न था पर इस शिक्षा में माध्यम या विषय के रूप में 'हिन्दी' का स्थान नगण्य था। सरकारी कामकाज की भाषा फारसी थी, अतः जीविका के लिए लोग फारसी भाषा और लिपि की शिक्षा को ही महत्त्व देते थे। धर्म भावना और उसकी जरूरतों के कारण देवनागरी जीवित तो थी, पर व्यावहारिक जीवन में उसका कोई महत्त्व न था। कथाएँ मनोरंजन या शिक्षा के लिए सुनी-सुनायी जाती थीं। सामान्य आदमी इतना सक्षम नहीं था कि हस्तलिखित कथापुस्तकें उसे सुलभ होतीं। *बैताल पचीसी, सिंहासन बत्तीसी, सबरस* आदि सत्रहवीं शताब्दी में लिखी जा चुकी थीं पर उन तक बहुत कम लोगों की पहुँच थी। वे राजाओं, नवाबों या बहुत से बहुत, बड़े जमींदारों की हवेलियों तक ही पहुँच पाती थीं। सामान्य आदमी तो उन्हें 'सुनता' ही था; भले ही सामूहिक रूप से कोई कथावाचक उन पोथियों को पढ़ कर सुनाता हो।

हिन्दी क्षेत्र में श्रोतावर्ग के पाठकवर्ग में परिणत होने की प्रक्रिया उन्नीसवीं सदी में आरम्भ हुई। प्रशासनिक और धार्मिक कारणों से हिन्दी क्षेत्र में मुद्रण का आरम्भ उन्नीसवीं सदी में हुआ। उपलब्ध सूचनाओं के अनुसार 1667 ई. में रोम से प्रकाशित अथानासी किर्चेरी कृत *चाइना... इलस्ट्रेटा* नामक लैटिन किताब में सर्वप्रथम देवनागरी लिपि मुद्रित हुई थी। 1745-58 के बीच शूल्त्स का *बाइबिल* का हिन्दी अनुवाद हाल (Halle) में छपा।[1] 1800 ई. में पादरी विलियम कैरे ने श्रीरामपुर में प्रेस की स्थापना की और हिन्दी सहित अन्य भारतीय भाषाओं में *बाइबिल* के अनुवाद प्रकाशित किए।[2] 1802 ई. में हरकारू प्रेस से *बैताल पचीसी* छपी थी। 1803 ई. में या उससे कुछ पूर्व गिलक्राइस्ट का हिन्दुस्तानी प्रेस भी स्थापित हो चुका था। इसी प्रेस से 1803 ई. में लल्लू जी लाल कृत *प्रेमसागर* (अधूरा) छपा था। यहीं से 1805 ई. में *माधोनल* और *सिंहासन बत्तीसी* तथा 1809 ई. में *राजनीति* का मुद्रण हुआ था।

1810 ई. में अथवा उसके कुछ पूर्व लल्लू जी लाल ने कलकत्ता में संस्कृत प्रेस की स्थापना की थी, जहाँ से 1810 ई. में *प्रेमसागर,* 1811 ई. में *ब्रजभाषा व्याकरण* और 1817 ई. में *माधव विलास* नामक पुस्तकें छपी थीं। इन पुस्तकों के अतिरिक्त लल्लू जी लाल ने तुलसी दास, बिहारी, नरोत्तम दास, ब्रजवासी दास आदि की पुस्तकें भी पहली बार छापी थीं। 1818 ई. में श्रीरामपुर के मिशनरियों का बैप्टिस्ट मिशन प्रेस कलकत्ता में स्थापित हुआ, जहाँ से स्कूल बुक सोसाइटी के लिए हिन्दी में पचासों पुस्तकें छपीं। 1825 ई. तक कलकत्ता में स्कूल बुक सोसाइटी का अपना प्रेस भी खुल चुका था। 1827 ई. में अथवा उसके कुछ पूर्व कलकत्ता में 'द एजुकेशन प्रेस' की स्थापना हुई थी।

1832 ई. के आसपास, हिन्दी क्षेत्र में, बनारस टकसाल प्रेस और कानपुर लीथो प्रेस से *रामचरित मानस* के प्रकाशित होने का पता चलता है। 1834 ई. से 1856 ई. के बीच

कलकत्ता, लुधियाना, आगरा, मिर्जापुर, सिकन्दरा, बनारस, इलाहाबाद आदि शहरों में दशाधिक प्रेस स्थापित हुए थे। 1858 ई. में नवल किशोर भार्गव ने लखनऊ में नवल किशोर प्रेस की स्थापना की, जहाँ से अनेक धार्मिक तथा अन्य प्रकार की पुस्तकें प्रकाशित हुईं। नवल किशोर प्रेस ने ही उर्दू में हजारों हजार पृष्ठों में दास्तानों का प्रकाशन किया था जिन्होंने समकालीन पाठक वर्ग का निर्माण तो किया ही था उर्दू और हिन्दी उपन्यास के विकास में योग भी दिया था। नवल किशोर प्रेस से ही प्रेरणा प्राप्त कर 1859 ई. से 1870 ई. के बीच बनारस, मथुरा, आगरा, फतेहगढ़ तथा कलकत्ता में दशाधिक हिन्दी मुद्रणालय स्थापित हुए।

उन्नीसवीं शताब्दी के हिन्दी मुद्रणालयों और उनमें प्रकाशित पुस्तकों पर सरसरी नजर डालने से स्पष्ट हो जाता है कि इस काल के मुद्रणालयों की स्थापना सामान्य हिन्दी पाठकों की माँग पर नहीं हुई थी। वस्तुतः इस काल में हिन्दी पाठक वर्ग अस्तित्व में आया ही नहीं था। ये प्रेस मुख्यतः ईसाई मिशनरियों के धर्मप्रचार के निमित्त खुले थे। ईसाई पादरी भारतीयों में अपने धर्मग्रन्थ *बाइबिल* का प्रचार करना चाहते थे, जिसके लिए उन्होंने भारत की प्रायः सभी भाषाओं में टाइप तैयार करने तथा प्रेस खोलने के प्रयत्न किए थे। 1850 ई. के पूर्व के अधिकांश हिन्दी मुद्रणालय ईसाई मिशनरियों द्वारा ही स्थापित किए गये थे।

उन्नीसवीं सदी के पूर्वार्ध में हिन्दी मुद्रणालयों की स्थापना का दूसरा कारण था फोर्ट विलियम कॉलेज, कलकत्ता में अँगरेज पदाधिकारियों को हिन्दुस्तानी और हिन्दी की शिक्षा देने की योजना का आरम्भ तथा बाद में प्राथमिक स्कूलों के पाठ्यक्रम के लिए उपयोगी ज्ञान की पुस्तकें उपलब्ध कराने के लिए स्कूल बुक सोसाइटी की स्थापना। फोर्ट विलियम कॉलेज में यद्यपि 'हिन्दी' की अपेक्षा 'हिन्दुस्तानी' या उर्दू को अधिक वरीयता मिली हुई थी, पर हिन्दुस्तानी की पुस्तकें देवनागरी में भी मुद्रित होती थीं। कॉलेज के पाठ्यक्रम की पुस्तकें मुद्रित करने के लिए गिलक्राइस्ट का हिन्दुस्तानी प्रेस तो था ही अन्य निजी नागरी मुद्रणालयों से भी सहायता ली जाती थी। इस प्रकार फोर्ट विलियम कॉलेज से नागरी मुद्रण को बहुत प्रोत्साहन मिला। स्कूल बुक सोसाइटियों के लिए छपने वाली पुस्तकों के मुद्रण से भी नागरी मुद्रण के प्रसार को बल मिला।

इस काल में प्रेस खोलने वालों का ध्यान सामान्य हिन्दी पाठकों की तरफ बिलकुल ही न गया हो, ऐसी बात नहीं। लल्लू जी लाल ने अपने मुद्रणालय से तुलसी, बिहारी, नरोत्तम दास, ब्रजवासी दास आदि के काव्यग्रन्थ छापे थे तथा 1832 ई. के लगभग बनारस और कानपुर से *रामचरित मानस* का मुद्रण हुआ था। 1846 ई. में कलकत्ता के काश्मीरी यन्त्रालय से *कहानी रानी केतकी की* छपी थी। इससे काफी पहले किसी मुंशी हरीराम पंडित ने *रानी केतकी की कहानी* देवनागरी लिपि में छापी थी। इन प्रकाशनों के फलस्वरूप हिन्दी के श्रोता-समुदाय के पाठक-समुदाय में रूपान्तरण की प्रक्रिया आरम्भ हुई। 1850 ई. के बाद ईसाई धर्म-प्रचारकों की प्रतिक्रिया में हिन्दुओं की तरफ से भी धर्म प्रचार के आन्दोलन शुरू हुए जिसके फलस्वरूप नागरी मुद्रण को बहुत प्रोत्साहन मिला। स्कूली किताबें छापने के लिए भी नागरी मुद्रणालय खुलते रहे। पर सबसे महत्त्वपूर्ण बात यह हुई कि सामान्य पाठकों की रुचि की पुस्तकें छापने के लिए व्यावसायिक स्तर पर प्रेसों की स्थापना हुई। इनमें सबसे बड़ा और साधनसम्पन्न प्रेस नवल किशोर प्रेस, लखनऊ (1858) था जिसने फारसी और देवनागरी दोनों लिपियों में उर्दू दास्तान की बड़ी-बड़ी पुस्तकों के अतिरिक्त संस्कृत पुराणों

के हिन्दी-उर्दू अनुवाद भी प्रकाशित किए। चूँकि इस काल का हिन्दू मध्यवर्ग अधिकतर उर्दू-फारसी पढ़ता था अतः उसे श्रोता से पाठक बनाने में नवल किशोर प्रेस से छपे पुराणों और उर्दू दास्तान की पुस्तकों ने क्रान्तिकारी भूमिका अदा की। नवल किशोर प्रेस के बाद बनारस दिवाकर छापाखाना (1859), मथुरा प्रेस (1860), बनारस लाजरस कम्पनी (1867) आदि प्रेस खुले जिनसे लोकरुचि की अनेक पुस्तकें मुद्रित हुईं।

पाठक वर्ग के निर्माण के लिए शिक्षा मूलभूत आधार है, इसमें दो मत नहीं हो सकते। भारत में अँगरेजी राज की स्थापना के पूर्व, शिक्षाशास्त्रियों के अनुसार, सभी स्तर की हिन्दू और मुस्लिम शिक्षण संस्थाओं का जाल फैला हुआ था। जहाँ तक भाषा का सम्बन्ध है, उत्तर भारत में हिन्दी और फारसी की शिक्षा देने वाले स्कूलों की अधिकता थी। पर ईस्ट इंडिया कम्पनी के शासन ने देशी पद्धति के इन स्कूलों को प्रायः नष्ट कर दिया। कम्पनी शासन ने कभी भी भारतीयों की शिक्षा के प्रति उत्साह नहीं दिखाया। 1823 ई. तक शिक्षा के विकास के सम्बन्ध में कोई भी ठोस कार्य नहीं हुआ। 1822-33 की अवधि में कम्पनी के उत्तरदायी पदाधिकारियों के जोर देने पर शिक्षा के क्षेत्र में कुछ विकास हुआ, पर प्राथमिक शिक्षा या जन शिक्षा की बिलकुल ही उपेक्षा होती रही। इस कारण जनता में निरक्षरता की मात्रा दिनोदिन बढ़ती ही गयी। सरकार की तुलना में ईसाई मिशनरियों ने इस अवधि में जन-शिक्षा के विकास की दिशा में अधिक प्रयत्न किये पर उनका कार्यक्षेत्र मुख्य रूप से अहिन्दीभाषी क्षेत्र था। फिर भी आगरा (1813), मेरठ (1815), बनारस (1817), आजमगढ़ और जौनपुर (1831) में ईसाई मिशनरियों ने अपने प्रचार केन्द्र स्थापित किये और इन स्थानों पर उन्होंने स्कूल खोले। इन धर्मप्रचारकों ने आधुनिक भारतीय भाषाओं को महत्त्व दिया, क्योंकि ये निम्नस्तरीय समाज के बीच काम करते थे, जो अपनी मातृभाषा के अतिरिक्त और कोई भाषा नहीं जानता था।

1833 ई. के चार्टर ऐक्ट से भाषा के सम्बन्ध में कम्पनी शासन की नीयत साफ हो गयी। इसका उद्देश्य सरकारी कामकाज और शिक्षा में अँगरेजी का एकाधिपत्य स्थापित करना था। 1835 के संकल्प में विलियम बेन्टिक ने मेकॉले के सभी सुझाओं को स्वीकार कर लिया और इस प्रकार क्षेत्रीय भाषाओं के विकास का मार्ग अनिश्चित काल के लिए अवरुद्ध हो गया। मेकॉले की अध्यक्षता में अँगरेजी शिक्षा के प्रसार का कार्य तेजी से बढ़ा। यद्यपि इन स्कूलों में देशी भाषा की पढ़ाई की व्यवस्था थी, पर वह नाम मात्र की और केवल दिखाने के लिए थी।

लगभग इसी समय, हिन्दी के दुर्भाग्य से, 1837 ई. में अदालती भाषा सम्बन्धी अधिनियम स्वीकृत हुआ जिससे अदालतों में उर्दू का धीरे-धीरे एकाधिपत्य स्थापित हो गया। मुस्लिम समुदाय का प्रभावशाली वर्ग इस बात की भी कोशिश करता रहा कि स्कूलों के पाठ्यक्रम में हिन्दी को स्थान न मिले। अँगरेज पदाधिकारियों की साँठगाँठ से इसमें उन्हें सफलता भी मिल गयी। इसका परिणाम यह हुआ कि 1850 ई. तक आते-आते हिन्दी में शिक्षा प्राप्त करने वाले व्यक्तियों की संख्या नगण्य हो गयी। इस स्थिति में हिन्दी पाठक वर्ग की कोई कल्पना करना भी बहुत दूर की बात है।

1854 के ऊड्स डिस्पैच के बाद शिक्षा की स्थिति में कुछ परिवर्तन हुआ। इसके बाद शिक्षा प्रसार का कार्य तेजी से बढ़ा पर माध्यमिक विधालयों में आधुनिक भारतीय भाषाओं

को शिक्षा का माध्यम बनाने तथा उनके 'सावधानीपूर्वक अध्ययन' सम्बन्धी 'डिस्पैच' के सुझाव की सरकार ने उपेक्षा कर दी। मिडिल और माध्यमिक स्कूलों में, विषय के रूप में, आधुनिक भारतीय भाषाओं की पढ़ाई नाममात्र को ही होती थी। उसमें भी उर्दू की तुलना में हिन्दी उपेक्षित थी। सरकारी कार्यालयों तथा अदालतों में उर्दू का एकाधिपत्य रहने के कारण अभिभावक अपने बच्चों को उर्दू पढ़ाना ही पसन्द करते थे। इन सब कारणों से 1869 ई. में मिडिल की परीक्षा में उर्दू और हिन्दी विषय लेने वालों का अनुपात चार : एक था। अतः 'डिस्पैच' से हिन्दी पाठक वर्ग के निर्माण में कोई सहायता नहीं मिली।

ऊड्स डिस्पैच के प्रकाशित होने के बाद सरकार ने स्त्री-शिक्षा को प्रोत्साहन देने की सक्रिय नीति अपनायी। इस नीति के परिणामस्वरूप 1871 ई. तक लड़कियों के लिए समस्त देश में 1760 प्राथमिक और 134 माध्यमिक स्कूल खुले। इन स्कूलों में पढ़ाने के लिए नये ढंग की पुस्तकें लिखी गयीं। पं. गौरीदत्त रचित *देवरानी जेठानी की कहानी* (1870) एक ऐसी ही पुस्तक थी, जिसे **हिन्दी का पहला उपन्यास** होने का भी सौभाग्य प्राप्त हुआ।

शिक्षण संस्थाओं में ही नहीं, सरकारी कार्यालयों और अदालतों में भी हिन्दी उपेक्षित थी। दरअसल कम्पनी शासन को राजकीय भाषा के रूप में फारसी और उर्दू की ही विरासत प्राप्त हुई थी। 1836 ई. तक फारसी ही कम्पनी शासन की राजभाषा रही। मुगल शासन के अन्तिम दिनों में शासन की लिखित भाषा के रूप में फारसी का और बोलचाल की भाषा के रूप में उर्दू का प्रयोग होता था। इसे ही जॉन गिलक्राइस्ट 'हिन्दुस्तानी' कहते थे और अँगरेज पदाधिकारियों के लिए इसका ज्ञान जरूरी समझा गया था।

मुगल शासन में, विशेषकर उसके अन्तिम दिनों में, मुसलमानों और प्रशासन से जुड़े हिन्दुओं के बीच 'हिन्दुस्तानी' या उर्दू का खूब प्रचार था, पर शेष जनता, जिसकी संख्या निश्चित ही बहुत अधिक थी, हिन्दी परिवार की विभिन्न भाषाएँ और बोलियाँ बोलती थी। शासनकार्य से सम्बन्धित न होने के कारण हिन्दी और हिन्दुस्तानी दोनों में लिखित गद्य का अपेक्षित विकास नहीं हो पाया था, पर बोलचाल की भाषा के रूप में शहरों और व्यापार मंडियों में मौखिक गद्य का विकास हो चुका था।

कम्पनी शासन ने राजनीतिक कारणों से 'हिन्दुस्तानी' या उर्दू को ही अधिक महत्त्व दिया। 21 दिसम्बर, 1798 ई. को सरकारी सूचना द्वारा यह घोषणा की गयी थी कि 1 जनवरी, 1801 के बाद भारतीय भाषाओं का ज्ञान प्राप्त किए बिना तथा तत्सम्बन्धी परीक्षाओं में उत्तीर्ण हुए बिना सिविल सर्विस का कोई भी कर्मचारी किसी भी पद पर नियुक्त नहीं किया जा सकता। पर कम्पनी के शासक समझते थे कि बिहार तथा बनारस की सामान्य जनता की भाषा हिन्दुस्तानी या उर्दू थी। भाषा सम्बन्धी यह भ्रम बहुत दिनों तक अंगरेज अधिकारियों के मन में बना रहा। 1800 ई. में कलकत्ता में फोर्ट विलियम कॉलेज की स्थापना हुई, जिसमें देश की कई भाषाओं के साथ 'हिन्दुस्तानी' के अध्ययन के लिए प्रोफेसर नियुक्त करने का निश्चय किया गया। पर कॉलेज में 'हिन्दी' का अध्यापन आवश्यक नहीं समझा गया। आरम्भ में लल्लू जी लाल भी, जो 'हिन्दी मुंशी' थे, रेख्ता या हिन्दुस्तानी में ही ग्रन्थों के अनुवाद करते थे।

धीरे-धीरे गिलक्राइस्ट तथा कम्पनी के अधिकारियों को इस बात का बोध होने लगा कि 'हिन्दुस्तानी' या 'रेख्ता' बिहार तथा 'अपर प्रोविंसेज' के आम लोगों की भाषा नहीं है। पर

1815 ई. तक कॉलेज में गिलक्राइस्ट की भाषानीति का ही अनुसरण होता रहा। बाद में विलियम प्राइस ने कॉलेज के पाठ्यक्रम में हिन्दी को स्थान दिलाने में सफलता प्राप्त की। पर उसी समय कॉलेज का अस्तित्व संकटग्रस्त हो गया और 1854 ई. में वह बिलकुल ही बन्द कर दिया गया। फलतः हिन्दी गद्य को फोर्ट विलियम कॉलेज का वह लाभ नहीं मिला जो उर्दू और बँगला को प्राप्त हुआ।

जहाँ तक दफ्तरों की भाषा का प्रश्न है, 1836 ई. में फारसी के स्थान पर अँगरेजी सरकारी भाषा घोषित की गयी पर साथ ही यह आदेश भी निकाला गया कि सभी अदालती काम देश की भाषाओं में हुआ करें। 1837 ई. में अदालती भाषा सम्बन्धी अधिनियम लागू होने पर हिन्दी, हिन्दी क्षेत्र की अदालती भाषा स्वीकृत की गयी, पर मुसलमानों तथा हिन्दू वकीलों और मुंशियों के निहितस्वार्थ तथा सरकार की उदासीनता के कारण बिहार तथा अपर प्रोविंसेज की अदालतों में उर्दू का एकाधिपत्य कायम हो गया। इसके पहले कम से कम नागरी लिपि का प्रयोग सरकारी कामों में होता था। पर इस अधिनियम के लागू होने के बाद अदालतों में नागरी लिपि बिलकुल ही उपेक्षित होने लगी। 1837 ई. के बाद हिन्दुस्तानी या उर्दू भाषा ने जो रूप ग्रहण किया उसमें अरबी-फारसी शब्दों का और भी बाहुल्य हो गया। फारसीदाँ कर्मचारी जिस हिन्दुस्तानी का प्रयोग करते थे उस पर फारसी शब्दावली, मुहावरों और शैली का रंग बहुत ज्यादा होता था। इस पर अंकुश लगाने के लिए सरकार की तरफ से भाषा सम्बन्धी संशोधन के आदेश आते रहते थे, पर उनका कार्यान्वयन नहीं हो पाता था। 1837 ई. के पूर्व 'हिन्दुस्तानी' के लिए नागरी लिपि का भी प्रयोग होता था। पर 1850 ई. के लगभग 'हिन्दुस्तानी' केवल फारसी लिपि में लिखी जाने लगी। लगभग 1880 ई. तक अदालतों और सरकारी कार्यालयों में उर्दू का ही आधिपत्य बना रहा। सातवें दशक में हिन्दी जनता का नागरी लिपि विषयक आन्दोलन प्रारम्भ हो गया। पंजाब में बाबू नवीनचन्द्र राय, बिहार में भूदेव मुखोपाध्याय, उत्तर प्रदेश में शिवप्रसाद सितारेहिन्द आदि के नेतृत्व में यह आन्दोलन प्रबल हुआ जिसका समर्थन एफ . एस. ग्राउस, सैयद अब्दुल्ला, हेनरी पिंकॉट आदि ने भी किया। पर इस सबका हिन्दी पाठक वर्ग के निर्माण पर प्रभाव बाद में ही चल कर दिखाई दिया।

किसी क्षेत्र में पाठक वर्ग के निर्माण की प्रक्रिया वहाँ की आर्थिक स्थिति पर निर्भर होती है। बिना अपेक्षित क्रयशक्ति के पाठक वर्ग का निर्माण नहीं हो सकता, क्योंकि पठन के लिए पुस्तकें पैसे से ही प्राप्त होती हैं। इस बात को सभी अर्थशास्त्रियों ने स्वीकार किया है कि उन्नीसवीं सदी का भारत आर्थिक दृष्टि से अत्यन्त पिछड़ा हुआ था। ईस्ट इंडिया कम्पनी और ब्रिटिश संसद ने सौ वर्षों के भीतर ही भारत को एक दरिद्र और साधनहीन देश के रूप में परिणत कर दिया था। मुगल शासन के अन्तिम दिनों में कारीगरों, छोटे व्यवसायियों और सरकारी कर्मचारियों के रूप में एक मध्य वर्ग विद्यमान था जिसे कम्पनी शासन ने नष्टप्राय कर दिया। कम्पनी शासन में, उत्तर भारत में, मध्य वर्ग नाममात्र को ही रह गया था। कारीगर और मध्यम स्तर के व्यवसायी बेरोजगार होकर कृषक बनने को विवश हो गये थे। कृषकों पर भी भूमिकर का इतना अधिक बोझ लाद दिया गया था कि वे निम्न वर्ग में आ गये थे। कृषक मजदूर तो निम्न वर्ग में थे ही। कम्पनी शासन देश की सम्पदा का शोषण इतने बड़े पैमाने पर कर रहा था कि लगभग सत्तर वर्षों के भीतर (1800-1869)

दस भयानक अकाल पड़े जिसमें लाखों आदमी भूख से मर गये। एक सर्वेक्षण के अनुसार 1807 ई. में पटना और बिहार जिले में एक हलवाहे की वार्षिक मजदूरी 16 रु. से लेकर 22 रु. तक थी। एक करघे पर, जिस पर तीन आदमी काम करते थे, प्रतिवर्ष 108 रु. की बचत होती थी। एक अन्य सर्वेक्षण के अनुसार 1840 ई. में एक मजदूर को सामान्यतः दो आना प्रतिदिन मजदूरी मिलती थी, और जो नियमित नहीं थी।

इस आर्थिक स्थिति में किसी क्षेत्रविशेष में पाठक वर्ग की कल्पना करना कठिन है। इस बीच हिन्दी में जो समाचारपत्र प्रकाशित हुए वे बहुत अल्पायु होते थे। हिन्दी का पहला समाचारपत्र 'उदन्त मार्तण्ड' पाठकों के अभाव में केवल डेढ़ वर्ष चल पाया। इसके सम्पादक पं. जुगुल किशोर शुक्ल को इसे निकालने के लिए घोर आर्थिक कठिनाइयों का सामना करना पड़ा था। 'उदन्त मार्तण्ड' के बाद 'बंगदूत' (1829) प्रकाशित होना शुरू हुआ पर उसकी भी 11-12 संख्याएँ ही प्रकाशित हो पायीं। इसके बाद 1845 ई. तक हिन्दी में कोई समाचारपत्र प्रकाशित नहीं हुआ। 1845 ई. में शिवप्रसाद (सितारेहिन्द) के संरक्षण में 'बनारस अखबार', 1846 में कलकत्ता से 'मार्तण्ड या इंडियन सन' और 'ज्ञानदीप', 1848 में इन्दौर से 'मालवा अखबार', 1849 में कलकत्ता से 'जगद्दीपक भास्कर' आदि हिन्दी समाचारपत्र स्वतन्त्र रूप से अथवा अन्य कई भाषाओं के साथ प्रकाशित हुए, पर इनमें से कोई भी अधिक दिनों तक नहीं चल सका। इनकी तुलना में उर्दू पत्रों की स्थिति बेहतर थी जिससे यह अनुमान करना निराधार न होगा कि उर्दू पाठक वर्ग, जिसमें हिन्दू-मुसलमान दोनों शामिल थे, हिन्दी की तुलना में बड़ा था।

1850 ई. के बाद हिन्दी पत्रों के प्रसार में कुछ तेजी आती दिखाई देती है। अगले बीस वर्षों में 'सामदंड मार्तण्ड' (1850), 'प्रजाहितैषी' (1855), 'धर्म प्रकाश' (1859), 'तत्त्वबोधिनी पत्रिका' (1865), 'सत्यदीपक'(1866) आदि हिन्दी पत्र प्रकाशित हुए। इस अवधि में 'सुधाकर' (1850), 'बुद्धि प्रकाश' (1852), 'पयामे आजादी' (1857), 'लोकमित्र' (1867) जैसे पत्र भी निकले जो नागरी लिपि में छपते थे, पर जिनकी भाषा 'हिन्दुस्तानी' थी। 'मजहरुल सरकार' (1852), 'ग्वालियर गजेट'(1853), 'सर्वहितकारक' (1855), 'सूरजप्रकाश' (1861), 'भारतखंडामृत' (1864), 'ज्ञानप्रदायिनीपत्रिका' (1866), 'रतन प्रकाश' (1867), 'विद्याविलास' (1867) आदि हिन्दी-उर्दू के द्विभाषिक पत्र थे। 'समाचार सुधावर्षण'(1854) हिन्दी का पहला दैनिक पत्र था जो हिन्दी और बँगला में प्रकाशित होता था।

इन पत्रों में भारतेन्दु बाबू द्वारा प्रकाशित 'कविवचनसुधा' (1867) का विशेष महत्त्व है। इसके बारे में अम्बिका प्रसाद वाजपेयी ने लिखा है कि "यद्यपि हिन्दी भाषा के प्रेमी उस समय बहुत कम थे, तो भी हरिश्चन्द्र के ललित लेखों ने लोगों के जी में ऐसी जगह कर ली थी कि कविवचन सुधा के हर नम्बर के लिए लोगों को टकटकी लगाए रहना पड़ता था।"[3] इससे यह अनुमान करना असंगत न होगा कि हिन्दी के पाठकों की संख्या में थोड़ी बहुत वृद्धि हो रही थी।

नागरी लिपि में जिन प्रारम्भिक कथापुस्तकों के प्रकाशन का पता चलता है, उनमें *बैताल पचीसी, सिंहासनबत्तीसी, प्रेम सागर, राजनीति* और *चन्द्रावती वा नासिकेतोपाख्यान* उल्लेखनीय हैं। इन कथापुस्तकों की भाषा की पहचान के सम्बन्ध में थोड़ा बहुत मतभेद है, पर मोटामोटी रूप से उसे हिन्दी मानने में कोई विरोध नहीं है। ध्यान देने की बात है कि ये कथापुस्तकें

सामान्य कथा-प्रेमी पाठकों के लिए नहीं—ऐसे पाठक उस समय थे भी नहीं—बल्कि हिन्दी सीखनेवाले अँगरेज पदाधिकारियों के लिए मुद्रित करायी गयी थीं, जिनका मूल्य समकालीन हिन्दुस्तानियों की क्रयशक्ति को देखते हुए बहुत ज्यादा था। *सिंहासन बत्तीसी* का मूल्य प्रति पुस्तक सोलह रुपये और *बैताल पचीसी* का मूल्य प्रति पुस्तक तेरह रुपये रखा गया था। ये पुस्तकें सरकार द्वारा खरीदी जाती थीं और हिन्दी सीखने वाले सिविल सर्विस के कर्मचारियों को उपलब्ध करायी जाती थीं। यह स्थिति लगभग 1850 ई. तक बनी रही। सामान्य पाठकों को ध्यान में रखकर *बैताल पचीसी* का पहला मुद्रण सम्भवतः 1839 में हुआ था। *सिंहासन बत्तीसी* के विभिन्न संस्करणों के प्रकाशन काल से स्पष्ट प्रतीत होता है कि इसे 1840 ई. के बाद पाठकों में विशेष लोकप्रियता प्राप्त हुई। 1840-70 ई. की अवधि में *सिंहासन बत्तीसी* के कम से कम तेरह और 1870-80 के बीच कम से कम चौदह संस्करण प्रकाशित हुए। *बैताल पचीसी* को भी 1840 के बाद ही सामान्य पाठकों के बीच लोकप्रियता प्राप्त हुई। 1840 और 1870 के बीच इसके कम से कम इक्कीस संस्करण उपलब्ध होते हैं, जबकि इसके पूर्व इसके केवल दो ही संस्करण प्रकाशित हुए थे।

हिन्दी की एक बहुत ही उल्लेखनीय कथापुस्तक सैयद इंशा अल्ला खाँ (ज.1766) रचित *रानी केतकी की कहानी* है, जो लिखी तो 1803 ई. के आसपास गयी थी, पर प्रथम बार मुद्रित हुई 1847 ई. के 'बहुत दिन पहिले' किसी पं. हरीराम द्वारा। यह सूचना इसके दिसम्बर, 1846 के द्वितीय मुद्रण के अन्त में दी गयी है। इस सूचना में यह भी बताया गया है कि "बहुत लोगों को ठेठ हिन्दी बोली में इन दिनों कहानी पढ़ने की चाह रहती है।" इससे यह अनुमान करना संगत है कि 1850 ई. तक हिन्दी पाठक वर्ग के निर्माण की प्रक्रिया आरम्भ हो चुकी थी। 1850 के बाद हिन्दुस्तानी समाचारपत्रों की संख्या में वृद्धि से भी इसकी पुष्टि होती है। 1850-1880 की अवधि में *रानी केतकी की कहानी* के हिन्दी पाठकों में लोकप्रिय होने के अन्य प्रमाण भी उपलब्ध होते हैं।

रानी केतकी की कहानी यद्यपि हिन्दी की पहली मौलिक, लिखित और मुद्रित गद्यकथा है, पर यह **उपन्यास** नहीं है। यह मध्यकालीन सूफी प्रेमाख्यानों की पद्धति पर रचित गद्यकथा है, जिसमें अतिलौकिक तत्त्वों, फारसी कथानक रूढ़ियों तथा अतिशयोक्तिपूर्ण वर्णनों से भरी एक प्रेम कहानी है। कथा के बीच बीच में सूफी प्रेमाख्यानों की शैली पर नायिका के नखशिख-सौन्दर्य तथा वैवाहिक तैयारियों का अतिशयोक्तिपूर्ण और वस्तुपरिगणनात्मक वर्णन मिलता है। समकालीन जीवन के यथार्थ से, जो उपन्यास की प्रथम पहचान है, इसका कोई सम्बन्ध नहीं है। *रानी केतकी की कहानी* (1803) से लेकर 1869 ई. तक हिन्दी में कोई दूसरी मौलिक गद्यकथा नहीं लिखी गयी। फोर्ट विलियम कॉलेज से प्रकाशित सभी गद्यकथा पुस्तकें—*बैताल पचीसी, सिंहासन बत्तीसी, प्रेम सागर* आदि—अनुवाद थीं।

प्रेम सागर का मुद्रण भी पहले पाठ्य पुस्तक के रूप में ही हुआ था और उसकी कीमत तेरह रुपये रखी गयी थी। 1850 ई. तक *प्रेम सागर* सामान्य जनता के बीच नहीं पहुँचा था। पर बाद में, विशेष रूप से 1869 ई. के बाद, कलकत्ता, बम्बई, पटना, दिल्ली, मेरठ, आगरा, प्रयाग, काशी आदि स्थानों से इसके अनेक संस्करण सामान्य पाठकों की माँग पर प्रकाशित हुए।

सामान्य पाठकों के लिए अनूदित कथापुस्तकों के प्रकाशन का प्रचलन भी 1840 ई. के लगभग आरम्भ हुआ। 1838-59 की अवधि में *किस्सा हातिमताई* (1838), कथासार

(1839), *मनोरंजन इतिहास* (1846), *किस्सा चहार दरवेश* (1847), *सूरजपुर की कहानी* (1853), *धर्मसिंह का वृत्तान्त* (तृ. सं. 1853), *वीर सिंह का वृत्तान्त* (1855), *वामा मनरंजन* (1856), *शुक बहत्तरी* (1859), *लड़कों की कहानी* (द्वि. सं.1861) आदि कथापुस्तकें प्रकाशित हुईं और तत्कालीन पाठकों के बीच लोकप्रिय भी हुईं। 1860 ई. में डेनियल डीफो कृत *रॉबिन्सन क्रूसो* का पं. बदरीलाल कृत *राबिन्सन क्रूसो का इतिहास* प्रकाशित हुआ जो हिन्दी का पहला अनूदित उपन्यास कहा जा सकता है। यह अनुवाद अँगरेजी से नहीं, बल्कि बँगला से किया गया था और हिन्दी पाठकों के बीच पर्याप्त लोकप्रिय भी हुआ था। 1867 ई. में जॉन बन्यन कृत *पिल्ग्रिम्स प्रोग्रेस* का *यात्रा स्वप्नोदय* शीर्षक अनुवाद प्रकाशित हुआ। यह अनुवाद ईसाई पादरियों द्वारा धर्मप्रचारार्थ प्रस्तुत किया गया था और इसके कई संस्करण हुए थे। 1868 ई. में उर्दू से *गुलबकावली* का अनुवाद प्रकाशित हुआ, जो बाद में हिन्दी पाठकों में बहुत लोकप्रिय हुआ।

1861-70 के दशक में *नल प्रसंग, नया काशीखंड, राजदूतों की कथा, फूलमणि और करुणा का वृत्तान्त, शनैश्चर जी की कथा, सिकन्दरशाह पातशाह के शहजादे रमनशाह का किस्सा, प्रह्लाद चरित, बुद्धि फलोदय, कृष्ण जन्म खंड, हिन्दी सलेक्शंस, रामाश्वमेध, तीन देवों की कहानी* आदि अनूदित कथापुस्तकें प्रकाशित हुईं। इसी झाड़झंखाड़ के बीच 1870 ई. में *देवरानी जेठानी की कहानी* (पं गौरीदत्त) के रूप में एक नया फूल खिला, जो हिन्दी उपन्यास का आरम्भ बिन्दु सिद्ध हुआ।

देवरानी जेठानी की कहानी की रचना उपन्यास के रूप में नहीं, बल्कि बालिकाओं के लिए उपयोगी पाठ्य पुस्तक के रूप में हुई थी। अब तक हिन्दी क्षेत्र का मध्यवर्गीय पाठक इतना सक्षम नहीं हो पाया था, न ही हिन्दी का लेखक इतना सक्षम और सजग था, कि अँगरेजी और बँगला से प्रेरणा ग्रहण कर **उपन्यास** की रचना करता। सरकारी सहायता से *देवरानी जेठानी की कहानी* का लेखन और मुद्रण हुआ। बाद में इसी तरह की दो और पुस्तकें *वामा शिक्षक* (1872) और *भाग्यवती* (1877) लिखी गयीं। इनका मकसद था स्त्री-शिक्षा का विकास और आदर्श स्त्री-चरित्र की प्रस्तुति। स्त्री-उद्धार भारतीय नवजागरण का प्रमुख मुद्दा था जिसकी स्वाभाविक अभिव्यक्ति इन कथापुस्तकों में हुई। संयोगवश यही इनकी **उपन्यास** होने की पहचान बन गयी। मध्यवर्गीय जीवन का चित्रण तो इनमें आनुषंगिक रूप में ही हुआ है। वस्तुतः इन रचनाओं के समय मध्यवर्गीय हिन्दी लेखक और पाठक वर्ग अभी अपनी निर्माण की प्रक्रिया में ही था। लेखकों का एक वर्ग बाबू हरिश्चन्द्र के नेतृत्व में निर्मित हो रहा था; राष्ट्रीय भावना से प्रेरित होकर राष्ट्रभाषा के रूप में 'निज भाषा' की उन्नति का जी-तोड़ प्रयास चल रहा था। इन लेखकों के सपने के भारत को एक समृद्ध गद्यभाषा की आवश्यकता थी, जो खड़ी बोली हिन्दी के रूप में ही सम्भव थी। अतः बाबू हरिश्चन्द्र और उनके सहयोगियों को निर्णय लेने में विलम्ब नहीं हुआ और उन्होंने खड़ी बोली गद्य को समृद्ध करने का बीड़ा उठा लिया। जब भारतेन्दु बाबू हरिश्चन्द्र ने पहली बार (1875 ई.) **उपन्यास** पद का प्रयोग किया या *एक कहानी कुछ आपबीती कुछ जगबीती* लिखने का प्रयोग किया, उस समय उन्हें कदाचित् इस बात का ज्ञान नहीं था कि *देवरानी जेठानी की कहानी* के रूप में उपन्यास का जन्म हो चुका है। भारतेन्दु के समय में ही, उनके सहयोगी बालकृष्ण भट्ट ने सायास रूप में उपन्यास लेखन आरम्भ किया (1879) यद्यपि तब भी उपन्यास के लिए

जरूरी पाठक वर्ग का निर्माण नहीं हो पाया था। भारतेन्दु काल के लेखकों ने मध्यवर्गीय पाठकों की माँग पर नहीं, बल्कि 'देशहित' से प्रेरित होकर उपन्यास लिखे। इनमें से कई तो तुरन्त (या बाद में भी) प्रकाशित भी नहीं हो सके और जो प्रकाशित हुए उन्हें लेने वाला कोई नहीं था। अतः हिन्दी उपन्यास के उदय का सम्बन्ध मध्य वर्ग से न के बराबर ही माना जा सकता है।

सन्दर्भ

1. कृष्णाचार्य, ईसाई पादरियों की हिन्दी सेवा, आकाशवाणी, दिल्ली से 2 नवम्बर, 1962 को प्रसारित।
2. उपरिवत्।
3. अम्बिका प्रसाद वाजपेयी, समाचार पत्रों का इतिहास, 1953, पृ. 129-30

नवजागरण और हिन्दी उपन्यास

[1870-1890]

हिन्दी उपन्यास का भारतीय नवजागरण से गहरा सम्बन्ध है। बंगाल और महाराष्ट्र की तुलना में हिन्दी क्षेत्र में नवजागरण की प्रक्रिया कुछ बाद में आरम्भ हुई, इसलिए हिन्दी में **उपन्यास** का आरम्भ भी, बँगला और मराठी की अपेक्षा, तनिक बाद में हुआ। यों तो राजनीतिक दृष्टि से हिन्दी क्षेत्र में पुनर्जागरण का आरम्भ 1857 ई. के प्रथम स्वाधीनता संग्राम से माना जाता है, पर सामाजिक क्षेत्र में पुनर्जागरण का आरम्भ मुख्यतः आर्य समाज की स्थापना (1875) और उसके आन्दोलन के साथ हुआ। बंगाल से आरम्भ हुए पुनर्जागरण की लहर 1860 के आसपास हिन्दी क्षेत्र को छूने लगी थी। स्त्री-शिक्षा का आन्दोलन, विधवा-विवाह का समर्थन, बाल और वृद्ध विवाह का विरोध आदि इसी के परिचायक थे। हिन्दी भाषा और देवनागरी लिपि का आन्दोलन भी इसी की अभिव्यक्ति था। दुर्भाग्य से वह अँगरेजी विरोधी आन्दोलन न होकर उर्दू विरोधी आन्दोलन बन गया था, जिसके पीछे अँगरेजी शासन की साजिश भी थी, पर उसके पीछे अपनी भाषा का प्रेम प्रेरक तत्त्व था, इसमें दो मत नहीं हो सकते। सातवें दशक के लगभग अन्त से आरम्भ हुए खड़ी बोली हिन्दी साहित्य के आन्दोलन के मूल में भी पुनर्जागरण की प्रेरणा ही प्रमुख थी।

हिन्दी उपन्यास का आरम्भ कहाँ से माना जाए, अथवा हिन्दी का प्रथम उपन्यास कौन है, यह प्रश्न आज भी विवादास्पद बना हुआ है। इसका प्रमुख कारण **उपन्यास** पद के अर्थ की तरलता या अनिश्चितता है। हिन्दी में **नॉवेल** के अर्थ में **उपन्यास** पद का प्रथम प्रयोग 1875 ई. में हुआ। बँगला में नॉवेल के अर्थ में उपन्यास पद का प्रयोग 1862 ई. में भूदेव गुखोपाध्याय ने किया था, जिसे बंकिमचन्द्र चटर्जी ने अपनी रचनाओं के द्वारा लोकप्रिय बनाया। हिन्दी में पहली मौलिक गद्यकथा *रानी केतकी की कहानी* 1803 ई. के लगभग लिखी गयी थी । उसके लगभग सत्तर वर्ष बाद दूसरी मौलिक गद्यकथा, गौरीदत्त (ज.1836) कृत *देवरानी जेठानी की कहानी* (1870), प्रकाशित हुई। इसके बाद ही मौलिक गद्यकथाओं का लेखन और मुद्रण सिलसिलेवार शुरू हुआ। ईश्वरी प्रसाद और कल्याण राय लिखित *वामा शिक्षक* (1872), श्रद्धाराम फिल्लौरी कृत *भाग्यवती* (1877), राधाकृष्ण दास लिखित *निस्सहाय हिन्दू* (1881), लाला श्रीनिवास दास कृत *परीक्षा गुरु* (1882) आदि इस सिलसिले की कुछ उल्लेखनीय गद्यकथाएँ हैं। कठिन प्रश्न यह है कि इनमें से किसे उपन्यास या किसे उपन्यास का आरम्भ बिन्दु माना जाए। इसके लिए, पहले, उपन्यास अथवा नॉवेल की मूल प्रकृति का निर्धारण आवश्यक है। पश्चिम के आलोचकों ने नॉवेल की प्रकृति और स्वरूप पर बहुत विचार किया है। यहाँ उस

विस्तार में जाने की जरूरत नहीं है। हमें केवल इस बात का निश्चय करना है कि वह कौन सी मूल विशेषता है जो **उपन्यास** को **कहानी** या **कथा** से अलग करती है। **लिखित गद्यकथा** होने की शर्त **उपन्यास** पर पूरी तरह से लागू है, पर वह उसका प्रभेदक तत्त्व नहीं है। कोई भी कथा 'गद्य में लिखित' हो सकती है। उपन्यास के आकार की भी कोई निश्चित अवधारणा उस समय नहीं थी, क्योंकि तब तक हिन्दी में कहानी (शॉर्ट स्टोरी) विधा का जन्म नहीं हुआ था। पर उपन्यास लेखकों को अस्पष्ट रूप में इस बात का बोध था कि उपन्यास की कथा कुछ लम्बी अथवा पर्याप्त बड़े आकार की होनी चाहिए। इसीलिए उन्नीसवीं शताब्दी के अन्तिम चरण में पत्रिकाओं में **उपन्यास** नाम से प्रकाशित रचनाएँ धारावाहिक रूप में प्रकाशित होती थीं और दस-बारह अंकों में ही पूरी हो पाती थीं या 'अधूरी' रह जाती थीं। पर उनका कोई सुनिश्चित आकार नहीं था।

उपन्यास को सामान्य कथा से अलग करने वाला प्रमुख तत्त्व 'यथार्थ' के प्रति आग्रह है, जो कथा के कल्पित संसार, कथ्य और भाषा में दिखाई देता है। अनेक आलोचकों ने इस यथार्थवादी आग्रह को उपन्यास का प्रभेदक तत्त्व माना है। अँगरेजी के नॉवेल पद में 'नयेपन' का एक अर्थ भी निहित है, जो यद्यपि हिन्दी या बँगला के उपन्यास पद में नहीं मिलता पर उपन्यास को सामान्य कथा से भिन्न करने वाला यह भी एक मुख्य तत्त्व है। इस प्रकार यदि हम उपन्यास को उसकी अल्पतम माँग के साथ परिभाषित करने का प्रयास करें तो कह सकते हैं कि उपन्यास पर्याप्त आकार की वह मौलिक गद्यकथा है जो पाठक को एक काल्पनिक, पर यथार्थ संसार में ले जाती है, जो लेखक द्वारा व्यक्तिगत रूप से अनुभूत और सर्जित होने के कारण नवीन होता है। इस दृष्टि से *रानी केतकी की कहानी* को उपन्यास की संज्ञा नहीं दी जा सकती। यह एक 'पर्याप्त' आकार की लिखित गद्यकथा तो है, इसमें चित्रित संसार काल्पनिक भी है, पर उपन्यास के प्रभेदक गुण, 'यथार्थ' के प्रति आग्रह और 'नवीनता' का इसमें सर्वथा अभाव है। *रानी केतकी की कहानी* मध्यकालीन प्रेमाख्यानों के ढंग की गद्यकथा है। अतिलौकिक तत्त्वों, काव्यरूढ़ियों और प्रेम के काव्य-परम्परागत चित्रण से भरा हुआ यह एक आदर्शवादी-रूमानी प्रेमाख्यान है। हम इसमें तत्कालीन जीवन की कोई झलक नहीं पाते। इसके पात्र हमारे संसार के जीते जागते मनुष्य न होकर रूमानी काव्यलोक के असाधारण और अतिलौकिक प्राणी हैं। इसकी भाषा भी, गद्य होने के बावजूद, सभी प्रकार की साहित्यिक रूढ़ियों, अलंकृत वर्णनों, तुकबन्दी और अनुप्रासों से पूर्ण कृत्रिम भाषा है। इस कारण *रानी केतकी की कहानी* को हिन्दी का पहला उपन्यास नहीं माना जा सकता।

रानी केतकी की कहानी (1803) से *देवरानी जेठानी की कहानी* (1870) की हिन्दी कथा-यात्रा क्रमिक विकास के रूप में नहीं, बल्कि एक छलांग के रूप में दिखाई पड़ती है। इन सत्तर वर्षों में हिन्दी में एक भी मौलिक कथापुस्तक नहीं लिखी गयी। इस अवधि में संस्कृत, फारसी और अँगरेजी कथापुस्तकों के अनुवाद, रूपान्तर या छाया ग्रहण तो बहुत हुए पर सर्वथा मौलिक और नये प्रकार की कथा लिखने का प्रथम प्रयास गौरीदत्त ने ही किया। *देवरानी जेठानी की कहानी* की सबसे प्रमुख विशेषता यह है कि इसमें पहली बार परम्परा से हटकर कथा कहने का प्रयास किया गया है। कथाकार ने पुराने आख्यान लेखकों की तरह किसी राजा, सेठ, सामन्त या शूरवीर की कथा न कहकर साधारण मध्यवर्गीय वैश्य परिवार की देवरानी-जेठानी की कहानी कही है। इन दोनों पुस्तकों के शीर्षकों में 'कहानी' शब्द है, पर एक में **रानी** की कहानी है और

दूसरे में एक साधारण परिवार की स्त्रियों, सुखदेई और ज्ञानो की। राजप्रासाद से सामान्य गृहस्थ के आँगन तक कहानी की यह छलाँग अभूतपूर्व कही जा सकती है।

देवरानी जेठानी की कहानी यद्यपि स्त्रियों के पढ़ने-पढ़ाने तथा उन्हें गृहस्थ धर्म का उपदेश देने के लिए लिखी गयी थी, पर लेखक अपनी कथा की नवीनता और परम्पराच्युति के प्रति सजग है। उसने 'भूमिका' में लिखा है, "मैंने इस कहानी को नये रंग-ढंग से लिखा है।" यह 'नया रंग-ढंग' कहानी की विषयवस्तु और भाषा दोनों में दिखाई पड़ता है। यथार्थ के प्रति कथालेखक का आग्रह स्पष्ट है। वह अपनी कथा को अधिक से अधिक विश्वसनीय और जीवन का पर्याय बनाना चाहता है। कथाकार के शब्दों में, "इस पुस्तक मैं स्त्रियौं की ही बोलचाल और वही शब्द जहाँ जैसा आशय है लिखे हैं और यह वह बोली है जो इस जिले के बनियौं के कुटुंब मैं स्त्री-पुरुष वा लड़के बाले बोलते चालते हैं....इस पुस्तक में यह भी दरसा दिया है कि इस देश के बनिये जन्म, मरण, विवाह आदि मैं क्या 2 करते हैं पढ़ी और बेपढ़ी स्त्रियौं मैं क्या 2 अंतर है, बालकौं का पालन और पोषण किस प्रकार होता है और किस प्रकार होना चाहिए स्त्रियौं का समय किस 2 काम मैं व्यतीत होता है और क्योंकर होना उचित है बेपढ़ी स्त्रियाँ जब एक काम को करती हैं उसमें क्या 2 हानि होती है और पढ़ी हुई जब उसी काम को करती हैं तो उससे क्या 2 लाभ होता है स्त्रियों की वह बातैं जो आज तक नहीं लिखी गयी हैं मैंने खोज कर सब लिख दी हैं और इस पुस्तक में ठीक 2 वही लिखा है जैसा आजकल बनियौं के घरौं मैं हो रहा है बाल बराबर भी अन्तर नहीं है।"(प्रथम संस्करण की भूमिका)

इस उद्धरण की अन्तिम पंक्ति यथार्थवाद के उस आग्रह से युक्त है जो उपन्यास की पहचान है। इस यथार्थवादी आग्रह का निर्वाह कथा के कलेवर में भी हुआ है। तत्कालीन बनिया समाज की सांस्कृतिक और पारिवारिक स्थिति—उसके आचार-विचार, पर्व-त्योहार, रीतिरिवाज, जन्म, विवाह और मृत्यु सम्बन्धित संस्कार तथा घरेलू जीवनचर्या—का इस कथा में प्रामाणिक विवरण उपलब्ध है।

देवरानी जेठानी की कहानी में कथा को विश्वसनीय और यथार्थवादी बनाने के लिए उस प्रणाली का प्रयोग किया गया है जो हिन्दी के लिए सर्वथा नयी थी। इस कथा में जिन स्थानों और पात्रों का वर्णन किया गया है वे विशिष्ट तथा यथार्थ हैं। पुरानी कहानियों में पात्र सामान्य, परम्परागत या प्ररूप होते थे। वे पात्र ऐसे स्थानों पर कार्यरत दिखाई पड़ते थे जिनका भौगोलिक अस्तित्व प्रायः नहीं होता था। वे किसी 'चन्द्रपुर', 'विचित्रपुर', 'मानपुर', 'रत्नद्वीप' या 'जम्बूद्वीप' के निवासी होते थे। इसके विपरीत *देवरानी जेठानी की कहानी* के पात्र जिन स्थानों के निवासी हैं, उनका भौगोलिक अस्तित्व है। मेरठ, दिल्ली, हापुड़, खुर्जा, गुड़गाँव आदि जिन स्थानों के नाम इस 'कहानी' में आए हैं, उनकी वास्तविक भौगोलिक स्थिति है। पात्रों के नाम भी—पार्वती, सुखदेई, दौलत राम, छोटे आदि—वास्तविक व्यक्तियों के नाम हैं, भावों या विचारों के मानवीकरण नहीं। ये नाम तत्कालीन मध्यवर्गीय परिवारों में अति सामान्य रूप में प्रचलित थे। पात्रों और स्थानों के नामों की वास्तविकता के कारण कथा में यथार्थता और विशिष्टता का गुण आ जाता है जो उपन्यास के लिए अनिवार्य है। विशिष्ट और वास्तविक परिवेश में नियोजित होने के कारण पात्रों के कार्यकलाप और व्यवहार विश्वसनीय बन जाते हैं।

देवरानी जेठानी की कहानी केवल स्त्री-शिक्षा की कहानी नहीं है, वरन् यह उन्नीसवीं शताब्दी के मध्यवर्गीय बनिया समाज के जीवन का प्रतिनिधि, यथार्थ चित्र भी है। यह चित्रण किसी

इतिहास से अधिक प्रामाणिक है, क्योंकि कथाकार ने अपने प्रत्यक्ष अनुभव के आधार पर इस वर्ग की आर्थिक अवस्था, रीतिरिवाज, जन्म से लेकर मृत्यु तक के संस्कार, पुरानी और नयी सोच, सामाजिक और धार्मिक विश्वास, नैतिक मूल्य, समाज में व्याप्त अशिक्षा, अन्धविश्वास, रूढ़िवादिता, अपव्यय, बालविवाह, विधवाओं की दशा आदि का चित्रण किया है। कथाकार स्त्री-शिक्षा और विधवा विवाह का भी समर्थक है, यद्यपि विधवा विवाह का समर्थन वह दबी जबान से ही करता है। इसका कारण यह हो सकता है कि उस समय हिन्दू समाज में विधवा विवाह को व्यापक समर्थन प्राप्त नहीं था।

बदलते हुए जमाने की झलक *देवरानी जेठानी की कहानी* में अच्छी तरह से देखी जा सकती है। उन्नीसवीं शताब्दी के सातवें दशक तक बंगाल से चला नवजागरण का आन्दोलन हिन्दी क्षेत्र में भी प्रवेश कर चुका था। लोग शिक्षा का महत्त्व समझने लगे थे। प्रबुद्ध लोगों का ध्यान लड़कियों की शिक्षा की ओर जाने लगा था। 1857 के बाद, हिन्दुस्तान के ब्रिटिश साम्राज्य का अंग बन जाने पर, सरकार भी शिक्षा प्रसार की दिशा में कुछ, यद्यपि बहुत कम, प्रयत्न करने लगी थी। *देवरानी जेठानी की कहानी* की रचना के मूल में सरकार द्वारा दिया जाने वाला प्रोत्साहन भी था। इसकी भूमिका में इस बात का स्पष्ट उल्लेख है कि संयुक्त प्रान्त के अँगरेज जन शिक्षा निदेशक एन. केमसन की 'आज्ञा' से इसका प्रकाशन हुआ और सरकार ने न केवल इसकी दो सौ प्रतियाँ खरीद लीं वरन् लेखक को एक सौ रुपये (आज के मूल्य पर दस हजार रु. से भी अधिक) का पुरस्कार भी दिया। पर *देवरानी जेठानी की कहानी* की रचना के पीछे केवल सरकारी प्रोत्साहन ही नहीं, 'देशोन्नति' का भाव भी अवश्य था, जिसका यद्यपि पुस्तक में कहीं उल्लेख नहीं है, पर वह समकालीन प्रबुद्ध मानस में जन्म लेने लगा था। *देवरानी जेठानी की कहानी* की रचना के लगभग 12 वर्ष पहले सन् अट्ठारह सौ सत्तावन का प्रथम स्वाधीनता संग्राम लड़ा गया था और ब्रिटिश सरकार उसका निर्दयतापूर्वक दमन कर चुकी थी। यद्यपि सातवें दशक में किसी को भी सरकार के खिलाफ चूँ करने की हिम्मत न थी, पर भारतीय मानस मुक्ति की दिशा में सोचने की प्रक्रिया से शून्य न था। 'देशोन्नति' का भाव प्रबुद्ध जनमानस को मथ रहा था। इसके लिए शिक्षा, अपनी भाषा और वाणिज्य-व्यवसाय की उन्नति तथा पतन की ओर ले जाने वाली सामाजिक रूढ़ियों, अपव्यय, आलस्य, अन्धविश्वास, पारिवारिक कलह, अँगरेजी सभ्यता की नकल आदि से मुक्ति की आवश्यकता महसूस की जाने लगी थी। यही नवजागरण था। *देवरानी जेठानी की कहानी* की रचना के पीछे यह प्रेरणा प्रमुख थी। इस 'देशोन्नति' के बोध ने ही गौरीदत्त को नागरी या हिन्दी के विकास के लिए अपनी सारी सम्पत्ति लगा देने की प्रेरणा दी थी। यद्यपि *देवरानी जेठानी की कहानी* में कहीं भी तत्कालीन ब्रिटिश शासन के प्रति असन्तोष का भाव व्यक्त नहीं हुआ है, पर इसकी मूल प्रेरणा 'देशोन्नति' का भाव ही है। इसके लिए अँगरेजी पढ़ना जरूरी था और *देवरानी जेठानी की कहानी* में इसकी वकालत की गयी है, पर नागरी या हिन्दी पढ़ने पर लेखक का अधिक जोर है।

तत्कालीन समाज में आ रहे बदलाव का भी *देवरानी जेठानी की कहानी* में संकेत मिलता है। युवक अँगरेजी पढ़कर सरकारी नौकरियाँ करने लगे थे। वकालत आदि की शिक्षा प्राप्त करने के लिए युवक छोटे शहरों से बड़े शहरों,में जाने लगे थे। सरकारी नौकरी करने वालों की समाज में प्रतिष्ठा बढ़ने लगी थी। वकीलों और इंजीनियरों को समाज में सम्मान की दृष्टि से देखा जाने लगा था। रेल चालू हो जाने से यद्यपि दूरस्थ स्थानों के लिए आवागमन सम्भव हो गया था,

पर अभी सामाजिक क्षेत्र में गतिशीलता का अभाव था। वैवाहिक सम्बन्ध आसपास में ही होते थे। बैलगाड़ी, पालकी और बहली आवागमन के प्रमुख साधन थे। पुराने जमाने से चले आते अन्धविश्वास और अनेक प्रकार की नुकसानदेह कुप्रथाएँ समाज में व्याप्त थीं। बीमारी दूर करने के लिए झाड़फूँक, टोना टोटका आदि की सहायता ली जाती थी। शीतला माँ के नाराज हो जाने के भय से लोग बच्चों को चेचक का टीका तक नहीं लगवाते थे। छोटे बच्चों को कड़ा, बाली आदि पहनाना जरूरी समझा जाता था। अपढ़ स्त्रियाँ शिशुओं को सुलाने के लिए अफीम खिलाती थीं। छोटी उम्र में ही लड़के-लड़कियों का विवाह कर दिया जाता था। पर धीरे-धीरे इन कुरीतियों के प्रति लोगों की सोच में बदलाव आने लगा था, जिसका चित्रण *देवरानी जेठानी की कहानी* में हुआ है। विधवा विवाह के प्रति भी पढ़ा-लिखा समाज सहानुभूति प्रकट करने लगा था, यद्यपि उसका हिन्दू समाज में अभी प्रबल विरोध था। *देवरानी जेठानी की कहानी* में समाज की इस बदलती मानसिकता का अंकन मिलता है। इस प्रकार गौरी दत्त ने ही, पहली बार, समकालीन जीवन को कथा का विषय बनाने का मौलिक प्रयोग किया। इसके साथ ही कथाकार ने स्त्री के बेहतर रूप की जो कल्पना की, वह उस समय को देखते हुए बहुत प्रगतिशील थी।

इस प्रकार **कथ्य** की दृष्टि से *देवरानी जेठानी की कहानी* उपन्यास की शर्त को पूरा करती है। यद्यपि यह कथ्य 'विज़न' में परिणत नहीं हुआ है, पर उपन्यास की पहली ही किताब से यह उम्मीद करना भी संगत नहीं है। किसी भी उपन्यास की अन्य विशेषताएँ होती हैं—चरित्रांकन, शिल्प और भाषा की सर्जनात्मकता आदि, पर इन दृष्टियों से *देवरानी जेठानी की कहानी* निश्चय ही एक कमजोर रचना है। लेखक कथा के पात्रों को विशिष्ट व्यक्तित्व प्रदान करने में सफल नहीं हुआ है। यद्यपि कथा के अधिकतर पात्र यथार्थ और हमारे बीच के व्यक्ति हैं, पर उच्च कोटि के चरित्र-सृजन के लिए जिस संवेदनशीलता, मनोवैज्ञानिक दृष्टि, चिन्तन-क्षमता आदि की आवश्यकता होती है, उसका कथाकार में सर्वथा अभाव है। यह नहीं कि कथा के पात्रों को सोचते और अनुभव करते दिखाया ही नहीं गया है, पर यह बहुत प्रारम्भिक स्तर की सोच और संवेदना है। कथा की 'देवरानी' का चरित्र 'प्ररूप' और लेखक के विचारों का उदाहरण है। वह सुशील है, शिक्षित है, सलीकेदार है, नम्र है, समझदार है, शिशु पालन में प्रवीण है, पर उसके चरित्र में कोई संघर्ष नहीं है; उसे अपनी जिन्दगी में जटिल और संघर्षपूर्ण परिस्थितियों से नहीं गुजरना पड़ता। ये गुण उसे कथाकार से ही प्राप्त हो गये हैं; वह व्यक्तित्व नहीं, एक विचार है, आदर्श है। उपन्यासकार ने उसके चरित्र के द्वारा अपनी मान्यताओं और तत्कालीन नैतिक मूल्यों-संहिताओं की अभिव्यक्ति की है। विश्वसनीयता की दृष्टि से 'जेठानी' का चरित्र विशेष रूप रो आश्वस्तकारी है। उसके चरित्र द्वारा कथाकार ने तत्कालीन स्त्रियों में व्याप्त अशिक्षा, अन्धविश्वास, कलह, अज्ञान आदि का विश्वसनीय अंकन किया है। 'जेठानी' का चरित्र अधिक विश्वसनीय इसलिए है कि उस समय भारतीय ग्रामीण स्त्रियों की वास्तविक हालत ऐसी ही थी। पर *देवरानी जेठानी की कहानी* में चरित्रचित्रण वर्णन के रूप में है, बिम्ब के रूप में नहीं, अतः यह 'औपन्यासिक' नहीं है।

देवरानी जेठानी की कहानी का शिल्प भी औपन्यासिक स्तर का नहीं है। इसकी कथा इकहरी, "मेरठ में सर्वसुख नामक एक अग्रवाल बनिया था" जैसे वाक्य से आरम्भ होने वाली तथा ऐतिहासिक काल में अग्रसर होने वाली है। समयानुक्रम में परिवर्तन करके या काल गति को स्थगित करके, नाटकीय पद्धति पर कार्य-व्यापारों की योजना, समय के निलम्बन द्वारा कथा

में रहस्य और कौतूहल की सृष्टि आदि औपन्यासिक शिल्प की विशेषताओं का इसमें अभाव है। इसी प्रकार अज्ञात परिणाम को संकेतित करने वाले, संकट बिन्दु से सम्पन्न तथा जिज्ञासा को उत्तेजित करने वाले कार्यकलाप इस कथा में विरल हैं। *देवरानी जेठानी की कहानी* का शिल्प पुराने किस्सों का शिल्प है; कथाकार ने उसमें कोई प्रयोग नहीं किया है।

जहाँ तक भाषा का प्रश्न है, यद्यपि *देवरानी जेठानी की कहानी* का गद्य सर्जनात्मक दृष्टि से बहुत साधारण कोटि का और विराम चिह्नों, पैराग्राफ-निर्माण तथा हिन्दी के परिनिष्ठित व्याकरण और वर्तनी से ईषत् भिन्न होने के कारण अनुल्लेखनीय जैसा है, पर इसमें पहली बार अलंकृत और कृत्रिम भाषा का मोह त्याग कर दैनिक जीवन में प्रचलित भाषा को महत्त्व दिया गया है। इसमें मेरठ जिले की खड़ी बोली का, जो वहाँ के मध्यवर्गीय बनिया परिवारों में बोली जाती थी, प्रयोग किया गया है। कथाकार ने 'भूमिका' में स्पष्ट रूप से स्वीकार किया है कि इस पुस्तक में "स्त्रियों की ही बोलचाल और वही शब्द जहाँ जैसा आशय है लिखा है और यह वह बोली है जो इस जिले के बनियों के कुटुंब में स्त्री पुरुष वा लड़के बाले बोलते चालते हैं संस्कृत के बहुत शब्द और पुस्तकों के जैसे इसलिए नहीं लिखे कि न कोई चित्त से पढ़ता है और न सुनता है।" भाषा का यही रूप उपन्यास के लिए स्वीकार्य है।

देवरानी जेठानी की कहानी पुनर्जागरण की चेतना से सीधे जुड़ी हुई रचना थी। पुनर्जागरण ने भारतीय समाज के जिस पक्ष को सबसे अधिक झकझोरा था, वह उसका नारी विषयक दृष्टिकोण और उसके प्रति उसका व्यवहार था। बंगाल में सती प्रथा की कानूनन समाप्ति पुनर्जागरण के आन्दोलन की प्रत्यक्ष सफलता थी। ईश्वरचन्द्र विद्यासागर के नेतृत्व में चला नारी शिक्षा आन्दोलन भी पुनर्जागरण का ही परिणाम था। सातवें दशक में हिन्दी क्षेत्र में भी नारी शिक्षा के प्रति जागरूकता का भाव पैदा हुआ, जो आकस्मिक रूप से हिन्दी उपन्यास के उद्भव का भी कारण बन गया। *देवरानी जेठानी की कहानी* स्त्री-शिक्षा के निमित्त पाठ्य पुस्तक के रूप में ही रचित एक कथापुस्तक थी। चूँकि यह हिन्दी की पहली मौलिक, कल्पनाप्रसूत कथापुस्तक थी, और इसमें समकालीन नारी की सामाजिक-पारिवारिक स्थिति ही लेखक की चिन्ता का विषय थी, अतः यह अनायास ही उपन्यास के बहुत निकट पहुँच गयी, यद्यपि उस समय तक उपन्यास शब्द हिन्दी में नॉवेल के अर्थ में अप्रचलित था। अतः विवेकसम्मत रूप में *देवरानी जेठानी की कहानी* को ही हिन्दी उपन्यास का प्रस्थान बिन्दु मानना समीचीन है।

1871 के दशक में *देवरानी जेठानी की कहानी* के ढंग की दो और कथापुस्तकें लिखी गयीं—ईश्वरी प्रसाद और कल्याण राय कृत *वामा शिक्षक* (1872), जो ग्यारह वर्ष बाद 1883 ई. में प्रकाशित हुई, और श्रद्धाराम फिल्लौरी रचित *भाग्यवती* (1877), जिसका प्रकाशन 1887 ई. में हुआ। ईश्वरी प्रसाद-कल्याण राय भी मेरठ के निवासी थे और आश्चर्य नहीं कि उन्हें गौरीदत्त से अपनी पुस्तक लिखने की प्रेरणा मिली हो। पर अपनी पुस्तक की भूमिका में उन्होंने अपने प्रेरणास्रोत के रूप में नजीर अहमद की उर्दू कथापुस्तक *मिरातुल उरूस* (वधू दर्पण, 1869) का नाम लिया है। अपनी पुस्तक की भूमिका में उन्होंने लिखा है, "निश्चय है कि इस पुस्तक से हिन्दुओं की लड़कियों को हिन्दुओं की रीतिभाँति के अनुसार लाभ पहुँचे और सुशील हों और जितनी (बुरी) चालें और पाखंड जिनका आजकल मूर्खता के कारण प्रचार हो रहा है उनके जी से दूर हो जाएँगे और बुरी प्रकृतियों को छोड़कर अच्छी प्रकृतियाँ सीखेंगी और लिखने पढ़ने और गुण सीखने की रुचि होगी क्योंकि प्रत्येक बुराई का दृष्टांत ऐसी रीति से लिखा गया है कि उसके

पढ़ने सुन्ने से उनके स्वभावों और उनकी मूर्खताओं के स्वभावों में साहस उत्पन्न होगा और जब साहस उत्पन्न हुआ तो छोड़ देना और छुड़ा देना उस बुराई का कुछ बात नहीं है।...'' इससे स्पष्ट है कि लेखकद्वय ने हिन्दुओं की कन्याओं के चरित्रनिर्माण तथा उन्हें सामाजिक कुरीतियों और पाखंडों से विमुख करने और बचाने के उद्देश्य से इस कथापुस्तक की रचना की थी। विषय की दृष्टि से *वामा शिक्षक देवरानी जेठानी की कहानी* से भिन्न नहीं है, पर आकार में यह उससे लगभग पाँचगुनी बड़ी है; फलस्वरूप इसमें कथ्य के विस्तार, चरित्रचित्रण और वार्तालाप योजना के लिए भी अवसर निकल आया है। *देवरानी जेठानी की कहानी* और *वामा शिक्षक* में कथ्य विषयक एक अन्तर यह है कि जहाँ प्रथम का केन्द्रीय विषय एक बनिया परिवार से सम्बद्ध है वहाँ दूसरी में 'ढाई गाँव के जमींदार' लाला भगवान दास के परिवार की कथा प्रस्तुत की गयी है, जिसकी केवल जमींदारी से ही दो-ढाई सौ रुपये (उस जमाने में) की प्रतिमाह आमदनी है। यह कहानी उस समय के अपेक्षाकृत सम्पन्न कायस्थ परिवार का प्रतिनिधित्व करती है। मध्यवर्गीय बनिया समाज जहाँ व्यापार और दूकानदारी से जीविकोपार्जन करता था वहाँ कायस्थ समाज अधिकतर अदालतों और सरकारी दफ्तरों से जुड़ा हुआ था। कायस्थ समाज में छोटे मोटे जमींदार भी पर्याप्त संख्या में थे, यद्यपि वे खेती प्रायः नहीं करते थे। इस समाज में शिक्षा का काफी प्रचार था और उर्दू फारसी तो उनकी सांस्कृतिक भाषा ही थी। ब्रिटिश शासन की स्थापना के बाद उनमें अँगरेजी शिक्षा का विशेष प्रचार हुआ। अँगरेजों के प्रति उनकी राजभक्ति भी स्वाभाविक थी। इससे उनके बालबच्चों को सरकारी नौकरियाँ आसानी से मिल जाती थीं। ब्रिटिश शासन की स्थापना के बाद सरकारी नौकरियों के लिए अँगरेजी का महत्त्व बढ़ गया था और कायस्थ समाज ने इस वास्तविकता को समय रहते पहचान लिया था। अब लड़कों को उर्दू-फारसी के स्थान पर अँगरेजी शिक्षा दिलाने की तत्परता बढ़ गयी थी। पर स्त्रियों की शिक्षा के प्रति कायस्थ समाज भी उदासीन ही था। जहाँ तक परम्परागत सामाजिक मूल्यों और मान्यताओं का प्रश्न है, कायस्थ समाज भी उनसे मुक्त नहीं था। भूत प्रेतों और पीरों की पूजा कायस्थ परिवारों में भी प्रचलित थी। कोई रोग होने पर झाड़फूँक में ज्यादा विश्वास किया जाता था। लोग चेचक का टीका लगवाने से भय खाते थे। शादी-ब्याह में अपव्यय तो कायस्थ समाज का स्वाभाविक रोग था, जिससे अनेक परिवार बरबाद हो जाते थे। मिथ्या आडम्बर और प्रदर्शन का रोग भी अपनी चरम सीमा पर था। बाल विवाह का प्रचलन भी कायस्थ समाज में कम नहीं था, जिसके परिणामस्वरूप अनेक लड़कियाँ असमय ही विधवा हो जाती थीं और उनका पुनर्विवाह नहीं होता था। जन्म, विवाह, मृत्यु आदि के समय प्रचलित परम्परागत हिन्दू संस्कार कायस्थ समाज में भी उसी प्रकार प्रचलित थे, जैसे बनिया समाज में। *बामा शिक्षक* में इस समकालीन जीवन-यथार्थ का वैसा ही वर्णन, कुछ अधिक विस्तार से, किया गया है, जैसा *देवरानी जेठानी की कहानी* में। लेखकद्वय का दृष्टिकोण भी, गौरीदत्त की तरह, सुधारवादी और नवजागरण की चेतना के अनुरूप है। इसमें अँगरेजी शिक्षा के महत्त्व को तो स्वीकार किया गया है, पर साथ ही, विशेषकर स्त्रियों के लिए, नागरी और हिन्दी शिक्षा पर भी जोर दिया गया है। लेखकद्वय का विशेष जोर उन सामाजिक कुरीतियों और पाखंडों को छोड़ने पर है जो हिन्दू समाज को खोखला और कमजोर बना रहे थे। स्त्रियों की शिक्षा पर *वामा शिक्षक* में विशेष बल दिया गया है, क्योंकि समकालीन प्रबुद्ध समाज अब अनुभव करने लगा था कि समाज का सुधार स्त्रियों की शिक्षा से ही सम्भव है। इसमें पात्रों के वार्तालाप द्वारा स्त्री शिक्षा के विरोध में दिए जाने वाले सभी तर्कों का खंडन

किया गया है और स्त्री शिक्षा को समाज की प्रगति के लिए आवश्यक सिद्ध किया गया है। लेखकद्वय ने बालविवाह, शादी-ब्याह के समय होने वाले अपव्यय, लड़कों को गहने पहनाने, रोग होने पर ओझाओं से झाड़फूँक कराने आदि का विरोध किया है। कथा का प्रमुख पात्र, मथुरादास, अपनी पुत्रियों को स्कूल में भेजना तो अपनी 'प्रतिष्ठा' के अनुरूप नहीं मानता, पर उन्हें 'नागरी' और 'संस्कृत' पढ़ाने के लिए शिक्षिका अवश्य नियुक्त कर देता है। लड़कियों के पाठ्यक्रम में पढ़ना-लिखना, गिनती-पहाड़ा सीखना, सब्जी बनाना, गुड़िया बनाना, सीना पिरोना, जाली काटना, बेलबूटे काढ़ना आदि शामिल हैं। इससे उस काल की लड़कियों के जीवनादर्श, कुशल गृहिणी बनने-बनाने की आकांक्षा, का पता चलता है।

वामा शिक्षक में भी, बहुत प्रच्छन्न रूप में, 'देशोन्नति' का भाव है। देशोन्नति के लिए सरकारी नौकरी से अधिक उपयोगी वाणिज्य-व्यवसाय है, इसका बोध *वामा शिक्षक* के लेखकों को था। कथा की एक पात्र, गंगा, नौकरी करने वाले को 'कूकर' के समान मानती है। उससे प्रेरणा पाकर उसके पति सीताराम को अपने परिश्रम, निष्ठा और ईमानदारी से व्यवसाय में सफलता भी मिलती है और वह 'आढ़तिया' बन जाता है। गंगा अपने एक पुत्र को भी 'सौदागरी' में ही लगाती है। प्रायः कायस्थ समाज में नौकरी ही जीविकोपार्जन का माध्यम मानी जाती थी पर *वामा शिक्षक* के लेखकों ने व्यवसाय को नौकरी से श्रेष्ठ बताकर अपने 'देशोन्नति' के भाव को ही व्यक्त किया है।

देवरानी जेठानी की कहानी की तरह *वामा शिक्षक* में भी स्त्रियों के झगड़ालूपन, अन्धविश्वास, बच्चों के पालन-पोषण में अरुचि, उन्हें चेचक का टीका न लगवाने तथा गहने पहनाने आदि की आलोचना की गयी है। कथा में स्त्रियों के स्वावलम्बी बनने पर भी बहुत जोर दिया गया है। कथा की एक स्त्री पात्र विपत्ति पड़ने पर टोपियाँ बनाकर और कलाबत्तू का काम करके परिवार का खर्च चलाने में सफल होती है। अपने लड़के को भी वह गोटा-किनारी करना सिखा देती है और दो हजार रुपये लगाकर उसकी दूकान खुलवा देती है, जिसके फलस्वरूप थोड़े ही दिनों में उसकी गिनती रईसों में होने लगती है। इससे भी नौकरी की तुलना में वाणिज्य व्यवसाय के प्रति लेखकद्वय का आग्रह परिलक्षित होता है। वस्तुतः वाणिज्य व्यवसाय से ही देशोन्नति की सम्भावना का भाव उस काल के प्रबुद्ध वर्ग में जन्म ले रहा था, जिसकी अभिव्यक्ति *वामा शिक्षक* में हुई है।

नये विचारों का मथुरादास बालविवाह का विरोधी है और वह अपनी लड़की का विवाह चौदह वर्ष की अवस्था में तथा लड़के का विवाह सत्रह वर्ष की अवस्था में करता है। वह विवाह के अवसर पर किए जाने वाले अपव्यय का भी विरोधी है और इन पैसों से अस्पताल बनवाने, कुआँ-तालाब आदि निर्मित कराने का समर्थक है।

पर कुल मिलाकर *वामा शिक्षक, देवरानी जेठानी की कहानी* की अनुकृति ही है, या अधिक से अधिक, उसका पल्लवन। पात्रों और स्थानों की नवीनता तथा नारी आदर्श सम्बन्धी कुछ अधिक उदाहरणों के अतिरिक्त इसमें और कोई नवीनता नहीं है। इसमें भी एक सीधी सरल कहानी के माध्यम से स्त्रियों को आदर्श नारी बनने का उपदेश दिया गया है। घटनाओं तथा वार्तालापों द्वारा स्त्री-शिक्षा से होने वाले लाभों को उदाहृत करना ही इस कथा का उद्देश्य है। एक युगानुरूप आदर्श स्त्री के जितने भी गुण हो सकते हैं—यथा शिक्षित होना, बड़ों का सम्मान करना, घर का समुचित प्रबन्ध करना, स्वावलम्बी बनना, छोटों से स्नेह करना, बच्चों का उचित

ढंग से पालनपोषण करना आदि—उनका सोदाहरण वर्णन किया गया है। आदर्श स्त्री के जो भी गुण उस काल की कसौटी पर मान्य थे, वे मथुरादास की बहू और उसकी पुत्रियों में और जो भी सम्भव दुर्गुण हो सकते थे, वे जमुनादास की स्त्री और उसकी लड़कियों में भर दिए गये हैं। *वामा शिक्षक* की भाषा तथा पात्रों और स्थानों के नामकरण में यथार्थ का पूरा रंग है, जो *देवरानी जेठानी की कहानी* का स्मरण दिलाता है।

शिल्प की दृष्टि से *वामा शिक्षक* भी उपन्यास की अपेक्षाओं को पूरा नहीं करता। इसमें भी *देवरानी जेठानी की कहानी* की तरह कथा ऐतिहासिक काल में अग्रसर होती है और समयानुक्रम में हेरफेर, काल स्थगन आदि नाटकीय विशेषताएँ इसमें नहीं हैं। पर *देवरानी जेठानी की कहानी* की तरह *वामा शिक्षक* की कथा इकहरी नहीं है। इसमें कई कथाएँ एक दूसरे से गुँथी हुई हैं, पात्र भी लगभग दो दर्ज़न हैं, जो कथासंसार को तनिक वैविध्य प्रदान करते हैं। *वामा शिक्षक* में चरित्रांकन का प्रयास, *देवरानी जेठानी की कहानी* की तुलना में कुछ अधिक दिखाई पड़ता है, यद्यपि इस चरित्रांकन में मनोवैज्ञानिक जटिलता, संवेदनशीलता, चिन्तनशीलता आदि का अभाव है। संवादों की योजना *वामा शिक्षक* में कुछ अधिक मिलती है, पर वह भी नाटकीय विशेषताओं और वचन विदग्धता आदि गुणों से रहित है।

वामा शिक्षक की कथा समकालीन जीवन के बिलकुल निकट की है। लाला भगवान दास, उनके दो पुत्रों और चार बहुओं की कथा को एक सूत्र में बाँधने में लेखक-द्वय पूरी तरह से सफल हैं, यद्यपि उन्हें यौगपदिक कथा संक्रमण प्रविधि का ज्ञान नहीं है, जिसमें कई कथाएँ, विभिन्न परिच्छेदों में, साथ-साथ अग्रसर होती हैं। पूरी कथा एक परिवार से जुड़ी होने के कारण सुगठित है; पर कथा को परिच्छेदों या अध्यायों में विभक्त करने का गुर कथाकार द्वय को ज्ञात नहीं है। पुराने किस्सों की तरह ही कथा एक बार आरम्भ होकर अन्त में ही समाप्त होती है। जब एक कथा समाप्त हो जाती है तो कथाकार 'अब हम गंगा का हाल लिखते हैं' वाक्य से पाठक के साथ सम्बन्ध स्थापित कर दूसरी कथा आरम्भ करता है और उसे अन्त तक पहुँचाता है। गंगा की कथा समाप्त होने पर कथाकार बारी-बारी से राधा, किशोरी तथा पार्वती की कथाएँ कहता है और उनके लिए 'राधा का हाल', 'किशोरी का हाल', 'पार्वती का हाल' आदि शीर्षक भी देता है। इस प्रकार कथा शिल्प की दृष्टि से *वामा शिक्षक* में थोड़ी सी नवीनता दिखाई पड़ती है।

भाषा की दृष्टि से भी *वामा शिक्षक देवरानी जेठानी की कहानी* के समकक्ष ही है। इसमें भी विराम चिह्नों का प्रयोग नहीं किया गया है। पर पूर्ण विराम के लिए जहाँ *देवरानी जेठानी की कहानी* में खड़ी पाई (।) का प्रयोग किया गया है, तहाँ *वामा शिक्षक* में डैश (—) का। *वामा शिक्षक* की भाषा भी 'प्रतिदिन की बोलचाल' की भाषा है, पर इसमें बोलचाल के तत्सम शब्दों का प्रयोग कुछ अधिक और व्याकरण तथा शब्दरूप अधिक परिनिष्ठित हैं। चूँकि *वामा शिक्षक* के लेखक-द्वय मुदर्रिस थे और नजीर अहमद की कथापुस्तक *मिरातुल उरूस* से परिचित थे अतः उनके गद्य में उर्दू की रवानी देखने को मिलती है। मुहावरों, कहावतों और सुभाषितों का प्रयोग भी उन्होंने प्रचुर मात्रा में किया है। इस दृष्टि से *वामा शिक्षक* की भाषा *देवरानी जेठानी की कहानी* की भाषा की तुलना में विकसित मानी जा सकती है, यद्यपि सर्जनात्मकता की दृष्टि से इसमें भी कोई वैशिष्ट्य नहीं है।

वामा शिक्षक की रचना के पाँच वर्ष बाद, 1877 ई. में, श्रद्धाराम फिल्लौरी ने (ज. 1863)

भाग्यवती की रचना की। कहा नहीं जा सकता कि फिल्लौरी जी *देवरानी जेठानी की कहानी* और *वामा शिक्षक* से प्रभावित हुए थे या नहीं। फिल्लौरी जी ने *भाग्यवती* की 'भूमिका' में 'हिन्दी भाषा' में एक ऐसी 'पोथी' लिखने की अपनी 'बहुत दिनों की इच्छा' की बात कही है ''जिसके पढ़ने से भारत खंड की स्त्रियों को गृहस्थ धर्म की शिक्षा प्राप्त हो।'' फिल्लौरी जी हिन्दू स्त्रियों की पिछड़ी दशा से बहुत चिन्तित थे, क्योंकि ''...यद्यपि कई स्त्रियाँ कुछ पढ़ी-लिखी तो होती हैं, परन्तु सदा अपने ही घर में बैठे रहने के कारण उनको देश विदेश की बोलचाल और अन्य लोगों से बरत व्यवहार की पूरी बुद्धी नहीं होती और कई बार ऐसा भी देखने में आया कि जब कभी उनको विदेश में जाना पड़ा तो अपना गहना कपड़ा बर्तन आदिक पदार्थ खो बैठीं और घर में बैठी भी किसी छली स्त्री पुरुष के बहकाने से अपने हाथ से अपने घर का नाश कर लिया। फिर यह भी देखा जाता है कि बहुत स्त्रियाँ अपनी देवरानियों जेठानियों से आठों पहर लड़ाई रखतीं और सासू सुसरे और अपने भर्ता का निरादर करने लग जाती हैं। कई स्त्रियों को अपने घर के हानि लाभ की ओर कुछ ध्यान न होने के कारण घर का सारा ठाट बिगाड़ लेतीं और कइयों के घरों को नौकर चाकर लूट 2 खाते और उनको संयम और यत्न से कुछ काम न होता। कई स्त्रियाँ बिपत काल में उदास हो के अपनी लाज को बिगाड़ लेतीं और अयोग्य और अनुचित कामों से अपना पेट पालने लग जाती हैं। और कई विद्या से हीन होने के कारण सारी आयु चक्की और चरखा घुमाने में समाप्त कर लेती हैं।'' (*भाग्यवती*, प्र.सं. की भूमिका) इस उद्धरण से उन्नीसवीं शताब्दी की हिन्दू स्त्रियों की स्थिति की एक झलक मिलती है। *देवरानी जेठानी की कहानी* और *वामा शिक्षक* में भी अशिक्षा के कारण मध्यवर्गीय परिवारों की स्त्रियों की हीन दशा का अंकन किया गया है, पर *भाग्यवती* में इसका अधिक विस्तार से चित्रण हुआ है। वस्तुतः स्त्री-शिक्षा ही *भाग्यवती* का केन्द्रीय कथ्य है, यद्यपि आनुषंगिक रूप में मध्यवर्गीय, विशेषकर उच्च मध्यवर्गीय ब्राह्मण, समाज की तत्कालीन जीवन दशा का अंकन भी इसमें मिलता है। इससे यह निष्कर्ष निकालना असंगत न होगा कि गौरीदत्त, ईश्वरी प्रसाद-कल्याण राय आदि की तरह श्रद्धाराम फिल्लौरी भी नवजागरण या नयी रोशनी की विचारधारा से प्रभावित थे। फिल्लौरी जी गौरीदत्त और ईश्वरी प्रसाद-कल्याण राय आदि की तुलना में अधिक पढ़े लिखे और रामचन्द्र शुक्ल के शब्दों में 'सिद्धहस्त लेखक' थे। वे संस्कृत के प्रकांड पंडित, वेदशास्त्रादि के ज्ञाता और अरबी-फारसी तथा अँगरेजी के अच्छे जानकार थे। पंजाबी उनकी मातृभाषा थी और काशी तथा ऋषिकेश में वर्षों तक अध्ययन के सिलसिले में उन्हें हिन्दी में दक्षता प्राप्त हो चुकी थी तथा वे हिन्दी के ओजस्वी वक्ता और लेखक के रूप में ख्यात थे। *भाग्यवती* पर उनकी इस बहुमुखी विद्वत्ता और ब्राह्मण समाज के जीवन के प्रामाणिक अनुभव की स्पष्ट छाप दिखाई पड़ती है।

भाग्यवती के कथ्य में भी कोई नवीनता नहीं है। इसमें भी हिन्दू समाज की बुराइयों, जैसे बाल-विवाह, भूतप्रेत और ओझा-सयानों में विश्वास, बच्चों को टीका न लगवाने, उन्हें जेवर पहनाने, लड़कियों को शिक्षा न देने, शादी-ब्याह के अवसर पर अपव्यय करने, एलोपैथी डॉक्टरों से इलाज न कराने आदि की आलोचना की गयी है। *भाग्यवती* में अन्धविश्वासों की सूची में थोड़ी वृद्धि हो गयी है; जैसे विवाह के समय चील का पूजन, कीकर वृक्ष की मनौती, बकरे का कान चीर कर विवाह की वेदी पर बैठना, पुराने जूते को सिर झुकाना, सूप पर पाँव रखकर घर में प्रवेश करना, कल्लू पीर के आगे सिर झुकाना, माथे पर बेसन का टीका लगाना आदि। कथा

में इन अन्धविश्वासों के उल्लेख से एक तरफ तो उस काल के हिन्दू समाज, विशेषकर ब्राह्मण वर्ग, के बौद्धिक पिछड़ेपन का बोध होता है और दूसरी तरफ इनके विरोध में पैदा हो रही बौद्धिक जागरूकता भी सामने आती है। यह नवजागरण की चेतना का यथार्थ था। *भाग्यवती* की उल्लेखनीय विशेषता यह है कि इसमें पहली बार स्पष्ट रूप से विधवा विवाह का समर्थन किया गया था जिसे उस समय का रूढ़िवादी हिन्दू समाज मानने को तैयार न था। कथा के बीच में (पृ. 14 की पादटिप्पणी) सूचना दी गयी है कि "ग्रन्थकार ने विधवा विवाह को प्रबल युक्ति प्रमाणों से सिद्ध किया था और विधवा विवाह न होने के दुःख आर्तहृदय से वह वर्णन किये थे कि पढ़नेहार के आँसू धारा चलती थी विधवा विवाह करने की उत्तम रीति भी बताई थी। परन्तु पाठशालाओं में विधवा विवाह की शिक्षा देना सरकार ने अनुचित मान के उस प्रसंग को निकाल दिया था। वह प्रसंग कलमी कापी के बीच रचइता पंडित जी के मन्दिर फुलौर में रक्षापूर्वक धरा है।" इससे तत्कालीन उच्च वर्ण के हिन्दू समाज में विधवा विवाह के घोर विरोध-भाव का पता चलता है। फिल्लौरी जी ने *भाग्यवती* में बालविवाह का भी जोरदार विरोध किया है और यह तर्क दिया है कि मुसलमानी शासन में मुस्लिम शासक कुँवारी हिन्दू लड़कियों का अपहरण कर लिया करते थे और चूँकि इस्लाम में विवाहित लड़कियों का अपहरण वर्जित था, इसलिए सात आठ वर्ष की उम्र में ही लड़कियों का विवाह कर दिया जाता था। लेखक ने 'महाराज अंग्रेज' के 'न्यायपूर्ण शासन' के प्रति कृतज्ञता व्यक्त करते हुए प्रश्न किया है कि "अब छोटी अवस्था में लड़की लड़कों के विवाह करने में क्या प्रयोजन है?" (पृ. 11)

भाग्यवती में एकाधिक स्थान पर ब्रिटिश शासन की प्रशंसा की गयी है। यद्यपि पुलिस विभाग की, उसमें फैली रिश्वतखोरी, धाँधली और बेईमानी की, कई जगह, आलोचना की गयी है, पर कथाकार इसका दोष 'अँगरेजी राज' को न देकर अपने देशी भाइयों को देता है, जो 'पुलिस में नौकर' हैं। 'अँगरेजी राज' के सम्बन्ध में लेखक की धारणा है कि इसमें "प्रजा को किसी भाँति की रोक टोक नहीं" (पृ. 50) तथा "इनके (अँगरेजों के) समान चतुर और प्रजा का भला चाहने वाला" कोई नहीं। (पृ. 89) कथा में एक स्थान पर (पृ. 131) यह भी संकेत मिलता है कि 'अँगरेजी राज के आने से' हिन्दुस्तानियों के भोजनवस्त्र, बोलचाल और आचार व्यवहार पर भी उनका प्रभाव पड़ने लगा है, पर लेखक उसके प्रति चिन्ता व्यक्त नहीं करता। इस प्रकार उन्नीसवीं शताब्दी के उत्तरार्ध में भारत के ईस्ट इंडिया कम्पनी शासन से ब्रिटिश साम्राज्य के अन्तर्गत आ जाने से मध्यम एवं उच्चवर्गीय भारतीयों में जिस आशा की ज्योति का संचार हुआ था, उसकी झलक *भाग्यवती* में मिलती है।

भाग्यवती में उन्नीसवीं शताब्दी के काशी के समाज तथा हरिद्वार के कुम्भ मेले की सच्ची तसवीर देखने को मिलती है। कथा की मुख्य पृष्ठभूमि काशी है, जहाँ के उच्च मध्यवर्गीय ब्राह्मण समाज के प्रतिनिधि के रूप में पं. उमादत्त, पं. वासुदेव शास्त्री, पं. जगदीश शास्त्री आदि के परिवारों की कहानी कही गयी है। इन परिवारों के सम्बन्धों की कथा के रूप में इस समाज की आर्थिक स्थिति, आचार-व्यवहार, रस्म-रिवाज, परम्परागत मूल्य-मान्यताओं आदि का विश्वसनीय अंकन किया गया है। उच्चवर्गीय ब्राह्मण समाज में विवाह के अवसर पर दिए जाने वाले दान-दहेज का बहुत ब्योरेवार वर्णन कथा में आया है और अन्य दृष्टियों से प्रबुद्ध लेखक ने इसका रस लेकर वर्णन किया है। इस वर्ग के मृत्यु संस्कारों का भी विस्तार से वर्णन किया गया है पर लेखक का दृष्टिकोण सुधारवादी है। वह चाहता है कि किसी की मृत्यु के 'दसाह' संस्कार के

बाद रोना और छाती पीटना न हो, मृतक के घर की स्त्रियाँ पूरे वर्ष तक 'मैले वस्त्र और मलीन आचार' धारण करना और पूरे वर्ष भर शोक व्यक्त करना छोड़ें। लेखक यह भी चाहता है कि किसी वृद्ध की मृत्यु के बाद उसके सम्बन्धी उसके 'विमान' के सामने 'नाचते कूदते ठठ्ठे करते' न देखे जाएँ। इससे स्पष्ट है कि ये रिवाज उन्नीसवीं शताब्दी के उत्तरार्ध में व्यापक रूप से प्रचलित थे और *भाग्यवती* का लेखक इनका विरोधी था। कथा में आए गौण पात्रों के द्वारा तत्कालीन निम्नवर्गीय समाज की भी झलक मिलती है। काशी अपनी ठगी के लिए तो प्रसिद्ध ही है। दो उपकथाओं के द्वारा इस ठगी का भी रोचक वर्णन किया गया है। इसी प्रकार हरिद्वार के कुम्भ मेले का भी यथार्थ वर्णन किया गया है। यद्यपि आठवें दशक तक देश में रेल-यात्रा सुलभ हो गयी थी, पर अधिकतर श्रद्धालु हिन्दू पैदल या बैलगाड़ी, बहली, पालकी, घोड़े आदि द्वारा तीर्थयात्रा करना पसन्द करते थे। *भाग्यवती* में इस मानसिकता और चलन का चित्रण किया गया है। इस प्रकार की तीर्थयात्राओं में आने वाली कठिनाइयों, परेशानियों, संकटों आदि का चित्रण भी कथाकार ने किया है और उनके समाधान भी प्रस्तुत किये हैं। यात्रा में किस प्रकार की सावधानियाँ बरतनी चाहिए, इसका निर्देश भाग्यवती के चरित्र द्वारा किया गया है। कुम्भ मेले में आने वाले साधुओं का वर्णन तो ऐतिहासिक महत्त्व का है, "....कई साधु वहाँ खडेसरी और ऊँचे भुजा वाले आते हैं और बहुत वहाँ ऐसे आते हैं कि जो झूले पर लटकते रहते हैं और कधी अन्न नहीं खाते, एक पाव भर दूध पी के निर्वाह करते हैं। कई वहाँ वैसे भी सुने जाते हैं कि जो सदा नंगे रहते और शीतकाल में जलधारा में बैठते और ग्रीष्म में पंचाग्नि तापते हैं। और कोई 2 वैसे भी भगवान के प्यारे वहाँ आते सुने हैं जिन्होंने जन्म भर राख में लेट के दिन पूरे किये हैं।" (पृ. 104) लेखक ने भाग्यवती के द्वारा इसकी आलोचना करा कर अपनी बुद्धिवादी और प्रगतिशील दृष्टि का परिचय दिया है।

यों तो *भाग्यवती* में नवजागरण या नयी रोशनी के अनेक पक्ष प्रस्तुत किये गये हैं, पर स्त्री शिक्षा के बाद स्त्रियों के लिए स्वावलम्बन की जरूरत पर विशेष बल देकर कथाकार ने अपनी जागरूकता का परिचय दिया है। भाग्यवती का चरित्र, अविश्वसनीय होने पर भी, स्वावलम्बन का अनोखा उदाहरण प्रस्तुत करता है। इसी प्रकार जन्म से बालकों और बालिकाओं को समान महत्त्व देकर कथाकार ने ऐसी जागरूकता का परिचय दिया है जिसकी आज भी सार्थकता महसूस की जा रही है। यहाँ तक कि स्त्रियों के लिए व्यायाम करने तक की अनुशंसा कथाकार ने की है जो उस जमाने के लिए एक अनहोनी सी बात है।

भाषा की दृष्टि से भी *भाग्यवती देवरानी जेठानी की कहानी* और *वामा शिक्षक* दोनों की तुलना में उपन्यास के कुछ और निकट पहुँच गयी है। यद्यपि फिल्लौरी जी की मातृभाषा पंजाबी थी, पर उनकी शिक्षा दीक्षा बनारस-ऋषिकेश में हुई थी और वे उस काल की टकसाली हिन्दी में भाषण देते और किताबें लिखते थे। *भाग्यवती* की भाषा के सम्बन्ध में उन्होंने लिखा है कि "इस ग्रन्थ में वह हिन्दी भाषा लिखी है जो दिल्ली और आगरा, सहारनपुर, अम्बाला के इरद गिरद के हिन्दू लोगों में बोली जाती और पंजाब के स्त्री पुरुषों को भी समझनी कठिन नहीं है। इस ग्रंथ में जिस देश और जिस भाँति के स्त्री पुरुषों की बातचीत हुई है वह उसी की बोली और ढब से लिखी है अर्थात् पूरबी पंजाबी का अनपढ़ा, स्त्री और पुरुष गौण और मुख्य जहाँ पर जो कोई जैसे बोला उसी की बोली भरी हुई है।" (भूमिका) *भाग्यवती* की भाषा *देवरानी जेठानी की कहानी* की तरह ठेठ मेरठ की भाषा नहीं है। यह कुछ कुछ *वामा*

शिक्षक की भाषा के निकट है। इस बात की पर्याप्त सम्भावना है कि ईश्वरी प्रसाद-कल्याण राय की तरह फिल्लौरी जी भी नजीर अहमद की *मिरातुल उरूस, बनात उन नाश* आदि कथापुस्तकों से गुजरे हों और उनसे प्रभाव ग्रहण किया हो। पर *भाग्यवती* की भाषा दिल्ली और आगरा, सहारनपुर, अम्बाला के इर्दगिर्द के 'हिन्दू लोगों' में बोली जाने वाली भाषा है, इस कारण इसमें अरबी-फारसी स्रोत के शब्दों का बहुत कम प्रयोग हुआ है। इसके विपरीत इसमें संस्कृत के तत्सम शब्दों का यथास्थान अधिक प्रयोग मिलता है; कथा के 'पंडित' पात्र तो अपने वार्तालाप और पत्रलेखन में तत्सम शब्दों का प्रचुर प्रयोग करते ही हैं। इसके बावजूद *भाग्यवती* की भाषा बोलचाल की तद्भव बहुल भाषा ही है। इसकी एक नवीनता यह है कि इसमें पात्रों से उनकी मातृभाषा, शिक्षादीक्षा और चरित्र के अनुरूप पंजाबी, बाँगड़ू, बनारसी, पंडिताऊ और सरकारी अमलों की भाषा का प्रयोग कराया गया है। पुलिस कर्मचारियों से बातचीत करते समय भाग्यवती भी उनकी जैसी भाषा का प्रयोग करती है जिसमें अरबी फारसी स्रोत के अदालती शब्दों की भरमार है। पुलिस कर्मचारियों की भाषा का उदाहरण है– "क्यों रे बेईमान! अब मुकरता है, तू ही तो हमको इनके यहाँ लाया था अहमक। कभी ऐसे इज्जतदारों की तलाशी ली जाया करती है? कि जिन पर न कुछ सरकार को जन और न रियाया को शक, चल तुमने नाहक हमको नादिम किया।" (पृ. 128) इनमें से 'जन' (सन्देह) और 'नादिम' (शर्मिन्दा) शब्दों के तो अर्थ भी पादटिप्पणी में दिये गये हैं। पंजाबी, बाँगरू, बनारसी आदि बोलियों में किये गये संवादों के हिन्दी अनुवाद भी पादटिप्पणियों में दिये गये हैं। इससे कथाकार की भाषा सम्बन्धी सजगता का पता चलता है। पात्रानुरूप भाषा का प्रयोग 'उपन्यास' की विशेषता है, जो प्रथम बार *भाग्यवती* में दिखाई पड़ती है।

भाग्यवती के कथासंसार के केन्द्र में भाग्यवती का चरित्र है, जो इसे उपन्यास के और निकट ले जाता है। यद्यपि भाग्यवती का चरित्र आदर्श-प्रतिपादक है, पर उसका कथा के केन्द्र में होना ही उसे औपन्यासिक पात्र की श्रेणी में ला खड़ा करता है। *भाग्यवती* का समस्त कथासंसार भाग्यवती के चरित्र पर स्थित है। कथा में लगभग दो दर्जन पात्र हैं जिनके चरित्र का 'वर्णन' करने में कथाकार पर्याप्त रुचि लेता है। इसकी एक विशेषता यह भी है कि पात्रों के वार्तालापों और कार्यकलापों से भी उनके चरित्र पर प्रकाश पड़ता है। यह विशेषता *देवरानी जेठानी की कहानी* और *वामा शिक्षक* में न के बराबर है। *भाग्यवती* में वार्तालापों की योजना पर्याप्त मात्रा में की गयी है जो न केवल विभिन्न विषयों पर कथाकार के विचार प्रस्तुत करते हैं, वरन् उनसे पात्रों का चरित्र भी सामने आता है। इनमें सबसे आकर्षक वार्तालाप भाग्यवती और 'लड़ाकी' नामक स्त्री का है जो एक 'हवा से लड़ने वाली' झगड़ालू स्त्री का चित्र साकार कर देता है।

शिल्प की दृष्टि से *भाग्यवती* में कोई वैशिष्ट्य नहीं है। *देवरानी जेठानी की कहानी* और *वामा शिक्षक* की तरह इसमें भी कथा ऐतिहासिक कालक्रम में प्रस्तुत की गयी है। समयानुक्रम में उलटफेर, समय का निलम्बन, नाटकीयता आदि इसमें भी नहीं है। कथाकार किस्सागो के रूप में पाठकों से आत्मीयता स्थापित कर उन्हें सम्बोधित करता हुआ एक कथाप्रसंग से दूसरे कथाप्रसंग पर ले जाता है। प्रसंग निर्माण की क्षमता श्रद्धाराम फिल्लौरी में पूर्ववर्ती दोनों कथाकारों से अधिक है। यद्यपि ये प्रसंग बहुत मार्मिक नहीं बन सके हैं, पर इनका होना ही कथा का उपन्यास के निकट पहुँचना माना जा सकता है।

भाग्यवती के कथासंसार की सबसे बड़ी कमजोरी इसकी आदर्शोन्मुख अविश्वसनीयता है। इसकी केन्द्रीय पात्र भाग्यवती और अन्य प्रमुख पात्र जीते-जागते मनुष्य न होकर विचारों और आदर्शों के उदाहरण हैं। कथाकार अपने विचारों को उदाहृत करने के लिए कथा को मनमानी दिशा में मोड़ देने में कोई संकोच नहीं करता। संवेदनशीलता और मनोवैज्ञानिक गहराई की दृष्टि से भी कथा में कोई वैशिष्ट्य नहीं है। संवाद सपाट और अनाटकीय हैं। *भाग्यवती* उपन्यास कला की दृष्टि से सफल रचना नहीं मानी जा सकती, पर निश्चय ही यह **उपन्यास** की ओर कुछ और बढ़ी हुई रचना है।

एक उल्लेखनीय बात यह है कि गौरीदत्त, ईश्वरी प्रसाद-कल्याण राय और श्रद्धाराम फिल्लौरी में से किसी ने भी अपनी रचना को **उपन्यास** या **नॉवेल** की संज्ञा नहीं दी है। 1877 ई. तक **उपन्यास** पद हिन्दी में प्रचलित नहीं हुआ था यद्यपि 1875 ई. में भारतेन्दु हरिश्चन्द्र (ज. 1850) इसे बँगला से हिन्दी में ला चुके थे। *देवरानी जेठानी की कहानी, वामा शिक्षक* और *भाग्यवती* तीनों के ही लेखक दिल्ली के आसपास के थे, जहाँ अभी बँगला साहित्य की अनुगूँज नहीं पहुँची थी। अँगरेजी शिक्षा की दृष्टि से दिल्ली और उसके आसपास का क्षेत्र बंगाल की तुलना में पिछड़ा हुआ था, अतः वहाँ का प्रबुद्ध वर्ग **नॉवेल** से अपरिचित हो तो कोई आश्चर्य नहीं। इस कारण उपर्युक्त कथा लेखकों का अपनी रचनाओं के लिए **उपन्यास** या **नॉवेल** पद का प्रयोग न करना आश्चर्य की बात नहीं। पर तीनों ही कथाकारों को अपनी कथाओं के 'नयेपन' और 'वास्तविक जीवन से सम्बद्ध होने' का बोध था। ज्ञानचन्द जैन ने इनके लिए 'नवल कथा' शब्द का प्रयोग किया है, जो बहुत सार्थक है।[1] यह भी ध्यान देने की बात है कि गुजराती में उपन्यास को 'नवल कथा' ही कहते हैं। इस प्रकार यह कहा जा सकता है कि ये तीनों कथालेखक, जाने अनजाने, उपन्यास रचना की दिशा में अग्रसर हो रहे थे, जिसकी ठोस परिणति दिल्ली के ही निवासी, लाला श्रीनिवास दास की रचना *परीक्षा गुरु* (1882) में हुई। इससे यह निष्कर्ष निकलता है कि हिन्दी उपन्यास अँगरेजी की नकल या बँगला की कलम न होकर समकालीन भारतीय परिस्थितियों में स्वतः पैदा और विकसित हुआ था। बँगला के प्रभाव से दूर, दिल्ली के आसपास, इस कथारूप के विकास का यही स्वाभाविक निष्कर्ष हो सकता है।

पर इसका यह अर्थ नहीं कि हिन्दी उपन्यास के उद्‌भव और विकास में बँगला उपन्यास का कोई योगदान नहीं है। **नॉवेल** के लिए **उपन्यास** पद का प्रयोग तो हिन्दी को बँगला की देन है ही। बँगला में भी **उपन्यास** पद का प्रथम प्रयोग भूदेव मुखोपाध्याय ने 1862 ई. में अपनी *ऐतिहासिक उपन्यास* नामक कथापुस्तक के शीर्षक में किया था जिसमें लगभग 60 पृष्ठों का *अंगुरीय विनिमय* नामक उपन्यास और लगभग 12 पृष्ठों की *सफल स्वप्न* नामक लघुकथा संकलित थी। भूदेव मुखोपाध्याय ने 'उपाख्यान' शब्द के स्थान पर, जो बँगला में खूब प्रचलित था, 'उपन्यास' शब्द का प्रयोग क्यों किया, इस सम्बन्ध में उन्होंने कुछ भी नहीं लिखा है; पर लगता है, उन्हें अपनी कथा की 'नवीनता' का बोध था, जिसके लिए उन्होंने नया नाम भी जरूरी समझा। 1865 ई. में बंकिमचन्द्र चटर्जी की *दुर्गेश नन्दिनी* भी उपन्यास नाम से ही प्रकाशित हुई। वस्तुतः **उपन्यास** पद को **नॉवेल** के अर्थ में स्थापित करने का श्रेय बंकिमचन्द्र चटर्जी को ही है। **उपन्यास** पद **नॉवेल** का सही पर्याय है या नहीं, अब इस विवाद का कोई अर्थ नहीं है, यद्यपि कतिपय आलोचकों ने व्युत्पत्ति के (उप-निकट :

न्यास-रखना) आधार पर इसे संगत सिद्ध करने का भी प्रयास किया है। बहुत बाद में (1890 ई.) राधाचरण गोस्वामी ने अपनी कथापुस्तक *सौदामिनी* में **नॉवेल** के लिए **नवन्यास** पद का विकल्प दिया था, पर तब तक **उपन्यास** पद इतना प्रचलित हो चुका था कि अर्थ की दृष्टि से नॉवेल के अधिक निकट होने पर भी यह **उपन्यास** को विस्थापित नहीं कर सका। हिन्दी में **नॉवेल** के अर्थ में **उपन्यास** पद का प्रथम प्रयोग भारतेन्दु हरिश्चन्द्र ने 1875 ई. में 'हरिश्चन्द्र चन्द्रिका' के फरवरी और मार्च, 1875 के अंकों में धारावाहिक रूप में प्रकाशित अपूर्ण कथा *मालती* के लिए किया था। यद्यपि **मालती** के लेखक का नाम शीर्षक के साथ नहीं दिया गया था, पर अनुमानतः इसके लेखक भारतेन्दु ही रहे होंगे। कोष्ठक में दिया हुआ **उपन्यास** शब्द तो भारतेन्दु का होगा ही।

भारतेन्दु ने सर्वप्रथम 'हरिश्चन्द्र मैगजिन' के प्रवेशांक में (15 अक्टूबर, 1873) नॉवेल शब्द का उल्लेख किया था। 'मैगजिन' के आवरण पृष्ठ पर जिन विषयों पर प्रकाशित होने वाली रचनाओं की घोषणा (अँगरेजी में) की गयी थी उनमें **नॉवेल** भी था। सम्भवतः अब तक भारतेन्दु ने 'नॉवेल' के लिए **उपन्यास** शब्द को स्वीकार नहीं किया था। 1874 ई. में जब 'हरिश्चन्द्र मैगजिन' का नाम बदल कर 'हरिश्चन्द्र चन्द्रिका' किया गया तब भी उसमें प्रकाशित होने वाले विषयों में **उपन्यास** शामिल नहीं था। 1873 से 1875 के बीच **हरिश्चन्द्र मैगजिन** और **हरिश्चन्द्र चन्द्रिका** में 'कादम्बरी', 'गुणसिन्धु' और 'धैर्यसिन्धु' नामक गद्यकथाएँ प्रकाशित हुईं, पर भारतेन्दु ने इन्हें **उपन्यास** की संज्ञा नहीं दी। वस्तुतः इन्हें **नॉवेल** या **उपन्यास** कहा भी नहीं जा सकता, क्योंकि उपन्यास की यथार्थ से प्रतिबद्धता की जो अनिवार्य शर्त है, उसका पालन इनमें नहीं हुआ है। पर फरवरी, 1875 में प्रकाशित 'मालती' को उन्होंने **उपन्यास** का ही नाम दिया। इसका कारण सम्भवतः 'मालती' में कथारूप का नवीन प्रयोग है। इस कथा का आरम्भ प्राचीन कथाओं की तरह पात्रों के परिचय से न होकर दो पात्रों के जंगल में जाने और वहाँ शराब पीने के नाटकीय वर्णन से हुआ है। यही नाटकीयता *परीक्षा गुरु* में प्रयुक्त होकर चर्चा का विषय बनी। पर कथाशिल्प में नाटकीयता के प्रयोग का आरम्भ बिन्दु 'मालती' ही है। 'मालती' की कथा का आरम्भ इन पंक्तियों से होता है, "एक भयानक निर्जन में दो सुन्दर युवक, जो 15 और 20 वर्ष के वय के हैं चले जा रहे हैं। एक पुरुष के हाथ में लालटेन और दूसरे हाथ में नंगी कृपाण तथा दूसरे पुरुष के हाथ में मद्य की बोतल तथा दूसरे हाथ में नीले वस्त्र में लिपटी कोई वस्तु है।" इस कथारम्भ की विशेषता यह है कि इसमें न तो पुरानी कथाओं की तरह आरम्भ में वन का काव्यात्मक वर्णन है, न पात्रों का विस्तृत परिचय दिया गया है; बिलकुल नाटकीय पद्धति पर वर्तमान काल में एक दृश्य प्रस्तुत हो जाता है। एक पात्र के हाथ में लालटेन और नंगी तलवार तथा दूसरे के हाथ में मद्य की बोतल और 'नीले वस्त्र में लिपटी कोई वस्तु' का उल्लेख कर कथाकार एक 'रहस्य' का सृजन करता है जो औपन्यासिक कथानक या 'प्लॉट' की विशेषता है। इस दृश्य के बाद ही कथाकार पात्रों का परिचय देता है, "यह चन्द्रगुप्त कौन है और ऐसे दुष्ट मनुष्य का क्यों इतना वशीभूत हो गया जिससे मद्य को अपनी विपत्ति का कारण जानता हुआ भी हार कर पी गया इस भेद को जानने की सबको इच्छा होगी वह भेद यह है कि..." और इस प्रकार कथा शुरू हो जाती है। दो अंकों में प्रकाशित कथा का इतना ही अंश व्यक्त हो पाता है कि चन्द्रगुप्त 13 वर्ष की उम्र में एक अजनबी के बहकावे में आकर अपने बड़े

भाई को अपना दुश्मन समझ बैठता है। शराब पीकर बेहोश हो जाने के बाद वह अपने को एक कोठरी में बन्द पाता है, जहाँ उसे एक गुप्त मार्ग से पहुँचाया गया है। उसे केवल इतना ही बताया जाता है कि ऐसा उसकी प्राणरक्षा के लिए किया गया है। कथा यहीं रुक गयी है, अतः यह कहना कठिन है कि यह कौन सा रूप लेती, पर जो अंश उपलब्ध है उससे यह आभास मिलता है कि कथा जरूर ही रहस्य रोमांच से भरी होती। यदि हम इसकी तुलना *देवरानी जेठानी की कहानी* और *वामा शिक्षक* से करें तो यह स्पष्ट लक्षित होगा कि दिल्ली के आसपास जो उपन्यास परम्परा विकसित हो रही थी, उसका **कथ्य** 'औपन्यासिक' था, जबकि काशी में भारतेन्दु द्वारा आरम्भ की गई उपन्यास परम्परा में **शिल्प** विषयक नवीनता थी। भाषा की दृष्टि से दोनों में समानता है, यद्यपि *देवरानी जेठानी की कहानी* और *वामा शिक्षक* की भाषा कथा और कथ्य के अधिक अनुरूप है।

ब्रजरत्न दास के अनुसार भारतेन्दु हरिश्चन्द्र ने *एक कहानी कुछ आपबीती कुछ जगबीती* नाम से एक **उपन्यास** लिखना आरम्भ किया था, जिसका केवल 'प्रथम खेल' प्रकाशित हुआ था। ज्ञानचन्द जैन के अनुसार यह उपन्यास-अंश 'कवि वचन सुधा', भाग-8, सं. 22, वै. कृ. 4 संवत् 1933 (1876 ई.) में प्रकाशित हुआ था।[2] पर आश्चर्य है कि फरवरी, 1875 में **उपन्यास** पद का प्रयोग करने वाले भारतेन्दु 'आपबीती जगबीती' को 'कहानी' कहते हैं। 'कहानी' के शीर्षक से इस बात का आभास मिल जाता है कि भारतेन्दु को उपन्यास की प्रकृति की सही पहचान थी। वस्तुतः 'आपबीती-जगबीती' की कथा ही उपन्यास है। कथाकार ने 'परिच्छेद' के लिए 'खेल' शब्द का प्रयोग किया, जिससे उसके नाटकीय रुझान का पता चलता है। उस समय तक कल्पित कथाओं का परिच्छेदों में विभाजन भी एक नयी बात थी; परिच्छेदों को 'खेल' या दृश्य के रूप में प्रस्तुत करना तो सर्वथा आश्चर्यजनक था। यद्यपि इस कहानी के केवल दो ही पृष्ठ प्रकाशित हुए थे और 'प्रथम खेल' भी पूर्ण नहीं हो सका था, पर इस कथांश के विश्लेषण से भारतेन्दु की औपन्यासिक प्रतिभा का सहज ही अनुमान लगाया जा सकता है। कथा का आरम्भ उन्होंने 'आत्मचरित' की पद्धति पर, पाठकों को सम्बोधित करते हुए किया है। यह हिन्दी के लिए बिलकुल नयी बात थी। उपन्यास का कथा नायक रईस खानदान का है, युवक है, रसिक है, जवानी की उमंगों से भरा है और अनुभवहीन है। इस प्रकार के युवा रसिक रईसों को उल्लू बनाकर ठगने के लिए उनके दीवानखानों में चापलूसों और खुशामदियों का जमघट लगा रहना उस काल के अभिजात परिवारों की एक सच्चाई थी। भारतेन्दु स्वयं एक अभिजात कुल के युवक थे, अतः उनका इस वास्तविकता का अनुभव स्वानुभूत और प्रामाणिक था। भारतेन्दु ने इस अनुभव को 'आपबीती जगबीती' के 'प्रथम खेल' में मूर्त कर दिया है। इसकी भाषा ऐसी जीवन्त, सटीक पर्यायवाची शब्दों, उपमानों, मुहावरों, बोलचाल के फड़कते जुमलों और उर्दू की सजीव बयाँबाजी से युक्त है कि कथा नायक रईस का बैठकखाना जीवित सच्चाई बन जाता है। दीवानखाने के बाहर का वर्णन भी उतना ही रोचक और यथार्थ है। वहाँ "चार पाँच हिन्दू, चार पाँच मुसलमान, सिपाही, एक जमादार, दो तीन उम्मेदवार और दस बीस उठल्लू के चूल्हे, कोई खड़ा था, कोई बैठा था। हाय रुपया सबके जबान पर, पर इसमें सब ऐसे नहीं, कोई कोई सच्चा स्वामिभक्त भी था। कोई रंडी के भँड़ुवे से लड़ता—रुपये में दो आना न दोगे तो सरकार से ऐसी बुराई करेंगे कि फिर बीवी का इस दरबार में दर्शन दुर्लभ हो जाएगा। कोई बजाज से कहता कि

वह काली बनात हमें न ओढ़ाओगे तो बरसों पड़े झूलोगे, रुपये के नाम पर खाक भी न मिलेगी। कोई दलाल से अलग अलग सट्टा बट्टा लगा रहा था। कोई इस बात पर चूर था कि मालिक का हमसे बढ़ कर कोई भेदी नहीं, जो रुपया कर्ज आता है हमारी मारफत आता है। दूसरा कहता था--बच्चा, हमारे आगे तुम क्या पूचल चर हो, औरतों का भुगतान सब मैं ही करता हूँ।'' यह वर्णन भी समकालीन बिगड़े रईसों के जीवन का यथार्थ और सजीव चित्र प्रस्तुत करता है।

इसी पृष्ठभूमि में बैठकखाने में रईसजादे के मुँहलगे पात्र 'होली' का प्रवेश होता है, जो ''नाटा खोटा, अच्छे हाथ-पैर का, साँवले रंग का आदमी है, बड़ी मूँछ, छोटी आँखें, कछाछा कसे, लाल पगड़ी बाँधे, हरा दुपट्टा कमर में लपेटे, सफेद दुपट्टा ओढ़े, जात का कुनबी है।'' इस वर्णन से भारतेन्दु की चरित्र-निर्माण की क्षमता का पता चलता है। परिवेश के अंकन में भी भारतेन्दु की अद्भुत सर्जनशीलता दिखाई देती है, ''वसन्त ऋतु, हवा ठंडी चलती थी, साँझ फूली हुई, आकाश में एक ओर चन्द्रमा दूसरी ओर सूर्य, पर दोनों लाल लाल, अजब समाँ बँधा हुआ, कसेरू, गँड़ेरी और फूल बेचने वाले सड़क पर पुकार रहे हैं।'' यह वर्णन 'साहित्यिक' होते हुए भी अनुभव और अवलोकन की ताजगी से भरपूर है।

इन उद्धरणों से भारतेन्दु की औपन्यासिक भाषा का नयापन, और सौन्दर्य भी, सामने आता है। भारतेन्दु की भाषा भी बोलचाल की भाषा है, पर वह न तो गौरीदत्त, ईश्वरी प्रसाद-कल्याण राय, श्रद्धाराम फिल्लौरी आदि की तरह सपाट है न हरिश्चन्द्र मैगजिन-चन्द्रिका में प्रकाशित 'कादम्बरी', 'गुणसिन्धु', 'धैर्यसिन्धु' आदि की तरह अतिशय काव्यात्मक। भारतेन्दु कदाचित् इस बात को समझते थे कि उपन्यास की भाषा साहित्यिक होने के साथ ही यथार्थ के निकट होनी चाहिए। *आपबीती जगबीती* की भाषा में अरबी-फारसी के बोलचाल में प्रचलित शब्द इस स्वाभाविकता के साथ प्रयुक्त हुए हैं कि पात्रों के चरित्र और परिवेश दोनों ही सजीव हो जाते हैं। यह उस काल के अभिजात वर्ग की स्वाभाविक बोलचाल की भाषा है। इसे सटीक पर्यायवाची शब्दों, उपमा-रूपक आदि अलंकारों, ताजे उपमानों और जिन्दा मुहावरों की सहायता से लेखक ने अद्भुत रूप से सर्जनात्मक बना दिया है। इस प्रकार भारतेन्दु ने *एक कहानी कुछ आपबीती कुछ जगबीती* के द्वारा उपन्यास लेखन की जबरदस्त शुरुआत की थी, पर 'कहानी' की तरह यह 'शुरुआत' भी दो पग चलकर ही समाप्त हो गयी थी।

भारतेन्दु के बाद उपन्यास शब्द का प्रयोग करने वाले दूसरे लेखक राधाकृष्ण दास (ज. 1865) थे, जिन्होंने भारतेन्दु से प्रेरणा लेकर 1878 ई. में 'नाटकोपन्यास' नामक पाक्षिक पत्र निकालने का असफल प्रयास किया था। इस पत्र में धारावाहिक रूप में नाटक और उपन्यास प्रकाशित करने की योजना बनाई गई थी, पर 100 की संख्या में अग्रिम ग्राहक न मिल पाने के कारण योजना खटाई में पड़ गई थी। नवम्बर, 1879 में 'हिन्दी प्रदीप' के जिल्द 3, सं. 3 से अपने 'रहस्यकथा उपन्यास' का धारावाहिक प्रकाशन आरम्भ कर बालकृष्ण भट्ट ने उपन्यास पद के प्रयोग को ही नहीं, बल्कि उपन्यास लेखन की परम्परा को भी आगे बढ़ाया। यह उपन्यास थोड़े-थोड़े अन्तराल के साथ मई, 1882 तक प्रकाशित होता रहा, पर पूरा नहीं हो पाया और पुस्तकाकार तो प्रकाशित हुआ ही नहीं।

'रहस्यकथा उपन्यास' की कई विशेषताएँ उल्लेखनीय हैं। यद्यपि इसका आरम्भ 'मालती'

(1875) की तरह नाटकीय प्रविधि में नहीं हुआ है, पर कथा में 'रहस्य' का सृजन करने के प्रति कथाकार मालती के कथाकार की ही तरह सजग है। वह किसी रहस्यमय घटना का वर्णन करके पाठकों में कौतूहल का भाव पैदा करता है और पाठक को उसी मनःस्थिति में छोड़ कर अन्य प्रसंगों के निर्माण में लग जाता है। कथानक या प्लॉट रचना की यह विशेषता 'रहस्य कथा' में पहली बार देखने को मिलती है। कथाकार पाठक को बाद में रहस्य खोलने का 'आश्वासन' देकर दूसरी कथा के वर्णन में प्रवृत्त हो जाता है। जब उपन्यास का प्रमुख पात्र, तिलकधारी, अपना गाँव छोड़ कर चला जाता है तो कथाकार पाठक को आश्वस्त करता है, "हमारे पाठक जन अब दूर तक इसका नाम न पाएँगे। कदाचित् वे भूल न जायें इसलिए हम उन्हें जताये देते हैं कि अन्त को हमारे इस किस्से का मुख्य नायक 'हीरो' यही तिलकधारी होगा।" उपन्यासकार का पाठकों से इस तरह का सम्बन्ध-स्थापन पुरानी कथाओं में किस्सागो और श्रोता के आमने-सामने के सम्बन्ध की याद दिलाता है। *वामा शिक्षक* और *भाग्यवती* में भी विभिन्न प्रसंगों में तालमेल बिठाने के लिए इस प्रविधि की सहायता ली गयी है। पर उनमें कथा का वैसा वैविध्य नहीं है जैसा रहस्य कथा में है। रहस्य कथा में स्थान और काल के भेद से कई कथाएँ युगपत् रूप में अग्रसर होती हैं। उनमें कौतूहल बनाए रखने के लिए संयोगाधृत और चौंकाने वाली घटनाओं की प्रधानता है। रहस्य सृजन और पाठकों के श्रोता स्वभाव में सामंजस्य बनाए रखने के लिए उपन्यासकार के लिए यह जरूरी हो जाता है कि वह पाठक के पास विद्यमान रहे और उसे सम्बोधित करता रहे। कथा में अपराध और छलप्रपंच पूर्ण घटनाओं की अधिकता के कारण लेखक को रहस्य सृजन में और भी आसानी हो जाती है। 'संयोगों' की भी प्रचुर सहायता ली गयी है, जिससे कथा में रोचकता पैदा हुई है।

कथ्य या विषय की दृष्टि से भी 'रहस्य कथा' में नवीनता है। इसमें, मुख्य रूप से, अवध के एक गाँव और लखनऊ से जुड़े जमींदार परिवार की कथा प्रस्तुत की गयी है। 1857 ई. के कुछ पहले ही अवध प्रान्त नवाबी शासन से कम्पनी शासन के अन्तर्गत आ गया था, पर गाँवों के हिन्दू जमींदार अपनी जगह पर कायम थे, जो लखनऊ के 'इतिहास' बन गए नवाबों के नक्शेकदम पर चलने में अपनी सार्थकता समझते थे। भानुमान सिंह के रूप में उपन्यासकार ने एक ऐसे ही जमींदार का चित्रण किया है, "यह उन बातों से बरी न था जो पुराने आदमियों में विशेषकर अमीरों में होना चाहिए। यद्यपि उमर इसकी ढल गयी थी पर अमीरी ने इसके दिमाग को ऐसा चाट लिया था कि लखनौआपन इसके चेहरे से झलकता था। ऐयाशी करते करते रंग पीला पड़ गया था तौ भी हिर्स दूर नहीं हुई थी। मोछों के बाल सफेद हो गये थे, इसलिए खिजाब भर, दाँतों की लड़ियों में मिस्सी और आँखों में सुरमे की धज्जी जमाय पान चबाता पेचवान लगाये मसनद पर जब आ बैठता था तो अपने को 20 वर्ष का गभरू जवान मानता था।" यह उन्नीसवीं सदी के बिगड़े दिल जमींदारों का प्रामाणिक और सजीव चित्र है। इन जमींदारों के लड़के भी प्रायः लखनऊ की 'बुरी सोहबत' में पड़ कर आवारा हो जाते थे और 'तीतर बटेर या पतंगबाजी या चंडूखाने में चंडू या मदक पीने तथा कसबियों के घर ऐश-आराम में' अपना जीवन बरबाद कर डालते थे। इनके प्रतिनिधि के रूप में धनुषधारी का चरित्र निर्मित किया गया है। इन चरित्रों के प्रतिपक्ष के रूप में केसरी सिंह और तिलकधारी के चरित्र प्रस्तुत किये गये हैं। इन जमींदार घरानों में

सम्पत्ति पर अधिकार जमाने के लिए जो षड्यन्त्र और अपराध कर्म होते थे उनका भी उपन्यासकार ने विश्वसनीय वर्णन किया है। यद्यपि षड्यन्त्रों और अपराध कर्मों के वर्णन से कथाकार पाठकों की कौतूहल भावना का लाभ उठाता है, पर ये प्रसंग यथार्थ से दूर नहीं हैं।

हिन्दी उपन्यास में विवाहपूर्व प्रेम का अंकन भी 'रहस्य कथा' से ही आरम्भ होता है। यद्यपि साहित्य में विवाहपूर्व प्रेम का वर्णन कोई नयी चीज नहीं थी, पर जिस काल में यह उपन्यास लिखा गया था, उस काल में हिन्दू समाज में विवाहपूर्व प्रेम को सामाजिक मान्यता प्राप्त नहीं थी। उपन्यास के 'शान्त, शिष्ट, सौम्य और सच्चरित्र' कथानायक तिलकधारी और 'शिक्षित', 'गुणवती', 'कारीगरी के कामों में कुशल', 'मातृविहीन' गुनवती का विवाहपूर्व प्रेम दिखाकर भट्ट जी ने अपनी आधुनिक दृष्टि का परिचय दिया है। इनके प्रथम, और दिनोदिन गाढ़े होते, 'प्रेम रस' के वर्णन में उपन्यासकार की संयत रसिकता देखने योग्य है। पर जैसा अक्सर प्राचीन प्रेम कथाओं में होता है, भट्ट जी भी आकस्मिक घटनाओं की सहायता से नायक नायिका में बिछोह करा देते हैं। नायक जिन घटनाओं का शिकार होता है वे प्राचीन प्रेमकथाओं का स्मरण दिलाती हैं। पर उसकी मृत्यु का समाचार पाकर गुनवती के शोक वर्णन में उपन्यासकार ने संयम का अनूठा परिचय दिया है।

इस घटना के पश्चात् 'अठारह वर्षीय' गुनवती का 'पचास वर्षीय' भानुमान सिंह के साथ 'बेमेल विवाह' दिखाकर उपन्यासकार ने 'पाखंड, अन्धविश्वास और रूढ़िवादिता से ग्रस्त समाज की बलिवेदी' पर 'सुशीला गुनवती कन्या की बलि' चढ़ा देने का वर्णन किया है। गुनवती के विवाह के बाद उसके प्रेमी, तिलकधारी, के जीवित लौट आने के प्रसंग की योजना द्वारा उपन्यासकार ने एक अतिनाटकीय स्थिति का निर्माण किया है, जो पाठक के लिए कौतूहलप्रद है। थोड़े ही समय बाद, भानुमान सिंह की हत्या के पश्चात्, वह विधवा भी हो जाती है। कथा अधूरी रह जाने के कारण इस बात का पता नहीं चलता कि उपन्यासकार इस स्थिति का कौन सा समाधान प्रस्तुत करता। उपन्यास की अन्तिम किस्त से आभास मिलता है कि धनुषधारी को ईश्वरीय न्याय मिलेगा, पर तिलकधारी और गुनवती का क्या होता है, इसका पता नहीं चलता।

'रहस्य कथा' में उन्नीसवीं शताब्दी के सामन्त वर्ग के पतनोन्मुख चरित्र, पारिवारिक षड्यन्त्र तथा प्रेम और विवाह की समस्या का चित्रण किया गया है। उपन्यास में विषय की नवीनता और लेखक की प्रगतिशील दृष्टि स्पष्टतः लक्षित होती है। जहाँ तक उपन्यास की भाषा का प्रश्न है, लेखक ने कथावर्णन में सरल बोलचाल की भाषा को तरजीह दी है, जिस पर जहाँ तहाँ अवधी की भी छाप है। बोलचाल के अँगरेजी और अरबी-फारसी शब्दों से भी उसे परहेज नहीं है। पर जहाँ प्रेम और प्रकृतिवर्णन का प्रसंग उपस्थित होता है, वहाँ कथाकार का पुराना काव्य संस्कार प्रबल हो उठता है। प्रेमजन्य मनोभावों के वर्णन में उपन्यासकार की संवेदना तीव्र, किन्तु संयत रूप में व्यक्त होती है, पर प्रकृतिवर्णन में वह बाणभट्ट की गद्यशैली का अनुकरण करता दिखाई देता है जो उपन्यास के लिए उपयुक्त नहीं मानी जा सकती। फिर भी कहीं-कहीं उपन्यासकार का प्रकृति निरीक्षण अत्यन्त सूक्ष्म और यथार्थ है, और भाषा भी सजावटी न होकर सर्जनात्मक है। इससे यह निष्कर्ष निकलता है कि बालकृष्ण भट्ट ने कदाचित् बंकिमचन्द्र के उपन्यासों से प्रभाव ग्रहण करने पर भी अपने उपन्यासों

का विन्यास प्राचीन संस्कृत गद्यकथाओं के आधार पर किया था। हिन्दी क्षेत्र में फैल रहे नवजागरण के प्रभाव ने भी उनके कथ्य को नवीनता की ओर उन्मुख किया था।

जिस समय 'हिन्दी प्रदीप' में 'रहस्यकथा उपन्यास' प्रकाशित हो रहा था, लगभग उसी समय 'बिहारबन्धु' में (9 सितम्बर, 1880--9 दिसम्बर, 1880) *सुन्दर* नाम का उपन्यास धारावाहिक रूप में प्रकाशित हुआ था। यद्यपि इसके लेखक के नाम का कहीं उल्लेख नहीं किया गया है, पर उस काल की रीति को देखते हुए 'बिहार बन्धु' के सम्पादक केशवराम भट्ट (ज.1854) को इसका रचयिता मानना असंगत नहीं होगा। तत्कालीन दरभंगा नरेश लक्ष्मीश्वर नारायण सिंह ने अगस्त, 1880 में हिन्दी में अनेक विषयों के साथ 'गद्यकाव्य उपन्यास (नॉबेल)' लिखने के लिए एक सौ पचास रुपये के पारितोषिक की घोषणा की थी, जिसकी अन्तिम तारीख 1 फरवरी, 1881 रखी गयी थी। जून, 1881 के 'हिन्दी प्रदीप' में प्रकाशित 'कृतज्ञता स्वीकार' से ज्ञात होता है कि यह पुरस्कार प्रयाग के देवकीनन्दन त्रिपाठी के *अमृत चरित्र* को मिला था। यह उपन्यास उपलब्ध नहीं है। यह प्रकाशित हुआ या नहीं, इसकी सूचना भी अब तक अनुपलब्ध है। इसका रचना काल 1880 का अन्त माना जा सकता है। 'बिहार बन्धु' के सितम्बर, 1880 अंक में प्रदत्त सूचना से ज्ञात होता है कि दरभंगा नरेश की पारितोषिक घोषणा के फलस्वरूप *सुन्दर* उपन्यास की भी रचना हुई थी, पर यह पुरस्कृत न हो सका था। अगस्त, 1880 में पुरस्कार की घोषणा हुई थी और सितम्बर 1880 में, *बिहार बन्धु* में, इसका प्रकाशन आरम्भ हो गया। दिसम्बर, 1880 तक इसके दस 'बाव' (अध्याय) प्रकाशित हुए। सम्भवतः जनवरी, 1881 में एक दो और अध्याय लिख कर उपन्यास पुरस्कार के लिए भेजा गया होगा, पर वे अध्याय *बिहार बन्धु* में छपे नहीं। अतः यह उपन्यास भी अधूरे रूप में ही, केवल *बिहार बन्धु* की फाइलों में, उपलब्ध है। इस उपन्यास के पुस्तकाकार प्रकाशित होने की कोई सूचना नहीं मिलती।

सुन्दर एक चरित्रप्रधान उपन्यास है। इसका केन्द्रीय पात्र, सुन्दर, बिहार के पटना कॉलेज का बी.ए. का, गणित विषय का, छात्र है। उपन्यास का आरम्भ सुन्दर की, हाइड्रोस्टेटिक्स के एक मुश्किल 'प्रॉब्लेम' के हल हो जाने से प्रसन्नता में 'डूबे होने' की, मनःस्थिति से होता है। यह एक नये ढंग की औपन्यासिक शुरुआत है, जो नाटकीय होते हुए भी नाटकीय दृश्य निर्माण से किंचित् आगे बढ़ी हुई प्रविधि है। श्रद्धाराम फिल्लौरी कृत *भाग्यवती* भी चरित्र केन्द्रित कथा है, पर उसका आरम्भ कथावाचन या किस्सागोई की प्रविधि में हुआ है। *सुन्दर* की कथा-प्रस्तुति में चमत्कारपूर्ण औपन्यासिक नवीनता है। इसका कथ्य *भाग्यवती* अथवा 'रहस्य कथा' से, जो लगभग इसी समय 'हिन्दी प्रदीप' में प्रकाशित हो रहा था, भिन्न है। *भाग्यवती* में एक आदर्श गृहिणी का उदाहरण प्रस्तुत किया गया है, जबकि *सुन्दर* में सुन्दर के रूप में समकालीन युवावर्ग का एक यथार्थ, किन्तु अनुकरणीय चरित्र निर्मित किया गया है। 'रहस्य कथा' से इसका विषय भी भिन्न है, क्योंकि उसमें समकालीन बिगड़े दिल जमींदारों और उनके पारिवारिक षड्यन्त्रों का अंकन है। *सुन्दर* में कोई प्रेमकथा नहीं है, जबकि रहस्य कथा के केन्द्र में एक प्रेमकथा और उससे उत्पन्न समस्याएँ भी हैं। सुन्दर एक 'स्वावलम्बी' छात्र है। अध्ययन के साथ-साथ वह एक छापाखाना में काम भी करता है। वह किसी समाचारपत्र का सम्पादक बनना चाहता है। धनार्जन की दृष्टि से आकर्षक होने पर भी वकालत में उसकी रुचि नहीं है। सुन्दर अपने समय के सामान्य शिक्षित युवकों से कुछ भिन्न

है। उसका छात्र मित्र राधे लाल उसके आदर्शवादी और राष्ट्रवादी विचारों का समर्थन नहीं करता। सुन्दर और राधे लाल के वार्तालाप से उस काल के छात्रों की मनोवृत्ति पर प्रकाश पड़ता है। उस समय कॉलेज में पढ़ने का एक मात्र उद्‌देश्य सरकारी नौकरी प्राप्त करना या वकालत करना होता था। पर सरकारी नौकर और वकील दोनों ही अँगरेज सरकार के प्रति वफादार होते थे और जनता को लूटते थे। इस कारण सुन्दर न तो सरकारी नौकर बनना चाहता है न वकील। वह 'आईन' से नफरत करता है और 'तालिब-उल-इल्म' की जिन्दगी बिताना चाहता है। इसके विपरीत उसका छात्र मित्र राधे लाल कहता है, "तालिब-उल-इल्म की जिन्दगी की तारीफ हमने किताबों में पढ़ी है लेकिन हमें तो जिन्दगी काटने का यह तरीका ग़ैरमालूम होता है।" उन्नीसवीं शताब्दी के उत्तरार्ध में कॉलेज के छात्रों की मानसिकता राधे लाल जैसी ही थी। वे सरकारी नौकरियों के लिए अँगरेजी पढ़ते थे और उसके बाद अपनी राजभक्ति का कोई प्रमाण पेश कर सरकारी दफ्तर में प्रवेश कर जाते थे। सुन्दर सरकारी नौकरी को अपने या अन्य युवकों के लिए सही नहीं समझता। वह मानता है कि देश में उद्योग-धन्धों का विकास होना चाहिए ताकि देश के युवक सम्मानपूर्ण जीविकोपार्जन में समर्थ हो सकें। वह एक हस्तशिल्प विद्यालय खोलने की योजना तैयार करता है। वह कहता है, "यहाँ के लोग अँगरेजी सिर्फ इस नीयत से पढ़ते हैं कि सरकारी नौकरी करें या वकालत। अब देखना चाहिए कि अगर हमारे स्कूल के लड़के बिलकुल सर्कारी नौकरी पर ही कमर बाँधें तो इतनी नौकरियाँ आएँगी कहाँ से, या इतने वकीलों का कहाँ से पेट भरेगा? इंगलिस्तान लोग पढ़ कर अपना खानदानी पेशा ही करते हैं और जब पढ़े हुए आदमी मसलन बढ़ही का काम करने लगें तो कब मुमकिन नहीं है कि इस हुनर से तरक्की न हो। यहाँ किसी पेशेवाले ने इल्म हासिल की तो फिर उन्हें अपना पेशा करने में शरम मालूम पड़ती है। अगर हम कामयाब हुए और दस्तकारी और कारीगरी का स्कूल जारी हो गया तो यह बुराई दफा हो जाएगी।"

सुन्दर के चरित्र के अवलोकन से स्पष्ट है कि उपन्यासकार ने उसके माध्यम से अपने 'राष्ट्रप्रेम' को अभिव्यक्त किया है। यद्यपि उपन्यास में कहीं भी स्पष्ट रूप से ब्रिटिश शासन की आलोचना नहीं की गयी है पर 'सरकारी नौकरी' और 'वकालत' के प्रति विरोध प्रदर्शित करके उपन्यासकार ने परोक्ष रूप से ब्रिटिश शासन के प्रति विरोध भाव ही व्यक्त किया है। यह उपन्यास उस समय के छात्रों में अस्पष्ट रूप से पैदा हो रहे राष्ट्रवादी और देशहित सम्बन्धी विचारों का संकेत देता है। सुन्दर द्वारा सरकारी नौकरी और वकालत का विरोध, उद्योग-धन्धों की उन्नति, स्त्री-शिक्षा के प्रसार, बालविवाह के विरोध तथा विवाह सम्बन्धी प्रगतिशील दृष्टिकोण के समर्थन आदि से उस काल की ब्रिटिश राज्य विरोधी चेतना का संकेत मिलता है। यद्यपि सामाजिक सुधार के प्रति आग्रह *देवरानी जेठानी की कहानी, वामा शिक्षक, भाग्यवती* आदि में भी है, पर या तो उनमें सरकार का कोई उल्लेख ही नहीं है या उसके प्रति खुल कर वफादारी व्यक्त की गयी है। *सुन्दर* में भी सरकार का उल्लेख नहीं आता, पर उसके प्रति 'विरोध' की व्यंजना पर्याप्त स्पष्ट है। इस प्रकार कथ्य की दृष्टि से *सुन्दर* में एक ऐसी नवीनता है जो नये युग के आगमन का संकेत देती है। इससे इस विचार की भी पुष्टि होती है कि हिन्दी उपन्यास के विकास में राष्ट्रीय चेतना का भी महत्त्वपूर्ण योगदान है।

सुन्दर में परिवेश चित्रण का भी सफल प्रयास लक्षित होता है। उन्नीसवीं शताब्दी के अन्तिम चरण में पटना के बाँकीपुर क्षेत्र तथा उसके आसपास के देहातों की झाँकी प्रस्तुत करने में उपन्यासकार ने अद्भुत पर्यवेक्षण शक्ति का परिचय दिया है। उपन्यास की भाषा 'आमफहम' की, अरबी फारसी स्रोत के तद्भव और शुद्ध शब्दों से युक्त भाषा है जो शिवप्रसाद सितारेहिन्द की प्रारम्भिक भाषा के अधिक निकट है। बालकृष्ण भट्ट के 'रहस्य कथा उपन्यास' की भाषा से इसकी भिन्नता स्पष्ट है।

1881 ई. में राधाकृष्ण दास (ज.1865) ने *निस्सहाय हिन्दू* नामक उपन्यास की रचना की, जो नौ वर्ष बाद, 1890 ई. में प्रकाशित हुआ। प्रकाशन में हुए इस विलम्ब के कारण ही *निस्सहाय हिन्दू* हिन्दी का **प्रथम उपन्यास** कहलाने से वंचित रह गया और 1882 में लिखित तथा लेखक द्वारा अपने ही खर्च से प्रकाशित उपन्यास *परीक्षा गुरु* आचार्य रामचन्द्र शुक्ल द्वारा **हिन्दी का प्रथम उपन्यास** मान लिया गया और आज भी सामान्यतः यही मत प्रचलित है।

राधाकृष्ण दास ने *निस्सहाय हिन्दू* की रचना के पूर्व कोई अँगरेजी, बँगला या हिन्दी का उपन्यास पढ़ा था या नहीं, इसका कोई पता नहीं चलता। इसकी रचना भारतेन्दु हरिश्चन्द्र की प्रेरणा से हुई थी और सम्भव है, उन्होंने कुछ उपन्यासलेखन सम्बन्धी नुस्खे भी लेखक को दिए हों, पर इसका कोई उल्लेख नहीं मिलता। इस बात की सम्भावना है कि उन्होंने *देवरानी जेठानी की कहानी, सुन्दर* और *रहस्य कथा* उपन्यास पढ़े हों, पर इसे प्रमाणित करने का कोई आधार हमारे पास नहीं है। *निस्सहाय हिन्दू* के लेखन के समय उनकी उम्र केवल सोलह वर्ष की थी और उसके एक वर्ष पहले वे *दुःखिनी बाला* नाम का एक नाटक लिख चुके थे जिसमें बालविवाह, जन्मपत्री मिलाकर ब्याह करने, विधवाओं का पुनर्विवाह न करने आदि का विरोध किया गया था। इस दृष्टि से राधाकृण दास गौरीदत्त, ईश्वरी प्रसाद-कल्याण, केशवराम भट्ट, बालकृण भट्ट आदि की परम्परा के, प्रगतिशील विचारों के, लेखक माने जा सकते हैं। सम्भव है, उनसे उन्होंने प्रभाव भी ग्रहण किया हो।

कथ्य की दृष्टि से *निस्सहाय हिन्दू* में अद्भुत नवीनता है। इसका केन्द्रीय विषय गोवध-निवारण है, पर इसके व्याज से कथाकार ने साम्प्रदायिक सद्भाव का ऐसा मार्मिक चित्रण किया है, जो इस काल के लिए एक दुर्लभ बात थी। 1857 के प्रथम स्वाधीनता संग्राम में हिन्दू-मुसलमानों की एकता देखकर ब्रिटिश शासन ने उनमें फूट डालकर शासन करने की राजनीति अपनायी थी। दो समाजों में फूट डालने का सबसे आसान और कारगर उपाय उनकी धार्मिक भावना को उभारना होता है। उन्नीसवीं सदी के सातवें दशक के बाद से अँगरेज शासक यही कर रहे थे। तत्कालीन हिन्दू समाज गोवध के प्रति बहुत संवेदनशील था। अँगरेज स्वयं तो गोमांस खाते ही थे, मुसलमानों में भी गोमांस खाने का प्रचलन था। हिन्दुओं और मुसलमानों में संघर्ष पैदा करने के लिए अँगरेज शासकों को इससे अच्छा भावनात्मक मुद्दा नहीं मिल सकता था, अतः उन्होंने इसका खूब फायदा उठाया। बकरीद के अवसर पर गाय की कुरबानी मुसलमानों की धार्मिक भावना से जुड़ जाती थी, जिसे लेकर हिन्दुओं-मुसलमानों के बीच तनाव बढ़ जाता था और दंगे होने लगते थे। अँगरेज न केवल इस विषय में मुसलमानों का पक्ष लेते थे वरन् हिन्दुओं के विरुद्ध उन्हें भड़काते भी थे। कट्टरपन्थी मुसलमान अँगरेज शासकों की शह पर हिन्दुओं की धार्मिक भावना पर आघात पहुँचाने के

लिए, खुलेआम, बल्कि घोषणा करके, गो-कुशी करते थे। इस सच्चाई का उपन्यासकार ने बहुत विश्वसनीय अंकन *निस्सहाय हिन्दू* में किया है। उपन्यास में मुसलमानों का एक कट्टरपन्थी वर्ग, जिसका नेता अभिजातवर्गीय हाजी अताउल्लाह है, बकरीद के अवसर पर गो-कुशी का समर्थन करता है और इसके लिए मुसलमानों को उत्तेजित करता है।

उपन्यास की एक आश्चर्यजनक नवीनता यह है कि इसमें एक मुसलमान पात्र, मौलबी अब्दुल अजीज, गोवध रोकने के लिए प्रयत्न करता है और इस प्रयत्न में अपनी जान तक दे देता है। गोरक्षा के उद्‌देश्य से एक 'गोहितकारिणी सभा' की स्थापना होती है जिसका सभापति अब्दुल अजीज चुना जाता है। वह खुली सभा में घोषणा करता है कि कुरानशरीफ में गो-कुशी वर्जित है। वह अपने सभापतित्व में गोरक्षा के लिए गोशाला खोलने, उसके लिए चन्दा एकत्र करने तथा गोवध-निवारण के लिए सरकार के पास अर्जी भेजने का हस्ताक्षर-अभियान चलाता है। इसके फलस्वरूप हाजी अताउल्ला उसका जानी दुश्मन बन जाता है और धर्मान्ध मुसलमानों की एक भीड़ के साथ उसके घर पर हमला बोल देता है, जिसमें अब्दुल अजीज, उसकी पत्नी और उपन्यास का नायक मदनमोहन मारे जाते हैं। इस दंगे में हाजी अताउल्ला और कतिपय आक्रमणकारी भी जान से हाथ धो बैठते हैं। इस कथा के द्वारा उपन्यासकार ने अपनी उदार मानवीय धर्मदृष्टि का परिचय दिया है, जिसमें एक मुसलमान पात्र हिन्दुओं की धार्मिक भावना का सम्मान करते हुए गोहत्या का विरोध करता है। अब्दुल अजीज और मदनमोहन तथा उनकी पत्नियों की मित्रता भी हिन्दू-मुस्लिम एकता का अद्‌भुत उदाहरण है। उन्नीसवीं शताब्दी के अन्तिम चरण में इस प्रकार की असाम्प्रदायिक सोच नवजागरण की बहुत ही सकारात्मक शुरुआत थी, जो पुनः लगभग चार दशक बाद प्रेमचन्द के उपन्यासों में ही परिलक्षित होती है।

इस मुख्य विषय के साथ-साथ *निस्सहाय हिन्दू* में समकालीन राष्ट्रीय भावना और नवजागरण की चेतना भी अभिव्यक्त हुई है। यद्यपि उपन्यासकार ने स्पष्टतः ब्रिटिश शासन की आलोचना नहीं की है, पर इस शासन में देश की दुर्दशा, अँगरेज सरकार के पिट्ठुओं की करतूतों, अँगरेजों से डरे हिन्दुस्तानियों की हास्यास्पद हरकतों, टैक्स में निरन्तर होती वृद्धि, उसकी वसूली में की जाने वाली धाँधली, पुलिस महकमे में फैले भ्रष्टाचार और साम्प्रदायिकता, अँगरेजों के आवास स्थान, सिविल लाइंस आदि की आलोचना के द्वारा उपन्यासकार का देशानुराग स्पष्टता के साथ अभिव्यंजित हुआ है। उपन्यासकार ने एक स्थान पर काशी की आम सड़कों की दयनीय स्थिति, गन्दगी आदि की तुलना सिविल लाइंस की, जिसे वह 'अंग्रेजी प्रान्त' कहता है, साफ-सुथरी सड़कों से करके भी शासन के प्रति अपना असन्तोष व्यक्त किया है।

उपन्यास के आरम्भ में ही कथानायक मदनमोहन 'भारत हितैषिणी सभा' में व्याख्यान करते हुए हिन्दू समाज की अधोदशा का उल्लेख एक छन्द के रूप में करता है। इस छन्द में हिन्दू समाज के शैव, शाक्त, वैष्णव आदि सम्प्रदायों तथा जातियों में विभाजन, खानपान में भेदभाव, जन्मपत्री मिलाकर शादी ब्याह के निर्णय, बालविवाह, बहुविवाह, विधवाविवाह-निषेध, विदेशयात्रा की मनाही, अनेक प्रकार के देवीदेवताओं और भूतप्रेतों की पूजा, छुआछूत की भावना आदि की आलोचना की गयी है, जो समकालीन नवजागरण आन्दोलन से प्रेरित है। कथा में आगे चलकर सामाजिक, आर्थिक और राजनीतिक पिछड़ेपन को समाप्त करने

के लिए अन्ध परम्परागत विचारों का विरोध तथा आधुनिक सोच को अपनाने का--जैसे अँगरेजी शिक्षा और पश्चिमी ज्ञानविज्ञान तथा पुरानी विपणन-प्रणाली और रहन-सहन के गन्दे तरीके को छोड़कर अँगरेजों की विपणन-प्रणाली और साफ-सुथरे रहन-सहन को ग्रहण करना आदि--आह्वान भी किया गया है। इनमें से अनेक विचारों की अभिव्यक्ति पूर्ववर्ती कथा रचनाओं में भी हो चुकी थी, पर उनकी पुनरावृत्ति और विदेशयात्रा-निषेध, छुआछूत की भावना, साम्प्रदायिक भेदभाव, सरकार द्वारा टैक्सवृद्धि, म्युनिसिपैलिटी द्वारा हिन्दुस्तानियों के आवासक्षेत्र की उपेक्षा आदि को अपनी आलोचना की सीमा में लाकर कथाकार ने अपनी सामाजिक-राजनीतिक जागरूकता का परिचय दिया है।

काशी के तत्कालीन वातावरण और समाज का अंकन करके उपन्यासकार ने अपनी यथार्थवादी दृष्टि का परिचय दिया है। उसमें ऐसे साहूकारों का चित्रण है जो 'चमड़ी जाय पर दमड़ी न जाय' और 'धेले का हिसाब मिले चाहे रुपये का तेल जल जाय' का उदाहरण पेश करते हैं। कथा के पात्रों में ऐसे वृद्ध जन हैं, जो अँगरेजी शिक्षा, पढ़े-लिखे युवकों द्वारा छुआछूत न मानने, समाज सुधार के लिए स्थापित सभाओं में शामिल होने आदि को लेकर झींकते रहते हैं; ऐसी सासें हैं जो पढ़ी-लिखी और सलीके से रहने वाली बहुओं का जीना हराम कर देती हैं। इससे पुरानी और नयी पीढ़ी के संघर्ष की भी झलक मिलती है, जो प्रत्येक युग की सच्चाई है। कथाकार ने काशी की गलियों और घाटों के वर्णन में भी यथार्थपरक दृष्टि का परिचय दिया है। उस समय नगरों में बिजली नहीं पहुँची थी। घरों में तेल से जलने वाले दीपक जलाए जाते थे, गर्मी की तकलीफ से बचने के लिए हाथपंखों की सहायता ली जाती थी। गर्मी में पत्थरों से बने काशी के मकान ज्वालामुखी से हो जाते थे, पर वहाँ की गलियाँ दोपहर में भी ठंडी रहती थीं। दूकानदार गरमी में पसीने से सराबोर दूकानों में बैठे रहते थे। सन्ध्या समय घाटों पर चहल-पहल रहती थी। काशी के अधिकतर नागरिक शाम को गंगा तट पर हवाखोरी के लिए निकलते थे। शौकीन मिजाज के नागरिक छोटी नावों में गंगा पार जाकर शौच-स्नान आदि करते थे और बूटी छानते थे। अनेक लोग घाटों पर स्नान करके पूजापाठ करते थे। कथाकार ने इन बातों के ब्योरेवार वर्णन के साथ-साथ गंगा नदी का काव्यात्मक वर्णन भी किया है, जो उस समय की एक साहित्यिक रूढ़ि थी। इसके साथ ही गंगा तट पर लड़कों के कबड्डी खेलने, कटी पतंग के पीछे भागने आदि के यथार्थवादी चित्र भी प्रस्तुत किये हैं। काशी के वर्णन में वहाँ के गुंडे छूट जाएँ, यह कैसे सम्भव है ! उपन्यासकार ने दो मित्र गुंडों की बातचीत के माध्यम से उनके चरित्र और विशेष प्रकार के लहजे से युक्त बनारसी बोली का नमूना पेश किया है। उनमें से एक गुंडा 'महावीरी' का टीका लगाए, चौड़ी किनारी की नागपुरी धोती लँगोट की तरह कसे हुए है। उस जमाने में काशी के प्रत्येक मुहल्ले में 'मुहल्ले मुख्तार' होते थे, जो टैक्स वसूली में सरकार की सहायता करते थे। उपन्यासकार ने एक 'मुहल्ला मुख्तार' तथा एक 'मुंशी जी' में वार्तालाप करा कर अँगरेजी शासन में गरीब नागरिकों पर मनमाना टैक्स लादे जाने का विरोध किया है।

निस्सहाय हिन्दू हिन्दी का पहला उपन्यास है जिसमें मुस्लिम समाज का अंकन किया गया है। पहली बार मुस्लिम पात्रों का समावेश *निस्सहाय हिन्दू* में ही देखने को मिलता है। जो लोग हिन्दी उपन्यासों में मुस्लिम पात्रों के न होने का रोना रोते हैं उन्हें *निस्सहाय हिन्दू* पढ़ कर देखना चाहिए। समकालीन मुस्लिम समाज दो वर्गों में विभक्त था। एक वर्ग कट्टरपन्थी

धर्मान्ध मुसलमानों का था, जिसके नेता अभिजातवर्ग के मुसलमान थे। मुसलमानों के अनुदार धार्मिक नेता, मुल्ला आदि भी इसी वर्ग के अंग थे। इस वर्ग की अँगरेज शासकों से साँठगाँठ थी। पुलिस विभाग में भी इस वर्ग के लोग घुसे हुए थे। दूसरा वर्ग राष्ट्रीय विचारधारा से युक्त उदार मुसलमानों का था, जिसमें मौलवी अब्दुल अजीज जैसे लोग थे। इस वर्ग के मुसलमान हिन्दुओं से द्वेष भाव नहीं रखते थे और देशहित के कार्यों में उनके साथ सहयोग करते थे। हिन्दुओं के साथ उनकी मैत्री और पारिवारिक सम्बन्ध होते थे। मौलवी अजीज, मदनमोहन तथा माधव प्रसाद के साथ, देशहित के लिए स्थापित 'भारत हितैषिणी सभा' का सदस्य है। वह नये राष्ट्रीय विचारों का इंसाफपसन्द युवक है। वह मुस्लिम शासनकाल में हिन्दुओं पर किए गए जुल्मों की निन्दा करता है। वह कुरान शरीफ के साक्ष्य पर गो-कुशी, पेड़ काटने, आदमी की खरीद फरोख्त करने और शराब पीने को गुनाह मानता है। वह बकरीद के अवसर पर मुसलमानों द्वारा की गई गो-कुशी का खुल कर विरोध करता है। इतना ही नहीं वह गोरक्षा तथा गोवध निवारण के लिए हिन्दुओं के साथ मिलकर आन्दोलन चलाता है और सरकार के पास असंख्य हस्ताक्षरों से युक्त अर्जी भिजवाता है। उसकी पत्नी भी उसके साथ सहयोग करती है। फलस्वरूप कट्टरपन्थी मुस्लिम समाज द्वारा वह काफिर करार किया जाता है और पति-पत्नी की हत्या कर दी जाती है। मुस्लिम समाज के इस सत्य और उदारतापूर्ण चित्रण के कारण राधाकृष्ण दास का लेखकीय व्यक्तित्व बहुत ऊँचा उठ जाता है।

चरित्र निर्माण की दृष्टि से भी *निस्सहाय हिन्दू* समकालीन और पूर्ववर्ती कथा रचनाओं से अग्रसर है। इसमें नाटकीय पद्धति पर 'नायक' और 'प्रतिनायक' जैसे पात्रों का सृजन किया गया है, पर उन्हें विश्वसनीय बनाने के लिए लेखक ने नाटक में नायक द्वारा फलप्राप्ति के सिद्धान्त को अस्वीकार कर दिया है। उपन्यास में दो नायक—मदनमोहन और अब्दुल अजीज—हैं, जिनके चरित्र विश्वसनीय और युगानुरूप हैं। मदन मोहन का चरित्र तो लेखक के अपने चरित्र की प्रतिकृति जैसा है। अब्दुल अजीज का चरित्र भी काशी के किसी उदार मुसलमान के मॉडल पर निर्मित हो तो कोई आश्चर्य नहीं। गोरक्षा के लिए विरोधियों से लड़ते हुए दोनों का आत्मबलिदान 'नायकोचित' होने पर भी अविश्वसनीय नहीं है। कथाकार ने अपने 'एप्रोच' में बहुत सन्तुलन से काम लिया है। कट्टरपन्थी मुसलमानों द्वारा इनकी हत्या बहुत स्वाभाविक है, यद्यपि नायकीय 'फल' की प्राप्ति इन्हें ही होती है। दूसरी तरफ प्रतिनायक का कट्टर सम्प्रदायवादी चरित्र भी प्रभावशाली रूप में निर्मित हुआ है। उपन्यास में लगभग दो दर्जन गौण पात्र हैं जो बड़े ही जीवन्त और अपने समय के अनुरूप हैं। मदनमोहन और अब्दुल अजीज की पत्नियाँ अपनी वीरता से समकालीन स्त्रियों को स्वावलम्बन, वीरता और साम्प्रदायिक सद्भाव का सन्देश देती दिखाई देती हैं। तनिक असामान्य होने पर भी इनका चरित्र निर्जीव नहीं है। उपन्यास के अन्य गौण पात्रों के चित्रण में भी कथाकार ने यथार्थ दृष्टि का परिचय दिया है। यद्यपि संवेदनात्मक गहराई और मनोवैज्ञानिक अन्तर्दृष्टि की कसौटी पर राधाकृष्ण दास का चरित्रांकन 'सामान्य' से बहुत ऊपर नहीं उठ सका है, पर कथाकार की उम्र और हिन्दी उपन्यास की आरम्भिक स्थिति को देखते हुए इसके महत्त्व को अस्वीकार नहीं किया जा सकता।

शिल्प की दृष्टि से भी *निस्सहाय हिन्दू* में अद्‌भुत नवीनता है। यह हिन्दी का पहला

पूर्ण उपन्यास है जिसमें नाटकीय पद्धति पर प्रसंगों के निर्माण तथा कथाओं के युगपत् संक्रमण की प्रविधि अपनाई गयी है। कथा का परिच्छेदों में विभाजन यद्यपि केशवराम भट्ट और बालकृष्ण भट्ट ने भी अपने अधूरे उपन्यासों में किया था पर राधाकृष्ण दास को यह प्रविधि बँगला से प्राप्त हुई होगी, ऐसा अनुमान है। एकाधिक कथाओं को यौगपदिक रूप में अग्रसर कराने तथा नाटकीय प्रविधि में दृश्यों की प्रस्तुति के लिए उनका परिच्छेदों में विभाजन आवश्यक होता है। राधाकृष्ण दास *निस्सहाय हिन्दू* के पूर्व *दुःखिनी बाला* नामक नाटक की रचना कर चुके थे और भारतेन्दु हरिश्चन्द्र के सान्निध्य से उन्हें नाटक रचना का गुर भी प्राप्त हो चुका था। इसकी छाप *निस्सहाय हिन्दू* पर भी दिखाई देती है। इसमें दृश्य वर्णन और पात्र परिचय के बाद कथोपकथन के माध्यम से कथा को अग्रसर करने की प्रविधि काम में लायी गयी है। छोटी सी कथा का सोलह परिच्छेदों में विभाजन कथाकार की नाटकीय दृष्टि का ही परिचायक है। कथा का विकास और चरम बिन्दु की प्राप्ति भी नाटकीय प्रविधि के अनुरूप है। उपन्यास में कार्य-कारण की शृंखला में आबद्ध घटनाएँ उत्तरोत्तर चरम संघर्ष की ओर अग्रसर होती हैं। इस प्रकार निस्सहाय हिन्दू को नाटकीय उपन्यास की संज्ञा दी जा सकती है।

निस्सहाय हिन्दू की भाषा भी उपन्यास की प्रकृति के अनुरूप है। पुराने ढंग की काव्यात्मक भाषा के प्रति लेखक का कोई आग्रह नहीं है। कथा की भाषा बोलचाल की भाषा के निकट है, जिसमें भोजपुरी प्रयोगों की छौंक नयापन पैदा करती है। एक उदाहरण द्रष्टव्य है, "कहीं कहीं डोंगियाँ जाती थीं जिनमें से तरह तरह की बोलियाँ आती थीं। कहीं लोग नहा रहे थे, कहीं तख्तों पर बैठे सन्ध्या कर रहे थे, कहीं बुर्जों पर शास्त्रार्थ हो रहे थे, कहीं लोग बैठे हुए बातें कर रहे थे, कहीं लोग आते जाते थे। श्री गंगा जी हिल रही थीं, जिससे लोगों का दिल खिंचा जा रहा था। ऊँचे ऊँचे मकान अपना ठाटबाट अलग ही दिखा रहे थे। चटाइयाँ और छाते, जो घाम से बचाने के लिए घाटों पर लगे थे, इस समय लोगों को बुरे मालूम होते थे।" कथाकार ने पात्रों के चरित्र के अनुरूप भाषा में वैविध्य लाने की भी सफल कोशिश की है। उपन्यास में नियोजित दो 'पुरनियों' की बातचीत में अवधी मिश्रित और 'साव जी' की भाषा में भोजपुरी मिश्रित खड़ी बोली, गुंडों की खास बनारसी लहजे में पगी खड़ी बोली, अँगरेजों की अँगरेजी उच्चारण वाली हिन्दी, मुहल्ले मुख्तार की खाँटी भोजपुरी, सिपाहियों की भोजपुरिया हिन्दी और मुसलमान पात्रों की आसान किस्म की उर्दू के प्रयोग से उपन्यास की भाषा में सर्जनात्मक वैविध्य की सृष्टि की गयी है। पर कथा के मुख्य पात्र परिनिष्ठित हिन्दी का ही प्रयोग करते हैं।

1882 ई. में, जबकि बालकृष्ण भट्ट का *रहस्य कथा उपन्यास* 'हिन्दी प्रदीप' में अभी प्रकाशित ही हो रहा था, लाला श्रीनिवास दास (ज.1850) का *परीक्षा गुरु* नामक उपन्यास प्रकाशित हुआ। उल्लेखनीय है कि स्वयं लेखक ने इसे 'अनुभव द्वारा उपदेश मिलने की एक संसारी वार्ता' और 'अपनी भाषा में एक नयी चाल की पुस्तक' कहा था, यद्यपि अँगरेजी में मुद्रित 'डेडिकेशन' (समर्पण) उसे 'माइ अम्बुल अटेम्प्ट ऐट नॉवेल राइटिंग' भी बताया था। इससे स्पष्ट है कि भारतेन्दु हरिश्चन्द्र, बालकृण भट्ट, केशवराम भट्ट, राधाकृष्ण दास आदि की तरह लाला श्रीनिवास दास ने नॉवेल के लिए उपन्यास शब्द को स्वीकार नहीं किया था, यद्यपि उसी वर्ष (दि. 1882) 'हिन्दी प्रदीप' में *परीक्षा गुरु* की समीक्षा करते हुए बालकृष्ण

भट्ट ने उसे **उपन्यास** कहा था। वे अपनी रचना को उसी प्रकार 'नयी चाल' की पुस्तक कहते हैं, जिस प्रकार मेरठ-दिल्ली परम्परा के गौरीदत्त, ईश्वरी प्रसाद-कल्याण राय, श्रद्धाराम फिल्लौरी आदि कथाकारों ने अपनी कथापुस्तकों की 'नवीनता' की घोषणा की थी। *परीक्षा गुरु* में *देवरानी जेठानी की कहानी, वामा शिक्षक, भाग्यवती* आदि की तुलना में कथ्य की नवीनता भी है पर लाला जी ने समकालीन 'बुद्धिमानों' और 'रसिकजनों', अर्थात् अपने 'सम्भावित' पाठकों को अपनी कथा-प्रविधि के प्रति विशेष रूप से सचेत किया। उन्होंने अपने 'निवेदन' में लिखा, "पहले तो पढ़नेंवाले इस पुस्तक में सौदागर की दूकान का हाल पढ़ते ही चकरावैंगे क्योंकि अपनी भाषा मैं अब तक वार्तारूपी जो पुस्तकें लिखी गई हैं उन्में अक्सर नायक, नायिका वगैरे का हाल ढेर सै सिलसिलेवार (यथाक्रम) लिखा गया है . "जैसे कोई राजा बादशाह, सेठ साहूकार का लड़का था . उस्कै मन मैं इस बात सै यह रुचि हुई और उस्का यह परिणाम निकला ." ऐसा सिलसिला इस्मैं कुछ भी नहीं मालूम होता. लाला मदनमोहन एक अंग्रेजी सौदागर की दुकान मैं अस्बाब देख रहे हैं. लाला ब्रजकिशोर मुंशी चुन्नीलाल और मास्टर शिंभूदयाल उन्के साथ हैं. इन्मैं मदनमोहन कौन ब्रजकिशोर कौन, चुन्नीलाल कौन और शिंभूदयाल कौन हैं? इन्का स्वभाव कैसा है? परस्पर संबंध कैसा है? हरेक की हालत क्या है? यहाँ इस्समय किसलिये इकठ्ठे हुए हैं यह बातैं पहलै सै कुछ भी नहीं जताई गईं। हां पढ़ने वाले धैर्य से पुस्तक पढ़ लेंगे तो अपने मौके पर सब भेद खुल्ता चला जायगा और आदि से अंत तक मेल मिल जायगा. परंतु जो साहब इतना धैर्य न रक्खैंगे वह इस्का मतलब भी नहीं समझ सकेंगे." यह कथाप्रस्तुति की नाटकीय प्रविधि है जिसमें समयानुक्रम को उलट कर या उसे स्थगित कर दृश्यनिर्माण और पात्रों के वार्तालाप द्वारा कथा आगे बढ़ाई जाती है और इससे जिस रहस्य का सृजन होता है उसका समाधान अन्त में कथाकार के सीधे हस्तक्षेप से होता है। श्रीनिवास दास के पहले भी हिन्दी कथाकारों ने इस प्रविधि का प्रयोग किया था, पर सम्भवतः उनका ध्यान इसकी ओर नहीं गया था। यह तनिक आश्चर्यजनक है कि भारतेन्दु हरिश्चन्द्र और उनके मंडल के लेखकों तथा उनके द्वारा प्रकाशित पत्रिकाओं के सम्पर्क में रहते हुए भी लाला जी उपन्यास पद और उपन्यास लेखन में हो रहे प्रयोगों से अनभिज्ञ थे। पर उनका परिचय किसी न किसी रूप में अँगरेजी नॉवेल से अवश्य था, जिसकी स्पष्ट छाप *परीक्षा गुरु* के कथाशिल्प, चरित्रनिर्माण और भाषा पर दिखाई पड़ती है। ज्ञानचन्द जैन के अनुसार लाला श्रीनिवास दास को 'अंग्रेजी के उपन्यास पढ़ने का शौक था'। (प्रे.पू.हि.उ. पृ. 88) कोई आश्चर्य नहीं कि लाला जी ने बँगला उपन्यास से प्रेरणा न लेकर अँगरेजी से ही प्रभाव ग्रहण कर हिन्दी में नॉवेल लेखन का प्रयोग किया हो। समकालीन हिन्दी पाठक ऐसी कथाएँ पढ़ने के अभ्यस्त थे, जिनमें समय का क्रम ऐतिहासिक और अविच्छिन्न होता था। कथा नायक-नायिका के जन्म से आरम्भ होकर उनके विवाह या मृत्यु में समाप्त होती थी। इस प्रकार की अविच्छिन्न कालक्रम से युक्त कथाओं के पाठकों के समक्ष लाला श्रीनिवास दास ने एक नया कथाशिल्प रखा, जिसमें समयानुक्रम विपर्यस्त है। पहले नाटकीय पद्धति पर पात्रों के कार्यों का वर्णन और कथा के बीच में उनका परिचय दिया गया है। उपन्यास के आठवें 'प्रकरण' तक कथाकार ने अपने पात्रों का परिचय देना स्थगित रखा है; नवें प्रकरण में सभी पात्रों का एक साथ परिचय दिया गया है। यदि हिन्दी के तत्कालीन पाठक नाटकीय प्रविधि के उपन्यास पढ़ने के अभ्यस्त होते तो कदाचित् पात्रों

का एक साथ परिचय देने की आवश्यकता नहीं पड़ती।

परीक्षा गुरु में 'अध्याय' या 'परिच्छेद' के स्थान पर 'प्रकरण' शब्द का प्रयोग किया गया है। ज्ञानचन्द जैन ने हमारा ध्यान इस तथ्य की ओर आकृष्ट किया है कि 'प्रकरणों' में विभक्त होने पर भी *परीक्षा गुरु* की कथा का घटना काल केवल पाँच दिन का है, जो कदाचित् पाँच अंकों में विभक्त नाटक के समान है। परीक्षा गुरु की कथायोजना भी बहुत कुछ नाटक की वस्तुयोजना के समान है। अन्त में कथाकार नाटकीय 'भरत वाक्य' की तरह पाठकों से कहता है, "जो बात सौ बार समझाने सै समझ मैं नहीं आती वह एक बार की परीक्षा सै भलीभाँति मन मैं बैठ जाती है और इसी वास्ते लोग परीक्षा को गुरु मान्ते हैं।" पुरानी कथाओं का अन्त भी प्रायः इसी प्रकार होता था। उपन्यास इस रूढ़ि का पूर्णतः त्याग कर चुका है।

शिल्प की दृष्टि से *परीक्षा गुरु* का नयापन पहली बार इतने मुखर रूप में सामने आता है, जबकि वास्तविकता यह है कि भारतेन्दु मंडल के उपन्यासकारों ने इन प्रयोगों का आरम्भ पहले ही कर दिया था। कथ्य की दृष्टि से *परीक्षा गुरु देवरानी जेठानी की कहानी, वामा शिक्षक, भाग्यवती* आदि की परम्परा में होते हुए भी राष्ट्रीय परिवेश से अधिक जुड़ा हुआ उपन्यास है। ज्ञानचन्द जैन के अनुसार लाला जी ने 1875 की 'हरिश्चन्द्र चन्द्रिका' में प्रकाशित अपने 'भारतखंड की समृद्धि' शीर्षक लेख में इस बात पर खेद प्रकट किया था कि "बहुत से बंगाली और पारसी सिविल सरविस, डाक्टरी और बारिस्टरी की परीक्षा देने बिलायत जाते हैं, परन्तु कोई इस प्रयोजन से नहीं जाता कि वहाँ से कलों का काम सीख आवै और यहाँ इसका प्रचार करै।" उन्होंने शिक्षित देशवासियों को ललकारा था कि "पनचक्की, धुआँचक्की, सूत कातने की कल, वस्त्र सीने की कल, लोहा ढालने की कल, भाँत भाँत की घड़ियाँ, अरगन बाजा, गैस की रोशनी, फोटोग्राफ और छापा आदि...मनुष्य ही नै बनाई है और भारतखंड के निवासी भी चैतन्य होकर इस विषय मैं श्रम करैं तो सब कुछ बना सकते हैं परन्तु हाथ पर हाथ धर बैठे रहने से तो कुछ नहीं होता है।"[3] इस विचार की सम्पुष्टि, कुछ दूर तक, केशवराम भट्ट के *सुन्दर* उपन्यास में हुई है। *परीक्षा गुरु* में भी भारतखंड की समृद्धि की चिन्ता लेखक के मन में है। यद्यपि देश की पराधीनता के सम्बन्ध में लेखक की चिन्ता कहीं व्यक्त नहीं हुई है, पर 'देशोन्नति' का भाव प्रच्छन्न रूप में उसके मानस में अवश्य है। *परीक्षा गुरु* में दिल्ली के एक कल्पित रईस साहूकार मदनमोहन के अँगरेजी सभ्यता की नकल, अपव्यय, व्यावसायिक अ-सजगता, खुशामदी दोस्तों की कपटपूर्ण बातों आदि के कारण बिगड़ने तथा दिवालिया होने की हद तक पहुँचने और अपनी पतिव्रता पत्नी और एक सच्चे मित्र की सहायता से सुधरने और अपनी पूर्व स्थिति में आने का चित्रण किया गया है। यह कहानी प्रतीक रूप में ईस्ट इंडिया कम्पनी द्वारा भारत के आर्थिक शोषण और लूट का यथार्थ प्रस्तुत करती है, साथ ही इसमें प्रच्छन्न रूप में विरोध का स्वर भी सुनाई देता है। तत्कालीन वणिक समाज की यह एक ज्वलन्त समस्या थी, जिसका लाला श्रीनिवास दास को अच्छा अनुभव था। वे दिल्ली के वैश्य समाज के एक प्रतिष्ठित सदस्य थे और मथुरा के प्रसिद्ध सेठ राजा लक्ष्मण दास की दिल्ली की कोठी के खानदानी मुनीब थे। इतना ही नहीं, वे विद्याप्रेमी, बहुपठित, अँगरेजी और समसामयिक हिन्दी साहित्य तथा पत्रपत्रिकाओं के अच्छे अध्येता तथा साहित्यकारों का सम्मान करने वाले व्यक्ति थे। *परीक्षा*

गुरु में उन्होंने अपने समस्त अनुभव, ज्ञान और चिन्तन को स्वानुभूत किन्तु कल्पित कथा के माध्यम से प्रस्तुत कर दिया है। उन्होंने उन समस्त कारणों और परिस्थितियों का विश्लेषण किया है जो उस समय के अनुभवहीन धनी वैश्य युवकों को पथभ्रष्ट और दिवालिया बना देते थे। इसमें उनकी खराब शिक्षादीक्षा, चारित्रिक कमजोरी, उत्तराधिकार से प्राप्त धन का हाथ तो होता ही था, मित्र और छिपे शत्रु की पहचान न होने की भी अहम भूमिका होती थी। इन बिगड़ेदिल रईसों के दीवानखानों में खुशामदी मित्रों और 'चंडूलचाइयों' की भीड़ लगी रहती थी और सच्चे मित्रों की कोई पूछ नहीं होती थी। इन 'चंडूलचाइयों' का पेशा "अमीरों के यहाँ दरबारी करना, उनको प्रसन्न करने के लिए उनकी 'हाँ' में 'हाँ' और 'ना' में 'ना' मिलाना, भले को बुरा और बुरे को भला बना देना, अक्ल के अजीर्ण रोग से पीड़ित नई उम्र के रईसों के लड़कों के साथ जोंक की तरह चिपक कर उन्हें कुमार्ग पर ले जाना" आदि होता था।[4] स्वयं भारतेन्दु ने अपनी 'आपबीती जगबीती' में इस प्रकार के 'चंडूलचाइयों' का बड़ा जीवन्त चित्र प्रस्तुत किया था। *परीक्षा गुरु* में भी लाला मदनमोहन का दीवानखाना इस प्रकार के चंडूलों से भरा दिखाया गया है, जो उसे तरह तरह की पट्टी पढ़ाकर विनाश के मार्ग पर ले जाते हैं। इनकी बातों और बहकाओं में आकर मदनमोहन अपनी सारी सम्पत्ति गवाँ बैठता है और उसके दिवालिया हो जाने की नौबत आ जाती है। हिन्दी कथा साहित्य में इस तरह का यह पहला चरित्र था। बँगला में प्यारी चाँद मित्र के *आलालेर घरेर दुलाल* (1858) में इस प्रकार के कल्पित पात्र का सृजन किया गया था, जिससे, सम्भव है, लाला श्रीनिवास दास ने प्रेरणा ग्रहण की हो।

अँगरेजी राज और बाजार में अँगरेज सौदागरों की उपस्थिति से भारतीय वणिक वर्ग की युवा पीढ़ी, उनसे प्रभावित होकर, नये प्रकार के आचार विचार अपना रही थी और प्रायः उनकी नकल कर रही थी। फलस्वरूप भारतीय उद्योग-धन्धों और व्यवसाय की सही दिशा में प्रगति नहीं हो रही थी और देश का आर्थिक विकास बाधित हो रहा था। अँगरेज व्यापारी अपने देश से शीशे के बर्तन और सजावटी सामान, टार्च, सोने की चेन वाली जेबी घड़ियाँ (जिन पर नाम का प्रथम अक्षर अँगरेजी में अंकित रहता था) विलायती बग्गियाँ आदि भारत में आयातित करते थे और यहाँ के धनाढ्य जमींदारों और धनी व्यवसायियों को उनके प्रति आकृष्ट कर मनमाना लाभ कमाते थे। युवा रईसों में अँगरेजों के रहन-सहन के प्रति विशेष आकर्षण पैदा हो रहा था और वे हर बात में उनकी नकल करने लगे थे। इस युवा पीढ़ी की सबसे बड़ी ललक यह थी कि उसकी गिनती अँगरेजी चाल के 'जेंटिलमैन' के रूप में हो। इसके लिए अँगरेजों की तरह कपड़े पहनना, अँगरेजी ढंग से ड्राइंग रूम सजाना, क्लबों में डांस करना, शराब पीना, जुआ के रूप में ताश खेलना आदि शामिल था, जिसके लिए विदेशी वस्तुओं की आवश्यकता पड़ती थी। इस प्रकार भारतीय बाजार में विदेशी वस्तुओं की माँग पैदा कर अँगरेज सौदागर मनमाना लाभ कमाते थे। भारत की प्रबुद्ध पीढ़ी इस स्थिति से चिन्तित थी, जिसकी अभिव्यक्ति *परीक्षा गुरु* में हुई है। इसका कथानायक इसी नयी पीढ़ी का प्रतिनिधि युवक है। वह अपने व्यवसाय में प्रबन्धपटु तथा सावधान नहीं है। अँगरेज सौदागर ब्राइट और रसल उसे मीठी बातों से भुलावा देकर ठगते हैं। वह झूठे दिखावे और फिजूलखर्ची में अपना सारा संचित धन गँवा बैठता है और कर्ज से लद जाता है। वह विलायती फिटन पर सवारी करता है, अँगरेज सौदागर ब्राइट की दूकान से नये फैशन की

विलायती वस्तुएँ खरीदता है, कलकत्ता की हैमिल्टन कम्पनी को आर्डर देकर हीरे की पॉकेट चेन, पन्ने की अँगूठी, मोती के नेकलेस आदि मँगवाता है, अँगरेज साहबों के लिए अपने यहाँ बाल डांस का आयोजन करता है, अँगरेजी चाल का बैठकखाना बनवाता है, जिसमें बहुमूल्य शीशे के बर्तनों के अतिरिक्त अनेक कीमती सजावट के सामान करीने से रखे गये हैं, कश्मीरी गलीचों को मात करने वाला चीनी ईंटों का फर्श है। उसके तबेले में अच्छी से अच्छी विलायती गाड़ियाँ, 'अरबी, केच, वेलर' आदि नस्लों के घोड़े हैं। वह अँगरेज हाकिमों को खुश करने के लिए मनमाना धन खर्च करता है। ये सब बातें अन्ततः उसके विनाश का कारण बनती हैं। लाला ब्रजकिशोर के रूप में उपन्यासकार ने अपने विचारों, आदर्शों और मूल्यों का प्रतीक पात्र निर्मित किया है। वस्तुतः उसके रूप में स्वयं उपन्यासकार बोलता दिखाई देता है। वह लाला जी की ही तरह अनुभवी, प्रबन्धपटु, सतर्क, अध्ययनशील, विवेकसम्पन्न, धैर्यवान, सज्जन, नम्र और चरित्रवान, देशोन्नति की सच्ची भावना से प्रेरित, ईश्वर और स्वधर्म के प्रति आस्थावान और आधुनिक विचारों का समर्थक है। वह देश में उद्योग-विद्याओं का प्रचार करने, श्रेष्ठ पुस्तकों का अनुवाद करा कर लोगों में पढ़ने की रुचि पैदा करने, देश के सच्चे शुभचिन्तकों और योग्य व्यक्तियों की सहायता करने, आधुनिक यन्त्रों तथा कृषि ज्ञान का प्रसार करने में रुचि लेता है। वह मानता है कि "जब सै हिन्दुस्तान का एका टूटा, और देशों की उन्नति हुई, बाफ और बिजली आदि कलों के द्वारा हिन्दुस्थान की अपेक्षा थोड़े खर्च, थोड़ी मेहनत और थोड़े समय मैं सब काम होने लगा, हिन्दुस्थान की घटती के दिन आ गये; जब तक हिन्दुस्थान इन बातों मैं और देशों की बराबर उन्नति न करेगा वह घाटा कभी पूरा न होगा।" रहन-सहन में अँगरेजों की नकल करनेवालों से वह प्रश्न करता है, "हिन्दुस्थानियों को आजकल हर बात मैं अंग्रेजों की नकल करने का चस्का पड़ रहा है तो वह भोजनवस्त्रादि की नकल करने के बदले उनके सच्चे सद्गुणों की नकल क्यों नहीं करते? अपना स्वभाव स्थिर रखने मैं उनका दृष्टान्त क्यों नहीं लेते?" इससे उपन्यासकार की 'देशोन्नति' की चिन्ता बहुत स्पष्ट रूप में सामने आती है, भले ही अँगरेजी शासन से मुक्ति की बात वह न सोच रहा हो। लाला ब्रजकिशोर वकालत करता है पर आम वकीलों की तरह झूठे मुकदमे नहीं स्वीकार करता। वह जो भी मुकदमे लेता है, उसकी पैरवी पूरी निष्ठा के साथ करता है और अन्यायपीड़ित गरीबों से फीस भी नहीं लेता। इस तरह वह महात्मा गाँधी की तरह देशहित में काम करने वाला वकील है। वह अपनी बातचीत में 'सच्ची सावधानी', परोपकार, ईश्वर भक्ति, न्यायपरता, विचारशक्ति, गृहस्थ के लिए मध्यम मार्ग के अनुसरण, धर्मप्रेरित व्यवहारबुद्धि, विवेकपूर्ण परोपकार, प्रबन्ध निपुणता, स्वाभाविक सज्जनता आदि का उपदेश पाठकों को देता है। इतना ही नहीं, वह अपने वार्तालाप में दर्जनों कवियों और लेखकों की पंक्तियाँ इस प्रकार, एक साँस में, उद्धृत करता है जिन्हें श्रोता पात्र भले ही सुनने का धैर्य रखते हों, पाठक अपना धैर्य खो देता है। लाला ब्रजकिशोर को न केवल शेक्सपीयर, विलियम कूपर, अलेक्जांडर पोप, बायरन आदि अँगरेज लेखकों, *हितोपदेश, हरिवंश पुराण, मनुस्मृति, वाल्मीकि रामायण, विदुर प्रजागर, विष्णु पुराण, रघुवंश, चाणक्य नीति दर्पण, नलोपाख्यान, सुभाषित रत्नाकर, प्रसंग रत्नावली, भोजप्रबन्ध सार, श्रीमद्भगवद्गीता, शृंगार संग्रह,* भर्तृहरिशतक आदि भारतीय ग्रन्थों, कबीर, गंग, वृन्द आदि कवियों तथा इस्लामी धर्मग्रन्थ *कुरान* आदि के लम्बे-लम्बे उद्धरण कंठाग्र हैं, वरन् वह उनका हिन्दी पद्यानुवाद भी

प्रस्तुत करता चलता है। इन उद्धरणों की संख्या इतनी अधिक है कि यदि इन्हें निकाल दिया जाए तो पुस्तक का आकार एक तिहाई से भी कम हो जाएगा। उपन्यास की दृष्टि से इन उद्धरणों का कोई औचित्य नहीं है।

परीक्षा गुरु में कार्यव्यापार का, और इसीलिए मार्मिक कथाप्रसंगों का भी, नितान्त अभाव है। इसके पात्र कार्यरत कम, संवादरत अधिक दिखाई पड़ते हैं। इसके संवादों में नीति, विज्ञान, व्यवहार-नीति, व्यापार-नीति आदि की चर्चा अधिक है, पात्रों के दुख-सुख, आशा-निराशा, सफलता-असफलता की अभिव्यक्ति कम हुई है। इसी कारण *परीक्षा गुरु* के प्रकाशित होते ही बालकृष्ण भट्ट ने 'हिन्दी प्रदीप' में (दि. 1882) उसकी खरी आलोचना की थी और कहा था, "न जानिये क्यों हमें इस लेख में एक प्रकार का रूखापन जँचता है पदों का वह लालित्य और माधुर्य नहीं आया जैसा भारतेन्दु के लेख में होता है नाटक वा उपन्यास के प्रधान अंग शृंगार हास्य कभी 2 वीर और करुण होते हैं सो उन सबों की इसमें कहीं झलक भी नहीं है क्या निरा विदुर प्रजागर और ठौर ठौर बैलून आदि वैज्ञानिक बातों के ही भर देने से समस्त लेख चातुरी समाप्त हो गयी, नोबेल राइटिंग उपन्यास सम्बन्धी लेख और विज्ञान तथा नीति से क्या सरोकार..।" हिन्दी प्रदीप में ही प्रकाशित अपनी दूसरी आलोचना में भट्ट जी ने लिखा था, "हमलोग जैसा और और बातों में अंग्रेजों की नकल करते आते हैं वैसा ही उपन्यास का लिखना भी उन्हीं के दृष्टान्त पर सीखा है। हाल में लाला श्रीनिवास दास जी का परीक्षा गुरु नामक ग्रन्थ जिसे हम उपन्यास ही गिनते हैं और जिसकी समालोचना से हमारे प्रिय शुभचिन्तक सा.सु.नि. के सुयोग्य संपादक महाशय हमसे कुछ अनमने से हो गये हैं अलबत्ता कुछ कुछ अंग्रेजी नाबिल के ढंग पर है परन्तु नाबिल प्रौढ़ बुद्धि वालों के लिए लिखे जाते हैं कि निरे स्कूलों में क ख सीखने वालों के लिए। ग्रन्थकर्ता महाशय को अनेक प्रकार के उपदेश वाक्य और विज्ञान चातुरी प्रकट करना था तो गुलदस्ते यखलाक या विद्यांकुर के ढंग की कोई पुस्तक बनाते यदि ये सब ठौर ठौर के अनुवाद निकाल दिए जाएं तो (ऑरिजिनल पोर्शन) असली हिस्सा उस पुस्तक का कुछ रही न जायगा।"[5] यद्यपि यह आलोचना तनिक तीखी है, पर *परीक्षा गुरु* के दुर्बल पक्ष का उद्घाटन इसमें यथार्थ रूप में हुआ है। इन आलोचनाओं से आज भी असहमत नहीं हुआ जा सकता। दरअसल *परीक्षा गुरु* में ज्ञान, अध्ययन और उपदेश संवेदना और अनुभव पर हावी हो गये हैं। यदि इनमें सन्तुलन बना रहता तो *परीक्षा गुरु* एक श्रेष्ठ उपन्यास होता। ऐसा न होने से यह उपन्यास की अपेक्षा 'उपदेशाख्यान' बन गया है।

केन्द्रीय कथ्य के साथ *परीक्षा गुरु* में कुछ गौण प्रसंग भी हैं जो समकालीन यथार्थ की अन्तरंग झाँकी प्रस्तुत करते हैं। इनमें से एक है तत्कालीन रईसों के आवासों, वस्त्राभूषणों और रहन-सहन के तौर तरीकों का चित्रण। समृद्ध सेठों की दो पीढ़ियाँ लगभग साथ साथ विद्यमान थीं। पुरानी पीढ़ी के प्रतिनिधि के रूप में मदनमोहन के पिता का चरित्र रखा गया है जो अपनी व्यावसायिक बुद्धि, चरित्रबल, व्यापारिक सूझबूझ और 'सावधानी' की बदौलत सीमित रोजगार से पर्याप्त धन अर्जित करता है। उसका व्यवसाय नैतिक मूल्यों पर आधारित है। धनवान होने पर भी वह झूठी शान-शौकत और फिजूलखर्ची का शिकार नहीं है। वह अपने धर्म पर दृढ़ रहता है। गरीबों और दुखियारों के प्रति दया भाव रखता है। अँगरेज हाकिमों और अन्य रईसों से मिलने-जुलने का शौक उसे नहीं है। इसके विपरीत मदनमोहन

का चरित्र नयी पीढ़ी के रईसों का प्रतिनिधित्व करता है। कथाकार के शब्दों में, "लाला मदनमोहन कानों मैं बहुमूल्य मोती की बाली पहनते थे। वह पोतड़ों के रईस थे, उन्के चेहरे सैं रईसी टपकती थी। उन्के यहाँ सब अमीरी ठाट था। सब्जी मंडी के आगे नहर की पटरी के किनारे उनका दिलपसंद बाग था। उस्की रविशों में दोनों तरफ डेलिया की कतार, सुहावनी क्यारियों मैं रंग रंग के फूलों की बहार, कहीं कहीं हरी घास का सुहावना फर्श, कहीं घनघोर वृक्षों की गहरी छाया, कहीं बनावटी झरने, कहीं पेड़ और टट्टियों पर बेलों की लपेट, एक तरफ को चिड़ियाखाने मैं तरह तरह के पक्षी चहचहा रहे थे, दूसरी तरफ को संगमरमर के एक कुंड मैं तरह तरह के जलचर अपना रंग दिखा रहे थे। बाग के बीच मैं एक बड़ा कमरा हवादार बहुत अच्छा बना हुआ था।..... बीच के कमरे मैं रेशमी गलीचे की बड़ी उम्दा बिछायत थी और बढ़िया साटन की मढ़ी हुई सुनहरी कौंच, कुर्सिएं जगह जगह मौके सै रक्खी थीं। दीवार के सहारे संगमरमर की मेजों पर बड़े बड़े आठ काँच आमने सामने लगे हुए थे। छत मैं बहुमूल्य झाड़ लटक रहे थे। गोल, बैंजई और चौखूँटी मेजों पर फूलों के गुलदस्ते, हाथीदाँत, चंदन, आबनूस, चीनी, सीपी और काँच वगैरे के उम्दा उम्दा खिलौने मिसल सै रक्खे थे। चाँदी की रकेबियों में इलायची, सुपारी चुनी हुई थी। समय, तारीख, वार, महीना बताने की घड़ी, हारमोनियम बाजा, अंटा खेलने की मेज, अलबम, सैरबीन, सितार और शतरंज वगैरे मन बहलाने का सब सामान अपने अपने ठिकाने पर रक्खा हुआ था।"

यह उन्नीसवीं शताब्दी के रईस सेठों की समृद्धि और शानशौकत का सजीव चित्र है। अँगरेजी सभ्यता से प्रभावित मदनमोहन अपना बैठकखाना 'अंग्रेजी चाल' का बनवाता है, जिसमें विलायती सामान जुड़ जाते हैं। सहन चीनी मिट्टी की बन जाती है। इसके साथ ही अस्तबल में विलायती गाड़ियाँ और अरबी, केप, वेलर आदि नस्लों के घोड़े आ जाते हैं। चारित्रिक दृष्टि से यह नया रईस वर्ग पुरानी पीढ़ी से भिन्न है। यह नैतिक मूल्यों अथवा 'देशोन्नति' की परवा नहीं करता। अँगरेज हाकिमों से मेलजोल बढ़ाना और उनकी हाँ में हाँ मिलाना प्रतिष्ठा की बात समझता है।

लेखक की सहानुभूति नयी पीढ़ी के रईस सेठों के साथ नहीं है, क्योंकि वह देखता है कि यह पीढ़ी न केवल अपने पूर्वजों के द्वारा अर्जित सम्पत्ति विलायती सामानों पर खर्च कर अँगरेज सौदागरों की मदद करती है वरन् देश के रोजगार आदि की वृद्धि में भी कोई योगदान नहीं करती। *परीक्षा गुरु* में ब्राइट और रसल का प्रसंग निर्मित करके अँगरेज सौदागरों द्वारा भारत की लूट और यहाँ के वाणिज्य व्यवसाय की बरबादी की ओर संकेत किया गया है। *परीक्षा गुरु* हिन्दी का पहला उपन्यास है जिसमें अँगरेज बनियों के चरित्र की पोल खोली गयी है। इससे अँगरेजी शासन के प्रति उपन्यासकार की आलोचनात्मक दृष्टि का पता चलता है, यद्यपि वह स्पष्ट रूप से कहीं भी ब्रिटिश शासन की आलोचना नहीं करता। साथ ही वह श्रद्धाराम फिल्लौरी की तरह ब्रिटिश शासन की न्यायपरता, उदारता आदि की चर्चा भी नहीं करता। यह प्रबुद्ध भारतीय मानस में अँगरेजी शासन के प्रति बढ़ते मोहभंग का परिचायक है। उपन्यासकार ने अँगरेज सौदागरों के प्रसंग के माध्यम से इस बात पर जोर दिया है कि देश की उन्नति यहाँ के व्यापारियों की, बल्कि सामान्य जनता की, 'जागरूकता' पर निर्भर है। उसने मदनमोहन के चरित्र द्वारा यह प्रतिपादित करना चाहा है कि अँगरेज सौदागरों की तुलना में यहाँ के व्यापारी कितने 'असावधान' हैं। ब्राइट और रसल अपनी व्यापारिक

सजगता, धूर्तता और अनैतिक आचरण से मदनमोहन को लूटते हैं।

उपन्यास के एक पात्र, बाबू बैजनाथ के चरित्र के व्याज से उपन्यासकार ने अँगरेजी शिक्षा पद्धति की अनुपयोगिता बताई है। इस शिक्षा पद्धति से विद्यार्थियों की, अँगरेजी भाषा सीखने में होने वाले समय की, हानि तथा 'देशभाषा' में शिक्षा न दिए जाने के नुकसान की आलोचना की गयी है। उपन्यासकार ने इस शिक्षापद्धति में "देशोन्नति के हेतु बाफ और बिजली आदि की शक्ति, नई नई कलों का भेद, और पृथ्वी की पैदावार बढ़ाने हेतु खेती बाड़ी की शिक्षा अथवा स्वच्छंदता से अपना निवाह करने के लिए देशदशा के अनुसार जीविका करने की रीत और अर्थविद्या, तन्दुरुस्ती के लिए देह रक्षा के तत्त्व, द्रव्यादि की रक्षा और राजाज्ञा भंग के अपराध से बचने को राजाज्ञा का तात्पर्य" जैसे विषयों के अभाव की भी आलोचना की है। यह शिक्षा केवल सरकारी नौकरी का जरिया थी और छात्रों के चरित्र निर्माण की दृष्टि से नितान्त अनुपयोगी थी। इससे भी उपन्यासकार की 'देशहित' की चिन्ता का पता चलता है।

संवाद योजना नाटकीय शिल्प का बहुत जरूरी अंग होता है। *परीक्षा गुरु* में संवादों की भरमार है, बल्कि यह कहना अधिक संगत है कि यह मुख्यतः संवादों पर ही टिका है। संवाद योजना में उपन्यासकार ने अँगरेजी उपन्यासों की पद्धति अपनायी है, जिसका अपने 'निवेदन' में उसने स्पष्टतः उल्लेख भी किया है। अँगरेजी उपन्यासों में नाटक की तरह पात्रों के संवादों के पहले उनके नाम न देकर या तो दोहरे उल्टे कॉमों ("...") के बीच उनके कथन लिख कर वाक्य के सातत्य में ही उनका नाम दे देने की परिपाटी थी या संवादरत पात्रों के नाम आरम्भ में ही देकर उनके संवाद उल्टे कॉमों के बीच इस प्रकार रखे जाते थे कि पाठक को पता चल जाता था कि कौन पात्र क्या कह रहा है। संवाद योजना की यह पद्धति *परीक्षा गुरु* के पूर्व हिन्दी कथा साहित्य में अपरिचित थी। हिन्दी में इस प्रविधि के प्रथम प्रयोग का श्रेय लाला श्रीनिवास दास को ही है। इससे भी उनके अँगरेजी नॉवेल से प्रभावित होने की पुष्टि होती है।

किन्तु *परीक्षा गुरु* की संवाद योजना कलात्मक दृष्टि से उच्च कोटि की नहीं है। विशेष रूप से उपन्यास के प्रमुख पात्र ब्रजकिशोर के वार्तालाप तो नाना विषयों पर दिए गए भाषणों और पुस्तकों से दिए गए लम्बे लम्बे उद्धरणों के रूप में हैं जो पात्रों की संवेदना से न जुड़ पाने के कारण उबाऊ हो गये हैं। पर केन्द्रीय पात्र मदनमोहन और उसके खुशामदी दोस्तों के संवादों में नाटकीय प्रभाव पैदा करने की क्षमता है। यदि उपन्यास से लाला ब्रजकिशोर के व्याख्यानों और उद्धरणों को निकाल दिया जाए, जिसका विकल्प स्वयं लेखक ने पाठकों को दिया है, तो *परीक्षा गुरु* की संवाद योजना हिन्दी उपन्यास के विकास में अपना महत्त्वपूर्ण स्थान रखती है।

उपन्यास के कथा संसार में पात्रों की अहम भूमिका होती है और लाला श्रीनिवास दास को इसका बोध है। उन्होंने लगभग एक दर्जन पात्रों की सृष्टि की है जो उपन्यास के कथा संसार का निर्माण करते हैं। इनमें मुख्य पात्र लाला मदनमोहन और लाला ब्रजकिशोर पारिभाषिक शब्दावली में सर्वथा 'समतल' पात्र हैं और दो प्रकार के वर्ग-चरित्रों के 'उदाहरण' हैं। इनमें लाला ब्रजकिशोर का चरित्र तो मात्र लेखकीय आदर्शों का उदाहरण ही है। मदनमोहन का पिता पुराने किस्म के व्यापारी का और उसकी पत्नी पतिव्रता स्त्री का उदाहरण है। इन

पात्रों में मानवीय संवेगों की हलचल बहुत कम है। मदनमोहन की पत्नी *देवरानी जेठानी की कहानी, वामा शिक्षक, भाग्यवती* आदि की स्त्री पात्रों के समान पतिव्रता, बुद्धिमती, गृहप्रबन्ध में कुशल, बच्चों के लालन पालन में प्रवीण, मानव स्वभाव की सच्ची परख रखने वाली स्त्री है। इस प्रकार के जागरूक स्त्री पात्रों की कल्पना समकालीन प्रबुद्ध मानस में नारी उत्थान के प्रति जागरूकता का परिचायक है।

परीक्षा गुरु में कई ऐसे गौण पात्र हैं जो विश्वसनीय रूप में समकालीन समाज का यथार्थ चित्र प्रस्तुत करते हैं। मदनमोहन के दरबार में हाजिरी देने वाले और उसे उल्टी सीधी समझाने वाले पात्रों में बैजनाथ मास्टर, शिम्भू दयाल, मुंशी चुन्नी लाल, मुंशी हीरा लाल, पं. पुरुषोत्तम दास आदि पात्र अपने वर्ग का सही प्रतिनिधित्व करने वाले और सजीव पात्र हैं। लाला हरकिशोर बजाज ओछी प्रवृत्तियों के दुष्ट और कुटिल व्यापारियों का प्रतिनिधित्व करता है। लाला हरकिशोर मध्य वर्ग के एक खाते-पीते दूकानदार का प्रतिनिधि है, जबकि हरगोविन्द निम्न आय-वर्ग के परिश्रमी और ईमानदार युवक का चित्र प्रस्तुत करता है। उपन्यास में एक मुस्लिम पात्र हकीम अहमद हुसैन भी है, जो पुरानी चाल का, डरपोक, हाँ में हाँ मिलाने वाला पात्र है। *निस्सहाय हिन्दू* के मौलवी अब्दुल अजीज की तरह इसके चरित्र में कोई वैशिष्ट्य नहीं है। ब्राइट और रसल तत्कालीन अँगरेज सौदागरों का प्रतिनिधित्व करते हैं। पर कुल मिलाकर *परीक्षा गुरु* में वर्ग चरित्र वाले 'समतल' पात्रों का ही बाहुल्य है। इनमें लाला ब्रजकिशोर का चरित्र तो अविश्वसनीयता की हद तक आदर्शवादी हो गया है। वह पेशे से वकील है पर हम उसे वकील के रूप में बहुत कम देखते हैं। सारी कथा में उसकी भूमिका एक उपदेशक और 'वाइज़' की है। वह कथाकार के विचारों का प्रवक्ता मात्र है, उसका अपना कोई व्यक्तित्व नहीं है।

परीक्षा गुरु की भाषा *देवरानी जेठानी की कहानी, वामा शिक्षक, निस्सहाय हिन्दू* आदि की तरह ही सरल, दैनिक बोलचाल की तथा आडम्बर रहित है। अपनी भाषा के सबन्ध में लेखक 'निवेदन' में कहता है, "यह पुस्तक मैं दिल्ली के एक कल्पित (फर्जी) रईस का चित्र उतारा गया है और उस्को जैसे का तैसा दिखाने के लिए संस्कृत अथवा फारसी अरबी के कठिन कठिन शब्दों की बनाई हुई भाषा के बदले दिल्ली के रहने वालों की बोलचाल पर ज्यादः दृष्टि रखी गयी है." इससे लेखक का भाषा के प्रति यथार्थवादी आग्रह स्पष्ट है। लाला जी के गद्य की एक विशेषता यह है कि इसमें अँगरेजी गद्य के विराम चिह्नों का भरपूर प्रयोग किया गया है। पूर्ण विराम के लिए खड़ी पाई (।) के स्थान पर बिन्दी (.) का प्रयोग भी अँगरेजी गद्य के प्रभाव को ही सूचित करता है।

देवरानी जेठानी की कहानी से *परीक्षा गुरु* तक उपन्यासों में प्रयुक्त भाषा की दो परम्पराएँ विकसित होती दिखाई देती हैं। *देवरानी जेठानी की कहानी, वामा शिक्षक, भाग्यवती, परीक्षा गुरु* आदि में दिल्ली के आसपास बोली जानेवाली भाषा का रूप दिखाई देता है। यद्यपि लाला श्रीनिवास दास ने कहीं कहीं वर्णनों में साहित्यिक पुट देने का प्रयास किया है, पर उनकी भाषा सरल सपाट ही है। पात्रों के अनुरूप भाषा में बदलाव का कोई उल्लेखनीय प्रयत्न भी *परीक्षा गुरु* में नहीं दिखाई पड़ता। दूसरी भाषिक परम्परा के प्रवर्तक भारतेन्दु हरिश्चन्द्र, और विशेष रूप से बालकृष्ण भट्ट, माने जा सकते हैं। भारतेन्दु ने औपन्यासिक गद्य की पूर्वी परम्परा का सूत्रपात किया जिसमें तद्भव शब्दों के साथ-साथ सुपरिचित तत्सम

शब्दों, ललित पदों से युक्त वाक्यों और सर्जनात्मक भाषा की प्रधानता है। इस भाषा-परम्परा का विकास बालकृष्ण भट्ट और राधाकृष्ण दास ने अपने उपन्यासों में किया। बालकृष्ण भट्ट ने प्रकृति और प्रेम-वियोग आदि के वर्णनों में संस्कृत गद्यकाव्य की परम्परा का अनुसरण किया। औपन्यासिक गद्य की ये दोनों परम्पराएँ उन्नीसवीं शताब्दी के अन्तिम दो दशकों में, और कुछ बाद में भी, साथ साथ अग्रसर होती दिखाई देती हैं।

इस पूरे दशक में बालकृष्ण भट्ट(ज.1844) उपन्यास लेखन में सर्वाधिक सक्रिय रहे। भारतेन्दु के बाद यदि किसी लेखक ने उपन्यास पद के प्रचार और उपन्यास-लेखन को सर्वाधिक प्रोत्साहन दिया तो वे भट्ट जी थे। उन्होंने न केवल स्वयं उपन्यास लिखे बल्कि 'हिन्दी प्रदीप' में अन्य लेखकों के उपन्यास भी धारावाहिक रूप में प्रकाशित किये और उपन्यासों की समीक्षाएँ प्रकाशित कीं। स्वयं भट्ट जी के चार अधूरे और एक पूर्ण उपन्यास इस दशक में 'हिन्दी प्रदीप' में (*गुप्त बैरी* : मई, जून और अगस्त, 1882; *उचित दक्षिणा* : दिस. 1884; *नूतन ब्रह्मचारी* : फरवरी-अप्रैल, 1886; *सद्भाव का अभाव* : फरवरी-अगस्त 1889) प्रकाशित हुए। इनमें से केवल *नूतन ब्रह्मचारी* ही पूर्ण रूप में, पुस्तकाकार, 1886 ई. में, प्रकाशित हुआ। *गुप्त बैरी* में एक जमींदार-पुत्र के विपत्तिग्रस्त होने, उसी विपत्ति की अवस्था में एक ग्रामीण युवती से, जो एक डाकू की बहन है, उसका प्रेम होने तथा डाकुओं के दल में शामिल होने का वर्णन है। इस अधूरी कथा की परिणति किस रूप में होती, यह कहना तो कठिन है, पर जो अंश उपलब्ध है उससे वल्लभ कुल के गोसाइयों के मठों में फैले भ्रष्टाचार, सम्पत्ति-लोभ, पाखंड, धूर्तता आदि का चित्रण और आलोचना लेखक का उद्देश्य जान पड़ता है। इस प्रकार बालकृष्ण भट्ट पहली बार उपन्यास के माध्यम से धार्मिक पाखंड का चित्रण करते हैं। उपन्यास का नायक नाहर सिंह एक साहसी और चरित्रवान पुरुष तथा उसकी प्रेमिका इरम्मदा एक तेजस्विनी नारी है। इरम्मदा *भाग्यवती, निस्सहाय हिन्दू, परीक्षा गुरु* आदि की नायिकाओं की तरह एक प्रबुद्ध नारी है। आरम्भिक उपन्यासों में इस प्रकार की प्रबुद्ध नारियों का सृजन नारी के प्रति इन उपन्यास लेखकों के विश्वास का परिचायक है। *गुप्त बैरी* के प्रेमियों के प्रेम की क्या परिणति होती, यह नहीं कहा जा सकता। कथा की सीमित प्रगति से स्पष्ट है कि इसमें भी रोमांचक घटनाओं की सहायता से रहस्य की रचना तथा प्रेम की कठिनाइयों का वर्णन अभिप्रेत था। शीर्षक से इस बात का भी आभास मिलता है कि उपन्यास में समाज के 'गुप्त बैरी' के रूप में देश के पाखंडी साधु-सन्तों और मठाधीशों का चित्रण ही प्रधान होगा। इससे उपन्यासकार की प्रखर सामाजिक चेतना का पता चलता है। *उचित दक्षिणा* में, जिसके केवल दस पृष्ठ ही छप पाए थे, उस काल की कचहरियों, वकीलों तथा मुख्तारों का चित्रण किया गया है। यह उल्लेखनीय है कि उन्नीसवीं सदी का राजनीतिक दृष्टि से प्रबुद्ध वर्ग सरकारी शिक्षा, अदालत और पुलिस विभाग की आलोचना करके परोक्ष रूप से ब्रिटिश शासन के विरुद्ध आवाज उठा रहा था। *उचित दक्षिणा* का लक्ष्य भी यही जान पड़ता है, यद्यपि उपन्यास के अधूरा रह जाने के कारण कोई बात स्पष्ट रूप में सामने नहीं आ पाती।

नूतन ब्रह्मचारी (1886) लगभग 12,000 शब्दों की एक लम्बी कथा या, अधिक से अधिक, 'उपन्यासिका' है। इसकी दो विशेषताएँ पहली ही दृष्टि में सामने आती हैं। यह ऐतिहासिक उपन्यास है, जिसमें पचास वर्ष पूर्व की स्थिति का चित्रण किया गया है जब भारत

पर अँगरेजों का एकछत्र शासन स्थापित नहीं हुआ था और पिंडारियों की लूटमार से अराजकता फैली हुई थी। इस प्रकार भट्टजी एक दृष्टि से हिन्दी के **प्रथम ऐतिहासिक उपन्यासकार** माने जा सकते हैं। दूसरी बात यह कि इसमें भट्ट जी अपने सुपरिचित अवध-गोरखपुर क्षेत्र को कथा-भूमि न बनाकर महाराष्ट्र के नासिक क्षेत्र का चित्रण करते हैं। भट्ट जी के पूर्वज मालवा प्रान्त के निवासी थे, जहाँ से राजनीतिक अराजकता के कारण भागकर उन्हें उत्तर प्रदेश में बसना पड़ा था।

इस उपन्यास का केन्द्रीय विषय विनायक नाम के एक बालक का चरित्र है, जो सत्यवक्ता, नम्र, दयालु, निष्कपट, अतिथिसेवी, आज्ञाकारी, सहिष्णु, निर्लोभी तथा असहायों की सेवा करने वाला है। उपन्यास का पूरा शीर्षक है–*नूतन ब्रह्मचारी : एक सहृदय के हृदय का विकास,* जिससे उपन्यास के कथ्य का, एक बालक के चरित्र विकास का स्पष्ट संकेत प्राप्त हो जाता है। उपन्यास की कथा से भी इसकी पुष्टि होती है। विनायक राव ही वह 'नूतन ब्रह्मचारी' और 'सहृदय' है जिसके चरित्र का विकास प्रस्तुत करना उपन्यास का लक्ष्य है। आरम्भ का सदाचारी और स्वच्छहृदय बालक पन्द्रह वर्ष बाद एक कर्तव्यपरायण, उद्यमी, उत्साही, धैर्यवान, सज्जनता सम्पन्न, पौरुषवान युवक के रूप में परिणत हो जाता है। इस चरित्र-निर्माण के पीछे उपन्यासकार का लक्ष्य देश में ऐसे युवकों का विकास करना है जो 'देशोन्नति' के कार्य में सहायक हो सकें।

उपन्यास का आरम्भ पर्याप्त नाटकीय ढंग से, रहस्य की सृष्टि करते हुए, एक जंगल में चले जा रहे तीन घुड़सवारों के वर्णन से होता है। कथाकार पात्रों के चरित्र और मनोभावों पर टिप्पणी करता हुआ वन-प्रदेश के काव्यात्मक वर्णन के साथ कथा को आगे बढ़ाता है। यद्यपि उपन्यास में घटनाएँ बहुत कम हैं, पर जो हैं उनकी योजना नाटकीय ढंग से की गयी है। उपन्यास की समाप्ति भी नाटकीय ढंग से, अचानक होने वाले रहस्योद्घाटन से होती है। इस प्रकार उपन्यास का पूरा शिल्प नाटकीय है, पर उपन्यास के बीच में आने वाले प्रकृति के अनुपातरहित काव्यात्मक वर्णनों और उपदेशों से यह नाटकीयता बाधित हुई है। *नूतन ब्रह्मचारी* में पात्रों के, जिनकी संख्या भी तीन-चार ही है, कार्यव्यापार बहुत कम हैं। 52 पृष्ठों की पुस्तक का आधा से अधिक अंश संस्कृत काव्यों के ढंग पर अलंकृत प्रकृति वर्णनों तथा उपदेश वचनों से भरा हुआ है। एकाध वाक्य में कहानी कहने के बाद कथाकार किसी न किसी काव्यात्मक वर्णन में रम जाता है। कथा प्रवाह के बीच में पाठकों को उपदेश देने के लिए अत्यन्त नीरस प्रसंगों की अवतारणा करने में वह दुविधा का अनुभव नहीं करता। एक स्थान पर परदा प्रथा की बुराइयों का विस्तार से वर्णन किया गया है, जो कथाकार की आधुनिक दृष्टि का परिचय तो अवश्य देता है, पर वह कथाशिल्प में जोड़ की तरह है। विट्ठल राव अपने पुत्र विनायक को गायत्री जपने, पूरक, कुम्भक, रेचक युक्त प्राणायाम करने, मौन व्रत धारण करने तथा अतिथि सत्कार करने आदि का लम्बा चौड़ा उपदेश देते हैं। उपदेश बहुलता के कारण *नूतन ब्रह्मचारी* उपन्यास से अधिक 'उपदेशाख्यान' के निकट पहुँच गया है।

नूतन ब्रह्मचारी की भाषा भी उपन्यास की अपेक्षा संस्कृत गद्यकाव्यों की भाषा का अनुसरण करती है। यह अलंकृत, कृत्रिम और सजावटी भाषा है, जो उपन्यास की प्रकृति के अनुकूल नहीं मानी जा सकती। जहाँ प्रकृति वर्णन आता है वहाँ लेखक संस्कृत गद्यकाव्यों

की अलंकृत शैली का अन्धानुकरण करता सा प्रतीत होता है। ये प्रकृतिवर्णन कथाप्रवाह को बाधित करते हैं, पर उनके माध्यम से कथाकार समकालीन भारतीय राजनीतिक-सामाजिक स्थिति पर तीखी टिप्पणी भी करता है। एक उदाहरण द्रष्टव्य है, ''सहस्रांशु की सहस्र सहस्र किरणें उदय होने के साथ ही एकबारगी आकर इन वृक्षों के कोमल प्रवाल सदृश पल्लवों पर जो टूट पड़ती थीं यह उसी का परिणाम है जो इन वृक्षों में एका न था क्योंकि जहाँ एका है वहाँ यह कब सम्भव है कि कोई बाहरी आकर अपना प्रभुत्व जमा सके।'' यहाँ अर्थान्तरन्यास अलंकार के व्याज से आपसी फूट के कारण भारत पर ब्रिटिश साम्राज्य के आधिपत्य के कटु सत्य को उद्घाटित किया गया है।

प्रकृतिवर्णन ही नहीं, उपदेशों की भाषा भी तत्सम शब्दावली प्रधान है। सामान्य वर्णनों के लिए भी ऐसी कृत्रिम भाषा का प्रयोग किया गया है जो कथाप्रवाह को शिथिल बनाती है। पात्रों कें अंग विन्यास या वेशभूषा का वर्णन करते समय लेखक उपमा, रूपक, उत्प्रेक्षा, सन्देह आदि अलंकारों की झड़ी लगा देता है। यह भाषा उपन्यास की प्रकृति के अनुकूल नहीं है।

भट्ट जी के अधूरे उपन्यास *सद्भाव का अभाव* में भी, जो 'हिन्दी प्रदीप' में, फरवरी-अगस्त 1889 में प्रकाशित हुआ था, पचास वर्ष पूर्व की कथा प्रस्तुत की गयी है, जबकि मुगल शासन अपनी अन्तिम घड़ियाँ गिन रहा था, पेशवाओं का शासन समाप्त हो चुका था और ईस्ट इंडिया कम्पनी धीरे-धीरे भारत पर अपनी पकड़ मजबूत कर रही थी। बुन्देलों, पिंडारियों, रुहेलों और जाटों की लूटमार से मध्य भारत में अराजकता का माहौल छाया हुआ था। उपन्यास में इस माहौल से भागकर इलाहाबाद पहुँचे एक विस्थापित परिवार की कथा प्रस्तुत की गयी है। उपन्यासकार ने इलाहाबाद की अँगरेज बस्ती 'सिविल लाइंस' का अत्यन्त प्रामाणिक वर्णन किया है। इस परिवेश में उपन्यास की प्रमुख पात्र मन्दाकिनी अपने पुत्रों से एक दूकान खुलवा कर जीपनयापन का प्रयत्न करती है। मन्दाकिनी के रूप में उपन्यासकार ने समकालीन स्त्रियों के लिए स्वावलम्बन के मार्ग की अनुशंसा की है। इस उपन्यास में भी मठों में व्याप्त भ्रष्टाचार, पाखंड, धनलिप्सा आदि का चित्रण किया गया है। इस उपन्यास में कुटिल प्रकृति और भ्रष्ट आचरण वाले स्त्री पात्रों की प्रधानता है। अपूर्ण रह जाने के कारण उपन्यास की प्रकृति का अनुमान करना कठिन है, पर शीर्षक से समाज में शुद्ध आचरण के समाप्त होते जाने से उत्पन्न लेखक की चिन्ता का आभास मिलता है।

सन् 1883 में ही 'हिन्दी प्रदीप' के सात अंकों में रत्नचन्द्र 'प्लीडर' लिखित *नूतन चरित्र* नामक उपन्यास के कतिपय परिच्छेद प्रकाशित हुए। इसके पहले भी, 1880 में ही, इस उपन्यास के कुछ अंश 'चित्रकला और विवेकराम का नूतन चरित्र' शीर्षक से 'नाटक प्रकाश' नामक पत्र में प्रकाशित हो चुके थे। पर उपन्यास पूरा हुआ 22 अप्रैल, 1887 को और पुस्तक रूप में प्रकाशित हुआ 1893 ई. में। आवरणपृष्ठ पर इसे 'अँगरेजी नोविल्स की रीति पर' निर्मित तथा 'बालवृद्ध युवा स्त्री और पुरुषों' के लिए 'एक अति मनोहर स्वभावशोधक कहानी के द्वारा' 'धर्मयुक्त सांसारिक व्यवहार विषयक शिक्षा' प्रदान करने वाला बताया गया है। इससे कथाकार का नैतिक आग्रह स्पष्ट है। पर उपन्यास की कथा से इसकी पुष्टि नहीं होती। *नूतन चरित्र* का मुख्य विषय प्रेम है। हिन्दी उपन्यास में प्रेम का चित्रण सर्वप्रथम बालकृष्ण भट्ट ने *रहस्य कथा* और *गुप्त बैरी* में किया था, पर इन उपन्यासों के अधूरे रह जाने से उसका स्पष्ट रूप सामने नहीं आ सका था। *नूतन चरित्र* में प्रेमियों के दो जोड़े हैं।

एक जोड़ा विवेकराम और चित्रकला का तथा दूसरा जोड़ा चेतराम और चित्रवल्लभा का है। इन प्रेमियों के आपसी प्रेम, प्रेमी द्वारा प्रेमिका को प्राप्त करने के प्रयत्न तथा विरह और मिलन के वर्णनों से कथा का कलेवर निर्मित है। पर इस प्रेम चित्रण में संवेदना की गहराई नहीं है, केवल बाह्य क्रियाकलापों का ही बाहुल्य है। कथा के पात्रों के कार्य और घटनाएँ इतनी अस्वाभाविक और अविश्वसनीय हैं कि कल्पित कथासंसार के यथार्थ होने का बोध नहीं होता। कथा में बिना किसी तर्क और संगति के घटनाएँ घटती हैं। विवेकराम के प्रति चित्रकला के मन में प्रेम उत्पन्न करने के लिए कथाकार एक बिलकुल ही हास्यास्पद घटना का सृजन करता है। संयोगाधृत, अविश्वसनीय और अनर्गल घटनाओं से पूरी कथा भरी हुई है। नवाब द्वारा चित्रकला का अपहरण, विवेकराम द्वारा उसकी रक्षा, चेतराम का एक अपरिचित स्त्री का चित्र देखकर प्रेमासक्त होना तथा उसके विरह में बीमार पड़ जाना, चित्रवल्लभा का एक मकान में चेतराम को देखकर बेतहाशा नाचना और देखते देखते हवा की तरह जमीन में गायब हो जाना, पात्रों को बेहोश करने और फिर उन्हें होश में लाने की क्रियाएँ आदि अविश्वसनीय तो हैं ही, वे केवल अपरिष्कृत पाठकों की रुचि को ध्यान में रख कर नियोजित की गयी हैं। कथा की घटनाएँ और कार्य ही नहीं, पात्रों के आचरण और व्यवहार भी अस्वाभाविक और देशकाल विरुद्ध हैं। चेतराम और चित्रकला भाई-बहन हैं, पर चेतराम अपनी बहन का हाथ चूमने में कोई संकोच नहीं करता और अपनी बहन से ऐसी बातें करता है, जो उस समय के भारतीय युवक के लिए सर्वथा अविश्वसनीय है। इसी प्रकार चेतराम का अपनी चित्र वाली प्रेमिका के कामज्वर में पीड़ित होना, अपनी बहन से इस कामज्वर का वर्णन करना भी देशकाल के चलन के प्रतिकूल है। लगता है, कथाकार प्रेमचित्रण में अँगरेजी उपन्यासों की भद्दी नकल कर रहा है। पात्रों का हवा की तरह एकाएक जमीन में गायब हो जाना, पात्रों का वेश बदलकर और अन्य पात्रों को बेहोश करके या उन्हें होश में लाकर काम निकालना आदि घटनाएँ फारसी की तिलिस्मी घटनाओं से प्रभावित जान पड़ती हैं। यह भी सम्भव है कि प्रकाशन (1893) के पूर्व रत्नचन्द्र ने *चन्द्रकान्ता* से प्रभाव ग्रहण कर इस प्रकार के परिवर्तन किये हों।

पर शिल्प की दृष्टि से *नूतन चरित्र* में पर्याप्त नूतनता दिखाई देती है। घटनाओं की योजना में नाटकीय पद्धति, समयानुक्रम में परिवर्तन तथा समय के निलम्बन द्वारा कथा में रहस्य की सृष्टि आदि औपन्यासिक कौशलों का प्रयोग *नूतन चरित्र* में सफलतापूर्वक किया गया है। कथाओं के युगपत् संक्रमण की प्रविधि का भी सफल प्रयोग *नूतन चरित्र* में मिलता है। हिन्दी उपन्यास में पहली बार दो प्रेमकथाओं एक साथ विकास *नूतन चरित्र* में ही मिलता है। परवर्ती हिन्दी उपन्यासकारों ने कथाओं के युगपत् संक्रमण की प्रणाली का प्रचुर उपयोग अपने उपन्यासों में किया, पर हिन्दी में इस कथाप्रविधि के प्रवर्तन का श्रेय राधाकृष्ण दास और रत्नचन्द्र को ही है। अपने पूर्ववर्ती उपन्यासों की तुलना में *नूतन चरित्र* का वस्तुविन्यास जटिल है, जो इसकी एक उल्लेखनीय विशेषता है।

यद्यपि कथ्य की दृष्टि से *नूतन चरित्र* प्राचीन प्रेमाख्यानों के निकट है, पर इसका परिवेश इसे उपन्यास के निकट लाता है। उपन्यास की अधिकतर घटनाएँ हरथला स्टेशन, दिल्ली और फरीदपुर में घटती हैं, जो वास्तविक भौगोलिक स्थान हैं। स्टेशन, रेलगाड़ी आदि का उल्लेख भी परिवेश को आधुनिक तथा यथार्थ बनाता है। प्राचीन कथाओं की तरह इसमें प्रकृति और

नखशिख सम्बन्धी अलंकृत वर्णन नहीं मिलते। *नूतन चरित्र* की भाषा सरल, निराडम्बर, दैनिक बोलचाल की होने के कारण उपन्यासोचित है।

1885 ई. में ठाकुर जगन्मोहन सिंह ने (ज.1857) *श्यामा स्वप्न* नामक उपन्यास की रचना की, जो 1888 ई. में प्रकाशित हुआ। छपी पुस्तक के मुखपृष्ठ पर उन्होंने इसे 'गद्यप्रधान चार खंडों में एक कल्पना' (हिन्दी में) और 'ऐन ओरिजिनल नॉवेल इन हिन्दी प्रोज' (अँगरेजी और रोमन अक्षरों में) की संज्ञा दी। इससे स्पष्ट है कि भारतेन्दु मंडल के बाहर के लेखकों ने अब तक नॉवेल के लिए उपन्यास शब्द को स्वीकार नहीं किया था।

इस उपन्यास का विशेष महत्त्व इसके शिल्प को लेकर है। इसका कथा नायक रात्रि के चार प्रहरों में चार स्वप्न देखता है, जो मिलकर एक प्रेमकथा का रूप ग्रहण करते हैं। स्वप्न की अनेक असंगत बातों के बीच से कथानायक श्याम सुन्दर और नायिका श्यामा की प्रेमकथा कुछ स्पष्ट होकर सामने आती है जो प्रेमाख्यानों के अधिक निकट है। इसमें प्राचीन प्रेमाख्यानों की तरह उद्दीपन विभाव के रूप में प्रकृति के अलंकृत वर्णन, नायिका के नख-शिख सौन्दर्य वर्णन तथा प्रेमी प्रेमिका के आलिंगन, चुम्बन, रतिक्रीड़ा और उनके विरह मिलन के काव्यात्मक वर्णनों की प्रधानता है। प्रकृति वर्णन का एक उदाहरण द्रष्टव्य है :

"देखता क्या हूँ कि मैं एक अपूर्व मनोहर भूमि पर विचरता हूँ. आमने सामने पर्वत. उत्तर भाग में एक बड़ी भारी नदी. कमल फूले हैं. कोकनद की पाँती शोक को हटाती है. कुमुद भी एक ओर मुदयुक्त होकर निरख रहे हैं. इधर चातक भी पी2 रट2 कर अपने पुराने पातक का प्रायश्चित्त करता है. उधर काली कोइल भी अमराइयों में पंचम सुर से गा रही है. आम की मंजरी सभों को सकाम करती है, बक्र और अधखुले पलास अपने पलासों के गर्व में टेढ़े हो रहे हैं....पर्वत की अनुपम शोभा कही नहीं जाती. सरिता उसी की नवबधू सी हो उसकी गोद से निकल कर और भी प्रमोद को बढ़ाती है. पर्वत की कन्दरा सिंह के नाद से प्रतिध्वनित हो रही है-उधर उस नाद को सुन गवय और गज भी भीत होकर पलीत के भाँति चिक्कार कर भागते हैं—हरिण अपनी प्यारी हरिणी के साथ—(हा हरिणयनि !) कूदते जाते हैं."

इस वर्णन में कथाकार का प्रकृतिनिरीक्षण और छोटे छोटे वाक्यों का प्रयोग आकर्षक है, पर उसका झुकाव पुराने गद्यकाव्यों की ओर अधिक है। प्रकृति औपन्यासिक परिवेश का अंग न हो कर स्वयं में विषय बन गयी है। उपन्यास की नायिका का नखशिख सौन्दर्य वर्णन काव्यरूढ़ियों के रूप में छह पृष्ठों में किया गया है, जिसके बीच में नखशिख वर्णन विषयक रीतिकालीन कविताएँ भी उद्धृत की गयी हैं। इसके फलस्वरूप वह हाड़-मांस की स्त्री न रह कर काव्यरूढ़ियों के संसार की एक अवास्तविक सौन्दर्य प्रतिमा बन गयी है। इस कथा की घटनाएँ और कार्यव्यापार केवल सूचना के रूप में हैं; लेखक का प्रमुख उद्देश्य प्रकृति और नारी सौन्दर्य का काव्य-परम्परागत वर्णन तथा शृंगार रस का सांगोपांग चित्रण है।

कथाकार ने *श्यामा स्वप्न* को एक 'कल्पना' कहा है। यह संज्ञा इसलिए सार्थक है कि *देवरानी जेठानी की कहानी* से लेकर *नूतन ब्रह्मचारी* तक, उपन्यास में यथार्थ के प्रति जो आग्रह दिखाई पड़ता है, उसका *श्यामा स्वप्न* में एकदम अभाव है। इस कथा में जिन घटनाओं का वर्णन किया गया है वे वास्तविक जीवन की नहीं, स्वप्न की घटनाएँ हैं। कथा के पात्र स्वप्न के हवाई व्यक्ति हैं, जिनके जीवन में केवल रंगीनी और भोगविलास की प्रधानता है। ये पात्र

मध्यकालीन प्रेमाख्यानों की छायामूर्तियाँ हैं, जिनका कोई स्वतन्त्र व्यक्तित्व नहीं है।

श्यामा स्वप्न में शिल्पविषयक नवीनता यह है कि इसमें कहानी कथानायक के स्वप्न के रूप में प्रस्तुत की गयी है। रात्रि के चार प्रहर में कथानायक चार स्वप्न देखता है, जो आपस में फिल्म की तरह जुड़े हुए हैं और एक मुकम्मल प्रेमकथा का निर्माण करते हैं। कथाकार ने इस स्वप्न शिल्प की विसंगतियों पर जरा भी ध्यान नहीं दिया है। कोई व्यक्ति रात भर स्वप्न देखता रहे, जगने पर उसे स्वप्न के सारे ब्योरे ही नहीं, स्वप्न के पात्रों द्वारा लिखित पत्रों के एक-एक शब्द और उनके द्वारा संवाद में उद्धृत कविताएँ तक याद रहें, यह सम्भव नहीं है। स्वप्न प्रायः मनोबिम्बों के रूप में होते हैं, जिनमें सम्बद्धता नहीं होती। ये मानसिक बिम्ब स्वप्न में अवचेतन और अचेतन मन की अभिव्यक्ति होते हैं। कथानायक के प्रेम की अभिव्यक्ति यदि स्वप्न के असम्बद्ध बिम्बों के रूप में हुई होती तो *श्यामा स्वप्न* अपने समय का एक क्रान्तिकारी उपन्यास होता। पर ऐसा नहीं है। फिर भी *श्यामा स्वप्न* की शिल्पगत नवीनता को, समकालीन कथालेखकों द्वारा किए जा रहे प्रयोगों में 'विशिष्ट' तो माना ही जा सकता है।

नवें दशक के अन्तिम तीन वर्षों में किशोरीलाल गोस्वामी (ज.1865) ने तीन मौलिक उपन्यास लिखे : *प्रणयिनी परिणय, त्रिवेणी वा सौभाग्य श्रेणी* और *स्वर्गीय कुसुम वा कुसुम कुमारी। प्रणयिनी परिणय* 1887 में रचित और 1890 में प्रकाशित हुआ था। यह लगभग 6000 शब्दों का एक छोटा सा उपन्यास था। *त्रिवेणी* की रचना 1888 में हुई थी और यह 1890 में 'बिहार बन्धु' में प्रकााशित हुआ था। 1907 ई. में यह पुस्तकाकार प्रकाशित हुआ। *स्वर्गीय कुसुम* 1889 में लिखा गया था, जिसके कुछ अंश 1889 में ही 'सारसुधानिधि' तथा 'विज्ञ वृन्दावन' में छपे, पर पुस्तक रूप में 1901 में प्रकाशित हुआ। 'बंग भाषा के आश्रय से लिखित' गोस्वामी जी के उपन्यास *लावण्यमयी* (प्र.का. 1891), *प्रेममयी* ('सर्वहित' नामक पत्र में 1889 में प्रकाशित), *सुखसर्वरी* (प्र.का. 1892) आदि थे, जो इसी काल में रचे गये थे। *सुखसर्वरी* की भूमिका में गोस्वामी जी ने सूचित किया था, "आज तक हमने दस पन्द्रह उपन्यास हिन्दी में लिखे हैं।" पर उन्होंने इन उपन्यासों के नाम नहीं दिए। सम्भव है, 1901 ई. के बाद प्रकाशित गोस्वामी जी के कुछ उपन्यास 1890 तक लिखे जा चुके हों।

गोस्वामी जी मुख्यतः बालकृष्ण भट्ट, रत्नचन्द्र, जगन्मोहन सिंह आदि की परम्परा के उपन्यासकार थे। यह तनिक आश्चर्य की बात है कि *प्रणयिनी परिणय* की रचना के समय गोस्वामी जी को तब तक प्रकाशित उपन्यासों में केवल *परीक्षा गुरु* का पता था, जबकि 'बिहार बन्धु', 'हिन्दी प्रदीप' आदि पत्रिकाओं में केशवराम भट्ट और बालकृष्ण भट्ट के उपन्यास धारावाहिक रूप में प्रकाशित होते आ रहे थे और एक वर्ष पूर्व *नूतन ब्रह्मचारी* भी पुस्तक रूप में प्रकाशित हो चुका था। गोस्वामी जी को उपन्यास लिखने की प्रेरणा कहाँ से प्राप्त हुई, यह जानना उनके उपन्यासों की प्रकृति को समझने में सहायक हो सकता है। ज्ञानचन्द जैन के अनुसार वे नौ-दस वर्ष की अवस्था से ही अपने नाना के साथ भारतेन्दु के दरबार में जाया करते थे। स्वाभाविक है कि उन्हें उपन्यास शब्द, उपन्यास विषयक जानकारी तथा उपन्यास लेखन की प्रेरणा भारतेन्दु से प्राप्त हुई होगी। भारतेन्दु अपने सम्पर्क में आने वाले नवयुवक लेखकों को उपन्यास लिखने तथा बँगला के उपन्यासों के अनुवाद और रूपान्तर करने की प्रेरणा निरन्तर देते रहते थे। बालकृष्ण भट्ट और राधाकृष्ण दास ने भारतेन्दु से प्रेरणा लेकर उपन्यासों की रचना की। बाणभट्ट कृत *कादम्बरी* का (बँगला से) अनुवाद गदाधर सिंह ने 1873 के लगभग

किया था, जिसके कुछ अंश 'हरिश्चन्द्र मैगजिन' के 1873-74 के अंकों में छपे थे। 1879 में यह अनुवाद *कादम्बरी* शीर्षक से इंडियन प्रेस, प्रयाग से प्रकाशित हुआ, जिसे उसके मुखपृष्ठ पर 'प्राचीन संस्कृत उपन्यास' कहा गया था। गोस्वामी जी ने *प्रणयिनी परिणय* के 'निवेदन' में इसका उल्लेख किया है। *कादम्बरी* का प्रभाव गोस्वामी जी के उपन्यासों पर भी स्पष्ट दिखाई पड़ता है। 1875 ई. में ही शालग्राम मिश्र ने भवभूति के *मालती माधव* नाटक के आधार पर *मालती माधव की कथा* नामक प्रेमाख्यान की रचना की जो 1881 ई. में प्रकाशित और 'क्षत्रिय पत्रिका' के आश्विन विजयादशमी सं. 1938 (1881 ई.) अंक में 'उपन्यास' के रूप में समीक्षित हुआ। 1879 ई. में ही रमेशचन्द्र दत्त के बँगला उपन्यास *बंगविजेता* का गदाधर सिंह कृत अनुवाद 'सारसुधानिधि' के दो अंकों में प्रकाशित हुआ था। पुस्तक रूप में यह अनुवाद 1886 ई. के लगभग प्रकाशित हुआ। 1880-81 के ही 'सारसुधानिधि' के तीन अंकों में दीप नारायण सिंह वर्मा द्वारा अनूदित *अपूर्व कारावास* नामक उपन्यास प्रकाशित हुआ था। 1880 में ही केशवराम भट्ट द्वारा बंकिमचन्द्र चट्टोपाध्याय कृत *युगलांगुलीय* का *एक जोड़ा अँगूठी* शीर्षक अनुवाद पहले 'बिहार बन्धु' में धारावाहिक रूप में और पुनः पुस्तक रूप में प्रकाशित हुआ। सन् 1880 के ही आसपास (सम्भवतः) मल्लिका देवी द्वारा रूपान्तरित और स्वयं भारतेन्दु द्वारा संशोधित *कुलीन कन्या अथवा चन्द्रप्रभा और पूर्णप्रकाश* नामक उपन्यास प्रकाशित हुआ। मल्लिका देवी के ही *राधारानी* (बंकिमचन्द्र चटर्जी) और *सौन्दर्यमयी* शीर्षक अनूदित उपन्यास क्रमशः 1883 और 1887 में प्रकाशित हुए थे। 1881 ई. में ही व्यास रामशंकर शर्मा ने 'भारतेन्दु बाबू हरिश्चन्द्र की सम्मति से' बँगला से *मधुमती* नामक उपन्यास का अनुवाद किया था जो 1886 ई. में प्रकाशित हुआ। बंकिमचन्द्र चटर्जी कृत *दुर्गेशनन्दिनी* के गदाधर सिंह द्वारा प्रस्तुत अनुवाद का प्रथम खंड 1882 में और द्वितीय खंड 1884 में प्रकाशित हुआ। 1883 ई. में कार्तिक प्रसाद खत्री द्वारा अँगरेजी से अनूदित *सतीत्व रक्षिणी* नामक उपन्यास प्रकाशित हुआ। 1884 में राधाकृष्ण दास ने बँगला से किसी उपन्यास का अनुवाद *मरता क्या न करता* शीर्षक से किया था। बाणभट्ट कृत *हर्षचरित* के प्रथम उच्छ्वास का अनुवाद भी 1886 में प्रकाशित हो चुका था। बंकिम बाबू के एक और उपन्यास *राज सिंह* का अनुवाद स्वयं भारतेन्दु ने किया था, पर वह प्रकाशित 1894 में हुआ। इस अनुवाद के प्रत्येक परिच्छेद के आरम्भ में भारतेन्दु ने स्वरचित कविताओं के उद्धरण दिये थे। गोस्वामी जी को इन अनुवादों से प्रेरणा मिलने की पर्याप्त सम्भावना है।

प्रणयिनी परिणय और *त्रिवेणी* गोस्वामी जी के प्रारम्भिक लघु उपन्यास हैं। *प्रणयिनी परिणय* की पृष्ठ संख्या मात्र 23 है। ये दोनों ही प्रेमकथाएँ हैं, जो संस्कृत गद्यकथाओं की अलंकृत शैली में लिखी गयी हैं। इन पर *कादम्बरी* का प्रभाव स्पष्ट है, जो 1879 में ही हिन्दी में अनूदित प्रकाशित हो चुकी थी। नायक-नायिका के प्रेम, विरह और मिलन का शृंगार रस की कसौटी पर खरा उतरनेवाला वर्णन इन उपन्यासों में मिलता है। इन उपन्यासों के उद्दिष्ट पाठक मुख्यतः प्राचीन और रीतिकालीन परम्परा के काव्य रसिक थे। ऐसे पाठकों की रुचि नखशिख सौन्दर्य, प्रकृति और विरह-मिलन के अलंकृत वर्णनों में अधिक होती थी। इस 'रसिक' पाठक समुदाय की रुचि को ध्यान में रखते हुए *त्रिवेणी* में एक युवक का विरह प्रलाप पाँच पृष्ठों में वर्णित है। इसमें एक स्थान पर पूरे चार पृष्ठों की एक कविता उद्धृत है जिसमें कृष्ण और गोपियों की लीला का वर्णन है। इन वर्णनों की समकालीन साहित्यकारों और आलोचकों ने प्रशंसा भी

की थी। पर उपन्यास की दृष्टि से इन वर्णनों की कोई सार्थकता नहीं है। *त्रिवेणी* कुल 41 पृष्ठों का उपन्यास है पर कथा का अंश 5 पृष्ठ से अधिक नहीं है। शेष भाग में प्रकृति और विरह-मिलन के वर्णन के साथ-साथ हिन्दू धर्म के सिद्धान्तों, आचारविचार, पूजापाठ, देवीदेवता आदि के वर्णन हैं। समकालीन जीवन की कोई झलक इन उपन्यासों में नहीं दिखाई देती।

सिंहावलोकन

यदि हम हिन्दी उपन्यास के विकास के आरम्भिक दौर पर सरसरी नजर डालें तो कई आश्चर्यजनक तथ्य सामने आते हैं। पहला चौंकाने वाला तथ्य यह है कि हिन्दी उपन्यास के उद्भव और विकास में पूँजीवादी अर्थव्यवस्था और मध्य वर्ग की भूमिका बहुत नगण्य है। यूरोपीय उपन्यास के विकास में पूँजीवादी अर्थतन्त्र और मध्य वर्ग का योगदान बहुत महत्त्वपूर्ण माना जाता है और अक्सर इस अवधारणा को हिन्दी उपन्यास के इतिहास पर भी चस्पाँ कर दिया जाता है। पर हिन्दी क्षेत्र की परिस्थितियों को देखते हुए हिन्दी उपन्यास के सम्बन्ध में इस सामान्यीकरण को संगत नहीं माना जा सकता। 1870-90 की अवधि में हिन्दी क्षेत्र में न तो पूँजीवादी अर्थतन्त्र का कोई वर्चस्व था, न ही कोई मजबूत मध्य वर्ग पैदा हुआ था। इस समय भारत ब्रिटिश उपनिवेशवाद के चंगुल में तड़फड़ा रहा था और एक विदेशी पूँजीवाद उसका चौतरफा शोषण कर रहा था। इस विदेशी पूँजीवाद की भाषा अँगरेजी थी। इस व्यवस्था के पोषक और सहायक के रूप में अँगरेजी पढ़ालिखा मध्यवर्ग वजूद में आ रहा था, पर वह अधिकतर अहिन्दीभाषी, विशेष रूप से बँगलाभाषी था। उर्दू पढ़ा-लिखा उत्तर भारतीय समाज भी इस मध्य वर्ग का एक उल्लेख्य हिस्सा था, पर हिन्दी से उसका भी कोई विशेष लगाव नहीं था। हिन्दी हिन्दी क्षेत्र की मातृभाषा नहीं थी। उसका प्रचार भी केवल शहरों तक सीमित था। गाँवों में हिन्दी अजनबी और परायी भाषा थी। हिन्दी क्षेत्र में साक्षरता की स्थिति नगण्य थी। 1882 ई. में स्कूल जाने योग्य आयु वाले लड़कों में 75% और उसी आयु की लड़कियों में 98% शिक्षा से वंचित रह जाती थीं। और जो बच्चे स्कूल में जा पाते थे, उनमें वैसे लड़के-लड़कियों की संख्या और भी कम थी जो हिन्दी पढ़ते थे। स्कूलों और कॉलेजों में अँगरेजी शिक्षा का माध्यम थी, तथा इनमें हिन्दी की पढ़ाई को बहुत कम महत्त्व दिया जाता था। इस कारण इस काल में हिन्दी पाठकों की संख्या नगण्य थी। हिन्दी की पढ़ाई केवल प्राथमिक स्तर तक सीमित थी। हिन्दी के अधिकांश पाठक अल्पशिक्षित या साक्षर मात्र थे। अदालतों और सरकारी दफ्तरों में अँगरेजी के बाद उर्दू का स्थान था, अतः अधिकतर अभिभावक अपने बच्चों को अँगरेजी या उर्दू ही पढ़ाना पसन्द करते थे। इस प्रकार वह मध्य वर्ग, जो हिन्दी उपन्यास के विकास का कारण बनता, हिन्दी क्षेत्र में लगभग अनुपस्थित था। हिन्दी के जो भी तनिक प्रबुद्ध पाठक थे, वे अधिकतर संस्कृत पढ़े-लिखे थे, जिन्होंने हिन्दी का अभ्यास कर लिया था।

इस काल के उपन्यासों में जिस समाज का अंकन हुआ है, वह उच्च मध्यवर्गीय समाज है। समाज का निचला वर्ग, यहाँ तक कि निम्न और सामान्य मध्य वर्ग भी, इनमें अनुपस्थित है। *देवरानी जेठानी की कहानी, वामा शिक्षक* और *भाग्यवती,* तीनों में अपेक्षाकृत समृद्ध वैश्य, कायस्थ और ब्राह्मण परिवारों की जिन्दगी का अंकन किया गया है। केशवराम भट्ट, राधाकृष्ण दास , बालकृष्ण भट्ट और लाला श्रीनिवास दास के उपन्यास भी हिन्दू समाज के उच्च वर्ग

का ही चित्रण करते हैं। वस्तुतः ये सभी लेखक उच्च या उच्च मध्य वर्ग के थे, और अपनी समझ से 'राष्ट्र की तलाश' का प्रयत्न अपनी रचनाओं के माध्यम से कर रहे थे।

इस प्रकार हिन्दी उपन्यास मध्य वर्ग की माँग के फलस्वरूप नहीं, वरन् एक प्रकार की प्रच्छन्न राष्ट्रीय चेतना की अभिव्यक्ति के रूप में सामने आया। बंगाल से चली नवजागरण की धारा सातवें दशक में हिन्दी क्षेत्र को भी स्पर्श करने लगी और गिनती के प्रबुद्ध लोगों ने भारतीय समाज के जागरण का अलख जगाना शुरू किया। राजा शिवप्रसाद सितारेहिन्द, राजा लक्ष्मण सिंह, भारतेन्दु हरिश्चन्द्र, पं. बालकृण भट्ट आदि इसी नयी चेतना के उद्वाहक थे। स्वामी दयानन्द सरस्वती ने 1875 ई. में आर्य समाज की स्थापना कर हिन्दी क्षेत्र में नवजागरण की चेतना को आन्दोलन का रूप दे दिया। हिन्दी क्षेत्र की नवजागरण चेतना राष्ट्रीय चेतना से प्रच्छन्न रूप से जुड़ी हुई थी। 1857 के प्रथम स्वाधीनता संग्राम ने, और उसके बाद हुए उपनिवेशवादी दमन ने, हिन्दीभाषी क्षेत्र में एक प्रच्छन्न राष्ट्रीयता बोध पैदा कर दिया था। हिन्दी भाषा और नागरी लिपि के विकास, स्त्री शिक्षा, विधवा विवाह, कल कारखानों की उन्नति, पश्चिमी ज्ञानविज्ञान के प्रचार, भारतीय वाणिज्य व्यवसाय की उन्नति आदि के समर्थन तथा बालविवाह, वृद्धविवाह, शादी-व्याह के अवसरों पर होने वाले अपव्यय, अन्धविश्वास, तर्कहीन सामाजिक व्यवहार आदि के विरोध में किए जाने वाले आन्दोलनों के रूप में यह चेतना प्रकट हो रही थी। आधुनिक हिन्दी साहित्य इस चेतना का सबसे सशक्त माध्यम बना। हिन्दी उपन्यास इस राष्ट्रीय चेतना की ही अभिव्यक्ति था। आठवें दशक के चार प्रमुख 'नवल' कथाकारों—गौरी दत्त, ईश्वरी प्रसाद-कल्याण राय और श्रद्धाराम फिल्लौरी ने स्त्रीशिक्षा के पक्ष में ही नहीं, तर्कहीन सामाजिक व्यवहारों के विरोध में भी 'नवल' कथाएँ लिखीं। उन्होंने वाणिज्य व्यवसाय की उन्नति, स्त्रियों के स्वावलम्बन, विधवा विवाह आदि पर भी जोर दिया। इस दशक के उत्तरार्ध में भारतेन्दु हरिश्चन्द्र ने अपने साहित्य के माध्यम से राष्ट्रीय चेतना का बिगुल फूँक दिया जिसके स्वर में स्वर मिलाकर केशवराम भट्ट, बालकृष्ण भट्ट, राधाकृष्ण दास, लाला श्रीनिवास दास आदि ने प्रच्छन्न, पर प्रखर रूप में अपने राष्ट्रीय भावों की अभिव्यक्ति उपन्यासों के माध्यम से की। इन उपन्यासों में भी स्त्री विषयक सुधारवादी विचारों का प्रतिपादन किया गया है, पर इनमें देशहित, देशोन्नति, देशोत्थान, चरित्र-निर्माण आदि के प्रश्न अधिक तत्परता के साथ उभारे गये हैं। केशवराम भट्ट और लाला श्रीनिवास दास ने देश में उद्योग-धन्धों की उन्नति, स्वावलम्बन, ज्ञानविज्ञान की शिक्षा आदि पर अधिक बल दिया है। लाला श्रीनिवास दास ने अँगरेज सौदागरों की धूर्तता और चालाकी का चित्रण कर भारतीय व्यवसायियों को उनसे सावधान रहने की सलाह दी है। नवयुवकों द्वारा अँगरेजों के रहन-सहन की नकल की आलोचना कर लाला जी ने उस खतरे की ओर संकेत किया है, जो भारत की अस्मिता और पहचान को नष्ट करने वाला था। एक बड़ी महत्त्वपूर्ण बात यह है कि इन उपन्यासकारों ने भारतीय समाज में 'एका' के अभाव पर अपनी चिन्ता व्यक्त की है। हिन्दुओं और मुसलमानों की एकता की समस्या भी कम से कम एक उपन्यास, *निस्सहाय हिन्दू*, में उठाई गयी है। भट्ट जी ने भारतीय जनता में 'एका' के अभाव के कारण 'बाहरी' लोगों के अधिकार जमा लेने की बात तक कह डाली है। उन्होंने युवकों के चरित्र निर्माण को देशोत्थान के लिए आवश्यक माना है। हिन्दू समाज में व्याप्त धार्मिक पाखंडों की आलोचना भी उन्होंने अपने उपन्यासों में की है। इस प्रकार आठवें दशक के हिन्दी 'नवल' कथालेखक और नवें दशक के उपन्यासकार राष्ट्र की तलाश में रत लेखक के रूप में

सामने आते हैं। इस तलाश में एक ऐसे राष्ट्र का स्वप्न था जिसकी अपनी भाषा हो, जहाँ की स्त्रियाँ पढ़ी-लिखी हों, युवक चरित्रवान हों, समाज अन्धविश्वासों और तर्कहीन रीतिरिवाजों से मुक्त हो, जहाँ ज्ञानविज्ञान की शिक्षा का भरपूर प्रसार हो, समाज के विभिन्न वर्गों में एकता और सामंजस्य हो। विदेशी शासन से मुक्ति का सीधा प्रश्न इन्होंने नहीं उठाया, जो ब्रिटिश शासन की दमनपूर्ण नीति को देखते हुए शायद सम्भव भी नहीं था, पर उनका 'देशहित' और 'देशोत्थान' औपनिवेशिक शासन से मुक्ति का ही प्रच्छन्न रूप है।

ब्रिटिश उपनिवेशवाद ने भारत में एक सांस्कृतिक संकट की स्थिति भी पैदा कर दी थी। अँगरेज अपने साथ अँगरेजी भाषा और यूरोपीय सभ्यता लेकर आये थे। अँगरेजी को सरकारी कामकाज और शिक्षा का माध्यम बना कर उन्होंने उसे एक प्रकार से भारतीयों पर थोप भी दिया था। इसका लाभ यह था कि अँगरेजी शिक्षा के माध्यम से पश्चिमी ज्ञानविज्ञान का भारत में प्रवेश हो रहा था। पर इसका सबसे बड़ा नुकसान यह था कि अँगरेजी सीखने में ही छात्रों का बहुत सारा समय नष्ट हो जाता था। इस कारण इस शिक्षा का लाभ बहुत थोड़े लोगों को ही मिल पाता था और भारत में एक ऐसा वर्ग पैदा होता जा रहा था, जो अपने व्यक्तिगत लाभ के लिए देश की बहुत कम चिन्ता करता था। धीरे-धीरे प्रबुद्ध भारतीयों को यह अनुभव होने लगा था कि देश की उन्नति के लिए अपनी भाषा की उन्नति आवश्यक है। भारतेन्दु ने 'निज भाषा उन्नति अहै सब उन्नति को मूल' कहकर इस बोध को व्यक्त किया था। दूसरी तरफ प्रबुद्ध वर्ग यह भी अनुभव कर रहा था कि आधुनिक ज्ञानविज्ञान से परिचित होने के लिए अँगरेजी भाषा की शिक्षा आवश्यक है। यह द्वन्द्व हिन्दी की आरम्भिक कथा-रचनाओं में व्यक्त हुआ है। ये कथाकार अँगरेजी शिक्षा का समर्थन भी करते हैं और विरोध भी। इसी प्रकार ये कथाकार यूरोपीय ज्ञानविज्ञान, वाणिज्य व्यापार के तरीकों, उनके अनुकरण पर कल कारखानों की स्थापना, इंजीनियरी आदि का तो समर्थन करते हैं, पर उनके रहन-सहन, वेशभूषा, तौरतरीकों की नकल का विरोध भी करते हैं। *परीक्षा गुरु* का तो यही केन्द्रीय विषय ही है, जबकि अन्य उपन्यासकारों ने भी इसका किसी न किसी रूप में अंकन किया है। अँगरेजों द्वारा भारत के धन की लूट इनकी चिन्ता का प्रमुख कारण है, जिससे बचने के लिए ये 'कारीगरी की निरर्थक चीजों' पर धन के अपव्यय का विरोध करते हैं। अँगरेजी सभ्यता और फैशन के विरोध के मूल में भी यही भावना काम कर रही है।

प्रेम की संवेदना इस काल के उपन्यासों में बहुत नगण्य है। सत्तर के दशक की 'नवल' कथाओं में प्रेम के प्रसंग सर्वथा अनुपस्थित हैं। इस काल का कथाकार युवक-युवती के विवाहपूर्व प्रेम की कल्पना ही कदाचित् नहीं करता था। हिन्दू समाज में विवाहपूर्व प्रेम वर्जित था, यहाँ तक कि लड़कियों के लिए प्रेम कहानियाँ पढ़ना भी मना था; पर जब दशक के अन्त में **उपन्यास** नाम से कथाओं की रचना होने लगी तो उनमें प्रेमप्रसंगों का समावेश होने लगा। इसके पुरस्कर्ता बालकृष्ण भट्ट माने जा सकते हैं। पर भट्ट जी के प्रेमप्रसंग पुरानी संस्कृत गद्यकथाओं के अनुकरण मात्र हैं। उनमें प्रेम की मौलिक संवेदना नहीं है। नवें दशक के आरम्भिक उपन्यासों, *सुन्दर, निस्सहाय हिन्दू, परीक्षा गुरु, नूतन ब्रह्मचारी* आदि में प्रेम का चित्रण नहीं मिलता। रत्नचन्द्र, जगन्मोहन सिंह और किशोरीलाल गोस्वामी के उपन्यासों में प्रेम-चित्रण को प्रमुखता मिलती है, पर वह भी पुरानी गद्यकथाओं वाला प्रेम ही है, जिसमें स्थूल अनुभावों का वर्णन अधिक है; रचनाकार की निज की प्रेम की संवेदना इनमें नहीं दिखाई पड़ती।

इस काल की नवल कथाओं या उपन्यासों में नैतिक मूल्यों का कोई द्वन्द्व नहीं है। मूल्य पहले से निर्धारित हैं और कथा के पात्र उनका पालन करते हैं। जो पात्र उन मूल्यों के विरोध में जाते हैं वे, या तो खल पात्र हैं, जिन्हें उसका दंड मिलता है, या फिर उनका 'सुधार' हो जाता है। कथालेखकों की इस दृष्टि के कारण पात्रों के चरित्रचित्रण में औपन्यासिक वैशिष्ट्य नहीं आ पाता।

शिल्प की दृष्टि से भी इस अवधि का उपन्यास एक छोटी सी यात्रा तय करता है। आठवें दशक की 'नवल' कथाएँ इकहरी और ऐतिहासिक काल में अग्रसर होने वाली कथाएँ हैं। *वामा शिक्षक* और *भाग्यवती* में उपकथाओं की योजना से कथासंसार को विस्तार मिला है, पर ये कथाएँ अलग-अलग, बारी-बारी से, प्रस्तुत की गयी हैं, जो किसी जटिल कथानक का रूप नहीं ले पातीं। नाटकीय शिल्प का प्रयोग इनमें बिलकुल नहीं हुआ है। पर नवें दशक की कथापुस्तकें उपन्यास संज्ञा धारण करने के साथ-साथ नाटकीय शिल्प और यौगपदिक कथासंक्रमण प्रविधि से युक्त हो जाती हैं। इस दशक के अधिकतर कथालेखक नाटककार भी थे, अतः उपन्यास में नाटकीय शिल्प का प्रयोग उनके लिए बहुत स्वाभाविक था। यह नाटकीय कथाशिल्प ही पुरानी कथा से उपन्यास का प्रभेदक तत्त्व बना। अँगरेजी नॉवेल के प्रभाव से कथा की यौगपदिक संक्रमण प्रणाली का प्रयोग भी इन उपन्यासों में हुआ। यह आश्चर्य की बात है कि इस अवधि के कथाकारों ने *पंचतन्त्र, कादम्बरी, दशकुमारचरित, कथासरित्सागर* आदि की कथाप्रविधि का अनुसरण नहीं किया। इस दशक के उपन्यासों की एक सामान्य कमजोरी यह है कि इनका कथासंसार बहुत छोटा है; प्रकृतिवर्णनों, उपदेश वचनों और विरह-मिलन के वर्णनों से इनका आकार थोड़ा फूला हुआ है, पर कार्यव्यापार की संक्षिप्तता के कारण इनकी कथा में जटिलता बहुत कम है। इसके फलस्वरूप इनके शिल्प में भी प्रयोग की कोई गुंजायश नहीं थी। औपन्यासिक प्रतिभा का अभाव भी इसका कारण माना जा सकता है।

इस काल की कथा रचनाओं में भाषा की दो परम्पराएँ साफ तौर पर दिखाई पड़ती हैं। बोलचाल के गद्य की परम्परा *देवरानी जेठानी की कहानी, वामा शिक्षक, भाग्यवती, सुन्दर, निस्सहाय हिन्दू, परीक्षा गुरु* आदि में विकसित होती है। इसके समानान्तर बालकृष्ण भट्ट, जगन्मोहन सिंह, किशोरीलाल गोस्वामी आदि के उपन्यासों में संस्कृत गद्यकाव्य की परम्परा का अनुसरण किया गया है। उपन्यास के लिए इनमें से भाषा का कौन सा रूप ग्राह्य है, यह अभी स्पष्ट नहीं हुआ था। दरअसल अब तक उपन्यास सौन्दर्यशास्त्रीय अनुभव का विषय बन ही नहीं पाया था, अतः सर्जनात्मक स्तर पर उसकी भाषा भी पिछड़ी हुई थी।

सन्दर्भ

1. ज्ञानचन्द्र जैन, प्रेमचन्द पूर्व के हिन्दी उपन्यास, 1998, पृ. 8
2. उपरिवत्, पृ. 21
3. उपरिवत्, पृ. 80
4. हरिश्चन्द्र चन्द्रिका, ज्येष्ठ, सं. 1937
5. राजेन्द्र प्रसाद शर्मा, हिन्दी गद्य के निर्माता पं. बालकृष्ण भट्ट, 1958, पृ. 45 (उद्धृत)

रोमांस, पाठक और उपन्यास
[1891-1917]

1887 ई. में ही देवकीनन्दन खत्री ने (ज. 1861) प्रयोग के तौर पर *चन्द्रकान्ता* का पहला हिस्सा लिखा। अपने ननिहाल मुजफ्फरपुर में, जहाँ उनका बचपन व्यतीत हुआ था, उन्होंने उर्दू-फारसी की शिक्षा प्राप्त की थी। (एक अन्य सूचना के अनुसार उनकी प्रारम्भिक शिक्षा हिन्दी और संस्कृत में हुई थी।) गया जिले के टेकारी राज्य में उनके पिता की व्यापारिक कोठी थी, जहाँ लगभग 1885 ई. तक वे अपने व्यापार की देखरेख करते थे। टेकारी के राजदरबार से जुड़े रहने के कारण उनका काशीनरेश ईश्वरी प्रसाद नारायण सिंह से भी अच्छा सम्बन्ध हो गया था। टेकारी राज्य के सरकारी प्रबन्ध में चले जाने के बाद वे काशी चले आए और काशीनरेश की कृपा से उन्हें चकिया तथा नौगढ़ के जंगलों का ठेका मिल गया। इसी सिलसिले में खत्री जी को जंगलों और पहाड़ों में घूमने तथा पुरानी इमारतों के भग्नावशेषों को देखने का अवसर मिला था।

ठेकेदारी के सिलसिले में चुनार, विजयगढ़, नौगढ़ आदि के पुराने किलों, खोहों-कन्दराओं तथा सुरंगों को देखकर तथा उन क्षेत्रों में जनता में प्रचलित तरह-तरह की किंवदन्तियों को सुनकर उनका सर्जनशील कथाकार मानो अवसर की प्रतीक्षा कर रहा था। ज्ञानचन्द जैन के अनुसार खत्री जी ने जंगल का ठेका समाप्त हो जाने पर खाली समय काटने के लिए, मनबहलाव के तौर पर, *चन्द्रकान्ता* का आरम्भ किया था, जिसके पहले हिस्से को पढ़कर, और प्रभावित होकर, काशी के हरिप्रकाश यन्त्रालय के स्वामी तथा खत्री जी के मित्र बाबू अमीर सिंह ने 1888 ई. में उसे छाप दिया।[1] यह संस्करण उपलब्ध नहीं है। 1891 ई. में *चन्द्रकान्ता* के इस 'हिस्से' का कोई संस्करण प्रकाशित हुआ था लेकिन तब तक उसका दूसरा हिस्सा प्रकाशित नहीं हुआ था। 1891 ई. में *चन्द्रकान्ता* के दूसरे, तीसरे और चौथे हिस्से त्वरित अनुक्रम में प्रकाशित हुए थे। 'हिन्दी प्रदीप' के नवम्बर-दिसम्बर 1891 अंक में बालकृष्ण भट्ट ने *चन्द्रकान्ता* के 'पहले हिस्से' की प्रशंसात्मक समीक्षा प्रकाशित की थी। इससे थोड़ा आश्चर्य हो सकता है कि 1888 में प्रकाशित *चन्द्रकान्ता* के 'पहले हिस्से' की समीक्षा तीन वर्ष बाद, नवम्बर-दिसम्बर, 1891 में हो। यह भी असंगत प्रतीत होता है कि पहले हिस्से का दूसरा या तीसरा संस्करण 1891 में प्रकाशित हुआ और उसके बाद दूसरे, तीसरे और चौथे हिस्से पहली बार प्रकाशित हुए। उपलब्ध पुरानी प्रतियों के आधार पर *चन्द्रकान्ता* के चारों हिस्सों का अलग-अलग प्रकाशन 1891 ई. में सिद्ध होता है। सम्पूर्ण *चन्द्रकान्ता* के 1892 में प्रकाशित संस्करण की एक प्रति इंडिया ऑफिस लाइब्रेरी, लन्दन में

उपलब्ध है।

प्रकाशित होने के साथ ही समकालीन हिन्दी पाठक समुदाय में *चन्द्रकान्ता* की धूम मच गयी, इसकी पुष्टि अनेक स्रोतों से हो चुकी है। इसके बाद खत्री जी को और किसी व्यवसाय में जाने की जरूरत नहीं रह गयी। अब लेखन ही उनका व्यवसाय बन गया और आजीवन (मृत्यु 1913) वे कथालेखन में लगे रहे। *चन्द्रकान्ता* के प्रकाशन और उसकी व्यावसायिक सफलता से प्रेरित होकर उन्होंने उसकी कथा को आगे बढ़ाने का निश्चय किया और *चन्द्रकान्ता* के पात्रों की दूसरी पीढ़ी को कथा का आधार बनाकर चन्द्रकान्ता सन्तति के चौबीस हिस्से लिखे। इसके प्रकाशन के लिए उन्होंने मई, 1894 में 'उपन्यास लहरी' नामक पत्रिका निकाली, जिसकी पहली ही 'संख्या' में *चन्द्रकान्ता सन्तति* का पहला हिस्सा प्रकाशित हुआ। इसका चौबीसवाँ और अन्तिम हिस्सा 1905 ई. में प्रकाशित हुआ। इस बीच पुस्तक के रूप में, चार-चार 'हिस्सों' के गुच्छों (भागों) के रूप में, 'सन्तति' के संस्करण पर संस्करण भी साथ-साथ प्रकाशित होते रहे। *चन्द्रकान्ता* और *चन्द्रकान्ता सन्तति* की लोकप्रियता दिनोदिन बढ़ती ही गयी जिससे उत्साहित होकर खत्री जी ने 1907 ई. में *भूतनाथ* की रचना आरम्भ की। *भूतनाथ* की कथा भी वस्तुतः *चन्द्रकान्ता सन्तति* का ही विस्तार है। भूतनाथ *चन्द्रकान्ता सन्तति* का ही एक असाधारण ऐयार पात्र है, जिसकी कथा भूतनाथ में प्रस्तुत की गयी है। *भूतनाथ* के प्रथम छह 'भागों' का प्रकाशन 'साहित्य लहरी' में ही हुआ। 1913 ई. में खत्री जी का स्वर्गवास हो गया। *भूतनाथ* भी *चन्द्रकान्ता* और *चन्द्रकान्ता सन्तति* की तरह ही लोकप्रिय हुआ, जिससे प्रेरित होकर देवकीनन्दन खत्री के पुत्र दुर्गाप्रसाद खत्री ने 1915 से 1935 के बीच उसके चौदह भाग (7-21) लिखे और प्रकाशित किए।

चन्द्रकान्ता का प्रकाशन हिन्दी उपन्यास के इतिहास में एक ऐसी घटना है जिसने उपन्यास के स्वरूप में अभूतपूर्व परिवर्तन ला दिया। मानो एक पहाड़ी नदी मैदान में उतर आयी हो। इसके पूर्व लगभग बीस वर्षों में केवल एक दर्जन कमोवेश *उपन्यास* कहलाने योग्य मौलिक कथापुस्तकें लिखी गयी थीं। इसका प्रमुख कारण था हिन्दी क्षेत्र में पाठकों की कमी और भारतेन्दु प्रभावित लेखकों का केवल 'रसिक' और 'सहृदय' पाठकों की रुचि को ध्यान में रखकर उपन्यास लिखना। इसका परिणाम यह हुआ कि *निस्सहाय हिन्दू, नूतन चरित्र, श्यामा स्वप्न, नूतन ब्रह्मचारी* में से किसी का भी बीस वर्ष से पहले दूसरा संस्करण नहीं निकला। *परीक्षा गुरु* का दूसरा संस्करण दो ही वर्ष बाद निकला था, पर स्वयं लेखक ने उसे अपने खर्च से प्रकाशित कर 'सारसुधानिधि' के पाठकों में मुफ्त वितरित किया था। इसका तीसरा संस्करण तो 35 वर्ष बाद निकला। किशोरीलाल गोस्वामी जी ने *सुख सर्वरी* (1892) की 'भूमिका' में सूचित किया था कि उन्होंने अब तक 'दस-पन्द्रह उपन्यास लिख रखे हैं, पर उन्हें कोई छापने वाला नहीं है।' इसका एकमात्र कारण उस समय हिन्दी में पाठकों का अभाव ही था। हिन्दी पत्र-पत्रिकाओं को ग्राहकों के लाले पड़े रहते थे। उपन्यास-पाठकों की संख्या भी नगण्य थी। पर इसका यह अर्थ नहीं कि हिन्दी में पाठकवर्ग की सम्भावनाएँ ही समाप्त हो गयी थीं। हिन्दी उत्तर भारत के एक बड़े भूभाग की भाषा थी और सभी प्रकार की सरकारी-गैरसरकारी उपेक्षाओं के बावजूद हिन्दी में साक्षरों की संख्या काफी बड़ी थी। यह सही है कि उच्चतर शिक्षा में हिन्दी का स्थान नगण्य था, अधिकांश लोग उर्दू पढ़ते थे, पर धार्मिक कारणों से अधिकतर शिक्षित हिन्दू परिवारों में बच्चों को नागरी वर्णमाला का भी ज्ञान करा

दिया जाता था। सरकारी नौकरियों में प्रवेश के लिए जहाँ अँगरेजी और उर्दू पढ़ना आवश्यक होता था, वहाँ धार्मिक कथापुस्तकें, रामायण आदि पढ़ने के लिए बच्चों को नागरी वर्णमाला का ज्ञान करा देना भी आवश्यक समझा जाता था। सातवें दशक से 'नागरी' का आन्दोलन भी जारी था। 1890 ई. के आसपास वैसे पाठकों की संख्या बहुत बड़ी थी, जो उर्दू फारसी की शिक्षा पाए हुए थे, पर अपने घरों में हिन्दी या उसके स्थानीय रूपों का प्रयोग करते थे; वे नागरी वर्णमाला जानते थे तथा अवकाश के समय धर्मकथाएँ सुनते-पढ़ते थे। वैसे लोग भी कम नहीं थे जो प्राथमिक स्तर तक हिन्दी में शिक्षा प्राप्त कर खेतीबारी या व्यापार करते थे। यह विशाल जनसमूह हिन्दी का सम्भावित पाठक था। खत्री जी के पूर्व कथाकारों का ध्यान इस विशाल पाठकवर्ग की ओर नहीं था। उनका उद्देश्य हिन्दी साहित्य को सभी दृष्टियों से 'समृद्ध' बनाना था। इसी उद्देश्य के तहत उपन्यास भी लिखे गये थे। परिणामस्वरूप भारतेन्दु युग का उपन्यास सामान्य पाठकों को आकृष्ट नहीं कर सका। उपन्यास और पाठकों के इस अन्तराल को देवकीनन्दन खत्री ने अपनी व्यावसायिक बुद्धि से सहज ही देख लिया। खत्री जी हिन्दी के प्रथम कथाकार हैं जिन्होंने तत्कालीन साक्षरमात्र, बोलचाल के उर्दू शब्दों और मुहावरों से खूब परिचित, पर संस्कृत ज्ञान से रहित, सम्भावित हिन्दी पाठकों की, जो अपनी विशाल संख्या के बावजूद लेखकों की नजर से दूर थे, पठन-योग्यता और रुचि को पूर्णतः ध्यान में रखते हुए कथापुस्तकों की रचना की। परिणाम अप्रत्याशित हुआ। स्वयं खत्री जी को यह पता न था कि हिन्दी में इतने पाठक हैं। उन्होंने 1905 ई. में लिखा था, "जिस समय मैंने चन्द्रकान्ता लिखनी आरम्भ की थी उस समय कविवर प्रताप नारायण मिश्र और पंडितप्रवर अम्बिकादत्त व्यास जैसे धुरन्धर सुकवि और सुलेखक विद्यमान थे।...उस समय हिन्दी के लेखक थे परन्तु ग्राहक न थे, इस समय ग्राहक हैं पर वैसे लेखक नहीं हैं। मेरे बहुत से मित्र हिन्दुओं की अकृतज्ञता का यों वर्णन करते हैं कि उन्होंने हरिश्चन्द्र जी जैसे देशहितैषी पुरुष की उत्तम-उत्तम पुस्तकें नहीं खरीदीं। पर मैं कहता हूँ कि यदि बाबू हरिश्चन्द्र अपनी भाषा को थोड़ा सरल करते तो हमारे भाइयों को अपने समाज पर कलंक लगाने की आवश्यकता न पड़ती और स्वाभाविक शब्दों के मेल से हिन्दी की पैसिंजर भी मेल बन जाती. ...मेरी हिन्दी किस श्रेणी की हिन्दी है, इसका निर्धारण मैं नहीं करता परन्तु मैं यह जानता हूँ कि इसके पढ़ने के लिए कोश की तलाश नहीं करनी पड़ती। चन्द्रकान्ता के आरम्भ के समय मुझे यह विश्वास न था कि उसका इतना अधिक प्रचार होगा, यह मनोविनोद के लिए लिखी गयी थी पर पीछे लोगों का अनुराग देखकर मेरा भी अनुराग हो गया और मैंने इन विचारों को जिनको मैं अभी तक प्रकाश नहीं कर पाया था फैलाने के लिए इस पुस्तक को द्वार बनाया और सरल भाषा में इन्हीं मामूली बातों को लिखा जिसमें मैं उस होनहार मंडली का प्रियपात्र बन जाऊँ।...मुझे इस बात से बड़ा हर्ष है कि मैं इस विषय में सफल हुआ और मुझे ग्राहकों की अच्छी श्रेणी मिल गई। यह बात बहुत से सज्जनों पर प्रकट है कि चन्द्रकान्ता पढ़ने के लिए बहुत पुरुष नागरी की वर्णमाला सीखते हैं और जिनको कभी हिन्दी सीखना न था उन लोगों ने भी इसके लिए हिन्दी सीखी।"(च.स., भाग 24, आठवाँ बयान)

यह खत्री जी की बहुत बड़ी उपलब्धि थी। दुनिया की सारी भाषाओं में उपन्यास के उदय और विकास में पाठकों की भूमिका महत्त्वपूर्ण मानी गयी है। जिस समय खत्री जी ये पंक्तियाँ लिख रहे थे, उसी समय नवाब राय 'बनारसी'(बाद में 'प्रेमचन्द' नाम से ख्यात)

उर्दू में उपन्यास लिख रहे थे। खत्री जी की लोकप्रियता की खबर उन्हें अवश्य होगी। हो सकता है, *हमखुर्मा व हमसवाब* के हिन्दी में अनुवाद *(प्रेमा अर्थात् दो सखियों का विवाह)* के पीछे यह कारण भी रहा हो। पर वे उस समय हिन्दी में नहीं आये। 1913 ई. में खत्री जी के देहावसान के बाद हिन्दी में हुई पाठकवर्ग की असाधारण वृद्धि ने प्रेमचन्द को 1915 ई. में हिन्दी में आने को प्रेरित किया। यह मानना असंगत न होगा कि प्रेमचन्द को हिन्दी में लाने का श्रेय, परोक्ष रूप से, देवकीनन्दन खत्री को भी है। खत्री जी ने पाठक वर्ग के निर्माण के रूप में आवश्यक उपजाऊ जमीन तैयार कर दी जिस पर प्रेमचन्द ने उपन्यास की समृद्ध फसल उगाने में सफलता प्राप्त की।

देवकीनन्दन खत्री ने कथा, विचार, शिल्प, भाषा, पुस्तक के आकार-प्रकार और मूल्य सभी दृष्टियों से अपने समय के सम्भावित हिन्दी पाठकों की पठन क्षमता और रुचि का ध्यान रखा। फलस्वरूप पाठकों ने उन्हें सहज भाव से स्वीकार किया। कथ्य की दृष्टि से *चन्द्रकान्ता* और *चन्द्रकान्ता सन्तति* की धुरी राजकुमार-राजकुमारियों का प्रेम है, जिससे हिन्दी का पाठकवर्ग सुपरिचित था। *चन्द्रकान्ता* में वीरेन्द्र सिंह और चन्द्रकान्ता के प्रेम की कहानी मूल कथा के रूप में वर्णित है, जबकि *सन्तति* में उनके लड़कों की प्रेम-कथाएँ आधिकारिक कथा के रूप में प्रस्तुत की गयी हैं। *सन्तति* में कतिपय अन्य कथाएँ भी प्रासंगिक रूप में आयी हैं। इन प्रेमकथाओं का मूल ढाँचा परम्परागत है जिसमें राजकुमार-राजकुमारियों का प्रेम वर्णित होता है। यह प्रेम वर्ग और वर्ण-धर्म के बाहर नहीं जाता; कोई राजकुमार या राजकुमारी अपने से निचले वर्ग या जाति-धर्म की लड़की या लड़के से प्रेम नहीं करती। अतः इस प्रेम में कोई भावनात्मक संकट नहीं पैदा होता। माता-पिता की असहमति, जो प्रायः पारिवारिक मनमुटाव के कारण होती है, या प्रतिनायक की प्रतिद्वन्द्विता के कारण, उनके मिलन में अनेक प्रकार की कठिनाइयाँ आती हैं, पर अन्त में उनका मिलन हो जाता है। खत्री जी की खूबी यह है कि उन्होंने इस परम्परागत प्रेमकथा के साथ ऐयारी और तिलस्म के ऐसे रोचक और रोमांचक प्रसंग जोड़ दिए हैं, जो उसे अत्यन्त कौतूहल पूर्ण बना देते हैं। ये प्रासंगिक कथाएँ पाठक को इस प्रकार ग्रस्त कर लेती हैं कि कभी-कभी उसे मूल कथा का ध्यान भी नहीं रहता। *चन्द्रकान्ता* या *सन्तति* के किसी पाठक से बात कीजिए तो वह तेज सिंह, भैरो सिंह, बद्रीनाथ, जीत सिंह, भूतनाथ आदि की ऐयारियों तथा चुनार, जमानिया और रोहतासगढ़ के तिलिस्म की चर्चा जितने उत्साह से करेगा, उतने उत्साह से वीरेन्द्र सिंह या उनके लड़कों की प्रेमकथा की नहीं। कारण स्पष्ट है। इस प्रकार की प्रेमकथाएँ इतनी रूढ़ और परिचित हो चुकी हैं कि जब तक उन्हें बाहरी उपकरणों से, चाहे यह शृंगार हो या रोमांचक प्रसंग, समृद्ध नहीं किया जाता, तब तक उनमें पाठकों की रुचि नहीं हो सकती। देवकीनन्दन खत्री ने शृंगार को अपनी रचनाओं में प्रमुख स्थान नहीं दिया। उन्होंने ऐयारी और तिलिस्म की कौतूहलपूर्ण और रोमांचक घटनाओं की सहायता से, जो हिन्दी में बिलकुल नयी चीज थी, एक परम्परागत कथा को नयी ताजगी प्रदान कर दी।

खत्री जी को कथा लिखने की प्रेरणा कहाँ से मिली, इसके बारे में उन्होंने कोई संकेत नहीं दिया है। उनकी आरम्भिक शिक्षा उनके ननिहाल मुजफ्फरपुर में उर्दू फारसी में हुई थी। उन्नीसवीं शताब्दी के छठे-सातवें दशक में उर्दू में रजब अली बेग सरूर कृत *फसाना ए अजायब* (प्र.का. 1838-42) और परम्परागत *दास्तान ए अमीर हमजा* पाठकों के बीच बहुत

लोकप्रिय थीं। *दास्तान ए अमीर हमजा* की कथाओं की रचना पाँचवें दशक में ही शुरू हो चुकी थी जिसे अन्तिम रूप छठे-सातवें दशकों में प्राप्त हुआ था। यह कथापुस्तक नवलकिशोर प्रेस, लखनऊ ने, जिसकी स्थापना छठे दशक में हुई थी, 18 जिल्दों में (लगभग 16,500 पृष्ठ) प्रकाशित किया था। इसका एक भाग, *तिलिस्म ए होशरुबा,* (जो सात खंडों में, लगभग साढ़े सात हजार पृष्ठों में है) उर्दू पाठकों में बहुत लोकप्रिय हुआ। हिन्दी में भी *मोहिनी चरित्र* (*फसाने अजायब* का अनुवाद), *अलिफ लैला, गुल सनोवर, अमीर हमजा की दास्तान* आदि उर्दू कथापुस्तकों के अनुवाद खत्री जी की किशोरावस्था में ही प्रकाशित हो चुके थे। युवा खत्री जी को ऐयारी और तिलस्म के वर्णन में इनसे प्रेरणा मिली हो तो कोई आश्चर्य नहीं। इसके साथ ही टेकारी राज में अपनी व्यापारिक कोठी सँभालने और जंगल की ठेकेदारी के क्रम में गया, रोहतास, जमानिया, चुनार, विजयगढ़, नौगढ़ आदि के पुराने किलों, सुरंगों, पर्वत कन्दराओं, खोहों, पहाड़ी नालों के अनुभवों और उस क्षेत्र के निवासियों से सुनी दन्तकथाओं ने भी उनकी कल्पना को उत्तेजना प्रदान की होगी। यह वह समय था जब भाप से चलने वाली मशीन, पनचक्की, पुतलीघर, कपड़ा बुनने, वस्त्र सीने, लोहा ढालने आदि की मशीनें, तरह-तरह की घड़ियाँ, ऑर्गन बाजा, गैस की रोशनी, फोटोग्राफी, चलती-फिरती मूक तसवीरें, क्लोरोफॉर्म, बैटरी से पैदा होने वाली बिजली, ग्रामोफोन, टॉर्च, हँसी गैस आदि वैज्ञानिक आविष्कार के चमत्कार या तो देश में नजर आने लगे थे या उनकी खबरें अखबारों में छपने लगी थीं। खत्री जी ने इन सारी पुरानी-नयी बातों और अपने अनुभवों से प्राप्त तथ्यों को सर्जनात्मक प्रतिभा से समृद्ध कर एक ऐसे कथासंसार का निर्माण किया जिसमें एक बार प्रवेश करने के बाद पाठक अपनी सुधबुध खो देने को विवश था। खत्री जी की एक और उल्लेखनीय विशेषता यह है कि उन्होंने अपने लगभग पच्चीस वर्षों के कथालेखन की अवधि में न केवल एक विशाल पाठकवर्ग का निर्माण किया वरन् उसकी रुचि का भी विकास किया। प्राचीन कथाओं के अतिलौकिक तत्त्वों में विश्वास करने वाला हिन्दी का कथाश्रोता या पाठक खत्री जी की कथा रचनाओं को पढ़कर अधिक सावधान, सजग और बौद्धिक पाठक बन गया। इस प्रकार कथापाठक को उपन्यास का पाठक बनाने में भी खत्री जी का महत्त्वपूर्ण योगदान है।

ऐयारी की अद्भुत कार्रवाइयों, चालाकियों, वेश बदलकर शत्रुओं के दुर्ग में प्रवेश कर जाने तथा चुटकी बजा कर असम्भवप्राय कार्य कर आने, देखते-देखते शत्रु दल के आदमी को भुलावा देकर बेहोश कर देने और गठरी बाँध कर तिलस्मी वन्दीगृह में कैद कर आने तथा तिलस्मी करिश्मों और तमाशों का ऐसा अपूर्व और अभिभूत कर देने वाला वर्णन इन कथाओं में मिलता है, जो सामान्य पाठक को चकित कर देता है। पर खत्री जी पुरानी कथाओं की तरह अपनी कथा को रोचक बनाने के लिए अतिलौकिक घटनाओं की सहायता नहीं लेते। यद्यपि ऐयारों के अनेक कार्यव्यापार तर्क की कसौटी पर खरे नहीं उतरते, पर खत्री जी अपनी ओर से उन्हें विश्वसनीय बनाने की पूरी कोशिश करते हैं। वे अपनी कथायोजना में अतिलौकिक तत्त्वों का सचेष्ट बहिष्कार करते हैं। ऐयार जो भी करामात दिखाते हैं, उसका श्रेय उनकी बौद्धिक और शारीरिक शक्ति को है। मसालों से बने बगुले और सर्प, पत्थर के आदमी, अपने आप बजने वाले बाजे, हँसने वाला पत्थर का कुत्ता, स्पर्श करते ही बेहोश कर देने वाली दीवारें, स्वयं बन्द होने और खुलने वाले दरवाजे, कपटद्वार, अद्भुत सुरंगें,

तहखाने आदि के अजीबोगरीब वर्णन खत्री जी की कथापुस्तकों में मिलते हैं। पर खत्री जी ने इन तिलस्मी तमाशों की यन्त्र-व्यवस्था का ब्योरेवार और विज्ञानसम्मत वर्णन किया है। इससे खत्री जी की कथापुस्तकें, जिन्हें उन्होंने उपन्यास कहा है, फारसी की ऐयारी-तिलस्मी कथाओं से भिन्न हो जाती हैं। खत्री जी को इन वर्णनों की प्रेरणा फारसी या उर्दू दास्तानों से भले मिली हो, परन्तु अपनी प्रकृति में ये उनसे सर्वथा भिन्न हैं। इन उपन्यासों का तिलिस्म 'होशरुबा' की तरह कोई जादुई तमाशा नहीं, बल्कि उस पर नवीन यन्त्रयुग की स्पष्ट छाप है।

लगता है, बीसवीं शताब्दी के आरम्भ में पाठकों का एक प्रबुद्ध वर्ग खत्री जी के तिलस्मी उपन्यासों को नापसन्द करने लगा था। बालकृष्ण भट्ट ने, जो उन्नीसवीं शताब्दी के प्रबुद्ध पाठकों के प्रतिनिधि माने जा सकते हैं, 'हिन्दी प्रदीप' के जनवरी-मार्च, 1897 अंक में खत्री जी के उपन्यासों में व्यावसायिकता की प्रवृत्ति की आलोचना की थी। सम्भव है, कुछ और आलोचकों-पाठकों ने तिलस्मी कथाओं के प्रति अरुचि व्यक्त की हो। इसका एक कारण यह भी था कि खत्री जी की देखादेखी हिन्दी के अनेक लेखकों ने पाठकों को गुमराह करने वाली तिलिस्मी कथापुस्तकें लिखनी शुरू कर दी थीं। प्रबुद्ध आलोचकों की दृष्टि में यह भटकाव हिन्दी साहित्य के लिए घातक था। खत्री जी को इस स्थिति का अहसास था। 1902 ई. में *चन्द्रकान्ता सन्तति* के इक्कीसवें हिस्से में उन्होंने लिखा था, "हमारे पाठकों में बहुत से ऐसे हैं जिनकी रुचि अब तिलिस्मी तमाशे की तरफ कम झुकती है परन्तु उन पाठकों की संख्या बहुत ज्यादे है जो तिलिस्म के तमाशे को पसन्द करते हैं और उनकी अवस्था विस्तार के साथ दिखाने अथवा लिखने के लिए बराबर जोर दे रहे हैं। इस उपन्यास में कुछ तिलिस्मी बातें लिखी गयी हैं, यद्यपि वे असम्भव नहीं हैं और विज्ञानवेत्ता अथवा साइंस जानने वाले जरूर कहेंगे कि "हाँ, ऐसी चीजें तैयार हो सकती हैं', तथापि बहुत से अनजान आदमी ऐसे हैं जो इसे बिलकुल खेल ही समझते हैं और कई इसकी देखादेखी अपनी लिखी अनूठी किताबों में असम्भव बातें लिखकर तिलिस्म के नाम को बदनाम भी करने लग गये हैं, इसलिए हमारा ध्यान अब तिलिस्म लिखने की तरफ नहीं झुकता।..." (पृ.70)

वस्तुतः खत्री जी की अतिशय लोकप्रियता का रहस्य ऐयारी और तिलिस्म के करिश्मों में उतना नहीं, जितना उन करिश्मों के विश्वसनीय वर्णन में है, जिसके कारण वे कहानी नहीं, तथ्य मालूम पड़ते हैं। देवकी नन्दन खत्री ने अपने पाठकों में यह सुखद भ्रम पैदा किया कि वे *बैताल पचीसी* या *तोता मैना* के ढंग की कपोलकल्पित कथाएँ नहीं, वरन् सत्य कथाएँ पढ़ रहे हैं। इन तिलिस्मी कथाओं के पात्र, जिनके साथ पाठक तदाकार हो जाता है, पग-पग पर दहला देने वाले संकटों में पड़ते हैं, बार-बार मृत्यु के मुख में प्रवेश करते हैं, प्राणों की बाजी लगा कर शत्रुओं के दुर्ग में घुस जाते हैं; कभी हम उन्हें बीहड़ जंगलों में देखते हैं, कभी भयंकर नालों में, कभी पहाड़ की चोटी पर, कभी जानलेवा सुरंगों में। पाठक इन पात्रों के साथ तादात्म्य स्थापित कर स्वयं भी इन रोमांचकारी संकट की मनःस्थितियों से गुजरता है, और अपने एकरस साधारण जीवन में जिन अनुभवों को प्राप्त करने में असमर्थ होता है, उनकी पूर्ति कथा में करके एक प्रकार के पुलक या सुख का अनुभव करता है। खत्री जी कथापुस्तकों की यही सबसे बड़ी उपलब्धि है।

खत्री जी की ऐयारी-तिलिस्म प्रधान कथापुस्तकों को यों तो उपन्यास कहने की ही

परिपाटी है, पर वे सही अर्थों में उपन्यास नहीं हैं। रामचन्द्र शुक्ल के अनुसार, "इन उपन्यासों का लक्ष्य घटना वैचित्र्य रहा; रससंचार, भावविभूति या चरित्रनिर्माण नहीं। ये वास्तव में घटनाप्रधान कथानक या किस्से हैं जिनमें जीवन के विभिन्न पक्षों के चित्रण का कोई प्रयत्न नहीं, इससे ये साहित्य की कोटि में नहीं आते।"[2] उपन्यास में लेखक द्वारा अनुभव, चिन्तन और संवेदना के आधार पर कल्पनानिर्मित एक यथार्थ संसार सामने आता है। *चन्द्रकान्ता, सन्तति* या *भूतनाथ* में किसी ऐसे यथार्थ संसार की उपस्थिति नहीं है। यद्यपि कथाकार ने कथा के परिवेश और पात्रों की रचना में अपने अनुभव का पूरा उपयोग किया है, यहाँ तक कि पात्रों के मॉडल के रूप में खत्री जी के मित्रों, टेकारी और काशी के राजाओं, बनारस की वेश्याओं आदि की झलक भी देखी जा सकती है, पर कथाकार का मुख्य उद्देश्य अपने समय की, या उसके पहले की, जिन्दगी का यथार्थ चित्र प्रस्तुत करना नहीं है। पात्रों के अन्तर्जगत् के मनोवैज्ञानिक अंकन में भी उसकी कोई गहरी रुचि नहीं है। वह उनके मनोजगत् में उतना ही प्रवेश करता है जितना उन्हें विश्वसनीय बनाने के लिए अपरिहार्य है। खत्री जी ने कथा के माध्यम से अपने 'विचारों' को व्यक्त करने की कोशिश भी की है। यद्यपि *चन्द्रकान्ता* आदि की रचना जीवनमूल्यों की अभिव्यक्ति के लिए नहीं की गयी थी, उनका मुख्य उद्देश्य पाठकों का मनोरंजन था, पर कुछ तो तत्कालीन आलोचकों और युवा उपन्यास पाठकों के अभिभावकों का मुँह बन्द करने के लिए और कुछ जीवन सम्बन्धी अपने दृष्टिकोण के तहत खत्री जी ने अपनी रचनाओं में ऐसे जीवनमूल्यों पर जोर दिया है जो समकालीन हिन्दू आदर्शों के सर्वथा अनुकूल हैं। खत्री जी ने लिखा है, "पात्रों की चालचलन दिखलाने में जहाँ तक हो सका ध्यान रखा गया है।" *चन्द्रकान्ता* और *सन्तति* के सभी पात्र, जिनके साथ पाठक की सहानुभूति होती है, सदाचारी, धार्मिक, माता-पिता तथा गुरुजनों का सम्मान करने वाले, दयालु, परोपकारी तथा हिन्दू आदर्शों पर चलने वाले हैं। कोई भी पात्र हिन्दू समाज की स्थापित परम्पराओं का उल्लंघन नहीं करता। इन उपन्यासों में स्त्रियाँ स्वतन्त्र घूमती जरूर दिखाई पड़ती हैं, पर वे या तो ऐयाराएँ हैं या बदचलन स्त्रियाँ। ऐयार वेश बदल कर दुश्मनों के घरों में प्रवेश कर जाते हैं, पर वे स्त्रियों से छेड़छाड़ नहीं करते, उनकी तरफ 'बुरी नजर' से नहीं देखते। स्थान-स्थान पर पात्रों से हिन्दू धर्म के उपदेश भी दिलाए गये हैं।

खत्री जी के उपन्यासों में हिन्दू धर्म के कर्मफलवाद के सिद्धान्त का, कथा और पात्रों के वार्तालाप दोनों रूपों में, प्रतिपादन कराया गया है। इनमें एक भी ऐसा खल पात्र नहीं है जिसे दंड न मिला हो और कोई भी सत्पात्र ऐसा नहीं है जिसे, आजीवन कष्ट पाते रहने पर भी, अन्ततः सुख समृद्धि न प्राप्त हुई हो। खत्री जी के समय के अनेक उपन्यासकार सस्ती लोकप्रियता के लिए, अवसर मिलते ही, स्त्री-पुरुष की कामचेष्टाओं का वर्णन किए बिना नहीं रहते। पर खत्री जी इससे परहेज करते हैं। नवविवाहित प्रेमी-प्रेमिकाओं की सुहागरात के वर्णन में भी खत्री जी अद्भुत संयम का परिचय देते हैं।

मुसलमानों के प्रति लेखक की धारणा अनुकूल नहीं है। यह उस काल की सामान्य हिन्दू मानसिकता थी, जिसकी आलोचना काशी प्रसाद जायसवाल ने हिन्दी प्रदीप के जनवरी, 1899 अंक में की थी। खत्री जी ने अपनी कथापुस्तकों में मुसलमान पात्रों को चुन-चुन कर धोखेबाज, दगाबाज, चरित्रभ्रष्ट और षड्यन्त्रकारी रूप में चित्रित किया है। उपन्यास में वर्णित

वेश्याएँ, नागर, गौहर आदि सभी मुसलमान हैं। हिन्दू राजा अपनी मुसलमान प्रजा से सदा सावधान रहते हैं। यदि भूल से कोई पात्र किसी मुसलमान लड़की से प्रेम कर बैठता है तो, उसकी जाति का पता चल जाने पर, अफसोस जाहिर करता है और फिर उसके साथ कोई सम्बन्ध नहीं रखता। अपवादस्वरूप केवल एक पात्र है, शेरअली खाँ, जो नेक, मजहबपरस्त और चरित्रवान है। यह कदाचित् इसलिए कि शेरअली *सन्तति* के अन्तिम हिस्सों में आता है। कदाचित् तब तक खत्री जी के दृष्टिकोण में परिवर्तन हो चुका था या उन्हें इस बात का पता चल गया था कि उनके पाठकों में मुसलमान भी हैं।

कथ्य की दृष्टि से *चन्द्रकान्ता* और *सन्तति* रोमांस की कोटि में ही आती हैं। इनमें प्रेम, साहस, शौर्य आदि का चित्रण प्रधान है जिसके साथ राजभक्ति, कर्त्तव्य परायणता, विश्वासघात, छलप्रपंच, धोखाधड़ी आदि के प्रसंग भी जुड़े हुए हैं। ये रोमांस की विशेषताएँ हैं। सामन्ती समाज के आपसी ईर्ष्या-द्वेष, धनलोलुपता, कामुकता, दम्भ, पारिवारिक षड्यन्त्र, कुलाभिमान आदि का चित्रण भी इनमें मिलता है। रोमांसों की तरह ही नेकी-बदी के संघर्ष में नेकी की विजय और बदी की पराजय भी दिखाई गयी है।

कथाशिल्प की दृष्टि से *चन्द्रकान्ता* और *सन्तति* हिन्दी उपन्यास के इतिहास में एक नयी शुरुआत या मोड़ है। इसके पहले के उपन्यासों का कथासंसार बहुत छोटा और इकहरा हुआ करता था। *चन्द्रकान्ता* के रूप में खत्री जी ने एक दीर्घ आकार के, अनेक उपकथाओं से युक्त, जटिल कथासंसार की रचना की। इस शिल्प में किस्सागोई और नाटकीयता का अद्‌भुत मिश्रण है। खत्री जी *चन्द्रकान्ता* और *सन्तति* में किस्सागो के रूप में पाठकों के सामने सदा उपस्थित रहते हैं। *चन्द्रकान्ता* का आरम्भ ठीक उसी प्रकार होता है जिस प्रकार किस्सागो कहानी सुनने वालों के समक्ष अपनी कथा का आरम्भ करता है। पर वह, पहले, पात्रों का परिचय न देकर नाटकीय रूप में उन्हें एक स्थान पर वार्तालाप करते दिखाता है। वह यह नहीं बताता कि वे क्या बातें कर रहे हैं। इससे एक रहस्य की सृष्टि हो जाती है। पाठक के मन में उनकी बातें सुनने की उत्सुकता पैदा हो जाती है। इसके बाद कथाकार पात्रों का परिचय देता है और उसके बाद ही उनकी बातें पाठक को सुनने को मिलती हैं। कथा कहने की इस प्रविधि का पूरी पुस्तक में बहुत कुशलता के साथ प्रयोग किया गया है। कथाकार एक अद्‌भुत सी लगने वाली घटना का उल्लेख कर रहस्य का सृजन करता है और इसके पूर्व कि उस रहस्य का उद्‌घाटन हो दूसरी रहस्यपूर्ण घटना का आरम्भ कर देता है। इस प्रकार रहस्यपूर्ण प्रसंगों की शृंखला लम्बी होती जाती है, जिनका समाधान पुनः वैसे ही रहस्यपूर्ण प्रसंगों के बाद होता है। खत्री जी यह कार्य समयानुक्रम को विपर्यस्त करके करते हैं। वे प्रायः बीच से कहानी का आरम्भ करते हैं और कभी आगे जाकर तो कभी पीछे लौटकर रहस्यपूर्ण प्रसंगों का वर्णन और समय-समय पर उनका रहस्योद्‌घाटन करते हैं। परिवेश-वर्णन और वार्तालाप की योजना से वे रहस्य को अधिकाधिक गाढ़ा बनाने का भी प्रयत्न करते हैं। सबसे आश्चर्यजनक बात यह है कि *चन्द्रकान्ता, सन्तति* और *भूतनाथ* की विस्तृत और परस्पर उलझी हुई कथाशृंखला में कोई कड़ी गुम होती नहीं दिखाई देती, केवल एक प्रसंग को छोड़ कर। वह प्रसंग है, *चन्द्रकान्ता* में चन्द्रकान्ता और चपला के चुनार वाले तिलिस्म में फँस जाने के बाद चम्पा का भी उनके पास पहुँच जाना। पर इतने बड़े और जटिल कथासंसार में एक प्रसंग की असंगति कोई माने नहीं रखती, और प्रायः पाठकों का

ध्यान भी इस पर नहीं जाता। इस प्रकार कथानक या प्लॉट का जितना सुगठित निर्माण चन्द्रकान्ता-शृंखला के कथासंसार में दिखाई पड़ता है वह हिन्दी कथा साहित्य में अद्वितीय है।

यद्यपि कथाओं के यौगपदिक संक्रमण की प्रविधि का प्रयोग राधाकृष्ण दास और रत्नचन्द्र अपने उपन्यासों में, नवें दशक में ही, कर चुके थे, पर इतने बड़े पैमाने पर इस प्रविधि का सफल प्रयोग पहली बार *चन्द्रकान्ता, सन्तति* आदि में ही हुआ। मुख्य कथा के साथ सैकड़ों प्रासंगिक कथाओं का 'बयानों' के रूप में युगपत् संक्रमण कथाशिल्प की एक अद्‌भुत उपलब्धि है। प्रत्येक 'बयान' की समाप्ति किसी ऐसी चमत्कारपूर्ण नाटकीय घटना से होती है जो अगले बयान के लिए उत्सुकता जागृत कर दे। सभी प्रासंगिक कथाएँ बड़ी कुशलता से मुख्य कथा से संग्रथित हैं। रहस्य पैदा करने के लिए लेखक घटनाओं के सम्बन्ध में आवश्यक सूचनाएँ रोक लेता है और बाद में कहीं उनका रहस्योद्‌घाटन करता है।

एक बात यह भी ध्यान देने की है कि खत्री जी इस जटिल शिल्प विन्यास में अपने अविकसित पाठकों को बेसहारा नहीं छोड़ते। जहाँ भी पाठक किसी उलझन में पड़ता है, जहाँ भी उसके ऊबने की आशंका होती है, या जहाँ भी कथा की शृंखला को जोड़ने के लिए बहुत पहले घटित किसी प्रसंग को स्मरण करना होता है, कथाकार उसकी सहायता करने पहुँच जाता है। कथाकार पाठकों से आत्मीयता बनाए रखते हुए अदृश्य रूप में उनके आसपास विद्यमान रहता है और कथा के साथ उन्हें उँगली पकड़कर ले चलता है। यदि कुछ पात्र बातें कर रहे हैं तो वह पाठक को 'किसी कोने में छिपकर' सुनने की सलाह देता है। जहाँ भी कथाकार पाठक के मुँह पर हवाई उड़ते देखता है, उसके कान में फुसफुसा देता है। वह पाठक को कभी आगे ले जाता है, कभी पीछे मुड़कर देखने को कहता है और कभी किसी भूली बात की याद दिलाता है। इस प्रकार किस्सागोई की प्रविधि को समयानुक्रम के बन्धन से मुक्त कर उपन्यास शिल्प को आगे बढ़ाने में खत्री जी का महत्त्वपूर्ण योगदान है।

खत्री जी के उपन्यासों की भाषा बोलचाल की भाषा है, जिसमें अरबी-फारसी के प्रचलित शब्दों का बहिष्कार नहीं है। उन्होंने अपनी भाषा के बारे में लिखा है कि "इसके पढ़ने के लिए कोष की तलाश नहीं करनी पड़ती।" खत्री जी शिवप्रसाद सितारेहिन्द की भाषानीति के समर्थक थे, पर उनकी परवर्ती भाषा को, जो नागरी लिपि में उर्दू हो गयी थी, उन्होंने अपना आदर्श नहीं बनाया। खत्री जी ने न तो अप्रचलित संस्कृत शब्दों का प्रयोग किया है न कठिन अरबी-फारसी शब्दों का। यद्यपि उनकी भाषा में तद्‌भव और उर्दू के बोलचाल के शब्दों का प्राचुर्य है पर संस्कृत शब्दों का बहिष्कार नहीं है। यह भाषा हिन्दी के तत्कालीन साहित्यकारों को पसन्द नहीं आयी थी। बालकृष्ण भट्ट को खत्री जी की भाषा 'सुललित ठेठ हिन्दी' के स्थान पर 'उर्दू' प्रतीत हुई थी।[3] वस्तुतः खत्री जी की भाषा कवित्व और आलंकारिकता से मुक्त है। वैसे तो यह भाषा तत्कालीन कथापाठकों की पठन क्षमता को ध्यान में रखकर लिखी गयी थी पर यही वह भाषा थी जो यथार्थ से जुड़े उपन्यास की भाषा बन सकती थी। जब प्रेमचन्द ने हिन्दी में उपन्यास लिखना आरम्भ किया तो उन्होंने खत्री जी के सरल, निराडम्बर गद्य को ही अपनी भाषा का आधार बनाया।

खत्री जी की आरम्भिक भाषा और सन्तति के अन्तिम हिस्सों की भाषा एक जैसी नहीं है। उनकी भाषा में विकास दिखाई पड़ता है। उनकी आरम्भिक भाषा में संस्कृत के तत्सम शब्द बहुत कम आते हैं, पर बाद में उनका अनुपात बढ़ जाता है। इससे उनके शब्दभांडार

में वृद्धि हुई है, अभिव्यक्ति में विशदता आयी है, पर कहीं भी भाषा बोझिल और प्रवाहरुद्ध नहीं हुई है। उपन्यास की भाषा को मानक रूप प्रदान करने में देवकीनन्दन खत्री का महत्त्वपूर्ण योगदान है।

भूतनाथ चन्द्रकान्ता सन्तति से ही जुड़ा हुआ उपन्यास है, यद्यपि उसकी प्रकृति कुछ भिन्न है। *भूतनाथ* के रूप में खत्री जी ने एक ऐसे बीहड़ ऐयार की सृष्टि की है जो बुद्धि, बल, साहस, महत्त्वाकांक्षा आदि की दृष्टि से अद्वितीय है। *चन्द्रकान्ता* और *सन्तति* के ऐयार विरोधी खेमों में बँटे होने पर भी स्वामिभक्त, चरित्रवान, कर्तव्यनिष्ठ और कृतज्ञ व्यक्ति हैं। उनकी निष्ठा बँटी हुई नहीं है। *भूतनाथ* ऐयारी के फन में अद्वितीय होते हुए भी दुर्बल चरित्र का व्यक्ति है। उसकी निष्ठा विभाजित है। इसके फलस्वरूप वह अपने ही बनाए जाल में फँसता और संकटग्रस्त होता जाता है। अच्छाई और बुराई का संघर्ष उसके चरित्र की प्रमुख विशेषता है। उसकी कहानी उसके 'कन्फेशन' या अपराध बोध और पश्चात्ताप की कहानी है। *भूतनाथ* में मनोवैज्ञानिक उथल-पुथल की स्थितियाँ पर्याप्त मात्रा में हैं जो उसे उपन्यास के और भी निकट ला देती हैं।

भूतनाथ को खत्री जी ने भूतनाथ की 'आत्मकथा' के रूप में प्रस्तुत करने का प्रयास किया है। पर इस शिल्प के कुशल प्रयोग में उन्हें सफलता नहीं मिली है। कुछ ही आगे बढ़ने पर उपन्यास *चन्द्रकान्ता* और *सन्तति* का अनुकरण करने लगता है। आत्मकथा की प्रविधि अपनाने वाले उपन्यास में केन्द्रीय पात्र की अन्तरंगता और आत्मविश्लेषण अनिवार्य है जिसका *भूतनाथ* में अभाव है।

खत्री जी के उपन्यास लेखन का दौर लगभग पच्चीस वर्ष का है। इस दौर में उन्होंने लगभग चार सौ पृष्ठों की *चन्द्रकान्ता,* ढाई हजार पृष्ठों की *चन्द्रकान्ता सन्तति* और पाँच सौ पृष्ठों का *भूतनाथ* (छह भाग) लिखा। इसके अतिरिक्त उन्होंने *वीरेन्द्रवीर अथवा कटोरा भर खून* (1895), *नौलखा हार* (1899), *काजर की कोठरी* (1902) आदि अपराधप्रधान कथापुस्तकें, *कुसुम कुमारी* नामक सामान्य रोमांस (1894-98) तथा *गुप्त गोदना* (अपूर्ण, 1913) नामक ऐतिहासिक उपन्यास की रचना की। पर खत्री जी की उपलब्धि उनकी ऐयारी-तिलिस्म प्रधान कथापुस्तकें ही हैं।

खत्री जी का अनुकरण उनके जीवनकाल में ही आरम्भ हो गया था। उनके उपन्यासों की लोकप्रियता से प्रेरित होकर हरिकृष्ण जौहर, मदनमोहन पाठक, बालमुकुन्द वर्मा, किशोरीलाल गोस्वामी, विनायकलाल दादू, रूपनारायण शर्मा, कुँवर लक्ष्मीनारायण गुप्त, विश्वेश्वर प्रसाद वर्मा, ठाकुर जंगबहादुर सिंह, शंकरदयाल श्रीवास्तव, रामलाल वर्मा, बृन्दावन बिहारी सिंह, ब्रह्मदत्त शर्मा, चन्द्रशेखर पाठक, गोविन्दराव तेलंग, जगन्नाथ मिश्र, रूपकिशोर जैन आदि लेखकों ने 1898-1913 की अवधि में दर्जनों ऐयारी-तिलस्म प्रधान रोमांसों की रचना की। खत्री जी के निधन के बाद भी यह क्रम जारी रहा और निहालचन्द्र वर्मा, चतुर्भुज औदीच्य, चन्द्रशेखर पाठक, नन्दलाल शर्मा, श्रीधर पाठक, बालमुकुन्द वर्मा आदि ने इस प्रकार के रोमांसों की रचना की। दुर्गाप्रसाद खत्री ने 1915-35 अवधि में *भूतनाथ* को, इक्कीस भागों में, पूरा करने के साथ-साथ कई स्वतन्त्र कथापुस्तकें भी लिखीं।

इन तिलिस्मी उपन्यासों में से अधिकांश देवकीनन्दन खत्री के रोमांसों के भद्दे अनुकरण मात्र हैं। तिलिस्मी तमाशों, कलपुर्जों के चमत्कारों तथा ऐयारी के करिश्मों के सृजन में खत्री

जी जिस पैनी सूझबूझ का परिचय देते हैं, उसका इनमें सर्वथा अभाव है। खत्री जी के तिलिस्मी रोमांसों में अतिलौकिक व्यापारों और उपकरणों का सर्वथा अभाव है। परवर्ती काल की एक भी ऐसी तिलिस्मी कथा नहीं है जो अतिलौकिक तत्त्वों से मुक्त हो। यहाँ तक कि भूतनाथ के जो अंश दुर्गाप्रसाद खत्री द्वारा रचित हैं उनमें अतिमानवीय तिलिस्मी करिश्मों–यथा तिलिस्मी शैतान, तिलिस्मी डंडा, जीवित शेर की तरह काम करने वाला कृत्रिम शेर आदि–का बाहुल्य है। इन्हें बुद्धिग्राह्य बनाने का तनिक भी प्रयास नहीं किया गया है। हरिकृष्ण जौहर, निहालचन्द्र वर्मा आदि की तिलिस्मी कथाओं में देवों, राक्षसों, मनुष्य की तरह कार्य करने वाली पुतलियों तथा जादू मन्तर की बहुलता है। कुछ कथाओं में ऐयार जादू और मन्त्र की शक्तियों से सम्पन्न हैं। उनके सहायक भूत हैं। निहालचन्द्र वर्मा कृत *मोतीमहल* में एक ऐयार ने ऐसी रोशनाई तैयार की है, जिससे लिखे अक्षरों को पढ़कर ही आदमी बेहोश हो जाता है। ये कथाकार अपने तिलिस्मी करिश्मों और ऐयारियों को वैज्ञानिक सम्भावना की सीमा में रखने में समर्थ नहीं हुए हैं।

दुर्गाप्रसाद खत्री के अतिरिक्त अन्य कथाकारों ने नैतिक मूल्यों की उपेक्षा करने में भी कोई संकोच नहीं किया है। उनके ऐयार प्रायः धोखेबाज, कपटी, नीति नियमों के विरुद्ध चलने वाले तथा दुश्चरित्र हैं। इन कथाओं में ऐयार ऐयाराओं का चुम्बन-आलिंगन निस्संकोच भाव से करते हैं। हरिकृष्ण जौहर, किशोरीलाल गोस्वामी, गोविन्दराव तेलंग आदि ने अश्लील कामव्यापारों के नग्न वर्णनों द्वारा कहानी को चटपटा बनाने का प्रयास किया है। तात्पर्य यह कि परवर्ती तिलिस्मी कथालेखक न तो देवकीनन्दन खत्री की तरह कौतूहलोत्पादक प्रसंगों की कल्पना में सफल हो सके हैं, न ही उन्हें विश्वासोत्पादक और तत्कालीन परिष्कृत रुचि के अनुरूप बना सकने में। इसका परिणाम यह हुआ कि बीसवीं शताब्दी के दूसरे दशक की समाप्ति के साथ यह कथा विधा ही लगभग समाप्त हो गयी।

जिस समय देवकीनन्दन खत्री ने *चन्द्रकान्ता* का आरम्भ किया था लगभग उसी समय किशोरीलाल गोस्वामी ने ऐतिहासिक रोमांस लिखना शुरू किया था। गोस्वामी जी ने 1890 ई. में प्रताप नारायण मिश्र की प्रेरणा से *हृदयहारिणी वा आदर्श रमणी* नामक ऐतिहासिक रोमांस की रचना की जो मिश्र जी द्वारा सम्पादित 'हिन्दुस्तान' के कई अंकों में उसी वर्ष प्रकाशित हुआ। पर पुस्तक के रूप में इसका प्रकाशन चौदह वर्ष बाद, 1904 ई. में, हुआ। इसी प्रकार 1890 ई. में ही उन्होंने *लवंगलता वा आदर्श बाला* नामक ऐतिहासिक रोमांस लिखा, जो प्रताप नारायण मिश्र के 'हिन्दुस्तान' से हट जाने के कारण उसमें प्रकाशित न हो सका। यह भी 1904 ई. में पुस्तकाकार प्रकाशित हुआ। इन दो रचनाओं से गोस्वामी जी ने हिन्दी में ऐतिहासिक रोमांस की नींव डाली जो हिन्दी कथा साहित्य में एक नयी प्रवृत्ति थी।

गोस्वामी जी को ऐतिहासिक रोमांस लिखने की प्रेरणा कहाँ से मिली, यह ठीक-ठीक बता पाना कठिन है। ज्ञानचन्द जैन के अनुसार लगभग 1882 ई. में भारतेन्दु हरिश्चन्द्र ने राधाकृष्ण दास से कहा था, "भारतवर्ष में अब ऐसे नाटकों की आवश्यकता है जो आर्य सन्तानों को अपने पूर्व पुरुषों का गौरव स्मरण करावें।...कदर पिया की ठुमरी सुनते-सुनते आर्यों में क्लीवपन अब चरम सीमा पर पहुँच गया। अब आर्यों को इस बात की याद दिलानी चाहिए कि उनके पूर्व पुरुष कैसे उदार, कैसे वीर, कैसे धीर, दृढ़, अध्यवसायी थे और उनकी वीर पत्नी पतिव्रत धर्म और कुलमर्यादा की रक्षा हेतु अपने अमूल्य जीवन को कैसा तृण समान

त्याग देती थीं।"[4] भारतेन्दु के इस आह्वान पर हिन्दी में अनेक नाटक लिखे गये, पर उपन्यास के क्षेत्र में इसकी पहल किशोरीलाल गोस्वामी ने *हृदयहारिणी* और *लवंगलता* लिख कर की। ये दोनों उपन्यास वस्तुतः एक ही बड़े उपन्यास के दो भाग हैं। दोनों की कथा बंगाल के नवाब सिराजुद्दौला के काल की है, जिसके 1757 ई. में प्लासी की लड़ाई में मारे जाने के बाद भारत में अँगरेजी राज्य की नींव पड़ी। इनके अतिरिक्त गोस्वामी जी के *तारा वा क्षत्रकुलकमलिनी* (1902), *गुलबहार वा आदर्श भातृस्नेह* (1906), *कनककुसुम वा मस्तानी* (1904), *हीराबाई वा बेहयायी का बोरका* (1904), *सुलताना रजिया बेगम वा रंगमहल में हलाहल* (1904-05), *मल्लिका देवी वा बंग सरोजिनी* (1905), *लखनऊ की कब्र वा शाही महलसरा* (1906-1918), *सोना और सुगन्ध वा पन्नाबाई* (1909), *लाल कुँवर वा शाही रंगमहल* (1909) आदि ऐतिहासिक रोमांस प्रकाशित हुए। यह ध्यान देने की बात है कि गोस्वामी जी के ऐतिहासिक रोमांस 1900 ई. तक पुस्तकाकार प्रकाशित नहीं हो सके। 1901 ई. में उन्होंने देवकी नन्दन खत्री की 'उपन्यास लहरी मासिक पुस्तक' (1894) के अनुकरण पर 'उपन्यास मासिक पुस्तक' का प्रकाशन आरम्भ किया जिसमें उनके पूर्वलिखित 'उपन्यासों' के साथ साथ नये ऐतिहासिक और सामान्य 'उपन्यास' प्रकाशित हुए।

सन् नब्बे के दशक में हिन्दी में ऐतिहासिक उपन्यास का 'रोमांस' के रूप मे जन्म हो जाने पर भी उसका विकास 1901 ई. के बाद ही हुआ। इस दशक में *महाराज विक्रमादित्य का जीवन चरित्र* (1893), *महाराजा क्षत्रपति शिवाजी का जीवन चरित्र* (1894), *वीर नारायण* (1894), *जया* (1897), *अनारकली* (1900), *बारहवीं सदी का वीर जगदेव परमार* (1900) आदि इतिहासाश्रित कथापुस्तकें प्रकाशित हुईं, जिनमें से कुछ को उनके मुखपृष्ठ पर 'ऐतिहासिक उपन्यास' की संज्ञा दी गयी थी। इनके अतिरिक्त पर्याप्त संख्या में बँगला के ऐतिहासिक उपन्यासों के अनुवाद भी हो चुके थे जिनमें *दुर्गेशनन्दिनी* (1882-84), *राज सिंह* (1894), *बंगविजेता* (1886), *श्याम कुमारी* (1896), *माधवी कंकण* (1900), *शिवाजी विजय* (1889), *जीवन सन्ध्या, सच्चा सपना* (1890), *दीपनिर्वाण* (1891), *चित्तौर चातकिनी* (1895), *इला* (1895) आदि प्रमुख हैं। अँगरेजी और गुजराती से अनूदित *अकबर* (1891), *मुद्राकुलीन* (1892), *मरहठा सरदार और रौशनआरा* (1898) आदि उपन्यास भी इस बीच प्रकाशित हुए थे। ज्ञानचन्द जैन ने *प्रेमचन्दपूर्व के हिन्दी उपन्यास* में 'हिन्दी प्रदीप' के जनवरी, 1899 अंक में प्रकाशित काशी प्रसाद जायसवाल के लेख 'हिन्दी उपन्यास लेखकों को उलाहना' का उद्धरण प्रस्तुत किया है, जो उस समय के हिन्दी उपन्यास की स्थिति को समझने में सहायक हो सकता है। उन्होंने लिखा था, "सम्प्रति हिन्दी में उपन्यासों की बड़ी भरती देख पड़ती है। इनमें से अधिकांश बंग भाषा के अनुवाद हैं। हिन्दी में मूल उपन्यासों की गणना बहुत थोड़ी है बल्कि यों कहा जाय कि मूल उपन्यास का अभाव है तो फब सकता है। उन अनुवादित उपन्यासों में भी कुछ तो ऐसे घिनौने हैं कि उनका गंगा जी में प्रवाह कर देना ही प्रेय है। केवल नागरी अक्षरों में कोई उपन्यास (या कोई पुस्तक) लिखे जाने से वह 'हिन्दी उपन्यास' या 'हिन्दी पुस्तक' नहीं कहा जा सकता। एकाध हिन्दी उपन्यास लेखक विद्वान् रेनाल्ड्स साहब की बराबरी करना चाहते हैं और उन्हीं के पुस्तकों से खींच-खींच चोरी-चमारी कर बड़े बड़े पोथे रँग डालते हैं। किन्तु उनका करतब ही उनको रेनाल्ड्स के उपन्यासों का समझने वाला बतला देता है। रेनाल्ड्स अनुकरणशील लेखकों के भ्रष्ट चरित्रकारक नष्ट उपन्यासों से देश

का वैसा ही बिगाड़ है जैसा पारसी थिएटर तथा उर्दू के किस्सा की किताबों से है, बरन मैं समझता हूँ उस्से भी कहीं बढ़ कर अपकार हो रहा है।''

अपने लेख में 'का. प्र.' ने इस बात पर विशेष जोर दिया है कि ''दो चार को छोड़कर प्रायः सभी बंग भाषा के अनुवादित के अनुवादित उपन्यासों में एकप्रायिक या सामान्य दोष है और उसी दोष के लिए हमारा उलाहना है। वह महादोष यह है, मुस्लमानों के चरित्र का ऐसा चित्र खींचना कि जिस्से यह भाव होने लगे कि संसार के मनुष्य जाति भर में सबसे नीच, दुष्ट, मायाचारी, विश्वासघातक ये ही होते हैं। सभी अवगुण और पापों के मुस्लमान अवतार हैं। पृथ्वी तल पर किसी विशेष जाति व सम्प्रदाय के जनमात्र दुष्ट या पापी नहीं हो सकते। सभों में अच्छे और बुरे होते हैं। हिन्दू मुस्लमानों में मेल कराना तो दूर रहा, इस प्रकार दिन दिन दोनो में परस्पर घृणा और द्वेष बढ़ाया जा रहा है। देश का अहित करने वाले उपन्यासों में यों उपन्यासलेखकों का भी साझा है।''

लेख के अन्त में ऐतिहासिक उपन्यास लेखकों से विनती की गयी थी, ''हमारे देशहितैषी उपन्यास-लेखको ! आपसे यह हाथ जोड़ कर प्रार्थना है कि ऐसी चेष्टा किया कीजिए जिस्में हिन्दू-मुस्लमान दोनों दिल से मिल जाएँ। आपकी लेखनी में बड़ी शक्ति है।''

इस लेख के समय काशी प्रसाद जायसवाल की अवस्था मात्र 18 वर्ष की थी, पर उन्होंने इसमें अपने समय के बाद की बात कही थी। इस प्रसंग में हम यह भी स्मरण किए बिना नहीं रह सकते कि जिस साल उनका जन्म हुआ था (1881) उसी साल एक सोलह साल के किशोर राधाकृष्ण दास ने अपने उपन्यास *निस्सहाय हिन्दू* में हिन्दू-मुसलमान एकता के भाव को मार्मिक कथा के रूप में अभिव्यक्त किया था। काशी प्रसाद जी ने कदाचित् *निस्सहाय हिन्दू* (प्र.का. 1890) नहीं पढ़ा था। पर अपने लेख में उन्होंने समकालीन हिन्दी उपन्यास की जिन प्रवृत्तियों का उल्लेख किया है, वे सच हैं। पर ज्ञानचन्द्र जैन ने इस लेख को किशोरीलाल गोस्वामी से जोड़ कर एक ऐतिहासिक भूल की है। जनवरी, 1899 में गोस्वामी जी के ऐतिहासिक उपन्यास पुस्तक रूप में प्रकाशित हुए ही नहीं थे। दरअसल 1895 में रामकृष्ण वर्मा द्वारा अनूदित *चित्तौर चातकिनी* और कार्तिक प्रसाद वर्मा द्वारा अनूदित *इला* के प्रकाशन पर हिन्दी जगत में बावेला मच चुका था। *चित्तौर चातकिनी* चित्तौर के राजवंश की मर्यादा के इतना प्रतिकूल समझा गया कि उसके विरुद्ध एक आन्दोलन सा छिड़ गया और उसकी सभी प्रतियाँ गंगा में डुबो दी गयीं। इस उपन्यास में राजा जय सिंह की नीचता और औरंगजेब के विरुद्ध उसकी पत्नी उदयपुरी बेगम और रौशनआरा की सहायता से संचालित राजद्रोह का वर्णन किया गया था। *इला* में राणा सांगा के सेनापति माधो राव की पुत्री इल्लिला (इला) के हेमू की बेगम बनने तथा हेमू और चित्तौर के राणा उदय सिंह के बीच युद्ध का वर्णन कर हिन्दू गौरव और राजपूतों की वीरता का चित्रण किया गया था। इन दोनों ही उपन्यासों में मुसलमानों को चरित्रहीन, भ्रष्ट, क्रूर, कायर आदि रूप में प्रस्तुत किया गया था। लगता है, का. प्र. जायसवाल ने इन्हीं और इन जैसे अन्य अनूदित उपन्यासों के प्रति अपना आक्रोश व्यक्त किया था। एक और उल्लेखनीय बात यह है कि जन.1899 तक रेनॉल्ड्स के उपन्यासों के हिन्दी अनुवाद प्रकाशित नहीं हुए थे। इस दशक में देवकी नन्दन खत्री का ध्यान रेनॉल्ड्स के उपन्यासों की तरफ आकृष्ट हुआ और उन्होंने केवल उनके ही अनुवाद प्रकाशित करने के लिए 'उपन्यास माला' नामक 'सचित्र मासिक पत्र' का प्रकाशन आरम्भ किया था। पर

इस 'माला' का कोई भी अंक उपलब्ध न होने के कारण यह कहना कठिन है कि रेनॉल्ड्स के कौन से उपन्यास इसके अन्तर्गत प्रकाशित हुए थे। उपलब्ध सूचनाओं के आधार पर रेनॉल्ड्स के *लायला ऑर स्टार ऑफ मिंगरेलिया* का *प्रवीन पथिक अथवा अलादीन और लैला* शीर्षक अनुवाद 1899 ई. में प्रकाशित हुआ था। इस बात की पूरी सम्भावना है कि यह उपन्यास 'उपन्यास माला' में 1899 के पहले धारावाहिक रूप में प्रकाशित हुआ हो जिसे काशी प्रसाद जी ने देखा हो। यह भी सम्भव है कि काशी प्रसाद जी ने रेनॉल्ड्स के उपन्यासों के उर्दू अनुवादों का सन्दर्भ दिया हो। काशी प्रसाद ने अपने लेख में जो बातें लिखी थीं वे बीसवीं शताब्दी के प्रथम दशक के उपन्यासों पर पूरी तरह से लागू होती हैं।

काशी प्रसाद जी ने नब्बे के दशक में हिन्दी उपन्यास में मुसलमानों के एकांगी चित्रण का जो आरोप लगाया है, वह सच है। देवकी नन्दन खत्री के उपन्यासों में मुसलमान पात्रों को दुष्ट, दगाबाज, चरित्रहीन आदि रूपों में ही प्रस्तुत किया गया है। बँगला से अनूदित उपन्यासों में तो सामान्य रूप से मुस्लिम पात्रों का यही रूप देखने को मिलता है। यह उस काल की सामान्य हिन्दू मनोवृत्ति थी। सदियों से मुस्लिम शासन से पीड़ित हिन्दू मानसिकता अवसर मिलते ही अपनी मुस्लिम विरोधी भँड़ास निकाल रही थी। काशी प्रसाद जी ने इसके विरुद्ध आवाज उठा कर अपनी प्रगतिशील चेतना का परिचय दिया था। यद्यपि बीसवीं शताब्दी के प्रथम दशक में प्रकाशित ऐतिहासिक उपन्यासों में हिन्दू लेखकों का मुसलमान विरोधी दृष्टिकोण बना रहा, पर जहाँ तहाँ उसमें बदलाव की प्रवृत्ति भी देखी जा सकती है।

दरअसल किशोरीलाल गोस्वामी का उद्‌देश्य अपने ऐतिहासिक उपन्यासों में हिन्दू गौरव को प्रतिष्ठापित करना था। तत्कालीन परिस्थितियों को देखते हुए इसे अस्वाभाविक नहीं माना जा सकता। काशी प्रसाद जी ने जिस प्रबुद्ध इतिहास बोध का परिचय दिया था, वह अपने समय से आगे की चीज थी। हिन्दू समाज मुस्लिम शासन से, विशेषकर औरंगजेब और उसके बाद के मुगल शासन से ऊबा हुआ था। हिन्दू समाज के उच्च वर्ग को अँगरेजी शासन से एक प्रकार की राहत महसूस हुई थी। अँगरेज इतिहासकारों ने राजनीतिक कारणों से अन्तिम मुगल शासकों तथा नवाबों के चरित्र और प्रशासनिक क्षमता का जो चित्र खींचा था, वह हिन्दुओं के मन में उनके प्रति वितृष्णा पैदा करने वाला था। स्कूलों में जो इतिहास पढ़ाया जाता था उससे मुसलमान शासकों के प्रति हिन्दू छात्रों में विरोध और घृणा पैदा होती थी तथा मुसलमान छात्रों में एक मिथ्या गर्व का भाव जगता था। अँगरेज इतिहासकारों ने अनेक ऐसी पुस्तकें लिखी थीं जो मुस्लिम शासकों की चरित्रहीनता, निरंकुशता और असहिष्णुता की परिचायक थीं। गोस्वामी जी ने अपने उपन्यासों के लिए जो ऐतिहारिक आधार प्राप्त किया था वह ऐसी ही पुस्तकों से गृहीत था। उन्होंने अपने उपन्यासों के लिए कर्नल टाड लिखित राजस्थान का इतिहास तथा फिच, सर टामस रो, बर्नियर,' ____ आदि के यात्रा विवरणों से सामग्री ली थी और उनके आधार पर कल्पना का महल खड़ा किया था। (द्रष्टव्य *तारा* की भूमिका) इन विवरणों से मुस्लिम बादशाहों और शाहजादों-शाहजादियों की विलासप्रियता, कपटाचरण तथा अन्तःपुरीय षड्यन्त्रों का पता चलता है, जिनका अतिरंजित वर्णन गोस्वामी जी के ऐतिहासिक रोमांसों में मिलता है।

गोस्वामी जी के *तारा* की कथा का आधार मुख्य रूप से भारतेन्दु हरिश्चन्द्र के *पुरावृत्त संग्रह* से लिया गया था। इसके अतिरिक्त आगरा से प्रकाशित होने वाले पाक्षिक पत्र *राजपूत*

में प्रकाशित 'वीर चरितावली' नामक लेख से भी सामग्री ली गयी थी। इन स्रोतों का भी झुकाव हिन्दू गौरव की स्थापना की ओर था और इनमें इतिहास से अधिक अनुश्रुतियों का आधार लिया गया था।

अपने ऐतिहासिक रोमांसों में गोस्वामी जी का उद्‌देश्य हिन्दू गौरव का चित्रण करना था, पर उन्होंने इतिहास के जिस कालखंड को चुना वह हिन्दू गौरव के पराभव का काल था। गोस्वामी जी की मान्यता थी कि इस पराभव की अवस्था में भी हिन्दुओं का गौरव सर्वथा लुप्त नहीं हुआ था। उनकी दृष्टि में राजनीतिक दृष्टि से दुर्बल होते हुए भी हिन्दू राजाओं का चरित्र मुसलमान बादशाहों की तुलना में उत्कृष्ट था। गोस्वामी जी मुस्लिम इतिहासकारों द्वारा लिखित इतिहासों को प्रामाणिक नहीं मानते, क्योंकि "मुसलमान सरीखे कट्‌टर धर्माग्रही विजित आर्यों के सच्चे गुणों या मानमर्यादा की कद्र ही क्या कर सकते थे ? वरन् उसके विरुद्ध उन लोगों ने जहाँ तक बना, वहाँ तक यह किया कि आर्यों की धीरता, वीरता, गम्भीरता, दृढ़ता, साधुता, सत्यता...सतीत्व आदि अलौकिक गुणों का एक प्रकार से मटियामेट ही कर डालने में कोई बात उठा न रखी और इसके साथ ही अपनी दुष्टता, कुटिलता, क्रूरता, धूर्तता...जुल्म...आदि दोषों का या तो भरपूर उल्लेख ही नहीं किया, या जहाँ तक बना, उसे छिपाया।...जो कुछ बादशाही जमाने के इतिहास लेखकों ने अपनी कलम से लिखा है, वर्तमान समय के मुसलमान लोग उसके उर्दू अनुवाद में यथाशक्य अपनी रफूगरी की कैसी कारीगरी दिखा रहे हैं।...इसीलिए हमने अपने बनाए उपन्यासों में ऐतिहासिक घटना को 'गौण' और अपनी कल्पना को 'मुख्य' रखा है और कहीं कहीं तो कल्पना के आगे इतिहास को दूर ही से नमस्कार भी कर लिया है। (*तारा,* भूमिका)

गोस्वामी जी की यह इतिहास दृष्टि, अवैज्ञानिक और दोषपूर्ण है। पर समकालीन सन्दर्भ में इसे बिलकुल खारिज नहीं किया जा सकता। इसका दोष केवल यह है कि गोस्वामी जी अपने ऐतिहासिक पूर्वग्रह को अवांछनीयता की हद तक ले जाते हैं। गोस्वामी जी ने इतिहास के आधार पर उपन्यासों की रचना कर न केवल हिन्दी कथा साहित्य को एक नया आयाम दिया वरन् हिन्दी पाठकों की पठन रुचि के परिष्कार में भी योगदान किया। तत्कालीन समीक्षकों ने इसका स्वागत भी किया था। एक समीक्षक ने (सम्भवतः बालकृष्ण भट्‌ट) लिखा था, "यह एक ऐतिहासिक उपन्यास है। इस समय इसकी बड़ी जरूरत है कि पढ़नेवाले ऐतिहासिक घटनाओं से भी जानकार होते चलें। उपन्यास पढ़नेवाले बहुधा साधारण योग्यता के लोग होते हैं, इतिहास या पुरावृत्त के सम्बन्ध में जो कुछ उन्हें मालूम हो गया, वह मानो बिना प्रयास हाथ लगा।" (हि.प्र.,1905) *रजिया बेगम* के 'उपोद्‌घात' में गोस्वामी जी ने लिखा था, "...हमने स्वाधीन भारतवर्ष पर पश्चिम वालों की चढ़ाई के आदि से लेकर गुलाम खानदान तक का हाल, जिसमें रजिया पैदा हुई थी, इसलिए लिख दिया है कि जिसमें इतिहास के सिलसिले में कोई गड़बड़ न हो और पढ़नेवाले उपन्यास के साथ ही साथ कुछ इतिहास का भी आनन्द लें, जिसमें लोगों की रुचि केवल उपन्यास ही पर न रहकर इतिहास की ओर भी झुके, जिससे हिन्दी भाषा में जो इतिहास का बिलकुल अभाव है, वह मिटेगा।" इसी प्रकार *मल्लिका देवी* के 'उपोद्‌घात' में गोस्वामी जी ने यह आशा व्यक्त की थी कि "इसके पढ़ने से पाठक उस पुराने जमाने के आचार, व्यवहार, राजनैतिक और सामाजिक तत्त्व तथा देशदशा के परिचय को भलीभाँति पा सकेंगे।" गोस्वामी जी के अधिकतर ऐतिहासिक उपन्यासों के

आरम्भ में इस प्रकार के 'उपोद्घात' जोड़े गये हैं जिनमें भारतीय इतिहास के किसी न किसी कालखंड का इतिहास प्रस्तुत किया गया है। जिन उपन्यासों में 'उपोद्घात' नहीं दिए गए हैं, उनके बीच-बीच में ऐतिहासिक घटनाओं का विवरण दिया गया है। इससे गोस्वामी जी के इतिहास के प्रति लगाव का पता चलता है। उन्होंने इतिहास को वहीं 'नमस्कार' किया है, जहाँ वह उनके उद्देश्य में बाधक बनता है।

हिन्दू गौरव की स्थापना के उत्साहातिरेक में गोस्वामी जी ने हिन्दू पात्रों की तुलना में मुसलमान पात्रों को नीच, खुदगर्ज, विश्वासघाती और चरित्रहीन रूप में प्रस्तुत किया है। *मस्तानी* को छोड़कर गोस्वामी जी के ऐतिहासिक रोमांसों का कोई भी मुसलमान पात्र, चाहे वह पुरुष हो या स्त्री, सच्चरित्र नहीं है। अकबर और दारा जैसे ऐतिहासिक पात्रों को भी, जिनके बारे में इतिहासकारों की धारणा ऊँची है, गोस्वामी जी ने कपटी, धूर्त, क्रूर और चरित्रहीन व्यक्तियों के रूप में चित्रित किया है। *सोना और सुगन्ध* में अकबर कूट राजनीतिज्ञ, विलासी, स्वार्थी तथा व्यभिचारी व्यक्ति के रूप में सामने आता है। *तारा* में दारा चरित्रहीन, कपटी तथा धोखेबाज व्यक्ति के रूप में चित्रित किया गया है। दारा और जहानआरा, जो सहोदर भाई-बहन हैं, इस प्रकार प्रेम-सम्भाषण करते दिखाए गये हैं, जो प्रेमी-प्रेमिका के बीच ही सम्भव है। दारा जहानआरा को बार-बार 'प्यारी' कहकर सम्बोधित करता है, उसके पैरों पर गिरता है, उसके तलवे और हाथों को चूमता है तथा निर्लज्जतापूर्वक उसके सामने इश्क का रोना रोता है। वह एक शोहदे की तरह इश्क में सर्द आहें भरते, फिकरे कसते और अश्लील शेर पढ़ते दिखाया गया है। 'भारतमित्र' के सम्पादक बाल मुकुन्द गुप्त ने अपने पत्र (1903) में इस बात की तीखी आलोचना की थी कि उसमें मुसलमान पात्रों का चित्रण कुत्सित रूप में किया गया था। उन्होंने तो नागरी प्रचारिणी सभा से, जिससे गोस्वामी जी सम्बद्ध थे, 'अनुरोध' किया था कि "यदि सचमुच वह हिन्दी की उन्नति चाहती है तो सबसे पहले 'तारा' पढ़े और गोस्वामी जी को उनकी पुस्तक के गुणदोष को समझावे कि वह कैसा गन्दा और भयानक कार्य कर रहे हैं।"

दारा के सम्बन्ध में इतिहासकारों का मत है कि वह धार्मिक मामलों में बहुत उदार था। पर गोस्वामी जी इसे नहीं मानते। उपन्यास में एक स्थान पर जहानआरा तारा से कहती है, "तुम उसकी इस बात पर हर्गिज न भूलना कि उसने बहुत सी हिन्दू मजहब की किताबों या वेद-उपनिषदों का तर्जमा फारसी में कराया है और उस पर अमल भी करता है, इस वास्ते हिन्दू मजहब पर उसका पूरा पूरा एतबार है; मगर नहीं, ऐसा हर्गिज नहीं है, यह कार्रवाई उसकी सरासर हिन्दुओं को ठगने और उन बेचारों की आँखों में धूल डालने के वास्ते है। उसका असल मजहब अब क्रिस्तानी है और वह पूरा पूरा ईसाई बन गया है।" (*तारा*, पृ. 20) *लवंगलता* में सिराजुद्दौला को एक अत्याचारी और व्यभिचारी नवाब के रूप में प्रस्तुत किया गया है। उसके सम्बन्ध में गोस्वामी जी की टिप्पणी है कि "वह अत्यन्त इन्द्रियपरायण और हठी था, इसी से उससे बंगाली मात्र का जी फिर गया था और सारा बंगाल अंग्रेजों की ओर हो गया था। यदि सिराजुद्दौला की ऐयाशी और तुनुकमिजाजी आसमान तलक न पहुँच गयी होती तो कदाचित् उसके समय तक बंगाल में कुछ गोलमाल न होता, पर जब लोगों को अपने घर की बहूबेटियों और इज्जत आबरू बचाये रखने का कोई उपाय न सूझा, तब लोग अँगरेजों की सरन में गये और इस देश के लिए यह बहुत ही अच्छा हुआ।"

(लवंगलता, पृ. 9) सिराजुद्दौला के सम्बन्ध में यह धारणा अँगरेजी इतिहासकारों की फैलाई हुई थी, जिसके शिकार गोस्वामी जी ही नहीं अधिकतर पढ़े-लिखे लोग भी हो गये थे।

उल्लेखनीय यह है कि गोस्वामी जी के ऐतिहासिक रोमांसों में केवल इतिहास के प्रसिद्ध नवाब और बादशाह ही नहीं, वरन् सभी मुसलमान पात्र व्यभिचारी, क्रूर, अत्याचारी, स्वार्थी, कपटी, ऐयाश और नफ्शपरस्त रूप में चित्रित किये गये हैं। इन रोमांसों की मुसलमान स्त्रियाँ चरित्रभ्रष्ट, कामुक, व्यभिचारिणी, निर्दयी और षड्यन्त्रपटु हैं। उनका नित्य नये-नये प्रेमियों को फँसाना, इस कार्य के लिए कुटनियों और जासूसों को नियुक्त करना, भेद खुलने पर उनकी हत्या करा देना तथा अनेक उपायों से गर्भपात कराना, ऐसी बातों के वर्णन में गोस्वामी जी ने अधिक रस लिया है। इसके विपरीत इन रोमांसों में अधिकतर हिन्दू पात्र राजपूत कुल से सम्बद्ध हैं जो आदर्श प्रेमियों के रूप में प्रस्तुत किये गये हैं। वे जिसे प्यार करते हैं उसकी रक्षा के लिए प्राणों की बाजी लगा देते हैं। वे परायी स्त्री को माँ बेटी की तरह मानते हैं। धर्म उन्हें प्राणों से भी अधिक प्रिय है। वीरता उनके चरित्र का अंग है। गोस्वामी जी ने कुछ देशद्रोही और स्वार्थी हिन्दू राजाओं का भी चित्रण किया है, पर उनकी संख्या कम है, और अन्त में ऐसे पात्रों को अपने दुष्कर्मों का कठोर दंड मिलता है। इन रोमांसों की हिन्दू स्त्रियाँ भी आदर्श प्रेमिकाएँ हैं जो अनेक कष्ट सह कर भी अपने प्रेम की एकनिष्ठता से विचलित नहीं होतीं। वे सतीत्व और पातिव्रत्य की रक्षा के लिए अपनी जान हथेली पर लिए रहती हैं। *हृदयहारिणी* की कुसुमकुमारी, *लवंगलता* की लवंगलता, *तारा* की तारा तथा रम्भा, *मल्लिका* देवी की मल्लिका, *सोना और सुगन्ध* की पन्नाबाई सभी आदर्श और एकनिष्ठ प्रेमिकाएँ हैं। साथ ही ये पात्र दया, परोपकार, स्नेह, सहानुभूति, कोमलता, सज्जनता आदि नारीसुलभ गुणों से भी युक्त हैं।

इसमें सन्देह नहीं कि गोस्वामी जी की ऐतिहासिक दृष्टि पूर्वग्रहग्रस्त है, पर यह उस युग की प्रचलित हिन्दू भावना थी जिसके होने में ऐतिहासिक परिस्थितियों के साथ-साथ अँगरेज इतिहासकारों की भी भूमिका थी जो हिन्दुओं-मुसलमानों में फूट डालने की ब्रिटिश शासननीति के तहत इतिहास को तोड़-मरोड़ रहे थे। इसके साथ यह भी सच है कि गोस्वामी जी का इतिहास का अध्ययन बहुत गम्भीर नहीं था, क्योंकि उनके लेखन काल में ही उनके उपन्यासों के कुछ प्रसंगों की ऐतिहासिकता पर कटु विवाद पैदा हो गया था। एक विवाद *तारा* उपन्यास में अर्जुन के बूँदी के राजकुमार होने और अपनी भानजी का विवाह दाराशिकोह से करने के प्रयत्न को लेकर 'श्रीवेंकटेश्वर समाचार', 'राजपूत' तथा 'भारतमित्र' आदि में छिड़ा था। रामचन्द्र शुक्ल ने भी अपने हिन्दी साहित्य के इतिहास में 'अकबर के सामने हुक्के या पेचवान रखे जाने' की अनैतिहासिकता का उल्लेख किया है। पर इस प्रकार के 'दोष' अवांछनीय होने पर भी ऐतिहासिक उपन्यास में बहुत महत्त्व नहीं रखते। बड़ा दोष यह है, जैसा शुक्ल जी ने लिखा है, ''गोस्वामी जी के ऐतिहासिक उपन्यासों से भिन्न भिन्न समयों की सामाजिक और राजनीतिक अवस्था का अध्ययन और संस्कृति के स्वरूप का अनुसन्धान नहीं सूचित होता।''[5] गोस्वामी जी के उपन्यास केवल महलसराओं के षड्यन्त्रों और ऐयाशियों तक सीमित हैं, उनमें पात्रों के चरित्र की जटिल स्थितियों या भावदशाओं का उद्घाटन नहीं हुआ है, न ही उनमें मार्मिक प्रसंगों की सृष्टि हो पायी है, जो ऐतिहासिक उपन्यास के उपन्यास होने की एक महत्त्वपूर्ण शर्त है। इन उपन्यासों में 'घटनाओं' की प्रधानता है। जिनकी योजना में

कार्य-कारण सम्बन्ध की चिन्ता प्रायः नहीं की गयी है। कौतूहलजनक घटनाएँ, एक के बाद एक, घटती जाती हैं, पर लेखक उन्हें विश्वसनीय बनाने का प्रयास नहीं करता। *तारा, रजियाबेगम, लवंगलता* आदि के अनेक प्रसंग इसके उदाहरण के रूप में प्रस्तुत किये जा सकते हैं। *रजियाबेगम* का एक पात्र स्वामी ब्रह्मानन्द योगशक्ति के बल पर रजिया के पास पहुँचते दिखाया गया है। अपने उपन्यासों को कौतूहलवर्द्धक बनाने के लिए गोस्वामी जी ने ऐयारी-तिलिस्म और अपराधप्रधान घटनाओं की भी योजना की है। यह वह समय था जब देवकी नन्दन खत्री के ऐयारी-तिलिस्म प्रधान रोमांसों की लोकप्रियता अपनी चरम सीमा पर थी और गोपालराम गहमरी भी अपनी अपराधप्रधान और जासूसी कथाओं के द्वारा हिन्दी पाठकों को आकृष्ट कर रहे थे। गोस्वामी जी पर इन दोनों कथाकारों का प्रभाव दिखाई पड़ता है। *लवंगलता* के आठवें परिच्छेद में सिराजुद्दौला के कुछ 'नकाबपोश' लवंगलता को बेहोश करके उठा ले जाते हैं। खत्री जी के ऐयारों की तरह इस उपन्यास के ऐयार भी 'कुमकुमा' मार कर अपने शत्रुओं को बेहोश कर देते हैं। *तारा* में तो ऐयारी का इतना अधिक वर्णन है कि खत्री जी याद आने लगते हैं। छठे परिच्छेद में आगरा के किले की पेंचदार सुरंगों का वर्णन है। छठे से लेकर दसवें परिच्छेद में रम्भा, हकीम इनायतुल्ला तथा उसके विरोधियों की ऐयारियों के अनोखे कारनामे वर्णित हैं। *तारा* के दूसरे भाग में अधिकतर ऐयारी के करिश्मों, चक्करदार सुरंगों, गुप्त कोठरियों का ही वर्णन है। आगरा का किला एक पूरा तिलिस्म बन गया है। हकीम इनायतुल्ला के पास बेहोश कर देने वाले जहरीले गोले तो हैं ही, एक तिलिस्मी किताब भी है। *रजिया बेगम* के एक पात्र अयूब के पास एक ऐसा मोती है जिसे यदि कोई हाथ में लेता है तो थोड़ी देर में वह मोती बेहोशी के धुएँ में बदल जाता है और उस आदमी को बेहोश कर देता है। इसमें भी एक तिलिस्मी बारादरी का विस्तृत वर्णन है। *सोना और सुगन्ध* में लगातार तैंतीस पृष्ठों में तिलिस्म का वर्णन किया गया है। इन वर्णनों से गोस्वामी जी के उपन्यासों पर देवकी नन्दन खत्री के अनपेक्षित प्रभाव की पुष्टि होती है।

गोस्वामी जी के ऐतिहासिक उपन्यासों पर रेनॉल्ड्स के उपन्यासों का प्रभाव भी लक्षित होता है। 1890 ई. के आसपास रेनाल्ड्स के उपन्यास उर्दू में प्रकाशित होने लगे थे। 1900 ई. के बाद हिन्दी में भी रेनॉल्ड्स के उपन्यास भारी संख्या में अनूदित-प्रकाशित हुए। 1910 ई. तक उसके *लॉयला, फाउस्ट, राइ हाउस प्लॉट, लव्स ऑफ दि हरम, जोजेफ विलमट, मिस्टीज ऑफ द कोर्ट ऑफ लन्दन, उमरपाशा* आदि बहुखंडी उपन्यासों के अनुवाद हिन्दी में प्रकाशित और पाठकों के बीच लोकप्रिय हो चुके थे। ध्यातव्य है कि रेनॉल्ड्स के उपन्यासों को अँगरेजी साहित्य में कोई मान्यता प्राप्त नहीं है। हिन्दी में उसके उपन्यास तत्कालीन पाठकों की रहस्य, रोमांच और काम-वर्णनों में रुचि के कारण लोकप्रिय हुए थे। ज्ञानचन्द जैन के अनुसार किशोरीलाल गोस्वामी जी उपन्यास लेखन में रेनॉल्ड्स को अपना गुरु मानते थे। जैन साहब ने *तारा* पर रेनॉल्ड्स के *लन्दन रहस्य* की 'गहरी छाया' देखी है, यद्यपि हिन्दी में उसका अनुवाद तारा (1902) के बाद, 1907 ई. के लगभग, प्रकाशित हुआ था। गोस्वामी जी के उपन्यासों पर रेनॉल्ड्स के प्रभाव को अस्वीकार नहीं किया जा सकता। जिस ढंग से उनमें बलात्कार, पाशविक दुराचार, हत्या, नग्न रतिव्यापार आदि का चित्रण किया गया है, जिसकी चन्द्रधर शर्मा गुलेरी ने 'समालोचक' के अगस्त, 1903 अंक में तीखी आलोचना की थी, वह रेनॉल्ड्स से प्रभावित है। गोस्वामी जी के ये उपन्यास चुम्बन, आलिंगन और रतिक्रिया के

नग्न वर्णनों से भरे हुए हैं। इस तरह के वर्णन केवल मुसलमान पात्रों के प्रेम प्रसंगों में ही नहीं, बल्कि 'आदर्श रमणी' और 'क्षत्रकुलकमलिनी' के रूप में प्रस्तुत पात्रों के प्रसंग में भी मिलते हैं। उन्होंने कामव्यापार-वर्णनों को उत्तेजक बनाने का प्रयत्न किया है तथा बार-बार उनकी आवृत्ति की है।

गोस्वामी जी अपने उपन्यासों में हिन्दू जाति की प्रशंसा करने से नहीं अघाते। *रज़िया बेगम* में हरिहर शर्मा कहते हैं, "आप इस बात को सच मानें कि जो सचमुच हिन्दू होगा, वह कभी किसी भी भिन्न धर्मावलम्बी के उपासनागार में उनके धर्म के विरुद्ध किसी अपवित्र वस्तु को न फेंकेगा। मुसलमान हिन्दुओं के साथ जैसा वर्त्ताव करते हैं, इसे सारा संसार जानता है, पर क्या आप ऐसा एक भी प्रमाण दे सकते हैं कि किसी हिन्दू ने भी कहीं किसी मस्जिद को ढाया या कुरानशरीफ को जलाया हो? यह बात शान्त और धर्मभीरु हिन्दुओं के स्वभाव से लाखों कोस दूर है।" यहाँ तक कि एक मुसलमान फकीर भी हिन्दू जाति की प्रशंसा करते हुए कहता है, "...यह बात मैं बखूबी जानता हूँ कि हिन्दू कौम से बढ़कर दुनिया में सच बोलने वाली दूसरी जाति नहीं। इस कौम जैसी हमदर्दी, दियानतदारी, गरीबपर्वरी, फर्माबर्दारी और पाकरूई दुनिया के पर्दे पर किसी दूसरी जाति में हई नहीं।" अपने उपन्यासों में गोस्वामी जी अवसर ढूँढ़-ढूँढ़ कर हिन्दुओं के प्राचीन गौरव का उल्लेख करते हैं। अपने लगभग सभी उपन्यासों में उन्होंने हिन्दू जाति के प्राचीन गौरव, विद्या, वैभव, वीरता, सभ्यता, संस्कृति आदि का सविस्तर वर्णन किया है। यह उस काल की मानसिकता का परिचायक है जब भारत में राष्ट्रीय आन्दोलन अंकुरित होने लगा था और भारतीय मानस अपनी वर्तमान स्थिति से निराश होकर अपने गौरवपूर्ण अतीत की ओर देख रहा था।

इतिहास ग्रन्थों के अनुसार मुस्लिम काल में राजपूत राजाओं ने अपनी कन्याओं का विवाह मुसलमान बादशाहों से किया था। गोस्वामी जी को यह बात हिन्दू गौरव के प्रतिकूल जान पड़ी और उन्होंने अपने उपन्यासों में इस तथ्य को बिलकुल नकार दिया। इतिहास के अनुसार अलाउद्दीन ने गुजरात पर विजय प्राप्त करने के बाद वहाँ की रानी कमला देवी को अपनी बेगम बना लिया, पर *हीराबाई* में गोस्वामी जी ने बताया है कि कमला देवी के नाम पर हीराबाई नाम की एक मुसलमान लड़की अलाउद्दीन के पास भेज दी गयी थी। इसी प्रकार देवगढ़ के राजा रामदेव की पत्नी देवल देवी के अलाउद्दीन के बेटे खिज्र खाँ की बेगम बनने के तथ्य का भी गोस्वामी जी ने खंडन किया है। *सोना और सुगन्ध* में बताया गया है कि अकबर की बेगम जोधाबाई दरअसल जोधपुर की राजकुमारी न थी वरन् कश्मीर से खरीदी हुई 'एक ऊँचे, किन्तु तबाह घराने' की लड़की थी। इससे गोस्वामी जी के आहत हिन्दू गर्व का संकेत मिलता है। इस प्रकार की अनैतिहासिक कल्पनाओं से गोस्वामी जी के उपन्यासों की विश्वसनीयता बाधित हुई है।

गोस्वामी जी के ऐतिहासिक उपन्यासों में अपने समय की एक और प्रवृत्ति की झलक मिलती है। इस काल का प्रबुद्ध हिन्दू मानस देशभक्ति और राजभक्ति के द्वन्द्व से ग्रस्त था। शताब्दियों तक मुस्लिम शासन का दंश झेलने के बाद हिन्दुओं ने मुसलमानों को अँगरेजों के सामने घुटने टेकते देख एक प्रकार के नकारात्मक सुख का अनुभव किया था। यद्यपि सन् अट्ठारह सौ सत्तावन के स्वाधीनता संग्राम में हिन्दू-मुसलमान अँगरेजों के विरुद्ध साथ-साथ लड़े थे, पर मुसलमानों से हिन्दुओं का एक बड़ा वर्ग असन्तुष्ट था और अँगरेजों ने इसका

राजनीतिक लाभ उठाकर दोनों कौमों में बहुत अधिक फूट डाल दी थी। यही कारण है कि भारतेन्दुकालीन लेखकों ने सामान्यतः अँगरेजी शासन का अभिनन्दन ही किया है; यदि उन्होंने अँगरेजी शासन की आलोचना की है तो उसकी आर्थिक नीतियों तथा अँगरेज और मुसलमान नागरिकों के प्रति पक्षपातपूर्ण व्यवहार के कारण। गोस्वामी जी के ऐतिहासिक उपन्यासों में इसी राष्ट्रीय चेतना की झलक मिलती है। इन उपन्यासों में मुस्लिम शासन की तुलना में ब्रिटिश शासन को बेहतर बताया गया है। (*हृदयहारिणी,* पृ. 28-21) *सोना और सुगन्ध* में गोस्वामी जी ने लिखा है, "औरंगजेब सरीखे जालिम और खुदगरज बादशाह को हिन्दुस्तान के तख्त पर बैठाकर परमेश्वर ने बड़ी कृपा की, क्योंकि अगर वह इतना जालिम और हिन्दूद्वेषी न होता तो मुसलमानी सल्तनत इतनी जल्दी कभी गारत न होती और हम भारतवासियों को अंगरेजों की शान्तिमय राज्य की ठंडी छाया में जाने का सौभाग्य भी न मिलता।" बीसवीं शताब्दी के आरम्भ में भारत का बहुलांश उच्च वर्ग अँगरेजी शासन के प्रति यही भाव रखता था। गोस्वामी जी इस वर्ग का प्रतिनिधित्व करते हैं, पर वे यत्र-तत्र अँगरेजी शासन की आलोचना भी करते हैं जो तत्कालीन विभाजित निष्ठा का परिचायक है। *लवंगलता* तथा *रजियाबेगम* में उन्होंने सेठ अमीचन्द के प्रति अँगरेजों की कृतघ्नता तथा अँगरेजी शासन के न्याय विभाग की आलोचना की है।

ज्ञानचन्द जैन के अनुसार रजिया बेगम के लिए ऐतिहासिक सामग्री के संकलन में गोस्वामी जी ने बाबू श्यामसुन्दर दास के साथ-साथ शिव प्रसाद सितारेहिन्द के *इतिहास तिमिर नाशक,* भारतेन्दु हरिश्चन्द्र के *बादशाह दर्पण* तथा नगेन्द्रनाथ गुप्त कृत *रजियाबेगम* से सामग्री ली थी। इससे यह पता चलता है कि गोस्वामी जी इतिहास के प्रति उतने गैरजिम्मेदार नहीं थे, जितना प्रायः समझ लिया गया है। गोस्वामी जी के अनुसार जिस प्रकार 'इतिहास की मूल भित्ति सत्य है', उसी प्रकार 'उपन्यास की मूल भित्ति कल्पना है', 'पर जहाँ इतिहास की घटना जटिल, सत्याभास मात्र और कपोलकल्पित भासती है, वहाँ लाचार हो, इतिहास को बाँध कर कल्पना ही अपना पूरा अधिकार फैला लेती है।' यहीं गोस्वामी जी से भूल हुई है। ऐतिहासिक उपन्यास में केवल 'भासने' मात्र से इतिहास के विद्वानों द्वारा सत्यापित घटनाओं और तथ्यों को परिवर्तित या विकृत नहीं किया जा सकता। ऐतिहासिक उपन्यास में घटना का गौण और कल्पना का प्रमुख स्थान तो होता है, पर वहाँ कल्पना इतिहास के विरोध में नहीं जाती। गोस्वामी जी के उपन्यासों में 'कल्पना' इतिहास को विरूपित करती दिखाई देती है और यही उनका सबसे बड़ा दोष है।

रजिया बेगम में कल्पित पात्र स्वामी ब्रह्मानन्द के माध्यम से लेखक ने अपने राष्ट्रीय विचारों को अभिव्यक्ति दी है। स्वामी ब्रह्मानन्द अल्तमश की मृत्यु के बाद भारत की स्वाधीनता का स्वप्न देखते हैं। उन्हें यह सोचते दिखाया गया है कि "दिल्ली की सल्तनत बिलकुल कमजोर हो रही है। इस समय यवनों के पैर एक प्रकार से उखड़ गये हैं और गुलाम बादशाह शमशुद्दीन अलतिमश के शाही खानदान में घोर गृह विवाद उपस्थित हुआ है। ऐसी अवस्था में एक स्त्री (रजीया) पर विजय पाना और अपने देश की विलुप्त स्वाधीनता का पुनः उद्धार करना बहुत ही सहज और सुखसाध्य है।" (*रजियाबेगम,* भाग-2, पृ. 70) किन्तु स्वामी ब्रह्मानन्द का यह सपना सच नहीं हो पाता। वे राजस्थान के राजाओं में एकता पैदा करने और उन्हें किसी एक राजा को अपना सम्राट् बना कर दिल्ली के तख्त को उलट देने

हेतु समझाने में सफल नहीं हो पाते। वे अपने शिष्य हरिहर शर्मा से कहते हैं, "हा ! अत्यन्त खेद का विषय है कि यहाँ के नरेशों की अब भी आँख नहीं खुलती और अपने हित अनहित के पहचानने में उनकी बुद्धि तनिक भी काम नहीं देती। अभी तक यहाँ के राजे-महाराजे अपनी डेढ़ चावल की खिचड़ी पकाते हुए, एक दूसरे से अकारण ही डाह करते और घमंड के मारे अपने आगे दूसरों को अति तुच्छ समझते हैं।...यह विधि की प्रतिकूलता नहीं तो क्या है कि यहाँ के नरेश अपने में से ही किसी को अपना सम्राट मानकर और परस्पर मैत्री पाश में बद्ध होकर एक दूसरे की सहायता करने को तो पाप समझते हैं, परन्तु यवन पददलित होने पर भी अपने देश, धर्म, समाज, राज्य और मानमर्यादा की रक्षा की ओर भूल कर भी ध्यान नहीं देते।" (वही, पृ. 9) स्वामी ब्रह्मानन्द की यह चिन्ता स्वयं लेखक की चिन्ता जान पड़ती है। 'यवन' शब्द केवल मुसलमानों को ही नहीं, अँगरेजों को भी इंगित करता है। स्वामी ब्रह्मानन्द की हताशा में सन् 1857 के प्रथम स्वाधीनता संग्राम की विफलता से उत्पन्न हताशा की गूँज भी सुनाई पड़ती है।

प्रायः गोस्वामी जी को मुसलमान विरोधी लेखक समझा जाता है। पर *रजिया बेगम* में उनका उदार साम्प्रदायिक दृष्टिकोण भी सामने आता है। स्वामी ब्रह्मानन्द रजिया से कहते हैं, "खुदा के सामने हिन्दू और मुसलमान दोनों बराबर हैं। हिन्दू उसे राम कह कर पूजते हैं और मुसलमान खुदा कह कर। हिन्दू उसकी मूरत बना कर पूजते हैं और मुसलमान बगैर मूरत रक्खे ही उसका ध्यान करते हैं। लेकिन खुदा हिन्दू और मुसलमान दोनों का एक ही है और वह दोनों की परस्तिश से एक सा खुश होता है। मजहबी तअस्सुव को बिलकुल छोड़ कर हिन्दू और मुसलमान को एक सा समझना ही उस बादशाह के हक में बिहतर होगा, जो हिन्दुस्तान की सल्तनत की बागडोर अपने हाथ में लेकर उसे बराबर कायम रखना चाहे।" (वही, पृ. 11) उपन्यास में यह भी दिखाया गया है कि रजिया स्वामी ब्रह्मानन्द की प्रेरणा से एक मन्दिर का ध्वंस नहीं होने देती। वह उन मुसलमानों को सजा देती है जो मन्दिर को ध्वस्त करने तथा वहाँ एकत्र हिन्दुओं को मार डालने पर आमादा थे। मुसलमान मन्दिर की गोशाला से जो गाएँ खोल ले गये थे उन्हें भी वह वापस दिला देती है। वह मन्दिर की देवमूर्ति के लिए मूल्यवान पन्ने का हार भी भेंट करती है। साम्प्रदायिक उदारता से पूर्ण इन विचारों तथा प्रसंगों को देखते हुए गोस्वामी जी को 'मुसलमान विरोधी' कहने में झिझक होती है। *रजिया बेगम* में एक स्थान पर ब्रिटिश शासन की तुलना में मुसलमानी शासन की न्याय व्यवस्था को श्रेष्ठ बताया गया है, "इतना सुभीता उस समय अवश्य था कि न इतना स्टाम्पों का खर्च था, न वकील मुख्तारों की खैंचातानी थी, न मुद्दत तक मुकद्दमा झूला करता था और न मुद्दई मुद्दालह को आजकल की भाँति अत्यन्त कष्ट उठाना पड़ता था, या सर्वस्व खोना पड़ता था। उस समय घूस भी अवश्य चलती थी और न्याय का अन्याय भी प्रायः होता था, पर सच्चा न्याय भी अवश्य होता था।... आज की तरह खर्च इतना बढ़ा चढ़ा न था कि लोगों को अखरता, या तबाह कर डालता।" (*रजिया बेगम,* पहला भाग, पृ. 44) समकालीन ब्रिटिश शासन की इससे अधिक कड़ी आलोचना उस युग में सम्भव नहीं थी।

ऐतिहासिक उपन्यास की दृष्टि से *लखनऊ की कब्र* गोस्वामी जी का सर्वश्रेष्ठ उपन्यास है जिसमें नवाबी शासन के पतनशील सामन्ती समाज का बहुत यथार्थ चित्र देखने को मिलता है। उपन्यास का कथानक लखनऊ के नवाब गाजीउद्दीन हैदर के ऐयाश बेटे नसीरुद्दीन

हैदर के काल पर आधारित है। गोस्वामी जी ने शाही दरबार तथा शाही महलसरा के चित्रण के लिए विलियम नाइटन की किताब *ए प्राइवेट लाइफ ऑफ ऐन ईस्टर्न किंग* से सहायता ली थी। इसके अतिरिक्त शाही महलों में परियों के जमघट, वहाँ पर दिन-रात होनेवाले जश्नों तथा ऐयाश बादशाहों, बेगमों और कुटनियों के सम्बन्ध में प्रचलित किंवदन्तियों के आधार पर गोस्वामी जी ने अपनी कल्पना का संसार निर्मित किया था। कथा की ऐतिहासिक वास्तविकता के कारण गोस्वामी जी की कल्पना भी निरंकुश नहीं हुई है। यहाँ तक कि *लखनऊ की कब्र* का तिलिस्म भी खत्री जी के तिलिस्म से भिन्न और ऐतिहासिकता का भ्रम पैदा करने वाला है।

लखनऊ की कब्र की एक उल्लेखनीय विशेषता उसका आत्मकथात्मक शिल्प भी है। इससे कथा की प्रस्तुति में विश्वसनीयता का हलका रंग तो अवश्य पैदा हुआ है, पर कथा की मूल प्रविधि वही है जिसमें किस्सागो एक के बाद एक घटनाओं का वर्णन करता है, पाठकों को सम्बोधित करता है, कुछ रहस्यपूर्ण सूचनाओं को रोक कर उन्हें बाद में धीरे-धीरे प्रकट करता है, नये रहस्यों की सृष्टि कर पाठकों को उन्हें बाद में खोलने का आश्वासन देता है तथा कथाओं को युगपत् रूप में आगे बढ़ाता है।

लखनऊ की कब्र में दो दास्तानें हैं, "पहली दास्तान यूसुफ की है जिसकी प्रेमिका अचानक घर से गायब हो गयी है। अपनी प्रेमिका की खोज में वह शाही महलसरा में कैद हो जाता है, एक से एक नयी-नयी नाजनीनों के हाथों में पड़ता है और उसके कैदखानों में परिवर्तन होता रहता है। कहानी, आगे जाकर, अन्य पात्रों की पूर्वकथा के रूप में पीछे मुड़ती है और बीच-बीच में उपन्यासकार समकालीन ऐतिहासिक स्थिति का भी वर्णन करता है। उसने इस बात पर जोर दिया है कि अवध की रियासत 'कम्पनी बहादुर की मीरास' है और बादशाह कठपुतली है जो न तो 'खुदमुख्तारी का ही दावा कर सकता है और न अपने खातिरख्वाह कोई मुल्की इन्तजाम ही कर सकता है। कम्पनी के हाकिमों को जब जितने रुपयों की जरूरत पड़ती है वे अपने रजीडंट के जरिए से उतनी रकम सूबे अवध के नवाब वजीर से वसूल कर लेते हैं। चाहे खजाने में रुपए न हों, लेकिन नवाब वजीर का यह फर्ज है कि वह चाहे जैसे या जहाँ से हो सके, कम्पनी बहादुर का हुक्म बजा लाए। बेचारी गूँगी बहरी रियाया हर तरह से तबाह और बर्बाद हुई जा रही है।" (*लखनऊ की कब्र,* छठा हिस्सा, पृ. 2-3) उपन्यासकार ने कम्पनी शासन के जमाने में अवध की लूट का विस्तृत वर्णन किया है। यह ऐतिहासिक सच्चाई है, जिसके उद्‌घाटन में लेखक ने पूरी ईमानदारी और तटस्थता बरती है।

लखनऊ की कब्र में उन्नीसवीं शताब्दी के पूर्वार्ध का पूरा युग-चित्र प्रस्तुत हो गया है। यह वह समय था जब कम्पनी शासन में ऊपर से नीचे तक सर्वत्र लूट मची हुई थी। सबसे बड़ा लुटेरा कम्पनी सरकार थी जो अवध के बादशाह, उसकी बेगमों और वजीरों को लूट रही थी। फलस्वरूप बादशाह, वजीर और अमले रियाया को लूट रहे थे। अवध के गाँव पर गाँव, कस्बे पर कस्बे, परगने पर परगने उजड़ते जा रहे थे और किसान तथा कारीगर तबाह हो रहे थे। इस ऐतिहासिक सच्चाई का वर्णन करके गोस्वामी जी ने स्वयं को एक सफल ऐतिहासिक उपन्यासकार सिद्ध कर दिया है।

किशोरीलाल गोस्वामी हिन्दी के प्रथम ऐतिहासिक उपन्यासकार के रूप में स्वीकृत हैं।

रामचन्द्र शुक्ल ने उन्हें 'ऐतिहासिक उपन्यासकार' ही माना है। ऐतिहासिक उपन्यास में मूल पात्र और प्रमुख घटनाएँ ऐतिहासिक होती हैं, पर पात्रों के आन्तरिक जीवन, भावनाओं और विचारों का संसार, कल्पनाप्रसूत होते हुए भी यथार्थ होता है। गोस्वामी जी के उपन्यासों में तत्कालीन जीवन का स्पष्ट चित्र सामने नहीं आता। पात्रों के भावजगत् के चित्रण में भी उन्होंने विशेष रुचि नहीं दिखाई है। इसके विपरीत उनमें बादशाहों और नवाबों के अन्तःपुरीय षड्यन्त्रों, कामव्यापारों, साहसिक कार्यों तथा तिलिस्मी ढंग की गुफाओं, सुरंगों और कोठरियों आदि का वर्णन प्रधान हो गया है। इन उपन्यासों को पढ़ते समय हमें किसी यथार्थ संसार में विचरण करने का बोध नहीं होता। पात्रों के नाम ऐतिहासिक हैं, पर कथा में इतिहास की प्रायः उपेक्षा की गयी है। इस कारण कतिपय विद्वानों ने गोस्वामी जी के उपन्यासों को ऐतिहासिक रोमांस कहना अधिक संगत समझा है।

यह मान्यता तर्कसंगत होते हुए भी, मेरी दृष्टि में, गोस्वामी जी के ऐतिहासिक उपन्यासों को 'उपन्यास' कहना ही सगंत है। यह वह समय था जब हिन्दी में उपन्यास अभी शैशवावस्था में ही था। अभी तक वह सही ढंग से परिभाषित भी नहीं हो पाया था। अनेक प्रकार के प्रयोग चल रहे थे। इसी समय देवकीनन्दन खत्री ने अपने ऐयारी-तिलिस्म प्रधान उपन्यासों से उपन्यास को एक नयी दिशा की ओर मोड़ दिया था। उपन्यास की कसौटी पर परखें तो खत्री जी के उपन्यास भी रोमांस ही हैं। गोस्वामी जी के ऐतिहासिक उपन्यासों पर खत्री जी तथा रेनॉल्ड्स के उपन्यासों का प्रभाव भी स्पष्ट है।

उन्नीसवीं शताब्दी के अन्तिम दशक में हिन्दी में अल्पशिक्षित या साक्षर मात्र पाठकों का बाहुल्य था। देवकीनन्दन खत्री ने अपनी ऐयारी-तिलिस्म प्रधान कथाओं के द्वारा इसी कोटि के पाठकों की संख्या में वृद्धि की थी। पर इस समय हिन्दी में साहित्यिक रुचि का एक अल्पसंख्यक पाठक समुदाय भी था जो प्रथमतः 'काव्यरसिक' था; संस्कृत काव्य तथा रीतिकालीन कविताओं में उसकी वृत्ति अधिक रमती थी तथा प्रकृति और नारी सौन्दर्य के अलंकृत और काव्यात्मक वर्णन उसकी रुचि के अधिक अनुकूल थे। वह साहित्य में जीवन के उच्चतर मूल्यों तथा मार्मिक भावों की अभिव्यक्ति और उन्नत विचारों के प्रतिपादन की भी माँग करता था।

गोस्वामी जी परवर्ती भारतेन्दु युग और द्विवेदी युग के एक प्रतिष्ठित साहित्यकार थे। उन्होंने अपने ऐतिहासिक उपन्यासों में साहित्यिक रुचि के पाठकों का पूरा ध्यान रखा है। उन्होंने अपने उपन्यासों में नायिकाओं के नखशिख, विरह और प्रकृति के काव्यात्मक वर्णन प्रस्तुत किये हैं। *हृदयहारिणी* के दसवें परिच्छेद में, पूरे छह पृष्ठों में, नायिका के नखशिख सौन्दर्य का वर्णन किया गया है। यह नखशिख वर्णन, जिसमें गद्य और पद्य दोनों का प्रयोग किया गया है, मध्यकालीन नखशिख वर्णनों की हू-ब-हू नकल है। गोस्वामी जी मानते थे कि उपन्यासों में नायक नायिका के रूप का वर्णन करना आवश्यक है। लगता है, प्राचीन काव्यरुचि के पाठकों का समुदाय उपन्यास के सम्बन्ध में ऐसी धारणा बनाए हुए था। बालकृष्ण भट्ट ने 'हिन्दी प्रदीप' (1905) में इस 'नखशिख वर्णन' की प्रशंसा करते हुए उसे 'गोस्वामी जी की प्रौढ़ लेखनी का बड़ा उत्तम नमूना' बताया था। *लवंगलता* में भी नायिका के नखशिख सौन्दर्य का विस्तृत वर्णन करते हुए लेखक ने उसके लिए अपने 'सुरसिक पाठकों' के अनुरोध का हवाला दिया था। 1905 ई. में ही आरा निवासी पं. जगन्नाथ प्रसाद त्रिपाठी ने *लवंगलता* पढ़ने के पश्चात् गोस्वामी जी को

एक पत्र लिखा था, जिसमें उन्होंने इसके 'नखशिख वर्णन' की भूरि-भूरि प्रशंसा की थी। यह वर्णन भी मध्यकालीन हिन्दी काव्यों के नखशिख वर्णन का अन्धानुकरण मात्र है। वस्तुतः गोस्वामी जी का कोई भी ऐतिहासिक उपन्यास नखशिख वर्णन से रहित नहीं है। चूँकि गोस्वामी जी ने साहित्यिक रुचिसम्पन्न पाठकों को ध्यान में रखकर उपन्यास-रचना की थी, इसलिए उन्होंने बिना किसी हिचक के काव्यात्मक सौन्दर्य-वर्णनों की योजना की है, अन्यथा उपन्यास में इनकी कोई अपेक्षा नहीं होती।

गोस्वामी जी के ऐतिहासिक उपन्यासों में संस्कृत और प्राचीन हिन्दी काव्य की विरहवर्णन परम्परा भी अक्षुण्ण रूप में विद्यमान है। प्राचीन काव्यों की तरह गोस्वामी जी की नायिकाएँ भी प्रिय के वियोग में नाना प्रकार से विलाप करती हैं, प्रिय की सुधि में रोती-कलपती हैं, संयोग काल की सुखद स्मृतियों का एक-एक कर उल्लेख करती हैं, बार-बार प्रिय का पत्र कलेजे से लगाती हैं, हाय-हाय करती हैं तथा काम द्वारा सताए जाने, चाँदनी रात द्वारा जलाए जाने, पपीहे और कोयल की बोली सुनकर कष्ट पाने आदि का विस्तार के साथ उल्लेख करती हैं। ये वर्णन संस्कृत काव्यों के अनुकरण मात्र ही नहीं, अनुवाद तक हैं।

बालकृष्ण भट्ट की तरह गोस्वामी जी ने भी अपने उपन्यासों में काव्यात्मक वातावरण के निर्माण का प्रयत्न किया है। पुस्तकों के आवरणपृष्ठों पर तथा परिच्छेदों के आरम्भ में संस्कृत के चुने हुए कवित्वपूर्ण तथा नीतिविषयक श्लोक उद्धृत किए गए हैं। कथाप्रसंगों के बीच में भी उर्दू गजलों, शेरों और अन्य कविताओं की प्रचुरता दिखाई पड़ती है। *तारा* की नायिका अपने प्रेमी के पास पद्य में एक पत्र लिखती है, जो सात पृष्ठों में पूरा हुआ है। वस्तुतः शेरों और कविताओं की बहुलता ने उपन्यास को क्षतिग्रस्त ही किया है, पर गोस्वामी जी इसकी चिन्ता नहीं करते।

किशोरीलाल गोस्वामी के ऐतिहासिक उपन्यासों की भाषा में काव्यात्मक प्रभाव उत्पन्न करने का प्रयास सर्वत्र दिखाई पड़ता है। गोस्वामी जी की भाषा देवकीनन्दन खत्री की भाषा की तरह सर्वत्र सरल, वर्णनात्मक और अनलंकृत नहीं है। जहाँ विशुद्ध कथा का वर्णन करना होता है वहाँ गोस्वामी जी खत्री जी की ही तरह सरल और अनलंकृत भाषा का प्रयोग करते हैं, पर जहाँ भी सौन्दर्य-वर्णन, विरह-वर्णन या प्रकृति-वर्णन का अवसर आता है वे काव्यात्मकता के प्रवाह में बह जाते हैं। उपन्यास की दृष्टि से यह भाषा भी अनुपयुक्त है।

गोस्वामी जी के परवर्ती ऐतिहासिक उपन्यासों में भाषा सम्बन्धी एक बदलाव दिखाई पड़ता है। *हृदयहारिणी, लवंगलता* आदि प्रारम्भिक उपन्यासों में संस्कृतनिष्ठ भाषा का प्रयोग किया गया है, पर *तारा, रजियाबेगम, लखनऊ की कब्र, लाल कुँवर* आदि की भाषा उर्दू के अत्यधिक निकट है। रामचन्द्र शुक्ल ने उसे 'उर्दू ए मुअल्ला' कहते हुए उसकी आलोचना की है। उन्होंने यह भी लिखा है कि "उर्दू जबान और शेर सखुन की बेढंगी नकल से, जो असल से कभी कभी अलग हो जाती है, उनके बहुत से उपन्यासों का साहित्यिक गौरव घट गया है। (हि.सा.इ., पृ. 273) गोस्वामी जी ने 'उर्दू लिखने के शौक' के कारण, जैसा शुक्ल जी ने लिखा है, या उपन्यास की भाषिक माँगवश यह प्रयोग किया है, यह विवादास्पद हो सकता है। जिन उपन्यासों के अधिकतर पात्र मुसलमान हैं उनकी भाषा में उर्दूपन की बहुलता स्वाभाविक मानी जा सकती है। इसी प्रकार जिन उपन्यासों के पात्र हिन्दू हैं, जिनमें संस्कृत काव्यों के ढंग का वार्तालाप है, उनमें संस्कृतनिष्ठता भी स्वाभाविक है। पर पात्र हिन्दू हों

या मुसलमान, जहाँ उनकी बातचीत या भावनाओं के चित्रण में 'काव्यात्मक प्रभाव' पैदा करने की कोशिश की गयी है वहाँ भाषा उपन्यास की भाषा नहीं रह जाती।

गोस्वामी जी के ऐतिहासिक उपन्यासों में किस्सागो की आवाज बार-बार सुनाई पड़ती है। यदि कथा की कोई घटना समाप्त होती है या किसी परिच्छेद का अन्त करना होता है तो उपन्यासकार अपने पाठकों को नहीं भूलता। जहाँ भी कथाकार को यह आशंका होती है कि उसका पाठक किसी घटना या कार्य को पढ़कर शंकाग्रस्त हो सकता है, उपन्यासकार अपनी व्याख्या और टिप्पणी के साथ प्रस्तुत हो जाता है। तत्कालीन पाठकों के बौद्धिक स्तर को देखते हुए यह स्वाभाविक ही था।

गोस्वामी जी के समकालीन उपन्यासकारों में, जो लगभग उनके ही मार्ग पर चले, गंगा प्रसाद गुप्त (ज. 1885) तथा जयरामदास गुप्त प्रमुख हैं। गंगा प्रसाद गुप्त ने केवल दो वर्षों में *नूरजहाँ वा संसार सुन्दरी* (1902), *पूना में हलचल वा वनवासी कुमार* (1903), *वीर पत्नी* (1903), *कुँवरसिंह सेनापति* (1903), *वीर जयमल वा कृष्णकान्ता* (1903) तथा *हम्मीर* (1904) आदि ऐतिहासिक उपन्यास लिख डाले। पर इन उपन्यासों में कोई उल्लेखनीय नयापन नहीं है। इनमें कहीं-कहीं ऐतिहासिक वातावरण के निर्माण तथा पात्रों के विश्वसनीय चरित्रचित्रण का प्रयत्न किया गया है, पर अधिकतर युद्ध और प्रेम, साहसाभियान और शृंगार तथा अविश्वसनीय घटनाओं और अनैतिहासिक प्रसंगों की ही प्रधानता है। गुप्त जी की एक विशेषता यह है कि उन्होंने गोस्वामी जी की तरह नखशिख, विरह-मिलन तथा प्रकृति-सौन्दर्य का पुरानी काव्यप्रणाली पर वर्णन नहीं किया है। गुप्त जी की भाषा भी सरल, वैशिष्ट्य रहित तथा अकाव्यात्मक है। उन्होंने भी ऐतिहासिक घटनाओं को आधार बनाकर कथा को मनोरंजन के स्तर से ऊपर उठाने का प्रयास किया है। गुप्त जी उपन्यास को केवल मनोरंजन का साधन नहीं, वरन् यथार्थ का चित्र प्रस्तुत करने वाला साहित्य रूप मानते हैं। उनके अनुसार, "उपन्यास बड़ा ही कोमल मधुर साहित्य है, जिन लोगों की पढ़ने में रुचि नहीं है, उपन्यास उनमें पढ़ने की रुचि पैदा करता है।...कहानी ही उपन्यास का मूल होने पर भी, उसकी घटना सत्य घटना की भाँति सत्य प्रतीत होनी चाहिए; उसके चरित्र वास्तव चरित्रों की भाँति वास्तव प्रतीत होना चाहिए। असंभवता का दोष उत्पन्न होते ही उपन्यास लड़कों का खेल हो जाता है।" (*हम्मीर,* भूमिका) इस कथन से गुप्त जी की उपन्यास की अवधारणा अँगरेजी नॉवेल के अधिक निकट प्रतीत होती है।

पर गंगा प्रसाद गुप्त एक साधारण प्रतिभासम्पन्न उपन्यासकार थे, अतः उन्होंने भी अपने उपन्यासों में 'लबलबाते हुए प्रेम' तथा 'चुहचुहाते हुए अशआर' को ही प्रमुखता दी है। इन उपन्यासों में अनेक ऐसी घटनाएँ हैं जिनमें कौतूहल पैदा करने की क्षमता है, पर वे विश्वसनीय नहीं हैं। तत्कालीन सामान्य पाठकों की रुचि का ध्यान रखते हुए कथाओं को कृत्रिम रूप से सुखान्त बनाया गया है। शृंगार चित्रण में भी अपरिष्कृत युवा पाठकों की रुचि का ध्यान रखा गया है। नूरजहाँ तथा कुँवरसिंह सेनापति में कामव्यापार के अश्लील तथा कुरुचिपूर्ण वर्णनों की भरमार है। उपन्यासकार पाठकों के समक्ष सर्वत्र विद्यमान रहता है और उन्हें सम्बोधित करता चलता है। इन उपन्यासों के भी अधिकांश हिन्दू पात्रों का चरित्र उज्ज्वल है, जबकि मुसलमान पात्र क्रूर, स्वार्थी, कपटी, विश्वासघाती और दुराचारी रूप में प्रस्तुत किए गए हैं। गोस्वामी जी की तरह गुप्त जी का भी विश्वास था कि अकबर एक धूर्त और काइयाँ

मुसलमान था, जिसका उद्देश्य हिन्दुओं को मुसलमान बनाना था।

गोस्वामी जी की तरह गुप्त जी ने संस्कृतनिष्ठ और काव्यात्मक भाषा का प्रयोग नहीं किया है। इनकी भाषा में हिन्दी के तद्भव तथा अरबी-फारसी के प्रचलित शब्दों की अधिकता है यद्यपि पलरा अरबी-फारसी शब्दों का ही भारी है। सरल वाक्यविन्यास तथा वर्णनात्मकता इस भाषाशैली के विशेष गुण हैं। अपने उर्दूप्रेमी पाठकों की रुचि का ध्यान रखकर गुप्त जी ने स्थान-स्थान पर शृंगार रसपूर्ण शेर उद्धृत किए हैं। इस प्रकार गंगा प्रसाद गुप्त ने किशोरीलाल गोस्वामी का अनुकरण ही किया है, मौलिकता उनमें बहुत कम है।

जयरामदास गुप्त ने लगभग तीन वर्षों में *कश्मीर पतन* (1907), *किशोरी वा वीरबाला* (1907), *मायारानी* (1908), *नवाबी परिस्तान वा वाजिदअली शाह* (1908), *कलावती* (1909), *प्रभात कुमारी* (1909), *वीर वारांगना* (1909) आदि उपन्यास लिखे थे। इनमें भी रूमानी तत्त्वों, युद्ध और प्रेम के अतिरंजित और अविश्वसनीय वर्णनों का प्राचुर्य है। तिलिस्मी ढंग के करिश्मों, ऐयारी के चमत्कारों, आश्चर्यजनक पर अविश्वसनीय घटनाओं तथा प्रेमव्यापार के अतिरंजित और नग्न वर्णनों में ऐतिहासिकता बिलकुल दब सी गयी है। जयरामदास गुप्त गंगाप्रसाद गुप्त की तुलना में देवकीनन्दन खत्री और रेनॉल्ड्स से अधिक प्रभावित हैं। इन्होंने भी अपरिष्कृत तथा अल्पयोग्यता सम्पन्न पाठकों की रुचि को ध्यान में रखकर ही अपने उपन्यास लिखे थे। इसके फलस्वरूप इनके उपन्यासों में इतिहास कम, अतिरंजित कल्पना अधिक है। इनके उपन्यास मुख्यतः प्रेमकथाएँ हैं, पात्रों के नाम मात्र ऐतिहासिक हैं। अनावश्यक रूप से विस्तृत सौन्दर्यवर्णनों से सभी उपन्यास आक्रान्त हैं। इन कथाओं के प्रेमी नायक-नायिका इश्क प्रधान शेर-शायरी के प्रेमी हैं और अपनी बातचीत के बीच-बीच में शेर उद्धृत करने का उन्हें रोग सा है।

जयरामदास गुप्त भी कथाओं के वर्णनक्रम में अपने पाठकों से घनिष्ठ सम्बन्ध बनाए रखते हैं। इनका कोई भी उपन्यास ऐसा नहीं है जिसमें ये बार-बार पाठकों के समक्ष नहीं आते। इनकी भी कथाएँ सुखान्त हैं। कहीं-कहीं तो वे जबरदस्ती सुखान्त बनायी गयी हैं। उनमें भी हिन्दू पात्रों का चरित्र प्रायः सफेद और मुसलमान पात्रों का काले रूप में प्रस्तुत किया गया है। अकबर जैसे प्रसिद्ध ऐतिहासिक पात्र के चरित्र को भी उपन्यासकार ने गर्हित रूप में सामने रखा है। इनके उपन्यासों में भी प्रकृति, नगर, सेना किले आदि के लम्बे वर्णनों की बहुलता है, जो उपन्यास की प्रकृति से मेल नहीं खाते। इनकी भाषा भी अपरिष्कृत, उर्दू-फारसी बहुल तथा कमजोर है।

गोस्वामी जी तथा गुप्त-द्वय के अनुकरण पर ऐतिहासिक रोमांस लिखने वाले इस काल के कुछ अन्य लेखक हैं, कार्तिक प्रसाद खत्री, बलदेव प्रसाद मिश्र, मथुरा प्रसाद शर्मा, ठाकुर प्रसाद खत्री, चुन्नीलाल खत्री आदि। इन रोमांसों में भी अतिलौकिक वर्णनों, साहसिक कार्यों तथा प्रेम-चित्रण की प्रधानता है।

इस अवधि में ज्ञात इतिहास, अनुश्रुतियों और कल्पना के मिश्रण से कतिपय ऐतिहासिक कथाएँ भी लिखी गयीं, जिनमें हरिचरण सिंह चौहान कृत *वीर नारायण* (1894), व्रजविहारी सिंह कृत *कोटारानी* (1902), बलदेव प्रसाद मिश्र कृत *पानीपत* (1902), लाल जी सिंह कृत *वीर बाला* (1903), गिरिजानन्दन तिवारी कृत *पद्मिनी* (1905), मुंशी देवी प्रसाद कृत *रूठी रानी* (1906), बलभद्र सिंह कृत *सौन्दर्य कुसुम वा महाराष्ट्र का उदय* (1909), रामनरेश

त्रिपाठी कृत *वीरांगना* (1911), रामप्रताप गुप्त कृत *महाराष्ट्र वीर* (1913), चन्द्रशेखर पाठक कृत *भीम सिंह* (1915) युगुलकिशोर नारायण सिंह कृत *राजपूत रमणी* (1916) व्रजनन्दन सहाय कृत *लालचीन* (1916), मिश्रबन्धु कृत *वीरमणि* (1917) आदि उल्लेखनीय हैं। इनमें से *लालचीन* को छोड़कर और किसी को सही माने में उपन्यास नहीं कहा जा सकता। यद्यपि किशोरीलाल गोस्वामी, गंगाप्रसाद गुप्त, जयरामदास गुप्त आदि के ऐतिहासिक रोमांसों की तरह इतिहास का गला घोंटकर कामव्यापारों तथा साहसिकता, अपराध और कौतूहलप्रद घटनाओं का वर्णन नहीं किया गया है, पर इनमें किसी मार्मिक रचना संसार का निर्माण भी देखने को नहीं मिलता। इनका उद्‌देश्य हिन्दू वीरों की वीरता, उदारहृदयता, धर्मप्राणता तथा हिन्दू स्त्रियों के पातिव्रत्य, त्याग और वीरता का चित्रण कर पाठकों को हिन्दू गौरव की झाँकी दिखाना है। इनमें भी मुसलमान पात्रों को सामान्यतः क्रूर, विलासी, धोखेबाज, कायर, स्वार्थी और व्यभिचारी रूप में प्रस्तुत किया गया है, जबकि हिन्दू पात्रों का चरित्र निर्मल और हिन्दू आदर्शों के अनुरूप है। स्थान-स्थान पर हिन्दू धर्म के सिद्धान्तों और आदर्शों, जैसे कर्मफलवाद, ईश्वर में विश्वास, धार्मिक कृत्यों, पातिव्रत्य आदि का अनुमोदन किया गया है। कर्मफलवाद के सिद्धान्त के अनुसार दुष्ट पात्रों को ईश्वरीय दंड भी दिलाया गया है। इन उपन्यासों में चरित्रचित्रण प्रधान है, यद्यपि उसमें आन्तरिक भावों के उद्‌घाटन का प्रयास बहुत कम है।

शिल्प की दृष्टि से ये उपन्यास भी किस्सागोई की सीमाओं से बाहर नहीं निकल पाए हैं। इनके कथाकार प्रायः पाठकों को सम्बोधित कर कभी घटनाओं की शृंखला मिलाते हैं, कभी उपदेश देते हैं और कभी ऊबते हुए पाठकों का ध्यान कथा की ओर खींचते हैं। कुछ उपन्यासों के आवरणपृष्ठों पर, परिच्छेदों के आरम्भ में और कथा के बीच-बीच में संस्कृत और हिन्दी के पद उद्धृत हैं। कहीं-कहीं उर्दू के शेर भी मिलते हैं। प्रकृति और नारी के सौन्दर्य वर्णन में भी ये गोस्वामी जी का अनुसरण करते हैं।

इन ऐतिहासिक कथाकृतियों में व्रजनन्दन सहाय कृत *लालचीन* का विशेष महत्त्व है। इस उपन्यास में बहमनी के सुल्तान गयासुद्‌दीन के अपने ही गुलाम 'लालचीन' द्वारा अन्धा बनाकर कैद किए जाने, गयासुद्‌दीन के छोटे भाई शमसुद्‌दीन के गद्‌दी पर बैठने और गयासुद्‌दीन के हाथों लालचीन के वध आदि की कथा है। इस उपन्यास की विशेषता यह है कि इसमें चरित्रचित्रण को सर्वोपरि महत्त्व दिया गया है। इसके पूर्व के इतिहासाश्रित उपन्यासों या रोमांसों में कुतूहल तत्त्व, शृंगार वर्णन और आदर्श निरूपण की प्रधानता थी। व्रजनन्दन सहाय ने चरित्रचित्रण को ऐतिहासिक उपन्यास का प्रधान उद्‌देश्य घोषित कर तथा *लालचीन* में उसका उदाहरण प्रस्तुत कर हिन्दी ऐतिहासिक उपन्यास परम्परा को एक नया आयाम प्रदान किया। *लालचीन* में लालचीन, कुलसुम, गयासुद्‌दीन और लुत्फुन्निसा के अन्तर्द्वन्द्व का विश्वसनीय और प्रभावशाली चित्रण किया गया है। पात्रों के आन्तरिक भावों के चित्रण में उपन्यासकार की विशेष रुचि है। खल पात्रों को भी सहानुभूति प्रदान कर उपन्यासकार ने चरित्रचित्रण की मनोवैज्ञानिक पद्धति अपनायी है।

इस उपन्यास का दोष यह है कि लालचीन और कुलसुम शेक्सपीयर के मैकबेथ और लेडी मैकबेथ के रूपान्तर हैं। इस अनुकरण के कारण *लालचीन* की मौलिकता खंडित हो गयी है। पर स्वीकार करना होगा कि व्रजनन्दन सहाय ने हिन्दी के ऐतिहासिक उपन्यास को रोमांस/ तिलिस्म और इश्क वर्णन के बाहर निकालकर एक नयी दिशा प्रदान की।

ब्रजनन्दन सहाय ने भी *लालचीन* में प्रकृतिवर्णनों की योजना प्रचुर मात्रा में की है, पर ये वर्णन संस्कृत गद्यकाव्यों की तरह अलंकारबोझिल न होकर स्वाभाविक भाषा में प्रस्तुत किए गये हैं। हिन्दू पाठकों की भावना और रुचि का ध्यान सहाय जी ने भी रखा है, पर मुस्लिम पात्रों को खल रूप में प्रस्तुत करने का पूर्वग्रह उनमें नहीं है। *लालचीन* की भाषा संस्कृतनिष्ठ और यत्रतत्र अलंकृत तथा काव्यात्मक गुणों से मंडित है। सामान्यतः वर्णनों की भाषा अलंकृत और संस्कृतनिष्ठ है, जबकि कथावर्णन और वार्तालाप में अपेक्षाकृत सरल भाषा का प्रयोग किया गया है। इसमें भी कथाकार यदाकदा पाठकों को सम्बोधित कर अपनी बातें कहने का प्रयत्न करता है।

हिन्दी कथा साहित्य में उन्नीसवीं शताब्दी का अन्तिम दशक देवकीनन्दन खत्री का दशक माना जा सकता है। इस दशक में उनकी कथाकृतियों को छोड़कर अन्य किसी कथाकार को समकालीन पाठकों ने कोई महत्त्व नहीं दिया। किशोरीलाल गोस्वामी के कुछ ऐतिहासिक और सामान्य उपन्यास लिखे तो इसी दशक में गये, पर उनका प्रकाशन 1901 ई. के पहले न हो पाया। *दरभंगा* (बिहार) के भुवनेश्वर मिश्र ने भी इस दशक में *घराऊ घटना* (1893) और *बलवन्त भूमिहार* (1896) नामक उपन्यासों की रचना की थी जिनमें पहला तो, पूरा होते ही पहले 'हिन्दी बंगवासी' में धारावाहिक रूप में और, उसके तत्काल बाद पुस्तकाकार प्रकाशित हो गया था, पर *बलवन्त भूमिहार* पाँच वर्ष बाद 1901 ई. में प्रकाशित हुआ। 19वीं शताब्दी के लगभग अन्त में ब्रजनन्दन सहाय कृत *राजेन्द्र मालती* (1897) अयोध्या सिंह उपाध्याय लिखित *ठेठ हिन्दी का ठाट* (1899), महता लज्जाराम शर्मा कृत *धूर्त रसिकलाल* (1899) और *स्वतन्त्र रमा परतन्त्र लक्ष्मी* (1899) आदि उपन्यास प्रकाशित हुए। पर इनमें से भुवनेवर मिश्र को छोड़कर शेष बीसवीं सदी के उपन्यासकार हैं।

केवल दस वर्षों (1891-2000) में खत्री जी ने हिन्दी कथा साहित्य के लिए इतनी उपजाऊ जमीन तैयार कर दी कि उसमें अनेक प्रकार की कथापुस्तकें बरसात की वनस्पतियों की तरह पैदा हो गयीं और वास्तविक उपन्यास उनमें खो सा गया। जासूसी, ऐतिहासिक रोमानी और सामान्य रोमानी कथापुस्तकें इसका प्रमाण हैं।

खत्री जी ने **उपन्यास** पद को लोकप्रिय बनाया; पर यह पद इतना 'लोकप्रिय' बन गया कि इसकी अपनी विशेषता ही नष्ट हो गयी और यह सभी प्रकार की कथापुस्तकों के लिए प्रयुक्त होने लगा। 19वीं सदी के अन्तिम दशक में जैनेन्द्र किशोर, देवी प्रसाद शर्मा, अनिरुद्ध चौबे, चतुर्भुज सहाय आदि ने अपनी रोमानी कथाओं को 'उपन्यास' ही कहा। यहाँ तक कि दशक के अन्त में, और बीसवीं शताब्दी के आरम्भ में, अपराधप्रधान और जासूसी कथापुस्ताकों के लिए गोपालराम गहमरी ने भी 'उपन्यास' पद का ही प्रयोग किया।

उन्नीसवीं सदी के अन्तिम दशक में हिन्दी में तीन प्रकार की रूमानी कथापुस्तकें लिखी गयीं—(1) संस्कृत काव्यों के अनुकरण पर रचित, (2) उर्दू-फारसी दास्तानों के आधार पर रचित और (3) सरल भाषा में लिखित घटनाप्रधान कथाएँ। संस्कृत गद्यकाव्यों के अनुकरण पर लिखित रोमांसों में जैनेन्द्रकिशोर कृत *कमलिनी* (1891), देवीप्रसाद शर्मा उपाध्याय कृत *सुन्दर सरोजिनी* (1893), अनिरुद्ध चौबे रचित *चम्पक वरणी* (1904), चतुर्भुज सहाय कृत *कुमारी चन्द्रकिरण* (1906) आदि उल्लेखनीय हैं। ये रोमांस 'हिन्दी के रसिकों' को सम्बोधित थे, अतः इनमें सर्वत्र काव्यात्मक वातावरण उत्पन्न करने का प्रयास लक्षित होता है। प्रायः

परिच्छेदों के आरम्भ में संस्कृत के श्लोक और हिन्दी की कविताएँ उद्धृत हैं। इनमें संस्कृत गद्यकाव्यों के अनुकरण पर अलंकृत प्रकृतिवर्णनों, सौन्दर्यवर्णनों और विरहवर्णनों का बाहुल्य है। प्रायः सभी रोमांसों में ऐसे प्रकृतिवर्णन मिलते हैं जिनमें सूक्ष्म अवलोकन और अनुभूति अत्यल्प तथा अलंकरण अधिक है। इनमें उद्दीपन रूप में प्रकृतिवर्णन की प्रधानता है। कहीं-कहीं वस्तुपरिगणनात्मक प्रणाली पर पुष्पों, लताओं और वृक्षों के नाम गिना दिए गए हैं। गद्य के साथ प्रायः पद्य का प्रयोग भी मिलता है। नायिकाओं का नखशिख सौन्दर्यवर्णन प्रायः सभी कथालेखक करते हैं। प्राचीन काव्यपद्धति पर नायिकाओं के विरहवर्णन में भी सभी कथाकारों की रुचि है। प्रेमीगण अपनी प्रेमिकाओं के विरह में हाय हाय करते, तड़पते, अपनी आँखों को दोष देते और प्रकृति को कोसते दिखाई देते हैं।

इन रोमांसों की कथा भी अयथार्थ और अविश्वसनीय है। इनमें वर्णित स्थान भौगोलिक वास्तविकता से रहित हैं तथा पात्रों के नाम व्यक्तिवाचक नहीं, गुणों के प्रतीक हैं। कथा में अतिलौकिक और अविश्वसनीय घटनाओं का बाहुल्य है। अनेक नायकों के प्रेम का आरम्भ नायिकाओं के 'स्वप्न दर्शन' से होता है। कई पात्र दैवी प्रभाव से मर कर जी उठते हैं। तिलिस्मी ढंग की गुफाएँ, कोठरियाँ और तहखाने भी कथा में आते हैं। इस प्रकार संस्कृत गद्यकाव्यों के साथ खत्री जी के तिलिस्मी रोमांसों का प्रभाव भी इन पर दिखाई देता है।

प्रेम इन रोमांसों का मुख्य विषय है। शृंगार का सरस और कहीं-कहीं नग्न वर्णन इनकी विशेषता है। पाठकों को 'हमारे मनचले, रँगीले, रसिक पाठकगण' कहकर सम्बोधित किया गया है। नीति और धर्म के उपदेश भी प्रचुर मात्रा में रखे गये हैं। कथालेखक प्रायः इस बात पर जोर देते हैं कि उनकी रचना में "मित्रता, पातिव्रत्य, ईश्वरमहिमा, धर्म, आश्चर्य घटना, जानने के योग्य भूगोल एवं इतिहास की बातें यथासम्भव योग्यता के साथ रखी गयी हैं।....यथासम्भव पाठकों के लाभ और शिक्षा पर भी ध्यान दिया गया है।" *(सुन्दर सरोजिनी,* उपोद्घात)

उर्दू-फारसी की कथाओं के ढंग पर लिखित रूमानी कथाओं में रूपनारायण कृत *श्यामकुमारी* (1896), हरिकृष्ण जौहर कृत *शीरीं फरहाद* (1899), पुत्तनलाल कृत *स्वतन्त्र बाला* (1903), जयराम दास कृत *रंग में भंग* (1907), रामलाल वर्मा कृत *बनारसी दुपट्टा या गुलरू जरीना* (1908), जगन्नाथ मिश्र कृत *मधुपलतिका वा इश्क की आग* (1912), निहालचन्द वर्मा लिखित *प्रेम का फल या मिस जौहरा* (1913) आदि उल्लेखनीय हैं। देवकीनन्दन खत्री ने भी *लैला मजनू* शीर्षक से इस तरह की एक रोमानी कथा लिखी थी।

इन रोमांसों में भी अतिलौकिक और अविश्वसनीय घटनाओं, कामव्यापारों, उर्दू शेर-शायरी तथा उर्दूनिष्ठ हिन्दी में प्रकृति तथा अन्य प्रकार के वर्णनों का बाहुल्य है। इनका भी केन्द्रीय विषय प्रेम और साहसाभियान है। इनमें से अधिकांश कथाओं के पात्र मुसलमान हैं और उर्दू-फारसी की प्रेमकथाओं में जिस ढंग के इश्क-व्यापार के वर्णन प्रायः मिलते हैं, उन्हीं का अनुकरण इनमें किया गया है। उर्दू-फारसी काव्यों के ढंग की काव्यात्मकता का आरोपण भी स्थान-स्थान पर दिखाई देता है। कथा और पात्रों के वार्तालाप के बीच-बीच में उर्दू शेरों और गजलों की बहार भी है। *स्वतन्त्र बाला* में रावण की बहन शूर्पणखा तक शेरों की झड़ी लगा देती है ! इनमें प्रकृति और नारी सौन्दर्य तथा नगर आदि के वर्णनों की भी योजना की गयी है तथा इनकी भाषा प्रायः उर्दूनिष्ठ है।

इस काल में लिखित 'घटना प्रधान' रोमांसों में देवकीनन्दन खत्री कृत *नरेन्द्रमोहिनी* (1893), *कुसुम कुमारी* (1894-98) और *अनूठी बेगम* (1905), सरस्वती गुप्ता लिखित *राजकुमार* (1900), जयराम दास रचित *चम्पा* (1904) आदि उल्लेखनीय हैं। इन रोमांसों में न तो संस्कृत गद्यकाव्यों के ढंग के अलंकृत वर्णन हैं, न स्थान-स्थान पर शेरों, श्लोकों और कविताओं की योजना। इनमें न तो संस्कृतनिष्ठ भाषा का प्रयोग किया गया है न ही उर्दू-फारसी की प्रेम कहानियों के ढंग का नग्न शृंगार-वर्णन या उर्दूनिष्ठ भाषा का प्रयोग है। इनमें से देवकीनन्दन खत्री के रोमांसों की विशेषता यह है कि उनमें घटनाओं को यथासम्भव विश्वसनीय बनाने का प्रयत्न किया गया है, जबकि अन्य रोमांसों में यह प्रयास भी नहीं दिखाई पड़ता। इनमें भी सच्ची मित्रता, भ्रातृप्रेम, पातिव्रत्य, वीरता आदि का महत्त्व प्रतिपादित किया गया है। इनकी भाषा भी सरल और अनलंकृत है। दैनिक बोलचाल के गद्य में, जिसमें तद्भव और उर्दू के प्रचलित शब्दों की प्रधानता है, ये रोमांस लिखे गये हैं। केवल जयराम दास की भाषा में उर्दू की तरफ कुछ अधिक झुकाव है।

देवकीनन्दन खत्री ने *वीरेन्द्र वीर अथवा कटोराभर खून* (1895), *नौलखा हार* (1899) और *काजर की कोठरी* (1902) आदि कतिपय अपराधप्रधान कथाएँ भी लिखी थीं। यद्यपि इनमें आधुनिक ढंग के जासूस नहीं हैं, पर अपने ढंग की जासूसी तो इनमें है ही। इन कथापुस्तकों में हत्या, षड्यन्त्र, धूर्तता, निर्दयता से पूर्ण घटनाएँ भरी हुई हैं। इनका उद्देश्य अल्पशिक्षित, निम्नस्तरीय पाठकों के मनोरंजन के साथ-साथ उन्हें शिक्षा देना भी है। *काजर की कोठरी* में पाठकों को वेश्याओं के चंगुल में न पड़ने की शिक्षा भी दी गयी है। इनमें भी खत्री जी ने कर्मफल के सिद्धान्त का प्रतिपादन किया है।

यह खत्री जी का अपना क्षेत्र न था। अपने तिलिस्मप्रधान रोमांसों के साथ-साथ उन्होंने प्रयोग के रूप में इनकी रचना की थी। कदाचित् खत्री जी से प्रभावित होकर ही इस क्षेत्र में गोपालराम गहमरी ने (ज.1866) प्रवेश किया। गहमरी जी के कथालेखन का उद्देश्य भी देवकीनन्दन खत्री की तरह व्यावसायिक था। ये भी अपने समकालीन हिन्दी पाठकों की कौतूहल और जिज्ञासा वृत्ति को जगाकर उनका मनोरंजन करना चाहते थे। गहमरी जी का कथालेखन खत्री जी के लगभग एक दशक बाद शुरू हुआ। यों 1900 ई. के पूर्व उनकी तीन जासूसी कथापुस्तकें—*अजीब लाश, जासूस* और *जोड़ा जासूस*—बेंकटेश्वर समाचार में क्रमशः प्रकाशित हो चुकी थीं और *भानमती* (1894), *नेमा* (1894), *हीरे का मोल* (1898) आदि कुछ कथापुस्तकों के अनुवाद भी उन्होंने किये थे पर बड़े पैमाने पर अपनी जासूसी कथापुस्तकों के प्रकाशन के लिए उन्होंने मई, 1900 ई. में 'जासूस' नामक मासिक पत्र निकालना आरम्भ किया जो 1938 ई. तक प्रकाशित होता रहा। ज्ञानचन्द जैन के अनुसार गहमरी जी को जासूसी उपन्यास लिखने की प्रेरणा 1897 ई. में नगेन्द्रनाथ गुप्त लिखित जासूसी उपन्यास *हीरार मूल्य* से मिली, जो बँगला मासिक 'प्रदीप' में प्रकाशित हुआ था। *हीरे का मोल* इसी का अनुवाद था जो पहले 'श्रीवेंकटेश्वर समाचार' में प्रकाशित हुआ। इसकी लोकप्रियता से प्रभावित होकर गहमरी जी ने 'जासूस' मासिक निकाला। हिन्दी में 'जासूसी उपन्यास' और 'जासूसी' पद को प्रचलित करने वाले गहमरी जी ही थे।

गहमरी जी की इस काल में प्रकाशित, मौलिक और अनूदित, अपराधप्रधान तथा जासूसी कथापुस्तकों की संख्या लगभग 200 है। यद्यपि यह निर्णय करना थोड़ा कठिन है कि इनमें

से कितनी मौलिक हैं, पर छानबीन करने पर इनमें से लगभग 100 मौलिक प्रतीत होती हैं। जहाँ तक पाठकवर्ग का प्रश्न है, गहमरी जी की स्थिति देवकीनन्दन खत्री से थोड़ी भिन्न थी। खत्री जी ने जब कथालेखन आरम्भ किया था, उस समय हिन्दी में पाठकों की संख्या बहुत कम थी। गहमरी जी ने जब लिखना शुरू किया उस समय घटनाप्रधान कथापुस्तकों के पाठक काफी संख्या में हो गये थे। ऐयारी-तिलिस्म प्रधान उपन्यासों की धूम मची हुई थी। *चन्द्रकान्ता सन्तति* 'उपन्यास लहरी मासिक पत्र' में धारावाहिक रूप में प्रकाशित हो रहा था और उसकी सर्वत्र चर्चा थी। अब तक अन्य कई लेखकों ने भी ऐयारी-तिलिस्मी कथापुस्तकों की रचना शुरू कर दी थी और पाठकों के अभाव का रोना समाप्त हो गया था। गहमरी जी ने हिन्दी पाठकों की तत्कालीन स्थिति के सम्बन्ध में *बेकसूर की फाँसी* (1901) की 'भूमिका' में लिखा था, "आजकल हिन्दी की दशा बदली है। तीस चालीस बरस पहले से इस समय हिन्दी का भंडार बहुत कुछ बढ़ा-चढ़ा है। नाना विषयों की धड़ाधड़ पुस्तकें बनती और छपती हैं, नित नये मासिक, साप्ताहिक पत्रों का प्रकाश हो रहा है, कई योग्य और बड़े डीलडौल के सचित्र पत्रों से हिन्दी का विचित्र चित्र चित्त को हरे लेता है।"

गहमरी जी ने हिन्दी में उत्पन्न नये पाठक वर्ग को, जो ऐयारी-तिलिस्म प्रधान रोमांसों में लीन था, स्वाद बदलने के लिए, अपराधप्रधान और जासूसी कथाएँ उपलब्ध करायीं। इन कथापुस्तकों का नयापन यह था कि इनके केन्द्र में तिलिस्मी कथा की तरह कोई प्रेमकथा न होकर कोई 'अपराध' होता था। इस बीच अँगरेजी के लेखक कॉनन डायल की जासूसी कथापुस्तकें अन्य भाषाओं में भी अनूदित होकर काफी लोकप्रिय हो रही थीं। बँगला इनमें सबसे आगे थी। इन कथाओं में एक तरह की आधुनिकता थी। इनमें बौद्धिक क्रीड़ा के लिए अपरिमित अवकाश था। आधुनिक अपराधशास्त्र और अपराध मनोविज्ञान के विकास ने जासूसी कथाओं के लिए अनन्त सम्भावनाएँ प्रस्तुत कर दी थीं। जासूसी कथाओं में रहस्य-निर्माण और उसके उद्‌घाटन के लिए सूक्ष्म पर्यवेक्षण, विलक्षण बुद्धिमत्ता तथा निर्दोष तर्कशृंखला अपेक्षित होती है। गहमरी जी को पाँचकौड़ी दे द्वारा अँगरेजी से बँगला में अनूदित जासूसी कथापुस्तकों से भी, जासूसी कथा लिखने की प्रेरणा मिली होगी। उन्होंने उनकी अनेक पुस्तकों के रूपान्तर भी कर लिए थे। स्वयं गहमरी जी की भी जासूसी-कर्म में थोड़ी बहुत रुचि थी, जिसका पता उनकी भूमिकाओं और संस्मरणों से मिलता है।

समकालीन पाठकों के बीच गहमरी जी की कथापुस्तकों की लोकप्रियता के अनेक प्रमाण मिलते हैं। पर गहमरी जी की अपराध कथाएँ विकसित बुद्धि के पाठकों के लिए सन्तोषप्रद नहीं हैं। इनकी घटनाओं तथा पात्रों के कार्यकलापों में ऐसी असंगतियाँ हैं जो परिष्कृत रुचि के पाठकों को खटके बिना नहीं रहतीं। उनमें आधुनिक जासूसी कला, रहस्यसृजन और बुद्धितत्त्व का इतना अभाव है कि विकसित बुद्धि के पाठक उन्हें पढ़कर तृप्ति नहीं पाते। कहीं-कहीं *चन्द्रकान्ता* के ऐयारों की ऐयारी भी गहमरी जी के उपन्यासों पर हावी हो गयी है। तिलिस्मी ढंग के वर्णन भी कहीं-कहीं आते हैं।

गहमरी जीं की अपराधप्रधान कथाओं का शिल्प भी बहुत साधारण है। कथानक के बीच में रहस्य की सृष्टि करने, उसे जटिल बनाने तथा विश्वसनीय रूप में उसका शनैः-शनैः उद्‌घाटन करने में गहमरी जी को सफलता नहीं मिली है। अँगरेजी की जासूसी कथाओं के सामने यह शिल्प नितान्त बचकाना प्रतीत होता है। यही कारण है कि गहमरी जी को उतने

परिमाण में पाठक नहीं मिल पाए जितने खत्री जी को। ज्ञानचन्द्र जैन के अनुसार उन्हें अपनी पुस्तकों को फेरी लगा कर बेचना पड़ता था।[6]

रामचन्द्र शुक्ल ने गहमरी जी की जासूसी कथापुस्तकों को 'साहित्य कोटि' में न रखते हुए उन्हें अपने 'इतिहास' से बाहर रखा है। यह संगत ही है। पर हिन्दी उपन्यास के विकास के आरम्भिक चरण में गहमरी जी की कथापुस्तकों की एकदम उपेक्षा नहीं की जा सकती। खत्री जी की तरह उनकी कथापुस्तकों ने भी हिन्दी पाठकवर्ग के प्रसार में योगदान किया था। गहमरी जी के अनुकरण पर उनके कई समकालीन लेखकों ने, यहाँ तक कि किशोरीलाल गोस्वामी ने भी, अपराधप्रधान कथापुस्तकें लिखी थीं। बीसवीं शताब्दी के प्रथम दो दशकों तक गहमरी जी की कथापुस्तकों की लोकप्रियता तो हिन्दी पाठकों में बनी ही रही। इसके अतिरिक्त उनकी कथापुस्तकों में यत्रतत्र समकालीन जीवन की भी झलक मिलती है। कई उपन्यासों में मध्य प्रदेश तथा बिहार के भोजपुर क्षेत्र के गाँवों का सजीव वर्णन देखने को मिलता है। तत्कालीन सरकारी अमलों के सजीव चित्र भी उनमें उपलब्ध होते हैं। पुलिस विभाग में फैले भ्रष्टाचार, रिश्वतखोरी तथा कचहरियों में होने वाली धाँधलियों के चित्रण द्वारा गहमरी जी प्रकारान्तर से ब्रिटिश शासन की भी आलोचना करते हैं। *चोर की बुद्धि* में व्यापारिक धोखाधड़ी से धनी बन जाने वाले कंजूसों और सूदखोर साहूकारों के प्रति मेहनत मजदूरी करके जीवन बिताने वाले निम्नवर्ग के लोगों की भावना का बड़ा सजीव वर्णन मिलता है।

गहमरी जी की कथारचनाओं की एक महत्त्वपूर्ण विशेषता उनकी भाषा है, जो उन्हें उपन्यास के निकट ले आती है। उनकी कथापुस्तकों में प्रकृति और स्त्री-सौन्दर्य वर्णन के अनेक स्थल हैं जहाँ भाषा 'साहित्य' के स्तर तक पहुँचती है। उनकी भाषा की एक और विशेषता उसका पात्रों के अनुरूप होना है। भाषा का इतना वैविध्य उस काल के उपन्यासों में नहीं मिलता। उनकी रचनाओं में उत्तर प्रदेश, बिहार और मध्य प्रदेश के कई अंचल कथाभूमि के रूप में आए हैं और गहमरी जी ने निम्नवर्गीय पात्रों से वहाँ की आंचलिक भाषाओं का ही प्रयोग कराया है। *भोजपुर की ठगी* में यदि पात्र भोजपुरी का प्रयोग करते हैं तो *चोर की बुद्धि* में इलाहाबादी अवधी का और *मुहम्मद सरवर की जासूसी* में खलताही रंजित हिन्दी का। अँगरेज साहबों की हिन्दी का भी गहमरी जी ने सटीक प्रयोग किया है। निम्न श्रेणी की स्त्रियों के वार्तालाप की योजना में भी गहमरी जी को गजब की सफलता मिली है। कथाकार की अपनी भाषा भी आंचलिक शब्दों और मुहावरों से युक्त होकर सजीव, सटीक और साहित्यिक हो गयी है। अतः भाषा प्रयोग की दृष्टि से गहमरी जी के उपन्यास 'साहित्य' कोटि में रखे जा सकते हैं।

हिन्दी उपन्यास की जो धारा नवें दशक तक धीमी, पर स्वाभाविक, गति से अग्रसर हो रही थी, उसमें देवकीनन्दन खत्री के आगमन के साथ, एक प्रकार का सैलाब आ गया, जिसमें मुख्य धारा दब गयी और अन्य कथाधाराएँ प्रमुख हो गयीं। इससे पाठकों की संख्या में आशातीत वृद्धि तो हुई, जो अन्ततः उपन्यास के विकास में सहायक भी हुई, पर उपन्यास के स्वाभाविक रूप का विकास तत्काल बाधित हो गया।

1889 ई. के आसपास किशोरीलाल गोस्वामी ने एक 'सत्य घटना के आधार पर' *स्वर्गीय कुसुम वा कुसुम कुमारी* की रचना की। उपन्यास की 'भूमिका' में गोस्वामी जी ने इसकी

कहानी अपने मित्र पं. जगन्नाथ प्रसाद त्रिपाठी से सुनी बतायी है। यहाँ तक लिखा है कि उपन्यास के प्रमुख चार पात्रों के नाम (कुसुम, गुलाब, बसन्त तथा भैरो सिंह) भी यथावत् हैं। *स्वर्गीय कुसुम* के आरम्भिक कुछ अंश 1889 ई. में ही 'सारसुधानिधि' और 'विज्ञवृन्दावन' में प्रकाशित हुए थे पर पूरा उपन्यास, पुस्तकाकार, 1901 ई. में प्रकाशित हुआ। बीच का समय खत्री जी की धुआँधार लोकप्रियता का समय था। गोस्वामी जी के *प्रणयिनी परिणय* (1890) और *त्रिवेणी* (1890) भी इस दशक में गुमनामी के शिकार रहे। 1900 ई. में गोस्वामी जी ने, **उपन्यास मासिक पुस्तक**, का प्रकाशन आरम्भ किया, जिसमें 1901 से लेकर 1918 तक उनके लगभग सारे उपन्यास प्रकाशित हुए। *स्वर्गीय कुसुम* का दूसरा 'परिवर्द्धित संस्करण 1916 ई. में प्रकाशित हुआ। लेखक के अनुसार, "अब इस द्वितीय संस्करण का 'कुसुम कुमारी' बिलकुल नया हो गया है।"

स्वर्गीय कुसुम का मुख्य कथ्य देवदासी प्रथा की आलोचना तथा वेश्या जीवन का चित्रण है। देवदासी प्रथा दक्षिण भारत की एक धार्मिक प्रथा थी जो उत्तर भारत में भी कहीं-कहीं प्रचलित थी। धार्मिक अन्धविश्वास के रूप में प्रचलित इस कुप्रथा से वेश्यावृत्ति को प्रोत्साहन मिलता था तथा पुरुष समाज द्वारा स्त्री का शोषण होता था। गोस्वामी जी ने इसी सामाजिक स्थिति को केन्द्र में रख कर इस उपन्यास की रचना की है। *स्वर्गीय कुसुम* वेश्या जीवन पर आधारित हिन्दी का पहला उपन्यास है, जिसमें धर्म के नाम पर स्त्रियों द्वारा वेश्या जीवन जीने की विवशता का अंकन किया गया है। उपन्यास की केन्द्रस्थ पात्र कुसुम कुमारी अपने पिता द्वारा, पुत्रप्राप्ति की कामना से, 'श्रीजगदीश' को समर्पित कर दी जाती है जिसे मन्दिर का पुजारी पालता पोसता है और छह-सात साल की हो जाने पर एक वेश्या के हाथों बेच देता है जो उसे नृत्य संगीत आदि की शिक्षा देकर वेश्यावृत्ति में डाल देती है। कुसुम इस वृत्ति से घृणा करती है। उसके अनुसार, "संसार में यदि सचमुच किसी का जीना मरने से करोड़ दर्जे बुरा होता है तो वह वेश्याओं का है।" इस पेशे से निकलने के लिए वह प्रण तो कर लेती है, पर उसे कोई रास्ता नहीं दिखाई देता; और जब राह मिलती है, यानी वसन्त कुमार से उसका प्रेम होता है, तब वह उससे गान्धर्व विवाह कर वेश्यावृत्ति को सदा के लिए त्याग देने का निश्चय कर लेती है। पर हिन्दू समाज में मान्यता न प्राप्त कर सकने की पीड़ा उसे सालती रहती है और वह अपने प्रेमी पति को दूसरा विवाह करने के लिए बाध्य करती है। इस चित्रण से दलित नारी वर्ग के प्रति उपन्यासकार की सहानुभूति और उसकी प्रगतिशील दृष्टि का पता चलता है। उपन्यास के शीर्षक में कुसुम कुमारी को 'स्वर्गीय कुसुम' कहना भी लेखक के संवेदनशील दृष्टिकोण का परिचायक है।

स्वर्गीय कुसुम में उन्नीसवीं शताब्दी के पूर्वार्ध में, जबकि आरा-जगदीशपुर में 1857 के विख्यात स्वाधीनता सेनानी कुँवर सिंह की ताल्लुकेदारी थी, सामन्ती व्यवस्था की ऐतिहासिक झाँकी प्रस्तुत की गयी है। कथाकार ने कुँवर सिंह की प्रजावत्सलता, सच्चरित्रता, उदारता आदि का उल्लेख करने के साथ-साथ तत्कालीन आरा शहर का वर्णन किया है जहाँ एकाध को छोड़कर अधिकतर रईसों के कच्चे मकान थे और किसी को गाड़ी या घोड़ा रखने की इजाजत नहीं थी। किसी की मजाल न थी कि वह बाबू साहब के बसाए 'बाबू बाजार' में गाड़ी पर सवार होकर निकल जाए। किसी को भी टोपी पहन कर बाबू बाजार में प्रवेश करने की अनुमति न थी। उनकी छत्रछाया में पलने वाली वेश्याएँ छोटीमोटी जमींदार तक थीं। उपन्यास

की इटाढ़ी (बक्सर) निवासी मशहूर वेश्या चुन्नी दो गाँवों की जमींदार है, जिससे उसकी आठ हजार रुपये की सालाना आमदनी है। उस समय वेश्या जीवन में प्रवेश करने वाली लड़कियों को नृत्य और संगीत की शिक्षा के साथ साथ हिन्दी और फारसी की शिक्षा भी दिलाई जाती थी। अनेक जमींदार वेश्याओं के इश्क में पड़ कर अपनी सम्पत्ति के साथ साथ जान भी गँवा बैठते थे। जमींदारों में सन्तान लालसा से अपनी कन्याओं को 'श्रीजगदीश' के चरणों में समर्पित कर देने की प्रथा भी प्रचलित थी।

इस उपन्यास के माध्यम से गोस्वामी जी ने देवदासी प्रथा के विरुद्ध आवाज उठाई थी। जिस दाक्षिणात्य ब्राह्मण पंडे ने कुसुम को पालापोसा तथा चुन्नी वेश्या के हाथों बेचा था, उसी से देवदासी प्रथा के विरुद्ध तर्क दिलाया गया है। वह व्यवस्था देता है कि "अब इस घोर कलिकाल में यह सत्यानासिनी प्रथा बन्द हो जाय तो अच्छा है, क्योंकि धर्म की व्यवस्था देश, काल और पात्र के अनुसार ही की जाती है।" कुसुम भी अपने पिता से मिलने पर प्रश्न करती हैः "जिस प्रथा से व्यभिचार और वेश्यावृत्ति की दिनदूनी और रातचौगुनी बढ़वार हुई जा रही है, उस प्रथा को धर्म का अंग मानना–यह कैसा विचार है?" इसके बाद उसके पिता, राजा कर्ण सिंह, देवदासी प्रथा का नाम-निशान मिटा देने की प्रतिज्ञा करते हैं।

विषय के रूप में उपन्यास में 'प्रेम' का समावेश बालकृष्ण भट्ट ने 1879 में ही *रहस्यकथा उपन्यास* में कर दिया था और रत्नचन्द्र तथा जगन्मोहन सिंह ने उसे अपने उपन्यासों में प्रतिष्ठापित कर दिया था। गोस्वामी जी ने इस विषय को और भी आगे बढाया और प्रेम को उपन्यास का केन्द्रीय विषय बना दिया। *स्वर्गीय कुसुम* में गोस्वामी जी ने प्रेम को एक सामाजिक यथार्थ से जोड़ कर उसे नया आयाम प्रदान कर दिया। वेश्याएँ उस समय भोग की वस्तु समझी जाती थीं, सच्चे प्रेम की नहीं। पर *स्वर्गीय कुसुम* का नायक वसन्त कुमार कुसुमकुमारी से प्रेम ही नहीं करता, उससे विवाह भी करता है और जब कुसुम पारिवारिक परिस्थितियों के कारण जहर खा लेती है तो वसन्त इस दुख में पागल हो जाता है। इस उपन्यास में चित्रित प्रेम कामभाव से प्रेरित न होकर त्याग और सेवाभाव से उद्भूत तथा उसी को समर्पित है।

पारिवारिक संघर्ष के चित्रण में उपन्यासकार ने मनोवैज्ञानिक सूझबूझ का परिचय दिया है। गुलाबदेई कुसुम की छोटी बहन होने पर भी सौत के रूप में उसे बर्दाश्त नहीं कर पाती और गृहकलह को समाप्त करने के लिए कुसुम विषपान कर लेती है। इस प्रसंग से प्रेमचन्द कृत *सेवासदन* के सुमन-शान्ता प्रसंग की समानता आश्चर्य में डालने वाली है।

स्वर्गीय कुसुम की रचना 1889 में, उसका प्रथम प्रकाशन 1901 में और उसके द्वितीय संस्करण का प्रकाशन 1916 में हुआ। इसके दूसरे संस्करण में हुए संशोधन-परिवर्द्धन की सूचना उसकी भूमिका से मिलती है। ज्ञानचन्द जैन के अनुसार इसके प्रथम संस्करण में 184 पृष्ठ तथा 41 परिच्छेद थे जो दूसरे संस्करण में क्रमशः 214 तथा 57 हो गये। इस बात का कोई पता नहीं चलता कि 1901 में, इसके प्रथम प्रकाशन के समय, गोस्वामी जी ने मूल पांडुलिपि में कितना परिवर्तन किया था। यदि इन तीनों पाठों का तुलनात्मक अध्ययन किया जाए तो सम्भवतः कुछ रोचक निष्कर्ष प्राप्त हो सकते हैं। एक आश्चर्य की बात यह है कि *स्वर्गीय कुसुम* के दूसरे संस्करण में वर्णित 'अजायबघर' एक छोटा-मोटा तिलिस्म ही है। इस अजायबघर में वैसी ही पेचदार सुरंगें, खटकों पर खुलने वाले दरवाजे और गुप्त कोठरियाँ हैं

जैसी खत्री जी की कथापुस्तकों में। *चन्द्रकान्ता सन्तति* में तो ठीक ऐसे ही 'अजायबघर' वर्णन भी आया है। भैरो सिंह की ऐयारी में भी *चन्द्रकान्ता* की ऐयारी की झलक मिलती है। मेरा अनुमान है कि यह खत्री जी के रोमांसों का प्रभाव है, जो *स्वर्गीय कुसुम* में बाद में जोड़ा गया है। गोस्वामी जी के दशाधिक उपन्यास, 1890 के आसपास लिखे जाने के बावजूद, उस दशक में प्रकाशित नहीं हो सके। इसकी पुष्टि गोस्वामी जी के स्वकथनों से ही नहीं, उनके समकालीनों के साक्ष्य से भी होती है। यदि गोस्वामी जी ने तत्कालीन पाठकों की रुचि देख कर उपन्यास में ये अंश जोड़ दिए हों तो आश्चर्य की बात नहीं।

गोस्वामी जी संस्कृत गद्यकाव्य परम्परा के कथाकार थे, इसकी पुष्टि उनके दो प्रारम्भिक उपन्यासों, *प्रणयिनी परिणय* और *त्रिवेणी* से होती है। उनके उद्दिष्ट पाठक मुख्यतः प्राचीन और रीतिकालीन परम्परा के 'काव्यरसिक' थे। इन पाठकों की रुचि नखशिख सौन्दर्य, प्रकृति और विरह-मिलन के अतिरंजित वर्णनों में होती थी। गोस्वामी जी ने अपने उपन्यासों में उनकी इस रुचि का ध्यान रखा है। *स्वर्गीय कुसुम* में कुसुम और गुलाब के सौन्दर्य का वर्णन मध्यकालीन काव्यों के ढंग पर किया गया है, जिसमें कामोद्दीपन और भाषिक अलंकरण पर विशेष बल है। इसी प्रकार काव्यात्मक प्रकृतिवर्णन के भी अवसर ढूँढ़-ढूँढ़ कर निकाले गये हैं। इन वर्णनों में प्राचीन परम्परा के काव्यरसिकों की ही रुचि हो सकती थी। इसी प्रकार अलंकृत और काव्यात्मक विरहवर्णन के प्रसंग भी *स्वर्गीय कुसुम* में स्थान-स्थान पर लाए गये हैं। कथा के बीच-बीच में छन्दबद्ध मुक्तकों की सहायता से काव्यात्मक प्रभाव उत्पन्न करने का प्रयास किया गया है। इस उपन्यास में कुसुम एक पत्र लिखती है, जिसमें 111 शृंगारपरक दोहे हैं। समकालीन समीक्षकों ने इसकी प्रशंसा भी की थी, जिससे उस काल की शिष्ट रुचि का पता चलता है।

'रसिक पाठकों' को रिझाने के लिए रतिव्यापार का वर्णन गोस्वामी जी के उपन्यासों में प्रायः मिलता है। *स्वर्गीय कुसुम* में चुम्बन-आलिंगन आदि का ब्योरेवार वर्णन करके सम्भोग का संकेत मात्र कर दिया गया है। आज के अनेक उपन्यासों में आए रतिप्रसंगों को पढ़ते समय यह वर्णन बहुत 'हल्का' प्रतीत होता है, अतः इसके विरुद्ध टिप्पणी करने का कोई औचित्य नहीं है। *स्वर्गीय कुसुम* में वसन्त और कुसुम को 'रँगीली सेज' पर पहुँचाने के बाद लेखक की टिप्पणी द्रष्टव्य है, "बस इसके आगे हमें और कुछ लिखने का या पाठकों को सुनने का अधिकार नहीं है; इसलिए हम अपने प्रेमी पाठकों के साथ कुसुम के शयन मन्दिर से बाहर निकलते हैं और अपने पाठकों को यह बात समझाए देते हैं कि आज के पहिले कुसुम और वसन्त में सिवाय प्रेम और पाक मुहब्बत के स्त्री-पुरुष का सरोकार नहीं हुआ था, जैसा कि आज हुआ।" (*स्वर्गीय कुसुम*, द्वि.सं., पृ.69) इस टिप्पणी पर समकालीन परिष्कृत रुचि का दबाव अति स्पष्ट है।

स्वर्गीय कुसुम का अन्त बहुत कमजोर है। उपन्यास को सुखान्त बनाने के लिए, जिसमें सामान्य पाठकों की अधिक रुचि होती है, गोस्वामी जी ने द्रविड़ प्राणायाम किया है और विस्तार के साथ उसका औचित्य भी प्रमाणित किया है। उपन्यास के अन्त में यह 'भरत वाक्य' भी है कि "प्रभो! संसार में ऐसे ही सुखी परिवार हों, तो अच्छा है।"

गोस्वामी जी के अन्य उपन्यास—*लीलावती* (1901), *चपला वा नव्यसमाज चित्र* (1903), *चन्द्रिका वा जड़ाऊ चम्पाकली* (1904), *चन्द्रावली वा कुलटा कुतूहल* (1904), *तरुण तपस्विनी*

वा कुटीरवासिनी (1905), *इन्दुमती वा वनविहंगिनी* (1906), *पुनर्जन्म वा सौतियाडाह* (1907), *माधवीमाधव वा मदनमोहिनी* (1909) आदि—बीसवीं शताब्दी के प्रथम दशक में प्रकाशित हुए। इनमें से कौन 1890 ई. के पूर्व लिखे गये थे, या प्रकाशन के समय उनमें कितना परिवर्तन किया गया था, इसकी कोई सूचना नहीं मिलती। इनमें *इन्दुमती* का प्रकाशन पहले 'सरस्वती' में 1901 ई. में, कहानी के रूप में, हुआ था। बाद में इसकी पृष्ठसंख्या बढ़ाकर 15 पृष्ठ करके इसे 'उपन्यास' के रूप में प्रकाशित किया गया। *चन्द्रावली, चन्द्रिका* और *पुनर्जन्म* क्रमशः दस, दस और पन्द्रह हजार शब्दों की लघु कथाएँ हैं। आकार की दृष्टि से *लीलावती, चपला, तरुण तपस्विनी, माधवी माधव* और *अँगूठी का नगीना* ही उपन्यास कहे जा सकते हैं। पर इन उपन्यासों की प्रकृति में कोई विशेष अन्तर नहीं है। सस्ते रूमानी प्रेम-प्रसंग, अविश्वसनीय घटनाओं का जाल, ऐयारी और तिलिस्म के चमत्कार, रहस्य-रोमांच का सृजन, नखशिख सौन्दर्य, विरह-मिलन और प्रकृति के परम्परागत वर्णन इनमें भी प्राप्त होते हैं। फरवरी, 1908 की 'सरस्वती' में *लीलावती* की एक समीक्षा प्रकाशित हुई थी जिसमें कहा गया था, ''इसमें हैं भी कितने ही गोरखधन्धे की बातें। जालफरेब की भी बातें हैं, आशिक माशूकों की भी बातें हैं, भागने और भगा ले जाने की भी बातें हैं, अमीरी गरीबी की भी बातें हैं, साधुता और असाधुता की भी बातें हैं, बिछुड़े हुओं का मिलाप है, प्रेमियों की मनोरथ सिद्धि है, कुल-कलंकिनियों के किये का कुफल है और लीलावती का आदर्श सतीत्व है। सारांश यह कि उपन्यास पढ़ने वालों के मनोरंजन के लिए इस पुस्तक में बहुत कुछ सामग्री है।'' इस समीक्षा से *लीलावती* की प्रकृति का पता चल जाता है। *चपला* के मुखपृष्ठ पर उसे 'रहस्यपूर्ण सामाजिक उपन्यास' और चन्द्रावली के मुखपृष्ठ पर उसे 'सामाजिक तूफान' की संज्ञा दी गयी है।

चपला गोस्वामी जी का दूसरा प्रतिनिधि उपन्यास है। इसका दूसरा शीर्षक 'नव्य समाज चित्र' इसकी प्रकृति को उद्घाटित करता है। उपन्यास का 'नव्य समाज' विचारों से आधुनिक, प्रगतिशील और बुद्धिवादी समाज न होकर अँगरेजी शिक्षा से प्रभावित 'पथभ्रष्ट' युवा समाज है। गोस्वामी जी प्राचीन हिन्दू सामाजिक मूल्यों और परम्पराओं के समर्थक तथा आधुनिकता के विरोधी थे। वे विवाहपूर्व 'कोर्टशिप' पर व्यंग्य करते हैं किन्तु उसका वर्णन रस ले-लेकर करते हैं। इससे उनकी प्राचीन मूल्यों के प्रति प्रतिबद्धता की कलई खुल जाती है।

इन उपन्यासों में भी प्रकृति सौन्दर्य के अलंकृत वर्णन भरे हुए हैं। इन वर्णनों में प्रकृति के सूक्ष्म अवलोकन, मानव मन पर पड़ने वाले उसके प्रभाव तथा प्रकृति पर मानव अनुभूतियों के आरोपण आदि के दर्शन नहीं होते। इनमें उपन्यासकार की अधिकाधिक चेष्टा काव्यात्मकता के आधान, अलंकरण और 'कोमलकान्त' तत्सम पदावली पर रही है। *तरुण तपस्विनी, पुनर्जन्म, अँगूठी का नगीना* आदि उपन्यासों में इस प्रकार के प्रकृतिवर्णन देखे जा सकते हैं। संस्कृत और प्राचीन हिन्दी काव्यों के ढंग पर किए गए 'काव्यात्मक' विरहवर्णन भी गोस्वामी जी के उपन्यासों में सर्वत्र मिलते हैं। *तरुण तपस्विनी* की नायिका मध्यकालीन नायिकाओं की तरह प्रिय की सुधि में विलाप करती है, संयोग काल की स्मृतियों का एक-एक कर उल्लेख करती है, प्रिय का पत्र बार-बार कलेजे से लगाती है तथा प्रकृति के उपादानों को कोसती है। प्राचीन काव्य की नायिकाओं की तरह उसकी आँखों से इतने आँसू निकलते हैं कि वह पत्र नहीं लिख पाती। यह विरह वर्णन, जो कई पृष्ठों तक चलता है, नितान्त

अस्वाभाविक और अनुभूतिशून्य है।

गोस्वामी जी के लगभग सभी उपन्यासों के मुखपृष्ठ तथा प्रत्येक परिच्छेद के आरम्भ और बीच-बीच में संस्कृत, उर्दू तथा हिन्दी पद्यों के उद्धरण देकर काव्यात्मकता के आधान का प्रयास किया गया है। *तरुण तपस्विनी* में एक स्थान पर दो स्त्रियाँ परस्पर पत्र में बातें करती हैं। अन्य उपन्यासों में भी वर्णनों के बीच-बीच में कविता का उपयोग किया गया है।

गोस्वामी जी के उपन्यासों में स्थान-स्थान पर कामव्यापारों के नग्न, अश्लील और उत्तेजक वर्णन मिलते हैं। *स्वर्गीय कुसुम* के बाद प्रकाशित उपन्यासों में यह प्रवृत्ति अधिक दिखाई पड़ती है। इस दृष्टि से *चपला* विशेष रूप से उल्लेखनीय है। इस उपन्यास में हरिनाथ नाम का पात्र कामिनी के, जिसे वह 'बहन' कहकर सम्बोधित करता है, 'गाल, सिर, पीठ, पेट, बाँह, कन्धा, कलाई, हाथ आदि विविध स्थानों के हजारों चुम्मे' लेता है, "जिससे मारे लज्जा, घृणा, क्रोध और घबराहट के कामिनी के सारे शरीर से थरथराहट के साथ पसीने छूटने लगे। मुँह तपे हुए तामें की भांति लाल हो गया।" पर कामिनी की यह 'लज्जा, घृणा, क्रोध और घबराहट' तुरत दूर हो जाती है और हरिनाथ पुनः 'उसके अंग-प्रत्यंग का विधिपूर्वक चुम्बन' करता है। इस प्रेमव्यापार के बाद प्रेमी की तरफ से विवाह का प्रस्ताव होता है, जिसे प्रेमिका स्वीकार कर लेती है। गोस्वामी जी इसे ही 'कोर्टशिप' कहते हैं और टिप्पणी करते हैं, "बस कोर्टशिप हो गया। भारतवर्ष के नव्य समाज का कोर्टशिप ऐसा न होगा, तो कैसा होगा?" यह कोर्टशिप ऐसा है, जिसके बाद, विवाह के पूर्व ही, सम्भोग क्रिया भी सम्पन्न हो जाती है जिसका 'संकेत' कथाकार रस लेकर करता है। इससे स्पष्ट है कि लेखक परम्परागत नैतिकता के प्रति ईमानदार नहीं है, जबकि उसकी स्थान-स्थान पर वकालत करता है। गोस्वामी जी के उपन्यासों में आए रतिप्रसंग के वर्णन अश्लील और अपरिष्कृत रुचि के पाठकों के अनुकूल हैं। चन्द्रधर शर्मा गुलेरी ने 'समालोचक' के अगस्त, 1903 के अंक में 'पवित्र दंपति-प्रेम के उन चित्रों को जिनका पर्दा लज्जा के मारे पवित्रता के खयाल से कोई मनुष्य वा लेखनी नहीं उघाड़ सकती सरेबाजार रखने तथा बलात्कार, पाशविक दुराचार, हत्याकांड, विदूषण प्रवृत्ति के उद्वेगजनक' चित्रण के लिए गोस्वामी जी की तीखी आलोचना की थी।[7]

गोस्वामी जी के उपन्यासों में घटनाओं की बहुलता है। चरित्रचित्रण इनके नीचे दब गया है। ये घटनाएँ प्रायः बेसिर पैर की और तर्कहीन हैं जिन्हें अपरिपक्व रुचि के पाठक ही झेल सकते हैं। *तरुण तपस्विनी, चपला, माधवी माधव* आदि उपन्यास इस प्रकार की घटनाओं से भरे हुए हैं। *चपला* में रोमांचकारी डकैतियों, तिलस्म और गड़े खजाने आदि का भी सविस्तार वर्णन किया गया है। ऐयारी और तिलिस्म विषयक प्रसंगों पर *चन्द्रकान्ता सन्तति* का स्पष्ट प्रभाव लक्षित होता है।

वैचारिक दृष्टि से किशोरीलाल गोस्वामी परम्परावादी हैं। यों उन्होंने अपने उपन्यासों में देवदासी प्रथा, विवाह में मनमाना ज्योतिष घड़कर युवक-युवतियों का अहित करने वाले ज्योतिषियों, विलायत से लौटे व्यक्तियों को जाति बहिष्कृत करने वाले पुरोहितों, बेमेल विवाह आदि की आलोचना की है, पर उनकी दृष्टि मुख्यतः सनातनी हिन्दू दृष्टि है। उन्होंने ढोंगी ज्योतिषियों की निन्दा की है, पर 'वास्तविक' ज्योतिष के प्रति उनका अखंड विश्वास है। हिन्दू कर्मफलवाद के सिद्धान्त का भी उन्होंने स्थान-स्थान पर प्रतिपादन किया है। उनके सभी

उपन्यासों में दुष्कर्म करने वाले पात्रों को ईश्वरीय दंड और सत्पात्रों को उनके सुकर्मों का सुफल प्राप्त होता है। उनके उपन्यासों में पातिव्रत्य और सतीत्व का प्रतिपादन किया गया है। गोस्वामी जी स्त्री शिक्षा के समर्थक हैं, पर उन्हें ऊँची शिक्षा देने के पक्ष में नहीं हैं। स्त्रियों को अँगरेजी शिक्षा और स्वतन्त्रता प्रदान करने के वे घोर विरोधी हैं। उनके अनुसार लड़कियों को 'घर से बाहर पाठशाला में पढ़ने के लिए' नहीं भेजना चाहिए, 'उन्हें घर ही पर हिन्दी और संस्कृत तथा गृहकार्य की विधिपूर्वक' शिक्षा दी जानी चाहिए। वे अन्तर्जातीय विवाह के भी विरोधी हैं। वे स्त्री को अविश्वसनीय, स्वतन्त्रता का दुरुपयोग करने वाली और अकर्तव्यपरायण मानते हैं। पर वे बालविवाह और वृद्धविवाह के विरोधी तथा विधवा विवाह के समर्थक हैं। उनके अनुसार बालविवाह और अनमेल विवाह तथा विधवाओं का पुनर्विवाह न होने से समाज में भ्रष्टाचार फैलता है। उन्होंने अपने उपन्यासों में दिखाया है कि विधवा विवाह का मार्ग बन्द होने से युवती विधवा के सामने, कठोर वैधव्य व्रत का पालन न कर पाने की स्थिति में, व्यभिचार में रत होने, गुप्त रीति से गर्भपात कराने, आत्महत्या करने या वेश्यावृत्ति ग्रहण करने के अतिरिक्त और कोई मार्ग ही नहीं बचता। पर गोस्वामी जी इन भ्रष्टाचारों का वर्णन इतना रस लेकर करते हैं कि इनके प्रति उनका विरोध हास्यास्पद हो जाता है। जातिगत भेद-भाव और छुआ-छूत का भी उन्होंने समर्थन किया है। *अँगूठी का नगीना* और *माधवी माधव वा मदन मोहिनी* में उन्होंने नवजागरण की प्रगतिशील परम्परा को नकारते हुए 'मेहतर' आदि दलित जातियों के प्रति अपनी घृणा का इजहार किया है।

गोस्वामी जी के परवर्ती उपन्यासों में तत्कालीन जीवन के कुछ दुर्लभ यथार्थ भी उपलब्ध होते हैं। *माधवी माधव* में तत्कालीन रेलयात्रा, दैनिक उपयोग की छोटी-छोटी चीजों के भी 'विलायत' से आयात, अँगरेजी वेशभूषा और फैशन के प्रचलन आदि के वर्णन आए हैं। यों तो गोस्वामी जी के अधिकतर उपन्यासों में जमींदारों के प्रसंग प्रस्तुत किये गये हैं, जो उस काल की सामन्ती व्यवस्था की झाँकी प्रस्तुत करते हैं, पर *अँगूठी का नगीना* (1918) में राजा कन्दर्पमोहन और राय रामप्रकाश मिश्र के रूप में बड़े जमींदारों के पारिवारिक और सामाजिक जीवन का यथार्थ चित्र देखने को मिलता है। जमींदार और सामान्य जनता के बीच की वर्गसूचक खाई भी जहाँ-तहाँ दिखाई देती है। जमींदार अपनी जमींदारी के किसानों से कितनी सख्ती से मालगुजारी वसूलता था इसका अंकन भी *अँगूठी का नगीना* में हुआ है। फसल हो या न हो, रैयत के घर में चाहे अनाज का दाना भी न हो, पर उसे मालगुजारी देनी ही पड़ती थी। जो आसामी प्यादों के बुलाने पर जमींदार की कचहरी में हाजिर नहीं होता था, उसे घसीटकर लाया जाता था, उस पर तरह-तरह के अत्याचार किए जाते थे और उसके घर के बैल बछिए, चौखट किवाड़ तक जब्त कर लिए जाते थे। अनेक घरों में चूल्हे नहीं जलते थे, उन घरों में फूटे तवे तक नहीं होते थे और वृद्ध निराश्रित स्त्रियाँ एक-एक दाने के लिए तरसती थीं। जमींदारों के यहाँ शादी ब्याह के अवसरों पर होने वाली शानशौकत और अपव्यय का भी लेखक ने विस्तार के साथ वर्णन किया है। पर गोस्वामी जी के इस वर्णन में आलोचनात्मक दृष्टि और शोषित वर्ग के प्रति कोई संलग्नता नहीं दिखाई देती।

शिल्प की दृष्टि से गोस्वामी जी के उपन्यास अपने समकालीन उपन्यासकारों के समान ही किस्सागोई और नाटकीयता के सम्मिश्रण की प्रविधि पर आधारित हैं। उनके उपन्यासों में भी किस्सागो की आवाज पाठक का साथ नहीं छोड़ती। यदि उपन्यास का कोई प्रसंग

समाप्त होता है या किसी परिच्छेद का अन्त होता है, तो कथाकार अपने पाठकों को सम्बोधित किए बिना नहीं रहता। यदि उसे कोई सिद्धान्त की बात कहनी होती है तो वह नाटककार की तरह किसी पात्र का मुँह नहीं जोहता, वरन् 'प्यारे पाठक' को सम्बोधित कर स्वयं ही सब कुछ कहना पसन्द करता है। बीच-बीच में पाठकों को उपदेश देने को भी वह सहज मानता है। इसके साथ ही काल के स्थगन और विपर्यसन से उत्पन्न नाटकीय प्रविधि का प्रयोग भी गोस्वामी जी ने किया है। उनके उपन्यासों का आरम्भ प्रायः नाटकीय पद्धति पर, किसी बीच की घटना से, होता है पर दूसरे ही परिच्छेद में वे पात्रों का परिचय देकर घटनाओं की शृंखला मिलाने का प्रयास करते हैं। गोस्वामी जी ने अपने उपन्यासों में कथाओं के युगपत् संक्रमण की योजना भी की है। यहाँ भी उनका 'कथाकार' पाठकों की सहायता के लिए सदा तत्पर रहता है। रहस्य की सृष्टि के लिए वे कुछ आवश्यक सूचनाओं को रोक लेते हैं और पाठक को भरोसा दिलाते हैं कि उसका भेद बाद में खोल दिया जाएगा। कहीं कहीं वे पाठकों से तो रहस्योद्‌घाटन पहले ही कर देते हैं, पर अपने पात्रों को उससे अनभिज्ञ रख कर कथा को आगे बढ़ाते हैं। गोस्वामी जी के कतिपय उपन्यासों में आत्मकथात्मक प्रविधि के उपयोग द्वारा औपन्यासिक शिल्प में नवीनता लाने का प्रयास दिखाई पड़ता है। आत्मकथात्मक प्रविधि से पात्र की आपबीती का भ्रम होने से कथा में विश्वसनीयता का बोध होता है। *स्वर्गीय कुसुम, लखनऊ की कब्र* और *माधवी माधव* में इस प्रविधि का प्रयोग किया गया है। *स्वर्गीय कुसुम* में कथा का प्रस्तावना भाग किस्सागोई की प्रविधि में प्रस्तुत करने के बाद आगे की कथा उपन्यास के तीन प्रमुख पात्रों--कुसुम कुमारी, वसन्त कुमार तथा भैरो सिंह--की रामकहानी के रूप में प्रस्तुत की गयी है। *लखनऊ की कब्र* में दो दास्तानें हैं। एक दास्तान की प्रस्तुति यूसुफ नामक पात्र की आपबीती के रूप में और दूसरी की प्रस्तुति आसमानी की रामकहानी के रूप में हुई है। *माधवी माधव* में वर्णनात्मक और आत्मकथात्मक प्रविधियों का मिश्रण है। यद्यपि इस प्रविधि के सफल निर्वाह में गोस्वामी जी को पूरी सफलता नहीं मिली है, पर इसके विकास में उनका योगदान अवश्य है।

उन्नीसवीं शताब्दी के अन्तिम दशक में, जबकि देवकीनन्दन खत्री की ऐयारी-तिलिस्म प्रधान कथापुस्तकों का नगाड़ा बज रहा था, हिन्दी की प्रकृत उपन्यास-धारा भी तूती की आवाज तरह, चुपचाप, अग्रसर हो रही थी। बालकृष्ण भट्ट और भुवनेश्वर मिश्र इस दशक के सबसे सक्रिय और उल्लेखनीय उपन्यासकार थे। भट्ट जी तो वस्तुतः सन् अस्सी के दशक के भी सर्वाधिक सक्रिय उपन्यासकार थे। यद्यपि उन्हें अपेक्षित संख्या में पाठक नहीं मिले, पर हिन्दी उपन्यास को स्थापित करने में वे निरन्तर लगे रहे। भट्ट जी का लेखन व्यवसाय प्रेरित न होकर देशहित प्रेरित था और वे भारतेन्दु की तरह भाषा की उन्नति को देश की उन्नति का मूल मानते थे। इसीलिए वे देवकीनन्दन खत्री की लोकप्रियता से न तो प्रभावित हुए न विचलित। उन्होंने आरम्भ में उनकी कथापुस्तकों की प्रशंसा भी की थी, पर अन्त में उनमें निहित व्यावसायिकता के प्रति क्षोभ भी व्यक्त किया।[8]

भट्ट जी ने अपने सर्वाधिक उल्लेखनीय उपन्यास *सौ अजान और एक सुजान* की रचना इसी दशक में की। 1890 ई. में ही 'हिन्दी प्रदीप' के जून-अगस्त अंक में इसका प्रकाशन आरम्भ हुआ और जनवरी-मार्च, 1895 ई. तक प्रकाशित होता रहा। पुस्तक रूप में इसका प्रकाशन स्वयं भट्ट जी ने 1906 ई. में किया। इस एक तथ्य से ही साहित्यिक उपन्यास

के प्रति समकालीन पाठक वर्ग की उदासीनता प्रमाणित हो जाती है।

सौ अजान और एक सुजान अपने समय का एक विशिष्ट उपन्यास है। यह हिन्दी का पहला उपन्यास है जिसमें चरित्रचित्रण को कथा या उद्देश्य की तुलना में प्राथमिकता दी गयी है। इसके पूर्व के उपन्यासों में कथा और कथ्य केन्द्रस्थ तथा चरित्रचित्रण हाशिए पर होता था। पर *सौ अजान और एक सुजान* में कथा और कथ्य को गौण और चरित्रांकन को प्रमुख स्थान दिया गया है। यह वास्तविक अर्थों में चरित्रप्रधान उपन्यास है। यदि इसे चरित्रों का अलबम कहा जाए तो असंगत न होगा। इसमें लगभग दो दर्जन पात्रों के चरित्र प्रस्तुत किये गये हैं, जो विविध प्रकार के प्रारूपों के प्रतिनिधि हैं और अपने समय की वास्तविकता की सही पहचान कराते हैं। नाम मात्र के ब्राह्मण और सभी प्रकार के कुकर्मों के प्रतीक बसन्ता और रघू; विलायती रहन-सहन की नकल करनेवाले, रिश्वतखोर और निर्लज्ज 'मुंसिफ साहब'; अफीम की पिनक में ऊँघते रहनेवाले, बेईमान, रिश्वतखोर, घमंडी और क्रूर 'कोतवाल साहब'; सूझबूझ वाले, संगठनकुशल, सच्चरित्र, बुद्धिमान सेठ हीराचन्द; कृपण, धनार्जन को ही सबसे बड़ा उद्देश्य मानने वाला धनदास और बेईमान, तिकड़मी, मदान्ध सेठ नन्दू बाबू; पाखंडी, बेईमान, कृपण और जालसाज बुद्धदास; बिगड़े रईसनन्दन ऋद्धिनाथ और निधिनाथ; सद्वृत्ति सम्पन्न, सदाचारी और सद् अध्यापक पं शिरोमणि मिश्र और उनके योग्य शिष्य 'सौ अजान में एक सुजान' चन्द्रशेखर; विवेक, दया और सुप्रबन्ध की प्रतीक रमा देवी; पाखंडी और दिखाऊ चरित्र वाले हकीम साहब; रहस्यपूर्ण चरित्र वाली, धूर्त हुमा बेगम; दिल्लगीबाज और रसीली तबीयत वाला मस्त पंचानन आदि पात्रों के रूप में उस समय का पूरा समाज सजीव हो गया है। तत्कालीन वणिक् समाज का तो यह जीवन्त दस्तावेज है। भारतेन्दु ने *एक कहानी कुछ आपबीती कुछ जगबीती* में और श्रीनिवास दास ने *परीक्षा गुरु* में समकालीन वणिक् समाज का जैसा चित्र प्रस्तुत किया था लगभग वैसा ही चित्र *सौ अजान और एक सुजान* में भी है। इसके साथ ही अँगरेजी शासन में पुलिस और अदालती व्यवस्था की आलोचना, धूर्तों, पाखंडियों, लम्पटों, ढोंगी साधुओं, पंडों-पुजारियों आदि के वास्तविक रूप का पर्दाफाश तथा धार्मिक मठों की पोल खोलना भट्ट जी का उद्देश्य जान पड़ता है।

सौ अजान और एक सुजान का शिल्प भट्ट जी के पूर्ववर्ती उपन्यासों की ही तरह रहस्यपूर्ण स्थितियों के निर्माण, बाद में रहस्योद्घाटन और कालक्रम के स्थगन/विपर्यसन आदि प्रविधियों से युक्त है। कथाओं के युगपत् संक्रमण की प्रविधि का प्रयोग भी उन्होंने इस उपन्यास में किया है। किस्सागो के रूप में भट्ट जी भी अपने पाठकों का साथ नहीं छोड़ते।

सौ अजान और एक सुजान की भाषा भी, भट्ट जी के पूर्ववर्ती उपन्यासों की तरह, 'काव्यात्मक' है, पर प्रकृतिवर्णन की अधिकता न होने से यह यथार्थ से बहुत दूर नहीं जाने पायी है। संस्कृत के तत्सम शब्दों के आधिक्य के बावजूद बोलचाल के अरबी-फारसी शब्दों के समावेश, अवधी की स्वाभाविक छौंक तथा मुहावरों, कहावतों, सूक्तियों और सुभाषितों के प्रयोग से भाषा सर्जनात्मक बन गयी है।

1892 ई. में ही 'हिन्दी प्रदीप' के कई अंकों में भट्ट जी के *हमारी घड़ी, रसातल यात्रा* और *धर्मराज की कहानी* नामक अधूरे 'उपन्यास ' प्रकाशित हुए। हि.प्र. के ही जुलाई-दिसम्बर, 1995 के अंकों में भट्ट जी का *भाग्य की परख* नामक अपूर्ण उपन्यास भी प्रकाशित हुआ था। पर ये उपन्यास हिन्दी उपन्यास के विकास में कोई विशेष महत्त्व नहीं रखते।

उन्नीसवीं शताब्दी के अन्तिम दशक में ही भुवनेश्वर मिश्र ने *घराऊ घटना* (1893) और *बलवन्त भूमिहार* नामक दो महत्त्वपूर्ण उपन्यासों की रचना की थी। *घराऊ घटना* प्रथमतः 'हिन्दी बंगवासी' में धारावाहिक रूप में (अंशतः) और उसी वर्ष पुस्तक रूप में (पूर्णतः) प्रकाशित हुआ था। *बलवन्त भूमिहार* की रचना तो 1896 ई. में ही हो चुकी थी, पर इसका प्रकाशन 1901 ई. में हुआ था। *घराऊ घटना* अपने समय की एक विशिष्ट कृति है। यह हिन्दी का पहला उपन्यास है जिसमें मध्य वर्ग के एक सामान्य गृहस्थ के दैनन्दिन जीवन का, उसके सूक्ष्म ब्योरों के साथ, विश्वसनीय और रोचक चित्रण किया गया है। यह पहला हिन्दी उपन्यास है जिसमें आंचलिकता का इतना गाढ़ा रंग है। तत्कालीन समाज के रीतिरिवाजों और विचारों-मान्यताओं का जैसा विश्वासोत्पादक वर्णन इस उपन्यास में उपलब्ध है, वह पूर्ववर्ती और समसामयिक उपन्यासों में दुर्लभ है। इस दृष्टि से यह हिन्दी का पहला 'रीति रिवाजों का उपन्यास' (नॉवेल ऑफ मैनर्स) कहा जा सकता है। अपने दशक की रूमानी कथाओं और उपन्यासों की तरह इसमें अतिलौकिक और चमत्कारपूर्ण घटनाओं, तिलिस्म और ऐयारी के करिश्मों तथा रोमांचक अपराधप्रधान घटनाओं के वर्णन नहीं हैं। इसमें जीवन की साधारण बातों का—मध्यवर्गीय दाम्पत्य जीवन की समस्याओं, सामाजिक रीतिरिवाजों और समकालीन सोच का—अत्यन्त यथार्थ चित्र प्रस्तुत किया गया है। उदाहरणार्थ, बेटे के विवाह के लिए माँ की बेचैनी, विवाह के समय वर द्वारा कन्या को देखने की मनाही, युवकों का माता-पिता तथा गुरुजनों से छिप कर तम्बाकू सेवन, विवाह के दो-तीन वर्ष के भीतर सन्तान न होने पर माँ-बाप की चिन्ता तथा सन्तानप्राप्ति के लिए जादूटोना, जड़ीबूटी, साधुसन्त, पूजापाठ, ओझाबैद आदि की शरण लेने का चित्रण बहुत स्वाभाविक रूप में किया गया है। बच्चे के नामकरण में कैसी समस्याएँ पैदा होती थीं, स्त्रियाँ अपने पतियों को गहनों के लिए किस प्रकार परेशान करती थीं, व्यर्थ के कामों, पूजापाठ तथा रीतिरिवाज के पालन में वे कितना अपव्यय करती थीं तथा पति से पैसे ऐंठने के लिए किस प्रकार के हथकंडों का इस्तेमाल करती थीं, अपढ़ स्त्रियाँ लेखक पति के जीवन को कितना मुश्किल बना देती थीं, जैसी दैनिक जीवन की बिलकुल साधारण बातों का ब्योरेवार वर्णन समूचे उपन्यास में किया गया है। परिच्छेदों के 'गोटदार चूँदरी', 'तीजव्रत' आदि शीर्षकों और उनमें वर्णित प्रसंगों से उस समय के उत्तर बिहार के सामाजिक जीवन का सजीव चित्र प्रस्तुत हो गया है। नववधू के गौने के बाद की पहली 'बरसाइत', साल भर बाद नैहर के लिए विदाई, सहेलियों के एक ही नाम से एक-दूसरे को सम्बोधित करने की रीति, शिशु जन्मोत्सव, तीज व्रत आदि के वर्णन तत्कालीन जीवन का जीता-जागता चित्र प्रस्तुत करते हैं। पात्रों के नाम भी--झगडू लाल, खखन लाल, भिखारी राय, कुनकुन राय, भज्जू कुरमी आदि—तत्कालीन ग्रामीण समाज की झलक प्रस्तुत करते हैं। इस दृष्टि से *घराऊ घटना* आंचलिक जीवन का चित्रण करने वाला पहला यथार्थवादी उपन्यास कहा जा सकता है।

भुवनेश्वर मिश्र ने *घराऊ घटना* में कौतूहलोत्पादक घटनाओं का तो बहिष्कार किया है, पर शृंगार-वर्णन में उन्होंने पर्याप्त रुचि ली है। कथाकार सायास एक दम्पति की कामक्रीड़ा के विभिन्न दृश्यों की आवृत्ति करता है, जो सम्भवतः नवयुवक पाठकों की रुचि के अनुरूप है। इस उपन्यास का कोई भी परिच्छेद ऐसा नहीं है, जिसमें किसी न किसी बहाने, पति-पत्नी के चुम्बन-प्रतिचुम्बन या अन्य कामचेष्टाओं का वर्णन न हो। अपने युग के अन्य उपन्यासों

की तरह भुवनेश्वर मिश्र भी बाह्य रति का ब्योरेवार वर्णन करते हैं, पर सम्भोग-क्रिया का संकेत मात्र करके विरत हो जाते हैं। शिल्प की दृष्टि से *घराऊ घटना* की विशेषता यह है कि इसमें 'आत्मकथात्मक' प्रविधि का प्रयोग किया गया है, जिसमें झगडू लाल नामक पात्र अपने दाम्पत्य जीवन के प्रसंगों का वर्णन करता है। समस्त उपन्यास में केवल एक ही कथा है; प्रासंगिक कथाएँ नहीं हैं तथा जटिल वस्तुविधान का अभाव है। उपन्यासकार कथा के बीच-बीच में पाठकों को सम्बोधित भी करता है और उपन्यास के पृष्ठों में किस्सागो के रूप में, अपनी ऊँची आवाज के साथ, विद्यमान रहता है। धारावाहिक उपन्यास के विशिष्ट शिल्प का, जिसमें प्रत्येक किस्त अपने आप में पूर्ण भी होती है और अगली किस्त के प्रति उत्सुकता जगाने वाली भी, यह उपन्यास सुन्दर उदाहरण है।

घराऊ घटना की भाषा सरल और दैनिक बोलचाल की है जिसमें आंचलिकता का गाढ़ा रंग है। मैथिली की लोकप्रचलित कहावतों, मुहावरों और लहजों से *घराऊ घटना* की भाषा आंचलिकता के माधुर्य से भर गयी है। तीज-त्योहारों पर स्त्रियों द्वारा गाए जाने वाले गीत, उस काल में लिखी जाने वाली चिट्ठियों की भाषा तथा मौखिक सन्देश भी आंचलिकता के रंग को गाढ़ा करते हैं। 'हमार लड़किनियाँ के त इ दसवें बरीस नु बा', 'एह, सो जायँगे न काहे?' और 'एह, तुमसे कौन जीते, तुम बड़ी पक्की हो' जैसे आंचलिक लहजे भाषा को अद्भुत रूप से सजीव बना देते हैं। 'यमुना तीन महीने से नैहर की मिट्टी कोड़ रही है, अपनी बड़ाई हाँकने लगी है.....देवकी की नाक कुछ सीधी होती तो और न जमीन पर पाँव देती...फूलकुमारी से कोई सलाह रखे तो पहले अपने घर की नाक कटा ले' जैसे मुहावरे तथा 'चलती घोड़ी की बछेड़ी की तरह चम्पा अपनी माँ के आगे आगे निकली। पन्हानी घोडी की तरह उसकी माँ भी उसके पीछे पीछे चली' जैसी कुँवारी उपमाएँ उपन्यास की भाषा को अद्भुत रूप से सजीव बना देती हैं। स्थितियों के वर्णन भी अत्यन्त सजीव हैं, ''बैलगाड़ियों के चलने से डेढ़ गज कीचड़ का बोझ लिए दिहात की कच्ची बरसाती सड़क, लचलचाता चर्रचों बोलता हुआ सैकड़ों बरस का एक्का, पुरवा हवा के झोंके से सत्तर पटकन खाने वाला चौदह छटाँक का लँगड़ा घोड़ा, और तीन सेर ताड़ी से मुलाकात किये झूमने वाला बूढ़ा एक्कावान, इन सबकी पूरी मदद रहने के साथ, बिना अन्न, बिना पानी सात घंटे तक सफर करने के बाद झगडू लाल जब घर लौटे...'' के रूप में तत्कालीन गाँवों की सड़कों का और ''ग्रहण से मोक्ष हो जाने पर निर्मल नीले गगनमंडल में चंद्रमंडल की जो शोभा होती है वही सुन्दरता, माधुर्य और लालित्य उसके मुखमंडल पर था।'' के रूप में नवप्रसूता वधू का वर्णन सर्जनात्मक भाषा का बेजोड़ नमूना है।

भुवनेश्वर मिश्र का दूसरा उपन्यास *बलवन्त भूमिहार* जीवन के यथार्थ अंकन, विश्वसनीय चरित्रचित्रण, अपेक्षाकृत जटिल वस्तुविन्यास और यथार्थ को वहन करने वाली सक्षम भाषा के कारण उन्नीसवीं शताब्दी का श्रेष्ठतम हिन्दी उपन्यास है। वस्तुतः इस उपन्यास की रचना अपने समय का एक चमत्कार है। यह वह समय था जब पाठक समुदाय में *चन्द्रकान्ता* और *चन्द्रकान्ता सन्तति* का चक्रवर्तित्व स्थापित था। हिन्दी पाठक समुदाय मुख्यतः अल्पशिक्षितों और नवसाक्षरों का था। खत्री जी ने इस पाठक समुदाय की सृष्टि तो कर दी थी, पर इसके रुचि-संस्कार की बेहद आवश्यकता थी। स्वयं खत्री जी इस दिशा में भी अपनी तरह से प्रयत्नशील थे पर उनके समकालीन रोमांस और अपराधप्रधान या जासूसी कथापुस्तकों के

अन्य लेखक इस पाठक समूह की अपरिष्कृत रुचि का लाभ उठा कर व्यावसायिक कथालेखन में लगे हुए थे। भुवनेश्वर मिश्र ने *घराऊ घटना* में चटकीले श्रृंगार वर्णनों के तहत समसामयिक रुचिधारा का, एक सीमा तक, ध्यान रखा था पर *बलवन्त भूमिहार* में उन्होंने इसका सर्वथा परित्याग कर दिया है। *बलवन्त भूमिहार* में एक भी ऐसी घटना नहीं जो अल्पशिक्षित पाठकों की कुतूहल-भावना या युवा पाठकों की कामवृत्ति को उत्तेजित करने के उद्देश्य से नियोजित हो। इस उपन्यास में दो जमींदार परिवारों के संघर्ष की कहानी अत्यन्त विश्वसनीय और मार्मिक रूप में प्रस्तुत की गयी है। इस कथा के माध्यम से उपन्यासकार ने उत्तरी बिहार के जमींदार वर्ग की पारिवारिक, सामाजिक तथा जमींदारी प्रथा सम्बन्धी परिस्थितियों का विश्वसनीय चित्र प्रस्तुत किया है। इस उपन्यास के केन्द्र में कोई समस्या नहीं है। इसका नायक कथा के अन्त में, अपने विवाह के अवसर पर, तिलक दहेज की माँग न करके तत्कालीन जमींदार वर्ग की एक बुराई को दूर करने का आदर्श प्रस्तुत करता है, पर उपन्यासकार तिलक-दहेज की समस्या पर भाषण तो दूर, टिप्पणी तक नहीं करता। इस उपन्यास में कहीं भी नीति और उपदेश कथनों की झड़ी नहीं लगायी गयी है, जीवन दर्शन सम्बन्धी लच्छेदार बातें नहीं कही गयीं हैं तथा सामाजिक कुरीतियों पर टीकाटिप्पणी नहीं की गयी है। इन बातों की उपन्यास में कमी नहीं है, पर वे कथाप्रसंगों के माध्यम से कही गयी हैं, सीधे नहीं। इस उपन्यास का मुख्य उद्देश्य, जैसा भूमिका में कहा गया है, तत्कालीन भूमिहार जमींदार समाज का चित्र प्रस्तुत करना है, और जो चित्र प्रस्तुत किया गया है, वह सच्चा और मार्मिक है। वस्तु-वर्णन में सूक्ष्म ब्योरों का इतनी बारीकी से ध्यान रखा गया है कि चित्र एकदम सजीव बन गए हैं। जमींदार की कचहरी का वर्णन करते समय कथाकार ने उसके प्रत्येक ब्योरे का—जैसे मकान किस मुँह का है, कमरे का आकार प्रकार कैसा है, किस तरह की कालीन बिछी है, कौन व्यक्ति कहाँ बैठा है, कौन क्या कर रहा है—उल्लेख किया है।

जमींदार समाज का चित्र, इसके पूर्व, बालकृष्ण भट्ट और किशोरीलाल गोस्वामी के उपन्यासों में भी थोड़ा बहुत मिलता है, पर वह प्रसंगागत है। भुवनेश्वर मिश्र ने इसे ही अपने उपन्यास का मुख्य विषय बनाया है। जमींदारों के दीवान कैसे होते थे, किसानों से लगान कितनी कठोरता से वसूल की जाती थी, पुलिस विभाग के कर्मचारी गरीब ग्रामीणों से कितनी निर्दयता के साथ पेश आते थे, केवल 'नागरी' जानने वालों के लिए नौकरी पाना कितना मुश्किल था, युवकों में बेकारी की समस्या कितनी विकट थी तथा तत्कालीन समाज में विवाहपूर्व प्रेम कितना जोखिमभरा था, आदि समकालीन सच्चाइयों का अंकन विश्वसनीय और मार्मिक रूप में किया गया है। इसके पूर्व के किसी हिन्दी उपन्यास में किसानों के साथ जमींदार के शोषित-शोषक सम्बन्ध का इतना यथार्थ चित्र नहीं मिलता।

हिन्दी उपन्यास में प्रेमचित्रण का आरम्भ भुवनेश्वर मिश्र के पूर्व हो चुका था। पर वह प्रेम अधिकतर संस्कृत गद्यकथाओं या प्रेमाख्यानों की परम्परा का अनुकरण था। प्रेम के भावनात्मक पक्ष का अंकन उनमें बहुत कम होता था। *बलवन्त भूमिहार* में भी एक प्रेमकथा है, जिसका आरम्भ एक आकस्मिक घटना से ही होता है; शिवमन्दिर में बलवन्त और यमुना अकस्मात् एक दूसरे को देखकर प्यार करने लगते हैं, जो मूलतः रूमानी कथाओं के ढंग का है। पर उपन्यासकार ने इस परम्परागत पद्धति पर प्रारम्भ हुए प्रेम का ऐसा भव्य रूप खड़ा

किया है, जो एकदम नया है। इस प्रेम का आरम्भ, परम्परागत होते हुए भी, तत्कालीन सामाजिक परिस्थितियों के अनुकूल है। जमींदार की बेटी हवेली से बाहर मन्दिर के अतिरिक्त अन्यत्र जा ही कहाँ सकती थी? उपन्यासकार ने प्रेमोदय के इस एक मात्र उपाय का उपयोग इतनी दक्षता से किया है कि उसकी प्रशंसा किए बिना नहीं रहा जा सकता। इस प्रेमोत्पत्ति के मूल में कामभाव की उत्तेजना नहीं, जैसा रोमांसों या प्रेमाख्यानों में होता है, वरन् दो दुखी आत्माओं का करुणाजनित आकर्षण है। बलवन्त मन्दिर में अपने दुखों से मुक्ति पाने के लिए शिव की पूजा करने जाता है। यमुना भी भक्ति भाव से शिव के मन्दिर में अपनी मनोकामनाओं की पूर्ति के लिए आती है। अतः दोनों के परस्पर प्रेमभाव में एक विश्वसनीय पवित्रता है। प्रथम दृष्टि में ही बलवन्त और यमुना एक दूसरे की ओर आकृष्ट हो जाते हैं, पर दोनों में से कोई भी प्रेमसूचक अनुभावों का प्रदर्शन नहीं करता। गोस्वामी जी के उपन्यासों की तरह ये प्रेमी मन्दिर से लौटते ही विरह में हाय हाय नहीं करने लगते। यह प्रेम पीड़ा के बीच पनपता है। दोनों में से किसी के भी मुँह से, स्वगतालाप के रूप में भी, वियोगजन्य व्यथा व्यक्त नहीं होती। दूसरी बार भी, जब अचानक दोनों प्रेमियों का साक्षात्कार होता है, प्रेम के प्रकाशन में असंयम का परिचय नहीं मिलता। बलवन्त तीन दिनों का भूखा-प्यासा होने के कारण बेहोश होकर गिर जाता है और गिरते समय केवल कातर दृष्टि से यमुना को देखता है। यमुना भी बलवन्त को प्यार करने के बावजूद शील और लज्जा का त्याग नहीं करती। जब दाई उसे बलवन्त की मृत्यु की झूठी सूचना देती है, तभी वह उसके समक्ष अपना प्रेमभाव व्यक्त करती है, जो करुणा और गाम्भीर्य से युक्त है। प्रेम-प्रकाशन या 'विरह' वर्णन को इस उपन्यास में बस इतना ही स्थान मिल पाता है। जिस युग में हिन्दी के पाठक और लेखक उपन्यास में श्रृंगार वर्णन को अमर्यादित महत्त्व दे रहे थे, किसी उपन्यासकार का ऐसा असामान्य संयम आश्चर्यजनक है।

उपन्यास की एक महत्त्वपूर्ण विशेषता जीवन्त चरित्रचित्रण में निहित होती है। *बलवन्त भूमिहार* में उपन्यासकार प्रत्येक पात्र को स्वतन्त्र व्यक्तित्व प्रदान करने में सफल हुआ है। रनपाल सिंह, उसकी पत्नी, जसवन्त, बलवन्त, यमुना, उसकी दाई आदि इस उपन्यास के सभी पात्र स्वतन्त्र व्यक्तित्व सम्पन्न हैं। रनपाल सिंह की पत्नी का चरित्रचित्रण यथार्थ, आकर्षक और प्रभावशाली है। इसी प्रकार यमुना के रूप में उपन्यासकार ने एक अत्यन्त मोहक पात्र की सृष्टि की है। वह प्रेम करती है, पर कभी धैर्य नहीं खोती; अपने प्रिय के लिए वह दुःखी है, पर उच्छृंखलता का प्रदर्शन नहीं करती; सुन्दर है, पर चंचल नहीं; प्रेमिका है, पर कुलमर्यादा का उल्लंघन नहीं करती; अपना दिल दे देती है पर लज्जा का त्याग नहीं करती। वह प्रेम और करुणा की भावना से लबालब भरी हुई, कुलमर्यादा की प्रतिमूर्ति, धैर्यशील, संयमी और शीलवती कन्या है। हिन्दी उपन्यास में इस कोटि की एक मात्र पात्र *बाणभट्ट की आत्मकथा* की (1946) भट्टिनी है।

प्रकृति तथा अन्य वर्णनों के प्रसंग में भी उपन्यासकार ने अभूतपूर्व यथार्थ दृष्टि और दुर्लभ वाणी-संयम का परिचय दिया है। इस उपन्यास में आए प्रकृतिवर्णन पूर्ववर्ती और समकालीन उपन्यासों के प्रकृतिवर्णनों की तरह अवलोकन-रहित, अनुभूतिशून्य, अलंकारबोझिल, कृत्रिम और अयथार्थ नहीं हैं। भुवनेश्वर मिश्र प्रकृति-वर्णन में भी घोर संयम का परिचय देते हैं। प्रकृति की एक सुन्दर झाँकी प्रस्तुत करने के बाद उपन्यासकार तुरत आगे बढ़ जाता

है। अन्य प्रकार के वर्णनों में भी, जैसे बारात की सजावट, नगरशोभा आदि में, जिसमें तत्कालीन रोमांस लेखक अधिक रुचि लेते हैं, मिश्र जी ने मितव्ययिता और संयम का परिचय दिया है।

शिल्प की दृष्टि से भी *बलवन्त भूमिहार* एक उल्लेखनीय उपन्यास है। नाटकीय पद्धति पर प्रसंगों की योजना, समयानुक्रम का विपर्यसन, कथाओं का युगपत् संक्रमण तथा कार्यों और भावों की अभिव्यक्ति द्वारा शनैः-शनैः पात्रों का चरित्रोद्‌घाटन आदि प्रविधियों का अपने पूर्ववर्ती और समकालीन उपन्यासों की तुलना में अधिक कुशल प्रयोग इस उपन्यास में किया गया है। पर उपन्यासकार अपने समय के अन्य उपन्यासकारों की तरह ही प्रसंगों की शृंखला जोड़ने के लिए पाठक से निकट सम्बन्ध बनाए रखता है। कहीं-कहीं वह पाठकों से उपन्यास के पात्रों के सम्बन्ध में बातें भी करता है। पर बहुत कम स्थानों पर उसने किस्सागो की भूमिका अख्तियार की है, जो उसे अपने अन्य समकालीनों से विशिष्ट बनाता है।

बलवन्त भूमिहार की भाषा न तो देवकीनन्दन खत्री के उपन्यासों की तरह निष्प्राण है, न बालकृष्ण भट्‌ट और किशोरीलाल गोस्वामी की तरह अतिशय काव्यात्मक और कृत्रिम। इसकी भाषा सरल, आडम्बरहीन, तथ्यपरक और यथार्थ चित्रण के अनुरूप होने पर भी साहित्यिक गुणों से रहित और पात्रों के मनोभावों को व्यक्त करने में पूर्णतः सक्षम है। भाषा सर्वत्र पात्रों के व्यक्तित्व के अनुरूप है। उपन्यास के अभिजात पात्र जहाँ सरल, पर प्रचलित तत्सम शब्दों से युक्त भाषा का प्रयोग करते हैं, वहाँ निम्न वर्ग के पात्र 'गँवारी भाषा' बोलते हैं। बलवन्त जिस बुढ़िया के यहाँ छिप कर अपने दुःख के दिन बिता रहा है, उसकी भाषा दरभंगा के निम्न वर्ग में बोली जाने वाली मैथिली है। भाषाविषयक इस यथार्थवादी आग्रह के कारण उपन्यास में चित्रित संसार और भी विश्वसनीय हो गया है।

उन्नीसवीं शताब्दी के अन्तिम दशक में प्रकाशित उपन्यासों में राधाचरण गोस्वामी कृत *सौदामिनी* (1890-91) कुँवर हनुमन्त सिंह रघुवंशी कृत *चन्द्रकला* (1893), ल.ना. शर्मा कृत *समुद्र में गिरीन्द्र* (1893) बाबू रामदास वर्मा कृत *राजकुमारी चन्द्रमुखी* (1898), जगन्नाथ प्रसाद चतुर्वेदी कृत *वसन्त मालती* (1899), कार्तिक प्रसाद खत्री कृत *दीनानाथ वा गृहचरित्र* (1899) आदि उपन्यास उल्लेखनीय हैं। *सौदामिनी* की एक उल्लेखनीय विशेषता यह है कि इसमें *उपन्यास* के लिए **नवन्यास** पद का विकल्प प्रस्तुत किया गया था, जो मेरी दृष्टि में नॉवेल का सही पर्याय होता। पर तब तक उपन्यास पद इतना प्रचलित हो गया था कि 'नवन्यास' पद की ओर किसी का ध्यान भी नहीं गया। कुँवर हनुमन्त सिंह रघुवंशी कृत *चन्द्रकला* इस दृष्टि से उल्लेखनीय है कि इसमें प्रथम बार समकालीन समाज में कच्ची उम्र की बालिकाओं के विधवा होने, उनके बलात्कार का शिकार होने और प्रतिकूल परिस्थितियों में वेश्यावृत्ति अपनाने का चित्रण किया गया है। किशोरीलाल गोस्वामी ने *स्वर्गीय कुसुम* में देवदासी प्रथा को वेश्यावृत्ति के एक कारण के रूप में प्रस्तुत किया था। *चन्द्रकला* में बालविवाह, स्त्री पर होने वाले बलात्कार और अन्य सामाजिक परिस्थितियों को वेश्यावृत्ति के कारणों के रूप में चित्रित किया गया है। स्त्री पर बलात्कार के अंकन की दृष्टि से *चन्द्रमुखी* हिन्दी का पहला उपन्यास है। बलात्कार की शिकार बालविधवा से किसी युवक के प्रेम और उससे उत्पन्न संकटों के अंकन की दृष्टि से भी यह उपन्यास उल्लेखनीय है। पतनशील सामन्ती समाज का अंकन इस उपन्यास की एक ध्यानाकर्षक विशेषता है। इस उपन्यास में एक सामाजिक

अत्याचार से आहत लड़की द्वारा अत्याचारियों से हिंसक प्रतिशोध लेने का भी चित्रण किया गया है; पर उपन्यास में सनसनीखेज और अतिनाटकीय घटनाओं के जमघट के कारण यथार्थ का बोध खंडित हो जाता है।

समुद्र में गिरीन्द्र में गिरीन्द्र नामक एक बालक के समुद्र में नाव लेकर निकलने, एक निर्जन द्वीप में पहुँचने और दो वर्ष तक वहाँ निवास करने का वर्णन है। इस उपन्यास पर *राविन्सन क्रूसो* का प्रभाव लक्षित होता है। *राजकुमारी चन्द्रमुखी* शृंगार, वीर, करुणा तथा नैराश्य के भावों का चित्रण करने वाला प्रेमाख्यानक उपन्यास है। *वसन्त मालती* का विषय पति-पत्नी के एकनिष्ठ प्रेम का प्रतिपादन है। प्रकृति, नखशिख और विरह के अलंकृत वर्णनों की दृष्टि से यह किशोरीलाल गोस्वामी के उपन्यासों की परम्परा में आता है।

ब्रजनन्दन सहाय (ज. 1847) बीसवीं सदी के प्रथम पन्द्रह वर्षों के प्रमुख उपन्यासकार हैं। उन्होंने इस अवधि में *अद्‌भुत प्रायश्चित्त* (1901), *सौन्दर्योपासक* (1911), *राधाकान्त* (1912) तथा *आरण्यबाला* (1915) आदि उपन्यासों की रचना की थी।

ब्रजनन्दन सहाय (ज.1874) के उद्दिष्ट पाठक किस प्रकार के थे इसका पता उनके उपन्यासों की भूमिकाओं से चलता है। यह स्पष्ट है कि उनके लक्ष्य तत्कालीन कथा और शृंगार वर्णन के प्रेमी पाठक नहीं थे। उन्होंने 'विज्ञ पाठकों' को ध्यान में रखकर अपने उपन्यासों की रचना की थी। इन उपन्यासों के द्वारा वे तत्कालीन पाठकों की रुचि का परिष्कार करना चाहते थे। ब्रजनन्दन सहाय हिन्दी के उन थोड़े से उपन्यासकारों में हैं जिन्होंने समसामयिक प्रमुख रुचिधारा की उपेक्षा की थी। भुवनेश्वर मिश्र ने भी *बलवन्त भूमिहार* में समकालीन रुचिधारा की उपेक्षा की थी, पर अपने प्रथम उपन्यास *घराऊ घटना* में उन्होंने 'रसिक' पाठकों की रुचि का पर्याप्त ध्यान रखा था। ब्रजनन्दन सहाय इस विषय में अधिक सतर्क हैं। उनके उपन्यासों में एक भी घटना, कार्य या वर्णन ऐसा नहीं मिलता जिसकी योजना निम्नस्तरीय पाठकों की रुचि को ध्यान में रखकर की गयी हो। *राधाकान्त* की भूमिका में लेखक ने यह स्पष्ट कर दिया है कि उसमें घटनाओं पर विशेष ध्यान नहीं दिया गया है। *सौन्दर्योपासक* में कथा का सूत्र इतना क्षीण है कि उसे एक वाक्य में रखा जा सकता है। *आरण्यबाला* में भी कथा नाममात्र को है। ब्रजनन्दन सहाय के उपन्यासों में कामव्यापार के उत्तेजक वर्णनों को स्थान नहीं मिला है। यद्यपि उनमें प्रेम और शृंगारवर्णन का अभाव नहीं है, पर यह प्रेम शारीरिक धरातल पर कम, भाव के धरातल पर अधिक प्रतिष्ठित है। सौन्दर्योपासक शृंगार प्रधान उपन्यास है, पर उपन्यासकार कहीं भी रतिक्रीड़ाओं के वर्णन में रुचि नहीं लेता। यदि कहीं चुम्बन आदि का प्रसंग उपस्थित होता है तो कथाकार उसकी सफाई देने से नहीं चूकता। वह 'प्रेम' की पवित्रता को अधिक महत्त्व देता है। *आरण्यबाला* में चित्रित प्रेम में भी ऐन्द्रियता और स्थूलता का सर्वथा अभाव है।

ब्रजनन्दन सहाय ने अपने उपन्यासों में स्थान-स्थान पर नारी-सौन्दर्य, प्रकृति और विरह के काव्यात्मक वर्णनों तथा संस्कृत, अँगरेजी, उर्दू और हिन्दी कविताओं का सन्निवेश किया है। इन उपन्यासों की कोई भी नायिका ऐसी नहीं है, जिसका सौन्दर्य-वर्णन प्राचीन काव्यों के ढंग पर न किया गया हो। प्राचीन काव्यों की ऊहात्मक और प्रलाप शैली में किए गए विरह-वर्णन भी उनके उपन्यासों में दिखाई पड़ते हैं। इनके 'काव्यात्मक' प्रकृति-वर्णनों की विशेषता यह है कि वे केवल अलंकार मंडित और कोमलकान्त पदावली से युक्त नहीं हैं,

वरन् उनमें सूक्ष्म अवलोकन से सम्पन्न यथार्थता भी है।

ब्रजनन्दन सहाय एक निष्ठावान भक्त लेखक थे, अतः उनके उपन्यासों में हिन्दू समाज की भावनाओं, विचारों तथा रुचियों को प्रमुख स्थान मिला है। *अद्भुत प्रायश्चित्त* में बाल पाठकों को धर्मग्रन्थ पढ़ने, ईश्वर में विश्वास रखने, सत्य की राह पर चलने, झूठ न बोलने आदि के उपदेश दिए गए हैं। *सौन्दर्योपासक* भगवान कृष्ण को समर्पित है। इसकी समस्त चतुर्थ 'कल्पना' में प्रश्नोत्तर रूप में भक्ति, निष्काम कर्म, गौणी और प्रेमा, निर्गुण और सगुण भक्ति आदि का विवेचन है। इसमें एक महात्मा के द्वारा पाप पुण्य, ईश्वरीय कृपा, भगवान की लीला आदि पर व्याख्यान दिलाया गया है। एकादश 'कल्पना' में पूर्वजन्म और पुनर्जन्म का विवेचन किया गया है। *आरण्यबाला* में भी धार्मिक उपदेश, नीतिवचन, कर्त्तव्य, दया, योग, भक्ति आदि से सम्बद्ध भावनाओं का बाहुल्य है। एक आदर्श धार्मिक हिन्दू के बारे में जो कल्पना हो सकती है, वह इस उपन्यास में उपस्थित है। यह इतना उपदेशबहुल है कि उपन्यास के स्थान पर प्रवचन-ग्रन्थ हो गया है। अतिलौकिक घटनाओं की योजना भी ब्रजनन्दन सहाय के उपन्यासों में यत्र-तत्र मिलती है। *आरण्यबाला* के प्रेमानन्द योगशक्ति से दूसरों के मन की बातें जान जाते हैं। उन्हें सभी पात्रों के पूर्व जन्मों का इतिहास भी ज्ञात है। *सौन्दर्योपासक, राधाकान्त* और *आरण्यबाला,* में स्वप्न द्वारा भावी घटनाओं की सूचना मिलती है। ऐसी बातें उपन्यास की प्रकृति के अनुकूल नहीं मानी जातीं।

ब्रजनन्दन सहाय के उपन्यासों में नवीन सामाजिक चेतना का भी अभाव नहीं है। *अद्भुत प्रायश्चित्त* में शराबबन्दी आन्दोलन का वर्णन आया है। *सौन्दर्योपासक* में विवाहसम्बन्धी कुप्रथाओं का, जैसे तिलक-दहेज, वृद्ध विवाह, अपव्यय आदि का विरोध किया गया है। *राधाकान्त* में तत्कालीन हिन्दी समालोचना के स्तर, पारसी थियेटरों के जनता पर पड़ने वाले कुप्रभाव, जेलों तथा अस्पतालों में फैले भ्रष्टाचार आदि के उल्लेख आए हैं। *आरण्यबाला* में व्रजमंजरी तथा मुकुन्द को ओंकारमल की अपरिमित सम्पत्ति प्राप्त होने पर वे उसे देश के विकास में लगाने की योजना बनाते हैं। भारत के सर्वांगीण विकास के सम्बन्ध में लेखक का स्वप्न भी उपन्यास में व्यक्त हुआ है। देश में आधुनिक शिक्षा के प्रसार, व्यापार की शिक्षा, कृषि-विकास, मवेशी पालन, जंगलों की रक्षा, आधुनिक यातायात के साधनों के विकास, हिन्दी भाषा की उन्नति, देशी भाषाओं के माध्यम से शिक्षा के प्रचार, अनाथालयों-विधवाश्रमों की स्थापना आदि के उल्लेख भी उपन्यास में आए हैं। स्त्री शिक्षा को भी उपन्यासकार भूला नहीं है, यद्यपि स्त्री-शिक्षा विषयक उसकी धारणा आधुनिक नहीं है।

ब्रजनन्दन सहाय के उपन्यासों में कोई शिल्पगत वैशिष्ट्य नहीं है। किस्सागो और प्रवाचक के रूप में वे भी पाठकों से सम्बन्ध बनाए रखते हैं। उनके उपन्यासों की भाषा संस्कृतनिष्ठ और परिनिष्ठित है। उर्दू और अँगरेजी शब्दों का प्रयोग करने में उन्हें कोई संकोच नहीं है, पर वे भाषा को कहीं भी ग्राम्य, अतिसरल और असाहित्यिक नहीं होने देते।

लगभग इसी समय महता लज्जाराम शर्मा ने (ज.1864) *धूर्त रसिकलाल* (1899), *स्वतन्त्र रमा और परतन्त्र लक्ष्मी* (1899), *हिन्दू गृहस्थ* (1902), *आदर्श दम्पती* (1902), *सुशीला विधवा* (1907), *बिगड़े का सुधार अथवा सती सुखदेवी* (1907), *विपत्ति की कसौटी* (1912), *आदर्श हिन्दू* (1914-15) आदि उपन्यासों की रचना की।

महता लज्जाराम शर्मा ने अपने उपन्यासों की भूमिकाओं में मनोरंजन, शिक्षा, प्रजा के

सच्चे चरित्र का शोध, चरित्रशोधन आदि को अपने उपन्यास-लेखन का उद्देश्य बताया है। इसी के तहत *धूर्त रसिकलाल* में मद्यपान, वेश्यागमन, व्यभिचार, जुआ खेलना आदि की बुराइयाँ दिखाकर पाठकों को इनसे बचने का उपदेश दिया गया है। *स्वतन्त्र रमा और परतन्त्र लक्ष्मी* में स्त्रीशिक्षा और स्त्री-स्वातन्त्र्य की बुराइयाँ दिखा कर बालिकाओं को पतिपरायण तथा आदर्श गृहिणी बनने की शिक्षा दी गयी है। *हिन्दू गृहस्थ, आदर्श दम्पती, सुशीला विधवा, आदर्श हिन्दू* आदि में हिन्दू धर्म के परम्परागत आदर्शों के अनुरूप पात्रों की सृष्टि करके पाठकों को तरह-तरह के उपदेश दिए गए हैं। महता जी के उपन्यासों में 'उपदेश' की इतनी भरमार है कि वे उपन्यास न रहकर 'उपदेशाख्यान' बन गये हैं। लेखक नीति और उपदेश की बातें कहने के लिए जैसे अवसर ढूँढ़ता रहता है।

महता जी उपन्यास का एक उद्देश्य पाठक का मनोरंजन भी मानते हैं, पर वे अपने उपन्यासों को 'मनोरंजक' बनाने के लिए तिलिस्म, ऐयारी, जादू आदि अतिलौकिक तत्त्वों या अपराधप्रधान घटनाओं का सहारा नहीं लेते। इनके स्थान पर उन्होंने शृंगार-चित्रण द्वारा अपने उपन्यासों को किंचित् 'रोचक' बनाने का प्रयास किया है। *स्वतन्त्र रमा और परतन्त्र लक्ष्मी* में रमा की स्वच्छन्दता, परपुरुष संसर्ग, स्वच्छन्द रति और चुम्बन-प्रतिचुम्बन को सायास चटक रूप दिया गया है। लक्ष्मी के, जिसका चरित्र 'आदर्श' के रूप में प्रस्तुत किया गया है, सौन्दर्य का वर्णन करते समय भी लेखक अपने 'रसिक पाठकों' की माँग की उपेक्षा नहीं करता। *बिगड़े का सुधार* में भी अश्लील और नग्न काम-व्यापार वर्णनों की भरमार है। कौतूहलोत्पादक और अविश्वसनीय घटनाओं की योजना भी महता जी के उपन्यासों में पर्याप्त मात्रा में है। इनमें से अधिकांश प्रसंग तो आदर्शों के प्रतिपादन के लिए नियोजित किए गए हैं, पर कुछ का उद्देश्य पाठकों का शुद्ध मनोरंजन भी है। अधिकतर घटनाएँ संयोगाश्रित हैं, जिनमें कार्य-कारण सम्बन्ध बिलकुल नहीं है।

महता लज्जाराम शर्मा के उपन्यास एक प्रकार से समस्यामूलक कहे जा सकते हैं, पर उनमें जिन समस्याओं का चित्रण है वे सनातनी हिन्दू समाज की समस्याएँ हैं। उपन्यासकार ने आधुनिक शिक्षा, विचारधारा और आचार विचार आदि का खंडन कर सनातन हिन्दू सम्प्रदाय में प्रचलित धार्मिक सिद्धान्तों और व्यवहारों का समर्थन किया है। इन उपन्यासों में स्त्री-शिक्षा और स्त्री-स्वातन्त्र्य ही नहीं, विधवा विवाह का भी विरोध किया गया है। *स्वतन्त्र रमा और परतन्त्र लक्ष्मी* में रमा और लक्ष्मी नामक दो बहनों की कहानी के माध्यम से यह दिखाने का प्रयत्न किया गया है कि अँगरेजी ढंग की शिक्षा तथा स्वतन्त्रता प्राप्त स्त्री को अनेक कष्टों का सामना करना पड़ता है, जबकि भारतीय आदर्शों के अनुरूप ढली स्त्री को सुख की प्राप्ति होती है। इनके उपन्यासों के स्त्री पात्र उन्नीसवीं शताब्दी के उपन्यासों के आदर्श स्त्री पात्रों के प्रतिरूप हैं। *आदर्श हिन्दू* में अन्तर्जातीय विवाह और विधवा विवाह का विरोध किया गया है। लेखक विधवा विवाह को व्यभिचार के समकक्ष मानता है। वह बालविवाह तक का समर्थन करता है। पातिव्रत्य की महिमा का प्रतिपादन महता जी के प्रत्येक उपन्यास में किया गया है। *आदर्श दम्पती* की सुन्दरी अत्यन्त प्रतिकूल और कष्टप्रद स्थितियों में भी पातिव्रत्य की रक्षा करती है। *बिगड़े का सुधार* की नायिका पति के असंख्य अत्याचार सह कर भी उसे परमेश्वर तुल्य मानती है। *हिन्दू गृहस्थ* में आधुनिक शिक्षा प्राप्त लड़की की आलोचना की गयी है। *आदर्श हिन्दू* में एक ऐसी पतिव्रता स्त्री का चित्रण है, जो पति के

दाहिने अँगूठे की नित्य पूजा करती है, पति जिस कार्य से प्रसन्न रहे, वही कार्य करती है और उसकी इच्छा को ही अपनी इच्छा समझती है। महता जी जातिगत भेदभाव और छुआछूत कोई सामाजिक समस्या नहीं मानते। *आदर्श हिन्दू* में उन्होंने उस वर्ण-व्यवस्था का भी समर्थन किया है जिसमें ब्राह्मण ब्राह्मण और शूद्र शूद्र बने रहें। इस दृष्टि से महता लज्जाराम शर्मा का सामाजिक दृष्टिकोण समय से पिछड़ा हुआ माना जा सकता है।

महता जी के उपन्यासों में तत्कालीन पुलिस विभाग के अत्याचार, रिश्वतखोरी, तीर्थस्थानों में पंडों की दादागीरी, ग्रामीणों में फैले अन्धविश्वास आदि के वर्णन भी यत्रतत्र मिलते हैं। *धूर्त रसिकलाल* में एक भोलेभाले सेठ के कुसंगति में पड़कर बर्बाद होने तथा अपने स्वामिभक्त मुनीम और सतीसाध्वी पत्नी के प्रयत्नों से सुमार्ग पर आने तथा समृद्ध बनने की कथा प्रस्तुत की गयी है। यह प्रसंग *परीक्षा गुरु* तथा *सौ अजान और एक सुजान* की याद दिलाता है। पर इसमें कोई नवीनता नहीं है। *हिन्दू गृहस्थ* में अँगरेजी शिक्षा और विलायती रहन-सहन की नकल की आलोचना और गाँवों के औद्योगीकरण, नये ढंग की उन्नत खेती, किसानों को कर्ज की सुविधा प्रदान करने की व्यवस्था, देशी व्यापार तथा देशी कारीगरी की उन्नति, जुलाहों के लिए नये ढंग की लाइ शटल से हैंडलूम पर कपड़ा बुनने की शिक्षा, स्वदेशी भंडार की स्थापना आदि का समर्थन किया गया है। *बिगड़े का सुधार* में भी अँगरेजी भाषा, विलायती खानपान और वेशभूषा की आलोचना की गयी है। आदर्श हिन्दू में संयुक्त परिवार के विघटन का भी संकेत है, पर इस विघटन के कारणों का तर्कसंगत विश्लेषण करने में उपन्यासकार को सफलता नहीं मिली है। इस उपन्यास में तीर्थस्थानों में व्याप्त ठगी, भ्रष्टाचार, पाखंड आदि का भी अच्छा चित्रण हुआ है। सन् 1899-1905 की अवधि में पड़े अकालों और महामारियों के प्रकोप का वर्णन भी उपन्यासकार ने किया है।

शिल्प की दृष्टि से महता जी के उपन्यास सामान्य हैं। वे भी अपने समय के अन्य उपन्यासों की तरह पाठकों का साथ नहीं छोड़ते और उन्हें सम्बोधित करते चलते हैं। प्रायः सभी उपन्यासों में दो-तीन परिच्छेदों तक कथा नाटकीय पद्धति पर नियोजित होती है, पर उसके बाद, कथाकार पात्रों का परिचय एक साथ देते हुए और पाठकों को सम्बोधित करते हुए, कथा को आगे बढ़ाता है। कहीं-कहीं तत्कालीन 'काव्य रसिकों' की रुचि को ध्यान में रखते हुए प्राचीन काव्यों और प्रेमाख्यानों की पद्धति पर नारी-सौन्दर्य, प्रकृति तथा विरह के वर्णन भी किए गए हैं। *धूर्त रसिक लाल, आदर्श दम्पती* आदि में परम्परागत प्रकार का नखशिख वर्णन देखा जा सकता है। मध्यकालीन प्रेमाख्यानक काव्यों के ढंग पर विरह वर्णन की तो भरमार दिखाई पड़ती है। घटनाओं को बीच-बीच में संस्कृत और हिन्दी कविताओं का समावेश करके भी उन्हें 'काव्य रसिकों' की रुचि के अनुकूल बनाने का प्रयत्न किया गया है।

किशोरीलाल गोस्वामी, ब्रजनन्दन सहाय और महता लज्जाराम शर्मा बीसवीं शताब्दी के प्रथम दो दशकों के प्रमुख उपन्यासकार थे। इनके साथ-साथ दर्जनों अन्य लेखक भी थे जिन्होंने इस अवधि में शताधिक सामाजिक उपन्यासों की रचना की थी। इन उपन्यासकारों में गोपालराम गहमरी, अयोध्या सिंह उपाध्याय, चन्द्रशेखर पाठक, ईश्वरी प्रसाद शर्मा, लाला देवराज, लालजी सिंह, गया प्रसाद मिश्र, गिरिजा नन्दन तिवारी, विश्वेश्वरानन्द सरस्वती, रामफेरन सिंह, कमला प्रसाद वर्मा, रामजी दास वैश्य, लक्ष्मी नारायण गुप्त, जैनेन्द्र किशोर,

हजारी लाल, प्रियंवदा देवी, रामप्रसाद सत्याल, गोस्वामी लक्ष्मणाचार्य, जयराम दास, गोस्वामी व्रजनाथ शर्मा, गंगा प्रसाद गुप्त, शालिग्राम गुप्त, यशोदा देवी, केदारनाथ, प्यारेलाल गुप्त, पारसनाथ त्रिपाठी, शिवनाथ शर्मा, मन्नन द्विवेदी गजपुरी, अवध नारायण, पांडेय नवल सहाय, अखौरी राधा प्रसाद सिंह, विनोद शंकर व्यास, चतुरसेन शास्त्री आदि कुछ प्रमुख नाम हैं।

इन उपन्यासकारों की पहली उल्लेखनीय विशेषता यह है कि इन्होंने केवल समकलीन अविकसित रुचि के पाठकों के मनोरंजन के लिए कौतूहलोत्पादक घटनाओं का इन्द्रजाल नहीं निर्मित किया है। इन्होंने उपन्यास लेखन में बालकृष्ण भट्ट, ब्रजनन्दन सहाय और महता लज्जाराम शर्मा का अनुगमन किया है। इस समय तक बँगला के बंकिमचन्द्र चट्टोपाध्याय, योगेन्द्रनाथ चट्टोपाध्याय, रवीन्द्रनाथ ठाकुर, दामोदर मुखोपाध्याय, रमेशचन्द्र दत्त, सुरेन्द्रमोहन भट्टाचार्य आदि प्रमुख तथा अनेक गौण उपन्यासकारों के उपन्यासों के अनुवाद भी हिन्दी में हो चुके थे। हिन्दी के उपन्यासों पर इन अनुवादों का भी प्रभाव देखा जा सकता है। यों इन उपन्यासों में भी संयोगाधृत और अविश्वसनीय घटनाओं का अभाव नहीं है, किन्तु इनका उद्देश्य किसी सामाजिक समस्या अथवा हिन्दू धर्म के सिद्धान्तों और आचारों-विचारों का प्रतिपादन है, पाठकों का मनोरंजन नहीं। अपने उपन्यासों को रोचक बनाने के लिए इन उपन्यासकारों ने प्रेम का चित्रण किया है और कुछ ने कामव्यापार के चित्रण में आवश्यकता से अधिक रुचि भी ली है। गिरिजानन्दन तिवारी कृत *विद्याधरी* (1904) और *सुलोचना* (1906), गोपाललाल खत्री कृत *अलबेला रागिया* (1906), रामप्रसाद सत्याल कृत *किरण शशी* (1909) में कामव्यापारों का नग्न चित्रण मिलता है, पर दिखाऊ रूप में उसे संयत रखने का भी प्रयत्न किया गया है।

इन उपन्यासकारों का मुख्य उद्देश्य हिन्दू समाज की नानाविध समस्याओं का चित्रण तथा धर्मानुरूप आदर्श चरित्र प्रस्तुत करना है। इन्होंने अपनी भूमिकाओं में इस बात पर विशेष बल दिया है। उल्लेखनीय है कि इन उपन्यासों में चित्रित प्रमुख समस्याएँ नारी से जुड़ी हुई हैं। समाज में स्त्रियों का स्थान क्या हो, उन्हें किस प्रकार की शिक्षा दी जाए तथा उनके लिए किस तरह की आचरण संहिता हो, इस सम्बन्ध में इस काल के उपन्यासकार मुख्यतः दो वर्गों में विभक्त थे। एक तरफ कट्टर सनातनपन्थी हिन्दुओं का बहुसंख्यक समाज था जो नारीविषयक स्मृतिसम्मत आदर्शों से दृढ़तापूर्वक चिपका हुआ था। इस वर्ग की नारीविषयक धारणा यह थी कि स्त्रियों को हर हालत में पातिव्रत्य का पालन करना चाहिए, उन्हें कभी घर की चारदीवारी से बाहर नहीं निकलना चाहिए, सास-ससुर और परिवार के अन्य सदस्यों की सेवा करना चाहिए, बचपन में ही लड़कियों का विवाह हो जाना चाहिए तथा यदि दुर्भाग्यवश कोई विधवा हो जाए तो उसे आजीवन वैधव्य व्रत का पालन करना चाहिए। हिन्दी उपन्यासकारों में इस मत के प्रति सर्वाधिक दुराग्रही महता लज्जाराम शर्मा हैं, यों देवकीनन्दन खत्री, गोपालराम गहमरी, किशोरीलाल गोस्वामी, ब्रजनन्दन सहाय आदि ने भी प्रच्छन्न रूप से इसका समर्थन ही किया है। कमला प्रसाद वर्मा कृत *कुलकलंकिनी* (1905), गोस्वामी लक्ष्मणाचार्य कृत *भीषण भविष्य* (1909), शालिग्राम गुप्त कृत *आदर्श रमणी* (1911), प्यारेलाल गुप्त कृत *लवंगलता* (1914) तथा चन्द्रशेखर पाठक कृत *वारांगना रहस्य* (1914-18) आदि उपन्यासों में विधवा विवाह और स्त्री-स्वातन्त्र्य का विरोध करते हुए इनके भयंकर परिणाम दिखाए गए हैं। गंगा प्रसाद गुप्त कृत *लक्ष्मी देवी* (1910) में पर्दाप्रथा का समर्थन करते हुए

कहा गया है कि स्त्रियों को स्वतन्त्र भाव से पुरुषों के साथ मिलना-जुलना नहीं चाहिए। इस काल के अधिकांश उपन्यासों में पातिव्रत्य का अतिशय बखान किया गया है। गोस्वामी लक्ष्मणाचार्य कृत *भीषण भविष्य* में बालविवाह का भी समर्थन किया गया है। स्त्रीशिक्षा के सम्बन्ध में, विशेषकर उसके स्वरूप के सम्बन्ध में, इस काल के उपन्यासकार एकमत नहीं हैं। किशोरीलाल गोस्वामी, गोपालराम गहमरी, महता लज्जाराम शर्मा, ब्रजनन्दन सहाय आदि ने स्त्रियों को उच्च अँगरेजी शिक्षा देने का विरोध किया है। अपवादस्वरूप गंगा प्रसाद गुप्त ने स्त्रियों की उच्च शिक्षा का समर्थन किया है, पर वे भी यह मानते हैं कि स्त्रियों का स्वतन्त्र रूप से पुरुषों से मिलना-जुलना अनुचित है। इस काल के अधिकतर उपन्यासकार स्त्रियों को 'कामचलाऊ' शिक्षा देने के समर्थक हैं।

विधवा विवाह का पहली बार खुलकर समर्थन श्रद्धाराम फिल्लौरी ने *भाग्यवती* (1877) में किया था, पर शिक्षा विभाग के आदेश से उस अंश को उसके मुद्रित संस्करण (1887) से निकाल दिया गया था। ब्रिटिश सरकार की नीति भारतीयों के धार्मिक मामलों में यथासम्भव हस्तक्षेप न करने की थी। विधवा विवाह के प्रति हिन्दू समाज का दृष्टिकोण इतना असहनशील था कि उपन्यासकारों तक को उसे छूने की हिम्मत नहीं होती थी। सर्वप्रथम प्रेमचन्द ने अपने उर्दू में लिखित और हिन्दी में रूपान्तरित *प्रेमा* में (1907) विधवा विवाह का खुला समर्थन और चित्रण किया था। पर वह मूलतः उर्दू का उपन्यास था और हिन्दी के समीक्षकों और पाठकों ने उसे कोई महत्त्व नहीं दिया था। हिन्दी उपन्यासकारों में सर्वप्रथम कुँवर हनुमन्त सिंह रघुवंशी ने *चन्द्रकला* (1893) में बालविवाह के कुपरिणामों का चित्रण करते हुए एक बालविधवा के दयनीय जीवन का करुण चित्र प्रस्तुत किया था। इस उपन्यास में दिखाया गया है कि जो समाज बालविवाह का समर्थन करता है, वही बालविधवाओं को अनेक प्रकार के कष्ट भी देता है। उपन्यासकार की बालविधवाओं के प्रति स्पष्ट सहानुभूति है, पर वह भी उपन्यास में विधवाविवाह का चित्रण नहीं करता। कुँवर साहब के ही एक अन्य उपन्यास *गृहस्थ चरित्र* (1909) में स्त्री-अशिक्षा के दोषों का चित्रण किया गया है। पर इस प्रकार के उपन्यासकार, जो नारी जागरण का समर्थन करते हैं, उँगलियों पर गिने जा सकते हैं। अधिकतर उपन्यासकारों ने नारीविषयक परम्परागत मान्यताओं का ही समर्थन किया है।

तत्कालीन हिन्दू समाज की अन्य विकृतियों के चित्रण में भी इन उपन्यासकारों ने रुचि ली है। बालकृष्ण भट्ट, लाला श्रीनिवास दास, किशोरीलाल गोस्वामी, ब्रजनन्दन सहाय, महता लज्जाराम शर्मा आदि ने यूरोपीय सभ्यता और रहन-सहन की नकल करने वालों की आलोचना की है। इसी परम्परा में शालिग्राम गुप्त कृत *आदर्श रमणी* (1911) में यूरोपीय सभ्यता के अनुकर्ताओं का उपहास किया गया है। कुछ उपन्यासों में प्रचलित वैवाहिक प्रथाओं के दोषों का चित्रण कर उनकी आलोचना की गयी है। *ठेठ हिन्दी का ठाट* (1899) में हरिऔध ने ब्राह्मण समाज की वैवाहिक प्रथा के दोषों का चित्रण किया है। इस उपन्यास की देवबाला अपनी ही जाति के युवक को प्यार करती है, जो हर प्रकार से योग्य होने के बावजूद, जाति उपभेद में कुछ हीन होने के कारण, उसका पति नहीं बन पाता। देवबाला का विवाह जाति-शुद्धता के नाम पर एक अयोग्य युवक से कर दिया जाता है, जिसका दुष्परिणाम उसे आजीवन भोगना पड़ता है। रामफेरन सिंह कृत *चम्पा दुर्दशा* (1904) में तिलक-दहेज प्रथा

की बुराइयाँ चित्रित की गयी हैं। इसमें दिखाया गया है कि किस प्रकार लड़केवाले तिलक-दहेज की निर्धारित रकम न पाने पर कन्या को कष्ट देते हैं, जिसके चलते लोग अपनी कन्याओं का विवाह वृद्धों से करने को बाध्य होते हैं। गिरिजानन्दन तिवारी कृत *सुलोचना* (1906), जयरामदास गुप्त कृत *जहर का प्याला* (1909), चन्द्रशेखर पाठक कृत *वारांगना रहस्य* (1914-18) आदि में वेश्यागमन के कुपरिणामों का चित्रण किया गया है। कुँवर हनुमन्त सिंह रघुवंशी कृत *गृहस्थ चरित्र* (1909), शिवनाथ शर्मा कृत *चंडूलदास* (1914) तथा चन्द्रशेखर पाठक कृत *वारांगना रहस्य* में वृद्धविवाह के कुपरिणाम भी चित्रित किए गए हैं। हजारी लाल रचित *दो स्त्री का पति* (1907) में पत्नी के रहते उपपत्नी रखने के कुपरिणामों का चित्रण किया गया है।

इन उपन्यासों में भी हिन्दू धर्म के सिद्धान्तों का प्रतिपादन स्थान-स्थान पर हुआ है। प्रायः सभी में कर्मफलवाद के सिद्धान्त का समर्थन किया गया है। कथा के पात्रों को अपने कर्मों का दंड या पुरस्कार अवश्य मिलता है। ईश्वरी प्रसाद शर्मा के तो एक उपन्यास का शीर्षक ही है *स्वर्णमयी वा जैसी करनी तैसी भरनी* (1910)। हिन्दू धर्म की अन्यान्य बातों का भी इनमें यथास्थान वर्णन किया गया है; कहीं ईश्वर भक्ति का प्रतिपादन किया गया है तो कहीं सदाचार का, कहीं दयालुता का तो कहीं सत्य और अपरिग्रह का। आदर्श पत्नी, आदर्श पुत्र, आदर्श शिष्य, आदर्श सेवक आदि के उदाहरण प्रस्तुत करना इन उपन्यासों का प्रमुख उद्‌देश्य है। इसी प्रकार ईश्वर की लीला, परिवर्तन-चक्र, ईश्वर की न्यायशीलता आदि के वर्णन भी स्थान-स्थान पर मिलते हैं। इन उपन्यासों में हिन्दू धर्म की मूल बातों की आलोचना कहीं नहीं की गयी है; केवल उन्हीं पक्षों की आलोचना मिलती है, जो हिन्दू शास्त्रों द्वारा अनुमोदित नहीं हैं।

इन उपन्यासों में भी नखशिख, प्रकृति और विरह के अलंकृत तथा परम्परागत वर्णन एवं कविताओं के उद्धरणों द्वारा काव्यात्मक प्रभाव उत्पन्न करने की कोशिश की गयी है। गिरिजान्दन तिवारी कृत *सुलोचना* (1906), चन्द्रशेखर पाठक कृत *रमाबाई* (1907) तथा ईश्वरी प्रसाद शर्मा कृत *मागधी कुसुम* (1911) में प्रकृति, नखशिख और विरह सम्बन्धी अलंकृत वर्णनों की भरमार है। इनकी योजना हिन्दी और संस्कृत के पुराने रसिकों की रुचि को ध्यान में रखकर, या केवल रूढ़िवश, की गयी है। गोपालराम गहमरी के *देवरानी जेठानी* और *तीन पतोहू* (1905) में प्रकृति के अत्यन्त यथार्थ और मनोहर चित्र भी मिलते हैं। साथ ही, इनमें निम्न वर्ग की स्त्रियों की बातचीत और व्यवहार के भी यथार्थ चित्र प्रस्तुत किए गए हैं। ग्रामीण स्त्रियाँ अशिक्षित और अव्यावहारिक होने के कारण अपने जीवन को कितना नारकीय बना डालती हैं, इसका अंकन *देवरानी जेठानी* में मिलता है। इस उपन्यास में विवाह के बाद कन्या की विदाई का बड़ा मार्मिक चित्रण किया गया है। कार्तिक प्रसाद खत्री कृत *दीनानाथ* (1899) में मध्यवर्गीय परिवार का चित्र प्रस्तुत करते हुए यह दिखाया गया है कि किस प्रकार मूर्ख स्त्रियों के आपसी कलह तथा भाई-भाई में विरोध के कारण बना-बनाया घर बर्बाद हो जाता है। लाला देवराज कृत *कर्कशा सास* (1904) में मूर्ख सासों द्वारा पढ़ी-लिखी बहुओं को अमानवीय कष्ट दिए जाने का अंकन किया गया है। गया प्रसाद मिश्र कृत *दुनिया अर्थात् संसार की कुछ बातें* (1903), गिरिजा नन्दन तिवारी कृत *विद्याधरी* (1904), जयरामदास गुप्त कृत *जहर का प्याला* (1909) तथा चन्द्रशेखर पाठक कृत *वारांगना रहस्य* (1914-18) में

वेश्याओं के कुकृत्यों और उनकी चालबाजियों का वर्णन है। रामप्रसाद शर्मा कृत *नरदेव* (1903) में देशी राज्यों के अधिकारियों की आपसी प्रतिद्वन्द्विता का चित्रण किया गया है। केदार नाथ कृत *तारामती* (1911) में पुत्री के लिए वर ढूँढ़ने में होने वाली असावधानी से उत्पन्न स्थितियों का चित्रण किया गया है। पारसनाथ त्रिपाठी कृत *हमारी दाई* (1914) में दैनिक जीवन के यथार्थ प्रसंगों का बड़ा ही विश्वसनीय अंकन किया गया है।

यथार्थ चित्रण की दृष्टि से इस काल के उपन्यासों में मन्नन द्विवेदी गजपुरी कृत *रामलाल* विशेष रूप से उल्लेखनीय है। इसकी रचना 1914 ई. में ही हुई थी, पर प्रकाशन 1917 ई. में हुआ। ग्रामीण जीवन के चित्रण की दृष्टि से यह प्रेमचन्दपूर्व युग का अद्वितीय उपन्यास है। इसके पूर्व के हिन्दी उपन्यास में गाँव प्रायः अनुपस्थित है। बालकृष्ण भट्ट के उपन्यासों में अवध के गाँवों की पृष्ठभूमि ली गयी है, पर उनका केन्द्रीय विषय गाँव का जीवन नहीं है। भुवनेश्वर मिश्र का *बलवन्त भूमिहार* भी गाँव से जुड़े होने के बावजूद मुख्यतः जमींदार घरानों के जीवन का चित्रण करता है। गहमरी जी के उपन्यासों में ग्रामीण जीवन के यथार्थपरक चित्र मिलते हैं, पर उनका केन्द्रीय कथ्य भी ग्रामीण जीवन की समस्याएँ नहीं हैं। *रामलाल* में गोरखपुर और इलाहाबाद के ग्रामीण जीवन का विस्तार के साथ यथार्थ चित्रण मिलता है। स्थानीय रंग इस उपन्यास में इतना अधिक है कि इसे आंचलिक उपन्यास की संज्ञा दी जा सकती है। इसमें गाँवों के आर्थिक, सामाजिक, राजनीतिक और सांस्कृतिक जीवन के यथार्थ चित्र उपलब्ध होते हैं। ग्रामीण गीतों, लोककथाओं और लोकोक्तियों से, जिनके द्वारा आंचलिकता का रंग और भी गाढ़ा हो गया है, उपन्यास भरा हुआ है। इस उपन्यास में ग्रामीण जनता पर पुलिस के अत्याचारों तथा अन्य तत्कालीन समस्याओं का भी चित्रण हुआ है। *रामलाल* के पूर्व भुवनेवर मिश्र कृत *घराऊ घटना* में भी आंचलिक रंग पैदा करने का सफल प्रयास किया गया था। इस प्रकार *घराऊ घटना* (1893) और *रामलाल* (1914) बीसवीं शताब्दी के छठे दशक में आन्दोलन के रूप में विकसित 'आंचलिक उपन्यास' की दो प्रमुख आरम्भिक कड़ियाँ हैं।

अवध नारायण कृत *विमाता* भी इस काल का एक औसत उल्लेखनीय उपन्यास है जिसका केन्द्रीय कथ्य एक मध्यवर्गीय परिवार में अशिक्षित विमाता द्वारा सौतेले पुत्र का उत्पीड़न है। यह एक नया विषय था, जिसकी ओर पूर्ववर्ती उपन्यासकारों का ध्यान नहीं गया था। इसके साथ ही इस उपन्यास में समकालीन जमींदार परिवारों का चित्रण और हिन्दू समाज में प्रचलित मूल्यों और मान्यताओं का प्रतिपादन है। कर्मफलवाद, ईश्वरभक्ति, धर्माचरण, पितृभक्ति, पतिभक्ति आदि के प्रतिपादन में लेखक का उत्साह दिखाई देता है। यथार्थ चित्रण की तुलना में 'चरित्र सुधार' पर कथाकार का अधिक बल है। इनके प्रतिपादन के लिए कल्पित प्रसंगों में स्वाभाविकता भी प्रायः उपेक्षित हो गयी है। पर पारिवारिक जीवन के सामान्य प्रसंगों का उपन्यास में विश्वसनीय अंकन हुआ है।

शिल्प की दृष्टि से ये उपन्यास बालकृष्ण भट्ट, किशोरीलाल गोस्वामी, ब्रजनन्दन सहाय आदि का ही अनुकरण करते हैं। भाषा की दृष्टि से भी इनमें कोई उल्लेखनीय नवीनता नहीं है।

सिंहावलोकन

इस अवधि (1891-1917) के उपन्यासों पर सरसरी नजर डालने पर पहला तथ्य यह सामने आता है कि इसी अवधि में हिन्दी उपन्यास को अपने पैरों पर खड़ा होने के लिए जमीन मिली। इसके पहले हिन्दी उपन्यास हिन्दी साहित्य के उत्थानकर्ताओं के उत्साह पर निर्भर था। उसके पाठक न के बराबर थे। देवकी नन्दन खत्री ने हिन्दी उपन्यास को पाठकों का आधार प्रदान किया, उसे अपने पैरों पर खड़ा किया। 19वीं शताब्दी का अन्तिम दशक पूरी तरह से पाठकों के निर्माण का दशक है और इसके एक मात्र अभियन्ता देवकी नन्दन खत्री हैं। बीसवीं शताब्दी के प्रथम दो दशकों में खत्री जी के अतिरिक्त गोपालराम गहमरी और किशोरीलाल गोस्वामी ने हिन्दी उपन्यास के पाठकीय आधार को सुदृढ़ करने का प्रयत्न किया। इन्हीं के मार्ग पर चलने वाले ऐयारी-तिलिस्म प्रधान, अपराध प्रधान, जासूसी और रूमानी कथाकारों ने भी पाठक वर्ग के विस्तार में योगदान किया। इस प्रकार इस अवधि की समाप्ति तक हिन्दी में एक विशाल पाठकवर्ग निर्मित हो गया जो मुख्यतः मध्यवर्गीय था। यह मध्यवर्ग बाद में उपन्यास का आश्रयदाता ही नहीं, विषय भी बना।

इसी अवधि में *उपन्यास* पद को अन्तिम रूप से मान्यता प्राप्त हुई और इसका श्रेय भी मुख्यतः देवकी नन्दन खत्री को ही है। किशोरीलाल गोस्वामी, गोपालराम गहमरी और उनका अनुकरण करने वाले कथाकारों ने भी 'उपन्यास' पद के प्रचलन में योग दिया। इसके साथ विशेष बात यह हुई कि *उपन्यास* पद का अवांछनीय अर्थविस्तार हो गया। यह अँगरेजी के *नॉवेल* पद का वाचक न होकर *फिक्शन* पद का वाचक बन गया। उपन्यास के अन्तर्गत तिलिस्म, ऐयारी, अपराध, जासूसी, रोमांस, इतिहास, अतिलौकिक घटनाएँ, जादूमन्तर, भूतप्रेत सबका समावेश हो गया। उपन्यास की विशेष पहचान गायब हो गयी और वह कथा का पर्याय हो गया। यद्यपि भारतेन्दु-बालकृष्ण भट्ट परम्परा के कथाकारों, जैसे–भुवनेवर मिश्र, ब्रजनन्दन सहाय, महता लज्जाराम शर्मा और इस अवधि के गौण उपन्यासकारों ने उपन्यास को सामाजिक यथार्थ से जोड़े रखने का प्रयत्न किया पर इस अवधि का उपन्यास साहित्य मुख्यतः कथा साहित्य ही बना रहा।

इस अवधि में तिलिस्म, ऐयारी और जासूसी के रूप में परम्परागत कथा को एक नया आयाम प्राप्त हुआ। भारतीय कथा-परम्परा में ये तत्त्व लगभग अनुपस्थित थे। हिन्दी में इनका आगमन फ़ारसी और अँगरेजी कथा-परम्परा से हुआ, जिसका श्रेय मुख्यतः देवकीनन्दन खत्री और गोपालराम गहमरी को और गौणतः दुर्गाप्रसाद खत्री, जयरामदास गुप्त, गंगाप्रसाद गुप्त आदि को है। देवकीनन्दन खत्री और गोपालराम गहमरी की विशेषता यह है कि इन्होंने कथा को अविश्वसनीय तत्त्वों से मुक्त रखने की कोशिश की। इन्होंने कथा को विज्ञान की नयी खोजों से जोड़ कर उसे बौद्धिक आयाम प्रदान किया। यह भी कथा का यथार्थवाद की ओर प्रयाण था, जो उसे उपन्यास की तरफ भी ले जाता है। पर इस काल के अन्य कथालेखकों को इसका निर्वाह करने में पूरी सफलता नहीं मिली।

कथा में अतीत का उपयोग इस अवधि के कथालेखन की एक उल्लेखनीय विशेषता है और इसका सर्वाधिक श्रेय किशोरीलाल गोस्वामी को है। किशोरीलाल गोस्वामी ने अपने लगभग एक दर्जन उपन्यासों में मुस्लिम-राजपूत कालीन इतिहास को आधार बनाया। गोस्वामी

जी का लक्ष्य हिन्दू पाठकों में आत्मगौरव का भाव जागृत करना था, जो वस्तुतः भारतीय नवजागरण का ही एक पक्ष था। इसके लिए उन्होंने अतीत पर दृष्टि डाली, पर दुर्भाग्यवश उन्होंने मुस्लिम शासनकाल को चुना, जब, मान्य इतिहास के अनुसार, हिन्दू गौरव अपने उतार पर था। चूँकि गोस्वामी जी को मुस्लिम संस्कृति की तुलना में हिन्दू संस्कृति को गौरवशाली सिद्ध करना था अतः उन्होंने मान्य इतिहास की उपेक्षा करके भी, मुसलमान शासकों को विलासी, चरित्रहीन, मक्कार, हिन्दूद्वेषी, पाखंडी आदि रूप में और हिन्दू सामन्तों को चरित्रवान, उदार, निष्ठावान, धार्मिक आदि रूपों में प्रस्तुत किया। हिन्दू गौरव की स्थापना के जोश में गोस्वामी जी ने मुस्लिम शासकों को अतिरंजित रूप में हीन और पतित बताया। इस जोश में उन्होंने मान्य इतिहास को प्रायः ताक पर रख दिया और तथ्यों को भ्रामक या अतिरंजित रूप देने में कोई संकोच नहीं किया। मुसलमान शासकों और उनके अन्तःपुरों के चरित्र को घृणित रूप देने के लिए उन्हें ऐसी कल्पनाएँ करनी पड़ीं, जो उपन्यास के व्याकरण के प्रतिकूल हैं। गोस्वामी जी की अतिरंजित कल्पना ने उनके इतिहास बोध और ऐतिहासिक यथार्थ को विकृत कर दिया। गंगाप्रसाद गुप्त, जयरामदास गुप्त आदि भी अपने उपन्यासों में इतिहास का सर्जनात्मक उपयोग करने में सफल नहीं हुए। इनके अतिरिक्त बलदेव प्रसाद मिश्र, गिरिजानन्दन तिवारी, मुंशी देवी प्रसाद, रामनरेश त्रिपाठी, चन्द्रशेखर पाठक, ब्रजनन्दन सहाय आदि ने भी, जिनमें मुसलमानों के प्रति कोई द्वेष भाव नहीं है, अपने उपन्यासों में इतिहास का सर्जनात्मक उपयोग करने में कोई उल्लेखनीय सफलता नहीं प्राप्त की।

विषय की दृष्टि से प्रेम की केन्द्रीयता या प्रमुखता इस अवधि के उपन्यासों में बढ़ती दिखाई देती है। देवकीनन्दन खत्री की कथाओं में प्रेम ही केन्द्रस्थ है, यद्यपि वह ऐयारी-तिलिस्म के जंजाल में खोया हुआ है। इसके अतिरिक्त यह प्रेम लेखकीय संवेदना से उद्भूत न होकर परम्परागत कथाओं से आगत है। इस काल के कथालेखकों में प्रेम को सर्वाधिक महत्त्व देने वाले किशोरीलाल गोस्वामी हैं, पर उनका प्रेम भी आनुभूतिक गहराई की दृष्टि से अनुल्लेखनीय है। गोस्वामी जी के उपन्यासों में स्थूल, दैहिक स्तर पर व्यक्त होने वाला प्रेम ही प्रधान है, प्रेम की गहरी संवेदना उनमें नगण्य है। इस काल के अन्य ऐतिहासिक और सामान्य रोमांसों के सम्बन्ध में भी यही बात कही जा सकती है। भुवनेश्वर मिश्र और ब्रजनन्दन सहाय इसके अपवाद हैं। भुवनेश्वर मिश्र ने *बलवन्त भूमिहार* में प्रेम के संवेदनात्मक पक्ष को अधिक विश्वसनीयता के साथ प्रस्तुत किया है, जबकि ब्रजनन्दन सहाय के सौन्दर्योपासक में उसका भावुकताप्रधान पक्ष उजागर हुआ है।

चरित्र चित्रण के प्रति इस काल के कथाकार अपने पूर्ववर्ती दौर के कथाकारों से कुछ अधिक जागरूक हैं। देवकीनन्दन खत्री अपनी दृष्टि से पात्रों का चरित्र निर्मित करने का प्रयास करते हैं। उनके चरित्र हिन्दू आचार संहिता का अनुगमन करने वाले प्रारूप पात्र हैं। उनमें नैतिक मूल्यों का कोई द्वन्द्व नहीं है। *चन्द्रकान्ता सन्तति* के अन्तिम हिस्सों में खत्री जी ने भूतनाथ नामक एक ऐयार पात्र की सृष्टि की है जो नैतिक मूल्यों के द्वन्द्व का शिकार है। भूतनाथ ऐयारी के फन का उस्ताद है; वीरता, बुद्धिमानी, प्रत्युत्पन्नमतित्व, सजगता, साहस आदि अनेक गुण उसमें भरे हुए हैं, पर उसमें लोभ, ऐयाशी, क्रूरता, विश्वासघात, कृतघ्नता आदि दुर्गुण भी उतनी ही प्रचुर मात्रा में हैं। दूसरी तरफ उसमें इन दुष्प्रवृत्तियों से उबरने, इन्हें छोड़ने की सात्विक प्रेरणा भी है। यही उसके चरित्र की विशेषता है। खत्री जी ने भूतनाथ

के इस मानसिक द्वन्द्व का अच्छा चित्रण किया है। यह द्वन्द्व मध्यवर्गीय मानस के द्वन्द्व का प्रतिबिम्ब भी बन गया है। यह वस्तुतः अच्छाई-बुराई के बीच का द्वन्द्व है जिसमें अन्ततः अच्छाई की जीत होती है। पर महता लज्जाराम शर्मा, ब्रजनन्दन सहाय, ईश्वरी प्रसाद शर्मा, चन्द्रशेखर पाठक आदि के औपन्यासिक पात्र बिलकुल समतल पात्र हैं, जो लेखकीय आदर्शों के अनुरूप आचरण करते हैं। अपवाद के तौर पर केवल भुवनेश्वर मिश्र कृत *बलवन्त भूमिहार* में प्रेम और सामाजिक आचार संहिता का द्वन्द्व कलात्मक रूप में दिखाया गया है। *बलवन्त भूमिहार* की केन्द्रीय पात्र यमुना प्रेम तो करती है, पर सामाजिक आचार संहिता का उल्लंघन नहीं करती। इस नैतिक द्वन्द्व के फलस्वरूप उसकी मानसिक पीड़ा के अंकन में भुवनेश्वर मिश्र को उल्लेखनीय सफलता मिली है।

सामाजिक समस्याओं के चित्रण में, जो मुख्यतः नवजागरण से जुड़ी हुई थीं, इस अवधि के उपन्यासकारों ने पर्याप्त रुचि ली है। इनमें समकालीन जीवन के सुपरिचित यथार्थ की ओर झुकाव बढ़ता दिखाई देता है। अब वे तिलिस्म और ऐयारी की दुनिया का त्याग कर अपनी आसपास की जिन्दगी की ओर अधिकाधिक मुड़ते प्रतीत होते हैं। स्त्रीशिक्षा के प्रसार, बालविवाह और वृद्धविवाह की आलोचना, विधवाओं के प्रति सहानुभूति, लड़के-लड़कियों के विवाह में उपजाति की शर्त न मानने का समर्थन, बहुओं के प्रति सासों और सौतेलों पुत्रों के प्रति विमाताओं के कठोर व्यवहार का अंकन तथा देशहित के लिए शिक्षा के प्रसार, हिन्दी भाषा की उन्नति, देशी व्यापार और उद्योग-धन्धों के विकास, यूरोपीय ज्ञानविज्ञान के प्रचार आदि का समर्थन, विलायती सभ्यता, यूरोपीय रहनसहन, वेशभूषा, खानपान की नकल की आलोचना इस अवधि के उपन्यासों में खूब मिलती है। यह तनिक आश्चर्य की बात है कि हिन्दी उपन्यास के 'आरम्भिक दौर' में स्त्रीशिक्षा तथा स्त्रियों की सर्वांगीण उन्नति के प्रति जो उत्साह था वह 1890 के बाद मन्द पड़ता दिखाई देता है। इस काल के उपन्यासकार सामान्यतः स्त्रियों की उच्च शिक्षा और उनकी स्वतन्त्रता के घोर विरोधी हैं। नवाब राय (प्रेमचन्द) को छोड़कर किसी भी हिन्दी उपन्यासकार ने विधवा विवाह का समर्थन नहीं किया है। अधिकतर उपन्यासकार विधवा विवाह के विरोधी ही हैं। इसका कारण यह है कि नवजागरण की चेतना के प्रसार के बावजूद हिन्दू समाज नारी के प्रति परम्परागत दृष्टिकोण त्यागने की मानसिकता में नहीं आ सका था। सनातनी हिन्दुओं ने आर्य समाज के सुधारों के विरोध में अपना रूढ़िवादी रुख और भी कठोर कर लिया था। महता लज्जाराम शर्मा इस हिन्दू मानसिकता का प्रतिनिधित्व करते हैं। अन्य उपन्यासकार भी हिन्दू समाज की नारीविषयक रूढ़िवादी विचारधारा के विरोध में खड़ा होने का साहस नहीं जुटा पाते।

यद्यपि इस काल के किसी भी उपन्यासकार ने ब्रिटिश शासन का प्रत्यक्ष रूप में विरोध नहीं किया है, पर पुलिस विभाग, अदालतों और सरकारी दफ्तरों की आलोचना के रूप में उन्होंने ब्रिटिश शासन के प्रति अपना असन्तोष अवश्य व्यक्त किया है। अँगरेजी शिक्षा के कारण युवकों में फैलती बेकारी की समस्या की ओर भी उपन्यासकारों का ध्यान गया है।

इस अवधि का उपन्यास देश के उस विशाल जनसमुदाय से कटा हुआ है जो ब्रिटिश औपनिवेशिक शासन के शोषणचक्र में पिस रहा था। यह जनसमुदाय किसानों का था, जो मुख्यतः गाँवों में रहता था और विदेशी सरकार, जमींदार, महाजन और पुरोहित सबका भक्ष्य बना हुआ था। किशोरीलाल गोस्वामी, भुवनेश्वर मिश्र, महता लज्जाराम शर्मा आदि कुछ

उपन्यासकारों ने किसानों पर जमींदारों के अत्याचार, ग्रामीणों की निर्धनता, अशिक्षा तथा उनकी दीनहीन स्थिति का यत्रतत्र चित्रण किया है, किन्तु यथार्थ के इस ज्वलन्त पक्ष पर उनकी सर्जनात्मक दृष्टि नहीं पड़ी है।

शिल्प की दृष्टि से इस अवधि के कथालेखन की कतिपय उल्लेखनीय उपलब्धियाँ हैं। जटिल कथानक का निर्माण इस काल की शिल्पविषयक प्रमुख उपलब्धि है और इसका सबसे अधिक श्रेय देवकीनन्दन खत्री को है। यह कहने में कोई अत्युक्ति न होगी कि देवकीनन्दन खत्री ने कथानक निर्माण को अपने चरम उत्कर्ष पर पहुँचा दिया। कालक्रम में विपर्यसन, युगपत् रूप में कथा के संक्रमण और रहस्य-सृजन की कला को खत्री जी ने उसकी मंजिल पर ला दिया। इस अवधि की दूसरी शिल्प-दिशा कथाप्रस्तुति में आत्मकथात्मक प्रविधि का प्रयोग है। इसकी शुरुआत किशोरीलाल गोस्वामी ने *स्वर्गीय कुसुम* (1889) में की थी और *लखनऊ की कब्र* (1906) तथा *माधवी माधव* (1909) में उसे आगे बढ़ाया था। भुवनेश्वर मिश्र ने *घराऊ घटना* (1893) तथा चन्द्रशेखर पाठक ने *वारांगना रहस्य* (1914) में आत्मकथात्मक प्रविधि का प्रयोग किया। देवकीनन्दन खत्री ने भी *भूतनाथ* (1907) में भूतनाथ की जीवनी उसकी आत्मकथा के रूप में प्रस्तुत करने का प्रयास किया। औपन्यासिक शिल्प की दिशा में यह एक सर्जनात्मक प्रयोग था। औपन्यासिक संसार को विश्वसनीय बनाने में यह प्रविधि बहुत उपयोगी होती है। आत्मकथा के रूप में किसी पात्र की आवाज जितनी विश्वसनीय होती है उतनी किस्सागो के रूप में उपन्यासकार की नहीं। पर इस प्रविधि का तर्कसंगत उपयोग करने में इन उपन्यासकारों को पूरी सफलता नहीं मिली है। पात्र आत्मकथा प्रस्तुत करते समय अपनी सीमाओं को प्रायः भूल जाते हैं और अपने साथ घटित प्रसंगों, वार्तालापों और अन्य पात्रों की कथा किसी किस्सागो के रूप में ही सुनाने लगते हैं। *भूतनाथ* में देवकीनन्दन खत्री भूतनाथ की जीवनी उसकी आत्मकथा के रूप में प्रस्तुत करने का आश्वासन देते हैं, पर बाद में इसे बिलकुल ही भूल जाते हैं और उनका किस्सागो सर्वव्यापी हो जाता है। अतः यह कहा जा सकता है कि आत्मकथात्मक शिल्पप्रविधि के निर्वाह में इस अवधि के उपन्यासकारों को अपेक्षित सफलता नहीं मिली है। पर उपन्यास-शिल्प की दिशा में यह प्रयत्न ही कम उल्लेखनीय नहीं है।

इस अवधि के प्रायः सभी उपन्यासकार कथा प्रस्तुति में किस्सागो की भूमिका में प्रत्यक्षतः विद्यमान रहते हैं। वे कभी भी अपने पाठकों का साथ नहीं छोड़ते और उन्हें 'प्रिय पाठक', 'सहृदय पाठक', 'रसिक पाठक' आदि कहकर सम्बोधित करते रहते हैं। जहाँ भी उन्हें आशंका होती है कि उनका पाठक कथा का साथ देने में असमर्थ हो रहा है, वे उसकी सहायता के लिए पहुँच जाते हैं। किस्सागो और श्रोता का यह सम्बन्ध कथा के जन्म से ही चला आ रहा है, जिससे इस अवधि का उपन्यास मुक्त नहीं हो पाया है।

इस काल में हिन्दी उपन्यास अपने लिए विशिष्ट भाषा की तलाश कर रहा था। उपन्यासकार के समक्ष पहले से चली आती दो भाषिक परम्पराएँ थीं। एक परम्परा साधारण कथा-भाषा की थी, जो बोलचाल की सामान्य भाषा के रूप में होती थी। दूसरी परम्परा संस्कृत गद्यकाव्य की थी, जिसमें काव्यात्मकता के नाम पर अलंकरण की प्रमुखता थी। आरम्भ से ही हिन्दी की नयी कथा-धारा के साथ ये दोनों भाषिक परम्पराएँ चली आ रही थीं। विवेच्य अवधि में भी ये दोनों भाषा-परम्पराएँ साथ-साथ अग्रसर होती रहीं। देवकीनन्दन खत्री ने

बोलचाल की भाषा को महत्त्व दिया पर वे उसे सर्जनात्मक स्तर नहीं प्रदान कर सके। इस बोलचाल के गद्य को सर्जनात्मक स्तर प्रदान करने का प्रयास किशोरीलाल गोस्वामी, भुवनेश्वर मिश्र, मन्नन द्विवेदी गजपुरी आदि ने किया। इनमें भुवनेश्वर मिश्र की भाषा ही उपन्यास की भाषा के निकट पहुँचने में समर्थ हुई है। भाषा की दूसरी परम्परा, यानी संस्कृत गद्यकाव्य की भाषा-परम्परा के अनुगामी मुख्य रूप से किशोरीलाल गोस्वामी हैं। इसी आधार पर रामचन्द्र शुक्ल ने उनके उपन्यासों को 'साहित्य' की कोटि में रखा था। ब्रजनन्दन सहाय और महता लज्जाराम शर्मा भी अपनी भाषा को सर्जनात्मक रूप देने के प्रयास में इसी भाषिक परम्परा की शरण लेते हैं।

कहा जा सकता है कि प्रेमचन्द के आगमन के पूर्व हिन्दी उपन्यास अपने स्वरूप की तलाश कर रहा था। सम्भवतः उसे औपन्यासिक प्रतिभा की भी तलाश थी। प्रेमचन्द के हिन्दी में आगमन के साथ यह तलाश पूरी हो जाती है और हिन्दी उपन्यास प्रौढ़ता की अवस्था में प्रवेश करता है।

सन्दर्भ

1. ज्ञानचन्द्र जैन, प्रेमचन्द पूर्व के हिन्दी उपन्यास, पृ. 159
2. रामचन्द्र शुक्ल, हिन्दी साहित्य का इतिहास, पृ. 273
3. हिन्दी प्रदीप, जनवरी-मार्च, 1897
4. ज्ञानचन्द्र जैन, प्रेमचन्द पूर्व हिन्दी के उपन्यास, पृ. 75
5. रामचन्द्र शुक्ल, हिन्दी साहित्य का इतिहास, पृ. 274
6. ज्ञानचन्द्र जैन, प्रेमचन्द पूर्व के हिन्दी उपन्यास, पृ. 167
7. उपरिवत्, पृ. 185
8. हिन्दी प्रदीप, जन.-मार्च, 1897

यथार्थ के नये स्वर
[1918-1947]

(क) केन्द्र में किसान : 1918-1936

उपन्यासकार के रूप में प्रेमचन्द (ज.1880) का हिन्दी में प्रवेश *सेवासदन* (1918) के साथ हुआ। इसके पूर्व वे उर्दू में *असरारे मआविद उर्फ देवस्थान रहस्य* (1903-05), *हमखुर्मा व हमसवाब* (1906), *किसना* (1908), *जलव ए ईसार* (1912) आदि उपन्यास लिख चुके थे। पहला उपन्यास उन्होंने धनपत राय के नाम से, दूसरा नवाब राय के नाम से और अन्तिम 'प्रेमचन्द' के नाम से लिखा था। यह नाम-परिवर्तन उनकी सरकारी नौकरी की मजबूरी का परिणाम था। 1915 ई. तक प्रेमचन्द उर्दू साहित्य में कहानीकार के रूप में अपनी पहचान बना चुके थे। पर उर्दू साहित्य में अपनी स्थिति से वे सन्तुष्ट न थे। उर्दू में पाठकों की स्थिति तो असन्तोषजनक थी ही, उर्दू आलोचकों ने भी उन्हें कदाचित् अपेक्षित सम्मान नहीं दिया था। इसका परिचायक है, उनका 1 सितम्बर, 1915 को अपने दोस्त और ज़माना के सम्पादक मुंशी दयानरायन निगम के नाम पत्र जिसमें उन्होंने लिखा था, " उर्दू में अब गुजर नहीं है।....उर्दूनवीसी में किस हिन्दू को फैज हुआ जो मुझे हो जाएगा।" 1915 में ही अपनी 'सौत' शीर्षक कहानी से वे हिन्दी में आए और उसके बाद उनकी कहानियाँ हिन्दी-उर्दू दोनों में साथ-साथ प्रकाशित होने लगीं। उपन्यासों के साथ भी लगभग यही हुआ। *हमखुर्मा व हमसवाब* का स्वयं उन्हीं के द्वारा किया हुआ रूपान्तर 1907 में *प्रेमा अर्थात् दो सखियों का विवाह* शीर्षक से प्रकाशित हुआ था। *जलवए ईसार* उर्दू में उनका तीसरा उपन्यास था जो 1921 में हिन्दी में *वरदान* शीर्षक से प्रकाशित हुआ। प्रेमचन्द को हिन्दी में प्रतिष्ठित करने वाला पहला उपन्यास *सेवासदन* (1918) भी पहले उर्दू में ही, *बाजारे हुस्न* शीर्षक से, लिखा गया था, पर उसका उर्दू रूप हिन्दी रूपान्तरण के बाद प्रकाशित हुआ। इसी आधार पर *सेवासदन* को प्रेमचन्द का पहला 'हिन्दी' उपन्यास माना जाता है। प्रेमचन्द के *प्रेमाश्रम* (1922) और *रंगभूमि* (1925) शीर्षक वाले बड़े आकार के उपन्यास भी पहले उर्दू में ही क्रमशः *नाकाम/नेकनाम/गोशए-आफ़ियत* और *चौगाने हस्ती* नाम से लिखे गये थे, पर साथ-साथ उनके हिन्दी रूपान्तर भी स्वयं प्रेमचन्द के द्वारा ही होते रहे और उनके हिन्दी रूपों का ही पहले प्रकाशन हुआ, उर्दू रूप बाद में प्रकाशित हुए। प्रेमचन्द का हिन्दी में मूल रूप से लिखा पहला उपन्यास *कायाकल्प* (1926) था। उसके बाद उनके सारे उपन्यास पहले हिन्दी में लिखे गये। इनके उर्दू अनुवाद भी हिन्दी संस्करणों के तुरत बाद प्रकाशित हुए थे।

जिस समय प्रेमचन्द ने उर्दू में उपन्यास और कहानियाँ लिखना आरम्भ किया था उस

समय हिन्दी में देवकीनन्दन खत्री के ऐयारी-तिलिस्म प्रधान उपन्यासों की धूम मची हुई थी। अपने ही शहर के इतने मशहूर लेखक को धनपत राय (प्रेमचन्द) न जानते हों, ऐसा नहीं हो सकता। उर्दू-फारसी की तिलिस्मी दास्तानों से उनका परिचय भी कम न था, पर उन्होंने अपने लिए वह रास्ता नहीं चुना। उनकी शिक्षादीक्षा उर्दू-फारसी में हुई थी। 1900 ई. तक अँगरेजी के कुछ उपन्यास भी उन्होंने पढ़ लिए थे। हिन्दी (भोजपुरी) उनकी मातृभाषा थी। देवनागरी लिपि उन्होंने कब सीखी, इसका कोई प्रमाण नहीं मिलता। पर लिखना उन्होंने उर्दू में ही शुरू किया था और वह भी उपन्यास से। उनके उद्दिष्ट पाठक उर्दू पढ़े-लिखे हिन्दू रहे होंगे, क्योंकि *असरारे मआबिद उर्फ देवस्थान रहस्य* में उन्होंने मन्दिरों और तीर्थस्थानों में फैले भ्रष्टाचार, पाखंड और प्रवंचना तथा वेश्याओं और चरित्रहीन स्त्रियों के कपटाचरण को अपनी कथा और आलोचना का विषय बनाया था। इस उपन्यास के सभी पात्र हिन्दू हैं। समूची कथा में कथाकार की भूमिका सामाजिक आलोचक और सुधारक की है, जिसमें हिन्दू समाज की बुराइयों का दोटूक वर्णन है। उन्होंने इस उपन्यास में मुस्लिम जीवन का स्पर्श नहीं किया, कदाचित् उसका नजदीकी अनुभव न होने के कारण या कोई बखेड़ा पैदा न हो, इस आशंका से। हिन्दू धर्म और समाज में फैली बुराइयों में उर्दू पाठकवर्ग की, चाहे वह किसी भी धर्म का हो, रुचि सम्भव थी। यह पाठकवर्ग बौद्धिक दृष्टि से हिन्दी पाठक की तुलना में अग्रसर था। देवकी नन्दन खत्री ने हिन्दी में जो विशाल पाठकवर्ग तैयार किया था, उसकी रुचि किस्सा कहानी तक सीमित थी। प्रेमचन्द के समकालीन, यद्यपि उम्र में बड़े, गोपालराम गहमरी, इसी पाठक वर्ग की रुचि के अनुरूप जासूसी कथाएँ लिख रहे थे। अन्य हिन्दी कथाकार 'रसिक और सहृदय' पाठकों को लक्ष्य कर उपन्यास लिख रहे थे जिनकी संख्या बहुत कम थी। यह हिन्दी पाठकवर्ग परम्पराप्रेमी और रूढ़िवादी था। इसके साथ प्रेमचन्द के विचारों का कोई तालमेल नहीं था। प्रेमचन्द विचारों से आर्य समाज के अनुयायी थे और हिन्दू समाज को आधुनिक और तर्कसंगत रूप देना चाहते थे। वे उन सारी बातों के विरुद्ध थे जो मनुष्य-मनुष्य के बीच, स्त्री-पुरुष के बीच, अमीर-गरीब के बीच, जमींदार और किसान के बीच, यहाँ तक कि भगवान और आदमी के बीच भी फाँक पैदा करती हैं। इन्हीं बातों को लेकर उन्होंने अपने आरम्भिक उर्दू उपन्यास लिखे। *असरारे मआविद* में उन्होंने 'देवस्थानों' के रहस्य का उद्घाटन किया तो *हमखुर्मा व हमसवाब* में विधवा विवाह का आर्यसमाजी जोश के साथ समर्थन किया। विधवा विवाह की समस्या इस उपन्यास में इतनी अहम बन गयी है कि उसमें चित्रित जीवन अविश्वसनीय हो गया है। फिर भी उपन्यास में यथार्थ जीवन की झलकियाँ हैं। उल्लेखनीय है कि न तो समकालीन हिन्दी पाठकों ने, और न ही आलोचकों ने *हमखुर्मा व हमसवाब* के रूपान्तर *प्रेमा* का स्वागत किया। पाठकों की उपेक्षा का प्रमाण यह है कि *प्रेमा* का दूसरा संस्करण नहीं हुआ, जबकि किशोरीलाल गोस्वामी, ब्रजनन्दन सहाय, महता लज्जाराम शर्मा आदि के उपन्यासों के दूसरे-तीसरे संस्करण प्रकाशित हुए। बालकृष्ण भट्ट ने *प्रेमा* की तीखी समीक्षा करते हुए इंडियन प्रेस के मालिक को ऐसी पुस्तक न छापने की सलाह दी थी। ('हिन्दी प्रदीप', जुलाई, 1907) इससे बीसवीं शताब्दी के प्रथम दशक में, हिन्दी में, प्रेमचन्द की लेखकीय स्थिति का अनुमान किया जा सकता है।

पर प्रेमचन्द को इस बात का आभास था कि उन्हें हिन्दी पाठकों के बीच लोकप्रियता और उपन्यासकार/ कहानीकार के रूप में प्रतिष्ठा मिल सकती है। उनके मानस में उपन्यास

के एक नये रूप की प्रकल्पना थी, जो मुख्यतः यूरोपीय उपन्यासों पर आधारित थी। 1913 ई. के लगभग उनके मन में हिन्दी में लिखने की इच्छा पैदा होने लगी थी, इसका आभास मुंशी दयानरायन निगम को लिखे उनके पत्रों से मिलता है। और अन्ततः वे हिन्दी में आ ही गये, प्रथमतः कहानीकार के रूप में और फिर उपन्यासकार के रूप में। 1915 के बाद हिन्दी पत्र-पत्रिकाओं में उनकी कहानियों की माँग बेतरह बढ़ने लगी और 1924-25 तक तो वे हिन्दी पाठकों के सर्वाधिक प्रिय लेखक बन गये। देवकीनन्दन खत्री, किशोरीलाल गोस्वामी, गोपालराम गहमरी आदि ने हिन्दी पाठकों का जो विशाल वर्ग तैयार किया था, वह अब ऐयारी-तिलिस्म, अपराध और विरह-मिलन की कथाओं की दुनिया से बाहर निकलना चाहता था। प्रेमचन्द ने अपने रचनात्मक कौशल से इस पाठक वर्ग को अपना पाठक बना लिया।

अपने प्रथम उपन्यास *सेवासदन* में प्रेमचन्द ने वेश्या जीवन से सम्बद्ध समस्याओं के चित्रण का प्रयास किया। हिन्दी-उर्दू में इसके पूर्व वेश्या जीवन पर कई उपन्यास लिखे जा चुके थे। उर्दू में मिर्जा हादी रुस्वा ने *उमराव जान अदा* (1899) नामक प्रसिद्ध उपन्यास लिखा था, जो वेश्या जीवन पर ही आधारित था। सम्भव है, प्रेमचन्द को वेश्या जीवन पर उपन्यास लिखने की प्रेरणा इससे मिली हो। हिन्दी में भी किशोरीलाल गोस्वामी, कुँवर हनुमन्त सिंह रघुवंशी, गिरिजानन्दन तिवारी, जयरामदास गुप्त, चन्द्रशेखर पाठक आदि ने वेश्या जीवन को अपने उपन्यासों का विषय बनाया था। सम्भव है, प्रेमचन्द ने गोस्वामी जी का उपन्यास *स्वर्गीय कुसुम* पढ़ा भी हो, क्योंकि उसमें और *सेवासदन* में यत्रतत्र अद्‌भुत साम्य दिखाई देता है, चाहे वह आकस्मिक ही क्यों न हो। पर प्रेमचन्द ने *सेवासदन* में वेश्या समस्या को रुस्वा और किशोरीलाल गोस्वामी दोनों से भिन्न कोण से प्रस्तुत किया है। उसके उर्दू शीर्षक *बाजारे हुस्न* को छोड़कर *सेवासदन* शीर्षक का चुनाव भी संकेतपूर्ण है। *सेवासदन* में स्त्रियों के वेश्यावृत्ति अपनाने के मूल में तिलक-दहेज की प्रथा, पति द्वारा पत्नी की उपेक्षा, उसके प्रति अविश्वास और क्रूर व्यवहार तथा समाज की उपेक्षा और असहानुभूति को कारण माना गया है। इसके पहले किशोरीलाल गोस्वामी ने देवदासी प्रथा को और कुँवर हनुमन्त सिंह रघुवंशी ने विधवा विवाह के निषेध को वेश्यावृत्ति के कारण के रूप में प्रस्तुत किया था। रुस्वा ने धन के लिए लड़कियों के अपहरण को वेश्यावृत्ति का कारण बताया था। हिन्दी में वेश्यावृत्ति को हिन्दू समाज में स्त्रियों की हीन दशा के परिणाम के रूप में प्रस्तुत करने की परम्परा थी। प्रेमचन्द की भी यही धारणा थी, पर उन्होंने सामाजिक-आर्थिक कारणों के साथ-साथ मनोवैज्ञानिक कारण को भी जोड़कर उसे अधिक विश्वसनीय बना दिया है।

प्रेमचन्दपूर्व हिन्दी उपन्यास में स्त्रियों के लिए पातिव्रत्य को अपरिहार्य मूल्य के रूप में प्रस्तुत किया गया है। इन उपन्यासों में जो स्त्रियाँ पातिव्रत्य का पालन नहीं करती हैं, उन्हें ईश्वरीय दंड मिलता है। *सेवासदन* में प्रेमचन्द ने पहली बार पति से विद्रोह करने वाली और प्रतिक्रिया में वेश्यावृत्ति अपना लेने वाली स्त्री के प्रति सहानुभूति व्यक्त की है। *सेवासदन* की सुमन को कोई जबरदस्ती वेश्या नहीं बनाता। वह स्वयं वेश्यावृत्ति अपनाती है। सामाजिक मजबूरियाँ उसे वेश्या बनाती हैं। वह वेश्या बनकर अपने पति से ही नहीं, पूरे समाज से प्रतिशोध लेती है। वेश्या के रूप में भी सुमन सदन को अपने प्रेमजाल में फँसने से रोक कर अपने सामाजिक विवेक का परिचय देती है। यह भी उसका समाज के मुख पर एक तमाचा ही है। उसके वेश्या बन जाने पर समाज का प्रबुद्ध वर्ग, विशेषकर आर्य समाज, सक्रिय

होता है। उसका पति भी पश्चात्ताप करता है। आर्य समाज के नेता बिट्ठल दास उसके उद्धार के लिए एड़ी-चोटी का पसीना एक कर देते हैं। सुमन उनसे बातचीत के क्रम में पूरे समाज को बेनकाब कर देती है। यह प्रेमचन्द की क्रान्तिकारी सामाजिक दृष्टि का परिचायक है। प्रेमचन्द ने पातिव्रत्य को नारी चरित्र का एकमात्र मूल्य स्वीकार नहीं किया है। पति, घर और समाज से सुमन का विद्रोह शोषित और दलित नारी का, पुरुष समाज से, विद्रोह का प्रतीक है। सुमन के चरित्र के माध्यम से प्रेमचन्द ने विवश नारी की समाज से टकराव की कहानी कहने का प्रयत्न किया है।

पर प्रेमचन्द यह नहीं भूलते कि विदेशी औपनिवेशिक शासन में रूढ़ियों में जकड़े और पतन के गर्त में डूबे हिन्दू समाज में सामाजिक व्यवस्था से विद्रोह करने वाली स्त्री के लिए कोई जगह नहीं होती। वह केवल वेश्यावृत्ति अपनाने को स्वतन्त्र होती है, जो वस्तुतः व्यवस्था का एक षड्यन्त्र है। वह पुनः वेश्यावृत्ति को छोड़कर समाज की मुख्य धारा में प्रवेश नहीं कर सकती। प्रेमचन्द ने सुमन की कहानी द्वारा इसी तथ्य को सामने रखा है। स्त्री के लिए वेश्या जीवन से मुक्ति का एकमात्र विकल्प आत्महत्या ही रह जाता है, पर इसे विकल्प मानने से उन्होंने इनकार कर दिया है। इसके स्थान पर प्रेमचन्द ने एक नया विकल्प प्रस्तुत किया है। वह विकल्प है, वेश्याओं के उद्धार के लिए 'सेवासदन' की स्थापना। यह विकल्प कितना कमजोर है, यह पूरी तरह से सिद्ध हो चुका है। भारत में ही नहीं, सारे संसार में वेश्या समाज की जो स्थिति है, पुरुष समाज से उसकी लड़ाई का जो रूप है, उसे देखते हुए *सेवासदन* का समाधान बहुत बचकाना मालूम पड़ता है। पर बीसवीं शताब्दी के प्रथम चरण में भारतीय परिस्थितियों को देखते हुए इस विकल्प की हँसी नहीं उड़ायी जा सकती। इसके भीतर नारी के प्रति लेखक की संवेदना उमड़ती दिखाई देती है।

दहेज प्रथा के विरोध का स्वर यत्रतत्र प्रेमचन्दपूर्व उपन्यासों में भी दिखाई पड़ता है, पर *सेवासदन* में इसके दुष्परिणाम का इतने विश्वसनीय और मार्मिक रूप में पहली बार चित्रण किया गया है। यह उस समय के समाज की, विशेषकर मध्यवर्ग की, एक दुखद सच्चाई थी, जिसे प्रेमचन्द ने अपने संवेदनापूर्ण अनुभव से जाना था। प्रेमचन्द ने उस समय की इस सच्चाई का भी अनुभव किया था कि भ्रष्ट और संवेदनहीन व्यवस्था में ईमानदार आदमी के लिए कोई जगह नहीं होती; वह समाज में 'बाहरी' आदमी हो जाता है और जल्दी ही व्यवस्था से बाहर कर दिया जाता है।

प्रेमचन्द ने वेश्या जीवन पर आधारित पूर्ववर्ती उपन्यासों की तरह इस वृत्ति का चटपटा वर्णन नहीं किया है। वे चाहते तो यथार्थ चित्रण के नाम पर ऐसा कर सकते थे। पर ऐसा न करने के पीछे या तो उनकी नैतिक दृष्टि थी या वे 'उपन्यास' सम्बन्धी इस प्रचलित धारणा को निरस्त करना चाहते थे कि वह पाठकों के लिए 'चरित्रनाशक' होता है। *सेवासदन* में वेश्या जीवन के ब्योरे न के बराबर हैं। उसमें केवल यह बताया गया है कि वेश्याओं के कोठों पर समाज के प्रतिष्ठित व्यक्ति तक पहुँचते हैं और मन्दिरों तथा खुशी के अवसर पर आयोजित महफिलों में वेश्याएँ सादर बुलायी जाती हैं। देखादेखी नवयुवक भी उनकी ओर आकृष्ट होते हैं और अपराध कर्म में लिप्त होकर उनका प्रेम प्राप्त करने की कोशिश करते हैं। वेश्यावृत्ति के इस पक्ष का चित्रण प्रेमचन्द के पूर्ववर्ती उपन्यासों में भी मिलता है। प्रेमचन्द की नवीनता इस बात में है कि वेश्या भी संवेदनशील हो सकती है। पूर्ववर्ती उपन्यासों की

वेश्याएँ हृदयहीन, क्रूर और धनोपार्जन की मशीन होती थीं जबकि *सेवासदन* की सुमन वेश्या जीवन अपनाकर भी मानवीय संवेदना से शून्य नहीं है।

सेवासदन में प्रेमचन्द ने वेश्या समस्या के सामाजिक पक्ष को ही अधिक महत्त्व दिया है। समाज न केवल वेश्यावृत्ति ग्रहण करने वाली स्त्री का बहिष्कार करता है, वरन् उसके परिवार को भी दंडित करता है। इस अन्यायपूर्ण, दमनकारी व्यवस्था की प्रेमचन्द ने तीखी आलोचना की है। *सेवासदन* की कथा में सुमन की बहन को सामाजिक स्वीकृति दिलाकर प्रेमचन्द ने अपने इसी दृष्टिकोण का परिचय दिया है।

सेवासदन में प्रेमचन्द ने हिन्दू-मुस्लिम सम्बन्धों को भी वेश्यावृत्ति से जोड़कर देखा है। व्यवसायियों के आर्थिक स्वार्थ सामाजिक-राजनीतिक समस्याओं को किस प्रकार साम्प्रदायिकता का रूप दे देते हैं, इसका चित्रण पहली बार *सेवासदन* में मिलता है। प्रेमचन्द मानते हैं कि सामान्य जनों में साम्प्रदायिक भेदभाव प्रायः नहीं होता। साम्प्रदायिकता की आग भड़काने वाले प्रायः राजनीतिज्ञ, सेठसाहूकार और धर्म का धन्धा करने वाले होते हैं। इसके पहले राधाकृष्ण दास ने *निस्सहाय हिन्दू* में (1881) इस विवेकपूर्ण दृष्टि का परिचय दिया था। उसके बाद लगभग 35 वर्षों तक हिन्दी उपन्यास में साम्प्रदायिकता के प्रति संकीर्ण दृष्टि का बोलबाला रहा। प्रेमचन्द ने पुनः अपने उपन्यासों द्वारा साम्प्रदायिक एकता का सन्देश दिया।

प्रेमचन्द के पूर्व हिन्दी उपन्यास में मध्यवर्ग का अंकन प्रमुख विषय के रूप में नहीं मिलता। यथार्थवादी/आदर्शवादी उपन्यास धारा में या तो जमींदार वर्ग या समृद्ध ब्राह्मण/व्यवसायी वर्ग का चित्रण ही प्रमुख है। इनके साथ मध्य वर्ग के गौण पात्र जरूर आते हैं, पर उपन्यासों में उनकी समस्याएँ भी गौण ही हैं। बीसवीं शताब्दी के पहले-दूसरे दशक के गौण उपन्यासकारों की रचनाओं में, जैसे गिरिजानन्दन तिवारी कृत *सुलोचना* (1906), रामजी दास वैश्य कृत *फूल में काँटा* (1906), मुंशी हजारी लाल कृत *दो स्त्री का पति* (1907), प्रियंवदा देवी कृत *लक्ष्मी* (1908), कुन्ती देवी कृत *पार्वती* (1909), कुँवर हनुमन्त सिंह रघुवंशी कृत *गृहस्थ चरित्र* (1909), रामनरेश त्रिपाठी कृत *लक्ष्मी* (1911) और *मारवाड़ी और पिशाचिनी* (1912), केदारनाथ शर्मा कृत तारामती (1911), बाँकेलाल चतुर्वेदी कृत *धूल भरा हीरा* (1912), गिरिजा कुमार घोष (पार्वती नन्दन) कृत *छोटी बहू* (1913), पारसनाथ त्रिपाठी कृत हमारी दाई (1914), सिद्धनाथ द्विवेदी कृत *आदर्श विद्यार्थी* (1915), अवध नारायण कृत *विमाता* (1916), विनोदशंकर व्यास कृत *अशान्त* (1917) आदि में, तत्कालीन मध्यवर्गीय जीवन के सायास अंकन की दृष्टि से प्रेमचन्द का *सेवासदन* ऐतिहासिक महत्त्व का अधिकारी है। कृष्णचन्द्र, गजाधर, पद्म सिंह और मदन सिंह के परिवारों के चित्रण द्वारा प्रेमचन्द ने समकालीन मध्य वर्ग की आर्थिक स्थिति, मूल्य संकट, नैतिक दुर्बलता, वैचारिक ढुलमुलपन आदि का अपेक्षाकृत विस्तारपूर्वक और विश्वसनीय अंकन किया है।

सेवासदन के साथ हिन्दी उपन्यास के कथासंसार में एक जबरदस्त बदलाव आया। इसके पहले के उपन्यासों में, *बलवन्त भूमिहार* जैसे कुछेक अपवादों को छोड़कर, या तो घटनाओं की बहुलता होती थी या प्रकृति, नारी सौन्दर्य, विरह, धार्मिक-नैतिक उपदेश आदि से सम्बन्धित वर्णनों की। *सेवासदन* से ऐसे उपन्यासों की परम्परा का आरम्भ होता है जिनमें घटनाओं का स्थान कार्यव्यापार ले लेते हैं। इसके पूर्व *बलवन्त भूमिहार, रामलाल, विमाता* आदि कुछ गिनेचुने ही उपन्यास हैं, जिनमें घटनाओं के स्थान पर कार्यव्यापारों को रोचक

और कौतूहलप्रद बनाने के लिए मनोविज्ञान की सहायता लेना आवश्यक समझा गया है। जब तक सामान्य प्रतीत होने वाले कार्यव्यापारों को उनके प्रेरक भावों से सम्बद्ध नहीं किया जाता, उनमें रोचकता पैदा नहीं होती। भावनाओं से जुड़ जाने पर कार्यव्यापारों के मूल में निहित भावनाएँ ही पाठक की जिज्ञासा का विषय बन जाती हैं। *सेवासदन* में भावनाओं से परिचालित कार्यव्यापार ही उसके स्थापत्य की सामग्री हैं। 'घटनाएँ' सेवासदन में बिलकुल नहीं हैं, ऐसा नहीं कहा जा सकता, पर अपने आगामी उपन्यासों में प्रेमचन्द की सतत कोशिश 'घटनाओं' से मुक्ति की रही है। प्रेमचन्द के समकालीन उपन्यासकार भी घटनाओं के स्थान पर भावप्रेरित कार्यव्यापारों को ही अपने उपन्यासों की सामग्री बनाते हैं। यह प्रवृत्ति धीरे-धीरे इतनी व्यापक हो जाती है कि थोड़ा भी प्रबुद्ध पाठक 'घटनाओं' को नापसन्द करने लगता है। ऐयारी-तिलिस्म तथा अपराधप्रधान कथा साहित्य के साहित्य के मंच से धीरे-धीरे गायब हो जाने का यही कारण है।

सेवासदन के साथ प्रकृति, नारी-सौन्दर्य, विरह तथा अन्य प्रकार के परम्परागत वर्णनों का चलन भी समाप्त हो जाता है। पूर्ववर्ती उपन्यासों में ये वर्णन औपन्यासिक संसार के अविभाज्य अंग न होकर ऊपर से आरोपित होते थे। कभी-कभी तो इनका इतना प्राचुर्य होता था कि कथासंसार का अस्तित्व ही हवा हो जाता था। *सेवासदन* और प्रेमचन्द के परवर्ती उपन्यासों में परिवेश का सजीव अंकन तो मिलता है, पर स्वतन्त्र रूप में कोई 'वर्णन' नहीं मिलता। पात्रों को सजीव रूप में प्रस्तुत करने के लिए वे उनके बाहरी अंगविन्यास, वेशभूषा आदि का सटीक वर्णन करते हैं, पर उनका अधिक ध्यान पात्रों के मनोभावों के वर्णन पर होता है। समाज और अन्य विषयों से सम्बन्धित विचारों को भी वे बहुत संक्षेप में 'कहते' हैं और इनके लिए भी वे अधिकतर अपने पात्रों का ही उपयोग करते हैं। कथाकार के विचार पात्रों के मस्तिष्क में पहुँचकर कार्यव्यापार का ही रूप ले लेते हैं। इस तरह पात्रों के बाह्य और मानसिक कार्यव्यापारों के संयोजन से जो कथासंसार निर्मित होता है, वह उपन्यास की प्रकृति को ही बदल देता है।

शिल्प की दृष्टि से *सेवासदन* में कोई नवीनता नहीं है। किस्सागोई और नाटकीयता, कथाओं का यौगपदिक संक्रमण और उनमें तर्कसंगत सम्बन्ध आदि *परीक्षा गुरु, चन्द्रकान्ता, बलवन्त भूमिहार* आदि की ही तरह *सेवासदन* में भी विद्यमान हैं। पूर्ववर्ती उपन्यासों से *सेवासदन* का एक अन्तर यह है कि किस्सागो अब पहले की तुलना में अप्रत्यक्ष हो गया है। प्रेमचन्द अपने पूर्ववर्ती उपन्यासकारों की तरह पाठकों को 'प्रिय पाठक', 'सहृदय पाठक', 'रसिक पाठक' आदि कहकर सम्बोधित नहीं करते। प्रेमचन्द का किस्सागो पाठक के निकट अप्रत्यक्षतः विद्यमान तो अवश्य रहता है, पर उसे, प्रायः ही, सम्बोधित नहीं करता। किस्सागो की अप्रत्यक्षता का क्रम हिन्दी उपन्यास में *सेवासदन* से ही आरम्भ होता है। *सेवासदन* के शिल्प की दूसरी विशेषता यह है कि पाठक पहले की तुलना में पात्रों के मनोजगत में प्रवेश करने के अधिक अवसर प्राप्त करता है। अब कहानी के लिए उसे किस्सागो की सहायता की आवश्यकता नहीं रह जाती, बल्कि वह स्वयं ही कथा के साथ आगे-पीछे की यात्रा करता रहता है।

भाषा की दृष्टि से प्रेमचन्द के लेखन में अद्भुत परिवर्तन दिखाई पड़ता है। *असरारे मआबिद* में उनकी उर्दू फारसी गद्य से प्रभावित है, जिसमें तुकबन्दी के साथ-साथ अनावश्यक

फैलाव भाषा को कृत्रिम बनाता है। अमृत राय ने इसे 'सरसार के रंग में रचित' बताया है। पर *हमखुर्मा और हमसवाब* में वे सहज और स्वाभाविक गद्य पर उतर आते हैं। उसके हिन्दी रूपान्तर *प्रेमा* की भाषा बिलकुल देवकीनन्दन खत्री की भाषा के निकट आ गयी है। *सेवासदन* की उल्लेखनीय विशेषता यह है कि इसमें संस्कृत गद्यकाव्य परम्परा की अलंकृति का कोई भी अवशेष नहीं है। प्रेमचन्द की कथा-भाषा का आधारभूत आदर्श देवकी नन्दन खत्री की कथा-भाषा है, जिसे सर्जनात्मक स्तर प्रदान कर प्रेमचन्द ने औपन्यासिक भाषा में परिणत कर दिया है। इस भाषा का आदर्श उन्नीसवीं शताब्दी के अन्तिम दशक में भुवनेश्वर मिश्र ने भी प्रस्तुत किया था, पर उनके समकालीन और परवर्ती उपन्यासकारों ने उसका अनुगमन नहीं किया था। प्रेमचन्द की औपन्यासिक भाषा देवकीनन्दन खत्री की भाषा का संस्कारित और सर्जनात्मक रूप है। यह गुण उन्हें विरासत के तौर पर उर्दू से मिला था। उर्दू के साहित्यिक संस्कार ने प्रेमचन्द को औपन्यासिक भाषा के आविष्कार का विवेक प्रदान किया था।

सेवासदन के बाद प्रेमचन्द ने *प्रेमाश्रम* (1922), *रंगभूमि* (1925), *कायाकल्प* (1926), *निर्मला* (1927), *गबन* (1931), *कर्मभूमि* (1932), *गोदान* (1936) आदि उपन्यासों की रचना की। इसी अवधि में उन्होंने अपने उर्दू उपन्यास *जलवए ईसार* का *वरदान* (1921) शीर्षक से अनुवाद और *प्रतिज्ञा* (1929) शीर्षक से *प्रेमा* (1907) का रूपान्तर भी प्रस्तुत किया। उनका अधूरा उपन्यास *मंगलसूत्र* भी उनके निधन के बाद (1948) प्रकाशित हुआ।

प्रेमाश्रम का रचना काल 1918-20 ई. है। प्रेमाश्रम में प्रेमचन्द ने ब्रिटिश औपनिवेशिक शासन के अन्तर्गत किसानों और जमींदारों के सम्बन्धों का चित्रण किया है। इस काल की सबसे तीखी सच्चाई यह थी कि भारत एक विदेशी पूँजीवादी ताकत का उपनिवेश था जिसका एकमात्र लक्ष्य देश का आर्थिक शोषण करना था। इस उद्देश्य की पूर्ति के लिए ब्रिटिश सरकार को किसी भी हद तक मानवीय मूल्यों और अधिकारों की उपेक्षा तथा दमन और अत्याचार के किसी भी माध्यम का उपयोग करने में कोई हिचक न थी। इस आर्थिक शोषण में देश के प्राकृतिक साधनों और यहाँ की जनता के श्रम का शोषण प्रमुख था, जिसके लिए ब्रिटिश शासन ने प्रशासन तन्त्र, जमींदार वर्ग और साहूकार-महाजन समुदाय को अपना सहायक बना रखा था।

प्रेमचन्द के पूर्ववर्ती और समकालीन (1901-20) उपन्यासकारों में देश की पराधीनता के यथार्थ का सही और तीखा बोध नहीं था। अधिकतर पूर्ववर्ती उपन्यासकार तो ब्रिटिश शासन का गुणगान ही कर रहे थे; और जिन्हें ब्रिटिश शासन की वास्तविकता का बोध हो चुका था, वे भी उसके आतंक और दमन से त्रस्त थे। वे अधिक से अधिक अपने उपन्यासों में ब्रिटिश शासन के द्वारा होने वाले आर्थिक शोषण, देशोन्नति, शिक्षा के प्रसार, उद्योग-धन्धों और कृषि के विकास, सामाजिक सुधार, स्त्रियों की स्थिति में बदलाव आदि की बातें ही करते थे। जमींदारों द्वारा किसानों के शोषण और दमन, पुलिस विभाग की रिश्वतखोरी और अत्याचार, सरकारी अमलों में फैले भ्रष्टाचार आदि का चित्रण और यत्किंचित् आलोचना तो वे करते थे पर शासन का विरोध करने का साहस उनमें न था। प्रेमचन्द ने अपनी उर्दू कहानियों में, (*सोजे वतन,* 1908) राष्ट्रीय चेतना को अभिव्यक्त करने की कोशिश की थी, जिसके लिए उन्हें सरकार का कोपभाजन बनना पड़ा था। पर प्रेमचन्द के मानस में ब्रिटिश शासन के प्रति विरोध का भाव था जो अभिव्यक्त होने के लिए उपयुक्त समय की तलाश

कर रहा था। *जलवए ईसार* में उन्होंने देशभक्ति को विषय के रूप में चुना, पर कथा में उसकी स्पष्ट अभिव्यक्ति नहीं हो पायी। इस उपन्यास में देश-सेवा 'भारत समाज' नामक संस्था की स्थापना तक सीमित है, जिसका उद्‌देश्य बाढ़-पीड़ितों की सहायता करना, गोशालाएँ स्थापित करना आदि है।

प्रेमाश्रम और उसके बाद के उपन्यासों में प्रेमचन्द देश की पराधीनता के यथार्थ को उसके व्यापक आयामों और जटिलताओं के साथ प्रस्तुत करते हैं। देश की आजादी की समस्या प्रेमचन्द के लिए मात्र भावनात्मक अथवा राष्ट्रप्रेम की समस्या नहीं थी, वरन् वह देश के आर्थिक शोषण और दमन से जुड़ी हुई थी। प्रेमचन्द के उपन्यासों में समानान्तर चल रहे स्वाधीनता संग्राम का सीधा चित्रण बहुत कम मिलता है। इसका कारण प्रेमचन्द का जीवन के प्रति व्यावहारिक दृष्टिकोण भी हो सकता है, पर औपनिवेशिक शासन के प्रति अपने विरोध भाव को व्यक्त करने में उन्होंने कोई समझौता नहीं किया है। ब्रिटिश शासन की शोषण-नीति से पैदा हुई किसानों की निर्धनता, उनकी दयनीय जीवन-स्थिति तथा अमानवीय परिस्थितियों का चित्रण वे *प्रेमाश्रम, रंगभूमि, कायाकल्प, कर्मभूमि, गोदान* आदि उपन्यासों में करते हैं। आर्थिक शोषण का एक, और सर्वप्रमुख, रूप यह था कि भूमिकर बहुत अधिक निर्धारित था और जमींदारों तथा सरकारी अमलों की सहायता से उसे निर्दयतापूर्वक वसूला जाता था। इसके फलस्वरूप किसान कर्ज में डूबे रहते थे और उनकी स्थायी सम्पत्ति धीरे-धीरे महाजनों और बड़े किसानों के कब्जे में होती जाती थी, जिससे वे किसान से कृषि-मजदूर तथा मिल मजदूर में बदलते जाते थे। जमींदारों और महाजनों को किसानों को लूटने की सारी सुविधाएँ सरकार से प्राप्त थीं। जमींदार केवल अपने कमीशन से ही सन्तोष नहीं करते थे, वरन् बेगारी, चन्दा, सगुन, डाँड़ आदि के रूप में अतिरिक्त भूमिकर वसूलते थे और सरकार उन पर कोई अंकुश नहीं लगाती थी। महाजनी के सम्बन्ध में भी सरकारी कानून महाजनों के अनुकूल थे। इस प्रकार जमींदार और महाजन तथा उनके माध्यम से ब्रिटिश सरकार अबाध रूप से किसानों तथा किसान मजदूरों का शोषण करती थी। प्रेमचन्द ने *प्रेमाश्रम, कायाकल्प, कर्मभूमि* और *गोदान* में इस शोषण का अत्यन्त यथार्थ, सजीव और रोमांचकारी अंकन किया है।

भारतीय स्वाधीनता संग्राम के इतिहास का प्रत्येक विद्यार्थी इस तथ्य से अवगत है कि लगानबन्दी-आन्दोलन स्वाधीनता संग्राम का महत्त्वपूर्ण अंग था। यद्यपि गाँधी जी ने जमींदारों, महाजनों और सरकार के खिलाफ किसान-आन्दोलन को उग्र रूप नहीं धारण करने दिया फिर भी किसानों और किसान मजदूरों ने अपने शोषकों के खिलाफ आन्दोलन किया। स्वामी सहजानन्द सरस्वती और बाबा रामचन्द्र के नेतृत्व में बिहार और उत्तर प्रदेश में होने वाले किसान आन्दोलन इसके प्रमाण हैं। प्रेमचन्द के उपन्यासों में किसानों के इस संघर्ष का चित्रण मिलता है। *प्रेमाश्रम, कायाकल्प* और *कर्मभूमि* के छोटे किसान और किसान-मजदूर जमींदार द्वारा की गयी लगान-वृद्धि, बेगारी तथा फसल न होने पर भी लगान-वसूली का विरोध करते हैं और एकजुट होकर लड़ते हैं। जमींदारों से किसानों के इस संघर्ष में सरकार जमींदारों का साथ देती है। इन किसानों और कृषक मजदूरों के नेता गाँधीवादी हैं, पर किसान बीच-बीच में हिंसा पर उतारू हो जाते हैं। यह स्वाधीनता आन्दोलन की ऐतिहासिक सच्चाई है जो प्रेमचन्द के उपन्यासों में विश्वसनीयता के साथ सुरक्षित है।

प्रेमचन्द के उपन्यासों में ब्रिटिश शासन के विरुद्ध स्वाधीनता की लड़ाई का खुला चित्रण नहीं मिलता। उनकी कुछ कहानियों में स्वदेशी आन्दोलन, असहयोग, सविनय अवज्ञा, शराबबन्दी आदि आन्दोलनों का चित्रण अधिक प्रखर है, पर उनके उपन्यासों में इनका चित्रण अप्रत्यक्ष रूप में ही हो पाया है। जमींदारों के विरुद्ध किसानों के आन्दोलन का नेतृत्व करने के 'अपराध' में उनके नेताओं को सरकार का कोपभाजन होना पड़ता है, उन पर मुकदमे चलाए जाते हैं और उन्हें जेल की सजा भोगनी पड़ती है। *रंगभूमि, कायाकल्प* और *कर्मभूमि* में जो सेवा समितियाँ हैं उनका उद्‌देश्य सरकार का तख्ता पलटना नहीं, वरन् सामाजिक सुधार करना और जमींदारों तथा सरकारी कर्मचारियों से अनुनय विनय द्वारा किसानों की तकलीफों को दूर कराने का प्रयास करना है। सरकार इसे भी बर्दाश्त नहीं करती और अपना दमनचक्र चलाती है। प्रेमचन्द ने इस सरकारी दमन का प्रभावकारी चित्रण किया है। उन्होंने उन सभी लोगों की, विशेषकर शिक्षित वर्ग की, आलोचना की है जो अपने स्वार्थ के लिए सरकार का समर्थन और जनता का शोषण करते हैं। सरकार की जितनी भी संस्थाएँ हैं—शिक्षण संस्थाएँ, अदालतें, पुलिस—सभी प्रेमचन्द की आलोचना का विषय बनी हैं। कर्मभूमि में अछूतों के मन्दिर-प्रवेश और निम्न वर्ग के लोगों के आवास की समस्या को तत्कालीन जनान्दोलन के चित्रण का बहाना बनाया गया है। अपने अन्तिम उपन्यास *गोदान* में प्रेमचन्द ने यह भी अनुभव किया है कि जब तक किसान संगठित नहीं होंगे तब तक वे सरकारी शोषण और दमन का प्रतिरोध नहीं कर सकेंगे। इस अहसास को प्रेमचन्द अपने किसी भी उपन्यास में व्यापक, तर्कपूर्ण रचना-संसार में परिणत करने का प्रयास करते नहीं दीखते। पर प्रेमचन्द का सारा उपन्यास साहित्य ब्रिटिश औपनिवेशिक शासन के विरोध में खड़ा है। देशी राजाओं, ताल्लुकेदारों, महाजनों, पूँजीपतियों, सरकारी अमलों, अँगरेज-भक्त बुद्धिजीवियों, अँगरेजी शिक्षापद्धति, न्यायपालिका आदि का विरोध अन्ततः औपनिवेशिक शासन का ही विरोध था। इसके साथ ही किसानों, मजदूरों, दलितों, स्त्रियों, वेश्याओं, साम्प्रदायिकता के शिकार साधारण जनों आदि के प्रति गहरी सहानुभूति भी मुक्ति आन्दोलन का ही विस्तार था। प्रेमचन्द आजादी की समस्या के प्रति उदासीन न थे। बनारसी दास चतुर्वेदी को लिखे अपने एक पत्र में उन्होंने स्पष्टतः अपने 'जीवन के बचे खुचे वर्षों' में ऐसे साहित्यसृजन की मंशा व्यक्त की थी जिसका 'उद्‌देश्य देश की आजादी हो'। फरवरी, 1921 ई. तक वे सरकारी नौकरी में थे, जिसकी अपनी सीमाएँ थीं। सरकारी नौकरी छोड़ने के तुरत बाद उन्होंने जो उपन्यास (रंगभूमि) लिखा उसमें स्वाधीनता आन्दोलन का ही चित्रण है। यह सच है कि यह चित्रण अप्रत्यक्ष है, पर साहित्य के लिए समस्याओं का अप्रत्यक्ष अंकन दोष नहीं होता। *कायाकल्प, गबन* और *कर्मभूमि* में कई प्रसंग हैं जो स्वाधीनता आन्दोलन से सीधे जुड़े हुए हैं। इस प्रकार प्रेमचन्द ने सरकारी कोप से बचाव करते हुए भी आजादी की लड़ाई का, जो उस समय की सबसे बड़ी और तीखी सचाई थी, चित्रण अत्यन्त ईमानदारी के साथ किया है।

प्रेमचन्द ने समकालीन मध्यवर्गीय समाज को, जो अनेक प्रकार के अन्तर्विरोधों, तर्कहीन सामाजिक मान्यताओं तथा परम्परागत, रूढ़ नैतिक धारणाओं से ग्रस्त था, आलोचनात्मक दृष्टि से देखा, उसका अध्ययन-विश्लेषण किया तथा उसे अपने कथासंसार के माध्यम से प्रस्तुत किया। *सेवासदन* में ही प्रेमचन्द ने मध्य वर्ग के जीवन को अपने कथ्य में शामिल करना आरम्भ कर दिया था और *रंगभूमि, कायाकल्प, निर्मला, गबन* आदि में इसका पर्याप्त

विस्तार और गहराई के साथ अंकन किया। *सेवासदन* के कृष्णचन्द्र और पद्मसिंह शर्मा, *रंगभूमि* के ताहिर अली, *निर्मला* के उदयभानु लाल और मुंशी तोताराम, *गबन* के मुंशी दयानाथ और इन्दुभूषण आदि की समस्याएँ मध्यवर्गीय अन्तर्विरोधों की ही समस्याएँ हैं। *सेवासदन* के कृष्णचन्द्र ईमानदार दरोगा हैं और खा-पीकर अपनी आमदनी बराबर कर देते हैं। पर बेटी का विवाह करने के लिए उन्हें अपनी ईमानदारी छोड़नी पड़ती है; एक मुकदमे में वे रिश्वत लेते हैं और पकड़े जाते हैं। इस प्रकार उनकी समस्याएँ शुरू होती हैं। *निर्मला* के वकील साहब भी अपनी आय से ज्यादा खर्च करते हैं जिसके फलस्वरूप निर्मला के विवाह की समस्या पैदा होती है और अन्ततः उसका विवाह अधेड़ तोताराम से हो जाता है। मुंशी तोताराम भी मध्यवर्गीय नैतिक मूल्यों की असंगतियों से ग्रस्त हैं। *गबन* की तो पूरी समस्या मध्यवर्गीय अन्तर्विरोधों की समस्या है। इस तरह प्रेमचन्द ने अपने उपन्यासों में मध्यवर्गीय यथार्थ का अत्यन्त प्रामाणिक अंकन किया है। उनके उपन्यासों के अधिकतर मध्यवर्गीय पात्र चारित्रिक दृष्टि से कमजोर हैं। यह भी मध्यवर्गीय वास्तविकता का द्योतक है। *सेवासदन* में पं. उमानाथ की पत्नी द्वारा कृष्णचन्द्र और उनके परिवार की उपेक्षा, रंगभूमि में ताहिर अली के परिवार में उनकी विमाताओं की कपट लीला, *कायाकल्प* में मुंशी वज्रधर की स्वार्थपरता और खुशामद, *निर्मला* में मुंशी तोताराम का अपने ही पुत्रों के प्रति टुच्चा रवैया और *कर्मभूमि* में अमरकान्त का चारित्रिक ढुलमुलपन तथा इस तरह के ढेरों प्रसंग और अनेक छोटी-छोटी बातें तत्कालीन मध्य वर्ग की जिन्दगी की सच्ची तसवीर हैं। यह सही है कि प्रेमचन्द ग्रामीण जीवन-यथार्थ के चित्रण में अद्वितीय हैं, पर तत्कालीन मध्य वर्ग का भी वे उतनी ही सजीवता के साथ अंकन करते हैं।

भारतीय जीवन के यथार्थ का एक महत्त्वपूर्ण पक्ष समाज और परिवार में नारी की स्थिति से सम्बन्धित है। भारतीय नवजागरण नारी की परम्परागत स्थिति में सुधार से अभिन्न रूप में जुड़ा हुआ था। प्रेमचन्द के पूर्ववर्ती प्रबुद्ध उपन्यासकारों ने नारी-सुधार के प्रति अपनी प्रतिबद्धता का भरपूर परिचय दिया था। बल्कि यह कहना भी असंगत न होगा कि पूर्ववर्ती समाज-सम्बद्ध उपन्यासों में स्त्री-समस्या केन्द्रीय कथ्य, या उसके बहुत निकट, बना रहा। पर प्रेमचन्द के पूर्ववर्ती उपन्यासकार नारी-सम्बन्धी परम्परागत दृष्टिकोण में किसी क्रान्तिकारी बदलाव के पक्षधर नहीं थे। अधिकतर कथाकार नारी विषयक परम्परागत आचार संहिता के समर्थक थे।

प्रेमचन्द के समय में भी नारी, विशेषकर मध्य और उच्च वर्ग की नारी, दोहरी दासता की शिकार थी। उसे न तो पारिवारिक सम्पत्ति में कोई हक था और न वह स्वतन्त्र रूप से अपनी जीविका अर्जित करने में समर्थ थी। प्रायः लड़कियाँ शिक्षा से वंचित थीं। स्त्री की जगह केवल गृहिणी के रूप में, घर में, थी या घर के बाहर वेश्या के कोठे पर। लड़कियों के विवाह के लिए तिलक-दहेज जुटाना अनिवार्य था और उनका विवाह होना भी जरूरी था। विवाह के पश्चात् समाज स्त्रियों के प्रति अत्यन्त कठोर रूप अपना लेता था। सामाजिक बन्धनों और स्वीकृत प्रथाओं के कारण स्त्री की जिन्दगी गुलामी का पर्याय थी। माता-पिता अपनी कन्याओं का विवाह, तिलक-दहेज देने में असमर्थ होने के कारण, अयोग्य, निर्धन या बूढ़े व्यक्तियों से कर देते थे और लड़कियों की जिन्दगी नरक बन जाती थी। *सेवासदन* और *निर्मला* में प्रेमचन्द ने इस यथार्थ का अंकन मार्मिक और तल्ख रूप में किया है। *गबन* में,

पति की मृत्यु के बाद रतन की दुर्दशा तत्कालीन समाज में विधवा की असहाय स्थिति का रोमांचकारी उदाहरण है। *रंगभूमि* में अभिजातवर्गीय इन्दु की विवश स्थिति यह सिद्ध करती है कि स्त्री, चाहे वह सम्पन्न वर्ग की ही क्यों न हो, दासता की जंजीरों में जकड़ी हुई थी।

प्रेमचन्द के नारी पात्र अपनी सामाजिक स्थिति के प्रति बेचैन तो हैं, पर वे विद्रोह की दिशा में बहुत दूर तक नहीं जा पाते। वस्तुतः प्रेमचन्द अपने नारी विषयक विजन में अन्तर्विरोध के शिकार हैं। एक तरफ वे समाज में स्त्री की स्थिति के प्रति अत्यन्त संवेदनशील हैं, पर दूसरी तरफ नारी विषयक पुराने आदर्शों के प्रति उनका मोह भी कम नहीं है। *सेवासदन* क़ी सुमन आरम्भ में कितनी तेजवान है, उसके मन में पुरुष समाज के प्रति विद्रोह की भावना भरी हुई है, पर अन्त में परम्परागत आदर्शों की बलि हो जाती है। *सेवासदन* की शान्ता, *प्रेमाश्रम* की श्रद्धा और विद्या, *रंगभूमि* की इन्दु, *निर्मला* की निर्मला, *कर्मभूमि* की नैना आदि प्रेमचन्द के नारी-आदर्श की प्रतिमा मात्र हैं। *रंगभूमि* की सोफिया, *गबन* की जालपा, *कर्मभूमि* की सुखदा और *गोदान* की मालती जैसी सतेज और विद्रोहिणी स्त्रियाँ भी अन्ततः परम्परागत आदर्शों की शिकार हो जाती हैं। यह नारी आदर्श *गोदान* के मेहता के शब्दों में व्यक्त हुआ है, "...औरत वफा और त्याग की मूर्ति है, जो अपनी बेजबानी से, अपनी कुर्बानी से अपने को बिलकुल मिटाकर पति की आत्मा का एक अंग बन जाती है। देह पुरुष की रहती है, पर आत्मा स्त्री की होती है। स्त्री पृथ्वी की भाँति धैर्यवान, शान्तिसम्पन्न, सहिष्णु है।" मेहता ही नहीं, स्वयं प्रेमचन्द भी क्षमा, त्याग और अहिंसा को नारी का विशेष गुण मानते हैं और उनके मतदान के अधिकार तक को कोई महत्त्व नहीं देते। वस्तुतः यह स्मृति ग्रन्थों में निर्धारित नारी संहिता का ही किंचित् परिवर्तित रूप है। प्रेमचन्द संस्कारतः नारी विषयक परम्परागत अवधारणाओं से परिचालित थे।

वैचारिक रूप में प्रेमचन्द नारी की सामाजिक स्थिति से नितान्त असन्तुष्ट थे। वे समाज में नारी की सम्मानपूर्ण स्थिति के पक्षधर थे। विधवा विवाह के प्रबल समर्थक ही नहीं थे, बल्कि स्वयं भी उन्होंने एक विधवा से विवाह किया था। आश्चर्य हो सकता है कि *प्रेमा* में (1907) विधवा विवाह का सहानुभूतिपूर्ण चित्रण करने के बाद अपने परवर्ती उपन्यासों में वे प्रायः इससे बचते रहे। यहाँ तक कि *प्रेमा* के रूपान्तरण *प्रतिज्ञा* में उन्होंने विधवा विवाह वाले प्रसंग को निकाल दिया। पर *गोदान* में गोबर और झुनिया तथा सिलिया और मातादीन के विवाह के रूप में उन्होंने विधवा विवाह का ही नहीं, अन्तरजातीय विवाह का भी चित्रण किया। इसमें गोबर और झुनिया के विवाह में तो कोई क्रान्तिकारिता नहीं है, पर सिलिया और मातादीन के विवाह में प्रेमचन्द एक सामाजिक क्रान्ति की ओर बढ़ते अवश्य दिखाई देते हैं।

1930 ई. में गाँधी जी ने स्त्रियों को विदेशी वस्तुओं की दूकानों, शराबघरों और सरकारी संस्थानों पर धरना देने के लिए सन्देश दिया। इस आह्वान पर हजारों स्त्रियों ने स्वाधीनता आन्दोलन में भाग लिया और जेल गयीं। खुद प्रेमचन्द की पत्नी शिवरानी देवी भी जेल गयीं। इसका असर प्रेमचन्द के उपन्यासों के नारी पात्रों पर भी दिखाई देता है। *गबन* की जालपा के चरित्र का उत्तरार्ध इस नारी जागरण का संकेत देता है। *कर्मभूमि* में सुखदा हरिजनों के 'मन्दिर प्रवेश आन्दोलन' का नेतृत्व करती और जेल जाती है। सुखदा के अलावा सकीना, बुढ़िया पठानिन, रेणुका देवी, मुन्नी आदि ब्रिटिश सरकार का विरोध करती हुई जेल जाती

हैं। नैना तो जुलूस का नेतृत्व करती हुई शहीद ही हो जाती है। इस तरह प्रेमचन्द के उपन्यासों में नारी त्याग और बलिदान की एक और मंजिल पार करती हुई दिखाई पड़ती है। *गोदान* की मालती देशसेवा और समाज सेवा के लिए विवाह न करने का व्रत लेती है। हिन्दी के किसी अन्य उपन्यासकार की रचना में भारतीय नारी का यह जागृत रूप नहीं दिखाई पड़ा था।

किन्तु समग्रता में देखने पर यह स्वीकार करना ही पड़ेगा कि प्रेमचन्द का नारी विषयक विजन अन्तर्विरोधों से ग्रस्त और धुँधला है। इसकी पुष्टि उनके उपन्यासों में आए प्रेम, विवाह और पति-पत्नी के सम्बन्धों से जुड़े प्रसंगों से होती है। प्रेम की संवेदना के अंकन की दृष्टि से प्रेमचन्द कोई विशिष्ट कथाकार नहीं माने जाते, पर हिन्दी उपन्यास में पहले से चली आती प्रेम-चित्रण की परम्परा को सही दिशा प्रदान करने में उनका योगदान अवश्य है। प्रेमचन्द के पूर्ववर्ती उपन्यासों में प्रेम का परम्परागत पद्धति पर चित्रण ज्यादा हुआ है और वह संवेदना से अधिक देह के धरातल पर अवस्थित है। अपवाद केवल भुवनेश्वर मिश्र और ब्रजनन्दन सहाय हैं, जिनके उपन्यासों में प्रेम का संवेदनात्मक और भावुकतापूर्ण चित्रण मिलता है। प्रेमचन्द द्वारा चित्रित पहला प्रेम-प्रसंग *सेवासदन* में सदन का सुमन से प्रेम है, पर वह एकतरफा और एक किशोर का एक वेश्या के प्रति प्रेम है, जिसमें शारीरिक आकर्षण की ही प्रधानता है। *प्रेमाश्रम* में ज्ञानशंकर-गायत्री का प्रेम-प्रसंग एक तरफ लोभ और कपट तथा दूसरी तरफ मूढ़ भावुकता से जुड़ा हुआ है, जिसे ठोस और गहन रूप देने में प्रेमचन्द को सफलता नहीं मिली है। प्रेमचन्द ने दैहिक प्रेम, वैधव्य की कुंठा और भक्ति का घालमेल करके इसे अविश्वसनीय सा बना दिया है। *रंगभूमि* में विनय और सोफिया का प्रेम संवेदना के धरातल पर प्रतिष्ठित है पर उसे भी प्रेमचन्द मूर्त रूप नहीं दे सके हैं। समाज, धर्म और कर्तव्य से प्रेम की टकराहट में प्रेम की पराजय दिखाने के लिए कथाकार को दोनों प्रेमियों को अकाल मृत्यु का शिकार बनाना पड़ा है। *कायाकल्प* में चक्रधर के प्रति मनोरमा का प्रेम भी घुटन का रूप लेकर ही रह जाता है। *कर्मभूमि* में अमरनाथ का सकीना और मुन्नी से प्रेम किसी मंजिल पर पहुँचने की सम्भावनाओं से रहित है और उसकी परिणति भी निरर्थकता में ही होती है। *गोदान* में भी मेहता-मालती का प्रेम आदर्श की बलि चढ़ जाता है। केवल गोबर-झुनिया और सिलिया-मातादीन के प्रेम में थोड़ा ठोसपन है। इस प्रकार प्रेम के संवेदनापरक चित्रण में प्रेमचन्द को कोई उल्लेखनीय सफलता नहीं मिली है। पर पूर्ववर्ती उपन्यासों में चित्रित दैहिक प्रेम को समाज, देश और व्यवस्था से जोड़कर प्रेमचन्द ने प्रेम-चित्रण को एक नया आयाम अवश्य दिया है।

प्रेमचन्द के समय का एक दूसरा यथार्थ दलितों की सामाजिक स्थिति से सम्बद्ध था। महात्मा गाँधी ने मानवीय संवेदना की दृष्टि से ही नहीं, राजनीतिक व्यावहारिकता के तहत भी अछूतोद्धार आन्दोलन आरम्भ किया था। उन्होंने समाज व्यवस्था द्वारा अछूत करार दी गयी जातियों के लोगों को 'हरिजन' की संज्ञा देकर, उनके प्रति उच्च वर्ग की मानवीय सहानुभूति जगा कर और आन्दोलन छेड़कर उनकी सामाजिक स्थिति को बदलने का प्रयास किया। उनके नेतृत्व में हरिजनों के मन्दिर-प्रवेश का आन्दोलन भी सफल हुआ था। इस आन्दोलन का *कर्मभूमि* में चित्रण हुआ है। *कर्मभूमि* में सुखदा और शान्ति कुमार के नेतृत्व में हरिजनों के मन्दिर-प्रवेश का आन्दोलन सफल होता है। इसी उपन्यास में अमरकान्त

हरिजनों के गाँव में बस कर उनके सुधार के कार्यक्रम जारी करता है। उसके प्रयत्न से हरिजन अपने बच्चों को स्कूल भेजने में रुचि लेने लगते हैं, मृत पशुओं का मांस खाना तथा ताड़ी-शराब पीना छोड़ देते हैं। अपने अधिकारों के प्रति भी उनमें जागरूकता पैदा होती है। *गोदान* के हरिजन तो सिलिया के ब्राह्मण प्रेमी मातादीन को जबरदस्ती चमार बनाकर अपनी विद्रोह भावना का साहसपूर्ण परिचय देते हैं।

प्रेमचन्द के समय का एक ज्वलन्त यथार्थ साम्प्रदायिक तनाव से जुड़ा हुआ था। अँगरेज शासक स्वाधीनता आन्दोलन को कमजोर करने के लिए हिन्दुओं-मुसलमानों की साम्प्रदायिक भावनाओं को उभारने और उन्हें एक-दूसरे का विरोधी बनाए रखने की किसी प्रकार की भी कोशिश से बाज नहीं आते थे। कट्टरपन्थी धार्मिक नेताओं और अपना स्वार्थ साधने वाले बुर्जुआ वर्ग का हित भी इसी बात में था कि नासमझ हिन्दू और मुसलमान साम्प्रदायिक झगड़ों में उलझकर अपनी वास्तविक समस्याओं को भूले रहें। इस मिलीभगत के फलस्वरूप 1925 के बाद भारत के विभिन्न भागों में अनेक साम्प्रदायिक दंगे हुए थे जिनमें हत्या, आगजनी, बलात्कार आदि की अमानवीय घटनाएँ घटीं। प्रेमचन्द ने समकालीन जीवन की इस सच्चाई का चित्रण अपने उपन्यासों में, विशेष रूप से *कायाकल्प,* में किया।

प्रेमचन्द साम्प्रदायिकता के कट्टर विरोधी थे। वे उस साम्प्रदायिक मानसिकता से बिलकुल मुक्त थे जो मुसलमानों को विदेशी और हिन्दूविरोधी समझती थी। उन्होंने हिन्दी उपन्यास को उस संकीर्ण विचारधारा से मुक्त करने का प्रयास किया जिसके तहत मुसलमान पात्रों को काले और हिन्दू पात्रों को सफेद रंगों में चित्रित किया जाता था। उन्होंने अपने को देवकीनन्दन खत्री, किशोरीलाल गोस्वामी, गंगाप्रसाद गुप्त आदि उपन्यासकारों से न जोड़ कर भारतेन्दु युग के लेखकों, विशेषकर राधाकृष्ण दास से जोड़ा जिन्होंने पहली बार *निस्सहाय हिन्दू* में साम्प्रदायिक सौहार्द का अद्भुत उदाहरण प्रस्तुत किया था। प्रेमचन्द समाज के जिस वर्ग में भी साम्प्रदायिकता, धार्मिक उन्माद और पाखंड देखते हैं उस पर निर्मम प्रहार करते हैं। इस प्रसंग में वे हिन्दू, मुसलमान या ईसाई, किसी के प्रति कोई रियायत नहीं करते। वे अपने लेखों और सम्पादकीय टिप्पणियों में उन सभी तत्त्वों की निन्दा करते हैं जो साम्प्रदायिक भावनाओं को उभारने की कोशिश करते हैं। साम्प्रदायिक दंगों की बीभत्सता और वहशीपन का चित्र प्रस्तुत करने के साथ-साथ प्रेमचन्द उनके मूल कारणों का विश्लेषण भी करते हैं। वे दिखाते हैं कि इनके मूल में विशेष रूप से कट्टरपन्थी धार्मिक नेताओं, व्यवसायियों और शासन का हाथ होता है। प्रेमचन्द ऐसे लोगों को बेनकाब कर उनकी कुत्सित स्वार्थ वृत्ति का उद्घाटन करते हैं। इसके साथ ही उनके उपन्यासों में ऐसे पात्र होते हैं जो हिन्दू और मुसलमान होने के पहले मनुष्य होते हैं और संघर्ष को रोकने के लिए अपने प्राणों की बाजी लगा देते हैं। *कायाकल्प* का चक्रधर ऐसा ही पात्र है। *कायाकल्प* का दूसरा पात्र ख्वाजा महमूद अपने हिन्दू मित्र की बेटी के लिए अपने बेटे तक को माफ नहीं करता। इस प्रकार के पात्रों की सृष्टि करके प्रेमचन्द ने साम्प्रदायिक सच्चाई के प्रति अपना दृष्टिकोण स्पष्ट कर दिया है।

प्रेमचन्द के उपन्यासों में मुसलमान पात्र अक्सर आते हैं और वे प्रायः सभी वर्गों के हैं—ग्रामीण किसान, जमींदार के कारिन्दे, छोटे कर्मचारी, अदालती अमले, ऊँचे सरकारी पदों पर आसीन अफसर, अभिजात वर्ग के सदस्य, वेश्याएँ, अपराधी, मुल्ला-मौलवी आदि। इनमें

संकीर्ण साम्प्रदायिक भावना केवल कट्टरपन्थी मुल्ला-मौलवियों और धार्मिक भावनाओं से अपना स्वार्थ साधने वाले उच्चवर्गीय मुसलमानों में ही दिखाई पड़ती है। ग्रामीण मुसलमान पात्रों में तो साम्प्रदायिक भावना छू भी नहीं गयी है। इसी प्रकार हिन्दू समाज का आम आदमी भी साम्प्रदायिक भावनाओं से शून्य है। मुसलमान पात्रों को प्रेमचन्द ने जिस तरह की तटस्थ सहानुभूति प्रदान की है, वह उनकी मानवीय रचना दृष्टि की परिचायक है।

प्रेमचन्द की आलोचना इस बात के लिए की गयी है कि उन्होंने अपने उपन्यासों में समस्याओं के आदर्शवादी और कृत्रिम समाधान प्रस्तुत किए हैं। यह आरोप कुछ दूर तक सही है। पर इसका कारण यह है कि उस समय उससे बेहतर विकल्प था ही नहीं। देश परतन्त्र था। जमींदार, महाजन, पूँजीपति और शिक्षित समुदाय शासन का सहायक था। आरम्भ में मार्क्सवादी दर्शन पर निर्मित समाज व्यवस्था का स्पष्ट स्वरूप प्रेमचन्द के सामने नहीं था। महात्मा गाँधी सत्याग्रह, हृदय परिवर्तन, आश्रमों की स्थापना आदि के द्वारा तत्कालीन समस्याओं का समाधान ढूँढ़ रहे थे। यदि इस सबका असर प्रेमचन्द के उपन्यासों पर है तो इसे अप्रत्याशित नहीं माना जा सकता। उल्लेखनीय है कि वे अपने अन्तिम उपन्यास *गोदान* में किसानों की समस्या का कोई अव्यावहारिक समाधान प्रस्तुत नहीं करते। वे यह तो मानते हैं कि किसान संघटित होकर ही अपने को शोषण से बचा सकते हैं, पर इस संघटन का कोई ठोस रूप सामने नहीं रखते। वे केवल किसानों का अन्तरंग यथार्थ चित्र प्रस्तुत करके, स्थान-स्थान पर उनकी समस्याओं का विश्लेषण करके, अपने 'आलोचनात्मक यथार्थवादी' होने का परिचय देते हैं। *गोदान* के पूर्व के उपन्यासों में प्रेमचन्द द्वारा प्रस्तुत समस्याओं के समाधान उनके युग के अन्तर्विरोधों की देन हैं।

उपन्यास मनुष्य की कथा है। मनुष्य ही उपन्यास के कथा संसार के प्राणी होते हैं और उनके जीवन की वास्तविकताओं, भावनाओं, अन्तःसम्बन्धों, टकराहटों, समझौतों, अर्थात् नाना प्रकार की जटिलताओं के बीच जिए जाते जीवन का एकदम नया, सर्जनात्मक रूप प्रस्तुत करने का प्रयास ही उपन्यासकार का अभिप्रेत होता है। यह एक उल्लेखनीय तथ्य है कि हिन्दी उपन्यास का आरम्भ चरित्रकेन्द्रित 'नवल कथा' के रूप में हुआ और *देवरानी जेठानी की कहानी* से लेकर *विमाता* तक हिन्दी में उपन्यास की एक ऐसी परम्परा है जिसमें मनुष्य-चरित्र की ही प्रधानता है। इन उपन्यासों के पात्र साधारण या विशिष्ट मनुष्य हैं जो किन्हीं दैवी शक्तियों से सम्पन्न नहीं हैं। हिन्दी की यथार्थवादी/आदर्शवादी उपन्यास धारा में अतिमानवीय शक्तियों से युक्त पात्र इनेगिने ही हैं। तिलस्म-ऐयारी, अपराध-जासूसी और रोमांस प्रधान कथापुस्तकों में अतिमानवीय या असाधारण शक्तियों से सम्पन्न पात्र प्रचुर संख्या में हैं, पर वह हिन्दी उपन्यास की प्रकृत धारा नहीं है। समाज विषयक उपन्यासों के पात्रों के सम्बन्ध में यह कहा जा सकता है कि लेखकीय आदर्शों से परिचालित होने के कारण वे प्रायः समतल, निर्जीव और उदाहरण बन गये हैं, पर वे अपने समकालीन जीवन से कटे हुए पात्र नहीं हैं।

प्रेमचन्द ने अपने उपन्यासों में इसी चरित्र-परम्परा को आगे बढ़ाया। यद्यपि उनका प्रमुख लक्ष्य समकालीन जीवन को, उसकी समस्याओं और संघर्षों के साथ प्रस्तुत करना है, पर जिस मानव समूह को वे अपने कथ्य का माध्यम बनाते हैं, उसे उसकी पूरी वास्तविकता और अन्तरंगता के साथ प्रस्तुत करने का प्रयास भी करते हैं। प्रेमचन्द के कथासंसार में नाना प्रकार के सैकड़ों पात्र हैं जो वास्तविक व्यक्तियों की तरह जीते, महसूसते, सोचते और

आचरण करते हैं। 'असाधारण' शक्तिसम्पन्न पात्रों का प्रेमचन्द के कथासंसार में एकदम अभाव नहीं है, पर उनकी संख्या अधिक नहीं है और वे अधिकतर उनके आरम्भिक उपन्यासों में हैं। प्रेमचन्द के कथासंसार की एक उल्लेखनीय विशेषता यह है कि उसमें से 'नायक' निरन्तर अपदस्थ होता गया है। *रंगभूमि* और *गोदान* इसके उदाहरण हैं। *रंगभूमि* का केन्द्रीय पात्र सूरदास अन्धा, अपढ़, भिखारी और दलित वर्ग का है। उसमें परम्परागत नायक की छवि नहीं तलाशी जा सकती। *गोदान* का होरी तो एक कदम और आगे बढ़ जाता है। सूरदास जन्मना नहीं तो कर्मणा अवश्य 'महान्' है, पर होरी तो जन्मना और कर्मणा दोनों दृष्टियों से अति 'साधारण' है। उपन्यास में नायक के टूटने या उसे तोड़ने का आरम्भ प्रेमचन्द से ही होता है।

प्रेमचन्द स्वयं अपने उपन्यासों को 'चरित्र प्रधान' नहीं मानते थे, क्योंकि उन्होंने आशा व्यक्त की थी कि भावी उपन्यास 'चरित्र प्रधान' होगा। पर चरित्रों के निर्माण में प्रेमचन्द ने जिस संवेदनशीलता और मनोवैज्ञानिक दृष्टि का परिचय दिया है वह उनके पूर्ववर्ती उपन्यासों में अपवादस्वरूप ही दिखाई पड़ता है। प्रेमचन्द के अनेक पात्र भी, पूर्ववर्ती उपन्यासों की तरह, आदर्शों की बलि चढ़ जाते हैं, पर होरी के रूप में उन्होंने कम से कम एक पात्र ऐसा अवश्य घड़ा है, जो खाँटी यथार्थ है। होरी के अतिरिक्त प्रेमचन्द के उपन्यासों में दर्जनों ऐसे पात्र हैं जो पाठक को चकित-विस्मित और आकृष्ट करते हैं। वस्तुतः प्रेमचन्द हिन्दी के पहले उपन्यासकार हैं जिसने विश्वसनीय और पाठकों को आत्मीय लगनेवाले पात्रों का संसार खड़ा कर दिया।

हिन्दी उपन्यास के इतिहास में प्रेमचन्द की शिल्पविषयक उल्लेखनीय उपलब्धि यह है कि उन्होंने पूर्ववर्ती उपन्यासकारों की तरह पाठकों को सम्बोधित करने की परम्परा का परित्याग कर दिया। वे अपने उपन्यासों में पाठकों के साथ विद्यमान तो अवश्य रहते हैं, पर उनकी उपस्थिति अप्रत्यक्ष हो जाती है। अपने पूरे उपन्यास साहित्य में प्रेमचन्द दो एक स्थानों पर ही प्रत्यक्ष रूप में अपनी उपस्थिति जाहिर करते दिखाई देते हैं। पाठक किस्सागो, वर्णनकर्ता और सलाहकार के रूप में उनकी उपस्थिति का अनुभव तो करता है पर पूर्ववर्ती कथाकारों की तरह बार-बार अपने को सम्बोधित होते नहीं पाता। यह उपन्यास से किस्सागो की विदाई का आरम्भ था।

प्रेमचन्द ने कथाप्रस्तुति की दृश्यात्मक-परिदृश्यात्मक प्रविधि को अपने उपन्यासों में, विशेषकर *गोदान* में, शिखर पर पहुँचा दिया। पूर्ववर्ती उपन्यासों में दृश्यात्मक प्रविधि पात्रों के वार्तालाप तक सीमित थी। प्रेमचन्द ने *गोदान* में उसे घने नाटकीय प्रभाव से युक्त कर दिया। परिदृश्यात्मक प्रविधि यों तो किस्सागोई का ही विकसित रूप है, पर इसमें किस्सागो अत्यन्त सूक्ष्म हो जाता है और कथा 'कही' न जाकर 'प्रस्तुत' की जाती है। पाठक अनुभव करता है कि वह किसी ऊँचे स्थान पर अवस्थित होकर पात्रों के साथ घटित होने वाले कार्यव्यापार को 'देख' और अनुभव कर रहा है। उपन्यास में व्यक्त किए गए विचार भी वह सीधे पात्रों के मस्तिष्क से प्राप्त करता है। संवेदनाएँ पात्रों के हृदय से सीधे पाठक के हृदय में संचारित होती हैं। इस प्रकार कथासंसार और पाठक के बीच उपन्यासकार की उपस्थिति नितान्त अप्रत्यक्ष हो जाती है। लिखित शब्द किस्सागो को पूरी तरह से अपदस्थ कर देता है। कहा जा सकता है कि इस अभ्यास में प्रेमचन्द को परी सफलता नहीं मिली

है; उनका किस्सागो, वर्णनकर्ता और विचारक बार-बार सामने आ ही जाता है। पर अपने अन्तिम उपन्यास *गोदान* में प्रेमचन्द काफी दूर तक किस्सागो से पिंड छुड़ा लेते हैं।

कथानक-संयोजन की कलात्मक पूर्णता हिन्दी उपन्यास देवकीनन्दन खत्री की रचनाओं में ही प्राप्त कर चुका था। *सेवासदन* को, जिसके कथासंगठन की डॉ. रामविलास शर्मा ने कभी बहुत प्रशंसा की थी, इसके लिए कोई श्रेय नहीं दिया जा सकता। *सेवासदन* की, और प्रेमचन्द के परवर्ती उपन्यासों की, विशेषता उनके कथा-संगठन में नहीं, बल्कि घटनाओं के स्थान पर पात्रों के कार्यव्यापारों, भावों और विचारों के कुशल संयोजन में है। प्रेमचन्द ने अपने उपन्यासों के निर्माण के लिए सामग्री के रूप में 'घटनाओं' का कम से कम इस्तेमाल किया। उन्होंने घटनाओं के स्थान पर सामान्य कार्यव्यापारों और मनोवैज्ञानिक स्थितियों की सहायता से अपने कथानक घड़े।

हिन्दी उपन्यास में प्रेमचन्द के आगमन तक कथानक का सुगठित होना उसकी श्रेष्ठता की कसौटी थी। *सेवासदन* में भी प्रेमचन्द के सामने यह कसौटी थी। पर प्रेमचन्द ने जल्द ही यह अनुभव कर लिया कि सुगठित कथानक उपन्यास का एकमात्र या सबसे बड़ा लक्ष्य नहीं हो सकता। मनोरंजन प्रधान कथापुस्तकों के लिए सुगठित कथानक अनिवार्य हो सकता है, पर उपन्यास की संरचना के लिए, जिसमें जीवन का वैविध्य और व्यापकता अपेक्षित है, सुगठित कथानक अपरिहार्य नहीं होता। इसके उदाहरण तोल्सतोय के उपन्यास हैं। प्रेमचन्द भी सेवासदन के बाद से ही कथानक को ढीला करने का प्रयोग आरम्भ कर देते हैं। *प्रेमाश्रम* में इसकी झलक देखी जा सकती है, पर *रंगभूमि, कायाकल्प, गबन, कर्मभूमि* और *गोदान* में कथानक को शिथिल करने का प्रयास स्पष्ट लक्षित होता है। *गोदान* में तो ग्राम और नगर कथाएँ एक दूसरे से प्रायः असम्बद्ध ही नहीं, समानान्तर रूप से अग्रसर होती हैं और प्रेमचन्द उन्हें जोड़ने का प्रयास नहीं करते। इसी को ध्यान में रखते हुए नलिन विलोचन शर्मा ने *गोदान* के स्थापत्य को 'पूर्णतः समानान्तर स्थापत्य शैली' की संज्ञा दी थी। नन्द दुलारे वाजपेयी आदि ने इसे कथा का बिखराव कहकर उपन्यास शिल्प के सम्बन्ध में अपनी अधूरी जानकारी का ही परिचय दिया था। वस्तुतः शिल्प विषय का अनुवर्ती होता है और उसकी सार्थकता उपन्यास के विजन के अनुरूप होने में है। प्रेमचन्द ने इस रचना-व्याकरण को समझा था और इस दिशा में प्रयोग किए थे। इसीलिए *गोदान* में कथानक की पूर्णता और गठन के लिए न तो विषय या पात्रों को विकृत किया गया है, न ही, उपन्यास की संरचना की उपेक्षा की गयी है। *गोदान* में प्रेमचन्द ने दृश्यात्मक और परिदृश्यात्मक प्रविधियों को उनके उत्कर्ष पर पहुँचाते हुए उन्हें नाटकीय प्रविधियों से—पात्रों के स्वगतालाप, अतीत का स्मरण, दृश्यों की पात्रों के मनःप्रभाव के रूप में प्रस्तुति, उपचेतन के छायादृश्य—सम्बन्धित कर अत्यन्त प्रभावशाली बना दिया है।

प्रेमचन्द की कथा-भाषा हिन्दी उपन्यास की भाषिक परम्परा का सहज, पर सर्जनात्मक विकास है। जैसा हम देख चुके हैं, प्रेमचन्द से पूर्व हिन्दी उपन्यास में दो तरह की भाषिक शैलियाँ प्रचलित थीं। इनमें से एक भाषाशैली संस्कृत गद्यकाव्य का अनुकरण करती थी और दूसरी बोलचाल की भाषा का। प्रेमचन्द ने अपने उपन्यासों के लिए बोलचाल की गद्यशैली ग्रहण की। यह भाषा जनता के बीच से सीधे उठा ली गयी थी, जिसे तराश कर उन्होंने हीरे की तरह चमकदार बना दिया। जनभाषा के शब्द, मुहावरे, लहजे आदि प्रेमचन्द की कथाभाषा

में एक नये तरह की चमक पैदा करते हैं। उनमें उन्होंने एक ऐसी धार पैदा कर दी है जो चमकती भी है और बेधती भी है। यह भाषा सरल होने पर भी देवकीनन्दन खत्री की भाषा से इस अर्थ में भिन्न है कि यह सहज स्वाभाविक है, जबकि खत्री जी की भाषा सायास सरल बनायी हुई भाषा है। उर्दू में कहानियाँ और उपन्यास लिखने के अभ्यास ने उन्हें भाषिक सर्जनात्मकता की दिशा में अग्रसर कर दिया था। प्रेमचन्द ने देवकीनन्दन खत्री से बोलचाल की भाषा और उर्दू से सर्जनात्मक भाषा लेकर अपनी कथा-भाषा का निर्माण किया था। पर उनकी भाषिक सर्जनशीलता की जड़ें आम जनता की सजीव भाषिक परम्परा में ही हैं, इसीलिए उनमें हद दर्जे की मौलिकता और ताजगी है।

प्रेमचन्द अपने कथासंसार को सजीव बनाने के लिए भाषा का बहुत सावधान प्रयोग करते हैं। शिक्षा-दीक्षा, आर्थिक-सामाजिक स्थिति या मनःस्थिति के अनुसार जिस पात्र को जैसी भाषा बोलनी चाहिए उससे वे वैसी ही भाषा का प्रयोग कराते हैं। इसका यह अर्थ नहीं कि प्रेमचन्द के पात्र औसत ग्रामीणों या नगरभाषियों की भाषा बोलते हैं। वस्तुतः प्रेमचन्द के ग्रामीण या नागरिक पात्र औसत नहीं, बल्कि प्रारूपिक भाषा का--अर्थात् वे पात्र जो सर्वोत्तम भाषा बोल सकते हैं--प्रयोग करते हैं। यह भाषा सर्जनात्मक सम्भावनाओं से भरी होती है, केवल उसका बाहरी कलेवर यथार्थवादी होता है। इस भाषा में शब्द और अर्थ का सर्वोत्तम सामंजस्य, अर्थों की सांकेतिक सम्भावनाएँ, लक्षणा और व्यंजना की समृद्धि, शैलीय उपकरणों का सार्थक प्रयोग, बिम्बनिर्माण की क्षमता आदि मिलकर एक अद्भुत प्रभाव पैदा कर देते हैं।

कहने की आवश्यकता नहीं कि कथ्य-वैविध्य, विजन, चरित्रसृष्टि, शिल्प और भाषा सभी दृष्टियों से प्रेमचन्द ने हिन्दी उपन्यास को एक ऐसी ऊँचाई पर पहुँचा दिया जो आज भी एक मंजिल और मानदंड के रूप में स्वीकृत है। लगभग दो दशकों की प्रेमचन्द की उपन्यास-यात्रा उपलब्धियों की दृष्टि से पूर्ववर्ती पाँच दशकों की उपन्यास यात्रा से बढ़कर मानी जा सकती है।

हिन्दी उपन्यास में प्रेमचन्द के आगमन का पहला उल्लेखनीय असर यह हुआ कि ऐयारी-तिलिस्म और अपराधप्रधान तथा जासूसी कथापुस्तकों का दौर समाप्त हो गया। यद्यपि इस अवधि में भी कुछ ऐयारी-तिलिस्म प्रधान कथापुस्तकें प्रकाशित हुईं; दुर्गा प्रसाद खत्री (ज. 1895) द्वारा *भूतनाथ* के भाग 11-21 इसी अवधि में प्रकाशित हुए। गंगाप्रसाद गुप्त, शम्भुप्रसाद उपाध्याय, राजा चक्रधर सिंह आदि कई लेखकों ने देवकीनन्दन खत्री के अनुकरण पर *कृष्णकान्ता सन्तति, मस्तनाथ, प्रेमकान्ता, प्रेमकान्ता सन्तति, अलकापुरी* जैसे उपन्यास लिखे, पर इनमें कोई नयापन नहीं था। धीरे-धीरे हिन्दी पाठकों की रुचि भी इनसे हटने लगी और प्रेमचन्द युग के समाप्त होते-होते इस कथाधारा का लगभग अवसान हो गया।

यही स्थिति अपराधप्रधान और जासूसी कथापुस्तकों की भी हुई, यद्यपि इस अवधि में गहमरी जी की लगभग तीन दर्जन 'जासूसी' कथापुस्तकें प्रकाशित हुईं। गहमरी जी के अतिरिक्त दुर्गाप्रसाद खत्री, देवबली सिंह, चन्द्रशेखर पाठक, नरोत्तम व्यास, परमानन्द खत्री, निहालचन्द वर्मा, बलभद्र सिंह आदि ने भी अपराधप्रधान और जासूसी कथापुस्तकों की रचना की। पर इनमें से केवल दुर्गाप्रसाद खत्री ने ही वैज्ञानिक अनुसन्धानों और शासन के विरुद्ध आतंकवादी गतिविधियों और क्रान्तिकारी हरकतों के सूक्ष्म तथा अप्रत्यक्ष संकेतों को कथा से

जोड़कर उसमें नयापन लाने का प्रयास किया। इनके *लाल पंजा* (1927), *रक्त मंडल* (1927), *सुफेद शैतान* (1935) आदि में वैज्ञानिक साधनों से सम्पन्न जासूसी कारनामों के साथ-साथ राष्ट्र प्रेम का भाव भी व्यक्त हुआ है। *सुफेद शैतान* में सम्पूर्ण एशिया को औपनिवेशिक शासन से मुक्त कराने की कल्पना की गई है। इसके फलस्वरूप उनकी कथापुस्तकें पाठकों में लोकप्रिय भी हुईं, पर प्रेमचन्द ने इस अवधि में उपन्यास का जो रूप प्रस्तुत कर दिया था उसके सामने इस प्रकार की कथाधारा को समाप्त होना ही था।

प्रेमचन्द युग के अन्य उपन्यासकारों को मुख्य रूप से तीन कोटियों में विभक्त किया जा सकता है। प्रथम कोटि में वे लेखक रखे जा सकते हैं, जिन्होंने लगभग बीसवीं शताब्दी के आरम्भ में ही उपन्यास-लेखन आरम्भ किया था और हिन्दी उपन्यास का इतिहास रचने में किसी न किसी रूप में योगदान किया था। इन लेखकों में गोपालराम गहमरी, चन्द्रशेखर पाठक, मन्नन द्विवेदी गजपुरी आदि के नाम उल्लेखनीय हैं। गोपालराम गहमरी ने इस काल में भी लगभग-लगभग तीन दर्जन अपराधप्रधान/जासूसी कथापुस्तकें लिखीं, किन्तु अब तक हिन्दी उपन्यास के विकास में उनकी ऐतिहासिक भूमिका प्रायः समाप्त हो चुकी थी। चन्द्रशेखर पाठक के *विचित्र समाज सेवक* (1920), *आदर्श लीला* (1921), *भारती* (1923), *मायापुरी* (1923), *अबला की आत्मकथा* (1933), *सद्गुणी सुशीला* (1935) आदि उपन्यास प्रकाशित हुए। पाठक जी के उपन्यासों में पश्चिमी सभ्यता की तुलना में भारतीय सभ्यता की श्रेष्ठता, अँगरेजी शिक्षा के दोष, रूढ़ परम्परागत हिन्दू मान्यताओं के अनुरूप स्त्री-चरित्र के आदर्श, जैसे—पातिव्रत्य, सच्चरित्रता, धर्मपालन आदि, तथा हिन्दू समाज में स्त्रियों की दुर्दशा का चित्रण किया गया है। उनके एक उपन्यास *मायापुरी* में रूपक शैली में संसाररूपी मायाचक्र का वर्णन कर पाठकों को उससे बचने का उपदेश दिया गया है। इससे स्पष्ट है कि चन्द्रशेखर पाठक के उपन्यास उस यथार्थ चेतना से रहित हैं जो 'आलोचनात्मक' होती है और जो किसी भी श्रेष्ठ उपन्यास के लिए जरूरी होती है। पर पाठक जी का एक उपन्यास *भारती* समकालीन यथार्थ के—देशहित, समाजसेवा, नारीजागरण, राष्ट्रीय चेतना आदि—सटीक चित्रण के कारण उनके अन्य उपन्यासों से बहुल अलग हो गया है। ग्रामीणों की निर्धनता, अशिक्षा और अज्ञान का ऐसा विश्वसनीय अंकन इस समय के उपन्यासों में दुर्लभ है। सामाजिक और नैतिक समस्याओं के स्थान पर राजनीतिक समस्याओं को उपन्यास का विषय बनाने का तो यह प्रथम प्रयास जान पड़ता है। मन्नन द्विवेदी गजपुरी ने इस काल में *कल्याणी* (1921) नामक उपन्यास लिखा, जिसमें बालविवाह, वृद्धविवाह, विधवाओं की दुर्दशा, कुशिक्षा, भारतीय समाज में पारस्परिक फूट आदि को रेखांकित किया गया था।

दूसरी कोटि में उन उपन्यासकारों को रखा जा सकता है, जिनका रचना काल प्रेमचन्द युग तक ही सीमित है। इन उपन्यासकारों में, रचना-क्रम की दृष्टि से, जगदीश झा विमल, जी.पी. श्रीवास्तव, मदारीलाल गुप्त, चंडी प्रसाद हृदयेश, बेचन शर्मा 'उग्र', गिरिजादत्त शुक्ल गिरीश, देवनारायण द्विवेदी, प्रफुल्लचन्द्र ओझा 'मुक्त', शिवपूजन सहाय, परिपूर्णानन्द वर्मा, ऋषभचरण जैन, विश्वनाथ सिंह शर्मा, विश्वम्भरनाथ शर्मा 'कौशिक', जयशंकर प्रसाद, सूर्यकान्त त्रिपाठी निराला आदि परिगणनीय हैं। इनमें सर्जनात्मक दृष्टि से हिन्दी उपन्यास को समृद्ध और अग्रेसर करनेवाले उपन्यासकार जयशंकर प्रसाद और सूर्यकान्त त्रिपाठी निराला ही माने जा सकते हैं।

इस काल के आरम्भ में ही जगदीश झा विमल (ज.1889) ने *निर्धन कन्या* (1920) नामक उपन्यास की रचना की जिसमें आर्थिक दृष्टि से असमान परिवारों में विवाह-सम्बन्ध के दुष्परिणामों का चित्रण किया गया है। जमींदार की शीलरहित कन्या से निर्धन परिवार की सुशिक्षित तथा सुशील कन्या को श्रेष्ठ बताते हुए उपन्यासकार तिलक-दहेज, विवाह में किये जाने वाले अपव्यय आदि की आलोचना करता है। सामाजिक, आर्थिक और राष्ट्रीय समस्याओं के प्रति विमल जी की जागरूकता का परिचय उनके अन्य उपन्यासों में भी मिलता है। *खरा सोना* (1921) में किसानों पर जमींदारों के अत्याचार, मिलमालिकों और मजदूरों के संघर्ष तथा मजदूर-हड़ताल, अँगरेजों के विरुद्ध जनता के असन्तोष आदि का चित्रण किया गया है। उपन्यासकार राष्ट्रीय भावनाओं और विचारों के चित्रण का प्रयास तो करता है, पर सरकार के भय से उन विचारों का खुलकर प्रतिपादन नहीं कर पाता; पर जमींदारों द्वारा किसानों के दमन और मजदूरों की हड़ताल का चित्रण करने में वह नहीं हिचकता। मजदूरों और मिलमालिकों में सुलह कराकर उपन्यासकार अपनी जागरूकता का परिचय देता है। जहाँ तक कथ्य का प्रश्न है, विमल जी समकालीन यथार्थ के चित्रण में प्रेमचन्द के ही समकक्ष हैं, पर मनोवैज्ञानिक चरित्रचित्रण, मार्मिक प्रसंगों के निर्माण, भाषिक सर्जनशीलता, शिल्पगत प्रयोग आदि दृष्टियों से वे बहुत पिछड़ जाते हैं। औपन्यासिक विजन, शिल्प और भाषा की दृष्टि से प्रेमचन्द के लेखन में जिस उत्तरोत्तर उत्कर्ष के दर्शन होते हैं उसका विमल जी की उपन्यास-यात्रा में सर्वथा अभाव है। *आदर्श दम्पती* (1921), *जीवन ज्योति* (1922), *लीलावती* (1924), *आशा पर पानी* (1925), *रमणी रहस्य* (1926), *केसर* (1936) आदि उनके परवर्ती उपन्यासों में समकालीन यथार्थ का चित्रण तो है पर कोई विजन नहीं है। *जीवन ज्योति* में एक युवती अपने माता-पिता की असहमति के बावजूद असहयोगी युवक से विवाह कर लेती है। *लीलावती* में वृद्ध विवाह और तिलक-दहेज के कुपरिणामों तथा स्त्री शिक्षा के महत्त्व का चित्रण किया गया है। यत्र-तत्र देश की राजनीतिक स्थिति पर भी प्रकाश डाला गया है। *आशा पर पानी* में भी सामाजिक कुरीतियों की आलोचना, अँगरेजी शिक्षा के कुप्रभाव से ग्रस्त युवकों की दयनीय स्थिति का चित्रण तथा देशसेवा और राष्ट्रीय जागरण की ओर संकेत किया गया है। *केसर* में सामाजिक कुरीतियों का ही अंकन है। विमल जी का अन्तिम उपन्यास गरीब 1941 ई. में प्रकाशित हुआ जिसमें जमींदारों द्वारा निर्धन किसानों के शोषण, उनकी जमीन और जोरू पर छलप्रपंच से अधिकार जमाने के प्रयास, पुलिस विभाग में फैले भ्रष्टाचार तथा समकालीन पारिवारिक समस्याओं का चित्रण किया गया है। इस प्रकार जगदीश झा विमल के उपन्यास समकालीन यथार्थ से जुड़े हुए हैं, पर विजन, उपयुक्त कथाशिल्प और सर्जनात्मक भाषा के अभाव में उनका साहित्यिक महत्त्व अधिक नहीं है।

विवेच्य काल में जी. पी. श्रीवास्तव (ज.1890) विशेष रूप से अपनी हास्य रस की कथाकृतियों के लिए जाने जाते हैं। इस काल में उनकी *महाशय भड़ामसिंह शर्मा* (1919), *लतखोरी लाल* (1931), *विलायती उल्लू* (1932), *स्वामी चौखटानन्द* (1936) आदि पुस्तकाकार कथाएँ प्रकाशित हुईं, जिन्हें 'उपन्यास' कहने का कोई औचित्य नहीं है। जी. पी. श्रीवास्तव ने सामाजिक और व्यक्तिगत असंगतियों को हास्य का आधार बनाया है, पर उनके हास्य में व्यावहारिक विनोद और आंगिक-वाचिक खिलवाड़ की प्रधानता है, जिसके कारण वह प्रबुद्ध और सहृदय पाठकों के लिए अग्राह्य बन गया है। व्यंग्य, विदग्धता, मौलिक सूझ आदि गुणों

के अभाव के कारण जी. पी. श्रीवास्तव का हास्य उच्च कोटि का हास्य नहीं बन सका है। *प्राणनाथ* (1925), *गंगाजमुनी* (1927), *दिल की आग उर्फ दिल जले की आह* (1932) आदि उपन्यासों में श्रीवास्तव जी ने निःस्वार्थ प्रेम, दहेज प्रथा, विवाह तथा श्राद्ध आदि में होने वाले अपव्यय, हिन्दू-मुस्लिम एकता, स्त्री शिक्षा, ढोंगी महात्माओं के पाखंड आदि का चित्रण किया है। हास्यप्रधान कथापुस्तकों में भी विलायती सभ्यता की नकल, परदा प्रथा, स्त्रियों का व्यापार करने वाले अपराधियों आदि की हँसी उड़ायी गयी है।

इस युग के पूर्वार्द्ध में मदारीलाल गुप्त ने *गौरीशंकर* (1923), *सखाराम* (1924), *मानिक मन्दिर* (1926) आदि उपन्यासों की रचना की थी। इन उपन्यासों में भी स्त्रियों के पातिव्रत्य, सच्चरित्रता, वृद्ध विवाह के दुष्परिणाम, निर्धन परिवार की कन्याओं के दुर्भाग्य, बालविवाह, निरक्षरता, वेश्यावृत्ति आदि का चित्रण किया गया है। उपन्यासकार ने स्त्रियों के लिए स्वावलम्बन, शिक्षा, चारित्रिक दृढ़ता आदि की आवश्यकता बतायी है, जो उसकी सामाजिक जागरूकता का परिचायक है। पर आपराधिक घटनाओं और काम-प्रसंगों के वर्णनों में अधिक रुचि लेने के कारण गुप्त जी के उपन्यास गम्भीर रुचि के सहृदय पाठकों के लिए अग्राह्य बन गये हैं। शिल्प और भाषिक सर्जनशीलता की दृष्टि से भी मदारीलाल गुप्त के उपन्यास साधारण हैं।

1924 ई. में चंडी प्रसाद हृदयेश ने (ज. 1898) *मनोरमा* और 1925 ई. में *मंगल प्रभात* नामक उपन्यास लिखे, जिनमें उन्होंने बालकृष्ण भट्ट, किशोरीलाल गोस्वामी, ब्रजनन्दन सहाय आदि की संस्कृत गद्यकाव्य वाली अलंकृत भाषा का प्रयोग कर एक बार पुनः उस परम्परा को जीवित करने की असफल कोशिश की। विषय की दृष्टि से इन उपन्यासों में समकालीन नारी समस्याएँ, जैसे—दहेज प्रथा, बाल तथा वृद्ध विवाह, हिन्दू समाज की रूढ़ मान्यताएँ और रीतिरिवाज, सतीत्व और पातिव्रत्य की महिमा और उनके सामाजिक अन्तर्विरोध, नारी का नैतिक मूल्यों से संघर्ष और अन्तर्द्वन्द्व, प्रेम और वासना का द्वन्द्व, नारी मात्र, विशेषकर विधवाओं की दयनीय स्थिति, उन पर होने वाले अमानुषिक अत्याचार आदि—प्रस्तुत की गयी हैं। दोनों ही उपन्यास समाज-सुधार की भावना से प्रेरित हैं। निश्चय ही इनका महत्त्व ऐतिहासिक मात्र है।

बेचन शर्मा 'उग्र' (ज. 1900) प्रेमचन्द युग के ऐसे विशिष्ट उपन्यासकार हैं, जो तत्कालीन समाज की कुरीतियों के नग्न और साहसपूर्ण चित्रण के कारण अपने युग के सामान्य पाठकों के चहेते और आलोचकों के कोपभाजन बने थे। उन्होंने अपने उपन्यासों में शराबियों, वेश्याओं, दलितों आदि से जुड़े नग्न यथार्थ को प्रायः बेलौस और अखबारी भाषा में प्रस्तुत किया, जिसके चलते 'विशाल भारत' के सम्पादक पं. बनारसी दास चतुर्वेदी ने उनके उपन्यासों को 'घासलेटी' करार देते हुए उनके विरुद्ध एक जबरदस्त आन्दोलन ही छेड़ दिया था। सम्भवतः 1925 ई. में एक 'सचित्र पाक्षिक रहस्यमाला' के अन्तर्गत उग्र जी का *कलकत्ता रहस्य* नामक उपन्यास प्रकाशित हुआ था। यद्यपि आज यह पूरी पुस्तक उपलब्ध नहीं है, पर इसका एक अंश 'मालेमस्त मारवाड़ी खंड' बाद में *कढ़ी में कोयला* (1955) शीर्षक से प्रकाशित हुआ, जिससे इस उपन्यास की प्रकृति का अनुमान किया जा सकता है। 'मतवाला' के 21 नवम्बर, 1925 अंक में प्रकाशित एक विज्ञापन के अनुसार *कलकत्ता रहस्य* में "यहाँ (कलकत्ता में) होने वाली एक से एक बढ़कर आश्चर्यपूर्ण, रोमांचकारी, करुण और बीभत्स

आदि रसों से पूर्ण तथा चित्ताकर्षक सच्ची घटनाओं का बड़ा ही सुन्दर खाका खींचा गया है। कलकत्ता के अच्छे और बुरे, बड़े और छोटे, ऊँचे और नीचे, अमीर और गरीब सभी प्रकार के आदमियों के चित्र चित्रित किये गये हैं।" इस विज्ञापन से *कलकत्ता रहस्य* के विषय का कुछ अनुमान लगाया जा सकता है। 1891-1918 की अवधि में अँगरेजी के जी.डब्ल्यू. एम. रेनॉल्ड्स के अपराधप्रधान घटनाओं और रति-प्रसंगों के वर्णनों से भरी कथापुस्तकों के हिन्दी अनुवाद बहुत लोकप्रिय हुए थे। रेनॉल्ड्स के *लन्दन रहस्य* के कम से कम तैंतालीस खंड और उनके कई-कई संस्करण प्रकाशित हुए थे। *लन्दन रहस्य* की लोकप्रियता से प्रेरित होकर, उसके अनुकरण पर, *शेखाबाटी रहस्य, लखनऊ रहस्य, जेल रहस्य, भारत रहस्य, रमणी रहस्य, वारांगना रहस्य, वेश्या रहस्य* आदि रोमानी कथापुस्तकें लिखी गयी थीं। *कलकत्ता रहस्य* इसी परम्परा की एक कड़ी है, जिसका मुख्य लक्ष्य समकालीन हिन्दी पाठकों में 'रहस्य' की लोकप्रियता को भुनाना ही है, यद्यपि कलकत्ता की जिन्दगी के कुरूप पक्ष, उसके अशोभन यंथार्थ को प्राकृतिकवादी शैली में व्यक्त करना भी उपन्यास का उद्देश्य जान पड़ता है।

विवेच्य काल में उग्र जी के प्रकाशित उपन्यास हैं–*चन्द हसीनों के ख़तूत* (1927), *दिल्ली का दलाल* (1927), *बुधुआ की बेटी* (1928), *शराबी* (1930) आदि। *बुधुआ की बेटी* का दूसरा संस्करण *मनुष्यानन्द* शीर्षक से 1955 ई. में प्रकाशित हुआ।

उग्र के उपन्यासों की प्रमुख विशेषता यह है कि उनमें समकालीन यथार्थ के वैसे अनछुए और कटु-नग्न पक्षों का उद्घाटन किया गया है, जो अब तक अन्य उपन्यासकारों द्वारा उपेक्षित थे। *चन्द हसीनों के ख़तूत* में हिन्दू और मुसलमान युवक-युवती के प्रेम और विवाह तथा साम्प्रदायिक सद्भाव का चित्रण-प्रतिपादन किया गया है, जो उस समय के लिए एक साहसपूर्ण प्रयास था। इस उपन्यास में उग्र जी ने मुरारी और नर्गिस की प्रेमकथा के माध्यम से इस विचार का प्रतिपादन किया है कि मनुष्य पहले मनुष्य है, बाद में वह भले ही हिन्दू-मुसलमान या किसी जाति विशेष का सदस्य हो। चुम्बन आदि के वर्णन द्वारा अपने समय के आलोचकों को चिकोटी काटने और परम्परागत मूल्यों को चुनौती देने का भाव भी उपन्यास में वर्तमान है। इसके आठवें संस्करण की भूमिका से ज्ञात होता है कि 'मतवाला' पत्रिका में प्रकाशित इसके पाठ में ब्रिटिश शासन के विरुद्ध अनेक 'उग्र इशारे' थे जो पुस्तक रूप में प्रकाशित होते समय प्रकाशक द्वारा निकाल दिए गये थे। इससे उग्र जी की राष्ट्रीय भावना का पता चलता है। उग्र जी के दूसरे उपन्यास *दिल्ली का दलाल* में कन्याओं और युवतियों का क्रय-विक्रय करने वाली संस्थाओं का पर्दाफाश किया गया है। भले घर की भोलीभाली युवतियाँ और कन्याएँ किस प्रकार बहकाकर उड़ाई और सतायी जाती हैं, इसका नग्न और ब्योरेवार वर्णन उपन्यास में मिलता है। नारी की दुर्गति का बीभत्स चित्र प्रस्तुत करना इस उपन्यास की विशेषता है। *बुधुआ की बेटी* के केन्द्र में अछूतोद्धार की समस्या है। भंगियों के नारकीय जीवन का ऐसा यथार्थ चित्रण इसके पहले किसी हिन्दी उपन्यास में नहीं हुआ था। भंगियों की हड़ताल का चित्रण करके उपन्यासकार ने दलितों में पैदा हो रही विरोध चेतना का भी संकेत दिया है। वैचारिक दृष्टि से लेखक भंगियों को इन स्थितियों में रखने वाले उच्चवर्गीय हिन्दू समाज का विरोधी है। इस दृष्टि से उग्र दलित उपन्यास-लेखन के प्रणेता माने जा सकते हैं। लेखक की सहानुभूति दलित भंगी समाज के प्रति है, अतः वह उनकी हड़ताल को 'सफल' और उनके मन्दिर प्रवेश को 'सम्भव' बनाता है। पर इसके लिए

उसे अघोरी साधु, मनुष्यानन्द, के रूप में एक ऐसे पात्र की सृष्टि करनी पड़ी है जिसका चरित्र अतिलौकिक शक्तियों से सम्पन्न होने के कारण अविश्वसनीय हो गया है। उपन्यासकार ने मुख्य विषय के साथ कुछ गौण विषय भी जोड़ दिये हैं जो हिन्दू समाज की दूसरी कुरीतियों से सम्बद्ध हैं। ये वर्णन मुख्य विषय से असम्बद्ध होने के कारण उपन्यास के प्रभाव को क्षीण करते हैं। मुसलमानों के एक गिरोह द्वारा पुत्र की कामना रखने वाली हिन्दू स्त्रियों को धोखा देकर चकला चलाने का वर्णन केन्द्रीय विषय से असम्बद्ध भी है और साम्प्रदायिक भेदभाव का परिचायक भी। बुधुवा की बेटी, रधिया के चरित्र-निर्माण में भी लेखक श्रेष्ठ रचनाशीलता का परिचय नहीं दे सका है। रधिया का चरित्र मूल विषय के अंकन में कोई योगदान नहीं करता। मिसेज यंग और मिस यंग के माध्यम से उपन्यासकार ने नारी मुक्ति या विद्रोह का जो रूप प्रस्तुत किया है, वह भी पर्याप्त तर्कसंगत और प्रत्ययकारी नहीं बन सका है।

उपन्यास की सबसे बड़ी कमजोरी यह है कि इसमें उपन्यासकार का दलित चेतना विषयक विजन धुँधला है। इसका कारण है, प्रत्यक्ष और प्रामाणिक अनुभव का अभाव। इसके साथ ही इसमें 'वर्णन' की बहुलता है, 'अंकन' या 'प्रस्तुति' की नहीं। उपन्यासकार अपने विचारों को प्रस्तुत करने के लिए सपाट वर्णनों का सहारा लेता है और घटनाओं को मनमाने ढंग से मोड़ने में कोई संकोच नहीं करता। शिल्प और भाषा दोनों ही दृष्टियों से उपन्यास बहुत कमजोर है।

शराबी में वेश्याओं और शराबघरों का नग्न, यथार्थ अंकन किया गया है। शराब और वेश्या परतन्त्र भारत के जागरूक नागरिकों और समाज सुधारकों की चिन्ता के प्रमुख मुद्दे थे। समाज सुधार का प्रश्न वस्तुतः देश की स्वतन्त्रता के प्रश्न से जुड़ा हुआ था। *शराबी* के केन्द्र में ये ही समस्याएँ अवस्थित हैं। शराब के कारण इस उपन्यास के दो परिवार नष्ट हो जाते हैं। एक शराबी की लड़की अपने पिता की उपेक्षा और निर्धनता के कारण वेश्या बन जाती है और दूसरे शराबी का पुत्र पिता के प्रेम और सही मार्गदर्शन के अभाव में शराबी, वेश्यागामी और गैरजिम्मेदार हो जाता है। दहेज प्रथा के चलते वय और आर्थिक दृष्टि से असमान विवाह और समाज द्वारा युवक-युवतियों के प्रेम का विरोध भी उपन्यास का विषय बना है। उपन्यास में पत्नियों के प्रति पतियों के सामन्ती दृष्टिकोण की, उन्हें मनुष्य न समझ कर भोग की वस्तु समझने की दृष्टि की आलोचना की गयी है। वेश्याओं के जीवन और रहन-सहन के वर्णन में उपन्यासकार को विशेष सफलता मिली है। इसके मूल में अनुभव की प्रामाणिकता जान पड़ती है। पिता के प्रति पुत्र का विद्रोह भी उपन्यास में चित्रित है, पर इस विद्रोह के पीछे कोई सकारात्मक दृष्टि नहीं है। वस्तुतः उपन्यासकार के पास न कोई भास्वर विजन है, न गहरी संवेदना और न ही शिल्प की कोई गहरी समझ। भाषा भी अत्यन्त सपाट है। पात्रों के चरित्रांकन में असंगतियाँ भरी पड़ी हैं। संयोगात्मक घटनाओं की भरमार है और विचारों के अन्तर्विरोध सर्वत्र दिखाई देते हैं।

यद्यपि उग्र जी ने तत्कालीन समाज के अत्यन्त कुरूप, घृणित और अप्रिय यथार्थ का प्राकृतिकवादी शैली में अंकन किया है, पर उनकी दृष्टि सर्वत्र सुधारवादी और आदर्शवादी है। इससे उनकी कला को कोई लाभ पहुँचा हो, यह तो नहीं कहा जा सकता, पर उस काल में हिन्दू समाज सुधार का जो आन्दोलन चल रहा था, जिसका नेतृत्व व्यक्ति के रूप में महात्मा गाँधी और संस्था के रूप में आर्य समाज कर रहा था, उसकी झलक उग्र के उपन्यासों में

देखी जा सकती है।

उग्र ने पहली बार हिन्दी उपन्यास में पत्रात्मक शिल्प-प्रविधि का आरम्भ किया। पूरी पुस्तक सात पत्रों से निर्मित हुई है जिनके लेखक उपन्यास के चार पात्र—नर्गिस, मुरारी कृष्ण, असगरी और गोविन्द हरि शर्मा हैं। पर इन पत्रों में उपन्यासकार पात्रों के मस्तिष्क को उस हद तक नाटकीकृत नहीं कर सका है, जितना इस प्रविधि के लिए आवश्यक होता है। अब तक हिन्दी उपन्यास किस्सागोई के दौर से निकलकर दृश्यात्मक-परिदृश्यात्मक और आत्मकथात्मक शिल्पप्रविधि के क्षेत्र में प्रवेश कर चुका था, पर पत्रों के रूप में उपन्यास लिखने की परम्परा आरम्भ नहीं हुई थी। *चन्द हसीनों के खतूत* में उग्र जी ने इस प्रविधि का प्रयोग किया, यद्यपि उनके अन्य उपन्यास दृश्यात्मक-परिदृश्यात्मक प्रविधि में ही लिखे गये हैं।

1937 ई. में उग्र जी का *सरकार तुम्हारी आँखों में,* 1939 ई. में *जी जी जी* और 1960 ई. में *फागुन के दिन चार* नामक उपन्यास प्रकाशित हुए। *सरकार तुम्हारी आँखों में* में सामन्ती जीवन की विलासप्रियता, ऐयाशी, एक तरफ प्रजा की दयनीय निर्धनता और विवशता तथा दूसरी तरफ विलास की वस्तुओं पर राज्य द्वारा किए जाने वाले अपव्यय का चित्रण किया गया है। देशी राजाओं की शासन सम्बन्धी अव्यवस्था, प्रजा पर होने वाले अत्याचार आदि का चित्रण भी उपन्यास में किया गया है। *जी जी जी* में हिन्दू परिवार और समाज में स्त्री पर होने वाले अत्याचारों का विस्तारपूर्वक अंकन मिलता है। शोषित-पीड़ित नारी के प्रति गहरी सहानुभूति के बावजूद लेखक भारतीय नारी-संहिता के प्रति आस्थावान है। इस अन्तर्विरोध के कारण उग्र का *नारीविषयक* विजन धुँधला हो गया है। इन उपन्यासों में उग्र की औपन्यासिक सर्जनात्मकता का कोई विकास नहीं दिखाई पड़ता।

इस युग तक ही सीमित इस काल के एक अन्य उपन्यासकार, गिरिजादत्त शुक्ल 'गिरीश' (ज.1899) *सन्देह* (1925), *प्रेम की पीड़ा* (1930), *अरुणोदय* (1930), *पाप की पहेली* (1931), बाबू साहब (1932) आदि उपन्यासों की रचना की थी। 'गिरीश' जी के उपन्यासों में भी समसामयिक जीवन की अभिव्यक्ति मिलती है। उस काल के जमींदारों और सेठों में सरकार से 'राजा', 'रायसाहब' आदि उपाधियों की प्राप्ति और पद-लालसा अपनी चरम सीमा पर थी, जिसके लिए वे चापलूसी, धूर्तता तथा अन्य निन्द्य कर्मों का सहारा लेते थे। इस वास्तविकता का चित्रण *सन्देह* में हुआ है। *प्रेम की पीड़ा* में एक निर्धन किन्तु भावुक छात्र और एक लड़की की असफल प्रेम कहानी का अंकन है, जो उस काल की ही नहीं, आज की भी सच्चाई है। यह उपन्यास पत्रात्मक प्रविधि में लिखा गया है। *पाप की पहेली* में मनुष्य की जघन्य मनोवृत्तियों का चित्रण किया गया है। 'गिरीश' जी के उपन्यासों में सर्वाधिक उल्लेखनीय *बाबू साहब* है जिसका केन्द्रीय विषय देशसेवा और पारिवारिक कर्तव्य के बीच संघर्ष की स्थिति है। स्वाधीनता आन्दोलन के समय देशसेवकों के जीवन में इस प्रकार की स्थितियाँ अक्सर पैदा होती थीं। इसे अपने उपन्यास का विषय बनाकर 'गिरीश' जी ने अपनी लेखकीय जागरूकता का परिचय दिया है। इसके साथ ही पारस्परिक प्रेम के आधार पर अन्तरजातीय विवाह का समर्थन और लड़की की इच्छा के विरुद्ध, कुलमर्यादा और सम्पत्ति के नाम पर, उसका विवाह किसी अयोग्य व्यक्ति से कर देने का विरोध भी किया गया है। उपन्यासकार का दृष्टिकोण सुधारवादी है। पात्रों के चरित्रांकन में संवेदनशीलता और मनोवैज्ञानिक दृष्टि के समावेश से उपन्यास विशेष उल्लेखनीय हो गया है। गिरीश जी के अन्तिम उपन्यास

प्रोफेसर (1946) में भी सामाजिक समस्याओं, जैसे—किसी विवाहिता स्त्री के, पति के लापता हो जाने पर पुनर्विवाह, अन्तर्जातीय विवाह, जातिप्रथा, सामाजिक भेदभाव आदि का चित्रण किया गया है। विश्वविद्यालयों में दी जाने वाली चरित्र विनाशक शिक्षा, परिसर में व्याप्त गुटबन्दी, जातिवाद आदि का चित्रण भी उपन्यासकार ने किया है।

प्रफुल्लचन्द्र ओझा मुक्त भी इसी वर्ग के उपन्यासकार हैं जिनके *संन्यासिनी* (1926), *पतझड़* (1930), *पाप और पुण्य* (1930), *जेलयात्रा* (1931), *तलाक* (1932) आदि उपन्यास इस अवधि में प्रकाशित हुए। मुक्त जी के उपन्यासों में पति-पत्नी सम्बन्ध, प्रेम के लोकोत्तर स्वरूप, शरीर के स्तर पर नहीं, भाव के स्तर पर प्रेम की प्रतिष्ठा, देशप्रेम और व्यक्तिगत प्रेम के बीच संघर्ष, नारी के प्रेम और उसकी मौन व्यथा आदि की प्रमुखता है। मुक्त जी के उपन्यासों पर शरच्चन्द्र का प्रभाव बहुत स्पष्ट है जिसके फलस्वरूप उनमें प्रेम का भावुकता से भरा रूप ही सामने आता है। *जेलयात्रा* में स्वाधीनता संग्राम की पृष्ठभूमि ली गयी है, पर उसमें भी प्रेम का रूमानी स्वरूप ही प्रमुख है, देशप्रेम का भाव नहीं।

1926 ई. में ही शिवपूजन सहाय ने (ज.1893) *देहाती दुनिया* लिखकर उपन्यास की संरचना विषयक अवधारणा को एक चुनौती दी थी। यह उपन्यास उस समय उपन्यास के स्थापत्य के सम्बन्ध में प्रचलित धारणा का निषेध करता है। *देहाती दुनिया* वस्तुतः ग्रामीण जीवन के अनेक प्रसंगों का संकलन है। इसमें भोजपुर अंचल की अनेक झाँकियाँ, जो बिलकुल वास्तविक हैं, बोलचाल की सजीव भाषा में ज्यों की त्यों रख दी गयी हैं। यह उपन्यास तत्कालीन 'गाँव' को यथार्थ रूप में हमारे सामने प्रस्तुत करता है। उपन्यास मुख्यतः एक छोटे बालक के अवलोकन बिन्दु से प्रस्तुत किए जाने के कारण बहुत स्वाभाविक और आकर्षक हो गया है। बीच-बीच में लेखक के अवलोकन बिन्दु से भी कहानी प्रस्तुत की गयी है। इससे उपन्यास विधा के शिल्प के लचीलेपन का पता चलता है। भोजपुरी अंचल की संस्कृति, बोलीबानी, मुहावरों-कहावतों, गीतों आदि के प्रयोग की बहुलता के कारण इसे 'आंचलिक उपन्यास' की संज्ञा भी दी गयी है, जो तर्कसंगत है।

1927 ई. में परिपूर्णानन्द वर्मा (ज.1907) कृत *प्रेम का मूल्य* और 1932 ई. में *मेरी आह* नामक उपन्यास प्रकाशित हुए। *प्रेम का मूल्य* में युवक-युवतियों के प्रेम पर हिन्दू समाज के बन्धनों की आलोचना की गयी है। *मेरी आह* में हिन्दू-मुस्लिम दंगे को विषय बनाकर साम्प्रदायिकता का चित्रण किया गया है।

1928 ई. में ऋषभचरण जैन (ज.1910) का पहला उपन्यास *पैसे का साथी* प्रकाशित हुआ। 1936 तक उनके *दिल्ली का व्यभिचार* (1928), *वेश्यापुत्र* (1929), *मास्टर साहब* (1929), *सत्याग्रह* (1930), *रहस्यमयी* (1931), *दिल्ली का कलंक* (1936) आदि एक दर्जन से अधिक उपन्यास प्रकाशित हुए। इन उपन्यासों में यों तो सच्चे और स्वार्थी मित्र के अन्तर, विधवा विवाह और अन्तरजातीय विवाह, युवक-युवतियों के विवाहपूर्व प्रेम, हिन्दू समाज में व्याप्त कुरीतियों, पुरुष समाज की निष्ठुरता और कामलिप्सा तथा उनके द्वारा स्त्रियों पर किये जाने वाले अत्याचार, पुरुष के प्रति नारी की घृणा और प्रतिशोध भाव, भाग्य की महत्ता और प्रबलता आदि अनेक विषयों का चित्रण हुआ है, पर जैन साहब की विशेष ख्याति दिल्ली के अपराध जगत् और वेश्या समाज के चित्रण को लेकर है। इन्होंने बेचन शर्मा उग्र की प्राकृतिकवादी शैली में दिल्ली महानगर में फैले भ्रष्टाचार, वेश्याओं की जीवन पद्धति,

व्यभिचारिणी स्त्रियों के रहस्यमय चरित्र और काली करतूतों, वेश्याओं के कारण समाज में फैलने वाले अपराध आदि के चित्रण में विशेष रुचि ली। बनारसीदास चतुर्वेदी ने 'घासलेटी साहित्य' का जो आन्दोलन चलाया था, उसका मुख्य निशाना बेचन शर्मा उग्र और ऋषभचरण के उपन्यास ही थे। समाज में फैले व्यभिचार, भ्रष्टाचार और कुरीतियों का जिस साहस और स्पष्टता के साथ ऋषभचरण जैन ने उद्घाटन किया, वह उल्लेखनीय है। यही ऋषभचरण जैन की प्रसिद्धि का कारण भी था और उपन्यासकार के रूप में उनकी मृत्यु का भी।

सत्याग्रह में ऋषभचरण जैन ने गाँधी जी के दक्षिण अफ्रीका में चलाए गए सत्याग्रह आन्दोलन का चित्रण किया है, पर इस विषय को सजीव कथा संसार में बदलने में लेखक को सफलता नहीं मिली है।

1937 ई. में श्री जैन के *चम्पाकली* और *हिज हाइनेस* तथा 1938 ई. में *मयखाना* और *तीन इक्के* नामक उपन्यास प्रकाशित हुए। चम्पाकली में वेश्या जीवन की पीड़ा और त्रासदी का सहानुभूति के साथ चित्रण किया गया है। इसके साथ ही वेश्याओं को समाज के लिए अभिशाप भी बताया गया है। *हिज हाइनेस* में अभिजात समाज में व्याप्त विलासिता, नैतिक भ्रष्टाचार तथा यौन विषयक समस्याओं का चित्रण किया गया है। *मयखाना* और *तीन इक्के* का उद्देश्य शराबखोरी और जुआखोरी के दुर्गुणों का चित्रण करना है। सर्जनात्मक उपलब्धि की दृष्टि से इन उपन्यासों में कोई उल्लेखनीयता नहीं है।

1928 ई. में ही विश्वनाथ सिंह शर्मा कृत *आधुनिक चक्र* नामक उपन्यास प्रकाशित हुआ। तत्पश्चात् इनके *कसौटी* (1929), *वेदना* (1930), *त्यागी युवक* (1933) आदि उपन्यास प्रकाशित हुए। शर्मा जी मुख्यतः प्रेमचन्द की परम्परा के उपन्यासकार हैं। *कसौटी* में किसानों पर जमींदार तथा पुलिस के अत्याचारों का चित्रण किया गया है। पर उपन्यास में गाँव का युवा वर्ग मजदूर संघ की स्थापना कर इस अत्याचार का विरोध करता है। उपन्यास में सामाजिक और राजनीतिक जागृति का अंकन किया गया है, पर समाधान गाँधीवादी या प्रेमचन्दीय है। *वेदना* में अछूतोद्धार और साम्प्रदायिक एकता का चित्रण किया गया है। *त्यागी युवक* में भी एक ऐसे समाज की कल्पना की गयी है, जिसमें पूर्ण साम्प्रदायिक सद्भाव, लोगों में सेवा भाव और उदार दृष्टिकोण का प्रसार है।

1929 ई. में ही विश्वम्भरनाथ शर्मा कौशिक के (ज.1891) दो उपन्यास *माँ* और *भिखारिणी* प्रकाशित हुए। कथ्य की दृष्टि से इन उपन्यासों में थोड़ी नवीनता है, पर विजन, शिल्प और भाषा की दृष्टि से इनमें कोई उल्लेखनीयता नहीं है। *माँ* में वास्तविक माँ और गोद लेने वाली माँ के प्रेम के अन्तर, आदर्श माँ के स्वरूप, वेश्यागमन की बुराइयों आदि का तथा *भिखारिणी* में प्रेम और जाति-भावना के द्वन्द्व में प्रेम की पराजय और त्रासदी का अंकन किया गया है। दोनों ही उपन्यासों में पात्रों के मनोभावों का, जिनमें करुणा और अवसाद की प्रमुखता है, अंकन विश्वसनीय रूप में किया गया है, जिससे इनमें पठनीयता का गुण पैदा हो गया है। बोलचाल की सहज भाषा भी, जो प्रेमचन्द के उपन्यासों में दिखाई पड़ती है, इन उपन्यासों को पठनीय बनाती है।

लगभग 16 वर्ष बाद कौशिक जी का *संघर्ष* (1945) नामक उपन्यास प्रकाशित हुआ। आर्थिक विषमता के कारण प्रेम की निष्फलता और बाद में होने वाले पश्चात्ताप का अंकन इसका विषय है, पर विजन की मौलिकता और मनोवैज्ञानिक अन्तर्दृष्टि के अभाव के कारण

इसमें कोई वैशिष्ट्य नहीं है।

प्रेमचन्द युग में ही जयशंकर प्रसाद (ज.1889) ने *कंकाल* (1930) और *तितली* (1934) तथा अपूर्ण उपन्यास *इरावती* (1936) लिख कर जो प्रतिष्ठा अर्जित की वह प्रेमचन्द को छोड़कर अन्य किसी उपन्यासकार को नसीब नहीं हुई। समकालीन आलोचकों ने उन्हें उपन्यास के क्षेत्र में एक 'स्कूल' (प्रसाद स्कूल) के संस्थापक के रूप में महत्त्व दिया। 'आदर्शोन्मुख यथार्थवादी' उपन्यास की परम्परा, जिसके प्रवर्तक प्रेमचन्द थे, 'प्रेमचन्द स्कूल' के अन्तर्गत रखी गयी और यथार्थवादी या प्राकृतिकवादी उपन्यासों की परम्परा, जिसके जनक जयशंकर प्रसाद माने गये, 'प्रसाद स्कूल' के नाम से जानी गयी। वस्तुतः उपन्यासों का यह स्कूल-विभाजन समकालीन साहित्यिक राजनीति का परिणाम था। यदि नग्न यथार्थवादी या प्राकृतिकवादी उपन्यासों के आधार पर किसी स्कूल या धारा का निर्धारण किया जा सकता है तो उसकी उपयुक्त संज्ञा 'उग्र स्कूल' होनी चाहिए न कि 'प्रसाद स्कूल'।

कंकाल में हिन्दू समाज की विकृतियों और अवैध सन्तानों के यथार्थ को उद्घाटित करने का प्रयास किया गया है। प्रयाग, काशी, हरिद्वार, मथुरा और वृन्दावन जैसे तीर्थस्थानों में धर्म के नाम पर प्रचलित मिथ्याडम्बरों और दुराचारों का भी *कंकाल* में यथार्थ अंकन किया गया है। स्त्री के प्रति पुरुष के परम्परावादी दृष्टिकोण पर प्रसाद ने मार्मिक प्रहार किया है। *कंकाल* में तारा और घंटी समाज के उत्पीड़न की शिकार हैं। वस्तुतः *कंकाल* की सभी स्त्रियाँ पुरुषों द्वारा किसी न किसी रूप में छली जाती हैं और उन्हें धोखा देने वाले व्यक्ति समाज के तथाकथित भद्र पुरुष हैं। प्रसाद जी ने *कंकाल* में समाज के दलित-शोषित और पीड़ित वर्ग का चित्रण किया है। *तितली* में यथार्थ की पीठिका पर आदर्श की स्थापना की गयी है जो प्रकृतितः प्रेमचन्द के प्रारम्भिक उपन्यासों से भिन्न नहीं है। किसानों-मजदूरों पर होने वाले अत्याचारों, तहसीलदारों-महन्तों के हथकंडों, कलकत्ता महानगरी के जुआड़ी-जेबकतरों के कारनामों तथा निम्न वर्ग की दयनीय स्थिति, वेश्याओं की धनलोलुपता, विधवा राजो की अतृप्त कामभावना आदि का *तितली* में यथार्थ अंकन किया गया है। आदर्श की स्थापना के रूप में पात्रों की आत्मसम्मान के लिए मर मिटने की आकांक्षा, अविचल कर्तव्यनिष्ठा और अनन्य प्रेम के चित्रण देखे जा सकते हैं। शैला और इन्द्रदेव का विवाह, हिन्दी उपन्यास में सम्भवतः पहली बार, अन्तरराष्ट्रीय विवाह का उदाहरण प्रस्तुत करता है। *तितली* में यूरोपीय और भारतीय दृष्टि के टकराव का प्रश्न भी उपस्थित किया गया है।

छायावादी काव्यधारा के शीर्ष कवि सूर्यकान्त त्रिपाठी निराला ने (ज.1899) भी विवेच्य काल में *अप्सरा* (1931), *अलका* (1933), *निरुपमा* (1936) और *प्रभावती* (1936) नामक उपन्यासों की रचना की थी। *अप्सरा* में निराला ने एक अभिजातकुलीन युवक तथा एक वेश्यापुत्री के प्रेम और विवाह का अंकन किया है। वेश्या समाज की समस्या बीसवीं शताब्दी के आरम्भ से ही हिन्दी उपन्यास का विषय रही और प्रेमचन्द ने *सेवासदन* में इसे मुकम्मल रूप में प्रस्तुत करने का प्रयास किया। संवेदनशील रचनाकारों में वेश्या समाज के प्रति बढ़ती सहानुभूति उस नारी-मुक्ति आन्दोलन की शुरुआत मानी जा सकती है जो आज के कथा साहित्य का प्रमुख मुद्दा बना हुआ है। प्रेमचन्द की वेश्याओं के प्रति सहानुभूति तो है, पर उनमें इतना साहस नहीं है कि वे किसी वेश्या का किसी ज्ञातकुलशील युवक से विवाह दिखा सकें। पर निराला में यह साहस है। वे *निरुपमा* में वेश्यापुत्री कनक का विवाह साहित्य के

प्रति पूर्णतः समर्पित युवक राजकुमार से चित्रित करते हैं। उल्लेखनीय यह भी है कि इस विवाह के समर्थन में खड़े होने वाले और इसे अंजाम देने वाले कई अन्य पात्र, स्त्री-पुरुष दोनों हैं। यद्यपि इसमें सामाजिक टकराव की स्थितियाँ प्रायः नहीं आ पायी हैं, जो कदाचित् उपन्यास को तनावपूर्ण और वैचारिक समृद्धि से युक्त बनातीं, पर इससे, कम से कम, निराला की एक ज्वलन्त सामाजिक समस्या के प्रति सहानुभूतिपूर्ण प्रतिबद्धता तो जाहिर होती ही है।

पर निराला के मानस में इस विषय का कोई भास्वर विजन नहीं है। पूरा उपन्यास अतिनाटकीय प्रसंगों और संयोगों से भरा है, जिससे औपन्यासिक संसार कृत्रिम हो गया है। प्रेम इस उपन्यास के केन्द्र में है, पर उपन्यास में प्रेम की बहुत गहरी संवेदना और उससे उत्पन्न मानसिक द्वन्द्व और बेचैनी का अभाव है, और जो थोड़ा-बहुत मानसिक द्वन्द्व है, उसमें मनोवैज्ञानिक गहराई और तार्किक संगति नहीं है। फिर भी इस उपन्यास से वेश्याओं के प्रति निराला की आधुनिक मानवतावादी दृष्टि और संवेदनशीलता का पता चलता है।

अपने दूसरे उपन्यास *अलका* में निराला ने अवध क्षेत्र के किसानों की अभावग्रस्त, दयनीय और नारकीय जिन्दगी का अंकन किया है। इस उपन्यास में चित्रित समय स्वाधीनता संग्राम का वह चरण है, जब प्रथम विश्वयुद्ध के बाद गाँधी जी ने आन्दोलन की बागडोर सँभाली थी और उनके साथ वकीलों-बैरिस्टरों और पूँजीपतियों के समाज से उभरे-निकले नेताओं की जमात आजादी की लड़ाई में कूद पड़ी थी। इसमें कोई सन्देह नहीं कि इस वर्ग ने त्याग किया और तकलीफें झेलीं, पर किसानों-मजदूरों की दुर्भाग्यपूर्ण जिन्दगी से इनकी प्रतिबद्धता बहुत कम थी। इनका मुख्य उद्देश्य ब्रिटिश औपनिवेशिक शासन से अपने लिए स्वतन्त्रता प्राप्त करना था। भारतीय किसान और मजदूर वर्ग अभी अपनी मुक्ति की लड़ाई के लिए सजग और संगठित नहीं था। हिन्दी के सबसे बड़े उपन्यासकार प्रेमचन्द ने अपने उपन्यासों में किसानों की तकलीफों और जमींदारों-साहूकारों तथा सरकारी तन्त्र द्वारा उनके शोषण का चित्रण तो किया पर वे भी किसानों-मजदूरों द्वारा व्यवस्था के खिलाफ विद्रोह का चित्रण करने से कतरा गये। उनका ध्यान इस तथ्य की ओर प्रायः नहीं गया कि कांग्रेस का नेतृत्व जमींदारों-पूँजीपतियों के विरुद्ध किसानों-मजदूरों के विद्रोह को उभरने न देने की कोशिश करता था। इसका कारण था कांग्रेस नेतृत्व का वर्गस्वार्थ। पर निराला ने *अलका* में इस वर्गस्वार्थ का स्पष्ट उल्लेख किया। उन्होंने देश की स्वतन्त्रता को 'एक मिश्र विषय' बताते हुए उसकी 'सब तरफ से पुष्टि' की बात कही। उपन्यास का एक पात्र उन नेताओं का भी आलोचनात्मक रूप में उल्लेख करता है जो लाखों-करोड़ों की कमाई करने के बाद नेता बन गये हैं। इस प्रकार कांग्रेस नेतृत्व और किसान जनता के वर्गस्वार्थ एक दूसरे से सर्वथा भिन्न थे जिसे निराला ने प्रेमचन्द की तुलना में ज्यादा अच्छी तरह से समझा था। निराला ने *अलका* में जमींदारों के विरुद्ध किसानों की बगावत का यथार्थ अंकन किया है। पर निराला के मानस में इस विषय का कोई भास्वर विजन न होने के कारण यह समुचित रूप में प्रभावपूर्ण नहीं हो पाया है। उपन्यास बहुत जल्दबाजी में विजय और शोभा (अलका) के अतिनाटकीय मिलन, अजित और विधवा युवती वीणा के विवाह तथा जमींदार राजा मुरलीधर की हत्या में समाप्त हो जाता है।

अलका में निराला की भाषा, उपन्यास की दृष्टि से, *अप्सरा* की तुलना में आगे बढ़ी हुई है। यह भाषा अत्यन्त यथार्थ, जमीन से निकली हुई, जीवन्त और धारदार है। पर बीच-

बीच में बोझिल और कृत्रिम भाषा का प्रयोग औपन्यासिक यथार्थ को विकलांग भी बनाता है।

निरुपमा में निराला ने अपने समय के, आर्थिक और वैचारिक दृष्टि से पिछड़े, रूढ़िगत संस्कारों में जकड़े, ग्रामीण समाज का बड़ा ही तल्ख चित्रण किया है। गाँव की स्त्रियों के चरित्र, स्वभाव आदि के अंकन में उपन्यासकार ने पर्यवेक्षण शक्ति और यथार्थ की पकड़ का प्रशंसनीय परिचय दिया है। यथार्थ चित्रण की दृष्टि से *निरुपमा अलका* से भी आगे बढ़ा हुआ उपन्यास है। सबसे बड़ा परिवर्तन तो उसकी भाषा में दिखाई पड़ता है जो अवधी शब्दों और मुहावरों से जुड़कर चित्रणीय विषय के लिए सर्वाधिक उपयुक्त, सजीव और धारदार बन गयी है। *निरुपमा* में संयोगाधृत और बेसिरपैर की घटनाओं की भरमार भी नहीं है। इसमें ग्रामीण यथार्थ का इतना मर्मवेधी चित्रण हुआ है जो प्रेमचन्द को छोड़कर इस काल के किसी अन्य उपन्यासकार में नहीं मिलता। *निरुपमा* में एक प्रेमकथा भी है। सच पूछें तो इस प्रेमकथा के चौखटे में ही उपन्यास का केन्द्रीय कथ्य जड़ा हुआ है। निराला की प्रेम संवेदना इस कथा के माध्यम से कलात्मक रूप में अभिव्यक्त हुई है।

अप्सरा से लेकर *निरुपमा* तक की उपन्यास-यात्रा में निराला की, विषय और भाषा दोनो दृष्टियों से, यथार्थवाद की ओर प्रगति उल्लेखनीय है। पर उनके परवर्ती उपन्यासों में यह यात्रा अपने सही मुकाम पर नहीं पहुँच सकी। *चोटी की पकड़* (1946) और *काले कारनामे* (1950) इसके उदाहरण हैं।

उपन्यासकार के रूप में निराला की उपलब्धि सामान्य से ऊपर नहीं है। प्रसाद और निराला दोनों ही अपने युग के महान् कवि हैं। दोनों ने ही उपन्यास भी लिखे। उपन्यास के क्षेत्र में उनका योगदान उल्लेखनीय भी है। दोनो ने उपन्यास की सबसे बड़ी शर्त 'यथार्थवाद' को स्वीकार किया। अपने-अपने ढंग से उन्होंने समकालीन जीवन-यथार्थ का अंकन भी किया। पर उनकी छायावादी दृष्टि और तदनुरूप काव्यात्मक भाषा उनके यथार्थ चित्रण में बाधा बनती रही। निराला ने अपने परवर्ती उपन्यासों में काव्यात्मक भाषा की रूढ़ियों से मुक्ति पाने में सफलता प्राप्त की, पर वे अपने नगर और ग्रामीण जीवन के व्यापक अनुभवों को औपन्यासिक विजन प्रदान करने में समर्थ नहीं हो सके।

निरुपमा के साथ ही निराला ने *प्रभावती* शीर्षक से एक ऐतिहासिक रोमांस भी लिखा था। स्वयं निराला ने अपने निवेदन में इसे 'ऐतिहासिक रोमांस' की संज्ञा दी थी। इसकी कथा कान्यकुब्जेश्वर जयचन्द्र के सामन्तों से ज़ुड़ी हुई है। वीरता और प्रेम, युद्ध और विवाह की कहानी तथा युद्ध और प्रेम से जुड़े भावों की अभिव्यक्ति ही इसका लक्ष्य है। इसकी भाषा भी रोमांस के अनुरूप अलंकृत और ध्वनिमूलक विशेषताओं से भरी हुई है। इसके बावजूद उपन्यासकार कहीं-कहीं रोमांस की रूढ़ियों का अतिक्रमण कर यथार्थ की सीमा में प्रवेश करने की कोशिश करता है। वह सामान्य जनता के दुःख और शोषण, सामन्तों की विलासिता, अकारण युद्ध की उनकी मानसिकता, राजनीतिक षड्यन्त्र, पुश्तैनी दुश्मनी आदि के तहत लिए जाने वाले प्रतिशोध आदि का उल्लेख करता है और इसी को भारत पर मुहम्मद गोरी की विजय का कारण बताता है, जो ऐतिहासिक सच्चाई है। निराला का यथार्थवादी इतिहास बोध *प्रभावती* को उपन्यास की विशेषता प्रदान करता है।

इसी काल में धनीराम प्रेम (ज. 1904) कृत *वेश्या का हृदय अथवा आयसू* (1933) और

मेरा देश (1936) नामक उपन्यास प्रकाशित हुए। *वेश्या का हृदय* में वेश्या समाज का अत्यन्त सहानुभूतिपूर्ण चित्रण करते हुए उनके सम्मानपूर्ण वैवाहिक जीवन की कल्पना की गयी है। *मेरा देश* में असहयोग आन्दोलन को केन्द्रीय विषय बनाया गया है तथा पारिवारिक प्रेम पर मातृभूमि के प्रति प्रेम की विजय दिखाई गयी है। उपन्यासकार ने बड़े साहस के साथ स्वाधीनता आन्दोलन की गतिविधियों का चित्रण किया है। तत्कालीन जेलों में कैदियों की अमानवीय स्थिति के चित्रण में अनुभव की प्रामाणिकता द्रष्टव्य है।

इस युग के गौण, पर उल्लेखनीय, उपन्यासों में भवानीदयाल कृत *नेटाली हिन्दू* (1920), मन्नन द्विवेदी गजपुरी कृत *कल्याणी* (1920), छविनाथ पांडेय कृत *सुशीला या स्वर्ग देवी* (1921), कृष्णलाल वर्मा कृत *पुनरुत्थान* (1921), बालदेव पांडेय कृत *ननदेवी* (1921), जंगबहादुर सिंह कृत पतितोद्धार (1922), विश्वम्भर सहाय प्रेमी कृत *अनाथ सरला* (1922), ठाकुर कल्याण सिंह शेखावत कृत *सत्यानन्द* (1924), गंगा प्रसाद सिंह विशारद कृत *माधुरी* (1925), जगन्मोहन वर्मा कृत *लोकवृत्ति* (1926), रमाशंकर सक्सेना कृत *अबला* (1928), व्रजकृष्ण गुर्टू कृत *गिरिबाला* (1929), रामानन्द शर्मा प्रेमयोगी कृत *पुनर्मिलन* (1930), श्रीकृष्ण मिश्र कृत *महाकाल* (1930), राहुल सांकृत्यायन कृत *बाईसवीं सदी* (1931), हेरम्ब मिश्र कृत *विधवा* (1931), कृपानाथ मिश्र कृत *प्यास* (1932), अखौरी वासुदेव नारायण सिंह कृत *रूपवती* (1933), शंकरशरण प्रसाद सिंह कृत *दो विधवाएँ* (1933), सुरेन्द्र शर्मा कृत *मालती* (1934), सुदर्शन लाल त्रिवेदी कृत *इन्दिरा बी. ए.* (1935), इन्द्र बसावड़ा कृत *घर की राह* (1935) आदि कथ्य की नवीनता और व्यापकता की दृष्टि से उल्लेखनीय हैं।

इनमें से अधिकतर उपन्यास स्त्रियों की समस्याओं से सम्बद्ध हैं। *कल्याणी* में बाल विवाह, वृद्ध विवाह और विधवाओं की दुर्दशा के साथ-साथ समाज में फैली कुशिक्षा, पारस्परिक फूट आदि का चित्रण किया गया है। *अनाथ सरला* में विवाह योग्य लड़कियों के माता-पिता की कठिनाइयों तथा विधवाओं की दयनीय दशा का चित्रण किया गया है। *अबला* में भी कन्याओं की वैवाहिक समस्याओं का विस्तार के साथ अंकन किया गया है। इसके साथ ही इसमें नववधुओं पर सासों के अत्याचारों का वर्णन और स्त्री शिक्षा का जोरदार समर्थन किया गया है। *माधुरी* में पर्याप्त प्रभावशाली और मार्मिक रूप में युवक-युवतियों के प्रेम, स्त्रियों की विवशता, विधवाओं की मानसिक तकलीफ आदि का अंकन मिलता है। *गिरिबाला* में सास-बहू के कलह, विमाता की हृदयहीनता, तीर्थों में फैले दुराचारों तथा धर्म और नीति के नाम पर जनता को ठगने वाले नेताओं के चित्रण के साथ-साथ विधवा विवाह के औचित्य का जोरदार समर्थन किया गया है। *रूपवती* में बड़े साहस के साथ विवाह और नैतिकता विषयक परम्परागत मान्यताओं को चुनौती दी गयी है। *मालती* का भी केन्द्रीय कथ्य स्त्री शिक्षा का प्रचार और ग्रामीण समाज में पीड़ित व्यक्तियों की सहायता-सेवा से सम्बद्ध है। इस उपन्यास की केन्द्रीय पात्र नारी-जागरण और स्त्री-शिक्षा के प्रचार के लिए न केवल आन्दोलन करती है, वरन् गाँव-गाँव में रात्रि पाठशाला, कन्या पाठशाला, व्यायामशाला आदि की स्थापना कर स्त्रियों में जागृति पैदा करती है। इसके साथ ही इन उपन्यासों में ग्रामीण जनता पर जमींदार, साहूकार, मुखिया, पटवारी, पुलिस, सरकारी अमलों आदि के अत्याचार और उनकी कुटिलता आदि का भी वर्णन किया गया है।

एक उल्लेखनीय तथ्य यह है कि इस काल के गौण उपन्यासकार प्रमुख उपन्यासकारों

की तुलना में स्वाधीनता आन्दोलन के चित्रण में अधिक स्पष्टवादी हैं। *नेटाली हिन्दू* में नेटाल; (दक्षिण अफ्रीका) में रहने वाले हिन्दुओं की समस्याओं का चित्रण किया गया है। यह हिन्दी का पहला उपन्यास है जिसमें भारतीय प्रवासियों पर अँगरेज उपनिवेशवादियों के शोषण और दमन का अंकन हुआ है। *पुनरुत्थान* में तत्कालीन असहयोग आन्दोलन का विस्तार के साथ चित्रण किया गया है। *वनदेवी* में अशिक्षा के दोष, किसानों की दुरवस्था, जमींदारों के अत्याचार आदि का अंकन करते हुए युवकों में सेवा भाव जागृत करना तथा उनमें देश सुधार की प्रेरणा पैदा करना लेखक का मुख्य उद्देश्य है। *पतितोद्धार* की कथावस्तु महायुद्ध और उसके बाद की 1919 ई. में घटित पंजाब की घटनाओं पर आधारित है।

महाकाल (1930) हिन्दी का पहला उपन्यास है जिसमें दार्जिलिंग और उसके आसपास के पहाड़ी प्रदेश में निवास करने वाले पहाड़ियों के कष्टपूर्ण जीवन का अंकन किया गया है। इसी प्रकार *बाईसवीं सदी* हिन्दी का पहला और कदाचित् अन्तिम 'युटोपिया' किस्म का उपन्यास है। *प्यास* भी एक नये तरह का उपन्यास है, जिसमें एक पात्र की आत्मकथा के रूप में उसकी भटकन की कहानी प्रस्तुत की गयी है। इसकी नवीनता यह है कि कहानी टुकड़ों में प्रस्तुत की गयी है। पर मनोभावों के चित्रण में मनोवैज्ञानिक गहराई के स्थान पर भावोच्छ्‌वास की प्रधानता है। इसकी भाषा परम्परा से अलग, व्याकरण के नियमों से अलग हटती हुई, अँगरेजी के मनोवैज्ञानिक उपन्यासों की भाषा के नमूने पर निर्मित है।

घर की राह दलित जीवन पर आधारित उपन्यास है, जिसमें एक दलित, अनाथ बालक और बालिका के चरित्र के माध्यम से हिन्दू समाज में अछूतों और दलितों की स्थिति, उन पर होने वाले सवर्णों के अत्याचार, फलस्वरूप उनके ईसाई धर्म अपनाने आदि का चित्रण किया गया है। उपन्यासकार ने ढूँढ़ा उर्फ मुन्नू नामक दलित पात्र के चरित्र को आदर्श रूप में प्रस्तुत किया है, जो प्रलोभनों और कठिनाइयों के बावजूद ईसाई नहीं बनता।

तीसरी कोटि में हम उन उपन्यासकारों को रख सकते हैं जिनकी उपन्यासकार के रूप में पहचान तो इस युग में ही बन गयी थी पर बाद में भी वे कमोबेश सार्थक रूप में लिखते और चर्चित होते रहे। इनमें चतुरसेन शास्त्री (ज.1891) एक मात्र ऐसे उपन्यासकार हैं, जिन्होंने अपना पहला उपन्यास, *हृदय की परख,* विवेच्य काल के एक वर्ष पूर्व ही, 1917 ई., में प्रकाशित कराया और इस युग के बहुत बाद तक उपन्यास-लेखन में सक्रिय रहे। इस उपन्यास में विवाहपूर्व प्रेम और फलस्वरूप माता-पिता बन जाने वाले प्रेमियों तथा 'अवैध' सन्तान की समस्याओं का चित्रण किया गया है। पर किसी सार्थक विजन और सर्जनात्मकता के अभाव में यह बहुत ही साधारण कोटि की रचना बनकर रह गया है। विवेच्य काल में प्रकाशित चतुरसेन शास्त्री के अन्य उपन्यास हैं—*हृदय की प्यास* (1927), *अमर अभिलाषा* (1933) और *आत्मदाह* (1934)। 1940 ई. में भी इनका एक उपन्यास *नील माटी* प्रकाशित हुआ। इन उपन्यासों में विवाहित पुरुष के अन्य स्त्री के प्रति अदम्य शारीरिक आकर्षण, पाश्चात्य प्रभाव के कारण दाम्पत्य सम्बन्ध में आने वाले बदलाव, स्त्री के स्वाधीनता बोध-भारतीय आदर्श के अनुरूप पति-पत्नी सम्बन्ध के महत्त्व तथा पातिव्रत्य, सच्चरित्रता, गम्भीर सच्चे प्रेम आदि का प्रतिपादन, मध्यवर्गीय घरेलू वातावरण का चित्रण, सद्‌वृत्तियों के संघर्ष तथा विधवा विवाह की समस्या का चित्रण आदि प्रमुख हैं। उपन्यासकार का दृष्टिकोण परम्परावादी है, यद्यपि आत्यान्तिक स्थिति में विधवा विवाह का समर्थन भी किया गया है। *आत्मदाह* में देश की

आजादी के लिए चल रहे आन्दोलन और देशप्रेम की भी चर्चा है। पर शास्त्री जी के उपन्यासों में विषय और शिल्प विषयक तारतम्य बिलकुल नहीं है और न ही उनमें कोई विजन है। उपन्यासों को चटपटा बनाने के लिए वे प्रणय-क्रीड़ाओं के वर्णनों को नुस्खे के रूप में इस्तेमाल करते हैं। *अमर अभिलाषा* में शिल्प विषयक नवीनता यह है कि इसमें भगवती, नारायणी आदि छह विधवाओं की कहानियों द्वारा विधवाओं पर होने वाले अत्याचारों का चित्रण किया गया है। ये कहानियाँ परस्पर स्वतन्त्र सी हैं, केवल विषय के द्वारा ही एक दूसरे से जुड़ती हैं। यह विशेषता हमें रुद्र काशिकेय कृत *बहती गंगा* (1952) की याद दिलाती है जो अपने इसी शिल्प के कारण चर्चित हुआ था। पर शास्त्री जी इस कथा प्रविधि को कोई विशेषता प्रदान करने में असमर्थ रहे हैं।

प्रेमचन्द युग के उत्तरार्द्ध में उपन्यासकार के रूप में अपनी पहचान बनाने वाले और बाद में भी हिन्दी उपन्यास को समृद्ध करने वाले लेखकों में गोविन्द वल्लभ पन्त, भगवती प्रसाद वाजपेयी, इलाचन्द्र जोशी, जैनेन्द्र कुमार, भगवतीचरण वर्मा, प्रताप नारायण श्रीवास्तव, अनूपलाल मंडल और वृन्दावनलाल वर्मा विशेष रूप से उल्लेखनीय हैं।

1922 ई. में ही गोविन्द वल्लभ पन्त का (ज. 1898) पहला उपन्यास *सूर्यास्त* प्रकाशित हुआ। यह एक ऐतिहासिक उपन्यास है जिसमें महाराणा प्रताप की कहानी सामान्य ढंग पर प्रस्तुत की गयी है। *प्रतिमा* (1934) और *मदारी* (1935) इनके इस युग में प्रकाशित अन्य उपन्यास हैं। *मदारी* में पहाड़ और विशेषकर मदारियों की जिन्दगी का चित्रण किया गया है, जो विषय की दृष्टि से उल्लेखनीय है। पन्त जी छठे दशक तक उपन्यास लिखते रहे, पर उपन्यासकार के रूप में उनकी कोई विशेष पहचान नहीं है।

प्रेमचन्द युग में ही अनूपलाल मंडल के (ज. 1897) *निर्वासिता* (1929), *समाज की वेदी पर* (1931), *साकी* (1932), *रूपरेखा* (1934), *ज्योतिर्मयी* (1934) आदि उपन्यास प्रकाशित हुए। मंडल जी के उपन्यासों में हिन्दू समाज की कुरीतियों का, विशेषकर वैवाहिक समस्याओं का, सुधारवादी दृष्टि से चित्रण किया गया है। प्रेम और विवाह का द्वन्द्व मंडल जी के उपन्यासों का मुख्य विषय है। इनके दो उपन्यास, *समाज की वेदी पर* और *रूपरेखा* पत्रात्मक प्रविधि में लिखे गये हैं, जो शिल्प के प्रति उनकी प्रयोग-सजगता के परिचायक हैं। पर सर्जनात्मक दृष्टि से मंडल जी के उपन्यास सफल नहीं कहे जा सकते।

1928 ई. में प्रताप नारायण श्रीवास्तव का (ज. 1904) *विदा* नामक उपन्यास प्रकाशित हुआ। इस उपन्यास का नयापन यह था कि इसमें पाश्चात्य सभ्यता में रँगी तत्कालीन सिविल लाइंस की और नागरिक समाज की जिन्दगी का यथार्थ अंकन किया गया है। पर लेखक का मूल उद्देश्य पाश्चात्य जीवन-मूल्यों, रहन-सहन और शिक्षा पद्धति की आलोचना करना है। तलाक और पुनर्विवाह का विरोध करते हुए उपन्यासकार स्त्रियों के लिए सेवा और प्रेम भाव की महत्ता प्रतिपादित करता है। श्रीवास्तव जी ने इस अवधि के पश्चात् भी कतिपय उपन्यास लिखे, जो किसी नयी प्रवृत्ति के द्योतक न होते हुए भी पर्याप्त स्तरीय हैं।

विवेच्य काल में ही भगवती चरण वर्मा ने (ज. 1903) *चित्रलेखा* (1934) और *तीन वर्ष* (1936) नामक उपन्यासों की रचना की थी। इनमें *चित्रलेखा* की गणना हिन्दी के कुछ सर्वाधिक लोकप्रिय उपन्यासों में होती है। यह एक दार्शनिक या वैचारिक समस्या—पाप क्या है और उसकी स्थिति कहाँ है—पर आधारित उपन्यास है, जिसके समाधान की खोज में

श्वेतांक और विशालदेव निकलते हैं। श्वेतांक मगध के सामन्त बीजगुप्त के साथ और विशालदेव योगी कुमारगिरि के साथ रहने लगता है। बीजगुप्त भोगी है और कुमारगिरि योगी, पर बीजगुप्त भोगविलास का जीवन व्यतीत करके भी उससे निस्संग रहता है, जबकि कुमारगिरि इन्द्रिय दमन और संयम के मार्ग पर चलकर भी अन्त में स्खलित होता है। इस परीक्षा में राजनर्तकी चित्रलेखा कसौटी बनती है। वही कथा को रोचक भी बनाती है, जो इस उपन्यास की लोकप्रियता का आधार है। इस कथा से यह निर्णय करना कठिन है कि चारित्रिक दृष्टि से बीजगुप्त महान है या कुमारगिरि। अन्त में समाधान यह निकलता है कि "संसार में पाप कुछ भी नहीं है, वह केवल मनुष्य के दृष्टिकोण की विषमता का दूसरा नाम है।"

इस विचार की वैज्ञानिकता विवादास्पद है, यद्यपि उपन्यास को रोचक बनाने में इसका महत्त्वपूर्ण योग है। किशोर, युवा और भोगवादी मनोवृत्ति वाले पाठकों को दार्शनिक आधार प्रदान करने के लिए यह विचार बहुत सुविधाजनक है, अतः इसकी लोकप्रियता भी स्वाभाविक है। पर इस उपन्यास में केवल समस्या ही समस्या है, जीवन की धड़कन बहुत कम है, इस कारण इसे श्रेष्ठ उपन्यास मानने में किसी को कठिनाई भी हो सकती है। कुछ आलोचकों ने, ऐतिहासिक पृष्ठभूमि के कारण, इसे ऐतिहासिक उपन्यास माना है, पर इसे नैतिक समस्या प्रधान उपन्यास मानना ही संगत है, क्योंकि ऐतिहासिक परिवेश मूल विषय के प्रतिपादन में कोई योग नहीं देता।

चित्रलेखा की तरह *तीन वर्ष* में भी एक नैतिक समस्या ही उपन्यास का मुख्य विषय है। प्रेम की परिणति विवाह में आवश्यक है या नहीं, यही उपन्यास की समस्या है। उपन्यास के प्रमुख पात्र, रमेश और प्रभा, एक दूसरे से प्रेम करते हैं, पर दोनों के प्रेम सम्बन्धी दृष्टिकोण में भिन्नता है। रमेश विवाह को प्रेम की परिणति मानता है, जबकि प्रभा प्रेम को यौवन की उन्मुक्त लालसा और भोग के पर्याय के रूप में देखती है। उपन्यास के अन्य पात्र, अजित और सरोज भी इस समस्या के पक्ष या विपक्ष में हैं। अन्त में उपन्यासकार प्रेम के आत्मिक पहलू को स्वीकार करने पर बल देता है।

पतन अतिलौकिक तथा अविश्वसनीय घटनाओं से पूर्ण एक अपराध और बलात्कार प्रधान उपन्यास है। वाजिदअली शाह का नाम जोड़कर इसे व्यर्थ ही ऐतिहासिक उपन्यास कहा गया है।

1933 ई. में सियारामशरण गुप्त (ज.1895) कृत *गोद* और 1934 ई. में *अन्तिम आकांक्षा* नामक उपन्यास प्रकाशित हुए। गोद में ग्रामीण जीवन की पृष्ठभूमि पर संयुक्त परिवार के घनिष्ठ आत्मीय सम्बन्धों तथा सन्देह और अविश्वास के कारण स्त्री पर समाज द्वारा किये जाने वाले अत्याचारों का अंकन किया गया है। पात्रों के हृदय परिवर्तन पर गाँधीवाद का स्पष्ट प्रभाव भी देखा जा सकता है। *अन्तिम आकांक्षा* में एक निम्नवर्गीय पात्र, रामलाल, का आदर्श चरित्र उसके मालिक के अवलोकन बिन्दु से प्रस्तुत किया गया है। उपन्यासकार की सामाजिक चेतना अत्यन्त प्रबुद्ध और प्रगतिशील है। रामलाल के चरित्र के माध्यम से उसने सामाजिक विषमता तथा समाज में फैले भ्रष्टाचार का धारदार अंकन किया है। निर्धन, निम्नवर्गीय पात्र के प्रति अभिजात वर्ग की मानवीय सहानुभूति उपन्यासकार के गाँधीवादी दृष्टिकोण को संकेतित करती है।

1937 में गुप्त जी का तीसरा और अन्तिम उपन्यास *नारी* प्रकाशित हुआ। *नारी* को गुप्त जी का सर्वश्रेष्ठ उपन्यास माना गया है। इस उपन्यास में समकालीन भारतीय स्त्री की असहायता और विवशता का चित्रण किया गया है। इस उपन्यास की केन्द्रीय पात्र, परित्यक्ता जमुना, अकेले परिस्थितियों से संघर्ष करती है, सामाजिक वर्जनाओं को सहती और उनसे जूझती है, पर समझौता नहीं करती। परम्परागत नारी आदर्शों में लेखक की आस्था बनी हुई है, जिसका प्रमाण है जमुना का आदर्श भारतीय नारी के रूप में चित्रण।

विवेच्य काल के तीन उपन्यासकार, भगवती प्रसाद वाजपेयी, जैनेन्द्र कुमार और इलाचन्द्र जोशी इस दृष्टि से एक साथ उल्लेखनीय हैं कि उन्होंने हिन्दी उपन्यास का सामाजिक क्षेत्र से व्यक्तिवादी या मनोवैज्ञानिक क्षेत्र में प्रवेश कराया।

भगवती प्रसाद वाजपेयी (ज. 1899) का रचना-समय 1926 ई. से लगभग 1971 ई. तक फैला हुआ है। उनके उपन्यास-लेखन का पहला दौर 1926 ई. से 1940 ई. तक का है और दूसरा दौर 1950 ई. से 1971 ई. तक का। 1936 तक उनके *प्रेमपथ* (1926), *अनाथ पत्नी* (1928), *मुसकान* (1929; 1932 ई. में *त्यागमयी* शीर्षक से प्रकाशित), *प्रेम निर्वाह* (1934), *पतिता की साधना* (1936) आदि उपन्यास प्रकाशित हो चुके थे।

वाजपेयी जी के उपन्यासों में कथ्य के रूप में केन्द्रीय स्थिति काम भावना की है; जो अन्य विषय उनके उपन्यासों में आये हैं वे आरोपित से प्रतीत होते हैं, या उनका महत्त्व गौण हो गया है। उपन्यास में मनुष्य के बाह्य जीवन से अधिक महत्त्वपूर्ण उसका आन्तरिक संसार, भाव और संवेदना का संसार, होता है जिसकी उपेक्षा कोई भी उपन्यासकार नहीं कर सकता। प्रेमचन्द ही नहीं, उनके समकालीन और पूर्ववर्ती उपन्यासकारों ने भी अपने पात्रों के रूप में मनुष्य के अन्तर्जगत् का कमोबेश चित्रण अवश्य किया है। पर इन उपन्यासकारों ने पात्रों के अन्तर्जगत् का अंकन अधिकतर उनके चरित्र को विश्वसनीय बनाने के उद्देश्य से किया है। अन्तर्जगत् का अंकन उनका मुख्य विषय नहीं है। भगवती प्रसाद वाजपेयी, कालक्रम की दृष्टि से, प्रेमचन्द युग के पहले उपन्यासकार हैं, जिन्होंने 'प्रेम' और उसके भावनात्मक पक्ष को अपने उपन्यासों का केन्द्रीय विषय बनाया। *प्रेमपथ* से इसकी शुरुआत हुई जिसमें विधवा साली और बहनोई के प्रेम का भावनात्मक स्तर पर, जो शारीरिक स्तर पर पहुँचने के ठीक पहले ठिठक जाता है, चित्रण किया गया है। यह प्रेम प्रायः काम-लालसा के रूप में है, यद्यपि उपन्यासकार ने इसके भावनात्मक पक्ष को अधिक विस्तार दिया है। किशोरीलाल गोस्वामी, चतुरसेन शास्त्री आदि के उपन्यासों में इस भावनात्मक पक्ष की उपेक्षा हुई है। दूसरी तरफ ब्रजनन्दन सहाय ने सौन्दर्योपासक में साली-बहनोई के प्रेम को भावनात्मक स्तर से ऊपर नहीं बढ़ने दिया था। वाजपेयी जी भी स्त्री-पुरुष के प्रेम को उसकी स्वाभाविक परिणति, विवाह, तक पहुँचाने का साहस नहीं कर पाते। इसे तत्कालीन सामाजिक मूल्यों का दबाव कहें या उपन्यासकार का अपना ही अन्तर्विरोध, कोई फर्क नहीं पड़ता। स्वयं प्रेमचन्द ने *प्रेमपथ* को 'कर्तव्य और वासना का द्वन्द्व' बताते हुए उपन्यासकार के प्रेम-चित्रण विषयक अन्तर्विरोध की आलोचना की थी। रति-पूर्व प्रेम के समस्त व्यापारों का वर्णन करके अचानक नायिका को सचेत कर देना और नायक को पश्चात्ताप की मनःस्थिति में ला देना मनोवैज्ञानिक चित्रण नहीं माना जा सकता। यदि वाजपेयी जी ने इस प्रेम प्रसंग की परिणति विवाह में कर दी होती तो कम से कम सामाजिक दृष्टि से यह एक प्रगतिशील और साहसपूर्ण प्रयास माना

जाता। श्रेष्ठ औपन्यासिक प्रयास तो यह होता कि लेखक प्रेम की उद्दामता का अंकन करता हुआ समकालीन मूल्यों से उसकी टकराहट और त्रासदी का अंकन करता। पर वाजपेयी जी के किसी भी उपन्यास में प्रेम का ऐसा श्रेष्ठ मनोवैज्ञानिक अंकन नहीं मिलता। वाजपेयी जी नायक या नायिका द्वारा आत्मदमन को प्रेम की अन्तिम परिणति के रूप में प्रस्तुत करते हैं, जो न तो मनोवैज्ञानिक है, न तर्कसंगत। प्रेम के साथ-साथ वाजपेयी जी ने अपने उपन्यासों में तत्कालीन समस्याओं का भी चित्रण किया है। मध्यवर्गीय परिवेश तो उनके लगभग सभी उपन्यासों में है और संयुक्त परिवार की आर्थिक और संस्कारगत स्थितियों के चित्रण में उन्होंने पर्याप्त सजगता का परिचय दिया है। वाजपेयी जी मध्यवर्गीय मानस की भावनाओं, आकांक्षाओं और विडम्बनाओं के कथाकार हैं। उनके पात्र अपने सामाजिक उत्तरदायित्व के प्रति सजग हैं अथवा अन्ततः सजग होते दिखाए गये हैं। भावना और कर्तव्य के बीच द्वन्द्व का चित्रण उनके सभी उपन्यासों में मिलता है। अन्त में प्रायः कर्तव्य की विजय दिखाई गयी है। इसके साथ ही उन्होंने मध्यवर्गीय समाज में विधवा, नववधू, अविवाहित कन्या आदि के रूप में नारी की नियति का चित्रण भी किया है। स्त्री-पुरुष के प्रेम के सम्बन्ध में वे तत्कालीन सामाजिक वर्जनाओं को स्वीकार करते दिखाई देते हैं। सामाजिक मर्यादा और स्वच्छन्द प्रेम के बीच उपन्यासकार का अन्तर्विरोध सदा बना रहता है। आर्थिक-सामाजिक क्षेत्र में लेखक के विचार प्रगतिशील हैं, पर वह अपने विचारों को पात्रों के चरित्र का अंग नहीं बना सका है। पात्रों के विचार उनके व्यवहार और बातचीत से, सांकेतिक ढंग से व्यक्त न होकर उनकी बहसों, वक्तव्यों और प्रवचनों के रूप में सामने आते हैं। *अनाथ पत्नी* में ब्राह्मण समाज में व्याप्त उस सामाजिक दोष का अंकन किया गया है जब विवाह हो जाने के बाद कन्या के जन्म या परिवार पर लगे किसी साधारण कलंक पर नाराज होकर वर-पक्ष वाले कन्या का त्याग कर देते हैं और लड़के का दूसरा विवाह कर देते हैं। पर उपन्यासकार अपने पूर्ववर्ती उपन्यासकारों की तरह इस स्थिति पर केवल आँसू नहीं बहाता, वरन् परित्यक्त लड़की को स्वावलम्बन के सहारे अपना भविष्य निर्मित करते दिखाता है। उपन्यास की केन्द्रीय पात्र रजनी अपने समक्ष उपस्थित स्थिति से घबराती नहीं, वरन् लगातार पढ़ाई करते हुए मेडिकल कॉलेज से डॉक्टरी की परीक्षा पास करके अपना जीवन रोग-पीड़ितों की सेवा में लगा देती है। आर्थिक स्वावलम्बन और पुरुष की गुलामी से मुक्ति का प्रयास करती हुई रजनी का चरित्र वाजपेयी जी के औपन्यासिक विजन का एक उल्लेखनीय पहलू है। इसे स्त्री के सबलीकरण की विचारधारा की शुरुआत माना जा सकता है जिसकी आज के उपन्यासों में चर्चा चल रही है।

इलाचन्द्र जोशी ने (ज. 1903) विवेच्य काल में *घृणामयी* (1929) नामक उपन्यास लिखा जो बाद में *लज्जा* (1950) शीर्षक से भी प्रकाशित हुआ। उपन्यासकार के रूप में जोशी जी की पहचान पाँचवें दशक में प्रकाशित उनके मनोवैज्ञानिक उपन्यासों के कारण बनी, पर उनके बीज *घृणामयी* में ही पड़ गये थे। *घृणामयी* आत्मकथात्मक प्रविधि में लिखित एक युवती के पश्चात्ताप की कहानी है, जो यौवन के प्रथम चरण में, अपने पिता और भाई की उपेक्षा कर, एक चरित्रहीन डॉक्टर युवक से प्रेम करने लगती है। इस आघात को न सह सकने के कारण भाई आत्महत्या कर लेता है और पिता की, मस्तिष्क की नस फट जाने के कारण, मृत्यु हो जाती है। मनोवैज्ञानिक दृष्टि से उपन्यास में कोई गहराई नहीं है। अचेतन मन के खिलवाड़

का कुछ चित्रण है, पर वह आरोपित लगता है, सहज नहीं। उपन्यास की केन्द्रीय पात्र को अपने प्रेम विवाह पर पश्चात्ताप की मनःस्थिति में दिखाकर उपन्यासकार नारी सम्बन्धी अपने रूढ़िवादी दृष्टिकोण को ही संकेतित करता है। विभिन्न विषयों पर पात्रों के लम्बे लम्बे भाषण मनोवैज्ञानिक उपन्यास की प्रकृति के सर्वथा प्रतिकूल हैं। फिर भी भगवती प्रसाद वाजपेयी ने उपन्यास में मनुष्य के अन्तर्जगत् के चित्रण की जो शुरुआत की थी, उसका किंचित् विकास *घृणामयी* में देखा जा सकता है।

व्यक्ति के आन्तरिक जीवन, मानसिक द्वन्द्व, मूल्यविषयक संघर्ष आदि को अधिक गहराई और सर्जनात्मकता के साथ उपन्यास का विषय बनाने का श्रेय जैनेन्द्र कुमार (ज. 1905) को है। जैनेन्द्र प्रेमचन्द युग के सर्वाधिक उल्लेखनीय उपन्यासकार इस अर्थ में है कि उन्होंने अपनी दुर्लभ सर्जनात्मक प्रतिभा से मनोवैज्ञानिकता की ओर उन्मुख हिन्दी उपन्यास को सही दिशा और समृद्धि प्रदान की। जैनेन्द्र का पहला उपन्यास *परख* 1930 ई. में प्रकाशित हुआ। *परख* का केन्द्रीय विषय प्रेम के एक विशेष आदर्श का चित्रण है। उपन्यास की बालविधवा कट्टो अपने शिक्षक सत्यधन को प्यार करने लगती है, जो स्वयं भी करुणा और प्यार के वशीभूत हो उससे विवाह कर लेने की मानसिकता में आ जाता है। पर सत्यधन का विवाह पहले ही उसके मित्र बिहारी की बहन गरिमा से तय हो चुका है। सत्यधन के मन में इसे लेकर तीव्र संघर्ष होता है, जिसके अंकन में उपन्यासकार को अच्छी सफलता मिली है। कर्तव्य सत्यधन को गरिमा से विवाह करने को ही बाध्य करता है। उधर बिहारी कट्टो को अपना लेता है; पर दोनों पति-पत्नी की तरह नहीं, बल्कि मन से विवाहित पर शरीर से अलग रहने का व्रत लेते हैं। उपन्यास में विधवा कट्टो के प्रेम तथा उसके मानसिक संघर्ष का प्रभावोत्पादक अंकन किया गया है। पर, जैसा कि स्पष्ट है, प्रेम का यह आदर्श मनोवैज्ञानिक दृष्टि से सहज नहीं है। समकालीन सामाजिक परिवेश में दाम्पत्य सम्बन्ध के बाहर स्त्री-पुरुष का प्रेम ही वर्जित था, किसी विधवा युवती और पुरुष का आपस में प्रेम तो 'पाप' और सामाजिक अपराध की कोटि में आता था। समकालीन हिन्दी साहित्य में इसकी छाप सर्वत्र दिखाई देती है। छायावादी काव्य में इसकी परिणति 'आदर्शवादी प्रेम' और 'रहस्यवाद' में होती है। उपन्यासकार में इस वर्जित क्षेत्र में प्रवेश करने की प्रवृत्ति तो दिखाई पड़ती है पर वह अपनी स्वाभाविक परिणति तक नहीं पहुँच पाती। चतुरसेन शास्त्री, भगवती प्रसाद वाजपेयी, उग्र आदि ने परकीया प्रेम का चित्रण तो अपने उपन्यासों में किया है पर सामाजिक-नैतिक दबाव का अतिक्रमण वे नहीं कर पाये हैं। यहाँ तक कि प्रेमचन्द भी अपने समय की सामाजिक मूल्यगत मान्यताओं को नकारने की हिम्मत अपने *गोदान*-पूर्व उपन्यासों में नहीं कर सके हैं। जैनेन्द्र भी इसके अपवाद नहीं हैं। विधवा कट्टो और बिहारी के प्रेम को शारीरिक सम्बन्ध से विच्छिन्न दिखाकर उन्होंने समाज से विद्रोह का नहीं, बल्कि समझौता का रास्ता अपनाया है।

1930 ई. में ही जैनेन्द्र की, लगभग दस हजार शब्दों की, उपन्यासिका *स्पर्धा* प्रकाशित हुई। इसे एक लम्बी कहानी की संज्ञा भी दी जा सकती है, यद्यपि विधा के रूप में यह संज्ञा बहुत बाद में प्रचलित हुई है। *स्पर्धा* में इटली के क्रान्तिकारी देशभक्तों का प्रसंग किंचित् विस्तार के साथ प्रस्तुत किया गया है। देशप्रेम और व्यक्तिगत मित्रता तथा प्रणय के बीच संघर्ष का मार्मिक अंकन उपन्यास में मिलता है।

पर उपन्यासकार के रूप में जैनेन्द्र की वास्तविक पहचान उनके उपन्यास *सुनीता* (1935) से बनी। इस उपन्यास में, पहली बार, एक नारी पात्र ने पाठक/आलोचक वर्ग को अपने साहसिक कदम से हतप्रभ करने की हद तक चौंका दिया। उपन्यास की केन्द्रीय पात्र सुनीता, विवाहिता और दाम्पत्य-मर्यादा के प्रति ईमानदार होते हुए भी, अपने प्रेमी हरिप्रसन्न के समक्ष आक्रामक समर्पण की मुद्रा में निर्वस्त्र हो जाती है। सुनीता हरिप्रसन्न से प्रेम करती हुई भी दाम्पत्य जीवन की मर्यादा को तोड़ने में विश्वास नहीं करती। हरिप्रसन्न के समक्ष नग्न हो जाने और शरीर-समर्पण के प्रस्ताव के पीछे एक चुनौती है, जिसका सामना करने में हरिप्रसन्न असमर्थ होता है। यह शरीर-प्राप्ति के लिए आतुर पुरुष के प्रति स्त्री का पहला गाँधीवादी विद्रोह है। कामातुर पुरुष के प्रति नारी की यह आक्रामक मुद्रा अपने समय के लिए बिलकुल चौंका देने वाली थी और कोई आश्चर्य की बात नहीं कि बहुत दिनों तक सुनीता की चर्चा नारी की वस्त्रहीनता के चारों ओर ही घूमती रही। इसके लिए जैनेन्द्र की आलोचना भी बहुत हुई और उस आलोचना का जवाब उस युग के सबसे बड़े महापुरुष गाँधी जी के 'सत्याग्रह' सिद्धान्त के हथियार से भी दिया गया। पर उल्लेखनीय यह है कि *सुनीता* में जैनेन्द्र ने प्रथम बार नारी को बलात्कारी पुरुष के समक्ष एक चुनौती के रूप में प्रस्तुत किया। दाम्पत्य की सीमाओं के बाहर स्त्री के प्रेम के अधिकार की भी जैनेन्द्र ने वकालत की है और *सुनीता* में इस प्रेम तथा इससे उत्पन्न द्वन्द्व का अनुभूतिपूर्ण अंकन किया गया है। उपन्यास का कथासंसार अपने फैलाव में बहुत छोटा, एक प्रबुद्ध मध्यवर्गीय परिवार के तीन-चार व्यक्तियों और एक क्रान्तिकारी पात्र तक सीमित है और व्यक्तिप्रधान है। भगवती प्रसाद वाजपेयी के मनोवैज्ञानिक उपन्यासों में समाज का कुछ हस्तक्षेप है, जिससे *सुनीता* बिलकुल मुक्त है। इस प्रकार जैनेन्द्र ने हिन्दी उपन्यास को एक बिलकुल नयी दृष्टि दी, जिसका विकास बाद में हुआ। जैनेन्द्र की औपन्यासिक सर्जनात्मकता की विशेषता इस बात में है कि उन्होंने शिल्प और भाषा के स्तर पर नये प्रयोग किए, दोनों को ही नयी सम्भावनाओं से जोड़ा। जैनेन्द्र के उपन्यासों में घटनाओं या कार्यव्यापारों की नहीं, बल्कि मानसिक व्यापारों की बहुलता है और वे अधिकतर पात्रों के चिन्तन, सोच या भावप्रवाह के रूप में, प्रायः क्रमबद्धता के साथ, सामने आते हैं। इसके फलस्वरूप भाषा भी अन्य पुरुष के तथ्यात्मक वर्णन के रूप में नहीं वरन् अन्तर्मन की लयात्मक, संकेतपूर्ण अभिव्यक्ति के रूप में निर्मित होती है। उनकी भाषा वर्णन की तथ्यपूर्ण भाषा नहीं, बरन् चिन्तन, सोच और संवेदना की सूक्ष्म अभिव्यक्ति की भाषा है। जैनेन्द्र के उपन्यासों में पाठक कथासंसार को बाहर से देखता-सुनता नहीं, बल्कि उसमें प्रवेश करता है, उसमें लीन होता है। इस प्रकार जैनेन्द्र ने ऐतिहासिक दृष्टि से प्रेमचन्द के बाद हिन्दी उपन्यास को नयी दिशा प्रदान की।

वृन्दावनलाल वर्मा (ज.1889) ने इस अवधि में *संगम* (1927), *प्रत्यागत* (1927), *लगन* (1928), *कुंडलीचक्र* (1932) आदि समकालीन समस्याओं पर आधारित और *गढ़कुंडार* (1930) तथा *विराटा की पद्मिनी* (1936) नामक ऐतिहासिक उपन्यास लिखे। समकालीन समस्याओं पर आधारित उपन्यासों में वर्मा जी कथ्य और रचनाशीलता की दृष्टि से कोई नयापन नहीं ला पाए, पर ऐतिहासिक उपन्यास-लेखन में उन्होंने एक नयी शुरुआत की। वर्मा जी के पूर्व हिन्दी में, सही अर्थों में, ऐतिहासिक उपन्यास का अभाव था। उन्नीसवीं शताब्दी के अन्तिम और बीसवीं शताब्दी के प्रथम दशक में किशोरीलाल गोस्वामी, गंगा प्रसाद गुप्त,

जयरामदास गुप्त आदि ने इतिहास पर आधारित उपन्यास लिखे थे, पर उन्हें ऐतिहासिक उपन्यास न कहकर ऐतिहासिक रोमांस कहना ही संगत है। उस काल की अन्य इतिहासाश्रित कथापुस्तकों को भी उपन्यास की संज्ञा नहीं दी जा सकती। व्रजनन्दन सहाय कृत *लाल चीन* (1916) को ऐतिहासिक उपन्यास कहा जा सकता है, किन्तु इस पर शेक्सपीयर के *मैकबेथ* का प्रभाव अनुकरण की हद पर पहुँचा हुआ है।

वृन्दावनलाल वर्मा के उपर्युक्त दोनों ही ऐतिहासिक उपन्यास बुन्देलखंड की, मुस्लिम शासन काल की, पृष्ठभूमि पर आधारित हैं। इन उपन्यासों में बुन्देलखंड का परिवेश और जुझौति (बुन्देलखंड का ही प्राचीन नाम) का इतिहास दोनों साकार हो उठे हैं। इनमें बुन्देलखंड के जंगलों, पहाड़ियों, टौरियों, भरकों, नदियों, पेड़पौधों, फूलों, फसलों आदि का प्रामाणिक, ब्योरेवार और सजीव वर्णन मिलता है। इसी प्रकार बुन्देलखंड के लोकगीतों, लोककथाओं, बोलीबानी, जीवन-संस्कार, पर्व-त्योहार आदि के वर्णनों से वहाँ की संस्कृति और जीवनशैली को पहचाना जा सकता है। ऐतिहासिक दृष्टि से *गढ़कुंडार* का कथासंसार दिल्ली सुल्तान बलवन (1266-87) के समय, और बुन्देलखंड के कुंडार, भरतपुर, माहौनी, पलोथर, सारौल, करेरा आदि गढ़ों से सम्बद्ध है। *विराटा की पद्मिनी* का कथाकाल मुगल शासक फर्रुखसियर (1713-19) का समय है और उसमें विराटा, दलीपनगर, बड़नगर, सिंहगढ़, पालर, रामनगर, भांडेर आदि गढ़ों और उनके सामन्तों की कथा प्रस्तुत की गयी है। इन उपन्यासों की उल्लेखनीय विशेषता यह है कि इनमें दिल्ली के सुलतानों का उल्लेख मात्र ही हुआ है। उनका प्रतिनिधित्व कालपी के सूबेदार करते हैं, जिनके बुन्देलखंड के छोटे-छोटे सरदार, प्रत्यक्ष या अप्रत्यक्ष रूप में, अधीनस्थ हैं। इन दोनों ही उपन्यासों में बुन्देलखंड के इतिहास को गौरवान्वित करते हुए उसके पतन और हीन दशा के कारणों का अन्वेषण किया गया है। दोनों ही उपन्यासों में बुन्देलखंड के शौर्य, स्वाभिमान, संस्कृति, जीवन-पद्धति और प्राकृतिक सौन्दर्य का अंकन उपन्यासकार का मुख्य लक्ष्य है। इसके साथ ही उनकी जातिगत संकीर्णता, सामन्तों की आपसी फूट, कबीलाई गुरूर और संकीर्ण मनोवृत्ति के कारण उन पर मुस्लिम आक्रमणकारियों के आक्रमण, लूटपाट, विध्वंस और उनकी अधीनता स्वीकार करने की विवशता का अंकन किया गया है। *गढ़कुंडार* का मुख्य कथ्य खंगारों और बुन्देलों का जातिगत संघर्ष ही है। इनके अधीनस्थ सामन्त क्षुद्र और मिथ्या जाति-गर्व में एक-दूसरे के विनाश की कोशिश करते रहते हैं और कालपी के मुस्लिम शासक के आक्रमण और लूटपाट के शिकार होते हैं। *विराटा की पद्मिनी* में भी यही स्थिति है। वहाँ भी छोटे-बड़े गढ़ों के सामन्त आपस में लड़ते रहते हैं, जिसका लाभ कालपी के मुसलमान सूबेदार को मिलता है। *विराटा की पद्मिनी* में बुन्देलखंड के पतन के कारणों में वहाँ के राजपरिवारों में उत्तराधिकार के लिए होने वाले संघर्षों और षड्यन्त्रों का भी चित्रण किया गया है। इन उपन्यासों की रचना के समय भारत ब्रिटिश औपनिवेशिक शासन के अधीन था। अपनी पराधीनता की पीड़ा को उपन्यासकार ने बुन्देलखंड की पराधीनता के माध्यम से व्यक्त किया है। बुन्देलखंड के शौर्य, स्वाभिमान, सांस्कृतिक समृद्धि, प्राकृतिक सौन्दर्य आदि के चित्रण के रूप में उपन्यासकार ने अपने राष्ट्रप्रेम की अभिव्यक्ति की है।

गढ़कुंडार और *विराटा की पद्मिनी* में लिखित इतिहास की सहायता कम, किंवदन्तियों, लोककथाओं और ध्वंसावशेष के रूप में वर्तमान गढ़ों से जुड़ी कहानियों से संकेतित इतिहास

की अधिक सहायता ली गयी है। कथा निर्माण का शेष कार्य कल्पना के सहारे सम्पन्न किया गया है। वर्मा जी ने इतिहास और रोमांस दोनों को उपन्यास में ढालने का सराहनीय प्रयास किया है। उन्होंने न तो इतिहास को विकृत किया है न ही उसे आवश्यकता से अधिक महत्त्व दिया है। इसी प्रकार रोमांस की प्रवृत्तियों से बचते हुए उन्होंने ऐतिहासिक यथार्थ को अपनी रचनाओं में प्रतिष्ठित किया है।

प्रेम की संवेदना दोनों ही उपन्यासों को मार्मिकता प्रदान करती है। *गढ़कुंडार* में तीन प्रेम कहानियाँ हैं जिनकी समाप्ति त्रासदी में होती है। इस त्रासदी का कारण है प्रेमी-प्रेमिकाओं का एक जाति का न होना। यह त्रासदी केवल इतिहास की नहीं, वर्तमान की भी है। *विराटा की पद्मिनी* में भी प्रेम की त्रासदी प्रस्तुत की गयी है जो देशभक्ति के निमित्त किये गये बलिदान से जुड़कर मार्मिक बन गयी है।

शिल्प और भाषा की दृष्टि से वर्मा जी के ये उपन्यास सर्जनात्मक ऊँचाई पर पहुँचते नहीं प्रतीत होते। पात्रों और घटनाओं की संकुलता इन उपन्यासों को सहज पठनीय बनाने में बाधा पैदा करती है। पात्रों के चरित्र, उनके व्यवहार और वार्तालाप, अनेकत्र असंगतियों के शिकार हो गये हैं। कथाशिल्प में भी कोई नवीनता या आकर्षण नहीं है। कथा में वर्णनों की बहुलता अपठनीयता की मानसिकता पैदा करती है। शब्दों के चयन और वाक्यों की बनावट की दृष्टि से इन उपन्यासों की भाषा अनेकत्र अस्पष्ट और लद्धड़ हो गयी है। बुन्देलखंड में प्रचलित शब्दों के सन्तुलित प्रयोग से भाषा में ताजगी लाने का प्रयास प्रशंसनीय है फिर भी इन उपन्यासों की भाषा को पर्याप्त सर्जनात्मक नहीं कहा जा सकता।

इस काल के अन्य ऐतिहासिक उपन्यासों में गोविन्द वल्लभ पन्त कृत *सूर्यास्त* (1922), मातासरन मालवीय कृत *नरेन्द्र भूषण* (1925), रामचन्द्र मिश्र कृत *प्रेमपथिक* (1926), कृष्णानन्द गुप्त कृत *केन* (1930), चतुरसेन शास्त्री कृत *खवास का ब्याह* (1932), रामप्यारे त्रिपाठी कृत *दिल्ली की शाहजादी* (1933), सूर्यकान्त त्रिपाठी निराला कृत *प्रभावती* (1936), ब्रजनन्दन सहाय कृत *विस्मृत सम्राट* (1936) आदि उल्लेखनीय हैं।

इस काल की एक महत्त्वपूर्ण विशेषता उपन्यास-लेखन के क्षेत्र में लेखिकाओं की बढ़ती हुई हिस्सेदारी है। यों तो हिन्दी की प्रथम कथा-लेखिका 'बंग महिला' मल्लिका देवी मानी जाती हैं, पर उन्होंने हिन्दी में कोई मौलिक उपन्यास नहीं लिखा था। हिन्दी की पहली मौलिक उपन्यास लेखिका कोई 'साध्वी सती प्राण अबला' थीं जिन्होंने अपना वास्तविक नाम गुप्त रखकर, 1890 ई. में *सुहासिनी* नामक उपन्यास लिखा और प्रकाशित कराया था। यदि ये 'अबला' ब्रजरत्न दास के अनुसार मल्लिका देवी ही हैं, तो उन्हीं को हिन्दी की पहली मौलिक उपन्यास लेखिका भी मानना होगा। इसके तीन वर्ष बाद किसी श्रीमती हरदेवी ने, 1893 ई. में, अपना *हुकुम देवी* नामक उपन्यास प्रकाशित कराया। प्रेमचन्द युग के पूर्व की अन्य महिला उपन्यासकारों में प्रियंवदा देवी (*लक्ष्मी* : 1908), कुन्ती देवी (*पार्वती* : 1909), यशोदा देवी (*सच्चा पतिप्रेम* : 1911), हेमन्त कुमारी चौधरी (*आदर्श माता* : 1912), ब्रह्मकुमारी भगवान देवी दूबे (*सौन्दर्य कुमारी* : 1914), श्रीमती कुमुदबाला देवी (*सदाचारिणी* : 1917) आदि हैं। इन उपन्यासों में परम्परागत मूल्यों पर आधारित नारी आदर्शों का प्रतिपादन किया गया है। पातिव्रत्य का पालन, गृहकार्य में निष्ठा और कुशलता, सौतियाडाह से बचने, आदर्श पत्नी और आदर्श माता बनने, धैर्य, विनय, शिष्टाचार, सदाचार आदि का पालन करने का उपदेश देना

ही इनका लक्ष्य है। इसी प्रकार के उपदेश उस काल के पुरुष लेखक भी स्त्रियों को दे रहे थे। स्त्री लेखकों ने इस सम्बन्ध में अपना कोई भिन्न स्वर मुखरित नहीं किया।

यह हिन्दी कथा लेखन में लेखिकाओं के प्रवेश की शुरुआत थी। प्रेमचन्द युग में लगभग सोलह लेखिकाओं ने इतनी ही संख्या में उपन्यास लिखे, जिनमें रुक्मिणी देवी कृत *मेम और साहब* (1919), कुन्ती कृत *सुन्दरी* (1922), विमला देवी चौधरानी कृत *कामिनी* (1923), रत्नवती देवी शर्मा कृत *सुमति* (1923), शैलकुमारी देवी कृत उमा सुन्दरी (1924), गिरिजा देवी कृत *कमला कुसुम* (1925), कुमारी तेजरानी दीक्षित कृत *हृदय का काँटा* (1928), श्रीमती ज्योतिर्मयी ठाकुर कृत *मधुवन* (1933), प्रभावती भटनागर कृत *पराजय* (1934), जगदम्बा देवी कृत *हीरे की अँगूठी* (1934), उषा देवी मित्रा कृत *वचन का मोल* (1936), कुटुम प्यारी देवी सक्सेना कृत *हृदय की ताप* (1936) आदि उल्लेखनीय हैं।

इन उपन्यासों का सर्वाधिक प्रमुख विषय हिन्दू समाज में विधवाओं की दयनीय स्थिति, पत्नी-सपत्नी संघर्ष, पातिव्रत्य और सतीत्व का महत्त्व, किसी विधवा द्वारा किसी विवाहित व्यक्ति से प्रेम करके संकटपूर्ण स्थितियों में पड़ने, यहाँ तक कि वेश्यावृत्ति अपनाने को बाध्य होने, अँगरेजी शिक्षा प्राप्त स्त्रियों के चारित्रिक स्खलन और पढ़ी-लिखी, पर भारतीय आदर्श का पालन करने वाली स्त्री की महत्ता का प्रतिपादन, धनलोलुप परिवार में निर्धन परिवार की लड़की के विवाह हो जाने पर उसकी अपमानजनक स्थिति आदि हैं। ये उपन्यास लेखिकाएँ हिन्दू समाज में स्त्री की विषम और दयनीय स्थिति का प्रामाणिक चित्रण करने में सफल हैं, पर उनका दृष्टिकोण रूढ़ ही है। वे परम्परागत नारी संहिता के विरोध में जाने का साहस नहीं कर सकी हैं, यद्यपि स्त्री शिक्षा का वे खुलकर समर्थन करती हैं। इन लेखिकाओं का नारी सम्बन्धी दृष्टिकोण पुरुष लेखकों से भिन्न नहीं है।

उषा देवी मित्रा (ज. 1897) का उपन्यास *वचन का मोल* अन्य महिला उपन्यासकारों के उपन्यासों की तुलना में इस दृष्टि से विशिष्ट है कि इसमें प्रेम और विवाह की समस्या कुछ जटिल सन्दर्भों के साथ प्रस्तुत की गयी है। इस उपन्यास में चित्रित प्रेम अपनी दृढ़ता में 'प्राण जाइ बरु बचन न जाई' का उदाहरण है। स्त्री की समस्याओं और उलझनों का विश्वसनीय, मनोवैज्ञानिक अंकन भी इस उपन्यास में मिलता है।

उषा देवी मित्रा हिन्दी की प्रथम उपन्यास लेखिका हैं जिनके एक से अधिक उपन्यास 1936 ई. के बाद प्रकाशित हुए।

सिंहावलोकन

प्रेमचन्द इस काल (1918-36) के ही नहीं हिन्दी उपन्यास के भी शिखर लेखक हैं। जैसा हम देख चुके हैं, वस्तु, शिल्प और भाषा, सभी दृष्टियों से उनके उपन्यास अपनी विशिष्ट पहचान निर्मित करते हैं और हिन्दी उपन्यास को प्रौढ़ता के वय में पहुँचा देते हैं। यदि इस अवधि के एक विशिष्ट उपन्यास का नाम लेने को कहा जाए तो वह प्रेमचन्द का *गोदान* ही होगा, जो आज भी रोशनी की मीनार की तरह अपनी जगह पर जगमगा रहा है। *गोदान* हिन्दी में श्रेष्ठ उपन्यास की कसौटी बन चुका है और किसी भी उल्लेखनीय उपन्यास पर विचार करते समय *गोदान* का स्मरण सहज प्रतीत होता है।

हिन्दी उपन्यास के छात्रों में एक गलत धारणा प्रचलित है कि प्रेमचन्द युग में उस काल के गौण उपन्यासकारों का विशेष महत्त्व नहीं है। यह सत्य है कि सर्जनात्मक दृष्टि से इस काल के गौण उपन्यास अधिक महत्त्व के नहीं हैं, पर विषय के विस्तार और शिल्पगत प्रयोग की दृष्टि से उनका योगदान अनुल्लेखनीय नहीं है।

प्रेमचन्द युग (1918-36) में जो उपन्यास लिखे गये उनमें से कुछ तो पूर्व परम्परा की आवृत्ति हैं, जैसा प्रत्येक काल में होता है। इस काल के अन्त तक पहुँचते-पहुँचते ऐयारी-तिलिस्म प्रधान कथापुस्तकें इतिहास की वस्तु बन गयीं, अपराध प्रधान और जासूसी कथापुस्तकें उपन्यास के क्षेत्र से बाहर हो गयीं और सामाजिक सुधार को लक्ष्य बनाकर चलने वाले उपन्यासकार हाशिए पर चले गये। सामाजिक यथार्थ को आधार बना कर उपन्यास लिखनेवालों में जगदीश झा विमल, गिरिजादत्त शुक्ल गिरीश, विश्वम्भरनाथ शर्मा कौशिक, सियाराम शरण गुप्त, प्रतापनारायण श्रीवास्तव, देव नारायण द्विवेदी, अनूपलाल मंडल आदि अपनी कोई विशिष्ट पहचान नहीं बना पाते, यद्यपि कथ्य और शिल्प सम्बन्धी विस्तार का प्रयास उनमें भी दिखाई देता है। सामाजिक यथार्थ के चित्रण की दृष्टि से प्रेमचन्द के समकालीन उपन्यासकारों में बेचन शर्मा उग्र, ऋषभचरण जैन और जयशंकर प्रसाद अपने प्राकृतिकवादी रुझान के कारण उल्लेखनीय हैं, यद्यपि वे भी समकालीन आदर्शवादी प्रवृत्ति की उपेक्षा नहीं कर पाते। उग्र और प्रसाद ने उपन्यास में चित्रित होने वाले यथार्थ का विस्तार किया और आज जिसे दलित या 'सबाल्टर्न-यथार्थ' कहा जाता है, उसका प्रवेश हिन्दी उपन्यास में कराया।

इन उपन्यासकारों में सूर्यकान्त त्रिपाठी निराला का महत्त्व इस दृष्टि से है कि उनके उपन्यासों में सामाजिक परिवर्तन की कामना सर्वाधिक प्रखर रूप में प्रकट हुई है। प्रश्न चाहे वेश्याओं का हो या किसानों का, निराला की क्रान्तिकारी बदलाव की दृष्टि सर्वत्र मुखरित है। ग्रामीण यथार्थ के चित्रण में निराला यत्र-तत्र प्रेमचन्द से भी आगे बढ़े हुए दिखाई पड़ते हैं। उनकी औपन्यासिक भाषा उग्र और प्रसाद दोनों की तुलना में अधिक सर्जनात्मक है। विषय और भाषा, दोनों दृष्टियों से निराला की यथार्थवाद की ओर प्रगति उल्लेखनीय है, पर औपन्यासिक विजन के अभाव और कथा संसार के निर्माण में स्वाभाविकता और सन्तुलन की कमी के कारण वे उपन्यास के क्षेत्र में 'सामान्य' से ऊपर नहीं उठ पाते।

इस काल के गौण उपन्यासों में भी कथ्य का अद्भुत विस्तार दिखाई देता है, भले ही उनमें उतनी गहराई न हो। क्षेत्र की दृष्टि से उनमें दार्जिलिंग (*महाकाल,* 1930; *मदारी,* 1935) से लेकर दक्षिण भारत (*सत्यानन्द,* 1924; *पुनर्मिलन,* 1930) ही नहीं, सागरस्त एशिया (बाईसवीं सदी, 1931) और दक्षिण अफ्रीका (नेटाली हिन्दू, 1920; सत्याग्रह, 1930) तक समाहित हैं। नारी विषयक तो कोई समस्या जैसे इन उपन्यासकारों ने छोड़ी ही नहीं है ! वैवाहिक समस्याओं में तिलक-दहेज, कुलीनता, कन्या-विक्रय, अनमेल विवाह, बहु विवाह, विधवा विवाह, प्रेम-विवाह, अन्तरजातीय और अन्तरराष्ट्रीय विवाह, अवैध मातृत्व और जारज सन्तान आदि का अंकन इस काल के उपन्यासों में किया गया है। समाज में विधवाओं की नियति के प्रति ये उपन्यासकार अत्यधिक सजग प्रतीत होते हैं। इन्होंने विधवाओं की दयनीय स्थिति का कारण आर्थिक परिस्थितियों में ढूँढ़ने का प्रयास किया है, जो उनकी यथार्थवादी दृष्टि का परिचायक है। इन लेखकों में से कुछ ने ही विधवा विवाह का विरोध किया है। *संगम,*

मास्टर साहब, अमर अभिलाषा, विधवा, दो विधवाएँ, वेश्या का हृदय अथवा आयसू, अलका, इन्दिरा बी. ए., हीरे की अँगूठी, पतिता की साधना, मुन्नी की डायरी आदि में विधवाओं के विवाह सम्पन्न कराये गये हैं। यह इन उपन्यासकारों की साहसपूर्ण सामाजिक दृष्टि का परिचायक है। विवाहपूर्व प्रेम, अन्तरजातीय और अन्तरराष्ट्रीय प्रेम, सामाजिक दृष्टि से अवैध प्रेम आदि के वर्णन में भी इस काल के उपन्यासकार सजगता का परिचय देते हैं, यद्यपि पारिवारिक-सामाजिक बन्धनों के कारण ये प्रेम प्रायः विवाह में परिणत नहीं हो पाते। तलाक की समस्या का चित्रण भी इन उपन्यासकारों ने किया है और कुछ उपन्यासों में तलाक का समर्थन भी किया गया है, जो उस समय के लिए एक क्रान्तिकारी विचार कहा जा सकता है। कतिपय उपन्यासों में अवैध मातृत्व और जारज सन्तानों की समस्या का भी अंकन किया गया है। कई उपन्यासों में पुरुष वर्ग तथा समाज के अत्याचारों के विरुद्ध स्त्री को विद्रोह करते भी चित्रित किया गया है। पर इस काल के अधिकतर उपन्यासकार प्रेम को देह से अधिक आत्मा की वस्तु मानते हैं। कुछ उपन्यासों में देशहित के लिए व्यक्तिगत प्रेम के बलिदान का भी अंकन किया गया है।

भारतीय स्वाधीनता आन्दोलन का निर्भीकतापूर्ण अंकन इस काल के गौण उपन्यासकारों की एक महत्त्वपूर्ण उपलब्धि मानी जा सकती है। भगवतप्रसाद शुक्ल कृत *भारतप्रेमी* (1919) भारतीय स्वाधीनता आन्दोलन का चित्रण करने वाला पहला उपन्यास था। प्रेमचन्द ने स्वाधीनता आन्दोलन के अंकन में थोड़ी सावधानी का परिचय दिया है, पर इस काल के कई उपन्यासकार खतरा मोल लेने का साहस दिखाते हैं। लगभग दो दर्जन से अधिक उपन्यासों में स्वाधीनता आन्दोलन से सम्बद्ध स्थितियों, विचारों, भावनाओं का अंकन किया गया है। कई उपन्यासों में रचनाकारों ने भारत की स्वाधीनता के सम्बन्ध में अपने विचार खुलकर व्यक्त किये हैं। धनीराम प्रेम कृत *मेरा देश* एक ऐसा ही उपन्यास है। मोहिनी मोहन कृत *देशोद्धार* (1920), कृष्णलाल वर्मा कृत *पुनरुत्थान* (1921), छविनाथ पांडेय कृत *प्रोत्साहन* (1921) आदि में स्वाधीनता आन्दोलन तथा गाँधीवादी विचारों का खुला प्रतिपादन किया गया है। दुर्गाप्रसाद खत्री के *मृत्युकिरण अथवा रक्तमंडल* (1926-30) और *सुफेद शैतान* (1934-38) में औपनिवेशिक उत्पीड़न और दमन से ग्रस्त भारत तथा समूचे एशिया की जनता के प्रति सहानुभूति तथा साम्राज्यविरोधी भावना की अभिव्यक्ति हुई है। *मृत्युकिरण* के पात्र जनशक्ति की अपेक्षा शस्त्रशक्ति और वैज्ञानिक शक्ति पर अधिक विश्वास करते हैं तथा शस्त्रबल से ब्रिटिश साम्राज्यवाद को समाप्त करने की योजना बनाते हैं। स्पष्टतः यह उस समय भारत में चल रहे सशस्त्र स्वाधीनता आन्दोलन का प्रभाव है।

वेश्यावृत्ति की समस्या का अंकन इस काल के उपन्यासकारों का भी एक प्रमुख विषय रहा है। प्रेमचन्द ने अपने उपन्यासों में वेश्याओं के प्रति गहरी सहानुभूति व्यक्त की थी। इस काल के गौण उपन्यासकार भी वेश्याओं के प्रति अपनी संवेदनशील दृष्टि का परिचय देते हैं। वे उन्हें केवल भोग की वस्तु या समाज के कोढ़ के रूप में चित्रित नहीं करते। *समाज की वेदी पर, साकी, वेश्या का हृदय, हीरे की अँगूठी, तीन वर्ष* आदि उपन्यासों में वेश्याओं की महानता, त्याग, निश्छल प्रेम आदि का चित्रण किया गया है। उग्र के *शराबी,* निराला के *अलका* और धनीराम प्रेम के *वेश्या का हृदय* में वेश्याओं के प्रेम विवाह का चित्रण भी किया गया है।

औपन्यासिक कथ्य में बदलाव की दृष्टि से चतुरसेन शास्त्री और भगवती प्रसाद वाजपेयी के प्रयास उल्लेखनीय हैं। चतुरसेन शास्त्री ने अपने प्रथम उपन्यास *हृदय की परख* में विवाहपूर्व प्रेम और फलस्वरूप माँ-बाप बन जाने वाले प्रेमियों तथा अवैध सन्तान की समस्याओं का अंकन किया है। उनके *हृदय की परख, अमर अभिलाषा, आत्मदाह* आदि उपन्यासों में परकीया के प्रति अदम्य शारीरिक आकर्षण का चित्रण किया गया है; किन्तु इस पर परम्परागत आदर्श की चिप्पी लग जाने से मनोवैज्ञानिक धार कुन्द हो गयी है। शास्त्री जी का लक्ष्य भी परकीया प्रेम के मनोवैज्ञानिक संकट का चित्रण न होकर सेक्स का चटपटा वर्णन जान पड़ता है। शास्त्री जी की तुलना में भगवती प्रसाद वाजपेयी ने इस समस्या को नैतिक और मनोवैज्ञानिक स्तर पर प्रस्तुत करने की अधिक ईमानदार कोशिश की है। वाजपेयी जी प्रेमचन्द युग के पहले उपन्यासकार हैं, जिन्होंने प्रेम के भावनात्मक पक्ष को अपने उपन्यासों का केन्द्रीय विषय बनाया। चतुरसेन शास्त्री, और उनके भी पूर्व, किशोरीलाल गोस्वामी के उपन्यासों में प्रेम के इस भावनात्मक पक्ष की उपेक्षा हुई थी। पर वाजपेयी जी भी स्त्री-पुरुष के प्रेम को उसकी स्वाभाविक परिणति, विवाह, तक पहुँचाने का साहस नहीं कर पाते। इनकी तुलना में निराला अपने उपन्यासों में अधिक साहस दिखाते हैं और प्रेम को विवाह के रूप में परिणत होते अंकित करते हैं। वाजपेयी जी प्रेमी-प्रेमिका द्वारा आत्मदमन को प्रेम की अन्तिम परिणति के रूप में प्रस्तुत करते हैं, जो न तो मनोवैज्ञानिक है, न तर्कसंगत। सामाजिक मर्यादा और स्वच्छन्द प्रेम के बीच उपन्यासकार का अन्तर्विरोध सदा बना रहता है।

भगवती प्रसाद वाजपेयी की तुलना में जैनेन्द्र कुमार ने स्त्री-पुरुष के प्रेम और दाम्पत्य की समस्या को अधिक वैचारिक गम्भीरता और संवेदनशीलता के साथ, मनोवैज्ञानिक स्तर पर, चित्रित किया। उन्होंने व्यक्ति के आन्तरिक जीवन, मानसिक द्वन्द्व, मूल्यविषयक संघर्ष को सामाजिक यथार्थ से अधिक महत्त्व दिया। इस प्रकार हिन्दी उपन्यास को मनोवैज्ञानिक दिशा में अग्रसर करने में उनकी अधिक महत्त्वपूर्ण भूमिका मानी जाएगी। उनके प्रथम उपन्यास *परख* में प्रेम की संवेदना से जुड़े मानसिक द्वन्द्व का अंकन बड़े प्रभावशाली रूप में हुआ है, जो कदाचित् हिन्दी उपन्यास में 'अ-पूर्व' है, पर उसकी परिणति 'आदर्शवादी प्रेम' और 'रहस्यवाद' में होकर रह जाती है, जो उस युग के चिन्तन का अन्तर्विरोध है। पर *सुनीता* में जैनेन्द्र पत्नी को अपने दाम्पत्य की परिधि से बाहर निकलकर प्रेम करने की स्वतन्त्रता प्रदान करते हैं। पर वे पत्नी को दाम्पत्येतर 'प्रेम' का ही अधिकार देते हैं, शरीर समर्पण का नहीं। वस्तुतः वे प्रेम में शरीर-समर्पण को कोई महत्त्व ही नहीं देते। सुनीता का बर्फ की तरह ठंडा और निष्काम शरीर-समर्पण जैनेन्द्र की इसी दृष्टि का परिचायक है। सुनीता के 'पर पुरुष' के प्रति प्रेम में समाज का तो कोई हस्तक्षेप नहीं ही है, पति का भी हस्तक्षेप नहीं है। इन स्थितियों से जुड़ी पात्रों की संवेदना और मानसिक तनाव के अंकन में जैनेन्द्र ने गहन सर्जनशीलता का परिचय दिया है।

प्रेमचन्द युग में ही वृन्दावन लाल वर्मा हिन्दी उपन्यास को कथ्य का एक नया आयाम प्रदान करते दिखाई पड़ते हैं। यों उपन्यास में इतिहास या अतीत के उपयोग की परम्परा बालकृष्ण भट्ट से आरम्भ हो गयी थी और किशोरीलाल गोस्वामी, जयरामदास गुप्त, ब्रजनन्दन सहाय आदि ने उसका अपने-अपने ढंग से इस्तेमाल किया था पर वृन्दावनलाल

वर्मा ने अपने उपन्यासों में इतिहास का अधिक सर्जनात्मक स्तर पर उपयोग किया। एक क्षेत्रविशेष के प्राकृतिक परिवेश, लोकसंस्कृति, अतीत गौरव, स्वाभिमान आदि को ऐतिहासिक प्रसंगों से जोड़कर वर्मा जी ने ऐतिहासिक उपन्यास को स्वतन्त्र व्यक्तित्व से सम्पन्न कर दिया।

प्रेमचन्द उपन्यास को 'मानव चरित्र का चित्र मात्र' मानते हैं। इसका पूरा ध्यान भी उन्होंने अपने उपन्यासों में रखा है, पर मुख्यतः उनके उपन्यास सामाजिक यथार्थ के प्रति प्रतिबद्ध हैं। उन्हें इसका बोध भी था, क्योंकि उन्होंने यह भी लिखा था कि 'भावी उपन्यास चरित्रप्रधान होगा।' प्रेमचन्द और उनके समय के अन्य उपन्यासों में पात्रों की दुनिया को विश्वसनीय बनाने का भरपूर प्रयास किया गया है, पर उन्हें चरित्रप्रधान उपन्यास नहीं कहा जा सकता। इनमें पात्रों का चरित्र उपन्यासों का केन्द्रीय कथ्य न होकर औपन्यासिक संसार को विश्वसनीय और सजीव बनाने का साधन मात्र है। यह सही है कि प्रेमचन्द के उपन्यासों के कुछ पात्र कल्पना और लेखकीय संवेदनशीलता की अद्‌भुत सृष्टि हैं, पर उनका चरित्र अन्ततः सामाजिक यथार्थ का ही वाहक है।

प्रेमचन्द युग में औपन्यासिक शिल्प विषयक सजगता बहुत मुखर है। शिल्प के स्तर पर जैनेन्द्र ने हिन्दी उपन्यास को नये आयाम प्रदान किये। प्रेमचन्द ने औपन्यासिक कथानक को शिथिल, और डेल्टा में पहुँचकर विभिन्न धाराओं में बहने वाली नदी की तरह स्वाभाविक तो बनाया, पर घटनाओं या पात्रों के कार्यव्यापारों में तारतम्य बनाये रखने का पूरा प्रयास किया। इससे अलग, जैनेन्द्र ने प्रसंगों के क्रम बीच में तोड़ दिये हैं और पाठक से अपेक्षा की गयी है कि वह स्वयं ही प्रसंगों के तार जोड़े। शिल्पविषयक यह प्रयोग उन्होंने *परख* में ही आरम्भ किया जो *सुनीता* में अपनी पूर्णता पर पहुँच गया है। जैनेन्द्र के उपन्यासों में बाहरी घटनाओं या कार्यव्यापारों की नहीं, मानसिक कार्यव्यापारों की प्रधानता है जो पात्रों के अन्तरालाप या भावप्रवाह के रूप में सामने आते हैं।

इस काल के गौण उपन्यासकार भी अपनी शिल्पविषयक सजगता का परिचय देते हैं। *आत्मकथात्मक प्रविधि* में कथा संसार की रचना का आरम्भ प्रेमचन्द के पूर्व ही हो चुका था, जिसका उल्लेख पहले किया जा चुका है। प्रेमचन्द युग में भी मन्नन द्विवेदी गजपुरी, चन्द्रशेखर पाठक, शिवपूजन सहाय, दीनबन्धु सहाय, इलाचन्द्र जोशी, प्रियंवदा देवी, ऋषभचरण जैन, अध्यापक जहूरबख्श, कृपानाथ मिश्र, कन्हैयालाल जैन, धनीराम प्रेम, सियारामशरण गुप्त, अनूपलाल मंडल आदि ने *आत्मकथात्मक प्रविधि* का प्रयोग अनेक रूपों में किया। पूरे उपन्यास में केवल एक ही पात्र के अवलोकन-बिन्दु का प्रयोग करने वाले उपन्यासकारों में इलाचन्द्र जोशी (*घृणामयी,* 1929), कृपानाथ मिश्र (*प्यास,* 1932), सियाराम शरण गुप्त (*अन्तिम आकांक्षा,* 1934) और अनूपलाल मंडल (ज्योतिर्मयी, 1934) प्रमुख हैं। इलाचन्द्र जोशी की तुलना में कृपानाथ मिश्र ने इस प्रविधि का प्रयोग अधिक सर्जनात्मक रूप में किया है। जोशी जी ने विभिन्न विषयों पर पात्रों के लम्बे-लम्बे व्याख्यान डालकर आत्मकथात्मक प्रविधि की स्वाभाविकता को नष्ट कर दिया है। इसके प्रतिकूल मिश्र जी ने उपन्यास के केन्द्रीय पात्र को सर्वत्र अस्फुट चिन्तन और आत्ममन्थन की मनःस्थिति में दिखाकर इस प्रविधि को स्वाभाविक बना दिया है। *अन्तिम आकांक्षा* की विशेषता यह है कि इसमें एक अभिजातवर्गीय पात्र के अवलोकन बिन्दु से एक निर्धन, निम्नवर्गीय पात्र का चरित्र अत्यन्त

सहानुभूति के साथ प्रस्तुत किया गया है। श्री मोहन कृत *हेरफेर* (1922), चन्द्रशेखर पाठक कृत *अबला की आत्मकथा* (1930), जैनेन्द्र कुमार-ऋषभचरण जैन कृत *तपोभूमि* (1932), धनीराम प्रेम कृत *वेश्या का हृदय अथवा आयसू* (1933) आदि में कई-कई पात्रों की आत्मकथाओं और अवलोकन बिन्दुओं का उपयोग किया गया है। *तपोभूमि* में चार पात्र स्वतन्त्र रूप से अपनी-अपनी कथा प्रस्तुत करते हैं, पर कथाएँ स्वतन्त्र होती हुई भी परस्पर सम्बद्ध हैं। इसी प्रकार ऋषभचरण जैन कृत *दिल्ली का कलंक* में भी कई पात्रों की आत्मकथाओं के रूप में चावड़ी बाजार के भ्रष्टाचार की कहानी प्रस्तुत की गयी है। स्वतन्त्र कहानियों की सहायता से, जिन्हें आपस में जोड़ने वाला तत्त्व उनका विषय होता है, उपन्यास निर्मित करने की यह प्रविधि इस युग में ही विकसित हुई, जो बाद में, *बहती गंगा* के प्रसंग में विशेष रूप से चर्चित हुई।

इसी अवधि में दो उपन्यास, चन्द्रशेखर पाठक कृत *मायापुरी* (1922) और अवध उपाध्याय कृत *कर्तव्यपुरी की रानी* (1935) रूपक शैली में लिखे गये, जिनमें आत्मकथात्मक प्रविधि का भी प्रयोग किया गया। मन्नन द्विवेदी गजपुरी कृत *कल्याणी* (1921) और शिवपूजन सहाय कृत *देहाती दुनिया* (1926) में आत्मकथात्मक प्रविधि के साथ कथाकार का अवलोकन बिन्दु भी मिश्रित कर दिया गया है, पर इसमें सर्जनात्मक दृष्टि से सफलता केवल शिवपूजन सहाय को ही मिल पायी है। अध्यापक जहूरबख्श कृत *स्फुलिंग* (1932) में आत्मकथात्मक प्रविधि के साथ पत्रात्मक प्रविधि का भी मिश्रण किया गया है और हरद्वार प्रसाद जालान कृत *विलायती बेगम* में आत्मकथात्मक प्रविधि में पत्र, तार आदि के प्रयोग द्वारा नवीनता पैदा करने का प्रयास किया गया है। इसी प्रकार दीनबन्धु सहाय कृत *भोलानाथ की रामकहानी* (1927) में एक कुत्ते के अवलोकन बिन्दु (आत्मकथा) से वृद्ध विवाह, वेश्यागमन आदि के दुष्परिणामों तथा उन परिस्थितियों का चित्रण किया गया है जो असहाय स्त्रियों को वेश्यावृत्ति अपनाने को बाध्य करती हैं।

प्रेमचन्द युग में **पत्रात्मक प्रविधि** में भी उपन्यास लिखने के प्रयास हुए। यह एक विकसित उपन्यास प्रविधि है, जिसमें विभिन्न पात्रों के अवलोकन बिन्दुओं से कथा प्रस्तुत की जाती है और पाठक पात्रविशेष के मस्तिष्क में अभिनीत होते नाटक का प्रत्यक्ष द्रष्टा होता है। पत्रात्मक प्रविधि में पहला उपन्यास बेचन शर्मा उग्र ने *चन्द हसीनों के खतूत* (1927) शीर्षक से लिखा। 1927 से 1936 तक इस शिल्पप्रविधि में लगभग 18 उपन्यास लिखे गये, जिनमें 'एक निर्वासित ग्रेजुएट' लिखित *स्मृति कुंज* (1928), चन्द्रशेखर शास्त्री कृत *स्त्री के पत्र* (1929) और *विधवा के पत्र* (1931), प्रफुल्लचन्द्र ओझा मुक्त कृत *पाप और पुण्य* (1930), गिरिजादत्त शुक्ल गिरीश कृत *प्रेम की पीड़ा* (1930), अनूपलाल मंडल कृत *समाज की वेदी पर* (1931) और *रूपरेखा* (1934), पुरुषोत्तम दास गौड़ कोमल कृत *अश्रुकण* (1933) और *अछूत के पत्र* (1936), 'व्यथित हृदय' कृत *दुलहिन के पत्र* (1933) और *हृदय की ज्वाला* (1933), जगदीश झा विमल कृत *केसर* 1936) आदि उल्लेखनीय हैं। पर इन उपन्यासों में पत्रात्मक प्रविधि के कठिन शिल्प का, जिसमें पत्र लिखने वाले पात्र का मस्तिष्क पाठक के समक्ष सक्रिय रूप में विद्यमान रहता है, निर्वाह नहीं हो सका है। फिर भी ये प्रयत्न हिन्दी उपन्यास के इतिहास में अपना महत्त्व रखते हैं।

पत्रात्मक प्रविधि की तरह डायरी प्रविधि भी उपन्यास में नये अवलोकन बिन्दु की खोज

की आवश्यकता की उपज है। इस प्रविधि में उपन्यास के केन्द्रीय पात्र का मस्तिष्क चिन्तन और संवेदना की प्रक्रिया में पाठक की चेतना को छूता है और इस प्रकार केन्द्रीय पात्र का पूरा व्यक्तित्व जीवन्त रूप में उभरकर सामने आता है। इस प्रविधि का हिन्दी में प्रथम (और प्रेमचन्द युग में अन्तिम भी) प्रयोग करने का श्रेय आदित्य प्रसन्न राय को है। उन्होंने अपने उपन्यास *मुन्नी की डायरी* (1932) में डायरी प्रविधि का प्रयोग किया है। किन्तु यह उपन्यास केन्द्रीय पात्र के अन्तर्मन के उद्घाटन के स्थान पर हिन्दू समाज में व्याप्त कुरीतियों, दुराचारों, मिथ्या मूल्यों तथा विधवा विवाह और अन्तरराष्ट्रीय विवाह आदि का चित्रण करता है। हिन्दू समाज की आलोचना उपन्यास का मुख्य विषय है। इस विषय के लिए इस प्रविधि के उपयोग का कोई रचनात्मक औचित्य नहीं है। केवल नवीनता के आकर्षण के तहत इस शिल्प का प्रयोग किया गया जान पड़ता है। फिर भी इस प्रयोग के ऐतिहासिक महत्त्व को अस्वीकार नहीं किया जा सकता।

सहयोगी लेखन के रूप में उपन्यास लिखने की परम्परा की शुरुआत भी इसी काल में हुई। 1927 ई. में 'त्रिमूर्ति' के नाम से *मीठी चुटकी* नामक उपन्यास प्रकाशित हुआ था, जिसके लेखक भगवती प्रसाद वाजपेयी, 'वर्म्मा' और शम्भू दयाल सक्सेना थे। सम्भवतः यह उपन्यास बँगला के *बारोबारी* नामक उपन्यास से प्रेरणा लेकर लिखा गया था जिसे बँगला के बारह उपन्यासकारों ने मिलकर लिखा था। इस उपन्यास में आधुनिक शिक्षाप्राप्त समाज के जीवन का चित्र अंकित किया गया है। इस परम्परा का दूसरा उपन्यास इसी युग में जैनेन्द्र कुमार और ऋषभचरण जैन द्वारा संयुक्त रूप से लिखित *तपोभूमि* (1932) है, जिसका केन्द्रीय विषय प्रेम है। *ग्यारह सपनों का देश* (1960), *एक इंच मुस्कान* (1962) और *बारहखंभा* (1987) इसी परम्परा के उपन्यास हैं।

जैसा पहले कहा जा चुका है, प्रेमचन्द ने हिन्दी उपन्यास को उसके उपयुक्त भाषा प्रदान की। यद्यपि उनके साथ ही संस्कृत गद्यकाव्य वाली अलंकरण प्रधान भाषा उपन्यास के लिए अनुपयुक्त प्रमाणित हो गयी, पर चंडी प्रसाद हृदयेश, जयशंकर प्रसाद और निराला उसका मोह न छोड़ सके, जिसके फलस्वरूप उनके उपन्यास क्षतिग्रस्त भी हुए। शिवपूजन सहाय और वृन्दावनलाल वर्मा ने बोलचाल की भाषा को आंचलिकता से जोड़कर उसे एक नये प्रकार की ताजगी और सर्जनात्मकता प्रदान की। जैनेन्द्र ने भी उपन्यास की भाषा को नया आयाम प्रदान किया। जैनेन्द्र की भाषा अन्य पुरुष के तथ्यात्मक वर्णन के रूप में नहीं, वरन् अन्तर्मन की लयात्मक संकेतपूर्ण अभिव्यक्ति के रूप में सामने आती है। जैनेन्द्र की औपन्यासिक भाषा अनेकत्र स्वयं से वार्तालाप होने के कारण कविता के निकट पहुँचती दिखाई पड़ती है। बाहरी सरलता में यह भाषा प्रेमचन्द के समान ही है, पर यह 'सरलता' अपने भीतर मनोवैज्ञानिक खलबलाहट लिए हुए है; इसमें मौन की मुखरता, अन्तराल को अर्थ से भर देने का कौशल, टोन, ध्वनि, संकेत, अर्थ की बहुमुखीनता, सब कुछ न कहने का संयम, लय, क्रियापदों का कौतुक और भावभंगिमा की व्यंजना आदि की प्रधानता है, जो पाठक को एक नये प्रकार का पठन-अनुभव प्रदान करती है।

इस प्रकार प्रेमचन्द युग में ही हिन्दी उपन्यास प्रौढ़ वय को प्राप्त हो गया।

(ख) नयी दिशाओं की तलाश : 1937-1947

प्रेमचन्द के लेखन काल के उत्तरार्ध (1927-36) में जिन औपन्यासिक प्रवृत्तियों की नींव पड़ी, उनका पूरा विकास प्रेमचन्द के बाद (1937-47) में होता दिखाई देता है। जैनेन्द्र कुमार *सुनीता* की रचना के साथ ही उपन्यासकार के रूप में प्रतिष्ठित और हिन्दी उपन्यास में एक नये मोड़ के निर्माता के रूप में स्वीकृति प्राप्त कर चुके थे। 1937 ई. में उनका *त्यागपत्र* और उसके दो वर्ष बाद 1939 ई. में *कल्याणी* नामक उपन्यास प्रकाशित हुए। पुरुषसत्ता प्रधान समाज में स्त्री का अनेकमुखी शोषण हिन्दी उपन्यासकारों की चिन्ता का विषय शुरू से ही रहा। जैनेन्द्र ने इस चिन्ता को *त्यागपत्र* और *कल्याणी* में नया आयाम दिया। 'आर्य गृहिणी' की परम्परागत अवधारणा पर प्रश्नचिह्न तो जैनेन्द्र ने *सुनीता* में ही लगा दिया था, पर *त्यागपत्र* और *कल्याणी* में उन्होंने इसके खोखलेपन और अमानवीयता को कलात्मक स्तर पर उजागर कर दिया। जैनेन्द्र का इस जड़ अवधारणा पर प्रहार का मार्ग पूर्ववर्ती उपन्यासकारों से सर्वथा भिन्न है। *त्यागपत्र* की मृणाल नारीविषयक परम्परागत संहिता की जंजीरों में जकड़ी अपने समय की स्त्री का पूरी तरह से प्रतिनिधित्व करती है। यह नारी संहिता न स्त्री को प्रेम करने की इजाजत देती है, न स्वतन्त्र रूप से जीने की। *त्यागपत्र* की मृणाल इस संहिता का उल्लंघन करती है और समाज उसे परम्परागत ढंग से दंडित करता है। यहीं से मृणाल का मार्ग अपने समय की नारी से भिन्न हो जाता है। मृणाल अपने स्वभाव और संवेदना में सामान्य स्त्री से भिन्न है। यह भिन्नता ही पक्की नींव वाली व्यवस्था से उसके संघर्ष और उसकी त्रासदी का कारण बनता है। मृणाल इस व्यवस्था से विद्रोह करती है, उसे चुनौती देती है, पर बिलकुल भिन्न और अप्रत्याशित तरीके से। विरोध का यह तरीका जैनेन्द्र का अपना आविष्कार है, जो व्यावहारिक और विश्वसनीय भले न प्रतीत हो, कलात्मक सृजन के लिए एक आधार अवश्य प्रदान करता है। मृणाल आत्मदमन का मार्ग अपनाती है। व्यवस्था के दंड को वह स्वीकार कर लेती है, पर उसे मुँह बिराती हुई, उसे कठघरे में खड़ा करती हुई, उसकी बचीखुची चेतना को ललकारती हुई। प्रमोद या जस्टिस दयाल उसी घायल चेतना का प्रतीक है जो सत्यानासी मनुवादी संहिता की चक्की में स्वेच्छा से, धैर्य और स्वाभिमान के साथ, पिसती हुई मृणाल को लहूलुहान होते देखता है। जैनेन्द्र ने व्यवस्था के इस सच और इससे जुड़े अपने विजन को अत्यन्त कलात्मक रूप में प्रस्तुत किया है। मृणाल को समाज द्वारा दिये गये दंड और स्वयं उसके द्वारा वरण किए गए आत्मपीड़न को जैनेन्द्र ने बहुत प्रभावपूर्ण ढंग से प्रस्तुत किया है। इसके लिए उन्होंने जस्टिस दयाल का अवलोकन बिन्दु चुना और निर्मित किया है, जो इस कारण इतना प्रभावी हो गया है कि वह मृणाल की वेदना और आत्मघाती विद्रोह से विचलित समाज की अवशिष्ट प्रबुद्ध और संवेदी चेतना का प्रतीक है। वस्तुतः मृणाल की वेदना और विद्रोह दोनों गहन मनोवैज्ञानिक जटिलता से युक्त हैं। मायके के किंचित् स्नेहरहित, रूढ़िवादी और उदासीन परिवार द्वारा उसके प्रेम का अस्वीकार, एक दुहाजू और प्रौढ़ व्यक्ति से उसकी इच्छा के विरुद्ध विवाह, पति का शंकालु स्वभाव और उसके द्वारा मृणाल का शारीरिक पीड़न और अन्ततः घर से निष्कासन, यह सब उसके साथ होता है और इसके जवाब में वह आत्महत्या न कर ऐसी जीवन-पद्धति अपनाती है, जो समाज की प्रबुद्ध चेतना को लहूलुहान कर देने वाली है। मृणाल के जीवन जीने के इस

असाधारण चुनाव का प्रमोद की चेतना पर पड़े प्रभाव के रूप में अंकन ही जैनेन्द्र की औपन्यासिक सफलता का रहस्य है।

त्यागपत्र मनुवादी हिन्दू व्यवस्था पर बौखलाहट पैदा करने वाला उपन्यास है। यह तथाकथित 'भद्र समाज' की, जस्टिस दयाल जिसका प्रतिनिधित्व करते हैं, खोखली, तर्कशून्य और अमानवीय मान्यताओं का कलात्मक प्रौढ़ि के साथ उद्‌घाटन है। ये मान्यताएँ एक झूठ पर, नारी द्वारा 'कुल-शील की पुरानी रीतिनीति के पालन' पर बल दिए जाने पर आधारित हैं। इस 'रीति-नीति' में जाति-व्यवस्था का अनुगमन, कुँवारेपन की रक्षा, माता-पिता के इच्छानुसार विवाह, पातिव्रत्य-पालन, सतीत्व-निर्वाह आदि शामिल हैं। इन मूल्यों की उपेक्षा और अपने ढंग से इनकी व्याख्या ही मृणाल की त्रासदी का कारण है। इस त्रासदी के लिए मृणाल की विशिष्ट मानसिकता भी बहुत हद तक जिम्मेदार है। 'भद्र' समाज के प्रति उसकी असाधारण प्रतिक्रिया ही उसे तथाकथित 'अभद्र' समाज में ले जाती है। इस अभद्र समाज में वह जो इंसानियत पाती है, वह ऊपर से 'भद्र' दिखने वाले समाज में सिरे से गायब है।

कल्याणी का विषय भी लगभग वही है, जो *त्यागपत्र* का है, पर इसमें नारी-शोषण और आधुनिक नारी की मानसिकता का एक नया पक्ष प्रस्तुत हुआ है। जैनेन्द्र के समय में पढ़ी-लिखी आधुनिक नारी भी पुरुषप्रधान व्यवस्था के शोषण की शिकार होने लगी थी। जब तक पूरी व्यवस्था में परिवर्तन नहीं होता, केवल आर्थिक स्वतन्त्रता नारी की मुक्ति का वाहक नहीं बन सकती। वस्तुतः नारी की मुक्ति के लिए उसके प्रति पुरुष समाज के सम्पूर्ण दृष्टिकोण में परिवर्तन की आवश्यकता है। *कल्याणी* में एक ऐसी स्त्री की कहानी है, जो हर प्रकार से सुयोग्य मानी जा सकती है। वह सुन्दर, सुशील, सौम्य, गरीबों के प्रति सहानुभूतिशील, श्रद्धालु, स्नेहमयी, उच्च शिक्षा प्राप्त, पेशे से सफल डॉक्टर, प्रभावशाली व्यक्तित्व सम्पन्न, अच्छी वक्ता, कवि और आदर्श गृहिणी है। स्त्री चाहे कैसी भी हो, वह परम्परागत नारी संहिता के तहत बदनाम की जा सकती है, उसे ब्लैकमेल किया जा सकता है। कल्याणी ऐसे ही ब्लैकमेल की शिकार होकर ब्लैकमेल करने वाले, डॉ. असरानी, की ही पत्नी बनने को विवश होती है जो उसका हर प्रकार से शोषण ही नहीं करता, उसे शारीरिक यातनाएँ भी देता है। डॉ. असरानी की शर्त है कि वह न केवल उसे कमा कर पैसे दे, वरन् उसके प्रति वफादार भी रहे। कल्याणी पेशे से तो एक सफल डॉक्टर है, पर उसमें एक कवि की संवेदनशीलता है, जो उसके चरित्र को जटिल बनाने का काम करती है। वह *त्यागपत्र* की मृणाल से भी अधिक जटिल संवेदना से युक्त नारी है। जिन परिस्थितियों में वह आबद्ध है, उनसे मुक्ति का कोई उपाय कदाचित् उसके पास नहीं है। फलतः वह भी मृणाल की तरह आत्मदमन और आत्मपीड़न का मार्ग अपनाती है। उपन्यास के नरेटर 'वकील साहब' के अनुसार वह 'हर घड़ी अपने पर दाँतेदार छुरी' रेतती रहती है। उसने अपने जीवन को मृत्यु से भी अधिक विषम बना दिया है। उसका विभाजित व्यक्तित्व धीरे-धीरे उसे मानसिक रुग्णता की ओर ठेलता जाता है और अन्ततः वह मृत्युकामी बन जाती है। इस प्रकार अनाकांक्षित विवाह संवेदनशील और व्यक्तित्व सम्पन्न नारी के लिए कितना विनाशकारी होता है, कदाचित् यही कल्याणी का कथ्य है।

पर सन्दर्भ सामाजिक होते हुए भी इस शोषण का स्वरूप मनोवैज्ञानिक है। जैनेन्द्र ने कल्याणी के चरित्र की संवेदनशीलता को मनोवैज्ञानिक जटिलता में परिणत कर दिया है।

कल्याणी के व्यवहार और आचरण के अनेक सन्दर्भ पाठक के लिए मनोवैज्ञानिक गुत्थी बन जाते हैं। यहाँ तक कि कथा का नरेटर पात्र भी कल्याणी की आन्तरिकता को पकड़ पाने में असमर्थ है। नरेटर की तरह उपन्यास का पाठक भी स्त्री के प्रति पुरुष समाज के निर्मम व्यवहार से पीड़ित तो होता है, पर कल्याणी के आचरण और व्यवहार को समझने में वह असमर्थ ही रहता है। इसका एकमात्र अर्थ यह है कि जैनेन्द्र स्वयं भी कल्याणी को एक मनोवैज्ञानिक रहस्य के रूप में प्रस्तुत करना चाहते हैं और पाठक को छूट देते हैं कि वह मनोविज्ञान के आधुनिक सिद्धान्तों के अनुसार कल्याणी के सम्बन्ध में अपनी राय बनाए। इसके पूर्व हिन्दी के किसी अन्य उपन्यासकार ने अपने किसी पात्र को मनोवैज्ञानिक रहस्य के रूप में प्रस्तुत नहीं किया था।

औपन्यासिक शिल्प के प्रति सजगता का परिचय जैनेन्द्र अपने पहले ही उपन्यास *परख* में दे चुके थे और *सुनीता* में उसे प्रौढ़ता प्रदान की थी। *त्यागपत्र* में जैनेन्द्र ने शिल्प सम्बन्धी एक नया प्रयोग किया। इसमें उन्होंने किस्सागो या नरेटर की भूमिका उपन्यास के ही एक गौण पात्र प्रमोद (बाद में जस्टिस दयाल) को प्रदान कर दी। लेखक, जैनेन्द्र कुमार, के अनुसार जस्टिस दयाल ने अचानक जजी से त्यागपत्र दे दिया था और अपनी फाइलों में 'आपबीती' लिखकर छोड़ गये थे। जस्टिस दयाल की यह आपबीती ही ज्यों की त्यों *त्यागपत्र* है। यह एक लेखकीय छल है जो उपन्यास में किस्सागो की अप्रत्यक्षता और विश्वसनीयता पैदा करने के लिए किया गया है। प्रमोद/जस्टिस दयाल को किस्सागो की भूमिका प्रदान कर उपन्यासकार ने न केवल मृणाल की कथा को विश्वसनीयता प्रदान कर दी है, बल्कि उसे एक प्रत्यक्ष और संवेदनशील अवलोकन बिन्दु प्रदान कर मार्मिक भी बना दिया है। यदि मृणाल स्वयं अपनी कथा कहती तो वह अविश्वसनीय हो जाने के साथ-साथ लिजलिजी भावुकता की भी शिकार हो जाती। प्रमोद/जस्टिस दयाल की संवेदनशील दृष्टि मृणाल की त्रासदी को काव्यात्मक प्रभाव से भर देती है। प्रमोद मृणाल की कथा का अन्तरंग द्रष्टा और भोक्ता है और जस्टिस दयाल उस भद्रलोकी चेतना के प्रतीक हैं, जो मृणाल की वेदना और आत्महनन से आहत हुई है। पूरा उपन्यास इस चेतना के विक्षोभपूर्ण आत्मस्वीकार, कन्फेशन के रूप में प्रस्तुत हुआ है, इस कारण इसमें एक अद्भुत किस्म का कवित्व पैदा हो गया है।

कल्याणी के शिल्प में कुछ ऊपरी फेरबदल के अतिरिक्त कोई उल्लेखनीय नवीनता नहीं है। वह भी जैनेन्द्र को एक वकील साहब के रजिस्टर के रूप में प्राप्त हुई है। इसमें भी कथा दो पात्रों, वकील साहब और प्रो. श्रीधर, के अवलोकन-बिन्दु से प्रस्तुत की गयी है, जो *त्यागपत्र* के शिल्प का ही अनुगमन है।

जैनेन्द्र ने उपन्यास को एक नयी कथा-भाषा दी, इसकी चर्चा हम पहले कर चुके हैं। *त्यागपत्र* और *कल्याणी* में उनकी कथा-भाषा और अधिक अन्तरंगता में प्रवेश करती है। यह स्वयं से की गयी बातचीत या आत्मालाप की भाषा है जो किसी पात्र की संवेदना से जुड़ कर कविता की भाषा के निकट पहुँचती है। जैनेन्द्र की सरल वाक्य-योजना और शिष्टजनोचित बोलचाल के शब्दों के प्रयोग का औचित्य भी यही है। क्रियापदों और विशेषणों का संज्ञा रूप में प्रयोग तथा मनोभावों के अनुसार वाक्यों में शब्दों का स्थान बदलकर जैनेन्द्र ने अपनी भाषा को बहुत प्रभावी बना दिया है। क्रियावक्रता, विशेषण-वक्रता, पर्यायवाचिता, सादृश्यमूलक अलंकारों आदि की सहायता से भी उन्होंने अपनी भाषा को समृद्ध बनाने में सफलता प्राप्त

की है। मौन की भाषा का भी जैनेन्द्र ने अपने उपन्यासों में बहुत सफल उपयोग किया है।

ऋषभ चरण जैन प्रेमचन्द के समय में ही अपने ढंग से चर्चित हो चुके थे। भगवती प्रसाद वाजपेयी प्रेमचन्द युग में ही अपनी सीमित औपन्यासिक सम्भावनाओं के शिखर पर पहुँच चुके थे, पर प्रेमचन्दोत्तर काल में भी वे उपन्यास-लेखन में सक्रिय रहे। 1947 के पूर्व उनके *पिपासा* (1937), *दो बहनें* (1940) और *निमन्त्रण* (1942) आदि उपन्यास प्रकाशित हुए। इन उपन्यासों में विजन, शिल्प या भाषा सम्बन्धी कोई नवीनता नहीं थी फिर भी इनमें लेखक का पूर्ववर्ती औपन्यासिक स्तर सुरक्षित है। प्रेम, और विशेषकर परम्परागत नैतिक मूल्यों की उपेक्षा करने वाला प्रेम, इन उपन्यासों का केन्द्रीय विषय है। प्रेम के उद्दाम मनोभाव और नैतिक मूल्यों का संघर्ष वाजपेयी जी के सभी उपन्यासों में मिलता है। *पिपासा* में प्रेम और परम्परागत नैतिक संहिता का प्रखर द्वन्द्व प्रस्तुत किया गया है और उपन्यासकार विवाहिता स्त्री को भी पतीतर प्रेम का अधिकार देने का समर्थक प्रतीत होता है। *निमन्त्रण* में विवाह के औचित्य पर ही प्रश्नचिह्न लगाया गया है। इस उपन्यास की केन्द्रीय पात्र मालती विवाह को नारी जीवन की विडम्बना मानती है। काम-विषयक स्वतन्त्रता के लिए आधुनिक स्त्री का व्यवस्था से विद्रोह इस उपन्यास में व्यक्त हुआ है। यह अपने समय में एक बहुत ही असाधारण, क्रान्तिकारी विचार था, अतः लेखक अपने अन्तर्विरोधों से भी मुक्त नहीं है। पर आधुनिक नारीवाद की हल्की सी अनुगूँज तो वाजपेयी जी के उपन्यासों में सुनी ही जा सकती है।

1937 ई. में अनूपलाल मंडल का *मीमांसा,* 1945 ई. में *आवारों की दुनिया* और *दर्द की तस्वीरें* तथा 1946 ई. में *बुझने न पाये* आदि उपन्यास प्रकाशित हुए। *मीमांसा* मानव हृदय की दुर्बलताओं का अंकन करने वाला साधारण उपन्यास है। शेष तीन उपन्यास देशप्रेम और स्वाधीनता संग्राम से सम्बन्धित, पर विजन के धुँधलेपन के कारण प्रभावहीन हैं।

1937 ई. में ही राजा राधिकारमण प्रसाद सिंह (ज.1890) का *राम रहीम* नामक उपन्यास प्रकाशित हुआ। यों इसके पूर्व उनकी दो गद्य रचनाएँ--*नवजीवन वा प्रेमलहरी* (1912) और *तरंग* (1921)--प्रकाशित हो चुकी थीं, पर उन्हें 'उपन्यास' कहना संगत नहीं होगा। 1947 तक प्रकाशित राजा साहब के अन्य उपन्यास हैं--*सावनी समाँ* (1938), *पुरुष और नारी* (1939), *टूटा तारा* (1941) तथा *सूरदास* (1943); संस्कार (1951), *पूरब और पश्चिम* (1951), *चुम्बन और चाँटा* (1957), *माया मिली न राम* (1963) तथा *अपनी अपनी नजर : अपनी अपनी डगर* (1964) आदि उनके स्वतन्त्रता प्राप्ति के बाद के उपन्यास हैं, पर औपन्यासिक विजन और कला की दृष्टि से उनमें कोई नवीनता नहीं है।

राम रहीम राजा साहब का सर्वाधिक उल्लेखनीय उपन्यास है, जिसके 'वक्तव्य' के अनुसार लेखक का उद्देश्य 'धर्म और समाज के तमाम कच्चे चिट्ठे' तथा 'भारतीय जीवन' के 'आचार', 'अत्याचार', 'विचार' और 'पुकार' को यथार्थवादी ढंग से उजागर करना है। इसके साथ ही अध्यात्म, शृंगार, दर्शन, नैतिकता, आदर्शवाद के 'छींटे' भी उपलब्ध कराना उसका उद्देश्य है। न केवल *राम रहीम* में, बल्कि राजा साहब के अन्य उपन्यासों में भी ये विषय कमोबेश चित्रित हुए हैं। पर राजा साहब के उपन्यासों में उनका विजन सुस्पष्ट नहीं है। *राम रहीम* के केन्द्र में कोई एक विषय स्पष्टता के साथ स्थापित नहीं दिखाई पड़ता। यदि शीर्षक को उपन्यास के केन्द्रीय विषय का संकेतक माना जाए तो इसका विषय होना

चाहिए साम्प्रदायिक एकता का यथार्थवादी, बहुआयामी और अनुभूति तथा विचारों से सम्पन्न अंकन। वस्तुतः *राम रहीम* में राम और रहीम की एकता की चर्चा आयी भी है। पर राजा साहब अपने विचार या दर्शन को व्यापक राष्ट्रीय परिप्रेक्ष्य में प्रस्तुत नहीं कर पाए हैं। उनके धार्मिक एकता सम्बन्धी विचार उपन्यास के पात्रों के वक्तव्यों के रूप में व्यक्त हुए हैं। *पूरब और पश्चिम, सावनी समाँ, चुम्बन और चाँटा* आदि उपन्यासों में भी राजा साहब का प्रगतिशील साम्प्रदायिक दृष्टिकोण पात्रों के वक्तव्यों के रूप में ही प्रस्तुत हुआ है। ये विचार प्रवचन के रूप में अधिक आते हैं, पात्रों के कार्य-व्यापार या अन्तरालाप के रूप में कम। राजा साहब की बौद्धिकता और संस्कारशीलता में अन्तर्विरोध भी दिखाई देता है।

राम रहीम के कथ्य का दूसरा पक्ष है, नारी समस्या। हिन्दी उपन्यास के लिए यह विषय कोई नया नहीं था। गौरीदत्त से लेकर जैनेन्द्र तक अधिकतर उपन्यासकारों ने इस समस्या का किसी न किसी रूप में चित्रण किया था। राजा साहब ने *राम रहीम, सूरदास, चुम्बन और चाँटा* आदि में पुरुष समाज द्वारा नारी के शोषण का विस्तार से अंकन किया है। बाल-विवाह, असफल मातृत्व और अकाल वैधव्य की पीड़ा से गुजरती तथा पैसे के लिए बूढ़े व्यक्तियों के गले बाँध दी जाने वाली असहाय बालिकाओं, वेश्या-पुत्रियों और अकालग्रस्त मध्यवर्गीय परिवार की स्त्रियों का चित्रण अनेक पात्रों के माध्यम से किया गया है। कथाकार ने इन स्थितियों के मूल में विद्यमान हिन्दू आचारशास्त्र, रूढ़िग्रस्तता और नैतिक मूल्यों के खोखलेपन का पर्दाफाश किया है। नारी का काम-शोषण आधुनिक समाज की एक प्रमुख समस्या है। व्यवस्था के सारे नियम और कायदे-कानून पुरुष के पक्ष में हैं। पर *राम रहीम* की प्रमुख पात्र बेला से, स्वेच्छया, वेश्यावृत्ति ग्रहण कराकर उपन्यासकार ने वर्गसंस्कार का ही परिचय दिया है। इस प्रसंग से राजा साहब के विजन की अस्पष्टता झलकती है। वे वेश्या जीवन की करुणा और त्रासदी को समुचित महत्त्व नहीं दे पाते। इसके स्थान पर वे वेश्यावृत्ति का आदर्शीकरण करते हैं। राजा साहब के अनुसार वेश्यावृत्ति भी एक वृत्ति है और यदि कोई वेश्या देह का व्यवसाय 'निर्लिप्त भाव' से करती है, तो उसमें कोई दोष नहीं है। उन्होंने अपने कई पात्रों से इस दृष्टिकोण का समर्थन कराया है। आश्चर्यजनक रूप से यह दृष्टिकोण उत्तर-आधुनिक, बाजार-संस्कृति के दृष्टिकोण से मिलता-जुलता है। सामन्ती और मुक्त बाजार के दृष्टिकोण की यह समानता विचारणीय है।

नारी चाहे जिस वर्ग की हो, वह शोषण से मुक्त नहीं हो सकती। इसका अंकन एक जमींदार पत्नी के माध्यम से किया गया है, जो सम्पन्नता के बीच रह कर भी घुटन, विवशता और अपमान की जिन्दगी व्यतीत करती है। उसी के माध्यम से उपन्यासकार ने जमींदार परिवारों की स्त्रियों की परतन्त्रता, विवशता, घुटन और असहायता का चित्रण किया है। नारी स्वतन्त्रता और अधिकार की समस्या को भी *राम रहीम* में उठाया गया है। राजा साहब स्त्रियों की सामाजिक स्थिति में सुधार के पक्के समर्थक—एक हद तक जिहादी—हैं , पर शिक्षा दीक्षा, आचरण और शील निर्वाह में वे यूरोपीय महिलाओं की नकल को नापसन्द करते हैं। इस दृष्टिकोण का प्रतिपादन उनके अनेक उपन्यासों में हुआ है, जो कदाचित् उनके राष्ट्रीय स्वाभिमान का भी परिचायक है।

राजा साहब के उपन्यासों में अनेकत्र पात्रों के संवादों के माध्यम से नारी-अधिकार, विवाह, दाम्पत्य जीवन, पर्दा प्रथा आदि पर विचार व्यक्त किए गए हैं। इन संवादों से स्पष्ट

है कि नारी के अधिकार, स्वतन्त्रता, समाज में उनके स्थान आदि के सम्बन्ध में कथाकार का दृष्टिकोण आधुनिक दृष्टि और संवेदना से सम्पन्न है, पर वह नारी शिक्षा, नारी स्वतन्त्रता, नारी अधिकार जैसे प्रश्नों पर अपने समय की वैचारिक सीमाओं का अतिक्रमण नहीं कर सका है।

राम रहीम में कथाकार ने ब्रिटिश शासन के अन्तिम दिनों में पतनोन्मुख सामन्त वर्ग का चित्रण भी किया है जो प्रामाणिक, आलोचनात्मक और व्यंग्य गर्भित है। इस वर्ग का चित्रण *सावनी समाँ, सूरदास* आदि में भी हुआ है, पर *राम रहीम* में इसका चित्रण बहुत प्रभावी है। राजा साहब का इस वर्ग के जीवन और चरित्र का अनुभव प्रामाणिक है। जमींदारों और नवाबों के अन्तरंग जीवन के ब्योरों तथा उनकी भोग विलास की मानसिकता, चारित्रिक गिरावट, अँगरेज साहबों की खुशामद, पश्चिमी सभ्यता की अन्धी नकल, झूठी शान के निर्वाह के लिए किए जाने वाले अपव्यय आदि के चित्रण में राजा साहब ने अद्‌भुत निरीक्षण-शक्ति और वर्णन-क्षमता का परिचय दिया है।

राजा साहब के औपन्यासिक विजन में उनकी राष्ट्रीय चेतना की उल्लेखनीय भूमिका है। भारतीयों द्वारा पश्चिमी सभ्यता की नकल की आलोचना के मूल में यह राष्ट्रीय चेतना ही मुखरित हुई है। इस राष्ट्रीय चेतना की सीधी अभिव्यक्ति *पूरब और पश्चिम* तथा *पुरुष और नारी* में हुई है। *पूरब और पश्चिम* में अँगरेजी शासन के विरुद्ध हिंसात्मक आन्दोलन करने वालों के प्रति राजा साहब की सहानुभूति स्पष्ट है। भारतीयों को हेय दृष्टि से देखने वाले अँगरेजों के प्रति भी कथाकार का आक्रोश अनेकत्र मुखरित हुआ है। इस उपन्यास के विजन की महत्त्वपूर्ण विशेषता है विश्व मानव की एकता की कल्पना, जिसमें पूर्व और पश्चिम का कृत्रिम भेद समाप्त हो जाए, मानव समाज को विभक्त करने वाली सभी प्रकार की दीवारें टूट जाएँ और सारा संसार प्रेम के सूत्र में आबद्ध हो जाए।

राजा साहब की सामाजिक चेतना प्रगतिशील तो है, पर वह या तो प्राकृतिकवादी स्तर पर स्थिर हो गयी है या आदर्शवादी ऊँचाइयों में खो गयी है। उनकी रचनाओं में सामाजिक यथार्थ का आलोचनात्मक अवलोकन और वैज्ञानिक विश्लेषण नहीं मिलता। सामाजिक प्रतिबद्धता जैसी कोई चीज उनके दृष्टिकोण में नहीं है। यही कारण है कि उनका औपन्यासिक विजन बहुत साफ तौर पर हमारे सामने नहीं आ पाता।

शिल्प की दृष्टि से राजा साहब के उपन्यासों में कोई विशेषता नहीं है, पर उनकी भाषा की विशेषता उल्लेखनीय है। राजा साहब संस्कृत और अरबी-फारसी दोनों के सुपरिचित तत्सम शब्दों का प्रयोग उदारता के साथ करते हैं और तुकों, अनुप्रासों, विरोधाभासी तथा पर्यायवाची पदों, मुहावरों आदि के चमत्कारपूर्ण प्रयोगों द्वारा अपनी भाषा को चटक रंग से भर देते हैं। उपन्यास के लिए यह भाषा उपयुक्त नहीं मानी है, पर केवल भाषा की दृष्टि से इसके उल्लेख की उपेक्षा भी नहीं की जा सकती।

1936 ई. में ही उषादेवी मित्रा (ज.1897) का प्रथम उपन्यास *वचन का मोल* प्रकाशित हुआ था। 1947 के पूर्व उनके अन्य प्रकाशित उपन्यास हैं : *पिया* (1937), *जीवन की मुस्कान* (1939) और *पथचारी* (1940); *नष्टनीड़, सोहिनी, आवाज, सम्मोहिता* आदि उनके परवर्ती उपन्यास हैं।

उषादेवी मित्रा का विशेष महत्त्व इस दृष्टि से है कि वे लगभग आधा दर्जन उपन्यास

लिखने वाली पहली महिला, और वह भी अहिन्दीभाषी, उपन्यासकार हैं। उनके उपन्यासों का केन्द्रीय विषय नारी की स्थिति और उसकी समस्याओं से सम्बद्ध है। *वचन का मोल* में प्रेम और वचनबद्धता के द्वन्द्व के रूप में नारी की मनोव्यथा का चित्रण किया गया है। उनके अन्य उपन्यासों में विधवा नारी की व्यथा और मनोद्वन्द्व, परम्परागत भारतीय नारी आदर्श और आधुनिकता—जैसे प्रेम-विवाह, प्रेम करने की स्वतन्त्रता आदि—का संघर्ष प्रस्तुत किया गया है। सामाजिक मर्यादाओं से निरपेक्ष एकनिष्ठ प्रेम की वकालत तथा आधुनिकता का ढोंग करने वाले पुरुषों के नारी के प्रति तर्कहीन दृष्टिकोण तथा स्त्री को भोग की वस्तु समझने की प्रवृत्ति की आलोचना की गयी है। *नष्टनीड़* में बलात्कार की शिकार स्त्री की सामाजिक तथा मानसिक स्थिति का अंकन किया गया है और सतीत्व की पुरानी अवधारणा पर प्रश्नचिह्न लगाया गया है। स्त्री-पुरुष की मित्रता को पति-पत्नी सम्बन्ध या काम-सम्बन्ध से निरपेक्ष मानने की भी वकालत की गयी है। स्त्री सम्बन्धी पुरानी चरित्र-संहिता को भी *नष्टनीड़* में चुनौती दी गयी है। पुरुष के शोषण के विरुद्ध नारी का विद्रोह भी इस उपन्यास में अंकित है। इस प्रकार उषादेवी मित्रा के उपन्यासों की नारी अपनी अस्मिता की पहचान और स्वतन्त्रता के लिए सन्नद्ध दिखाई पड़ती है। इसके साथ ही इनके उपन्यासों में देशभक्ति, असहाय व्यक्तियों की निःस्वार्थ सेवा, गाँधीवादी मूल्यों के अनुपालन, समाज में व्याप्त आर्थिक वैषम्य और बेकारी की समस्या आदि का भी चित्रण किया गया है।

पर उषादेवी मित्रा प्रसंगों, चरित्रों और भावनाओं के अंकन में विश्वसनीयता और मार्मिकता उत्पन्न करने में सफल नहीं हुई हैं। पात्रों के भावों, विचारों और व्यवहारों की असंगतियाँ उनके उपन्यासों को प्रायः अपठनीय बना देती हैं। उनकी भाषा भी छायावादी प्रभाव से अनावश्यक रूप से ग्रस्त है। *नष्टनीड़* में ये दोष कम हैं, इसलिए यह उनका सर्वश्रेष्ठ उपन्यास माना जा सकता है।

प्रताप नारायण श्रीवास्तव (ज.1904) का पहला उपन्यास *विदा* 1928 ई. में ही प्रकाशित हुआ था। 1937 में उनका *विजय* और 1938 में *विकास* नामक उपन्यास प्रकाशित हुए। *विजय* में बाल-विधवा की समस्या को मुख्य विषय बनाया गया है और उससे उत्पन्न दुखद स्थितियों का चित्रण किया गया है। पर विधवाओं के प्रति सहानुभूति और उन्हें पीड़ित करने वाले समाज के प्रति आक्रोश के बावजूद उपन्यासकार तथाकथित भारतीय नारी-आदर्श का ही प्रतिपादन करता है। उपन्यासकार समाज के उच्च वर्ग में स्त्री-पुरुष सम्बन्धों के चित्रण में विशेष रुचि लेता है, जिसका एक उद्देश्य उपन्यास को रोचक बनाना भी है। उच्च वर्ग के आचार-विचार और रहन-सहन के चित्रण में उपन्यासकार को अच्छी सफलता मिली है। *विकास* में भी उच्च वर्ग के जीवन की रंगीनियों और विलासिता का चित्रण किया गया है।

1925 ई. में ही देवनारायण द्विवेदी (ज.1897) के *कर्त्तव्याघात* और 1929 में *प्रणय* नामक उपन्यास प्रकाशित हो चुके थे। *कर्त्तव्याघात* में अनमेल विवाह के दुष्परिणामों का चित्रण किया गया था। निर्धन परिवार की कन्या का विवाह सम्पन्न और धनलोलुप परिवार में हो जाने पर कन्या को कितना अपमानित, लांछित और दुखी होना पड़ता है, यही इस उपन्यास का मुख्य विषय है। स्त्री-आचरण सम्बन्धी ग्रामीण अन्धविश्वासों का चित्रण भी विस्तार के साथ किया गया है। दूसरे उपन्यास *प्रणय* में प्रेम के आकर्षण, पातिव्रत्य के साथ स्त्री के स्वाभिमान, कष्ट झेलते हुए भी समाज-सुधार में लगे रहने आदि के चित्रण को प्रमुखता दी गयी है।

1938 ई. में द्विवेदी जी के दो उपन्यास *दहेज* और *पश्चात्ताप* प्रकाशित हुए। दहेज की भूमिका में सूचित किया गया है कि इस विषय पर उपन्यास लिखने के लिए प्रेमचन्द जी से 'आग्रह' किया गया था, पर उनके असमय निधन के कारण यह कार्य द्विवेदी को करना पड़ा। स्पष्ट है कि इस उपन्यास का विषय हिन्दू समाज में व्याप्त दहेज की प्रथा और उससे उत्पन्न सामाजिक बुराइयों का चित्रण है। दहेज की मारी अविवाहित कन्याओं का उपन्यास में दर्दनाक चित्र प्रस्तुत किया गया है। उपन्यासकार ने दहेज-प्रथा के विरुद्ध आन्दोलन चलाने और दहेज की शिकार लड़कियों के पुनर्विवाह का भी समर्थन किया है। यह उपन्यास, अपनी भाषिक और शिल्पगत त्रुटियों के बावजूद, बहुत लोकप्रिय हुआ, जिससे दहेज-प्रथा के प्रति जन-मानस की संलग्नता का पता चलता है। *पश्चात्ताप* में विवाह के प्रश्न को लेकर पिता से पुत्र की बगावत का चित्रण किया गया है, पर इस कथ्य को लेखक कोई धार नहीं दे पाया है। विवाह और प्रेम के द्वन्द्व से उत्पन्न समस्याओं का चित्रण भी उपन्यास में हुआ है। नारी विषयक परम्परागत आदर्शों में लेखक की स्पष्ट आस्था है।

1940 ई. में अज्ञेय (ज.1911) कृत *शेखर एक जीवनी* का पहला भाग और 1944 ई. में दूसरा भाग प्रकाशित हुआ। इसका तीसरा भाग अब तक प्रकाशित नहीं हुआ है, यद्यपि उसके 'लिखित' होने की घोषणाएँ अनेक बार अज्ञेय कर चुके थे। (एक सूचना के अनुसार अज्ञेय ने इसे नष्ट कर दिया था।) हिन्दी उपन्यास के इतिहास में *शेखर : एक जीवनी* का स्थान कथ्य, शिल्प और भाषा सभी दृष्टियों से अत्यन्त महत्त्व का है। यह हिन्दी उपन्यास की परम्परा का विकास भी है और एक महत्त्वपूर्ण मोड़ भी। प्रेमचन्द ने उम्मीद जाहिर की थी कि हिन्दी का भावी उपन्यास चरित्रप्रधान होगा। इस अपेक्षा को जैनेन्द्र ने कुछ हद तक साकार किया था, जिसे अज्ञेय ने और भी सर्जनात्मक रूप में चरितार्थ किया। *शेखर : एक जीवनी* में एक पात्र का पूरा चरित्र ही उपन्यास का विजन बना। यद्यपि उपन्यास के अधूरा रह जाने के कारण यह विजन भी अधूरा रह गया है, पर चरित्र को उपन्यास का विज़न बनाने का अज्ञेय का प्रयास अद्वितीय है। स्वयं प्रेमचन्द ने भी सजीव पात्रों के निर्माण में अद्वितीय सर्जनशीलता का परिचय दिया है, पर उनके पात्र समकालीन यथार्थ के अंकन के माध्यम मात्र हैं। *शेखर : एक जीवनी* में शेखर और उसके चरित्र को शान देने वाले गौण पात्र भी स्वयं में पूर्ण हैं। यह एक उल्लेखनीय तथ्य है कि *शेखर : एक जीवनी* में गौण पात्रों की संख्या 85 के लगभग है और अज्ञेय ने इन्हें स्पष्ट आकार, व्यक्तित्व और पहचान दी है। ये पात्र अपने समाज और परिवेश से जुड़े हुए हैं, और इनका अंकन भी अज्ञेय ने अत्यन्त विश्वसनीय और मार्मिक रूप में किया है; पर यह उपन्यास का विषय नहीं है। शेखर के चरित्र का नियामक उसका परिवेश ही है, पर अज्ञेय उसके चरित्र-निर्माण के भीतरी कारणों, मनोवैज्ञानिक और संवेदनात्मक पक्षों की पड़ताल और व्याख्या को ही अपनी रचनाशीलता का मुख्य दायित्व मानते हैं। अज्ञेय ने शेखर की चरित्र-रचना में अपने समय तक उपलब्ध मनोवैज्ञानिक खोजों की पूरी सहायता ली है। बाल, वयःसन्धि और किशोर मन के मनोवैज्ञानिक अंकन का यह अभूतपूर्व प्रयास है। न केवल शेखर, बल्कि उसके सम्पर्क में आने वाले अनेक पात्र उसके हमउम्र हैं और उपन्यासकार उनकी संवेदनात्मक गहराइयों में प्रवेश करने में सफल हुआ है। यद्यपि उपन्यास के सभी गौण पात्र केन्द्रीय पात्र शेखर की संवेदना से दीप्त हैं पर वे अन्ततः उपन्यासकार की संवेदना के ही विभिन्न रूप हैं। *शेखर : एक जीवनी* के प्रौढ़

पात्र भी पूरी विश्वसनीयता के साथ उभरे हैं, क्योंकि वे उपन्यासकार के निजी और प्रामाणिक अनुभव की उपज हैं। इस प्रकार अज्ञेय ने उपन्यास को 'मानव चरित्र का चित्र' बनाने की प्रेमचन्द की अपेक्षा को पूर्णतः पूरा कर दिया है।

शेखर : एक जीवनी को प्रायः 'मनोवैज्ञानिक उपन्यास' की संज्ञा दी गयी है। पर यह उस ढंग का मनोवैज्ञानिक उपन्यास नहीं है जैसे से डोरोथी रिचार्डसन, मार्शल प्रू, वर्जिनिया वूल्फ या जेम्स जॉयस के उपन्यास हैं। इसका कोई भी पात्र असामान्य मानसिकता से ग्रस्त नहीं है। मनोवैज्ञानिक शब्दावली में मनोविश्लेषण *शेखर : एक जीवनी* का उद्देश्य नहीं है। शेखर असाधारण जरूर है, पर उसकी मनोदशा असामान्य मनोविज्ञान के अध्ययन की वस्तु नहीं है। वह एक जन्मना 'विद्रोही' पात्र है, जिसके मन के विकास का अध्ययन उपन्यासकार का अभिप्रेत है। यह 'मानवता के संचित अनुभवों के प्रकाश में' एक क्रान्तिकारी पात्र द्वारा 'स्वयं को पहचानने की कोशिश' है। यह 'चेतना प्रवाह' को शब्दबद्ध करने का प्रयास नहीं, वरन् स्मृतियों के प्रलेखन, अतीत के पुनर्भोग और स्वतन्त्रता की तलाश में भटकते एक असाधारण पात्र की बेचैनी का आलेख है।

शेखर : एक जीवनी की एक महत्त्वपूर्ण उपलब्धि उसका शिल्प भी है। प्रेमचन्द के उपन्यासों में कथानक की महिमा सुरक्षित है, यद्यपि उसे शिथिल करने का प्रयोग भी उन्होंने किया। जैनेन्द्र ने कथानक से समय की निरन्तरता की अनिवार्यता को समाप्त किया और काल-प्रवाह में अन्तराल डालने का प्रयोग किया। पर समय उनके कथानकों में भी रैखिक गति में ही विद्यमान रहा। अज्ञेय ने पहली बार *शेखर : एक जीवनी* में काल की रैखिक या ऐतिहासिक गति को तोड़ा और पात्रों के बाह्य या मानसिक व्यापार को सुपरिचित समयानुक्रम से विच्छिन्न कर ताश के फेंट दिए गए पत्तों की तरह या टूटी हुई माला के बेतरतीब मनकों के रूप में प्रस्तुत किया। *शेखर : एक जीवनी* में अतीत, वर्तमान और भविष्य इस प्रकार पाठक की चेतना में आते हैं जैसे कोई तमाशगीर गेंदों को अपने दोनों हाथों में उछालने और लोकने की क्रिया करता है। स्मृतियों से बुने गए चरित्रों की प्रस्तुति के लिए यह प्रविधि सर्वथा उपयुक्त है। इसके साथ ही एक व्यक्ति द्वारा अपने ही चरित्र को 'वह' के रूप में देखने और विश्लेषित करने की प्रविधि का प्रथम प्रयोग हिन्दी में अज्ञेय ने ही किया। मस्तिष्क के नाटकीकरण की प्रविधि भी *शेखर : एक जीवनी* में पहली बार प्रयुक्त हुई। यदि हम *शेखर : एक जीवनी* को चेतनाप्रवाही उपन्यास मानने की जिद न करें तो उसका शिल्प उपन्यास के विजन के सर्वथा अनुरूप और सर्जनात्मक उपलब्धि की एक गिराल है। परवर्ती हिन्दी उपन्यासों में इसका असफल अनुकरण भी हुआ है और सफल रूपान्तरण भी।

शेखर : एक जीवनी में औपन्यासिक भाषा को भी उत्कर्ष की एक मंजिल प्राप्त हुई है। प्रेमचन्द और जैनेन्द्र के बाद अज्ञेय ने ही हिन्दी भाषा को, एक साथ, परिनिष्ठित और सर्जनात्मक भाषा के उत्कर्ष पर पहुँचाने का काम किया। अज्ञेय की संस्कृतनिष्ठ, पर स्वाभाविक और प्रौढ़, भाषा हिन्दी गद्य को उत्कर्ष पर पहुँचाती है। वह परिवेश और पात्रों के रूपाकार के अंकन में जितनी समर्थ है, उससे भी अधिक पात्रों की संवेदना और चिन्तन को मूर्त करने में। मनोवैज्ञानिक उपन्यास की भाषा कविता की भाषा के बहुत निकट पहुँचती है; *शेखर : एक जीवनी* की भाषा अनेकत्र इसे प्रमाणित करती है। 'मौन की भाषा', जो कविता की एक उल्लेखनीय विशेषता मानी जाती है, *शेखर : एक जीवनी* में बहुत सफलता

के साथ प्रयुक्त हुई है। *शेखर : एक जीवनी* की रचना के पूर्व अज्ञेय की कुछ कविताएँ प्रकाशित हो चुकी थीं, पर उनमें वह तनाव और संघात नहीं था जो कविता की भाषा को पहचान प्रदान करते हैं। *शेखर : एक जीवनी* के गद्य में वह रचनात्मक संघात और तनाव, साथ ही मौन की मुखरता, है जो उसे विशिष्ट बनाते हैं।

1941 ई. में इलाचन्द्र जोशी के दो उपन्यास—*संन्यासी* और *पर्दे की रानी*—प्रकाशित हुए। इसके पूर्व 1929 में जोशी जी का *घृणामयी* नामक उपन्यास प्रकाशित हो चुका था जिसमें प्रेम की असफलता से उत्पन्न कुंठा का अंकन, अन्य मनोवैज्ञानिक समस्याओं के सन्दर्भ के साथ, किया गया था। *संन्यासी, पर्दे की रानी* तथा 1946 ई. में प्रकाशित उनके दो उपन्यास *प्रेत और छाया* तथा *निर्वासित* 'सायास' रूप में लिखित 'मनोवैज्ञानिक' उपन्यास हैं। जैनेन्द्र और अज्ञेय के उपन्यासों में भी आधुनिक मनोविज्ञान की सहायता पात्रों की चरित्र-प्रस्तुति में ली गयी है, पर वे तकनीकी अर्थ में मनोवैज्ञानिक उपन्यास नहीं हैं। इलाचन्द्र जोशी के उपन्यासों का केन्द्रीय कथ्य फ्रायड, एडलर, जुंग आदि के द्वारा प्रतिपादित मनोवैज्ञानिक सिद्धान्त हैं जिन्हें जोशी जी ने औपन्यासिक जामा पहना दिया है। *संन्यासी* का केन्द्रीय पात्र कामजन्य कुंठा का शिकार है; वह एक-एक कर दो स्त्रियों से प्रेम करता है, पर किसी के साथ भी सहज सम्बन्ध स्थापित नहीं कर पाता और संन्यासी के रूप में भटकता है। वह एक आत्मकेन्द्रित पात्र है जिसका चरित्र-विश्लेषण उपन्यास का उद्देश्य है। पर इस विश्लेषण में गहराई का अभाव है। *प्रेत और छाया* तथा *पर्दे की रानी* में भी मनोवैज्ञानिक कुंठाएँ ही केन्द्रीय कथ्य के रूप में प्रस्तुत की गयी हैं। *प्रेत और छाया* तथा *पर्दे की रानी* का केन्द्रीय विषय यह विचार है कि किसी मानसिक कुंठा का शिकार हो जाने पर व्यक्ति का चरित्र असामान्य हो जाता है और किसी प्रकार इस कुंठा के समाप्त होते ही असामान्यता का रोग भी दूर हो जाता है। *प्रेत और छाया* का केन्द्रीय पात्र पारसनाथ अपने जारज सन्तान होने की कुंठा से ग्रस्त है और इस कारण वह अपने सम्पर्क में आने वाली स्त्रियों को धोखा देकर, उनके साथ रति सम्बन्ध स्थापित कर तथा उन्हें नाना प्रकार से पीड़ा पहुँचाकर नारी मात्र से प्रतिशोध लेने का विकृत सुख प्राप्त करता है। इस प्रक्रिया में वह नर-पशु बन जाता है और उसमें समस्त मानव जाति के प्रति घृणा और हिंसा की भावना भर जाती है। विवाह का प्रश्न सामने आते ही वह आक्रामक हो उठता है। किसी विवाहिता स्त्री को 'भगा' ले जाने में उसे अपरिमित सुख तथा किसी 'शीलवती' स्त्री का पातिव्रत्य खंडित करके अद्‌भुत तृप्ति मिलती है। एक जारज सन्तान की हैसियत से वह 'अपने जीवन की क्षति का पूरण' विकृत उपायों से करता है और उसमें उसे एक बीभत्स सुख की प्राप्ति होती है। वह तरह-तरह की छायामूर्तियों से आक्रान्त रहता है। उसका अवचेतन मन उसे रहस्यमय ढंग से ऐसी जगहों पर ले जाता है, जहाँ वह नहीं जाना चाहता। उसके अवचेतन मन में प्रेतों और छायाओं के बीच भीषण संघर्ष चलता रहता है जो उसके जीवन को नरकतुल्य बना देता है। अवचेतन की 'पातालपुरी' में रहते हुए वह प्रायः 'हेल्युशिनेशन' का शिकार होता है जो उसके अन्तस्तल में जमी हुई पाप प्रवृत्ति और भय की भावना की काल्पनिक प्रतिच्छाया होता है। इन सारे मानसिक भटकाओं और भावनाओं से उसे तब मुक्ति मिलती है जब उसका पिता उसे यह विश्वास दिलाने में सफल होता है कि वह जारज सन्तान नहीं है।

पर्दे की रानी का विषय भी मानसिक विकृतियों के शिकार असामान्य व्यक्तियों के

कुंठाग्रस्त चरित्र की मनोवैज्ञानिक व्याख्या और विश्लेषण ही है। इस उपन्यास की केन्द्रीय पात्र निरंजना वेश्या माता और खूनी पिता की सन्तान होने के बोध से मनोरोगग्रस्त है। यह बोध उसके अवचेतन मन में इस प्रकार जम गया है कि उसका पूरा चरित्र अन्तर्विरोधों का शिकार, हिंसा और प्रतिशोध की भावना से पूर्ण तथा रहस्यमय हो गया है। वह स्नायु रोग से ग्रस्त तथा परपीड़न में सुख का अनुभव करती है। वह पुरुष मात्र के प्रति घृणा की भावना से ग्रस्त है जो उसके अचेतन मन में जमा है, अतः ऊपर से स्वस्थ, आकर्षक और सुसंस्कृत दीखने पर भी वह मानसिक रूप से अस्वस्थ है। उसे अक्सर अकारण उल्लास और उदासी के दौरे आते हैं। उसका अन्तर्जगत, स्वयं उसके अनुसार ही, ''भयंकर काले-काले पर्दों से ढँका हुआ है और उन काले पर्दों के भीतर ऐसा बीभत्स और लोमहर्षक नरक छिपा है कि अगर कोई उसके भीतर प्रवेश कर एक पलक भी उसे देख पावे तो वह निश्चय ही मारे आतंक के पागल हो उठेगा।''

निरंजना ही नहीं, उपन्यास का पुरुष पात्र इन्द्रमोहन भी मनोग्रन्थियों का शिकार है। इस प्रकार *प्रेत और छाया* तथा *पर्दे की रानी* के कथ्य लगभग एक, या अधिक से अधिक एक दूसरे के पूरक हैं। उपन्यासकार के अनुसार पूँजीवादी व्यवस्था में विकृत मानसिकता का विकास होता है, वह 'अहंवाद की कूट मनोवृत्ति' को जन्म देती है। इन्द्रमोहन इसी अहंकारी मनोवृत्ति का शिकार है, जो सभी भौतिक सुखों पर अपना जन्मसिद्ध अधिकार समझता है और उन्हें पाने के लिए किसी भी नैतिक मूल्य को स्वीकार नहीं करता।

प्रेत और छाया और *पर्दे की रानी* दोनों में ही मनोविश्लेषण की पद्धति अपनायी गयी है। उपन्यासकार कथा पात्रों की चारित्रिक विकृतियों, मानसिक कुंठाओं और उनके अन्तर्विरोध पूर्ण व्यवहारों की व्याख्या मनोविश्लेषण के आधार पर करता है। यहाँ तक कि किसी पात्र विशेष द्वारा विस्तार के साथ किसी मनोरोगी पात्र का मनोविश्लेषण करा कर उसे स्वस्थ होते भी दिखाया गया है।

संन्यासी, पर्दे की रानी और *प्रेत और छाया* जोशी जी के ही नहीं, हिन्दी के ऐसे मनोवैज्ञानिक उपन्यास हैं जिनमें असामान्य मनोविज्ञान ही उपन्यास का विषय है। पर जोशी जी अपनी इन कृतियों द्वारा मनोवैज्ञानिक उपन्यास को किसी वैश्विक स्तर पर स्थापित करने में सर्वथा असमर्थ रहे हैं। मनोवैज्ञानिक उपन्यास के लिए मनोवैज्ञानिक अनुभव के अलावा शिल्प और भाषा का जो सर्जनात्मक स्तर अपेक्षित होता है, उसका जोशी जी के उपन्यासों में सर्वथा अभाव है। यद्यपि जोशी जी ने मनोवैज्ञानिक उपन्यास के अनुरूप आत्मकथा की प्रविधि अपनायी है, पर वे उसे वह निजता, स्वाभाविकता और गहनता नहीं प्रदान कर सके हैं जो ऐसे उपन्यास के लिए अपेक्षित होती है। उनके पात्र अपनी मानसिक दुनिया में उतने व्यस्त नहीं रहते जितनी बाहरी दुनिया में और उनका चिन्तन, व्यवहार और वार्तालाप सब कुछ कृत्रिम प्रतीत होता है। उनका चिन्तन प्रायः टुकड़ों में नहीं, बल्कि 'व्याख्यान' के रूप में व्यक्त होता है जो अस्वाभाविक प्रतीत होता है। जोशी जी की कथा भाषा न केवल संरचना की दृष्टि से ऊबड़-खाबड़, सपाट और लयशून्य है, वरन् व्यंजना, संकेत और प्रतीकात्मक दृष्टि से भी अ-विशिष्ट और अ-सर्जनात्मक है।

इस दौर के अपने अन्तिम उपन्यास *निर्वासित* में (1946) में जोशी जी मनोवैज्ञानिक समस्याओं का मोह छोड़ने और अपने आसपास की जिन्दगी तथा वैश्विक परिवेश से जुड़ने

का प्रयास करते हैं। इस उपन्यास में द्वितीय विश्वयुद्ध की विनाश लीला, 1942 का भारत छोड़ो आन्दोलन, बंगाल का अकाल, भारतीय राजनीति के बदलते रूप, मध्यवर्ग की नारी का आत्मसजग और विद्रोही तेवर आदि उनकी चिन्ता के विषय बनते हैं, पर सार्थक और भास्वर विजन के अभाव के कारण वे *निर्वासित* को किसी महान् रचना का रूप नहीं दे पाते। अर्थहीन भटकाव का दर्शन निर्वासित में भी है, पर यह भटकाव मनोवैज्ञानिक कम, समकालीन परिस्थितियों से उत्पन्न अधिक है। इस भटकाव को जोशी जी मानव नियति की किसी त्रासदी का रूप नहीं दे सके हैं। यहाँ तक कि भाषा और शिल्प के स्तर पर वे विश्वसनीय कथासंसार का सृजन भी नहीं कर पाए हैं। उपन्यासों के अनेक प्रसंग केन्द्रीय विषय से नितान्त असम्बद्ध हैं और 'सनातन भारतीय नारी', 'देशभक्ति' और इस प्रकार के अन्य अनेक आदर्श ऊपर से आरोपित प्रतीत होते हैं। *संन्यासी* और *पर्दे की रानी* में 'आत्मकथा' का शिल्प अपनाया गया है; *प्रेत और छाया* में भी इस प्रविधि की सहायता ली गयी है, पर उसमें नरेटर का हस्तक्षेप बहुत ज्यादा है। अचेतन/अवचेतन मन के प्रतीक, बिम्ब और छाया संसार की सृष्टि के लिए जिस प्रकार की भाषा और शिल्प अपेक्षित होता है, उसका जोशी जी के उपन्यासों में नितान्त अभाव है।

सर्वदानन्द वर्मा के दो उपन्यास, *संस्मरण* और *नरमेध,* क्रमशः 1940 और 1941 ई. में प्रकाशित हुए। इन दोनों ही उपन्यासों में भारतीय नारी की दुर्भाग्यपूर्ण नियति का चित्रण किया गया है जो पुरुषप्रधान व्यवस्था द्वारा निर्मित नारी-संहिता से–अनमेल विवाह, आर्थिक और सामाजिक परतन्त्रता, पातिव्रत्य के बन्धन, पुनर्विवाह न करने की विवशता, माता-पिता द्वारा जिस किसी के भी गले में बाँध दिए जाने, पुरुष मात्र की तानाशाही आदि–निर्मित होती है। इसके साथ ही नारी के विद्रोह, उसके आत्मनिर्णय के अधिकार, आर्थिक स्वतन्त्रता का चित्रण भी सफलतापूर्वक उपन्यास में किया गया है।

1940 ई. में गोविन्द वल्लभ पन्त का *जूनिया,* 1944 ई. में *अनुरागिनी* तथा 1946 ई. में *एकसूत्र* और *अमिताभ* शीर्षक उपन्यास प्रकाशित हुए। *जूनिया कूर्मांचल* की पृष्ठभूमि पर आधारित एक दलित किसान की कथा है। दलित समाज की साधनहीनता, निर्धनता, विवशता, शोषण, दमन, सामाजिक भेदभाव और अन्ततः उनके विद्रोह का चित्रण उपन्यास में बहुत सहानुभूति के साथ किया गया है। यह विद्रोह उनके हिन्दू धर्म का त्याग कर ईसाई धर्म ग्रहण करने के रूप में व्यक्त होता है। आंचलिक वातावरण के निर्माण में भी उपन्यासकार को पर्याप्त सफलता मिली है। *अनुरागिनी* में ब्रिटिश शासन की शिक्षापद्धति के दोषों तथा परिसर जीवन में व्याप्त बुराइयों के साथ-साथ विधवा विवाह की समस्या का चित्रण किया गया है। लेखक विधवा विवाह की सामाजिक अस्वीकृति को सामाजिक कोढ़ मानता है। पर असंगत घटनाओं और संवेदनशीलता की कमी के कारण उपन्यास सपाट हो गया है।

एकसूत्र और *अमिताभ* ऐतिहासिक उपन्यास हैं। *एकसूत्र* अकबर के जीवन पर और *अमिताभ* गौतम बुद्ध के जीवन पर आधारित है। इन उपन्यासों में लेखक ऐतिहासिक घटनाओं और किंवदन्तियों से बहुत अधिक जुड़ा हुआ है और घटनाबहुल कथासृष्टि उसका उद्‌देश्य हो गया है। आलोचनात्मक इतिहासबोध और प्रखर ऐतिहासिक संवेदना के अभाव में दोनों ही उपन्यास इतिहास की पुनःप्रस्तुति मात्र हैं।

यशपाल (ज.1903) उपन्यासकार के रूप में, अज्ञेय की तरह ही, आतंकवादी राजनीतिक

आन्दोलन की उपज थे, पर अज्ञेय का आतंकवाद जहाँ किसी विचारधारा के अभाव में फल्गु नदी की तरह किसी निश्चित लक्ष्य पर पहुँचने के पहले ही बिखर गया वहाँ यशपाल का आतंकवाद मार्क्सवाद में विलीन हो गया। *शेखर : एक जीवनी* के तीसरे भाग का प्रकाशित न होना और *दादा कामरेड* (1941) के बाद, जो यशपाल का पहला उपन्यास था, उनके उपन्यासों पर साम्यवादी विचारधारा का हावी हो जाना इसके प्रमाण हैं। *दादा कामरेड* में आतंकवाद और साम्यवाद का सम्मिश्रण है, पर दोनों को एक दूसरे के लिए अपरिहार्य रूप में प्रस्तुत नहीं किया गया है। *दादा कामरेड* के साथ ही आतंकवाद का दर्शन भी यशपाल के उपन्यासों से निष्कासित हो गया और मार्क्सवादी विचारधारा के प्रति उनकी प्रतिबद्धता मुखर होने लगी।

दादा कामरेड के बाद यशपाल के स्वतन्त्रतापूर्व प्रकाशित उपन्यास हैं–*देशद्रोही* (1943), *दिव्या* (1945) और *पार्टी कामरेड* (1946)। इनमें *दिव्या,* यशपाल के शब्दों में, 'ऐतिहासिक कल्पना' है, जबकि *दादा कामरेड, देशद्रोही* और *पार्टी कामरेड* समकालीन राजनीति और स्त्री-पुरुष के प्रेम और काम-सम्बन्धों पर आधारित उपन्यास हैं। ये दोनों विषय यशपाल के उपन्यासों में इस प्रकार मिश्रित हैं कि आलोचकों के लिए यह तय करना प्रायः मुश्किल रहा है कि इनमें से कौन मुख्य है और कौन गौण। *दादा कामरेड* का विषय भारत में ब्रिटिश साम्राज्य के विरुद्ध सशस्त्र विद्रोह करने वाले गुप्त क्रान्तिकारी दल की तत्कालीन या उसके तनिक पूर्व की स्थिति और उसके वैचारिक अन्तर्विरोध की प्रस्तुति है। यशपाल स्वयं क्रान्तिकारी दल के सक्रिय सदस्य थे और *दादा कामरेड* में क्रान्तिकारियों की गतिविधियों के कुछ बड़े ही विश्वसनीय चित्र मिलते हैं। जैनेन्द्र और अज्ञेय के क्रान्तिकारी पात्रों की तरह यशपाल के क्रान्तिकारी पात्र केवल 'कागजी बाघ' नहीं हैं। दादा कामरेड के क्रान्तिकारी पात्र अत्यन्त सक्रिय और सजीव हैं तथा जब भी हम उनके बीच होते हैं एक रहस्य और रोमांच की अनुभूति से गुजरने का अहसास होता है। जैसा हम जानते हैं, भारतीय स्वतन्त्रता संग्राम के इतिहास में सशस्त्र क्रान्तिकारियों की महत्त्वपूर्ण भूमिका है। सशस्त्र क्रान्ति आन्दोलन का दुर्भाग्य यह था कि देश की जनता को गाँधी जी का अहिंसा और सत्याग्रह का मार्ग ज्यादा निरापद और व्यावहारिक प्रतीत हुआ। आतंकवादी आन्दोलन, जनता की सहानुभूति के बावजूद, जन आन्दोलन नहीं था। इस आन्दोलन के सामने कोई सुनिश्चित विज़न, व्यापक कार्यक्रम, आर्थिक और राजनीतिक योजना नहीं थी, इस कारण वह असफल हो गया। सरदार भगत सिंह और यशपाल जैसे क्रान्तिकारी इसे रूसी क्रान्ति के रास्ते पर ले जाना चाहते थे। पर भगत सिंह, चन्द्रशेखर आजाद और उनके साथियों की फाँसी तथा ब्रिटिश सरकार द्वारा आन्दोलन के दमन के कारण यह नहीं हो सका। *दादा कामरेड* में यशपाल ने अपनी इसी सोच को औपन्यासिक रचना-संसार के माध्यम से व्यक्त किया है। भावुकता प्रधान आतंकवाद और रूसी क्रान्ति के नमूने पर आधारित हिंसात्मक क्रान्ति के विकल्प को लेकर वैचारिक बहस इस उपन्यास में विश्वसनीय रूप में उपस्थित है। क्रान्तिकारी दादा और कामरेड हरीश इन विचारधाराओं का प्रतिनिधित्व करते हैं। आतंकवादी विचारधारा के प्रति उपन्यासकार का आलोचनात्मक दृष्टिकोण इसकी पुष्टि करता है।

कथ्य की दृष्टि से *देशद्रोही* और पार्टी कामरेड, *दादा कामरेड* के विज़न-रहित विस्तार मात्र हैं। *देशद्रोही* में भारतीय साम्यवादी आन्दोलन की सार्थकता और कांग्रेस पार्टी के

वर्गचरित्र के अन्तर्विरोध को अतिरिक्त उत्साह के साथ प्रस्तुत किया गया है। इसमें सन् तीस से बयालीस तक की राजनीतिक स्थितियों का अंकन किया गया है, जिसमें उपन्यास के प्रमुख पात्र अपने समय के राजनीतिक प्रश्नों से जूझते हैं। पर यह टकराहट पात्रों की लम्बी लम्बी बहसों के रूप में होने के कारण अनाकर्षक हो गयी है। *देशद्रोही* की एक विशेषता यह मानी जा सकती है कि इसमें कथाफलक को अन्तरराष्ट्रीय आयाम प्रदान करते हुए मध्य एशिया के भौगोलिक-राजनीतिक परिदृश्य और सामाजिक-सांस्कृतिक विशेषताओं का अंकन किया गया है। पर कई आलोचकों के अनुसार वजीरियों के जीवन का अंकन प्रामाणिक नहीं है। *पार्टी कामरेड* का मुख्य विषय कम्युनिस्ट पार्टी की विचारधारा और कार्यक्रम का समर्थन है। साम्यवादी विचारधारा और राजनीतिक कार्यक्रम के प्रति यशपाल की प्रतिबद्धता श्रेष्ठ कलाकार की प्रतिबद्धता न होकर एक मिशनरी की प्रतिबद्धता बन गयी है। उस समय कम्युनिस्ट पार्टी अन्तरराष्ट्रीय कारणों से ब्रिटिश सरकार की समर्थक हो गयी थी, जबकि भारतीय जनमानस अँगरेजों के विरुद्ध उबल रहा था। भारतीय साम्यवादी दल ने इस क्रान्ति में जनता का साथ नहीं दिया। इसके साथ ही कम्युनिस्ट पार्टी मुस्लिम लीग की पाकिस्तान की माँग का भी समर्थन कर रही थी। यशपाल ने कम्युनिस्ट पार्टी की इन नीतियों के प्रति आलोचनात्मक दृष्टि न अपना कर यान्त्रिक ढंग से इनका समर्थन किया है। कांग्रेस पार्टी में व्याप्त भ्रष्टाचार, जनहितविरोधी दृष्टिकोण, पूँजीपतियों से साँठगाँठ आदि को उजागर करने तथा साम्यवादी दल को इन दोषों से रहित एक आदर्श राजनीतिक दल सिद्ध करने की कोशिश भी उपन्यास में दिखाई पड़ती है। कांग्रेस पार्टी द्वारा 1945 ई. में हुए नौसैनिक विद्रोह को समर्थन न देने की भी उपन्यास में आलोचना की गयी है। उपन्यास में चित्रित यह प्रसंग पर्याप्त विश्वसनीय और तर्कसंगत है, पर यहाँ भी उपन्यासकार की पूर्वग्रह युक्त दृष्टि प्रच्छन्न नहीं रह सकी है।

यशपाल ने अपने इन उपन्यासों में स्त्री-पुरुष सम्बन्ध की परम्परागत संहिता को जबरदस्त चुनौती दी है। वस्तुतः यह चुनौती सन् बीस के दशक में ही उपन्यास के माध्यम से व्यक्त होने लगी थी, जिसे जैनेन्द्र और अज्ञेय ने और भी जोरदार ढंग से मुखरित किया था। यशपाल ने और आगे जाकर स्त्री के मुक्त प्रेम और काम सम्बन्ध का समर्थन किया है। यशपाल प्रेम और काम व्यापार को एक जीवशास्त्रीय क्रिया मानते हैं और उसमें पुरुष की अधिकार भावना को चुनौती देते हैं। *दादा कामरेड* की शैल कामविषयक किसी भी परम्परागत नैतिक मूल्य को स्वीकार नहीं करती। वह एक साथ कई व्यक्तियों से प्रेम करने में कोई अनैतिकता नहीं देखती। पर ज्योंही उसका कोई प्रेमी उसके शरीर पर एकाधिकार कायम करने की कोशिश करता है, वह उसका त्याग कर देती है। *दादा कामरेड* का एक चर्चित प्रसंग वह है जहाँ हरीश शैल को नग्न देखने की इच्छा व्यक्त करता है और शैल उसके इस अनुरोध को स्वीकार कर लेती है। इस प्रसंग की कोई सार्थकता नहीं जान पड़ती, क्योंकि इसमें न तो कोई मनोवैज्ञानिक तनाव है न ही कोई सार्थक उद्‍देश्य। *देशद्रोही* में भी यशपाल खतून, डॉ. खन्ना, राजदुलारी, राज, चन्दा आदि के सम्बन्धों के चित्रण द्वारा यह सिद्ध करने का प्रयास करते हैं कि पुरुष द्वारा नारी पर आरोपित 'पवित्रता' का मूल्य और 'सतीत्व' की धारणा एक साजिश है। स्त्री को एक ही व्यक्ति के उपभोग की वस्तु मानने की परम्परागत अवधारणा को यशपाल स्वीकार नहीं करते। *पार्टी कामरेड* में भी नारी विषयक

इसी सोच का प्रतिपादन किया गया है। इस प्रकार यशपाल ने नारी विषयक अपने क्रान्तिकारी प्रगतिशील दृष्टिकोण का परिचय दिया है।

शिल्प और भाषा की दृष्टि से यशपाल के इन उपन्यासों में कोई उल्लेखनीयता नहीं है। इन उपन्यासों का शिल्प तो परम्परागत है ही, भाषा भी प्रायः तनावशून्य, सपाट और थरथराहट रहित है।

दिव्या (1945) को यशपाल ने 'ऐतिहासिक कल्पना' की संज्ञा दी है, पर इससे उपन्यास के स्वरूप पर कोई प्रकाश नहीं पड़ता। इस उपन्यास की पृष्ठभूमि ई.पू. दूसरी शताब्दी में यवन शासक मिलिन्द या मिनांडर के बाद का शासन-काल है। यशपाल का नारी विषयक विजन उनके दो प्रारम्भिक उपन्यासों—*दादा कामरेड* और *देशद्रोही* में कल्पित कथासंसार के माध्यम से व्यक्त हो चुका था। उसी विजन को उन्होंने *दिव्या* में सुदूर इतिहास के कल्पित कथासंसार के माध्यम से व्यक्त करने का प्रयास किया। कदाचित् उन्होंने महसूस किया कि पुरुषसत्ता प्रधान समाज में नारी का शोषण और उस पर होने वाला अत्याचार सहस्राब्दियों से चला आ रहा है। वैदिक काल में समाज में नारी की स्थिति प्रायः पुरुष के समकक्ष थी, पर धीरे-धीरे पुरुष समाज उसे अधिकारों से वंचित कर भोग की सामग्री में परिणत करता गया और उसके लिए ऐसी संहिताएँ निर्मित करता गया जो उसके अधिकारों को सीमित तथा उसे आर्थिक दृष्टि से पराधीन बनाने वाली थीं। बौद्ध धर्म के आविर्भाव के समय नारी आर्थिक, सामाजिक और नैतिक बन्धनों में पूरी तरह से जकड़ चुकी थी। पुरुष समाज द्वारा निर्मित संहिता का एक बार उल्लंघन कर देने के बाद स्त्री का जीना मुश्किल हो जाता था। सामन्ती व्यवस्था स्त्री को भोग और सन्तान पैदा करने की वस्तु से भिन्न नहीं मानती थी और नारीविषयक सारी संहिताएँ इसी दृष्टि से बनायी गयी थीं। केवल वेश्या के रूप में स्त्री को स्वतन्त्रता प्राप्त थी, पर उस रूप में उसकी अलग तरह की त्रासदी थी। दिव्या में यशपाल ने अपने नारीविषयक इसी विजन को एक सजीव रचना-संसार के माध्यम से व्यक्त किया है। दिव्या एक अभिजात ब्राह्मणकुल की कन्या और अपनी नृत्यकला के लिए 'सरस्वती पुत्री' का सम्मान प्राप्त करने के बावजूद श्रेष्ठ खड्गधारी, पर दासपुत्र, पृथुसेन से प्रेम और देह-सम्बन्ध स्थापित करने, यानी व्यवस्था द्वारा स्वीकृत नारी-संहिता का उल्लंघन करने के कारण समाज के लिए अग्राह्य हो जाती है। कुमारी माँ के लिए भारतीय समाज में कोई स्थान नहीं है। समाज से बाहर होते ही वह दास-व्यापारियों के जाल में पड़कर पण्य वस्तु बन जाती है और नाना प्रकार की यन्त्रणाओं से गुजरते हुए अन्ततः आत्महत्या का प्रयास करती है। किसी प्रकार उसकी प्राणरक्षा तो हो जाती है, पर अपने सारे श्रेष्ठ गुणों के बावजूद उसे पुनः समाज में सम्मानपूर्ण जगह नहीं मिलती और वह वेश्या जीवन अपनाने को विवश होती है। यही ईसापूर्व भारतीय नारी की नियति थी, जिसे यशपाल ने पर्याप्त सर्जनात्मक रूप में प्रस्तुत किया है। पर यशपाल यहीं रुक नहीं जाते। उनकी दिव्या अन्त में अपने अभिजात वर्ग के प्रेमियों का तिरस्कार करके चार्वाकधर्मी मारिश को आत्मसमर्पण करती है जो स्त्री-पुरुष के मुक्त, नैसर्गिक सम्बन्ध में विश्वास करता है। वस्तुतः यही यशपाल का नारी दर्शन है जो *दादा कामरेड* और *देशद्रोही* से होता हुआ *दिव्या* तक पहुँचा है।

दिव्या के कथ्य का एक आयाम ईसापूर्व दूसरी शताब्दी में व्याप्त ब्राह्मण-बौद्ध संघर्ष भी है। पर इस संघर्ष में यशपाल बहुत तटस्थ हैं। उनका मार्क्सवादी दृष्टिकोण उनके कथा संसार

पर हावी नहीं हुआ है। यशपाल की यह तटस्थता, बल्कि ब्राह्मण व्यवस्था के प्रति उनकी सहानुभूति, तनिक आश्चर्य में डालने वाली है। दास जीवन का अंकन भी धारदार नहीं है। इससे उनके औपन्यासिक विजन के धुँधलेपन का बोध होता है।

दिव्या में ऐतिहासिक आधार बहुत क्षीण है। वस्तुतः मौर्य काल के पतन और शुंग काल की स्थापना के बीच का समय ऐतिहासिक दृष्टि से अन्धकारमय है। यशपाल प्राचीन इतिहास के अच्छे जानकार भी नहीं थे। उन्होंने स्वीकार भी किया है कि उनकी इतिहास की जानकारी कुछ विद्वानों से मौखिक रूप से प्राप्त है। अपने कथासंसार को विश्वसनीय बनाने के लिए यशपाल ने प्राचीन भारत में प्रचलित शस्त्र-प्रतियोगिता और नृत्य-गीत प्रतियोगिता समारोहों, चाँदी और सोने के पिंजरों में सूत्रोच्चार करने वाली शुक-सारिकाओं, सागल और मथुरा में नगरश्री राजनर्तकियों द्वारा आयोजित नृत्य-संगीत समारोहों, मधुशालाओं और पान गोष्ठियों आदि का चित्रण तो किया ही है, ईसापूर्व बौद्धकालीन भारत के सामाजिक-सांस्कृतिक वातावरण, तत्कालीन वर्गगत स्वार्थों-संघर्षों आदि का भी अंकन किया है।

गंगा प्रसाद मिश्र के दो उपन्यास *संघर्षों के बीच* और *महिमा* क्रमशः 1944 और 1945 ई. में प्रकाशित हुए। *संघर्षों के बीच* एक ऐसे मध्यवर्गीय परिवार की कथा है जो पहले सम्पत्तिशाली बनने का सपना देखता है और यह सपना पूरा हो जाने पर, उसकी तथा उसके पुत्रों की फिजूलखर्ची, अकर्मण्यता और कुचरित्रता के कारण धन-नाश की स्थिति आ जाती है। इसके बाद परिवार बदली हुई परिस्थितियों का दृढ़तापूर्वक सामना करता है और उसे अपनी स्थिति सुधारने में सफलता मिलती है। मध्यवर्ग की झूठे सपने देखने की मनोवृत्ति, उसके दोष और कठिन संघर्ष से प्राप्त सफलता का प्रतिपादन उपन्यासकार का लक्ष्य है। *महिमा* में उपन्यासकार का लक्ष्य स्त्री-पुरुष के आदिम आकर्षण और अन्तर्द्वन्द्व का अंकन है, पर विजन की अस्पष्टता और वैचारिक अन्तर्विरोध उसके कथ्य को सपाट बना देते हैं।

1940 ई. में राहुल सांकृत्यायन (ज. 1893) का पहला उपन्यास *जीने के लिए* प्रकाशित हुआ। यों इसके पूर्व 1931 ई. में उनकी एक आदर्शलोक कथा (युटोपिया) *बाईसवीं सदी* शीर्षक से प्रकाशित हो चुकी थी, पर उसे उपन्यास नहीं माना जा सकता। उनका वोल्गा से *गंगा* भी कथा संग्रह है, उपन्यास नहीं। *जीने के लिए* में राहुल जी ने बीती शताब्दी के दूसरे दशक से लेकर चौथे दशक तक भारत की विक्षुब्ध सामाजिक और राजनीतिक स्थिति का चित्रण किया है। यह उनका निजी अनुभव संसार था जिसमें रौलट एक्ट, जलियाँवाला बाग हत्याकांड, ब्रिटेन के फौजी शासन और उसके विरुद्ध स्वाधीनता आन्दोलन के विविध रूप शामिल थे। इन स्थितियों का *जीने के लिए* में यथार्थ और प्रखर अंकन मिलता है। *जीने के लिए* का इस दृष्टि से ऐतिहासिक महत्त्व है कि यह हिन्दी का पहला खुला राजनीतिक उपन्यास है। प्रेमचन्द का *रंगभूमि* भी राजनीतिक उपन्यास ही था, पर प्रेमचन्द ने अपने राजनीतिक भावों और विचारों को अप्रत्यक्ष प्रसंगों के माध्यम से व्यक्त किया था, जबकि राहुल जी ने *जीने के लिए* में स्पष्टता और साहस के साथ अपने समय की राजनीति का चित्रण किया है। उन्होंने ब्रिटिश शासन, उसके समर्थक जमींदारों और व्यवस्था के ठेकेदारों के विरुद्ध आवाज उठाने में अद्‌भुत साहस का परिचय दिया है।

पर उपन्यासकार के रूप में राहुल जी की विशिष्ट पहचान *सिंह सेनापति* (1944) और *जय यौधेय* (1944) से बनती है। वस्तुतः प्राचीन भारतीय इतिहास ही राहुल जी का प्रकृत

क्षेत्र है। मानव समाज के लिए राहुल जी का एक स्वप्न या विजन था जिसकी सीधी अभिव्यक्ति बाईसवीं सदी में हुई थी। उसी विजन की कलात्मक अभिव्यक्ति के लिए उन्होंने प्राचीन इतिहास के प्रसंगों का चयन किया। उन्होंने इन प्रसंगों में वर्तमान और भविष्य के भारत के दर्शन किए। राहुल जी की इतिहास दृष्टि की सबसे बड़ी विशेषता यह है कि वे इतिहास को वर्तमान की निर्मिति के लिए एक प्रेरणा मानते हैं। इसी इतिहास-दृष्टि की अभिव्यक्ति के लिए उन्होंने *सिंह सेनापति* और *जय यौधेय* की रचना की। *सिंह सेनापति* का कथा संसार ईसापूर्व पाँच सौ वर्ष के लगभग और वैशाली और तक्षशिला गणराज्यों में तथा *जय यौधेय* का कथा संसार ईसा की चौथी शताब्दी में यमुना, सतलज और हिमालय के बीच स्थित यौधेय गणराज्य में अवस्थित है। *सिंह सेनापति* में गणराज्यों की प्रारम्भिक अवस्था का और *जय यौधेय* में उनके अवसान का चित्रण किया गया है। राहुल जी का इन गणराज्यों के सम्बन्ध में उपलब्ध ज्ञान प्रामाणिक है और उन्होंने उसका बहुत ही रचनात्मक उपयोग अपने कथासंसार के निर्माण में किया है। *सिंह सेनापति* में एक समृद्ध और अपेक्षाकृत मुक्त समाज का सजीव चित्र उपस्थित किया गया है जहाँ स्त्री और पुरुष समान धरातल पर अवस्थित होकर समाज के निर्माण में योगदान करते हैं। इस समाज में वह सामन्त वर्ग नहीं है जो जनता के शोषण पर जीता है। शासनाधीश निर्वाचित होते हैं। निजी सम्पत्ति जमा करने का किसी को अधिकार नहीं है, बिना किसी भेदभाव के स्त्री-पुरुष एक-दूसरे से मिलते हैं, साथ-साथ पढ़ते, काम करते, नाचते गाते हैं और देश पर कोई संकट आने पर एक साथ उसका सामना करते हैं। इस गणराज्य की सबसे बड़ी विशेषता है समाज में स्त्री का सम्मानजनक स्थान। यह आधुनिक मानसिकता की सबसे बड़ी पहचान है, जो राहुल जी में भरपूर मात्रा में थी। नारी के प्रति राहुल जी के मन में अगाध सम्मान का भाव था। *सिंह सेनापति* की चारुमती, रोहिणी, भामा और जय यौधेय की नन्दा, सुनन्दा आदि इसके प्रमाण हैं। *सिंह सेनापति* और *जय यौधेय* दोनों में राहुल जी ने स्वतन्त्रता-प्राप्ति के बाद भारत में गणराज्य विषयक अपने विजन को मूर्त करने का प्रयास किया है। *जय यौधेय* में एक ऐसी व्यवस्था का अंकन किया गया है जिसमें "किसी के घर में कुछ अधिक जिन्स या व्यापार से कुछ अधिक आमदनी हो सकती थी या कितनों के घर में काले-भूरे दास-दासी भी थे और कितनों को अपना सारा काम स्वयं करना पड़ता था किन्तु सभी घर समान थे। एक घर में खाना रहने पर दूसरा घर भूखा नहीं रह सकता था। यौधेय अपने बन्धु के आहार- विहार में अपना नैसर्गिक अधिकार समझता था। खेती की उठती या परती सारी भूमि राजवंश की समझी जाती थी। बोते समय साधन के अनुसार खेत लोगों में बाँटा जाता था।" उपन्यास में चित्रित इस व्यवस्था पर रूसी समाजवादी व्यवस्था की छाप स्पष्ट है जिसमें क्षमता के अनुसार काम और आवश्यकता के अनुसार उपभोग का मार्क्सवादी सिद्धान्त लागू होता था। पर राहुल जी ने बड़ी कुशलता से अपने विजन को इतिहास में प्रतिबिम्बित कराया है।

राहुल जी के इन ऐतिहासिक उपन्यासों की एक और उल्लेखनीय विशेषता यह है कि इनमें इतिहास कम, ऐतिहासिक यथार्थ अधिक है। वृन्दावनलाल वर्मा के ऐतिहासिक उपन्यासों में ऐतिहासिक घटनाओं, युद्धों आदि की बहुलता है पर राहुल जी के उपन्यासों में ऐतिहासिक व्यक्तियों और उनसे सम्बद्ध घटनाओं के ब्योरेवार वर्णन बहुत कम हैं। उन्होंने ऐतिहासिक यथार्थ पर अधिक बल दिया है और उसे विश्वसनीय बनाने की भरपूर कोशिश की है। इस

क्रम में पात्रों की चरित्र-सृष्टि में उन्होंने गहरी संवेदनशीलता, विचार शक्ति और मनोवैज्ञानिक दृष्टि का परिचय दिया है। भाषा की संरचना भी पात्रों के अनुरूप रखी गयी है, जिससे विश्वसनीयता की सृष्टि होती है।

शिल्प की दृष्टि से कथाप्रस्तुति में अप्रत्यक्षता का बोध पैदा करने के लिए राहुल जी ने *सिंह सेनापति* में एक बिलकुल नया और अनोखा प्रयोग किया है। उन्होंने उपन्यास की भूमिका में पाठकों को सूचना दी है कि वैशाली में खुदाई के क्रम में मिली ईंटों को जोड़ने पर ब्राह्मी लिपि और संस्कृत भाषा में एक 'आत्मकथा' प्राप्त हुई जिसका अनुवाद ही यह उपन्यास है ! इसकी विश्वसनीयता को और भी पक्का करने के लिए उन्होंने लिखा कि वे ईंटें पटना म्यूजियम में सुरक्षित हैं, जिन्हें देखने के लिए कुछ उत्साही पाठक पटना म्यूजियम पहुँच भी गए। बाद में राहुल जी को स्पष्टीकरण देना पड़ा कि यह उपन्यास है, इतिहास नहीं। द्विवेदी जी की *बाणभट्ट की आत्मकथा* के साथ भी ऐसा ही हुआ था, जबकि अनेक प्रबुद्ध पाठकों तक ने उसे बाणभट्ट की वास्तविक 'आत्मकथा' का अनुवाद समझ लिया था।

सिंह सेनापति 1944 में प्रकाशित हुआ था और *बाणभट्ट की आत्मकथा* 1946 में। *बाणभट्ट की आत्मकथा* का पूर्वार्ध 'विशाल भारत' में (जनवरी-दिसम्बर, 1943) क्रमशः प्रकाशित हुआ था। यह खोज का विषय है कि राहुल जी इस शिल्प के लिए द्विवेदी जी के ऋणी हैं या नहीं। पर इतना तो स्पष्ट ही है कि दोनों की शिल्प-प्रविधि एकरूप है और कथा प्रस्तुति में अप्रत्यक्षता के सिद्धान्त को लागू करने में अत्यन्त सक्षम है।

1946 ई. में हजारी प्रसाद द्विवेदी (ज. 1907) का पहला उपन्यास *बाणभट्ट की आत्मकथा* प्रकाशित हुआ। इस उपन्यास ने सबसे पहले अपने शिल्प से पाठकों को चौंकाया और आकर्षित किया। यद्यपि राहुल जी भी, *सिंह सेनापति* में, इस शिल्प का प्रयोग कर चुके थे, पर *बाणभट्ट की आत्मकथा* के शीर्षक में जो चमत्कार और अनोखापन है वह *सिंह सेनापति* में नहीं है। द्विवेदी जी ने सूचना दी कि शान्तिनिकेतन की अन्तेवासिनी मिस कैथराइन को शोणभद्र के प्रान्तर में बाणभट्ट की आत्मकथा की हस्तलिखित पोथी मिली है जिसका अनुवाद *बाणभट्ट की आत्मकथा* है। पर द्विवेदी जी ने एक कदम आगे बढ़कर स्वयं को व्योमकेश शास्त्री के रूप में, और मिस कैथराइन को 'आत्मकथा' के अनुवादक नहीं, बल्कि अपनी ही प्रेमकथा को (जो *बाणभट्ट की आत्मकथा* के रूप में है) 'अनुवाद' कह कर शास्त्री जी को बरगलाने वाली आस्ट्रियन महिला के रूप में, प्रस्तुत किया। सजग पाठक को इस सच्चाई को जानने में देर नहीं लगती कि मिस कैथराइन उपन्यास की एक पात्र है, जिसकी कथा के माध्यम से उपन्यासकार की प्रेम-संवेदना अभिव्यक्त हुई है। वस्तुतः मिस कैथराइन ही *बाणभट्ट की आत्मकथा* की चन्द्रदीधति या भट्टिनी हैं और बाणभट्ट की प्रेम संवेदना स्वयं उपन्यासकार की ही प्रेम संवेदना है, जिसे कथासंसार का रूप देने वाली मिस कैथराइन बतायी गयी हैं। इस प्रकार द्विवेदी जी ने अद्भुत कौशल के साथ बाणभट्ट की इतिहास और कल्पनामिश्रित कथा के माध्यम से अपनी प्रेम संवेदना के साथ-साथ युगीन संवेदना को भी व्यक्त किया है।

बाणभट्ट की आत्मकथा का कथासंसार इतिहास पर आधारित है, पर उसमें इतिहास बहुत कम और कल्पना तथा लोकश्रुति से प्राप्त प्रसंगों का बाहुल्य है। इतिहास केवल इतना

ही है कि हर्षवर्द्धन के राजदरबार में बाणभट्ट को राजकवि के रूप में, कुछ प्रारम्भिक कठिनाइयों के बाद, प्रतिष्ठा मिली थी। शेष कथासंसार कल्पना का इन्द्रजाल है, जो समकालीन साहित्य, संस्कृति और लोकश्रुतियों के आधार पर निर्मित हुआ है। इतिहास के क्षीण आधार पर ऐतिहासिक कथासंसार निर्मित करने की जो परम्परा राहुल सांकृत्यायन ने आरम्भ की थी, उसे द्विवेदी जी ने सर्जनात्मक पूर्णता पर पहुँचा दिया। यह ऐतिहासिक उपन्यास लेखन की नयी दिशा थी जो उपन्यास में इतिहास के उपयोग को सार्थकता और सर्जनात्मकता से सम्पन्न करने वाली थी।

बाणभट्ट की आत्मकथा का केन्द्रीय विषय वह उदात्त प्रेम है जो वासनाजन्य न होकर सम्पूर्ण आत्मसमर्पण, आत्मदान, लोकमंगल और तपस्या से परिचालित और पुष्ट होता है। द्विवेदी जी के अनुसार यह भारतीय दृष्टि है। *बाणभट्ट की आत्मकथा* में बाणभट्ट और भट्टिनी, निपुणिका और बाणभट्ट, अघोरभैरव और महामाया तथा सुचरिता और विरतिव्रज के प्रेम प्रसंगों से इसी विचार की पुष्टि होती है। बाणभट्ट और निपुणिका तथा भट्टिनी के प्रेम का चित्रण जिस उदात्त स्तर पर द्विवेदी जी ने किया है, वह हिन्दी साहित्य में अकेला है। प्रेम की संवेदना का इतना गहरा, प्रशान्त और उद्दाम, किन्तु अपनी परिणति में करुण, रूप अन्यत्र देखने को नहीं मिलता। इसके साथ ही सातवीं शताब्दी के भारतीय सामन्ती जीवन और लोकसंस्कृति का भी बड़ा सजीव और रससिक्त अंकन उपन्यास में हुआ है। द्विवेदी जी में मानवीय सम्बन्धों के मूल में निहित भावनाओं का अंकन करने की अद्भुत क्षमता है जिसके फलस्वरूप उनके वर्णन भी अनुभूतिपूर्ण हो जाते हैं। मार्मिक प्रसंगों के निर्माण और उन्हें एक सूत्र में आबद्ध करने की कला भी द्विवेदी जी में अद्भुत है, जो संस्कृत गद्यकाव्य का अनुकरण करती भाषा के बावजूद पाठक को ऊबने नहीं देती। एक संवेदनशील कथाकार की द्वितीय विश्वयुद्धकालीन चिन्ताओं को भी *बाणभट्ट की आत्मकथा* में संकेतपूर्ण अभिव्यक्ति मिली है।

बाणभट्ट की आत्मकथा में नारी-नियति के संवेदनशील अंकन के लिए द्विवेदी जी ने अपहृता राजकुमारी चन्द्रदीधति, निम्नवर्ग में पैदा हुई निपुणिका, अपहृता बालिका महामाया और मध्यवर्गीय ब्राह्मण कुलवधू सुचरिता जैसे चरित्रों की सृष्टि की है जो इस कटु सत्य का साक्षात्कार कराते हैं कि नारी चाहे जिस वर्ग की हो वह पुरुषसत्ता प्रधान व्यवस्था में शोषण और अत्याचार से बच नहीं सकती। भिन्न-भिन्न रूपों में शोषण ही उसकी नियति है। निम्नवर्गीय निपुणिका को उपन्यासकार की सर्वाधिक सहानुभूति इसलिए मिली है कि वह नारी भी है और दलित भी, इसलिए वह दोहरे शोषण की शिकार है। एक स्थान पर निपुणिका बाणभट्ट से पूछती है, "मेरी ही शपथ करके तुम सत्य-सत्य कहो, मेरा कौन सा ऐसा पाप चरित्र है जिसके कारण मैं निदारुण दुःख की भट्ठी में आजीवन जलती रही? क्या स्त्री होना ही मेरे सारे अनर्थों की जड़ नहीं है?"

बाणभट्ट की आत्मकथा का विज़न प्रेम की संवेदना तक ही सीमित नहीं है। इसके भीतर राष्ट्रीय संकट का इतिहास बोध भी सन्निहित है। जिस समय यह उपन्यास लिखा गया था, भारत पराधीन था और द्वितीय विश्वयुद्ध की विनाशलीला अपने चरम पर थी। उपन्यासकार की चेतना में भारत की परतन्त्रता राष्ट्रीय संकट के रूप में विद्यमान थी जिसकी अभिव्यक्ति *बाणभट्ट की आत्मकथा* में, परोक्ष रूप में, हर्षवर्द्धन काल के राष्ट्रीय संकट के

रूप में हुई है। महामाया भैरवी इस राष्ट्रीय संकट से मुक्ति के लिए नौजवानों और बुद्धिजीवियों को ललकारती है। वस्तुतः यह आह्वान उपन्यासकार का आह्वान है। महामाया कहती है, "अमृत के पुत्रो! मैं भविष्य देख रही हूँ। राजा-महाराजा और सामन्त स्वार्थ के गुलाम बनते जा रहे हैं। प्रजा भीरु और कायर होती जा रही है। विद्वान और शीलवान नागरिकों की बुद्धि कुंठित होती जा रही है।...अपने आपको बचाओ, धर्म पर दृढ़ रहो, न्याय के लिए मरना सीखो, ब्राह्मण से चांडाल तक एक हो जाओ–चट्टान की तरह दुर्भेद्य, एक। यही बचने का उपाय है।" वस्तुतः यह उद्बोधन उपन्यासकार का है जो ब्रिटिश शासनकाल में भारतीय जीवन में व्याप्त मतभेद, जड़ता, कायरता और निर्णयहीनता से व्यथित था। उपन्यासकार के विजन में एक ऐसे विश्व समाज की भी परिकल्पना है जिसमें विषमता न हो, युद्ध न हो, अत्याचार न हो, अशान्ति न हो और नारी को समाज में पूर्ण सम्मान प्राप्त हो।

बाणभट्ट की आत्मकथा एक ऐसा उपन्यास है जिसमें उपन्यासकार का इतिहास बोध, प्रेम दर्शन, प्रेम संवेदना और समकालीन चेतना की, इतिहास, निजन्धरी कथाओं और कल्पना के योग से निर्मित सुगठित और मार्मिक प्रसंगों से भरी कथा के रूप में अभिव्यक्ति हुई है। इस कथासंसार को विश्वसनीय और आत्मीय बनाने के लिए 'आत्मकथा' का शिल्प अपनाया गया है और उसकी दरारों को भरने के लिए 'आत्मकथा के भीतर आत्मकथा' की प्रविधि इस्तेमाल में लायी गयी है, और जहाँ यह प्रविधि असमर्थ होती दीखती है, वहाँ उपन्यासकार उसे छोड़ने का भी कौशल दिखाता है। जहाँ भी बाणभट्ट का अवलोकन बिन्दु कथाप्रस्तुति में असमर्थ सिद्ध होता है, वहाँ भट्टिनी, निपुणिका, सुचरिता या कंचुकी वाभ्रव्य का अवलोकन बिन्दु उसका स्थान ले लेता है।

बाणभट्ट की आत्मकथा की भाषा उपन्यास की सर्जनात्मक भाषा का अद्भुत उदाहरण है। प्रायः संस्कृतनिष्ठ भाषा उपन्यास की यथार्थवादी भाषा के अनुरूप नहीं होती। पर *बाणभट्ट की आत्मकथा* में संस्कृतनिष्ठ और बोलचाल की भाषा का दुर्लभ सर्जनात्मक समन्वय देखने को मिलता है। कथ्य की आवश्यकता के अनुरूप कोमलकान्त पदावली युक्त समास शैली और छोटे-छोटे सरल वाक्यों से युक्त प्रसाद शैली का प्रयोग बहुत प्रभावी है।

1946 ई. में ही वृन्दावनलाल वर्मा का, दस वर्षों के अन्तराल के बाद, *झाँसी की रानी लक्ष्मीबाई* नामक उपन्यास प्रकाशित हुआ। ब्रिटिशकालीन भारतीय इतिहास पर आधारित यह, कदाचित्, हिन्दी का पहला उपन्यास है। स्वतन्त्रता प्राप्ति के ठीक पहले इस उपन्यास का प्रकाशन वर्मा जी के देश-गौरव और भारतीय नारी के प्रति आस्था भाव का द्योतक है। 1857 का विद्रोह ब्रिटिश शासन के विरुद्ध भारतीय जनता का पहला सामूहिक विद्रोह था जिसमें झाँसी की रानी लक्ष्मीबाई की गौरवपूर्ण भूमिका थी। लक्ष्मीबाई के चरित्र को केन्द्र में रखते हुए वर्मा जी ने बुन्देलखंड की जनता की ब्रिटिश शासन को चुनौती देने वाली वीरता और बलिदान भावना का बहुत प्रभावपूर्ण अंकन किया है। पुरुषसत्ता प्रधान समाज की सारी बन्दिशों को लाँघते हुए एक स्त्री चारित्रिक उत्कर्ष के इस बिन्दु पर पहुँच सकती है, इसी का अंकन इस उपन्यास का उद्देश्य है। यद्यपि इस उपन्यास में लिखित इतिहास कल्पनाप्रसूत कथासंसार पर हावी होता दिखाई देता है, पर मोतीबाई और झलकारी जैसे गौण पात्रों के चित्रण में वर्मा जी की संवेदनशीलता अपने उत्कर्ष पर है। रानी लक्ष्मीबाई, गुलाम गौस खाँ,

गंगाधर राव आदि ऐतिहासिक पात्रों के चरित्रनिर्माण में भी वर्मा जी ने अपनी कल्पनाशक्ति और मानवीय संवेदनाओं के बोध का अच्छा परिचय दिया है। वर्मा जी का राष्ट्रीय स्वाभिमान, जिसका उल्लेख वे 'अपनी कहानी' में करते हैं, इस उपन्यास के माध्यम से व्यक्त हुआ है। एक प्रभुतासम्पन्न शक्तिशाली राष्ट्र की संकल्पना, जिसमें हिन्दू-मुसलमान सभी धर्मों के लोगों का साझा हो, वर्मा जी के विजन की पहचान है। वर्मा जी का उदार साम्प्रदायिक दृष्टिकोण *झाँसी की रानी लक्ष्मीबाई* में भी मुखरित हुआ है। बुन्देलखंड की प्रकृति, लोकजीवन और लोकसंस्कृति के अंकन में भी वर्मा जी की सर्जनात्मक सजगता परिलक्षित होती है।

1946 ई. में ही वर्मा जी का एक लघु ऐतिहासिक उपन्यास *मुसाहिबजू* प्रकाशित हुआ जिसमें दतिया राज्य के एक छोटे जागीरदार के स्वाभिमानी, उदार, प्रजावत्सल, मूल्याग्रही, उत्तरदायित्ववाही चरित्र का अंकन किया गया है। आर्थिक दृष्टि से जर्जर, दम तोड़ते हुए, पर पुराने मानवतावादी सामन्ती मूल्यों से जुड़े, सामन्त वर्ग का यह चित्रण पर्याप्त मार्मिक है। वर्मा जी के अन्य उपन्यासों की तरह *मुसाहिबजू* में भी बुन्देलखंड के सामान्य जीवन, लोकसंस्कृति और प्राकृतिक सौन्दर्य की झलक मिलती है।

मिश्रबन्धुओं के तीन उपन्यास *पुष्यमित्र, विक्रमादित्य* और *चन्द्रगुप्त मौर्य* क्रमशः 1945, 1946 और 1947 ई. में प्रकाशित हुए। इसके पहले, 1917 ई. में ही, श्याम विहारी मिश्र और शुकदेव विहारी मिश्र का *वीरमणि* नामक उपन्यास प्रकाशित हुआ था जिसमें चित्तौड़ पर अलाउद्दीन के आक्रमण की कथा का वर्णन किया गया था। इन उपन्यासों में इतिहास अथवा इतिहासाश्रित किंवदन्तियाँ प्रमुख और कल्पना गौण है, अतः उपन्यास के रूप में इनका महत्त्व बहुत सीमित है।

इसी अवधि में रामचन्द्र तिवारी के *कमला* (1943) और *सागर सरिता और अकाल* (1946) नामक दो अपेक्षाकृत उल्लेखनीय उपन्यास प्रकाशित हुए थे। *कमला* में उत्तरी भारत के एक गाँव को केन्द्र में रखकर निर्धन, साधनहीन, अशिक्षित तथा अभाव पीड़ित किसानों की जिन्दगी का यथार्थ और अन्तरंग चित्रण किया गया है। इसमें किसानों के आचार-व्यवहार, रहन-सहन, आशाओं-आकांक्षाओं आदि के साथ ग्रामीण जीवन का बहुपक्षीय अंकन हुआ है। ग्रामीण परिवारों में बहुओं पर होने वाले अत्याचारों का चित्रण लेखक ने बहुत मार्मिकता के साथ किया है। हरिजनों के प्रति उसकी गहरी सहानुभूति अनेक स्थानों पर व्यक्त हुई है। इसके अतिरिक्त श्रम की महत्ता, स्त्रियों के लिए शिक्षा की जरूरत आदि का भी लेखक ने प्रतिपादन किया है।

सागर, सरिता और अकाल 1943 ई. के बंगाल के अकाल पर आधारित उपन्यास है। इसमें विशेष रूप से प्राकृतिक आपदाओं के समय स्वार्थान्ध लोगों की लोलुपता, कामवासना और नीचता आदि के अंकन के साथ-साथ कुछ लोगों के साहस, उद्योग और सेवा भावना का अंकन किया गया है। बंगाल के अकाल का कारण प्राकृतिक आपदा तो थी ही, पर उसे नारकीय बनाने में मिलमालिकों, महाजनों, सरकारी कर्मचारियों आदि का विशेष हाथ था। उपन्यास के कथासंसार में एक मुस्लिम परिवार के प्रसंग का समावेश कर उपन्यासकार ने अपनी मानवीय संवेदना को व्यापक रूप दे दिया है। इन दोनों ही उपन्यासों में उपन्यासकार की प्रगतिशील सामाजिक दृष्टि अनुभव की गहनता के साथ व्यक्त हुई है।

1943 ई. में ही गुरुदत्त (ज. 1894) का पहला उपन्यास *पथिक* और उसके बाद *उन्मुक्त*

प्रेम (1944), *स्वाधीनता के पथ पर* (1947), *स्वराज्य-दान* (1947) आदि उपन्यास प्रकाशित हुए। इन उपन्यासों में 1920-1947 अवधि की राजनीतिक और सामाजिक परिस्थितियों का अंकन किया गया है। गुरुदत्त पुनरुत्थानवादी मानसिकता के लेखक के और तथाकथित भारतीय संस्कृति के प्रति अनालोचनात्मक मोह और समाजवादी विचारधारा का अन्ध विरोध उनके लेखन का मुख्य सरोकार रहा। इस पूर्वग्रह ने उनके लेखन को सतही बना दिया। स्वतन्त्रता-प्राप्ति के बाद उन्होंने उपन्यास-लेखन को 'व्यवसाय' में बदल दिया और तीन दशकों में एक सौ से अधिक उपन्यास लिख डाले। केवल आठवें दशक में उनके कम से कम तैंतीस उपन्यास प्रकाशित हुए। इन उपन्यासों में संयोगाधृत, चमत्कारपूर्ण, रहस्यमय घटनाओं तथा चटक काम-प्रसंगों की भरमार है, जिन्हें प्राचीन गौरव की अतिरंजित भावना से युक्त कर सामान्य पाठकों के लिए रोचक बनाने का प्रयास किया गया है। औपन्यासिक विजन, विश्वसनीय कथा-संसार संवेदना की तीव्रता और सर्जनात्मक भाषा की दृष्टि से गुरुदत्त के उपन्यास साहित्य के इतिहास में कोई स्थान नहीं रखते।

1946 ई. में ही कंचनलता सब्बरवाल ने *मूक प्रश्न* (1944), *भोली भूल* (1946) और *संकल्प* (1946) की लेखिका के रूप में, बतौर महिला उपन्यासकार, अपनी उपस्थिति दर्ज करायी। उषादेवी मित्रा के बाद कंचनलता सब्बरवाल इस काल की दूसरी उल्लेखनीय महिला उपन्यासकार हैं। *मूक प्रश्न* में स्त्री के लिए रूप सौन्दर्य की तुलना में चारित्रिक सौन्दर्य का महत्त्व प्रतिपादित किया गया है। इस चारित्रिक सौन्दर्य में पति, सास, ननद आदि की सेवा, रिश्तेदारों के प्रति स्नेह भाव रखना आदि शामिल हैं। पति द्वारा त्याग दिए जाने पर उपन्यास की केन्द्रीय पात्र सावित्री का परम्परागत नारीसंहिता के प्रति विद्रोह भाव केवल इस रूप में झलकता है कि पति के पश्चात्ताप करने पर भी वह वापस नहीं लौटती और जनसेवा को अपने जीवन का लक्ष्य बना लेती है। उपन्यास के बीच-बीच में समाज के शोषित वर्ग की दयनीय स्थिति, पूँजीपतियों की स्वार्थपरता, साधु-संन्यासियों की भ्रष्टाचारग्रस्तता के प्रसंग भी उपन्यास में आए हैं। समाज के शोषित और उपेक्षित वर्ग के प्रति उपन्यास लेखिका की सहानुभूति *मूक प्रश्न* के अलावा *भोली भूल* और *संकल्प* में भी व्यक्त हुई है। पर मार्क्सवाद और गाँधीवाद के तरीकों के प्रति लेखिका का चिन्तन द्वन्द्वग्रस्त है। वह कदाचित् दोनों के, मार्क्स के समतावाद और गाँधी के अहिंसावाद के, समन्वय में विश्वास करती है। उपन्यास में दोनों पद्धतियों पर पात्रों से तुलनात्मक विमर्श भी कराया गया है। हिंसा और अहिंसा के द्वन्द्व पर भी पात्रों की बहस करायी गयी है और लेखिका का फैसला अहिंसा और अध्यात्म के पक्ष में गया है। प्राचीन भारतीय संस्कृति के प्रति लेखिका की अगाध आस्था व्यंजित हुई है। *भोली भूल* में वेश्याओं के प्रति लेखिका की सहानुभूति व्यक्त हुई है, पर प्रेमविवाह के प्रति उसकी कोई सहानुभूति नहीं है।

औपन्यासिक विजन, शिल्प और भाषा की दृष्टि से कंचनलता सब्बरवाल के उपन्यासों में कोई उल्लेखनीयता नहीं है। उपन्यास लेखन के क्षेत्र में, एक लेखिका के रूप में, इनका ऐतिहासिक महत्त्व जरूर है।

इस काल की अन्य उपन्यास लेखिकाओं में वासन्तीरानी सेन, श्रीमती शीलो, प्रभावती भटनागर आदि के नाम लिए जा सकते हैं। सेन रचित *दिलारा* (1941) में हिन्दू-मुस्लिम एकता विषयक समस्या का चित्रण किया गया है। गौण रूप में जमींदारों द्वारा स्त्रियों के अपहरण

और उनके विक्रय के प्रसंग भी प्रस्तुत किए गए हैं। लेखिका के इन विषयों से सम्बन्धित विचार प्रगतिशील हैं। शीलो के *ग्रेजुएट लड़की* (1942) में दहेज की समस्या उठायी गयी है पर उसका विरोध करते हुए भी परम्परागत नारी संहिता का समर्थन किया गया है। प्रभावती भटनागर कृत *पराजय* (1946) में कंचनलता सब्बरवाल की तरह कुरूप पर चारित्रिक गुणों से सम्पन्न स्त्री की समस्या प्रस्तुत की गयी है। हिन्दू परिवारों में बहू की उपेक्षा और ताड़ना का इसमें विशेष सहानुभूति के साथ अंकन किया गया है।

कुँवर कृष्णकुमार सिंह के दो उपन्यास—*पत्थर की देवी* और *पीले पत्ते* क्रमशः 1945 और 1946 ई. में प्रकाशित हुए। पत्थर की देवी का केन्द्रीय विषय प्रेम है, पर इसमें अनुभव और विचार का कोई नयापन नहीं है। अनमेल विवाह, वेश्या प्रथा, भ्रूणहत्या, तलाक, किसानों पर जमींदारों के अत्याचार आदि के वर्णन भी प्रसंगवश आए हैं। *पीले पत्ते* कथ्य की दृष्टि से अधिक उल्लेखनीय उपन्यास है। इसमें अन्तरजातीय विवाह, विशेषकर उच्च वर्ग के एक युवक द्वारा दलित कन्या से विवाह, का सहानुभूतिपूर्ण अंकन किया गया है। अन्तरजातीय विवाह के साथ-साथ वय की दृष्टि से अनमेल विवाह, लड़कियों की सम्मति के बिना माता-पिता द्वारा उनका विवाह कर दिए जाने की आलोचना तथा विधवाओं के पुनर्विवाह का समर्थन किया गया है।

1945 ई. में ही रामेश्वर शुक्ल अंचल (ज. 1915) का *चढ़ती धूप* नामक उपन्यास प्रकाशित हुआ। यह राजनीतिक चेतना से सम्पन्न उपन्यास है जिसमें 1932-37 की राजनीतिक हलचलों, विशेषकर कांग्रेस और कम्युनिस्ट पार्टी के मतभेदों के उभरने का चित्रण किया गया है। समाजवादी विचारधारा के प्रति लेखक का झुकाव स्पष्ट है। वर्ग-संघर्ष का चित्रण उपन्यासकार का मुख्य उद्देश्य है।

1947 ई. में अंचल जी के दो और उपन्यास *उल्का* और नई *इमारत* प्रकाशित हुए। उल्का में प्रेम-विवाह, स्त्री की आजादी आदि के अंकन में प्रगतिशील दृष्टि अपनायी गयी है। उपन्यासकार के अनुसार नारी की पराधीनता का मुख्य कारण उसकी आर्थिक पराधीनता है। राजनीतिक अधिकार मिल जाने पर भी स्त्री की स्थिति में तब तक कोई भारी परिवर्तन नहीं आ सकता जब तक उसे आर्थिक अधिकार न मिल जाएँ। आधुनिक नारी का विद्रोही रूप इसकी केन्द्रीय पात्र मंजु के चरित्र में स्पष्ट रूप से दिखाई पड़ता है। नई इमारत 'भारत छोड़ो आन्दोलन' पर आधारित उपन्यास है। उपन्यासकार इसे जन-आन्दोलन मानता है, जो स्पष्टतः कम्युनिस्ट पार्टी के दृष्टिकोण से भिन्न था। साम्प्रदायिक एकता और नारी की स्वतन्त्रता की समस्या को उपन्यास में प्रगतिशील दृष्टिकोण से प्रस्तुत किया गया है।

इस अवधि में प्रकाशित अन्य उपन्यासों में रमाप्रसाद घिल्डियाल 'पहाड़ी' कृत *चलचित्र* (1941) और *सराय* (1944), व्यथित हृदय कृत *अभागे दम्पति* (1941), इन्द्र विद्यावाचस्पति कृत *जमींदार* (1942) और *शाहआलम की आँखें* (1947), अनन्त प्रसाद विद्यार्थी कृत *हृदय का कोना* (1943), ओंकार शरद् कृत *अन्तिम वेला* (1945), मोहनलाल महतो वियोगी कृत *उस पार* (1947) आदि उल्लेखनीय हैं।

कथ्य, विज़न, शिल्प और भाषा सभी दृष्टियों से प्रेमचन्द ने हिन्दी उपन्यास को प्रौढ़ता प्रदान की थी। प्रौढ़ता की ओर बढ़ती यह यात्रा 1947 तक लगातार जारी रही। इसमें प्रमुख योगदान, कमोबेश, जैनेन्द्र, अज्ञेय, इलाचन्द्र जोशी, राहुल सांकृत्यायन, हजारी प्रसाद द्विवेदी और यशपाल का माना जा सकता है। जैनेन्द्र, अज्ञेय और इलाचन्द्र जोशी ने हिन्दी उपन्यास के कथ्य को मनोवैज्ञानिक आयाम प्रदान किया, जबकि राहुल सांकृत्यायन, यशपाल और हजारी प्रसाद द्विवेदी ने ऐतिहासिक उपन्यास को नवीन सम्भावनाओं से सम्पन्न किया। नारी-नियति का चित्रण इस अवधि के उपन्यासकारों की भी मुख्य चिन्ता रही। जैनेन्द्र, राजा राधिकारमण प्रसाद सिंह, उषादेवी मित्रा, देवनारायण द्विवेदी, हजारी प्रसाद द्विवेदी, सर्वदानन्द वर्मा, यशपाल, रामचन्द्र तिवारी, कंचनलता सब्बरवाल आदि ने नारी-विषयक प्रश्नों को अपने अपने ढंग से प्रस्तुत किया। नारी विषयक नैतिक संहिता को इन सभी उपन्यासकारों ने किसी न किसी रूप में चुनौती दी। इनमें से जैनेन्द्र की चुनौती संवेदनात्मक स्तर पर प्रखर किन्तु दिशाहीन, अज्ञेय और हजारी प्रसाद द्विवेदी की चुनौती संवेदनात्मक स्तर पर प्रखर होने के साथ-साथ सकारात्मक और यशपाल तथा राहुल सांकृत्यायन की चुनौती मुखर, उग्र और झकझोरने वाली है। तीसरे-चौथे दशक की आतंकवादी राजनीति को चित्रित करने का प्रयास भी अज्ञेय और यशपाल ने किया, यद्यपि यह विषय अभी भी किसी प्रतिभाशाली उपन्यासकार की प्रतीक्षा कर रहा है। समकालीन राष्ट्रीय चेतना की अभिव्यक्ति की दृष्टि से राजा राधिकारमण प्रसाद सिंह, अज्ञेय, यशपाल, राहुल सांकृत्यायन, हजारी प्रसाद द्विवेदी, वृन्दावनलाल वर्मा, रामेश्वर शुक्ल अंचल आदि के उपन्यास उल्लेखनीय हैं। इलाचन्द्र जोशी ने तत्कालीन यूरोपीय मनोवैज्ञानिकों की अवचेतन मन के रहस्यों की खोजों और सिद्धान्तों का अपने उपन्यासों में उपयोग किया, यद्यपि कलात्मक स्तर पर उन्हें सफलता नहीं मिल पायी। जोशी जी की तुलना में जैनेन्द्र, और उनसे भी अधिक अज्ञेय ने तत्कालीन मनोवैज्ञानिक खोजों का कलात्मक उपयोग अपने उपन्यासों में किया। राहुल सांकृत्यायन, हजारी प्रसाद द्विवेदी और यशपाल ने ऐतिहासिक उपन्यास को स्थूल ऐतिहासिक घटनाओं से मुक्त कर उन्हें ऐतिहासिक यथार्थ बोध और संवेदना का वाहक बनाया।

एक उल्लेखनीय तथ्य यह है कि प्रेमचन्द का परवर्ती दशक ग्रामीण जीवन के चित्रण की दृष्टि से उदासीन दिखाई पड़ता है। इसका एक कारण यह भी हो सकता है कि औपनिवेशिक किसान के जीवन को प्रेमचन्द ने उसकी सारी सम्भावनाओं के साथ प्रस्तुत कर दिया था। फिर भी गोविन्द वल्लभ पन्त कृत *जूनिया* (1940), रामचन्द्र तिवारी कृत *कमला* (1943) आदि उपन्यासों में ग्रामीण जीवन को चित्रित करने का प्रयास लक्षित होता है।

इस काल की एक उल्लेखनीय विशेषता उपन्यासकार के रूप में स्त्रियों की उपस्थिति का दर्ज होना भी है। प्रेमचन्द के समय, और उनके पूर्व भी, महिलाओं ने छिट-पुट रूप में उपन्यास लिखना आरम्भ कर दिया था, पर उपन्यास-लेखिका के रूप में पहचान बनाने का श्रेय इस काल की उषा देवी मित्रा और कंचनलता सब्बरवाल को ही है।

उपन्यास-शिल्प सम्बन्धी प्रयोग की दिशा में इस काल के उपन्यास ने लम्बी और सार्थक यात्रा तय की। जैनेन्द्र ने कथानक को समय के अटूट नैरन्तर्य और प्रवाह से मुक्त किया

तो अज्ञेय ने ऐतिहासिक काल के स्थान पर आनुभविक काल, कालक्रमबद्ध घटनाओं के स्थान पर कालनिरपेक्ष स्मृतियों तथा बाह्य कार्य-व्यापारों के स्थान पर मस्तिष्क में नाटकीकृत संवेदनाओं का उपयोग करके औपन्यासिक शिल्प को अब तक अनछुई ऊँचाई पर पहुँचा दिया। उपन्यास में किस्सागो की अप्रत्यक्षता को जैनेन्द्र ने केन्द्रीय पात्र की लिखित आत्मकथा के रूप में सम्भव बनाया तो अज्ञेय ने आत्मकथाकार के 'मैं' को 'वह' में रूपान्तरित कर बहुत जटिल रूप दे दिया। राहुल सांकृत्यायन ने भी केन्द्रीय पात्र 'मैं' में किस्सागो का कायाप्रवेश कराकर उसे पुरातात्त्विक विश्वसनीयता प्रदान करने की कोशिश की और हजारी प्रसाद द्विवेदी ने तो उसे परत-दर-परत छिपा कर प्रायः अनंग ही बना डाला। कथासंसार को विश्वसनीय बनाने के लिए जैनेन्द्र, राहुल और द्विवेदी ने कौतुकी झूठ का सहारा भी लिया; जैनेन्द्र ने *त्यागपत्र* को जस्टिस दयाल की अँगरेजी में लिखित आत्मकथा का 'उल्था' बताया तो राहुल ने सिंह की आत्मकथा को खुदाई में प्राप्त ईंटों पर लिखित और उन्हें पटना म्यूजियम में 'सुरक्षित' बताया और द्विवेदी जी ने *बाणभट्ट की आत्मकथा* को पुरानी पोथी का 'अनुवाद' बताकर पाठकों को भरमाने का कौतुक किया।

औपन्यासिक भाषा को प्रौढ़ता पर पहुँचाने में भी जैनेन्द्र, अज्ञेय और हजारी प्रसाद द्विवेदी का योगदान सर्वोपरि है। हिन्दी गद्य के परिनिष्ठित रूप के निर्माण में इनके उपन्यासों की महत्त्वपूर्ण भूमिका है। साथ ही सर्जनात्मक गद्य की वे सारी विशेषताएँ इन उपन्यासों में मौजूद हैं जो 'कवियों की कसौटी' मानी जाती है।

विमर्श के नए क्षितिज

[1947-1980]

साहित्य के इतिहास को राजनीतिक घटनाओं के सन्दर्भ में देखना कहाँ तक संगत या लाभप्रद है, यह प्रश्न विवादास्पद है। राजनीतिक घटनाओं का भी उस देश के साहित्य पर, तुरत या बाद में, प्रत्यक्ष या परोक्ष, प्रभाव पड़ता ही है। उपन्यास में यह प्रभाव सर्वाधिक दिखाई पड़ता है, क्योंकि यथार्थ से संलग्नता ही उसकी पहचान है। 15 अगस्त, 1947 की तारीख भारतीय इतिहास की एक ज्वलन्त घटना इसलिए है कि उसने भारतीय जीवन को झटके के साथ एक ऐसे समय-बिन्दु पर खड़ा कर दिया, जहाँ से उसकी प्रकाश-यात्रा आरम्भ होती है। पैंतीस करोड़ जनता की औपनिवेशिक शासन से मुक्ति, संसार के सबसे बड़े प्रजातन्त्र का जन्म, जनता की सामन्ती शोषण से मुक्ति का लालसा भरा स्वप्न और ऐसी अनेक बातें 15 अगस्त, 1947 की तारीख से जुड़ी हुई हैं। 'नियति से मुलाकात' की इस तारीख की, साहित्य के इतिहास में भी उपेक्षा नहीं की जा सकती।

चतुरसेन शास्त्री ने सन् 1911 के दशक में ही लिखना आरम्भ किया था और उनके *हृदय की परख* (1917), *हृदय की प्यास* (1927) आदि सामाजिक यथार्थ और प्रेम विषयक उपन्यास अपने समय में चर्चित भी हुए थे; पर हिन्दी उपन्यास साहित्य में इन उपन्यासों से उनकी कोई विशेष पहचान नहीं बन पायी थी। स्वतन्त्रता-प्राप्ति के बाद उन्होंने ऐतिहासिक-सांस्कृतिक उपन्यास लिखने का फैसला किया, यहाँ तक कि अपने *वैशाली की नगरवधू* (1949) की भूमिका में उन्होंने अपने समस्त पूर्व लेखन को नकारने तक की घोषणा कर दी। *वैशाली की नगरवधू* के बाद शास्त्री जी ने *रक्त की प्यास* (1951), *आलमगीर* (1954), *वयं रक्षामः* (1955), *सोमनाथ* (1955), *गोली* (1956), *सोना और खून* (1960) आदि ऐतिहासिक-सांस्कृतिक उपन्यास लिखे जो पर्याप्त लोकप्रिय भी हुए। *वैशाली की नगरवधू* में बौद्ध साहित्य के सुप्रसिद्ध पात्र अम्बपाली के चरित्र को केन्द्र में रखकर उस काल की ब्राह्मण, बौद्ध और जैन संस्कृतियों के टकराव तथा मगध, काशी, कोशल और गणराज्य वैशाली के राजनीतिक संघर्षों का अंकन किया गया है। इस युग की सामाजिक, राजनीतिक और धार्मिक-सांस्कृतिक परिस्थितियों के अंकन में शास्त्री जी ने विशेष रुचि दिखाई है। एक उल्लेखनीय बात यह है कि शास्त्री जी गणतन्त्र की तुलना में राजतन्त्र को श्रेष्ठ मानते हैं और गणतन्त्र तथा राजतन्त्र दोनों ही व्यवस्थाओं में व्याप्त सामाजिक अन्तर्विरोधों और नारी की त्रासद स्थिति का चित्रण करते हैं। *वयं रक्षामः* में राम-रावण कथा को केन्द्र में रखकर आर्य, राक्षस, देव, दानव आदि संस्कृतियों के संघर्ष और समन्वय की कथा प्रस्तुत की गयी

है। इन उपन्यासों में शास्त्री जी का प्राचीन भारतीय संस्कृति का अध्ययन प्रभावी रूप में प्रकट हुआ है, पर 'विचारों' की बहुलता और मार्मिक प्रसंगों की कमी उपन्यास को सर्जनात्मक दृष्टि से कमजोर बनाती है। इन उपन्यासों की भाषा भी सहज और प्राणवान न होकर सजावटी और कृत्रिम है। इन दोनों उपन्यासों की तुलना में *सोमनाथ* मार्मिक प्रसंगों और जीवन्त पात्रों की उद्भावना के फलस्वरूप अधिक शक्तिशाली उपन्यास बन सका है। *सोमनाथ* में भी शास्त्री जी ने शिवोपासना के विकास और राजपूत राजाओं की मानसिकता का विद्वत्तापूर्ण विवरण दिया है, पर उसे उन्होंने उपन्यास के 'परिशिष्ट' में डालकर कथा संसार की सहजता को नष्ट होने से बचा लिया है।

1947 के पूर्व वृन्दावनलाल वर्मा ऐतिहासिक उपन्यासकार के रूप में अपनी पहचान बना चुके थे। सच पूछें तो वर्मा जी ही हिन्दी के प्रथम ऐतिहासिक उपन्यासकार के रूप में स्वीकार्य, और स्वीकृत भी, हैं। 1947 के बाद उनके प्रकाशित प्रमुख उपन्यास हैं—*कचनार* (1947), *मृगनयनी* (1950), *टूटे काँटे* (1954), *अहल्याबाई* (1955), *माधव जी सिन्धिया* (1957), *भुवन विक्रम* (1957), *महारानी दुर्गावती* (1964), *सोती आग* (1967) आदि। इन उपन्यासों में वर्मा जी की औपन्यासिक कला अपने पूरे निखार पर है। वैज्ञानिक इतिहास-बोध के साथ बुन्देलखंड अंचल के जातीय गौरव की गाथा इन उपन्यासों में पूरी मार्मिकता के साथ प्रस्तुत हुई है। बुन्देलखंड के प्राकृतिक सौन्दर्य, सामाजिक परिवेश, चारित्रिक वैभव और लोक संस्कृति को उपन्यासकार ने बहुत प्रामाणिकता और संवेदनशीलता के साथ अपने उपन्यासों में अंकित किया है। वर्मा जी इतिहास और किंवदन्तियों का अनोखा मिश्रण कर अपने कथासंसार की रचना करते हैं और उसमें बुन्देलखंड के लोक जीवन और सामन्ती चरित्र का रंग भर कर उसे आकर्षक बना देते हैं। यदि वर्मा जी में थोड़ा समृद्ध भाषा-संस्कार होता तो उनके उपन्यास भारतीय उपन्यास साहित्य में अगली पंक्ति में स्थान के अधिकारी होते।

सार्थक रचनाशीलता की दृष्टि से भगवतीप्रसाद वाजपेयी प्रेमचन्द युग के उपन्यासकार हैं। यद्यपि उनके तीन उपन्यास—*पिपासा* (1937), *दो बहनें* (1940) और *निमन्त्रण* (1942) प्रेमचन्दोत्तर काल में प्रकाशित हुए, पर कथ्य और सर्जनात्मक उपलब्धि की दृष्टि से वे उनके पूर्ववर्ती उपन्यासों के विकास मात्र हैं। 1950-1971 ई. की अवधि में वाजपेयी जी के लगभग तीन दर्जन उपन्यास प्रकाशित हुए, किन्तु कथ्य, विजन और सर्जनशीलता की दृष्टि से उनमें कोई नयापन नहीं है। स्त्री-पुरुष के बीच मुक्त प्रेम और नैतिक संहिता से उसका टकराव, मनोवैज्ञानिक अन्तर्द्वन्द्व तथा स्त्री के परपुरुष से प्रेम करने के नैसर्गिक अधिकार का प्रतिपादन उनके इन उपन्यासों में भी मिलता है। *निमन्त्रण* की एक पात्र तो विवाह को नारी जीवन की सबसे बड़ी विडम्बना मानती है, और रचनाकार का समर्थन भी उसे प्राप्त है पर वाजपेयी जी मुक्त प्रेम और नैतिक संहिता के अन्तर्विरोधों से भी प्रायः मुक्त नहीं हैं। उनके कथा-पात्र समाज के विधि-निषेधों की उपेक्षा करते हुए प्रेमजन्य भावुकता और कामावेग का प्रदर्शन करते हैं। पर उपन्यासकार का नैतिक आग्रह उन्हें खतरे की जगह पहुँचने के पहले रोक भी देता है। यह बात उनके पहले दौर के उपन्यासों में भी है और बाद के उपन्यासों में भी। पाँचवें दशक तक हिन्दी उपन्यास मनोवैज्ञानिक दृष्टि से जहाँ पहुँच चुका था उससे तनिक भी आगे की यात्रा वाजपेयी जी के उपन्यासों ने तय नहीं की है। प्रेम और कर्तव्य के द्वन्द्व के साथ-साथ वाजपेयी जी ने अपने दूसरे दौर के उपन्यासों में और भी अनेक विषय

लिये हैं (जैसे, विश्वशान्ति, मनुष्य मात्र का कल्याण, सत्य और अहिंसा *(प्रेम पथ)*, किसानों के बीच भूमि का समान वितरण, सामाजिक सद्भाव *(भूदान)*, कर्तव्य के प्रति ईमानदारी *(सूनी राह)*, भारतीय संस्कृति की महत्ता *(गोमती के तट पर)*, मध्यवर्गीय परिवार की समस्याएँ *(उनसे न कहना)*, पारिवारिक विघटन *(टूटते बन्धन)*, पीढ़ियों का परिवर्तनशील दृष्टिबोध, नयी पीढ़ी का विद्रोह *(अधिकार का प्रश्न)* आदि, पर किसी गहन आत्ममन्थन, वैचारिक प्रतिबद्धता और संवेदनात्मक गहराई के अभाव में ये उपन्यास औसत से ऊपर की पठनीयता नहीं पैदा कर पाते। शिल्पगत प्रयोग और भाषिक सर्जनात्मकता की दृष्टि से भी वाजपेयी जी के उपन्यास सामान्य हैं।

जैनेन्द्र का पहला उपन्यास *परख* 1929 ई. में प्रकाशित हुआ था और 1940 ई. के पूर्व वे *सुनीता, त्यागपत्र, कल्याणी* आदि उपन्यास लिखकर हिन्दी उपन्यास को एक नया मोड़ दे चुके थे। लगभग एक युग के मौन के बाद उन्होंने 1952 ई. से पुनः उपन्यास-लेखन की शुरुआत की और अगले तीन दशकों तक उपन्यासकार के रूप में सक्रिय रहे। इस अवधि में उनके *सुखदा* (1952), *विवर्त* (1952), *व्यतीत* (1953), *जयवर्द्धन* (1956), *मुक्तिबोध* (1965), *अनन्तर* (1968), *अनाम स्वामी* (1974), *दशार्क* (1983) आदि उपन्यास प्रकाशित हुए।

जैनेन्द्र ने अपने आरम्भिक लेखन में ही मनोवैज्ञानिक/व्यक्तिवादी उपन्यासकार के रूप में अजेय प्रतिष्ठा भी अर्जित कर ली थी। विषय, भाषा और शिल्प की नवीनता तथा सार्थकता ने जैनेन्द्र को साहित्य के इतिहास में ऐसे स्थान पर पहुँचा दिया था जो दूसरों के लिए ईर्ष्या था। पर अपने दूसरे दौर के (1953-1974) उपन्यासों में जैनेन्द्र उससे आगे नहीं बढ़ पाये। इन उपन्यासों में उनके वैचारिक ऊहापोह की ही प्रधानता है। जहाँ तक उनके औपन्यासिक संसार की बात है, प्रेम का एक त्रिकोण *सुनीता* से लेकर *अनाम स्वामी* तक समान रूप से देखा जा सकता है। इस त्रिकोण में एक अतिशय उदार और बुद्धिजीवी पति, प्रेम की दृष्टि से एक असन्तुष्ट, द्विधा विभक्त, आन्तरिक स्तर पर मुक्ति के लिए छटपटाती पत्नी और एक कुंठाग्रस्त, जटिल व्यक्तित्व से युक्त, आक्रामक-सा प्रेमी होता है। कथा-संसार की यह एकरसता जैनेन्द्र की औपन्यासिक असफलता का सबसे बड़ा कारण है। इस कथानक के द्वारा जैनेन्द्र अपने राजनीतिक, दार्शनिक, आध्यात्मिक और नैतिक प्रश्नों का समाधान ढूँढ़ने की कोशिश करते हैं। पर ये प्रश्न किसी जीवन्त कथा-संसार की उपज न होकर कथा-संसार पर ही हावी हो गए हैं। इस कारण सामान्यतः प्रबुद्ध पाठक का भी मन इस कथा-संसार में रम नहीं पाता। उपन्यास के पात्र रहस्य बन गये हैं जिनके भीतर प्रवेश कर पाना, उनसे साधारणीकरण कर पाना अधिकतर प्रबुद्ध पाठकों के लिए भी कठिन होता है। प्रेमचन्द ने नन्ददुलारे वाजपेयी के साथ आपकी बातचीत में जैनेन्द्र के 'रहस्यवाद' का उल्लेख किया था।[1] जहाँ तक चिन्तन और विचारों का प्रश्न है, दाम्पत्य और प्रेम के द्वन्द्व विषयक चिन्तन की मौलिकता कल्याणी तक तो लगभग बनी रहती है, पर सुखदा के बाद वह बासी हो गया लगता है। *जयवर्द्धन, मुक्तिबोध, अनन्तर* आदि उपन्यासों में जैनेन्द्र का दार्शनिक-राजनेता विषयक यूटोपिया एक ताजगी भरे चिन्तन का आभास देने के बावजूद प्रत्ययकारी नहीं लगता।

पर जैनेन्द्र के उपन्यासों का एक दूसरा पक्ष भी है। हिन्दी में ऐसे पाठकों और आलोचकों का अभाव नहीं है जिन्हें जैनेन्द्र के 'पति, पत्नी और वह' के त्रिकोण में 'आन्तरिक तनाव

और ऐंठ', 'सूक्ष्मता और चीमड़पन', 'उलझनदार कलात्मक बुनावट' से निर्मित 'आकृतिबन्ध' आदि 'विस्मय और चकित' करने वाले प्रतीत होते हैं। 'विचारों की टकराहट की गति', 'एक विशेष प्रकार की गहन प्रासंगिकता और तात्कालिकता', 'तीव्र अनुभूति की रसात्मकता से युक्त सूक्ष्म चिन्तन', इस पाठक वर्ग को मोहती है, जिसे अनदेखा नहीं किया जा सकता। इस दृष्टि से जैनेन्द्र कदाचित् हमेशा ही एक विवादास्पद उपन्यासकार बने रहेंगे। पर एक संवेदनशील, कविता के निकट पहुँचती हुई, तनावपूर्ण, गहन चिन्तन को वहन करने वाली गझिन भाषा के लेखक के रूप में जैनेन्द्र को कभी भुलाया नहीं जा सकता।

इलाचन्द्र जोशी का भी पहला उपन्यास *घृणामयी* 1929 ई. में ही प्रकाशित हुआ था, पर सक्रिय उपन्यास लेखक के रूप में वे स्वतन्त्रता-प्राप्ति के पूर्व, पाँचवें दशक में ही सामने आये थे। आजादी मिलने के बाद जोशी जी के *मुक्तिपथ* (1950), *सुबह के भूले* (1952), *जिप्सी* (1952), *जहाज का पंछी* (1955), *ऋतुचक्र* (1969), *भूत का भविष्य* (1973), *कवि की प्रेयसी* (1976) आदि उपन्यास प्रकाशित हुए।

इलाचन्द्र जोशी को हिन्दी में मनोवैज्ञानिक उपन्यास का पुरस्कर्ता माना जा सकता है। यों तो जैनेन्द्र कुमार ने उपन्यास में सामाजिक प्रश्नों की तुलना में मनोवैज्ञानिक स्थितियों को अधिक महत्त्व देने की पहल की, पर शुद्ध मनोवैज्ञानिक समस्याओं को केन्द्र में रखकर उपन्यास लिखने की पहली कोशिश जोशी जी ने ही की। जोशी जी के स्वतन्त्रतापूर्व उपन्यासों में मानसिक विकारों, मनोग्रन्थियों, कुंठाओं और मनोरोगों के शिकार असामान्य पात्रों का चित्रण प्रमुखता के साथ हुआ है। इन उपन्यासों के पात्रों के चरित्र और कार्यव्यापार फ्रायड, जुंग आदि मनोविश्लेषण शास्त्रियों के सिद्धान्तों पर आधारित हैं और अनेकत्र ये सिद्धान्त आरोपित से प्रतीत होते हैं। जोशी जी के औपन्यासिक पात्र न केवल समाज निरपेक्ष हैं, वरन् समाज विरोधी भी हैं। यदि कहीं उन्हें किसी आदर्श से प्रेरित दिखाया भी गया है तो वह आरोपित सा है।

मुक्तिपथ (1948) से जोशी जी के उपन्यासों में एक बदलाव दिखाई देता है। *मुक्तिपथ, सुबह के भूले, जिप्सी, जहाज का पंछी, ऋतुचक्र* आदि उपन्यासों में मनोवैज्ञानिक जटिलताओं का स्थान सामाजिक प्रश्न ले लेते हैं। पर चूँकि इलाचन्द्र जोशी के पास सामाजिक यथार्थ का कोई स्पष्ट और प्रभावी विजन नहीं है, इस कारण उनके ये उपन्यास हिन्दी उपन्यास की यथार्थवादी परम्परा को किसी भी प्रकार समृद्ध करते नहीं दिखाई पड़ते। इन उपन्यासों में सामाजिक मूल्यों पर लम्बी-चौड़ी बहस तो जरूर है, पर किसी जीवन्त संसार का निर्माण न हो पाने के कारण यह बहस आरोपित सी हो गयी है। *ऋतुचक्र* में जोशी जी ने कतिपय बुद्धिजीवी पात्रों के माध्यम से आधुनिकता के नाम पर पनपती विसंगतियों और अस्तित्ववाद की विस्तृत चर्चा की है। आधुनिकता की विकृतियों और विडम्बनाओं को जोशी जी ने उपन्यास के एक पात्र के अस्तित्ववादी आग्रहों और एक अन्य पात्र की आधुनिक जीवनचर्या के माध्यम से प्रस्तुत किया है। लेखक का दृष्टिकोण एक हद तक आदर्शवाद से परिचालित है। *ऋतुचक्र* में भी चिन्तन का बाहुल्य उसके रचना संसार की मार्मिकता को नष्ट करता है। वस्तुतः जोशी जी के स्वातन्त्र्योत्तर उपन्यासों में हिन्दी उपन्यास के विकास की कोई झलक नहीं मिलती ।

भगवतीचरण वर्मा (ज.1903) का *चित्रलेखा* 1934 ई. में ही प्रकाशित हो चुका था और

1935 ई. में *तीन वर्ष* लिखकर उन्होंने उपन्यासकार के रूप में स्वयं को उल्लेखनीय बना दिया था पर जैनेन्द्र की तरह लगभग एक युग के बाद 1946 ई. में उन्होंने पुनः उपन्यास-लेखक के रूप में पदार्पण किया और आगामी लगभग तीन दशकों तक इस रूप में अपनी उपस्थिति बनाये रखी। इस अवधि में उनके प्रकाशित होने वाले उपन्यास हैं—*टेढ़े मेढ़े रास्ते* (1946), *आखिरी दाँव* (1950), *अपने खिलौने* (1957), *भूले बिसरे चित्र* (1959), *वह फिर नहीं आई* (1960), *सामर्थ्य और सीमा* (1962), *थके पाँव* (1963), *रेखा* (1964), *सीधी सच्ची बातें* (1968), *सबहिं नचावत राम गोसाईं* (1970), *प्रश्न और मरीचिका* (1973) आदि।

कथ्य की दृष्टि से भगवतीचरण वर्मा के उपन्यास उन्नीसवीं शताब्दी के अन्तिम दशक (1890) से लेकर भारत पर चीन के आक्रमण (1962) तक के समय को उसके व्यापक और वैविध्यपूर्ण आयाम में प्रस्तुत करने का प्रयास करते हैं। इन उपन्यासों में इस अवधि में भारत में होनेवाले राजनीतिक-आर्थिक और सामाजिक उथल-पुथल का अंकन किया गया है। इस दृष्टि से *भूले बिसरे चित्र, सामर्थ्य और सीमा, सीधी सच्ची बातें, प्रश्न और मरीचिका, टेढ़े मेढ़े रास्ते* और *सबहिं नचावत राम गोसाईं* विशेष रूप से उल्लेखनीय हैं। यद्यपि ये उपन्यास इसी क्रम से लिखे नहीं गये हैं, पर विषय की दृष्टि से यह क्रम बनता जरूर दिखाई देता है। *भूले बिसरे चित्र* में 1890-1930, *सीधी सच्ची बातें* में 1939-1948 तथा *प्रश्न और मरीचिका* में 1947-1962 के काल का अंकन किया गया है। *सबहिं नचावत राम गोसाईं* और *सामर्थ्य और सीमा* का कथ्य भी स्वतन्त्र भारत के इतिहास से ही जुड़ा है, जबकि *टेढ़े मेढ़े रास्ते* का विषय स्वाधीनता-संग्राम की पृष्ठभूमि से सम्बद्ध है।

भगवती बाबू अधिकतर अपने उपन्यासों में व्यापक सामाजिक-राजनीतिक फलक पर व्यक्ति पात्रों के मनोभावों को उभारने का प्रयत्न करते हैं। उनके उपन्यासों में व्यक्ति की नहीं, बल्कि पूरे परिवेश की प्रधानता होती है; व्यक्ति प्रायः उस पूरे परिवेश का अंग होता है, वह कहीं भी उस पर हावी नहीं होता। इसके मूल में उनका भाग्यवादी दृष्टिकोण भी निहित है, जिसके अनुसार मनुष्य परिस्थितियों का दास है, उनका स्वामी नहीं। *भूले बिसरे चित्र* भगवती बाबू का सर्वश्रेष्ठ उपन्यास है जिसमें तीन पीढ़ियों (1890-1930) की सोच और मानसिकता के बदलाव, पुरानी पीढ़ी के साथ नयी पीढ़ी के संघर्ष, औपनिवेशिक शासन के प्रति बुद्धिजीवी वर्ग के मोहभंग और विद्रोह का अंकन किया गया है। पर इस काल खंड के सुस्पष्ट विजन, स्वतन्त्रता-संग्राम से जुड़े तर्कसंगत इतिहास बोध, गाँधी जी और उनके नेतृत्व में संचालित सत्याग्रह-आन्दोलन की सही समझ तथा इतिहास की युगप्रवर्तक करवट को पहचानने की प्रखर चेतना के अभाव में यह उपन्यास एक सीमा तक ही उल्लेखनीय बन सका है। *सीधी सच्ची बातें* में भी राष्ट्रीय आन्दोलन को बुद्धिजीवियों और नेताओं के दृष्टिकोण से ही समझने की कोशिश की गयी है। इस आन्दोलन में साधारण जनता की भी कोई भूमिका है, इसका आभास इन उपन्यासों से नहीं मिलता। उपन्यासकार के अनुसार, "यह मतदान करने वाली जनता बेदिमाग, अपढ़, भुलावे में भटकने वाले लोगों का समुदाय है।" (प्रश्न और मरीचिका, पृ. 513) इससे सामान्य जनता के प्रति उपन्यासकार की भावना का पता चलता है। भगवती बाबू के उपन्यासों में समकालीन राजनीति, राष्ट्रीय आन्दोलन, साम्यवाद, गाँधीवाद आदि पर पात्रों की बहसें तो प्रचुर मात्रा में मिलती हैं, पर इन बहसों में कोई बौद्धिक प्रखरता या अन्तर्दृष्टि नहीं है। उपन्यासकार नियतिवाद, मानवीय विवशता,

समाजवाद, साम्यवाद, गाँधीवाद, आतंकवाद आदि के सम्बन्ध में अपने पूर्वग्रहों से कहीं भी मुक्त नहीं हो सका है।

स्वतन्त्रता-प्राप्ति के बाद देश में प्रजातन्त्र की स्थापना तो जरूर हुई, पर सामन्तवाद और पूँजीवाद की शक्तियाँ कमजोर होने की जगह दिनोदिन शक्तिशाली होती गयीं। स्वाधीनता आन्दोलन के दौर में भी कांग्रेस पर इन शक्तियों का प्रभाव था, पर गाँधी जी, नेहरू, राजेन्द्र प्रसाद, सुभाषचन्द्र बोस आदि महान् नेताओं की बौद्धिक और चारित्रिक प्रभा के सामने यह प्रभाव दबा हुआ था। पर आजादी मिलने के बाद ये शक्तियाँ भारतीय प्रजातन्त्र पर हावी हो गयीं। छठे दशक तक, भारतीय प्रजातन्त्र के 'नेहरू युग' में, यह प्रभाव सीमित रहा और पूँजीवाद, निरन्तर मजबूत होते जाने के बावजूद, राजनीतिक जीवन को पूरी तरह से भ्रष्ट करने में, जैसा कि आज हो चुका है, सफल नहीं हो पाया। पर इस दशक में भारतीय प्रजातन्त्र के दूषित होने की प्रक्रिया तो आरम्भ हो ही चुकी थी। इस दशक में ही चुनाव जीतने के लिए कांग्रेसी नेता पूँजीपतियों के हाथों बिकने लगे थे और उन्हें तरह-तरह की आर्थिक छूटें देने लगे थे। आपराधिक परम्परा से जुड़े व्यक्तियों का राजनीति में आगमन भी इस दशक में आरम्भ हो गया था और नेताओं में सामान्य रूप से सेवाभाव की जगह सत्तालोभ प्रबल होने लगा था। भगवतीचरण वर्मा ने अपने उपन्यासों में इस स्थिति का अंकन प्रमुखता के साथ किया है। *सबहिं नचावत राम गोसाईं* और *प्रश्न और मरीचिका* में इन स्थितियों का चित्रण किया गया है। व्यंग्यात्मक शैली अपनाकर उपन्यासकार को इसे प्रभावशाली बनाने में भी काफी हद तक सफलता मिली है। *सबहिं नचावत राम गोसाईं* में डकैत नाहर सिंह का पोता जबर सिंह आजादी की लड़ाई में गुंडागिरी से आरम्भ करके पहले विधानसभा का सदस्य और बाद में उपमन्त्री, गृहमन्त्री बनता है और तिकड़म तथा धन और गुंडा शक्ति के बल पर राजनीति के खेल खेलता है। कुल मिलाकर भगवती बाबू के प्रायः सभी उपन्यासों में देशव्यापी भ्रष्टाचार और नैतिक-राजनीतिक स्खलन का चित्रण प्रमुखता के साथ हुआ है।

पर औपन्यासिक विजन के धुँधलेपन के कारण भगवतीचरण वर्मा अपने समय को उसके पूरे यथार्थ और समग्रता में प्रस्तुत करने में सफल नहीं हो पाये हैं। इसका कारण रचनात्मक दृष्टि, तर्कसंगत वैज्ञानिक चिन्तन और विचारधारा का अभाव है। नियतिवाद में उपन्यासकार की अटूट आस्था उसके पात्रों को निष्क्रिय और निष्प्राण तथा सामाजिक-नैतिक स्खलन के सक्रिय प्रतिरोध के प्रति उदासीन बना देती है। 'आदमी का कोई वश नहीं, परिस्थितियाँ जैसी भी हैं उनसे समझौता करना ही पड़ेगा।' (*सीधी सच्ची बातें*, पृ. 366) यह पूर्वग्रह भगवती बाबू के औपन्यासिक संसार को परिचालित करता है, जिसके फलस्वरूप उनके पात्र समस्याओं के सामने निष्क्रिय और लाचार प्रतीत होते हैं। भगवती बाबू के उपन्यासों को सर्जनात्मक दृष्टि से कमजोर बनाने वाली चीज उनका व्यावसायिक दृष्टिकोण भी है। कथा में सस्ती रोचकता पैदा करने के लिए वे संयोगों, सामान्य रुचि को तुष्ट करने वाली चमत्कारपूर्ण घटनाओं और काम-प्रसंगों का कथासूत्र के रूप में इस्तेमाल करते हैं। शिल्प और भाषा के स्तर पर भी भगवती बाबू के उपन्यास प्रबुद्ध पाठक को सन्तोष नहीं दे पाते।

स्वतन्त्रता प्राप्ति के पूर्व ही राहुल सांकृत्यायन ने *जीने के लिए*, *सिंह सेनापति* और *जय यौधेय* आदि उपन्यासों की रचना द्वारा अपनी सर्जनात्मक प्रतिभा का परिचय दे दिया था। स्वतन्त्रता-प्राप्ति के बाद उनके *मधुर स्वप्न* (1950), *विस्मृत यात्री* (1954), *दिवोदास* (1961)

आदि पुरैतिहासिक उपन्यास प्रकाशित हुए।

राहुल सांकृत्यायन घोषित साम्यवादी थे, यद्यपि हिन्दी के मार्क्सवादी आलोचकों की तरह उन्होंने अपनी वैचारिक स्वतन्त्रता को 'पार्टी लाइन' के हाथों में सौंप नहीं दिया था। शोषण और दमन से मुक्त, वैज्ञानिक विचारधारा से सम्पन्न साम्यवादी समाज का निर्माण उनका एक सपना था, जिसकी अभिव्यक्ति उनके उपन्यासों में हुई है। *मधुर स्वप्न* के कथा नायक मज्दक की प्रस्तुति के रूप में राहुल जी ने अपने इसी स्वप्न को वाणी दी है। राहुल जी का दूसरा आकर्षण प्राचीन भारत के गणराज्यों की व्यवस्था के प्रति था, जो राजतन्त्र विरोधी और आधुनिक विचारधारा के अनुरूप थी। अपने ऐतिहासिक उपन्यासों में, जिनमें *सिंह सेनापति* सर्वश्रेष्ठ है, उन्होंने अपनी गणराज्य विषयक अवधारणा को बड़े शक्त रूप में प्रस्तुत किया है। *विस्मृत यात्री* में भी गणराज्य की स्थापना के प्रति राहुल जी का आकर्षण व्यक्त हुआ है। इसके भीतर कहीं न कहीं देश को आजाद देखने की ललक भी शामिल है। बौद्ध धर्म के प्रति राहुल जी का आकर्षण भी उसकी समतावादी विचारधारा के कारण ही है। अपनी आन्तरिक प्रकृति में बौद्ध धर्म उन्हें मार्क्सवाद के बहुत निकट प्रतीत होता है। *विस्मृत यात्री* में इस विचारधारा को भी अभिव्यक्ति मिली है।

दिवोदास, जो संरचना की दृष्टि से अत्यन्त सुगठित उपन्यास है, आरम्भिक आर्यों के उन्मुक्त, कुंठा रहित, कर्मठ जीवन का चित्र प्रस्तुत करता है। वस्तुतः राहुल जी ऐसे ही जीवन के समर्थक और आग्रही थे, जिसकी पुष्टि उन्होंने *दिवोदास* के स्त्री-पुरुष पात्रों की चरित्र-सृष्टि द्वारा की है। राहुल जी ऋग्वैदिक काल के मिथकों की यथार्थवादी व्याख्या भी करते हैं, जैसे देवासुर संग्राम को वे आर्यों और दस्युओं के संघर्ष के रूप में प्रस्तुत करते हैं। आर्यों, पणियों और किरातों के सांस्कृतिक टकराव और समन्वय से उत्पन्न नयी आर्य संस्कृति की ओर भी राहुल जी हमारा ध्यान आकृष्ट करते हैं। राहुल जी के ऐतिहासिक-सांस्कृतिक उपन्यासों में वर्तमान जीवन ध्वनित ही नहीं, मुखरित भी है। अनेकत्र वर्णन और विचार बोझिल हो गये हैं और उनसे गुजरना गम्भीर पाठक के लिए भी कठिन प्रतीत होता है। *दिवोदास* इस दोष से मुक्त होने के कारण एक पठनीय उपन्यास हो गया है।

यशपाल का पहला उपन्यास *दादा कामरेड* 1941 ई. में प्रकाशित हुआ था। स्वतन्त्रता-प्राप्ति के पूर्व *देशद्रोही, पार्टी कामरेड, दिव्या* आदि उपन्यास लिखकर उन्होंने उपन्यासकार के रूप में हिन्दी साहित्य में अपनी जगह बना ली थी। स्वतन्त्रता-प्राप्ति के पश्चात् यशपाल के प्रकाशित उपन्यास हैं—*मनुष्य के रूप* (1949), *अमिता* (1956), *झूठा सच* (*वतन और देश*-1958: *देश का भविष्य*-1960), *बारह घंटे* (1963), *अप्सरा का श्राप* (1965), *क्यों फँसे?* (1968), *मेरी तेरी उसकी बात* (1974) आदि।

यशपाल यद्यपि उपन्यासकार के रूप में स्वतन्त्रता-प्राप्ति के पूर्व ही अपनी पहचान बना चुके थे, पर उनकी औपन्यासिक प्रतिभा का पूर्ण परिपाक उनके *झूठा सच* और *मेरी तेरी उसकी बात* जैसे उपन्यासों में ही परिलक्षित हुआ। अपने इन महाकाव्यात्मक उपन्यासों में यशपाल ने भगवती चरण वर्मा की ही तरह आधुनिक भारतीय इतिहास के एक विस्तृत फलक को प्रस्तुत करने कर प्रयास किया है। *झूठा सच* के दो भागों में 1946-56 के समय को और *मेरी तेरी उसकी बात* में स्वाधीनता आन्दोलन के गाँधी युग को कथा संसार के रूप में प्रस्तुत किया गया है। इनमें *झूठा सच* निश्चय ही औपन्यासिक विजन और संरचना की दृष्टि से

महान् रचना है, जबकि *मेरी तेरी उसकी बात* आकार की विशालता के बावजूद दूसरे दरजे का उपन्यास है। *झूठा सच* में जिस समय का चित्रण किया गया है वह भारतीय इतिहास का एक बहुत ही उत्तेजनापूर्ण काल है। 1947 में भारत को ब्रिटिश उपनिवेशवाद से मुक्ति मिली। पर आधी रात को मिली इस आजादी की कितनी बड़ी कीमत देश को चुकानी पड़ी, इतिहास इसका साक्षी है। मुस्लिम लीग के 'दो राष्ट्र का सिद्धान्त' के फलस्वरूप देश का बँटवारा ही नहीं हुआ, वरन् सारा उत्तर भारत साम्प्रदायिकता की ऐसी ज्वाला में दग्ध होने को अभिशप्त हुआ जिसकी मिसाल भारतीय इतिहास में और कोई नहीं मिलती। इन साम्प्रदायिक दंगों में हजारों व्यक्ति मौत के घाट उतार डाले गये, लाखों विस्थापित हो गये, स्त्रियों और बच्चों के साथ अमानुषिक अत्याचार किये गये और पूरे देश की एक विशाल जनसंख्या को अपना वतन छोड़कर भारत या पाकिस्तान में नये सिरे से बसना पड़ा। यह एक अनहोनी और अमानवीय त्रासदी थी। यशपाल ने *झूठा सच* में इस त्रासदी का बहुत ही सजीव और दहलाने वाला चित्रण किया है। विभाजन की भयोत्पादक आशंका, मुस्लिम लीग और सिख नेताओं के भड़काऊ भाषणों और बहुसंख्यक मुस्लिम समाज के आक्रामक तेवरों की छाया में लाहौर के गलीकूचों में कुलबुलाती, दहशत की मानसिकता में घुटती अल्पसंख्यकों की जिन्दगी का ऐसा यथार्थ और जीवन्त अंकन इसके पूर्व किसी उपन्यास में नहीं हुआ था। अँधेरी रात में जहाँ-तहाँ जलती आग की तरह साम्प्रदायिक दंगों की भयानकता और बीभत्सता के चित्रण में यशपाल की बराबरी और कोई नहीं कर सकता। इस हादसे में प्रगतिशील युवकों के साहसपूर्ण प्रतिरोध की भूमिका अपना अलग महत्त्व रखती है, जिससे यशपाल के औपन्यासिक विजन की निर्मलता का बोध होता है। साम्प्रदायिक विद्वेष की आग में मानवीय संवेदनाएँ किस प्रकार मर जाती हैं, और आदमी जानवर बन जाता है, इसका बोध कराने में यशपाल को बहुत अच्छी सफलता मिली है। इस विनाश के प्लावन में परिवार टूटते हैं, प्रेमियों के सपने बिखरते हैं, स्त्रियाँ विधवा होती हैं और बच्चे अनाथ हो जाते हैं। तारा और बन्ती के त्रासद अनुभवों के चित्रण द्वारा यशपाल ने हिन्दू समाज में स्त्री की दुर्भाग्यपूर्ण दशा का मार्मिक अंकन किया है। विस्थापितों के काफिलों तथा शरणार्थियों के शिविरों के चित्रण में उपन्यासकार के विजन की चमक पाठक को अभिभूत कर देती है। अभागे विस्थापितों के संकटपूर्ण पलायन में हैवान बने आदमी की क्षुद्रता और बीभत्स आचरण के साथ-साथ मानवीय प्रेम और सहानुभूति के क्षण भी बड़े मार्मिक हैं। शरणार्थी शिविरों में सहायता के लिए बनी सरकारी गैर-सरकारी समितियों में भ्रष्टाचार और राजनीतिक लाभ उठाने की ओछी मानसिकता के चित्रण में भी कथाकार ने सजगता का परिचय दिया है। यह उस विकृति का पूर्वाभास है जो आजादी मिलने के बाद सरकारी और स्वयंसेवी संस्थाओं में तेजी से पनपी।

झूठा सच के दूसरे खंड में स्वतन्त्रता-प्राप्ति के बाद के दशक में देश के विकास और भावी निर्माण में बुद्धिजीवियों और नेताओं की प्रगतिशील और प्रतिगामी भूमिका का यथार्थ तथा प्रभावपूर्ण अंकन किया गया है। यशपाल की अन्तर्भेदी दृष्टि समाज की विकासशील और प्रतिगामी शक्तियों को पहचानने में कोई भूल नहीं करती। प्रगतिशील शक्तियाँ जहाँ जनता और देश के प्रति सच्ची सेवा का संकल्प लेकर अपना मार्ग निर्धारित करती हैं, वहाँ प्रतिगामी शक्तियाँ निजी स्वार्थ और भोगलालसा के लिए जनता के प्रति विश्वासघात का रास्ता चुनती हैं। *झूठा सच* के जयदेव पुरी और सूद प्रतिगामी शक्तियों का प्रतिनिधित्व करते

हैं। सूद उस भ्रष्ट राजनीति-व्यवसायी का प्रतिनिधि है जो अपनी सारी नंगई और बेशर्मी के साथ सत्ता पर काबिज है। सूद जैसे राजनीतिकर्मी आज के भारत की नंगी सच्चाई हैं, जो अपने स्वार्थ के लिए देश के विकास को अवरुद्ध करने, देश के हितों को बहुराष्ट्रीय कम्पनियों के हाथों बेचने, देशी पूँजीपतियों और व्यवसायियों के हितों की रक्षा में जनता के साथ विश्वासघात करने तथा आर्थिक योजनाओं के मार्ग में रोड़ा अँटकाने के लिए किसी भी अनैतिक मार्ग पर चलने में संकोच नहीं करते। सूद, जयदेव और सोमराज जैसे शुद्ध राजनीति-व्यवसायियों, भ्रष्ट पत्रकारों और जनता की सम्पत्ति लूटने वाले लोगों के चित्रण में यशपाल ने गहरी अन्तर्दृष्टि का परिचय दिया है। पर यशपाल केवल भ्रष्टाचार, बुराई और झूठ का पर्दाफाश करके ही सन्तोष नहीं करते, वरन् एक बेहतर जीवन का स्वप्न भी देखते हैं। यद्यपि, आज के दिन, यशपाल का यह स्वप्न मिथ्या प्रतीत होता है, पर देश का भविष्य तारा, डॉ. नाथ, डॉ. श्यामा, पत्रकार कनक तथा गिल, इंजीनियर नरोत्तम और नर्स मर्सी जैसे लोगों द्वारा ही निर्मित होगा जो अपने देश और जनता को प्यार करते हैं तथा बेहतर भविष्य के लिए संघर्ष कर रहे हैं।

यशपाल लगभग 'दुराग्रही' मार्क्सवादी हैं, पर *झूठा सच* में, विशेषकर उसके प्रथम खंड *वतन और देश* में उनका कलाकार अधिक सजग है। पर *मेरी तेरी उसकी बात* में यशपाल का कलाकार उस ऊँचाई तक नहीं पहुँच सका है। *मेरी तेरी उसकी बात* में स्वाधीनता आन्दोलन में गाँधी जी के आगमन से लेकर स्वतन्त्रता-प्राप्ति तक के उत्तर भारतीय समाज और राजनीतिक संघर्ष का चित्रण किया गया है। पर इस कालखंड के इतिहास का कोई दीप्त विजन इस उपन्यास में नहीं दिखता। इसमें यशपाल अपने राजनीतिक पूर्वग्रहों से इतने ग्रस्त हैं कि उनका पूरा औपन्यासिक विजन ही धुँधला गया है। *मेरी तेरी उसकी बात* को पढ़ते हुए पाठक को लगता है कि यह समूचा औपन्यासिक प्रयत्न भारतीय स्वाधीनता आन्दोलन में गाँधी जी और उनके कृतित्व को पूर्ण रूप से नकारने के लिए ही किया गया है। उपन्यास पाठक के मन पर यह प्रभाव छोड़ता है कि भारत को जो आजादी मिली उसमें द्वितीय महायुद्ध के बाद पैदा हुई विश्व राजनीति और आर्थिक दृष्टि से ब्रिटेन की जर्जर अवस्था का जितना योगदान है उतना गाँधी जी के नेतृत्व में हुए कांग्रेस आन्दोलन का नहीं। यशपाल कांग्रेस के नेतृत्व में संचालित स्वाधीनता आन्दोलन के खोखलेपन को उजागर करने का दुराग्रहपूर्ण प्रयास करते हैं। यहाँ तक कि वे 'भारत छोड़ो' आन्दोलन और सुभाषचन्द्र बोस के प्रयासों को भी कोई महत्त्व नहीं देते। यदि इस विचार के पीछे कोई तर्कपूर्ण, वैज्ञानिक दृष्टि होती तो उसे पाठक स्वीकार भी कर लेता, पर भारतीय कम्युनिस्ट पार्टी की विचारधारा की सीधी नकल होने के कारण इसकी विश्वसनीयता नष्ट हो गयी है।

मेरी तेरी उसकी बात में 'भारत छोड़ो आन्दोलन' में उत्तर भारत के छात्रों की भूमिका का यशपाल ने उत्साह, जोश और सहानुभूति के साथ चित्रण किया है, पर इस आन्दोलन में सामान्य जनता की भी उतनी ही महत्त्वपूर्ण भूमिका थी, इस तथ्य की यशपाल ने जानबूझकर या अनजाने उपेक्षा की है। यशपाल के औपन्यासिक विजन में यह आन्दोलन निरर्थक, असम्बद्ध, हास्यास्पद और अपर्याप्त था। स्पष्ट है कि यह धारणा भारतीय कम्युनिस्ट पार्टी की विचारधारा से ही प्रभावित है, जिसने द्वितीय विश्वयुद्ध में ब्रिटिश शासन को कमजोर करने वाले किसी भी आन्दोलन का विरोध किया था।

इस उपन्यास के कुछ प्रशंसनीय पक्ष हैं—उषा महाजन और माया जैसे पात्रों के तेजस्वी और आत्मसजग व्यक्तित्व का सृजन; हिन्दुओं और मुसलमानों के गहन, भावनात्मक, सौहार्दपूर्ण सम्बन्ध और राजनीतिक कारणों से उसके विघटन का चित्रण; धर्म परिवर्तन कर ईसाई बने परिवारों की मानसिकता और मुस्लिम समाज की सामाजिक मानसिक बनावट का अंकन। ये प्रसंग उपन्यास को पठनीयता का गुण प्रदान करते हैं, अन्यथा उपन्यास में कहीं भी चिन्तन और संवेदना की सघनता, जटिलता या सूक्ष्मता के दर्शन नहीं होते।

यशपाल की भाषा आम तौर पर सपाट भाषा है, जिसमें गहन अनुभूति और सूक्ष्म चिन्तन को वहन करने की क्षमता नहीं होती। *झूठा सच* में तीव्र भावावेग और एक संकटकालीन समय के सच्चे तीखे बोध के कारण भाषा विद्युतीकृत हो गयी है, पर *मेरी तेरी उसकी बात* में पात्रों की राजनीतिक बहसों और कथाकार द्वारा किये गये गैर-जरूरी वर्णनों में भाषा सपाट, शिथिल और व्यावहारिक बन गयी है।

मनुष्य के रूप, अमिता, बारह घंटे, अप्सरा का श्राप, क्यों फँसे? आदि यशपाल के अपेक्षाकृत गौण उपन्यास हैं। *मनुष्य के रूप* में एक ऐसी नारी का चित्रण किया गया है जो पुरुष प्रधान व्यवस्था में केवल भोग की वस्तु है। हर तबके का पुरुष उसकी देह का शोषण करने के लिए आक्रामक मुद्रा में खड़ा है। नारी की विवशता और भटकन, उसके प्रति पुरुष समाज की भोगवादी दृष्टि तथा समाज में नाना प्रकार के मुखौटे धारण किये लोगों का चित्रण ही इस उपन्यास का उद्देश्य है। *बारह घंटे में* यशपाल पातिव्रत्य सम्बन्धी परम्परागत मूल्यों की व्यर्थता और *क्यों फँसे?* में काम सम्बन्धों की निर्बाध आजादी का दर्शन प्रस्तुत करते हैं। पर ये उपन्यास यशपाल की औपन्यासिक उपलब्धि में कोई योगदान नहीं करते। *अमिता* और *अप्सरा का श्राप* भी बहुत साधारण ऐतिहासिक/ पौराणिक उपन्यास हैं।

1940 में *शेखर : एक जीवनी* का पहला भाग और 1944 में उसका दूसरा भाग प्रकाशित हो चुका था और अज्ञेय अपनी इस पहली ही रचना से प्रेमचन्द और जैनेन्द्र की पंक्ति में स्थान पाने के अधिकारी बन चुके थे। स्वतन्त्रता-प्राप्ति के बाद अज्ञेय के दो उपन्यास प्रकाशित हुए—*नदी के द्वीप* (1951) और *अपने अपने अजनबी* (1961)। *नदी के द्वीप* के आरम्भ में दो उद्धरण मुद्रित हैं; एक शेली का और दूसरा स्वयं अज्ञेय का :

मेनी अ ग्रीन आइल नीड्स मस्ट बी
इन द डीप वाइड सी ऑफ मिजरी
ऑर द मैरिनर वोर्न ऐण्ड वान
नेवर दस कुड वॉयेज ऑन ई.

—शेली

दुःख सबको माँजता है
और
चाहे स्वयं सबको मुक्ति देना वह न जाने किन्तु
जिनको माँजता है
उन्हें यह सीख देता है कि सबको मुक्त रखें।

—अज्ञेय

ये उद्धरण *नदी के द्वीप* में निहित जीवन-दर्शन को संकेतित करते हैं। 'दर्द में भी जीवन

में आस्था, जीवन का आश्वासन' और 'दर्द से मँज कर व्यक्तित्व का स्वतन्त्र विकास, ऐसा स्वतन्त्र कि दूसरों को भी स्वतन्त्र करे'—ये दोनों सूत्र उपन्यास की कथा में विद्यमान हैं। इनमें पहला भुवन के चरित्र को और दूसरा रेखा के चरित्र को रेखांकित करता है।

नदी के द्वीप मोटे तौर पर एक 'प्रेम कहानी' है; रेखा, भुवन और गौरा की प्रेमकथा। चन्द्रमाधव इनके बीच में है, पर उसकी स्थिति कुछ-कुछ प्रतिनायक या खलनायक जैसी है, जो अन्त में मुँह की खाता है। यह प्रेम-त्रिकोण सुपरिचित प्रेम-त्रिकोण से इस अर्थ में भिन्न है कि यहाँ प्रेमकथा के पुराने फारमूले दोहराये नहीं गये हैं, जहाँ एक प्रेमिका के दो प्रेमी होते हैं या नायक जिस प्रेमिका से प्रेम करता है वह उससे प्रेम न कर किसी दूसरे युवक से प्रेम करती है। *नदी के द्वीप* का प्रेम-त्रिकोण इतना सरल नहीं कि उसे एक सूत्र में प्रस्तुत किया जा सके। एक विशेष परिस्थिति में भुवन और रेखा का प्रेम विकसित होता है और परिपक्वता की स्थिति को प्राप्त होता है। इसी अवधि में, बल्कि इससे पूर्व ही, गौरा भुवन के प्रति अपने को भावनात्मक रूप से समर्पित कर चुकी होती है। भुवन शायद इस बात को ठीक से नहीं जानता और गौरा के प्रति उसके मन में प्रणय भाव तो नहीं ही है। रेखा अपने प्रेम के चरम क्षण के पश्चात् गौरा से मिलती है और अपनी सहज बुद्धि से भुवन के प्रति गौरा के समर्पण भाव को समझ जाती है। इसके बाद वह समर्पण और त्याग, आत्मबलिदान का रास्ता चुन लेती है। गौरा को अपनी विवाह की अँगूठी उपहार में देने की इच्छा और 'कुन्तले वेष्टिबो स्वर्ण जालिका, कंठे दुलाइबो मुक्ता मालिका'...गीत उसकी मंशा को भली भाँति स्पष्ट कर देता है। वह भुवन के विवाह के प्रस्ताव को अस्वीकार कर देती है, जबकि वह जानती है कि वह गर्भवती है। इस परिस्थिति में कोई भी स्त्री सुरक्षा चाहती है, पर रेखा प्यार का कोई प्रतिदान नहीं चाहती। इसके तत्काल बाद ही रेखा की आत्म बलिदान की प्रक्रिया शुरू हो जाती है। वह भुवन को अपमानित होने से बचाने के लिए ऑपरेशन द्वारा गर्भपात करा लेती है और मरते-मरते बचती है। भुवन उसकी शुश्रूषा में कोई कसर नहीं उठा रखता और उसके अच्छे होने पर अपना प्यार और पूर्वनिश्चय—रेखा से विवाह करने का—भी दोहराता है, पर रेखा अपने वरण किये हुए मार्ग से विचलित नहीं होती। वह भुवन से अलग हो जाती है।

भुवन इस बीच घोर मानसिक यातना की स्थिति से गुजरता है। गौरा उसके प्रति अपने एकान्त समर्पण और निष्ठा भाव से उसकी पीड़ा दूर करने का प्रयास करती है, पर भुवन उससे भागता ही रहता है। रेखा और गौरा दोनों उसके जीवन में छाई निराशा और पीड़ा को दूर करने में अन्ततः सफल होती हैं। भुवन के कलकत्ता लौटने पर रेखा उससे गौरा को स्वीकार करने, उससे विवाह करने का आग्रह करती है और अन्ततः रेखा के प्रयास से गौरा और भुवन का मिलन होता है तथा विवाह की मानसिक तैयारी लगभग पूरी हो जाती है।

यह प्रेमकथा ही *नदी के द्वीप* का विषय या विषय का ढाँचा है, जिसमें गुँथे चार पात्रों की--भुवन, चन्द्रमाधव, रेखा और गौरा—मनोदशाओं का अंकन उपन्यासकार का लक्ष्य है। स्वयं अज्ञेय ने *नदी के द्वीप* को 'चार संवेदनाओं का अध्ययन' कहा है। ये चार संवेदनाएँ रेखा, भुवन, गौरा और चन्द्रमाधव के चरित्र के साथ जुड़ी हुई हैं। रेखा एक पढ़ी-लिखी, बौद्धिक क्षमता सम्पन्न, आधुनिक युवती है, जिसका दाम्पत्य जीवन असफल है। पति से अलग होकर वह स्वतन्त्र जीवन बिता रही है। उसका पति भी उससे मुक्ति चाहता है। रेखा

भुवन के सम्पर्क में आती है और दोनों में प्रेम होता है। इस प्रेम का, उसके उदय, विकास और चरम क्षण का उपन्यासकार ने यथार्थ और मनोवैज्ञानिक चित्रण किया है। अपने जीवन से अतृप्त, निराश और जड़ित रेखा इस वरदान को खुले मन से स्वीकार करती है। उसके मन में कहीं भी कोई कुंठा, आशंका, भविष्य की चिन्ता, धर्म या नीति का डर अथवा लोकनिन्दा का भय नहीं है। अपनी भावना के प्रति वह पूरी तरह से ईमानदार, उन्मुक्त और समर्पित है। वह क्षणों में, क्षण से क्षण तक, जीती है, क्षण के प्रति समर्पित है, क्षण को ही विराट् मानती है। पर वह अस्तित्ववादी नहीं है। रेखा न तो जीवन की परिस्थितियों से हार कर अपने को वर्तमान के आगे डाल देती है, न भविष्य की निराशा से इतनी डर और दब जाती है कि उसे जीवन में कोई राह ही दिखाई न दे। उसका दाम्पत्य जीवन असफलता, अपमान और प्रतारणा से ग्रस्त है पर दुःख उसे माँजता ही है, कुंठित नहीं करता, न उसे जीवन के प्रति अनास्थावान बनाता है। 'वेदना में एक शक्ति होती है, जो दृष्टि देती है'—अज्ञेय का यह दर्शन रेखा के जीवन में पूर्णतः प्रतिफलित है। रेखा अपने को वर्तमान या क्षण के प्रति समर्पित मानती है; इसमें अपनी भावनाओं के प्रति उसके पूर्णतः ईमानदार होने की ही व्यंजना है। चन्द्रमाधव के साथ उसका जो साहचर्य या सम्पर्क होता है उसमें कोई अनुभूति या भावनात्मक गहराई नहीं है। पर भुवन के साथ रेखा भावनात्मक रूप में जुड़ती है और उसके सम्पर्क के प्रत्येक क्षण को वह भोगती है। लखनऊ के कॉफी हाउस में भुवन से पहली मुलाकात से लेकर तुलियन में प्रेम के चरम क्षण तक रेखा अनेक अनुभूतिदीप्त क्षणों को भोगती है और इस बीच कभी भी उसका अतीत या भविष्य उसे डरा नहीं पाता, कोई नैतिक मूल्य, कोई पाप भावना, कोई असुरक्षा की चिन्ता, कोई लोकापवाद उसे कुंठित नहीं करता।

रेखा के प्रेम का सबसे उदात्त पक्ष उसके त्याग और आत्मदान की पृष्ठभूमि में उजागर होता है। प्रेम का एक सामाजिक पहलू भी होता है जो अनेक प्रकार के मूल्यों और दायित्वों से जुड़ा होता है। वह दायित्व नारी से ज्यादा पुरुष का होता है। पर रेखा भुवन से प्रेम करके भी उसे सभी प्रकार के सामाजिक दायित्वों से मुक्त रखती है। और जब उसे ज्ञात होता है कि गौरा भुवन को प्यार करती है तो वह बिना किसी ईर्ष्या के, भुवन को गौरा को सौंपने का निर्णय कर लेती है। कुछ आलोचकों को रेखा के मन में गौरा के प्रति ईर्ष्या भाव का न जगना अयथार्थ या अमनोवैज्ञानिक प्रतीत होता है, पर रेखा का व्यक्तित्व जिस परिपक्वता पर पहुँचा हुआ है, उसमें इसे अस्वाभाविक नहीं माना जा सकता। अज्ञेय अपने कथनों से इसकी पुष्टि भी करते हैं।

अज्ञेय ने *नदी के द्वीप* में प्रेम का जो दर्शन प्रस्तुत करना चाहा है, वह रेखा के चरित्र या संवेदना द्वारा ही व्यक्त हुआ है। भुवन का चरित्र भी इसमें भरपूर योग देता है। भुवन एक संवेदनशील, अपनी अनुभूतियों के प्रति पूर्णतः ईमानदार व्यक्ति है। उसकी दृष्टि में प्रेम वासना का पर्याय नहीं है और प्रेमानुभूति के सौन्दर्य की रक्षा के लिए वासना के आवेग को अनुभूति की गहराई से उत्पन्न संयम से दबाया जा सकता है। गौरा को लिखे भुवन के पत्रों से उसकी जो मनःस्थिति सामने आती है वह तपन की, तपस्या की मनःस्थिति है जिसके बिना प्रेम को अधूरा माना गया है।

अज्ञेय के प्रेमदर्शन का तीसरा कोण गौरा में निहित है। प्रेम आत्मदान है, अपने स्व

का विलय है, पीड़ा है, आत्मबलि और प्रिय के कल्याण के लिए अपने सुख का त्याग है, इसकी सम्पुष्टि रेखा और भुवन के चरित्रों से होती है। पर प्रेम एकान्त, निष्काम, निर्व्याज आत्मसमर्पण है, यह तो गौरा का चरित्र ही प्रतिपादित करता है। गौरा का आत्मसमर्पण उस बिन्दु तक पहुँचा हुआ है जहाँ प्रिय के प्रति कोई शिकायत रह ही नहीं जाती। गौरा के प्रेम में अद्वितीय सहजता, भोलापन और शिशु भाव है जो प्रणय भाव को काम भाव से मुक्त कर देता है। भुवन को लिखे उसके पत्रों से शृंगार नहीं, भक्ति, श्रद्धा, अनुरक्ति और समर्पण ही झलकता है। मुझे नहीं लगता कि मात्र इसी कारण यह प्रेम अविश्वसनीय या अयथार्थ हो गया है। अज्ञेय ने गौरा के माध्यम से प्रेम का वह रूप प्रस्तुत किया है जो उदात्त है, प्रेम का चरम आदर्श है और साथ ही भारतीय है।

चन्द्रमाधव *नदी के द्वीप* में प्रतिपादित प्रेम का विलोम है। वह एक प्रकार का विकृत बुद्धिवादी है जो जैविक धरातल पर उत्पन्न होने वाली आवश्यकताओं की तृप्ति को ही सर्वोपरि मानता है। प्रेम उसके लिए भावना नहीं, वासना है। प्रेम में आत्मसमर्पण, आत्मदान, प्रिय के कल्याण के लिए किया जाने वाला त्याग आदि उसके लिए निरर्थक अवधारणाएँ हैं। वह 'होने' को ही सत्य मानता है; उसके लिए तथ्य ही सत्य है। उसका सारा जीवन सतह का जीवन है; उसमें भावनात्मक निष्ठा, आत्मा की गहराई, संवेदना, अनुभूति, त्याग, पीड़ा आदि के लिए कोई स्थान नहीं है।

उपन्यास के बारे में, सही या गलत, यह धारणा प्रचलित है कि उसे समाज का चित्र होना चाहिए। अज्ञेय अनिवार्यतः उपन्यास को समाज का चित्र नहीं मानते। *नदी के द्वीप* का विषय भी समाज का व्यापक जीवन और समस्याएँ नहीं हैं। वस्तुतः *नदी के द्वीप* जैसे उपन्यास से प्रचलित अर्थ में सामाजिकता की माँग करना असंगत है। इसका प्रतिपाद्य एक प्रेम दर्शन है, जिसकी प्रस्तुति कुछ पात्रों के माध्यम से हुई है जो एक विशिष्ट वर्ग के सदस्य हैं। आर्थिक दृष्टि से उन्हें मध्य वर्ग या उच्च वर्ग में रखा जा सकता है, पर बौद्धिक दृष्टि से वे अपने वर्ग से ऊपर उठे हुए हैं। ये सभी पात्र अपने परिवेश तथा आन्तरिक संघटन के कलात्मक नियमों की कसौटी पर प्रायः खरे हैं और इससे ज्यादा सामाजिकता की माँग उनसे नहीं की जा सकती।

अपने अपने अजनबी में अज्ञेय ने अपने पूर्ववर्ती दोनों उपन्यासों से सर्वथा भिन्न प्रकार के प्रश्न से साक्षात्कार करने की कोशिश की है। योके और सेल्मा नामक पात्रों के माध्यम से उपन्यासकार ने जीवन, मृत्यु, वरण की स्वतन्त्रता, आस्था आदि से सम्बन्धित प्रश्नों पर विचार किया है। योके और सेल्मा एक दूसरे से सर्वथा अपरिचित, भिन्न वय, भिन्न स्वभाव और भिन्न विचारों की दो महिलाएँ आकस्मिक रूप से बर्फ से दबे एक मकान में तीन-चार महीनों के लिए कैद और बिना चाहे एक दूसरे के साथ रहने को बाध्य हो जाती हैं। इससे एक विचार यह निकलता है कि मनुष्य काफी हद तक प्रकृति का, परिस्थितियों का दास है और उसकी विवशता तथा उससे उत्पन्न घुटन, ऊब, निराशा आदि उसकी नियति है। विवशता की मनःस्थिति आधुनिक जीवन की एक सच्चाई है और इसे, अमूर्त विचार के रूप में ही सही, अज्ञेय ने इस उपन्यास में प्रस्तुत किया है। पूरे उपन्यास की कथा से यह निष्कर्ष सामने आता है कि हम चुनने के लिए, वरण के लिए, स्वतन्त्र नहीं हैं। यह बात जीवन में, विशेषकर आधुनिक जीवन में, पग-पग पर, दैनिक क्रियाकलाप तक में दिखाई पड़ती है।

अस्तित्ववादी मनुष्य की इस विवशता से उत्पन्न मनःस्थिति को अज्ञेय अनेक रूपों में प्रस्तुत करते हैं। पर अज्ञेय इस स्थिति को अन्तिम या चरम नहीं मानते। मनुष्य की ऊर्ध्वमुखी चेतना इस विवशता से ऊपर उठ सकती है और वह अपने विवेक के मुताबिक स्थितियों का चयन कर सकता है। बाढ़ से घिरी हुई सेल्मा यान एलेकोफ में मनुष्यता की झलक पाकर उसका वरण करती है और साथ ही अपने अहंकार से मुक्त हो जाती है। योके जीवन भर अहंकार में डूबी रहने और भटकने के बाद अन्त में जगन्नाथन में 'अच्छे आदमी' को पाकर अपने अहं का विसर्जन करती है और सुखपूर्वक मृत्यु का वरण करती है। इस प्रकार अज्ञेय ने अस्तित्ववादियों की विचारधारा को *अपने अपने अजनबी* में अस्वीकार किया है।

अपने अपने अजनबी का दूसरा विषय 'मृत्यु से साक्षात्कार' की अवधारणा है। यह एक दार्शनिक विषय है। यों व्यक्ति और समाज के जीवन में ऐसे अवसर आते हैं, जब मृत्यु के साक्षात्कार का प्रश्न महत्त्वपूर्ण हो उठता है, पर सामान्यतः आदमी मृत्यु के बारे में कम सोचता है। मृत्यु जीवन की वास्तविकता होकर भी अनुभव जगत् का सामान्य सच नहीं है। अज्ञेय ने *अपने अपने अजनबी* में व्यक्ति के मृत्यु से साक्षात्कार के प्रश्न को उठाया है। सेल्मा और योके बर्फ के नीचे दबे मकान में कैद हो गयी हैं। सेल्मा पहले भी इस प्रकार की स्थिति को भोग चुकी है, पर योके अनुभवहीन है। अतः दोनों एक दूसरे के लिए विचारों और भावनाओं की दृष्टि से भी अजनबी हैं। सेल्मा मानसिक दृष्टि से परिपक्व है। वह अपनी पीड़ा को भी तटस्थ द्रष्टा के रूप में देख सकती है, जबकि योके अपनी पीड़ा को भोगती ही नहीं, उसे अनुभव भी करती है। परिणामतः जहाँ सेल्मा मृत्यु का बन्धु भाव से स्वागत करती है, वहाँ योके मृत्यु के आतंक से विक्षिप्तप्राय हो जाती है। सेल्मा के आश्वासन और खाने-पीने की सामग्री की पर्याप्तता के बावजूद योके मृत्यु के भय से पीड़ित है। उसकी मानसिक उद्विग्नता और बेचैनी उसकी डायरी तथा अन्य कार्यकलापों में व्यक्त होती है।

सेल्मा और योके की मानसिक अवस्थाओं का प्रमुख अन्तर यह है कि सेल्मा इस सत्य को अनुभव के स्तर पर ग्रहण कर चुकी है कि 'कुछ भी किसी के वश का नहीं है...एक ही बात हमारे वश की है--इस बात को पहचान लेना।' इसे योके स्वीकार नहीं करती। सेल्मा की इस परिपक्वता से योके चिढ़ती भी है। मृत्यु से आमना-सामना होने की स्थिति में उसके प्रति व्यक्तियों के भिन्न दृष्टिकोण हो सकते हैं। एक, सहज भाव से, उसका स्वागत कर सकता है और दूसरा उसकी कल्पना से विक्षिप्त हो जा सकता है। सेल्मा और योके इन्हीं दृष्टिकोणों का प्रतिनिधित्व करती हैं। वस्तुतः योके की दृष्टि में एक अधूरापन है जो जीवन के प्रति अनासक्ति को बाधित करता है। इसी कारण वह बेचैन और उद्विग्न है। सेल्मा में इस प्रकार की बेचैनी और उद्विग्नता नहीं है। योके के ही शब्दों में उसमें 'सब कुछ को सहलाता हुआ कारुण्य' है। योके इसे बर्दाश्त नहीं कर पाती। योके की दृष्टि का अधूरापन उस आस्था के अभाव के कारण है जो जीवन को ही नहीं, मृत्यु को भी सहज बना देती है। यह अधूरापन तब दूर होता है जब वह अपने जीवन में लगातार ठोकरें खाने के बांद, यातना और पीड़ा की स्थितियों से गुजरने के पश्चात् अन्ततः जगन्नाथन से मिलती है। यद्यपि वरण वह मृत्यु का ही करती है, पर निराशा या अवसाद की नहीं, तृप्ति, सन्तोष और सुख की मनःस्थिति में। मृत्यु के प्रति उसका बोध सर्वथा बदल जाता है।

अस्तित्ववादी विचारधारा ने, जिसका आधुनिक जीवन पर पर्याप्त प्रभाव दीखता है, आज

के जीवन में अजनबीपन के बोध को रेखांकित किया है। आधुनिक सभ्यता ने हर आदमी को दूसरे आदमी के लिए अजनबी बना दिया है। आधुनिक अर्थव्यवस्था की जटिलता तथा आधुनिकता के असंख्य मुखौटों में आदमी की पहचान ही गुम हो गयी है। *अपने अपने अजनबी* में भी यह विषय प्रतीक रूप में चित्रित हुआ है पर अज्ञेय का दृष्टिकोण बहुप्रचलित अस्तित्ववादी दृष्टिकोण से थोड़ा भिन्न है। रागात्मक सम्बन्धों की हत्या आधुनिक जीवन की सबसे बड़ी दुर्घटना है जो योके और सेल्मा की कहानी द्वारा प्रतीकित है। अजनबीपन रागात्मक सम्बन्ध, समर्पण और आस्था की भावना से ही दूर हो सकता है, जिसकी पुष्टि सेल्मा और यान तथा योके और जगन्नाथन के प्रसंगों से होती है। एक तरफ जहाँ यह सही है कि हम अपने बन्धु के वरण की बात तो दूर, अपना अजनबी भी नहीं चुन सकते, वहीं यह भी कम बड़ी सचाई नहीं कि आस्था, समर्पण और अहं के त्याग से हम अजनबी को भी अन्तरंग बना सकते हैं। अज्ञेय की दृष्टि अस्तित्ववादी दृष्टि से भिन्न, आशावादी है, जो भारतीय दृष्टि है।

प्रश्न यह है कि ये विचार उपन्यास में किस हद तक विज़न में परिणत हो पाये हैं। जिन विचारों को लेकर इस उपन्यास की रचना हुई है, वे स्वयं में चाहे जितने बड़े युगसत्य हों रचना में वे कथित होकर ही रह गये हैं। चूँकि अज्ञेय की भाषा मँजी हुई है और उपन्यास शिल्प के वे सधे हुए खिलाड़ी हैं अतः उपन्यास एक विशेष स्तर को प्राप्त करने में सफल हुआ है।

नदी के द्वीप और *अपने अपने अजनबी* में भी उपन्यास-शिल्प के प्रति अज्ञेय की सजगता बरकरार है। यद्यपि *शेखर : एक जीवनी की* तरह *नदी के द्वीप* के शिल्प ने सगकालीन उपन्यास-पाठकों को चौंकाया नहीं, पर अज्ञेय की प्रयोगधर्मिता यहाँ भी विद्यमान है। कला का यह स्वीकृत सिद्धान्त है कि प्रत्येक रचनाकार अपनी कृति के लिए एक विशिष्ट शिल्प की तलाश करता है। उपन्यास की मूल शिल्प प्रविधियाँ तो सीमित हैं, पर उनके परस्पर मिश्रण और आरोपण से उनके असंख्य रूप बन जाते हैं। अज्ञेय ने अपना मिश्रण स्वयं तैयार किया है जो विशिष्ट होने के साथ-साथ उपन्यास के प्रतिपाद्य विषय को सफलतापूर्वक प्रस्तुत करने में भी समर्थ है। *नदी के द्वीप* में अज्ञेय ने 'दृश्यात्मक' और 'परिदृश्यात्मक' प्रविधियों के साथ 'प्रत्यग्दर्शन' प्रविधि का अत्यन्त कलात्मक मिश्रण किया है; साथ ही पत्रात्मक प्रविधि का जैसा प्रयोग अज्ञेय ने *नदी के द्वीप* में किया है, वैसा उसके पूर्व, और बाद में भी, हिन्दी के और किसी उपन्यासकार ने नहीं किया। डायरी प्रविधि का अत्यन्त सार्थक प्रयोग *अपने अपने अजनबी* की विशेषता है। *अपने अपने अजनबी* में भी अज्ञेय ने विषय के प्रस्तुतीकरण के लिए किस्सागोई की कई प्रविधियों का मिश्रण किया है तथा नाटकीय प्रविधि द्वारा तृतीय पुरुष की वर्णन प्रविधि को प्रबलित करके शिल्प की समस्या का समाधान किया है।

अज्ञेय के उपन्यासों की भाषा निर्विवाद रूप से हद दर्जे तक सर्जनात्मक है और उनके औपन्यासिक संसार को पूरी यथार्थता और सजीवता में प्रस्तुत करती है। यह भाषा औपन्यासिक परिवेश और पात्रों को जीवन्त रूप में प्रस्तुत करने तथा पात्रों के मनोजगत् और मस्तिष्क का उद्‌घाटन करने में पूरी तरह से समर्थ है। प्रौढ़, परिष्कृत, ललित, कलात्मक और प्रायः निर्दोष गद्य लेखन में अज्ञेय हिन्दी साहित्य में अकेले हैं। उनकी भाषा का अपना सौन्दर्य है, जो केवल बाहरी गठन से उद्‌भूत न होकर उनकी सम्प्रेषण-क्षमता की देन है।

उपेन्द्रनाथ अश्क (ज.1910) का पहला उपन्यास *सितारों के खेल* 1940 ई. में ही प्रकाशित हो चुका था, पर कैशोर भावुकता और अपरिपक्व वैचारिक दृष्टि के कारण इसका कोई महत्त्व नहीं है। वस्तुतः किंचित् गम्भीर प्रयास के रूप में *गिरती दीवारें* (1946) ही उनका प्रथम उपन्यास माना जा सकता है। तत्पश्चात् उनके *गर्म राख* (1952), *बड़ी बड़ी आँखें* (1955), *पत्थर अल पत्थर* (1957), *शहर में घूमता आईना* (1962), *एक रात का नरक* (एक नन्हीं किन्दील का एक अंश, 1968), *एक नन्ही किन्दील* (1969), *बाँधो न नाव इस ठाँव* (1974), *निमिषा* (1980) आदि उपन्यास प्रकाशित हुए।

फ्रांसीसी भाषा में रोमाँ फ्लू (Roman Fleuve) नाम का एक उपन्यास-प्रकार मिलता है जो अनेकानेक जिल्दों में लगातार प्रकाशित होता था । नलिनविलोचन शर्मा के अनुसार रोमाँ फ्लू में "स्थापत्य और विशृंखलता की तह में एक ऐसा चारित्रिक या बौद्धिक प्रभाव बना रहता है जो अस्तव्यस्तता को भी एक परिवर्तनशील योजना प्रदान करने में समर्थ हो जाता है। इस प्रकार के उपन्यासों में एक व्यक्ति या ऐसे व्यक्तियों के समूह का चित्रण रहता है, जिनका एक दूसरे के साथ पारिवारिक या बौद्धिक सम्बन्ध रहता है।" *(साहित्य : तत्त्व और आलोचना)* बाहरी तौर पर अश्क के उपन्यास 'रोमाँ फ्लू' के उदाहरण प्रतीत होते हैं, क्योंकि इनका प्रमुख पात्र न केवल एक ही, अर्थात् चेतन, है बल्कि उपन्यासों के अनेक पात्र और परिस्थितियाँ समान हैं। *एक नन्ही किन्दील* के 'आमुख' में लेखक ने यह स्वीकार भी किया है कि *गिरती दीवारें* और *शहर में घूमता आईना* उनके उपन्यास-गुच्छ के प्रथम दो खंड हैं, जबकि *एक नन्ही किन्दील* उसका तीसरा और बाद में प्रकाशित *बाँधो न नाव इस ठाँव* उसका चौथा खंड है। *पलटती धारा* (1997) इस शृंखला का पाँचवाँ उपन्यास है, जो अश्क जी के निधन के बाद प्रकाशित हुआ। वस्तुतः अश्क के अन्य उपन्यास भी--*गर्म राख, बड़ी बड़ी आँखें, एक रात का नरक* और *निमिषा*--भी इस बृहत् उपन्यास-गुच्छ के ही अंग हैं। इन उपन्यासों का विषय वर्तमान शताब्दी के तीसरे दशक से लेकर पाँचवें दशक की अवधि में शहरी या कस्बाई मध्य वर्ग के जीवन का चित्रण है। *गिरती दीवारें* से लेकर *निमिषा* तक में अश्क ने इसी कथ्य का चर्वितचर्वण किया है। निम्न मध्यवर्ग के आर्थिक संघर्ष, इस वर्ग के युवकों की आकांक्षाओं, सपनों, नैतिक मूल्यों से पैदा हुई कुंठाओं, पुरानी पीढ़ी से उनके संघर्ष, भटकन, निराशा, प्रेम के क्षेत्र में असफलता, दाम्पत्य जीवन की कटुता और असन्तोष तथा समाज द्वारा निर्धारित मूल्यों की लक्ष्मणरेखा में घुटती और तड़पती स्त्रियों का चित्रण इन उपन्यासों की विशेषता है। इन उपन्यासों का केन्द्रीय पात्र चेतन अपने चारों ओर की विषम परिस्थितियों, पारिवारिक समस्याओं, शोषण की शक्तियों तथा अपनी महत्त्वाकांक्षाओं, सपनों और मानसिक कुंठाओं से लड़ता हुआ कश-म-कश की जिन्दगी व्यतीत करता है। *पत्थर अल पत्थर* इस दृष्टि से एक अपवाद है जिसमें मुख्य रूप से कश्मीर के घोड़ेवालों की संघर्षपूर्ण जिन्दगी का अत्यन्त सहानुभूतिपूर्ण अंकन किया गया है।

अश्क के उपन्यासों में वह संकेन्द्रण और संयम नहीं है जो किसी श्रेष्ठ रचना के लिए जरूरी होता है। एक ही प्रकार की स्थितियों की बार-बार आवृत्ति और अनावश्यक प्रसंगों का असन्तुलित विस्तार न केवल उनके उपन्यासों को कलात्मक दृष्टि से कमजोर बल्कि उबाऊ भी बना देता है। अपने उपन्यासों की भूमिकाओं में वे जिस उद्देश्य का उल्लेख और सामाजिक आलोचना का दावा करते हैं, वह उपन्यास में कहीं दिखाई नहीं देती। उनके

उपन्यासों में जिस काल को पृष्ठभूमि के रूप में ग्रहण किया गया है, उसकी हलचल, विराट् परिवर्तन, ध्वंस और निर्माण की प्रक्रिया का कोई बोध नहीं होता। सामाजिक नैतिक ढाँचे की दीवारों का गिरना तो अश्क के उपन्यासों में दिखाई देता है, पर उसमें चेतन की कोई भूमिका नहीं दिखाई देती। वह एक कमजोर, बिना रीढ़ का, ढुलमुलयकीन और अत्यन्त साधारण युवक है, जिसमें कोई द्वन्द्व या तनाव नहीं है। उसमें केवल भटकाव ही है, अपने परिवेश का आलोचनात्मक विश्लेषण करने या उससे जूझने की शक्ति नहीं है। हजारों पृष्ठों की इस बृहद् उपन्यास-शृंखला से गुजरने के बाद हमें प्राप्त होता है एक कमजोर चरित्र का कस्बाई युवक, असफल सहकारी सम्पादक और असफल साहित्यकार के कुंठित व्यक्तित्व का दयनीय इतिहास। चेतन की कहानी के कमजोर होने का प्रमुख कारण यह है कि उसके जीवन में अनुभव और संवेदना की वह प्रखरता और प्रचुरता नहीं है जो किसी उपन्यास को महान् या कम से कम श्रेष्ठ बना सके। वस्तुतः चेतन के अनुभव और संवेदना-संसार की दरिद्रता अश्क के अनुभव और संवेदना-संसार की ही दरिद्रता है।

शिल्प और भाषा के स्तर पर अश्क के उपन्यास असफल हैं, जो स्वाभाविक ही है। जहाँ अनुभव और संवेदना का संसार समृद्ध नहीं होगा, वहाँ शिल्प और भाषा के विशिष्ट होने की उम्मीद नहीं की जा सकती। अश्क के उपन्यासों का शिल्प यथार्थ की दुनिया में घूमते एक आईने का है, जिसमें सभी चीजें बिना किसी विवेक के प्रतिबिम्बित होती हैं। चयन और त्याग का विवेक कला की एक बड़ी जरूरत होती है जो अश्क के उपन्यासों में नहीं है। केवल वर्णन के शिल्प द्वारा किसी उल्लेखनीय उपन्यास की रचना नहीं की जा सकती। अश्क की भाषा भी निहायत अ-सर्जनात्मक और प्रयोजनमूलक होने के कारण कोई प्रभाव नहीं पैदा करती।

रांगेय राघव (ज.1923) का उपन्यास लेखन 1941 ई. में ही, लगभग अट्ठारह वर्ष की उम्र में *घरौंदे* से आरम्भ हुआ, जो 1946 ई. में प्रकाशित हुआ। इसी वर्ष उनका *विषादमठ* नामक उपन्यास भी प्रकाशित हुआ। *घरौंदे* (बाद में *घरौंदा* शीर्षक से प्रकाशित) लेखक के कॉलेज जीवन के अनुभवों पर आधारित है और परिसर जीवन पर लिखित पहला उपन्यास है। चूँकि इसमें स्थान-स्थान पर साम्यवाद के प्रति लेखक की आस्था व्यक्त हुई, इस कारण अनुभव, शिल्प और भाषा के कच्चेपन के बावजूद प्रगतिवादी आलोचकों ने इसकी अतिरंजित प्रशंसा की थी। इससे उत्साहित होकर रांगेय राघव ने अतिलेखन का खतरा उठाते हुए भी 1962 तक लगभग अड़तीस छोटे-बड़े उपन्यासों की रचना की जिनमें से कुछ साहित्य के इतिहास में अपनी कमोबेश पहचान निर्मित करने में भी समर्थ हुए।

विषाद मठ में रांगेय राघव ने 1943 के बंगाल के ऐतिहासिक अकाल को विषय बनाया, जिसमें निम्न और निम्नमध्य वर्ग के लोगों की अकालजन्य पीड़ा, वस्त्रहीनता से उत्पन्न अपमान, भूख से बिलबिलाते आदमी की हैवानियत और व्यवसायियों की अमानवीय शैतानियत से पूर्ण हरकतों का नग्न चित्र उपस्थित किया गया है। उपन्यासकार ने इस अकाल को साम्राज्यवादी शासन और महाजनी लोभ का परिणाम बताया है और मार्क्सवादी विचारधारा के अनुसार इसकी व्याख्या की है। इसका शीर्षक बंकिमचन्द्र चटर्जी के *आनन्दमठ* से प्रेरित था, जिसका व्यंग्य यह था कि किस प्रकार बंगाल का 'आनन्दमठ' 'विषादमठ' में परिवर्तित हो गया है।

रांगेय राघव की औपन्यासिक रचनाशीलता का वास्तविक रूप स्वतन्त्रता-प्राप्ति के बाद सामने आया। उनके छोटे बड़े लगभग तीन दर्जन उपन्यासों में विषय की दृष्टि से पर्याप्त वैविध्य है। 1948 ई. में उनका *मुर्दों का टीला* नामक बृहदाकार उपन्यास प्रकाशित हुआ जो मोहनजोदरो सभ्यता की पृष्ठभूमि पर आधारित है। इतिहास पर आधारित रांगेय राघव के अन्य उपन्यास हैं–*प्रतिदान* (1950), *चीवर* (1951), *अँधेरे के जुगनू* (1953), *पक्षी और आकाश* (1957), *राह न रुकी* (1958) आदि। पुराण, इतिहास, लोकश्रुति आदि पर आधारित उनके पाँच जीवनीपरक उपन्यास, *देवकी का बेटा, यशोधरा जीत गयी, लोई का ताना, रत्ना की बात* और *भारती का सपूत* 1954 ई. में प्रकाशित हुए। इसी परम्परा में उनके *लखिमा की आँखें* (1957), *जब आवेगी कालघटा* (1958), *धूनी का धुआँ* (1959), *मेरी भवबाधा हरो* (1960) आदि उपन्यास भी उल्लेखनीय हैं। इनके अतिरिक्त तत्कालीन सामाजिक-राजनीतिक तथा नगरीय और ग्रामीण यथार्थ का अंकन करने वाले उपन्यास हैं–*हुज़ूर* (1951), *सीधा सादा रास्ता* (1951), *कब तक पुकारूँ* (1957), *राई और पर्वत* (1958), *छोटी सी बात* (1959), *पथ का पाप* (1959), *धरती मेरा घर* (1960), *आखिरी आवाज* (1962) आदि ।

रांगेय राघव ने 'इतिहास की वास्तविकता', 'वर्गसंघर्ष के यथार्थ', 'दार्शनिकता के विकास पर समकालीन परिस्थितियों के प्रभाव' आदि के अंकन तथा अतीत के मोह को 'दूर करने', 'अतिराष्ट्रीयतावाद और सनातनवाद' पर 'आघात' करने आदि को अपने ऐतिहासिक उपन्यासों का प्रमुख उद्देश्य माना था। ('भूमिका', *अँधेरे के जुगनू)* उन्होंने यह सब मार्क्सवादी दृष्टिकोण से ही किया, पर मार्क्सवाद को इतिहास पर आरोपित करने का प्रयास नहीं किया। 'अन्तर्विरोधों को दिखाकर तत्कालीन समाज के प्रगतिमय तत्त्वों को प्रदर्शित करना' उन्होंने अपना लक्ष्य बनाया। *मुर्दों का टीला* में द्रविड़ सभ्यता का चित्रण किया गया है, जो लेखक के अनुसार, आर्यों की यायावरी और पशुपालन प्रधान सभ्यता की तुलना में अधिक विकसित थी। उपन्यास में आर्यों को आक्रमणकारी, संहारक और अत्याचारी रूप में चित्रित किया गया है। इसमें 'कुलगणों' का विनाश और सर्वशक्तिमान राजा का उदय होते दिखाया गया है। इतिहास और पुरातत्त्व सम्बन्धी खोजों से उपलब्ध तथ्यों और कल्पना के मिश्रण से रांगेय राघव ने उपन्यास का कथासंसार निर्मित किया है। उपन्यासकार की मार्क्सवादी दृष्टि का आभास पाठक को सर्वत्र मिलता है जो शोषक और शोषित तथा विलासी सामन्तों और दास वर्ग के बीच के सम्बन्ध को दर्शाती है और शोषित दासवर्ग के प्रति सहानुभूतिपूर्ण है। *अँधेरे के जुगनू* में दासप्रथा को बचाए रखने के लिए कुलीन वर्ग द्वारा एकतन्त्र के स्थान पर गणतन्त्र की स्थापना तथा वैश्य वर्ग और क्षत्रिय वर्ग के उन प्रयत्नों का चित्रण किया गया है जिनसे उन्होंने ब्राह्मणों की सर्वातिशायी सत्ता को समाप्त करने में सफलता प्राप्त की थी। *प्रतिदान* में महाभारत युग में ब्राह्मण-क्षत्रिय संघर्ष का तथा *चीवर* में हर्षवर्धन काल के ह्रासमान भारतीय सामन्तवाद का चित्र प्रस्तुत किया गया है। *चीवर* में ब्राह्मण और बौद्ध मतों के संघर्ष के साथ-साथ मालव गुप्तों, मौखरियों और वर्द्धनों के राजनीतिक संघर्ष का चित्रण भी किया गया है।

रांगेय राघव अपने पुरैतिहासिक उपन्यासों को पठनीय नहीं बना पाए हैं। दरअसल प्राचीन इतिहास का अध्ययन और मार्क्सवादी विचारधारा यही उनके उपन्यास लेखन के आधार रहे हैं। पर इतिहास का कोई भास्वर विजन उनके पास नहीं है। इस कारण उनके

कथासंसार में कोई सजीवता या मार्मिकता नहीं है। अधीत और प्रतिबद्ध विचारधारा को व्यक्त करने के लिए ही कथासंसार का सृजन किया गया है, जिसमें इतिहास अत्यल्प और असम्बद्ध कल्पना अधिक है। गप्प की कला रांगेय राघव में न के बराबर है। तथ्यों और घटनाओं का अम्बार कथा की गति को अवरुद्ध कर देता है और मार्मिक प्रसंगों की कमी पाठक को कथासंसार से बाँध नहीं पाती। भाषा अत्यन्त बोझिल और सपाट है। वर्णनों की बहुलता भी कथा को शिथिल और अपठनीय बनाती है।

अपने जीवनीपरक उपन्यासों में भी रांगेय राघव ने अपने इतिहास ज्ञान को ही उदाहृत किया है। पात्रों से जुड़ी अतिलौकिक घटनाओं को तर्कसंगत बनाने के लिए उनकी व्याख्या की गयी है और उन्हें इतिहास से जोड़ने का प्रयास किया गया है।

समाज-आधारित उपन्यासों में रांगेय राघव ने तत्कालीन समाज की अनेक समस्याओं को प्रस्तुत करने का प्रयास किया है। स्त्री-पुरुष के पारस्परिक सम्बन्धों और स्त्री की सामाजिक स्थिति का अंकन उन्होंने विशेष रूप से किया है। उनके ग्रामाधारित उपन्यासों में स्त्री के शोषण की समस्या प्रमुख रूप में उठाई गयी है। गाँवों में व्याप्त रूढ़िवादिता और भ्रष्टाचार, भूमिपतियों द्वारा किसानों के शोषण, नये उभरे नेताओं की चरित्रहीनता और भ्रष्टाचार-लिप्तता का भी चित्रण किया गया है। *प्रोफेसर* पेशेवर भिखमंगों के जीवन पर आधारित उपन्यास है। *सीधा सादा रास्ता* और *हुजूर* लेखक की मार्क्सवादी जीवनदृष्टि में आस्था के परिचायक हैं। भगवतीचरण वर्मा ने *टेढ़े मेढ़े रास्ते* में साम्यवादी राजनीति और जीवन दर्शन को अपने पूर्वग्रहों के साथ प्रस्तुत किया था। रांगेय राघव ने उसी कथा को अपने साम्यवादी पूर्वग्रहों के साथ प्रस्तुत किया जिसका उद्देश्य मार्क्सवाद को, भारतीय जनता की शोषण से मुक्ति और खुशहाली के लिए, एकमात्र 'सीधा सादा रास्ता' सिद्ध करना था। इस पूर्वग्रह का दुष्प्रभाव उपन्यास की सर्जनात्मकता पर भी पड़ा है और उसका कथासंसार एक विचारधारा विशेष का प्रतिपादन करने वाला कृत्रिम संसार हो गया है।

रांगेय राघव का उपन्यासकार के रूप में यश मुख्यतः *कब तक पुकारूँ* पर आधारित है। अधिकतर आलोचकों ने *कब तक पुकारूँ* की चर्चा 'आंचलिक' उपन्यास के रूप में की है, क्योंकि इसमें करनट जाति के जीवन-यथार्थ का अंकन किया गया है। पर केवल इस आधार पर *कब तक पुकारूँ* को आंचलिक उपन्यास कहना ठीक नहीं है। *कब तक पुकारूँ* में न तो कोई अंचल विशेष अपनी सम्पूर्णता में उभरा है न इसकी भाषा ही किसी अंचल विशेष से जुड़ी हुई है। इस उपन्यास में करनट कबीलों के जीवन यथार्थ के अनेक पक्षों—निर्धनता, खानाबदोशी, स्वच्छन्द जीवनशैली, जीवट, विशेष प्रकार के जीवन-मूल्य, एक विशेष प्रकार की संस्कृति, ब्रिटिश शासन में जरायमपेशा जाति के रूप में उपेक्षित जीवन जीने की विवशता, पुलिस द्वारा किये जाने वाले अत्याचार, उनकी स्त्रियों के यौनशोषण आदि—का अत्यन्त यथार्थ और मार्मिक अंकन किया गया है। उपन्यासकार ने नटों के साथ चमारों और भंगियों की जीवनकथा जोड़कर उसे और भी व्यापक आयाम दे दिया है। इस प्रकार पूरा दलित वर्ग इस उपन्यास के कथ्य की परिधि में आ गया है, जिसकी गरीबी और विवशता का ही नहीं, उसके अन्तर्विरोधों तथा व्यवस्था और शासन के प्रति पनपने वाले विद्रोह का भी चित्रण उपन्यासकार ने किया है।

कब तक पुकारूँ में दलित जीवन की विवशता के चित्रण के साथ-साथ प्रेम की संवेदना

इतने गहरे और तीव्र रूप में अंकित हुई है जो असाधारण कही जा सकती है। यह वह प्रेम नहीं है जो खाते-पीते लोगों में सामाजिक वर्जनाओं, नैतिक बन्धनों और आर्थिक विषमताओं के तनाव के बीच विकसित होता है। यह एक उन्मुक्त प्रेम है, जिसके अपने नियम और कायदे हैं। महत्त्वपूर्ण बात यह है कि *कब तक पुकारूँ* में चित्रित प्रेम अपनी मांसलता में ही नहीं, संवेदनात्मक तीव्रता में भी अद्वितीय है। शिल्प की दृष्टि से भी *कब तक पुकारूँ* में प्रयोग-सजगता है। उपन्यासकार ने इसमें वर्णनकर्ता के रूप में सीधे हस्तक्षेप किया है जिससे पाठक को उसका साहचर्य प्राप्त हो जाता है और कथासंसार में विश्वसनीयता का गुण पैदा हो जाता है। इसके बाद वह पाठक को विश्वास में लेकर यह बताता है कि उसने यह कहानी, उपन्यास के केन्द्रीय पात्र सुखराम नट की जुबानी सुनी थी जिसे वह अपने ढंग से प्रस्तुत कर रहा है। इसकी विश्वसनीयता को कायम रखने के लिए उपन्यासकार भाषा को ऐसा रूप देता है जो करनटों की बोली के अत्यन्त निकट की है।

कब तक पुकारूँ में कथा का अनावश्यक विस्तार तो है ही, उपन्यासकार का वैचारिक आग्रह और उसका अनुपातरहित विस्तार भी उसे अनेकत्र अपठनीय बनाता है। अधूरे किले की कथा भी प्रतीक रूप में कोई सार्थकता नहीं प्राप्त कर सकी है। ये उपन्यास के दोष हैं। फिर भी *कब तक पुकारूँ* हिन्दी के उल्लेखनीय उपन्यासों में परिगणित किये जाने योग्य रचना है।

भैरवप्रसाद गुप्त (ज.1918) के उपन्यास लेखन की शुरुआत स्वतन्त्रता प्राप्ति के पूर्व ही *शोले* (1946) के प्रकाशन के साथ हुई थी। *शोले* के बाद उनके *मशाल* (1948), *गंगा मैया* (1952), *जंजीरें और नया आदमी* (1955), *सत्ती मैया का चौरा* (1959), *धरती* (1962), *आशा* (1963), *कालिन्दी* (1963), *रम्भा* (1964), *नौजवान* (1972), *काशी बाबू* (1987), *भाग्यदेवता* (1990), *छोटी सी शुरुआत* (1997, मरणोपरान्त) आदि उपन्यास प्रकाशित हुए। भैरवप्रसाद गुप्त ने साम्यवादी 'पार्टी लाइन' के अनुगामी लेखक के रूप में लेखनकार्य शुरू किया था। अतः उनके उपन्यासों में वर्गहित, वर्गशोषण और जमींदारों तथा पूँजीपतियों पर किसानों-मजदूरों की विजय के आकांक्षित आदर्श की अभिव्यक्ति प्रमुख है। उत्तर प्रदेश के पूर्वांचल क्षेत्र का निवासी होने के कारण उन्हें जमींदारों द्वारा किसानों के शोषण और दमन का प्रामाणिक अनुभव है, साथ ही, वे मजदूरों के जीवन से भी सुपरिचित हैं। वे इन किसानों-मजदूरों की नियति कथा मार्क्सवादी सिद्धान्तों के चौखटे में रखकर प्रस्तुत करते हैं, जिसके फलस्वरूप उनका कथासंसार अनेकत्र अविश्वसनीय हो गया है।

शोले में गुप्त जी ने कानपुर के मजदूर आन्दोलन का चित्रण किया है जिसमें साम्यवादी नेतृत्व में मजदूरों की संगठित शक्ति की पूँजीपति वर्ग पर विजय दिखाई गई है। *मशाल* में उत्तर प्रदेश के पूर्वांचल की पृष्ठभूमि में द्वितीय विश्वयुद्ध से उत्पन्न आर्थिक संकट, ब्रिटिश शासकों द्वारा भारतीय जनता के शोषण और राजनीतिक दमन, सन् 1942 के भारत छोड़ो आन्दोलन, कांग्रेस के वर्गीय स्वार्थ, भारत में कम्युनिस्ट पार्टी तथा प्रगतिशील राजनीतिक दलों के उदय और उनकी राजनीतिक गतिविधियों का चित्रण किया गया है। मुस्लिम समाज का संवेदना और सहानुभूति से पूर्ण अंकन भी इस उपन्यास में हुआ है।

गंगा मैया और *सत्ती मैया का चौरा* गुप्त जी के सर्वश्रेष्ठ उपन्यास माने जाते हैं। इनमें भी लेखक की वर्गचेतना और साम्यवाद के प्रति प्रतिबद्धता मुखरित है। किसानों और जमींदारों

के आपसी संघर्ष और किसानों की विजय का चित्रण इन उपन्यासों का प्रमुख उद्देश्य है। अभावग्रस्त ग्रामीणों के पारस्परिक वैमनस्य, विरादरी के लोगों द्वारा ही कृषक वर्ग के हितों का विरोध, किसानों के विरुद्ध जमींदारों से मिली पुलिस के हथकंडे और रिश्वतखोरी, उच्चवर्गीय संस्कारों और रीतिरिवाजों का अनुकरण करते मध्यवर्ग की परेशानी, मध्यवर्गीय हिन्दू परिवारों में विधवाओं की स्थिति, प्रचलित रीतिरिवाजों के खोखलेपन आदि का *गंगा मैया* में उत्साह के साथ चित्रण किया गया है। मटरू सिंह पहलवान के रूप में उपन्यासकार ने एक निर्भय, साहसी, उदार और न्याय के लिए मर मिटने वाले समाजवादी नायक का निर्माण किया है जिसके नेतृत्व में किसान मजदूर अपने हक की लड़ाई लड़ते हैं। इस उपन्यास का कृषक मजदूर वर्ग साम्यवादी चेतना से युक्त होने के कारण अपने भविष्य के प्रति आश्वस्त है इसलिए वह विषमताओं और शोषण के सामने सिर नहीं झुकाता बल्कि उनसे जूझता है।

सत्ती मैया का चौरा में किसानों के शोषण के साथ-साथ उनकी वर्ग चेतना और जुझारू संघर्ष का अंकन हुआ है। इसके साथ-साथ ग्रामीण जीवन के अभिशाप के रूप में नेताओं, सरकारी अफसरों, पंडों-पुरोहितों, शिक्षण-संस्थानों आदि का चित्रण किया गया है। हिन्दू-मुस्लिम साम्प्रदायिकता को वर्ग भेद की पृष्ठभूमि में समझने का प्रयास भी उल्लेखनीय है। इसमें प्रेस मजदूरों की हड़ताल का चित्रण भी किया गया है, जिसमें अन्ततः मजदूरों को सफलता मिलती है। *जंजीरें* में भी साम्यवादी चेतना से सम्पन्न 'नये' आदमियों के माध्यम से सामन्ती व्यवस्था की जंजीरों से मुक्ति पाने की तत्परता की ओर संकेत है। इसमें भी वर्गीय चेतना से सम्पन्न किसान एकजुट होकर जमींदार, सरकारी तन्त्र और कांग्रेसी नेताओं से संघर्ष करते हैं।

कृषक-मजदूर वर्ग के साथ-साथ स्त्रियों तथा मध्यवर्ग के प्रति भी लेखक की वैचारिक और भावनात्मक प्रतिबद्धता दिखाई पड़ती है। *जंजीरें* में सामन्ती समाज के अन्तर्विरोधों के बीच स्त्री की नियति को पहचानने की कोशिश की गयी है। आशा, कालिन्दी और रम्भा में भी विभिन्न समुदायों में समान रूप से नारकीय स्थितियों से गुजरती स्त्रियों की भाग्यगाथा प्रस्तुत की गयी है। लेखक का इशारा इस विचार की ओर है कि साम्यवादी व्यवस्था की स्थापना से नारी को इन स्थितियों से मुक्ति मिल सकती है।

समाज के परिवर्तन में मध्यवर्ग की भूमिका को *धरती, अन्तिम अध्याय, नौजवान, भाग्यदेवता* आदि उपन्यासों में प्रस्तुत किया गया है। *धरती* के केन्द्रीय पात्र मोहन का संघर्ष उसके सर्जक साहित्यकार का संघर्ष है जो उपन्यास में सफलतापूर्वक प्रस्तुत हुआ है।

सामाजिक प्रतिबद्धता के बावजूद औपन्यासिक विजन, शिल्प और भाषा की दृष्टि से भैरव प्रसाद गुप्त एक बड़े उपन्यासकार के रूप में अपनी पहचान बना पाने में समर्थ नहीं हो सके हैं। इसका एक कारण उनके कथ्य का एक ऐसी विचारधारा से आक्रान्त होना है जो समय की कसौटी पर खरी नहीं उतरी है। शिल्प और भाषा की सपाटता भी उनके उपन्यासों को औसत स्तर से ऊपर नहीं उठने देती । शिल्प का कोई नयापन उनके उपन्यासों में नहीं है और उनकी भाषा भोजपुरी शब्दों के सार्थक प्रयोगों के बावजूद सर्जनात्मकता के किसी विशिष्ट स्तर पर नहीं पहुँच पाई है।

नागार्जुन (ज.1910) स्वतन्त्र भारत के प्रथम उपन्यासकार हैं जिन्होंने प्रेमचन्द की औपन्यासिक परम्परा को पुनरुज्जीवित ही नहीं किया, उसे पुष्ट भी किया। 1936 में प्रेमचन्द के निधन के बाद हिन्दी उपन्यास आश्चर्यजनक रूप से ग्राम-विमुख हो गया था। यह स्थिति

तब तक बनी रही जब तक नागार्जुन ने अपने प्रथम उपन्यास *रतिनाथ की चाची* (1948) द्वारा इस गतिरोध को नहीं तोड़ा। *रतिनाथ की चाची* के बाद नागार्जुन के *बलचनमा* (1952), *नयी पौध* (1953), *बाबा बटेसरनाथ* (1954), *वरुण के बेटे* (1957), *दुखमोचन* (1957), *उग्रतारा* (1963), *हीरक जयन्ती* (1963), *जमनिया का बाबा* (1968), *कुम्भीपाक* आदि उपन्यास प्रकाशित हुए।

नागार्जुन प्रेमचन्द की परम्परा के उपन्यासकार हैं। प्रेमचन्द ने उत्तर प्रदेश के अवध-बनारस क्षेत्र के किसानों की कथा के माध्यम से समस्त उत्तर भारत के किसानों की भाग्यगाथा प्रस्तुत की थी। नागार्जुन ने भी यही काम मिथिलांचल के गाँवों को अपनी कथाभूमि बनाकर किया। नागार्जुन के सामने मिथिला का सामाजिक रूढ़ियों में बुरी तरह जकड़ा हुआ समाज था, जहाँ विधवाओं को जीवित मृत होने की पीड़ा भुगतनी पड़ती थी, जहाँ आठ-दस वर्ष की बालिकाओं का विवाह साठ-पैंसठ वर्ष के बूढ़ों से कर दिया जाता था, जहाँ कुलीनता के नाम पर एक व्यक्ति से दर्जनों कन्याएँ ब्याह दी जाती थीं, जिसके चलते या तो विवाहित युवतियाँ घोर यातना का जीवन व्यतीत करती थीं अथवा व्यभिचार के लिए बाध्य होती थीं। *रतिनाथ की चाची* तथा *नयी पौध* में नारी शोषण की समस्या को नागार्जुन ने गहरी संवेदना के साथ प्रस्तुत किया है और उसका अपने ढंग से समाधान भी प्रस्तुत किया है। धर्म के नाम पर मठों की स्थापना, चोरबाजारी, मुनाफाखोरी, व्यभिचार आदि का चित्रण भी नागार्जुन अपने उपन्यासों में करते हैं। *दुखमोचन* और *जमनिया का बाबा* में मुख्य रूप से इन्हीं विषयों का अंकन हुआ है। पर हिन्दी में नागार्जुन की पहचान उनके उन उपन्यासों से बनती है, जो किसानों और कृषक मजदूरों के जीवन का चित्रण करते हैं। प्रेमचन्द ने भी अपने उपन्यासों में किसानों की जिन्दगी का चित्रण किया था, पर प्रेमचन्द से नागार्जुन की एक भिन्नता इस अर्थ में है कि प्रेमचन्द ने मुख्यतः वैसे किसानों की भाग्यगाथा प्रस्तुत की, जिनके पास थोड़ी बहुत जमीन थी, जबकि नागार्जुन के किसान भूमिहीन और बँधुआ मजदूर के रूप में एक अभिशप्त जिन्दगी जीते हैं।

यों तो *रतिनाथ की चाची* से ही नागार्जुन जमींदारों द्वारा किसानों की बेदखली, जमींदारों के विरुद्ध किसानों के संघर्ष आदि का चित्रण आरम्भ कर देते हैं, पर यहाँ उस सम्भावना का संकेत मात्र मिलता है जो *बलचनमा, बाबा बटेसरनाथ* और *वरुण के बेटे* आदि में अपने वास्तविक रूप में सामने आती है। *बलचनमा* में मिथिलांचल के ग्रामीण जीवन का कटु और नग्न यथार्थ अपनी सम्पूर्ण प्रखरता में चित्रित हुआ है। यद्यपि यह एक पात्र विशेष की, उसकी आत्मकथा के रूप में प्रस्तुत, कहानी है पर वह पात्र, बलचनमा, सम्पूर्ण निम्नवर्ग का प्रतीक है। यह ग्रामीण निम्नवर्ग सदियों से जमींदारों के शोषण और दमन का शिकार है, जिसके सदस्यों से, जिनमें बच्चे और स्त्रियाँ भी शामिल हैं, जमींदार उसी प्रकार काम लेता है जैसे अपने पालतू पशुओं से। बलचनमा एक ऐसे परिवार का सदस्य है, जिसमें सब के सब मजदूर ही हैं। उसकी माँ और बहन, और बचपन से ही वह खुद, जमींदार के यहाँ 'खवासी' करते हैं। इतना ही नहीं जमींदार उसकी बहन को अपनी कामवासना का शिकार बनाने की कोशिश भी करता है। मजदूरों की स्त्रियों के काम शोषण का, जो वास्तविक जीवन की एक सच्चाई थी, चित्रण प्रेमचन्द के उपन्यासों में नहीं मिलता। नागार्जुन ने अपने उपन्यासों में इसे स्थान देकर मजदूरों के शोषण को और भी तीखा बना दिया है। यह दशा केवल बलचनमा की ही

नहीं है, बल्कि उसके जैसे अन्य सभी किसान-मजदूर इन अमानवीय स्थितियों के शिकार हैं।

बलचनमा केवल इसलिए एक उल्लेखनीय उपन्यास नहीं है कि इसमें कृषक-मजदूरों पर जमींदारों के अत्याचार और शोषण का चित्रण किया गया है। यह काम प्रेमचन्द ने कहीं ज्यादा तीखे और धारदार रूप में किया था। पर प्रेमचन्द ने जमींदारों के विरुद्ध किसानों के विद्रोह का चित्रण नहीं किया। उनके उपन्यासों में किसानों का विद्रोह केवल संकेतित होकर रह गया है। प्रेमचन्द किसानों की समस्याओं के समाधान के लिए उनके संगठन की आवश्यकता का अनुभव तो करते हैं, पर उनके उपन्यासों के किसान किसी संगठन का निर्माण कर जमींदारों के विरुद्ध आन्दोलन नहीं करते। *गोदान* का गोबर स्वभाव से विद्रोही है पर वह अपने विद्रोह को सक्रिय रूप नहीं दे पाता। दूसरी तरफ बलचनमा गोबर की ही तरह साधारण और निरक्षर होने के बावजूद एक ऐसी राजनीतिक चेतना से सम्पन्न है, जो उसे विशिष्ट बना देती है। उसे यह चेतना एक उदार कांग्रेसी नेता के (फूल बाबू) साथ पटना आने और उनके साथ रहने से प्राप्त होती है। फूल बाबू के जेल चले जाने के बाद वह पटना में ही उनके एक मित्र परिवार के साथ रहता है जहाँ उसके अनुभव, सोचने समझने की क्षमता और राजनीतिक चेतना में और भी प्रखरता आती है। फूल बाबू के जेल से लौटने पर उसे उन्हीं के साथ दरभंगा के कांग्रेस आश्रम में रहने का अवसर मिलता है जहाँ वह फूल बाबू तथा अन्य कांग्रेसी नेताओं के असली चेहरे देखता है। वह पाता है कि ये नेता अपने वर्गीय चरित्र को तनिक भी छोड़ नहीं पाये हैं। वह देखता है कि दैवी विपत्तियों से ग्रस्त किसानों की राहत के लिए जो सरकारी अनुदान मिलता है, उसे कांग्रेसी नेता अपने सम्बन्धियों में बाँट देते हैं और किसान ताकता रह जाता है। आश्रम में रहकर वह सत्याग्रह आन्दोलन तथा कांग्रेसी नेताओं के दाँवपेंच भी देखता है। इसके साथ ही सोशलिस्ट कार्यकर्ताओं के साहचर्य तथा स्वामी सहजानन्द सरस्वती और शर्मा जी जैसे कम्युनिस्ट नेताओं के भाषण सुनकर वह शोषकों और शोषितों के वर्गीय स्वार्थों तथा तत्कालीन राजनीतिक और सामाजिक समस्याओं के वास्तविक स्वरूप को समझने की क्षमता प्राप्त करता है।

इस प्रकार बलचनमा की राजनीतिक चेतना क्रमशः विकसित होती है, जो नागार्जुन की चरित्र-निर्माण की दिशा में सबसे बड़ी उपलब्धि है। और इसी क्रम में वह पहले किसान आन्दोलन का सिपाही और फिर अगुआ बन जाता है। यह वह समय था जब जमींदारों के खिलाफ किसानों का आन्दोलन जोर पकड़ने लगा था और जमींदार अपनी अस्तित्व-रक्षा के लिए अन्तिम लड़ाई लड़ रहे थे। जमींदार सामूहिक पैमाने पर किसानों को उनकी जोत से बेदखल करने की साजिश करने लगे थे। किसानों ने स्वामी जी, राहुल सांकृत्यायन आदि नेताओं की अगुआई में इसके खिलाफ मोर्चा लिया था। बलचनमा भी इस आन्दोलन में शामिल हो जाता है। वह जमींदार के खिलाफ किसानों को संगठित करता है, और कथा समाप्त होते समय हम उसे जमींदार के गुंडे की लाठी के प्रहार से गिरते हुए देखते हैं।

वस्तु या थीम की दृष्टि से *बाबा बटेसरनाथ* बलचनमा का पूरक कहा जा सकता है। बलचनमा यदि किसानों के तत्कालीन जीवन-यथार्थ का चित्रण करता है तो *बाबा बटेसरनाथ* हमें उनके अतीत में ले जाता है। वस्तुतः किसानों का शोषण तो लम्बे समय से चला आ रहा था जिसका जीवन्त इतिहास *बाबा बटेसरनाथ* में प्रस्तुत किया गया है। औपनिवेशिक शासन में किसानों पर जमींदारों और सरकारी अमलों, विशेषकर पुलिस के अत्याचारों, किसानों

की निर्धनता, अकाल और भुखमरी, बाढ़ और उससे उत्पन्न तबाही, स्वाधीनता की लड़ाई आदि का इतना जीवन्त चित्रण अन्यत्र नहीं मिलता। *वरुण के बेटे* में नागार्जुन ने मिथिला के जमींदारों से वहाँ के मछुआरों के संघर्ष का चित्रण किया है। इस उपन्यास में एक तरफ मछुआरों की अभाव और कश-म-कश की जिन्दगी का तो दूसरी तरफ जमींदारों के विरुद्ध उनके संघर्ष और उसमें उनकी विजय का भी चित्रण हुआ है। अपने एक उपन्यास *हीरक जयन्ती* में नागार्जुन ने समकालीन शासक वर्ग के नेताओं की चरित्र-भ्रष्टता और स्वार्थपरता का यथार्थ चित्रण किया है। एक कांग्रेसी नेता नरपत नारायण सिंह की हीरक जयन्ती मनाने के बहाने तत्कालीन नेताओं का जो चरित्र सामने आता है, वह अपने समय का एक सुपरिचित तथ्य है। नागार्जुन की विशेषता यह है कि उन्होंने अपनी व्यंग्यप्रधान शैली में इस यथार्थ को सजीव बना दिया है।

यद्यपि नागार्जुन समाजवादी-यथार्थवादी उपन्यासकार माने जाते हैं, पर यह धारणा केवल *बलचनमा* पर आधारित है। अपने अन्य उपन्यासों में वे प्रेमचन्द से भी बढ़कर सुधारवादी और आदर्शवादी हैं। यह अलग बात है कि उनका सुधारवाद 'प्रगतिवादी' ढंग का होने के कारण मार्क्सवादी आलोचकों को खटकता नहीं। केवल *बलचनमा* इस दोष से प्रायः मुक्त है। उनके प्रायः प्रत्येक उपन्यास के अन्त में युवक-युवतियों का ऐसा दल बन जाता है जो सामाजिक बुराइयों और आर्थिक शोषण के खिलाफ संघर्ष करता है और उसमें सफल होता है। *नयी पौध* में प्रगतिशील युवकों का दल किशोरी बिसेसरी के साठवर्षीय चौधरी से विवाह का विरोध करता है और इस विवाह को रोकने में सफल होता है। इतना ही नहीं उसका विवाह एक युवक से, नयी पद्धति से, कराकर एक नया आदर्श भी पेश किया जाता है। *बाबा बटेसरनाथ* में किसानों का ऐसा मजबूत संगठन है कि उसके सामने जमींदार को मुँह की खानी पड़ती है। *वरुण के बेटे* के अन्त में मछुआ संघ की स्थापना होती है जो मछुआरों के हितों के लिए लड़ता है। *दुखमोचन* की परिकल्पना तो पूरी तरह से आदर्शवादी पद्धति पर हुई है। *उग्रतारा* में विधवा विवाह का प्रतिपादन बहुत ही अतिरंजित रूप में किया गया है। इस प्रकार नागार्जुन के अधिकतर उपन्यासों का स्वर आदर्शवादी ही नहीं, प्रचारवादी भी हो गया है। *बलचनमा* इसका अपवाद है जिसके कारण वह एक उल्लेखनीय उपन्यास बन गया है।

औपन्यासिक शिल्प की दृष्टि से भी नागार्जुन के उपन्यास किंचित् उल्लेखनीय हैं। उनका पहला उपन्यास *रतिनाथ की चाची* कथाशिल्प की सामान्य प्रविधि—उपन्यासकार के अवलोकनबिन्दु से कथावर्णन और दृश्ययोजना में बारी-बारी से परिवर्तन--का अनुगमन करता है, पर इस प्रविधि गें नागार्जुन कोई विशेषता ला गाने में सफल नहीं हुए हैं। इसके बाद नागार्जुन ने उपन्यास के ही किसी पात्र के अवलोकन बिन्दु से कथा प्रस्तुत करने की प्रविधि का प्रयोग किया और इसमें उन्हें उल्लेखनीय सफलता मिली। *बलचनमा* इस प्रविधि का अच्छा नमूना है। चरित्रप्रधान उपन्यास के लिए, विशेषकर वैसे उपन्यास के लिए जिसका उद्देश्य किसी पात्र का व्यक्तिचित्र प्रस्तुत करना होता है, आत्मकथात्मक प्रविधि सर्वाधिक उपयोगी होती है। *बलचनमा* में इस प्रविधि का चुनाव कर नागार्जुन ने कलात्मक सूझबूझ का परिचय दिया है। *बलचनमा* की भाषा में आंचलिक प्रयोगों का बाहुल्य है। यह आंचलिकता इस शिल्प विशेष के कारण ही सार्थक बन पायी है। यदि किस्सागो की भूमिका में स्वयं उपन्यासकार ने ये प्रयोग किये होते तो उनकी कोई सार्थकता नहीं होती। पर *बलचनमा* में स्वगत चिन्तन या

पाठक से बातचीत के रूप में आंचलिक प्रयोग न केवल उसके चरित्र को स्वाभाविकता प्रदान करते हैं, वरन् उस वातावरण को भी सजीव बना देते हैं जिसमें बलचनमा जी रहा है। अपने दूसरे उपन्यास *बाबा बटेसरनाथ* में नागार्जुन ने फैंटेसी की प्रविधि का प्रयोग किया है। बाबा बटेसरनाथ एक पुराने बटवृक्ष का मानवीय प्रतिरूप है। जैकिसुन नामक युवक की स्वप्नावस्था में, जो इस वृक्ष के नीचे सो रहा है, यह बरगद मनुष्य का रूप धारण कर उसकी चेतना में प्रवेश करता है और उसके बाप-दादों की कहानी, जिसका वह साक्षी रहा है, सुनाता है। यद्यपि यथार्थवादी दृष्टि से यह प्रविधि अस्वाभाविक प्रतीत हो सकती है पर इसके माध्यम से नागार्जुन को औपनिवेशिक शोषण के शिकार किसानों के सौ वर्षों के अतीत की जीवनगाथा प्रस्तुत करने की सुविधा भी मिल गयी है। बलचनमा की तरह ही बाबा बटेसरनाथ भी पाठकों से गहरी आत्मीयता स्थापित कर लेने में सफल है। वह अतीत की कहानी इतने सहज और प्रामाणिक ढंग से प्रस्तुत करता है कि उसके अस्तित्व की अस्वाभाविकता भी अखरती नहीं। यह कहानी एक पात्र के भीतर से उगती है और उसी के साथ विकसित होती है; यही कारण है कि वह इतनी प्रभावशाली बन सकी है। नागार्जुन के अन्य उपन्यासों में शिल्प सम्बन्धी कोई विशेषता नहीं है।

भाषा प्रयोग की दृष्टि से नागार्जुन प्रेमचन्दीय परम्परा के लेखक हैं, पर उन्होंने औपन्यासिक भाषा को नया आयाम भी दिया है। *बलचनमा* और *बाबा बटेसरनाथ* में नागार्जुन की भाषा उनके अन्य उपन्यासों की तुलना में ही विशिष्ट नहीं है, वरन् समस्त हिन्दी उपन्यास साहित्य में अपनी अलग पहचान बनाने में समर्थ हो गयी है। यह भाषा सरल होकर भी इतनी प्रखर, प्रवाहपूर्ण, सटीक और शब्द-मितव्ययी है कि उसका चित्त पर सीधा प्रभाव पड़ता है। सम्बोधन की भाषा होने के कारण उसमें आत्मीयता पैदा करने की भी अपूर्व क्षमता है। नागार्जुन को आंचलिक उपन्यासकार के रूप में भी ख्याति मिली है जिसका कारण *बलचनमा* में बहुलता से प्राप्त होने वाले आंचलिक शब्द और जुमले हैं। भाषागत आंचलिकता प्रेमचन्द के उपन्यासों में भी मिलती है, पर नागार्जुन उससे आगे बढ़कर मिथिलांचल में प्रयुक्त होने वाले वैसे शब्दों और मुहावरों का निर्बाध प्रयोग करते हैं जो न केवल परिनिष्ठित हिन्दी में स्वीकृत नहीं हैं, वरन् जिनसे हिन्दी का सामान्य पाठक परिचित भी नहीं है। *बलचनमा* में यह भाषागत आंचलिकता सार्थक है क्योंकि यह उपन्यास बलचनमा की आपबीती के रूप में उभरता है। इसीलिए नागार्जुन उससे ऐसी भाषा का प्रयोग कराते हैं जो उसके व्यक्तित्व के साथ अभिन्न रूप से जुड़ी हुई है। पर नागार्जुन के ही अन्य उपन्यासों में यह भाषा अपनी सार्थकता खो बैठी है।

नागार्जुन भाषा के अनुशासन के कायल नहीं जान पड़ते। उनकी अनवधानता उनके शिल्प को ही नहीं, उनकी भाषा को भी कमजोर बनाती है। नलिन विलोचन शर्मा ने तो *दुखमोचन* की समीक्षा लिखते हुए यहाँ तक कह दिया था कि "यदि कुछेक ऐसी पुस्तकें पाठ्यक्रम में स्वीकृत रहें तो अध्यापकों का काम एक हद तक सरल हो जाए—अशुद्ध प्रयोगों के निर्देश के लिए अशुद्धि ढूँढ़ने में उन्हें श्रम नहीं करना पड़ेगा। यह टिप्पणी नागार्जुन के उपन्यासों की भाषिक अशुद्धियों के प्रति कठोर, पर सही है।

अमृतलाल नागर (ज.1916) का पहला उपन्यास *महाकाल* 1947 ई. में प्रकाशित हुआ, पर उल्लेखनीय उपन्यासकार के रूप में उन्हें स्वीकृति *बूँद और समुद्र* (1956) से मिली। इसके

बाद उनके *शतरंज के मोहरे* (1959), *सुहाग के नूपुर* (1960), *अमृत और विष* (1966), *सात घूँघट वाला मुखड़ा* (1968), *एकदा नैमिषारण्ये* (1972), *मानस का हंस* (1972), *नाच्यो बहुत गोपाल* (1978), *खंजन नयन* (1981), *बिखरे तिनके* (1982), *अग्निगर्भा* (1983), *करवट* (1985), *पीढ़ियाँ* (1990) आदि उपन्यास प्रकाशित हुए।

कथ्य की दृष्टि से नागर जी के उपन्यासों को तीन कोटियों में विभाजित किया जा सकता है। पहली कोटि में वे उपन्यास आते हैं, जो सामाजिक यथार्थ से जुड़े हुए हैं। इनमें मुख्य रूप से *बूँद और समुद्र, अमृत और विष* तथा *नाच्यो बहुत गोपाल* उल्लेखनीय हैं। दूसरी कोटि में वे उपन्यास परिगणनीय हैं जिनका चित्रणीय विषय 1851-1950 की सदी का सामाजिक और राजनीतिक परिवर्तन है। इन उपन्यासों में *करवट* और पीढ़ियाँ उल्लेखनीय हैं। तीसरी कोटि में ऐतिहासिक-सांस्कृतिक उपन्यास हैं। ये उपन्यास भी दो प्रकार के हैं। *मानस का हंस* और *खंजन नयन* ऐतिहासिक कवि पुंगवों 'तुलसी और सूर' के जीवन को आधार बनाकर लिखे गये उपन्यास हैं, जबकि *शतरंज के मोहरे, सुहाग के नूपुर, सात घूँघट वाला मुखड़ा,* और *एकदा नैमिषारण्ये* प्राचीन और मध्यकालीन भारत के इतिहास और संस्कृति का चित्र प्रस्तुत करते हैं। इससे स्पष्ट है कि नागर जी का कथासंसार बहुत व्यापक और वैविध्यपूर्ण है। सच पूछें तो नागर जी इस दृष्टि से प्रेमचन्दोत्तर युग के सबसे बड़े उपन्यासकार हैं।

पहले हम नागर जी के उन उपन्यासों पर विचार करें जिनमें समकालीन जीवन के यथार्थ का चित्रण हुआ है। *बूँद और समुद्र* इनमें प्रथम है। *बूँद और समुद्र* दिक् और काल के अपेक्षाकृत सीमित फलक पर लिखे जाने के बावजूद महाकाव्यात्मक आयाम का उपन्यास है। स्थान की दृष्टि से इसका कथा संसार लखनऊ के चौक मुहल्ले और उसकी गलियों तक सीमित है, यद्यपि थोड़ी देर के लिए कथा लखनऊ के उपनगरीय क्षेत्र और मथुरा, वृन्दावन का भी स्पर्श करती है। उपन्यास में कथा का काल अनिर्दिष्ट है पर वह एक सीमित अवधि में ही, भारतीय गणतन्त्र की स्थापना के इर्दगिर्द, सिमटा प्रतीत होता है। फिर उपन्यास के महाकाव्यात्मक आयाम का आधार क्या है? वह आधार है, उपन्यास में सैकड़ों पात्रों की उपस्थिति और उनका कर्म-समारोह। वस्तुतः नागर जी ने चौक के हर गली कूचे की दूकानों और अटारियों में पात्रों को बसा कर उन्हें गुलजार बना दिया है। इसके पात्र यदि कुछ समय के लिए बाहर निकलते भी हैं तो शाम को या कुछ दिनों के बाद अपनी गली में ही लौट आते हैं। यह एक सजीव और रोचक संसार है जो पाठक को नये जीवन्त अनुभवों से जोड़ता है। नागर जी ने अपनी तरफ से उपन्यास को ''देश के मध्यवर्गीय नागरिक समाज का गुणदोष भरा चित्र'' (उपन्यास की भूमिका) कहा है, पर वस्तुतः *बूँद और समुद्र* में अनेक वर्गों के पात्र हैं। उपन्यास के मुख्य पात्र ताई, वनकन्या, सज्जन, महीपाल, कर्नल, शीला आदि मूलतः अभिजात वर्ग से सम्बद्ध हैं, पर उनका उपन्यास में चित्रित जीवन अभिजात स्थिति, मानसिकता और संस्कार का प्रतिनिधित्व नहीं करता। उनके चरित्र अपनी विलक्षण परिणतियों के कारण पाठक को ताजे अनुभव संसार से गुजारते हैं। इनके अतिरिक्त उपन्यास में अनेक वर्गों और स्तरों के पात्र हैं—लेखक, सम्पादक, कवि, चित्रकार, राजा, रईस, दूकानदार, डॉक्टर, व्यापारी, नेता, क्लर्क, पुजारी, शिक्षित-अशिक्षित स्त्रियाँ—जो अपनी चारित्रिक विविधता और कर्म कोलाहल से कथासंसार को एक उत्सव-मेला का रूप दे देते हैं।

बूँद और समुद्र का केन्द्रीय कथ्य क्या है? मेरी दृष्टि में इस उपन्यास का केन्द्रीय कथ्य

भारतीय नारी के जीवन की त्रासदी और ममता का अंकन है जो केन्द्रीय पात्र ताई के चरित्र के रूप में प्रस्तुत हुआ है। उपन्यास के अन्य स्त्री पात्र भी--वनकन्या, शीला स्विंग, चित्रा राजदान, बड़ी, नन्दो, कल्याणी, लाले की घरवाली, वनकन्या की भाभी, महिलाश्रम की नारियाँ आदि--सामन्ती मूल्यों से जकड़ी नारी की विवशता, घुटन, कुंठा, उत्पीड़न और इनसे मुक्ति के लिए संघर्ष का प्रतिनिधित्व करते हैं। पुरुष चरित्रों की विविधता भी कम आश्चर्यकारी नहीं है। ये पात्र अपने पूरे परिवेश के साथ प्रस्तुत किये गये हैं, इसलिए इनकी सजीवता और भी प्रभावी हो जाती है। इन पात्रों के माध्यम से उपन्यासकार पुरानी समाज व्यवस्था के अन्तर्विरोधों तथा उसके टूटने और बदलने का चित्रण करता है। बुद्धिजीवियों और मध्यवर्ग के पढ़े-लिखे लोगों की समस्याओं, रूढ़िगत संस्कारों, उच्चवर्ग से ग्रहण किये गये मिथ्या अहंकार, आस्था के संकट आदि का चित्रण भी उपन्यासकार का लक्ष्य है। उपन्यास का कथासंसार अत्यन्त व्यापक और वैविध्यपूर्ण है। एक ओर उसमें गली मुहल्लों में रहने वाले मध्यवर्गीय परिवार हैं, तो दूसरी ओर उच्च वर्ग के सम्पन्न व्यक्ति और ताल्लुकेदार भी हैं; एक ओर रूढ़ियों और अन्धविश्वासों से ग्रस्त पुरानी पीढ़ी है तो दूसरी ओर उसके विरोध में खड़ी युवा पीढ़ी भी है। चुनाव की राजनीति, सत्ताप्राप्ति के लिए अपनाये जाने वाले हथकंडों, राजनीतिक दलों की आपसी खींचातानी, पुलिस की धाँधली, न्यायालयों की न्याय देने में असमर्थता, मन्दिरों में फैले प्रपंच और भ्रष्टाचार, संस्कृति के नाम पर जारी रीतिरिवाजों के पाखंड, झूठी शान और आडम्बर से ग्रस्त मध्यवर्ग, प्रकाशकों की बेईमानी, साहित्यकार की विवशता आदि का व्यापक चित्रण उपन्यास में मिलता है। पर नागर जी केवल समाज में व्याप्त दुःख, शोषण, बेकारी, घुटन, अन्धविश्वास, अशिक्षा, नारी की विवशता, राजनीतिक क्षेत्र की मूल्यहीनता, बुद्धिजीवियों की स्वार्थपरता आदि का ही चित्रण नहीं करते, वरन् श्रेष्ठ मानवीय मूल्यों की बात भी उत्साह के साथ करते हैं। इसके लिए बाबा रामजी और कर्नल के चरित्र प्रस्तुत किये गये हैं। बाबा रामजी का पूरा जीवन मानवीय मूल्यों के प्रति समर्पित है। कर्नल भी आस्था और विश्वास का सजीव रूप है। इस प्रकार *बूँद और समुद्र* में उपन्यासकार का जो विजन सामने आता है वह समाज के समुद्र में व्यक्ति की अहम भूमिका का बोध पैदा करता है।

अमृत और विष कथ्य की दृष्टि से *बूँद और समुद्र* की परम्परा का ही उपन्यास है। पर इसका फलक *बूँद और समुद्र* की तुलना में अधिक व्यापक और वैविध्यपूर्ण है। *अमृत और विष* अपने समय का इतिहास तथा एक विराट् और वैविध्यपूर्ण युगसत्य का अनोखा स्पेक्ट्रम या क्रमहीन बहुरंगी बिम्बमाला है। इस उपन्यास के विजन में भारतीय गणतन्त्र के प्रथम पन्द्रह वर्षों का पूरा परिदृश्य साकार हो गया है। इस विजन में शहरी मध्यवर्ग की आर्थिक तंगदस्ती, संयुक्त परिवार की कड़वी विडम्बनाएँ, पुरुषप्रधान समाज में स्त्री की नियति, असमर्थ पुरानी पीढ़ी की सनकभरी मानसिकता, नैतिक मूल्यों की टकराहट और उससे धुआँती जिन्दगी की असहनीयता, अन्तरजातीय/अन्तरधर्मीय और विधवा से प्रेम-विवाह की स्थितियों से उत्पन्न सामाजिक-नैतिक समस्याएँ, पुराने और नये विचारों के द्वन्द्व से पैदा हुई स्थितियाँ, राजनीतिक जीवन में बढ़ते भ्रष्टाचार और उससे उत्पन्न युवा पीढ़ी का आक्रोश और कुंठा, पूँजीपतियों की सुरसामुखी हड़प नीति, राजनीतिज्ञों और पूँजीपतियों की मिलीभगत से होने वाली लूट, चुनावी भ्रष्टाचार, तिकड़म और चरित्रहनन, राजनीति में धनशक्ति और

गुंडाशक्ति का बढ़ता प्रभाव, बुद्धिजीवियों का चारित्रिक खोखलापन, ईमानदारी का जीवन जीनेवाले व्यक्तियों की मुश्किलें, झूठ और प्रपंच से भरे राजनीतिक माहौल में संवेदनशील लेखक की स्थिति, देश के तत्कालीन प्रधानमन्त्री जवाहरलाल नेहरू का स्वप्नदर्शी, पर यथार्थ से कटा दृष्टिकोण, नौकरशाही का संवेदनाशून्य, कठोर, खुशामदी और भ्रष्ट चरित्र, पूँजीपतियों और अन्य स्वार्थी तत्त्वों द्वारा प्रायोजित साम्प्रदायिक दंगे, प्राकृतिक आपदाओं से उत्पन्न संकट की स्थितियाँ, आर्थिक दृष्टि से ध्वस्त नवाबों और जमींदारों की गन्धाती जिन्दगी आदि शामिल हैं। उपन्यास के प्रमुख पात्र अरविन्द शंकर अपनी सारी संवेदना और अनुभव संसार को समेटे स्वयं भी एक उपन्यासकार हैं। उनका समय उनकी संवेदना और अनुभव जगत् में सैलाब की तरह उमड़ रहा है। इसे वे अपनी और अपने परिवार की कथा के माध्यम से प्रस्तुत करते हैं। नागर जी ने अपने कथाकार का अरविन्द शंकर में कायाप्रवेश कराकर कथासंसार को विश्वसनीय तथा नाटकीय प्रभाव से युक्त करने में अद्‌भुत सफलता प्राप्त की है।

अमृत और विष के कथासंसार की एक विशेषता यह भी है कि यह लखनऊ के चौक तक सीमित न रहकर पूरे लखनऊ शहर में फैला हुआ है। लखनऊ की गलियों, चौराहों, मुहल्लों, नवाबी कोठियों, बारादरियों आदि का ऐसा सजीव वर्णन और कहीं नहीं मिल सकता। लखनऊ में आयी ऐतिहासिक बाढ़ का वर्णन पढ़ते हुए पाठक रोमांचित हो उठता है। बाढ़पीड़ित लोगों की सहायता के लिए नवयुवक दल के साहसभरे प्रयत्नों का चित्रण भी बहुत जीवन्त है। इसी प्रकार साम्प्रदायिक दंगों के वर्णन में भी उपन्यासकार ने गहरी संवेदना और अवलोकन क्षमता का परिचय दिया है। इस पृष्ठभूमि में एक बिगड़े नवाब के दयनीय और बीभत्स जीवन का चित्रण भी बेजोड़ है। नागर जी ने इस उपन्यास में एक साथ लखनऊ के शहरी मध्यवर्गीय जीवन और देश की समकालीन मूल्यहीन राजनीति का चित्रण किया है। सारस लेक की कथा की कल्पना इसी उद्‌देश्य से की गयी है। इससे उपन्यास का फलक बहुत व्यापक हो गया है।

औपन्यासिक विज़न की दृष्टि से, *करवट* और *पीढ़ियाँ* को *बूँद और समुद्र* तथा *अमृत और विष* का पूरक माना जाए तो असंगत न होगा। *करवट* और *पीढ़ियाँ* अलग-अलग उपन्यासों के रूप में प्रकाशित होकर भी वस्तुतः एक उपन्यास-गुच्छ हैं; दोनों का कथाक्षेत्र गुख्यतः लखनऊ है और इनके अधिकतर पात्र एक ही परिवार की छह पीढ़ियों के सदस्य और कुछ पात्र तो एक ही हैं। *बूँद और समुद्र* तथा *अमृत और विष* की तुलना में इन उपन्यासों का कथाक्षेत्र भी व्यापक, कलकत्ता से लेकर बम्बई तक फैला हुआ है। काल की दृष्टि से *करवट* लगभग 1805-1905 और *पीढ़ियाँ* 1905-1942 की अवधि का इतिहास है। अपनी मौलिक शिल्पप्रविधि के द्वारा, लगभग चार दशकों की छलांग लगाकर, नागर जी *पीढ़ियाँ* में नवें दशक के राजनीतिक यथार्थ को भी प्रस्तुत करने में सफल हुए हैं। *बूँद और समुद्र* तथा *अमृत और विष* के कालफलक को देखें तो वह *पीढ़ियाँ* के कालफलक के अन्तराल की पूर्ति करता जान पड़ता है। इस प्रकार यदि हम *बूँद और समुद्र, अमृत और विष, करवट और पीढ़ियाँ* पर एक साथ नजर डालें तो नागर जी के औपन्यासिक विजन की विराटता का सही बोध होता है।

करवट की कथा एक खत्री परिवार की तीन पीढ़ियों से—लाला मुसद्‌दीलाल, उनके पुत्र

वंशीधर टंडन और पौत्र देशदीपक टंडन--सम्बद्ध है। इसके साथ ही तत्कालीन सामाजिक चेतना के विकास में योगदान करने वाली प्रगतिशील एवं प्रतिगामी शक्तियों के द्वन्द्व को प्रस्तुत करने के लिए अनेक आनुषंगिक कथाप्रसंगों और गौण पात्रों की सृष्टि की गयी है। उपन्यास की कथा से सम्बद्ध जिन ऐतिहासिक तथ्यों का उल्लेख किया गया है वे नितान्त प्रामाणिक हैं और इस प्रकार जो कथासंसार बनता है वह अत्यन्त विश्वसनीय, रोचक और आत्मीय बन गया है।

उपन्यासकार ने राजनीतिक घटनाओं को अधिक महत्त्व नहीं दिया है। यहाँ तक कि 1857 की क्रान्ति जैसी घटना की मात्र सूचना ही दी गयी है। वस्तुतः नागर जी का उद्देश्य इस अवधि में हुए राजनीतिक, सामाजिक, आर्थिक, शैक्षिक और नैतिक मूल्यों के परिवर्तन का इतिहास प्रस्तुत करना है। अँगरेजों के आगमन से भारतीय सामाजिक संरचना, रहन-सहन के ढंग और सोच में आये बदलाव का चित्रण नागर जी ने बहुत सूक्ष्मतापूर्वक किया है। उपन्यास के आरम्भ में लखनऊ के नवाबी शासन की ध्वस्त होती इमारत का बहुत ही सजीव चित्रण किया गया है। अवध पर ईस्ट इंडिया कम्पनी का शासन स्थापित होने के बाद आर्थिक लूट का जो सिलसिला शुरू हुआ, उसका भी नागर जी ने प्रामाणिक अंकन किया है। अँगरेजों की आर्थिक नीति के फलस्वरूप भारतीय बाजार में विलायती कपड़ों की भरमार हो गयी। हिन्दू व्यापारी विलायती कपड़े के व्यवसाय से धन बटोरने में जुट गये। फलस्वरूप भारतीय उद्योग दिनोदिन नष्ट होता गया। अँगरेजों की कृषिनीति भी किसानों के हित के प्रतिकूल थी, जिससे वे लगातार दरिद्र, कर्जदार और भूमिहीन होते जा रहे थे।

नागर जी ने इस उपन्यास में उत्तर भारत में अँगरेजी शिक्षा के प्रसार, धार्मिक-सामाजिक आन्दोलन, मध्यवर्ग के सामाजिक मूल्यों में होने वाले परिवर्तन आदि का भी चित्रण किया है। शुरू में भारतीय मध्यवर्ग अँगरेजी शासन का स्वागत करता है, उसे अपनी आर्थिक उन्नति का साधन बनाता है, पर जल्द ही उसका मोहभंग भी आरम्भ हो जाता है। उपन्यास के प्रमुख पात्र वंशीधर टंडन तक को ब्रिटिश शासन से टक्कर लेने की जरूरत महसूस होने लगती है, यद्यपि इस मानसिकता में बदलाव आता है उनके पुत्र डॉक्टर देशदीपक टंडन से जो अपने पिता से अधिक प्रगतिशील और आधुनिक है; उसके माध्यम से नवशिक्षित युवा वर्ग का अँगरेजों के प्रति आक्रोश सामने आता है।

कुल मिलाकर *करवट* भारत में सामन्ती व्यवस्था के अवशेषों पर पनपते ब्रिटिश उपनिवेशवाद के घिनौने चेहरे के उद्घाटन, भारतीय मध्यवर्ग के विकास और नयी चेतना को सामाजिक बदलाव की प्रेरणा के रूप में स्वीकार करनेवाली पुनर्जागरणकालीन मानसिकता का ऐतिहासिक दस्तावेज है।

पीढ़ियाँ में इसी इतिहास गाथा का अगला चरण प्रस्तुत किया गया है। *करवट* के अन्त में डॉ. देशदीपक टंडन के पुत्र जयन्त के जन्म का उल्लेख आता है। यही जयन्त टंडन *पीढ़ियाँ* का केन्द्रीय पात्र बनता है जिसके माध्यम से 1905-1942 की अवधि में पैदा हुई राजनीतिक जागृति और स्वाधीनता आन्दोलन का चित्रण किया गया है। जयन्त टंडन का पुत्र सुमन्त टंडन आजादी के बाद उत्तर प्रदेश का मुख्यमन्त्री बनता है और उसका पुत्र युधिष्ठिर टंडन लखनऊ के एक समाचारपत्र 'इवनिंग स्टार' में पत्रकार है। *पीढ़ियाँ* में इन तीनों पीढ़ियों में से जयन्त टंडन की पीढ़ी का ही किंचित् विस्तार और गहराई के साथ चित्रण हुआ है। सुमन्त

टंडन की पीढ़ी लगभग उपेक्षित है, जिसका कारण यह भी हो सकता है कि *बूँद और समुद्र* तथा *अमृत और विष* में इस पीढ़ी का अंकन उपन्यासकार पहले ही कर चुका था। पर उपन्यास में युधिष्ठिर टंडन की पीढ़ी भी अपने समकालीन समस्त आयामों के साथ सामने नहीं आती। इसके बावजूद *करवट, पीढ़ियाँ, बूँद और समुद्र* तथा *अमृत और विष* एक ऐसे औपन्यासिक विजन का निर्माण करते हैं, जो हिन्दी उपन्यास में इसके पहले इतने प्रभावशाली रूप में सामने नहीं आया था।

नागर जी का *नाच्यो बहुत गोपाल* उनके उपन्यासों में ही नहीं, समस्त हिन्दी उपन्यास में अपने ढंग का विशिष्ट उपन्यास है। वैसे तो समाज के दलित वर्ग का थोड़ा बहुत चित्रण नागर जी के पहले भी, प्रेमचन्द, बेचन शर्मा उग्र, ऋषभचरण जैन आदि के उपन्यासों में, हो चुका था, पर भंगी जीवन का इतने बड़े पैमाने पर, महाकाव्यात्मक विजन के साथ चित्रण इसके पहले नहीं हुआ था। *नाच्यो बहुत गोपाल* में भंगी समाज के इतिहास से लेकर उसके वर्तमान जीवन की नारकीयता का अद्‌भुत प्रामाणिकता और संवेदनात्मक गहराई के साथ चित्रण हुआ है। प्रायः इस प्रकार के प्रयासों में अनुभव की प्रामाणिकता का सवाल उठा करता है और नागर जी के प्रसंग में यह प्रश्न उठाया भी गया है। नागर जी को खुद भी इसका अहसास है और उन्होंने अपनी सीमाओं को स्वीकार करते हुए काव्यात्मक संवेदनशीलता के स्तर पर दलित जीवन से अपने तादात्म्य बोध को स्वीकार किया है। सामन्ती ब्राह्मण संस्कारों से मुक्त होकर भंगी समाज के जीवन की वास्तविकताओं और संस्कारों से संवेदनात्मक स्तर पर जुड़ने का नागर जी का प्रयास अद्वितीय है। इसके लिए उन्होंने न केवल भंगी समाज के इतिहास का गम्भीर अध्ययन किया है, वरन् इस समाज के व्यक्तियों के लम्बे-लम्बे इंटरव्यू लेकर और उनके निकट सम्पर्क में आकर उनसे भावनात्मक स्तर पर एकाकार होने की कोशिश भी की है। इसके फलस्वरूप नागर जी ने इस समाज का ऐसा प्रामाणिक और मार्मिक चित्रण किया है जो हिन्दी उपन्यास में बेमिशाल है।

नाच्यो बहुत गोपाल में नागर जी ने भंगी जीवन की नारकीय वास्तविकताओं को एक और आयाम से जोड़कर उसे तल्ख बना दिया है। भंगी जाति की एक ऐतिहासिक वास्तविकता यह भी है कि युद्धों में विजयी जातियों ने पराजित जातियों को भंगी कर्म करने के लिए विवश किया था। इस विवशताजन्य नारकीय अनुभव के अंकन के लिए नागर जी ने निर्गुनिया की कथा कल्पित की है जो जन्मना ब्राह्मण कन्या होकर भी पारिवारिक-सामाजिक स्थितियों तथा अपनी दुर्दमनीय काम भावना के कारण एक भंगी युवक से प्रेम कर बैठती है और उसके संग भाग जाती है। इसके बाद उसके ब्राह्मण से भंगी में रूपान्तरण तथा सामाजिक शोषण और अपमान की जिस प्रक्रिया और परिणति का साक्षात्कार होता है वह अत्यन्त बीभत्स, भयानक और अमानवीय है, जिससे गुजरना पाठक के लिए एक बिलकुल नया अनुभव है। यह अनुभव इस कारण और भी तीखा हो जाता है कि निर्गुनिया का शोषण एक दलित का ही नहीं, बल्कि एक नारी का शोषण भी है।

कामावेग और उससे संघर्ष की वस्तु या थीम नागर जी के औपन्यासिक विजन का एक उल्लेखनीय पक्ष रहा है जो *नाच्यो बहुत गोपाल* में भी पूरी तीव्रता के साथ प्रस्तुत हुआ है। ब्राह्मण कन्या निर्गुण की त्रासदी का मुख्य कारण उसका कामावेग ही है, जिसमें वह निरन्तर डूबती जाती है। 'निर्गुनिया' बनने के बाद भी वह इस कामावेग से उबर नहीं पाती, पर अपने

पति मोहन के प्रति प्रेम और मोहना डाकू के भय से वह अपने कामावेग से जूझने की शक्ति भी प्राप्त कर लेती है। काम और प्रेमनिष्ठा का यह द्वन्द्व भी *नाच्यो बहुत गोपाल* की एक उल्लेखनीय विशेषता है।

नागर जी की एक पहचान ऐतिहासिक उपन्यासकार के रूप में भी है, जिसकी तरफ आलोचकों ने अधिक ध्यान नहीं दिया है। अपने प्रथम ऐतिहासिक उपन्यास *शतरंज के मोहरे* से लेकर *खंजन नयन* तक नागर जी ने ऐतिहासिक उपन्यास को एकाधिक नये आयामों से युक्त किया है। *शतरंज के मोहरे* और *सात घूँघट वाला मुखड़ा* में उन्होंने अवध के नवाबी सामन्तवाद के ऐतिहासिक यथार्थ का प्रामाणिक और रोचक चित्रण किया है। पतन के गर्त में निरन्तर गिरते हुए नवाबी शासन का अँगरेजों के जबड़े में प्रवेश करने का चित्र बड़ा ही मार्मिक है। पर एक सफल ऐतिहासिक उपन्यासकार के रूप में नागर जी की पहचान उनके *एकदा नैमिषारण्ये* और *मानस का हंस* से ही बनती है। *एकदा नैमिषारण्ये* के औपन्यासिक विजन में भारतीय या हिन्दू संस्कृति के निर्माण का ऐतिहासिक आयोजन है जो नागर जी के अनुसार नैमिष आन्दोलन की देन है। इस आन्दोलन के द्वारा पुनर्जन्म, कर्मकांडवाद, उपासनावाद, ज्ञानमार्ग आदि का अन्तिम रूप से समन्वय हुआ था। इस समन्वय के मूल में राष्ट्रीय एकता का भाव था। ब्राह्मण और श्रमण संस्कृतियों का संघर्ष उस काल की राष्ट्रीय समस्या थी जिसके कारण देश छिन्न-भिन्न हो रहा था। ब्राह्मणों के ही एक प्रगतिकामी वर्ग ने श्रमण संस्कृति को वैदिक परम्परा से जोड़कर एक मिली-जुली संस्कृति का रूप दिया जो आज हिन्दू संस्कृति के नाम से जानी जाती है। नागर जी ने इसी सांस्कृतिक विजन को *एकदा नैमिषारण्ये* का आधार बनाया है। इस सांस्कृतिक पुनर्जागरण के पुरोधा के रूप में भार्गव सोमाहुति जैसे महर्षि नेता की कल्पना कर और उसे उपन्यास का केन्द्रीय पात्र बनाकर उपन्यासकार ने अपने विजन को सजीव बना दिया है। पौराणिक पात्रों को कथासंसार में यथार्थ मनुष्यों के रूप में प्रस्तुत करते हुए उपन्यासकार ने उन्हें ऐसी संकटपूर्ण स्थितियों से गुजारा है, जहाँ मनुष्य का सच्चा रूप अपनी समस्त गरिमा और कोमलता में प्रकट हुआ है। नारद मुनि का तुलसी वृन्दाओं के मकड़जाल में फँसना, सोमाहुति भार्गव की अनुपस्थिति में उनके घर पर भृगुवत्स के गुंडों का आक्रमण, लखनऊ में लक्ष्मण जन्मोत्सव का मेला और भार्गव सोमाहुति के द्वारा भारत की नागपत्नी प्रज्ञा की रक्षा आदि अनेक प्रसंग औपन्यासिक कल्पना की मनोरम सृष्टि हैं। मानव सम्बन्धों के अंकन में भी उपन्यासकार ने अपने समृद्ध अनुभव और मनोवैज्ञानिक अन्तर्दृष्टि का परिचय दिया है, जिसके फलस्वरूप एक सांस्कृतिक प्रसंग काव्योचित मार्मिकता से सराबोर हो गया है।

नागर जी के ऐतिहासिक उपन्यासों में *मानस का हंस* का स्थान शीर्षस्थ है। गोस्वामी तुलसीदास की जीवनी और व्यक्तित्व को आधार बनाकर उपन्यास लिखना एक ऐसा दुस्साध्य सृजनकर्म था जिसे सफलतापूर्वक सम्पन्न कर नागर जी अनायास ही हिन्दी उपन्यास साहित्य में विशिष्ट स्थान के अधिकारी बन गये हैं। यह काम दुस्साध्य इसलिए था कि एक ओर तो गोस्वामी जी की कोई प्रामाणिक जीवनी उपलब्ध नहीं है और दूसरी ओर उनके जैसे भक्त और महाकवि से तादात्म्य स्थापित करना, उनकी काया में प्रवेश कर उनकी आत्मा की ऊँचाई से बोलना किसी साधारण प्रतिभा के बूते की बात न थी। अमृतलाल नागर ने इस उपन्यास में अपनी प्रतिभा, अनुभूति सामर्थ्य और शिल्प कौशल से इन दोनों ही समस्याओं पर विजय

प्राप्त की है। इतिहास और चमत्कारपूर्ण किंवदन्तियों से बचते हुए नागर जी ने परम्परा और तुलसी की रचनाओं में उपलब्ध संकेतों के आधार पर तुलसी का व्यक्तित्व घड़ने का प्रयास किया है। उपन्यास में तुलसी के जन्म से लेकर उनकी मृत्यु तक का जो जीवनचरित प्रस्तुत हुआ है, वह इतना सजीव, तर्कसंगत और सुसम्बद्ध है कि कदाचित् ऐतिहासिक तथ्य न होते हुए भी वह पूर्णतः यथार्थ बन गया है। इस जीवनचरित में मोहिनी प्रसंग, विवादास्पद होते हुए भी, तुलसी के चरित्र को बहुत ऊँचाई पर पहुँचा देता है। मोहिनी प्रसंग *मानस का हंस* का एक अत्यन्त मार्मिक प्रसंग है जिसमें तुलसी का अपनी ही कमजोरियों से संघर्ष उनके चरित्र को उदात्त और मार्मिक बनाता है। तुलसी के भक्त रूप को प्रतिष्ठित करने के लिए उपन्यासकार ने उनकी भक्ति-भावना और भक्तिविरोधी सभी तत्त्वों—काम, अर्थ, यश, मोह और अहन्ता—के बीच संघर्ष और उन पर भक्ति के विजय का चित्रण किया है। इस चित्रण में मनोवैज्ञानिक अन्तर्दृष्टि का गम्भीर परिचय मिलता है। तुलसी का कवि भी रामभक्ति के प्रति ही समर्पित है और वह अपने स्वतन्त्र अस्तित्व के लिए सदा संघर्ष करते रहने पर भी अन्ततः अपने को राम भक्ति में ही लय कर देता है। तुलसी के इस रूप का नागर जी ने अभूतपूर्व तल्लीनता और सफलता के साथ चित्रण किया है।

मानस का हंस गोस्वामी तुलसीदास की कल्पित, किन्तु यथार्थ, जीवनी ही नहीं, अपने समय का सांस्कृतिक इतिहास भी है। इसके कथासंसार में यद्यपि राजनीतिक घटनाएँ भी अनुस्यूत हैं, पर उपन्यासकार का उद्‌देश्य उनके माध्यम से सांस्कृतिक परिवेश को सजीव बनाना ही है। काशी का सांस्कृतिक परिवेश तो उपन्यास में इतना सजीव है कि उपन्यासकार की सर्जनात्मक प्रतिभा का कायल होना पड़ता है। कट्टर ब्राह्मणवादी व्यवस्था से तुलसी का संघर्ष तत्कालीन सांस्कृतिक परिवेश के द्वन्द्वात्मक रूप को सामने लाता है। सामाजिक विडम्बनाओं के विरुद्ध तुलसी का व्यक्तिगत प्रतिरोध तथा विदेशी शासन के अत्याचारों का सामना करने के लिए जनता को सजग और शक्तिशाली बनाने की तुलसीदास की योजना उपन्यासकार की मौलिक उपलब्धि है।

खंजन नयन, मानस का हंस की ही परम्परा का, महाकवि सूरदास के जीवन पर आधारित उपन्यास है। सूरदास के भक्त और कवि व्यक्तित्व को उभारना ही उपन्यास का मुख्य उद्‌देश्य है। प्रतिकूल परिस्थितियों से संघर्ष करते हुए जन्मान्ध बालक सूर के चरित्र का विकास बहुत मार्मिक है। यह संघर्ष सामाजिक, राजनीतिक, आर्थिक और नैतिक-मनोवैज्ञानिक स्तर पर उसके जीवन पर्यन्त चलता रहता है, जिसकी आँच में तप कर सूर परम भक्त कवि सूरदास बनता है। सूरदास के व्यक्तित्व-निर्माण के क्रम में नागर जी ने तत्कालीन ऐतिहासिक-सांस्कृतिक पृष्ठभूमि का भी सजगता के साथ अंकन किया है। यद्यपि सर्जनात्मक दृष्टि से *खंजन नयन, मानस का हंस* की ऊँचाई नहीं प्राप्त कर सका है पर नागर जी की औपन्यासिक प्रतिभा की चमक इसमें भी दिखाई पड़ती है।

इस विवेचन से अमृतलाल नागर के औपन्यासिक विज़न की विराटता और वैविध्य का बोध होता है। इसके साथ ही औपन्यासिक शिल्प और भाषा की मौलिकता की दृष्टि से भी नागर जी एक अत्यन्त सजग और प्रयोगशील रचनाकार हैं। *बूँद और समुद्र* में उन्होंने उपन्यास की सुपरिचित प्रविधियों, दृश्यात्मक-परिदृश्यात्मक, का ही प्रयोग किया था, पर *अमृत और विष* में एक वैविध्यपूर्ण, व्यापक युगसत्य को प्रस्तुत करने के लिए उसके अनुरूप ही एक

ढीला-ढाला दिखने वाले शिल्प का आविष्कार किया है। इस उपन्यास का केन्द्रीय पात्र अरविन्द शंकर स्वयं एक उपन्यासकार है जिसकी संवेदना और अनुभव के संसार में उसका समय सैलाब की तरह उमड़ रहा है। वस्तुतः नागर जी ने अपने उपन्यासकार का अरविन्द शंकर के चरित्र में कायाप्रवेश करा कर कथासंसार को एक अद्‌भुत नाटकीय प्रभाव से संबलित कर दिया है। इस प्रविधि से कथा के ढेर सारे वर्णन और विचार आत्मकथा का संस्पर्श पाकर संवेदना सिक्त हो गये हैं। इसके साथ ही, अरविन्द शंकर के उपन्यास के रूप में जो नगरीय मध्यवर्ग की जिन्दगी सामने आती है, उसका अपना अलग स्वाद है। यह कथा अरविन्द शंकर की समय चेतना और संवेदना को अद्‌भुत नाटकीयता के साथ प्रस्तुत करती है। अरविन्द शंकर अपनी कल्पित कथा और आत्मकथा को एक साथ, समानान्तर रूप में, अग्रेसित करते हैं। उपन्यास के भीतर उपन्यास की यह प्रविधि हिन्दी में पहली बार नागर जी ने ही आविष्कृत की जिसका ऐतिहासिक महत्त्व भी निर्विवाद है। अपने अन्तिम उपन्यास *पीढ़ियाँ* में भी नागर जी ने इस प्रविधि का उपयोग, किंचित् परिवर्तित रूप में, उपन्यास के विजन के अनुरूप, किया है। *पीढ़ियाँ* के आरम्भिक अंश में केवल दृश्यात्मक प्रविधि काम में लायी गयी है, जिसमें कोई लम्बा वर्णन या कथन (नरेशन) नहीं है। इसके बाद इस प्रविधि को संबलित करने के लिए 'उपन्यास के भीतर उपन्यास' वाली प्रविधि की सहायता ली गयी है। *अमृत और विष* में चित्रणीय विषय वर्तमान से सम्बन्धित है, जबकि *पीढ़ियाँ* का विज़न अतीत में अवस्थित है। इसे प्रभावी रूप में प्रस्तुत करने के लिए कथा के केन्द्रीय पात्र जयन्त टंडन की डायरियों, पत्रों, उनके सम्पर्क में रहे व्यक्तियों के संस्मरणों तथा युधिष्ठिर टंडन द्वारा लिये गये साक्षात्कारों की युक्ति भी काम में लायी गयी है। इसके लिए नागर जी ने युधिष्ठिर टंडन को एक उपन्यास लेखक बना दिया है जो अपने बाबा जयन्त टंडन की डायरी तथा अपने पिता सुमन्त टंडन और बाबा के जीवित समकालीनों से लिये गये साक्षात्कारों से प्राप्त तथ्यों के आधार पर उपन्यास लिखता है जो स्वाधीनता आन्दोलन का समग्र चित्र प्रस्तुत करता है। इस प्रकार *पीढ़ियाँ* में भी एक अत्यन्त सर्जनात्मक शिल्प के द्वारा नागर जी ने अपने औपन्यासिक विजन को प्रभावशाली बनाया है।

मानस का हंस में नागर जी ने अपने तुलसीदास विषयक विजन को वर्तमान और अतीत दोनों काल-आयामों में अवस्थित करने का प्रयास किया है। उपन्यास खोलते ही पाठक अपने को एक अत्यन्त सजीव दृश्य के समक्ष पाता है जो वर्तमान में अवस्थित है। इसके बाद दृश्य पर दृश्य निर्मित होते चलते हैं जिन्हें 'नरेटर' के अवलोकन बिन्दु से किये गये वर्णनों से जोड़कर एक गतिशील दृश्य-श्रव्य शृंखला का निर्माण सम्भव होता है। पर तुलसी के व्यक्तित्व के सम्पूर्ण विजन को प्रस्तुत करने के लिए यह प्रविधि अपर्याप्त होती। अतः इसे सक्षम बनाने के लिए नागर जी ने कथा को वर्तमान और अतीत दोनों काल धरातलों पर अवस्थित कर दिया है। यहाँ से तुलसी की कथा वर्तमान में आगे भी बढ़ती है और प्रत्यग्दर्शन प्रविधि द्वारा पीछे भी लौटती है। इसके साथ ही तुलसी के निकट सम्पर्क में रहे पात्रों के अवलोकन बिन्दुओं के उपयोग द्वारा औपन्यासिक विजन को सम्पूर्णता प्रदान की गयी है। जहाँ ये अवलोकन बिन्दु भी अपर्याप्त होते हैं वहाँ स्वयं गोस्वामी जी का अपने अतीत का स्मरण और पुनरवलोकन औपन्यासिक विजन को सम्पूर्णता प्रदान करते हैं। कहीं-कहीं गोस्वामी जी अपना संस्मरण सुनाने की मनःस्थिति में भी दिखाई देते हैं जिससे कथा में एक नया स्वाद

आ जाता है। कुछ जीवन प्रसंग तुलसी की चेतना में पुनःस्मृत होते दिखाये गये हैं। यहाँ तुलसी का मस्तिष्क एक रंगमंच बन गया है जिस पर उनका अतीत मंचित होता जान पड़ता है। इस प्रकार नागर जी ने अनेक अवलोकन बिन्दुओं के मिश्रण से अपने औपन्यासिक विजन को रूप प्रदान किया है।

नाच्यो बहुत गोपाल में भी दलित समाज विषयक बहुआयामी विजन को बहुप्रचलित दृश्यात्मक-परिदृश्यात्मक प्रविधि में प्रस्तुत करना सम्भव न था। एतदर्थ उपन्यासकार ने निर्गुनिया और अंशुधर शर्मा के रूप में दो प्रमुख अवलोकन बिन्दुओं की योजना की है। उपन्यास में 'नरेटर' के रूप में उपन्यासकार कहीं नहीं आता। वह अपनी भूमिका अंशुधर शर्मा को सौंपकर स्वयं नेपथ्य में ही बना रहता है, जिसके फलस्वरूप कथाकथन किस्सागोई की अनघड़ प्रविधि से छुटकारा पाकर नाटकीय तीव्रता के प्रभाव से युक्त हो जाता है। निर्गुनिया की कहानी की प्रस्तुति के लिए उपन्यासकार कई अवलोकन बिन्दुओं का प्रयोग करता है। कहीं निर्गुनिया स्वयं अपनी कहानी अंशुधर शर्मा को सुनाती है, कहीं उसकी नोटबुक से, उसी की टूटी-फूटी भाषा में, उसकी कहानी पाठकों के सामने आती है; कहीं पाठक अपने को अंशुधर शर्मा के मस्तिष्क में अवस्थित पाता है, जहाँ वह उनकी प्रतिक्रियाओं का सहभोक्ता बनता है; कहीं अंशुधर शर्मा निर्गुनिया की नोटबुक के अस्पष्ट विवरणों का उसी से खुलासा कराते हैं। इस प्रकार पाठक को अत्यन्त स्वाभाविक रूप में निर्गुनिया की कहानी अपनी सम्पूर्णता में प्राप्त होती है। कहानी एक साथ अतीत और वर्तमान में संचरण करती है। एक जगह अंशुधर शर्मा के अनुरोध पर निर्गुनिया अपनी आपबीती सुनाती है और अंशुधर शर्मा उसकी कहानी का निर्माण अपने ढंग से करते हैं। यह एक नया अवलोकन बिन्दु है जिसका अपना अलग स्वाद है। इस प्रविधि के भीतर दृश्यात्मक-परिदृश्यात्मक प्रविधि का प्रयोग तो हुआ ही है, पूर्वदीप्ति या फ्लैश बैक प्रविधि की सहायता भी ली गयी है। इस प्रकार अवलोकन बिन्दु के भीतर अवलोकन बिन्दु की योजना से कहानी एक ताजगी से युक्त हो गयी है।

उपन्यास की भाषा को भी अमृतलाल नागर ने नयी अर्थवत्ता, तेवर और आयाम प्रदान किये हैं। इस वास्तविकता को नकारा नहीं जा सकता कि हिन्दी क्षेत्र एक बहुभाषाभाषी क्षेत्र है और यहाँ का प्रत्येक शिक्षित व्यक्ति कम से कम द्विभाषी अवश्य होता है। कुछ नगरों को अपवाद स्वरूप छोड़ भी दें तो यह कहने में कोई हिचक नहीं होनी चाहिए कि इस क्षेत्र का आम आदमी खड़ी बोली पर आधारित परिनिष्ठित हिन्दी का प्रयोग नहीं करता। इस क्षेत्र की जिन्दगी का चित्रण करते समय हिन्दी उपन्यासकार के सामने भाषा की समस्या अनिवार्यतः उपस्थित होती है; वह किस प्रकार की भाषा का प्रयोग करे कि यथार्थ की सही तसवीर भी उभरे और परिनिष्ठित हिन्दी की बोधगम्यता भी बनी रहे। प्रेमचन्द से लेकर फणीश्वरनाथ रेणु तक ग्रामांचल-आधारित उपन्यासकारों ने परिनिष्ठित हिन्दी में जनपदीय भाषाओं के शब्दों और मुहावरों का विभिन्न अनुपातों में प्रयोग किया है। *मैला आँचल* की भाषा तो मैथिली-मगही और यत्किंचित् भोजपुरी प्रयोगों तथा अपभ्रष्ट अँगरेजी शब्दों से इतनी रंजित है कि उसे समझने के लिए कहीं-कहीं उपन्यास में दी गयी पादटिप्पणियों का सहारा लेना पड़ता है। फिर भी हिन्दी जगत् ने रेणु की भाषा को उसकी सर्जनात्मक क्षमता के कारण मान्यता दी। नागर जी हिन्दी के पहले उपन्यासकार हैं जिन्होंने नगरवासी पात्रों से अवधी, ब्रजभाषा और लखनवी

मिश्रित परिनिष्ठित हिन्दी का सर्जनात्मक धरातल पर प्रयोग कराया और पाठकों ने उसे, बिना पादटिप्पणियों में दिए अर्थ के साथ, स्वीकार किया। *बूँद और समुद्र* से लेकर *पीढ़ियाँ* में इस भाषा के अनेक रंग और छवियाँ दिखाई पड़ती हैं। लखनऊ नागर जी के उपन्यासों का मुख्य शहर है; अयोध्या, काशी, कानपुर, इलाहाबाद आदि शहर भी उनके उपन्यासों में आते हैं। इन शहरों में विभिन्न जनपदों के निवासी अपनी बोली बानी के साथ आते हैं और प्रायः वहीं के निवासी हो जाते हैं। कुछ पुराने घराने भी होते हैं। इसके साथ ही समाज के अनेक वर्गों के--साहूकारों, साधुओं, पंडों, भंगियों, बिगड़े नवाबों, वेश्याओं, स्त्रियों, बच्चों, भारत में नये-नये आए अँगरेजों आदि--पात्र हैं जिनकी बोलियों के अपने अपने रंग हैं। कुछ अनोखे व्यक्तित्व सम्पन्न पात्रों की भाषा का भी निजी स्वरूप है। भाषा के इतने रूप हिन्दी के किसी अन्य उपन्यासकार की झोली में, वह भी इतनी सर्जनात्मक शक्ति के साथ, नहीं हैं। नागर जी की भाषा वहाँ तनिक कमजोर प्रतीत होती है, जहाँ वे स्वयं कथाकार या नरेटर की भूमिका में होते हैं। सम्पादन की कठोरता से न गुजरने के कारण उनकी भाषा में न केवल व्याकरण की अशुद्धियाँ रह गयी हैं, वरन् संयम का गुण भी गायब है। यदि हम इस पर ध्यान न दें तो नागर जी ने हिन्दी उपन्यास की भाषा को अद्‌भुत समृद्धि प्रदान की है।

धर्मवीर भारती (ज.1926) का *गुनाहों का देवता* 1949 ई. में और *सूरज का सातवाँ घोड़ा* 1952 ई. में प्रकाशित हुआ। *गुनाहों का देवता* एक कैशोर भावुकता से भरा उपन्यास है जिसमें प्रेम की उत्कटता भावुकता के स्तर पर ही दम तोड़ देती है। इस प्रेम में कोई सार्थक मनोवैज्ञानिक तनाव, कोई त्रासद आवेग, कोई गहरी पीड़ा नहीं है जो प्रबुद्ध पाठक को भी झकझोर दे। *गुनाहों का देवता* का प्रेम एक उफान की तरह है, उसमें वह उद्‌दामता नहीं है जो सारे नैतिक-सामाजिक बन्धनों को नकार देती है। इस उपन्यास का महत्त्व एक दृष्टि से यह हो सकता है कि इसमें स्वातन्त्र्योत्तर भारत के विश्वविद्यालय परिसर का भी चित्रण मिलता है।

भारती का दूसरा उपन्यास *सूरज का सातवाँ* घोड़ा रचनाशीलता की दृष्टि से अधिक उल्लेखनीय है। प्रेम के मनोभाव का चित्रण इस उपन्यास में भी हुआ है पर उसका सन्दर्भ व्यापक और जटिल है। यह प्रेम सामाजिक और आर्थिक परिस्थितियों से टकराता हुआ बड़ी प्रबलता और निर्ममता के साथ सारे बन्धनों को तोड़ता दिखाई देता है। भारती ने इस उपन्यास में नगरीय निम्न मध्यवर्ग की जिन्दगी को उसके कटु यथार्थ रूप में प्रस्तुत किया है। छोटे दूकानदार, दफ्तरों के बाबू, अदालत के मुंशी, पेशकार, बैंक के क्लर्क आदि अन्दर से हताश और निरन्तर टूटते हुए लोगों की जो जिन्दगी सामने आती है, वह स्वतन्त्रता-प्राप्ति के बाद पैदा हुई आशा की लहर के साथ गहरे व्यतिरेक का प्रभाव छोड़ती है। आजादी के साथ आशापूर्ण भविष्य का जो सपना जुड़ा था, वह उपन्यास में एक गहरी खामोशी में डूबता दिखाई देता है। जीवन में चारों ओर फैली गन्दगी, पूरी व्यवस्था में व्याप्त बेईमानी और नैतिक अवमूल्यन, आरोपित झूठी मान्यताओं का जाल, और उनके साथ मध्यवर्ग का समझौता तथा विवश समर्पण, सब मिलकर पाठक के मन पर एक गहरा प्रभाव छोड़ते हैं। इस सारी विकृति को अस्वीकार करते हुए इस व्यवस्था पर हँसना ही मानो समस्या का एकमात्र समाधान है। उपन्यास के केन्द्रीय पात्र माणिक मुल्ला यही करते दिखाई देते हैं। उन्हें लगता है कि सूरज के सात घोड़ों में से छह तो लँगड़े हो गये हैं, केवल एक समर्थ है; वह भी अँधेरी रात का

लम्बा सफर तय कर कब दुनिया को रोशनी देगा, इसका कोई निश्चय नहीं। इस प्रकार *सूरज का सातवाँ घोड़ा* वर्तमान अन्धकार को चीरकर निकलने वाले प्रकाश की आकांक्षा का, आँखों में पलने वाले भविष्य के सपने का, प्रतीक बन गया है। विश्वास, साहस और सत्य के प्रति उपन्यासकार की निष्ठा इस प्रतीक के माध्यम से व्यक्त हुई है।

उपन्यास में राजनीति की चर्चा भी पर्याप्त मात्र में हुई है, जो राजनीति में मध्यवर्ग की बढ़ती हुई रुचि का परिचायक है। भारतीय साम्यवादी दल और उसकी राजनीति से उपन्यासकार का मोहभंग उपन्यास के पात्रों के माध्यम से स्पष्ट रूप में व्यक्त हुआ है जो तर्क और संवेदनात्मक तीव्रता से सम्पन्न होने के कारण विश्वसनीय बन गया है।

इस उपन्यास की चर्चा विशेष रूप से इसके शिल्प को लेकर हुई थी। कहानी के भीतर से कहानी का निकास, कथाओं का अन्तर्ग्रथन, किसी कथा का बीच में ही छूट जाना और फिर बाद में उसका शुरू होना आदि *पंचतन्त्र, दशकुमारचरित* आदि की कथा-प्रविधि का स्मरण दिलाते हैं। इस शिल्पगत नवीनता ने उपन्यास को रोचक और ताजगी से युक्त बना दिया है।

सन्हैयालाल ओझा (ज.1918) का पहला उपन्यास *सम्पर्क और समर्पण* सम्भवतः 1950 ई. में प्रकाशित हुआ था। उसके बाद ओझा जी के *मनुष्य का मूल्य, मकड़ी का जाल, सिन्धु सीमान्त* (1967), *सर्वनाम* (1976), *सम्भवामि* (1983), *कसौटी* (2000) आदि लगभग एक दर्जन छोटे-बड़े उपन्यास प्रकाशित हो चुके हैं। इनमें *सर्वनाम* और *सम्भवामि* ही किंचित् उल्लेखनीय हैं, जो क्रमशः बंगाल में जनमे नक्सलबाड़ी आन्दोलन और पुराकाल में आर्यों-अनार्यों के स्वल्पज्ञात इतिहास पर आधारित उपन्यास हैं। *सम्भवामि* में ओझा जी ने 'देव सभ्यता' का मानवीकरण और उसकी तर्कसंगत व्याख्या करते हुए उसमें लोकतान्त्रिक, समाजवादी और आधुनिक मानवीय दृष्टि से सम्पन्न समाज की कल्पना की है। उपन्यास का कथा संसार तीन स्तरों पर निर्मित है; एक स्तर पर देवों और अ-देवों की संघर्ष गाथा, दूसरे स्तर पर द्वितीय विश्वयुद्ध की कथा और तीसरे स्तर पर 'लेखक बनाम अँधेरे' की कहानी है, जिसके भीतर से किरचियों की पुरातत्त्व गाथा फूटती है। इस उपन्यास में इन्द्र को फासीवाद के प्रतिनिधि के रूप में और सैन्धव पणिकों के महानायक बृबु को धीरोदात्त नायक के रूप में प्रस्तुत किया गया है।

1950 ई. में ही कृष्णचन्द्र शर्मा 'भिक्खु' (ज. 1924) का पहला उपन्यास *आदमी का बच्चा* प्रकाशित हुआ। तत्पश्चात् उनके *संक्रान्ति* (1951), *नागफनी* (1959), *महाश्रमण सुनें* (1963), *अस्तंगता* (1965), *रेवती* (1967), *लाल ढाँग* (1968), *मौत की सराय* (1970), *योगमाया* (1972), *एक और ययाति* (1976), *रक्तयात्रा* (1978), *चन्दन वन की आग* (1988) कदाचित (1996) आदि लगभग 18 उपन्यास प्रकाशित हुए हैं। इनमें से कुछ ऐतिहासिक हैं और कुछ गैर-ऐतिहासिक। अपने गैर-ऐतिहासिक उपन्यासों में भिक्खु जी ने समाज के पाखंडी तत्त्वों, साहसिक और रोमानी चरित्र वाले पात्रों, आदर्शवादी विचारों आदि को आधार बनाकर चमत्कारपूर्ण घटनाओं और काम-व्यापार के चटक वर्णनों की सहायता से व्यावसायिक स्तर के रोचक कथा संसार की सृष्टि की है। *नागफनी, रेवती* और *चन्दनवन की आग* शीर्षक उपन्यास सभी में उन्होंने एक स्त्री का अंकन किया है जो अपने निर्णय स्वयं लेने में असाधारण साहस का परिचय देती है। ऐतिहासिक उपन्यासों में उन्होंने

अपेक्षाकृत अधिक सर्जनशीलता का परिचय दिया है। फ्रांस की राज्यक्रान्ति पर आधारित उनका उपन्यास *मौत की सराय* रानी मेरी के अद्वितीय सौन्दर्य, कुलीनों के विलासितापूर्ण जीवन, रक्तपात में लीन क्रान्तिकारियों की नृशंसता, भूखी-नंगी जनता के आक्रोश, तत्कालीन बुद्धिजीवियों के क्रान्ति-आह्वान, पुराने जीवन-मूल्यों के स्थान पर उभरते नये जीवन-मूल्यों आदि की अभिव्यक्ति की दृष्टि से उल्लेखनीय है।

देवराज (डॉक्टर देवराज, ज.1917) का पहला उपन्यास *पथ की खोज,* दो खंडों में, 1951 ई. में, प्रकाशित हुआ। *पथ की खोज* का केन्द्रीय विषय प्रेम, विवाहित पुरुष का किसी अन्य युवती से लगाव, स्त्री या पुरुष के एक से अधिक पुरुषों या स्त्रियों से प्रेम करने के नैतिक प्रश्न से सम्बद्ध है। उपन्यासकार के सामने कुछ प्रश्न हैं, "क्या नर और नारी के प्रेम का घेरा, एक दूसरे की अपेक्षा में, संकीर्ण और सन्देहपूर्ण ही होना चाहिए? क्या वे सब सबको प्यार नहीं कर सकते, सब एक दूसरे के नहीं हो सकते?...एकाधिकार और ईर्ष्या, मानव हृदय में अभी तक कितना कलुष है ! विवाह संस्था क्या इन्हीं की अभिव्यक्ति नहीं है?....संयम, नियन्त्रण, आत्मनिग्रह, उदात्त मानव सम्बन्धों की सत्ता सम्भव नहीं है?...संयम ही प्रेम का श्वास प्रश्वास है।...कौन कहता है एक नारी अनेक पुरुषों को और एक पुरुष अनेक नारियों को प्रेम न करे...आवश्यक केवल यह है कि मनुष्य अपने सम्बन्धों को मनुष्यता के निचले धरातल पर न ले जाए,...उन पर संयम का सात्त्विक नियन्त्रण स्थापित करे। (पथ. खंड-1, पृ. 367-68) इस उद्धरण से स्पष्ट है कि उपन्यासकार का प्रेम सम्बन्धी विजन बहुत साफ और तर्कसंगत नहीं है। साथ ही, उपन्यासकार प्रेम और विवाह विषयक जो प्रश्न उठाता है, उनके अनुरूप उसका विजन, चिन्तन और संवेदना नहीं है। यह प्रश्न देश-विदेश के अनेक लेखकों को आन्दोलित करता रहा है और इस द्वन्द्व पर आधारित अनेक महान उपन्यास लिखे गये हैं। पर देवराज में इस प्रश्न का सर्जनात्मक स्तर पर सामना करने की क्षमता नहीं है। चन्द्रनाथ और साधना का प्रेम, सर्जनात्मक दृष्टि से, अनेकत्र असंगतियों और संवेदनशून्यता का शिकार हो गया है।

प्रेम की समस्या के अतिरिक्त उपन्यास में साहित्य, राजनीति, विश्वविद्यालय परिसर, मध्यवर्ग, दाम्पत्य जीवन आदि की समस्याओं का भी चित्रण किया गया है, पर इस चित्रण में गहन अनुभव, प्रखर चिन्तन और तीव्र संवेदना का अभाव है। शिल्प और भाषा के स्तर पर भी उपन्यास की सर्जनात्मकता पंगु और जड़ है। उपन्यास में प्रस्तुत समस्याओं पर अनावश्यक लम्बी बहसें केवल उपन्यास के आकार में वृद्धि करती हैं। बीच-बीच में कथापात्रों की कविताओं तथा अन्य प्रकार की रचनाओं के उदाहरण तो हास्यास्पद हो गये हैं।

देवराज के दूसरे उपन्यास *बाहर भीतर* (1954) में, मध्यवर्गीय परिवारों में पत्नी और बहू के रूप में स्त्री की यातनापूर्ण स्थिति का भावुकतापूर्ण अंकन किया गया है। इस चित्रण में कोई दीप्ति या बौद्धिक प्रखरता नहीं है। सुमित्रा और उसके देवर का प्रेम भावना के स्तर पर मार्मिक होते हुए भी अपरिपक्व दृष्टि का ही परिचायक है। विश्वविद्यालय परिसर के जीवन का अंकन उपन्यास को एक अतिरिक्त आयाम प्रदान करता है, पर वह भी कैशोर प्रेम के चित्रण तक ही सीमित रह गया है।

देवराज का सर्वाधिक चर्चित उपन्यास *अजय की डायरी* (1960) है, जिसमें विश्वविद्यालय परिसर की पृष्ठभूमि में एक असफल वैवाहिक जीवन और मध्यवर्गीय सामाजिक-नैतिक मूल्यों

के दबाव में प्रेम के त्रासद अन्त का चित्रण किया गया है। उपन्यास का केन्द्रीय विषय असफल दाम्पत्य और प्रेम की टकराहट ही है जो किसी विशेष अर्थ में नयी या मौलिक नहीं है। *नदी के द्वीप* में अज्ञेय इससे कहीं अधिक सर्जनात्मक रूप में इस स्थिति का अंकन कर चुके थे। देवराज को यह श्रेय दिया जा सकता है कि उन्होंने परम्परागत पत्नी की असंवेदनशीलता, प्रतिशोध और असुरक्षा की भावना से उत्पन्न कटुता को विश्वसनीयता के साथ प्रस्तुत किया है। पर दाम्पत्य और प्रेम की यह टकराहट भावुकता के स्तर पर ही समाप्त होती है और स्थिति में कोई बदलाव नहीं होता।

इस उपन्यास में पहली बार विश्वविद्यालय परिसर का चित्रण किसी लेखक की चिन्ता का विषय बनता दिखाई देता है। विश्वविद्यालय के भ्रष्ट चरित्र की पहली झलक, जो लगभग इसी समय अस्तित्व में आया था, हमें इसी उपन्यास में दिखाई पड़ती है। इसके साथ ही बुद्धिजीवी अध्यापकों, छात्राओं और शोधकर्ताओं की बहसों के रूप में संस्कृति, धर्म, नैतिकता, अस्तित्ववाद, आधुनिकता, जनतन्त्र, राजनीति, पठनरुचि आदि पर व्यक्त विचार देवराज के चिन्तनरत मस्तिष्क का परिचय तो देते हैं, पर वे उबाऊ हो गये हैं। देश-विदेश की यात्राओं के वर्णन-प्रसंग भी ब्योरों की अधिकता के कारण अप्रीतिकर हो गये हैं। शिल्प रचना के रूप में डायरी की प्रविधि का भी सफल निर्वाह नहीं हो पाया है। डायरी की अयत्नजता और स्वाभाविकता का प्रभाव कहीं भी निर्मित नहीं हो पाया है। भाषिक स्तर पर भी उपन्यास किसी गहरी सर्जनशीलता का परिचय नहीं देता।

मैं, वे और आप एक प्रकार से *अजय की डायरी* का ही विस्तार है। स्वयं उपन्यासकार ने इसे 'एक स्वतन्त्र उपन्यास' के साथ-साथ अजय की डायरी का 'अगला भाग' भी कहा है। 'डायरी' में निगम नाम का एक गौण पात्र है जो *मैं, वे और आप* में केन्द्रीय पात्र हो गया है। *मैं, वे और आप* को निगम का 'दस्तावेज' और 'नोटबुक' भी कहा गया है। सम्भवतः यह *अजय की डायरी* की शिल्पविषयक त्रुटि को सुधारने का प्रयास है। निगम आज की छिछली, अनास्थावादी, क्षणजीवी, संवेदनाशून्य, स्वार्थपरायण, अगम्भीर, उपभोक्तावादी सभ्यता का उदाहरण और प्रवक्ता है। वह अजय का विलोम है, सम्भवतः इसी कारण वे दोनो गहरे मित्र भी हैं। देवराज को इस बात का श्रेय देना होगा कि उन्होंने अपने इन दोनो उपन्यासों में आधुनिक सभ्यता के दो छोरों पर जीने वाले पात्रों को समान विश्वसनीयता के साथ प्रस्तुत किया है। निगम के रूप में देवराज आज के तथाकथित व्यावहारिक और मिथ्या बुद्धिवादी व्यक्ति को प्रस्तुत करने में सफल हुए हैं।

देवराज के अन्य उपन्यास *रोड़े और पत्थर* (1958), *दोहरी आग की लपट* (1973) तथा *दूसरा सूत्र* (1978) भी प्रेम और दाम्पत्य की समस्याओं से ही सम्बद्ध हैं, पर सर्जनात्मक दृष्टि से अधिक महत्त्वपूर्ण नहीं हैं।

1951 ई. में ही लक्ष्मीनारायण लाल का पहला उपन्यास *धरती की आँखें* प्रकाशित हुआ। इस दशक में प्रकाशित होने वाले उनके अन्य उपन्यास *बया का घोंसला और साँप*, *काले फूल का पौधा* (1951), *रूपाजीवा* (1959), *बड़ी चम्पा छोटी चम्पा* आदि हैं। लक्ष्मीनारायण लाल के ये उपन्यास कथ्य और विजन की दृष्टि से बहुत कमजोर हैं। इन उपन्यासों में पृष्ठभूमि प्रायः मध्यवर्गीय नागरिक जीवन की, और यदाकदा ग्रामीण जीवन की होती है पर इनका समग्रता और संश्लिष्टता में अंकन नहीं मिलता। प्रेम की विभिन्न मनोदशाएँ इन

उपन्यासों के केन्द्र में हैं, पर तन मन और प्रेम के सम्बन्धों के अंकन में उपन्यासकार अधिकतर देह-व्यापार के चारों ओर ही चक्कर लगाता रह जाता है। इन उपन्यासों में सामन्तवाद और पूँजीवाद के प्रति उपन्यासकार का विरोध भाव स्पष्ट लक्षित होता है जो परवर्ती उपन्यासों में क्रमशः कम होता गया है। *काले फूल का पौधा* में मध्यवर्गीय समाज की विषमता, असन्तोष, अशान्ति और सूनेपन को दर्शाने का प्रयास किया गया है। *रूपाजीवा* में एक कस्बे के अर्थजीवी आढ़तियों और व्यवसायियों के तिकड़मों से भरे कार्यकलापों का यथार्थ चित्रण किया गया है। पर अनुभूति की कमी श्री लाल के उपन्यासों का सबसे कमजोर पक्ष है जिसकी क्षतिपूर्ति वे अनावश्यक प्रतीक और बिम्ब योजना द्वारा करने का प्रयास करते हैं, जिसे उनके कई उपन्यासों के शीर्षकों में आसानी से लक्षित किया जा सकता है। शिल्प की दृष्टि से इन उपन्यासों में कथानक का बिखराव और अन्विति का अभाव है, जिसकी कोई सर्जनात्मक संगति नहीं है। शिल्प की दृष्टि से *काले फूल का पौधा* ही किंचित् सफल रचना माना जा सकता है।

सातवें दशक में लक्ष्मीनारायण लाल मुख्यतः नाट्यलेखन की ओर मुड़ गये, पर व्यावसायिक लेखन के रूप में उपन्यासों की रचना भी करते रहे। *प्रेम एक अपवित्र नदी* (1972), *अपना अपना राक्षस* (1973), *बड़के भैया* (1973), *हरा समन्दर गोपी चन्दर* (1974), *वसन्त की प्रतीक्षा* (1975), *शृंगार* (1975), *देवीना* (1976) आदि उनके दूसरे दौर के उपन्यास हैं, जो विजन, शिल्प, भाषा किसी भी दृष्टि से सर्जनात्मकता की शर्तों को पूरा नहीं करते। इन उपन्यासों में उपन्यासकार का प्रयोग का उत्साह भी चुक गया प्रतीत होता है।

1951 ई. में ही विष्णु प्रभाकर का पहला उपन्यास *ढलती रात* प्रकाशित हुआ, जो 1955 ई. में *निशिकान्त* शीर्षक से (1986 ई. में पुनः संशोधित) प्रकाशित हुआ। 1955 ई. में ही विष्णु जी का *तट के बन्धन* प्रकाशित हुआ। 1956 ई. में विष्णु जी का *स्वप्नमयी* नामक उपन्यास 'धर्मयुग' में धारावाहिक रूप में और 1957 में पुस्तक रूप में प्रकाशित हुआ। 1968 ई. में उनका *दर्पण का व्यक्ति* उपन्यास प्रकाशित हुआ जो 1993 ई. में *संस्कार* शीर्षक से छपा। *स्वप्नमयी* भी इसी के साथ एक जिल्द में *स्वप्न* शीर्षक से पुनःप्रकाशित हुआ। इस प्रकार विष्णु प्रभाकर के उपन्यासों के पुनःप्रकाशन शीर्षक बदल बदल कर होते रहे हैं जो पाठकों के लिए परेशानी का भी कारण बनते रहे हैं। 1980 ई. में उनका *कोई तो,* 1992 ई. में *अर्धनारीश्वर* और 1993 ई. में *संकल्प* नामक उपन्यास प्रकाशित हुए।

विष्णु प्रभाकर के उपन्यासों में विषय का वैविध्य न के बराबर है। नारी नियति की बहुआयामी त्रासदी ही उनके उपन्यासों का केन्द्रीय कथ्य है। उनके उपन्यासों में नारी कहीं परित्यक्ता होने की, कहीं विधवा होने की, कहीं माता-पिता द्वारा तिलक दहेज न जुटा पाने की स्थिति में मनोनुकूल पति न पाने की, कहीं विवाह के बाद मनमाना दहेज न पाने पर घर से निकाल दिए जाने या हत्या कर दिए जाने की, कहीं बचपन में किसी की यौन वासना का शिकार होकर जिन्दगी-भर मानसिक पीड़ा झेलने की, कहीं विवाह के बाद गुंडों द्वारा बलात्कार की शिकार हो जाने पर पूरे समाज की घृणा का पात्र बनने, अपनी ही मानसिक कुंठा से ग्रस्त हो जाने और पति के मन में गाँठ पड़ जाने की त्रासदी की शिकार है। *ढलती रात* में यह समस्या गौण रूप में आयी है, पर बाद के उपन्यासों में यह समस्या अधिक व्यापक और गम्भीर होती गयी है। *ढलती रात* में ब्रिटिश शासन काल में सरकारी नौकरी और

स्वाधीनता संग्राम में भाग लेने का द्वन्द्व, सामाजिक स्तर पर जातियों और धर्मों के बीच की टकराहट, धर्म, जाति, लिंग आदि से जुड़े निम्नमध्यवर्गीय युवक का आत्मसंघर्ष आदि चित्रित हुआ है। *तट के बन्धन* में प्रेम और विवाह, धर्म और जाति, तिलक दहेज, अन्तरजातीय और अन्तरधर्मीय विवाह, नारी मुक्ति, परम्परागत नारी संहिता के अन्तर्विरोध और उनका विरोध, आर्थिक दृष्टि से नारी की स्वतन्त्रता का प्रतिपादन आदि से सम्बन्धित प्रश्नों को उठाया गया है। *स्वप्न* में एक स्त्री का बहुत ही काल्पनिक, तर्कातीत और स्वप्नजीवी चरित्र प्रस्तुत किया गया है। *संकल्प* में एक परित्यक्ता स्त्री की मनोव्यथा का अंकन किया गया है जिसमें उपन्यासकार को परम्परागत हिन्दू संस्कारों से ग्रस्त नारी के मार्मिक चित्रण में अच्छी सफलता मिली है।

कोई तो में नारी नियति के प्रश्नों को पूर्ववर्ती उपन्यासों की तुलना में अधिक गम्भीरता से उठाया गया है। इसका केन्द्रीय विषय पढ़ी-लिखी मध्यवर्गीय लड़की की नियति है जो धर्म, जाति, यौन शुचिता, पुरुष प्रभुत्व, सड़ी गली न्याय व्यवस्था, पुरुष की अनुदार और भोगवादी दृष्टि, स्त्री की शारीरिक कमजोरी और साहसहीनता, गर्भधारण की विवशता आदि से नियन्त्रित परम्परागत नारी संहिता से परिचालित होती है। प्रासंगिक रूप में बलात्कार की शिकार स्त्रियों की समस्या भी *कोई तो* में उठाई गयी है। उपन्यास का मुख्य स्वर चुनौती का है कि आधुनिक नारी में पारम्परिक नारी संहिता को ठुकराने, आर्थिक स्वतन्त्रता के साथ-साथ स्वतन्त्र जीवन व्यतीत करने, अपना जीवनसाथी खुद चुनने या अविवाहित जीवन व्यतीत करने तथा पुरुष मानसिकता को चुनौती देने का साहस होना चाहिए। पर संवेदनात्मक गहराई की कमी तथा कथ्य को प्रतिपादित करने वाले प्रसंगों की बहुलता के कारण *कोई तो* एक समाजशास्त्रीय अध्ययन बनकर रह गया है।

विष्णु प्रभाकर के इन उपन्यासों के अध्ययन से यह स्पष्ट प्रतीत होता है कि वे अपनी नारी विषयक संवेदना और चिन्तन के लिए निरन्तर एक औपन्यासिक ढाँचे की तलाश में रहे हैं जो अन्ततः उन्हें *अर्धनारीश्वर* में प्राप्त हो सका है। *अर्धनारीश्वर* को पढ़ते हुए प्रतीत होता है कि उनके सभी पूर्ववर्ती उपन्यास इसके प्रारूप हैं। *अर्धनारीश्वर* में लेखक को नारी विषयक प्रश्नों का पूर्ण साक्षात्कार हो गया प्रतीत होता है। *कोई तो* में बलात्कार की समस्या प्रासंगिक रूप में आयी थी जिसे *अर्धनारीश्वर* में विस्तार से प्रस्तुत किया गया है। *कोई तो* की वर्तिका की कहानी को उपन्यासकार ने *अर्धनारीश्वर* में ज्यों का त्यों लेकर उसे पल्लवित कर दिया है। इसी प्रकार कुन्तल पर हुए बलात्कार प्रसंग को *अर्धनारीश्वर* में लगभग ज्यों का त्यों प्रस्तुत कर दिया गया है। केन्द्रीय पात्र सुमिता, विभा, वर्तिका, राजकली, श्यामला, उषा, शाहिदा, रमा, किरण आदि पात्रों की कहानियों के माध्यम से बलात्कार पीड़ित स्त्री की सामाजिक, मनोवैज्ञानिक और नैतिक समस्याओं तथा स्त्री-पुरुष सम्बन्धों की जटिलता का अंकन किया गया है। इसके साथ ही *अर्धनारीश्वर* में परम्परागत नारी संहिता से परिचालित सम्पूर्ण नारी नियति का विश्लेषण करने का भी प्रयास किया गया है। लेखक का निष्कर्ष है कि "पुरुष अहेरी है, नारी शिकार; पुरुष स्वामी है, नारी आलोक मंडित दासी; पुरुष भू-स्वामी, नारी भूमि; इसी से उद्‌भूत हुई है व्यक्तिगत सम्पत्ति और स्वामित्व की भावना।" यदि स्त्री को इस स्थिति से मुक्ति पानी है तो उसे पुरुष निर्मित इस परम्परागत नारी संहिता को पूर्णतः ठुकराना होगा; "नर-नारी को न तो एक दूसरे की दासता करनी है, न एक दूसरे

में खो जाना है, न एक दूसरे पर अपने को आरोपित करना है। बस अपना-अपना स्वतन्त्र अस्तित्व बनाए रखते हुए एक दूसरे से जुड़ना है, अर्धनारीश्वर की तरह।" इसी सन्देश के साथ उपन्यास समाप्त होता है। वैसे यह भी समाजशास्त्रीय अध्ययन ही है पर लेखक की संवेदना और गहन चिन्तन से जुड़कर यह अध्ययन एक जीवित रचना संसार में बदल गया है।

विष्णु प्रभाकर के अन्तिम उपन्यास *संकल्प* में एक पुत्रवती युवा विधवा की समस्या उठायी गयी है पर किसी मनोवैज्ञानिक तनाव के अभाव में यह एक अत्यन्त साधारण कथा बनकर रह गया है।

1952 ई. में देवेन्द्र सत्यार्थी (ज.1908) का पहला उपन्यास *रथ के पहिए* तथा उसके बाद *कठपुतली* (1954), *ब्रह्मपुत्र* (1956), *दूधगाछ* (1958), *कथा कहो उर्वशी* (1961) आदि उपन्यास प्रकाशित हुए। 1988 ई. में उनका *तेरी कसम सतलुज* नामक एक और उपन्यास प्रकाशित हुआ पर हिन्दी उपन्यास के इतिहास में सत्यार्थी जी का स्थान उनके पूर्ववर्ती उपन्यासों के आधार पर ही सुनिश्चित किया जा सकता है।

नागार्जुन के साथ देश के सुदूर, विशेषकर आर्थिक, सामाजिक और राजनीतिक दृष्टि से पिछड़े अंचलों के जीवन को उपन्यास का विषय बनाने का जो चलन हुआ, उसमें देवेन्द्र सत्यार्थी की भी महत्त्वपूर्ण भूमिका है। सत्यार्थी जी लोकसाहित्य की खोज में लगभग दो दशकों तक (1927-47) पंजाब, मध्य प्रदेश, उड़ीसा और असम की यात्रा करते रहे। इसी घुमक्कड़ी में उनका इन क्षेत्रों के लोकजीवन तथा वहाँ की जनजातियों की जीवनशैली से निकट का परिचय हुआ और इस अनुभव को उन्होंने अपने उपन्यासों का विषय बनाया। *रथ के पहिए* में पहली बार मध्य प्रदेश की गोंड जनजाति के जीवन यथार्थ का प्रामाणिक और संवेदनासिंचित अंकन हुआ। इस उपन्यास में संग्रहालयों में बन्द पुरातात्त्विक यथार्थ और सजीव रूप में विद्यमान पुराकालीन मनुष्य के जीवन को आमने-सामने रखते हुए जनजातियों के जीवन के अध्ययन को वरीयता दी गयी है। *रथ के पहिए* इसी सोच का परिणाम है। सत्यार्थी जी के अन्य उपन्यास भी इसी सोच, अनुभव और संवेदना की उपज हैं।

ब्रह्मपुत्र में सत्यार्थी जी ने असम में ब्रह्मपुत्र के पेट में बसे विशाल द्वीप माझुली और उसके तट पर स्थित दिसांगमुख के निवासियों की अभाव, यातना और संघर्ष से भरी कथा प्रस्तुत की है। यह हिन्दी का पहला उपन्यास है जिसमें भारत के सुदूर उत्तर-पूर्वी क्षेत्र की जीवन गाथा इतने यथार्थ और मार्मिक रूप में कही गयी है। यह जीवन इस उपन्यास में अपनी सम्पूर्णता में उपस्थित है, जिसमें वहाँ के निवासियों, किसानों, मछुआरों और अन्य लोगों के साथ पूरी प्रकृति, विशेष रूप से ब्रह्मपुत्र नदी, अपनी बाढ़ और बरबादी की भाषा के साथ विद्यमान है। इस उपन्यास में असम प्रदेश की मिली-जुली संस्कृति, भाषा, पर्व-त्योहार, लोकगीत, नृत्य, विश्वास, मिथक, इतिहास आदि के साथ वहाँ के जातीय संघर्ष, अन्धविश्वास, गरीबी, पिछड़ेपन आदि का भी प्रामाणिक चित्रण हुआ है। इसके साथ ही उपन्यासकार ने इस सुदूर क्षेत्र में स्वतन्त्रता-प्राप्ति के लिए किए गए आन्दोलन का भी मार्मिक अंकन किया है। उपन्यास में यहाँ की जनता ब्रिटिश शासन के विरोध में उठ खड़ी होती है। लोग ब्रह्मपुत्र नदी में बहकर आनेवाली लकड़ी पर लगे टैक्स के विरोध में सत्याग्रह और जुलूस का ही सहारा नहीं लेते, बल्कि सरकार के निर्णय के विरोध में पुलिस थाने को भी जला डालते हैं।

पुलिस द्वारा स्वाधीनता आन्दोलन के दमन का चित्रण भी उपन्यासकार ने बड़े जीवन्त रूप में किया है।

इस उपन्यास की एक विशेषता यह भी है कि इसमें लगभग एक दर्जन ऐसे पात्र हैं जो कथा के केन्द्र में अवस्थित हैं पर कोई भी नायक जैसा पात्र नहीं है। यदि चाहें तो हम ब्रह्मपुत्र नद को ही कथा-नायक मान सकते हैं क्योंकि ब्रह्मपुत्र ही इस उपन्यास में प्रस्तुत जिन्दगी को संचालित करता है। इस उपन्यास की भाषा को उपन्यासकार ने 'ब्रह्मपुत्र की भाषा' की संज्ञा दी है जो अनेक छोटी-छोटी नदियों के साथ आयी बोलियों से निर्मित होती है। इन बोलियों के अनेक शब्द और मुहावरे उपन्यास की भाषा को जीवन्त और समृद्ध करते हैं, पर आंचलिक कहे जाने वाले उपन्यासों की तरह इन शब्दों के अर्थ पादटिप्पणियों में देने की आवश्यकता कथाकार को नहीं महसूस हुई है। लोकगीतों, लोककथाओं, लोकनृत्यों आदि के समावेश से उपन्यास में आंचलिकता का गुण भी आ गया है।

सत्यार्थी जी के तीन उपन्यास, *कठपुतली, दूध गाछ* और *कथा कहो उर्वशी* कला जगत् को समर्पित हैं। हिन्दी में कलाकार की साधना और कला की समस्याओं पर आधारित ये पहले उपन्यास हैं। *कठपुतली* में नाटक और रंगमंच से जुड़े कलाकारों की कला साधना का गहरी संवेदनशीलता के साथ अंकन किया गया है। *दूध गाछ* में जहाँ संगीत और संगीतकार को उपन्यास का विषय बनाया गया है वहाँ *कथा कहो उर्वशी* में मूर्तिकार की संवेदना और साधना को शब्दों की छेनी से उभारने का प्रयास किया गया है। उपन्यासकार के विजन में कला की सबसे बड़ी समस्या है उसकी निरपेक्ष साधना और व्यवसायीकरण का द्वन्द्व। चाहे नाट्य कला हो या संगीत या मूर्ति कला, व्यवसायीकरण उसे दूषित कर देता है। पर कलाकार की एक समस्या उसकी जीविका भी होती है और जीविकोपार्जन के लिए उसे कला को बाजार की वस्तु बनाने को विवश होना पड़ता है। अभी कोई ऐसी समाज व्यवस्था नहीं बनी है जहाँ कलाकार सम्मानपूर्ण जीविकोपार्जन की चिन्ता से एकदम मुक्त होकर कला की साधना कर सके। अनेक कलाकार अपनी कला को बाजार की वस्तु बनाकर जीवन की सुख-सुविधाएँ प्राप्त कर लेते हैं, किन्तु समर्पित कलाकार अभाव की जिन्दगी जीता हुआ भी कला के साथ कोई समझौता नहीं करता। *कठपुतली* के केन्द्रीय पात्र सुनील, दीपाली, विमल, ज़ीनत आदि कला के प्रति पूर्णतः समर्पित हैं और साधना की आँच में तप कर अपनी कला को निखारने का प्रयास करते हैं। *दूध गाछ* के संगीतकार रुद्रपदम् और *कथा कहो उर्वशी* के मूर्तिकार चतुर्मुख ऐसे ही समर्पित कलाकार हैं। रुद्रपदम् का पुत्र गोविन्दन् अपनी अधूरी संगीत साधना को फिल्मी दुनिया में बेचकर बम्बई में सुख-सुविधा की जिन्दगी व्यतीत करता है, जबकि रुद्रपदम् अपने गाँव वरकला में ही संगीत की साधना करते हुए अपने प्राण त्यागते हैं। वस्तुतः वे संगीत में ही जीते हैं और संगीत में ही मरते हैं। फिल्मी संगीत और शास्त्रीय संगीत का यह महाभारत—देवासुर संग्राम—ही *दूध गाछ* का केन्द्रीय विषय है। *कथा कहो उर्वशी* के मूर्तिकार चतुर्भुज भी अपना गाँव, धौली, नहीं छोड़ते और अपने पोते नीलाम्बर की कला साधना को प्रेरणा प्रदान करने के लिए अपने प्राण तक दे डालते हैं। *दूध गाछ* में रुद्रपदम् का शिष्य शंखधरन् बम्बई जाता है और एक प्रसिद्ध सिने-तारिका उससे विवाह भी कर लेती है, पर फिल्मी दुनिया शंख को बाँध नहीं पाती और वह वरकला लौट कर अपनी संगीत साधना में लग जाता है। *कथा कहो उर्वशी* में भी चतुर्भुज का पोता नीलकंठ, लन्दन से

मूर्तिकला की शिक्षा प्राप्त कर लौटने पर, धौली में ही मूर्तिकार के रूप में अपनी कला-साधना को साकार करता है। इस प्रकार ये दोनों ही उपन्यास देवेन्द्र सत्यार्थी के कलाविषयक विजन को अभिव्यक्त करने में सफल हुए हैं।

इन उपन्यासों में कलाकारों की कला-साधना के साथ-साथ उनके परिवेश तथा उनके चारों ओर की जिन्दगी का भी विश्वसनीय अंकन किया गया है। *कठपुतली* की सबसे मोहक विशेषता है इसके कलाकार पात्रों का धर्म, जाति, क्षेत्र आदि से जुड़ी संकीर्णताओं से ऊपर उठकर शुद्ध मनुष्यता के स्तर पर एक दूसरे से जुड़ना और प्रेम की एक नयी मिसाल सामने रखना। हिन्दू-मुस्लिम प्रेम की जैसी अनोखी और सहज तसवीर इस उपन्यास में प्रस्तुत की गयी है, वैसी कहीं और नहीं मिल सकती। स्वतन्त्रता-प्राप्ति के समय पंजाब में हुए साम्प्रदायिक दंगों का बड़ा ही संवेदनापूर्ण और प्रामाणिक अंकन उपन्यास में किया गया है। पाकिस्तान से हिन्दुस्तान और हिन्दुस्तान से पाकिस्तान जाने वाले शरणार्थियों के काफिलों के वर्णन में तो सत्यार्थी जी ने अनुभव की प्रामाणिकता और संवेदना की गहराई का ऐसा मिश्रण प्रस्तुत किया है कि उसे पढ़कर रोमांच हो उठता है। *कठपुतली* में पंजाब की संस्कृति अपनी सम्पूर्ण उन्मुक्तता, उल्लास, औदार्य, ग्रामीण ठेठपन और लाहौरी नफासत तथा गीत-नृत्य के साथ साकार हो उठी है। *दूध गाछ* में रुद्रपदम् और उनके मध्यवर्गीय परिवार के साथ वरकला गाँव की पूरी जिन्दगी अपनी स्वाभाविकता में प्रकट हुई है। केरल के प्राकृतिक सौन्दर्य के बीच किलोल करती हुई यह जिन्दगी हमारे मन को मुग्ध किये बिना नहीं रहती। इसी प्रकार *कथा कहो उर्वशी* में धौली गाँव की मध्यवर्गीय, पर कला के रस में सराबोर, जिन्दगी भी बहुत आकर्षक है। सत्यार्थी जी का यात्री रूप इस परिवेश निर्माण में बहुत सहायक हुआ है। लोकसाहित्य सम्बन्धी उनका विशाल ज्ञानभंडार भी परिवेश को मार्मिकता और अर्थवत्ता प्रदान करता है। अपने कलासम्बन्धी विजन को भावपूर्ण प्रेमकथाओं से सम्बद्ध कर उपन्यासकार ने कथासंसार को अत्यन्त मार्मिक बना दिया है। यह प्रेम संवेदना के स्तर पर पाठक को अभिभूत करता है।

देवेन्द्र सत्यार्थी के उपन्यासों की एक उल्लेखनीय विशेषता राष्ट्रीय भावना से उनका गहरा लगाव भी है। असम से लेकर उड़ीसा, मध्य प्रदेश और सुदूर केरल तक के सामान्य जन, विशेषकर आदिवासियों, मछुआरों, किसानों, पाथुरियों आदि की अभावग्रस्त, पर चहकती हुई जिन्दगी और अनेक विविधताओं से भरी प्रकृति का अंकन उपन्यासकार की राष्ट्र-भावना का ही परिचायक है। इसके साथ ही उनके प्रायः सभी उपन्यासों में देश की स्वाधीनता के लिए तड़पने वाले कलाकार, प्रबुद्ध युवक आदि हैं। कलाकार पात्रों का अपनी जन्मभूमि, समृद्ध परम्परा और धरती से जुड़े गीतों, कथाओं, मिथकों के प्रति गर्व का भाव भी उनकी राष्ट्रीय चेतना का ही परिचायक है। *कथा कहो उर्वशी* में 'त्रिमूर्ति' की कल्पना राष्ट्रीय भावना से ओतप्रोत है। आज की राजनीति में नेताओं के चारित्रिक पतन और भ्रष्टाचार का जो वितृष्णाजनक माहौल है, उसके शुरुआती दौर का चित्रण सत्यार्थी जी के उपन्यासों में मिलता है। स्वाधीनता-प्राप्ति के बाद जीविका की तलाश में ग्रामीण युवकों के नगर की ओर पलायन और गाँवों के निःसत्त्व होते जाने का यथार्थ भी सत्यार्थी जी के उपन्यासों में अंकित है।

कुल मिलाकर, सत्यार्थी जी के उपन्यास हिन्दी उपन्यास के इतिहास में महत्त्वपूर्ण स्थान रखते हैं। उनकी एकमात्र बड़ी कमजोरी यह है कि वे विवरणों और लोकगीतों के उद्धरण

का मोह नहीं छोड़ पाते जिसके चलते उनके उपन्यास अनेकत्र उबाऊ हो गये हैं।

राजेन्द्र यादव (ज.1929) का पहला उपन्यास *प्रेत बोलते हैं* 1952 ई. में प्रकाशित हुआ था, पर 1960 ई. में इसके संशोधित रूप *सारा आकाश* के प्रकाशन के बाद, स्वयं उपन्यासकार ने भी उसे कदाचित् अमान्य कर दिया है। यों तो राजेन्द्र यादव के उपन्यासों में *उखड़े हुए लोग* (1956), *कुलटा* (1957), *शह और मात* (1959), *सारा आकाश* (1960), *अनदेखे अनजान पुल* (1963) और *मन्त्रबिद्ध* (1967) की गणना होती है, पर *कुलटा, अनदेखे अनजान पुल* और *मन्त्रबिद्ध* को उपन्यास मानने का कोई ठोस आधार नहीं है। स्वयं राजेन्द्र यादव ने भी अपनी *मन्त्रबिद्ध* और *अनदेखे अनजान पुल* शीर्षक रचनाओं को 'कहानी' ही कहा है (मन्त्रबिद्ध की 'अपना बिन्दु' शीर्षक भूमिका) पर खुद उन्होंने ही इन्हें अपने प्रकाशन, अक्षर प्रकाशन, से बार-बार 'उपन्यास' घोषित कर प्रकाशित कराया है। इसके पीछे व्यावसायिक दबाव ही हो सकता है। *मन्त्रबिद्ध* का तो धारावाहिक प्रकाशन भी 'विग्रह' मासिक, दिल्ली में 'लम्बी कहानी' नाम से ही हुआ था। यदि लगभग पचास हजार शब्दों को उपन्यास के आकार की निचली सीमा मानें तो *मन्त्रबिद्ध* (शब्द संख्या ल. 29,000) को उपन्यास की संज्ञा नहीं दी जा सकती। कथ्य और उसकी प्रस्तुति की दृष्टि से भी *मन्त्रबिद्ध* को उपन्यास नही माना जा सकता। *कुलटा* भी (शब्दसंख्या ल. 32,000) आकार और कथ्य की दृष्टि से उपन्यास नहीं कहा जा सकता। जहाँ तक *अनदेखे अनजान पुल* की बात है इसकी शब्द संख्या भी (ल. 47,000) उपन्यास के आकार के निकट पहुँचती है तथा विषय और उसके निरूपण की दृष्टि से भी इसे उपन्यास माना जा सकता है, यद्यपि स्वयं राजेन्द्र यादव ने इसे 'लम्बी कहानी' कहना ही पसन्द किया है। पर, जैसा कहा जाता है, उपन्यासकार पर विश्वास मत करो, उसकी रचना पर विश्वास करो; इस सिद्धान्त पर *अनदेखे अनजान पुल* को उपन्यास मानने में कोई कठिनाई नहीं है। *कुलटा* और *मन्त्रविद्ध* को भी 'उपन्यासिका' की श्रेणी में रखा जा सकता है।

इस प्रकार उपन्यास के नाम पर राजेन्द्र यादव की चार ही रचनाएँ विचार के योग्य रह जाती हैं—*उखड़े हुए लोग, शह और मात, सारा आकाश* और *अनदेखे अनजान पुल*। इन उपन्यासों की सबसे बड़ी कमजोरी यह है कि इनमें कोई सार्थक और चमकदार विजन नहीं है। विषय या कथ्य की दृष्टि से राजेन्द्र यादव की रुचि नारी-मन के चित्रण में अधिक रमती है। उनके प्रायः सभी उपन्यासों या लम्बी कथाओं में युवक-युवतियों के प्रेम और दाम्पत्य जीवन का द्वन्द्व किसी न किसी रूप में अवश्य चित्रित हुआ है। इन उपन्यासों के प्रेमी-प्रेमिका बिना विवाह सम्बन्ध में बँधे एक साथ रहने का निश्चय करते हैं, पर इसकी अन्तिम परिणति क्या होती है, लेखक के पास इसका कोई उत्तर नहीं है। *शह और मात* में एक युवा कहानी लेखिका के एक प्रसिद्ध उपन्यासकार से प्रेम की मानसिकता का, जो बौद्धिकता से युक्त होने के कारण तनिक जटिल हो गयी है, अंकन किया गया है। *अनदेखे अनजान पुल* में एक कुरूप लड़की की कुंठित मानसिकता तथा उसके सपनों का अंकन किया गया है। *सारा आकाश* में असफल दाम्पत्य जीवन का प्रसंग उठाया गया है, जिसका एकमात्र कारण यह है कि माँ-बाप ने बिना पुत्र की राय लिए, उसका विवाह एक मैट्रिक पास, पर पुराने संस्कारों वाली लड़की से कर दिया है। प्रेम और दाम्पत्य जीवन के ये रूप राजेन्द्र यादव के उपन्यासों में बिना किसी गहरी संवेदना और विजन के प्रस्तुत किये गये हैं, इस कारण इनका कोई गहरा

प्रभाव मन पर नहीं पड़ता। *उखड़े हुए लोग* में नेता भैया के रूप में राजनीतिज्ञों की उस नस्ल का अंकन किया गया है, जो आज देश में खूब फल-फूल रही है। ये 'नेता भैया' त्याग, तपस्या, सेवाव्रत, सज्जनता आदि की रामनामी चादर ओढ़कर जनता को लूट रहे हैं, प्रच्छन्न पूँजीपतियों के रूप में मजदूरों और बेकार युवकों का शोषण कर रहे हैं और भ्रष्टाचार में आकंठ निमग्न हैं। पर यह विषय भी उपन्यास में प्रभावी रूप में अंकित नहीं हो पाया है। प्रोफेसर और पत्रकार पात्रों के चित्रण में भी उपन्यासकार किसी उल्लेखनीय सर्जनशीलता का परिचय नहीं दे सका है। मध्यवर्गीय संयुक्त परिवार का अंकन भी *सारा आकाश* में निहायत सामान्य स्तर का है। शिल्प और भाषा के स्तर पर भी राजेन्द्र यादव के उपन्यास सर्जनशीलता का कोई ठोस प्रमाण नहीं प्रस्तुत करते।

अमृत राय का (ज.1921) पहला उपन्यास *बीज* 1952 ई. में प्रकाशित हुआ। इसके बाद उस दशक में उनके *नागफनी का देश* और *हाथी के दाँत* (1956) प्रकाशित हुए। लगभग तेरह वर्षों के अन्तराल के बाद 1969 ई. में उनके *जंगल, भटियाली* और *सुख-दुख* तथा 1977 ई. में *धुआँ* प्रकाशित हुए।

अमृत राय के प्रथम दौर (1952-56) के उपन्यासों में उनकी साम्यवादी प्रतिबद्धता अधिक उजागर हुई है। *बीज* में तत्कालीन भा. क. पा. की विचारधारा और कार्यक्रम ही औपन्यासिक संसार की शक्ल लेते दिखाई पड़ते हैं। इसे एक राजनीतिक उपन्यास भी कहा जा सकता है जिसमें भारत की राजनीतिक स्वतन्त्रता को आम आदमी के लिए झूठी आजादी कहा गया है। उपन्यास में आम आदमी की सच्ची आजादी के लिए भा. क. पा. संघर्षरत दिखाई गयी है। इसके साथ भारतीय समाज में स्त्रियों की हीन, उपेक्षापूर्ण, स्थिति का भी अंकन किया गया है। पर किसी भी प्रकार के सार्थक विजन के अभाव में *बीज* एक साधारण उपन्यास ही बनकर रह गया है। शिल्प और भाषा की सर्जनात्मकता की दृष्टि से भी *बीज* कोई प्रभावित करने वाली रचना नहीं है।

नागफनी का देश और *हाथी के दाँत* आकार की दृष्टि से लघु उपन्यास भी शायद ही माने जा सकें। रचनात्मक दृष्टि से भी इनमें कोई उल्लेखनीयता नहीं है। *नागफनी का देश* प्रेम और दाम्पत्य जीवन की टकराहट को प्रस्तुत करने वाली एक साधारण सी लम्बी कथा है और *हाथी के दाँत* में 1937-52 की अवधि में जमींदारों द्वारा किसानों पर किये जाने वाले अत्याचारों और स्वतन्त्रता-प्राप्ति के बाद उनके कांग्रेसी बनकर अपने स्वार्थों की सिद्धि करने की कथा सपाट रूप में कही गयी है। स्वाधीनता-प्राप्ति के बाद जमींदारों के साथ बड़े किसानों और धार्मिक पाखंडियों के राजनीति में प्रवेश और हिंसा, धन तथा तिकड़म के बल पर सत्ता हथिया कर सरकारी पैसे की लूट और भ्रष्टाचार का चित्रण भी किया गया है। उपन्यासकार ने इन भ्रष्ट शक्तियों से युवा शक्ति के संघर्ष और पराजय का भी अंकन किया है जो उसके यथार्थवादी रुझान को प्रकट करता है।

इनकी तुलना में 1969 ई. में प्रकाशित अमृत राय के *जंगल, सुख-दुख* और *भटियाली* समकालीन यथार्थ और शाश्वत यथार्थ को अधिक सर्जनात्मक रूप में प्रस्तुत करते हैं। जंगल आज की उस आधुनिक जिन्दगी का चित्र प्रस्तुत करता है जो पुरानी व्यवस्था, नैतिक मान्यताओं और स्वीकृत मूल्यों को नकार रही है। उपन्यासकार आज की सभ्यता को जंगल की सभ्यता के रूप में परिवर्तित होते देख रहा है और उपन्यास के केन्द्रीय पात्र राजेश्वर

दयाल को उसके प्रतीक के रूप में प्रस्तुत कर इस स्थिति पर व्यंग्य करता है। उपन्यासकार की विशेषता इस बात में है कि वह इस जंगल की सभ्यता को नकारते हुए भी इसकी वास्तविकता का चित्रण पूरी सच्चाई के साथ करता है। इस परस्परविरोधी स्थिति के समाधान में व्यंग्य बड़ा सहायक हुआ है। पूरा उपन्यास हास्य-व्यंग्य की प्रसन्न कर देने वाली स्थितियों से भरा पड़ा है। उपन्यास के रूप में *जंगल* की सफलता का कारण यह है कि इसमें उपन्यासकार के मस्तिष्क में एक विजन है जिसे शिल्प की ताजगी और भाषा की व्यंग्यधर्मिता सजीव बनाने में समर्थ हुई है।

सुख-दुख का विषय जीवन में सुख-दुख की शाश्वत समस्या से सम्बद्ध होने पर भी उपन्यासकार की संवेदना से इस प्रकार जुड़ा हुआ है कि वह किसी दर्शन का प्रतिपादन मात्र नहीं प्रतीत होता। अमृत राय ने इस उपन्यास में सुख-दुख के चित्रों का ऐसा अलबम प्रस्तुत किया है जो अपनी यथार्थता में ही नहीं, जीवन्तता में भी अद्वितीय है। पुत्र की मृत्यु के रूप में पिता का असहनीय दुख और अलबम में सजे चित्रों के माध्यम से अतीत के सुखों की स्मृति युगपत् रूप में प्रस्तुत होकर मन पर अद्भुत प्रभाव डालते हैं। अलबम में करीने से रखे चित्रों के माध्यम से अतीत की सुखद स्मृतियों के द्वारा उपन्यास की संरचना एकदम नयी और मोहक है। भाषा भी इस प्रविधि का पूरा साथ देती दिखाई देती है। छोटे-छोटे वाक्य, तेजी से बदलते छोटे-छोटे दृश्य तन्द्रा की स्थिति में मस्तिष्क में तेजी से बनने मिटने वाले दृश्यों का प्रभाव पैदा करते हैं।

भटियाली में प्रेम के द्वन्द्व में अनिर्णय की पीड़ा झेलती हुई एक अविवाहित युवती के मनोभावों का प्रभावोत्पादक चित्रण हुआ है। इसमें प्रेम का चित्रण एक सर्वथा नये सन्दर्भ में हुआ है। प्रेमिका का तीन प्रेमियों में से अन्धे संन्यासी भास्कर को जीवन-साथी के रूप में वरण एक ताजगी से भरी स्थिति है, जो मन को छूती है।

अमृत राय का अन्तिम उपन्यास *धुआँ* आकार की दृष्टि से विशालकाय होने पर भी औपन्यासिक विजन की दृष्टि से धुँधला और निराश करने वाला है। इस उपन्यास में कथाकार नयी पीढ़ी के भटकाव, राजनीतिक दिशाहीनता, सामाजिक रूढ़ियों और अर्थहीन हो गये नैतिक मूल्यों के कारण धुँआती जिन्दगी, आर्थिक वैषम्य के कारण उत्पन्न असन्तोष आदि का चित्रण करता है, पर अपने अस्पष्ट विजन के कारण इसमें उसे सफलता नहीं मिल पायी है। चाहे नक्सली आन्दोलन हो या छात्रों की दिशाहीनता, आधुनिकता के पीछे भागने वालों की अमरीकी सभ्यता की नकल हो या कम्युनिस्ट पार्टी की आलोचना, आर्थिक वैषम्य हो या सामाजिक रूढ़ियाँ, किसी के भी चित्रण में कथाकार श्रेष्ठ कोटि की रचनात्मक दृष्टि या बौद्धिक क्षमता का परिचय नहीं दे सका है। इसका एकमात्र कारण यह है कि ये विषय कथाकार की अनुभव की आँच से नहीं निकले हैं। बिना नक्सली बने, बिना इस आन्दोलन की गहराई में प्रवेश किए, केवल बाहर से नक्सलवादियों के प्रयत्नों की खिल्ली उड़ाना सही रचनात्मक दृष्टि नहीं है। समृद्ध परिवारों के लड़के-लड़कियों की फैशनपरस्ती और अमरीकी सभ्यता की नकल, उनकी सांस्कृतिक गिरावट आदि के सम्बन्ध में कथाकार की जानकारी, और कदाचित् अनुभव भी, प्रामाणिक जान पड़ता है, पर विवरण की बहुलता के कारण ये प्रसंग बहुत उबाऊ हो गये हैं। इसी प्रकार विश्वविद्यालय के वातावरण के अंकन में भी कलात्मक संयम का अभाव दिखाई पड़ता है। कुल मिलाकर *धुआँ* में उपन्यासकार का अनुभव

संसार और अनुभूति सम्पदा बहुत सीमित है, जिसके फलस्वरूप, अपने लेखन कौशल के बावजूद, वह उपन्यास को सजीव बनाने में समर्थ नहीं हो पाया है। रचना-शिल्प और भाषा की दृष्टि से भी *धुआँ* में कोई उल्लेखनीय विशेषता नहीं है।

स्वयं प्रभाकर माचवे (ज.1917) के अनुसार उनका पहला उपन्यास *परन्तु* 1952 ई. में प्रकाशित हुआ था। इसके बाद आगामी चार दशकों में उनके *एकतारा* (1953), *द्वाभा* (1954), *साँचा* (1955), *जो* (1963), *किशोर* (1970), *तीस चालीस पचास* (1973), *दर्द के पैबन्द* (1974), *किसलिए* (1975), *द्यूत* (1976), *लक्ष्मी बेन* (1977), *कहाँ से कहाँ* (1978), *लापता* (1984) आदि लगभग एक दर्जन लघु उपन्यास प्रकाशित हुए। पर लेखक की दर्पोक्तियों के बावजूद ये उपन्यास साहित्य के इतिहास में कोई महत्त्वपूर्ण स्थान बनाने में असमर्थ रहे हैं। श्रेष्ठ औपन्यासिक रचना के लिए जिन्दगी के बाह्य और आन्तरिक यथार्थ की सही पहचान, मानव सम्बन्धों की जटिलता और अन्तर्विरोधों के विश्लेषण की क्षमता, उर्वर कल्पनाशक्ति, वस्तु के अनुरूप शिल्प का चयन और सर्जनात्मक भाषा आदि की अपेक्षा होती है। प्रभाकर माचवे में इनका अभाव है। इसलिए उनके उपन्यास अनेक विवरणों, निर्जीव प्रसंगों और बासी विचारों का पिटारा बन गये हैं। वस्तुतः प्रभाकर माचवे उस दौर के लेखक हैं, जब कविता में प्रयोगवाद की हवा बह रही थी और कुछ लेखक उसमें उड़ रहे थे। प्रभाकर माचवे उन्हीं लेखकों में थे। वे अपने को 'नवतावादी' लेखकों की जमात का अगुआ मानते थे। उनके उपन्यासों में भी 'नवतावाद' के प्रति अतिरिक्त मोह विद्यमान है। कथ्य की दृष्टि से उनके उपन्यासों में समसामयिक जीवन का शायद ही कोई पक्ष छूटा हो; समकालीन सामाजिक और मनोवैज्ञानिक समस्याएँ, वैश्विक समस्याएँ, राष्ट्रवाद, विश्वशान्ति, वर्गद्वेष, आर्थिक समानता, आत्मसंयम, शिक्षा का प्रसार, छात्र आन्दोलन, धर्म, समाज, राजनीति, दर्शन, नयी पीढ़ी, पुरानी पीढ़ी, गाँधीवाद, साम्यवाद, क्षणिकवाद, भोगवाद, नक्सलवाद आदि से जुड़े प्रश्न और विचार उनके उपन्यासों में भरे पड़े हैं। पर इन विचारों में कोई गहराई या मौलिकता नहीं है। संवेदना की गहराई तो उनके उपन्यासों में कहीं दिखाई ही नहीं देती। उनका सारा जोर शिल्प और भाषा विषयक 'प्रयोग' पर है, जिसकी उनके उपन्यासों में कोई सार्थकता नहीं दिखाई पड़ती। शिल्प विषयक नवीनता के नाम पर उन्होंने कथा को 'तोड़ने' का प्रयास किया है। उनका प्रयास यह है कि कथा 'बने' ही नहीं। इसके लिए वे कथा के बीच में अनावश्यक प्रसंगों, यहाँ तक कि कविता, कहानी, संस्मरण, निबन्ध आदि का भी समावेश कर उसके तारतम्य को तोड़ने की भद्दी कोशिश करते हैं। डायरी, संस्मरण, रिपोर्ताज, रूपक, प्रश्नोत्तर, रनिंग कमेंट्री, लोकगाथा आदि के मिश्रण द्वारा भी माचवे जी शिल्पविषयक नवीनता की सृष्टि करते हैं। इसी प्रकार वे भाषा की रचना में जेम्स जॉयस की नकल करते हैं। *लक्ष्मी बेन* के अन्तिम पृष्ठ पर 'ल' से शुरू होने वाले शब्दों की चित्रकारी की गयी है। यह सारा प्रयास कथ्य और शिल्प में रचनात्मक सम्बन्ध न होने के कारण अ-रचनात्मक और खिलवाड़ बन गया है।

फणीश्वरनाथ रेणु (ज. 1921) निर्विवाद रूप से स्वतन्त्रता-प्राप्ति के बाद वाले दशक के सर्वश्रेष्ठ उपन्यासकार हैं। 1954 ई. में उनका प्रथम उपन्यास *मैला आँचल* प्रकाशित हुआ। रेणु उन उपन्यासकारों में परिगणनीय हैं जो अपनी पहली रचना से ही लोगों के दिल दिमाग पर छा जाते हैं और लम्बे समय तक चर्चा और आलोचना के विषय बने रहते हैं।

मैला आँचल का कथ्य काल की दृष्टि से देश को आजादी मिलने के वर्ष के एक दो वर्ष पूर्व से लेकर उसके दो-एक वर्ष बाद (अप्रैल, 1948) तक और स्थान की दृष्टि से भारत की राजधानी से दूर, देश के सर्वाधिक पिछड़े राज्य बिहार के सर्वाधिक पिछड़े जिले पूर्णिया के उत्तर में मेरीगंज नामक एक गाँव से जुड़ा है। रेणु का अनुभव-संसार एक ऐसे क्षेत्र से जुड़ा हुआ है जो केन्द्र से बहुत दूर होने के कारण भौतिक प्रगति की दृष्टि से नितान्त पिछड़ा हुआ है। इस सुदूर और अत्यन्त पिछड़े हुए अंचल को उसकी सम्पूर्णता में प्रस्तुत करने के लिए रेणु ने एक ऐसे कथाशिल्प और भाषा का इस्तेमाल किया है जो इसके पूर्व हिन्दी उपन्यास के लिए अपरिचित थी। इस शिल्प और भाषा के द्वारा मेरीगंज और उसके आसपास का जो बिम्ब उभरता है, वह एक मुकम्मल और सजीव बिम्ब है। इसमें जो चीज सबसे पहले सामने आती है वह है अंचल के निवासियों की निर्धनता, उनका मानसिक पिछड़ापन, जमींदार और तहसीलदार का शोषण, जातिगत आधार पर आपस की फूट और कमीनगी। उपन्यासकार ने इस नग्न यथार्थ को बड़ी निर्ममता से प्रस्तुत किया है। उपन्यास में चित्रित ग्रामांचल की दूसरी पहचान है उसकी अन्धविश्वासग्रस्तता जो अशिक्षा और मानसिक पिछड़ेपन की उपज है। अशिक्षा और अन्धविश्वास से ग्रस्त समाज की निर्धनता स्वयंसिद्ध तथ्य है। ग्रामीण अंचलों की निर्धनता का कारण सदियों से विदेशी और भारतीय सामन्तों द्वारा आम आदमी का शोषण है। इस गरीबी और शोषण का चित्रण रेणु ने नितान्त यथार्थवादी तरीके से किया है। मेरीगंज की सारी धरती दो-तीन आदमियों के अधिकार में है। शेष ग्रामीण या तो खेतिहर मजदूर हैं या बटाईदारी पर खेती करते हैं। उन्हें भरपेट भोजन और तन ढँकने को कपड़ा नहीं मिलता और आवास के नाम पर फूस की झोंपड़ी में उनकी सारी जिन्दगी कट जाती है। गरीबी इतनी ज्यादा है कि कोई रोग हो जाने पर वे साधारण दवा के पैसे तक नहीं जुटा पाते। दो बूँद 'आई-ड्राप' न मिल पाने के कारण किसी युवती की कमल सी आँखें सदा के लिए ज्योतिहीन हो जाती हैं। अनेक ग्रामीण पिलही, कालाजार, मलेरिया, गठिया आदि रोगों से ग्रस्त हैं। बच्चे रोग के निदान के बिना आनन-फानन में मर जाते हैं और इसका दोष किसी डायन के मत्थे मढ़ दिया जाता है। और इस गरीबी, अशिक्षा, अन्धविश्वास, रूढ़िवादिता आदि का कारण क्या है? इसका कारण है जमींदार, तहसीलदार और धनी किसानों द्वारा गरीब किसानों का शोषण। यह शोषण अनेक रूपों में होता है, जिसका अंकन उपन्यासकार ने बहुत तफसील में और गहरी अवलोकन क्षमता के साथ किया है। इस शोषण में राजनीतिक दलों की भूमिका को भी रेणु ने प्रभावोत्पादक ढंग से उभारने का प्रयास किया है।

भारत को आजादी मिलने के समय ग्रामीण अंचलों का यही सामाजिक, शैक्षिक और आर्थिक यथार्थ था, जिसके चित्रण में रेणु ने पूरी प्रामाणिकता, सूक्ष्म पर्यवेक्षण और गहरी सहानुभूति का परिचय दिया है। पर रेणु की यथार्थ-यात्रा यहीं समाप्त नहीं हो जाती। किसानों की आर्थिक-सामाजिक दशा के साथ उनमें आती राजनीतिक चेतना का भी रेणु ने पर्याप्त विस्तार और समझ के साथ चित्रण किया है। इस राजनीतिक चेतना का ग्रामीण जीवन में प्रवेश गाँधी जी के नमक सत्याग्रह आन्दोलन से होता है। *मैला आँचल* के बालदेव, चुन्नी गोसाईं, बावन दास, कालीचरन आदि के माध्यम से उपन्यासकार ने समकालीन राजनीति के अनेक पक्षों का चित्रण किया है। रेणु ने समकालीन राजनीतिक दलों, कांग्रेस, समाजवादी, साम्यवादी, रा. स्व. संघ आदि के नैतिक और सैद्धान्तिक खोखलेपन का बड़ी निस्संगता और

ईमानदारी के साथ अंकन किया है। मेरीगंज समकालीन भारतीय राजनीति का लघुरूप बन गया है। तत्कालीन आम आदमी की सरलता, अबोधता और पुराने मूल्यों के प्रति आस्था का लाभ उठाकर चालाक राजनीति-व्यवसायी उसे आसानी से ठग लेता है। *मैला आँचल* का विश्वनाथ प्रसाद इन राजनीति-व्यवसायियों का प्रतीक है। देश के आजाद होने पर राजनीति का विकृत चेहरा और भी अधिक भयानक हो जाता है। कांग्रेस का चरित्र दिनोदिन जनविरोधी और सामन्ती-पूँजीवादी होता चला जाता है। सोशलिस्ट और कम्युनिस्ट पार्टियाँ भी अपने घोषित उद्देश्यों को भूलकर राजनीति के खेल खेलने में अधिक रुचि लेने लगती हैं।

उपन्यास के लगभग अन्त में एक चमत्कार होता है, तहसीलदार विश्वनाथ प्रसाद का हृदय-परिवर्तन। वह अपनी सौ बीघा जमीन किसानों में वितरित कर उनकी वाहवाही लूटने में समर्थ होता है। पर उपन्यासकार ने इसे विश्वनाथ प्रसाद की चालाकी के रूप में न देख कर उसके हृदय-परिवर्तन के रूप में प्रस्तुत किया है। इस तरह का हृदय-परिवर्तन, जिसमें जमीन के बीसवें हिस्से को ग्रामीणों में बाँटकर उन्नीस भाग अपने पास रख लिया जाए, हृदय-परिवर्तन का मखौल ही है। यह *मैला आँचल* के विजन की सबसे बड़ी कमजोरी है, जिसके कारण उसका अन्त भी बहुत कमजोर हो गया है। रेणु ने किसानों की समस्याओं के समाधान का सर्वथा भावुकतापूर्ण विकल्प प्रस्तुत किया है, जो उनके आशावादी और दयामय कथाकार होने का बोध तो पैदा करता है, पर वह तर्कसंगत किसी भी हालत में नहीं कहा जा सकता।

उपन्यासकार के रूप में फणीश्वरनाथ रेणु को अक्सर प्रेमचन्द के सन्दर्भ में देखने और मूल्यांकित करने की कोशिश की जाती है। यह स्वाभाविक भी है, क्योंकि *मैला आँचल* के प्रकाशन के लगभग दो दशक पूर्व प्रेमचन्द हिन्दी उपन्यास में एक मानदंड बन चुके थे। पर हमें यह भी स्मरण रखना चाहिए कि प्रेमचन्द आजादी मिलने के पहले के उपन्यासकार थे जिनका उद्देश्य साम्राज्यवाद, सामन्तवाद और महाजनी व्यवस्था की चक्की में पिसते हुए गाँवों की नियति का चित्रण करना था। इसके विपरीत रेणु उस समय के ग्रामीण जीवन का चित्रण करते हैं, जब भारत को आजादी मिलनेवाली है या मिल चुकी है। परिस्थितियाँ भिन्न हैं। इन परिस्थितियों में गाँव का चरित्र वही नहीं हो सकता था जो प्रेमचन्द के समय में था। इसके साथ ही रेणु का दृष्टिकोण भी प्रेमचन्द से भिन्न है। उनकी दृष्टि ग्रामीणों की दैन्य भरी जिन्दगी के साथ-साथ गाँवों की समस्त बुराई, कमीनगी और गलाजत पर भी है। रेणु ने प्राकृतिकवादी लेखकों की तरह इस पक्ष को तनिक अतिरंजित रूप में प्रस्तुत किया है। प्राकृतिकवादी दृष्टि स्वयं में अपर्याप्त होती है; वह सत्य की भीतरी पर्तों का उद्घाटन और विश्लेषण नहीं करती। *मैला आँचल* इस दृष्टि का शिकार हुआ जान पड़ता है। पर रेणु में इसे सन्तुलित करने वाली दृष्टि भी है। वे गाँव के प्राकृतिक सौन्दर्य और परम्परागत सांस्कृतिक समृद्धि की भी उपेक्षा नहीं करते। ग्रामीण जीवन का एक यथार्थ यह भी है कि ग्रामीणों के सारे संस्कार, उनके काम का एक-एक क्षण, पर्व, उत्सव, त्योहार, रीति रिवाज, गीत-नृत्य से जुड़े हुए हैं। ग्रामीण यथार्थ के इस पक्ष को रेणु ने पहली बार उद्घाटित किया।

अज्ञेय ने रेणु के उपन्यासों में 'एक अखंड मानवी विश्वास की चिनगारी' सुलगती देखी है। *मैला आँचल* में यह चिनगारी डॉ. प्रशान्त के मेरीगंज में ही रहकर 'प्यार की खेती' करने के संकल्प तथा विश्वनाथ प्रसाद द्वारा अपनी जमीन का एक हिस्सा मेरीगंज के भूमिहीन

किसानों में बाँट देने के निश्चय में दिखाई देती है। यह 'चिनगारी' प्रकृतितः प्रेमचन्द के आदर्शवाद से बहुत भिन्न नहीं है। विश्वनाथ प्रसाद का भूमि-वितरण तो लगभग प्रेमचन्द के *प्रेमाश्रम* के समान ही है। यह भी एक आरोपित यथार्थ है जिसके पीछे कोई वैज्ञानिक विचारधारा नहीं है। इसे 'करुणा की अन्तःसलिला' कहकर गौरवान्वित करने की कोई सार्थकता नहीं है। विश्वनाथ प्रसाद के हृदय-परिवर्तन में करुणा के स्थान पर दया का भाव अधिक है और गहराई में जाने पर वह एक तरह की चालाकी ही प्रतीत होती है। डॉ. प्रशान्त के व्यक्तित्व में करुणा की यह 'अन्तःसलिला' है, पर इस प्रकार की करुणा तब तक कारगर नहीं होती जब तक अन्यायी पक्ष के प्रति आक्रोश या घृणा का भाव न हो। डॉ. प्रशान्त में इस प्रकार का कोई आक्रोश है ही नहीं, अतः सन्देह होता है कि उसका 'प्यार की खेती' का संकल्प व्यावहारिक रूप में सफल होगा भी ।

मैला आँचल की एक उल्लेखनीय विशेषता इसका वैविध्यपूर्ण कथासंसार है। इसमें लगभग 300 पात्र हैं। इनमें 165 पात्र तो मेरीगंज गाँव के ही हैं। शेष पात्र मेरीगंज के बाहर के हैं जो मेरीगंज की जिन्दगी को अपने आसपास अथवा पूरे देश की जिन्दगी से जोड़ते हैं। *मैला आँचल* में एक भी ऐसा पात्र नहीं, जिसे 'केन्द्रीय' कहा जा सके; नायक कहा जाने लायक पात्र तो इसमें कोई है ही नहीं। लगभग आधा दर्जन पात्र--डॉ. प्रशान्त, विश्वनाथ प्रसाद, कालीचरन, बालदेव, कमली, लक्ष्मी आदि--किंचित् प्रमुखता प्राप्त करते हैं, पर वे सब मिलकर भी *मैला आँचल* की पूरी कहानी या कथ्य का प्रतिनिधित्व नहीं करते। वस्तुतः रेणु ने अपने कथ्य के अनुरूप ही अपने पात्रों का संसार भी निर्मित किया है। चूँकि मेरीगंज इस संसार के केन्द्र में है, अतः इसके आधे से अधिक पात्र या तो मेरीगंज के निवासी हैं या मेरीगंज उनका प्रमुख कार्यक्षेत्र है। एक पिछड़े अंचल को उसकी समग्रता में प्रस्तुत करने के लिए पात्रों में जितना अधिक वैविध्य लाया जा सकता है, उतने की कोशिश रेणु ने की है। मेरीगंज जातियों के आधार पर अनेक टोलों में बँटा हुआ है। इनमें से कुछ टोले पिछड़ी जातियों के हैं, जिनके लोग निहायत गरीब, अशिक्षित अन्धविश्वासी और बौद्धिक दृष्टि से पिछड़े हुए हैं। उपन्यासकार ने इस वर्ग से लगभग सौ पात्रों का चयन किया है, जिनके नामकरण से लेकर व्यक्तित्व-रचना तक में उसने अत्यन्त सावधानी का परिचय दिया है। मेरीगंज के विभिन्न जातियों वाले टोलों के विशिष्ट सामूहिक चरित्र-निर्माण में रेणु ने अद्भुत अवलोकन क्षमता और सर्जनशीलता का परिचय दिया है।

तहसीलदार विश्वनाथ प्रसाद *मैला आँचल* के प्रमुख पात्रों में से एक है जिसका चरित्रांकन कथाकार ने अपने कथ्य को सम्पूर्णता में रूपायित करने के लिए किया है। वह तत्कालीन शोषण पर आधारित व्यवस्था का प्रतीक पात्र है। सारा मेरीगंज इस कारण निर्धन, अशिक्षित, बीमार तथा पिछड़ा हुआ है कि तहसीलदार ने अपनी दुष्टबुद्धि, तिकड़म, चालाकी और बेईमानी से मेरीगंज की एक हजार बीघे जमीन पर अकेले कब्जा कर रखा है। उसकी तहसीलदारी तीन पुश्तों की है, और वह भी अपनी सारी जिन्दगी किसानों को लूटने में ही लगा देता है। अपने इस रूप में वह एक शैतान जैसा प्रतीत होता है। अपनी सोच और मानसिकता में वह कुछ-कुछ *गोदान* के रायसाहब के समान है। उसका एक रूप शैतान का है तो दूसरा रूप एक हास्यप्रिय, रसिक और कुशल गृहस्थ का है। पर उपन्यास के अन्त में विश्वनाथ प्रसाद का हृदय परिवर्तन उपन्यासकार के विजन को अस्पष्ट बना देता है।

मैला आँचल की लछमी दासिन एक बहुत ही आकर्षक व्यक्तित्वसम्पन्न और अत्यन्त संवेदनशील पात्र है। उसके चरित्र की वर्तुलता, संवेदनशीलता और भावनात्मक संघर्ष उसे समस्त हिन्दी कथा साहित्य के पात्र संसार में महत्त्वपूर्ण स्थान प्रदान करते हैं। उसके व्यक्तित्व में एक उच्च कोटि की सुरुचि और सौन्दर्य भावना है जो उसे विशिष्ट बनाती है। मनोवैज्ञानिक दृष्टि से लछमी का चरित्र अत्यन्त जटिल है। जीवन का दुःख और भटकाव उसके चरित्र को मनोवैज्ञानिक गहराई और वर्तुलता प्रदान करते हैं। दूसरा पात्र डॉ. प्रशान्त भी, उपन्यास का केन्द्रीय पात्र न होने के बावजूद, मेरीगंज को उसकी सम्पूर्णता में देखने के लिए एक अपरिहार्य अवलोकन बिन्दु प्रदान करता है। पाठक उसकी आँख और संवेदना के द्वारा ही मेरीगंज के बहुवर्णी जीवन को, उसके आँसू और हँसी को, शोषण और संघर्ष को सम्यक् देख पाने में समर्थ होता है। डॉ. प्रशान्त कथाकार के सपनों और आदर्श का प्रतीक है। कथाकार और टिप्पणीकार के रूप में रेणु स्वयं बहुत कम पाठकों के समक्ष आते हैं। मेरीगंज की धरती और वहाँ के निवासियों के सम्बन्ध में रेणु का निरीक्षण, अनुभव और दृष्टिकोण पाठक को प्रशान्त के माध्यम से ही प्राप्त होता है। उपन्यासकार के आशावाद और भविष्य के सपनों का आलम्बन भी प्रशान्त ही है। यह कहना कदाचित् असंगत न होगा कि प्रशान्त रेणु की पूरी संवेदना का वाहक है। इसके साथ ही एक व्यक्ति के रूप में भी प्रशान्त का चरित्र विश्वसनीय और प्रभावोत्पादक है। उसके जन्म से लेकर मेरीगंज में बस जाने तक की पूरी कहानी गहरी आत्मीयता और विश्वसनीयता के साथ प्रस्तुत की गयी है।

मैला आँचल के पात्रों में बावनदास का चरित्र सर्वाधिक विशिष्ट है। उसके व्यक्तित्व में शारीरिक विकलांगता के साथ आत्मिक और नैतिक उदात्तता का ऐसा संगम है कि वह हमारी चेतना में चुभ सा जाता है। यह बौना और कुरूप आदमी अपनी त्याग-तपस्या, देश के प्रति निष्ठा और श्रेष्ठ मानवीय मूल्यों में आस्था के कारण इतना महान बन जाता है कि उसका 'वामन' नाम सार्थक हो जाता है। बावनदास कांग्रेसी राजनीति में बढ़ रहे जातिवाद, जोडतोड़, धन के प्रभाव आदि से अत्यन्त दुःखी है। इस पतन को देखकर वह विक्षिप्तप्राय हो जाता है और उसे अपना जीना भी निरर्थक जान पड़ने लगता है। वह कांग्रेस पार्टी में बढ़ रहे नैतिक मूल्यों के खिलाफ लड़ते हुए अपने जीवन को ही दाँव पर लगा देने का निश्चय करता है। उसकी मौत भारतीय राजनीति में नैतिक मूल्यों की मौत है। *मैला आँचल* के एक और राजनीतिक पात्र, बालदेव, का चरित्र भी बहुत रोचक और सांकेतिक है। वह एक तरफ तो अपने समाज के पिछड़ेपन का प्रतिनिधित्व करता है तो दूसरी तरफ, राष्ट्रीय स्तर पर, गाँधीवाद के विद्रूप का उदाहरण भी प्रस्तुत करता है। बालदेव एक प्ररूप पात्र है। उसका चरित्र एक तरफ गाँधी जी के अहिंसा सिद्धान्त के दुर्बल पक्ष का उद्घाटन है तो दूसरी तरफ गाँधीवाद को विकृत रूप में प्रस्तुत करने के प्रयास की सांकेतिक आलोचना भी। बालदेव का चरित्र आजादी प्राप्त होने की पूर्वसन्ध्या में कांग्रेस पार्टी के तेजी से राजनीतिकरण की ओर बढ़ने का भी द्योतक है। बालदेव का जनता से हटकर पार्टी को महत्त्व देने लगना कांग्रेस पार्टी में आ रहे बदलाव को ही सूचित करता है। उसका चारित्रिक पतन और जातीयता की भावना के प्रति आकर्षण कांग्रेसी नेताओं के चरित्र में आ रही गिरावट की ओर इशारा करता है। बालदेव के राजनीतिक जीवन का पतन काँग्रेस पार्टी के राजनीतिक पतन का पूर्वाभास है।

कालीचरन *मैला आँचल* का सर्वाधिक सक्रिय और जीवन्त पात्र है। वह हिन्दी उपन्यास में गोबर और बलचनमा की परम्परा की अगली कड़ी है। कालीचरन पिछड़े और उपेक्षित अंचल की नयी पीढ़ी के विद्रोह को मुखरित करता है। वह एक कम पढ़ा-लिखा, अविकसित बुद्धि का युवक है फिर भी उसके चरित्र में कुछ ऐसी विशेषताएँ हैं जो उसे लोकप्रिय बनाती हैं। वह कर्मठ, ताकतवर, सेवाभावना से युक्त, न्याय पक्ष का समर्थक, निर्णय लेने में न हिचकने वाला, दृढ़, निष्ठावान, मस्त तथा संवेदनशील युवक है। पर वह अपनी सरलता के कारण तहसीलदार विश्वनाथ प्रसाद की चालबाजी का शिकार हो जाता है और अपने क्रान्तिकारी चरित्र को धूमिल कर बैठता है। अपनी पार्टी के प्रति कालीचरन की गहरी और विवेकशून्य निष्ठा ही उसके चरित्र को त्रासदी में बदल देती है।

आलोचकों ने एक स्वर से मेरीगंज को मैला आँचल के 'नायक' के रूप में स्वीकार किया है। सर्वप्रथम नलिन विलोचन शर्मा ने मेरीगंज को एक 'पात्र' के रूप में देखने की दृष्टि प्रदान की थी। *मैला आँचल* में अपेक्षाकृत प्रमुख पात्र सात, गौण पात्र तीस और मात्र उल्लेखित होने योग्य पात्र लगभग 200 हैं। पर प्रमुख पात्रों में से एक भी पात्र 'नायक' की संज्ञा पाने लायक नहीं हैं। प्रशान्त और कालीचरन दोनों 'नायक' बनते-बनते रह गये हैं। दरअसल *मैला आँचल* के सभी पात्र अपने-अपने व्यक्तित्व के योगफल से मेरीगंज या उस अंचल को एक समग्र व्यक्तित्व प्रदान करते हैं। रेणु ने मेरीगंज की कल्पना एक पात्र के रूप में की है; उसके नामकरण से लेकर उसकी विशिष्ट पहचान तक के सभी पक्षों को उन्होंने सावधानी के साथ उद्घाटित किया है। मेरीगंज का नामकरण और उसके व्यक्तित्व का निर्माण ठीक उसी प्रकार किया गया है, जैसे किसी जीवित पात्र का किया जाता है। इसके बाद प्रमुख और गौण पात्रों का जुलूस सामने आता है। कुछ पात्र ऐसे अवश्य हैं जो इस जुलूस में प्रमुख भूमिका निभाते हैं, इसे निर्देशित करते हैं, नियन्त्रित करते हैं, पर वे रहते हैं जुलूस का हिस्सा ही। उनमें से कोई भी ऐसा नायक, या नेता, नहीं है जो जुलूस को अपने पीछे-पीछे ले जाता हो। एक और उल्लेखनीय बात यह है कि उपन्यास के अधिकांश पात्र मेरीगंज में रहते हैं। उपन्यास की कथा मेरीगंज से बाहर बहुत कम जाती है। मेरीगंज पूरे उपन्यास की कथा पर हावी रहता है। उपन्यासकार ने किसी पात्र को मेरीगंज से बड़ा नहीं बनने दिया है। अतः यह मानना असंगत नहीं है कि *मैला आँचल* में मेरीगंज की कल्पना एक पात्र के रूप में की गयी है। मेरीगंज ही मैला आँचल का विषय है अतः उसकी प्रस्तुति उपन्यास के केन्द्रीय पात्र के रूप में, उसे स्पष्ट और सम्पूर्ण व्यक्तित्व प्रदान करते हुए, की गयी है।

इस बात पर दो मत नहीं हो सकते कि रेणु को, *मैला आँचल* में, पात्रों की रचना में अद्भुत सफलता प्राप्त हुई है। उन्होंने सर्वथा विश्वसनीय, सजीव और विशिष्ट व्यक्तित्व सम्पन्न पात्रों की वैविध्यपूर्ण सृष्टि से अपने पूरे कथा संसार को जगमगा दिया है। सबसे बड़ी बात यह है कि ये पात्र अपने विशिष्ट व्यक्तित्व की रक्षा करते हुए भी मेरीगंज के एक समग्र व्यक्तित्व की सृष्टि करते हैं।

शिल्प की दृष्टि से भी *मैला आँचल* हिन्दी का एक अति विशिष्ट उपन्यास है। इसके मूल ढाँचे के रूप में रेणु ने सुपरिचित कथाप्रविधि—दृश्यात्मक-परिदृश्यात्मक—को ही ग्रहण किया है जिसमें बारी-बारी से दृश्यात्मक और परिदृश्यात्मक प्रविधियों का प्रयोग किया जाता है। प्रेमचन्द ने इन प्रविधियों का अलग-अलग और मिश्रित प्रयोग करने में अतिशय सजगता

का परिचय दिया था। रेणु ने इन प्रविधियों में कुछ और भी नये आयाम जोड़ने की कोशिश की है। उन्होंने परिदृश्यात्मक प्रविधि के द्वारा कथा को प्रस्तुत ही नहीं किया है, उसे नाटकीय भी बना दिया है। परिदृश्यात्मक प्रविधि को एक साथ दृश्य और श्रव्य बना देने की कला में रेणु अद्वितीय हैं। इसी प्रकार रेणु ने जहाँ भी परिदृश्यात्मक प्रविधि का सहारा लिया है, उन्होंने केवल कथाकार की आँखों का प्रयोग नहीं किया है; उसके साथ उन्होंने उपन्यास के पात्रों का भी मिश्रण कर दिया है, जो कथा को आगे बढ़ाने के साथ-साथ अपनी हरकतों और बातचीत से अपना स्वभाव, अपनी आर्थिक-सामाजिक स्थिति और मानसिकता को भी परत-दर-परत खोलते चलते हैं।

रेणु शुद्ध किस्सागो के रूप में कथा कहते भी हैं; बिलकुल इत्मीनान से, पाठकों को विश्वास में लेकर और कथा संसार के पात्रों के साथ एकमेक होकर। यहाँ वे अपने पाठकों को सम्बोधित करते हुए लगते हैं और पाठक इसका बुरा नहीं मानता। रेणु का किस्सा कहने का एक खास अन्दाज है जिसमें उनके पात्र भी अपने समस्त विश्वास, मानसिकता और भोलेपन के साथ योग देते हैं। कहीं-कहीं रेणु अपने 'नरेटर' के साथ पात्रों को इस प्रकार मिश्रित कर देते हैं कि उससे कथा में एक नया स्वाद पैदा हो जाता है। कहीं-कहीं रेणु अपने कथाकार को पात्रों की चेतना से इस प्रकार जोड़ देते हैं कि दोनों का अन्तर मिट जाता है। पाठक कथाकार की चेतना से होता हुआ किसी पात्र की चेतना में प्रवेश करता है और कथाप्रसंग का बिलकुल नया वर्णबिम्ब उसकी आँखों के समक्ष उभर आता है। रेणु जब स्वयं कथा कहते हैं तो उसे पात्रों की हरकतों, भावभंगिमाओं, विस्मयबोधक पदों और छोटे-छोटे वार्तालापों से इस प्रकार मिला देते हैं कि किस्सागो वाली एकरसता बिलकुल समाप्त हो जाती है और नाटकीय प्रभाव की सृष्टि हो जाती है। पर रेणु के शिल्पकौशल की शक्ति उनके द्वारा प्रयुक्त दृश्यात्मक प्रविधि में अधिक दिखाई देती है। परिदृश्यात्मक प्रविधि में चल रही कथा को झटके के साथ दृश्य में परिवर्तित कर देना रेणु की खास विशेषता है। अवलोकन बिन्दु का यह परिवर्तन *मैला आँचल* में सर्वत्र दिखाई पड़ता है। *मैला आँचल* में दृश्यों की भरमार है। कई परिच्छेद तो पूर्णतः दृश्यात्मक हैं, जहाँ सूत्रधार और रंग संयोजक की भूमिका में भी कथाकार नाममात्र के लिए ही आता है। इस प्रकार के दृश्यों को ध्वन्यात्मक प्रभाव से युक्त करने में भी रेणु माहिर हैं। प्रसंगों को एक साथ दृश्य-श्रव्य बनाने में रेणु को अद्भुत सफलता प्राप्त हुई है। इसी प्रकार लोकगीतों और लोककथाओं की कड़ियों की सहायता से कथा को अग्रसर करने की प्रविधि का भी रेणु ने बहुत अच्छा इस्तेमाल किया है। पात्रों के स्वगत चिन्तन के रूप में कथा प्रस्तुत करने की प्रविधि भी *मैला आँचल* में खूब काम में लायी गयी है। उपन्यासकार पाठक को पात्रों की चेतना में प्रविष्ट करा देता है और पाठक पात्र के मस्तिष्क में उभरने वाले दृश्यों का प्रत्यक्ष द्रष्टा बन जाता है। इन दृश्यों को भी मात्र मनःप्रभावों के रूप में नहीं, वरन् नाटकीय रूप में प्रस्तुत करने की कोशिश की गयी है। चित्र और नाटकीयता दोनों का सन्तुलित प्रयोग बड़ा ही चमत्कारी है। स्वगत चिन्तन की प्रविधि का ही एक दूसरा रूपान्तरण पत्रात्मक प्रविधि है जिसमें अपने किसी अन्तरंग को पत्र लिखते हुए पात्र के मस्तिष्क में प्रवेश कर पाठक उसके चेतना-प्रवाह का अनुसरण करता है। *मैला आँचल* में इस प्रविधि का भी सफल प्रयोग किया गया है।

मैला आँचल की भाषा परिनिष्ठित हिन्दी के व्याकरणिक ढाँचे को, विशेष रूप से उसके

शब्दकोश को, तोड़ने और अतिक्रमित करने वाली एक गहन सर्जनात्मक भाषा है। हिन्दी क्षेत्र की एक अद्‌भुत विशेषता यह है कि परिनिष्ठित हिन्दी यहाँ की स्वीकृत भाषा होने पर भी यहाँ के निवासी अपनी-अपनी भाषाएँ ही बोलते हैं। अतः उपन्यास में जब किसी क्षेत्रविशेष को उसके यथार्थ रूप में प्रस्तुत करने की समस्या आती है तो उसका समाधान परिनिष्ठित हिन्दी में क्षेत्रविशेष की भाषा या भाषाओं के मिश्रण द्वारा किया जाता है। हिन्दी उपन्यास अपने जन्मकाल से ही इस भाषिक विशेषता को अपनाता रहा है। पर रेणु ने इसे एक विशेष सर्जनात्मक स्तर पर पहुँचा दिया है। *मैला आँचल* में प्रमुखतः मैथिली और गौणतः मगही-भोजपुरी मिश्रित परिनिष्ठित हिन्दी का प्रयोग इसलिए नहीं किया गया है कि उसके पात्र केवल ये भाषाएँ ही बोल सकते हैं, बल्कि इसलिए भी कि इस, और केवल इस, भाषा में ही उनके बाहरी और आन्तरिक जीवन-सत्य का, उनकी सोच, मानसिकता और भावना का सही चित्रण हो सकता था। *मैला आँचल* की भाषा उसमें व्यक्त विजन के लिए अपरिहार्य है। *मैला आँचल* में रेणु का उद्‌देश्य एक पिछड़े अंचल के बहुमुखी यथार्थ के चित्रण के साथ-साथ पूरे देश के राजनीतिक माहौल और बदलती हुई मानसिकता का चित्र अंकित करना है। इसके लिए रेणु ने जो कथासंसार निर्मित किया है उसमें अनेक तरह के लोग हैं जिनकी मानसिकता, सोच, सांस्कृतिक स्तर आदि के अनुरूप भाषा में वैविध्य की सृष्टि आवश्यक थी। इसके लिए कथाकार सर्वत्र एक तरह की भाषा का इस्तेमाल नहीं करता। जहाँ उसे सीधे कथा कहनी होती है वहाँ वह सरल परिनिष्ठित हिन्दी का प्रयोग करता है। पर कथाकार जब कथा के बीच में प्राकृतिक सौन्दर्य का अंकन करने लगता है तो उसकी भाषा तत्सम शब्दावली और सहज-स्वाभाविक अलंकारों से दीप्त मनोहर बन जाती है। जहाँ धुर निरक्षर ग्रामीणों का प्रसंग उपस्थित होता है वहाँ कथाकार की भाषा परिनिष्ठित साहित्यिक हिन्दी से खिसककर एकदम आम बोलचाल की परिनिष्ठित हिन्दी पर उतर आती है। कहीं-कहीं कथाकार अपने ग्रामीण पात्रों से इस प्रकार एकाकार हो जाता है कि उनकी कथा प्रस्तुत करते समय वह उनके द्वारा बोलचाल में प्रयोग किये जाने वाले तद्‌भव ही नहीं, अपभ्रष्ट शब्दों का भी, जो परिनिष्ठित हिन्दी में स्वीकृत नहीं हैं, धड़ल्ले के साथ प्रयोग करने लगता है। कहीं कहीं कथाकार पात्रों की चेतना में प्रवेश कर जाता है और इस अवलोकन बिन्दु से प्रस्तुत किये जाने वाले प्रसंगों की भाषा का रूप भी बदल जाता है; भाषा का मूल रूप तो अन्य पुरुष की कथाशैली का ही रहता है, पर उसमें अपढ़ किसानों के आत्मालाप की शैली घुलमिल जाती है, उनकी चेतना उनकी बोलचाल की भाषा के रूप में ही सामने आती है और कथा में एक नयी चमक पैदा हो जाती है। कहीं कहीं कथाकार वाक्यों से क्रियापदों को हटाकर अपने वर्णनों को गतिशील बनाने की कोशिश करता है। क्रियापदों से रहित छोटे-छोटे वाक्य चलते-फिरते दृश्यों को, रेडियो कमेंट्री की तरह, उसकी समस्त गतिशीलता और नाटकीयता में प्रस्तुत कर देते हैं। पात्रों की चेतना में घटित दृश्यों को प्रस्तुत करते समय उपन्यासकार अनेकत्र वाक्यों का काम शब्दों से ही ले लेता है। इस प्रकार कथा और उससे सम्बद्ध वर्णनों की प्रस्तुति में अनेक अवलोकन बिन्दुओं का प्रयोग तथा उनके अनुरूप भाषा की योजना करके उपन्यासकार भाषा में सर्जनात्मक वैविध्य की सृष्टि करता है।

औपन्यासिक संसार में नरेटर से अधिक महत्त्वपूर्ण भूमिका उन पात्रों की होती है जो कथा संसार के अभिन्न अंग होते हैं। यों तो *मैला आँचल* के बहुसंख्यक पात्र अपढ़ किसान

मजदूर हैं, पर उच्च और मध्य वर्ग के कमोबेश पढ़े-लिखे पात्र भी पर्याप्त संख्या में हैं। रेणु ने अपढ़ ग्रामीण पात्रों से भी परिनिष्ठित हिन्दी का ही प्रयोग कराया है पर उन्हें छोटी-मोटी व्याकरणिक भूलें करने और मनमाने शब्दों का प्रयोग करने की छूट दे दी है। वे संस्कृत और विदेशी शब्दों के तत्सम रूपों का उच्चारण शुद्ध रूप में नहीं करते और उन्हें नया रूप दे देते हैं। इनमें से अनेक शब्द ऐसे हैं जो केवल अंचल विशेष में बोले जाते हैं और गैर-हिन्दीभाषी पाठकों की बात तो दूर, हिन्दीभाषी पाठकों के लिए भी बोधगम्य नहीं हैं। पादटिप्पणियों में उनके अर्थ देने का यही औचित्य है। तत्सम शब्दों के अपभ्रष्ट रूपों के इतने व्यापक स्तर पर प्रयोग का औचित्य क्षेत्रीय यथार्थ को उसकी वास्तविकता में प्रस्तुत करना ही है। ये शब्द पूर्णिया अंचल के गरीब और पिछड़े किसानों की पहचान निर्मित करते हैं। अपने मानक रूप से शब्दों का यह विचलन सर्जनात्मकता की शर्तों को पूरा करता है। *मैला आँचल* की भाषा की एक उल्लेखनीय विशेषता यह भी है कि रेणु ने ग्रामीण पात्रों की भाषा में भी बेपनाह वैविध्य पैदा कर दिया है। जो ग्रामीण पात्र बौद्धिक और सामाजिक दृष्टि से अधिक पिछड़े हुए हैं उनमें शब्दों के अपभ्रष्टीकरण की प्रवृत्ति अधिक है। इस अपभ्रष्टीकरण की मात्रा विभिन्न वर्गों के पात्रों के साथ कम या ज्यादा होती रहती है। यहाँ तक कि पात्रों की मानसिकता के अनुसार भी उनकी भाषा बदल जाती है। इसके विपरीत *मैला आँचल* के शिक्षित पात्रों की भाषा शिष्ट, परिनिष्ठित हिन्दी है जो अलग-अलग पेशों और स्वभाव के अनुसार अपना रूप बदलती है।

मैला आँचल की भाषा की दूसरी उल्लेखनीय विशेषता ध्वनि-दृश्य बिम्बों की सृष्टि है। भाषा को ध्वन्यात्मक प्रभाव से सम्पन्न करने के लिए रेणु ने कथा में आये वर्णनों को ध्वनि बिम्बों से जोड़ने का प्रयास किया है। इसी प्रकार नाटकीय दृश्यों की भाषा भी नाटकीय प्रभाव के साथ-साथ ध्वनि बिम्बों से सम्पन्न है। *मैला आँचल* की भाषा में चित्रणीय जीवन के अनुरूप वैविध्य, नाटकीयता, वाक्यगठन, दृश्य बिम्बों की योजना आदि के द्वारा उपन्यास की भाषा का ऐसा प्रतिमान प्रस्तुत किया गया है जिसका अनुकरण प्रायः असम्भव है। परवर्ती उपन्यासों में, यहाँ तक कि स्वयं रेणु के उपन्यासों में भी, इसकी कोशिश अनुकरण मात्र बन कर रह गयी है।

मैला आँचल का हिन्दी जगत् में जैसा स्वागत हुआ वह अभूतपूर्व था। उससे उत्साहित होकर ही रेणु ने दूसरा उपन्यास *परती परिकथा* (1957) की रचना की। *परती परिकथा* की कथाभूमि भी पूर्णिया अंचल ही है। *मैला आँचल* में ही पूर्णिया जेल से प्रशान्त के साथ लौटती हुई डॉ. ममता एक विशाल परती, धूमिल अंचल देखती है। *परती परिकथा* में इसी परती भूमि और उसके एक किनारे पर बसे परानपुर गाँव की कथा प्रस्तुत की गयी है।

मैला आँचल में जहाँ पूर्णिया अंचल के 1944-48 के जीवन-यथार्थ का अंकन किया गया है, वहाँ *परती परिकथा* में 1953-56 के समय की कहानी प्रस्तुत की गयी है। अन्तर यह है कि *मैला आँचल* में इस जीवन को देखने के लिए जिस चश्मे का प्रयोग किया गया है उसका शीशा रंगीन नहीं है जबकि *परती परिकथा* में इस्तेमाल किये चश्मे पर लेखक के झूठे सपनों और कु-स्थापित आशावाद का रंग चढ़ गया है। *परती परिकथा* में भी समकालीन यथार्थ का चित्रण हुआ है; परानपुर गाँव मेरीगंज की तुलना में एक बदला हुआ गाँव है—यह वह बदलाव है जो *रागदरबारी* के शिवपालगंज में अपनी पूर्णता पर पहुँचता है। *परती परिकथा*

में अपढ़ ग्रामीणों, अक्षरकट्टू युवकों, स्कूलों और कॉलेजों में पढ़ने वाले छात्रों, जातिवादी संस्कारों से ग्रस्त नर-नारियों, घुमन्तू और नारदी प्रवृत्ति की स्त्रियों, सभी राजनीतिक दलों की शाखाओं के अधकचरे नेताओं, शातिर मुकदमेबाजों और, इसके साथ-साथ, लोककथा-गीतों के गायन, लोकनाटकों के मंचन आदि के यथार्थ चित्र उपलब्ध होते हैं। पर *मैला आँचल* की तरह *परती परिकथा* का विजन यथार्थवादी नहीं है। रेणु ने पूर्णिया की लाखों एकड़ वन्ध्या परती जमीन को हरे-भरे बागों और लहलहाते हुए खेतों में बदलने का स्वप्न देखा था। अपने इसी विजन को प्रस्तुत करने के लिए उन्होंने परानपुर स्टेट के जमींदार पुत्र जितेन्द्रनाथ मिश्र को शहर से गाँव में बुलाया है जहाँ उसकी प्रेमिका ताजमनी ही नहीं, सूखी बंजर धरती भी अपने उद्धार के लिए प्रतीक्षा कर रही है। *परती परिकथा* के अपढ़ किसान, कुसंस्कारग्रस्त पिछड़ी मानसिकता के ग्रामवासी, मिश्र परिवार के प्रति द्वेष और प्रतिहिंसा से ग्रस्त युवा नेता आदि जितेन्द्र का गाँव लौटना पसन्द नहीं करते और हर कदम पर उसका विरोध करते हैं। पर इस संघर्ष में अन्ततः विजय जितेन्द्र की ही होती है और वह वन्ध्या धरती को गुलाब के फूलों और नये ढंग के वृक्षों से हरा-भरा बना देता है। उपन्यास के अन्त में कोशी नदी घाटी योजना का एक कार्यक्रम परानपुर में लागू होता है जिसमें गाँव के किनारे बहने वाली दुलार दाय नदी को नहर में बदलकर हजारों एकड़ परती जमीन को खेती के योग्य बना देने का लक्ष्य है। स्पष्टतः यह उस आशा की लहर का परिचायक है जो 1950 में भारत के गणतन्त्र घोषित होने तथा प्रथम आम चुनाव और पंचवर्षीय योजना लागू होने पर सारे भारत में व्याप्त हो गयी थी। यद्यपि *मैला आँचल* में भी रेणु का आशावाद मुखरित हुआ है, पर *परती परिकथा* में वह सीमा पार कर गया है जिसके फलस्वरूप उपन्यास कमजोर हो गया है।

शिल्प की दृष्टि से भी *परती परिकथा* में रेणु को कोई उल्लेखनीय सफलता नहीं मिली है। भवेशनाथ का कैमरा और सुरपति राय का टेपरेकार्डर यथार्थ की प्रस्तुति में कोई उल्लेखनीय योगदान नहीं करते। वस्तुतः *मैला आँचल* में दृश्य-श्रव्य बिम्ब वाली प्रविधियों का भरपूर उपयोग हो चुकने के बाद *परती परिकथा* में इनकी कोई सार्थकता नहीं रह जाती। शिल्प की तरह *परती परिकथा* की भाषा भी *मैला आँचल* की भाषा का विस्तार मात्र है।

परती परिकथा के बाद रेणु ने फिर अंचल पर आधारित कोई उपन्यास नहीं लिखा। 1964 ई. में उनका *दीर्घतपा* नामक लघु उपन्यास प्रकाशित हुआ जिसका कथाक्षेत्र बिहार की राजधानी, पटना का एक वर्किंग वीमेंस होस्टल है। इस उपन्यास में इन छात्रावासों के अन्दर पनपने वाले भ्रष्टाचार, स्त्रियों के काम-शोषण आदि का अंकन हुआ है। आज भी नारी-कल्याण की अनेक संस्थाएँ ऊपर से नारी कल्याण का मुखौटा लगाकर भीतर से नारी देह के व्यापार में लगी हुई हैं। उपन्यास के महिला कल्याण बोर्ड से जुड़ा पूरा उच्चवर्गीय नागरिक समाज, जिसमें प्रसिद्ध डॉक्टर, व्यवसायी, नेता और सरकारी पदाधिकारी हैं, भ्रष्ट और लोलुप हैं। *दीर्घतपा* में इसी नग्न यथार्थ का चित्रण किया गया है। मिस बेला गुप्त इस भ्रष्ट व्यवस्था से लड़ती है, पर वह इस संघर्ष में टूट जाती है और उलटे उसी को जेल की सजा हो जाती है। रेणु ने इस उपन्यास में भ्रष्ट व्यवस्था से एक ईमानदार और कर्तव्यनिष्ठ व्यक्ति के संघर्ष की कहानी बड़े मार्मिक रूप में प्रस्तुत की है और बेला गुप्त को व्यवस्था से बहुत निर्भीकता के साथ संघर्ष करते दिखाया है; पर उसकी पराजय को वे विश्वसनीय नहीं बना सके हैं।

रेणु पर शरत् का अवांछनीय प्रभाव भी है, जिसके फलस्वरूप उपन्यास की नारियाँ आत्मबलिदान को आदर्शीकृत करती हैं। *दीर्घतपा* में यही हुआ है।

रेणु के अन्य तीन उपन्यास हैं—*जुलूस* (1965), *कितने चौराहे* (1966) और *पलटू बाबू रोड* (1979)। *जुलूस* में पूर्वी पाकिस्तान से पूर्णिया जिले में आए शरणार्थियों की सामूहिक मानसिकता का, उनके 'जुलूस' का अंकन किया गया है। इसका केन्द्रीय विषय है—मनुष्य का क्षेत्रीय भावनाओं से मोह, अपने रीति रिवाजों, जीवन प्रणाली और भाषा को दूसरों से श्रेष्ठ समझने का अहंकार, अपने मूल परिवेश के प्रति मोह, मानवीय रिश्तों में जातीय या क्षेत्रीय संकीर्णता आदि। *कितने चौराहे* में एक बालक को केन्द्र में रखकर देश के स्वाधीनता आन्दोलन की झाँकी प्रस्तुत की गयी है। पल्टू बाबू रोड में पूर्णिया जिले के एक कस्बे के एक बंगाली परिवार के चारित्रिक पतन की कहानी कही गयी है। सर्जनात्मक दृष्टि से ये उपन्यास रेणु के औपन्यासिक व्यक्तित्व में कुछ नया नहीं जोड़ते।

अन्त में रेणु के प्रसंग में दो बातों का उल्लेख आवश्यक है। प्रथम यह कि रेणु हिन्दी में आंचलिक उपन्यास के जन्मदाता के रूप में प्रसिद्ध हैं। यद्यपि ऐतिहासिक दृष्टि से इस मान्यता को चुनौती दी जा सकती है, पर उपन्यास में आंचलिकता के तत्त्व को उन्होंने ऐसी सर्जनात्मक सार्थकता प्रदान की जो उनके पहले या बाद में फिर नहीं दिखाई पड़ी। इस दृष्टि से रेणु आंचलिक उपन्यास के प्रतिष्ठापक कहे जा सकते हैं। आंचलिक उपन्यास का 'आन्दोलन' तो उनसे आरम्भ हुआ माना ही जाता है।

1954 ई. में ही नरेश मेहता (ज. 1922) का पहला उपन्यास *डूबते मस्तूल* प्रकाशित हुआ। इस उपन्यास में रंजना नाम की एक असामान्य स्त्री का चरित्र, लगभग उसी के शब्दों में, प्रस्तुत किया गया है। रंजना एक घोर भटकाव की शिकार आधुनिक स्त्री है, जिसका चरित्र पाल-पतवार रहित नौका की तरह काल-प्रवाह में डगमगाता, उद्देश्यहीन, रोचक और करुण, पर अविश्वसनीय है। आधुनिक नारी के सम्बन्ध में न तो लेखक का विजन साफ है, न ही वह उसे प्रत्ययकारी बना सका है। पर एक भटकावग्रस्त नारी को रचना का सम्पूर्ण विषय बनाने के कारण यह उपन्यास उल्लेखनीय अवश्य बन गया है। द्वितीय विश्वयुद्ध के समय यूरोप, विशेषकर हॉलैंड, में हुए ध्वंस तथा वहाँ के लोगों की मानसिकता के चित्रण के कारण भी उपन्यास उल्लेखनीय है। विशेषकर रंजना के चित्रकार पति, वान, का प्रेम पर्याप्त मार्मिक है। पर रंजना के चरित्र को उपन्यासकार अपेक्षित संवेदनशीलता नहीं प्रदान कर पाया है। मनोवैज्ञानिक उपन्यास के लिए कविता की संवेदना आवश्यक होती है, जिसकी *डूबते मस्तूल* में कमी है। इसका शिल्प भी, प्रयोगशीलता की भ्रान्ति पैदा करने के बावजूद, पर्याप्त रूप में विश्वसनीय और मनोवैज्ञानिक उपन्यास के अनुरूप नहीं है।

वस्तुतः उपन्यासकार के रूप में नरेश मेहता की पहचान उनके *यह पथ बंधु था* (1962) नामक उपन्यास से बनी। *यह पथ बंधु था* दरिन्दगी से भरी व्यवस्था से टूटी हुई तलवार लेकर लड़ने वाले एक ईमानदार, आदर्शवादी, भावुक और स्वाभिमानी युवक की पराजय, थकन और टूटन की कहानी है। उपन्यास का केन्द्रीय पात्र श्रीधर स्कूल की नौकरी से केवल इस कारण निकाल दिया जाता है कि वह अपने लिखे किसी राज्य विशेष के इतिहास की किताब में उस राज्य के श्रीमन्त और उनके पुरखों के नाम के साथ उनके द्वारा अपेक्षित उपाधियाँ नहीं जोड़ता। जिन आर्थिक और पारिवारिक परिस्थितियों के बीच वह नौकरी से

इस्तीफा देता है, वह उसके स्वाभिमान और सिद्धान्तवादिता का ही परिचायक है। इसके बाद वह अपनी पत्नी और बच्चों को सोता छोड़कर महाभिनिष्क्रमण की मुद्रा में, अपने दो पाँवों और विपुल पृथ्वी की सम्पदा लेकर, अपने आदर्शों की लड़ाई लड़ने निकल पड़ता है और इन्दौर, उज्जैन, बलिया, गोरखपुर, काशी आदि शहरों की खाक छानता हुआ लगभग बीस वर्षों तक भटकता और परिस्थितियों से जूझता, संघर्ष करता रहता है। यह भारतीय इतिहास का वह काल था जब मुख्यतः महात्मा गाँधी और काँगरेस के नेतृत्व में आजादी की लड़ाई लड़ी जा रही थी, पर आतंकवादी क्रान्तिकारी भी कुछ कम सक्रिय नहीं थे। श्रीधर दोनों प्रकार के आन्दोलनों से जुड़ता है, पर कहीं भी उसकी कोई सक्रिय भूमिका नहीं होती। श्रीधर दो बातें बहुत स्पष्ट रूप से देखता है--एक यह कि काँगरेस की राजनीति में सम्मान की जगह उसी को मिल सकती थी जो सामाजिक-आर्थिक दृष्टि से सम्पन्न हो या किसी बड़े पेशे से जुड़ा हुआ हो; यह भी कि काँगरेसी नेता उसी समय से भ्रष्टाचार, अपराध-कर्म और तिकड़म की राजनीति का सहारा लेने लगे थे। दूसरी बात यह कि आतंकवादी चारित्रिक दृष्टि से घोर ईमानदार और बलिदान-भावना से प्रेरित होने पर भी संगठन और साधनों की दृष्टि से ब्रिटिश शासन के सामने असहाय थे। पर आजादी की लड़ाई में उनकी भूमिका किसी कदर कम न थी और स्वतन्त्रता-प्राप्ति में उनके महत्त्व को कम करके नहीं आँका जा सकता। आजादी की इस हिंसा और अहिंसा के माध्यम से लड़ी जाने वाली लड़ाई में श्रीधर केवल प्यादा बन कर पिटता है, काँगरेसी नेता उसका शोषण करते हैं और क्रान्तिकारियों के सम्पर्क में रहने के कारण उसे पुलिस की यातनाएँ सहने के साथ-साथ लम्बी अवधि की सजा भी भुगतनी पड़ती है। राजनीतिक शोषण के साथ-साथ श्रीधर का साहित्यिक शोषण भी होता है और अन्ततः वह बीमार, असफल, निरवलम्ब, आयु तथा उत्साह सब कुछ बाहर को सौंप कर एक टूटे हुए पराजित व्यक्तित्व के साथ, क्षतविक्षत वापस लौटता है। वर्तमान व्यवस्था में एक ईमानदार, देशभक्त, मूल्यों को महत्त्व देने वाले आदमी की यही नियति है। यही उपन्यासकार के विजन का केन्द्रबिन्दु है। उपन्यास के अन्त में श्रीधर को 'मनुष्य का इतिहास' लिखने के लिए कृतसंकल्प दिखाकर उपन्यासकार ने अपने विजन को आशा की एक किरण से जोड़ने का प्रयास किया है, पर समग्रतः उसका विजन निराशावादी ही है।

यह पथ बंधु था केवल एक ईमानदार आदमी की पराजय-गाथा नहीं है; इसके साथ ही यह भारतीय नारी की करुणा से भरी नियति-कथा भी है। इसकी एक प्रमुख पात्र सरस्वती मध्यवर्गीय परिवारों की उस बहू का प्ररूप है जो परिवार के सदस्यों द्वारा अनेक प्रकार से पीड़ित, अपमानित और शोषित होती है। यह अवश्य है कि सरस्वती को दुख देने वाले उसके सास-ससुर नहीं, वरन् उसकी जेठानी और जेठ हैं। सरस्वती ही नहीं, उसकी पुत्री गुणवन्ती के उत्पीड़न की कहानी भी उपन्यासकार ने गहरी संवेदनशीलता, अपितु रुला देने वाली भावुकता के साथ प्रस्तुत की है। सरस्वती को तो किंचित् यह सन्तोष भी हो सकता है कि पति और सास-ससुर का प्रेम उसे उपलब्ध है--यद्यपि पति अपने आदर्शों और मूल्यों की रक्षा के आवेग में उसे रात में सोती छोड़, निकल जाता है और लगभग बीस वर्षों के बाद वापस लौटता है--पर गुणवन्ती को तो दहेज के नाम पर उसके सास-ससुर और पति मारपीट कर, अपंग बनाकर घर से निकाल देते हैं। इस प्रकार नरेश मेहता ने मध्यवर्गीय परिवारों में नारी की दुर्भाग्यपूर्ण नियति का अत्यन्त यथार्थ और करुण चित्र प्रस्तुत किया है।

नरेश मेहता का नारी विषयक विजन मध्यवर्गीय परिवार तक ही सीमित नहीं है। उन्होंने इन्दु, मालिनी और रतना के रूप में स्त्री के अन्य करुण रूपों का भी मार्मिक अंकन किया है। इन्दु सामन्त परिवार की लड़की होने पर भी सारा जीवन दुख ही झेलती है, वह जड़ सामन्ती मूल्यों की बलि चढ़ जाती है और कुछ भी नहीं बोलती। मालिनी वेश्या जीवन की त्रासदी झेलती हुई, उससे मुक्ति के लिए छटपटाती सामने आती है और रतना देश की स्वाधीनता के लिए फाँसी पर चढ़ जाती है। इन भावनाप्रवण और दुखी स्त्रियों के चित्रण में नरेश मेहता शरच्चन्द्रीय भावुकता के शिकार तो हैं, पर वे उस भारतीय नारी का अत्यन्त मार्मिक चित्रण करने में सफल हुए हैं जो करुणा, त्याग, सहिष्णुता, स्नेह और आत्मबलिदान की सजीव मूर्ति होती है। आज की स्थिति में नारी का यह चित्रण अरुचिकर भी प्रतीत हो सकता है, पर नरेश मेहता इस चित्रण में असफल नहीं कहे जा सकते।

यह पथ बंधु था की एक उल्लेखनीय विशेषता है मार्मिक प्रसंगों के निर्माण में उपन्यासकार की अद्भुत क्षमता। महाकाव्यात्मक स्तर के उपन्यासों में मार्मिक प्रसंगों का निर्माण उनकी सफलता का एक बड़ा आधार होता है। इस दृष्टि से नरेश मेहता एक सफल उपन्यासकार हैं। पर विजन की सम्पूर्णता की दृष्टि से यह *पथ बंधु था* हमें बहुत आश्वस्त नहीं करता। यह विजन मनुष्य की पराजय, व्यर्थता, निराशा, उद्देश्यहीनता आदि से ग्रस्त है, जिसे यथार्थवाद के नाम पर भी स्वीकारना कठिन प्रतीत होता है। परिस्थितियों से जूझने, उन्हें बदलने के स्थान पर सर्वत्र उनके समक्ष समर्पण का भाव उपन्यासकार के निराशावादी चिन्तन और दृष्टिकोण का परिचायक है। इसे जीवन का सम्पूर्ण साक्षात्कार नहीं माना जा सकता।

यह पथ बंधु था के बाद नरेश मेहता के प्रकाशित उपन्यास हैं : *धूमकेतु--एक श्रुति* (1962), *दो एकान्त* (1964), *नदी यशस्वी है* (1967), *प्रथम फाल्गुन* (1968), *उत्तर कथा* (प्रथम भाग-1979; द्वितीय भाग-1982) आदि। नरेश मेहता ने एक बृहत्, चारखंडी उपन्यास की योजना बनायी थी, जिसका प्रथम खंड *धूमकेतु : एक श्रुति* और द्वितीय खंड *नदी यशस्वी है* था। इस उपन्यास का केन्द्रीय पात्र उदयन है जिसके शैशव का अंकन *धूमकेतु : एक श्रुति* में और किशोरावस्था का अंकन *नदी यशस्वी है* में किया गया है। उपन्यास की योजना एक गाथा--श्रुति--के रूप में की गयी है और खंडों का विभाजन संगीत शास्त्र के आधार पर किया गया है; प्रथम खंड *धूमकेतु : एक श्रुति* को 'श्रुति विस्तार' और द्वितीय खंड *नदी यशस्वी है* को 'श्रुति आलाप' की संज्ञा दी गयी है। जहाँ तक संगीत शास्त्र से प्रेरणा ग्रहण करने की बात है, नरेश मेहता कदाचित् हिन्दी उपन्यास साहित्य में अग्रणी माने जाएँगे, पर संगीत शास्त्र के इन पारिभाषिक पदों के प्रयोग का कोई औचित्य यहाँ नहीं दिखाई पड़ता।

शेखर : एक जीवनी के अनुकरण पर इस उपन्यास में उदयन की आत्मकथा प्रस्तुत की गयी है। *धूमकेतु : एक श्रुति* में उदयन के ही अवलोकन बिन्दु से उसके शिशु जीवन के खंड चित्र प्रस्तुत किये गये हैं। स्वयं उपन्यासकार ने अपनी शीर्षकहीन भूमिका में इसका औचित्य यह बताया है कि "शिशु सम्पूर्ण नहीं ग्रहणता, वरन् खंडों में ही देखता है।" इस प्रकार उपन्यास में एक शिशु की आँखों से अतीत को देखने या दोबारा जीने का आग्रह दिखाई पड़ता है। इस अतीत को दोबारा जीने का औचित्य यह है कि माँ का अभाव उदयन की चेतना को सर्वाधिक ग्रस्त किए हुए है। वल्लभा और उदयन के सम्बन्धों में माँ और बेटे

की अतृप्त आकांक्षाएँ किंचित् प्रभावी रूप में व्यक्त हुई हैं।

नदी यशस्वी है में उदयन वयःसन्धि को पार कर किशोरावस्था में पहुँच गया है। उपन्यासकार किशोरावस्था की सीढ़ियों पर एक-एक कर चढ़ते उदयन के अनुभव-विस्तार का विश्वसनीय और मार्मिक अंकन किया है। किशोर मन की भूखी जिज्ञासा, कौतूहल और काम-भावना के विकास का अंकन उल्लेखनीय माना जा सकता है। उदयन शेखर की तरह विद्रोही नहीं, शान्त और संवेदनशील है। इस प्रकार *नदी यशस्वी है* किशोर मन की यात्रा की, किशोरावस्था के अनुभव-विस्तार और नानाविध अनुभूतियों की सफल प्रस्तुति है।

पर, लगता है, नरेश मेहता अपने प्रस्तावित चारखंडी उपन्यास को पूरा न कर सके, क्योंकि *नदी यशस्वी है* के तत्काल बाद प्रकाशित *प्रथम फाल्गुन* में उदयन की कथा आगे नहीं बढ़ाई गयी है। *प्रथम फाल्गुन* का केन्द्रीय विषय प्रेम है जिसके विकास के अंकन में उपन्यासकार ने सन्तोषजनक कौशल का परिचय दिया है। यह प्रेम गम्भीर होते हुए भी वाचाल नहीं है। उपन्यास के केन्द्रीय पात्र महिम के अन्तरालाप के रूप में उसकी अपनी प्रेमिका के प्रति तड़प देखी जा सकती है। पर गोपा का प्रेम धरती के गर्भ में छिपी जलधारा की तरह प्रायः अव्यक्त ही रहता है। गोपा की मनःस्थिति के अंकन में उपन्यासकार ने संकेतों से अधिक काम लिया है। किन्तु उपन्यासकार इस प्रेम को कोई नया सन्दर्भ, कोई विशेष अर्थ, कोई मौलिक परिणति नहीं प्रदान कर पाया है। गोपा की आत्मस्वीकृति पर, कि वह जारज सन्तान है, महिम की प्रतिक्रिया उपन्यासकार के दृष्टिकोण के धुँधलेपन की परिचायक है।

उत्तरकथा, यह पथबंधु था के बाद, नरेश मेहता का दूसरा महाकाव्यात्मक स्तर का उपन्यास है, जिसमें बीसवीं शताब्दी के पूर्वार्ध के व्यापक कालफलक पर मालवा क्षेत्र के मध्य और उच्चमध्य वर्गीय परिवारों की कथा के माध्यम से व्यापक भारतीय मध्यवर्ग का जीवन यथार्थ प्रस्तुत किया गया है। उपन्यास के कथासंसार में तीन पीढ़ियों, आठ परिवारों और सैकड़ों पात्रों की भाग्यगाथा गुँथी हुई है। एक पूरी की पूरी पीढ़ी मरती है, दूसरी पीढ़ी मृत्यु की प्रतीक्षा कर रही है और तीसरी पीढ़ी जवान हो रही है।

उत्तरकथा के कथा संसार के केन्द्र में कुलीन ब्राह्मणों के मध्यवर्गीय परिवार हैं, जिनमें से कुछ उच्च मध्यवर्ग की सीमा में भी पहुँचते हैं। यह कथा मुख्यतः सामाजिक-पारिवारिक सम्बन्धों का अंकन करती है। उपन्यासकार ने मानवीय सम्बन्धों की जटिलता, उदात्तता और त्रासदी को विश्वसनीय और मार्मिक रूप में प्रस्तुत किया है। उपन्यास के केन्द्र में दुर्गा नामक स्त्री पात्र है जिसकी दुखद और संघर्षपूर्ण जीवनगाथा भारतीय नारी के सामाजिक-पारिवारिक शोषण, अत्याचार और दमन का प्रतिनिधित्व करती है। *यह पथबन्धु था* की सरो *उत्तर कथा* में बिलकुल नये रूप में प्रकट हुई है; दुर्गा जीवन संघर्ष में पराजित हो जाने वाली सरो न होकर विश्वास, धैर्य, सहनशीलता, सदाशयता और करुणा, साथ ही चट्टान की तरह दृढ़ता, की सजीव मूर्ति है, जो भयंकर से भयंकर प्रहार को भी झेल लेती है। दुर्गा की नियति अपने काल की एक आम भारतीय बहू की नियति है, जिसका बहुत शक्त चित्रण नरेश मेहता ने किया है। उपन्यास का दूसरा भाग अनेक असम्बद्ध और अनावश्यक वर्णनों के कारण सर्जनात्मक दृष्टि से कमजोर हो गया है।

उदय शंकर भट्ट (ज. 1918) का बहुचर्चित उपन्यास *सागर, लहरें और मनुष्य* 1956 ई.

में प्रकाशित हुआ। इसके पहले भट्ट जी नाटक और एकांकी लेखन में पर्याप्त सफलता प्राप्त कर चुके थे। 1942 ई. में उनका *वह जो मैंने देखा* नामक एक उपन्यास भी प्रकाशित हो चुका था। *मैला आँचल* से आंचलिक उपन्यास का जो आन्दोलन आरम्भ हुआ, *सागर, लहरें और मनुष्य* उसका अगला चरण था। इस उपन्यास में बम्बई महानगर के पश्चिमी तट पर बरसोवा के मछुआरों की जिन्दगी का यथार्थ और मार्मिक चित्रण हुआ है। उपन्यासकार ने मछुआरों की सामूहिक जिन्दगी, समुद्र के साथ उनके संघर्ष और अभावों से लड़ती जिन्दगी का चित्र साकार कर दिया है। परिनिष्ठित हिन्दी में बम्बई के मछुआरों की भाषा के सानुपातिक मिश्रण से उपन्यास की भाषा में अद्भुत यथार्थता और व्यंजकता पैदा हो गयी है।

भट्ट जी के तीन और उपन्यास हैं—*नये मोड़* (1956), *लोक परलोक* (1958) और *शेष अशेष* (1960)। *नये मोड़* डॉ. शेफाली नामक एक कर्तव्यपरायण, दृढ़चरित्र और जनसेवा के प्रति समर्पित नारी की कथा है। *लोक परलोक* में ग्रामीण जीवन पर आधुनिक सभ्यता के बढ़ते प्रभावों का चित्रण किया गया है और *शेष अशेष* में साधुओं-संन्यासियों के पाखंडपूर्ण, भ्रष्ट चरित्र का अंकन है। पर हिन्दी उपन्यास में भट्ट जी का स्थान *सागर, लहरें और मनुष्य* को लेकर ही सुरक्षित रहेगा।

1957 ई. में कमलेश्वर (ज.1932) का *एक सड़क सत्तावन गलियाँ* नामक लघु उपन्यास प्रकाशित हुआ। इसका विषय लीला-नौटंकी करके जीविकोपार्जन करने वाले, समाज में बदनाम स्त्री-पुरुषों तथा उनसे जुड़े अपराध-कर्मियों का जीवन-यथार्थ प्रस्तुत करना है। संवेदना के स्तर पर प्रेम और घृणा की टकराहट का अंकन भी उपन्यास में हुआ है पर किसी सार्थक विजन के अभाव में यह अपनी पहचान बनाने में असफल रहा है। वस्तुतः इस उपन्यास से ही फिल्मी व्यावसायिकता का चस्का कमलेश्वर को लग गया, जिससे वे कभी भी उबर नहीं पाए। कमलेश्वर के परवर्ती उपन्यास इसके प्रमाण हैं।

कमलेश्वर के अन्य उपन्यासों में *डाकबँगला* (1959), *लौटे हुए मुसाफिर* (1961), *समुद्र में खोया हुआ आदमी* (1967), *काली आँधी* (1974), *आगामी अतीत* (1976), *तीसरा आदमी* (1976), *वही बात* (1980), *सुबह...दोपहर...शाम* (1982), *रेगिस्तान* (1988) और सन् 2000 ई. में प्रकाशित *कितने पाकिस्तान* आदि हैं। इनमें से *कितने पाकिस्तान* को छोड़कर शेष सभी लघु उपन्यास हैं। कमलेश्वर भी रांगेय राघव, भैरव प्रसाद गुप्त, राजेन्द्र यादव, राजेन्द्र अवस्थी, शानी, कृष्णा सोबती आदि हिन्दी के उन उपन्यासकारों में हैं जिन्होंने सस्ती व्यावसायिकता के तहत अपने पुराने उपन्यासों को, बाद में, बदले हुए शीर्षकों से या लम्बी कहानी को उपन्यास का नाम देकर अथवा परवर्ती संस्करणों को नया संस्करण बताते हुए प्रकाशित कराया है और हिन्दी पाठकों को भ्रमित करने का प्रयास किया है।

यह बेहिचक कहा जा सकता है कि हिन्दी कहानी के क्षेत्र में अपनी विशिष्ट पहचान बनाने के बावजूद उपन्यासकार के रूप में कमलेश्वर को कोई उल्लेखनीय सफलता नहीं मिली है। कमलेश्वर अपने उपन्यासों में अधिकतर मध्यवर्गीय जीवन की समस्याओं को विषय के रूप में चुनते हैं। मध्य वर्ग का आदमी किस प्रकार आधुनिक सभ्यता की दौड़ में अपनी अर्थवत्ता खोता जा रहा है, यह *समुद्र में खोया हुआ आदमी* का कथ्य है। *काली आँधी* में राजनीति में प्रवेश करने वाली मध्यवर्गीय भारतीय स्त्री के राजनीतिक और पारिवारिक दायित्वों

के द्वन्द्व का चित्रण किया गया है। *तीसरा आदमी* भी मध्यवर्गीय दम्पति के बीच में 'तीसरे' आदमी के प्रवेश की कहानी है। महानगरीय परिस्थितियों में आर्थिक दबाव के कारण 'तीसरे' आदमी के प्रवेश से पति-पत्नी के सम्बन्धों में किस प्रकार दरारें पड़ने लगती हैं और पति ही 'तीसरा' आदमी बन जाता है, इसकी बहुत ही कचोटने वाली स्थिति का अंकन कमलेश्वर ने किया है। *वही बात* में भी एक मध्यवर्गीय पत्नी के अपने व्यस्त इंजीनियर पति से ऊब कर उसके बॉस से सम्बन्ध बढ़ाने और फिर उससे भी ऊब कर पति की ओर लौटने की कहानी कही गयी है। आगामी अतीत में भी स्त्री-पुरुष सम्बन्ध को ही प्रस्तुत किया गया है। इस प्रकार कमलेश्वर अपने कथा-पात्रों के माध्यम से मध्यवर्गीय जीवन की विसंगतियों और भटकाव की कहानी प्रस्तुत करते हैं। *लौटे हुए मुसाफिर* में साम्प्रदायिक समस्या और पाकिस्तान के नाम पर छले गये मुसलमानों के मोहभंग तथा उनके वापस लौटने की विवशता को और *सुबह...दोपहर...शाम* में भारतीय स्वाधीनता संग्राम में क्रान्तिकारी दल की भूमिका को विषय बनाया गया है। यों पात्रों के मनोवैज्ञानिक क्षणों को पकड़ने में कमलेश्वर को उल्लेखनीय सफलता मिली है, सम्बन्धों के अन्तर्विरोधों और मानसिक अन्तर्द्वन्द्वों तथा तनावों को बारीकी के साथ भाषा देने में भी कमलेश्वर सफल हैं, पर उनके उपन्यासों को पढ़ते हुए कहीं भी ऐसा नहीं लगता कि वे किन्हीं ऐसे अर्थों का उद्घाटन कर रहे हैं जो हमारे अनुभव की परिधि में होते हुए भी अब तक हमारे लिए अपरिचित थे। उनके उपन्यासों में कहीं कोई चमकदार विजन नहीं दिखाई पड़ता। उन्होंने मध्यवर्गीय जीवन की समस्याओं तथा साम्प्रदायिकता और आजादी की लड़ाई से जुड़े प्रसंगों को रोमानी अन्दाज में ही प्रस्तुत किया है, जो फिल्मी पटकथा के अधिक उपयुक्त हैं और यही कदाचित् उनका लक्ष्य भी है।

कितने पाकिस्तान में कमलेश्वर ने फिल्मी पटकथा वाले उपन्यासकार की अपनी इस छवि को तोड़ने की कोशिश की है। इस उपन्यास में एक विजन है; धर्म, राजनीति, क्षेत्रीय महत्त्वाकांक्षा, भौतिक सुखों की होड़, प्रजातीय और बौद्धिक अहंकार आदि के तहत देश को, दुनिया को, मानवता को बाँटने, एक दूसरे से अलग करने, लहूलुहान करने की दानवी प्रवृत्ति के अंकन और उसके प्रतिरोध का विजन। इसके लिए उपन्यासकार ने मिथक, इतिहास और फैंटेसी के मिश्रण से निर्मित कथासंसार का सृजन किया है। इस संसार में वर्तमान भी शामिल है, पर वह अतीत और फन्तासी से आक्रान्त है।

इसमें सन्देह नहीं कि उपन्यासकार अपने विज़न के प्रति ईमानदार और प्रतिबद्ध है। पर यह ईमानदारी और प्रतिबद्धता आवेश की हदों को छूती जान पड़ती है। इसमें संवेदना के स्थान पर आवेग और विवेक के स्थान पर आवेश की प्रधानता है। उपन्याराकार का विश्व-इतिहास, विशेषकर भारतीय इतिहास का ज्ञान पाठक को अभिभूत करने वाला है, जिसे उसने फन्तासियों की सहायता से टुकड़ों में प्रस्तुत कर रोचक या कमउबाऊ बनाने की कोशिश की है, फिर भी कोई धैर्यवान पाठक ही इसे पूरी तरह पचा सकता है। फन्तासियों के निर्माण में भी भारी मनमानी बरती गयी है और उन्हें बर्दाश्त करना कहीं-कहीं मुश्किल जान पड़ता है।

कितने पाकिस्तान कमलेश्वर का पहला ध्यानाकर्षक उपन्यास है, यद्यपि इक्कीसवीं शताब्दी इस बात का फैसला करेगी कि यह कितना दीर्घजीवी है।

1957 ई. में ही कृष्ण बलदेव वैद (ज.1927) का पहला उपन्यास *उसका बचपन*

प्रकाशित हुआ। इस उपन्यास में एक बच्चे की संवेदना की आँखों से एक नरक बने निम्नमध्यवर्गीय परिवार की तसवीर प्रस्तुत की गयी है। बाप शराबी-जुआड़ी और माँ मूर्ख, झगड़ालू, शक्की, अनेक प्रकार की दुर्गुणों की प्रतीक है।...इस अभावग्रस्त नारकीय परिवार में किसी प्रकार जी रहे बालक की संवेदना का उपन्यास में बहुत प्रभावशाली अंकन हुआ है। गरीबी, अशिक्षा और संस्कारहीनता से जकड़े निम्न मध्यवर्गीय परिवार के नरक को उपन्यासकार ने काले धुएँ के प्रतीक के माध्यम से, जो उस समूचे परिवेश पर एक प्रेत की तरह छाया हुआ है, बहुत विश्वसनीयता और गहरी संवेदना के साथ प्रस्तुत किया है। पर इस उपन्यास को महत्त्वपूर्ण बनाने वाला तत्त्व केन्द्रीय शिशु पात्र की संवेदना ही है।

आगे चलकर वैद यथार्थवाद के अतिक्रमण और विचारधारा के निषेध के नाम पर अमूर्तन और ऊलजलूलपन को अपना रचनात्मक सरोकार बना लेते हैं। *उसका बचपन* के प्रकाशन के सत्रह वर्ष बाद, 1974 ई. में, उनका *विमल उर्फ जाएँ तो जाएँ कहाँ* नामक उपन्यास प्रकाशित हुआ। यह एक सर्वथा अजूबा किस्म का उपन्यास है, जिसमें 'प्रयोग' के नाम पर एक ऊलजलूल, असंगत, बेसिरपैर का शब्द संसार निर्मित किया गया है, जिसमें सामाजिक या सर्जनात्मक किसी भी प्रकार की प्रतिबद्धता नहीं दिखाई पड़ती। इसमें परिचित अर्थ में न कोई कथ्य है, न कोई अनुभूत कथासंसार, न पात्र हैं, न भाषा। उपन्यासकार सबकुछ को नकारता-तोड़ता दिखाई देता है, जिसका कोई भी सर्जनात्मक औचित्य नहीं है। *'विमल उर्फ....'* के बाद वैद के *नसरीन* (1974), *दूसरा न कोई* (1978), *दर्द ला दवा* (1980), *गुजरा हुआ जमाना* (1981), *काला कोलाज, नर नारी* (1996), *मायालोक* (1999) आदि उपन्यास प्रकाशित हुए।

वैद का उपन्यास-लेखन निरर्थक प्रयोगधर्मिता का उदाहरण है। *उसका बचपन* में किया गया प्रयोग सार्थक था, जो बाद के उपन्यासों में 'प्रयोग के लिए प्रयोग' बनकर रह गया है। वैद के परवर्ती उपन्यास विचारधारा के निषेध के नाम पर अमूर्तन और ऊलजलूलपन को अपना रचनात्मक उद्देश्य मानकर चलते हैं। जीवन और उससे जुड़ी वास्तविकता का बहिष्कार उनकी केन्द्रीय वस्तु है। *काला कोलाज* को वैद ने 'अनुपन्यास' की संज्ञा दी है। 'अनुपन्यास' से उनका अभिप्राय 'उपन्यास से उन तत्त्वों की अनुपस्थिति' से है, जिसे 'कुछ लोग किसी भी उपन्यास के उपन्यास होने की शर्त ठहराते हैं।' यहाँ यह संकेत कर देना जरूरी है कि उपन्यास के बने-बनाए कोई जड़, निर्धारित तत्त्व नहीं हैं। कथा, पात्र, परिवेश, भाषा, शिल्प आदि उपन्यास के अंग हैं, पर इनमें प्रयोग करने की छूट का अधिकार उपन्यासकार को सहज रूप से प्राप्त है। मुश्किल वहाँ उपस्थित होती है, जहाँ उपन्यासकार के पास कहने को कुछ नहीं होता और वह इस कमी को 'प्रयोग' के नाम छिपाने की कोशिश करता है। वैद के परवर्ती उपन्यासों की दुर्बलता यह है कि उनमें कोई विजन नहीं है। उनके पात्र अपने कवच से कभी भी बाहर नहीं निकलते, केवल अपनी सोच में सक्रिय होते हैं। उनकी कहानी भी उनकी सोच में ही उभरती है। उनका एक उपन्यास *नर नारी* कुछ स्त्री-पुरुष पात्रों के अन्तरालाप के रूप में प्रस्तुत किया गया है। इसके सारे पात्र किसी न किसी रूप में एक-दूसरे से जुड़े हुए हैं, और सभी एक-दूसरे के अन्तरालाप में आते-जाते दिखाई देते हैं। इन पात्रों की सोच में कुछ गौण पात्र भी आते हैं। इनसे गुजरते हुए पाठक अनुभव करता है कि यह एक ऐसे वर्ग या क्रॉस सेक्शन का बिम्ब है, जो आर्थिक रूप से सम्पन्न है, अभिजातवर्गीय

है और जिसकी एकमात्र समस्या या जिन्दगी, सेक्स है। इस जिन्दगी में प्रेम नाम की कोई वस्तु नहीं। जो है, सब सेक्स है। विवाह एक झूठ है, जो मुक्त काम-सम्बन्धों को छिपाने का एक बहाना मात्र है। उपन्यासकार ने इन अन्तरालापों के माध्यम से यह बताना चाहा है कि स्त्रियाँ असुरक्षा-बोध से पीड़ित होकर पुत्रों के प्रति आसक्त हो जाती हैं जिससे उनकी पुत्रियाँ तो विद्रोह की मुद्रा अपना लेती हैं और पुत्रों के व्यक्तित्व का स्वस्थ विकास नहीं हो पाता। इसके मूल में फ्रायड का ओडिपस कॉम्प्लेक्स का सिद्धान्त भी कार्यरत होता है। इस उपन्यास के सभी स्त्री-पुरुष पात्र किसी न किसी रूप में मुक्त काम-सम्बन्धों से जुड़े हुए हैं। यही है इस उपन्यास की दुनिया जो हमें किसी सार्थक रूप में आश्वस्त नहीं कर पाती। उपन्यास का पूरा वैचारिक आधार ही खोखला और कदाचित् पश्चिम का उधार है। इसमें अनुभव और चिन्तन का ताप नहीं है।

मायालोक को भी वैद ने 'अनुपन्यास' कहना ही पसन्द किया है। *मायालोक* का केन्द्रीय पात्र 'मैं' एक पढ़ा-लिखा अनाथ जैसा बूढ़ा है जिसके मस्तिष्क में सारी दुनिया की स्मृतियाँ भरी पड़ी हैं। अँधेरा, डर, ऊब, असुरक्षा, भटकन, मितली आदि उसकी चेतना के अभिन्न अंग हैं और कुल मिलाकर वह एक पागल जैसा आचरण करता है। वह एक अनिर्दिष्ट गुस्से और नपुंसक प्रतिरोध से भरा हुआ है और अपनी बड़बड़ाहट को ही बगावत समझता है। स्वप्नों और फैंटेसी की दुनिया ही उसका एकमात्र शरण्य है और इसी 'मायालोक' का वह भटकता हुआ असहाय यात्री है।

मायालोक का समूचा संसार केन्द्रीय पात्र 'मैं' के मानस में छायाचित्रों के रूप में बनते मिटते स्वप्नों और फन्तासियों से निर्मित है। छायाचित्रों के रूप में जो घटनाएँ आती हैं, उनमें न कोई तर्क है, न कोई क्रम। उदाहरण के लिए 'मैं' द्वारा गोद में लिया हुआ बच्चा पिल्ले में बदल जाता है और मोटी उँगली की तरह उसकी पूँछ हिलती दिखाई देती है। अचानक वह पिल्ला उड़ते हुए काले पीले कौवों में बदल जाता है। फिर काले घोड़े पर सवार दो बच्चे दिखाई पड़ते हैं जो 'मैं' को अपने बच्चे जैसे लगते हैं। इस स्वप्नलोक में मय कपड़ों के तालाव में डुबकियाँ लगाने के बाद भी न कपड़े मीले होते हैं, न भारी होते हैं, बल्कि सूखे और पहले से हल्के लगते हैं। इस प्रकार की बातें स्वप्न में होती दिखाई पड़ती हैं। पर किसी उपन्यास में ऐसी बातों का विवरण तब तक सार्थक नहीं माना जा सकता जब तक कि उसका उद्देश्य किसी विशिष्ट अर्थ की व्यंजना न हो। इन विवरणों की प्रामाणिकता पर भी सवाल उठ सकता है।

जुमलाबाजी और शब्दों के साथ एक खिलन्दरा अन्दाज वैद की भाषा की एक और विशेषता मानी जा सकती है, जिसका अनुकरण एक सीमा तक मनोहर श्याम जोशी और विनोद कुमार शुक्ल ने भी किया है। वस्तुतः यह उस उत्तर-आधुनिकतावाद की देन है जिसके अनुसार साहित्य मात्र शब्दों का खिलवाड़ है।

श्रीलाल शुक्ल (ज. 1925) का पहला उपन्यास *सूनी घाटी का सूरज* 1957 ई. में प्रकाशित हुआ। इस लघु उपन्यास में एक प्रतिभाशाली उच्चवर्गीय निर्धन छात्र की कहानी कही गयी है जो कठोर संघर्ष करता हुआ अन्ततः गाँव के एक स्कूल में अध्यापक के रूप में जीवन बिताने को बाध्य होता है। इस उपन्यास की कहानी वर्णन के रूप में, सपाट ढंग से, कही गयी है। *अज्ञातवास* (1963) में एक व्यक्ति की आत्मभर्त्सना की, अपनी दिवंगत

पत्नी के प्रति क्रूर होने और उच्छृंखल जीवन बिताने पर पश्चात्ताप की, कहानी है। इन दोनों ही उपन्यासों में श्रीलाल शुक्ल का व्यंग्यकार रूप बिलकुल अनुपस्थित है। रचनात्मक दृष्टि से दोनों ही साधारण उपन्यास हैं। वस्तुतः उपन्यासकार रूप में श्रीलाल शुक्ल को प्रतिष्ठित करने वाला पहला उपन्यास *राग दरबारी* (1968) था। बाद में उनके *सीमाएँ टूटती हैं* (1973), *मकान* (1976), *पहला पड़ाव* (1987), *बिस्रामपुर का सन्त* (1998) आदि उपन्यास प्रकाशित हुए।

राग दरबारी उत्तर प्रदेश के पूर्वांचल के एक कस्बानुमा गाँव शिवपाल गंज की कहानी है; उस गाँव की जिन्दगी का दस्तावेज, जो स्वतन्त्रता-प्राप्ति के बाद ग्राम विकास और 'गरीबी हटाओ' के आकर्षक नारों के बावजूद घिसट रही है। इस जिन्दगी का चित्रण इसके पूर्व नागार्जुन, रेणु, रामदरश मिश्र, शिवप्रसाद सिंह आदि भी कर चुके थे, पर श्रीलाल शुक्ल ने इसे एक्सरे के रूप में देखा और बड़ी निर्ममता के साथ इसका चित्रण किया। आजादी मिलने के दो दशक बाद भी उत्तर प्रदेश और बिहार के गाँव सभी दृष्टियों से अविकसित और पिछड़े तो रहे ही, उनके सामूहिक और सांस्कृतिक जीवन में मूल्यों की ऐसी गिरावट आयी, जो त्रासद कही जा सकती है। प्रेमचन्द के जमाने का ग्रामीण किसान गरीब और असहाय होते हुए भी कतिपय मूल्यों से जुड़ा था। उसके चरित्र में सहजता, सरलता और धर्म भाव था। पर आजादी के दो दशक बाद वह वैसा नहीं रह गया। राजनीति की गन्दगी गाँवों में भी पहुँच गयी। पंचायतों, ग्रामसभाओं, सहयोग समितियों और स्कूलों-कॉलेजों की प्रबन्ध समितियों के चुनावों में वे सभी हथकंडे और घृणित उपाय काम में लाये जाने लगे, जो विधान सभा या संसद के चुनावों में लाये जाते थे। चोरी-डकैती, शोहदागीरी, गबन, भ्रष्टाचार आदि के मामलों में गाँव शहरों से होड़ लेने लगे। *राग दरबारी* में इस यथार्थ का चित्रण तफसील से किया गया है। उपन्यास का शिवपाल गंज एक ऐसा कस्बानुमा गाँव है, जहाँ इंटर कॉलेज है, थाना है, डाकघर है, ग्रामसभा है, सहयोग समिति है और एक भट्ठी भी है। इस गाँव के बेताज के बादशाह 'वैद्यजी' हैं जो कथाकार के अनुसार, "अँगरेजों के जमाने में अँगरेजों के लिए श्रद्धा दिखाते थे। देसी हुकूमत में वे देसी हाकिमों के प्रति श्रद्धा दिखाने लगे। वे देश के पुराने सेवक थे। पिछले महायुद्ध के दिनों में, जब देश को जापान से खतरा पैदा हो गया था, उन्होंने सुदूरपूर्व में लड़ने के लिए बहुत से सिपाही भर्ती कराये। अब जरूरत पड़ने पर वे राजनीतिक गुट में सैकड़ों सदस्य भरती करा देते थे। पहले भी वे जनता की सेवा जज की इजलास में जूरी और असेसर बनकर, दीवानी के मुकदमों में जायदादों के सिपुर्ददार होकर और गाँव के जमींदारों के लम्बरदार के रूप में करते थे। अब वे को-आपरेटिव यूनियन के मैनेजिंग डाइरेक्टर और कॉलिज के मैनेजर थे।" इस 'वैद्य जी' के रूप में उपन्यासकार ने आजादी के बाद कुकुरमुत्ते की तरह पनपे उन तथाकथित नेताओं का अंकन किया है जो अत्यन्त चालाक, स्वार्थी, कमीने, गाँवों के विकास के सबसे बड़े शत्रु और नैतिक और सांस्कृतिक मूल्यों के भक्षक थे। इनकी कुंडली में गाँव का जीवन पूरी तरह से जकड़ा हुआ था। 'वैद्य जी' का बड़ा पुत्र बद्री पहलवान और गुंडा तथा छोटा पुत्र रुप्पन आधुनिक शोहदा है और दोनों ही अपने-अपने तरीके से अपने पिता का हाथ मजबूत करते हैं। 'वैद्य जी' ऊपर से सन्त दिखने वाला खतरनाक शैतान है। वह शिवपालगंज के इंटर कॉलेज का मैनेजर है और शिक्षकों की नियुक्ति से लेकर कॉलेज की अर्थव्यवस्था तक सब कुछ उसकी मुट्ठी में है।

वह को-आपरेटिव यूनियन का मैनेजिंग डाइरेक्टर है और उसकी ही देखरेख में गबन होता है। दारोगा, स्थानीय नेता, सरकारी कर्मचारी सभी उसके हाथों के खिलौने हैं। वह किसी को अपनी बूटी से वश में करता है, किसी को रुप्पन की धमकी से और किसी को बद्री के डंडे से। उपन्यासकार ने इस स्थिति का कोई विकल्प नहीं प्रस्तुत किया है। यहाँ तक कि 'वैद्य जी' के विरोधी भी कोई विकल्प नहीं हैं। वे भी उतने ही भ्रष्ट और नाकारे हैं। उपन्यासकार ने अपनी ओर से कोई आशा की किरण नहीं दिखाई है। गाँवों की जिन्दगी पतन के दलदल में आकंठ निमग्न है उसके निस्तार का कोई मार्ग नहीं है। उत्तर प्रदेश के पूर्वांचल और बिहार की इस स्थिति में आज भी कोई परिवर्तन नहीं हुआ है, अतः उपन्यासकार का आशावाद की शरण में न जाना तर्कसंगत ही है।

पर उपन्यास के रूप में *राग दरबारी* एक असफल कृति है। इसका कारण उपन्यास और व्यंग्य जैसे दो परस्परविरोधी अनुशासनों को एक दूसरे से जोड़ने का प्रयास है। व्यंग्य के लिए 'कथा' का उपयोग लाभदायक होता है। पर उसके लिए 'उपन्यास' का ढाँचा भारी पड़ता है। उपन्यास में व्यंग्य का उपयोग उसके प्रभाव को धारदार बनाता है, पर पूरे उपन्यास को व्यंग्य के साँचे में फिट करना रचनाशीलता के लिए घातक होता है। व्यंग्यकार की सीमा यह होती है कि वह चित्रणीय विषय के साथ अपने को एकाकार नहीं कर पाता। वह स्रष्टा से अधिक आलोचक बन जाता है। स्रष्टा अपने विषय से अनुभूति के स्तर पर जुड़ा होता है, जबकि व्यंग्यकार जिस वस्तु पर व्यंग्य करता है, उसके प्रति निर्मम होता है। *राग दरबारी* का उपन्यासकार भी ग्रामीण-कस्बाई जिन्दगी का आलोचक अधिक बन गया है, उसका अनुभूतिप्रेरित सर्जक कम। अतः बहुत सी स्थितियाँ और प्रसंग आत्यन्तिक रूप से उपहासप्रद बन गये हैं। मास्टर मोतीराम के क्लास में पढ़ाने या लंगड़ के कचहरी से नकल प्राप्त करने के प्रसंग इसके उदाहरण हैं। इसके साथ ही व्यंग्य में करुणा का अभाव और हास्य में फूहड़पन भी उपन्यास को क्षतिग्रस्त करने में सहायक हुआ है। इस हास्य में सन्तुलन, सुरुचि और विवेक का भी अभाव है।

श्रीलाल शुक्ल के उपन्यासों को पढ़ते हुए यह सवाल बार-बार पैदा होता है कि उपन्यास और व्यंग्य का सह अस्तित्व सम्भव है या नहीं? मुझे तो उपन्यास और व्यंग्य की सह स्थिति 'केर-बेर' जैसी जान पड़ती है जिसमें व्यंग्य के मौज में आते ही उपन्यास की देह छिलने लगती है। उपन्यास में व्यंग्य की स्थिति नमक के समान रहे तो वह स्वाद को बढ़ाने वाला सिद्ध होता है, पर मात्रा की वृद्धि के साथ ही उपन्यास का जायका बिगड़ने लगता है। *राग दरबारी* में भी जहाँ व्यंग्य उपन्यास पर हावी हुआ है, वहाँ उपन्यास को नुकसान पहुँचा है, पर *मकान* और *पहला पड़ाव* में तो व्यंग्य ने उपन्यास को पूरी तरह से क्षतिग्रस्त कर दिया है। इन दोनों ही उपन्यासों में समकालीन समाज की विसंगतियों पर सटीक और करारा व्यंग्य किया गया है, पर जब हम इनमें औपन्यासिक विजन अथवा मानव सम्बन्धों की जीवन्त संवेदनाओं से भरपूर कथा संसार की तलाश करते हैं तो निराश होना पड़ता है। *मकान* का मुख्य विषय है, दफ्तर में कार्यरत एक संगीतज्ञ 'बाबू' का मकान के लिए अफसर की खुशामद और अन्य प्रकार के प्रयत्न। गौण विषय के रूप में संगीतज्ञ 'नायक' का कुछ अन्य स्त्रियों से प्रेमनुमा सम्बन्ध भी है। पर उपन्यास में कहीं भी कलाकार के जीवन संघर्ष अथवा प्रेम की गहरी संवेदना की झलक नहीं मिलती। कथा के इर्दगिर्द की स्थितियों या परिवेश की विसंगतियों

पर व्यंग्य करना ही लेखक का मुख्य उद्देश्य बन गया है और केन्द्रीय कथ्य धुँधला हो गया है। *पहला पड़ाव* में भी केन्द्रीय कथ्य बड़े शहरों में बनने वाले विशाल भवनों के इर्दगिर्द की जिन्दगी है जिसमें इन भवनों के प्रबन्धक, ठीकेदार, इंजीनियर, मेठ और मुंशी मजदूरों का शोषण करते हैं और स्वयं भ्रष्टाचार की गन्दी जिन्दगी जीते हैं। *पहला पड़ाव* में भी आज की जिन्दगी की विसंगतियों पर चौतरफा प्रहार ही लेखक का उद्देश्य बन गया है और संवेदनाओं का कोई भरा-पूरा संसार निर्मित नहीं हो पाया है।

मकान और *पहला पड़ाव* दोनों में व्यंग्य का मुख्य माध्यम शब्दक्रीड़ा और भाषा का खिलवाड़ है, इसलिए उसमें संवेदनशीलता का अभाव है। लम्बे-लम्बे वाक्यों से भरे वर्णन व्यंग्य की चासनी के कारण ऊब तो नहीं पैदा करते पर उनसे मार्मिक प्रसंगों का निर्माण भी नहीं होता। वास्तविकता यह है कि इन उपन्यासों में मार्मिक प्रसंग न के बराबर हैं और जो व्यंग्य है वह भी करुणा की अनुभूति से रहित है।

सीमाएँ टूटती हैं अपराध और रोमांस मिश्रित एक कहानी है जिसका उपन्यास के रूप में उल्लेख भी असंगत है। भाषा का आभिजात्य भी इस पर कलई की तरह है।

अपने अब तक के अन्तिम उपन्यास *बिस्रामपुर का सन्त* में श्रीलाल शुक्ल ने उन राजनीतिक पुरुषों के पाखंड का अंकन किया है जो बड़ी सावधानी से कदम बढ़ाते हुए कुर्सियाँ हासिल करते हैं और किसी कारण कुर्सी छिन जाने पर सन्त की छद्म भूमिका अपना लेते हैं। वे पर्दे के पीछे पद-प्राप्ति के लिए जोड़तोड़ कोशिश करते हैं पर ऊपर से निर्विकार बने रहने का नाटक करते हैं। सत्ता से वंचित हो जाने पर भी उनका नाटकीयता में जीने का अभ्यास नहीं छूटता। पर देश की राजनीति में व्याप्त इस पाखंड और छद्म के चित्रण के बावजूद यह उपन्यास हमारी लोकतान्त्रिक त्रासदी के किसी वैसे पक्ष का उद्घाटन नहीं करता जिसकी तरफ अन्य लेखकों की दृष्टि न गयी हो। उपन्यास में, गौण कथ्य के रूप में, एक ही स्त्री के प्रति राजनेता पिता और बुद्धिजीवी पुत्र दोनों के प्रेमाकर्षण की विडम्बना का चित्रण भी हुआ है जिसका तनाव न झेल पाने के कारण पिता आत्मघात का विकल्प अपनाता है। उपन्यास में भूदान आन्दोलन के खोखलेपन, छद्म और उसकी दयनीय असफलता का भी अंकन किया गया है, पर राजनेता की स्मृतियों और चालाकियों से निर्मित इस कथा जाल में भूदान आन्दोलन और भूमि समस्या उपन्यास की केन्द्रीय समस्या नहीं है। कुल मिलाकर समकालीन राजपुरुषों के चरित्र की विडम्बना की प्रस्तुति ही उपन्यासकार का मुख्य उद्देश्य है। इस उपन्यास में श्रीलाल शुक्ल ने व्यंग्य को उपन्यास पर हावी नहीं होने दिया है, पर इसके द्वारा उन्होंने उपन्यास का कोई नया व्याकरण गढ़ा है, ऐसा नहीं कहा जा सकता।

लगभग तीन दर्जन उपन्यासों के लेखक हिमांशु श्रीवास्तव (ज.1934) का पहला उल्लेखनीय उपन्यास *लोहे के पंख* 1957 ई. में प्रकाशित हुआ। यद्यपि इसके पूर्व अर्थोपार्जन को लक्ष्य बनाकर उन्होंने अपने समय के लोकप्रिय कथाकार कुशवाहा कान्त के आदर्श पर *रात पागल हो गयी* (1952) और *कैद और वह* नामक उपन्यास भी लिखे थे, पर उपन्यास के रूप में उनका कोई महत्त्व नहीं है। वस्तुतः *लोहे के पंख* के प्रकाशन से ही वे उपन्यासकार कहलाने के अधिकारी बने। उसके बाद हिमांशु के *नदी फिर बह चली* (1961), *रथ से गिरी बाँसुरी* (1967), *कुहासे में जलती एक धूपबत्ती* (1976), रिहर्सल (1978), *अपनी अपनी कन्दील*

(1979), *पिछली रात का अँधेरा* (1980), *भित्ति चित्र की मयूरी* (1980), न खुदा न सनम (1986) आदि उपन्यास प्रकाशित हुए।

हिमांशु श्रीवास्तव अपने उन्हीं उपन्यासों के लिए यत्किंचित् याद किए जाएँगे--विशेष रूप से *लोहे के पंख* और *नदी फिर बह चली* के लिए--जिनमें ग्रामीण जीवन का चित्रण हुआ है। ये उपन्यास उनके अनुभव के सत्य पर आधारित हैं, इसलिए इनमें अनुभव की प्रामाणिकता के साथ-साथ जहाँ-तहाँ संवेदनात्मक ताजगी भी मिलती है। इनमें उन्होंने किसान और मजदूर वर्ग की तकलीफों, उनके शोषण और संघर्ष का अंकन किया है। *लोहे के पंख* में दलित वर्ग के एक पात्र की कथा प्रस्तुत की गयी है जो कृषक मजदूर से किसान बनने की आकांक्षा में जीता हुआ मिल मजदूर और अन्ततः रिक्शा चालक बनने को बाध्य होता है। *नदी फिर बह चली* का भी मुख्य कथ्य गाँवों में रहने वाले खेतिहर मजदूरों तथा नगरों में जीवन बिताने वाले निम्नवर्गीय जनों की जिन्दगी के नर्क का चित्रण करना है। उपन्यासकार ने गाँवों में रहने वाले दलित वर्ग की निर्धनता, निरक्षरता, अन्धविश्वासग्रस्तता आदि का तफसील के साथ वर्णन किया है। पर इस उपन्यास का मुख्य उद्देश्य दलित समाज की स्त्रियों के शोषण का अंकन है। उपन्यास की केन्द्रीय पात्र पारबती इस जघन्य शोषण के उदाहरण के रूप में प्रस्तुत की गयी है। इसके साथ ही वह परिस्थितियों से जूझती भी है और उसकी लड़ाई व्यक्तिगत हित से ऊपर उठकर सामाजिक स्तर पर पहुँच जाती है।

हिमांशु श्रीवास्तव गाँव और नगर की अभिशप्त जिन्दगी का चित्रण प्राकृतिकवादी पद्धति पर करते हैं। पर यह प्राकृतिकवाद वैज्ञानिक अध्ययन के अभाव में बहुत सामान्य बनकर रह गया है। हिमांशु के उपन्यासों में कथ्य की प्रस्तुति की सबसे बड़ी कमी यह है कि उनमें सब कुछ 'कथन' के रूप में ही प्राप्त होता है, 'प्रस्तुति' के रूप में नहीं। ग्रामीण जीवन को सजीव बनाने के लिए उपन्यासकार ने लोकगीतों, प्रकृति और भोजपुरी कहावतों का प्रचुर प्रयोग किया है, पर इसमें भी उसे अपेक्षित सफलता नहीं मिली है। कुल मिलाकर हिमांशु श्रीवास्तव यथार्थवादी परम्परा के एक सामान्य उपन्यासकार माने जा सकते हैं।

हिमांशु श्रीवास्तव के उपन्यासों में कथ्य का वैविध्य तो है, पर औपन्यासिक विजन, चिन्तन और संवेदना के अभाव में वह कच्चे माल के रूप में ही रह गया है। *न खुदा न सनम* में 1975 में लागू आपात स्थिति का बृहद् और विश्वसनीय अंकन हुआ है, जो उपन्यासकार की राजनीतिक जागरूकता का परिचायक है। पर इसमें भी वर्णन से ही अधिक काम लिया गया है, मार्मिक प्रसंगों के निर्माण से नहीं। एक उल्लेखनीय बात यह है कि हिमांशु श्रीवास्तव रेणु से न के बराबर प्रभावित हैं। कथ्य और भाषा की दृष्टि से वे प्रेमचन्द परम्परा के अनुगामी कहे जा सकते हैं।

भारत के विभिन्न अंचलों पर आधारित बलभद्र ठाकुर (ज.1918) के उपन्यास उपन्यास में आंचलिकता की प्रवृत्ति के विकास के द्योतक हैं। उनका पहला उपन्यास *मुक्तावली* 1958 ई. में प्रकाशित हुआ, जिसमें मणिपुर अंचल की पृष्ठभूमि में वहाँ के जनजीवन के सामाजिक और सांस्कृतिक पक्षों को सजीव रूप में प्रस्तुत किया गया है। मुक्तावली के बाद बलभद्र ठाकुर के प्रकाशित उपन्यास हैं : *नेपाल की वो बेटी* (1959), *देवताओं के देश में* (1960), *घने और बने* (1961) तथा *लहरों की छाती पर* (1962)। *नेपाल की वो बेटी* और *घने और बने* एक ही उपन्यास के दो भाग हैं; दूसरे की कथा पहले की कथा का विस्तार

है। इन उपन्यासों में अभाव और दरिद्रता की पीड़ा झेलती, जीवित रहने के लिए कठिन संघर्ष से गुजरती, पर ईमानदारी के मूल्य से दृढ़तापूर्वक जुड़ी, नेपाल की डुटियाल जाति का चित्रण किया गया है। इन उपन्यासों के केन्द्रीय पात्र हेमा और उसके पुत्रों, घने और बने के चरित्र के माध्यम से विगत शताब्दी के तीसरे दशक में सामन्तवादी व्यवस्था में पिसते नेपाली जनजीवन और उसके विरुद्ध सर उठाती, साहस से भरी प्रगतिशील जनचेतना का अंकन किया गया है। *लहरों की छाती पर* में अन्दमान और निकोबार के स्वतन्त्रता-प्राप्ति के बाद के जनजीवन की स्थितियों तथा प्राकृतिक सौन्दर्य की पृष्ठभूमि में वहाँ की नयी सांस्कृतिक चेतना का सजीव अंकन मिलता है।

देवताओं के देश में बलभद्र ठाकुर का सर्वश्रेष्ठ उपन्यास माना जा सकता है। इसमें कुलू अंचल के पर्वतीय सौन्दर्य की पृष्ठभूमि में वहाँ के संघर्षपूर्ण कठोर जीवन और सांस्कृतिक वैभव को सजीवता के साथ उभारने का प्रयास किया गया है। नत्थी जैसी तेजस्वी और राष्ट्रीय चेतना से पूर्ण नारी के माध्यम से उपन्यासकार ने नारी शक्ति के जागरण का सजीव अंकन किया है। नत्थी अपने अवांछित, धनी पर वृद्ध, पति से मुक्ति के लिए घोर संघर्ष करती है और अन्ततः प्रेमी निरतू के साथ निकल भागने का साहस दिखाती है। बाद में वह देश की स्वतन्त्रता के लिए हिंसक विद्रोह का मार्ग अपनाती है और ब्रिटिश शासन की क्रूर पुलिस को लोहे के चने चबवा देती है।

इस प्रकार बलभद्र ठाकुर के उपन्यासों में भारत के विभिन्न अंचलों के प्राकृतिक और सांस्कृतिक सौन्दर्य, वहाँ के जनजीवन के संघर्ष तथा नारी शक्ति के प्रगतिशील और जुझारू रूप का अंकन किया गया है।

1958 ई. में लक्ष्मीकान्त वर्मा का *खाली कुर्सी की आत्मा* नामक उपन्यास प्रकाशित हुआ जिसमें समूची कथा एक खाली कुर्सी के अवलोकन-बिन्दु से प्रस्तुत की गयी है। यह कुर्सी मानवीकृत होकर अपने सम्पर्क में आने वाले व्यक्तियों की पोल खोलती है। मध्यवर्गीय जीवन का व्यंग्यात्मक चित्रण इस उपन्यास का लक्ष्य है, पर शिल्पविषयक प्रयोगशीलता कथ्य पर हावी हो गयी है। परम्परा से सर्वथा असम्बद्ध प्रतीकों का प्रयोग इसके शिल्प की प्रमुख विशेषता है। अपने दूसरे उपन्यास *एक कटी हुई जिन्दगी : कटा हुआ कागज* (1965) में भी वर्मा शिल्प और शैली की प्रयोगशीलता से ही चिपके रहने का आग्रह दिखाते हैं। *एक कटी हुई जिन्दगी...*में जीवन की अस्वीकृतियों, निरर्थकताओं आदि का चित्रण है। इसमें एक 'ठहरी हुई जिन्दगी' और 'जमे हुए जीवन' को प्रस्तुत करने का प्रयास लक्षित होता है। पर प्रतीकों की अनावश्यक भरमार कथ्य की प्रस्तुति में कोई योगदान नहीं करती, बल्कि उसे अस्पष्ट ही बनाती है। ये दोनों ही उपन्यास तमाम चमत्कारपूर्ण प्रयोगों के बावजूद रचनात्मक दृष्टि से कोई उपलब्धि नहीं बन सके हैं।

लक्ष्मीकान्त वर्मा के अन्य उपन्यास हैं—*कोयला और आकृतियाँ* (1970), *सफेद चेहरे* (1971), *टेराकोटा* (1971), *तीसरा प्रसंग* (1972) आदि। इनमें भी शिल्प और भाषा विषयक अर्थहीन प्रयोगधर्मिता ही प्रमुख है। *कोयला और आकृतियाँ* में महज पाठकों को छकाने के लिए कथा के 'आरम्भ' और 'अन्त' को 'बीच में छिपाने' का कौशल अपनाया गया है। इस उपन्यास के तथाकथित 'आधुनिक' पात्र परम्परागत मूल्यों, पुरानी व्यवस्था, विशेष रूप से पति-पत्नी सम्बन्ध की नैतिक संहिता को स्वीकार नहीं करते। 'काम की भूख' पर उन्हें

समाज का नियन्त्रण स्वीकार नहीं है। उपन्यासकार हर स्तर पर स्त्री और पुरुष की समानता का पक्षधर है, पर इस कथ्य को वह कोई गहरा अर्थ नहीं दे सका है। *सफेद चेहरे* एक रोमानी कथा है, जिसका अन्त एक नाटकीय रहस्योद्‌घाटन और उससे जुड़ी अनावश्यक मृत्यु में होता है। *टेराकोटा* में महाभारत के अन्त की कथा को प्रतीक मानकर वर्तमान जीवन की यन्त्रणाओं को प्रस्तुत करने का प्रयास दिखाई पड़ता है। पर कथ्य की विशिष्टता और अर्थवत्ता की दृष्टि से ये उपन्यास उल्लेखनीय नहीं बन पाये हैं। इसकी क्षतिपूर्ति उपन्यासकार ने शिल्प विषयक अटपटे प्रयोगों से करने की कोशिश की है।

शैलेश मटियानी (ज.1931) हिन्दी के एक ऐसे उपन्यासकार हैं, जिनकी उपन्यास-यात्रा लगभग साढ़े तीन दशकों में फैली हुई है और उनमें कथ्य का वैविध्य, अनुभव, संवेदना और विचार की समृद्धि तथा सर्जनशीलता का लगातार विकास आश्चर्य में डालने वाला है। इस दृष्टि से वे अपने समकालीनों में केवल अमृतलाल नागर और गिरिराज किशोर से तुलनीय हैं। इसके साथ ही सर्जनात्मक बेचैनी और व्यावसायिक लेखन का अन्तर्द्वन्द्व तथा उससे उत्पन्न स्तर की उच्चावचता भी उनमें दिखाई पड़ती है। उनके कुछ उपन्यास ऐसे भी हैं, जो किसी भी अर्थ में उल्लेखनीय नहीं माने जा सकते, जबकि ऐसे उपन्यासों की संख्या भी काफी है, जिनके उल्लेख के बिना हिन्दी उपन्यास का इतिहास अधूरा माना जाएगा। शायद ही हिन्दी का कोई दूसरा उपन्यासकार अपने विचारों के कारण समकालीन आलोचना द्वारा इतना उपेक्षित हुआ हो जितना शैलेश मटियानी।

शैलेश मटियानी का पहला उपन्यास *बोरीवली से बोरीबन्दर तक* 1959 ई. में और दूसरा उपन्यास *कबूतरखाना* 1960 ई. में प्रकाशित हुआ। तत्पश्चात् उनके *हौलदार* (1961), *चिट्‌ठीरसैन* (1961), *तिरिया भली न काठ की* (1961), *किस्सा नर्मदाबेन गंगूबाई* (1961), *चौथी मुट्‌ठी* (1961), *बारूद और बचुली* (1962), *मुख सरोवर के हंस* (1962), *एक मूठ सरसों* (1962), *कोई अजनबी नहीं* (1966), *दो बूँद जल* (1966), *दो दुखों का एक सुख* (1966), *भागे हुए लोग* (1966), *पुनर्जन्म के बाद* (1970) आदि उपन्यास सातवें दशक में प्रकाशित हुए। आकार और विजन की दृष्टि से शैलेश मटियानी के सभी उपन्यास 'लघु उपन्यास' की श्रेणी में आते हैं। पर विषय की दृष्टि से उनमें पर्याप्त वैविध्य है। *बोरीवली से बोरीबन्दर तक, कबूतरखाना* और *किस्सा नर्मदाबेन गंगूबाई* मटियानी के बम्बई की अपराध और गलाजत भरी, नैतिक दृष्टि से गन्धाती जिन्दगी के अनुभव पर आधारित प्राकृतिक ढंग के अतिसाधारण उपन्यास हैं। अकूत वैभव के नीचे पलते हुए विलास और व्यभिचार, नारी की अतृप्ति और घुटन, महानगरीय जीवन के अन्तर्विरोध, महानगरी में पलने वाले आवारा समाज, बम्बई की रगों में पल रहे अत्याचार और शोषण, बम्बइया चालों की कबूतरखाने की जिन्दगी, सेठों के घरों से लेकर वेश्याओं के कोठों तक, आलीशान होटलों से लेकर चमकते चौराहों तक चलने वाले देह व्यापार आदि का अंकन प्रामाणिक, पर कच्चे अनुभवों के रूप में, और प्राकृतिकवादी शैली में किया गया है।

इन तीनों ही उपन्यासों में मराठी-गुजराती मिश्रित उस हिन्दी का प्रयोग किया गया है, जिसे 'बम्बइया हिन्दी' के नाम से जाना जाता है। कहीं-कहीं इसमें मराठी और गुजराती का मिश्रण इतना अधिक हो गया है कि पादटिप्पणियों में दिए गए अर्थ की सहायता लेना अनिवार्य हो जाता है। अपशब्दों और गालियों से भरी यह भाषा उपन्यासों में चित्रित यथार्थ

के अनुरूप तो है, पर इसका कोई सर्जनात्मक औचित्य नहीं दीखता। *मैला आँचल* से भाषिक यथार्थ के प्रति अतिरिक्त आग्रह का जो अध्याय शुरू हुआ था, उसका कुछ अतिरंजित रूप ही यहाँ दिखाई पड़ता है।

बम्बई प्रवास के दौरान प्राप्त अनुभवों को अपने प्रारम्भिक उपन्यासों का विषय बनाने के बाद शैलेश मटियानी ने कुमायूँ अंचल की जिन्दगी को, जिसके अनुभव की पूँजी उनकी गाँठ में थी, *हौलदार, चिट्‌ठीरसैन, चौथी मुट्‌ठी, मुख सरोवर के हंस, एक मूठ सरसों* आदि उपन्यासों में प्रस्तुत करने का प्रयास किया। ये सभी उपन्यास, जो लघु उपन्यास की परिभाषा में आते हैं, केवल दो वर्षों के दौरान(1961-62) लिखे गये और इसमें तनिक भी सन्देह नहीं कि प्रत्येक परवर्ती उपन्यास के साथ उनकी सर्जनात्मकता में निखार आता गया। *हौलदार* उनका अल्मोड़ा की आंचलिक पृष्ठभूमि पर आधारित पहला उपन्यास था। अब तक हिन्दी में आंचलिक उपन्यास की चर्चा काफी जोर पकड़ चुकी थी और शैलेश मटियानी ने भी *हौलदार* की भूमिका में आंचलिकता के प्रति अपना झुकाव व्यक्त किया था। *चौथी मुट्‌ठी* को भी उन्होंने आंचलिक उपन्यास ही कहा था। पर ध्यान देने की बात है कि ये दोनों ही उपन्यास चित्रणीय भू-क्षेत्र, पात्रसमूह और भाषिक दृष्टि से ही आंचलिक हैं, इनका केन्द्रीय कथ्य व्यापक मानवीय संवेदना से परिचालित है। *हौलदार* में एक पंगु पात्र की कुंठाजन्य मानसिकता ही प्रमुख रूप में अंकित है। गौण रूप में पहाड़ी जीवन के आर्थिक-सामाजिक पक्ष और स्त्री के शोषण का चित्रण हुआ है। *चिट्‌ठी रसैन, चौथी मुट्‌ठी, मुख सरोवर के हंस* और *एक मूठ सरसों* आदि आरम्भिक उपन्यासों में भी आंचलिकता का आग्रह कथा-क्षेत्र और भाषा तक ही सीमित है। इन उपन्यासों में पहाड़ी अंचल की स्त्री की पीड़ा, जो पुरुष सत्ता प्रधान व्यवस्था की अनिवार्य देन है, बहुत मार्मिक रूप में अभिव्यक्त हुई है। *चिट्‌ठी रसैन* मानवीय संवेदना के अंकन की दृष्टि से एक शक्त उपन्यास है। नारी की अभिशप्त नियति का मटियानी बहुत मार्मिक अंकन करते हैं। मटियानी पहाड़ी क्षेत्र की नारी की जीवन-स्थिति के सम्बन्ध में यह प्रभाव पैदा करते हैं कि उसके शोषण के पीछे पूरी पुरुष-व्यवस्था है। स्त्री का देह-शोषण केवल उसका पति ही नहीं करता, बल्कि धर्म-रक्षा के ठेकेदार और गुंडे भी करते हैं। *चौथी मुट्‌ठी* और *एक मूठ सरसों* में पुरुष समाज द्वारा स्त्री के दैहिक शोषण और उस पर किए जाने वाले लोमहर्षक अत्याचार का गहरी अनुभूति के साथ चित्रण किया गया है। *एक मूठ सरसों* में स्त्री की व्यथा इतने शक्त और मार्मिक रूप में प्रस्तुत की गयी है कि इसे 'दर्द की कविता' कहने की इच्छा होती है। झुटकेली (वर्णसंकर) शिशु की सामाजिक अवज्ञा और अपमान को भी उपन्यासकार ने संवेदनात्मक तीव्रता के साथ व्यक्त किया है। इस दृष्टि से मटियानी अपने समकालीन उपन्यासकारों में विशिष्ट माने जा सकते हैं।

इन उपन्यासों में सरल खड़ी बोली में कुमायूँनी शब्दों और मुहावरों का मिश्रण कर मटियानी ने अपनी कथाभाषा को अत्यन्त स्वाभाविक और सर्जनात्मक बना दिया है। पहाड़ी शब्दों का मिश्रण इतना सन्तुलित है कि उससे हिन्दी समृद्ध हुई है। नरेटर के अवलोकन बिन्दु के साथ पात्रों के अवलोकन बिन्दु के मिश्रण से कथा शिल्प में नवीनता के साथ-साथ विश्वसनीयता और निजता/आत्मीयता का प्रभाव पैदा हो गया है। रुपुली-घुघती चिरैया और सोनपंख घुघत की लोककथा के उपयोग से केन्द्रीय पात्र देवकी की कथा अकथनीय रूप में

मार्मिक बन गयी है। देवकी की माँ रेवती और देवकी को पालने वाली 'पिरथुली आमा' जैसे पात्रों की सृष्टि लेखक की गहरी संवेदना की देन है। पूरा उपन्यास लोककथाओं के मार्मिक संगीत से अनुगुंजित है, यद्यपि उपन्यासकार ने पूरा का पूरा एक गीत भी उद्धृत नहीं किया है, जिसका मोह आंचलिक उपन्यासकार अक्सर छोड़ नहीं पाते। *एक मूठ सरसों* की तरह ही *मुख सरोवर के हंस* में भी कुमायूँ क्षेत्र की प्रसिद्ध लोककथा 'अजित बफौल' का सर्जनात्मक उपयोग किया गया है। इस प्रकार केन्द्रीय कथ्य को लोककथाओं के व्याज से धारदार और मार्मिक बनाने के जिस आंचलिक उपन्यास शिल्प का आविष्कार रेणु ने *मैला आँचल* में किया था, उसे आगे बढ़ाने में मटियानी का महत्त्वपूर्ण योगदान है।

यद्यपि मटियानी आंचलिक उपन्यास की रचना-पद्धति से प्रभावित उपन्यासकार हैं, पर आंचलिकता उनके लिए साधक ही है, साध्य नहीं। उनके उपन्यासों में 'अंचल' विषय या 'नायक' नहीं है। मटियानी के प्रत्येक उपन्यास में कोई न कोई केन्द्रीय पात्र है, जो पहाड़ी जीवन के किसी पक्ष विशेष को उद्घाटित करता है।

सातवें दशक के उत्तरार्ध में प्रकाशित उपन्यासों, *कोई अजनबी नहीं, दो बूँद जल, दो दुखों का एक सुख, पुनर्जन्म के बाद* आदि में पहाड़ी जीवन को अधिक व्यापक सन्दर्भों में प्रस्तुत किया गया है। स्त्री की एक विवशता उसकी शारीरिक संरचना भी है, जिसका आदर्श साँचा पुरुष द्वारा निर्मित है। *कोई अजनबी नहीं* की केन्द्रीय पात्र रामरती पुरुष समाज द्वारा इसलिए ठुकरायी जाती है कि वह कद्दावर शरीर की है, पर वही पुरुष समाज उसके देह शोषण में कोई रियायत नहीं करता। मटियानी ने रामरती की भटकन और मनोव्यथा का बहुत विश्वसनीय अंकन किया है। *दो बूँद जल* में देह का सौदा करने वाली पहाड़ी मीरासिनों का संवेदनापूर्ण अंकन किया गया है। देह व्यापार के पीछे छिपी स्त्री की विवशता और वात्सल्य भाव के द्वन्द्व का चित्रण कर उपन्यासकार प्राकृतिक यथार्थवाद की सीमाओं का अतिक्रमण करने में सफल हुआ है। *दो बूँद* जल वस्तुतः दलित जीवन पर आधारित उपन्यास है, जिसमें दलित पात्रों द्वारा अपने नारकीय, अपमान भरे जीवन से मुक्त होने का अहसास भी व्यंजित हुआ है।

आठवें दशक में प्रकाशित मटियानी के उपन्यास हैं–*जलतरंग* (1973), *बर्फ गिर चुकने के बाद* (1975) *उगते सूरज की किरण* (1976), *छोटे छोटे पक्षी* (1977), *रामकली* (1978), *सर्पगन्धा* (1979), *आकाश कितना अनन्त है* (1979), *उत्तरकांड, डेरेवाले* (1980) और *सवित्तरी* (1980)। इन उपन्यासों में *सर्पगन्धा* विशेष रूप से उल्लेखनीय है। भारतीय राजनीति में भीतर से शैतान और ऊपर से सन्त दिखने वाले नेताओं का उदय कांग्रेस के सत्ता सँभालने के बाद ही होने लगा और हिन्दी उपन्यास में इसका चित्रण भी मिलता है। *सर्पगन्धा* में मटियानी ने कल्याण ठाकुर के रूप में 'बाघ की प्रतिरूप बिल्ली' का जो चरित्र प्रस्तुत किया है वैसा कोई चरित्र पहले के किसी हिन्दी उपन्यास में नहीं मिलता। सर्पगन्धा का मुख्य विषय पर्वतीय क्षेत्र का दलित समाज है जो अपने अधिकार की लड़ाई लड़ रहा है। मटियानी ने इस संघर्ष और इससे जुड़े आरक्षण के प्रश्न पर बहुत ही विवेक और निर्भीक चिन्तन का परिचय दिया है, जिसके कारण वे राजेन्द्र यादव जैसे आरक्षणवादी आलोचकों के कोप के शिकार भी बने हैं। आरक्षण के प्रश्न को मटियानी ने तर्कपूर्ण चिन्तन और गहरी संवेदना के साथ प्रस्तुत किया है। ठाकुर जाति की एक प्रबुद्ध विधवा का दलित समाज के एक गम्भीर

और विवेकशील शिक्षक से विवाह तथा घोर मानसिक और संस्कारगत संघर्ष से गुजरते हुए उसका अपने को वर्गमुक्त करने का प्रयास उपन्यास को कथ्य विषयक एक नया आयाम प्रदान करता है। *सर्पगन्धा* की भाषा भी अनछुए और टटके उपमानों तथा जीवन के बीच से उठाए गए शब्दों के प्रयोग से अत्यन्त सर्जनात्मक हो गयी है।

मटियानी के अन्तिम दौर के उपन्यासों में *गोपुली गफूरन* (1981), *बावन नदियों का संगम* (1981), *अर्ध कुम्भ की यात्रा* (1983), *मुठभेड़* (1983), *नागवल्लरी* (1985), *माया सरोवर* (1987), *चन्द औरतों का शहर* (1992) आदि उल्लेख्य हैं। इनमें संवेदनात्मक तीव्रता और सर्जनात्मक उपलब्धि की दृष्टि से *गोपुली गफूरन* और बावन *नदियों का संगम* विशेष रूप से ध्यान देने योग्य हैं। *गोपुली गफूरन* में गोपुली के रूप में मटियानी ने स्त्री का जो रूप प्रस्तुत किया है, वह महिला उपन्यासकारों के लिए भी एक चुनौती है। स्त्री की अदम्य जिजीविषा, आत्मविश्वास, संघर्ष की अद्‌भुत क्षमता की प्रतीक है गोपुली—वह नारी की कमजोरी की भी प्रतीक है और उसकी दृढ़ता, सहनशक्ति और ममता की भी। नारी की कमजोरी यह है कि वह पुरुष के सामने आत्मसमर्पण कर देती है, उसकी कमजोरी यह है कि वह अपने गर्भ पर अभिमान नहीं कर पाती। परम्परागत नारीसंहिता के विरुद्ध गर्भधारण उसके लिए अभिशाप बन जाता है। पुरुष समाज द्वारा थोपे गये नियमों से वह लड़ नहीं पाती। गोपुली अपने जुझारू और आत्मविश्वास से भरे चरित्र के बावजूद पुरुष समाज द्वारा प्रवंचित होती है; पर वह हार कभी नहीं मानती। गोपुली एक अविस्मरणीय पात्र है; दलित समाज की स्त्री होने पर भी उसके चरित्र में जो तेजस्विता है, वह अनूठी है; उसमें कोई कुंठा नहीं, पराजय का भाव नहीं; वह न डरती है, न हारती है, न खरीदी-बेची जा सकती है। उसकी ऊपर से दिखाई देने वाली हार में भी उसकी जीत ही फुँफकारती हुई सुनाई पड़ती है। उसके चरित्र में एक आदिम नारी और माँ पूरी तरह से विद्यमान है। वह अपने अनुभवों से 'औरत होने का अर्थ' जानती है। *बावन नदियों का संगम* वेश्या जीवन की जबरदस्त कहानी है। इस उपन्यास के कथासंसार के प्राणी हैं, देह व्यापार करने वाली वेश्याएँ, धन्धा चलाने वाली बूढ़ी वेश्याएँ और इस धन्धे के दलाल। उपन्यास में वेश्याओं और उनके दलालों की त्रासद जिन्दगी का मार्मिक चित्रण हुआ है। उपन्यास में इस 'पतित' माने जाने वाले समाज का नग्न और कटु चित्रण तो है ही, साथ ही 'शरीफ' कहे जाने वाले समाज की वेश्यागीरी का भी बेलौस उद्‌घाटन हुआ है। इस 'भद्रलोक' में नामी वकील हैं, सम्भ्रान्त नेता हैं, मिनिस्टर हैं, फर्जी संस्थाओं के छुटभैये नेता हैं, कम्युनिस्ट हैं, काँगरेसी हैं। इस माहोल में चकला चलाने वाली गुलाब बाई और पत्रकार शशिकान्त सड़ाँध भरे माहौल में ताजे गुलाब के फूल की तरह प्रतीत होते हैं, अँधेरे में रोशनी की लकीर की तरह। उपन्यास का केन्द्रीय कथ्य यह है कि वेश्याओं में भी आदमी का जीवन जीने की ललक और इसके लिए संघर्ष करने की क्षमता हो सकती है। स्त्री, चाहे वह सेक्स वर्कर ही क्यों न हो, भोग की वस्तु नहीं है, वह इसके खिलाफ लड़ भी सकती है। उपन्यास में इसी विद्रोह चेतना को उद्‌घाटित करने का प्रयास लक्षित होता है। सर्जनात्मक दृष्टि से ये दोनों ही उपन्यास मटियानी को हिन्दी उपन्यासकारों की अगली पंक्ति में स्थापित करने में समर्थ है। इनमें मटियानी की भाषा का प्रखर, ताकतवर रूप दिखाई देता है। इसका कारण यह है कि यह भाषा उस जिन्दगी के बीच से उठा ली गयी भाषा है, जिसका चित्रण इनमें हुआ है। अमृतलाल नागर की तरह मटियानी भी किसी

वर्गविशेष की भाषा को उसकी समस्त बारीकियों के साथ प्रलेखित कर देते हैं। वेश्याओं, दलालों और दलित वर्ग की भाषा का निर्माण करने की अद्‌भुत क्षमता मटियानी में है। अश्लीलता की हदों को छूते हुए शब्द और मुहावरे यथार्थ के निहायत अनुरूप होते हुए भी अश्लील कत्तई नहीं हैं, क्योंकि उनके पीछे दर्द की चीख सुनाई पड़ती है। सीधी मार करने वाले मुहावरों की तो उपन्यास में भरमार सी है।

शैलेश मटियानी के उपन्यासों में विषय का वैविध्य आश्चर्य में डालने वाला है। *भागे हुए लोग, जलतरंग, छोटे छोटे पक्षी, आकाश कितना अनन्त है, मुठभेड़, माया सरोवर* आदि इसके उदाहरण हैं। *भागे हुए लोग* में धर्म और तन्त्र साधना के नाम पर प्रचलित पाखंडों का अंकन किया गया है। *जलतरंग* स्त्री-पुरुष सम्बन्धों पर केन्द्रित उपन्यास है जिसमें एक स्त्री, मिसेज खोसला, कई पुरुषों से देह-सम्बन्ध स्थापित करने पर भी गहरी अतृप्ति और अन्तहीन भटकाव की शिकार है। *माया सरोवर* कथ्य की दृष्टि से *जलतरंग* का ही विस्तार कहा जा सकता है। पर इस प्रकार के विषय के अंकन के लिए जिस मनोवैज्ञानिक समझ और दृष्टि की अपेक्षा होती है उसका मटियानी में किंचित् अभाव है। *छोटे छोटे पक्षी* एक प्रेमकथा है, जो भावुकताजन्य प्रेम से आरम्भ होकर वैवाहिक जीवन के संघर्षों और सन्तुलन में समाप्त होती है। *आकाश कितना अनन्त है* कथ्य की नवीनता की दृष्टि से ध्यानाकर्षक है। इस उपन्यास का कथा संसार एक पहाड़ी कस्बानुमा शहर के प्रबुद्ध पात्रों से निर्मित है। इसका केन्द्रीय कथ्य एक ईमानदार, निडर, सिद्धान्तों के प्रति समर्पित, आम जनता के दुख दर्द से जुड़े फाकेमस्त पत्रकार का व्यवस्था से संघर्ष है। इस कथा संसार में एक भ्रष्ट पत्रकार भी है, जिसके रसूख सत्तासीन मन्त्रियों से हैं और जो उनके साथ अनेक भ्रष्ट कांडों में लिप्त है। उपन्यासकार की दृष्टि आशावादी, पर विश्वसनीय है। पात्रों के भीतर छिपी मानवीय संवेदनाओं के अंकन में उसे पर्याप्त सफलता मिली है। प्रसंगवश कॉलेज में पढ़ाने वाली आजाद तबीयत की स्त्रियों का भी रोचक अंकन है, जो नारीवादी आन्दोलन के प्रति लेखक की सकारात्मक दृष्टि का द्योतक है। समाज और राजनीति में बढ़ती हुई हिंसा और गुंडा-शक्ति का चित्रण भी उपन्यासकार ने विश्वसनीयता के साथ किया है। *मुठभेड़* में यह विषय और भी प्रखरता के साथ प्रस्तुत हुआ है। *मुठभेड़* में सरकारी तन्त्र की संवेदनशून्यता और अमानवीयता का तिलमिला देने वाला अंकन मिलता है। पत्रकारिता और पुलिस के आपसी सम्बन्धों, उनके विरोध और शक्ति-सन्तुलन को प्रस्तुत करने वाला यह एक उल्लेखनीय उपन्यास है। समाज में गुंडों के आतंक का, जिनके सामने कानून लाचार हो जाता है, बहुत ही प्रभावशाली अंकन *मुठभेड़* में मिलता है। यद्यपि ये उपन्यास सर्जनात्मक दृष्टि से श्रेष्ठ नहीं माने जा सकते पर समाज के विभिन्न क्षेत्रों से मटियानी की संलग्नता तो प्रमाणित करते ही हैं।

अपने कुछ उपन्यासों में मटियानी आधुनिकता/उत्तर आधुनिकता से प्रभावित प्रयोगशीलता का रास्ता भी अपनाते हैं। *माया सरोवर, बर्फ गिर चुकने के बाद, चन्द औरतों का शहर* आदि में इस प्रयोगशीलता के दर्शन होते हैं। *बर्फ गिर चुकने के बाद* में एकालाप के सहारे व्यक्ति मन के तनाव और निरर्थकता की पीड़ा व्यक्त की गयी है। इस उपन्यास में कोई कथासंसार नहीं है, सिर्फ एक सवाल की अनुगूँज सर्वत्र सुनाई पड़ती है। *चन्द औरतों का शहर* में भी कोई क्रमबद्ध कथा नहीं है, न ही उसमें कोई विजन है; पर उपन्यास टुकड़ों-टुकड़ों में प्रभावित करता है। फिर भी यह नहीं कहा जा सकता कि इस तरह की प्रयोगशीलता में मटियानी को

कोई सर्जनात्मक उपलब्धि हासिल हुई है।

मटियानी मुख्यतः दलित विमर्श के उपन्यासकार हैं, जिसमें नारी और दलित वर्ग की मुख्य भूमिका है। उनके उपन्यासों का परिवेश भले ही आंचलिक हो, वस्तुतः वह है भी, पर उस परिवेश में पुरुष सत्ता प्रधान समाज में नारकीय पीड़ा झेलती और उससे लगातार लड़ती स्त्री की गाथा ही प्रस्तुत हुई है। मटियानी के उपन्यासों के नारी पात्र शरत् के उपन्यासों की ही तरह करुण और कृष्णा सोबती, प्रभा खेतान तथा मैत्रेयी पुष्पा के पात्रों की तरह ही जुझारू हैं। मटियानी आरक्षण विरोधी लेखक हैं, पर इसका कारण उच्च वर्ग के प्रति उनका पक्षपात नहीं, बल्कि दलित वर्ग के वास्तविक उत्थान के प्रति उनकी प्रतिबद्धता ही है। दलित समाज के नारकीय जीवन का चित्रण उन्होंने जिस वैचारिक तल्खी और संवेदनात्मक गहराई के साथ किया है, वह अद्‌भुत है। औपचारिक शिक्षा की पूँजी नगण्य होते हुए भी जीवन से गहरे सम्पर्क और सर्जनात्मक ऊर्जा के कारण उनकी भाषा में जैसा सर्जनात्मक विकास दिखाई देता है, वह आश्चर्य में डाल देने वाला है। इसके बावजूद मटियानी जैसे सशक्त उपन्यासकार की उपेक्षा समकालीन हिन्दी आलोचना की विश्वसनीयता पर प्रश्नचिह्न लगाने वाली है।

1959 ई. में ही राजेन्द्र अवस्थी 'तृषित' (ज.1930) का पहला उपन्यास *सूरज किरन की छाँव* प्रकाशित हुआ, जो आंचलिकता की नवविकसित अवधारणा से प्रभावित उपन्यास था। इसमें तथा इसके तुरत बाद प्रकाशित *जंगल के फूल* (1960) में मध्य प्रदेश के अंचल विशेष की पृष्ठभूमि में आदिवासी संस्कृति की विविधता और सौन्दर्य का अंकन किया गया है। *जंगल के फूल* बस्तर क्षेत्र की आदिवासी गोंड़ जाति के सामाजिक और सांस्कृतिक जीवन का चित्रण करने वाला उपन्यास है। आर्थिक शोषण के विरुद्ध संघर्ष की जुझारू चेतना से सम्पन्न आदिवासियों की यह गाथा एक नयापन लिए हुए है। आदिवासी जीवन में 'घोटुल' की अहम भूमिका होती है, जिसमें युवक-युवतियों के सम्मिलित नृत्य-गीत आदि अनेक सांस्कृतिक पक्ष समाहित होते हैं। *जंगल के फूल* में इस समारोह का विस्तार के साथ चित्रण किया गया है। पर आंचलिक उपन्यास के रूप में यह उपन्यास *मैला आँचल* का अनुकरण मात्र बनकर रह गया है।

राजेन्द्र अवस्थी के अन्य उपन्यास हैं–*उतरते ज्वार की सीपियाँ* (1968), *जाने कितनी आँखें* (1969), *बहता हुआ पानी* (1971), *बीमार शहर* (1973), *अकेली आवाज* (1976), *मछली बाजार* (1977), *एक रजनीगन्धा चोरी* (1985) आदि। इनमें *जाने कितनी आँखें* बुन्देलखंड क्षेत्र के ग्रामीण जीवन पर आधारित उपन्यास है। गरीबी, प्राकृतिक प्रकोप और शोषण से जर्जर तथा अन्धविश्वासों, रूढ़ियों और पुरानी मान्यताओं में जकड़ी जिन्दगी का अंकन उपन्यासकार का लक्ष्य है। *जंगल के फूल* की तरह इसे भी आंचलिक उपन्यास बनाने के लिए कथाकार ने उसकी रूढ़ियों का, जैसे वहाँ के पर्व-त्योहारों, रीतिरिवाजों, जातीय संघर्षों के साथ-साथ लोककथाओं और लोकगीतों का बहुल प्रयोग किया है। पशु-पक्षियों की बोलियों, बादलों की गड़गड़ाहट तथा वर्षा की बौछारों के ध्वन्यंकन में *मैला आँचल* का अनुकरण साफ तौर पर दिखाई देता है। भाषा में क्षेत्रीय शब्दों की भरमार और हिन्दी तथा अँगरेजी शब्दों का अपभ्रष्टीकरण भी आंचलिक उपन्यास की रूढ़ि के रूप में ही हुआ है। पर सार्थक विजन और सर्जनात्मक क्षमता के अभाव में यह एक साधारण उपन्यास बनकर रह गया है।

अपने अन्य उपन्यासों में अवस्थी आंचलिक मनोभूमि को छोड़कर नागरिक मनोदेश में प्रवेश करते हैं। *उतरते ज्वार की सीपियाँ* में बम्बई महानगर में देह-व्यापार में लिप्त स्त्रियों का अंकन किया गया है। *बहता हुआ पानी* एक कलाकार के जीवन में आने वाली लड़कियों की कहानी है। उपन्यासकार इस विचार से अभिभूत जान पड़ता है कि "हर लड़की एक बन्दरगाह है और हर पुरुष एक भटकता हुआ जहाज।" उपन्यास का नायक ऐसा ही भटकता हुआ जहाज है। *बीमार शहर* का केन्द्रीय विषय विवाह संस्था का विरोध और मुक्त यौन सम्बन्ध की वकालत करना है। इस प्रकार अवस्थी जी के परवर्ती उपन्यास नारी देह-व्यापार के इर्दगिर्द चक्कर काटते हुए प्रतीत होते हैं। इन उपन्यासों में न तो कोई विजन है और न ही शिल्प और न भाषाविषयक सर्जनशीलता। इनमें विवरणों की ही प्रधानता है; अनुभूति के धरातल पर, किसी गहरे स्तर पर, जीवन के चित्रण का प्रयास इनमें परिलक्षित नहीं होता।

1959 ई. में ही विद्यासागर नौटियाल (ज. 1933) का पहला उपन्यास *उलझे रिश्ते* प्रकाशित हुआ। लगभग 35 वर्षों के अन्तराल के बाद उनके दो उपन्यास *भीम अकेला* (1994) और *सूरज सबका है* (1997) प्रकाशित हुए हैं। इन उपन्यासों में उत्तरांचल (कुमायूँ गढ़वाल) के पहाड़ी जीवन के कटु यथार्थ के साथ-साथ वहाँ के इतिहास और संस्कृति का भी अंकन किया गया है। *भीम अकेला* में टेहरी रियासत की जनता की आशाओं-आकांक्षाओं तथा वहाँ के सामन्ती शासन के विरुद्ध संघर्ष की कहानी प्रस्तुत की गयी है। *सूरज सबका है* में मुख्यतः गढ़वाल के अतीत की कथा प्रस्तुत की गयी है, जब मुस्लिम शासकों ने उस पर अपना अधिकार करने की असफल कोशिश की थी पर अँगरेजों ने अपनी कूटनीति से उसका अधिकांश हिस्सा हड़प लिया था। इस उपन्यास में भी गढ़वाल का सांस्कृतिक जीवन अपनी पूरी सजीवता में उपस्थित है।

1959 ई. में ही बालशौरि रेड्डी (ज.1928) का पहला उपन्यास *शबरी* प्रकाशित हुआ और तत्पश्चात् *जिन्दगी की राह* (1962), *भग्न सीमाएँ* (1965), *बैरिस्टर* (1967), *प्रकाश और परछाईं* (1968), *लकुमा* (1969), *प्रोफेसर* (1971), *दावानल* (1979) आदि उनके लगभग एक दर्जन उपन्यास प्रकाशित हुए। इनमें दक्षिण भारत के ऐतिहासिक और समकालीन जीवन पर आधारित दोनों तरह के उपन्यास हैं और यही इनकी एकमात्र नवीनता है। सर्जनात्मक दृष्टि से इनका कोई विशेष महत्त्व नहीं है।

छठे दशक में, प्रकाशित होते ही, जिन दो उपन्यासों की जोरदार चर्चा हुई थी, वे थे शिवप्रसाद मिश्र 'रुद्र काशिकेय' रचित *बहती गंगा* (1952) और गिरिधर गोपाल कृत *चाँदनी के खँडहर* (1954)। जिन दो और कथा कृतियों की उपन्यास के रूप में चर्चा हुई थी, वे हैं—सर्वेश्वर दयाल सक्सेना कृत *सोया हुआ जल* (1955) और *पागल कुत्तों का मसीहा*। पर आकार और कथ्य दोनों ही दृष्टियों से इन्हें लम्बी कहानी ही कहा जा सकता है, उपन्यास नहीं। *बहती गंगा* और *चाँदनी के खँडहर* की विशेष चर्चा उनके शिल्प को लेकर हुई थी। *बहती गंगा* में काशी की जिन्दगी से जुड़ी कतिपय कहानियाँ हैं जो यत्किंचित् इतिहास, दन्तकथा, अनुश्रुतियों और कल्पना पर आधारित हैं। ये कहानियाँ परस्पर स्वतन्त्र होती हुई भी काशी के अतीत और वर्तमान जीवन से सम्बद्ध होने के कारण एक साथ जुड़ी प्रतीत होती हैं और इसी आधार पर इसे उपन्यास माना गया था। यद्यपि स्वयं उपन्यासकार को भी इसके उपन्यास होने का पूरा विश्वास नहीं था (द्रष्टव्य, उपन्यास की भूमिका), पर

प्रकाशक ने इसे 'उपन्यास' के रूप में ही प्रकाशित किया था, और आज भी इसका उल्लेख उपन्यास के रूप में ही किया जाता है। *मैला आँचल* के प्रकाशन के बाद जब आंचलिक उपन्यास का हंगामा शुरू हुआ तो *बहती गंगा* को भी, एक स्थान विशेष से सम्बद्ध होने के कारण, आंचलिक उपन्यास मानने का आग्रह किया गया।

बहती गंगा बनारस के अतीत और वर्तमान की झलकियों से निर्मित कथा है। अठारहवीं शताब्दी से लेकर बीसवीं शताब्दी के पूर्वार्ध तक काशी का जीवन और संस्कृति इन कहानियों के माध्यम से उजागर हुई है। काशी अपने ढंग का एक अनोखा नगर है, जहाँ प्राचीनता और आधुनिकता की सहस्थिति देखी जा सकती है। इतिहास बताता है कि वारेन हेस्टिंग्स ने काशी के राजा चेत सिंह को गद्दी से उतार दिया था और उनके महल तथा नगर में निर्लज्जतापूर्ण लूटपाट की थी। काशी के निवासियों की स्मृति में इस घटना ने अनेक किंवदन्तियों और अन्धविश्वासों का रूप ले लिया था, जिन्हें रुद्र काशिकेय ने कलात्मक रूप प्रदान कर दिया है। काशी के जीवन के अभिन्न अंग, गुंडों और वेश्याओं, के संवेदनशील चारित्रिक पक्षों को उजागर करने में रुद्र जी को अद्भुत सफलता मिली है। काशी की जनता पर अँगरेजों के अत्याचार और जनता का प्रतिरोध भी कई कहानियों में व्यक्त हुआ है। कुछ कहानियाँ लेखक की समकालीन काशी का चित्र प्रस्तुत करती हैं। पर लेखक को उल्लेखनीय सफलता काशी के अठारहवीं-उन्नीसवीं शताब्दी के चित्रों के अंकन में ही मिली है। प्रेम की गहरी संवेदना भी इन कहानियों को मार्मिक बनाती है।

रुद्र काशिकेय का दूसरा उपन्यास *सुचिताच* भी इसी प्रकार के प्रयोगवादी शिल्प प्रधान उपन्यास का उदाहरण है। पर उपन्यासकार अपने को ही दुहराने पर पाठकों की उपेक्षा का शिकार हो जाता है, यह इस उपन्यास से प्रमाणित होता है।

गिरिधर गोपाल के *चाँदनी के खँडहर* की विशेष चर्चा इस आधार पर हुई थी कि इसमें केवल चौबीस घंटे की कथा प्रस्तुत की गयी है। उस समय के आलोचक कदाचित् ऐतिहासिक काल और आनुभविक काल पर ध्यान नहीं देते थे और न सम्भवतः यह जानते थे कि एक घंटे के आनुभविक या मनोवैज्ञानिक काल में सैकड़ों वर्ष का ऐतिहासिक काल समाविष्ट हो सकता है। *चाँदनी के खँडहर* में चौबीस घंटे के आनुभविक काल में पाँच वर्षों का ऐतिहासिक काल समाविष्ट है। विषय की दृष्टि से इस उपन्यास में समकालीन मध्यवर्गीय जीवन का अतिशयोक्ति पूर्ण अंकन है, पर मुख्य पात्र का पश्चात्ताप इतना भावुकतापूर्ण है कि प्रबुद्ध पाठक को उससे ऊब ही हो सकती है। *चाँदनी के खँडहर* की तुलना में गिरिधर गोपाल का दूसरा उपन्यास *कन्दील और कुहासे* (1969) मध्य वर्ग के आर्थिक संघर्ष, विवशता, निराशा आदि के चित्रण की दृष्टि से अधिक सफल रचना है।

रामदरश मिश्र (ज.1924) का पहला उपन्यास *पानी के प्राचीर* 1961 ई. में प्रकाशित हुआ। *मैला आँचल* के प्रकाशन के बाद उपन्यासकारों में आंचलिकता के प्रति बढ़ते आकर्षण की झलक *पानी के प्राचीर* में स्पष्ट लक्षित होती है। इस उपन्यास में रामदरश मिश्र ने उत्तर प्रदेश के पूर्वांचल क्षेत्र में राप्ती, गर्रा आदि नदियों और बरसाती नालों से घिरे पांडेपुरवा नामक गाँव की अभावों से जूझती, निर्धनता, पिछड़ेपन, आपसी कलह और जमींदार के शोषण की शिकार गाँव की जिन्दगी का यथार्थ अंकन किया गया है। इसके साथ ही इस क्षेत्र की सांस्कृतिक गतिविधियों, जैसे—होली, विवाह, मृत्यु, महामारी आदि प्रसंगों के समय अनायास

या अतिरिक्त उत्साह में फूट पड़ने वाले गीतों का भरपूर उपयोग उपन्यास में किया गया है। इसके बाद मिश्र जी के *जल टूटता हुआ* (1969), *सूखता हुआ तालाब* (1972), *अपने लोग* (1976), *रात का सफर* (1976), *आकाश की छत* (1979), *बिना दरवाजे का मकान* (1984), *दूसरा घर* (1986), *बीस बरस* (1996) आदि उपन्यास प्रकाशित हुए। आकार और विजन के फैलाव की दृष्टि से मिश्र जी के तीन ही उपन्यास—*जल टूटता हुआ, अपने लोग* और *दूसरा घर*—उपन्यास कहे जा सकते हैं, शेष लघु उपन्यास या उपन्यासिका की श्रेणी में आएँगे। मिश्र जी का अनुभव-संसार अधिकतर पूर्वी उत्तर प्रदेश के गाँवों और गोरखपुर जैसे कस्बानुमा शहरों से जुड़ा हुआ है। यह क्षेत्र राप्ती और घाघरा नदियों की बाढ़ से प्रायः ग्रस्त रहता है, जिसकी छाप मिश्र जी की संवेदना पर भी दिखाई देती है। उनके कई उपन्यासों में पानी प्रतीक के रूप में प्रयुक्त हुआ है। *जल टूटता हुआ* कथ्य की दृष्टि से *पानी के प्राचीर* का ही विस्तार है; वस्तुतः *पानी के प्राचीर* और *जल टूटता हुआ* उपन्यासकार के एक ही सम्पूर्ण विजन के अंग हैं। इस विज़न में घाघरा-राप्ती का वह अभावग्रस्त और अभिशप्त ग्रामीण क्षेत्र है जो स्वतन्त्रता-प्राप्ति के बाद सुखी जीवन के सपने देख रहा था। जनता सोचती थी कि आजादी मिलने पर महीप सिंह जैसे जालिम जमींदारों और देशद्रोहियों को फाँसी की सजा मिलेगी; पर हुआ इसके विपरीत और ये जमींदार कांग्रेस में शामिल होकर पुनः मुखिया, विधायक, संसद सदस्य या मन्त्री बनकर उन पर शासन और उनका शोषण ही करते रहे। *जल टूटता हुआ* के सुग्गन मास्टर कहते हैं, "इतने साल हो गये आजादी मिले हुए। यह अभागी जिन्दगी टस से मस नहीं हुई।" आजादी ने प्राइमरी स्कूल के हेडमास्टर सुग्गन तिवारी को कभी दो कुरते और तीन धोतियाँ नहीं दीं। समय पर वेतन नहीं मिलता, खेत में कुछ पैदा नहीं होता, बनिया तक उधार सामान नहीं देना चाहता और 'देश के नौनिहालों की आत्मा का यह शिल्पी' मन में सपने और पेट में कुलबुलाती आँतें लिए स्वाधीनता दिवस का समारोह मनाने स्कूल जाता है। लड़के, घर से साफ कपड़े और टोपी के लिए, अपनी माताओं के थप्पड़ खाकर, कागज की टोपियाँ लगाकर गीली आँखें और 'हँसी पहने हुए' चेहरे लेकर स्कूल पहुँचते हैं। मास्टर जी ने उनसे कहा था कि 'हँसी खुशी के साथ आना', पर वे साफ देखते हैं कि 'हर हँसी के पीछे एक उपवास है, एक बेबसी है।' यही वह पीड़ा है जिसे रामदरश मिश्र ने, अपने उपन्यास में, उसके पूरे परिवेश के साथ प्रस्तुत करने का प्रयास किया है। यह तसवीर उन गाँवों की है जिनकी जिन्दगी में आजादी के बाद भी हरियाली नहीं आ पायी। गाँव की, विशेषकर पूर्वी उत्तर प्रदेश और बिहार के गाँव की, जिन्दगी आज भी अभाव, शोषण और अन्धकार की जिन्दगी है। रामदरश मिश्र का इस जिन्दगी से निकट का और प्रामाणिक परिचय है, जो उनके औपन्यासिक विजन में स्पष्ट रूप में परिलक्षित होता है।

आजादी के बाद गाँव की आर्थिक स्थिति में चाहे कोई उल्लेखनीय बदलाव न आया हो, पर उसकी सारी अन्तःरचना पूरी तरह से बदल गयी है। जिन्दगी का पुराना ढर्रा बदल गया है; मूल्य बदले हैं, सम्बन्धों के रूप बदले हैं, मान्यताएँ और विश्वास बदल गये हैं। लक्ष्यहीन शिक्षा के प्रसार, राजनीतिक चुनाओं के दौर, सर्वे, चकबन्दी आदि ने गाँवों के आपसी सम्बन्धों के सारे सूत्र उलझा दिये हैं। सम्बन्धों का ठंडापन और बिखराव, उनके भीतर निरन्तर फैलता जहर, अविश्वास आदि गाँव की जिन्दगी में प्रवेश करते जा रहे हैं। स्कूलों और कॉलेजों में पढ़ने वाले छात्र अपने को गाँव से कटा हुआ महसूस करते हैं। व्यक्तिवाद

की चेतना गाँव के सामाजिक जीवन की एकसूत्रता को समाप्त करती जा रही है। इस बदलाव का भी विश्वसनीय अंकन *जल टूटता हुआ* में हुआ है। उपन्यास का शीर्षक इस तथ्य का प्रतीकार्थ है कि ग्रामीण सम्बन्धों में दरारें पैदा हो रही हैं और भावनाओं का जल नियन्त्रणहीन होकर इधर-उधर बह रहा है।

इस उपन्यास में एक ओर महीप सिंह, दीनदयाल और रामकुमार जैसे जमींदार और उनसे मिले सरकारी अफसर और स्थानीय गुंडे हैं तो दूसरी ओर उनका विरोध करने वाले सतीश, कुंजू और उमाकान्त जैसे लोग हैं, जो रूढ़ियों से लड़ते हैं और अपनी राह स्वयं बनाते हैं। सदियों से दमन और शोषण की चक्की में पिसते निम्न वर्ग के विद्रोह का चित्रण उपन्यास में प्रभावशाली रूप में हुआ है। सतीश, चन्द्रकान्त, अनजान राय आदि पात्रों के माध्यम से उपन्यासकार ने गाँवों की टूटती हुई जिन्दगी के पुनर्निर्माण के प्रति अपनी आस्था का भी संकेत दिया है। अपने अन्तिम उपन्यास *बीस बरस* में भी मिश्र जी ने गाँव की जिन्दगी को ही विषय बनाया है, पर इसमें ग्रामीण व्यवस्था के प्रति उनका मोह ही व्यक्त हुआ है, नयी वास्तविकताओं से निर्मम साक्षात्कार नहीं।

अपने दूसरे महत्त्वपूर्ण उपन्यास *अपने लोग* में रामदरश मिश्र दूरदराज गाँव तिवारी पुर से निकलकर गोरखपुर जैसे कस्बाई शहर में प्रवेश करते हैं। कस्बाई शहरों की एक अपनी वास्तविकता होती है, उनमें गाँव और नगर की विशेषताएँ इस तरह मिलीजुली होती हैं कि उनकी एक अलग संस्कृति ही बनती दिखाई देती है। रामदरश जी ने एक ईमानदार शिक्षक और संवेदनशील लेखक, प्रमोद, की अनुभूति और बौद्धिक चेतना के माध्यम से इस जीवन को देखने और अंकित करने का प्रयास किया है। प्रमोद दिल्ली के किसी कॉलेज की नौकरी छोड़कर गोरखपुर के एक कॉलेज में रीडर का पद इस उद्देश्य से स्वीकार करता है कि वह पुनः अपने गाँव और बचपन से परिचित शहर की जिन्दगी से जुड़ सके। पर यह तो पूर्वी उत्तर प्रदेश की कस्बाई जिन्दगी को उपन्यास के रूप में प्रस्तुत करने का एक अवलोकन-बिन्दु मात्र है। उल्लेखनीय यह है कि उपन्यासकार ने महानगरीय मानसिकता के सामने बदलावहीन, पिछड़े हुए कस्बाई अंचल और आदिम मानसिकता में रुद्ध, बजबजाते ग्रामीण अंचल को एक चुनौती के रूप में पेश कर दिया है। इन कस्बाई अंचलों में विकास के नाम पर काले धन की कोठियाँ, शिक्षण संस्थाओं में जातिवाद और राजनीति पर आधारित गुटबन्दी, चिकित्सा और कानून के पेशे में फैली अमानवीय व्यावसायिकता, राजनीतिक स्वार्थ से जुड़ी उठापटक और कमीनी मानसिकता, गिरगिट की तरह रंग बदलने वाले नेता और सुविधाजीवी साहित्यकार से लेकर भोलेपन की आड़ में शातिर और तिकड़मी गँवार इस प्रकार छाये हुए हैं कि एक संवेदनशील व्यक्ति के लिए उसे झेलना मुश्किल काम है। प्रमोद का दुर्भाग्य यह है कि वह खेती-किसानी को लेकर गाँव से जुड़ा है और पेशे के कारण महानगरीय हो गया है। इन दोनों में समन्वय करने के लिए वह गोरखपुर का चुनाव करता है, पर कस्बाई मानसिकता वाले अध्यापक, मानवीय मूल्यों और संवेदना से रहित डॉक्टर, वकील, कॉफीहाउसी कवि और छद्‌म अपरिपक्व बुद्धिजीवी समाज से होती उसकी टकराहटें उसे पग-पग पर आहत करती हैं। डॉक्टर, वकील, इंजीनियर और ठेकेदार किस्म के लोगों का वर्ग गोरखपुर के अभिजात वर्ग का निर्माण करता है, जो गरीबों के शोषण, ग्रामीणों के आपसी झगड़ों, सरकारी रकम की लूट और आयकर की चोरी पर पनपता और कोठियाँ खड़ी करता है। आधुनिकता और

पिछड़ेपन का घिनौना मिश्रण इस शहर की पहचान है। उपन्यास का एक पात्र है उमेश जिसमें आधुनिक जीवन की सारी विसंगतियाँ और तनाव एक साथ उजागर हैं। उसके पागलपन में वर्तमान समाज की सामाजिक-आर्थिक विषमताएँ और स्वीकृत सामाजिक मूल्यों की भद्‌दगियाँ विद्यमान हैं। *अपने लोग* के कथ्य को सजीव बनाने के लिए उपन्यासकार ने गोरखपुर के पिछड़े अंचल, गाँव-घर के सम्बन्ध, शिक्षा जगत् की राजनीति और जातिवाद, बी. लाल और मंजरी तथा के. लाल और इमरतिया के प्रेम, युवा पीढ़ी के प्रतिनिधि पवन, शहर के अभिजन समाज के प्रतिनिधि डॉ. सूर्य और रामचन्द्र दूबे, अध्यापक रामविलास, मजूरिन फुलवा आदि से सम्बद्ध प्रसंगों का निर्माण किया है। इसी परिवेश से प्रमोद की संवेदना टकराती है।

आधुनिकता, स्वातन्त्र्योत्तर बदलाव, समकालीन दिशाहीन शिक्षा के प्रति उपेक्षा रखती युवा पीढ़ी, पिछड़े शहर की सुस्त जिन्दगी, पुराने जमींदारों के राजनीतिक खेल और पूँजीवादी पैंतरे, मध्य वर्ग की आर्थिक विपन्नता, परिवार-नियोजन के सन्दर्भ तथा अवसन्न विकास की स्थिति में पड़े गाँवों के चित्र आदि *अपने लोग* को एक पठनीय उपन्यास बनाते हैं।

दूसरा घर का विषय भी मिश्र जी के अनुभव जगत् का ही विस्तार है। गरीबी और बेरोजगारी की वजह से उत्तर प्रदेश की आबादी का एक बहुत बड़ा हिस्सा गुजरात और महाराष्ट्र के नगरों में जीविका की तलाश में जाता है। इनमें मिलों में काम करने वाले मजदूर, फुटपाथ पर चाय-पान का धन्धा करने वाले दूकानदार, होटलों में चौका-बर्तन करने तथा नाश्ता-चाय देने वाले किशोर और बच्चे, घरों में काम करने वाले नौकर, माली, चपरासी आदि से लेकर स्कूलों और कॉलेजों में कार्यरत मुख्यतः हिन्दी के अध्यापक, गुंडे, धन्धेबाज, हिन्दू-मुसलमान, ब्राह्मण-शूद्र सभी तरह के लोग होते हैं। ये प्रवासी अपनी विविधताओं, जीवन-शैली, आचार-विचार, आर्थिक-सामाजिक स्थिति आदि के कारण एक लघु उत्तर भारत का निर्माण करते हैं। *दूसरा घर* में इन्हीं प्रवासियों के जीवन यथार्थ का, जो अत्यन्त सघन, बहुआयामी और जटिल है, अंकन, यथार्थवादी शैली में किया गया है। चूँकि उपन्यासकार इस जीवन से व्यक्तिगत रूप से जुड़ा रहा है, इसलिए इसकी प्रस्तुति में अनुभव की प्रामाणिकता भरपूर मात्रा में विद्यमान है। इस चित्रण में उत्तर भारत की जिन्दगी की सारी भद्‌दगियाँ, सामाजिक अन्तर्विरोध, जातिवादी कमीनगी, गरीबी और अशिक्षा से उपजी मानसिकता, पैसे के लोभ से पैदा हुई अमानवीयता और भ्रष्टाचार, गुंडागर्दी आदि सजीव हो उठे हैं। इसके साथ ही गुजरात के शैक्षिक जीवन में व्याप्त व्यावसायिकता, हिन्दीभाषी शिक्षकों के साथ वहाँ की व्यवस्था द्वारा किये जाने वाले अमानवीय और प्रतिशोधपूर्ण व्यवहार, शिक्षकों की आपसी गुटबन्दी, प्राचार्यों और विभागाध्यक्षों की अफसरशाही आदि का भी प्रामाणिक और मार्मिक अंकन किया गया है। उपन्यासकार के अनुभव जगत् का हिस्सा होने के कारण यह चित्रण बहुत विश्वसनीय है।

रामदरश जी ने प्रवासी मुसलमान मजदूरों के जीवन यथार्थ का भी, जो हिन्दू मजदूरों से भिन्न नहीं है, पर्याप्त विस्तार के साथ चित्रण किया है। धार्मिक अन्तर के बावजूद इन दोनों की नियति में कोई फर्क नहीं है। गरीबी, अशिक्षा, शोषण, गन्दगी, विवशता आदि की दृष्टि से दोनों की जिन्दगी एक जैसी है। दोनों ही जातियों में संवेदनशील और मानवीय मूल्यों के आग्रही लोग समान रूप से हैं। दोनों ही समाजों में संकीर्ण मानसिकता के, गरीबों के शोषण पर जीने वाले परोपजीवी गुंडे और राजनीति-व्यवसायी हैं जो साम्प्रदायिक भावनाएँ उभार कर

उनके बीच दंगे करा देते हैं और उसका राजनीतिक-आर्थिक लाभ उठाते हैं। यह प्रगतिशील मानवतावादी दृष्टि रामदरश मिश्र को एक संवेदनशील कथाकार के रूप में प्रतिष्ठित करती है।

1961 ई. में ही मोहन राकेश का पहला उपन्यास *अँधेरे बन्द कमरे* प्रकाशित हुआ। इस उपन्यास में स्वतन्त्रता-प्राप्ति के बाद, छठे दशक की दिल्ली की पृष्ठभूमि में कलाकारों, लेखकों और पत्रकारों की अन्दरूनी जिन्दगी का, उनके परिवेश से संघर्ष, समझौते तथा तज्जन्य निराशा और कुंठा का अंकन किया गया है। इस संघर्ष में किस तरह दाम्पत्य जीवन में दरारें पैदा होती हैं, प्रेम एक बेमानी सी चीज बनकर रह जाता है और कला और साहित्य से जुड़े व्यक्ति अपने-अपने मन के अँधेरे कमरों में घुटन की जिन्दगी जीने को अभिशप्त होते हैं, इसी का चित्रण उपन्यासकार का लक्ष्य है। महानगर के कलाजीवी और मसिजीवी समाज का अंकन मोहन राकेश ने अपने अनुभव और संवेदना की गहराई के साथ किया है; साथ ही गरीब और गन्दी कॉलोनियों की बजबजाती जिन्दगी का चित्र भी सामने आता है। कनाट प्लेस की कॉफीहाउसी गहमागहमी और दूतावास क्षेत्र की पॉश जिन्दगी की भी झाँकी प्रस्तुत की गयी है। देशव्यापी सांस्कृतिक स्खलन और सांस्कृतिक कार्यकलापों के द्वारा भारतीय राजनीति में पश्चिमी हस्तक्षेप का अंकन भी किया गया है। इस प्रकार *अँधेरे बन्द कमरे* पाँचवें दशक की दिल्ली का एक प्रामाणिक वृत्त उपलब्ध कराता है। पर किसी चमकदार विजन के अभाव में उपन्यास औसत स्तर से ऊपर नहीं उठ सका है।

अँधेरे बन्द कमरे के बाद मोहन राकेश के *न आने वाला कल* (1968) और *अन्तराल* (1972) नामक उपन्यास प्रकाशित हुए। सम्बन्धों के टूटने की पीड़ा और मनुष्य की अनिश्चित नियति के विडम्बनापूर्ण सन्दर्भ *अँधेरे बन्द कमरे* में भी हैं—यद्यपि वे सर्वत्र प्रत्ययकारी नहीं हो पाये हैं—पर *न आने वाला कल* में यह विषय और भी शुद्ध रूप में आया है। *न आने वाला कल* का परिवेश पहाड़ का कोई शहर, जिसका नाम नहीं लिया गया है, और वहाँ का मिशनरी स्कूल है, जहाँ एक अध्यापक उस परिवेश की संवेदनशून्यता और पत्नी से सम्बन्ध-विच्छेद की स्थितियों से ऊब कर त्यागपत्र देने का निर्णय करता है और वहाँ से चला जाता है। पर पति-पत्नी के सम्बन्धों में उत्पन्न दरारों के अंकन में विश्वसनीयता का अभाव है। उसका रहस्य सामान्य पाठक को आश्वस्त नहीं करता। उपन्यास में कथा अत्यल्प है और 'एक निर्णय की अनेक प्रतिक्रियाएँ' अधिक। ठोस जीवन से अमूर्त स्थितियों की ओर की यह यात्रा हिन्दी उपन्यास में जैनेन्द्र से शुरू हुई थी और *न आने वाला कल* इसी परम्परा का उपन्यास है।

अन्तराल भी स्त्री-पुरुष के बीच पैदा हो जाने वाले अन्तराल और उससे मानसिक स्तर पर जूझते रहने की ही कहानी है। सम्बन्धों की सही परिभाषा ढूँढ़ने का प्रयास मोहन राकेश के इस उपन्यास में भी लक्षित होता है। एक तरफ स्त्री में पति की मृत्यु से उत्पन्न रिक्तता की मनःस्थिति तो दूसरी तरफ पुरुष में किसी कारणवश प्रेमिका के पत्नी के रूप में न प्राप्त होने की उदासी। दोनों तरफ उस रिक्तता को भरने की बेचैनी है, इस प्रयास में दोनों एक दूसरे के निकट आते भी हैं, पर 'कोई चीज' उन्हें पास आने से रोक देती है। 'अँधेरे से उबरकर किसी सतह को पा लेने की छटपटाहट' दोनों तरफ है पर इसका कोई सिरा नहीं दिखाई देता।

शिल्प विषयक सजगता मोहन राकेश के सभी उपन्यासों में दिखाई पड़ती है। *अँधेरे बन्द कमरे* में अवलोकन बिन्दुओं का परिवर्तन और स्थानान्तरण बहुत तीव्रता के साथ होता है। इसका कथा संसार भी अधिकतर स्मृतियों और अन्तरवलोकन के रूप में निर्मित होता है। पर इन स्मृतियों में ठोस घटनाओं और प्रसंगों की बहुलता है, जबकि *न आने वाला कल* और *अन्तराल* में प्रतिक्रियाओं और स्मृतियों, प्रश्नों और उत्तरों के रूप में कथा का अमूर्त संसार निर्मित किया गया है।

मोहन राकेश के उपन्यासों में व्यक्ति मन की छटपटाहट, प्रश्न, बेचैनी आदि की प्रधानता है और उनकी कथा भाषा भी उनके अनुरूप है। उनकी भाषा में एक संवेदनात्मक बेचैनी है जो कुछ पाठकों को आकृष्ट करती है।

1961 ई. में ही उषा प्रियंवदा (ज.1931) का पहला उपन्यास *पचपन खम्भे लाल दीवारें* प्रकाशित हुआ जो पहले कहानी के रूप में प्रकाशित हो चुका था और फिर 'विस्तार' दिया जाकर उपन्यास के रूप में प्रकाशित हुआ। यह 'विस्तार' ही इस उपन्यास की कमजोरी है, क्योंकि कहानी की संकेन्द्रित संवेदना को एक प्रेम कथा से जोड़कर औपन्यासिक विजन में नहीं बदला जा सकता। इस उपन्यास की केन्द्रस्थ संवेदना बहुत सीमित, पर संकेन्द्रित और प्रभावशाली है। सीमित आय वाले मध्यवर्गीय परिवार में एक पढ़ी-लिखी, नौकरीपेशा, अधिक उम्र तक अविवाहित रह जाने वाली लड़की की क्या स्थिति होती है, उसे किस प्रकार के मानसिक तनाओं और सघर्षों से गुजरना पड़ता है, इसका उषा ने बहुत प्रभावी अंकन किया है। परम्परागत नैतिक-सामाजिक मूल्यों के तड़कने की पीड़ा को भी लेखिका ने गहरी संवेदनशीलता के साथ व्यक्त किया है। इसके साथ जुड़ी प्रेमकथा यद्यपि उपन्यास के आग्रह वश आयी है, पर उसे एक रूढ़िग्रस्त, नैतिक वर्जनाओं से ग्रस्त समाज में शिक्षित युवती की अपने कम उम्र के प्रेमी से विवाह न कर पाने की विवशता और तनाव से, जो जितना बाहरी है उतना ही आन्तरिक भी, जोड़कर लेखिका ने उसे सार्थकता प्रदान कर दी है। पचपन खम्भों और लाल दीवारों वाली होस्टल की इमारत बाहर से विशाल और भव्य होने पर भी अन्दर से बहुत संकीर्ण, नैतिक रूढ़ियों, प्रवादों और बन्धनों की प्रतीक है। होस्टल की यह इमारत उस विशाल और मजबूत व्यवस्था को प्रतीकित करती है जो परम्परागत भारतीय नारी- संहिता को संरक्षण देती है। इस उपन्यास की सबसे उल्लेखनीय विशेषता यह है कि इसमें भारतीय आधुनिक नारी के नये जीवन सन्दर्भों को गहरी अनुभूति और प्रामाणिकता के साथ प्रस्तुत किया गया है।

उपन्यासकार के रूप में उषा प्रियंवदा की पहचान निर्मित करने वाली रचना *रुकोगी नहीं राधिका* (1967) है जो आधुनिक नारी की जटिल मानसिकता, भटकाव, पीड़ा और विद्रोह को अंकित करती है। उपन्यास का शीर्षक उसके केन्द्रीय पात्र राधिका की कभी न समाप्त होने वाले भटकाव का ही द्योतक है। बचपन में ही मातृहीन हो जाने और पिता की देखरेख में किशोरावस्था पार करने के फलस्वरूप वह अपने पिता के प्रति अतिरिक्त लगाव के भाव से, जिसे आधुनिक मनोविज्ञान की शब्दावली में 'इलेक्ट्रा ग्रन्थि' कहा जाता है, ग्रस्त हो जाती है। लेखिका ने राधिका के प्रसंग में इस मनोवैज्ञानिक ग्रन्थि का बहुत विश्वसनीय अंकन किया है। यह ग्रन्थि ही मुख्यतः राधिका की पीड़ा और भटकन का कारण बनती है। पिता के दूसरा विवाह कर लेने पर उनसे प्रतिशोध लेने के लिए उसका विदेशी पत्रकार डेनियल पीटरसन

के साथ विदेश चला जाना, फिर उसे भी छोड़ कर भटकना और स्वदेश लौटना, अपनी सौतेली माँ को सौत के रूप में देखना, दो युवकों के साथ सम्बन्ध स्थापित करने में शटल कॉक की तरह भटकना आदि इस ग्रन्थि के ही परिणाम हैं। राधिका उस आधुनिक स्त्री का प्रतिनिधित्व करती है जो परम्परागत मूल्यों और नैतिक तथा आचरणगत विधान को स्वीकार नहीं करती। अविवाहित अवस्था में ही पुरुषों के साथ रहने, यहाँ तक कि उनसे देह सम्बन्ध स्थापित करने में भी वह किसी संकोच, कुंठा या अपराध बोध से ग्रस्त नहीं होती। शराब पीने में भी वह किसी नैतिक संकट का अनुभव नहीं करती। फिर भी उसके व्यक्तित्व में ऐसी मोहक गम्भीरता, सरल आभिजात्य या अभिजात सरलता है कि वह समस्त नैतिक मूल्यों और परम्परागत नारी संहिता को ठुकराकर भी आकर्षक और प्रभावशाली बनी रहती है। इस प्रकार हिन्दी उपन्यास में आधुनिक नारी के चरित्र विकास के रूप में *गोदान* की मालती से लेकर राधिका की यात्रा एक मंजिल पर पहुँचती दिखाई देती है। वैसे उपन्यास का प्रश्नसूचक शीर्षक यह भी संकेत देता है कि आधुनिक नारी की यह यात्रा समाप्त नहीं हुई है। राधिका का चरित्र यह भी संकेतित करता है कि आधुनिक नारी की विवशता बाहरी उतनी नहीं जितनी भीतरी है। राधिका अपनी इस आन्तरिक विवशता के कारण ही जीवन में कहीं स्थिर नहीं हो पाता। अनेक बाधाओं के बीच निरन्तर मुक्ति के मार्ग पर अग्रसर हो रही आधुनिक नारी की कथा कहना ही उषा प्रियंवदा का लक्ष्य है।

सत्रह वर्षों के बाद प्रकाशित उपन्यास *शेष यात्रा* (1984) में उषा प्रियंवदा अपनी रचनाशीलता के विकास का कोई प्रमाण नहीं प्रस्तुत करतीं। अपने दीर्घ अमरीका प्रवास के दौरान लेखिका को अमरीकी समाज में स्त्री की, चाहे वह अमरीकी हो या भारतीय, विडम्बनापूर्ण नियति का साक्षात्कार होता है, जिसकी अभिव्यक्ति शेष यात्रा में हुई है। इस उपन्यास में उषा प्रियंवदा ने अमरीकी परिवेश में भारतीय नारी की नियति और उसके साहस और विवेकपूर्ण विकल्प के चुनाव का चित्रण किया है। यह आधुनिक भारतीय नारी की तस्वीर है जो कठिन और विपरीत परिस्थितियों में भी अपने लिए नया और सार्थक मार्ग चुन पाने में समर्थ है। उपन्यास की केन्द्रीय पात्र अनु के आन्तरिक और बाह्य संघर्ष को गहरी आत्मीयता और संवेदनशीलता के साथ अंकित करने में उषा प्रियंवदा को पर्याप्त सफलता मिली है। अपने अब तक के अन्तिम उपन्यास *अन्तर्वंशी* (2000) में भी उषा ने अमेरिका में जा बसे शिवेश, वाना और राहुल के आपसी सम्बन्धों की कहानी बड़ी ही स्वाभाविक स्थितियों से बुनी है। आप्रवासी भारतीयों के जीवन-संघर्ष का अनिवार्य हिस्सा व्यक्तिगत सम्बन्धों का बदलते जाना भी है। बनारस के निम्नमध्यवर्गीय परिवार की बाँसुरी निजी आकांक्षाओं और स्थितियों के द्वन्द्व से गुजरती हुई 'वनश्री' और फिर 'वाना' के रूप में रूपान्तरण की जिस तेज प्रक्रिया से गुजरती है, उसका उपन्यास में बहुत अच्छा अंकन किया गया है।

चन्द्रकिरण सौनरेक्सा का पहला उपन्यास *चन्दन चाँदनी* 1962 ई. में और दूसरा उपन्यास *वंचिता* 1972 ई. में प्रकाशित हुआ। सौनरेक्सा सम्भवतः हिन्दी की पहली उपन्यास लेखिका हैं जिन्होंने मध्यवर्गीय परिवेश में आधुनिक शिक्षा प्राप्त करती लड़कियों के विवाह, पारिवारिक जीवन में समंजन और जीविकोपार्जन की समस्याओं का चित्रण किया है। नारी विषयक सामाजिक रूढ़ियों से ग्रस्त मध्यवर्गीय परिवारों की धुँआती, रुद्धप्रवाह, छटपटाती जिन्दगी का

यथार्थ चित्रण *चन्दन चाँदनी* में हुआ है। घुटनभरी जिन्दगी से मुक्त होने, नारी विषयक परम्परागत जड़ मूल्यों को नकारने और तोड़ने की विद्रोहपूर्ण आकांक्षा भी उपन्यास के शिक्षित नारी पात्रों में व्यक्त हुई है। गरिमा और शान्ता के रूप में उपन्यास लेखिका ने दो प्रकार की आधुनिक स्त्रियों का चित्र प्रस्तुत किया है। गरिमा आधुनिक और प्राचीन मूल्यों के द्वन्द्व में पड़ी रहती है, जबकि शान्ता प्राचीन मूल्यों को सर्वथा नकारती हुई जिन्दगी जीती है। लेखिका में वह 'बोल्डनेस' भी है, जिसके लिए कृष्णा सोबती, मृदुला गर्ग आदि आगे चलकर चर्चित हुई हैं। पर *चन्दन चाँदनी* में कोई उल्लेखनीय विजन, शिल्पगत प्रयोग या भाषिक सर्जनशीलता नहीं है। वंचिता का मुख्य विषय मध्य वर्ग की आर्थिक रूप से असहाय विधवा के जीवन का अंकन है। मध्यवर्गीय परिवारों में विधवाओं की आर्थिक परवशता की पीड़ा के मार्मिक अंकन में सौनरेक्सा को अद्भुत सफलता मिली है। इसके साथ ही इन असहनीय स्थितियों से एक स्त्री के संघर्ष और उसके मध्यवर्गीय मानसिकता से मुक्त होकर शारीरिक श्रम के मूल्य को स्वीकारने के साहस का अंकन भी उल्लेखनीय है। मध्यवर्गीय हिपॉक्रेसी अर्थात् पाखंड, ढोंग, मिथ्याचार और साथ ही उसकी कमीनगी, झूठे बड़प्पन-बोध, मिथ्या प्रतिष्ठा भाव आदि के अंकन में भी सौनरेक्सा बेजोड़ हैं। इन कमीनगियों के बीच एक मुसलमान पात्र की शुद्ध मानवीय संवेदना का सौनरेक्सा ने मार्मिक अंकन किया है। इन कारणों से *वंचिता* एक उल्लेखनीय लघु उपन्यास बन गया है।

कालक्रम की दृष्टि से हिन्दी साहित्य के इतिहास में हजारी प्रसाद द्विवेदी को कहाँ रखा जाए, इसका निर्णय करना थोड़ा कठिन है। उनका पहला उपन्यास *बाणभट्ट की आत्मकथा* 1946 ई. में ही प्रकाशित हुआ था, और वह एक ऐसा उपन्यास था कि यदि द्विवेदी जी और कोई उपन्यास न भी लिखते तो भी उनका नाम हिन्दी साहित्य के इतिहास में सुरक्षित रहता। बाणभट्ट की आत्मकथा के सोलह वर्ष बाद द्विवेदी जी का दूसरा उपन्यास *चारु चन्द्रलेख* (1963), उसके दस वर्ष बाद *पुनर्नवा* (1973) और पुनः तीन वर्ष बाद *अनामदास का पोथा* (1976) प्रकाशित हुआ। यहाँ तक आते-आते आलोचकों को इस बात का पूरी तरह से अहसास हो गया कि द्विवेदी जी आकस्मिक रूप से भटककर उपन्यास के क्षेत्र में नहीं आ गये थे, बल्कि उनका उपन्यासकार ज्ञान की अटवी में भटका हुआ था और उसे उससे बाहर निकलना ही था।

ऐतिहासिक उपन्यास का लेखन हिन्दी में द्विवेदी जी के साहित्यक्षेत्र में आगमन से पूर्व ही आरम्भ हो चुका था और उनके समय में भी जारी था। पर द्विवेदी जी ने अपनी रचनाओं द्वारा ऐतिहासिक उपन्यास को एक नयी ऊँचाई पर पहुँचा दिया। द्विवेदी जी के पूर्ववर्ती, और समकालीन, वृन्दावनलाल वर्मा में इतिहास-बोध, राष्ट्रप्रेम, लोकसंस्कृति का आकर्षण और क्षेत्रीय चेतना थी, पर इतिहास की घटनाओं, विवरणों और इतिहास नायकों के प्रति मोह भी उनमें पर्याप्त मात्रा में था, जिसके चलते उनके उपन्यास अनेकत्र उपन्यास कम, इतिहास ज्यादा हो गये हैं। हजारी प्रसाद द्विवेदी ने 'इतिहास' को अपनी रचनाओं में बहुत कम महत्त्व दिया है, पर उनका इतिहासबोध प्रायः क्षतिग्रस्त नहीं हुआ है। उनके उपन्यासों में एक, अनामदास का पोथा, तो औपनिषदिक काल से सम्बद्ध होने के कारण इतिहास की सीमा में आता ही नहीं, पर उनके तीन अन्य उपन्यास ऐतिहासिक कालक्रम की दृष्टि से गुप्त काल के आरम्भ, हर्षवर्द्धन काल और दिल्ली सल्तनत के आरम्भिक दौर से जुड़े हुए हैं। *पुनर्नवा*

में समुद्रगुप्त के समय की सामाजिक, राजनीतिक और सांस्कृतिक चेतना को वैज्ञानिक इतिहास बोध के साथ प्रस्तुत किया गया है। *पुनर्नवा* का कथा संसार लोरिक-चन्दा की प्रसिद्ध लोकगाथा, शूद्रककृत मृच्छकटिक की कथा और कालिदास की लोकश्रुत जीवनी और साहित्य से निर्मित है। कथा में गौण रूप में गुप्त सम्राट् समुद्रगुप्त का प्रसंग आया है। समुद्रगुप्त ल. 335 ई. में मगध की गद्दी पर आसीन हुआ था। द्विवेदी जी ने उसके युद्ध अभियानों के साथ-साथ उसके चरित्र की जो झाँकी प्रस्तुत की है, वह इतिहाससम्मत है। समुद्रगुप्त के समकालीन मथुरा के कुषाण राजा धर्मघोष तथा उज्जयिनी के शक शासक पालक का विवरण ऐतिहासिक दृष्टि से कदाचित् विवादास्पद हो, पर उपलब्ध ऐतिहासिक प्रमाणों से उसका भी विरोध नहीं है। उपन्यास में समुद्रगुप्त और उसके विजय-अभियानों और शासनव्यवस्था तथा मथुरा और उज्जयिनी की राजनीतिक हलचलों को बहुत कम स्थान मिला है। उपन्यासकार का अधिकतम बल मानवीय सम्बन्धों से जुड़ी संवेदनाओं के आलोक में, उस काल की सामाजिक और सांस्कृतिक स्थिति का, अंकन है। इसके लिए उपन्यासकार ने संस्कृत साहित्य के प्रसिद्ध कवि कालिदास के प्रतिरूप मातृगुप्त, लोककाव्य *लोरिकायन* के प्रसिद्ध पात्र लोरिक, मैना, चनवा और *मृच्छकटिक* के पात्र वीरक, सकार, सर्विलक, चारुदत्त, मदनसेना, धूता, मदनिका, आर्यक आदि की सहायता ली है। इन पात्रों की ऐतिहासिकता सन्दिग्ध और विवादास्पद होने पर भी तत्कालीन ऐतिहासिक परिवेश के प्रतिकूल नहीं है। उपन्यास के लिए इन कथाओं की सम्भावनाओं की तलाश और उनका रचनात्मक उपयोग करके आचार्य द्विवेदी ने अद्भुत रचनाशीलता का परिचय दिया है। इसी प्रकार देवरात, सुमेर काका, मंजुला, मृणाल मंजरी, सिद्धाश्रम के सिद्ध बाबा, समुद्रगुप्त का सेनापति भटार्क, हलद्वीप का मन्त्री पुरन्दर, आचार्य पुरगोभिल आदि मिथकीय और कल्पित पात्र भी उपन्यास में प्रस्तुत ऐतिहासिक-सांस्कृतिक यथार्थ की प्रस्तुति में अद्भुत योगदान करते दिखाई देते हैं।

पुनर्नवा भारतीय इतिहास के स्वर्ण युग माने जाने वाले काल का चित्र प्रस्तुत करता है। इस समय देश में कोई राजनीतिक संकट नहीं था। समुद्रगुप्त ने अपनी सैन्य क्षमता से सारे देश में राजनीतिक स्थिरता और सन्तुलन कायम किया था। पर इसके साथ ही सामाजिक स्थिरता और सन्तुलन इस समय की जरूरत थी। यह काल आर्य और यवन संस्कृतियों के संगम का काल था। विगत पाँच-छह शताब्दियों से अनेक विदेशी जातियाँ भारत में आकर बस रही थीं और उनके साथ उनके आचारविचार, रीतिरिवाज, नैतिक-सामाजिक मूल्य और विचारधाराएँ भी भारतीय जीवन में मिल-जुल रही थीं। तत्कालीन भारतवासियों के स्वीकृत मूल्य, नैतिक संहिताएँ और समाज व्यवस्था यवनों के नैतिक मूल्यों, रीतिरिवाजों और आचरणों से टकरा रही थीं। समाज की सुदृढ़ता और सन्तुलन के लिए इनमें सामंजस्य की स्थापना आवश्यक थी। वस्तुतः यह समस्या भारत जैसे देश के लिए एक शाश्वत समस्या रही है और आज भी वह ज्यों की त्यों बनी हुई है। *पुनर्नवा* का यही केन्द्रीय विषय या विजन है। चन्द्रा की प्रेम कहानी द्वारा इसी समस्या को प्रस्तुत किया गया है। चन्द्रा गोपाल आर्यक से प्रेम करती है पर उसके माता-पिता उसका विवाह श्रीचन्द्र नामक व्यक्ति से कर देते हैं जो नपुंसक है। चन्द्रा इस सम्बन्ध को स्वीकार नहीं करती और समाज से विद्रोह कर अन्ततः गोपाल आर्यक को पति रूप में प्राप्त करती है। स्त्री-पुरुष सम्बन्ध की यह समस्या शाश्वत है और आज भी इसकी प्रासंगिकता समाप्त नहीं हुई है। चन्द्रा का गोपाल आर्यक के प्रति प्रेम

परम्परागत सामाजिक व्यवस्था के लिए जबरदस्त चुनौती है। इस व्यवस्था में विवाहपूर्व प्रेम और विवाहिता युवती के अन्य पुरुष से प्रेम के लिए कोई जगह नहीं है। समुद्रगुप्त परम्परागत सामाजिक संहिताओं का प्रबल पक्षधर है, इसलिए वह अपनी ओर से तो गोपाल आर्यक को दंडित कर ही देता है, स्वयं आर्यक भी चन्द्रा से अपने प्रेम सम्बन्ध के कारण स्वयं को अपराधी समझता है। पर चन्द्रा के मन में कोई द्विधा या कुंठा नहीं है। वह स्वयं को गोपाल आर्यक की पत्नी मानती हुई उसकी वैध पत्नी मृणालमंजरी के साथ रहती है। चन्द्रा का प्रेम इतना शुद्ध और दृढ़ है कि न केवल मृणालमंजरी, वरन् सुमेर काका जैसे व्यवस्था के पक्षधर भी उसे स्वीकार कर लेते हैं। पर समाज चन्द्रा को स्वैराचारिणी ही मानता है। उसका पति भी अमात्य पुरन्दर के दरबार में व्यवहार (मुकदमा) खड़ा कर देता है। इस समस्या पर निर्णय देने का दायित्व आचार्य पुरगोभिल को सौंपा जाता है जो सारी परिस्थितियों पर विचार करते हुए इस निष्कर्ष पर पहुँचते हैं कि "अगर निरन्तर व्यवस्थाओं का संस्कार और परिमार्जन नहीं होता रहेगा तो एक दिन व्यवस्थाएँ तो टूटेंगी ही, अपने साथ धर्म को भी तोड़ देंगी।" सुमेर काका से आचार्य पुरगोभिल कहते है, "सामाजिक व्यवस्थाएँ ऐसी ब्रह्मरेख नहीं हैं जो मिट ही नहीं सकतीं। इसीलिए गुहाहित गह्वरेष्ठ धर्म की रक्षा के लिए निरन्तर विचार करते रहने की आवश्यकता होती है। इस देश के पश्चिमी क्षेत्रों में निरन्तर नयी-नयी जातियों के साथ नयी-नयी प्रथाएँ आती रहती हैं। उनका प्रभाव वहाँ तत्काल पड़ता है। इसीलिए वहाँ के विचारशील लोग निरन्तर धर्म व्यवस्था को वर्तमान स्थिति के उपयुक्त बनाने का प्रयत्न करते रहते हैं। मध्य देश के धर्मज्ञ ब्राह्मण अधिक संरक्षणशील हैं, वे समाज व्यवस्था को गतिशील नहीं मानते। परन्तु दीर्घ काल के अनुभवों से मैंने जाना है कि ये व्यवस्थाएँ भी स्थिर और अनुल्लंघ्य नहीं हैं। समाज में निरन्तर बाहरी प्रभाव प्रच्छन्न रूप में आते रहते हैं और भीतर से भी नयी-नयी समस्याएँ सिर उठाती रहती हैं। ऊपर-ऊपर से लगता है कि समाज पुराने कायदे कानून के अनुसार ही चल रहा है, परन्तु यदि निरन्तर शास्त्रसम्मत व्यवस्थाओं का परीक्षण न किया जाए तो एक दिन ऐसा आ सकता है कि सारा समाज गतिहीन होकर अपनी बनायी व्यवस्थाओं की बेड़ी में आप ही कस जाएगा।" (*पुनर्नवा* पृ. 175)

इस पूरे प्रसंग, और इस माध्यम से व्यक्त विचारधारा, के मूल में द्विवेदी जी का आधुनिक, उदार, वैज्ञानिक और मानवतावादी दृष्टिकोण निहित है। ऐतिहासिक दृष्टि से भी यह दृष्टिकोण असंगत नहीं है। इस प्रकार एक उत्पाद्य ऐतिहासिक प्रसंग के माध्यम से द्विवेदी जी ने आधुनिक समाज व्यवस्था के बदलाव का अद्भुत रूप से प्रासंगिक विजन प्रस्तुत किया है।

गुप्त काल के प्रारम्भिक सौ वर्षों में देश के समक्ष राजनीतिक संकट या अस्थिरता की कोई समस्या नहीं थी। इसलिए *पुनर्नवा* में केवल सामाजिक व्यवस्था और सन्तुलन का प्रश्न उठाया गया है। पर गुप्तकाल के अन्तिम दिनों में भारत पर पश्चिमोत्तर सीमा से हूणों के आक्रमण शुरू हो गये। यद्यपि गुप्त सम्राटों ने हूणों के आक्रमणों को बार-बार विफल किया पर इन सतत आक्रमणों से गुप्त साम्राज्य की नींव हिल गयी। गुप्त साम्राज्य के पतन और हर्षवर्द्धन के राज्यारोहण के बीच की अवधि में उत्तरी भारत हूणों के बर्बर आक्रमणों से त्रस्त रहा। यह एक महान् राजनीतिक संकट था, जिसकी अभिव्यक्ति *बाणभट्ट की आत्मकथा* में

हुई है।

पुनर्नवा और *बाणभट्ट की आत्मकथा* की तरह *चारु चन्द्रलेख* में भी तत्कालीन इतिहास का आधार लिया गया है। *चारु चन्द्रलेख* के प्रमुख पात्र सातवाहन और चन्द्रलेखा हैं। उपन्यास में सातवाहन को 'क्षीणबल अवन्तिका नरेश' कहा गया है। वास्तविक ऐतिहासिक इतिवृत्त के आलोक में 'सातवाहन' की कल्पना और उसकी सेना द्वारा तुर्कों की पराजय के वर्णन को अनैतिहासिक नहीं कहा जा सकता। सातवाहन की पूरी कथा इस ढंग से प्रस्तुत की गयी है कि उसमें कोई गम्भीर ऐतिहासिक असंगति नहीं आने पायी है। सातवाहन का अशोक चल्ल और दिल्ली के सुल्तान के किसी भूतपूर्व सेनापति 'शाह' से सैनिक सहायता प्राप्त कर दिल्ली के सुल्तान से भिड़ने की कथा भी ऐतिहासिक सम्भावना की कोटि में आ सकती है। उपन्यास में उस काल के अन्य ऐतिहासिक उल्लेख भी आए हैं। भारत पर विदेशी आक्रमण और आधिपत्य के प्रश्न का *चारु चन्द्रलेख* में विस्तार के साथ चित्रण किया गया है। हूण अपनी नृशंसता के बावजूद भारत को गुलाम नहीं बना पाए थे। वे अन्ततः स्वयं भारतीय समाज में खप गये, विलीन हो गये, और आज उनकी कोई पहचान भी बाकी नहीं है। पर बारहवीं शताब्दी के अन्तिम दशक में भारत पर तुर्कों के जो आक्रमण हुए उन्होंने इस देश को राजनीतिक और सांस्कृतिक दृष्टि से झकझोर कर रख दिया। यह एक महान् राजनीतिक संकट का काल था जिसका बड़ा ही विश्वसनीय चित्रण *चारु चन्द्रलेख* में हुआ है।

उपन्यास में तत्कालीन राजनीतिक स्थिति का यथार्थ वर्णन किया गया है। पर उपन्यासकार तथ्यों का वर्णन करके ही सन्तुष्ट नहीं हो जाता, वरन् उन कारणों का भी निर्देश करता है जो इस राजनीतिक पतन के मूल में थे। *चारु चन्द्रलेख* में आर्यावर्त के विदेशियों द्वारा पादाक्रान्त होने का प्रमुख कारण सामान्य जनता की राजनीतिक उदासीनता, जातिभेद तथा वर्गभेद आदि बताए गये हैं। यह एक स्वीकृत ऐतिहासिक तथ्य है। द्विवेदी जी ने इस ऐतिहासिक परिदृश्य का अंकन मार्मिक प्रसंगों और संवेदनशील भाषा के द्वारा किया है। उपन्यासकार के विजन के अनुसार भारतवर्ष का पतन इसलिए हुआ कि उस समय कोई चक्रवर्ती राजा देश में नहीं था।

उपन्यास के कुछ पात्र, जिनमें रानी चन्द्रलेखा और मैना प्रमुख हैं, मुस्लिम आक्रमणकारियों से लोहा लेने के लिए जनशक्ति को जगाने का संकल्प और प्रयत्न करते हैं। रानी चन्द्रलेखा कहती है, "केवल सैनिक बल तो ऊपर ऊपर का बल है। कुछ ऐसा होना चाहिए कि इस जीत या हार को प्रजा अपनी जीत या हार समझे।" रानी सैनिकों को सम्बोधित करते हुए भी यही बात कहती है, "... युद्ध में सफलता तभी मिल सकती है, जब समूची प्रजा में आत्मगौरव की भावना हो। परन्तु किसलिए? आत्मगौरव और प्रतिरोध की भावना भी किसी बड़े उद्देश्य के लिए होनी चाहिए।...हमें ऐसा करना है कि सारी प्रजा दुर्भेद्य चट्टान की तरह एक हो जाए और किसी को उसकी ओर आँख उठाने का साहस ही न रहे।... वीरों, राजाओं का युद्ध समाप्त हो गया। अब कहीं आशा है तो प्रजा की संगठित शक्ति है।" यह उद्बोधन बारहवीं-तेरहवीं शताब्दी की किसी रानी का न होकर आज के बुद्धिजीवी साहित्यकार का है।

रानी चन्द्रलेखा केवल सैनिकों को उद्बुद्ध ही नहीं करती, वह स्वयं भी जनता के बीच जाकर उसे संगठित करने का प्रयास करती है। इस प्रयत्न में उसे सफलता भी मिलती है;

यद्यपि बाद में वह स्वयं अपने संकल्प से विपथित हो जाती है। पर तभी इस इस संकल्प को सम्पन्न करने के लिए मैना आ जाती है। उसके प्रयासों से चन्द्रलेखा का स्वप्न पूरा होता है। विद्याधर भट्ट जनशक्ति के बल पर तुर्कों की सेना पर विजय प्राप्त करते हैं और उल्लसित होकर सातवाहन से कहते हैं, "... तुमने जिन किसानों और साधारण प्रजावर्ग के लोगों को मेरी सहायता के लिए भेजा था, उनके करतब देखकर मैं चकित हूँ। ...भैंस चराने वाले बालकों ने, अज्ञातकुलशील पत्थर तोड़ने वाले श्रमिकों ने, हल चलाने वाले खेतिहरों ने, भीख माँगने वाले निठल्लों ने, परान्नपुष्ट रुंडमुंड साधुओं ने, नाचगान से जीवन यापन करने वाली नर्तकियों ने, रस्सों पर खेल दिखाने वाले नटों और नटिनियों ने अद्भुत देशभक्ति का परिचय दिया है।" मैना की ग्रामीण सेना तुर्कों तथा उनके सहायक धुंडकों की सेना से युद्ध में जो करतब दिखाती है, वह जनशक्ति की अजेयता का प्रतीक है।

तुर्कों द्वारा भारतवर्ष के पराभव का कारण यहाँ के समाज का शतधा विभक्त होना तथा रूढ़ियों, अन्धविश्वासों, ग्रह-नक्षत्रों, योग साधनाओं और मन्त्र-तन्त्र में विश्वास से जकड़े होना भी था। उपन्यास का एक पात्र, अमोघव्रज, कहता है, "...भारतवर्ष का वर्तमान समाज ...सामाजिक स्वाधीन चिन्तन को खो चुका है।...देखो महाराज, पश्चिम की ओर से जो महान् इस्लाम आ रहा है, उसे ठीक-ठीक समझो। उसके एक हाथ में अमृत का भांड है, दूसरे में नग्न कृपाण। वह समानता का मन्त्र लेकर आया है, सड़े-गले आचारों को चुनौती देने का अपार साहस लेकर उद्भूत हुआ है और रास्ते में जो भी बाधक हो उसे साफ कर देने का विकट संकल्प लेकर निकला है। उसने लाखों-करोड़ों को पैरों तले दबाकर उनकी मांसमज्जा के ढूह पर प्रासाद खड़ा करने की त्रुटि नहीं दिखाई है। विचित्र है उसकी प्राणदायिनी शक्ति, अपूर्व है उसका दलितोत्थान संकल्प...सहस्रों को उसने तलवार की नोक पर उठाकर ऊँचा आसन दे दिया, सैकड़ों जंगली जातियों को उसने एक झटके से रूढ़ियों और परम्पराओं के मलबे से दूर फेंक दिया।...हमारा यह समाज लाखों-करोड़ों को अपमानित करने में गर्व अनुभव करता है। अपमान का फल अपमान ही होगा। जिन्हें हमने पैरों तले दबा रखा है, वे ही एक दिन नीचे से हमारा पैर पकड़कर हमें चलने में असमर्थ बना देंगे, बना दे रहे हैं।...सर्वत्र घुन लगा हुआ है। क्षुद्रता के अहंकार से यहाँ की प्रत्येक जाति जर्जर है। प्रत्येक सम्प्रदाय अन्तर्विदीर्ण है।...भारतवर्ष की असंख्य छोटी इकाइयाँ अपने को खंडविदीर्ण करती जा रही हैं।...हमारी सामाजिक संहति दुर्बल है, विच्छेद परम्परा प्रबल है, क्षुद्रता का बोझ भयंकर है।" उपन्यास में अक्षोभ भैरव के उद्बोधन के माध्यम से भारतवर्ष की राजलक्ष्मी के क्षत-विक्षत होने, तत्कालीन राजनीति के 'उत्खात प्रतिरोपण विधान', वंशानुक्रम से राज्यों के विभाजन, भूमिदान के द्वारा नये-नये सामन्तों की सृष्टि आदि 'महादोषों' का सविस्तर उल्लेख आया है जो उपन्यासकार के प्रखर इतिहासबोध और विश्लेषण का परिचायक है।

तत्कालीन भारतीय समाज नाना प्रकार की रूढ़ियों, अन्धविश्वासों, तर्कशून्य मान्यताओं आदि से ग्रस्त होकर क्षीणशक्ति हो रहा था। मन्त्र-तन्त्र, ग्रह-नक्षत्र और अनेक प्रकार की सिद्धियों में लोगों का विश्वास इतना बढ़ गया था कि कर्म और पौरुष की महिमा ही लुप्त हो चली थी। झूठे विश्वासों और पाखंड का इतना बोलबाला था कि *चारु चन्द्रलेख* की नायिका रानी चन्द्रलेखा जैसी प्रबुद्ध नारी भी सिद्धियों के मायाजाल में भटक जाती है। इसके विपरीत मैना सिद्धों और योगियों को देखते ही भड़क उठती है। द्विवेदी जी के औपन्यासिक

विजन में इस प्रकार की सिद्धियों के प्रति घोर अवज्ञा का भाव है जो उनके चिन्तन की आधुनिकता और वैज्ञानिकता का परिचायक है। उस समय के महान् सन्त गोरखनाथ, जो उपन्यास के एक पात्र हैं, योगियों को संगठित होकर, अपने बाहरी भेदों को भूलकर 'बिना रीढ़ की साधना' का परित्याग कर तुर्कों का सामना करने का सन्देश देते हैं।

अनामदास का पोथा औपनिषदिक युग के परिवेश और जीवनपद्धति पर आधारित उपन्यास है। इसकी कथा तथा इसमें प्रस्तुत आध्यात्मिक विचार उपनिषदों से, विशेषकर *बृहदारण्यक* और *छान्दोग्य* से लिये गये हैं। उपन्यास में प्रस्तुत रैक्व, जाबाला, जानश्रुति, अरुन्धती, भगवती ऋतम्भरा, ऋजुका, मामा, जटिल मुनि आदि की कथा, अपने औपनिषदिक आधार के बावजूद, कल्पित ही है, पर द्विवेदी जी ने उसे इस प्रकार प्रस्तुत किया है कि उसकी प्राचीनता बाधित नहीं होती। औपनिषदिक काल में जैसे 'राजा' हो सकते थे, जानश्रुति बिलकुल वैसा ही है। राजकुमारी, उसकी सहेली या राजपरिवार के अन्य सदस्यों की कल्पना भी प्राचीन परिवेश के अनुरूप है। इसी प्रकार आश्रमों में रहने वाले तपस्वियों, आचार्यों और शिष्यों की कल्पना भी अपने समय के अनुसार है। उपन्यास के केन्द्रीय पात्र रैक्व का चरित्र कुछ अजूबा जरूर है, पर जिन परिस्थितियों में उसका बचपन बीता है, उसे देखते हुए वह भी अविश्वसनीय नहीं है।

जहाँ तक उपन्यास में व्यक्त विचारों का प्रश्न है, वे निश्चित रूप से आधुनिक चिन्तन के अनुरूप हैं। पर विचारों की दृष्टि से प्राचीन और आधुनिक एक दूसरे से नितान्त कटे हुए नहीं होते। परम्परा इन्हें जोड़ने वाली कड़ी होती है। प्राचीन काल के कुछ विचार आधुनिक युग में आकर नयी अर्थवत्ता प्राप्त कर लेते हैं। द्विवेदी जी ने उपनिषदों में वर्णित आध्यात्मिक विचारधारा या तत्त्ववाद की आधुनिक युगानुरूप व्याख्या की है, जो निराधार नहीं है।

अनामदास का पोथा का लक्ष्य औपनिषदिक अध्यात्म चिन्तन का पुनराख्यान नहीं, वरन् उसकी, आज की जिन्दगी के अनुरूप, व्याख्या है। महर्षि औषस्तिपाद, भगवती ऋतम्भरा, रैक्व आदि पात्रों के द्वारा जो विचार व्यक्त कराये गये हैं, वे आश्चर्यजनक रूप से हमारे अनुभव क्षेत्र से जुड़े हुए हैं। महर्षि औषस्तिपाद का शुष्क प्रतीत होने वाला चिन्तन भी अपने निष्कर्ष पर पहुँचकर अत्यन्त सहज और लौकिक बोध से युक्त हो गया है। वे रैक्व से कहते हैं, "प्राण के सूत्र को पकड़कर तुम परम सत्य को प्रिय रूप में पा सकते हो और प्रिय रूप का किंचित् साक्षात्कार भी तुम्हें ब्रह्म तक, महासत्य तक पहुँचा सकता है।" महर्षि इसकी व्याख्या करते हैं, "... समूचा विश्व एक पुरुषोत्तम का रूप है। यह जड़ धरित्री, सप्राण वनस्पति, जीवन्त जन्तु और बुद्धिमान मनुष्य उस एक की ही विभिन्न अभिव्यक्ति हैं... जो ऐसा समझकर सेवा में प्रवृत्त होता है उसमें 'अहंकार' नहीं होता। अहंकार सेवा की महिमा को ही कम नहीं करता, वह सेवा को सेवा ही नहीं रहने देता।" *(अनामदास का पोथा,* पृ. 79) भगवती ऋतम्भरा रैक्व से कहती हैं, "देख बेटा, तू जिस तत्त्व को सबसे बड़ा या एकमात्र तत्त्व मान रहा है, यह धर्म का निर्णायक नहीं है। धर्म कुछ कर्तव्यों और आचरणों से प्रकट होता है।...जो अपने आप की सुविधा का ध्यान न रखकर दूसरों के दुःख को दूर करने का प्रयत्न करता है, सत्य से च्युत नहीं होता, दूसरों का कष्ट दूर करने के लिए अपना प्राण तक त्याग सकता है, वही धार्मिक है। वह परम या चरम तत्त्व के बारे में क्या मानता

है, यह बड़ी बात नहीं। बड़ी बात है कि वह कैसा आचरण करता है, उनके लिए कितना त्याग कर सकता है; यही तय करेगा कि वह धर्मपरायण है या नहीं है।'' इन उद्धरणों से स्पष्ट है कि उपन्यास का लक्ष्य औपनिषदिक ज्ञानचर्चा की आधुनिक व्याख्या है जिसे उपन्यासकार ने बहुत विश्वास के साथ सम्पन्न किया है। वैश्वानर रूप में प्राणतत्त्व की उपासना का सन्देश आज की युगभावना के अनुरूप है। जहाँ करोड़ों करोड़ लोग अन्न, वस्त्र, आवास, शिक्षा, चिकित्सा आदि की सुविधाओं से वंचित हों, उस संसार में प्राणतत्त्व की उपासना से अधिक प्रासंगिक कोई बात नहीं हो सकती। उपन्यास का एक अक्खड़ सन्त कहता है, '' 'प्रजा' शब्द का अर्थ ही सन्तान है। राजा के लिए प्रजा की सारी बेटियाँ उसकी अपनी बेटी हैं।...जिस राजा के राज्य में बच्चे और स्त्रियाँ भूख-प्यास से व्याकुल होती हैं उसका सत्यानाश हो जाता है और राजा नरक का अधिकारी होता है।'' राजा जानश्रुति के राज्य में अकाल पड़ने पर रैक्व तत्त्वचिन्तन छोड़कर लोकसेवा का व्रत लेता है। महर्षि औषस्तिपाद उसे उद्‌बोधित करते हैं, ''एकान्त का तप बड़ा नहीं है बेटा ! देखो, संसार में कितना कष्ट है, रोग है, शोक है, दरिद्रता है, कुसंस्कार है। लोग दुःख से व्याकुल हैं। उनमें जाना चाहिए। उनके दुःख का भागी बनकर उनका दुःख दूर करने का प्रयत्न करो। यही वास्तविकता है।'' रैक्व भगवती ऋतम्भरा के साथ जनपद में घूम-घूमकर लोगों का कष्ट देखते हैं और उसके निवारण का प्रयत्न करते हैं। वे इस निष्कर्ष पर पहुँचते हैं कि 'कोरा वाग्विलास ज्ञान नहीं है।' इस प्रकार *अनामदास का पोथा* तप पर कर्म की, नारायण पर नर की विजय का आख्यान है। यही उपन्यास का प्रतिपाद्य है।

द्विवेदी जी के उपन्यासों में उनमें चित्रित काल की संस्कृति और जीवनशैली के बड़े ही प्रामाणिक, यथार्थ और भव्य चित्र उपलब्ध होते हैं। *अनामदास का पोथा* में आश्रमों के जीवन तथा लोक में सम्पन्न होने वाले उत्सवों और समारोहों का सजीव अंकन मिलता है। ये वर्णन प्राचीन साहित्य से समर्थित हैं। *पुनर्नवा* और *बाणभट्ट की आत्मकथा* में सामन्ती संस्कृति की समृद्धि और भव्यता, साथ ही उसकी क्षयिष्णुता, का भी प्रभावशाली चित्रण हुआ है। *पुनर्नवा* के देवरात तत्कालीन सामन्ती व्यवस्था के उत्कर्ष के प्रतीक हैं। उपन्यास में आए अन्य राजपुरुषों के चरित्र भी तत्कालीन सामन्ती व्यवस्था की झाँकी प्रस्तुत करते हैं। तत्कालीन राजदरबारों के चित्रण में भी द्विवेदी जी ने ऐतिहासिकता का पूरा ध्यान रखा है। गुप्त काल में नृत्य, संगीत, मल्लविद्या आदि कलाएँ अपने चरमोत्कर्ष पर थीं। *पुनर्नवा* में इस प्रकार के अनेक प्रसंग पूरी सजीवता के साथ अंकित हुए हैं। इस दृष्टि से हलद्वीप की राजसभा का वर्णन द्रष्टव्य है। मथुरा के मन्दिरों और मूर्तियों के वर्णन में ऐतिहासिक यथार्थ भरपूर मात्रा में परिलक्षित होता है। कुषाण राजा की राजसभा का अंकन भी बड़े प्रामाणिक रूप में किया गया है। नगर के सांस्कृतिक जीवन के अंकन में उपन्यासकार का ऐतिहासिक ज्ञान और वर्णन-क्षमता, दोनों अपने उत्कर्ष पर हैं। चंडसेन की मल्ल-रंगभूमि, विदिशा की लौहास्त्र कला, क्रोशपद्धति पर सन्देश प्रेषण, उज्जयिनी के शकराज की सेना, शालिहोत्र जाति के घोड़ों, मरुप्रदेश में साँड़नी डाक व्यवस्था आदि के वर्णन तत्कालीन शासन-प्रबन्ध का रोचक और विश्वसनीय चित्र प्रस्तुत करते हैं। एक उल्लेखनीय बात यह भी है कि द्विवेदी जी के उपन्यासों में केवल सामन्ती जीवन का ही नहीं, सामान्य लोक संस्कृति का भी सजीव अंकन हुआ है। *पुनर्नवा* में ग्रामीण जनों, नाटक मंडलियों, जुआरियों आदि के रोचक प्रसंग प्रस्तुत

किये गये हैं। *बाणभट्ट की आत्मकथा* में चंडी मन्दिर के पुजारी के कार्यकलाप, विरतिव्रज के साधक बनने की कथा, अघोर भैरव की साधना, सर्विलक के अड्डे, वर्जतीर्थ में ग्रामीणों द्वारा देवीपूजा, बाणभट्ट के सम्मोहन का शिकार होकर बलि होते-होते बचने, बैशाखी पूर्णिमा के अवसर पर आचार्य सुगतभद्र की देशना, सुचरिता की भक्ति, बौद्ध और सनातन धर्मियों के संघर्ष आदि के प्रसंग सामान्य जीवन तथा धार्मिक विश्वासों-साधनाओं की झाँकी प्रस्तुत करते हैं। *चारु चन्द्रलेख* तो विभिन्न प्रकार की साधनाओं, अन्धविश्वासों, तान्त्रिक अनुष्ठानों आदि का कोश ही है। मैना की कहानी नट जीवन के रोचक प्रसंगों से भरी हुई है। नाटी माता और विष्णुप्रिया भक्ति साधना के स्वरूप को प्रतीकित करती हैं। इस प्रकार द्विवेदी जी ने अपने उपन्यासों में सामन्ती जीवन के साथ-साथ सामान्य जीवनधारा का भी समान रूप से अंकन किया है।

हजारी प्रसाद द्विवेदी के उपन्यासों में प्रेम की एक गहरी संवेदना शुरू से आखिर तक अनुस्यूत है। *बाणभट्ट की आत्मकथा* में तो यह प्रेम संवेदना ही औपन्यासिक विजन पर हावी है। *चारु चन्द्रलेख* में भी एक प्रेमी और दो प्रेमिकाएँ हैं। चन्द्रलेखा का सातवाहन के प्रति प्रेम मुखर और स्वच्छन्द होकर भी पत्नीत्व की मर्यादा से नियन्त्रित है, जबकि मैना का प्रेम शायद ही कहीं मौन की कारा से बाहर निकलता है। चन्द्रलेखा और मैना का प्रेम भी देशरक्षा के लिए निवेदित है। पुनर्नवा में देवरात के प्रति मंजुला का प्रेम जहाँ मौन प्रणति के रूप में है वहाँ चन्द्रा का गोपाल आर्यक के प्रति प्रेम सारी सामाजिक मर्यादाओं को चुनौती देता हुआ भी कहीं अशोभन नहीं होता। उसका प्रेम इतना निश्छल है कि गोपाल आर्यक की पत्नी मृणालमंजरी के मन में उसके प्रति ईर्ष्या न जगाकर स्नेह का भाव ही पैदा करता है। *अनामदास का पोथा* का प्रेम तो एक सर्वथा अलौकिक भूमि पर अवस्थित है ही। प्रेम के भाव से सर्वथा अपरिचित एक बालचित्त युवक ऋषि के प्रेम भाव का अंकन द्विवेदी जी ने अद्भुत कौशल के साथ किया है। जाबाला का रैक्व के प्रति प्रेम भी अद्भुत संवेदनशीलता के साथ प्रस्तुत हुआ है। द्विवेदी जी के उपन्यासों में अंकित प्रेम की संवेदना अपनी गहराई और तीव्रता में उच्च कोटि की तो है ही, साथ ही वह तपस्या और लोककल्याण की भावना से भी जुड़ी हुई है। द्विवेदी जी प्रेम के उस भारतीय आदर्श के कायल हैं जिसके अनुसार तपस्या और लोक कल्याण की भावना से युक्त प्रेम ही स्थायी और मंगलमय होता है। *अनामदास का पोथा* के जटिल मुनि के अनुसार किसी तरुणी की ओर आकृष्ट होना 'काम' है, परन्तु उसके लिए अपने आपको निछावर कर देने की भावना 'प्रेम' है। द्विवेदी जी के उपन्यासों में प्रेम के इस रूप की सफल अभिव्यक्ति हुई है।

औपन्यासिक शिल्प की दृष्टि से द्विवेदी जी की सर्वाधिक उल्लेखनीय विशेषता उपन्यास में कथाकार की अप्रत्यक्षता के सिद्धान्त को पुष्ट करना है। *बाणभट्ट की आत्मकथा* में उन्होंने व्योमकेश शास्त्री, बाणभट्ट, मिस कैथराइन आदि के आवरण में अपने कथाकार को इस प्रकार छिपाया है कि सजग पाठकों तक को धोखा हो जाता है। इस अप्रत्यक्षता के भीतर आत्मकथात्मक, दृश्यात्मक-परिदृश्यात्मक, कान लगाकर पात्रों का वार्तालाप सुनने तथा पात्रों की चेतना में प्रवेश करने वाली प्रविधियों का उपयोग भी अत्यन्त कौशल के साथ किया गया है। द्विवेदी जी ने इसी शिल्प का प्रयोग प्रायः अपने सभी उपन्यासों में किया है, पर उनकी गहरी संवेदनशीलता, चुलबुली कल्पना और भाषिक क्षमता ने उसे उबाऊ नहीं बनने दिया है।

द्विवेदी जी के उपन्यासों की भाषा प्रायः तत्सम शब्द प्रधान और काव्यगुणों से सज्जित है। अलंकारों की छटा, समस्त शब्दों की बहार, ध्वन्यात्मक प्रभाव उत्पन्न करने वाले पद और मन्द्र गम्भीर प्रवाह पैदा करने वाले वाक्य उनके उपन्यासों में अक्सर मिल जाएँगे। पर उनके सभी उपन्यासों की भाषा एक जैसी नहीं है। *बाणभट्ट की आत्मकथा* में जहाँ उपर्युक्त विशेषताओं की भरमार है वहाँ परवर्ती उपन्यासों में सहजता की ओर आग्रह बढ़ता गया है। *बाणभट्ट की आत्मकथा* की काव्यात्मक शैली का थोड़ा सा प्रभाव *चारु चन्द्रलेख* तक बना रहता है, पर *पुनर्नवा* और *अनामदास का पोथा* में सहज भाषा का प्रभाव ही आकर्षण का केन्द्र है। *अनामदास का पोथा* का केन्द्रीय पात्र रैक्व तो ऋषि होते हुए भी बालस्वभाव का युवक है, अतः उसकी भाषा भी उसके बालमन का दर्पण है। उपन्यास के अन्य पात्र भी गृहस्थ जीवन की सहज सरल भाषा बोलते हैं। इस प्रकार *अनामदास का पोथा* में बोलचाल के तत्सम-तद्भव शब्दों से युक्त सरल और संयुक्त वाक्यों वाली बोलचाल की शिष्ट भाषा ही प्रयुक्त हुई है, यद्यपि वह समस्त शैलीय गुणों से सम्पन्न होने के कारण अद्भुत सर्जनशीलता का उदाहरण प्रस्तुत करती है।

1964 ई. में निर्मल वर्मा (ज.1929) का पहला उपन्यास *वे दिन* प्रकाशित हुआ। इसके बाद उनके *लाल टीन की छत* (1974), *एक चिथड़ा सुख* (1979), *रात का रिपोर्टर* (1989) और *अन्तिम अरण्य* (2000) आदि उपन्यास प्रकाशित हुए हैं। निर्मल वर्मा मुख्यतः अवसाद, निराशा, अलगाव बोध, सन्त्रास भाव और मन की अन्धकार भरी गुफा में भटकने वाली चेतना के उपन्यासकार हैं। इसकी पुष्टि उनके सभी उपन्यासों से होती है। वे दिन में विश्वयुद्धोत्तर कालीन चेकोस्लोवाकिया की हताशा और अवसाद से भरी पृष्ठभूमि है जो एक संवेदनशील भारतीय पात्र 'मैं' के अवलोकन बिन्दु से प्रस्तुत की गयी है। प्राग के सदा छाए रहने वाले कुहरे, आर्थिक तंगी और अभिव्यक्ति पर लगी पाबन्दी से उपजी घुटन के अनुभूतिपूर्ण अंकन ने परिवेश को अत्यन्त अवसादग्रस्त बना दिया है। इस पृष्ठभूमि में अपने बाल आयु के पुत्र के साथ अकेली भटकती रायना के, जो विश्वयुद्ध की विभीषिका को झेल चुकी है, अवसाद और टूटन की हद तक पहुँची हुई मानसिकता को, जिसमें केन्द्रीय पात्र 'मैं' और स्वयं रायना अपने अस्तित्व की गहराइयों में एक दूसरे के प्रति आकर्षण महसूस करते हैं और कुछ समय के लिए अपने अकेलेपन और अवसाद से भी मुक्त होते हैं, निर्मल वर्मा ने कविता के निकट पहुँचती हुई संवेदनशील भाषा में प्रस्तुत करने का प्रयास किया है।

निर्मल वर्मा अपने परवर्ती उपन्यासों में भी इस अवसाद, अलगाव बोध, एकान्त की पीड़ा आदि से मुक्त नहीं हो पाये हैं और उनकी भाषा एक प्रकार की कृत्रिम संवेदनशीलता की शिकार होती गयी है। कुछ सीमित संवेदनाओं और भाषिक इन्द्रजाल का दोहराव उनके उपन्यासों की पठनीयता को बाधित करता है। *लाल टीन की छत* में एक वयःसन्धि की ओर बढ़ती लड़की (काया) के इर्दगिर्द फैली एकाकी, रहस्यपूर्ण, आतंकपूर्ण दुनिया और उसकी यौनचेतना की संवेदनाओं तथा उनसे उत्पन्न मानसिकता का अंकन किया गया है। इस मानसिकता के अंकन के लिए निर्मल वर्मा ने जिस परिवेश का, प्रकृति और लगभग निर्जन मानवीय संसार के रहस्य, अकेलेपन, निर्जनता और आतंक भरे वातावरण का निर्माण किया है, वह संवेदनात्मक तीव्रता से लबालब है। यह इस उपन्यास की उपलब्धि है, पर इसका अनुभव संसार इतना सीमित और सँकरा है कि उससे गुजरते बहुसंख्यक पाठकों को कोई

रोमांच नहीं होता। वयःसन्धि की मनोदशा से गुजरती लड़की की मनोनिर्मित दुनिया, जो भय, भ्रम, रहस्य, मृत्यु कामना, अकेलेपन के बोध से भरी हुई है, एक सीमित अनुभव संसार है जो किसी भास्वर विजन का बोध नहीं कराती। उपन्यास के शिल्प में ताजगी यह है कि केन्द्रस्थ पात्र काया बड़ी होने के बाद अपने वयःसन्धि के अनुभवों को पुनः जीती हुई उन स्थितियों, संवेदनाओं और घटितों को व्यक्त करती है। *लाल टीन की छत* की भाषा भी स्मृति, संवेदना और अनुभूति की भाषा है; पर वह निर्मल वर्मा को पुनः पढ़ने के अनुभव को दोहराती भर है।

एक चिथड़ा सुख में कतिपय बुद्धिजीवियों के एक साथ रहते हुए भी अलग-अलग जीने के अनुभव को, मानव सम्बन्धों की जटिलता और गहरी उदासीनता के बीच सुख की तलाश का, बहुत बारीक पर उबाऊ भाषा में प्रस्तुत किया गया है। इसमें प्रत्येक पात्र का अपना अव्याख्यायित दुःख है जो उसे दूसरों से अलग करता है। एक दूसरे से जुड़े होने पर भी सभी पात्र अपनी भीतरी दुनिया में अकेले हैं, जहाँ दूसरों के लिए प्रवेश वर्जित है। *रात का रिपोर्टर* में भी निर्मल वर्मा संवेदनात्मक दृष्टि से अपने को दोहराने की प्रवृत्ति का संवरण नहीं कर पाते। यह तो जाहिर ही है कि निर्मल वर्मा व्यक्ति संवेदना के उपन्यासकार हैं। वे समाज की किसी बाह्य स्थिति का चित्रण करने में उतनी रुचि नहीं रखते जितनी उसके व्यक्ति मानस पर पड़े प्रभावों के अंकन में। इसी कारण उनके उपन्यासों का कथा संसार ठोस वास्तविकता से युक्त न होकर उसकी छाया जैसा होता है। *रात का रिपोर्टर* में आतंक, अविश्वास, रहस्य और मानसिक यातना की भावदशाओं का अंकन है। इसकी पृष्ठभूमि इन्दिरा गाँधी द्वारा लगायी गयी आपात स्थिति है, पर इसके संकेत भी उपन्यास में नितान्त अस्पष्ट हैं। इससे प्रतीत होता है कि किसी भी ठोस वास्तविकता से उपन्यासकार को परहेज है और वह प्रायः उसका सामना नहीं कर पाता। उपन्यास के केन्द्रीय पात्र पत्रकार रिशि का आन्तरिक संकट आपातकालीन परिस्थितियों से उत्पन्न है; वह शंकालु, 'अपने ही डर से डरा हुआ' और अपने ही अविश्वास से ग्रस्त है। उसके चारों ओर 'अँधेरे का साम्राज्य' फैला हुआ है और उसका 'अन्तर्जगत भी उसकी जद' में है। उपन्यास में चित्रित रात अँधेरी है जो अपने प्रतीकार्थ में आपातकाल के आतंक और अविश्वासपूर्ण वातावरण को संकेतित करती है। कदाचित् उपन्यासकार रिशि की चेतना को ग्रस्त किए हुए आतंक को 'मानव नियति के संकट' के रूप में देखना चाहता है। एक रहस्यमय, अपरिभाषित दहशत पूरे उपन्यास में व्याप्त है। पर निर्मल वर्मा इन मनःस्थितियों को प्रत्ययकारी बनाने में समर्थ नहीं हुए हैं। बड़े ही कृत्रिम रूप में दहशत, रहस्य और असुरक्षा का वातावरण निर्मित किया गया है। इसी में रिशि की पारिवारिक परिस्थितियों से उत्पन्न मनोयातना को भी समेट लिया गया है, पर उसमें भी भटकाव और निरुद्देश्यता ही प्रमुख हो गयी है। आपातकालीन पृष्ठभूमि से भी इस प्रसंग का कोई अनिवार्य सम्बन्ध नहीं है। जीवन के प्रति निर्मल वर्मा के नकारात्मक और पराजयवादी दृष्टि की पुष्टि इस उपन्यास से भी होती है।

निर्मल वर्मा का *अन्तिम अरण्य* भी संवेदना की दृष्टि से उनके अन्य उपन्यासों से भिन्न नहीं है। इसका परिवेश भी बहादुरगंज नामक कोई पहाड़ी जगह है, जिसका नाम तक नक्शे में नहीं आता। 'नरेटर' के अनुसार इस जगह का नाम नक्शे में नहीं है, वह एक 'खोया हुआ शहर है', जिसमें उसने 'अपने को खोजा था।' इस शहर का मुख्य पात्र मिस्टर मेहरा

नाम का एक सम्भ्रान्त बूढ़ा आदमी है, जो तीन वर्षों में मर जाता है। उसके अतिरिक्त नरेटर, मेहरा की पत्नी और पुत्री तिया, एक जर्मन औरत अन्ना, निरंजन बाबू और घरों की देखभाल करने वाले नौकर चाकर, क्लब के बेयरा आदि हैं। इस बहुत ही सीमित संसार के बाहरी जीवन के चित्रण में उपन्यासकार की कोई रुचि नहीं है। बुढ़ापे और मृत्यु से जुड़ी मिस्टर मेहरा की संवेदनाओं का अंकन ही उपन्यास का केन्द्रीय विषय है। इस संवेदना का 'अन्तिम अरण्य' कदाचित् मृत्यु है, जिसे हर आदमी अकेले ही भोगता है। जीवन, मृत्यु और इस प्रकार के अन्य दार्शनिक प्रश्नों से उपन्यास भरा हुआ है, जो चिन्तन से अधिक संवेदना से प्रसूत हैं। पूरे उपन्यास में एक प्रकार की उदासी और वीतरागता की अनुगूँज सुनाई पड़ती है। अन्य पात्र भी अकेलेपन की उदासी से ग्रस्त हैं। यह एक अवसाद और निराशा में डूबा हुआ संसार है। इसमें असली जीवन का कोई स्पन्दन नहीं, मात्र कुछ मृत, अर्धमृत और घर से कटे लोगों की उदासी और हताशा का संसार है। इसमें कोई सन्देह नहीं कि निर्मल वर्मा के पास निजी संवेदनाओं का समृद्ध संसार और चिन्तन की बड़ी पूँजी है, जो अन्तिम अरण्य के पात्रों के माध्यम से व्यक्त हुई है।

कथा-संरचना की दृष्टि से निर्मल वर्मा एक बहुत ही सजग उपन्यासकार हैं। उनकी कथा-यात्रा बाहर-भीतर और वर्तमान-अतीत की सीमाओं का अतिक्रमण करती रहती है और समय उनके उपन्यासों में रैखिक नहीं, चक्रीय गति में अग्रसर होता है। भारतीय कालबोध से सम्पन्न उपन्यास-रचना की दिशा में यह एक महत्त्वपूर्ण प्रयास माना जा सकता है। कथा में आए ब्योरे सूचना देने या वातावरण की रचना के लिए नहीं, वरन् अनुभूतियों को व्यक्त करने के लिए आते हैं। चित्रात्मकता, बिम्बधर्मिता और सघन रूपकात्मकता के साथ संवेदनाओं की अद्भुत पकड़ निर्मल वर्मा की भाषा की उल्लेखनीय पहचान है।

1965 ई. में गुलशेर खाँ शानी (ज.1933) का उपन्यास *काला जल* प्रकाशित हुआ। इसके पहले उनके दो छोटे-छोटे उपन्यास *कस्तूरी* और *पत्थरों में बन्द आवाज* (1964) प्रकाशित हो चुके थे। इन उपन्यासों में आकर्षण की वस्तु बस्तर के प्राकृतिक परिवेश का आत्मीयता और संवेदना भरा अंकन है। इसमें कोई सन्देह नहीं कि रेणु की ही तरह ही शानी को भी अंचल से संवेदनात्मक लगाव है और उसके अनुरूप ही उन्होंने सर्जनात्मक भाषा का इस्तेमाल किया है। पर उनका कथ्य आंचलिक न होकर पारिवारिक और प्रेम सम्बन्धों से जुड़ा है जो विवरण प्रधान ज्यादा है, मनोवैज्ञानिक कम। विवरणों की सजीवता शानी के एक अच्छे उपन्यासकार के रूप में उभरने की ओर संकेत करती है। *काला जल* इस सम्भावना की रचनात्मक परिणति कहा जा सकता है। *नदी और सीपियाँ* (1970) और *साँप और सीढ़ी* (1983) शानी के अन्य प्रकाशित उपन्यास हैं। *एक लड़की की डायरी* (1973) और *फूल तोड़ना मना है* (1980) क्रमशः *पत्थरों में बन्द आवाज* और *नदी और सीपियाँ* के ही, जहाँ-तहाँ फेरबदल के साथ, पुनः प्रकाशन हैं। मधुरेश के अनुसार *साँप और सीढ़ी* भी *कस्तूरी* (1961) का पुनर्लेखन है।

काला जल शानी की उपन्यास यात्रा का शिखर है। *काला जल* की सर्वाधिक उल्लेखनीय विशेषता यह है कि इसमें प्रामाणिक अनुभव और गहरी संवेदना के साथ देश की मुख्य धारा से लगभग कटे हुए क्षेत्र, बस्तर जिले की मुस्लिम मध्यवर्गीय जिन्दगी का चित्रण किया गया है। भारत में ऐतिहासिक कारणों से मुसलमानों की आबादी शहरों से लेकर दूरदराज गाँवों तक

फैली हुई है और यह भारतीय यथार्थ का अभिन्न अंग है। शानी के पहले प्रेमचन्द, यशपाल, वृन्दावनलाल वर्मा आदि ने अपने उपन्यासों में सीमित अनुभव के आधार पर मुस्लिम जीवन का अंकन किया था, पर यह विषय किसी ऐसे संवेदनशील और प्रतिभाशाली उपन्यासकार की प्रतीक्षा कर रहा था, जो खुद उस जीवन का अभिन्न अंग हो। शानी इस बात को बहुत शिद्दत के साथ महसूस करते थे कि हिन्दी उपन्यास में मुस्लिम जीवन का चित्रण बहुत कम हुआ है। कहा जा सकता है कि शानी ने इस अभाव को दूर करने की गौरवपूर्ण शुरुआत की। गुलशेर खाँ शानी बस्तर जिले के एक मध्यवर्गीय मुस्लिम परिवार में जन्मे-पले थे, अतः उस जीवन का उन्हें प्रामाणिक और गहन अनुभव तो था ही, साथ ही एक रचनाकार की गहरी संवेदना और प्रतिभा भी थी। इसी का परिणाम था *काला जल,* जिसमें अनुभव, संवेदना और प्रतीकात्मक शिल्प के संयोग से भारतीय जीवन का एक नया यथार्थ अपनी सम्पूर्णता और गहनता में उद्घाटित हो गया है। *काला जल* निम्नमध्यवर्गीय मुस्लिम समाज का अत्यन्त प्रामाणिक दस्तावेज है। किन्तु यह एक समय और समाज का दस्तावेज ही नहीं, शानी की अपनी जिन्दगी का कम्पन भी है। काल-सन्दर्भ के फैलाव, पात्रों के वैविध्यपूर्ण संसार तथा परिवेश की विशिष्टता ने *काला जल* की संवेदना को बहु आयामी बना दिया है। यह उपन्यास बस्तर के जगदलपुर के दो मुस्लिम परिवारों की तीन पीढ़ियों की कहानी कहता है, जो 1910 के आसपास से आरम्भ होकर स्वतन्त्रता-प्राप्ति के कुछ बाद तक चलती है। 1910 ई. के आसपास बस्तर के आदिवासियों ने अपने आर्थिक और सांस्कृतिक जीवन में ब्रिटिश सरकार के हस्तक्षेप के खिलाफ विद्रोह कर दिया था। पर इस विद्रोह के पीछे स्वतन्त्रता-प्राप्ति जैसा कोई सुनियोजित लक्ष्य नहीं था और सरकार द्वारा बड़ी आसानी से दबा दिया गया था। लगभग पचास वर्षों की इस कथा में देश में चल रहे स्वाधीनता आन्दोलन की हलचल न के बराबर है। इसका कारण यह है कि बस्तर जैसे देश के दूरदराज क्षेत्रों में यह आन्दोलन पहुँचा ही न के बराबर था। उपन्यास के एक पात्र नायडू के माध्यम से इस आन्दोलन की शुरुआत तो होती है, पर यहाँ की जनता पर उसका कोई खास असर नहीं पड़ता। यहाँ की स्थिति *मैला आँचल* के मेरीगंज से कुछ भिन्न नहीं है। जिस प्रकार *मैला आँचल* में देश के स्वाधीन होने पर वे लोग सत्ता हथिया लेते हैं, जिन्होंने आन्दोलन में भाग नहीं लिया था, बल्कि उसका विरोध ही किया था, वही बात बस्तर में भी होती है। एक अन्तर यह है कि *मैला आँचल* में स्वाधीनता के बाद जहाँ राजनीतिक गतिविधियाँ तेज हो जाती हैं वहाँ बस्तर में जड़ता और घुटन ज्यों की त्यों बनी रहती है। पहले घुटन अँगरेजी शासन की थी, अब स्वदेशी शासन की है। आजादी मुसलमानों के लिए अलगाव और घुटन का एक और कारण बन जाती है। पाकिस्तान बनने और अनेक मुसलमानों के पाकिस्तान चले जाने के कारण भारत में रह गये मुसलमानों के लिए अविश्वास का माहौल बन जाता है। वे मुख्य धारा से प्रायः कट जाते हैं। उनकी वतनपरस्ती ही सन्देहों के घेरे में आ जाती है। *काला जल* के नायडू और मोहसिन आजादी के लिए एक साथ चलते हैं, पर आजादी के बाद मोहसिन की वतनपरस्ती पर उँगली उठने लगती है। यद्यपि मुस्लिम जीवन की त्रासदी के इस पक्ष का प्रत्यक्ष अंकन उपन्यास में नहीं हुआ है, पर इसकी छाया पूरे उपन्यास में विद्यमान है।

काला जल की प्रतीकार्थता विस्तारित होकर पूरे देश को अपने भीतर समेटती प्रतीत होती है। प्रत्यक्षतः यह दो मुस्लिम परिवारों के लगातार टूटने और उनकी घुटन के सघनतर

होते जाने की मार्मिक कहानी है। मध्यवर्गीय मुस्लिम परिवारों की त्रासदी तथा मुस्लिम मानसिकता और संस्कृति का उद्‌घाटन करने वाला यह अद्‌भुत उपन्यास है। शानी ने बस्तर के स्वाधीनता-पूर्व के लगभग दो दशकों के जीवन के अंकन के साथ-साथ उसके तीस वर्ष के अतीत का भी अच्छा उपयोग किया है। इससे बस्तर का जीवन अपनी सम्पूर्णता में आ गया है। यह जीवन रुद्धप्रवाह है, जिसके मुक्त होने की सम्भावनाएँ नहीं के बराबर हैं। इसकी अभिव्यक्ति के लिए मोती तालाब का प्रतीक काम में लाया गया है जिसका पानी सिवार, चीला, लद्‌दी, पुराने कीचड़ तथा मछली की गन्ध से युक्त होकर दमघोंटू और दुर्गन्धपूर्ण हो गया है। यह प्रतीक केवल मध्यवर्गीय मुस्लिम जीवन को ही संकेतित नहीं करता बल्कि पूरे बस्तर के जीवन को अपनी जद में ले लेता है, जो तालाब के रुद्धप्रवाह, सड़े, गन्दे पानी की तरह है, जिसमें कोई ताजगी, विकास की सम्भावना या जीवन की ऊर्जा नहीं रह गयी है। जैसे मोती तालाब का काला, रुद्धप्रवाह जल सड़ रहा है उसी प्रकार शेष संसार से अलग-थलग पड़ा हुआ बस्तर का जीवन भी सड़न और घुटन का शिकार हो रहा है।

काला जल में दो मुस्लिम त्योहारों, शब्बेरात का फातिहा और मुहर्रम का चित्रण हुआ है। इन दोनों त्योहारों का सम्बन्ध मृत्यु और अवसाद से है। यह चित्रण भी प्रतीकात्मक है, और इस बात का संकेत करता है कि अवसाद और घुटन ही इस समाज की नियति है। सल्लो और मोहसिन इस घुटन को तोड़ने की कोशिश करते हैं, जिसका अन्त त्रासदी में होता है। सल्लो का अन्त बहुत ही त्रासद है और मोहसिन भी एक बेचैन, टूटे हुए, कुंठित व्यक्ति के रूप में बचा रह जाता है।

काला जल का शिल्प नया और उसके कथ्य के लिए अत्यन्त सटीक है। कथा प्रस्तुत करने की प्रविधि के रूप में शब्बेरात के फातिहा का उपयोग किया गया है। उपन्यास का केन्द्रीय पात्र 'मैं', जो कथा-प्रस्तुति का मुख्य अवलोकन बिन्दु है, छोटी फूफी के यहाँ फातिहा पढ़ने जाता है और मरहूम पूर्वजों की फेहरिश्त से एक-एक नाम लेकर उसकी कहानी सुनाता है। इस प्रकार मिर्जा करामत बेग, बिट्‌टी रौताइन उर्फ इस्लाम बी उर्फ बी दरोगन, रज्जू मियाँ, रोशन, सालिहा उर्फ सल्लो आदि की कहानियाँ सामने आती हैं। इन कहानियों में आए पात्रों को स्वतन्त्र, विशिष्ट और निजी व्यक्तित्व प्रदान कर देने की अद्‌भुत क्षमता शानी में है। तीन पीढ़ियों की तीन खंडों में—'अल फातिहा : लौटती हुई लहरें', 'भटकाव : दिशाएँ चूमती स्रोतस्विनी' और 'ठहराव'—कही गयी कहानियाँ एक दूसरे से इतनी सम्बद्ध हैं कि उनमें कहीं कोई बिखराव नहीं मालूम होता। कथा-प्रस्तुति के क्रम में विवरणों के साथ संकेतों के कुशल मिश्रण से सपाट विवरण भी दीप्त हो उठे हैं।

काला जल का परिवेश भी आंचलिक है। पर रेणु, उदयशंकर भट्‌ट, शैलेश मटियानी, रामदरश मिश्र वाली आंचलिकता के प्रति आग्रह इसमें बिलकुल नहीं है। शानी की आंचलिकता बस्तर की प्रकृति के अंकन तक सीमित है। उपन्यास में शंखिनी, माडिनी, इन्द्रावती आदि नदियों तथा शाल, सागौन, शिरीष आदि वृक्षों और पशु-पक्षियों के सजीव चित्र भरे पड़े हैं। *मैला आँचल* से *काला जल* की एक समानता यह है कि दोनों में गाँव में व्याप्त अनैतिक काम-सम्बन्धों का खुला चित्रण मिलता है। यानी दुर्गन्ध केवल मोती तालाब के जल से ही नहीं निकलती, कस्बे की जिन्दगी में भी यह दुर्गन्ध व्याप्त है।

शानी की भाषा सर्जनात्मक विशेषताओं से भरपूर है। परिनिष्ठित हिन्दी का देसी स्वभाव

इसमें पूरी तरह से सुरक्षित है। मुस्लिम समाज की कहानी होने पर भी शानी ने इसे अनावश्यक रूप से उर्दू रंजित नहीं बनाया है। वैसे ही अरबी-फारसी शब्दों का प्रयोग किया गया है, जो मुस्लिम संस्कृति के अभिन्न अंग हैं। बस्तर में प्रचलित शब्दों के संयत प्रयोग से शानी ने अपनी भाषा को अद्‌भुत रूप से जीवन्त बना दिया है। सर्जनात्मक भाषा के अन्य गुण तो उसमें हैं ही।

नदी और सीपियाँ का कथ्य उस पुरुष मानसिकता पर आधारित है जिसमें नवविवाहिता लड़की का मूल्यांकन उसके अक्षतयोनि होने की कसौटी पर किया जाता है और अन्यथा होने पर उसका जीवन नरक बना दिया जाता है। स्त्री शिक्षा एवं विवाह की उम्र में वृद्धि के कारण उत्पन्न यह समस्या आधुनिक दाम्पत्य जीवन का एक यथार्थ है, जिसके साथ सामंजस्य स्थापित करने में भारतीय पुरुष मानसिकता असमर्थ रही है। इसी समस्या को ममता कालिया ने *बेघर* में और भी तल्खी के साथ उठाया है। शानी इस समस्या को कोई विशिष्ट मनोवैज्ञानिक गहराई और तीव्रता नहीं प्रदान कर सके हैं। बस्तर के प्राकृतिक परिवेश को प्रस्तुत करने में शानी को इस उपन्यास में भी अच्छी सफलता मिली है। *साँप और सीढ़ी* में भी बस्तर क्षेत्र के परिवेश को जीवन्त रूप में प्रस्तुत किया गया है। *साँप और सीढ़ी* संक्रमण काल से गुजरते हुए आदिवासी जीवन की कहानी है जो उसकी आर्थिक-सामाजिक समस्याओं से उतनी सम्बन्धित नहीं है जितनी उसके जीवन-मूल्यों से। औद्योगीकरण की चपेट में आए जनजीवन और उसके नैतिक संकट का चित्रण इस उपन्यास का विषय है। विज़न की दृष्टि से इन उपन्यासों में कोई उल्लेखनीयता नहीं है। वस्तुतः शानी का *काला जल* ही रचनात्मक उपलब्धि की दृष्टि से उल्लेखनीय है।

आंचलिक परिवेश में मुस्लिम जीवन का चित्रण करने वाले दूसरे महत्त्वपूर्ण उपन्यासकार राही मासूम रजा (ज.1927) हैं। राही का पहला उपन्यास *आधा गाँव* 1966 ई. में प्रकाशित हुआ। *आधा गाँव* हिन्दी के उन कुछ थोड़े से उपन्यासों में है जो प्रकाशित होते ही चर्चित और प्रशंसित हुए थे। *आधा गाँव* के बाद राही के *टोपी शुक्ला* (1969), *हिम्मत जौनपुरी* (1969), *ओस की बूँद* (1970), *दिल एक सादा कागज* (1973), *सीन '७५* (1977), *कटरा बी आर्जू* (1978) आदि उपन्यास प्रकाशित हुए। इनमें प्रथम चार कथ्य की दृष्टि से आधा गाँव के विस्तार या पूरक कहे जा सकते हैं। *आधा गाँव* उत्तर प्रदेश के पूर्वांचल के गाँवों में रहने वाले मुसलमान जमींदारों और मध्यवर्गीय किसानों की जिन्दगी के एक हादसे का चित्रण करने वाला उपन्यास है। इस उपन्यास में राही ने गंगौली के मुसलमानों की स्वाधीनतापूर्व खुशहाल जिन्दगी से आरम्भ कर आजादी के बाद उनकी दयनीय स्थिति, अपने ही वतन में बेगाना बन जाने, सामान्य जीवन धारा से कट जाने और आर्थिक दृष्टि से विपन्न हो जाने का मार्मिक चित्रण किया है।

राही का मानना है कि वे अपने उपन्यासों में व्यक्ति की कहानी न कहकर समय की कहानी कहते हैं। इससे जाहिर है कि उनके उपन्यास 'आंचलिक' कोटि में नहीं आते। केवल *आधा गाँव* का परिवेश आंचलिक है, पर राही ने विवेकी राय की तरह पूर्वांचल को ही अपना विषय नहीं बनाया है। *आधा गाँव* में राही ने गाजीपुर के गंगौली गाँव को जहाँ मुसलमानों की रिहायश है, कथा की पृष्ठभूमि के रूप में लिया है, पर राही की रुचि परिवेश की तफसीलों में बहुत अधिक नहीं है। इसके विपरीत वे मुस्लिम समुदाय की पारिवारिक, आर्थिक,

सामाजिक और सांस्कृतिक जिन्दगी की सच्ची और ब्यौरों से भरी हुई मार्मिक तसवीर खींचते हैं। राही के ठीक पहले शानी ने *काला जल* में बस्तर क्षेत्र के मुस्लिम जीवन का चित्रण किया था, पर उसमें वह वैविध्य और व्यापकता नहीं है, जो राही के *आधा गाँव* में है। *दिल एक सादा कागज* और *हिम्मत जौनपुरी* में भी मध्यवर्गीय मुस्लिम परिवारों की घरेलू जिन्दगी का प्रामाणिक और मार्मिक चित्रण हुआ है। राही ने गाँवों में रहने वाले मुसलमानों की समस्याओं को गहरी संवेदना और यथार्थ की मजबूत पकड़ के साथ अंकित किया है जिससे उनके उपन्यास मुस्लिम पारिवारिक जीवन के प्रामाणिक-दस्तावेज बन गये हैं।

आजादी के पहले हिन्दुस्तान का मुसलमान धार्मिक दृष्टि से अल्पसंख्यक होने पर भी वतन की दृष्टि से बराबरी का हकदार था। गाँवों के मुसलमान जमींदार और किसान, हिन्दू जमींदारों और किसानों की तरह ही, औपनिवेशिक शासन के अभिशापों के शिकार थे। जमींदार, चाहे वे हिन्दू हों या मुसलमान, समान रूप से किसानों का शोषण करते थे। सामन्ती ठसक, मूँछ की लड़ाई, मुकदमेबाजी और शादी-ब्याह में या अन्यत्र शानोशौकत के प्रदर्शन में हिन्दू-मुसलमान का कोई फर्क नहीं था। धर्म अलग-अलग थे, पर आम जिन्दगी में धर्म का कोई बेजा दखल न था। हिन्दू और मुसलमान एक-दूसरे के सामाजिक और धार्मिक समारोहों में प्रेम के साथ शामिल होते थे। आजादी की लड़ाई भी उन्होंने मिलकर ही लड़ी थी। पर आजादी मिलने की पूर्व सन्ध्या में धूर्त राजनीतिज्ञों और धार्मिक नेताओं ने मजहब को कौम का आधार घोषित कर हिन्दुओं और मुसलमानों को दो कौमों में बाँट दिया और देश का बँटवारा कर दिया। बहुत से मुसलमान पाकिस्तान चले गये और बहुत से दंगों में मारे गये। बहुत से हिन्दू भी मारे गये और अधिकतर हिन्दू पाकिस्तान से भारत में आ गये। आजादी और देश के बँटवारे के बाद भारत में रह गये मुसलमानों के सामने अपने अस्तित्व की अनेक समस्याएँ पैदा हो गयीं। उनके परिवार टूट गये। जमींदारी चली जाने से ग्रामीण मुसलमानों की आर्थिक स्थिति बदतर हो गयी। चूँकि उन्होंने नासमझी में पाकिस्तान बनने के पक्ष में मतदान कर दिया था, अतः राष्ट्रीयता की दृष्टि से उनका पलरा भी कुछ कमजोर पड़ गया था। हिन्दू राजनीतिज्ञ इसका फायदा उठाकर उन्हें राजनीति का मोहरा बनाने लगे। राही ने अपने *आधा गाँव* में मुसलमानों के जीवन में आए इस हादसे का बहुत मार्मिक अंकन किया है।

दिल एक सादा कागज इस समय को पच्चीस वर्ष और आगे ले जाता है। भारत के मुसलमान यह सोचकर कि हिन्दुस्तान में मुसलमानों की इज्जत-आबरू महफूज नहीं है और पाकिस्तान में उन्हें जीविका के बेहतर साधन तथा सम्मानपूर्ण सामाजिक जिन्दगी मिलेगी, पाकिस्तान चले गये; पर उनका मोहभंग होने में पच्चीस साल भी नहीं लगे। अन्ततः उन्हें ज़लील होना पड़ा और एक भयानक विनाशलीला के बाद पूर्वी पाकिस्तान बँगला देश में बदल गया। इसके बाद भी पूर्वी पाकिस्तान गये मुसलमानों का दुःस्वप्न समाप्त नहीं हुआ और बिहार और उत्तर प्रदेश के मुसलमानों को अपनी आबरू, सम्पत्ति और सामाजिक जिन्दगी खोकर शरणार्थी और मुहाजिर बनना पड़ा। आज भी पाकिस्तान का एक बड़ा मुस्लिम वर्ग वहाँ मुहाजिर के नाम से अपमानपूर्ण जिन्दगी व्यतीत कर रहा है। राही ने *दिल एक सादा कागज* में मुसलमानों के इस मोहभंग की कहानी प्रस्तुत की है। इस उपन्यास गें राही ने हिन्दू-मुस्लिम सम्बन्धों के प्रश्न को भी एक नये अवलोकन बिन्दु से प्रस्तुत किया है और

दोनों सम्प्रदायों के बीच अविश्वास, घृणा, डर आदि भावनाओं को फैलाने वाले कारणों की खोज के साथ-साथ उनके बीच मानवता, प्रेम, भाईचारा आदि के रिश्तों की तलाश भी की है। *दिल एक सादा कागज* में राही ने स्वाधीन भारत के उन पच्चीस वर्षों की कहानी भी प्रस्तुत की है जब राजनीति में बेईमान, तिकड़मी और चरित्रभ्रष्ट नेताओं का वर्चस्व स्थापित हो गया, जहाँ झूठा धर्मनिरपेक्षतावाद, कृत्रिम औपचारिकता, नकली प्रगतिशीलता आदि का बोलबाला हो गया, नैतिक गिरावट जिसका अभिन्न अंग बन गयी और ईमानदार आदमी के लिए शराफत की जिन्दगी दूभर हो गयी।

टोपी शुक्ला और *हिम्मत जौनपुरी* भी हिन्दू-मुस्लिम सम्बन्धों का मार्मिक रूप में चित्रण करते हैं। *टोपी शुक्ला* हिन्दू-मुस्लिम सम्बन्धों की समस्या को उसके सही सन्दर्भ में देखने और चित्रित करने का एक साहसपूर्ण प्रयास है। राही ने इस समस्या को केवल चिन्तन की खिड़की से नहीं, अनुभव और संवेदना की नली से भी देखा है। राही हिन्दू-मुस्लिम सम्बन्ध की वैसी स्थितियों के भोक्ता रहे हैं, जो किसी हिन्दू लेखक के लिए सम्भव नहीं था। पर राही स्थिति के भोक्ता के साथ-साथ उसके तटस्थ विश्लेषक के रूप में सामने आते हैं। *हिम्मत जौनपुरी* एक ऐसे मुसलमान की गाथा है जो भारत की मिट्टी से पैदा हुआ है और वहीं की मिट्टी में मिल जाता है। वह अपने गाजीपुर को उतना ही प्यार करता है जितना कोई हिन्दू कर सकता है। वह बम्बई जाकर भी गाजीपुर को नहीं भूलता और मरने के समय उसकी जबान पर गाजीपुर ही रहता है।

ओस की बूँद एक ऐसे अन्तर्विरोध पूर्ण समय की कहानी है जब आदमी आदमी न रहकर निखालिस हिन्दू या मुसलमान बन जाता है और मुल्लाओं-महन्तों तथा राजनीतिज्ञों द्वारा फैलाये गये धार्मिक उन्माद और झूठ के फलस्वरूप सारी मानवीय संवेदनाओं को तिलांजलि देकर वहशी बन जाता है। पर इनके बीच कुछ ऐसे पात्र भी होते हैं जो हिन्दू या मुसलमान न होकर निखालिस आदमी होते हैं। इसीलिए उपन्यास के वजीर हसन जैसे लोग अपने लड़के के पाकिस्तान चले जाने पर भी अपनी धरती और अपने वतन से जुड़े रहते हैं। वे हिन्दू-मुस्लिम साझी संस्कृति के प्रतीक हैं, पर उनका कत्ल हो जाता है। दूसरी तरफ दीनदयाल है जो नजीर हसन की मजार अपने आँगन में बनाने की पेशकश करता है। बहशत बुखारी के स्वार्थों को नंगा करता है, साम्प्रदायिक उन्माद का विरोध करता है और बाबू बाँकेबिहारी लाल इस सच का इजहार करने में नहीं हिचकते कि कुएँ में कटी-पड़ी गाय मुसलमानों ने नहीं काटी है और इसकी सजा उन्हें यह मिलती है कि उन्हें ही खत्म कर दिया जाता है।

कथ्य की दृष्टि से *सीन '७५* और *कटरा बी आर्जू* भिन्न प्रकृति के उपन्यास हैं। इनमें सन् 1975 में इन्दिरा गाँधी द्वारा देश में लगायी गयी आपात् स्थिति और उसके बाद के राजनीतिक वातावरण तथा जनजीवन पर पड़े उसके प्रभावों का अंकन किया गया है। *कटरा बी आर्जू* इलाहाबाद में स्थित हिन्दुओं और मुसलमानों का एक मिला-जुला मुहल्ला है, जहाँ आर्थिक दृष्टि से विपन्न, निम्न वर्ग के कम पढ़े-लिखे, सीधे-सादे, छल-प्रपंच से रहित, हिन्दू-मुसलमान रहते हैं, जो भारतीय जनसमुदाय का प्रतिनिधित्व करते हैं। यहाँ के निवासियों की आर्जुएँ और तमन्नाएँ बहुत छोटी-छोटी और मानवीय हैं। यह एक चहकता हुआ मुहल्ला है, जो इमर्जेन्सी की उन्नीस महीनों की काली रात के बाद वीरान और रोता हुआ मुहल्ला बन जाता है, जहाँ के लोगों की तमन्नाएँ चूर-चूर हो जाती हैं। इस प्रकार 'कटरा बी आर्जू' पूरे

देश का प्रतीक बन गया है, जो आपात् काल की घोषणा के कारण एक दुःस्वप्न की स्थिति से गुजरने को बाध्य हो गया था। इमर्जंसी कटरा बी आर्जू के निवासियों की सहज जिन्दगी को झकझोर देती है। उपन्यास के पात्र जिस प्रकार सपने बुनते हैं और जिस भयानक और त्रासद रूप में उनके सपने चूर-चूर होते हैं, उसका अंकन करने में राही अद्भुत कलात्मक क्षमता का परिचय देते हैं। देशराज और प्रेमा नारायण को आपात् काल में जिन अमानवीय यातनाओं से गुजरना पड़ता है और बिल्लो जिस शान्त भाव से मृत्यु को वरण करती है वह रोमांच और दहशत पैदा करने वाला है। आपात् काल के बाद जनता पार्टी सत्ता में आती है, पर अस्थायी उल्लास और रोमांच के अतिरिक्त देश की जीवन स्थिति में कोई फर्क नहीं पड़ता। कल जो कांग्रेस में था वह अब जनता पार्टी में है। सत्ताधारी वर्ग सत्ता के संघर्ष में बिखर जाता है और देश के लिए कोई ठोस काम नहीं कर पाता। 'कटरा बी आर्जू' यानी देश की जनता बुरी तरह से ठगी जाती है। आपात्काल पर राही का व्यंग्य भी बहुत तीखा और कलात्मक है। इस प्रकार *कटरा बी आर्जू* उपन्यास के रूप में एक मार्मिक, व्यंग्यपूर्ण राजनीतिक टिप्पणी बन गया है।

शिल्प की दृष्टि से भी राही के उपन्यासों में एक ताजगी है। विक्टोरिया युग के अँगरेजी और यूरोपीय उपन्यासों में कथाकार की आसन्नवर्तमानता को समाप्त करने के सफल प्रयोग किये गये थे। प्रेमचन्द परवर्ती उपन्यास में भी कथाकार या नरेटर को नेपथ्य में रखने की कोशिश की गयी है। जैनेन्द्र, अज्ञेय, राहुल सांकृत्यायन, हजारी प्रसाद द्विवेदी, फणीश्वर नाथ रेणु आदि के उपन्यास इसके प्रमाण हैं। राही मासूम रजा ने इसके विपरीत अप्रत्यक्षता के सिद्धान्त को चुनौती देते हुए, बिना किसी हिचक के कथाकार को पाठक का सहयात्री बना दिया है। राही उपन्यास के आरम्भ में ही पाठकों से आत्मीयता पैदा कर लेते हैं, बिना किसी तकल्लुफ के उपन्यास में शामिल हो जाते हैं और जहाँ किसी पात्र का अवलोकन बिन्दु अपर्याप्त प्रतीत होता है वहाँ वे कथा का सूत्र सँभाल लेते हैं। राही अपने उपन्यासों में न केवल पाठक को सम्बोधित करते हैं, वरन् उसे विश्वास में लेकर बहुत सी बातों का खुलासा भी करते हैं। पाठक के साथ कथाकार की यह अनौपचारिकता खटकने के बजाय प्रीतिकर है। इस प्रकार राही ने किस्सागोई की प्रविधि को एक नया अन्दाज दिया है। राही ने बीच-बीच में अवलोकन बिन्दुओं का परिवर्तन भी किया है जिससे कथा संसार के पात्रों के जीवन के विभिन्न पक्षों का उद्घाटन स्वाभाविक रूप में होता चलता है। बीच-बीच पाठक पात्रों के कार्यकलाप और बातचीत का प्रेक्षक भी बनता है। वह कहीं-कहीं पात्रों के मन में चलने वाले द्वन्द्वों और बनने वाले सपनों को भी देखता है। इस तरह राही बड़े सहज ढंग से अपने औपन्यासिक संसार को पाठकों के समक्ष खोलने में समर्थ होते हैं।

राही की भाषा का भी अपना एक खास अन्दाज, रंग और अदा है। उन्होंने स्थानीय बोलियों, खासकर मुसलमानों द्वारा बोली जाने वाली भोजपुरी का प्रयोग इतने रचनात्मक ढंग से किया है तथा उसमें पात्रों के पूरे व्यक्तित्व को, उनकी सोच, मानसिकता और भावना को इस प्रकार साकार कर दिया है कि उस भाषा से पात्रों के व्यक्तित्व को अलग नहीं किया जा सकता। *आधा गाँव* में भोजपुरी क्षेत्र में प्रचलित भदेस गालियों के प्रयोग पर कुछ आलोचकों ने आपत्ति व्यक्त की है, पर इन गालियों ने उस जीवन को उसकी पूरी जीवन्तता में प्रस्तुत कर दिया है। यह भाषा इन पात्रों की जिन्दगी का अभिन्न हिस्सा है। इतनी

अटपटी, व्याकरण की दृष्टि से बेतरतीब, अपभ्रष्ट शब्दों से युक्त भाषा को इतना व्यंग्यपूर्ण, अर्थवान और सर्जनात्मक रूप दे देना एक श्रेष्ठ प्रतिभा के लिए ही सम्भव है।

1966 ई. में ही गिरिराज किशोर (ज. 1937) का पहला उपन्यास *लोग* प्रकाशित हुआ। इसके बाद, लगातार चालीस वर्षों से गिरिराज किशोर उपन्यास लेखन में निरन्तर सक्रिय हैं और अब तक उनके *चिड़ियाघर* (1968), *यात्राएँ* (1971), *जुगलबन्दी* (1973), *दो* (1974), *इन्द्र सुनें* (1978), *दावेदार* (1979), *तीसरी सत्ता* (1982), *यथाप्रस्तावित* (1982), *परिशिष्ट* (1984), *असलाह* (1987), *अन्तर्ध्वंस* (1990), *ढाई घर* (1991), *यातनाघर* (1997), *पहला गिरमिटिया* (1999) आदि उपन्यास प्रकाशित हुए हैं।

गिरिराज किशोर के उपन्यासों में विषय का वैविध्य उल्लेखनीय है। उनका पहला उपन्यास *लोग* इतिहास के उस कालखंड पर आधारित था, जब ब्रिटिश शासन भारत में अन्तिम घड़ियाँ गिन रहा था और उसके साथ ही उसके द्वारा निर्मित जमींदार वर्ग भी अपने अधिकारों से वंचित होने की आशंका से ग्रस्त, अनिश्चय और आशंका की मानसिकता में जी रहा था। अपने अधिकार-मद में चूर, पर ब्रिटिश शासन के प्रति हद दर्जे की वफादारी निभाने के बावजूद अँगरेज हाकिमों के उपेक्षापूर्ण व्यवहार से आहत यह वर्ग निरन्तर टूट रहा था। *लोग* में गिरिराज किशोर ने सामन्ती समाज को, जिसके प्रतिनिधि यशवन्त राय हैं, एक बच्चे के अवलोकन बिन्दु से प्रस्तुत किया। पर उस अनुभव की कौंध लेखक के स्मृति कोश में लगभग पच्चीस वर्षों तक प्रकाश बनकर बाहर आने को छटपटाती रही, उस माहौल को पुनः-पुनः जीना और उसे लिखना उसके लिए चुनौती साबित होता रहा। अतः 'पुनरावृत्ति' के खतरे को समझते हुए भी वह अपने अनुभव को उसकी समग्रता में प्रस्तुत करने का बार-बार प्रयत्न करता रहा। *लोग* के प्रकाशन के बाद गिरिराज को प्रतीत हुआ कि "उस वातावरण और समाज के बहुत से पक्ष बाकी हैं जिनका, नये बनते या बने समाज को समझने के लिए, सामने आना जरूरी है।..जाना हुआ जीवन कई बार अपने आपको छोटे-छोटे अन्तरालों के बाद टुकड़ों-टुकड़ों में खोलता चलता है और लेखक के लिए चुनौती बनता जाता है।" (भूमिका, *ढाई घर) लोग* अँगरेज-परस्त जमींदारों की भावनाओं और मानसिकता का छोटे पैमाने पर इकहरा चित्र है। यह वर्ग 1857 के प्रथम स्वाधीनता संग्राम के बाद अँगरेजों की सोची-समझी नीति के फलस्वरूप पैदा किया गया था, जो अन्त-अन्त तक ब्रिटिश साम्राज्य के प्रति वफादार और आजादी की लड़ाई का विरोधी बना रहा। भीतर से रूढ़िवादी होने पर भी ये जमींदार ऊपर से अँगरेजी रहन-सहन, खानपान, वेशभूषा आदि की नकल करते थे, जिसके फलस्वरूप उनके जीवन में अनेक प्रकार के अन्तर्विरोध पैदा हो गये थे। यदि एक तरफ वे निष्ठावान राजभक्त थे तो दूसरी तरफ उनमें, निजी मामलों में, स्वाभिमान का भी गहरा बोध था। *जुगलबन्दी* और *ढाई घर* में *लोग* की ही तरह जमींदारों की इस पीढ़ी का, तनिक बड़े पैमाने पर अंकन हुआ है, पर इनमें उनकी अँगरेजपरस्ती और शानशौकत की तुलना में उनके अन्तर्विरोधों का चित्रण प्रमुख है। *जुगलबन्दी* में इन जमींदारों की दो पीढ़ियाँ लगभग एक साथ जी रही हैं; एक पीढ़ी उन जमींदारों की है, जो पूरी तरह से ब्रिटिश भक्त हैं और औपनिवेशिक शासन के सारे अपमान और जिल्लत सह कर भी अपने को बदलने में असमर्थ हैं। अपने ही अन्तर्विरोधों में ग्रस्त इस पीढ़ी के जमींदार या तो आत्महत्या करते हैं, या घुट-घुटकर मरने को अभिशप्त हैं। दूसरी पीढ़ी उन जमींदारों की है जो औपनिवेशिक वास्तविकता

को खुली आँखों से देखती ही नहीं बल्कि बदलाव के लिए संघर्ष भी करती है। इस पीढ़ी को ब्रिटिश हुकूमत और उसके नुमायन्दों के चेहरों की सही पहचान हो चुकी है। ब्रिटिश हुकूमत से कुछ पात्रों का मोहभंग तो बड़ा ही त्रासद रूप ग्रहण कर लेता है, जबकि कुछ इसके खिलाफ उठ खड़े होते हैं और बगावत का रास्ता अपना लेते हैं। सामन्ती मानसिकता के इस बदलाव का अंकन और इस परस्परविरोधी मानसिकता की जुगलबन्दी प्रस्तुत करना ही *जुगलबन्दी* की नवीनता है। इसके साथ ही राष्ट्रीय स्वाधीनता संग्राम के अन्तर्विरोधों की ओर भी लेखक का ध्यान गया है। जेल जानेवाले सत्याग्रहियों के ए, बी, और सी वर्गों का चित्रण उपन्यासकार ने बड़े यथार्थ रूप में किया है। इनमें 'ए' और 'बी' क्लास के राजनीतिक कैदी तो जेल में भी सभी तरह की सुविधाएँ प्राप्त करते हैं, जबकि 'सी' क्लास के कैदी, व्यक्तिगत रूप से अधिक त्याग करने पर भी, कष्ट की जिन्दगी व्यतीत करते हैं। इनमें अनेक ऐसे 'नेता' भी हैं जो कष्टों और कुर्बानी से बचकर जेल जीवन की सुख-सुविधाओं के पीछे भागते हैं। स्वाधीनता आन्दोलन के दौरान ऐसे नेताओं के दोहरे चरित्र को समझे बिना हम आज के राजनीतिक जीवन में आयी गिरावट और भ्रष्टाचार को समझने में समर्थ नहीं हो सकते।

विसंगतियाँ और अन्तर्विरोध किसी कालविशेष के बाह्य जीवन में ही नहीं होते, बल्कि उसके आन्तरिक जीवन में भी होते हैं। ब्रिटिशकालीन जमींदारों का बाहरी जीवन जहाँ समृद्ध और तड़क-भड़क से भरा था वहीं उनका पारिवारिक जीवन अनेक प्रकार की विसंगतियों से ग्रस्त था। परिवार में सबसे अधिक यातनापूर्ण स्थिति बहुओं की होती थी, जो अपनी सासों और ननदों-बुआओं के अमानवीय व्यवहारों की शिकार थीं। *जुगलबन्दी* में 'माँ' और 'बुआ' के चरित्रों के माध्यम से उपन्यासकार ने संवेदनात्मक गहराई और ईमानदारी के साथ पारिवारिक अन्तर्विरोधों का उद्‍घाटन किया है। धर्म और पूजा के आडम्बर के पीछे कैसी निर्ममता और असहिष्णुता छिपी हो सकती है, इसका अंकन गिरिराज ने बीरू की पत्नी की मूक पीड़ा के अंकन के रूप में किया है।

ढाई घर में यही विषय और भी गहरी संवेदना और नये आयामों के साथ प्रस्तुत हुआ है। *जुगलबन्दी* में ढहते हुए औपनिवेशिक सामन्ती समाज की दो ही पीढ़ियाँ हैं, जबकि *ढाई घर* में तीन पीढ़ियों के यथार्थ का चित्रण किया गया है। ढाई घर के हरी राय या बड़े राय *लोग* के यशवन्त राय और *जुगलबन्दी* के शिवचरण बाबू के प्रतिरूप होते हुए भी अपनी संवेदनशीलता, मानवीय गरिमा और करुणा में भव्य और नवीन हैं। वफादार घोड़े के प्रति उनका प्रेम उनकी अद्वितीय संवेदना का परिचायक है। उनका तिल-तिल टूटना बड़ा ही करुण है। उनकी पराजय, परिस्थितियों को देखते हुए अपरिहार्य होने पर भी, कसक भरी सहानुभूति पैदा करती है। उनके अन्तिम समय में परिवार का आन्तरिक षड्यन्त्र भी उनके टूटने का एक कारण बनता है।

बड़े राय जमींदारी व्यवस्था के अन्तिम टूटते हुए स्तम्भ हैं, जबकि उनका ज्येष्ठ पुत्र भास्कर राय उस व्यवस्था की दयनीय परिणति है। उसका कोई स्वतन्त्र व्यक्तित्व नहीं है। उसका घिसटते हुए जीना सामन्ती व्यवस्था के पतन की चरमावस्था है। *जुगलबन्दी* में दूसरी पीढ़ी संघर्षरत है, जबकि *ढाई घर* में वह अपने पतन के अन्तिम छोर पर है। औपनिवेशिक सामन्ती व्यवस्था के यथार्थ का यह भी एक पक्ष था, जिसे *ढाई घर* में बहुत विश्वसनीयता

के साथ प्रस्तुत किया गया है। भास्कर राय का पुत्र रघुबर नये युग का प्रतिनिधित्व करता है। तब तक देश स्वतन्त्र हो चुका है। पर जैसी आशंका प्रेमचन्द ने *गबन* में व्यक्त की थी, राजनीतिक सत्ता का केवल, जॉन से गोविन्द के हाथ में, स्थानान्तरण होता है। नया सत्ताधारी वर्ग अपने को जनता का अंग नहीं, भाग्यविधाता समझने लगा है। रघुबर इस स्थिति का भोक्ता और प्रखर आलोचक है।

सामन्ती व्यवस्था में नारी भोग की वस्तु मात्र होती है। उसका कोई स्वतन्त्र व्यक्तित्व नहीं होता। *जुगलबन्दी* में स्त्री की उपेक्षा और शोषण का चित्रण किया गया है, जबकि *ढाई घर* में उसकी भोग की वस्तु बन जाने की नियति का अंकन हुआ है। इस उपन्यास के सभी स्त्री पात्रों की नियति एक सी है। शिक्षा और ज्ञान से वंचित, घर की चारदीवारी में बन्द, पुरुष के शोषण और अत्याचार को अपनी नियति के रूप में स्वीकार करना उनके जीवन का अमिट सत्य है। बड़े राय साहब की माँ की आँखें आधी रोने में और आधी चूल्हा फूँकने में बीती हैं। आई. सी. एस. बीर बहादुर और उसकी नौकरानी तथा बड़े राय की बेटी रानी और भास्कर राय की पुत्री सोना के प्रसंग भी स्त्री के सम्बन्ध में सामन्ती दृष्टिकोण को उजागर करते हैं। पर सोना इस स्थिति से विद्रोह करती है, वह मँझली चाची या रानी की तरह यथास्थिति को स्वीकार नहीं करती और उससे निकलने के लिए सफल संघर्ष करती है।

इस प्रकार गिरिराज किशोर इतिहास के एक महत्त्वपूर्ण दौर को, उसकी समस्त सामाजिक-राजनीतिक चेतना और विसंगतियों-अन्तर्विरोधों को, गहरी संवेदनशीलता और तर्कपूर्ण चिन्तन के साथ प्रस्तुत करते हैं। पर गिरिराज केवल अतीत की स्मृतियों में ही नहीं भटकते, बल्कि वर्तमान के प्रश्नों और समस्याओं से भी टकराते हैं। उनके कुछ उपन्यासों, जैसे—*चिड़ियाघर, यात्राएँ, दो* और *तीसरी सत्ता* में समकालीन जीवन के प्रश्नों को उठाया गया है। *चिड़ियाघर* में सरकारी रोजगार-कार्यालयों के मशीनी, संवेदनारहित कार्यकलापों और कर्मचारियों की मनोवृत्ति का सूक्ष्म, व्यंग्यपूर्ण अंकन किया गया है। *यथाप्रस्तावित* में भी सरकारी कर्मचारियों के उपेक्षापूर्ण, मशीनी और क्रूरता से भरे व्यवहार का प्रभावशाली चित्रण किया गया है। गिरिराज किशोर के अनुभव और संवेदना का एक पक्ष स्त्री-पुरुष सम्बन्धों से भी जुड़ता है, जिसका अंकन विशेष रूप से यात्राएँ और *तीसरी सत्ता* में मिलता है। यात्राएँ में एक नवविवाहित युवा दम्पति की मानसिकता को अंकित करने का प्रयास किया गया है जिसमें वे एक दूसरे को सही अर्थों में पहचानने की कोशिश करते हैं। गिरिराज ने पति-पत्नी के दाम्पत्य जीवन की बहुत सी नाजुक स्थितियों को बारीकी से, मनोवैज्ञानिक सूझबूझ के साथ, बिम्बधर्मी भाषा में अंकित किया है। मसूरी-यात्रा के विवरणों के समानान्तर चलती पति-पत्नी की आन्तरिक यात्रा, जो अपरिचय से शुरू होकर अपरिचय में ही समाप्त होती है, आश्वस्तकारी न होने के बावजूद आधुनिक मानसिकता को उजागर करती है।

तीसरी सत्ता का प्रतिपाद्य विषय आधुनिक नारी के दाम्पत्य सम्बन्ध में उत्पन्न जटिलताओं से सम्बद्ध है। आधुनिक भारतीय स्त्री शिक्षित और आर्थिक दृष्टि से स्वावलम्बी होकर भी पुरानी सामाजिक-नैतिक रूढ़ियों और मान्यताओं से मुक्त नहीं हो पायी है। पति उसे अपनी 'वस्तु' समझता है और उसके चरित्र पर शक करना तथा उसे शारीरिक और मानसिक रूप से प्रताड़ित करते रहना अपना हक मानता है। गिरिराज ने इस स्थिति का तर्कसंगत और

विश्वसनीय चित्रण किया है, पर अन्त में डॉक्टर पत्नी रमा के नौकरी छोड़ कर परम्परागत नारकीय जीवन को स्वीकार करने का कोई तर्क नहीं दिखाई देता। लेखक की वैचारिक अस्पष्टता ने उपन्यास को कमजोर बना दिया है।

यथाप्रस्तावित और *परिशिष्ट* के कथ्य की विशिष्टता यह है कि इनमें सामाजिक उत्पीड़न और क्रूरता के शिकार तथा प्रशासनिक और शैक्षणिक व्यवस्था के अमानवीय ढाँचे में पिसते छटपटाते दलित वर्ग का चित्रण हुआ है। सदियों से सवर्णों के शोषण, दमन और घृणा का शिकार यह वर्ग यद्यपि आज भारतीय संविधान और अपनी जागरूकता के बल पर मानव अधिकारों के लिए संघर्ष कर रहा है, पर यह आज भी सामाजिक और आर्थिक शोषण, सवर्णों की सामूहिक उपेक्षा और उत्पीड़न तथा एक अघोषित युद्ध का शिकार है। *यथाप्रस्तावित* में दलितों के प्रति सवर्ण समाज के क्रूर और अमानवीय व्यवहार तथा दफ्तरों के तिकड़मपूर्ण और भ्रष्ट तन्त्र का शक्त अंकन किया गया है। *परिशिष्ट* में भी यही विषय एक दूसरे परिप्रेक्ष्य में प्रस्तुत किया गया है। संविधान द्वारा शिक्षा में आरक्षण की सुविधा उपलब्ध होने से अनुसूचित जातियों के छात्रों का तकनीकी संस्थाओं में प्रवेश तो सम्भव हो जाता है, पर उच्च वर्ग की परम्परागत मानसिकता, जातिगत दम्भ और दलित विरोधी प्रच्छन्न वातावरण के कारण इन संस्थानों में दलित छात्रों को अनेक त्रासद स्थितियों से गुजरना पड़ता है, जिसका चित्रण गिरिराज ने अनुभवगत प्रामाणिकता और गहरी संवेदनशीलता के साथ किया है। इन संस्थाओं में सवर्ण छात्र दलित छात्रों को इस प्रकार देखते हैं मानो किसी पवित्र मन्दिर में सुअर घुस आये हों। इन संस्थाओं में रहन-सहन, बातचीत, वेशभूषा, खानपान आदि का ऐसा अभिजात वातावरण होता है कि वहाँ पहुँचकर औसत आदमी भौंचक रह जाता है। कक्षाओं में, खेल के मैदान में, मेस में, अतिथि भवन में सर्वत्र दलित वर्ग के छात्रों को अपमानित होना पड़ता है। आरक्षण कोटे से आये छात्र यहाँ की शिक्षा पद्धति के साथ चल नहीं पाते। सारी पढ़ाई अँगरेजी में, परीक्षा अँगरेजी में, बातचीत अँगरेजी में, विमर्श अँगरेजी में...इस माहौल में तकनीकी पढ़ाई तो दलित छात्रों के पल्ले नहीं ही पड़ती, अँगरेजी बोल सकने की असमर्थता के कारण उन्हें पग-पग पर अपमानित भी होना पड़ता है। इस कारण दलित छात्र तकनीकी संस्थाओं में अपनी पढ़ाई पूरी नहीं कर पाते और कई तो मानसिक दबाव में आत्महत्या भी कर लेते हैं। परिशिष्ट में इस क्रूर वास्तविकता का प्रामाणिक और मार्मिक चित्रण किया गया है। व्यक्तिगत रूप से एक तकनीकी संस्थान से जुड़े होने तथा रचनात्मक संवेदनशीलता के कारण गिरिराज किशोर इस विषय को उल्लेखनीय गहराई और धार दे पाने में समर्थ हो सके हैं।

गिरिराज किशोर के दो उपन्यासों, *असलाह* और *अन्तर्ध्वंस,* का विषय आधुनिक विज्ञान की मानवविरोधी प्रगति और उससे क्षय होती मानवीय संवेदना का यथार्थ है। *असलाह* में एक प्रतीक कथा के माध्यम से आज की दुनिया में हथियार-संग्रह की होड़ का चित्रण किया गया है। उपन्यासकार ने इस अविवेकपूर्ण दौड़ में मानव विवेक की विजय दिखाई है। *अन्तर्ध्वंस* में अमरीका जैसे विकसित देशों में मानवविरोधी वैज्ञानिक आविष्कारों के, जो मानवीय संवेदना के सबसे बड़े दुश्मन हैं, औचित्य पर प्रश्न खड़ा किया गया है। औद्योगिक दृष्टि से विकसित देशों द्वारा तीसरी दुनिया के देशों की युवा प्रतिभाओं के अमानवीय शोषण का भी इस उपन्यास में चित्रण किया गया है।

गिरिराज किशोर के एक उपन्यास *इन्द्र सुनें* में रूपकात्मक फन्तासी के माध्यम से देश में पूँजीवाद के विकास के फलस्वरूप बनी दो दुनियाओं के अस्तित्व का बोध कराया गया है। इनमें एक दुनिया निम्न वर्ग की, किसानों और मजदूरों की है जो गरीबी, अशिक्षा, अन्धविश्वास की जिन्दगी जीती है। दूसरी दुनिया पूँजीपतियों, सुविधाभोगी बुद्धिजीवियों और उच्च पदाधिकारियों की है। उपन्यास में पहली दुनिया को 'मृत्युलोक' और दूसरी दुनिया को 'देवलोक' कहा गया है। इनके अलावा एक 'परलोक' भी है जो पश्चिमी पूँजीवादी देशों को प्रतीकित करता है। उपन्यासकार ने अपनी फन्तासी में इन लोकों के कार्यव्यापारों और मानसिकता को गूँथकर आज की दुनिया के सामाजिक, आर्थिक और सांस्कृतिक वैषम्य को प्रस्तुत करने का प्रयत्न किया है। उपन्यास के अन्त में 'मर्त्यलोक' 'देवलोक' के विरोध में उठ खड़ा होता है और 'देवलोक' की सुरक्षित दीवारें ध्वस्त हो जाती हैं। जाहिर है कि इस कथा में विचार की ही प्रधानता है, संवेदना की नहीं, अतः सर्जनात्मक दृष्टि से इसका महत्त्व बहुत कम है। रूपकात्मक फन्तासी का शिल्प भी कथ्य को कोई धार नहीं दे पाया है। अपने एक दूसरे उपन्यास *यातना घर* में गिरिराज किशोर ने अपने एक भोगे हुए नारकीय अनुभव को गहरी संवेदना के साथ प्रस्तुत किया है। आज के शिक्षण संस्थान भ्रष्टाचार, घिनौनी राजनीति, आन्तरिक कलह, अहं के टकराव, पश्चिमी जीवन की फूहड़ नकल आदि व्याधियों से ग्रस्त हैं और किसी भी ईमानदार आदमी के लिए वे 'यातना घर' से कम नहीं हैं। गिरिराज किशोर ने इस सच्चाई को अपनी संवेदना की आँच में पिघलाकर प्रस्तुत किया है। उपन्यास की भूमिका से ज्ञात होता है कि यह उपन्यास एक बड़े अनुभव का हिस्सा मात्र है। गिरिराज किशोर का तकनीकी शिक्षण संस्थान का अनुभव बहुत व्यापक और वैविध्यपूर्ण है, जिसकी एक दहशत पैदा करने वाली झलक *परिशिष्ट* में भी प्रस्तुत की गयी है। गिरिराज की रचनाशीलता सम्प्रति अपने उत्कर्ष पर है, अतः उम्मीद की जा सकती है कि परिसर जीवन के वर्तमान यथार्थ को वे और भी शक्त रूप में प्रस्तुत कर सकेंगे।

यों तो *जुगलबन्दी, परिशिष्ट* और *ढाई घर* में गिरिराज किशोर की रचनाशीलता परवान चढ़ी हुई है, पर *पहला गिरमिटिया* में निश्चय ही वह अपने चरमोत्कर्ष पर है। *पहला गिरमिटिया* में गिरिराज पुनः अतीत की ओर मुड़ते हैं और दक्षिण अफ्रीका में गाँधी जी द्वारा 1894-1914 की अवधि में चलाये गये सत्याग्रह आन्दोलन को अपना कथ्य बनाते हैं। इसकी सबसे बड़ी विशेषता यह है कि यह केवल सामान्य कथ्य न रहकर एक भास्वर विजन में परिणत हो गया है। इस विजन में एक साधारण व्यक्तित्व वाले मोहनदास के 'महात्मा' में बदलने की पूरी चमत्कारपूर्ण प्रक्रिया साकार हो उठी है। बीसवीं शताब्दी के लगभग अन्त में, जबकि महात्मा गाँधी का व्यक्तित्व इतिहास की खोजी और विश्लेषणात्मक दृष्टि से गुजर चुका है, उस पर कुछ नया और सार्थक लिखना चुनौती भरा कार्य है। महात्मा गाँधी आज के इतिहास पुरुष भी हैं और जननायक 'राष्ट्रपिता' भी। इतिहास और लोकश्रद्धा को आघात न पहुँचाते हुए इस प्रकार के महानायकों को उपन्यास का विषय बनाना मुश्किल काम होता है। अमृतलाल नागर को भी इस चुनौती का सामना *मानस का हंस* में करना पड़ा था। गिरिराज की चुनौती नागर जी से इस माने में बड़ी है कि गाँधी इतिहास के जाने-माने व्यक्ति हैं और उनके जीवन का वह अज्ञात पक्ष जो उपन्यास का विषय बन सकता है, बहुत थोड़ा है। इसलिए गिरिराज किशोर ने गाँधी के जीवन के उस पक्ष को उपन्यास का विषय बनाया

है, जो संवेदना की आँखों से ही देखा जा सकता है। ऐसा नहीं कि इसमें इतिहास नहीं है, गिरिराज किशोर ने बहुत परिश्रमपूर्वक गाँधी जी के अफ्रीका प्रवास से सम्बन्धित तथ्यों को एकत्र किया है और उनका भरपूर उपयोग किया है। यद्यपि इन तथ्यों की प्रस्तुति में गिरिराज ने औपन्यासिक कौशल का भरपूर उपयोग किया है और उन्हें मार्मिक प्रसंगों में पिरो कर रोचक और नितान्त पठनीय बना दिया है, पर उनकी औपन्यासिक उपलब्धि का क्षेत्र यह नहीं है। उनकी उपलब्धि इस बात में है कि उन्होंने अपने गाँधी विषयक विजन को सजीव बिम्ब में बदल दिया है। उपन्यास का गाँधी इतिहास का गाँधी होते हुए भी गिरिराज के विजन का गाँधी है, जो भारत का 'पहला गिरमिटिया' है। ऐसा नहीं कि गाँधी के पहले भारतीय 'गिरमिटिया' दक्षिण अफ्रीका नहीं गये थे। उपन्यास के आरम्भ में ही दक्षिण अफ्रीका में रोजी-रोटी की तलाश में पाँचसाला एग्रीमेंट पर जाने वाले भारतीय मजदूरों का दयनीय और रोंगटे खड़े कर देने वाला चित्रण देखने को मिलता है। पर गाँधी 'पहला' गिरमिटिया इस अर्थ में था कि उसने औपनिवेशिक शासन के दमन और शोषण को सर्वथा अस्वीकार कर उसके खिलाफ संघर्ष किया। यह कोई मामूली बात नहीं थी; यह एक मामूली, पर मानवीय करुणा और असाधारण संकल्प शक्ति से सम्पन्न आदमी की एक शक्तिशाली, बर्बर, मानवीय मूल्यों से शून्य, स्वार्थान्ध औपनिवेशिक ताकत से टक्कर थी। अफ्रीका पहुँचते ही गाँधी की पहली टक्कर वहाँ की न्यायपालिका से हुई। मजिस्ट्रेट ने अपने जातीय अभिमान में उसे पगड़ी उतारने का आदेश दिया जिसे अदालत के उस अजनबी वकील ने ठुकरा दिया और अदालत छोड़कर बाहर आ गया। यह ब्रिटिश अदालत को गाँधी की पहली चुनौती थी। इसके बाद गाँधी को एक गोरे द्वारा ट्रेन से फेंके जाने की प्रसिद्ध घटना घटी। इस प्रकार की और भी अनेक अपमानजनक, पीड़ादायक घटनाएँ घटती रहीं, पर गाँधी उनसे बिना विचलित हुए अपनी लड़ाई लड़ता रहा। उसे जितना दबाया गया, उतना ही वह मजबूत होता गया। उसकी संकल्प शक्ति बढ़ती गयी। जिद्दीपन, स्वाभिमान, 'नहीं' कहने का आत्मबल, निर्भीकता और असाधारण सहनशक्ति गाँधी के व्यक्तित्व में आरम्भ से ही थी, पर दक्षिण अफ्रीका के दमन ने मानो उसकी कुंडलिनी को जागृत कर दिया। उसकी इस संघर्ष-क्षमता ने औपनिवेशिक हुकूमत को हिलाकर रख दिया। उसके तर्क, उसके प्रेम, उसके लड़ने के तरीके के सामने विरोधी परास्त होते रहे। अन्ततः गाँधी को अपने संघर्ष में सफलता मिली और भारतीय प्रवासियों ने उसे 'महात्मा' की उपाधि से विभूषित किया।

पहला गिरमिटिया में अफ्रीका में रंगभेद तथा गोरे उपनिवेशवादियों की स्थानीय और भारतीय मूल के निवासियों के प्रति घृणा और क्रूरता का बड़ा मार्मिक चित्रण किया गया है। इसके साथ ही उस सामूहिक संघर्ष का भी उपन्यास में बड़ा शक्त अंकन हुआ है, जो गाँधी जी की प्रेरणा से उठ खड़ा हुआ था। गौण ऐतिहासिक घटनाओं को मार्मिक प्रसंगों में बदल देने की अद्भुत क्षमता गिरिराज किशोर में है। उपन्यास का वह प्रसंग तो बिलकुल रोमांचित कर देने वाला है जब जनरल स्मट्स द्वारा भारतीय प्रवासियों पर तीन पौंड वार्षिक कर लगाये जाने के विरोध में गाँधी के आह्वान पर लगभग चालीस हजार गिरमिटिया एक हो जाते हैं। इसके साथ ही पूरे चार हजार सत्याग्रहियों की पैंतीस मील की विराट् विरोध यात्रा और उनके टाल्सटॉय फार्म पर पहुँचने का प्रसंग तो बेजोड़ है। इन सत्याग्रहियों का अनेक प्रकार के कष्टों और यहाँ तक कि मृत्यु को भी धैर्य और असीम शान्ति के साथ वरण करना पाठक

को अभिभूत कर देता है। मिस्टर पोलक और मिस्टर कैलेनबेक जैसे अँगरेजों के गाँधी का अनुयायी बन जाने के प्रसंग भी बहुत मार्मिक हैं। इस प्रकार दक्षिण अफ्रीका में साधारण गिरमिटिया वकील बनकर जाने वाला एक मामूली कदकाठी का आदमी वहाँ के हजारों भारतीय मजदूरों की चेतना की बुझी राख को प्रज्वलित कर उनके ठंडे दिलों में संघर्ष और आजादी की लौ जगाने में समर्थ हो जाता है।

पर उपन्यास की दृष्टि से गाँधी जी के राजनीतिक व्यक्तित्व से अधिक उल्लेखनीय उनका निजी व्यक्तित्व है, जो उनके परिवार और परिजनों के सन्दर्भ में उभरता है। गाँधी जी का सम्पूर्ण जीवन पीड़ित मानवता को समर्पित था और, सही या गलत, उन्होंने अपने पूरे परिवार को अपने 'स्व' का अभिन्न अंग मान लिया था। गाँधी जी की पत्नी कस्तूरबा और उनके बच्चों को न चाह कर भी उनके महायज्ञ की समिधा बनना पड़ा था। गिरिराज किशोर ने कस्तूरबा की पीड़ा तथा पति और पिता के रूप में गाँधी जी के कठोर, संवेदनाशून्य, अनुशासनात्मक पक्ष का अंकन बड़े सधे हाथों से किया है। दाम्पत्य जीवन के सपनों को सँजोती स्त्री के रूप में कस्तूरबा की पीड़ा और अनुशासन में बँधे युद्धरत गाँधी का आत्मसंघर्ष बड़ा ही करुण है। पुत्र हरी गाँधी से मोहनदास गाँधी के टकराव की ओर भी उपन्यासकार ने इशारा किया है, पर कतिपय आलोचकों का आरोप है कि यह पक्ष उपन्यास में अपेक्षित स्थान नहीं प्राप्त कर सका है। इसके बावजूद गिरिराज किशोर व्यक्ति रूप में गाँधी जी के जीवन की त्रासदी को मार्मिकता प्रदान करने में पूर्ण समर्थ हुए हैं।

शिल्प और भाषा की दृष्टि से हिन्दी उपन्यास में गिरिराज किशोर का कोई उल्लेखनीय योगदान नहीं है। उन्होंने उपन्यास की प्रचलित शिल्प प्रविधियों का ही सहारा लिया है, यद्यपि उनके प्रयोग में उन्होंने रचना विवेक का परिचय दिया है। *लोग* में एक बच्चे के अवलोकन बिन्दु की सहायता ली गयी है, तो *ढाई घर* में एक चौरासी वर्ष के वृद्ध के अवलोकन बिन्दु की; और कथ्य की दृष्टि से यह सर्वथा उपयुक्त है। *जुगलबन्दी* और *पहला गिरमिटिया* में दृश्यात्मक-परिदृश्यात्मक प्रविधि का भी सर्जनात्मक उपयोग दिखाई पड़ता है। *यथा प्रस्तावित* का कथाशिल्प इस अर्थ में नवीन है कि इसमें एक संचिका में नत्थी पत्रों और टिप्पणियों के माध्यम से उपन्यास का कथा संसार बुना गया है। *इन्द्र सुनें* में रूपकात्मक फन्तासी का और *असलाह* में प्रतीक कथा का शिल्प अपनाया गया है, पर इनकी रचनात्मक सार्थकता सन्दिग्ध है। गिरिराज किशोर की भाषा सर्जनात्मक तो है, पर उसमें वह ठनक, वैविध्य, धार और संवेदनशीलता नहीं है जो विवेकी राय, अमृतलाल नागर, हजारी प्रसाद द्विवेदी और निर्मल वर्मा में है।

भीष्म साहनी (ज.1915) का पहला उपन्यास *झरोखे* 1967 ई. में प्रकाशित हुआ था, जिसमें उन्होंने एक बच्चे के अवलोकन बिन्दु से, जो अपने आसपास के घटित को चौंक भरी नजर से देखता और सहज, भोली प्रतिक्रियाओं के रूप में व्यक्त करता है, एक पंजाबी आर्यसमाजी परिवार के जीवन का अंकन किया है। इसमें एक ऐसे परिवेश की सृष्टि की गयी है जो दृश्यों के क्रम के रूप में उभरता है। यह मध्यवर्गीय परिवेश ही उपन्यास का विषय है जिसमें एक रूढ़िबद्ध, संस्कारगत जड़ता से ग्रस्त परिवार की नीरसता, साधारणता और धीमेपन का अहसास उभरता है। इसी के माध्यम से पात्रों के मन में व्याप्त भय, हीन भावना, ईर्ष्या, आशंका और काम ग्रन्थियों के संकेत भी मिलते रहते हैं।

झरोखे के बाद भीष्म साहनी के *कड़ियाँ* (1970), *तमस* (1973), *बसन्ती* (1980), *मय्यादास की माड़ी* (1988), *कुन्तो* (1993), *नीलू नीलिमा नीलोफ़र* (2000) आदि उपन्यास प्रकाशित हुए।

कड़ियाँ का विषय भी संस्कारगत जड़ता से युक्त मध्यवर्गीय परिवार ही है, पर इसका मुख्य कथ्य दाम्पत्य सम्बन्ध की कटुता और स्त्री की असहाय स्थिति से सम्बद्ध है। मध्यवर्गीय नैतिकता किस तरह पति पत्नी के सम्बन्धों में दरार पैदा कर देती है और आर्थिक दृष्टि से असहाय होने के कारण स्त्री को वे सारी यातनाएँ सहनी पड़ती हैं, जिन्हें पहुँचाना पुरुष अपना अधिकार समझता है। इस प्रकार यह उपन्यास मुख्यतः पुरुष सत्ता प्रधान समाज में स्त्री पर किये जाने वाले अत्याचार का अंकन है। इसमें सन्देह नहीं कि पारिवारिक विघटन और तनाव के अंकन में उपन्यासकार को अच्छी सफलता मिली है, पर विजन की अस्पष्टता उपन्यास को सामान्य स्तर से ऊपर नहीं उठने देती।

उपन्यासकार के रूप में भीष्म साहनी को प्रथम पंक्ति में स्थापित करने वाला उपन्यास *तमस* है, जिसमें स्वाधीनता प्राप्ति के पूर्व पंजाब में पैदा हुए साम्प्रदायिक तनाव और उससे जुड़ी क्रूरताओं का अंकन है। *तमस* के पूर्व यशपाल *झूठा सच* में इस साम्प्रदायिक विभीषिका का महाकाव्यात्मक स्तर पर अंकन कर चुके थे। पर यशपाल के लेखन में निजी अनुभव का योगदान उतना नहीं था जितना अन्य स्रोतों से प्राप्त सूचनाओं का। भीष्म साहनी उस अमानवीय और दिल दहला देने वाले अनुभवों के भोक्ता थे, अतः उनके अंकन में भोक्ता होने का दर्द भी शामिल है। उपन्यास के एक पात्र इकबाल सिंह को इकबाल मुहम्मद बनाये जाने तथा सैदपुर के सिखों और दंगाइयों के बीच संघर्ष के प्रसंग धार्मिक उन्माद, क्रूरता और आत्मबलिदान के त्रासद उदाहरण हैं। *तमस* उस अन्धकार का द्योतक है जो आदमी की इंसानियत और संवेदना को ढँक लेता है और उसे हैवान बना देता है।

भीष्म साहनी ने साम्प्रदायिक उन्माद का सजीव चित्रण करने के साथ-साथ उन स्थितियों और कारणों के विश्लेषण तथा अंकन का अधिक प्रयत्न किया है जो देश के विभाजन और साम्प्रदायिकता के मूल में थे। उन्होंने इस बात पर विशेष बल दिया है कि साम्प्रदायिकता की आग फैलाने में ब्रिटिश शासन और उसके पिट्ठुओं का हाथ था, बल्कि यह एक बनी बनाई योजना का अंग था। स्वतन्त्रता-प्राप्ति के पूर्व पंजाब में हिन्दू-मुसलमान एक साथ, एक मुहल्ले में, रहते थे और एक दूसरे के सुख-दुख में बराबर के हिस्सेदार थे। उनके सामने सवाल हिन्दुस्तान की आजादी का था, जिसे अँगरेज नहीं चाहते थे। इसलिए ब्रिटिश शासन ने साम्प्रदायिकता का ऐसा माहौल पैदा कर दिया कि मुहल्ले का भाईचारा धरा रह गया और पड़ोसी दुश्मन में बदल गये। अब वे अँगरेजी शासन से लड़ने के बजाय आपस में ही लड़ने लगे। इस लड़ाई के शिकार हिन्दू और मुसलमान नेता नहीं होते, फतहचन्द की टाल पर काम करने वाला मजदूर कश्मीरी हत्तो होता है, गली-गली दूध बेचने वाला मियाँ होता है, बूढ़ा हरभजन सिंह होता है, इकबाल सिंह होता है और सैदपुर जैसे गाँवों के लोग होते हैं, जहाँ पुरुष मारे जाते हैं और औरतें बच्चों को लेकर कुएँ में कूद जाती हैं।

साम्प्रदायिक दंगों की शुरुआत अँगरेज अफसरशाही के इशारे पर म्युनिसिपल कमेटी के कारिन्दे मुराद अली द्वारा सीधे-सादे पर मजबूर नत्थू द्वारा सुअर मरवाकर मस्जिद की सीढ़ियों पर डलवा देने की घटना से होती है, जिसके बाद अविश्वास, आशंका, क्रोध, भय और

धर्मोन्माद पर आधारित हिंसा भयंकर रूप ग्रहण कर लेती है। इस पूरी प्रक्रिया का भीष्म साहनी ने बहुत विश्वसनीय और रोमांचक चित्रण किया है। इस अमानवीय क्रूरता के बीच मानवीय संवेदना और उदारता के छोटे-छोटे प्रसंग बड़े ही प्रीतिकर और मार्मिक रूप में प्रस्तुत हुए हैं। इस माहौल में जबकि इन्सानी पहचान खत्म हो जाती हैं, आदमी वधिक और वध्य पशु में परिणत हो जाता है, एहसान अली की घरवाली राजो या करीम खाँ जैसे नेक आदमी हैवानियत के सारे दबाओं को झेलते हुए इन्सानियत की लाज रखते हैं। इस प्रकार भीष्म साहनी ने साम्प्रदायिकता की चुनौती को रचनात्मक स्तर पर स्वीकार किया है और उसकी असलियत को खोलने की कोशिश की है। यद्यपि साम्प्रदायिकता का सारा दायित्व ब्रिटिश शासन पर डालकर उपन्यासकार एक तरह के सरलीकरण का शिकार भी हो गया है, पर उपन्यास में किसी समस्या का सर्वांगीण विश्लेषण लेखक का उद्देश्य भी नहीं होता।

यदि मार्मिक प्रसंगों की योजना को किसी उपन्यास की सफलता का आधार माना जाए तो भीष्म साहनी इस कसौटी पर पूरी तरह से खरे उतरते हैं। उपन्यास के आरम्भ मे ही नत्थू चमार द्वारा सूअर मारने का प्रसंग बेहद सजीव और रोमांचक है। दंगों की दहशत पैदा करने वाली घटनाओं तथा राजो, करीम खाँ आदि पात्रों की मानवीय संवेदनाओं से जुड़े प्रसंगों के निर्माण में लेखक ने अद्भुत रचनाशीलता का परिचय दिया है।

शिल्प की दृष्टि से एक अपेक्षाकृत फैली हुई कथा के भीतर अन्तर्कथाओं की योजना तथा नाटकीय शिल्प के प्रयोग से *तमस* पाठक के मन पर गहरा प्रभाव छोड़ने में समर्थ होता है। इसकी भाषा भी नाटकीय प्रभाव से युक्त और गहरी संवेदनाओं को व्यक्त करने की क्षमता से सम्पन्न है।

बसन्ती में भीष्म साहनी ने परिवेश के रूप में महानगर दिल्ली में लगातार बनने वाली 'कालोनियों' या 'विहारों' तथा उनके समानान्तर किसी भी खाली सरकारी जमीन पर मजदूरों, बढ़इयों, नाइयों, धोबियों, दर्जियों और ऐसे कितने ही अन्य पेशेवालों की अनधिकारिक रूप से बस गयी झुग्गी-झोंपड़ी वाली गन्दी बस्तियों का चित्रण किया है। इन बस्तियों में दिल्ली के निकट और दूर के राज्यों से जीविका की तलाश में आये लोग होते हैं जो कालोनियों के निर्माण में तरह-तरह की भूमिका पूरी करते हैं, पर जिनका अपना कोई घर नहीं होता। सरकार शुरू में कोई चिन्ता नहीं करती पर ज्योंही कोई झुग्गी-झोंपड़ी वाली बस्ती बस जाती है, वह उसकी आँखों में खटकने लगती है और एक दिन पुलिस उसे उजाड़ देती है। इस पूरे क्रियाव्यापार की एक अपनी त्रासदी होती है, जिसकी तह में पूरी मानवीय संवेदना के साथ प्रवेश करने का प्रयास उपन्यासकार ने किया है।

भीष्म साहनी ने इस परिवेश का, इसके पारिवारिक सम्बन्धों, आर्थिक समस्याओं और नैतिक मूल्य-संकटों का विश्वसनीय और मार्मिक चित्रण किया है। इन अस्थायी बस्तियों की भी अपनी एक व्यवस्था, एक जीवन पद्धति, एक संस्कृति होती है। सारे अस्थायित्व के बावजूद इन बस्तियों में जीवन अपनी समस्त धड़कनों के साथ स्पन्दित होता है। भीष्म साहनी ने इस जीवन की धड़कन को, उसकी व्यवस्था से टकराव को, उसकी त्रासदी के साथ प्रस्तुत किया है।

इसी परिवेश में उभरती है केन्द्रीय पात्र बसन्ती की तसवीर जो वर्तमान व्यवस्था से अपने जीने का हक माँगने की मुद्रा में पूरे उपन्यास में उपस्थित है। वह उस भारतीय नारी

का प्रतिनिधित्व करती है जो व्यवस्था के अनेक स्तरीय शोषण की शिकार है। नारी के शोषण में खून के रिश्ते भी कितने बेमानी हो जाते हैं, इसका बहुत मार्मिक संकेत उपन्यास में उभरता है। पर बसन्ती शोषण की शिकार होकर भी हार नहीं मानती। वह पूरी व्यवस्था से विद्रोह करती है तथा उससे लड़ती है। उसकी जिजीविषा और जीवन में आस्था अजेय है। उसका खिलन्दड़ा स्वभाव, बुरी से बुरी सम्भावनाओं को भी 'तो क्या होगा, बीबी जी' कहकर उड़ा देने की मनमौजी प्रवृत्ति, सहज विश्वास से भरा मन, उसका गृहस्थी के सपने को साकार करने का अकुंठ उत्साह और संघर्ष सबकुछ बहुत सजीव और सांकेतिक है।

मय्यादास की माड़ी में भीष्म साहनी ने अतीत के उस कालखंड का पृष्ठभूमि के रूप में चयन किया है जिसमें "सिख अमलदारी को उखाड़ती हुई ब्रिटिश साम्राज्यशाही दिन-ब-दिन अपने पाँव फैलाती जा रही थी।" 1848 में पंजाब पर अँगरेजों का आधिपत्य हुआ और उसके साथ ही पंजाब की धरती पर भी ईस्ट इंडिया कम्पनी की लूटखसोट आरम्भ हो गयी। अँगरेजों की अमलदारी आरम्भ होते ही पुराने जमींदारों के स्थान पर नये जमींदार आये जिन्होंने अँगरेजी शासन के प्रति वफादारी दिखाकर नीचता और गुलामी की हद तक पहुँच कर जमींदारी प्राप्त की। उनका एकमात्र लक्ष्य अँगरेजों के साथ मिलकर किसानों और मजदूरों का शोषण करना था। पर थोड़े ही दिनों में ये जमींदार भी टूटे और उनके स्थान पर महाजन और पूँजीपति शक्ति के केन्द्र बने। भारत में ब्रिटिश साम्राज्य इन्हीं सामन्तों और महाजनों-पूँजीपतियों के सहयोग पर पनपा। तत्पश्चात् युवा पीढ़ी के रूप में नयी शक्ति उभरी जिसने इस शोषण के खिलाफ विद्रोह का स्वर मुखरित किया। इस प्रकार भीष्म साहनी ने लगभग तीन चौथाई शताब्दी (1840-1920) में फैले पंजाब के राजनीतिक-सामाजिक यथार्थ और उसमें आए परिवर्तन को इस उपन्यास में सफलतापूर्वक प्रस्तुत किया है। मानवीय सम्बन्धों के अंकन में भी भीष्म साहनी गहरी संवेदनशीलता और उच्च कोटि की सर्जनशीलता का परिचय देते हैं।

बसन्ती के बाद प्रकाशित उपन्यासों, *कुन्तो* और *नीलू नीलिमा नीलोफर,* में भीष्म साहनी की औपन्यासिक यात्रा की कोई महत्त्वपूर्ण उपलब्धि नहीं दिखाई पड़ती। कथ्य की दृष्टि से *कुन्तो कड़ियाँ* का ही विकास है, जिसमें कुन्तो के चरित्र द्वारा नारी नियति को प्रस्तुत करने का प्रयास किया गया है। पुरुष प्रधान समाज व्यवस्था में स्त्री को पति की परस्त्रीगामिता झेलने के लिए विवश होना पड़ता है। अशिक्षा और अज्ञान, परम्परागत नारी संहिता को स्वीकार करने की विवशता और आर्थिक परनिर्भरता उसकी नियति में शामिल हैं। यद्यपि लेखक ने स्त्री की आत्मसजगता और आत्मनिर्भरता को रेखांकित करने का प्रयास किया है पर किसी विजन के अभाव में उपन्यास सामान्य स्तर से ऊपर नहीं उठ पाया है।

धर्म और जाति के तर्कातीत संस्कार समाज के सामूहिक मानस में इस प्रकार गहरे धँसे हुए हैं कि नयी पीढ़ी का व्यक्ति उनसे विद्रोह करके घायल और लहूलुहान होने से अपने को बचा नहीं पाता। हमारे देश में हिन्दू और मुसलमान अपने-अपने संस्कारों में इस प्रकार जड़ीभूत हैं कि 'रोटी और बेटी' के स्तर पर उनका जुड़ना एक दूर का सपना है। शिक्षा के विकास और आधुनिक परिस्थितियों में बदलाव के फलस्वरूप 'रोटी के सम्बन्ध' की कट्टरता तो कुछ हद तक मिटी है, पर 'बेटी के सम्बन्ध' की कट्टरता अब भी दोनों समाजों में बरकरार है। आज भी हिन्दू और मुसलमान के बीच विवाह-सम्बन्ध अनेक तरह की

समस्याओं, यहाँ तक कि साम्प्रदायिक उपद्रव का कारण बन जाता है। यदि कोई युवक-युवती युगल इस सामूहिक मानसिकता और सामाजिक संहिता को चुनौती देता है तो उसे दोनो धर्मों की सामाजिक व्यवस्था अपना दुश्मन मान लेती है और उसके खिलाफ जंग छेड़ देती है। यहाँ तक कि इस जंग में मनुष्यता के सारे श्रेष्ठ मूल्य, चाहे वे उस धर्मविशेष द्वारा समर्थित ही क्यों न हों, ताक पर रख दिये जाते हैं और कमीनी से कमीनी और घृणित से घृणित हरकतों का इस्तेमाल किया जाता है, जिसके नीचे, जहाँ-तहाँ दरारों में छिपी संवेदना भी आहत होने से नहीं बचती। इस जंग में पराजय अक्सर व्यक्ति की ही होती है। यह आज के भारतीय समाज का नंगा सच है जिसका अंकन भीष्म साहनी ने *नीलू नीलिमा नीलोफ़र* में किया है।

पर सर्जनात्मक स्तर पर *नीलू नीलिमा नीलोफ़र* भीष्म साहनी की औपन्यासिक उपलब्धियों का विकास नहीं है। उपन्यास का कथ्य विजन के स्तर पर नहीं पहुँच पाया है और संवेदनाओं के अंकन, मार्मिक प्रसंगों की सृष्टि, शिल्प की नवीनता और भाषिक सर्जनात्मकता किसी भी दृष्टि से उपन्यास आश्वस्त करने वाला नहीं है।

शिल्प और भाषा की दृष्टि से भीष्म साहनी के उपन्यासों में कोई उल्लेखनीय नवीनता नहीं है। इतना कहा जा सकता है कि उन्होंने शिल्प की सुपरिचित प्रविधियों का कुशल प्रयोग किया है। अवलोकन बिन्दुओं के चुनाव और काल योजना में अपेक्षित सावधानी बरती गयी है। भाषा के रचाव में भी भीष्म जी ने अपेक्षित सर्जनशीलता का परिचय दिया है। साफ सुथरे और पारदर्शी गद्य में रोजमर्रा की जिन्दगी का अंकन करने में भीष्म साहनी को महारत हासिल है। पंजाबी शब्दों के सन्तुलित प्रयोग ने उनकी भाषा को स्वाभाविक और सजीव बनाने में उल्लेखनीय योग दिया है।

शिवप्रसाद सिंह ने (ज.1928) अपने उपन्यास-लेखन की शुरुआत ग्रामीण जीवन के चित्रण से की थी। उनका पहला उपन्यास *अलग अलग वैतरणी* (1967) पूर्वी उत्तर प्रदेश के एक गाँव को आधार बनाकर लिखा गया था। तब तक 'आंचलिक उपन्यास' के आन्दोलन का वेग कुछ कम हो चुका था, अतः शिवप्रसाद सिंह ने *अलग अलग वैतरणी* को आंचलिक उपन्यास कहे जाने को अस्वीकार किया था, यद्यपि उन्होंने उपन्यास के विषय के रूप में एक अंचल विशेष को ही चुना था। *अलग अलग वैतरणी* का केन्द्रीय कथ्य है, आजादी के बाद उत्तर प्रदेश के पूर्वांचल के गाँवों की जिन्दगी के दिनोदिन नरक बनते जाने का सच, "जिसे निर्मित किया है भूतपूर्व जमींदार ने, धर्म तथा समाज के पुराने ठेकेदारों ने, भ्रष्ट सरकारी ओहदेदारों ने और इस वैतरणी में जूझ और छटपटा रही है गाँव की प्रगतिशील नयी पीढ़ी।..." यह 'प्रगतिशील नयी पीढ़ी' भी नारकीय ग्रामीण यथार्थ से पराजित होकर नगर की ओर भागती है। पढ़े-लिखे युवकों का गाँव से शहर की ओर पलायन इस कथ्य का दूसरा प्रमुख पक्ष है।

कथ्य की दृष्टि से *अलग अलग वैतरणी गोदान, गणदेवता* और *मैला आँचल* की परम्परा का उपन्यास है, पर शिवप्रसाद सिंह को इस कथ्य की भीतरी तहों में प्रवेश कर उसकी अन्तर्धाराओं के उद्‌घाटन में अपेक्षित सफलता नहीं मिली है। इस उपन्यास को पढ़ते हुए ऐसा लगता है कि लेखक का ग्रामीण जीवन से परिचय तो है, पर उसमें वह औपन्यासिक सर्जनशीलता नहीं है जो सातवें दशक के उत्तर भारतीय गाँवों की नीरस, हताशा से भरी और उदास जिन्दगी को गहरी संवेदनशीलता के साथ जीवन्त बना दे। वे वैतरणियाँ, वे नरक, जिनमें

उत्तर प्रदेश का गाँव करैता, वह पूरा ग्रामीण क्षेत्र, डूबा हुआ है, पाठक की चेतना को आन्दोलित नहीं कर पाते। ग्रामीण जीवन का कोई भी पक्ष—निर्धनता, अशिक्षा, अन्धविश्वास, जड़ता, आपसी वैमनस्य, दुराचार—उपन्यासकार की पहुँच के बाहर नहीं है, पर वह केवल तथ्य-संकलन कर सका है, उसमें प्राण भरने में उसे सफलता नहीं मिली है। औपन्यासिक संसार की सजीवता के लिए जिस तरह के जीवन्त पात्रों की अपेक्षा होती है, उसका इस उपन्यास में अभाव है। *अलग अलग वैतरणी* के पात्रों की भीड़ में एक भी ऐसा पात्र नहीं दीखता, जिसे हम बहुत दिनों तक याद रख सकें। उपन्यासकार किसी भी पात्र को वह विशिष्ट व्यक्तित्व नहीं प्रदान कर पाया है, जो औपन्यासिक पात्रों के लिए अनिवार्य होता है। उपन्यास की भाषा भी बिखरी हुई और सपाट है।

[illegible] ई. में शिवप्रसाद सिंह का दूसरा उपन्यास *गली आगे मुड़ती है* प्रकाशित हुआ। शिवप्रसाद सिंह तब तक काशी-निवासी हो चुके थे, गाँव का किसान-पुत्र काशी की जिन्दगी का भोक्ता और द्रष्टा बन चुका था। अब वह करैता का बेटा नहीं, बनारस की गलियों और काशी हिन्दू विश्वविद्यालय का नागरिक था। लेखक ने उपन्यास की भूमिका में तनिक गर्व के साथ ही सूचित किया है कि *"अलग अलग वैतरणी* में एक बार भी लेखक ने करैता नहीं छोड़ा, 'गली' में एक बार भी काशी नहीं छूटी है।" पर *गली आगे मुड़ती है* में करैता एकदम नहीं छूट गया है, इसी कारण उसमें थोड़ी जान है; जहाँ शिवप्रसाद जी के अनुभव जगत् से करैता गायब हुआ है, वहाँ उनकी रचनाशीलता भी आहत हुई है।

गली आगे मुड़ती है का केन्द्रीय विषय युवा आक्रोश है। शिवप्रसाद जी ने 'नुक्कड़ सभा' (उपन्यास की भूमिका) में ठीक ही कहा है कि 'युवा आक्रोश पूरे युवा समाज में फैली वस्तु है', वह केवल 'छात्र असन्तोष या छात्र अशान्ति' नहीं है, 'युवा एक शक्ति है', 'भविष्य को मोड़ने का कार्य इन्हीं हाथों सम्पन्न होगा'। 'युवा आक्रोश' से जुड़े इस बोध को शिवप्रसाद सिंह ने काशी हिन्दू विश्वविद्यालय परिसर के सन्दर्भ में प्रस्तुत किया है। वर्तमान शताब्दी के सातवें दशक में विभिन्न कारणों से पैदा हुए छात्र असन्तोष और 'अँगरेजी हटाओ' आन्दोलन से का. हि. विश्वविद्यालय ही नहीं, वाराणसी का समस्त शैक्षिक परिसर क्षुब्ध और अशान्त था। इस आक्रोश और अशान्ति का प्रामाणिक और सजीव अंकन शिवप्रसाद सिंह ने *गली आगे मुड़ती है* में किया है। पर जैसा शिवप्रसाद सिंह ने 'भूमिका' में आगाह किया है, *गली आगे मुड़ती है* केवल युवा आक्रोश पर लिखा उपन्यास नहीं है, इसमें आजादी के बाद नयी शक्ल लेती काशी भी प्रतिबिम्बित है। काशी भारत की एक अत्यन्त प्राचीन नगरी है, जहाँ सारे देश की संस्कृतियाँ एक दूसरे से टकराती और सम्मिश्रित होती रही हैं। इसके फलस्वरूप काशी का एक अलग व्यक्तित्व निर्मित हो गया माना जाता है। सातवें दशक में बनारस (वाराणसी) अमरीका से आए हिप्पियों का भी गढ़ बन गया था, जिसका प्रभाव वहाँ के युवकों पर भी पड़ा था। 1967 में काशी की गंगा में अभूतपूर्व बाढ़ आयी थी। यह बाढ़ उपन्यास में एक प्राकृतिक आपदा के रूप में ही नहीं, युवा पीढ़ी के नये तेवर और अराजक दिग्भ्रम के प्रतीक के रूप में भी चित्रित हुई है। *गली आगे मुड़ती है* का विजन काशी के इस सम्पूर्ण परिवेश में निर्मित होने के कारण आकर्षक बन गया है।

पर युवा पीढ़ी का असन्तोष और आक्रोश तो *गली आगे मुड़ती है* के विजन का केन्द्रबिन्दु है ही। शिवप्रसाद सिंह ने ईमानदारी के साथ स्वीकार किया है कि इस असन्तोष

और आक्रोश के मूल कारणों को ठीक से समझकर इन्हें सही मोड़ देने या उनका समाधान प्रस्तुत करने की कोशिश उन्होंने नहीं की है। प्रश्न उठता है कि क्या उपन्यासकार का कर्तव्य समकालीन यथार्थ का यथातथ्य अंकन करके ही समाप्त हो जाता है अथवा उसके विजन में कोई भविष्य दृष्टि भी होती है? किसी समस्या के समाधान का भार 'पुरानी पीढ़ी के बौद्धिकों' पर डाल कर, जैसा शिवप्रसाद जी ने किया है, कोई उपन्यासकार अपने को इस दायित्व से, विश्वसनीय रूप से, मुक्त नहीं कर सकता। शिवप्रसाद सिंह के औपन्यासिक विजन में युवा आक्रोश का कोई सोगहग, सम्पूर्ण रूप परिलक्षित नहीं होता। जिस भारतीय युवा आक्रोश के प्रति शिवप्रसाद जी की इतनी अधिक आस्था है, कम से कम सातवें दशक के बाद के समय ने उसकी पुष्टि नहीं की। भारतीय युवा पीढ़ी, विशेषकर छात्र समुदाय, सातवें दशक में जितनी असन्तुष्ट, दिशाभ्रष्ट और अकर्मण्य थी, उससे कहीं ज्यादा आज, इस शताब्दी के अन्त में, भी है। शिवप्रसाद जी का औपन्यासिक विजन इस निराशाजनक स्थिति को नजरअन्दाज नहीं करता। उपन्यास का केन्द्रीय पात्र, रामानन्द तिवारी, अन्ततः इसी निष्कर्ष पर पहुँचता है कि मजदूर और किसान के बाद छात्र को तीसरी शक्ति के रूप में देखना एक भ्रम मात्र है, "आज वह अपनी मजबूरियों के कारण, क्षणिक सुविधा और लिप्सा के कारण, बिक चुका है। जो नहीं बिके हैं, वे परीक्षाएँ पास करके बेरोजगारी के पागलपन का शिकार हो रहे हैं। विदेशी सभ्यता की नकल की बाढ़ ने हमारे भीतर के गटर को रूँध दिया है और हम उसी गँदले गलीज में डुबकियाँ ले रहे हैं। (गली., पृ.348) इस सदी के आठवें दशक में 'सम्पूर्ण क्रान्ति' के रूप में उभरी युवा शक्ति का जो घिनौना रूप आज दिखाई दे रहा है, उससे उपन्यासकार के निष्कर्ष की पुष्टि होती है। 'भूमिका' में व्यक्त उपन्यासकार का आशावादी दृष्टिकोण उसके औपन्यासिक विजन का अंग नहीं है। रामानन्द का काशी की गलियों में भटकना युवा पीढ़ी के भटकाव को ही प्रतीकित करता है।

गली आगे मुड़ती है के लगभग 15 वर्ष बाद शिवप्रसाद सिंह का *नीला चाँद* (1988) प्रकाशित हुआ। यहाँ से उनके उपन्यासलेखन का दूसरा दौर शुरू हुआ, जिसमें *कुहरे में युद्ध* (1993), *दिल्ली दूर है* (1993), *वैश्वानर* (1996) आदि बृहद्काय ऐतिहासिक उपन्यास प्रकाशित हुए। इसी बीच उनके दो उपन्यास *शैलूष* (1989) और *औरत* (1992) प्रकाशित हुए, जिनमें *शैलूष* दलित जीवन पर और *औरत* नारी नियति पर आधारित उपन्यास हैं।

गली आगे मुड़ती है में एक बार काशी में प्रवेश कर जाने के बाद शिवप्रसाद सिंह उसी में पूरी तरह से रम गये। 'नुक्कड़ सभा' (*गली आगे मुड़ती है* की भूमिका) में उन्होंने लिखा था, "....बनारस जैसे नगर की संस्कृति के प्रति पूरा न्याय करने के लिए, उसके अतीत और वर्तमान के सही साक्षात्कार के लिए, सैकड़ों समाजशास्त्रीय शोधप्रबन्ध और दर्जनों उपन्यासों की अब भी जरूरत है। तभी गंगा की कमर पर रखे संस्कृति के इस लबालब भरे कलश को सही ढंग से जाना जा सकता है।" काशी की इस बेमिशाल संस्कृति को शब्दों में ढालने के लिए शिवप्रसाद सिंह ने तीन उपन्यास लिखने का संकल्प किया जिनमें पहला *गली आगे मुड़ती है* ही है। शिवप्रसाद सिंह का दावा है, और वह बहुत गलत नहीं है, कि उन्होंने अपने चालीस वर्षों के काशी के अनुभव, अध्ययन और संवेदना को *गली आगे मुड़ती है* में मूर्त कर देने की कोशिश की है। इसके बाद वे उसके अतीत की ओर मुड़ते हैं और *नीला चाँद* में भारतीय इतिहास के 'मध्य काल की काशी' को देखने का प्रयास करते हैं। इसके लिए

उन्होंने 1060 ई. के आसपास की काशी की जिन्दगी का चयन किया, जब कर्ण कलचुरी ने देववर्मा चन्देल की हत्या की और पूरी जुझौती को रौंदकर कर्णमेरु प्रासाद में अपना राज्याभिषेक कराया। शिवप्रसाद सिंह का मध्यकालीन काशी के इतिहास और संस्कृति का अध्ययन निश्चय ही गम्भीर है, पर इस अध्ययन ने उनके कथा संसार को बहुत बोझिल बना दिया है। किसी भी उपन्यास की सफलता उसमें निर्मित कथा संसार के संवेदनशील मानवीय सन्दर्भों पर निर्भर करती है। यदि उपन्यास में मानवीय सम्बन्धों से जुड़ी संवेदनशील स्थितियाँ, जिन्हें आचार्य शुक्ल ने भावुकतापूर्ण 'मार्मिक प्रसंग' कहा है, नहीं होतीं या कम होती हैं, तो अध्ययन से प्राप्त कितनी भी वैचारिक समृद्धि उसे महान् रचना बनाने में सफल नहीं होती। *नीला चाँद* में अध्ययन से जुटाए गये विचारों का यह बोझ उसके भाव या संवेदना जगत् पर भारी होता दिखाई देता है। इसके साथ ही शिल्प में चमत्कार पैदा करने की अनावश्यक कोशिश, परस्परविरोधी विवरणों की बहुलता तथा भाषा को तत्सम शब्दों के बाहुल्य से दुरूह बनाने का प्रयास भी *नीला चाँद* के महान् रचना बनने में बाधक हुआ है ।

वैश्वानर, जो शिवप्रसाद सिंह का अन्तिम उपन्यास है, काशी के वैदिककालीन रूप को प्रस्तुत करता है। उपन्यासकार के अनुसार ऋग्वेद के दशम मंडल में काशिराज प्रतर्दन का उल्लेख आया है, जिसने राजा बनने के पहले ऋषित्व प्राप्त कर लिया था। प्रतर्दन का पिता दिवोदास और यशस्वी पुत्र अलर्क था। उपन्यासकार ने इस परिवार को केन्द्र बनाकर शौनक, घोर आंगिरस, गालव, सिन्धुजा, धनवन्तरि, माधवी, दीर्घतम कक्षीवान्, भीमरथ, गोशल, वामदेव गौतम, राम भार्गव, दत्तात्रेय, कार्तवीर्य अर्जुन, सुमेधा, हेमवर्ण श्रेष्ठी, सौमित्र, देवाहुति भार्गव, वातोस्म, सुदर्शन, जनक आदि वैदिक और कल्पित पात्रों की सहायता से एक आकर्षक कथा-संसार की सृष्टि की है, जिसके माध्यम से वैदिक संस्कृति और उसमें काशी की भूमिका का अंकन हुआ है। यद्यपि 'ज्ञान' इस उपन्यास पर भी छाया हुआ है, पर उपन्यासकार की संवेदना उसे एकदम सपाट होने से बचाती है। तत्सम शब्दों की बहुलता उपन्यास की भाषा को बोझिल तो बनाती है, फिर भी, तनिक गम्भीर मानसिकता के पाठकों के लिए वह दुर्लंघ्य नहीं है।

1993 ई. में शिवप्रसाद जी के भारी भरकम आकार वाले दो उपन्यास *कुहरे में युद्ध* और *दिल्ली दूर है* प्रकाशित हुए। वस्तुतः ये दोनों उपन्यास एक ही बृहदाकार उपन्यास के, जिसका प्रस्तावित शीर्षक *हनोज दिल्ली दूर अस्त* था, दो भाग हैं। केवल प्रकाशन की सुविधा की दृष्टि से ही इन्हें दो अलग-अलग उपन्यासों के रूप में प्रकाशित किया गया है। उपन्यासकार के विजन में मुहम्मद गोरी द्वारा पृथ्वीराज और जयचन्द की पराजय के बाद उत्तर भारत में दिल्ली सल्तनत की स्थापना के क्रम में जुझौती में तुर्क सेनाओं की असफलता और नसरुद्दीन शाह से लेकर अलाउद्दीन खिलजी तक की राजनीतिक, धार्मिक और सांस्कृतिक टकराहटों और यत्किंचित् हिन्दू और इस्लामी संस्कृति के समन्वय का चित्र शामिल है। *कुहरे में युद्ध* में जहाँ जुझौती (बुन्देलखंड) में मुस्लिम आक्रान्ताओं की असफलता की कहानी प्रस्तुत की गयी है, वहाँ *दिल्ली दूर है* में धार्मिक-सांस्कृतिक टकराहटों और समन्वय का अंकन किया गया है। उपन्यासकार के विजन में हिन्दू संस्कृति उस विशाल 'शाद्वल क्षेत्र' की तरह है जो "मरुभूमि में बदल दी जाए तो भी वह सूखती नहीं। अगर उसमें कहीं हरे-भरे उद्यान दिखें भी तो भीतर ही भीतर जीवनी शक्ति के निरन्तर प्रवाहित होते रहने का प्रमाण मिलता है।"

उपन्यास के प्रमुख पात्र आनन्द वासेक की आशंका है, जो कथा में आगे चलकर सच भी साबित होती है, कि भारतवंशी राजाओं में एकता की कोई सम्भावना नहीं है। उसके अनुसार मुसलमानों की संख्या में "निरन्तर वृद्धि होगी क्योंकि वे गुलाम बनाना छोड़ेंगे नहीं और गुलाम का रक्त, धर्म, कार्य सब वही होगा जो उनके स्वामी का है। अभी तो विदेशों से आए मुसलमान ही सत्ता में हैं, किन्तु अब धीरे-धीरे धनेषणा-यशेषणा से आकृष्ट होकर सवर्ण हिन्दू भी मुसलमान बन रहे हैं और एक दिन धर्मान्तरितों की संख्या इतनी अधिक हो जाएगी कि हम उनके विशाल सैन्य समूह के उद्धत धक्कों को अमानवीय चाल या छल से भी रोक नहीं पाएँगे.....लखनौती से मुलतान तक, लाहौर से लेकर विन्ध्यमेखला तक सर्वत्र उनके द्वीप बन चुके हैं। वे निरन्तर हमारे जीवन-जल को अपने स्वार्थी आयोजनों से विषैला बनाते रहेंगे और हम निरन्तर अल्पसंख्यक होते रहेंगे।" इस औपन्यासिक विजन को रूप देने के लिए शिवप्रसाद सिंह ने बहुत सावधानीपूर्वक ऐतिहासिक कथा प्रसंगों का चुनाव किया है। 12वीं-13वीं शताब्दी को इतिहासकार भारत में 'मुसलमानी सल्तनत की बुनियाद' का काल कहते हैं। उपन्यासकार ने इस तथ्य को विशेष रूप से उजागर किया है कि मुस्लिम आक्रान्ताओं ने हिन्दुओं के मन्दिरों को ध्वस्त करके उनके स्थान पर मस्जिदें खड़ी कीं, धार्मिक व्यक्तियों का वध किया, गाँवों और नगरों को लूटा-जलाया, हिन्दू स्त्रियों के साथ बलात्कार किया, स्वस्थ पुरुषों और सुन्दर स्त्रियों को गुलाम बनाया, बलपूर्वक हिन्दुओं का धर्म-परिवर्तन किया और भारत की समृद्ध सांस्कृतिक विरासत को नष्ट करने में किसी प्रकार की कोई नरमी नहीं बरती। काबुल और कान्धार से लेकर कामरूप तक सारा उत्तर भारत बर्बर मुस्लिम आक्रान्ताओं के वहशीपन का शिकार हुआ। केवल बुन्देलखंड या जुझौती ही ऐसा क्षेत्र रहा जिसने मुस्लिम आक्रमणकारियों के दाँत खट्टे किए। प्रसिद्ध इतिहासकार प्रो. हबीबुल्ला भी इस तथ्य को स्वीकार करते हैं। इस ऐतिहसिक तथ्य के अंकन में शिवप्रसाद सिंह का हिन्दुत्व-प्रेम अति स्पष्ट है। उपन्यास के केन्द्रीय पात्र, आनन्द वासेक तथा त्रैलोक्य मल्ल, राजा अजय हरि, सदाशिव भट्ट, भोजदेव, समीर चन्देल, मयूख काका आदि राजपुरुष और प्रशिक्षित सेना नायक ही नहीं, चंडीश्वर और महुआ जैसे सामान्य नागरिकों की वीरता और बलिदान भी इसी तथ्य की पुष्टि करते हैं। जुझौती का सामान्य जन-समुदाय भी अपने त्याग और वीरता से देशप्रेम की भावना का परिचय देता है। इनकी तुलना में उपन्यास के मुस्लिम पात्र बर्बर, क्रूर और खल रूप में प्रस्तुत किये गये हैं। केवल एक मुस्लिम पात्र, अली मेहर, ऐसा है जो पाठकों का स्नेह प्राप्त करता है, क्योंकि वह, एक अन्य पात्र के शब्दों में, "मजहब से मातृभूमि को बड़ा मानता है।"

दिल्ली दूर है का विजन ही नहीं, कथा संसार भी *कुहरे में युद्ध* का विस्तार मात्र है। आनन्द वासेक *दिल्ली दूर है* का भी केन्द्रीय पात्र है और *कुहरे में युद्ध* का भी। *कुहरे में युद्ध* के अन्य अनेक पात्र भी *दिल्ली दूर है* में विद्यमान हैं। *दिल्ली दूर है* में भी जजिया टैक्स के बहाने मुस्लिम अमलों के हिन्दुओं पर अत्याचार और धर्म-परिवर्तन के प्रसंग लेखकीय सहानुभूति के साथ प्रस्तुत किये गये हैं। उपन्यास पढ़ते हुए हिन्दू जनता पर मुस्लिम शासन के आतंक और दमन का गहरा बोध होता है। ऐतिहासिक दृष्टि से यह कदाचित् सच हो, पर आज के सन्दर्भ में इन स्थितियों का सहानुभूतिपूर्ण अंकन उपन्यासकार की साम्प्रदायिक सोच की ही उपज जान पड़ता है। ऐतिहासिक सचाई को शाश्वत सत्य मान लेने की भूल

मनुष्यता के लिए घातक होती है। वही तथ्य 'सत्य' होता है जो मनुष्य के जीवन को सुखी बनाता है। धर्म की दृष्टि से 'सत्य' और 'असत्य' को परिभाषित करना उतना आसान नहीं है। शिवप्रसाद सिंह यद्यपि अपने वक्तव्यों में असाम्प्रदायिक होने का दावा करते हैं, पर उनके ऐतिहासिक उपन्यास इस दावे पर प्रश्नचिह्न अंकित करते दीखते हैं। *दिल्ली दूर है* में आनन्द वासेक, अमीर खुसरो, सीदी मौला, बाबा फरीद, नामदेव, रावलपीर, दयानाथ योगी, सन्त ज्ञानेश्वर, जमालुद्दीन सूफी आदि के प्रसंगों के माध्यम से उपन्यासकार ने मिली-जुली संस्कृति का जो चित्रण किया है, वह कथा संसार पर आरोपित सा प्रतीत होता है। ये प्रसंग अनावश्यक और उबाऊ विवरणों से भरपूर और चों-चों का मुरब्बा जैसे प्रतीत होते हैं।

इन उपन्यासों की एक उल्लेखनीय विशेषता यह है कि इनमें आनन्द वासेक के रूप में एक ऐसे निजन्धरी चरित्र का निर्माण किया गया है, जो भारतीय पाठक के मन में गर्व और आत्मविश्वास का भाव पैदा करता है। वस्तुतः इस उपन्यास के कुछ ही पात्र ऐतिहासिक दृष्टि से पूर्णतः प्रामाणिक हैं। पर उपन्यासकार ने ऐतिहासिक परिप्रेक्ष्य और यथार्थ का ऐसा कुशल मिश्रण किया है कि जुझौती का एक अलिखित इतिहास निर्मित हो गया है। जिस इतिहास रस की चर्चा कुछ आलोचक करते हैं, वह *कुहरे में युद्ध* में भरपूर मात्रा में है। *दिल्ली दूर है* में यह कथा-रस अनावश्यक विवरणों के चलते बाधित हो गया है।

शिल्प और भाषा की दृष्टि से शिवप्रसाद सिंह के उपन्यास किसी उल्लेखनीय रूप में प्रभावित नहीं करते। अधिकतर उन्होंने उपन्यास-शिल्प की दृश्यात्मक-परिदृश्यात्मक प्रविधि का उपयोग किया है, पर इसमें परिवर्तन, स्थानान्तरण और मिश्रण की दृष्टि से किसी विशेष कौशल का परिचय नहीं दिया है। शिल्प-निर्माण में जिस सावधानी और सतर्कता की अपेक्षा होती है, वह भी उनमें नहीं मिलती। *गली आगे मुड़ती है* में किंचित् शिल्पगत सजगता परिलक्षित होती है, पर वह सजगता उनके परवर्ती उपन्यासों में बिलकुल नहीं दिखाई देती। विवरणों की बहुलता ने भी उनके कथा संसार की स्वाभाविकता को बाधित किया है। भाषिक सर्जनात्मकता की दृष्टि से शिवप्रसाद सिंह के आरम्भिक दो उपन्यास, *अलग अलग वैतरणी* और *गली आगे मुड़ती है,* चित्रित समाज और वर्ग की भाषा, अर्थात् भोजपुरी, से जुड़े होने के कारण शक्त हैं, पर उनके परवर्ती उपन्यास, एक आरोपित साहित्यिकता के बावजूद, आश्वस्त नहीं कर पाते। इन उपन्यासों की भाषा में वह पारदर्शिता नहीं है जो *बाणभट्ट की आत्मकथा* में है। शिवप्रसाद सिंह संस्कृत और फारसी शब्दों का प्रयोग बहुत सोच समझ कर नहीं करते, अनेकत्र वे शब्दज्ञान के प्रदर्शन जैसे लगते हैं। अप्रचलित संस्कृत और अरबी-फारसी शब्दों के अत्यधिक प्रयोग से हिन्दू और मुस्लिम संस्कृति की भिन्नता प्रदर्शित करना वैसे भी कोई स्वस्थ सर्जनात्मक प्रक्रिया नहीं है। किसी विशेष परिवेश या जीवन-पद्धति को संकेतित करने के लिए उससे जुड़े कुछ थोड़े शब्दों का प्रयोग ही भाषा की स्वाभाविकता लिए पर्याप्त समझा जाना चाहिए।

1989 में शिवप्रसाद सिंह का *शैलूष* नामक उपन्यास प्रकाशित हुआ। यह उपन्यास भौगोलिक दृष्टि से विन्ध्य क्षेत्र में निवास करने वाले नटों के कबीलाई जीवन पर आधारित है। नटों के जीवन पर 1957 ई. में ही रांगेय राघव का *कब तक पुकारूँ* प्रकाशित हो चुका था। सर्जनात्मक दृष्टि से *शैलूष* उसमें कुछ नया जोड़ता हो, ऐसा नहीं लगता। उपन्यासकार ने नटों की उत्पत्ति शक-कुषाण कबीलों से जोड़कर इस जाति को एक ऐतिहासिक सन्दर्भ

प्रदान करने की कोशिश की है। इससे इस जाति के प्रति उपन्यासकार की सहानुभूति तो प्रकट होती है, पर सर्जनात्मकता की दृष्टि से इसका कोई विशेष महत्त्व नहीं है। दरअसल उपन्यासकार नटों को अपनी सहानुभूति ही दे सका है, संवेदना नहीं। इस कारण यह उपन्यास नटों के जीवन का वैसा प्रभावशाली चित्र नहीं बन सका है, जैसा रांगेय राघव का *कब तक पुकारूँ*। शिवप्रसाद सिंह ने नटों के जीवन के सांस्कृतिक पहलू को प्रस्तुत करने की अच्छी कोशिश की है पर उनकी अभिशप्त जिन्दगी को उसकी तीव्रता में प्रस्तुत करने में उन्हें अपेक्षित सफलता नहीं मिली है।

इस उपन्यास में एक पढ़ी-लिखी, लगभग करिश्माई व्यक्तित्व वाली ब्राह्मण युवती एक नट युवक के प्रेम में पड़कर उससे विवाह कर लेती है। इस स्थिति की तुलना अमृत लाल नागर के *नाच्यो बहुत गोपाल* की निर्गुनिया से की जा सकती है। *शैलूष* की सावित्री नट-पत्नी बनकर उच्च वर्ग के दमन और शोषण से नटों की मुक्ति का संघर्ष छेड़ देती है और उसमें वह आश्चर्यजनक रूप में सफल भी होती है। इसी आधार पर उपन्यासकार ने *शैलूष* को सकारात्मक उपन्यास—पॉजिटिव नॉवेल—मानने का आग्रह भी किया है।

नट जाति, भारत में औपनिवेशिक शासन के समय से ही, उत्पादन के साधनों से रहित एक घोषित जरायमपेशा जाति रही है। समाज की मुख्य धारा में शामिल होने तथा बेहतर सामान्य जीवन के लिए उसका संघर्ष मानवीय अधिकारों की सीमा में आता है। सावित्री उनकी नेता और प्रतिनिधि बनकर यह संघर्ष करती है। इस संघर्ष में तीव्रता इसलिए भी आ जाती है कि उच्च जाति का प्रतिनिधि घुरफेकन तिवारी इसे अपना जातिगत अपमान समझता है। जीत नट-समाज की ही होती है, पर यह विजय यह प्रश्न भी टाँक जाती है कि क्या यह उपन्यासकार की सुहानी सोच नहीं है? वस्तुतः यह उपन्यास प्रामाणिक अनुभव पर नहीं, लेखक की 'सहानुभूति' पर आधारित है। नट-कबीलों की सामान्य जीवन-धारा से कटी, रहस्यमय जिन्दगी का प्रामाणिक अनुभव एक नगरवासी लेखक के लिए कदाचित् सम्भव भी नहीं है। इस कारण शैलूष में नटों की जिन्दगी का बहुत प्रभावशाली चित्रण नहीं हो पाया है। *औरत* में नारी के शोषण, दमन और पीड़न, साथ ही उसके तेज, साहस, शौर्य और विवेक का चित्रण किया गया है। इस चित्रण में अनुभूति की गहराई कम और आन्दोलन का जोश ज्यादा है। शिल्प और भाषा की दृष्टि से ये दोनों उपन्यास अनुल्लेखनीय हैं।

1967 ई. में ही विवेकी राय (ज.1923) अपने एक लघु उपन्यास *बबूल* के साथ हिन्दी उपन्यास जगत् में प्रविष्ट हुए और *पुरुषपुराण* (1975), *लोकऋण* (1977), *श्वेतपत्र* (1979), *सोना माटी* (1983), *समर शेष है* (1988), *मंगल भवन* (1994) और *अमंगलहारी* (2000) आदि आकार की दृष्टि से छोटे-बड़े उपन्यासों के द्वारा वे अब हिन्दी के प्रथम पंक्ति के उपन्यासकारों में अपनी जगह बना चुके हैं। खेद है कि नगरबोध केन्द्रित हिन्दी आलोचना विवेकी राय के उपन्यासों का सही मूल्यांकन करने में अब तक असमर्थ रही है और उनके मूल्यांकन के क्रम में कुछ दूसरे पूर्वग्रह भी सक्रिय रहे हैं। जैसा वेदप्रकाश अमिताभ ने लिखा है, "विवेकी राय के उपन्यासों के रसास्वादन के लिए पाठक में एक विशेष प्रकार के संस्कार की आवश्यकता है। जिनको ग्रामीण जीवन से अरुचि है, ग्रामीण शब्दावली से अपरिचय है, ग्रामीण प्रकृति और परम्पराएँ जिनके लिए किंवदन्तियाँ मात्र हैं" वे विवेकी राय के उपन्यासों के मर्म तक नहीं पहुँच सकते। (समीक्षा, 30/1) विवेकी राय का समस्त औपन्यासिक संसार

उत्तर प्रदेश के पूर्वांचल क्षेत्र से जुड़ा हुआ है, जो औद्योगिक प्रगति में नितान्त पिछड़ा हुआ एक ग्रामाधारित कृषिप्रधान क्षेत्र है। इस क्षेत्र से बाहर उपन्यासकार बहुत कम जाता है और यदि कभी-कभार बाहर जाता भी है तो उसकी डोर इस क्षेत्र से जुड़ी रहती है। विवेकी राय के उपन्यास इस पिछड़े क्षेत्र को उसकी सम्पूर्णता में, पूरी सर्जनात्मकता के साथ, प्रस्तुत करने में सफल हुए हैं। 1942 के 'भारत छोड़ो आन्दोलन' से लेकर लगभग 1992 तक का आधी सदी का समय इस क्षेत्र के जीवन को झकझोरता और रौंदता किस प्रकार निकल गया है, इसकी प्रतीति विवेकी राय के उपन्यासों से सहज ही हो सकती है।

1942 के 'भारत छोड़ो आन्दोलन' में इस क्षेत्र के योगदान से इतिहास भलीभाँति अवगत है। यह सच्चे अर्थों में जनक्रान्ति थी जिसे छात्रों, ग्रामीण अंचल के निर्धन किसानों, मजदूरों, अध्यापकों, महिलाओं तथा स्थानीय स्तर के नेताओं ने अपना सर्वस्व बलिदान करके सफल बनाने की कोशिश की थी। ब्रिटिश शासन भारतीय जनता, विशेषकर उत्तर प्रदेश के पूर्वांचल की जनता के अप्रतिम साहस को देखकर भौंचक रह गया था। गाजीपुर के शेरपुर गाँव की निहत्थी जनता को कुचलने के लिए कमिश्नर नेदरसोल को हवाई जहाज से बमबारी करनी पड़ी थी। बलिया जिले के बेरिया थाने पर झंडा फहराने के प्रयत्न में एक-एक करके कुल बीस लोगों ने अपने प्राण निछावर कर दिये थे। बलिया का शासन चित्तू पांडेय ने अपने हाथ में ले लिया था। इन जिलों में अपना प्रभुत्व फिर से कायम करने के लिए ब्रिटिश सरकार को पूरी सैनिक शक्ति लगानी पड़ी थी और अमानवीय दमन का रास्ता अपनाना पड़ा था। ऊपर-ऊपर से यह जनक्रान्ति दबा दी गयी थी, पर भीतर-भीतर यह आग सुलगती रही थी। क्रान्ति बुलेटिन प्रकाशित होते रहे, पैम्फलेट तैयार होते रहे, गुप्त बैठकें होती रहीं, राष्ट्रीय स्तर के नेताओं के सन्देश साधारण जनता तक पहुँचते रहे। राष्ट्रीय स्तर पर चलने वाला आन्दोलन गाँवों और कस्बों को उद्वेलित करता रहा। यदि यह न होता तो शायद भारत को आजादी नहीं मिलती।

श्वेतपत्र इस जनक्रान्ति का श्वेतपत्र यानी प्रामाणिक दस्तावेज है। और चूँकि यह औपन्यासिक श्वेतपत्र है इसलिए इसमें एक अंचल और वहाँ का जीवन बिलकुल सजीव रूप धारण कर उपस्थित है। उपन्यास लिखे जाने के समय यह क्रान्ति इतिहास का विषय बन चुकी थी, पर विवेकी राय ने अपनी किशोरावस्था में उसे देखा और भोगा था और उस स्मृति को पुनः जी कर उन्होंने उसे जीवन्त रचना संसार के रूप में प्रस्तुत किया है। *श्वेतपत्र* में सम्पूर्ण आन्दोलन का सजग पुरुष, उसकी गतिविधियों में सक्रिय रूप से भाग लेने वाला एक मिडिल पास अध्यापक है जिससे झाँकते विवेकी राय को हम आसानी से पहचान ले सकते हैं। रपट, भाषण, डायरी, सामूहिक वाचन, विवरण और वर्णन आदि की विविध पद्धतियाँ अपनाकर वे इस क्रान्तिगाथा को औपन्यासिक रूप प्रदान करते हैं। बीच-बीच में क्रान्तिकारियों द्वारा गाये जाने वाले उत्साह दीप्त राष्ट्रीय गीतों का प्रयोग करके वे इसे और भी सजीव बना देते हैं। वे एक तरफ इस क्रान्ति के मूल में सक्रिय आदर्शों और मूल्यों को स्मरण करते हैं और दूसरी तरफ आठवें दशक के नेताओं की पदलिप्सा और कुनबापरस्ती को देखते हैं और इस अवमूल्यन पर उन्हें कचोट और पीड़ा होती है। उन्हें यह देखकर दुख होता है कि स्वाधीनता प्राप्ति के बाद 'सुराजियों' की भीड़ पद, अधिकार और प्रभुत्व के पीछे दौड़ने लगी। हालत यहाँ तक बिगड़ गयी कि आन्दोलन में फरारी का कष्टपूर्ण जीवन बिताने वाले बूधन

काका भी जनजागृति के विरोधी बन गये। अपने इस अनुभव और संवेदना को ललित निबन्ध वाली काव्यात्मक भाषा में प्रस्तुत कर विवेकी राय ने उसे मार्मिकता प्रदान कर दी है।

विवेकी राय के सभी उपन्यासों का कथाक्षेत्र पूर्वांचल है और उन्हें इस अंचल के गाँवों, खेत-खलिहान, सीवान, मिट्टी, फसलों, राहों-पगडंडियों, नदी-नालों, पंचायतों, पाठशालाओं, पुस्तकालयों का ही नहीं लोगों की जीवन-पद्धति, आर्थिक स्थिति, जीवन-संघर्ष, लोक संस्कार, सामाजिक विसंगतियों आदि का भी भरपूर और अन्तरंग परिचय है। गाँव की मिट्टी और प्रकृति से विवेकी राय अद्‌भुत रूप से जुड़े उपन्यासकार हैं। उनका अनुभव संसार इतना प्रामाणिक और संवेदना के स्तर पर गृहीत है कि उसकी तुलना प्रेमचन्द और फणीश्वरनाथ रेणु के अलावा और किसी के साथ नहीं की जा सकती। अपने प्रारम्भिक उपन्यास *बबूल* में विवेकी राय ने डायरी की प्रविधि में पूर्वांचल की बबूल जैसी नीरस, उदास और काँटेदार जिन्दगी का भावुकतापूर्ण, पर विश्वसनीय चित्रण किया था। इस अंचल का साधनहीन, निर्धन, केवल मजदूरी पर जीने वाला, अन्धविश्वास ग्रस्त किसान बाल्यावस्था से यौवन की ड्योढ़ी पर पहुँचता है और ढलती उम्र में पहुँचकर टूट जाता है। *पुरुण पुराण* का 'दुखन' प्राचीनता और नवीनता के संक्रमण काल को झेलता एक जीवित नर कंकाल है जो पुत्रवधू के कलह से तटस्थ, कर्मठ, स्वावलम्बी जीवन व्यतीत करता है। इस उपन्यास में नये और पुराने का संघर्ष शाश्वत सत्य के रूप में प्रस्तुत हुआ है। दुखन का 'पुराणपन' इस बात में निहित है कि उसका पुरानापन नयेपन से टकराकर भी टूटता नहीं। लोक जीवन का बोध पूरी कृति में व्याप्त है। स्मृति के कोहरे में विलुप्त होती कहावतें, लोरियाँ, लोकोक्तियाँ, परम्पराएँ और आस्थाएँ दुखन के द्वारा मुखर होकर नयी अर्थवत्ता प्राप्त करती दिखाई देती हैं। कदाचित् यह 'पुरुष पुराण' भारतीय ग्राम संस्कृति का प्रतीक है जिसमें लेखक की अटूट आस्था है।

पर लेखक की यह आस्था टूटती है। *लोकऋण, सोनामाटी, समर शेष है, मंगल भवन* आदि परवर्ती उपन्यासों में उपन्यासकार ने इस आस्था के टूटने का मार्मिक अंकन किया है। *लोकऋण* का गाँव पूर्वांचल का तथाकथित 'आधुनिक गाँव' है, जहाँ चकबन्दी हो चुकी है, बिजली आ चुकी है, पढ़े-लिखे आधुनिक मिजाज के लड़के फुटबाल टूर्नामेंट आयोजित करते हैं तथा ग्राम पंचायत के चुनाव में पर्चेबाजी और लाउडस्पीकर पर जमकर भाषणबाजी होती है। युवकों में अच्छे साहित्य के पठन में अरुचि और 'सत्य हरिश्चन्द्र नाटक' के स्थान पर छोकरे के नाच के प्रति रुचि बढ़ने लगी है। नगर गाँव में आ गया है। गाँव के अपेक्षाकृत बड़े किसान अपनी-अपनी ताकत के अनुसार चकबन्दी पदाधिकारी को रिश्वत देकर सार्वजनिक उपयोग के तालाब, धर्मशाला और पुस्तकालय को हड़प लेते हैं तथा छोटे किसानों की उपजाऊ जमीन अपने चक में मिला लेने की साजिश करते हैं। इन बातों को लेकर मारपीट और मुकदमेबाजी होती है। इसका सबसे घातक प्रभाव ग्रामीण जीवन की सांस्कृतिक गिरावट के रूप में होता है जिसमें आपसी सद्‌भाव और प्रेम के बन्धन की समाप्ति, व्यक्तिगत स्वार्थ, चालाकी, कुटिलता और प्रपंच में वृद्धि, सामूहिक जिन्दगी का बिखराव, नगर जीवन की व्यक्तिवादिता और एक दूसरे से कटकर जीने की प्रवृत्ति आदि शामिल हैं। ग्राम पंचायत का पुराना रूप नष्ट हो रहा है। सामूहिक जीवन की सद्‌भाव और सहयोगपूर्ण मनोवृत्ति के स्थान पर व्यक्तिगत स्वार्थ, तिकड़मबाजी, प्रपंच आदि का बोलबाला होता जा रहा है। बाप सार्वजनिक धर्मशाला, मन्दिर, तालाब बनवाता है तो बेटा चकबन्दी में धोखाधड़ी से उस सबको

हथिया लेता है। मन्दिर में दीप नहीं जलते, घंटे चुराये जाते हैं। परम्परागत धार्मिक उत्सवों और पर्वों का उत्साह क्षीण हो रहा है। इस प्रकार परम्परागत ग्रामीण संस्कृति और आधुनिक सभ्यता के आयातित मूल्यों से निर्मित संस्कृति के बीच का तनाव *लोकऋण* में बहुत सफलता के साथ चित्रित हुआ है। यह तनाव उपन्यास के चरित्रों में भी व्यक्त हुआ है।

विवेकी राय की उपन्यास कला का वास्तविक रूप उनके *सोना माटी, समर शेष* है और *मंगल भवन* जैसे महाकाव्यात्मक प्रभाव वाले उपन्यासों में दिखाई पड़ता है। *लोकऋण* संवेदनात्मक धरातल पर प्रभावी होने पर भी वैचारिक धरातल पर कमजोर उपन्यास है। पुराने मरते हुए गाँव के प्रति एक प्रकार के रोमानी मोह और कतिपय खटकने वाले प्रसंगों के अतिरिक्त इसका अन्त भी बहुत कमजोर है। ये सभी उपन्यास कथ्य की दृष्टि से एक दूसरे के पूरक कहे जा सकते हैं। इनकी कथा गाजीपुर और बलिया जिलों के विभिन्न गाँवों में फैली हुई है जिसके माध्यम से कथाकार ने आजादी के बाद पूर्वांचल के ग्रामीण जीवन को उसकी समग्रता में प्रस्तुत करने का प्रयास किया है। *सोनामाटी* में 'करइल' की लहलहाती फसलों के सौन्दर्य, वहाँ की माटी की चिपकू विशेषता और सोना उगलने की क्षमता, बाढ़ के सर्वभक्षी स्वभाव आदि का सजीव वर्णन विस्तार के साथ किया गया है। इसके साथ ही कथाकार ने वहाँ के जीवन में घुलेमिले संस्कारों, समारोहों, पर्व-त्योहारों, गीतों के माध्यम से व्यक्त होने वाली अनुभूतियों, लोक परम्पराओं और मूल्यों की बहुमूल्य सम्पदा को गहरी संवेदनशीलता के साथ प्रस्तुत किया है। विवेकी राय ने ग्रामीण जीवन में पैदा हुए समकालीन मूल्य संकट का चित्रण भी तन्मयता से किया है, पर वह किसी भावुकतापूर्ण दृष्टि का परिचायक नहीं है। पूर्वांचल के बहुसंख्यक लोगों की जिन्दगी की नग्न सच्चाई यह है कि वे आर्थिक विकास की दृष्टि से अत्यन्त पिछड़े हुए, गरीबी की रेखा के नीचे जीवनयापन करने वाले, निरक्षरता और अज्ञान के अन्धकार में डूबे, पुराने मूल्यों और विश्वासों से जकड़े हुए ग्रामीण हैं। यह वह क्षेत्र है जहाँ भूमिपतियों द्वारा छोटे किसानों और कृषक मजदूरों का अमानवीय शोषण होता है, जहाँ ग्रामीण विकास के नाम पर चालू की जानेवाली सरकारी योजनाएँ साधनसम्पन्न भूमिपतियों, इंजीनियरों, ठेकेदारों और राजनीति-व्यवसायियों की तिजोरी भरने में चुक जाती हैं, जहाँ शिक्षण संस्थाएँ शिक्षा के नाम पर मखौल बन चुकी हैं और चुनाव के रूप में लोकतन्त्र का एक विकृत चेहरा ही सामने आता है। यह सब वस्तुतः उस मूल्य संकट का ही परिणाम है जो समस्त आधुनिक जीवन में छाया हुआ है। इसका एक कारण प्रजातन्त्र और पूँजीवाद, सामन्तवाद का घिनौना समझौता भी है। इसका सबसे कुरूप चेहरा गाँवों में दिखाई पड़ता है जहाँ अवशिष्ट सामन्तवाद लोकतन्त्रीय शासन व्यवस्था और पूँजीवादी मूल्य संस्कृति से जुड़कर सामाजिक और आर्थिक दृष्टि से कमजोर ग्रामीणों का शोषण करता है। ये अवशिष्ट सामन्त ग्रामविकास के विरोधी हैं, उन सभी योजनाओं के लिए दीमक हैं जिनसे गाँव का आम आदमी प्रबुद्ध और सुखी हो सकता है। इन्होंने शिक्षा को भी व्यवसाय में परिणत कर दिया है और इनकी सन्तानें उस अपसंस्कृति का प्रसार कर रही हैं जो शिक्षण संस्थाओं में गुंडागर्दी, परीक्षा में नकल, नशाखोरी, तस्करी, छीनाझपटी, लड़कियों के साथ बलात्कार आदि के रूप में गाँवों की जिन्दगी का हिस्सा बन रही है। *सोना माटी* का केन्द्रीय पात्र रामरूप बड़े आश्चर्य से देखता है कि भूमिपति सामन्त, भ्रष्ट नौकरशाह, अधिकारलोलुप नेता, मूल्यहीन नयी पीढ़ी और अवसरवादी बुद्धिजीवी सभी असहाय जन के शोषण में

सहभागी हैं। यहाँ तक कि 'खोरा' जैसा जनकवि भी अन्ततः बिक जाता है या शोषक वर्ग की चालाकी का शिकार हो जाता है। *समर शेष है* का विषय भी यही है, पर एक अन्तर के साथ। *सोना माटी* का सबसे दुर्बल पक्ष विकल्प की सम्भावनाओं के प्रति लेखक की उदासीनता है। उपन्यास का केन्द्रीय पात्र रामरूप अपनी सारी निष्ठा, संवेदना, असन्तोष और विद्रोह के बावजूद कुछ कर नहीं पाता, केवल धूमायित होता रहता है। आलोचकों द्वारा प्रायः सवाल उठाया गया है कि रामरूप क्यों नहीं शोषण और भ्रष्टाचार की मार सहते, अपने अधिकारों से अनभिज्ञ, पर विद्रोह के लिए कसमसाते किसानों और मजदूरों को संगठित करता ? इस प्रश्न का उत्तर *समर शेष है* देता है। *समर शेष है* एक विक्षोभकारी विजन पर आधारित उपन्यास है। इस विजन के केन्द्र में पूर्वांचल के किसान-मजदूर हैं, जो लम्बे समय तक शोषण और अन्याय सहते रहने के बाद अब संघर्ष की मुद्रा में तनकर खड़े हो रहे हैं। मध्य वर्ग के बुद्धिजीवी क्रान्तिकारियों के नेतृत्व में इन्होंने भूमिपतियों तथा शोषण और अन्याय पर आधारित व्यवस्था के खिलाफ संघर्ष छेड़ दिया है।

समर शेष है की सबसे आकर्षक विशेषता यह है कि उसके विजन के केन्द्र में गाँव की एक कच्ची सड़क है जो किसी अर्थ में उपन्यास की 'नायिका' भी है। यह सड़क पूर्वांचल के पिछड़ेपन की प्रतीक है। उपन्यास के कुछ प्रमुख पात्र, सन्तोषी पंडित, सुराज, रामराज, जयन्ती आदि अपने सजीव व्यक्तित्व के साथ-साथ प्रतीकात्मकता का संकेत भी देते चलते हैं। 1947 में भारत को 'स्वराज' मिला पर 'सुराज' नहीं मिला। 'सुराज' मिला नेताओं और उनके चमचों को, भूमिपतियों और पूँजीपतियों को, ठेकेदारों और इंजीनियरों को, पत्रकारों और बुद्धिजीवियों को, सरकारी पदाधिकारियों और उनके परिवारों को। यह 'सुराज' शहरों तक सीमित रह गया, गाँव की जनता तक नहीं पहुँच पाया; क्योंकि शहर को गाँव से जोड़ने वाली सड़क नहीं बनी। इस 'सुराज' को कैद कर लिया गाँव के कुछ भूमिपतियों ने, जो सत्ता और राजनीति से जुड़कर पहले से भी अधिक शक्तिशाली बन गये। जनता गरीबी, अशिक्षा और हर तरह के पिछड़ेपन की शिकार अपनी विवशताओं में कैद रह गयी। उसका 'रामराज' कहीं हिरा गया, भटक गया, पंगु बन गया। पर यह जनता अब जग रही है। 'सुराज' और 'रामराज' जनता तक पहुँचने के लिए संघर्ष कर रहे हैं। किसान जग गया है और संघर्ष के रास्ते पर चल पड़ा है। सदियों की दलित नारी विद्रोह की घोषणा कर चुकी है। ग्रामीण मध्यवर्गीय बुद्धिजीवी जग गया है। यह है *समर शेष है* का विजन जो अपनी प्रकल्पना में ही नहीं, प्रस्तुति में भी बेजोड़ है। *समर शेष* है के विजन का सबसे मुख्य पक्ष संघर्ष है, जिसकी कमी समीक्षकों को *सोना माटी* में दिखाई पड़ी थी। यह जनसंघर्ष 'जगरता' से आरम्भ होकर 'जनता आश्रम' तक पहुँचता है। जगरता गाँव के ग्रामीण अपने गाँव में सड़क न पहुँचने के विरोध में मतदान का सामूहिक बहिष्कार करते हैं। इसी विरोध में से एक नेतृत्व भी उभरता है। आकस्मिक उत्तेजना से पैदा हुआ यह विद्रोह धीरे-धीरे एक क्रान्ति योजना का रूप ग्रहण कर लेता है। इसका पहला चरण है गाँव की असलियत को जानना। इस जानने के क्रम में ही सुराज का पहला टकराव भूमिपति समरेश बहादुर से होता है जो अन्ततः जनता और सत्ता का संघर्ष हो जाता है। इस संघर्ष में सुराज की प्रेमिका और वाग्दत्ता जयन्ती भी शामिल हो जाती है। धीरे-धीरे यह संघर्ष व्यापक रूप ले लेता है। इस संघर्ष में एक तरफ कई गाँवों के भूमिपति, ग्रामप्रमुख, ब्लाक प्रमुख, इंटर कॉलेज के मैनेजर-प्रिंसिपल और उनसे

जुड़ा पूरा सरकारी तन्त्र है तो दूसरी तरफ सुराज, रामराज, जयन्ती, सन्तोषी मास्टर, किसान जानकीनाथ और इनसे जुड़े असंख्य किसान और मजदूर हैं। सुराज बुद्धिजीवियों के लिए एक आदर्श प्रस्तुत करता है और सत्ता द्वारा बिछाये गये जाल को छिन्न-भिन्न कर देता है। उसके आह्वान पर उसकी प्रेमिका जयन्ती (प्रतीक जनता) भी व्यवस्था के विरुद्ध संघर्ष में शामिल हो जाती है। संघर्ष दो स्तरों पर सक्रिय हो जाता है। सुराज समरेश बहादुर के 'जनता आश्रम' में प्रवेश कर भ्रष्ट व्यवस्था को अन्दर से तोड़ने का प्रयास करता है और जयन्ती बाहर से जनता को संगठित कर जन-संघर्ष छेड़ देती है। धीरे-धीरे इस संघर्ष में किसान प्रतिनिधि जानकीनाथ, बुद्धिजीवी सन्तोषी मास्टर, युवा प्रतिनिधि रामराज और दिग्भ्रमित कही जाने वाली पीढ़ी का प्रतिनिधि अमरेश भी शामिल हो जाता है। इस संघर्ष के बीच ही उपन्यास समाप्त होता है और 'समर शेष है' की आवाज गूँजती रह जाती है।

इस संघर्ष के पीछे कोई 'विचारधारा' नहीं है। यह अच्छा ही है, क्योंकि पिछले दिनों हम 'विचारधारा' का हश्र देख चुके हैं। पर विवेकी राय कदाचित् यह मानते प्रतीत होते हैं कि किसानों, बुद्धिजीवियों और नयी पीढ़ी के युवकों-युवतियों के सम्मिलित संघर्ष से ही शोषण पर आधारित समाज व्यवस्था का अन्त किया जा सकता है। साहित्यकार इससे आगे जा भी नहीं सकता। उपन्यास के अन्त में नक्सलवादी ढंग के गुप्त संगठनों का जो अंकन किया गया है, उनके दर्शन, कार्यविधि और लक्ष्य से विवेकी राय अच्छी तरह अवगत हैं, ऐसा नहीं लगता। इसी कारण उपन्यास में संकेतित संघर्ष की दिशा खो गयी सी जान पड़ती है।

नये तरह के पात्रों की सृष्टि की दृष्टि से भी *समर शेष है* उल्लेखनीय उपन्यास है। इसकी सबसे विशिष्ट पात्र जयन्ती है जो समस्त सामाजिक मान्यताओं और रूढ़ियों को चुनौती देती हुई 'कुमारी सौभाग्यवती' बने रहने के विकल्प का वरण करती है। इतना ही नहीं, वह सदियों से पिछड़े, दबे और अपनी शक्ति से अपरिचित किसानों, मजदूरों और स्त्रियों में व्यवस्था से लड़ने के लिए उत्साह और ताकत पैदा करती है। यह आधुनिक नारी की सर्वथा नयी, पॉजिटिव तसवीर है। सम्भवतः हिन्दी साहित्य में जयन्ती से तुलनीय और कोई पात्र नहीं है। सुराज, रामराज और सन्तोषी पंडित के रूप में भी विवेकी राय ने जीवन्त और जुझारू पात्रों की सृष्टि की है। सन्तोषी पंडित सोनामाटी के रामरूप का ही जगा हुआ संस्करण है। यह विवेकी राय का वह बुद्धिजीवी है जो अपनी जड़ता, ढुलमुलपन और निष्क्रियता को त्याग कर तनकर खड़ा होना और जुझारू बनना सीख रहा है। उपन्यास के अन्त में हम सन्तोषी पंडित को बिलकुल नये संकल्प के साथ व्यवस्था के विरुद्ध संघर्ष में हिस्सा लेने के लिए आगे बढ़ते हुए देखते हैं। *समर शेष है* में आज की मूल्यविहीन, दिग्भ्रमित, हिंसक पीढ़ी का चित्र भी सामने आता है, जो अपने आचरणों से अराजकता की स्थिति पैदा किए हुए है। पर विवेकी राय इस पीढ़ी का अवलोकन और चित्रण अत्यन्त सहानुभूति और तटस्थता के साथ करते हैं। अमरेश, प्रभुनाथ, रामराज आदि सभी जटिल चरित्र हैं जो युवा पीढ़ी के चरित्र और मानसिकता का प्रतिनिधित्व करते हैं।

गाँव विवेकी राय का आराध्य है और उसी के सूत्र से *मंगल भवन* में उन्होंने राष्ट्रदेवता की पहचान कराने का प्रयास किया है। उपन्यास के बीच में उसका केन्द्रीय पात्र कहता है, "जागो हे मेरे देश ! मैं कलम लेकर तुम्हारे पक्ष में लड़ने के लिए खड़ा हूँ। ये गाँव के भीतर उठते छोटे-मोटे रगड़े-झगड़े मुझे उलझा नहीं सकेंगे। मैं इन छोटी-छोटी लहरों को सहेजने में

नहीं फँसूँगा। मेरी दृष्टि बराबर उस तूफान पर है।" इन स्वीकृतियों और संकल्पों से उपन्यास के कथ्य की विशदता का पता चलता है।

1942 के 'भारत छोड़ो आन्दोलन' के बाद पूर्वांचल के मानस को पूर्ण रूप से झकझोर देने वाली दूसरी घटना भारत पर चीनी आक्रमण की थी जो उसके बीस वर्ष बाद घटी। इस आक्रमण से भारतीय मानस गुस्सा, घृणा और विवशता से खौल उठा था। इस आक्रमण की भारतीय मानस पर हुई प्रतिक्रिया का अनुभूतिपूर्ण अंकन ही *मंगल भवन* का उद्देश्य है। विवेकी राय पहले उपन्यासकार हैं जिन्होंने राष्ट्रीय मानस के उस क्रोध, क्षोभ, घृणा, उत्साह, त्याग और बलिदान को अभिव्यक्त करने का रचनात्मक प्रयास किया है। *मंगल भवन* में 1962 का चीनी युद्ध दो स्तरों पर लड़ा जा रहा है। यदि सीमा पर सैनिक लड़ रहे हैं तो पूर्वांचल का अपढ़, निर्धन और राजनीति को न समझने वाला ग्रामीण भी अपने देश के लिए युद्धरत है। इस उपन्यास में ग्रामीण युवक ही नहीं, बूढ़े तक चीनियों से लड़ने को लालायित हैं, माएँ अपने जवान बेटों के माथे पर रोली लगाकर सीमा पर भेज रही हैं, सुहागिनें अपने मंगलसूत्र तक दान कर रही हैं, जन्म भर के कंजूस अपने जमा किए धन को झटके से युद्धकोश में दे डालते हैं, ग्रामीण स्तर के कवि टूटी-फूटी कविताओं में भारत की विजय के गीत गाते हैं। रेलगाड़ियों में, पंचायतों में, स्कूलों में युद्धकोश के लिए चन्दे द्वारा धन एकत्र किया जा रहा है। इस प्रकार केवल भारत की उत्तरी-पूर्वी सीमा ही नहीं, सारा भारत, गाँव-गाँव, गली-गली, खेत-खलिहान, स्कूल-कॉलेज और रास्ते-चौराहे युद्ध की चौकियों में बदल जाते हैं।

जो ग्राम मानस राष्ट्रीय संकट की घड़ी में इतने उदात्त मूल्यों से जुड़ जाता है, वही सामान्य जीवन-स्थिति में गर्हित किस्म की मूल्यहीनता का शिकार कैसे हो जाता है, इस अन्तर्विरोध का अंकन भी *मंगल भवन* का विषय है। ग्रामीण मानस के मूल्य-क्षय का अंकन विवेकी राय ने अपने पूर्ववर्ती उपन्यासों में भी किया है, पर *मंगल भवन* में वह और भी तीखे और मार्मिक रूप में सामने आता है। इस मानसिकता के मूल में है, बदलते परम्परागत रिश्ते, पुराने मूल्यों के प्रति आस्था की कमी, सत्ता केन्द्रित राजनीति का हिंसक और घिनौना चेहरा, राजनीति का खेल खेलते हुए नेताओं का भ्रष्ट आचरण, युवकों की बेकारी और उनका शोषण करने वाले दलालों के धन्धे, गुंडागर्दी, साम्प्रदायिकता को प्रयत्नपूर्वक हवा देते रहने वाले राजनीतिक हथकंडे, यानी एक अस्तव्यस्त, दिशाहीन और मूल्यहीन जिन्दगी का सैलाब। *मंगल भवन* में इस गन्दगी से भरे सैलाब का बहुत ही प्रामाणिक और मार्मिक अंकन हुआ है। मूल्यपरकता और मूल्यहीनता के द्वन्द्व का यह चित्रण भारतीय किसान के चरित्र को समग्रता में उद्घाटित करता है।

उपन्यास में नायक की अनुपस्थिति हिन्दी के लिए कोई नयी बात नहीं है। पर प्रतीक के रूप में पूरे देश को उपन्यास का नायक बनाने का प्रयास अवश्य नया है। *मंगल भवन* का 'उपन्यासकार पात्र' एक स्थान पर कहता है, "मेरा देश ही इस उपन्यास में मेरा नायक है और वह मूल्यहीनताओं की भयानक आग में जल रहा है। भ्रष्टाचार, महँगाई, अराजकता, हिंसा, नशा, स्मगलिंग और आतंक के अकांड तांडव से त्राहि-त्राहि कर रहा है।...मेरा नायक धैर्यपूर्वक इन सबसे लड़ रहा है।" इसे और भी स्पष्ट करते हुए वह कहता है, "महँगाई और भ्रष्टाचार को पूर्ण रूप से खुली छूट मिल गयी है, क्योंकि सरकार के स्तम्भ कहे जाने

वाले लोग कुर्सियों की लड़ाई में उलझे हैं...राजनीति का अपराधीकरण हो गया है। गुंडे, बदमाश और अपराधी ऊँची-ऊँची कुर्सियों पर शान से सिर ऊँचा कर विराजमान हैं। भेदभाव, वर्गवाद, जातिवाद, स्वार्थवाद और सम्प्रदायवाद को अब चुपके-चुपके नहीं, खुलेआम बढ़ावा दे रहे हैं देश के कर्णधार...जनता बँट गयी, नेता बँट गये, शासक बँट गये...तो कितने-कितने टुकड़े वाले 'मंगल भवन' का अस्तित्व कहाँ रह गया?'' इन शब्दों में देश की इस सच्चाई के प्रति लेखक की संवेदना व्यक्त हुई है, जिसे अनेक मार्मिक प्रसंगों के माध्यम से प्रस्तुत करने का प्रयास किया गया है।

विवेकी राय का अन्तिम उपन्यास *अमंगलहारी* (2000) *मंगल भवन की* कथा का बढ़ाव मात्र है, अतः स्वतन्त्र उपन्यास के रूप में इसका महत्त्व न के बराबर है।

किसी उपन्यास को सफल बनाने में मार्मिक प्रसंगों की योजना बहुत महत्त्वपूर्ण होती है। *लोकऋण* से लेकर *मंगल भवन* तक विवेकी राय के उपन्यासों में दर्जनों ऐसे प्रसंग हैं जो पाठक को भावमग्न और विभोर करने में समर्थ हैं। इस सन्दर्भ में *लोकऋण* का 'सिरताज बाबा' का प्रसंग उल्लेखनीय है। एक साथ इतना हास्योत्पादक पर करुण प्रसंग शायद ही अन्यत्र मिले। किसी जमाने का आदर्शवादी, देशसेवी सिरताज अन्ततः गँजेड़ी दल का नायक बनकर स्वतन्त्र भारत में गाँधीवादी आदर्शों की दयनीय परिणति का प्रतीक बन जाता है। सिरताज का गँजेड़ी दल ग्रामीण यथार्थ का सही प्रतिनिधित्व करता है। इस दल में मकरा, लोमर, गोवर्धन जैसे दलित शोषित लोग हैं जो अन्यत्र तो मूक पशु बने रहते हैं, पर अपने दल में पहुँचकर सहसा जीवन्त हो उठते हैं। श्रीलाल शुक्ल के *राग दरबारी* में व्यंग्य और हास्योत्प्रेरक प्रसंगों की भरमार है, पर उनमें करुणा उत्पन्न करने की क्षमता न के बराबर है। इस कारण उनमें मार्मिकता नहीं आ पायी है। विवेकी राय के उपन्यासों में परस्पर विरोधी भावों का सामंजस्य चकित करने वाला है। *सोनामाटी* में रामरूप की बेटी के विवाह का प्रसंग, *समर शेष है* में जयन्ती के सुराज को, बिना विवाह हुए ही, पति रूप में वरण करने का प्रसंग और *मंगल भवन* में विक्रम मास्टर के परिवार से सम्बद्ध प्रसंग इसके उदाहरण हैं।

शिल्प और भाषा प्रयोग की दृष्टि से भी विवेकी राय के उपन्यास उल्लेखनीय हैं। उनके शिल्प-विषयक प्रयोगों में कोई नवीनता तो नहीं है, पर परिचित कथा-प्रविधियों का उन्होंने बहुत ही सार्थक और सर्जनात्मक प्रयोग किया है। चलती हुई कथा के प्रवाह को रोककर बीच में दूसरा प्रसंग ला देना और बाद में प्रथम प्रसंग को किसी पात्र की स्मृति या किसी और माध्यम से प्रस्तुत करने की युक्ति बड़ी प्रीतिकर है। कथा-प्रस्तुति के लिए अवलोकन बिन्दुओं के चुनाव और स्थानान्तरण में उन्होंने हद दर्जे की सावधानी और मौलिकता दिखाई है। अवलोकन बिन्दुओं का स्थानान्तरण इतनी कुशलता के साथ होता है कि पाठक कब कथाकार की चेतना से निकलकर किसी पात्र की चेतना में प्रवेश कर जाता है, इसका उसे पता ही नहीं चलता। *लोकऋण* में गिरीश और धरमू के अवलोकन बिन्दुओं के चुनाव और निर्वाह की कुशलता इस दृष्टि से उल्लेखनीय है। इन दोनों पात्रों की संवेदना से गुजरती गाँव की जिन्दगी अपने समस्त बाह्य और आन्तरिक यथार्थ के साथ सजीव हो उठी है। इसी प्रकार *सोनामाटी* और *समर शेष है* में रामराज और सन्तोषी मास्टर के अवलोकन बिन्दु अपनी संवेदनशीलता के कारण कथासंसार को एक अनोखे प्रभाव से भर देते हैं। किस्सागोई में नाटकीय प्रभाव पैदा करने की कला में भी विवेकी राय पारंगत है। उनकी कथा-प्रस्तुति की

एक विशेषता यह है कि ज्योंही कोई प्रसंग, संवाद या वर्णन उबाऊ होने के बिन्दु पर पहुँचता है, वे नाटकीय हस्तक्षेप से उसे समाप्त कर देते हैं। *मंगल भवन* में विवेकी राय ने अन्य कथा प्रविधियों के साथ 'उपन्यास के भीतर उपन्यास' की कथा प्रविधि का भी बहुत सार्थक उपयोग किया है, जिसके हिन्दी में प्रथम प्रयोग का श्रेय अमृतलाल नागर को है। अवलोकन बिन्दुओं के मिश्रण और उनका कभी द्रुत तथा कभी विलम्बित स्थानान्तरण करके उपन्यास का ऐसा ढाँचा निर्मित किया गया है, जो नया भी है और कथ्य के लिए अपरिहार्य भी।

विवेकी राय के उपन्यासों की भाषा पूर्वांचल की जिन्दगी से अभिन्नतः जुड़ी होने के कारण विशिष्ट प्रभाव से युक्त हो गयी है। भोजपुरी शब्दों के प्रयोग विवेकी राय की भाषा को अनोखी सर्जनात्मकता से भर देते हैं। ये शब्द अपने सन्दर्भ से इस प्रकार जुड़े हैं कि उनका कोई पर्याय हो ही नहीं सकता। विवेकी राय न तो आंचलिकता का रंग पैदा करने के लिए जानबूझकर आंचलिक शब्दों का प्रयोग करते हैं, न पात्रों को भोजपुरी बोलने के लिए बाध्य करते हैं। वे रेणु की अपेक्षा प्रेमचन्द की भाषा पद्धति अपनाते हैं और सहज रूप से परिनिष्ठित हिन्दी को उसके आंचलिक परिवेश से जोड़ देते हैं। विवेकी राय ने हिन्दी को जितने नये शब्द दिये हैं, प्रेमचन्द के बाद शायद ही कोई दूसरा उपन्यासकार दे सका है। यह इसलिए सम्भव हुआ है कि विवेकी राय प्रेमचन्द की ही तरह अपनी भाषा गाँवों की जिन्दगी से लेते हैं। विवेकी राय में ग्रामीण पात्रों के लहजों या स्वर को चुरा लेने की अद्भुत क्षमता है। भोजपुरी और परिनिष्ठित हिन्दी के मिश्रण से उत्पन्न लहजों की प्रस्तुति में उन्होंने सूक्ष्म अवलोकन क्षमता का परिचय दिया है। पात्रों के मन का द्वन्द्व उनके अन्तरालाप की भाषा से मूर्त हो जाता है। नितान्त सरल सपाट भाषा भी पात्रों की मानसिकता से जुड़कर प्राणवान हो जाती है।

कृष्णा सोबती की (ज.1925) कथाकृति *मित्रो मरजानी* पहले किसी पत्रिका में 'लम्बी कहानी' के रूप में और 1967 में 'उपन्यास' के रूप में प्रकाशित हुई। 'समीक्षा' के प्रवेशांक (जुलाई, 1967) में इसकी समीक्षा 'उपन्यास' के रूप में ही हुई थी। इसकी विधा के सम्बन्ध में आज तक भ्रम बना हुआ है। केवल अठारह हजार (लगभग) शब्दों वाली और एक मध्यवर्गीय पंजाबी कृषक परिवार की इकहरी कथा को 'उपन्यास' मानना संगत नहीं प्रतीत होता। वस्तुतः इसे 'उपन्यासिका' कहना ठीक होगा। 'उपन्यास' के नाम पर प्रकाशित कृष्णा सोबती की दूसरी कथा पुस्तक *सूरजमुखी अँधेरे के* (1972) का भी आकार और कथ्य उपन्यास के निकट नहीं पहुँचता। यही बात उनकी *ऐ लड़की* के बारे में भी कही जा सकती है, जो पहले 'लम्बी कहानी' के नाम से और 1991 ई. में 'उपन्यास' के नाम से प्रकाशित हुई है। राजकमल प्रकाशन की प्रकाशन-सूची में उनकी *यारों के यार, तिन पहाड़, डार से बिछुड़ी* आदि कहानियों को 'उपन्यास' कहा गया है जो भ्रामक है।

मित्रो मरजानी और *सूरजमुखी अँधेरे के* की चर्चा विशेष रूप से 'साहसी लेखन' के उदाहरण के रूप में हुई है, क्योंकि इसके पूर्व हिन्दी में किसी महिला कथाकार द्वारा स्त्री के स्वैराचार का इतने साफ और मुँहफट रूप में चित्रण नहीं हुआ था। सातवें दशक के पूर्व स्त्री लेखकों के लिए काम-व्यापार पर खुले रूप में लिखना हिम्मत का काम माना जाता था। कृष्णा सोबती ने यह हिम्मत दिखाई, इसलिए साहित्य जगत् में उसकी चर्चा हुई। पर अपने जिस साहसीपन के लिए कृष्णा सोबती आज से तीस वर्ष पहले चर्चित हुई थीं, आज उसमें

कोई आकर्षण नहीं रह गया है। पर एक भिन्न दृष्टि से मित्रो मरजानी आज भी उल्लेखनीय है। इसमें पुराने मूल्यों को जीते हुए मध्यवर्गीय परिवार में एक विस्फोटक युवती की मुँहफट प्रतिक्रियाओं और उथल-पुथल मचा देने वाले आचरण का चित्रण किया गया है। इसमें मध्यवर्गीय पंजाबी परिवार क़ी जीवन-शैली भी विश्वसनीयता के साथ प्रस्तुत हुई है। मित्रो मरजानी नीरस, बासी और अरुआई हुई मध्यवर्गीय संस्कृति के विरुद्ध सबकुछ दाँव पर लगा देने वाली स्त्री का विद्रोह है। यह स्त्री परम्परागत नारी संहिता से टकराती, जूझती और उसे ठेंगा दिखाती है। *सूरजमुखी अँधेरे के* की लड़की रत्तो एक तरह की कामकुंठा की शिकार है। वह बचपन में पुरुष-बलात्कार और बाद में विवाह के पूर्व ही अपने प्रेमी की मृत्यु हो जाने के कारण स्वैराचारिणी हो जाती है, यद्यपि वह किसी को अपनी देह नहीं सौंपती। अन्त में वह मनोवैज्ञानिक तनाव झेलती हुई दिवाकर को आत्मसमर्पण करती है। पर इस सारी कहानी के पीछे कोई तीखा मनोवैज्ञानिक तनाव, कोई गहरी पीड़ा, कोई ऐंठन पैदा करने वाला संघर्ष नहीं है। उपन्यास में एक बनावटी मनोवैज्ञानिक गम्भीरता, सतही आधुनिकता, कृत्रिम कथन का बाँकपन है। हाँ, सम्भोग-क्रीड़ा का इसमें 'कलात्मक' वर्णन है, जो कदाचित् किसी लेखिका के लिए आज से तीस वर्ष पहले साहस का काम था।

इन कथाकृतियों में कृष्णा सोबती की भाषा पंजाबीपन की गमक लिए, पंजाबी शब्दों और मुहावरों से तड़कती हुई एक जानदार, यथार्थ भाषा है जो इसके पहले हिन्दी कथा साहित्य में प्रयुक्त नहीं हुई थी। हिन्दी का स्वभाव यह है कि उसमें सर्जनात्मक सजीवता उसकी विभिन्न बोलियों के माध्यम से आती है। पर पंजाबी के मिश्रण से हिन्दी को सजीव बनाने का कृष्णा सोबती का प्रयास अनूठा है। जिस समाज का चित्रण इन कथाकृतियों में हुआ है, यह भाषा उसके सर्वथा अनुरूप है।

पर कृष्णा सोबती के प्रथम मुकम्मल उपन्यास *जिन्दगीनामा* (1979) में उनका भाषा सम्बन्धी यह प्रयोग अस्वाभाविक और अ-सर्जनात्मक हो गया है। हर भाषा की तरह हिन्दी में भी अन्य किसी भाषा का मिश्रण एक सीमा तक ही सर्जनात्मक होता है। कृष्णा सोबती ने *जिन्दगीनामा* में परिनिष्ठित हिन्दी को पंजाबी प्रयोगों से आक्रान्त कर दिया है, जिससे वह हिन्दी के पाठकों के लिए प्रायः अबोधगम्य, बोझिल और कृत्रिम हो गयी है। यथार्थवाद के नाम पर किसी भाषा को इस सीमा तक विरूपित नहीं किया जा सकता कि वह अपनी पहचान ही खो दे।

जिन्दगीनामा के आरम्भ में छपे वक्तव्य के अनुसार यह एक ऐसा 'इतिहास' है, जो लोकमानस की भागीरथी के साथ "बहता, पनपता और फैलता है और जन सामान्य के सांस्कृतिक पुख्तापन में जिन्दा रहता है।" जिन्दगीनामा बीसवीं शताब्दी के प्रथम पन्द्रह वर्षों में पंजाब के किसानों-ग्रामीणों के जीवन का चित्रण है। यह जिन्दगी निखालिस यथार्थ के रूप में सामने आती है; पंजाबी किसानों की मेहनत-मशक्कत से भरी अक्खड़, सन्तुष्ट और मुक्त जिन्दगी, जिसमें महाजन का शोषण और पुलिस का आतंक भी कोई ज्यादा हलचल नहीं पैदा करता। साम्प्रदायिक भेदभाव से रहित, सहयोग और सद्भाव, हँसी-खुशी और छोटे-मोटे गमों से भरे दिन-रात, ब्रिटिश शासन की अजेयता के प्रति आस्था आदि के छोटे-छोटे यथार्थ और प्यारे चित्र उपन्यास में भरे पड़े हैं। उपन्यास के अन्तिम हिस्से में प्रथम विश्वयुद्ध के समय ब्रिटिश सरकार द्वारा जवानों की सेना में जबरन भर्ती और युद्धकोश की वसूली से उत्पन्न

आशंका, आतंकवादियों की छिटफुट हरकतों और उनके प्रति ब्रिटिश हुकूमत के दमनकारी रवैये आदि के उल्लेख भी प्राप्त होते हैं। इस प्रकार जिन्दगीनामा अपने शीर्षक की सार्थकता तो प्रमाणित करता है, पर इसमें वह विजन नहीं है जो किसी उपन्यास को महान् या पुरस्करणीय बनाता है। इसका कथासंसार चित्रों के अलबम के रूप में है, जिसमें कोई लय या प्रवाह नहीं है। संवेदनात्मक गहराई और तीव्रता के अभाव के कारण औपन्यासिक संसार बबूल के जंगल सा प्रतीत होता है। मानवीय सम्बन्धों की मोहकता, कटुता, जटिलता या किसी प्रकार की वैचारिक चिन्ता की कमी के कारण उपन्यास अनाकर्षक हो गया है। लोकगीतों, बालगीतों, किस्सा-कहानियों, चुटकुलों आदि के बहुल प्रयोग कोई गहरा प्रभाव पैदा नहीं करते। लोक-प्रथाओं के अनावश्यक विवरण भी उबाने वाले हैं। आंचलिक बोध अनावश्यक रूप से उपन्यास पर हावी है।

शिल्प की दृष्टि से विचार करें तो *जिन्दगीनामा* में दृश्यों का ही एकाधिपत्य है। पर ये दृश्य, दृश्य कम, वार्तालाप अधिक हैं। इन्हें जोड़ने वाले कथाकार की भूमिका रंग-निर्देशक जैसी है। इसके फलस्वरूप कथा-रस तो बाधित हुआ ही है, प्रयोग की कोई सार्थकता भी प्रमाणित नहीं होती।

उपन्यास में प्रदत्त सूचना के अनुसार यह *जिन्दगीनामा* का पहला खंड है। इसे एक अलग शीर्षक भी दिया गया है–*जिन्दा रुख*। फ्लैप पर दी गयी सूचना के अनुसार, "यह सिर्फ एक भूमिका आने वाली छटपटाहट, टकराहट और तिड़कन" की है। इसका दूसरा खंड होगा *इन्कलाब जिन्दाबाद*। लगभग बाईस वर्षों से हम इस खंड की प्रतीक्षा कर रहे हैं। उपन्यास का सम्पूर्ण विजन और उसका वास्तविक रूप दूसरे खंड के प्रकाशन के बाद ही सामने आएगा।

इस बीच कृष्णा सोबती के दो और उपन्यास *दिलोदानिश* (1993) और *समय सरगम* (2000) प्रकाशित हुए हैं। भारत में मुस्लिम शासन के समय, धीरे-धीरे, एक मिली-जुली संस्कृति विकसित हो रही थी, जिसमें विशेष रूप से कायस्थ रईस और दूसरे जमींदार शामिल थे। इस तबके का खानपान, वेशभूषा, रहनसहन, बोलचाल की भाषा और लहजा सबकुछ मुस्लिम संस्कृति से प्रभावित था। इसकी पारिवारिक और अन्दरूनी जिन्दगी तो सनातनी और परम्परागत पारिवारिक संहिता द्वारा निर्देशित होती थी, पर बाहरी जिन्दगी पर मुस्लिम संस्कृति का गहरा प्रभाव था। कृष्णा सोबती ने *दिलो-दानिश* में इस परिवेश और उसमें केन्द्रित एक व्यक्ति की उलझी हुई जिन्दगी का, हवेली और फ़राशतखाना के द्वन्द्व का, बहुत ही विश्वसनीय और मार्मिक चित्रण किया है।

हवेली और फ़राशतखाना का द्वन्द्व मध्यकालीन सामन्ती मानसिकता से बहुत गहरे जुड़ा हुआ था। हवेली की अपनी संहिता होती थी जिसमें व्यक्ति की निजी भावनाओं के लिए कोई स्थान नहीं था। परिणामस्वरूप मर्द फ़राशतखाने में दिलबस्तगी करते थे और स्त्रियाँ परम्परागत पारिवारिक संहिता को झेलती हुई कुंठाग्रस्त जीवन जीती थीं। पुरुष के अपनी प्रेमिका के बच्चों का बाप बन जाने पर स्थिति और भी नाज़ुक और संघर्षपूर्ण बन जाती थी। इस प्रकार *दिलोदानिश* में विवाहेतर सन्तान और उसकी स्वीकृति का प्रश्न अपनी सारी जटिलताओं और तीखेपन के साथ विद्यमान है। अवैध सन्तान की समस्या को गहरी संवेदनशीलता के साथ प्रस्तुत करने का प्रयास भी इसमें दिखाई देता है। सम्पत्ति को लेकर

पारिवारिक संघर्ष अपनी जगह पर होते थे। हवेली की स्त्रियाँ अपनी कुंठित मानसिकता की शिकार होकर परपीड़न में रस लेने लगती थीं और फ़राशतखाने वाली औरत रईस के बच्चों की माँ होकर भी उसकी कानूनी पत्नी और हवेली का अंग नहीं हो पाती थी।

कृष्णा सोबती ने इस परिवेश से जुड़ी संवेदनाओं, तकलीफों, उलझन भरी मनःस्थितियों, मनोभावों आदि का बहुत मार्मिक अंकन *दिलो-दानिश* में किया है। हवेली का प्रतिनिधित्व करनेवाली कुटुम प्यारी और फ़राशतखाने का प्रतिनिधित्व करनेवाली महक बानो दोनों के अंकन में कृष्णा सोबती ने अद्‌भुत रचनाशीलता का परिचय दिया है। विशेष रूप से महक बानो के चरित्र निर्माण में उनकी रचनाशीलता अपने उत्कर्ष पर है। महक बानो के परिस्थितिगत मानसिक द्वन्द्व को उभारने में सोबती को अद्‌भुत सफलता हासिल हुई है। उसके चरित्र की परिणति जिस तेजस्विता में होती है, उसके सामने परम्परागत पत्नी का कद बहुत छोटा हो जाता है। पारिवारिक संहिता, पत्नी और प्रेमिका के बीच झूलता कृपा नारायण का चरित्र भी बहुत जोरदार और अपनी परिणति में अत्यन्त करुण है।

इस उपन्यास के माध्यम से कृष्णा सोबती ने दिल्ली की मूल संस्कृति की पहचान प्रस्तुत की है। यह संस्कृति लगभग हजार वर्षों के हिन्दू-मुस्लिम सम्पर्क का परिणाम थी, जो आज लगभग नष्ट होने के कगार पर है। इस संस्कृति का विश्वसनीय चित्र प्रस्तुत करके कृष्णा सोबती ने एक ऐतिहासिक काम किया है।

इस उपन्यास की भाषा करारी हिन्दुस्तानी है, जो अरबी-फारसी शब्दों से इतनी लबरेज है कि सामान्य हिन्दी पाठक बिना शब्दकोश की सहायता से उसे नहीं समझ सकता। इसमें दिल्ली में बोले जाने वाले ठेठ देसी शब्दों का मिश्रण कर सोबती ने भाषा को बहुत जीवन्त बना दिया है। अभिजात मुस्लिम परिवारों में बोली जाने वाली हिन्दुस्तानी के लहजों, आदरार्थ बहुवचन के प्रयोगों, वचन-विदग्धता आदि के कारण उपन्यास की भाषा अपने कथ्य को विश्वसनीय बनाने में पूरी तरह से समर्थ है। शिल्प की अस्पष्टता इस उपन्यास को किंचित् अपठनीय भी बनाती है। लेखिका ने अवलोकन बिन्दुओं के चुनाव और स्थानान्तरण में एक प्रकार का उलझाव पैदा किया है जो गैरजरूरी जान पड़ता है।

समय सरगम कथ्य और भाषा दोनों ही दृष्टियों से ध्यानाकर्षक उपन्यास है। इसका विषय महानगर वासी उच्चमध्यवर्गीय वृद्ध व्यक्तियों की जीवन स्थितियों, समस्याओं और संवेदनाओं से सम्बद्ध है। आज संयुक्त परिवार के भीतर और उसके बाहर जी रहे वृद्ध व्यक्तियों की समस्याएँ बहुत जटिल हो गयी हैं। जीवन की साँझ में पहुँचकर अपने होने से जुड़ी संवेदनाओं और बूढ़ी आकांक्षाओं को झेलते, मृत्यु के आतंक की छाया में साँस लेते, तन मन की ऊहापोह में झुँझलाते, रोग-बीमारी और चिन्ताओं से परेशान, रक्तचाप के ऊँचा-नीचा और नब्ज के तेज-धीमा होने को लेकर चिन्तित, डॉक्टरी नुस्खों और परहेज की बन्दिशों में जीते वरिष्ठ नागरिकों की यह कहानी जितनी प्रामाणिक है, उतनी ही संवेदना सिंचित भी। यह आज की एक समाजशास्त्रीय समस्या है। साथ ही यह समस्या व्यक्ति की संवेदना से भी जुड़ी हुई है। कृष्णा सोबती ने इस प्रश्न को अपने निजी अनुभव और लेखकीय संवेदना के स्तर पर उठाया है और मार्मिक प्रसंगों तथा वृद्ध जनों के अन्तरंग संवादों के माध्यम से इसे मूर्त रूप देने का प्रयास किया है। *समय सरगम* वृद्ध जीवन का एक संवेदनशील मानस की नली से देखा हुआ चित्र है। उपन्यास में वृद्ध जनों की त्रासद स्थिति,

उनकी अस्थिर मानसिकता, विवशता, अकेलापन, उनके प्रति बहू-बेटों की उदासीनता और क्रूरता, बचा-खुचा भी छिन जाने की आशंका आदि का अंकन गहरी अनुभूति के साथ किया गया है। एकाकी जीवन बिताने वाले दो वृद्ध जनों का, जिनमें एक स्त्री है और दूसरा पुरुष, एक साथ जीवन बिताने का विकल्प बहुत ही विश्वसनीय और मार्मिक रूप में प्रस्तुत किया गया है।

समय सरगम की भाषा आश्चर्यजनक रूप से नयी है। इसके पूर्व कृष्णा सोबती *मित्रो मरजानी* से लेकर *दिलो दानिश* तक भाषा सम्बन्धी कई प्रकार के प्रयोग कर चुकी थीं। अन्ततः वे उस भाषा पर पहुँची हैं जिसे तत्सम प्रधान टकसाली हिन्दी कहा जा सकता है। यद्यपि इसमें वैविध्य से पैदा होनेवाला सर्जनात्मकता नहीं है, पर वृद्ध जनों की संवेदनाओं को व्यक्त करने में यह पूरी तरह से समर्थ है।

1967 ई. में ही महेन्द्र भल्ला (ज.1933) का पहला उपन्यास *एक पति के नोट्स* और उसके बाद *दूसरी तरफ* (1976), *उड़ने से पेश्तर* (1987) और *दो देश और तीसरी उदासी* (1997) नामक उपन्यास प्रकाशित हुए। *एक पति के नोट्स* का केन्द्रीय विषय आधुनिक दाम्पत्य जीवन है, जो उपन्यासकार की दृष्टि में नितान्त खोखला, बनावटी और अभिनयात्मक हो गया है। 'आधुनिक' बोध के पति-पत्नी एक दूसरे को अन्य 'वस्तुओं' की तरह ही देखने लगे हैं जो पुरानी हो जाने पर ऊब पैदा करती हैं। इस भावबोध में विवाह एक गैरजरूरी बन्धन है जो सुन्दर को असुन्दर और प्रेम को ऊब में बदल देता है। इस उपन्यासिका के केन्द्रीय पात्र का भावबोध आधुनिक बुद्धिवाद से निर्देशित है, जो भावना से बुद्धि को, त्याग से भोग को और प्रेम से रति-कर्म को अधिक महत्त्व देता है। उसके लिए प्रेम और काम विषयक नैतिकता का कोई अर्थ नहीं है। आधुनिक जीवन की इस वास्तविकता को उपन्यासकार ने पर्याप्त रोचक रूप में प्रस्तुत किया है। *दूसरी तरफ* की कथ्य विषयक नवीनता यह है कि इसमें जीविकोपार्जन के लिए भारत से इंगलैंड जाने वाले हिन्दुस्तानियों की भयावह, अपमान भरी और तनावपूर्ण जिन्दगी का अंकन अनुभव की प्रामाणिकता और संवेदनशीलता के साथ किया गया है। नस्लवाद की भावना से ग्रस्त इंगलैंड की नयी पीढ़ी भारतीयों के साथ जिस रूप में पेश आती है, उसके व्यवहार में जो हिकारत, अमानवीय क्रूरता और वहशीपन होता है उस महेन्द्र भल्ला ने सहज पर तल्ख रूप में प्रस्तुत किया है। इस अनुभव-संसार को उपन्यासकार ने 'केवल' नाम के युवक के अनुभव और मानसिकता की खिड़की से दिखाने की कोशिश की है। विभिन्न स्थानों के सूक्ष्म ब्योरों तथा अपने सम्पर्क में आनेवाले व्यक्तियों की छोटी से छोटी हरकतों तथा चेहरों पर बनने-मिटने वाली रेखाओं की तफसील प्रस्तुत कर 'केवल' अपने समस्त अनुभव जगत् को सजीव बिम्ब में बदल देता है। इसके साथ ही निरीक्षण और चिन्तन में वह पर्याप्त तटस्थता भी बरतता दिखाई देता है; अँगरेजों के जीवन में जो कुछ भी श्रेष्ठ, उदात्त और सराहनीय है, उसे वह तटस्थ भाव से प्रस्तुत करता है। अनुभव के अछूतेपन, उसमें निहित प्रामाणिकता तथा शिल्प और भाषा के सफल प्रयोग के कारण *दूसरी तरफ* एक उल्लेखनीय उपन्यास बन गया है।

उड़ने से पेश्तर और *दो देश और तीसरी उदासी* कथ्य की दृष्टि से *दूसरी तरफ* के ही विस्तार हैं। इन उपन्यासों का केन्द्रीय पात्र भी 'केवल' है जो प्रवासी जीवन की विडम्बनाओं और त्रास को झेलता हुआ एक पीड़ादायक मानसिक द्वन्द्व का शिकार बना रहता है। भारत

में लौटकर वह यहाँ की विरोधाभासपूर्ण स्थितियों को झेलता हुआ भी अन्ततः यहीं बसने का निर्णय करता है। पर सर्जनात्मक दृष्टि से अन्तिम दोनों ही उपन्यास आश्वस्त नहीं करते।

1967 ई. में ही विश्वम्भरनाथ उपाध्याय (ज.1925) का *रीछ* और तत्पश्चात् *पक्षधर, जाग मछन्दर गोरख आया* (1983), *भूतनाथ* (1986), *जोगी मत जा* (1989), *विक्षुब्ध* (1990), *कठपुतली* (1992), *प्रतिरोध* (1998) आदि उपन्यास प्रकाशित हुए। *रीछ* में रीछ को प्रतीक बनाकर समाज के वैसे शोषकों का चित्रण किया गया है जो लोगों के तलवे चाटकर उनका रक्त पी जाते हैं। ये रीछ हैं, चाँदनी गाँव के दो उच्च अभिजातवंशी 'नम्बरी' जो पूँजीपति, महाजन, मुखिया और नम्बरदार एक साथ हैं। उनसे उस गाँव का ही एक युवक विमल अनवरत संघर्षरत है। यह युवक अपने गाँव को बदलने के लिए जिन अवरोधों, मुश्किलों और मानसिक संघर्षों से गुजरता है, उनका उपन्यासकार ने अच्छा चित्रण किया है। पर इसमें संवेदना की जगह वैचारिक प्रतिबद्धता और वैज्ञानिक चिन्तन की जगह आवेशात्मक क्रान्तिकारिता प्रमुख हो गयी है। *पक्षधर* में लेखक ने अपने वामपन्थी आक्रोश को, उसी प्रकार की भाषा में, उपन्यस्त करने का प्रयास किया है। उपन्यास में प्रस्तुत सारी लड़ाई अर्थ संस्कृति के खिलाफ है। जीवन के हर क्षेत्र में—यूनिवर्सिटी में, गोष्ठी में, पार्क में और यहाँ तक कि जंगल में भी—क्रुद्ध और युद्धतत्पर गुरिल्ले व्यवस्था को उलटने में क्रियाशील हैं। यह एक कल्पित प्रदेश है जहाँ गुरिल्लों के समर्थक अचानक प्रकट हो जाते हैं, गुरिल्ले पलक मारते जासूसों के जाल से निकल जाते हैं, विरोध पक्ष की सेना-पुलिस भी इनकी समर्थक हो जाती है, यहाँ तक कि पुलिस कमिश्नर और प्रधानमन्त्री तक गुरिल्लों से गुपचुप मिल जाते हैं और अन्त में गुरिल्लों की विजय होती है। गुरिल्ले जनतन्त्र के विरोधी हैं और वे उन वामपन्थियों को भी नष्ट करते हैं जो संसद और चुनाव में विश्वास करते हैं। इस उपन्यास की एक विशेषता यह है कि इसमें सेक्स को आदिम रूप में प्रस्तुत किया गया है, जो सम्भवतः उपन्यासकार का निजी विजन है। *भूतनाथ* में एक जनहितैषी, मगर लड़ाकू पत्रकार का चित्रण किया गया है। यह पत्रकार विचारों से व्यवस्थाविरोधी, क्रान्तिकारी तथा देवकीनन्दन खत्री के प्रसिद्ध पात्र 'भूतनाथ' की तरह ही छली-बली है जो अमरीकी जासूसों के कारनामों का अपने 'कारनामों' से भंडाफोड़ करता है। संगठन द्वारा व्यवस्था को बदलने का संकल्प भी उपन्यास में दिखाई पड़ता है। *प्रतिरोध* में उपाध्याय जी ने उग्रवाद, आतंकवाद, गुरिल्लायुद्ध, जनवादी क्रान्ति और संगठित प्रतिरोध से सम्बन्धित विचारधारा को सामाजिक न्याय और मानवता के व्यापक परिप्रेक्ष्य में देखने का प्रयास किया है। इस उपन्यास का नायक कृष्ण गोपाल देश में व्याप्त भ्रष्टाचार, बेईमानी, उपभोक्तावाद, शोषण और अत्याचार के संकल्पबद्ध प्रतिरोध का प्रतीक बनकर उपस्थित हुआ है।

अपने उपन्यासों में उपाध्याय जी उग्र मार्क्सवादी विचारधारा से प्रभावित हैं और वे इस विचारधारा के उदाहरण के रूप में अपने कथासंसार की रचना करते हैं। इस कारण यह कथासंसार आश्वस्तकारी और पाठक की संवेदना को जगाने में समर्थ नहीं हो पाया है।

जाग मछन्दर गोरख आया और *जोगी मत जा* में उपाध्याय जी ने मध्यकालीन तन्त्रसाधना तथा तत्कालीन समाज-व्यवस्था का चित्रण किया। पर किसी स्पष्ट विजन के अभाव में ये उपन्यास कोई उपलब्धि नहीं बन पाये हैं।

1967 ई. में ही मायानन्द मिश्र का *माटी के लोग : सोने की नैया* नामक उपन्यास

प्रकाशित हुआ जिसमें कोशी अंचल के एक गाँव को उसके समस्त परिवेश में प्रस्तुत करने का प्रयास किया गया है। पर रचनात्मक दृष्टि से इसमें कोई वैशिष्ट्य नहीं है। इसके लगभग तीन दशक बाद 1990 ई. में मिश्र जी के तीन उपन्यास *प्रथमं शैलपुत्री च, मन्त्रपुत्र* तथा *पुरोहित* (1999) प्रकाशित हुए जिनमें भारतीय इतिहास और संस्कृति के आदि रूप को पहचानने की कोशिश की गयी है। *प्रथमं शैलपुत्री च* में ई.पू. बीस-अट्ठारह हजार वर्ष की कालावधि में भारत में मानव विकास की और *मन्त्रपुत्र* में ऋग्वैदिक काल में हुए आर्य-अनार्य संघर्ष, उनके सांस्कृतिक समन्वय तथा सरस्वती तट से यमुना नदी तक आर्यों के प्रसार और आर्यावर्त के जन्म की गाथा प्रस्तुत की गयी है। इनमें से प्रथम का आधार नृतत्त्वशास्त्र के सिद्धान्त और दूसरे का आधार हड़प्पा और मोहनजोदरो की पुरातात्त्विक खुदाइयों से प्राप्त निष्कर्ष हैं। *पुरोहित* में ई.पू. 1200-1000 के युग की कहानी प्रस्तुत की गयी है जिससे उस काल की शिक्षा, पौरोहित्य, कृषि, शासन और जीवन-दर्शन का परिचय मिलता है। उपन्यासकार ने इस सामग्री का गम्भीरता के साथ मनन किया है और उसके आधार पर एक पर्याप्त विश्वसनीय और मार्मिक कथासंसार का निर्माण किया है। उपन्यासकार को पुराकालीन तथ्यों को सजीव रूप में प्रस्तुत करने तथा भारतीय संस्कृति की विकास गाथा को विश्वसनीय और यत्किंचित् मौलिक रूप देने में सफलता मिली है।

1968 ई. में शशिप्रभा शास्त्री (ज.1923) का पहला उपन्यास *अमलतास* प्रकाशित हुआ। इस उपन्यास में एक अभिजात वर्ग की उपेक्षित-अवमानित स्त्री की कथा प्रस्तुत की गयी है जो परम्परागत भारतीय पत्नी की भूमिका ईमानदारी के साथ निभाने पर भी पति का प्रेम और सम्मान नहीं प्राप्त कर पाती और परित्यक्ता का जीवन व्यतीत करने को बाध्य है। उपन्यास में पत्नी की पीड़ा और भावनात्मक संघर्ष का अंकन किया गया है, पर वह बहुत प्रभावी नहीं बन पाया है। अन्ततः पति के दुर्भाग्यग्रस्त होने पर पत्नी को उसके प्रति निष्ठावान दिखाकर लेखिका ने एक परम्परागत, अप्रासंगिक हो गए मूल्य का ही समर्थन किया है।

शशिप्रभा शास्त्री के अन्य प्रकाशित उपन्यास हैं–*नावें* (1974), *सीढ़ियाँ* (1976), *परछाइयों के पीछे* (1979) *ककरेखा* (1983), *परसों के बाद* (1985), *ये छोटे महायुद्ध* (1988), *उम्र एक गलियारे की* (1989), *मीनारें* (1992), *हर दिन इतिहास* (1995) आदि। *परछाइयों के पीछे* में एक ऐसी स्त्री की विवश जिन्दगी का चित्रण किया गया है जो जीने की तमाम शर्तों को स्वीकार करने के बावजूद जीवन में सुखी नहीं हो पाती। पढ़ी-लिखी और आर्थिक रूप से स्वावलम्बी होने पर भी वह मानसिक रूप से परम्परागत नारी चरित्र-संहिता से आक्रान्त है। स्त्री के चरित्र पर शक करना और उसे शारीरिक और मानसिक यातना देना पुरुष अपना अधिकार समझता है और स्त्री इस स्थिति में जीने को अपनी नियति मानती है। यही इस उपन्यास का विषय है। *ये छोटे महायुद्ध* में दो पीढ़ियों की लालसाओं, इच्छाओं और महत्त्वाकांक्षाओं के टकराव तथा परिवार के सदस्यों के बीच टूटन, बेचैनी, अवसाद आदि का चित्रण प्रमुखता के साथ हुआ है।

मीनारें में शशिप्रभा शास्त्री नारी सम्बन्धी प्रश्नों को अतिक्रमित कर व्यापक यथार्थ की दुनिया में प्रवेश करती है। इस उपन्यास में लेखिका ने शिक्षा जगत् में व्याप्त भ्रष्टाचार, गुंडागर्दी, राजनीतिक हस्तक्षेप आदि का चित्रण किया है। गैर सरकारी कॉलेजों की व्यवस्था

भ्रष्ट, अहंकारी और कुंठाग्रस्त कालाबाजारियों और धनलोलुप सेठों के हाथ में चली गयी है। शिक्षा संस्थान ज्ञान के मन्दिर न रहकर व्यवसाय बन गये हैं। दूसरी समस्या कॉलेज प्राचार्य के शिक्षक न रहकर प्रशासक बन जाने से पैदा होती है। प्राचार्य, शिक्षकों और छात्रों के बीच संवाद की स्थिति समाप्त हो जाने पर जो समस्याएँ पैदा होती हैं, उनका लेखिका ने सटीक उत्तर दिया है।

पर शशिप्रभा शास्त्री के औपन्यासिक विजन का धुँधलापन उनके उपन्यासों को साधारण से ऊपर नहीं उठने देता। शिल्प और भाषा की दृष्टि से भी उनमें कोई वैशिष्ट्य नहीं है।

सातवें दशक में काफ्का, कामू, सार्त्र आदि के प्रभाव से हिन्दी कथा साहित्य भी अमूर्तन का शिकार हुआ था। मोहन राकेश के अन्तिम दो उपन्यासों में इस प्रभाव की झलक देखी जा सकती है। पर इसके सबसे दयनीय शिकार गंगा प्रसाद विमल (ज.1939) हैं, जिन्होंने *अपने अपने से अलग* (1969), *कहीं कुछ और* (1971), *मरीचिका* (1973), *मृगान्तक* (1978) आदि उपन्यासों में मात्र नयेपन के आकर्षण से अमूर्तन का सहारा लिया। *अपने से अलग* में उन्होंने गाँव के परिवेश में एक ऐसे परिवार का चित्र प्रस्तुत किया है जिसके सभी पात्र 'बीमार' हैं; शारीरिक रूप से कम, मानसिक रूप से अधिक। इस सामूहिक मानसिक अस्वास्थ्य का कारण 'पिता' है, जो आदमी नहीं प्रेत की तरह दिखाई पड़ता है। इस औपन्यासिक संसार के सारे पात्र हमारे लिए अजनबी प्रतीत होते हैं। कोई भी स्थिति स्पष्ट रूप में सामने नहीं आती। यह अमूर्तन अपने समय के किसी त्रासद दबाव, मनोवैज्ञानिक दृष्टि और सर्जनात्मक प्रतिभा का परिणाम न होने के कारण निरर्थक शब्दजाल बन गया है। *कहीं कुछ और* का केन्द्रीय भाव सतत प्रतीक्षा या इन्तजार है। इस उपन्यास में प्रतीक्षारत प्राणियों की कहानी कहने की कोशिश की गयी है। सम्भवतः विमल सैमुअल बेकेट के *गोदो का इन्तजार* से प्रभावित हैं। पर विमल अनवरत इन्तजार के प्रभाव को कोई गहराई और विश्वसनीयता नहीं प्रदान कर पाये हैं। जिस प्रकार *अपने से अलग* के केन्द्र में 'पिता' है, उसी प्रकार *कहीं कुछ और* में माँ का चरित्र है। इस 'माँ' का चरित्र जटिल, विरोधाभासपूर्ण और धुँआती आग सा है। खुद को लगातार धोखा देते रहना, झूठी आशाओं में डूबे रहना और दूसरों को भी उस मृगमरीचिका में भटकाना ही उसके चरित्र को जटिल बनाता है। पर यह जटिलता विश्वसनीय नहीं बन पायी है। उपन्यास पढ़ते वक्त हम एक यथार्थ से कटे वर्तमान की विवशता का अनुभव करते हैं, जो शायद अस्तित्ववाद का प्रभाव है। यह अस्तित्ववाद गाँव के परिवेश से जबरदस्ती जोड़ दिये जाने के कारण और भी अविश्वसनीय हो गया है।

मरीचिका और *मृगान्तक* प्रतीक शैली में लिखे गये उपन्यास हैं। *मरीचिका* के तीन पात्र, कफ्फू, सन्त भजन सिंह और नरेटर 'मैं', क्रमशः संघर्ष, बलिदान और साहस जैसे जीवन मूल्यों, आजादी के बाद पनपे और सर्वत्र फैले भ्रष्टाचार और इनसे टकराती नयी पीढ़ी के प्रतीक हैं। *मृगान्तक* में प्रतीकों और फन्तासियों के माध्यम से आधुनिक समाज में व्याप्त हिंसा, आतंक, अनिश्चितता, एकाकीपन आदि का अंकन किया गया है। पर अनुभव की गहनता और संवेदनात्मक तीव्रता के अभाव में यह सारा प्रयास केवल 'प्रयोग के लिए प्रयोग' बनकर रह गया है।

गोविन्द मिश्र (ज.1939) का पहला उपन्यास *वह अपना चेहरा* 1969 ई. में और दूसरा

उपन्यास *उतरती हुई धूप* 1971 ई. में प्रकाशित हुआ। ये दोनों ही आकार की दृष्टि से लघु उपन्यास हैं और क्रमशः दफ्तरी जीवन तथा कैशोर प्रेम के अनुभवों पर आधारित हैं। *वह अपना चेहरा* में लेखक ने अपने दफ्तरी अनुभव को, जहाँ बॉस से लेकर अधीनस्थ पदाधिकारी और कर्मचारी अलग-अलग मुखौटे लगाए बनावटी आचरण के साथ जीते हैं, प्रस्तुत करने का प्रयास किया है। इस माहौल में अफसरों की पैंतरेबाजी, काँइयाँपन, नैतिक भ्रष्टाचार, कथन और आचरण का द्वन्द्व और विरोधाभास, एक दूसरे को नीचा दिखाने की मानसिकता, विरोध न कर पाने की घुटन, अपना चेहरा बचाने की हरदम कोशिश आदि का प्रामाणिक अंकन हुआ है। पर यह उपन्यास पाखंड और विडम्बना में जी रहे लोगों की, सर्जनात्मकता से भरपूर, यातना कथा नहीं बन सका है। *उतरती हुई धूप* किशोर वय के रोमांस और बाद में यथार्थ से टकराकर उसके चूर होने की सुपरिचित कथा है। उपन्यासकार ने कॉलेज परिसर में प्रेमियों के भावुकतापूर्ण रिश्ते का चटक चित्रण किया है, पर रूमानी स्पर्शों तथा इन्द्रधनुषी स्वप्नों से भरा यह सम्बन्ध कठोर यथार्थ की चोट खाकर एक झटके में समाप्त हो जाता है। इस स्वप्नभंग को उपन्यासकार ने एक मरे हुए अतीत के रूप में, जिसकी लाश नायक द्वारा ढोयी जा रही है, प्रस्तुत किया है।

1976 ई. में गोविन्द मिश्र का *लाल पीली जमीन* प्रकाशित हुआ, जिसने उन्हें एक सफल उपन्यासकार के रूप में प्रतिष्ठित किया। इसके बाद उनके *हुजूर दरबार* (1981), *तुम्हारी रोशनी में* (1985), *धीर समीरे* (1988), *पाँच आँगनों वाला घर* (1995), *फूल...इमारतें और बन्दर* (2000) आदि उपन्यास प्रकाशित हुए। *लाल पीली जमीन* में अपेक्षाकृत बड़े पैमाने पर बुन्देलखंड अंचल के खुरदुरे परिवेश और वहाँ के निवासियों की जीवन स्थिति और मानसिकता के अंकन का प्रयास किया गया है। बुन्देलखंड की लाल पीली जमीन का संकेतार्थ वहाँ के निवासियों के चरित्र पर भी लागू होता है, जिसे उपन्यास में अंकित परिवेश, लोगों के रहन-सहन, तौर तरीकों, सोचने के ढंग आदि के छोटे-छोटे नाटकीय दृश्यों के माध्यम से प्रस्तुत किया गया है। उपन्यासकार का मुख्य उद्‌देश्य अपनी जानी पहचानी जमीन के उन अर्थहीन संघर्षों का अंकन करना है जो मुहल्लों और गलियों में तीतर बटेर, लड़की, जातीय दम्भ, स्कूल की ओछी राजनीति और छोटे-छोटे स्वार्थों को लेकर होते हैं। यही बात बड़े पैमाने पर राजनीति के क्षेत्र में भी दिखाई देती है जहाँ जातीय संघर्ष के मुद्‌दे के सामने विकास के सारे मुद्‌दे समाप्त हो जाते हैं। किसी बड़े उद्‌देश्य के लिए संगठित होकर व्यवस्था से संघर्ष करने का विवेक और उत्साह किसी में नहीं है। सही राजनीतिक समझ के अभाव में राजनीति हिंसा का पर्याय बनकर रह जाती है, जिसकी अपनी कोई दिशा नहीं होती। कुल मिलाकर इस उपन्यास में गोविन्द मिश्र ने एक पिछड़े कस्बाई क्षेत्र के सामूहिक जीवन का भयावह हिंस्र चित्र प्रस्तुत किया है।

हुजूर दरबार में गोविन्द मिश्र ने अपने ही परिचित क्षेत्र की एक रियासत को कथाभूमि बनाकर देश की आजादी के कुछ पहले के काल फलक पर राजा रजवाड़ों की जीवन-पद्धति एवं मानसिकता का अंकन किया है। गोविन्द मिश्र भारतीय लोकतन्त्र की विकृतियों से इतने आहत और प्रतिक्रियावादी हो गये जान पड़ते हैं कि पुराना राजतन्त्र उन्हें अन्तिम शरण्य के रूप में दिखाई पड़ता है। वस्तुतः आठवें दशक का राजनीतिक माहौल कुछ ऐसा हो गया था जिसमें प्रजातान्त्रिक व्यवस्था ढहती हुई प्रतीत हो रही थी। हिन्दी के बहुत से लेखकों का

लोकतन्त्र में विश्वास डिग गया था। गोविन्द मिश्र पर भी इसका प्रभाव दिखाई देता है। *हुज़ूर दरबार* में 'हिज हाइनेस महाराज रुद्र प्रताप सिंह' एक प्रजावत्सल और न्यायप्रिय राजा के रूप में प्रस्तुत किये गये हैं जिनकी मृत्यु के बाद लोग बड़ी हसरत के साथ उन्हें और उनके शासन-प्रबन्ध को याद करते हैं। यहाँ प्रश्न राजा के प्रजावत्सल और न्यायप्रिय होने का उतना नहीं है जितना उस दृष्टि का है जो सामन्तवाद को गौरवान्वित करती है। सामन्तवाद की चकाचौंध में उपन्यासकार इतना भटक गया है कि 'प्रजामंडल' के माध्यम से होने वाले जन आन्दोलन को भी उसकी सहानुभूति नहीं प्राप्त हो सकी है। इसके विपरीत वह राजतन्त्र के पराभव को गहरी हार्दिकता और पीड़ा के साथ अंकित करता है।

तुम्हारी रोशनी में गोविन्द मिश्र पुनः अपने कार्यालयी और प्रेम के अनुभव संसार की ओर लौटते हैं और अपने प्रारम्भिक उपन्यासों की तुलना में कहीं अधिक सर्जनात्मक स्तर पर इससे जुड़ी समस्याओं और संवेदनाओं का अंकन करते हैं। *तुम्हारी रोशनी में* वे पृष्ठभूमि के रूप में दफ्तरशाही समाज का अत्यन्त प्रामाणिक चित्र प्रस्तुत करते हैं। पर इससे अधिक महत्त्वपूर्ण उनके द्वारा इस समाज में विकसित होने वाले स्त्री-पुरुष सम्बन्धों का अनुभूतिपूर्ण अंकन है। सुवर्णा नामक पात्र को केन्द्र में रखकर उन्होंने स्त्री की अस्मिता से जुड़े सवालों को गहरी संवेदनशीलता और तर्क के साथ प्रस्तुत किया है। सुवर्णा के लिए जीवन खुशी का पर्याय है, जिसे पाने के लिए वह परम्परागत दाम्पत्य संहिता की परवाह नहीं करती। उसे जीवन में ऐसे व्यक्ति की तलाश है जिसके साथ वह जीवन के हर आयाम को जी सके। अपने पति में उसे यह व्यक्ति नहीं मिला है, अतः वह अपने सम्पर्क में आने वाले व्यक्तियों में अपना सुख तलाशने का प्रयास करती है। दीपक, सोम, श्याम, अरविन्द और विशेषतः अनन्त के रूप में उसे उस सुख की प्राप्ति होती है। पर अनन्त को छोड़कर उसका कोई भी मित्र भावनात्मक रूप में उसका सहयात्री नहीं बन पाता। वह एक तरफ अपने पति और बच्चों को भरपूर प्यार देती है, पर दूसरी तरफ परम्परागत नारी-संहिता की उपेक्षा करती हुई अपने दोस्तों के साथ मुक्त आचरण करती है, जिसमें चुम्बन-आलिंगन का भी परहेज नहीं है। यद्यपि वह इस नैतिक निषेध को नहीं मानती कि पति के अलावा और किसी से काम-सम्बन्ध स्थापित नहीं किया जा सकता, पर वह संयम को अपने हाथ से नहीं जाने देती। उसे विश्वास है कि उसका पति रमेश उसे समझता है और आरम्भ में हम रमेश को इस स्थिति से उदासीन रहते हुए भी देखते हैं। पर कुछ दिन बाद उसका परम्परागत पति-बोध आक्रामक हो उठता है और वह अपने उन सारे अधिकारों का उपयोग करता है जो भारतीय पति को परम्परा से प्राप्त हैं। अपने को इस स्थिति में पाकर सुवर्णा को, और पाठक को भी, इस बात का अहसास होता है कि स्त्री के लिए परम्परागत नारी-संहिता का उल्लंघन करना सम्भव नहीं है। पर सुवर्णा इस स्थिति से विद्रोह करती है और अपने लिए नया जीवन साथी चुनने का साहस दिखाती है। इससे उपन्यासकार के आधुनिक नारी की अस्मिता और मुक्ति सम्बन्धी दृष्टिकोण का पता चलता है। उल्लेखनीय यह है कि गोविन्द मिश्र ने अपने इस विजन को संवेदना, विचार, शिल्प और भाषा के सर्जनात्मक स्तर पर प्रस्तुत किया है जिसे एक उपलब्धि के रूप में स्वीकार किया जा सकता है।

धीर समीरे में गोविन्द मिश्र कथा प्रस्तुति के एक नये अन्दाज में जीवन सम्बन्धी कुछ प्रश्नों को सामने रखते हैं। ये प्रश्न आस्था और आधुनिकता, समर्पण और स्वार्थ, सहज

जीवन और उपभोक्तावाद, अभाव की पूर्णता और सम्पन्नता की पोल, साहित्य-रचना और साहित्यिक छद्म, नारी नियति और मुक्ति के लिए उसके विद्रोह आदि से जुड़े हैं और उपन्यासकार ने अपने पूरे विश्वास और पूर्वग्रह के साथ इन्हें प्रस्तुत किया है। सम्भवतः गोविन्द मिश्र यह मानते हैं कि 'भारतीय मानस की मूलभूत ऊर्ध्वमुखी चेतना, जो आध्यात्मिक पृष्ठभूमि के कारण बरकरार है' समाज को उपभोक्तावाद के सैलाब से बचा रही है। उनके अनुसार आधुनिकता की चकाचौंध में 'भारतीय आध्यात्मिक अनुभव' धूमिल पड़ गया है, पर उससे पूर्णतः निस्संग नहीं हुआ जा सकता। अपने इन विचारों को उपन्यासकार ने व्रज-परिक्रमा की कथा के माध्यम से व्यक्त किया है, जिसमें कथा-प्रस्तुति की किंचित् मौलिकता तो है, पर कोई धार नहीं है। उपन्यास की केन्द्रीय पात्र सुनन्दा की कहानी संवेदनात्मकता के अभाव में अपराध कथा के निकट पहुँचती प्रतीत होती है और नन्दन की कहानी लेखक के साहित्यिक पूर्वग्रहों की अभिव्यक्ति बन गयी है।

पाँच आँगनों वाला घर में गोविन्द मिश्र ने सहयोग, सद्भाव, अनुशासन, सुरक्षा और सकून की जिन्दगी जीने वाले मध्यवर्गीय अभिजात परिवार की कथा प्रस्तुत की है, जो अपनी आधी सदी की यात्रा में किस प्रकार टूटता, बिखरता और संकीर्ण स्वार्थों की अँधेरी गलियों में भटकने को बाध्य होता है। उपन्यासकार ने उच्चमध्यवर्गीय जीवन में आए बदलाव को, जो एक विस्तृत 'क्षेत्र' से निकलकर 'अन्धी गली' के अन्त में पहुँचने की दहशत भरी यात्रा है, विश्वसनीय रूप में प्रस्तुत किया है। वह उस अतिव्यक्तिवाद का भी विरोध करता प्रतीत होता है, जो पारिवारिक जीवन को बिखराने का काम करता है। पर इस कथ्य के लिए जितने व्यापक फलक और भास्वर विजन की अपेक्षा थी वह इस उपन्यास में नहीं है। इस कारण उपन्यासकार को वर्णन की प्रविधि अपनानी पड़ी है, जो कथा संसार की प्रस्तुति के लिए कारगर नहीं होती। इस कथा संसार में विचारों, संवेदनाओं और मनःस्थितियों की जटिलता नहीं है, अतः उपन्यास 'सपाटता' का प्रभाव पैदा करता है।

अपने अब तक के अन्तिम उपन्यास *फूल...इमारतें और बन्दर* (2000) में गोविन्द मिश्र ने, *वह अपना चेहरा* और *तुम्हारी रोशनी में* की ही परम्परा में, अपने दफ्तरशाही जीवन के अनुभवों को एक ऐसी कथा में पिरो दिया है जिसके अधिकतर पात्रों को कमोबेश पहचाना जा सकता है। इस अर्थ में इसे एक औपन्यासिक संस्मरण या 'मेम्वायर' कहा जा सकता है। समकालीन दफ्तरशाही और राजनीतिक यथार्थ के चित्रण की दृष्टि से उपन्यास विश्वसनीय अन्तरंगता से भरपूर और पैना है, पर कथासंसार की रचना की दृष्टि से इसमें कोई नवीनता या उल्लेखनीयता नहीं है। 'मेम्वायर' की प्रविधि अपनाने के कारण उपन्यास में वर्णन या 'कथन' की प्रधानता हो गयी है, जिसमें पाठक के तल्लीन होने की गुंजायश बहुत कम है। मानवीय सम्बन्धों की गरमाहट, जटिल और सूक्ष्म संवेदनाओं की धड़कन, मार्मिक प्रसंगों की शृंखला यहाँ नहीं है; पर दफ्तरशाही की संवेदनारहित, मूल्यहीन, स्वार्थप्रेरित, अकड़भरी, नकली, औपचारिकतापूर्ण जिन्दगी का यह प्रामाणिक दस्तावेज है। केन्द्रीय पात्र मोहन्ती के चरित्र में परस्परविरोधी भावनाओं का द्वन्द्व और संवेदनशीलता कुछ मात्रा में है, पर इतनी नहीं कि उपन्यास को 'श्रेण्य' की पंक्ति में पहुँचा दे।

शिल्प की दृष्टि से गोविन्द मिश्र के उपन्यासों में कोई उल्लेखनीय वैशिष्ट्य नहीं है। उनमें शिल्प के प्रति 'सजगता' तो है, पर किसी विजन के अभाव में उसकी सार्थकता सन्दिग्ध

है। *लाल पीली जमीन* की भाषा आंचलिक प्रयोगों के कारण और *तुम्हारी रोशनी में* की भाषा सूक्ष्म संवेदनाओं की वाहक होने के कारण उल्लेखनीय है।

1969 ई. में ही मेहरुन्निसा परवेज (ज.1944) का *आँखों की दहलीज* और तत्पश्चात् *उसका घर* (1972), *कोरजा* (1977) और *अकेला पलाश* (1981) नामक उपन्यास प्रकाशित हुए। मेहरुन्निसा के सभी उपन्यासों की पृष्ठभूमि मध्य प्रदेश का बस्तर क्षेत्र है। इन उपन्यासों में, विशेष रूप से *कोरजा* में, बस्तर का क्षेत्र अपनी सारी भौगोलिक, ऐतिहासिक और सांस्कृतिक विशेषताओं के साथ उपस्थित है। *आँखों की दहलीज* और *कोरजा* में मुस्लिम समाज की तथा *उसका घर* में ईसाई परिवार की कहानी कही गयी है। मेहरुन्निसा को इन दोनों समाजों की प्रामाणिक जानकारी है, इसलिए वे इनकी सच्ची तसवीर प्रस्तुत करने में समर्थ हुई हैं। पर मेहरुन्निसा की विशेष औपन्यासिक पहचान इन दोनों ही समाजों में पुरुष समाज द्वारा स्त्री के देह-शोषण के संवेदनापूर्ण अंकन में निहित है। *उसका घर* में एक पीड़ित स्त्री कहती है, "औरत तो जूठा खाने की आदी ही होती है, चाहे खाने के मामले में हो, चाहे शारीरिक सम्बन्ध में हो।" मेहरुन्निसा के सभी उपन्यासों में औरत लाचारी की जिन्दगी जीती दिखाई देती है। *आँखों की दहलीज* में मातृत्व-क्षमता से रहित, एक टूटी-हारी मुसलमान युवती अनचाही परिस्थितियों में एक विवाहित युवक से रति-सम्बन्ध स्थापित करती है, जो स्वयं तो बेदाग निकल जाता है, पर लड़की मानसिक कुंठा और अवसाद की शिकार होकर दुःखद अन्त को प्राप्त होती है। यह रति-सम्बन्ध वर्जित है तो केवल स्त्री के लिए, पुरुष के लिए नहीं। स्त्री की इस नियति को *उसका घर* में और भी तीव्र अनुभूति के साथ प्रस्तुत किया गया है। इस उपन्यास का परिवेश ईसाई समाज का है, पर वहाँ भी स्त्री की स्थिति मुस्लिम या हिन्दू समाज से भिन्न नहीं है। यहाँ सगा भाई अपनी तलाकशुदा बहन को अपने बॉस की भोग्या बनने को विवश करता है। भाई हो या बॉस, दोनों के लिए स्त्री भोग की वस्तु मात्र है। *कोरजा* में भी स्त्री भिन्न-भिन्न प्रकार से पति या अन्य पुरुषों के उत्पीड़न और यौन-शोषण की शिकार बनती है। इस उपन्यास में मेहरुन्निसा परवेज ने निम्नमध्यवर्गीय मुस्लिम समाज की औरत की पीड़ा को साकार कर दिया है। औरत की इस पीड़ा में धर्म कोई फर्क नहीं करता। इसलिए मेहरुन्निसा ने इसमें एक हिन्दू स्त्री को भी शरीक कर लिया है। रब्बो, कम्मो और मोना—एक ने गरीबी की आग में अपने को झोंक दिया, दूसरी ने प्यार के लिए अपने को खत्म कर दिया और तीसरी ने अपने सुखों की आहुति दे डाली। मेहरुन्निसा परवेज ने अपने उपन्यासों में नारी-शोषण के विभिन्न रूपों को गहरी संवेदना के साथ प्रस्तुत किया है।

मेहरुन्निसा के उपन्यासों में जिस मुस्लिम समाज का चित्रण हुआ है, वह धार्मिक दृष्टि से उदार, पर सामाजिक दृष्टि से, विशेषकर स्त्री के प्रति, अनुदार है; दूसरी तरफ भारतीय ईसाई समुदाय में प्रेम और तलाक के मामले में स्त्री को आजादी है, पर धार्मिक कट्टरता उतनी ही अधिक है। धार्मिक कट्टरता किस प्रकार व्यक्ति को असहिष्णु और अमानवीय बना देती है, तथा उसकी दराँतों में युवक-युवती के सपने लहूलुहान हो जाते हैं, इसके अंकन में मेहरुन्निसा ने अद्भुत संवेदनशीलता का परिचय दिया है। इसी प्रकार स्त्री के अकेलेपन और संकीर्ण स्वार्थ वृत्ति से उपजी मानसिकता के कारण घर के उजड़ने की व्यथा को साकार करने में भी लेखिका को अच्छी सफलता मिली है।

शिल्प और भाषा की दृष्टि से मेहरुन्निसा परवेज के उपन्यासों में कोई विशेष उल्लेखनीय बात नहीं है। *कोरजा* में उपन्यास की पूरी कथा एक पात्र नसीमा के अवलोकन बिन्दु से प्रस्तुत की गयी है। यदि लेखिका वर्णनों का मोह छोड़ पायी होती तो उपन्यास अधिक पठनीय होता।

1969 ई. में ही इकबाल बहादुर देवसरे का पहला ऐतिहासिक उपन्यास *नालन्दा* प्रकाशित हुआ। अगले दशक में देवसरे के *ओरछा की नर्तकी* (1970), *मस्तानी* (1972), *बेगम हजरत महल* (1973), *जाने आलम* (1974), *नवाब बेमुल्क* (1976), *तानसेन* (1978), *गुलफाम मंजिल* (1980) आदि लगभग दस उपन्यास प्रकाशित हुए। पर इन उपन्यासों में सर्जनात्मक दृष्टि से कुछ भी नया नहीं है। सुज्ञात ऐतिहासिक और श्रुति-परम्परा से प्राप्त कथाओं को थोड़ी बहुत कल्पना का रंग देकर तथा कौतूहल-वर्धक और चटपटे प्रसंगों से जोड़कर 'उपन्यास' का रूप दे दिया गया है। इनमें इतिहास की रूढ़ अवधारणा की ही प्रधानता है और वैज्ञानिक इतिहासबोध का सर्वथा अभाव है। राजाओं की विलासिता, फिजूलखर्ची और षड्यन्त्रों का वर्णन तथा बीच-बीच में हिन्दू गौरव का आख्यान ही इनमें प्रमुख है। समकालीन ऐतिहासिक सम्भावनाओं का उपयोग तो कथाकार ने बिलकुल ही नहीं किया है। वह समकालीन युग की मानसिकता को कथाप्रसंगों से जोड़कर देखने में सर्वथा असमर्थ रहा है। अपने समय सन्दर्भों से अछूते, इतिहास के गम्भीर सरोकारों से शून्य ये उपन्यास ऐतिहासिक उपन्यास की परम्परा को किसी सार्थक रूप में आगे नहीं बढ़ाते।

1970 ई. में हृदयेश का पहला लघु उपन्यास *गाँठ* प्रकाशित हुआ जिसमें कस्बाई मध्यवर्गीय समाज के जीवन में पड़े संस्कारों और नैतिक मूल्यों की गाँठों का अंकन किया गया है। *गाँठ* के बाद आगामी तीन दशकों में हृदयेश के *हत्या* (1971), *एक कहानी अन्तहीन* (1972), *सफेद घोड़ा काला सवार* (1976), *साँड* (1981), *पुनर्जन्म* (1985), *दंड नायक* (1990), *पगली घंटी* (1995) आदि उपन्यास प्रकाशित हुए। हृदयेश के उपन्यासों की पहचान उनका कस्बाई परिवेश और उनके शीर्षकों में निहित सांकेतिकता है। स्वाधीनता प्राप्ति के बाद कस्बाई जिन्दगी में बढ़ती मूल्यहीनता हृदयेश की चिन्ता का मुख्य विषय है। *हत्या* का भोलानाथ सामाजिक मूल्यक्षय, जड़ता और परिवर्तन विरोधी शक्तियों के प्रतीक के रूप में प्रस्तुत किया गया है। पूरा उपन्यास भोलानाथ द्वारा की गयी हत्याओं के प्रसंगों से भरा है, जो न केवल व्यक्तियों की वरन् मानवीय मूल्यों की भी हत्याएँ हैं। उपन्यास के अन्त में एक पात्र शिवनारायण की हत्या पर जो फैसला छपा है वह आजादी के बाद की सामाजिक विडम्बना और नैतिक स्खलन पर एक संकेतपूर्ण और तीखी टिप्पणी है। *सफेद घोड़ा काला सवार* में भी अदालतों में फैले भ्रष्टाचार और उनमें होने वाले न्याय के नाटक पर तीखी टिप्पणी की गयी है जो व्यंग्य और सांकेतिकता से जुड़कर प्रभावशाली बन गयी है। *पगली घंटी* का विषय भी लगभग यही है, पर उसमें एक जेल का परिवेश है। *साँढ़* में हृदयेश शिक्षण संस्थाओं में व्याप्त भ्रष्टाचार का अंकन करते हैं। इस उपन्यास के केन्द्रीय पात्र साहू सीताराम ने धर्म और जन कल्याण के नाम पर कस्बे में एक साँढ़ छोड़ रखा है जो बाजार में आतंक और उत्पात मचाए रहता है, पर कोई उसे छू नहीं सकता, क्योंकि वह साहू जी का साँढ़ है। इसी प्रकार उन्होंने 'लोक सेवा' से प्रेरित होकर कतिपय शिक्षण संस्थाएँ भी खोल रखी हैं, जिनके अधिकारी छुट्टे साँढ़ ही हैं, जो आसपास के लोगों का जीना मुश्किल किए रहते

हैं। साँढ़ अराजकता और धार्मिक पाखंड का प्रतीक है। कथ्य के अन्त में साँढ़ की हत्या दिखाकर उपन्यासकार ने अपनी आशावादिता का संकेत किया है। साथ ही यह धार्मिक और सांस्कृतिक पाखंड की भी हत्या है। *दंड नायक* में केन्द्रीय पात्र को अपने सहज अधिकारों के लिए व्यवस्था से हिंसक संघर्ष पर उतरते दिखाया गया है। कुल मिलाकर हृदयेश के उपन्यासों में आजादी के बाद कस्बाई जीवन में पनपी मूल्यहीनता और संघर्ष की मानसिकता का अंकन ही प्रमुख है।

1970 ई. में ही मॉरिशस के हिन्दी लेखक अभिमन्यु अनत (ज.1937) का लघु उपन्यास *और नदी बहती रही* प्रकाशित हुआ। अगले दशकों में अभिमन्यु अनत के लगभग डेढ़ दर्जन उपन्यास प्रकाशित हुए, जिनमें मॉरिशस के जीवन के अनेक पक्षों का उद्घाटन हुआ है। किसी विदेशी लेखक द्वारा उसके अपने देश के सम्बन्ध में हिन्दी में उपन्यास लिखने का यह प्रथम प्रयास अपने आपमें उल्लेखनीय है। हिन्दी पाठकों के लिए इन उपन्यासों का महत्त्व इस दृष्टि से भी है कि मॉरिशस के पचास प्रतिशत से अधिक निवासी भारतीय हैं, जिनके साथ उनका गहरा सांस्कृतिक सम्बन्ध है।

कथ्य की दृष्टि से अभिमन्यु अनत के उपन्यासों को तीन श्रेणियों में विभाजित किया जा सकता है। उनके अधिकतर लघु उपन्यास मॉरिशस के स्वतन्त्रता प्राप्त करने के बाद की जीवन-स्थितियों पर आधारित हैं। इन उपन्यासों में *आन्दोलन* (1971), *एक बीघा प्यार* (1972), *जम गया सूरज* (1973), *तपती दोपहरी* (1977), *कुहासे का दायरा* (1978), *हड़ताल कब होगी* (1979), *अपनी अपनी सीमा* (1983), *लहरों की बेटी* (1995) आदि उल्लेखनीय हैं। इन उपन्यासों में मॉरिशस की आजादी के बाद पुरानी पीढ़ी के मध्यवर्गीय किसानों के परम्परागत नैतिक मूल्यों और विश्वासों से परिचालित सुखद-सामंजस्यपूर्ण जीवन, अन्तरजातीय प्रेम और विवाह तथा मध्यवर्गीय नैतिक मूल्यों में जकड़े रहने के कारण लड़के-लड़कियों के प्रेम और विवाह की समस्या आदि का अंकन मिलता है। इसके साथ ही समाज में व्याप्त आर्थिक विषमता, गरीब किसानों की आर्थिक दुरवस्था, बिचौलियों द्वारा किसानों का शोषण, महँगाई, शिक्षितों की बेकारी, मध्यवर्गीय परिवारों में आर्थिक कारणों से उत्पन्न होने वाले तनाव और कुढ़न, पत्नी पर पति के अत्याचार, समाज तथा राजनीति में जातिवाद, भाई-भतीजावाद, राजनीतिक भ्रष्टाचार, राजनेताओं का सत्तामोह और उनकी भ्रष्टाचारलिप्तता, राजनीति में गुंडागर्दी का प्रवेश और इन कारणों से उभरते युवा आन्दोलन, मजदूर आन्दोलन आदि का बेबाक चित्रण भी इन उपन्यासों में हुआ है। इन समस्याओं को देखते हुए मॉरिशस भारत का छोटा रूप जान पड़ता है। अन्तर केवल यह है कि मॉरिशस बाजारवाद का शिकार हो चुका है जिसकी ओर भारत अभी कदम बढ़ा ही रहा है।

अनत के दो उपन्यासों, *शेफाली* (1979) और *अपनी ही तलाश* (1982), में मॉरिशस के आधुनिक नगरीय जीवन का अंकन हुआ है। *शेफाली* एक संवेदनशील वेश्या की कथा है। *अपनी ही तलाश* में बाजारवाद की संस्कृति से उपजे उपभोक्तावाद, मुक्त रति, बलात्कार, कालाबाजारी, मादक द्रव्यों की तस्करी, काला धन की जमाखोरी आदि का अंकन किया गया है।

अनत के कुछ उपन्यासों में मॉरिशस की स्वतन्त्रता (1968) से पूर्व की जीवन-स्थितियों का भी अंकन हुआ है। 1934 ई. में भारत से 'गिरमिटया मजदूर' के रूप में भारतीय मजदूरों

का मॉरिशस में आगमन शुरू हुआ था। बाद में भी यह क्रम जारी रहा। 1920 ई. तक यह संख्या लगभग साढ़े चार लाख हो गयी, जिनमें से लगभग तीन लाख, गोरों के अमानवीय अत्याचार सह कर भी, वहीं रह गये। इन मजदूरों को जिस प्रकार ब्रिटिश और फ्रांसीसी सामन्तों तथा उनकी सरकारों के शोषण और दमन का शिकार होना पड़ा वह मानव इतिहास का एक काला पक्ष है। *लाल पसीना* (1977) में इसी शोषण और दमन तथा भारतीय मजदूरों की संघर्ष गाथा (ल.1835-1900) प्रस्तुत की गयी है। उपन्यास के आरम्भ में भारतीय मजदूरों की दासों जैसी नारकीय स्थिति और गोरों के राक्षसी जुल्म का बड़ा प्रभावशाली अंकन किया गया है। इस नारकीय जीवन के भीतर से उभरती संघर्ष चेतना, लड़ने की ताकत और नयी जिन्दगी प्राप्त करने के स्वप्न का अंकन भी विश्वसनीयता के साथ हुआ है। 1901 ई. में गाँधी जी अफ्रीका से भारत लौटते समय मॉरिशस गये थे और उन्होंने वहाँ के भारतीयों को संघर्ष की एक नयी प्रेरणा दी थी। यद्यपि मॉरिशस के कुछ विद्वान् इस तथ्य को प्रामाणिक नहीं मानते पर इतना तो मानना ही पड़ेगा कि मॉरिशस में भारतीय मजदूरों का शोषण और दमन गाँधी जी की चिन्ता का विषय था। उन्हीं की प्रेरणा से मणिलाल डॉक्टर 1907 ई. में बड़ौदा से मॉरिशस गये थे और चार वर्षों तक वहाँ के गोरों के साथ भारतीय मजदूरों के संघर्ष में उनका साथ दिया था। उसके बाद पं. आत्माराम विश्वास, स्वामी मंगलापुरी, स्वतन्त्रतानन्द, मेहता जैमिनी आदि ने इस संघर्ष में योगदान किया था। 1925 ई. में भारतीय प्रतिनिधि कुँवर महाराज सिंह मॉरिशस गये थे और उन्होंने भारतीय मजदूरों पर अपनी रिपोर्ट तैयार की थी। इन्हीं तथ्यों को आधार बनाकर अभिमन्यु अनत ने *गाँधी जी बोले थे* (1984) नामक उपन्यास लिखा, जिसमें बीसवीं शताब्दी के प्रथम चरण में मॉरिशसवासियों के राजनीतिक संघर्ष का चित्रण किया गया है। मॉरिशस के एक विद्वान्, प्रह्लाद रामशरण, के अनुसार वासुदेव विष्णु दयाल की अवधारणाओं पर आधारित होने के कारण *गाँधी जी बोले थे* में बहुत सी ऐतिहासिक असंगतियों का समावेश हो गया है। (इन्द्रधनुष, अगस्त, 1999) *और पसीना बहता रहा* इस शृंखला की तीसरी कड़ी है।

औपन्यासिक विजन और शिल्प की दृष्टि से अभिमन्यु अनत शबनम के उपन्यास हिन्दी उपन्यास में कुछ नया तो नहीं जोड़ते, पर कथ्य की नवीनता और भाषा की सजीवता की दृष्टि से वे अवश्य ही उल्लेखनीय हैं। अनत भोजपुरीभाषी हैं, और उन्होंने परिनिष्ठित हिन्दी में ठेठ भोजपुरी शब्दों और मुहावरों का बहुत ही सर्जनात्मक उपयोग किया है।

सातवें दशक में कुछ ऐसे उल्लेखनीय उपन्यास प्रकाशित हुए थे, जिनके लेखक उपन्यासकार के रूप में बहुत प्रसिद्ध नहीं हैं। साहित्य के इतिहास में ऐसे लेखकों को 'महान् गौण' की संज्ञा दी जाती है। हम इन्हें 'उल्लेखनीय गौण' तो कह ही सकते हैं। इस कोटि के उपन्यासकारों में राजकमल चौधरी, गिरीश अस्थाना, मुक्तिबोध आदि आते हैं। इस दशक में राजकमल चौधरी (ज.1929) के *नदी बहती थी* (1961), *शहर था शहर नहीं था* (1966), *देहगाथा* (1966), *मछली मरी हुई* (1966) आदि लघु उपन्यास प्रकाशित हुए। बाद में (मृत्यु, 1967) उनके दो उपन्यास *बीस रानियों के बाइस्कोप* (1972) और *अग्नि स्नान* (1978) प्रकाशित हुए। *एक अनार : एक बीमार* लगभग दस हजार शब्दों की लम्बी कहानी है, जो सम्भवतः 1965 ई. पहले कहानी के रूप में और 1972 ई. में बीस रानियों के बाइस्कोप के साथ 'लघु उपन्यास' के रूप में प्रकाशित हुआ था। (*तीसरा आदमी* को भी प्रकाशकों

के विज्ञापनों में उपन्यास कहा गया है।)

राजकमल चौधरी अकवितावादी धारा के कवि थे और उसका प्रभाव उनके उपन्यासों पर भी दिखाई पड़ता है। उनका अनुभव संसार मसूरी, कलकत्ता, बम्बई और पटना के नगरीय जीवन से सम्बद्ध है, जिसमें शराब और सेक्स में आकंठ निमग्न समृद्ध या भोगवादी किस्म के पत्रकार, लेखक, मन्त्री, ठेकेदार, दलाल और नौकरशाह, रति-कर्म से जीविकोपार्जन करने वाली यौन-रोग ग्रस्त लड़कियाँ, गलाकाटू प्रतियोगिता में रत उद्योगपति और व्यापारी, फिल्मी दुनिया के सफल या पिटे लोग, समलैंगिकता की मनोवृत्ति से ग्रस्त स्त्रियाँ, मानसिक कुंठाओं के शिकार स्त्री-पुरुष आदि हैं। इस समाज में परम्परागत नैतिक मूल्यों या आचार-संहिताओं के लिए कोई स्थान नहीं है। मुक्त सम्भोग, निर्बाध मदिरापान, बलात्कार, आचारगत पाखंड, आर्थिक-राजनीतिक भ्रष्टाचार, धार्मिक पाखंड आदि इस समाज की जीवन-पद्धति है। परम्परागत नैतिक मूल्यों, जीवन के प्रति आस्था, विश्वास, अतीत की विरासत आदि के प्रति अस्वीकार का भाव उनके उपन्यासों में शुरू से आखीर तक विद्यमान है। आज की जिन्दगी का बिखराव और दिशाहीनता, बन्धन के प्रति विद्रोह, प्रेम, दाम्पत्य-सुख, परिवार, समाज, सब कुछ के प्रति अनास्था और अस्वीकार का भाव उनके उपन्यासों का मूल कथ्य है। उनके उपन्यासों में व्यक्ति और समाज के जीवन के वे सच प्रस्तुत किये गये हैं, जो परम्परागत संहिता में 'वर्जित क्षेत्र' माने जाते हैं। इस प्रकार ऊपर से देखने पर राजकमल चौधरी का औपन्यासिक संसार एक बदबूदार नाली की तरह है जिसमें घिनौने और जहरीले कीड़े कुलबुला रहे हैं। पर इसके भीतर उपन्यासकार की पीड़ित संवेदना अन्तर्धारा की तरह प्रवाहित है। स्त्री के यौन और आर्थिक शोषण के प्रति लेखक बहुत ही संवेदनशील है। कतिपय आलोचकों का मत है कि राजकमल चौधरी के उपन्यासों में सामाजिक चेतना का अभाव है। पर ऐसी बात नहीं है। *नदी बहती थी* में उपन्यासकार कहता है कि आज का सारा समाज 'अफीम का मरीज है। ...अपने को दबाने के लिए, अपने को बेचने के लिए, अपने को मारने के लिए यहाँ तरह-तरह के अफीम हैं।... हमें पता नहीं चल रहा है कि वक्त हमें किन चक्कियों में पीस रहा है।' यह कथन लेखक की सजग चेतना का प्रमाण है। *नदी बहती थी* में राजनीतिक-सामाजिक विद्रूपताओं का भी गहरा बोध है, पर उनसे जूझने के लिए पात्रों के पास कोई स्पष्ट मूल्य दृष्टि नहीं है। इस कारण यह असन्तोष दिशाहीन और अराजक हो गया है।

मछली मरी हुई चौधरी का सर्वश्रेष्ठ उपन्यास है जिसे आलोचकों और प्रकाशकों ने समलैंगिकतावादी स्त्रियों के व्यवहार और मानसिकता को प्रस्तुत करने वाला उपन्यास कह कर सन्तोष कर लिया है। पर समलैंगिकता *मछली मरी हुई* का केन्द्रीय विषय नहीं है। इसके केन्द्र में निर्मल पद्मावत नाम का एक चरित्र है, जो असाधारण है। उसकी इस अ-साधारणता को सजीव बनाने में कथाकार को अद्भुत सफलता मिली है। यह हिन्दी उपन्यास का एक अविस्मरणीय चरित्र है। हिंस्र पशुता और संवेदनशीलता का, आक्रामकता और उदासी का, सजगता और अजनबीपन का, शक्ति और दुर्बलता का, ऐसा दुर्लभ मिश्रण हिन्दी के शायद ही किसी उपन्यास में मिलेगा। विरोधों के सामंजस्य में सच्ची कला का रूप निखरता है। वह राजकमल चौधरी में है।

उपन्यासकार ने महानगर कलकत्ता के उद्योग जगत् की भी प्रामाणिक और सजीव तसवीर प्रस्तुत की है। गौण विषय के रूप में समलैंगिक स्त्रियों के रति-आचरण का भी

उपन्यासकार ने सजीव अंकन किया है। इस चित्रण में ठनकती हुई शब्दावली और मछली के प्रतीक का ऐसा सर्जनात्मक प्रयोग किया गया है कि समलैंगिक रति-व्यापार तनिक भी फूहड़ नहीं हुआ है। इन पात्रों को लेखक की करुणा सर्वत्र सींचती रहती है। *मछली मरी हुई* के अधिकांश पात्र मानसिक बीमारी के शिकार हैं, पर उपन्यासकार ने उनके कारणों का निर्देश कर अपनी सामाजिक प्रतिबद्धता का परिचय दिया है। यह प्रतिबद्धता उद्योगपतियों के व्यावसायिक षड्यन्त्र, भ्रष्ट आचरण आदि की विवेकपूर्ण आलोचना के रूप में भी दिखाई देती है। इस उपन्यास के केन्द्रीय पात्र निर्मल पद्मावत की कर्मठता, मजदूरों के प्रति उदार दृष्टिकोण, छद्म आचरण के प्रति घृणा, किसी भी हालत में रिश्वत न देने की दृढ़ता, ऊपर से हिंस्र जानवर जैसा दिखने पर भी अपनी माँ, पत्नी और अन्य स्त्रियों के प्रति गहरी संवेदनशीलता, ये सारी बातें उपन्यासकार के गहरे नैतिकता-बोध के प्रमाण हैं।

बीस रानियों के बाइस्कोप में बम्बई के फिल्म जगत् की कहानी विश्वसनीय और संवेदनात्मक रूप में प्रस्तुत की गयी है। यह 'बदसूरत चीजों और बदसूरत सच्चाइयों' की कहानी है। इस छलकपट, उठापटक और देहव्यापार की व्यावसायिक दुनिया में सच्चे कलाकारों की असफलता की त्रासदी प्रस्तुत करना उपन्यासकार का लक्ष्य है।

राजकमल चौधरी के औपन्यासिक शिल्प में कोई नवीनता नहीं है। कथा को अतीत और वर्तमान में एक साथ संचरण कराने की प्रविधि का उन्होंने प्रयोग किया है, पर उसमें कोई आकर्षण नहीं है। कुछ उपन्यासों में निरर्थक बिखराव और अनावश्यक विवरण भी कथा प्रवाह को बाधित करते हैं। पर भाषा, विशेषकर *मछली मरी हुई* की, बहुत ही समर्थ और सर्जनात्मक है। स्थितियों और मनोभावों को उनके वास्तविक रूप में प्रस्तुत कर देने वाली यह भाषा बेजोड़ कही जा सकती है। इसमें सजावट बिलकुल नहीं है, पर सटीक शब्दों और उपमानों के चुनाव में ऐसी समझदारी दिखाई गयी है, जो भाषा में जान ला देती है। छोटे-छोटे और प्रायः क्रियापदों से रहित वाक्य भाषा में तबले की ठनक का प्रभाव पैदा कर देते हैं।

लगभग राजकमल चौधरी की ही परम्परा में रमेश बक्षी (ज.1936) का *अठारह सूरज के पौधे* (1965) नामक उपन्यास प्रकाशित हुआ। स्वयं लेखक की स्वीकारोक्तियों के अनुसार यह 'परम्परा के प्रति संचित घृणा', 'युवा शरीर की आदिम झल्लाहट', 'युवा पीढ़ी की त्रासदी' आदि की अभिव्यक्ति का प्रयास है। लेखक के अनुसार यह उपन्यास मध्यवर्ग के क्षोभ और विद्रोह भरे युवक की मानसिकता की अभिव्यक्ति है। इस उपन्यास का केन्द्रीय पात्र 'मैं' एक दब्बू, कायर, भगोड़ा, निर्णयहीन, पराधीन, विवश युवक और उसके माँ-बाप मध्यवर्ग की दकियानूसी मानसिकता के शिकार हैं। कथाकार की मान्यता है कि मध्य वर्ग की पूरी युवा पीढ़ी ही इस नियति की शिकार है, जो एक गलत शुरुआत से अभिशप्त जिन्दगी जीने को बाध्य होती है। पर लेखक इसे 'युवा वर्ग का शान्त विद्रोह' मानता है। दिग्भ्रमित युवा पीढ़ी की त्रासदी और विद्रोह को चित्रित करने के लिए ही 'भागने की शैली', 'निरर्थक, अनिर्धारित रेल-यात्रा' की प्रविधि का प्रयोग किया गया है। लेखक मानता है कि सर्वथा निष्फल लगने वाली यात्राओं के बीच से निकला हुआ सफर ही उसके उपन्यास का दर्शन है। यह अपने अस्तित्व की रक्षा के लिए लिया गया युवा पीढ़ी का एकमात्र सहारा है। यह उसके 'घटिया समाज' द्वारा दी हुई चुनौती है जिससे निरन्तर जूझते रहना ही उसकी नियति है।

प्रश्न है, इस नपुंसक विद्रोह का कारण क्या है? उपन्यास की कथा से संकेत मिलता है कि इसके मूल में माता-पिता द्वारा, बेटे की भावनाओं का बिना कोई ध्यान रखे, अपनी पसन्द के अनुसार, विवाह कर देना है। इस प्रकार उपन्यास में चित्रित युवा विद्रोह को विवाह-संस्था के सन्दर्भ में केन्द्रित कर दिया गया है, जो किसी मूल्यवान विजन की प्रतीति नहीं कराता। यह सही है कि आधुनिक समाज में विवाह का यह रूप अपनी सार्थकता खो चुका है, पर इसके विरोध में लेखक जो तर्क देता है वे बहुत साधारण और लचर हैं। वैचारिक धरातल पर प्रस्तुत किये गये लेखकीय आग्रह विश्वसनीय नहीं बन पाए हैं। इस कथ्य की अभिव्यक्ति के लिए जिस शिल्प और भाषा का इस्तेमाल किया गया है, वह 'असाधारण' और अनावश्यक है। लेखक ने इसे 'अ-कथा' का शिल्प घोषित किया है, जिसमें केन्द्रीय पात्र रेल में पठानकोट से बम्बई की यात्रा करता हुआ अपने 'बीते हुए अतीत की जुगाली' करता है। यह शिल्प खंड-चित्रों वाला शिल्प है, जहाँ 'मैं' के अन्तर्मन में उसके बचपन, परिवार और परिवेश की अतीत स्मृतियाँ कौंधती हैं। पर गाड़ी की लय और गति के लिए लेखक ने जिन ध्वनियों और शब्दों को बार-बार दुहराया है, उसमें कोई शिल्पगत उपलब्धि नहीं दिखाई पड़ती।

गिरीश अस्थाना का *धूपछाँही रंग* (1970) भी इस अवधि का एक श्रेष्ठ उपन्यास है। युद्ध और दफ्तर की जिन्दगी का इतने बड़े पैमाने पर चित्रण हिन्दी के किसी अन्य उपन्यास में नहीं हुआ है। अनुभव की प्रामाणिकता, आसपास की चीजों के प्रति गहरी संवेदना, वस्तुओं को उनके सूक्ष्म ब्योरों के साथ प्रस्तुत कर देने की क्षमता, कथन की भंगिमा और सारे उपन्यास में व्याप्त एक सहजता का अन्दाज, ये सारी बातें पाठक को एक सुखद अनुभव से गुजारती हैं। उपन्यास में मुख्यतः दो विषय हैं, जो एक कलाकार की संवेदना से जुड़कर सार्थकता अर्जित करते हैं। इसके प्रथम खंड में द्वितीय महायुद्ध में जर्मनी और इटली की सेनाओं से लड़ती भारतीय फौज का चित्रण किया गया है। उपन्यासकार ने चित्रकार सुकान्त के माध्यम से, जो इस युद्ध का चश्मदीद गवाह है, सैनिकों की भरती से लेकर युद्ध के अन्तिम परिणाम तक का बहुत सजीव चित्रण किया है, जो हिन्दी के किसी अन्य उपन्यास में नहीं मिलता। उल्लेखनीय यह है कि इस युद्ध-वर्णन में मानवीय संवेदना का पक्ष शुरू से अन्त तक विद्यमान है। युद्ध से आहत होने वाली मानवीय भावनाओं के अंकन में लेखक ने अद्भुत संवेदनशीलता का परिचय दिया है। ब्रिटिश और भारतीय सैनिकों के बीच के सूक्ष्म तनाव, गोरों की धूर्तता और उनके जातीय दम्भ का संकेत देने में भी उपन्यासकार ने कलात्मक संयम का उदाहरण पेश किया है। उपन्यास के दूसरे खंड में उद्योगपतियों के समाज का चित्रण है और यहाँ भी उपन्यासकार उतनी ही प्रामाणिकता और सूक्ष्मता से उद्योगपतियों के आपसी दाँवपेच, उठापटक, तिकड़म और भ्रष्टाचार का चित्रण करता है। हिन्दी के किसी अन्य उपन्यास में 'नविनिप्रम' जैसे व्यावसायिक प्रतिष्ठान तथा उद्योगपतियों के जीवन का ऐसा चित्रण नहीं मिलता।

इन दोनों कथाओं को जोड़ने वाले पात्र सुकान्त के परिवेश को उपन्यासकार ने जीवन्त रूप में प्रस्तुत किया है, जिससे पूरे उपन्यास के कथासंसार को अपेक्षित संगति प्राप्त हो गयी है। सुकान्त के मध्यवर्गीय परिवेश का, रेलवे ऑफिस में काम करने वाले उसके पिता और आसपास की जिन्दगी का, उसके अपने ही घर के घुटनपूर्ण वातावरण और द्वितीय विश्वयुद्ध

से उत्पन्न सरगर्मी का उपन्यास में जीवन्त वर्णन हुआ है। घर के विषाक्त वातावरण से ऊब कर तथा पेंटिंग द्वारा जीविकोपार्जन की सम्भावना न देखकर वह फौज में भरती हो जाता है। इसके बाद शुरू होती है, उसकी फौज की जिन्दगी, जिसका लगभग साढ़े तीन सौ पृष्ठों में रोचक चित्रण किया गया है। युद्ध की समाप्ति पर छँटनी हो जाने के बाद उसकी गर्दिश का भी उपन्यासकार ने प्रभावी अंकन किया है। इसके बाद उसे 'नविनिप्रम' में नौकरी मिलती है और इस बहाने फिर लगभग तीन सौ पृष्ठों में कलकत्ता के पूँजीपति-उद्योगपति समाज का चित्र सामने आता है। इस भयंकर प्रतियोगिता और आपाधापी से भरे पूँजीपति समाज में बुद्धिजीवी शिक्षित वर्ग अपनी भावना, बुद्धि और संस्कार को गिरवी रखकर, अनेक प्रकार के तनावों को झेलता हुआ घोर मानसिक अशान्ति के मूल्य पर शामिल होता है और एक दिन अपनी सारी ऊर्जा गँवा कर ईख की सिट्ठी की तरह फेंक दिया जाता है। बुद्धिजीवी वर्ग के लिए यह चुनौती आज के बाजारवाद की दुनिया में कितनी कठिन होती जा रही है, इसकी तरफ कथाकार ने बिना अपनी ओर से कुछ कहे संकेत कर दिया है।

धूपछाँही रंग में उपन्यासकार एक साथ जितने अधिक पात्रों को निजी व्यक्तित्व प्रदान करने में समर्थ हुआ है, वह उसकी दुर्लभ उपलब्धि है। सुकान्त, शहनाज, डंडास्वामी, मृणाल, जॉन, विक्रम सेठ जैसे संवेदनशील पात्र किसी एक उपन्यास में आसानी से नहीं मिलते। लगभग सात सौ पृष्ठों के इस उपन्यास की पठनीयता का कारण संवेदनशील पात्रों का समृद्ध संसार और मार्मिक प्रसंगों की बहुल योजना ही है। सटीक और व्यंजनाशक्ति सम्पन्न सर्जनात्मक भाषा की दृष्टि से *धूपछाँही रंग* प्रेमचन्द, अज्ञेय, जैनेन्द्र, अमृतलाल नागर आदि के उपन्यासों के समकक्ष है।

इस कोटि के 'गौण पर उल्लेखनीय' उपन्यासों में गजानन माधव मुक्तिबोध कृत *विपात्र* (1970) भी परिगणनीय है। लगभग पच्चीस हजार शब्दों की यह कथापुस्तक 'उपन्यास' कही जा सकती है या नहीं, यह विवादास्पद है। वस्तुतः मुक्तिबोध की लम्बी कविताओं की तरह ही *विपात्र* एक लम्बी 'कथा' है, जिसमें कथा का आधार बहुत क्षीण और मध्यवर्गीय मानस की आस्था, वैचारिक ऊहापोह, आत्म भर्त्सना, उच्च और निम्न वर्ग के प्रति दृष्टिकोण, सामाजिक अन्तर्विरोध, पूँजीवादी व्यवस्था में व्यक्ति की आजादी के खोखलेपन आदि पर संवेदनपूर्ण चिन्तन और बहस की प्रधानता है। *विपात्र* में कोई कथा नहीं है, कर्म बाहुल्य नहीं है, संवेदनाओं की टकराहट नहीं है; है केवल एक पात्र 'मैं' का वैचारिक ऊहापोह, सामाजिक और वैचारिक अन्तर्विरोधों पर चिन्तन और आत्म-भर्त्सना। यह *अँधेरे में* कविता का ही पूरक गद्य है। *अँधेरे में* में जो बात मुक्तिबोध फैंटेसी और प्रतीकों के माध्यम से नहीं कह सके हैं, उसे उन्होंने विपात्र में संवेदनशील चिन्तन के माध्यम से कहने का प्रयास किया है।

इस दशक का एक ऐसा ही उपन्यास ओमप्रकाश दीपक कृत *कुछ जिन्दगियाँ बेमतलब* (1968) है, जिसमें आज की जिन्दगी का एक तल्ख चित्र प्रस्तुत किया गया है। जिस प्रकार की हमारी समाज व्यवस्था है, उसमें कुछ जिन्दगियों का बेमतलब होना आश्चर्य की बात नहीं। मौजूदा समाज में, विशेषकर भारत के बड़े नगरों में, ऐसे अनेक मनुष्य नामधारी प्राणी हैं जिनकी जिन्दगी आवारा कुत्तों या कीड़ों-मकोड़ों से बेहतर नहीं। वे अनचाहे बच्चों के रूप में जन्म लेते हैं, लावारिस कुत्तों की तरह पलते हैं और एक दिन भूख, ठंड, या रोग से मर

जाते हैं; उनकी लाश ठेले या भैंसागाड़ी पर ढोकर किनारे लगा दी जाती है। *कुछ जिन्दगियाँ बेमतलब* में समाज के इस वर्ग की जिन्दगी का विश्वसनीय, यथार्थवादी और प्रभावशाली अंकन किया गया है। ओमप्रकाश दीपक विचारों से ही नहीं, संवेदना से भी समाजवादी हैं। नगर के निम्नवर्गीय जीवन का ऐसी गहरी संवेदना से युक्त चित्रण हिन्दी उपन्यास में कम ही मिलेगा। जेल से सजा काटकर छूटे घसीटन के अपने ही अतीत के पुनरवलोकन के रूप में उपन्यासकार ने उसके बचपन से लेकर अब तक की घिसटती जिन्दगी का अद्‌भुत चित्र प्रस्तुत किया है।

उपन्यास का आरम्भ दिल्ली के एक पिछड़े इलाके की गली की जिन्दगी से हुआ है, जिसके अंकन में उपन्यासकार ने सूक्ष्म पर्यवेक्षण क्षमता और गहरी संवेदनशीलता का परिचय दिया है। जेल में कैदियों के नारकीय जीवन का, उनके रहन-सहन, खान-पान, सोने-बैठने, बातचीत करने आदि का बहुत ही विश्वसनीय चित्रण किया गया है। उपन्यासकार ने बहुत साधारण लगने वाली घटनाओं को भी अपनी अनुभूति और संवेदना से विशिष्ट बना दिया है। उपन्यास कहीं भी हमें चौंकाता नहीं है, बल्कि उसका भीना-भीना प्रभाव मन पर छा जाता है।

उपन्यास की सफलता का एक कारण उसकी सर्जनात्मक भाषा भी है, जो कहीं भी कृत्रिम, बोझिल और अस्वाभाविक नहीं है। एक निम्नवर्गीय अपढ़ व्यक्ति जिस भाषा में अपने अतीत का पुनरवलोकन कर सकता है, वही भाषा इसमें शुरू से आखीर तक व्यवहृत हुई है। पर इस ऊपरी सरलता के बावजूद भाषा बहुत ही शक्त और प्रभावशाली है।

उपन्यास छोटा होकर भी गहन प्रभावयुक्त हो सकता है, कुछ जिन्दगियाँ बेमतलब इसका अच्छा उदाहरण हैं।

इसी दशक में प्रकाशित दुष्यन्त कुमार (ज.1933) के *छोटे छोटे सवाल* (1964) और *आँगन में एक वृक्ष* (1969) तथा श्रीकान्त वर्मा (ज.1931) का *दूसरी बार* (1968) केवल इसलिए उल्लेखनीय हैं कि ये अपने समय के प्रसिद्ध कवियों के उपन्यास हैं। *छोटे छोटे सवाल* में कॉलेज परिसर में पनप रहे भ्रष्टाचार, अनियमितता, अनुशासनहीनता आदि का चित्रण किया गया है। शिक्षण संस्थाओं के नाम पर घृणित व्यवसाय चलाने वाले सेठों और उन्हीं जैसे अन्य व्यक्तियों की कमीनी हरकतों का अंकन ही उपन्यासकार का लक्ष्य है। इस चक्रव्यूह में चरित्रवान और ईमानदार शिक्षक किस प्रकार दूध की मक्खी की तरह निकाल बाहर किये जाते हैं, इसका यथार्थ चित्रण उपन्यास में किया गया है। *आँगन में एक वृक्ष* में एक स्त्री के अपने सौतेले पुत्र के प्रति निश्छल प्रेम का चित्रण किया गया है। इसके साथ ही उपन्यास में जमींदार परिवार की ठसक, मुकदमेबाजी, घरजमाई की समस्या, निर्धन परिवार से आयी बहू पर होने वाले अत्याचार आदि का अंकन हुआ है। ये दोनों ही उपन्यास कथ्य और प्रस्तुति की दृष्टि से अति सामान्य हैं। श्रीकान्त वर्मा के *दूसरी बार* में महानगरों में स्त्री-पुरुष के बीच उभरते हुए नये प्रकार के सम्बन्धों का चित्रण किया गया है। युवक-युवतियाँ अपने अहम् के किले में कैद हैं जिनसे निकलकर सहज जीवन व्यतीत करना उनके लिए कठिन हो गया है। उनका मन अनेक प्रकार की कुंठाओं से ग्रस्त होता है जिसके फलस्वरूप वे तनाव, क्षोभ, घृणा और दम्भ की जिन्दगी जीते हैं और इनसे मुक्ति का एक मात्र मार्ग होता है उन्मुक्त सम्भोग। *दूसरी बार* में कथ्य विषयक नवीनता तो है, पर

औपन्यासिक विजन, शिल्प और भाषा की दृष्टि से इसमें कोई वैशिष्ट्य नहीं है।

1967 ई. में आनन्द प्रकाश जैन का *कुणाल की आँखें* नामक ऐतिहासिक उपन्यास प्रकाशित हुआ था पर जिस एकमात्र उपन्यास के लिए वे उल्लेखनीय माने जा सकते हैं, वह *आठवीं भाँवर* (1969) है जिसमें उत्तर प्रदेश के पश्चिमी भाग में रहने वाले एक 'गोसाईं' परिवार के जीवन की कहानी अत्यन्त प्रभावशाली रूप में प्रस्तुत की गयी है। गोसाईं एक ऐसी कबीलाई जाति है, जिसकी न केवल अपनी विशिष्ट नैतिक सामाजिक मान्यताएँ होती हैं, बल्कि उनकी भाषा भी शेष समाज से भिन्न होती है, जिसमें 'हम्बै','दिकै', 'सच्चेई के' जैसे प्रयोग प्रचलित हैं। इस जाति में छोटे भाई की पत्नी बड़े भाई की भी सम्पत्ति होती है और विवाह से पूर्व लड़की का रति-सम्बन्ध समाज के लिए अग्राह्य नहीं होता। यहाँ तक कि विवाह के बाद भी पत्नी दूसरे पुरुष से काम सम्बन्ध स्थापित करने के लिए स्वतन्त्र होती है। इस मुक्त और कुंठा रहित सम्बन्ध का चित्रण इस उपन्यास का सबसे बड़ा आकर्षण है; साथ ही इसके पात्रों का अनौपचारिक और खुरदरा आचरण, बेलौस व्यवहार और अनौपचारिक भाषा इसे एक ताजगी प्रदान करते हैं। श्री जैन ने गोसाइयों के जीवन को उनकी ही भाषा में, उसके पूरे और सही सन्दर्भ में प्रस्तुत करने का प्रयास किया है। इस उपन्यास में 'आंचलिकता' भी है, पर वह फैशन के रूप में न होकर इसकी आन्तरिक बुनावट का अभिन्न हिस्सा है।

इस दशक के उपन्यासकार के रूप में अमरकान्त (ज.1925) का उल्लेख केवल इस कारण किया जा सकता है कि वे तब तक एक कहानीकार के रूप में प्रतिष्ठित हो चुके थे। पर उनके उपन्यासों में उनकी सामाजिक और सर्जनात्मक भूमिका प्रायः अनुपस्थित है। अमरकान्त का पहला उपन्यास *सूखा पत्ता* 1959 ई. में प्रकाशित हुआ था। तत्पश्चात् उनके *ग्रामसेविका, कँटीली राह के फूल, आकाशपक्षी* (1967) *काले उजले दिन* (1969), *दीवार और आँगन* (1969) आदि उपन्यास प्रकाशित हुए। ये सभी उपन्यास रोमानी उपन्यासों के फार्मूलों पर आधारित हैं जिनमें क्रान्ति और प्रेम, विमाता के व्यवहार, परम्परागत आदर्शों की अनुगामिनी नारी की आस्था, रूढ़िग्रस्त निम्न मध्यवर्ग की जड़ता आदि का भावुकतापूर्ण अंकन किया गया है। इन उपन्यासों में यत्र-तत्र सामाजिक प्रयोजन की बात कही गयी है पर कथा संसार से उसकी तर्कसंगत पुष्टि नहीं होती। जीवन्त अनुभूतियों के संस्पर्श और सामाजिक विसंगतियों की चेतना के अभाव के कारण अमरकान्त के उपन्यास सर्जनात्मक दृष्टि से अत्यन्त सामान्य हैं।

इसी दशक में शिवानी ने अपने *चौदह फेरे* नामक उपन्यास के द्वारा एक लोकप्रिय कथा लेखिका के रूप में अपनी पहचान बनायी थी और सामान्य हिन्दी पाठकों के समक्ष कुशवाहा कान्त, प्यारे लाल आवारा आदि की तुलना में एक बेहतर विकल्प प्रस्तुत किया था। *कृष्णकली* (1969) और *विषकन्या* (1970) आदि उनके इस दशक में प्रकाशित अन्य उपन्यास हैं। लोकप्रियता के लिए शिवानी भावुकतापूर्ण प्रेम प्रसंग, कौतूहलवर्धक घटनाएँ और तत्सम शब्दावली पूर्ण सजावटी भाषा का सहारा लेती हैं। अपने समय की अभिव्यक्ति की दृष्टि से इन कथाकृतियों को उपन्यास कहने का कोई औचित्य नहीं है। बाद में शिवानी की करिए *छिमा* (1971), *श्मशान चम्पा* (1972), *गैंडा, माणिक और रथ्या* (1977), *किशनुली* (1979), *विवर्त* (1984) आदि कथापुस्तकें प्रकाशित हुईं, जो उनके अपने ही बनाए सूत्रों का अनुगमन

करती हैं।

एक इंच मुस्कान में (1962) राजेन्द्र यादव के साथ सहलेखन के बतौर मन्नू भंडारी (ज. 1931) उपन्यास लेखिका के रूप में अपनी रचनाशीलता का परिचय दे चुकी थीं, पर स्वतन्त्र उपन्यासकार के रूप में उनकी अमिट पहचान *आपका बंटी* (1971) से निर्मित हुई। स्त्री-पुरुष सम्बन्ध का अंकन उपन्यास का बहुत परिचित क्षेत्र रहा है, पर इस सम्बन्ध में आते बदलाव और जटिलता के अंकन में मन्नू भंडारी का स्थान जैनेन्द्र, अज्ञेय, उषा प्रियंवदा आदि की परम्परा में सुरक्षित है। *आपका बंटी* में मन्नू भंडारी ने तलाकशुदा पति-पत्नी और उनकी शिशु सन्तान को केन्द्र में रखकर उसके चारों ओर की स्थितियों का ऐसा जाल बुना है तथा उसकी वास्तविकता का ऐसा चित्र प्रस्तुत किया है जो संवेदनशील और विचारवान पाठक को झकझोर देता है। दाम्पत्य सम्बन्ध का विघटन और नये सिरे से, नये सम्बन्ध बनाकर, जीने का आग्रह आधुनिक जीवन की एक सच्चाई है, पर इस स्थिति की जटिलता तब चुनौतीपूर्ण और त्रासद हो जाती है जब इसके बीच कोई संवेदनशील बाल सन्तान आ खड़ी होती है। मन्नू भंडारी ने इस आधुनिक जटिल स्थिति का गहरी संवेदनशीलता और तीखे यथार्थबोध के साथ अंकन किया है। इस स्थिति की मूल संवेदना तो बंटी की पीड़ा ही है जो अपने माता-पिता के सम्बन्ध विच्छेद और उनके नये सिरे से दाम्पत्य सम्बन्ध शुरू करने के कारण अनचाहे अस्तित्व में परिणत हो गया है, पर तलाकशुदा पति-पत्नी के नये सम्बन्धों की माँग और सन्तान के प्रति संवेदनशीलता के तनाव का अंकन भी गहरी मनोवैज्ञानिक समझ के साथ किया गया है। विषय के प्रामाणिक बोध और संवेदनशीलता के साथ शिल्प और भाषा के सर्जनात्मक उपयोग ने *आपका बंटी* को श्रेष्ठ उपन्यासों की पंक्ति में अवस्थित कर दिया है। 'नरेटर' तथा बंटी, शकुन आदि पात्रों के अवलोकन बिन्दुओं का मिश्रण और स्थानान्तरण, विशेषकर बंटी की संवेदना से उसके आसपास की स्थितियों को देखना-महसूसना, पाठक के लिए बड़ा ही मर्मस्पर्शी अनुभव है। प्रत्येक अवलोकन बिन्दु के अनुरूप भाषा में परिवर्तन तथा प्रतीकों, बिम्बों, व्यंजना और लयात्मकता के आधान के कारण भाषा में अद्‌भुत सर्जनात्मकता पैदा हो गयी है।

आपका बंटी के आठ वर्ष बाद, 1979 ई. में, मन्नू भंडारी का दूसरा उपन्यास *महाभोज* प्रकाशित हुआ। *महाभोज* समकालीन राजनीतिक परिवेश से सम्बद्ध उपन्यास है जिसमें राजनीति में प्रविष्ट मूल्यहीनता, शैतानियत और नैतिक सड़ाँध का अत्यन्त यथार्थ और सजीव चित्र प्रस्तुत किया गया है। आठवें दशक में सत्ता का हस्तान्तरण तो एक राजनीतिक दल से दूसरे राजनीतिक दल को जरूर हुआ, पर मूल्यभ्रष्टता और सड़ाँध में कोई फर्क नहीं पड़ा। इसका कारण यह था कि जिन राजनीतिक दलों के बीच सत्ता का हथफेर हुआ, वे सभी भ्रष्ट मूल्यों के शिकार थे। कांग्रेस के शासन में, समाजवादी शासन की स्थापना के दिखावे के बावजूद, पूँजीवादी और सामन्तवादी व्यवस्था ही राजनीति पर हावी रही। प्रजातन्त्र एक प्रकार का मखौल बन गया। राजनीति में धन, बाहुबल, गुंडागर्दी और छलप्रपंच का बोलबाला हो गया, जिसकी आपूर्ति पूँजीवादी-सामन्तवादी शक्तियाँ मजे में करती रहीं। मन्नू भंडारी ने 'दा साहब', सुकुल जी, पांडेय जी, आपा साहब, राव आदि पात्रों के माध्यम से, जो तरह-तरह के मुखौटे लगाए, सत्ता की लड़ाई लड़ने वाले राजनीतिकर्मियों का प्रतिनिधित्व करते हैं, इस यथार्थ का उद्‌घाटन किया है। दूसरे छोर पर बिसेसर, बिन्दा, हीरा, लोचन भैया, एस.पी.

सक्सेना जैसे पात्र हैं जो इस व्यवस्था में पिस रहे हैं पर किंकर्तव्यविमूढ़ हैं। समकालीन राजनीति के इस घिनौने चेहरे को बेनकाब करने में मन्नू भंडारी को महाभोज में अद्‌भुत सफलता मिली है।

इस बात को लेकर बहस हो सकती है कि *महाभोज* में मन्नू भंडारी उपन्यास रचना की दृष्टि से आगे बढ़ी हैं या नहीं, पर यह तय है कि ऊपर से सन्त दिखने वाले शैतान राजनीतिज्ञ के रूप में 'दा साहब' का चरित्र अद्‌भुत है। 'दा साहब' के रूप में मन्नू भंडारी ने एक ऐसा पात्र घड़ा है जो हिन्दी उपन्यास के कुछ अमर पात्रों में परिगणित है। इस उपन्यास के द्वारा मन्नू भंडारी ने यह भी सिद्ध कर दिया है कि महिला उपन्यासकार भी नारी विमर्श के बाहर जाकर समकालीन यथार्थ का अंकन गहरी संवेदनशीलता के साथ कर सकते हैं।

1971 ई. में ही ममता कालिया (ज.1940) का *बेघर* नामक उपन्यास प्रकाशित हुआ जिसमें नारी संहिता के एक बड़े ही क्रूर विरोधाभास को प्रस्तुत किया गया है। यौनशुचिता, कौमार्य और केवल पति से यौन सम्बन्ध नारी संहिता के अनुल्लंघ्य नियम हैं और जो भी स्त्री जाने-अनजाने इनका उल्लंघन करती है, उसे पुरुष समाज का कोपभाजन होना पड़ता है। स्त्री को अपने भोग की वस्तु समझने वाला पुरुष इस बात को बर्दाश्त नहीं कर पाता कि विवाह के पूर्व कोई दूसरा उसे 'जूठा' कर चुका है। जाहिर है कि यह नियम पुरुष पर लागू नहीं होता। विवाहपूर्व नारी के कौमार्य की पहचान प्रथम समागम पर उसकी सीत्कार, चीख और रक्तस्राव की सन्दिग्ध कसौटियों से निर्धारित होती है और यदि किसी कारण वह इस कसौटी पर खरी नहीं उतरती तो उसका शेष सारा जीवन नरककुंड बन जाता है। *बेघर* के केन्द्र में यही विषय है। यौनशुचिता की पवित्रता के संस्कार से ग्रस्त परमजीत अपनी प्रेमिका संजीवनी को इस कसौटी पर खरा न पाकर उससे सम्बन्ध तोड़ लेता है और रमा जैसी एक साधारण लड़की से विवाह कर अपने जीवन को भी नरक बना डालता है। यद्यपि ममता कालिया ने परमजीत के जड़ संस्कारग्रस्त मानस की उधेड़बुन का विश्वसनीय अंकन किया है, पर पाठक को यह लगे बिना नहीं रहता कि उसका मानसिक द्वन्द्व एक पहले से निर्धारित विषय के प्रतिपादन को औचित्य प्रदान करने के लिए है। रमा से विवाह के बाद उसके दाम्पत्य जीवन की त्रासदी तो मानो यह सिद्ध करने के लिए आयोजित की गयी है कि इस प्रकार की जड़ संस्कारग्रस्तता का यही परिणाम होता है। रमा के चरित्र निर्माण में लेखिका रचनाकार की तटस्थता के प्रति आश्वस्त नहीं कर सकी है। उसकी संकीर्णता, कंजूसी, फूहड़पन सब कुछ 'प्रायोजित' सा प्रतीत होता है। परमजीत की मौत भी प्रायोजित ही है। लेखिका परमजीत के दाम्पत्य जीवन की त्रासदी को प्रतीतिकर नहीं बना सकी है।

पर संजीवनी की त्रासदी के द्वारा ममता कालिया ने नारी नियति को परिभाषित करने की एक अच्छी कोशिश तो की ही है। विवशता की ही स्थिति में अपने कौमार्य की रक्षा न कर पाने का इतना बड़ा दंड सर्वथा अमानवीय ही माना जा सकता है। परमजीत के प्रति अपने गहरे संवेदनात्मक लगाव और सारी कोशिशों के बावजूद वह उसे उसके जड़ संस्कारों से मुक्त नहीं कर पाती। अपने जीवन से उसके निकल जाने के बाद उसकी भीतरी दुनिया एकाकीपन, उदासी और अन्तहीन चुप्पी का अन्तहीन सैलाब बन जाती है। लेखिका के विजन में उसके विद्रोह के लिए कोई गुंजायश नहीं है, जो उसकी अपर्याप्तता भी मानी जा सकती है।

ममता कालिया के अन्य उपन्यासों, *प्रेम कहानी* (1980) और *एक पत्नी के नोट्स* (1997) में स्त्री-पुरुष सम्बन्ध के ही विविध रूपों को चित्रित करने का प्रयास किया गया है। प्रेम के विवाह में बदलते ही उसकी चमक और खनक के खत्म होने, परम्परागत धार्मिक-नैतिक संहिताओं के चलते मध्यवर्गीय दाम्पत्य जीवन के नरक बनने, समाज के ऊपरी वर्ग के दाम्पत्य जीवन के कृत्रिम, खोखले और संवेदनहीन होने, शिक्षित और उच्च पदों पर काम करने वाले पुरुषों द्वारा भी अपनी पढ़ी-लिखी पत्नियों को घर की एक 'वस्तु' समझने, आत्मकेन्द्रित, पाखंडी, परपीड़क, संवेदनाहीन पतियों की कमीनी हरकतों आदि का अंकन उनके उपन्यासों का मुख्य विषय है। *प्रेम कहानी* में चिकित्सा जगत् में फैले भ्रष्टाचार और *एक पति के नोट्स* में भा.प्र.से. के नौकरशाह समाज के नकली जीवन का भी अच्छा चित्रण किया गया है। उनके एक अन्य उपन्यास *नरक दर नरक* (1975) में उस मौजूदा समाज-व्यवस्था का चित्र प्रस्तुत किया गया है, जिसमें मध्यवर्गीय शिक्षित युवकों को, अपनी सारी प्रतिभा, ईमानदारी, मिहनत और प्रथम श्रेणी की डिग्रियों के बावजूद रोजगार के लिए दर-दर की ठोकरें खानी पड़ती हैं। लेखिका ने बम्बई के शैक्षणिक वातावरण में व्याप्त शिक्षकों और अधिकारियों की गुटबन्दी, भ्रष्टाचार, अध्यापकों के प्रति अधिकारियों की साजिश, व्यवस्था के प्रति छात्रों के असन्तोष, अध्यापकों की घुटनभरी जिन्दगी आदि का भी प्रामाणिक चित्रण किया है। पर ममता कालिया के उपन्यास किसी समग्र अनुभव और बड़े विजन के अभाव में किसी हद तक केवल 'पठनीय' बनकर रह गये हैं।

1971 ई. में ही बदीउज़्ज़माँ (ज.1928) का *एक चूहे की मौत* नामक उपन्यास प्रकाशित हुआ जिसमें प्रतीकों और कायान्तरण के मिथक के माध्यम से आधुनिक तन्त्र या व्यवस्था की क्रूरता, विरोधाभास और उसमें पिसते हुए व्यक्ति की त्रासदी का अंकन किया गया है। इस उपन्यास के कथासंसार में 'चूहा' फाइल का, 'चूहाखाना' सरकारी दफ्तर का और 'चूहामार' दफ्तर के बाबू से लेकर अफसर का प्रतीक है। इस प्रतीक कथा के माध्यम से सरकारी दफ्तर की जिन्दगी का प्रामाणिक चित्र प्रस्तुत किया गया है। स्वतन्त्रता-प्राप्ति के बाद सरकारी दफ्तरों में हुई बाबुओं की वृद्धि, पदोन्नति के अवसरों की कमी के कारण बढ़ती उनकी निराशा, बाबुओं की पारस्परिक ईर्ष्या और अपने स्वार्थ के लिए की जानेवाली उनकी कमीनी हरकतों, अफसरों के अमानवीय व्यवहार और उनकी भ्रष्ट जिन्दगी आदि का उपन्यास में बड़ा ही अनुभूति-सम्पन्न अंकन किया गया है। कथा संसार के उत्तरार्ध में 'कायान्तरण' के मिथक का प्रयोग करते हुए एक चूहेमार (बाबू) को चूहे में कायान्तरित होते दिखाया गया है जो तन्त्र रूपी चूहेखाने से लड़ता और लहूलूहान होता अन्ततः मार डाला जाता है। एक उल्लेखनीय बात यह है कि ये प्रतीक कथा के विकास के साथ व्यापकतर अर्थ ग्रहण करते जाते हैं। चूहाखाना सरकारी दफ्तर से आगे बढ़कर पूरी व्यवस्था का प्रतीक बन जाता है, जिसकी विशेषता है लगातार चूहे पैदा करना और उन्हें मारना। इससे तन्त्र को कोई नुकसान नहीं पहुँचता और वह अपनी सुविधापूर्ण स्थिति को बरकरार रखने में समर्थ होता है। इस अर्थ में चूहा उस प्रत्येक कार्य का प्रतीक बन जाता है जिसे हम करने को विवश होते हैं। इस व्यवस्था में ईमानदार कलाकार विवश होकर चूहे मारने का काम करता है और उसकी कलाकृति को हड़प कर घटिया, पर व्यवस्था से जुड़ा चालाक कलाकार प्रसिद्धि प्राप्त करता है। इस प्रकार आधुनिक व्यवस्था में कमजोर आदमी की विवशता और त्रासदी का अंकन

ही उपन्यासकार का लक्ष्य है।

प्रतीकात्मक प्रविधि को ही दोहराते हुए बदीउज़्ज़माँ ने *छठा तन्त्र* (1977) नामक उपन्यास लिखा जिसमें आज की शोषण पर आधारित राजनीतिक स्थिति का अंकन किया गया है। इस कथासंसार में चूहे कमजोर और शोषित जनता के प्रतीक हैं, जबकि बिल्लियाँ शोषकों का प्रतिनिधित्व करती हैं। यदि जनता के मन में कभी विद्रोह की भावना जन्म लेती है तो उसे दबाने के लिए शोषक वर्ग दंड और प्रलोभन का सहारा लेता है और एक ऐसे तन्त्र का निर्माण करता है जिसमें शोषण की प्रक्रिया अबाध रूप में चलती रहती है और जनता उसका विरोध नहीं कर पाती। इस प्रकार शोषकों का 'छठा तन्त्र' बरकरार रहता है। पर यह प्रतीक कथा बहुत सपाट हो गयी है। *एक चूहे की मौत* में प्रतीक कथा की जो ताजगी थी वह *छठा तन्त्र* में बासी हो गयी है।

छठा तन्त्र के पूर्व ही बदीउज़्ज़माँ का *छाको की वापसी* (1975) नामक उपन्यास प्रकाशित हो चुका था जिसमें देश के विभाजन के बाद बिहार से पूर्वी पाकिस्तान गये मुसलमानों के मोहभंग का अनुभूतिपूर्ण अंकन किया गया है। बिहार के मुसलमान पूर्वी पाकिस्तान पहुँच कर न तो वहाँ की जमीन, भाषा और संस्कृति से जुड़ पाते हैं और न ही अपनी जमीन से पूरी तरह से कट पाते हैं। अपने वतन के प्यार की कीमत उन्हें पराये मुल्क में जाकर मालूम होती है। 'बंगाली' और 'बिहारी' मुसलमान का भेद उन्हें वहाँ अजनबी बना देता है। कुछ ही दिनों में ये मुहाजिर भारत में छूट गए सम्बन्धियों और माहौल में जीने के लिए तड़पने लगते हैं, छटपटाते हैं और सिर धुनते हैं। पर कानून उन्हें लौटने नहीं देता। इस विवशता की मनःस्थिति का उपन्यासकार ने बहुत मार्मिक अंकन किया है।

छाको की वापसी में बिहार के मुस्लिम परिवारों का बहुत ही अन्तरंग और विश्वसनीय चित्रण किया गया है। यह चित्रण शानी और राही मासूम रजा की परम्परा को आगे बढ़ाता है। इस विषय को एक व्यापक और नये विजन के साथ प्रस्तुत करने का प्रयास बदीउज़्ज़मा के *सभा पर्व* (1944) में दिखाई पड़ता है, जो उनकी मृत्यु के लगभग आठ वर्ष बाद प्रकाशित हुआ। असामयिक मृत्यु के कारण यह उपन्यास बृहदाकार होने पर भी एक 'अ-तैयार' रचना है जिसमें बिखराव और अपरिष्कृति साफ तौर पर दिखाई पड़ती है। यदि यह रचना पूरी होती तो इसके भारतीय मुस्लिम जीवन का महाकाव्य बनने की पूरी सम्भावना थी। सम्प्रति जिस रूप में यह कृति है उसमें मुस्लिम जीवन को, हजार वर्षों के इतिहास और संस्कृति की पृष्ठभूमि में, उसकी सारी समकालीन समस्याओं के साथ, प्रस्तुत करने का असम्पन्न प्रयास लक्षित होता है।

शिल्प और भाषाविषयक प्रयोगधर्मिता बदीउज़्ज़माँ में पर्याप्त मात्रा में है। *एक चूहे की मौत* में कथा-सरित्सागर और काका की 'मेटामार्फोसिस' नामक कहानी में प्रयुक्त शिल्प का कुशल प्रयोग करके उन्होंने शिल्पगत मौलिकता का परिचय दिया है। प्रतीकात्मक होने पर भी इसका कथासंसार पाठक की संवेदना को स्पर्श करता है। *छाको की वापसी* में पत्रों का प्रयोग वे बड़ी कुशलता के साथ करते हैं। उपन्यास के कथ्य के अनुरूप भाषा को ढालने में भी उन्हें उल्लेखनीय सफलता मिली है। उर्दू में मगही का मिश्रण करके उन्होंने एक ऐसी औपन्यासिक भाषा का सृजन किया है जो मगही मुस्लिम समाज की जीवन-वास्तविकता को विश्वसनीय रूप में उजागर करती है।

1971 ई. में ही जगदम्बा प्रसाद दीक्षित (ज.1934) का *कटा हुआ आसमान* प्रकाशित हुआ जिसमें मुम्बई (तब बम्बई) की महानगरीय जिन्दगी के एक पक्ष को प्रस्तुत करने का प्रयास किया गया है। भारत के भिन्न-भिन्न हिस्सों से जीविका की तलाश में लोग यहाँ आते हैं जिनमें एक बहुत बड़ा भाग मध्य वर्ग का होता है। इस प्रवासी मध्यवर्गीय समाज की घुटन भरी विवशता तथा टूटन का *कटा हुआ आसमान* में विश्वसनीय अंकन हुआ है। बंगाल का बनर्जी, केरल का चेरियन, गोवा का मथायस और उत्तर प्रदेश का नौटियाल, जो उपन्यास का केन्द्रीय पात्र है, सभी अपनी जमीन से कटे हुए, मारक अकेलेपन के शिकार और अपनी आर्थिक समस्याओं से घिरे लोग हैं जो महानगर की अर्थहीन भागदौड़ भरी जिन्दगी से ऊबे होने पर भी उससे निकलने का मार्ग नहीं पाते। नौटियाल की मुख्य कथा के माध्यम से उपन्यासकार ने मुम्बई के परिसर जीवन का भी चित्रण किया है, पर उसमें कॉलेजों के प्रबन्धन में सेठों के नाजायज हस्तक्षेप और छात्राओं के वेश में उनकी लड़कियों के मुक्त जीवन का अंकन ही प्रमुख हो गया है। उपन्यास में नौटियाल और किटी का रति-सम्बन्ध बहुत प्रमुखता से चित्रित किया गया है जिसमें सच्चाई के साथ-साथ व्यावसायिकता का भी आग्रह दिखाई पड़ता है। मुम्बई की भागदौड़, फुटपाथों पर बजबजाती जिन्दगी, मजदूर संघों के संघर्ष, सौन्दर्य-प्रतियोगिताओं और होटलों की रंगीन जिन्दगी आदि का चित्रण भी उपन्यास में हुआ है। उपन्यास आद्योपान्त नायक की विविध मनःस्थितियों एवं आन्तरिक उच्छ्वासों के रूप में प्रस्तुत किया गया है। इस शिल्प के अनुरूप लेखक के पास व्यंजनापूर्ण भाषा भी है पर उपन्यास के रूप में यह कोई उपलब्धि नहीं है।

तीन वर्ष बाद दीक्षित का दूसरा उपन्यास *मुर्दाघर* (1974) प्रकाशित हुआ, जिसमें मुम्बई महानगर की उस जिन्दगी का चित्रण किया गया है, जो सड़कों के किनारे, पुलों पर, गटरों, सीलन और सड़ाँध से भरी झोंपड़ियों में दम तोड़ती है; जहाँ छुतहे रोगों से ग्रस्त आवारा औरतें, भीख माँगने वाले कोढ़ी और अपाहिज, जूठन पर पलने वाले असहाय बच्चे, चोर, जुआरी आदि रहते हैं। यह दुनिया पूँजीवादी अर्थ-व्यवस्था की अनिवार्य देन है जो ठीक उसकी आलीशान जिन्दगी के नीचे बिलबिलाती रहती है और एक तरफ अपने अस्तित्व के लिए भीख, चोरी, जुआ, अस्मतफरोशी आदि का सहारा लेती है और दूसरी तरफ सभ्य दुनिया के पहरेदार, पुलिस के अत्याचारों का शिकार बनती है। दीक्षित ने मुम्बई की इस घिनौनी जिन्दगी का प्राकृतिकबादी शैली में चित्रण किया है। इसके साथ ही उपन्यासकार की संवेदनशील मानवतावादी दृष्टि ने इन जरायमपेशा और 'जुगुप्सित' लोगों को अत्यन्त मानवीय रूप में प्रस्तुत किया है जिनमें, अपने पेशे की गन्दगी के बावजूद, स्नेह, सहानुभूति, त्याग, करुणा आदि मानवीय गुण भरपूर मात्रा में विद्यमान हैं।

मुर्दाघर की भाषा व्याकरण की दृष्टि से दुरुस्त और परिनिष्ठित भाषा से भिन्न अटक-अटककर चलने वाले अधूरे वाक्यों, शब्दों और बिन्दुओं (....) से निर्मित चित्रभाषा है जो धाराप्रवाह कहानी कहने के बदले दृश्य-शृंखला निर्मित करती है। अनपढ़ लोगों द्वारा बोली जाने वाली बम्बइया हिन्दी सुसंस्कृत कानों को अटपटी लगने के बावजूद चित्रों में जान भर देती है। उपन्यासकार नरेटर के रूप में अपनी उपस्थिति का बोध नहीं कराता; वह केवल छोटे-छोटे चित्र निर्मित करता है जो बीच-बीच में अपनी गतिशीलता को स्थगित कर दृश्य में बदल जाते हैं।

1972 ई. में जगदीशचन्द्र (ज. 1930) का दलित जीवन पर आधारित उपन्यास *धरती धन न अपना* और इसके लगभग दो दशक बाद *नरक कुंड में वास* प्रकाशित हुआ। यों इनका *यादों के पहाड़* नामक एक उपन्यास 1966 ई. में ही प्रकाशित हो चुका था, पर उपन्यासकार के रूप में उन्हें प्रतिष्ठित करने वाला उपन्यास *धरती धन न अपना* ही था। *धरती धन न अपना* में स्वाधीनता-पूर्व पंजाब की ग्रामीण पृष्ठभूमि में दलित जीवन की कथा गहरी संवेदना और कलात्मक तटस्थता के साथ प्रस्तुत की गयी है। इस उपन्यास में दलितों की नारकीय जीवन-स्थितियों और उच्चवर्गीय समाज द्वारा उनके शोषण और दमन का यथार्थ चित्रण किया गया है। *नरक कुंड में वास* में केन्द्रीय पात्र काली गाँव के चौधरी से अपनी जान बचाकर जालन्धर पहुँचता है और बैल के स्थान पर स्वयं जुत कर रेहड़ा खींचने से लेकर कुलीगीरी करता हुआ अन्ततः एक चमड़ा तैयार करने वाली कम्पनी में काम करने लगता है। यह एक नरक से दूसरे नरक की यात्रा है। उपन्यासकार ने दलितों की सदियों की गुलामी से उत्पन्न मानसिकता और हीन सामाजिक दृष्टि से ग्रस्त चेतना का विश्वसनीय अंकन किया है। कथाकार के विजन के अनुसार आपसी द्वेष, पारस्परिक फूट और आन्तरिक विघटन के कारण दलितों की संघर्ष-क्षमता कुंठित हो गयी है। उपन्यासकार ने उनकी सामूहिक शक्ति का भी संकेत दिया है जो सही नेतृत्व पाकर समाज में क्रान्ति को जन्म दे सकती है।

जगदीश चन्द्र के अन्य प्रकाशित उपन्यास हैं--*आधा पुल* (1973), *कभी न छोड़ें खेत* (1976), *मुट्ठी भर काँकर* (1976), *टुंडा लाट* (1978), *घास गोदाम* (1985) और *नरक कुंड में वास* (1994), *लाट की वापसी* (2000) आदि । जो जाट किसान अपने भाई-बन्धुओं के लिए शेर है, वही महाजनों, पुलिसकर्मियों तथा कचहरी के अमलों के सामने कितना दयनीय और असहाय हो जाता है, इसका चित्रण कथाकार ने करुणा भरे व्यंग्य के साथ किया है। जाट किसानों की मानसिकता, उनके तौरतरीक़ों, जीवन-पद्धति तथा संस्कार का यथार्थ और मर्मबेधी चित्रण उपन्यास में मिलता है। सामन्ती समाज-व्यवस्था किस प्रकार अपने ही अन्तर्विरोधों में चरमराकर टूट और बिखर रही है, इसकी भी बहुत प्रभावी तसवीर उपन्यास में उभरती है।

मुट्ठी भर काँकर में उपन्यासकार ने देश-विभाजन के बाद पंजाबी शरणार्थियों के सैलाब के फलस्वरूप दिल्ली के आसपास के जाट किसानों के बेघर होने और अपनी पुश्तैनी जमीन से उखड़ जाने की त्रासदी का अंकन किया है। ये शरणार्थी भयंकर तबाही झेलने के बावजूद अपनी जिजीविषा, कर्मठता, गतिशीलता और साहसिकता में इतने आक्रामक थे कि उनके सामने धीमी गति की जिन्दगी जीने वाले किसान टिक नहीं पाए। पंजाबी शरणार्थी अपने साथ एक गतिशील जिन्दगी, जीविका की नयी तकनीक, नये जीवन-मूल्य तथा संस्कृति लेकर आये थे जिसने जाटों की दम तोड़ती, परम्परागत सामन्ती और कृषि समाज-व्यवस्था तथा मूल्य-मान्यताओं को ध्वस्त कर दिया। चतुर-चालाक भवन-निर्माताओं ने किसानों की अशिक्षा, अन्धविश्वास, सरलता, पुराने मूल्यों से जुड़े रहने की प्रवृत्ति, अदूरदर्शिता आदि का लाभ उठाकर उनकी जमीनें कौड़ी के मोल हथिया लीं। किसानों की पुश्तैनी जमीन उनके हाथ से निकल गयी और उनकी मुट्ठियों में रुपये की गड्डियाँ आ गयीं--मुट्ठी भर काँकर। *मुट्ठी भर काँकर* में जाट किसानों की इस नियति का मार्मिक अंकन किया गया है। *घास गोदाम* में भी इसी कथ्य को विस्तार दिया गया है। इसमें भी जगदीशचन्द्र ने दिल्ली के आसपास के किसानों के अपनी

जड़ों से कटने और बरबाद होने की ही कथा प्रस्तुत की है। दिल्ली के विस्तार के फलस्वरूप किसानों की जमीनें बिक जाने से उनके हाथों में ढेर सारे पैसे तो आ गये पर जीविका के नये मार्गों में प्रशिक्षित न होने के कारण वे किसी सार्थक नयी जिन्दगी की शुरुआत न कर सके। उपन्यास में पंजाबी शरणार्थियों के पुनर्वास और स्थानीय आबादी के विस्थापन से उत्पन्न समस्याओं, सम्बन्धों, सहयोग-असहयोग, द्वन्द्व और तनाव की मानसिकता की कहानी बहुत ही आत्मीयता के साथ प्रस्तुत की गयी है। कथा संसार की विश्वसनीयता, पात्रों के सजीव और प्रामाणिक अंकन, मार्मिक प्रसंगों के निर्माण, संवेदना की गहराई और तीव्रता आदि दृष्टियों से भी *घास गोदाम* एक उल्लेखनीय रचना है।

आधा पुल, टुंडा लाट और *लाट की वापसी* युद्ध और प्रेम विषयक उपन्यास हैं। हिन्दी में युद्ध पर आधारित उपन्यास बहुत कम हैं। गिरीश अस्थाना कृत *धूपछाँही* रंग इस विषय पर लिखित पहला श्रेष्ठ उपन्यास है। जगदीशचन्द्र के उपर्युक्त तीनों उपन्यास इस परम्परा को आगे बढ़ाते हैं। *आधा पुल* में यद्यपि इस बात का पता नहीं चलता कि किस समय, किस क्षेत्र में और किससे युद्ध लड़ा जा रहा है, पर इसमें भारतीय सेना और उसके युद्ध संचालन का विश्वसनीय रूप उपन्यस्त हुआ है। उपन्यास में युद्ध की तैयारी और मोर्चेबन्दी से लेकर निर्णायक युद्ध तक का क्रमिक चित्रण बहुत तेज नाटकीय गति में किया गया है। फौजी जीवन के समग्र वातावरण को उसकी सम्पूर्णता में प्रस्तुत करने का प्रयास प्रशंसनीय है। कैप्टन इलावत और सेमी की प्रेम कहानी इसी के बीच विकसित होती है, जो सेना मुख्यालय से युद्धभूमि तक बड़ी कुशलता से बुनी गयी है। 'आधा पुल' पर विजय के उल्लास के साथ कैप्टन इलावत के बलिदान और प्रेम की त्रासदी को जोड़कर उपन्यासकार ने एक बहुत ही मार्मिक प्रसंग की रचना की है।

टुंडा लाट आधा पुल की अपेक्षा एक कमजोर रचना है। इस उपन्यास में जगदीशचन्द्र ने वायलिन और बन्दूक, संगीत और युद्ध के द्वन्द्व को अपना विषय बनाया है, पर इस विषय की सम्भावनाओं का कोई मौलिक और सार्थक उद्‌घाटन उपन्यास में नहीं हो पाया है। उपन्यास का नायक कैप्टन सुनील नियति के क्रूर परिहास से न सैनिक रह पाता है न संगीतज्ञ। युद्ध में उसे अपने दाहिने हाथ की अँगुलियाँ गँवानी पड़ती हैं जिससे वह युद्ध तथा कला-साधना दोनों के लिए बेकार हो जाता है। उसकी प्रेमिका रोमिला भी उसका साथ छोड़ देती है। इस प्रकार उपन्यास में एक त्रासद स्थिति तो है, पर उसके अंकन में अपेक्षित गहराई और विस्तार नहीं है जो उपन्यास को किसी उपलब्धि के स्तर पर ले जा सके। उपन्यास का सबसे प्रभावी प्रसंग टैंक-युद्ध का वर्णन है जिसमें युद्ध की भयानकता और बीभत्सता साकार हो गयी है। *लाट की वापसी, टुंडा लाट* की कथा का विस्तार है जिसमें सुनील की नागरिक जीवन में वापसी को विषय बनाया गया है।

शिल्प की दृष्टि से जगदीशचन्द्र के उपन्यासों में कोई विशिष्टता नहीं है। परिनिष्ठित हिन्दी में हरियाणवी शब्दों का मिश्रण कर भाषा को सजीव और स्वाभाविक बनाने का प्रयत्न किया गया है, पर भाषा को किसी विशिष्ट सर्जनात्मक ऊँचाई पर अवस्थित करने में उन्हें सफलता नहीं मिली है।

नरेन्द्र कोहली (ज.1940) का पहला उपन्यास *आतंक* 1972 ई. में प्रकाशित हुआ था। यों उनके प्रकाशकों ने लगभग इसी समय प्रकाशित उनकी व्यंग्य कथाओं को भी उपन्यास

कहकर ही प्रचारित किया है, पर उसका कोई औचित्य नहीं है। *आतंक* अपनी कलात्मक कमजोरियों के बावजूद समकालीन जीवन में निरन्तर बढ़ते अपराधियों, अपराधियों को संरक्षण देने वाले राजनीतिज्ञों, अपराधियों से भी अधिक अपराध करने वाले पुलिस कर्मचारियों और शिक्षण संस्थानों में अपराधियों का रूप लेते छात्रों के आतंक का यथार्थ चित्रण हुआ है। इसके साथ ही महानगर के कॉलेज-शिक्षकों और मध्यदर्गीय परिवारों से उभरते लेखकों का भी आतंक में अच्छा चित्रण हुआ है। कोहली के दूसरे उपन्यास *साथ सहा गया दुःख* (1974) में एक मध्यवर्गीय शिक्षक नवदम्पति के बाह्य और आन्तरिक संघर्ष की कथा प्रस्तुत की गयी है।

नरेन्द्र कोहली को 1971 ई. में पूर्वी पाकिस्तान (अब बँगला देश) में पाकिस्तानी सेनाओं के अमानवीय अत्याचारों से, जहाँ बुद्धिजीवियों को चुन-चुन कर मारा जा रहा था, स्त्रियों पर बलात्कार किया जा रहा था और आम जनता का निर्मम ढंग से दमन किया जा रहा था, एक 'विजन' मिला। उन्होंने अनुभव किया कि यह राक्षसी दमन अपने देश के भीतर भी उतने ही बीभत्स रूप में विद्यमान है। नरेन्द्र कोहली का यह बोध रामकथा से जुड़कर एक औपन्यासिक विजन में परिणत हो गया जिसकी अभिव्यक्ति रामकथा पर आधारित उनके *दीक्षा* (1975), *अवसर* (1976), *संघर्ष की ओर* (1978), *युद्ध* (1979) आदि उपन्यास-शृंखला (बाद में *अभ्युदय* शीर्षक से दो खंडों में प्रकाशित) में हुई। यह एक रोचक तथ्य है कि 'अभ्युदय' का लेखन-प्रकाशन काल (1975-79) इन्दिरा गाँधी द्वारा घोषित आपातकाल, तथाकथित सम्पूर्ण क्रान्ति के आह्वान पर इन्दिरा शासन के पतन और जनता पार्टी के शासन काल का समय है। इस उपन्यास-शृंखला में नरेन्द्र कोहली ने परम्परागत रामकथा को अपने समय के अनुसार नया अर्थ, सन्दर्भ और सर्जनात्मक रूप देने का प्रयत्न किया है। वस्तुतः यह उपन्यास के रूप में रामकथा की समकालीन और आधुनिक सन्दर्भयुक्त पुनःरचना है, जिसमें राम को आधुनिक सामन्ती-पूँजीवादी व्यवस्था के शोषण, अत्याचार और दमन से त्रस्त मानवता के उद्धारकर्ता जननायक के रूप में प्रस्तुत किया गया है। पुराण-पुरुष और विष्णु के अवतार राम को इस संघर्ष में जननेता के रूप में प्रस्तुत करना और राक्षसी व्यवस्था के साथ इस संघर्ष को मानवीय धरातल प्रदान करना इस उपन्यास की अन्यतम विशेषता है। यद्यपि इस बात को लेकर आलोचकों में मतभेद है कि इस उपन्यास में रामकथा पर समकालीन सन्दर्भों का आरोपण है या रामकथा से पुराण तत्त्व को सर्वथा खारिज कर समकालीन पूँजीवादी-सामन्ती व्यवस्था की क्रूरताओं और अमानवीय स्थितियों का प्रस्तुतीकरण, पर इसमें कोई सन्देह नहीं कि नरेन्द्र कोहली ने समकालीन राष्ट्रीय-अन्तरराष्ट्रीय स्थितियों और सरोकारों को गहरी संवेदनशीलता और गहन चिन्तन के साथ प्रस्तुत किया है। इस उपन्यास-माला की यदि कोई त्रुटि है तो वह यह कि उपन्यासकार परवर्ती खंडों में घटनाओं और चरित्रों की व्याख्या में अधिक रुचि लेने लगता है और भूल जाता है कि व्यंजना, संकेत और प्रतीक यान्त्रिक वर्णन की तुलना में अधिक कारगर भाषिक औजार होते हैं।

रामकथा पर आधारित उपन्यास-शृंखला की आशातीत सफलता से उत्साहित होकर नरेन्द्र कोहली ने *महाभारत* पर आधारित उपन्यास-शृंखला *महासमर* का आरम्भ किया जिसका पहला खंड *बन्धन* 1988 ई. में और अन्तिम, आठवाँ खंड *निर्बन्ध* 2000 ई. में प्रकाशित हुआ। बारह वर्षों की इस लम्बी अवधि में लगभग 15,50,000 शब्दों का 'महाउपन्यास' लिखकर

नरेन्द्र कोहली ने अपने असीम धैर्य और अदम्य रचनाशीलता का परिचय तो दिया ही है, आधुनिक पाठकों के लिए महाभारत का एक बुद्धिसंगत और प्रामाणिक 'पाठ' भी प्रस्तुत कर दिया है।

फिल्मों, दूरदर्शन धारावाहिकों और उपन्यासों के रूप में पौराणिक कथाओं के प्रति जनता की जो रुझान व्यक्त हुई है उसे 'तथाकथित प्रगतिशील' सोच के बुद्धिजीवी और आलोचक साम्प्रदायिकता का उन्मेष मानते हैं, पर वस्तुतः यह अपनी जड़ों से जुड़ने की भारतीय आकांक्षा है। नरेन्द्र कोहली के *महासमर* की पाठकीय लोकप्रियता को इसी रूप में देखना संगत है।

यह तो स्पष्ट है कि *महासमर* का औपन्यासिक विजन समकालीन जीवन के किसी संकट से जुड़ा हुआ नहीं है, जैसा कि रामकथा पर आधारित उपन्यास शृंखला का था। *बन्धन* के आवरणपृष्ठ पर छपी पंक्तियों को यदि संकेत माना जाए तो मानव सभ्यता तथा संस्कृति की सम्पूर्ण जातीय स्मृति की पृष्ठभूमि में 'मानवता के शाश्वत प्रश्नों का साक्षात्कार' *महासमर* का प्रतिपाद्य है। *महाभारत* भारतीय संस्कृति और चिन्तन की एक अमूल्य थाती है, इसमें कोई विवाद नहीं है। समस्त भारतीय साहित्य में *महाभारत* स्रोत-ग्रन्थ के रूप में निर्विवाद स्वीकृत है। *महासमर* के प्रसंग में यह प्रश्न उठाया जा सकता है कि मानवता के वे 'शाश्वत' प्रश्न क्या हैं, जिन्हें उपन्यास में सार्थक तौर पर प्रस्तुत किया गया है। लेखकीय विजन के अनुसार *महाभारत* में प्रतिपादित 'धर्म' का स्वरूप तो मानव जीवन का शाश्वत सत्य है ही, साथ ही, मानवीय सम्बन्धों से जुड़े सत्य, जो थोड़े बहुत परिवर्तन के साथ प्रत्येक युग में विद्यमान होते हैं, शाश्वत प्रश्न के रूप में स्वीकार किये जा सकते हैं। पति-पत्नी-पुत्र का त्रिकोणात्मक सम्बन्ध और उसकी जटिलता, जिसे शान्तनु-गंगा-भीष्म प्रसंग के रूप में उठाया गया है, आज भी उतना ही प्रासंगिक है, जितना महाभारत के समय था। इस प्रकार के सैकड़ों प्रश्न *महासमर* में उठाए गये हैं। *महाभारत* की कथा मानवीय सम्बन्धों के वैविध्य की दृष्टि से इतनी समृद्ध है कि उसकी सम्भावनाओं की सीमा निर्धारित नहीं की जा सकती। नरेन्द्र कोहली ने *महासमर* में उन सम्भावनाओं को सर्जनात्मक रूप देने की कोशिश की है जिसमें उन्हें पर्याप्त सफलता भी मिली है।

महासमर मार्मिक प्रसंगों की उद्भावना, युगीन प्रश्नों पर तर्कपूर्ण चिन्तन और पात्रों के मनोद्वन्द्व के अंकन की दृष्टि से एक उल्लेखनीय उपन्यास है। यह *महाभारत* की पुनःप्रस्तुति या पौराणिक मानवेतर प्रसंगों की व्याख्या मात्र नहीं, वरन् एक जीवन्त रचना संसार है, जिसके प्राणी मानवीय संवेदनाओं से पूर्ण हैं। पर इसके अन्तिम खंडों में वर्णन, व्याख्या और सपाट संवादों की भरमार हो गयी है जिनमें केवल 'कथाप्रेमी' पाठकों की ही रुचि हो सकती है। उपन्यास में प्रसंगों के विवेकपूर्ण चयन और त्याग के सिद्धान्त का पूरी तरह से पालन नहीं हो पाया है और लोकप्रियता का आकर्षण लेखक पर हावी हो गया है। श्रीकृष्ण द्वारा अर्जुन को उपदेश देनेवाला श्रीमद्भगवद्गीता का प्रसंग तथा युद्ध के दौरान प्रयुक्त अस्त्र-शस्त्रों, व्यूहों और रणनीतियों की विस्तृत व्याख्या से उपन्यास की कलेवर-वृद्धि ही हुई है। श्रीमद्भगवद्गीता में व्यक्त चिन्तन में उपन्यासकार कुछ नया नहीं जोड़ पाया है, जो सम्भव भी नहीं था। अतः उपन्यास में इस प्रसंग की सार्थकता पर सवाल उठाया जा सकता है। इसी प्रकार उपन्यासकार कर्ण के चरित्र-निर्माण की चुनौती का सर्जनात्मक धरातल पर सामना

करने में बिलकुल ही चूक गया है। इससे उपन्यास के रूप में *महासमर* की उपलब्धि खंडित हो गयी है।

महासमर के लेखन-प्रकाशन के पूर्व और उसके दौरान नरेन्द्र कोहली का *अभिज्ञान* (1981), *तोड़ो कारा तोड़ो* (दो भाग) (1992-93) आदि उपन्यास भी प्रकाशित हुए हैं। *अभिज्ञान* में कृष्ण-सुदामा की मित्रता की कथा को नये सन्दर्भ में प्रस्तुत किया गया है। *तोड़ो कारा तोड़ो* स्वामी विवेकानन्द की जीवनी पर आधारित एक उल्लेखनीय उपन्यास है, जिसमें चरित नायक के अन्तर्द्वन्द्व, अदम्य आत्मविश्वास और लोकनिष्ठा की प्रखर अभिव्यक्ति हुई है।

शिल्प की दृष्टि से नरेन्द्र कोहली के उपन्यासों में कोई नवीनता नहीं है, पर उन्होंने प्रचलित शिल्प-प्रविधियों के प्रयोग और अवलोकन-बिन्दुओं के चुनाव, परिवर्तन और स्थान्तरण में कुशलता का परिचय दिया है। नरेन्द्र कोहली की भाषा विषय की प्रकृति के अनुरूप तत्समप्रधान और टकसाली है, यद्यपि इसी कारण वह अविशिष्ट भी हो गयी है।

नरेन्द्र कोहली ने अपने उपन्यासों से यह सिद्ध कर दिया है कि उपन्यास के लिए पौराणिक कथाओं का सर्जनात्मक उपयोग किया जा सकता है, पर इसके अपने खतरे भी हैं जो अल्प मात्रा में उनके अपने ही उपन्यासों में और पुष्कल मात्रा में उनके अनुकरण पर लिखे ढेर सारे उपन्यासों में दिखाई देते हैं।

1972 ई. में ही हिमांशु जोशी (ज. 1935) का *महासागर* नामक लघु उपन्यास प्रकाशित हुआ। इस उपन्यास में एक पात्र की यात्रा-कथा है जो इंजीनियर के रूप में अंडमान-निकोबार पहुँचकर वहाँ की एक आदिवासी लड़की से विवाह करता है और कुछ दिनों के बाद घर वापस लौटता है। अंडमान-निकोबार की प्रकृति और वहाँ की जिन्दगी का चित्र प्रस्तुत करने के कारण उपन्यास उल्लेखनीय हो गया है।

हिमांशु जोशी के अन्य उपन्यास हैं–*अरण्य* (1973), *छाया मत छूना मन* (1974), *कगार की आग* (1976), *तुम्हारे लिए* (1978), *समय साक्षी है*, *सु-राज* (1982) आदि। इनमें *अरण्य*, *कगार की आग* और *सु-राज* कथ्य की दृष्टि से, पहाड़ की जिन्दगी से सम्बद्ध हैं जिनमें जोशी जी ने पहाड़ी जीवन की व्यथा-कथा प्रस्तुत की है। गरीबी, अशिक्षा, अन्धविश्वास, नैतिक मूल्यों के ह्रास, प्रधानों-पटवारियों-पेशकारों के शोषण आदि से नरक बनी इस जिन्दगी के चित्रण में लेखक ने अपने अनुभव और संवेदना का सर्जनात्मक उपयोग किया है। इस नरकतुल्य जिन्दगी में माधव प्रधान का त्याग, कावेरी की प्रेम संवेदना तथा गांगि का मानवीय मूल्यों के प्रति समर्पण भाव श्मशान में मधुर संगीत का प्रभाव पैदा करते हैं। *कगार की आग* में गोमती नामक पहाड़ी स्त्री के दुःखजर्जर पर अदमनीय चरित्र का अंकन बहुत प्रभावशाली है। *सु-राज* के गांगि का अपने आदर्शों, असहायों के प्रति सहानुभूति तथा अन्याय के विरोध के लिए अपने प्राणों की बलि दे देते हैं।

छाया मत छूना मन एक लड़की के अपने परिवार के लिए त्याग और आत्मबलिदान की भावुकतापूर्ण कहानी है, जिसे कथाकार प्रत्ययकारी नहीं बना पाया है। आधुनिक समाज में स्त्रियों के यौन शोषण को भी उपन्यासकार कोई बड़ा और मार्मिक सन्दर्भ नहीं प्रदान कर सका है। उपन्यास में स्त्रियों द्वारा देह का सौदा करने के प्रसंग बार-बार आते हैं, जिनके पीछे कोई मजबूरी नहीं प्रतीत होती।

समय साक्षी है कथ्य की दृष्टि से एक राजनीतिक उपन्यास है। इसकी रचना आपात् काल के दौरान हुई थी, अतः उस काल की राजनीतिक स्थितियों का इस पर स्पष्ट प्रभाव है। देश में व्याप्त अराजकता, राजनीतिक अस्थिरता और भ्रष्टाचार तथा उससे उत्पन्न स्थितियों का उपन्यासकार ने विस्तार के साथ चित्रण किया है। पर उपन्यास का अन्त इस बात का सूचक है कि लेखक की राजनीतिक समझ बहुत परिपक्व नहीं है।

हिमांशु जोशी के सभी उपन्यास 'लघु उपन्यास' और 'उपन्यासिका' की श्रेणी में आते हैं। जीवन का कोई बड़ा विजन उनके उपन्यासों में नहीं है। इसके साथ ही उनके उपन्यासों का कथा संसार असंगतियों से पूर्ण और मनोवैज्ञानिक तनाव से रहित होने के कारण प्रभावी नहीं बन सका है। केवल *कगार की आग* इसका अपवाद है। हिमांशु जोशी की कथा-भाषा सामान्य है, पर पहाड़ी जीवन से सम्बद्ध उपन्यासों में कथाकार ने परिनिष्ठित हिन्दी में पहाड़ी भाषा के शब्दों और लहजों का मिश्रण करके उसे सर्जनात्मकता प्रदान करने की कोशिश की है।

1973 ई. में भगवान सिंह (ज. 1931) का पहला उपन्यास *महाभिषग* (1973) प्रकाशित हुआ था जिसमें अश्वघोष कृत *बुद्धचरित* के आधार पर गौतम बुद्ध का चरित्र बुद्धिसंगत रूप में निर्मित किया गया था। *महाभिषग* बुद्ध के मानवीय रूप को अधिक उभारता है, उनके अतिलौकिक रूप को कम। लगभग दो दशक बाद प्रकाशित *अपने अपने राम* (1992) में भगवान सिंह ने रामकथा को चौंकाने वाले नये अभिप्रायों के साथ प्रस्तुत किया जिसमें रामकथा पर आज की अनेक ऐसी स्थितियाँ आरोपित की गयी हैं, जिनका सर्जनात्मक औचित्य विवादास्पद है।

1999 ई. में भगवान सिंह का *उन्माद* नामक उपन्यास प्रकाशित हुआ है, जिसका मुख्य उद्देश्य साम्प्रदायिक उन्माद पर विमर्श है। यह विमर्श वैचारिक स्तर पर अधिक है; उपन्यासकार की विदग्धता इस विषय पर विरोधी विचारों की प्रस्तुति के रूप में अधिक दिखाई देती है, संवेदना के रूप में कम। उपन्यासकार की मान्यता है कि सत्ता और आर्थिक स्वार्थ की लड़ाई में साम्प्रदायिकता ईंधन का काम करती है और इसका शिकार केवल आम आदमी होता है। इस विचार में न तो कोई नवीनता है, न ही इसे किसी गहरी अनुभूति के साथ प्रस्तुत किया गया है। साम्प्रदायिकता के मुख्य विषय के साथ-साथ स्त्री-पुरुष सम्बन्धों का भी उपन्यास में चित्रण किया गया है, पर इस विषय में लेखक का विजन बहुत धुँधला है। शिल्प के प्रति अतिरिक्त सजगता उपन्यास को अपठनीय बनाती है। अवलोकन बिन्दुओं के अनावश्यक अन्तर्ग्रन्थन के कारण प्रसंग और विचार उलझ गये हैं। भाषा में अनावश्यक विस्तार और चकल्लसपन उसके प्रभाव को नष्ट करता प्रतीत होता है।

1974 ई. में दिनेशनन्दिनी डालमिया (ज. 1915) का पहला उपन्यास *मुझे माफ करना* और उसके बाद *आहों की बैसाखियाँ* (1978), *कन्दील का धुआँ* (1980), *आँखमिचौली* (1991), *मरजीवा* (1996) आदि उपन्यास प्रकाशित हुए हैं। दिनेशनन्दिनी के उपन्यासों के केन्द्र में मारवाड़ी समाज की स्त्री की व्यथा-कथा है, जो वस्तुतः समस्त नारी समाज की कथा है। उन्होंने अपने उपन्यासों में स्त्री के हर रूप-रंग को, उसकी माँ, पत्नी, बहू, देवरानी, सास, ननद आदि की भूमिकाओं को देखा परखा है। उन्होंने रूढ़ नैतिक मूल्यों, पारिवारिक जकड़नों-षड्यन्त्रों, पुरुषों की तानाशाहियों को सहती औरत की पीड़ा और तनाव को मार्मिक

अभिव्यक्ति दी है। उनकी नारियाँ जीवन की विषमताओं को जीती, अनेक यातनाएँ सहती हुई भी समाज द्वारा निर्धारित मर्यादाओं के बाहर नहीं जातीं। नयी पीढ़ी की स्त्रियाँ संयुक्त परिवार के दमघोंटू वातावरण से मुक्त होना चाहती हैं, पर स्वयं कुछ करने या अपने पैरों पर खड़ा होने की ताकत उनमें नहीं है। लेखिका पुरुष की वर्चस्ववादी दम्भी मानसिकता का विरोध भी करती है। उनकी नायिकाएँ अपने पारिवारिक परिवेश में घुटती-छटपटाती हुई विवाह, सम्पत्ति और पुरुषवादी वर्चस्व के खिलाफ विद्रोह की चेतना तक पहुँचती हैं, पर उसे कोई ठोस रूप नहीं दे पातीं। वस्तुतः दिनेशनन्दिनी को इस जिन्दगी का प्रामाणिक अनुभव तो है पर वे इसे विजन का रूप देने में समर्थ नहीं हो सकी हैं।

मृदुला गर्ग (ज.1938) का पहला उपन्यास *उसके हिस्से की धूप* 1975 ई. में प्रकाशित हुआ। उनके परवर्ती उपन्यास हैं–*वंशज* (1976), *चित्तकोबरा* (1979), *अनित्य* (1980), *मैं और मैं* (1984), *कठगुलाब* (1996) आदि। *अनित्य* को छोड़कर मृदुला गर्ग के सभी उपन्यासों में आधुनिक नारी की जटिल मानसिकता और अस्मिता का संघर्ष देखा जा सकता है। *उसके हिस्से की धूप* में आधुनिक स्त्री के प्रेम का त्रिकोणात्मक संघर्ष बिलकुल नये रूप में, परम्परागत मूल्यों और भावुकता की मानसिकता को नकारते हुए, प्रस्तुत किया गया है। परम्परागत विवाह की एकरसता, पति की उदासीनता तथा सर्जनशील मन की निष्क्रिय बेचैनी से ऊबकर, भावुकता के प्रवाह में, प्रेम और विवाह के नये सम्बन्ध स्थापित करना और उससे भी ऊबकर प्रथम पति की ओर आकृष्ट होना 'आधुनिक' नारी की ही समस्या हो सकती है। *उसके हिस्से की धूप* में इसी स्थिति का अंकन केन्द्रीय पात्र मनीषा के मनोभावों, अन्तर्द्वन्द्वों, सोचों, प्रतिक्रियाओं और अवचेतन में सुप्त कामनाओं के विश्लेषण द्वारा किया गया है। लेखिका ने मनीषा के रूप में एक सर्जनशील व्यक्तित्व को उभारने का भी प्रयत्न किया है।

मैं और मैं में एक धूर्त, बेईमान और कमीने लेखक द्वारा एक नयी लेखिका के शोषण की कहानी कही गयी है। महानगरों में इस तरह का 'ब्लैकमेल' सामान्य बात है। दिल्ली की साहित्यिक जिन्दगी पर आधारित इस उपन्यास में महानगरीय परिवेश में लेखक-समाज की चारित्रिक विकृतियों के उद्घाटन का प्रयास किया गया है। पर किसी प्रकार के विजन के अभाव में यह एक साधारण रचना बनकर रह गया है।

चित्तकोबरा के केन्द्र में एक संवेदनशील लेखिका के नीरस, प्रेरणारहित, ऊब-भरी, पति और बच्चों वाली दुनिया में सर्जनात्मकता की प्रेरक शक्ति के रूप में एक व्यक्ति के प्रवेश के फलस्वरूप उत्पन्न आवेगात्मक, नैतिक और रचनात्मक तूफान अवस्थित है। दोहरी जिन्दगी के तनाव, आधुनिक नारी के विखंडित व्यक्तित्व, तन-मन के द्वन्द्व और रति-कर्म के साहसपूर्ण खुले चित्रण के कारण उपन्यास में एक नयापन दिखाई देता है, पर लेखिका के अन्तर्विरोध बहुत स्पष्ट हैं। मृत्यु-भय से आक्रान्त, सेक्स के प्रति असामान्य आकर्षण, विखंडित व्यक्तित्व आदि आधुनिक नारी की समस्याएँ हो सकती हैं, पर इनके चित्रण के लिए जो मनोवैज्ञानिक अन्तर्दृष्टि अपेक्षित है, वह मृदुला गर्ग के पास नहीं है। इस प्रकार के विषय के लिए फ्लाबेयर, दोस्तोएव्स्की, हेनरी जेम्स जैसी प्रतिभा अपेक्षित होती है। मृदुला गर्ग ने इस दिशा में एक प्रयास किया है, यही उनकी उपलब्धि है। भाषा और शिल्पविषयक कुछ प्रयोग, जैसे प्रमुख स्त्री पात्र द्वारा, अन्तरवलोकन के रूप में, अपने मानस में उमड़ते विचारों और

अवचेतन की अनुभूतियों की कालक्रमविहीन प्रस्तुति, मनःस्थितियों के अनुसार वाक्यों की लम्बाई का निर्धारण, शब्दों के चयन में गन्ध, स्वाद, ध्वनि, स्पर्श, दृष्टि आदि का प्रभाव पैदा करने की कोशिश पाश्चात्य मनोवैज्ञानिक उपन्यासों का अनुकरण जैसा प्रतीत होता है।

अनित्य में मृदुला गर्ग स्त्री-पुरुष सम्बन्धों की दुनिया से बाहर निकलकर अतीत और वर्तमान के अपेक्षाकृत व्यापक संसार में प्रवेश करती हैं। इसका केन्द्रीय विषय लगभग 1930 से 1960 की भारतीय राजनीति है। इस प्रकार के राजनीतिक विषय को उपन्यास का कथ्य बनाने के दो खतरे होते हैं। पहली समस्या इस कथ्य के प्रस्तुतीकरण की होती है, जहाँ उसके सपाट वक्तव्य बन जाने का खतरा होता है। दूसरा खतरा विषय के अधूरे ज्ञान और मूल्यांकन की समझ को लेकर होता है। मृदुला गर्ग ने पहले खतरे का सामना कलात्मक स्तर पर अपनी राजनीतिक सोच को उपन्यास के केन्द्रीय पात्र अविजित की चेतना में स्थापित करके किया है । यदि यह कथ्य कथाकार के वक्तव्यों या पात्रों के संवादों के रूप में आता तो निश्चय ही अपना प्रभाव खो देता। द्वन्द्व, दुविधा और अपराध-बोध से ग्रस्त अविजित की चेतना में इस कथ्य को उभारकर लेखिका ने 'रूप' की समस्या को सफलतापूर्वक हल कर लिया है।

पर स्पष्ट ही वे दूसरे खतरे की शिकार हो गयी हैं। उन्होंने भारतीय स्वतन्त्रता-संग्राम की दो धाराओं का—गाँधी जी द्वारा समर्थित सत्य, अहिंसा और सत्याग्रह के मार्ग का तथा साम्यवादियों और आतंकवादियों के क्रान्ति के मार्ग का—विश्लेषण करते हुए दूसरे पक्ष को अपना समर्थन दिया है। उनके अनुसार गाँधी जी के नेतृत्व में चलने वाला स्वाधीनता संग्राम बुर्जुवा समाज के हितों का आन्दोलन था। मृदुला गर्ग की सहानुभूति हिंसात्मक क्रान्ति के पक्ष में है, जो भारत में नहीं हुई, और उनके अनुसार यही आजादी के बाद भारत के पिछड़ेपन और आर्थिक वैषम्य का कारण है। यह राजनीतिक मूल्यांकन ऊपर से विश्वसनीय लगने पर भी दरअसल सतही किस्म का है। भारतीय राजनीति में साम्यवादी और क्रान्तिकारी दलों की असफलता का मुख्य कारण यह था कि वे जनसमुदाय से कटे हुए थे। बुर्जुवा वर्ग से जुड़े होकर भी गाँधी जी जनता को अपने साथ ले चलने में सफल हुए थे। आजादी मिलने के बाद सत्ता बुर्जुवा वर्ग के हाथ में चली गयी और साम्यवादी दल, अपनी संकीर्ण दृष्टि के कारण, जनता को विरोधी शक्ति के रूप में बदलने में असमर्थ रहा। पर मृदुला गर्ग इस यथार्थ का सर्जनात्मक रूप में उद्‌घाटन नहीं कर सकी हैं। फिर भी मृदुला गर्ग ने इतिहास और व्यक्ति के यथार्थ को समानान्तर रूप में प्रस्तुत करने की अच्छी कोशिश की है। उपन्यास का केन्द्रीय पात्र अविजित अपने चरित्र के अन्तर्विरोधों और मानसिक द्वन्द्व का शिकार है। उसकी त्रासदी उपन्यास में सफलतापूर्वक चित्रित हुई है।

कठगुलाब में मृदुला गर्ग ने आधुनिक नारी चेतना को विभिन्न अवलोकन बिन्दुओं से प्रस्तुत करने का प्रयास किया है। यहाँ पहुँचकर उनका नारीविषयक चिन्तन और संवेदना अधिक प्रौढ़ होती प्रतीत होती है। स्त्री चाहे भारत की हो या अमेरिका की, उच्च वर्ग की, मध्य वर्ग की या निम्न वर्ग की हो, पुरुष द्वारा श्रम और देह-शोषण उसकी नियति है। फिर नारी की मुक्ति की सही दिशा क्या है? यह यक्ष प्रश्न आज की समस्त महिला लेखकों के सामने है। क्या यह मुक्ति उग्र नारीवाद में है जहाँ स्त्री पुरुष को नर-सूअर के रूप में देखती है या नारी के उस स्वाभिमान और स्वावलम्बन के मार्ग में जहाँ वह आर्थिक और सामाजिक

दृष्टि से अपने पैरों पर पूरी तरह से खड़ी रहकर भी अपना सन्तुलन नहीं खोती और उन मूल्यों की रक्षा करती है जो मनुष्य मात्र को सहज जीवन प्रदान करते हैं। लेखिका कदाचित् दूसरे विकल्प की ओर झुकी हुई है।

शिल्प और भाषा की दृष्टि से *कठगुलाब* मृदुला गर्ग के प्रथम दशक के उपन्यासों की तुलना में उच्चतर सोपान पर अवस्थित है, यद्यपि उसका अन्त आश्वस्तकारी नहीं है। विभिन्न पात्रों के अवलोकन-बिन्दुओं से कथा प्रस्तुत करने का प्रयोग बिलकुल नया तो नहीं है, पर उसे अधिक प्रभावी बनाने में लेखिका को किंचित् सफलता मिली है। मृदुला गर्ग के पास अनुभव और संवेदना को व्यक्त करने वाली समर्थ भाषा है, इस उपन्यास से यह भी प्रमाणित होता है।

1975 ई. में देवेश ठाकुर (ज.1933) का पहला उपन्यास *भ्रम भंग* प्रकाशित हुआ जिसमें एक मध्यवर्गीय युवक के अपने परिवेश से संघर्ष तथा पारिवारिक सम्बन्ध विषयक मूल्यों के 'भ्रम भंग' का अंकन किया गया है। आजादी के बाद देश में विकसित समाज-व्यवस्था में मध्यवर्गीय युवक अनेक विसंगतियों और त्रासद स्थितियों का शिकार हो गया। इस व्यवस्था में जहाँ उच्च वर्ग के युवक शिक्षादीक्षा और बेकारी की चिन्ताओं से मुक्त हुए वहाँ मध्य वर्ग के युवक अत्यन्त प्रतिकूल स्थितियों में जिन्दगी व्यतीत करने को बाध्य हो गये। संयुक्त परिवार के सदस्यों, यहाँ तक कि माता-पिता और भाई-बहनों के स्वार्थपूर्ण क्रूर रवैये से उनका नव दाम्पत्य जीवन भी नरक बनने लगा। उपन्यासकार ने कथानायक चन्दन के चरित्र के माध्यम से इन स्थितियों का यथार्थ अंकन किया है। इसके साथ ही कथाकार ने मुम्बई महानगर के कॉलेज शिक्षकों की जिन्दगी का भी विश्वसनीय चित्रण किया है। इन कॉलेजों में महाजनों और उद्योगपतियों की संस्कारहीन सन्तानों के उच्छृंखल व्यवहार, कॉलेज की राजनीति, कैम्पस के बाहर किसी शिक्षक की होटल के कमरे की जिन्दगी, लोकल ट्रेनों और बसों की भीड़ में धक्कमधुक्की करते रोज कॉलेज जाने और वापस लौटने आदि का उपन्यासकार ने यथार्थ चित्रण किया है। उपन्यासकार को मुम्बई की संघर्षपूर्ण जिन्दगी और वहाँ के प्रवासी मध्यवर्गीय समाज के जीवन के साथ-साथ पूँजीवादी व्यवस्था की असंगतियों का सही ज्ञान तथा अनुभव है।

इस अनुभव और बोध की प्रस्तुति के लिए उपन्यासकार ने विषय के लिए अनिवार्य, सटीक और सर्जनात्मक शिल्प-प्रविधि अपनायी है। उपन्यास का पूरा कथासंसार केन्द्रीय पात्र चन्दन के अन्तरालाप के रूप में प्रस्तुत किया गया है, जो कहीं खटकता नहीं। उपन्यास की भाषा इस अन्तरालाप के अनुरूप है, जिसमें छोटे-छोटे, सरल और प्रायः सहायक क्रिया से रहित वाक्य प्रयुक्त हुए हैं। यह भाषा लययुक्त, नाटकीय प्रभावसम्पन्न तथा बिम्बात्मक है।

भ्रम भंग के बाद देवेश ठाकुर के *प्रिय शबनम* (1978), *जनगाथा* (1985), *गुरुकुल* (1989) आदि उपन्यास प्रकाशित हुए। प्रिय शबनम में उन्होंने निम्नमध्य वर्ग के युवक की मानसिकता का अंकन किया है जो बौद्धिक दृष्टि से प्रबुद्ध होने पर भी अपनी कुंठाओं से मुक्त नहीं होता और उसके मध्यवर्गीय संस्कार उसे कोई क्रान्तिकारी कदम नहीं उठाने देते। वर्ग-भेद प्रेम की मनोदशा में कैसी ग्रन्थियाँ डाल देता है, यही इस उपन्यास का केन्द्रीय कथ्य है। उपन्यास एक पत्र के रूप में लिखा गया है जो केन्द्रीय पात्र की ओर से अपनी प्रेमिका को सम्बोधित है। अपने परवर्ती उपन्यासों में देवेश ठाकुर ने मुम्बई के परिसर जीवन में व्याप्त

भ्रष्टाचार का चित्रण किया है, जो यथार्थ होते हुए भी कलाकारोचित तटस्थता और संवेदनात्मक तीव्रता से रहित है।

1975 ई. में कामतानाथ (ज.1935) का पहला उपन्यास *समुद्र तट पर खुलने वाली खिड़की*, और फिर, *एक और हिन्दुस्तान* तथा *तुम्हारे नाम* क्रमशः 1977 और 1979 में प्रकाशित हुए। पर सर्जनात्मक दृष्टि से ये उपन्यास उल्लेखनीय नहीं हैं। *एक और हिन्दुस्तान* में जेल की जिन्दगी का और *तुम्हारे नाम* में कैशोर प्रेम का सपाट और संवेदनारहित वर्णन है। वस्तुतः कामतानाथ अपने हाल में प्रकाशित उपन्यास *कालकथा* (1998) के लिए उल्लेखनीय हैं। *कालकथा* 1918 से 1929 की कालावधि के उत्तरभारतीय जीवन पर आधारित महागाथा है, जिसमें सुज्ञात इतिहास को तत्कालीन जीवन के अल्पज्ञात इतिहास से मिश्रित कर एक विस्तृत और रोमांचक संसार की रचना की गयी है। उपन्यासकार ने इस काल की सामाजिक जिन्दगी को स्वाधीनता आन्दोलन से जोड़कर प्रस्तुत किया है। चन्दनपुर के जमींदार-परिवार के विवाह प्रसंग के माध्यम से कथाकार ने तत्कालीन जमींदार-समाज के समाप्त होते ऐश्वर्य, आभिजात्य और अन्तर्विरोधों का प्रामाणिक अंकन किया है। यह प्रसंग बहुत रोचक, प्रामाणिक और सजीव है, यद्यपि विवरणों की बहुलता ने इसकी पठनीयता को क्षतिग्रस्त भी किया है। यह ऐसा इतिहास है जो अपने समय का सच होते हुए भी कल्पनाप्रसूत है। इसी के समानान्तर, दूसरे खंड में, मदारी पासी के नेतृत्व में हुए किसान, किसान-मजदूर और दलित आन्दोलन का अल्पज्ञात इतिहास भी कल्पना की सहायता से प्रस्तुत किया गया है। इसमें कांग्रेस का किसान आन्दोलन के प्रति उपेक्षापूर्ण दृष्टिकोण, ब्राह्मणों-पुरोहितों की संकीर्ण और अनुदार मानसिकता, ब्रिटिश शासन, महाजनों और जमींदारों की मिलीभगत तथा किसान आन्दोलन की नियति, सबका पर्दाफाश हो गया है। उपन्यास की दलित पात्र टिकुली का अपने चरखे को टूटने से बचाने का प्रयत्न करते हुए पुलिस की लाठी खाकर गिरना एक बहुत ही सजीव प्रसंग है। मदारी पासी स्वाधीनता आन्दोलन के इतिहास का एक अछूता, उपेक्षित और हाशिए पर खड़ा किसान नेता है जिसने स्वामी सहजानन्द सरस्वती और बाबा रामचन्द्र की तरह अवध क्षेत्र में किसानों और दलितों को जगाने का महत्त्वपूर्ण कार्य किया था। पर इस भरपूर औपन्यासिक सम्भावनाओं से युक्त ऐतिहासिक प्रसंग का कामतानाथ ने पूर्ण सर्जनात्मक उपयोग नहीं किया है। उपन्यास में इसकी झलक मात्र ही दिखाई पड़ती है।

कालकथा में अँगरेजी अमलदारी में सामान्य जीवनधारा में घुली-मिली मुसलमानों की जिन्दगी का भी विश्वसनीय अंकन हुआ है। देश का मुसलमान वर्ग भी अपने जीवन संघर्ष में उसी प्रकार मशगूल था जैसे हिन्दू वर्ग और दोनों के हित एक दूसरे से जुड़े हुए थे। आजादी की लड़ाई में भी मुसलमानों की महत्त्वपूर्ण भूमिका थी। तत्कालीन जीवन के इस पक्ष को उपन्यासकार ने सजीव रूप में प्रस्तुत किया है।

कथाकार ने स्वाधीनता-आन्दोलन के ज्ञात इतिहास का भी उपन्यास में भरपूर उपयोग किया है। जहाँ उसने इस 'इतिहास' का सर्जनात्मक उपयोग किया है, वहाँ उससे जुड़े प्रसंग मार्मिक बन गये हैं; जैसे साइमन कमीशन के लखनऊ आगमन, काकोरी में ट्रेन की लूट और क्रान्तिकारियों पर चले मुकदमे के प्रसंग। इसी प्रकार जवाहरलाल नेहरू, राम प्रसाद बिस्मिल, सरदार भगत सिंह, चन्द्रशेखर आजाद आदि से जुड़े प्रसंग भी पर्याप्त रोचक हैं। उपन्यास

के एक पात्र तेजशंकर की संवेदना से जुड़कर गाँधी, जिन्ना आदि की तसवीर भी कुछ नयी हो गयी है।

पर उपन्यासकार इतिहास और कल्पना में सन्तुलन बनाए रखने में कामयाब नहीं हो सका है। यह उपन्यास इतना भारी भरकम नहीं हुआ होता यदि इसमें ऐतिहासिक तथ्यों और नेताओं के क्रियाकलापों तथा भाषणों को अनावश्यक विस्तार नहीं दिया गया होता। इन विवरणों ने उपन्यास को बेडौल ही नहीं बनाया है, उसे बहुत हद तक अपठनीय भी बना दिया है।

उपन्यास की भाषा भी विवरणों की अधिकता के कारण सपाट हो गयी है। इसे सजीव और वैविध्यपूर्ण बनाने के लिए लेखक ने पात्रों से अवधी का प्रयोग कराया है। पर यह मिश्रण तिल और चावल के मिश्रण की तरह अलग-अलग दिखाई पड़ता है। प्रेमचन्द, रेणु, विवेकी राय, कमलाकान्त त्रिपाठी आदि ने परिनिष्ठित हिन्दी में अवधी-भोजपुरी का जैसा कलात्मक मिश्रण किया है, वह कालकथा में सम्भव नहीं हुआ है।

1976 ई. में मंजूर एहतेशाम (ज. 1948) का *कुछ दिन और* नामक उपन्यास प्रकाशित हुआ, जो पति-पत्नी सम्बन्ध पर आधारित एक औसत से भी साधारण दर्जे का उपन्यास था। उसमें न तो अनुभव की कोई ताजगी थी न ही अनुभूति की गहराई। अपने दूसरे उपन्यास *सूखा बरगद* (1986) ई. में उन्होंने देश विभाजन के बाद सामूहिक मुस्लिम मनोभाव को गहरी संवेदनशीलता और तार्किक विचारशीलता के साथ प्रस्तुत करने का प्रयास किया है। हमारे देश में मजहब किस प्रकार व्यक्तिगत और सामाजिक सम्बन्धों में फाँक पैदा करता रहा है, इस यथार्थ को, तथा हिन्दू-मुस्लिम सम्बन्धों की समस्या को मंजूर एहतेशाम ने गहरी संवेदनशीलता, वैज्ञानिक समझ और दोटूकपन के साथ प्रस्तुत किया है।

सूखा बरगद प्रतीकात्मक शीर्षक है जो उपन्यास के केन्द्रीय पात्र अब्दुल वहीद खाँ को संकेतित करता है। अब्दुल वहीद खाँ अर्थात् अब्बू के रूप में उपन्यासकार ने एक ऐसे पात्र की सृष्टि की है, जो धार्मिक संकीर्णताओं से मुक्त, उदार, राष्ट्रप्रेमी और मजहब पर इंसानियत को तरजीह देने वाला बुद्धिजीवी है। उसे जिन्दगी भर कट्टरपन्थियों से जूझना पड़ता है, पर सामाजिक और आर्थिक दबाओं के सामने वह घुटने नहीं टेकता। उसका धार्मिक विद्वेष-रहित समाज की स्थापना का स्वप्न पूरा नहीं होता। उपन्यास उन शक्तियों की पड़ताल का प्रयत्न है जो इस सपने को पूरा नहीं होने देतीं।

इस उपन्यास में साम्प्रदायिक सम्बन्धों की समस्या को पात्रों की गहरी अनुभूति के रूप में प्रस्तुत किया गया है। मजहबी कट्टरता से उत्पन्न नफरत की मनोवैज्ञानिक जटिलता को भी उपन्यासकार बड़े सांकेतिक रूप में प्रस्तुत करता है। सुहैल के साम्प्रदायिक भटकाव को उपन्यासकार ने आम मुसलमान के भटकाव के रूप में प्रस्तुत किया है। आजादी के बाद भारत में मुसलमानों के अजनबी-बोध से ग्रस्त होने, विश्वास संकट से गुजरने, राष्ट्रीय जीवन-धारा से कट जाने तथा बहुसंख्यकों के लिए अविश्वसनीय हो जाने की दुःखद स्थिति का उपन्यासकार ने गहरी संवेदना के साथ अंकन किया है। पाकिस्तान में बसे मुहाजिरों के बँटे हुए व्यक्तित्व के चित्रण में भी उपन्यासकार ने गहरी समझ और संवेदनशीलता का परिचय दिया है।

इस उपन्यास की एक और विशेषता मुस्लिम जीवन का अन्तरंग चित्रण है। मुसलमानों

की घरेलू जिन्दगी, उनके रीतिरिवाजों, रहन-सहन के तौर तरीकों, त्योहारों, बोलीबानी, आपसी सम्बन्धों की बारीकियों आदि का उपन्यास में सजीव अंकन हुआ है।

अवलोकन बिन्दुओं के चुनाव तथा उनके स्थानान्तरण में उपन्यासकार ने भरपूर सतर्कता बरती है, जिससे कथा संसार विश्वसनीय और आकर्षक बन गया है। भाषा भी पात्रों की संवेदना का साथ देने के कारण सर्जनात्मकता से युक्त है।

1995 ई. में मंजूर एहतेशाम का *दास्तान-ए-लापता* नामक उपन्यास प्रकाशित हुआ। उपन्यास के बीच में आयी 'प्रस्तावना' में लेखक पाठकों को बताता है कि "...हम सब अपने एक ऐसे 'लापता' के साथ अपनी ज़िन्दगी गुजारते हैं, जो 'हम' होते हुए भी 'हम' नहीं होता। एक और दिलचस्प बात यह कि विभिन्न व्यक्तियों के बीच बहुत ही स्पष्ट रूप से नज़र आने वाली असमानताओं के बावजूद लगता है कि सबके 'लापता' आपस में एक दूसरे से बहुत मिलते-जुलते और एक समान होते हैं और किसी भी 'लापता' को समझना हड्डी-बोटी के इंसान को समझने की निस्बत कहीं आसान काम है।"(पृ. 81) पर अपनी इस सोच को उपन्यासकार किसी स्पष्ट और भास्वर विजन में परिणत करने में असमर्थ रहा है। अनावश्यक प्रयोगशीलता के आग्रह के बीच यह दर्शन उलझ और खो गया है।

1976 ई. में योगेश गुप्त का पहला उपन्यास *अधिकार विसर्जन* और उसके बाद त्वरित अनुक्रम में उनके *उनका फैसला* (1977), *पहला अन्त* (1978), *छोटे बड़े डर* (1979), *अकारण* (1980), *उपसंहार* (1980), *अनायास* (1982) आदि उपन्यास प्रकाशित हुए। आकार की दृष्टि से ये सभी लघु उपन्यास हैं। इनका कथ्य मध्यवर्गीय जीवन है, जिसे उपन्यासकार ने भिन्न-भिन्न कोणों से देखने और अभिव्यक्त करने का प्रयास किया है। *उनका फैसला* में गरीबी और मध्यवर्गीय कुंठाओं में आकंठ डूबे एक मध्यवर्गीय परिवार का चित्रण किया गया है, जिसमें पति-पत्नी एक दूसरे के प्रति अविश्वास, सन्देह, उपेक्षा और घृणा की छाया के नीचे जिन्दगी ढो रहे हैं। *अनायास* में एक छोटी सी, आर्थिक तंगी से जुड़ी, घटना से मध्यवर्गीय परिवारों में उत्पन्न हो जाने वाले तनाव का बेहद प्रभावशाली अंकन किया गया है। इस प्रकार की जीवन-स्थितियाँ महानगरों में मध्यवर्गीय परिवारों के लिए अपरिचित नहीं हैं। आर्थिक दबाव, आधुनिक मूल्य-मान्यताओं तथा व्यक्ति की मानसिक बनावट और दुर्बलताओं के कारण शहरी मध्यवर्गीय व्यक्तियों के मन में ऐसी कुंठाएँ पैदा हो जाती हैं जो न केवल जिन्दगी को नरक बना देती हैं, वरन् इस सीमा तक दूभर भी कर देती हैं कि आत्महत्या या हत्या के अलावा कोई चारा नहीं रह जाता। योगेश गुप्त ने अपने उपन्यासों में मध्य वर्ग की इस नियति का बहुत तल्ख अंकन किया है।

1976 ई. में मंजुल भगत (ज.1936) की दो कथा-रचनाएँ, *टूटा हुआ इन्द्रधनुष* और *लेडीज क्लब*, एक ही जिल्द में 'लघु उपन्यास' के नाम पर प्रकाशित हुई थीं। पर आकार की दृष्टि से—दोनों की शब्दसंख्या ग्यारह-ग्यारह हजार के निकट है—इन्हें 'लघु उपन्यास' न कहकर अधिक से अधिक 'उपन्यासिका' कहना संगत होगा। मेरे विचार से दस हजार से तीस हजार शब्दों तक की कथा-रचनाएँ उपन्यासिका ही कही जानी चाहिए। और इस दृष्टि से मंजुल भगत की सभी कथा-रचनाएँ उपन्यासिका के भीतर ही आएँगी। *टूटा हुआ इन्द्रधनुष* और *लेडीज क्लब* तो कथ्य और प्रकृति की दृष्टि से लम्बी कहानी ही हैं, उपन्यासिका भी नहीं। ये दोनों ही कहानियाँ आधुनिक नारी समाज का यथार्थ प्रस्तुत करने का प्रयास करती

हैं। *टूटा हुआ इन्द्रधनुष* में लेखिका स्त्री के लिए पत्नी होने के साथ-साथ केवल प्रेमिका बने रहने का ही नहीं बल्कि अपने प्रेमी से पुत्र पैदा करने का भी अधिकार माँगती प्रतीत होती है। वह परम्परागत नारी संहिता को अस्वीकार करती है। यह आधुनिक नारीवाद की आवाज है। *लेडीज क्लब* में महानगरों की अभिजातवर्गीय स्त्रियों के आत्मप्रदर्शन, उनकी झूठी जिन्दगी, कृत्रिम आचरण और उनके जीवन के अन्तर्विरोधों को प्रस्तुत करने का प्रयास लक्षित होता है।

अनारो (1977), *बेगाने घर में* (1978), *खातुल* (1983), *तिरछी बौछार* (1984) और *गंजी* (1995) मंजुल भगत की अन्य उपन्यासिकाएँ हैं। इनमें *तिरछी बौछार* का विषय आधुनिक नारी की जिन्दगी से सम्बद्ध है। इसकी केन्द्रीय पात्र एक शिक्षित विवाहिता स्त्री है जो अपने प्रेम के अधिकार के प्रति सजग होते हुए भी दाम्पत्य जीवन की जिम्मेवारी को नजरअन्दाज नहीं करती, हालाँकि यह द्वन्द्व उसे सालता रहता है। घर की स्वादहीन जिन्दगी से—जहाँ पुरानी और नयी पीढ़ी की मानसिकताएँ आपस में टकराकर एक असहनीय वातावरण की सृष्टि करती हैं—मुक्ति की उसकी छटपटाहट भी उपन्यास में प्रस्तुत की गयी है। पर इस सम्बन्ध में लेखिका का विजन साफ नहीं है, इसलिए यह उपन्यासिका बहुत प्रभावित नहीं करती।

अनारो, बेगाने घर में और *गंजी* का विषय अपने नयेपन के कारण उल्लेखनीय हैं। इनमें शहरी निम्नवर्ग के जीवन का चित्रण किया गया है। *अनारो* में महानगर दिल्ली में मध्यवर्गीय परिवारों में चौका-बर्तन कर गुजर-बसर करने वाली स्त्रियों का चित्रण किया गया है। यह अंकन बहुत स्वाभाविक और संवेदना सम्पन्न है। लेखिका का इस जीवन का अवलोकन आश्चर्यजनक रूप से सूक्ष्म और सजीव है और उसे प्रस्तुत करने के लिए उसने उतनी ही जीवन्त, उस वर्ग के अनुरूप बोलचाल की भाषा का प्रयोग किया है। इसमें एक पात्र का चरित्र ही प्रमुख है, जो एक उपन्यासिका की प्रकृति के सर्वथा अनुरूप है। अनारो निम्नवर्गीय नारी के शोषण, साथ ही उसकी जिजीविषा और स्वाभिमान की प्रतीक पात्र है। *गंजी अनारो* के विषय का विस्तार मात्र है। गंजी अनारो की पुत्री है, जो अपने परिश्रम, विवेक और लगन से अपने नये जीवन का निर्माण करती है। गंजी के चरित्र द्वारा लेखिका ने इस वर्ग के प्रति अपने सहानुभूतिपूर्ण विश्वास का इजहार किया है। *बेगाने घर में* भी नगरकेन्द्रित निम्नवर्गीय समाज की जिन्दगी का ही चित्रण है। इसमें लेखिका ने एक ऐसे कथासंसार का निर्माण किया है जिसमें एक सम्पन्न और उदार व्यक्ति के आउटहाउस में रहनेवाले नौकर-चाकर अपनी जिन्दगी चहक, संवेदना और जीवन-मूल्यों के साथ जीते हैं। निम्नवर्गीय समाज के प्रति लेखिका का यह दृष्टिकोण बहुत प्रीतिकर और प्रगतिशील है। *खातुल* में अफगान शरणार्थियों की जिन्दगी को उनकी जातीय विशेषताओं के साथ प्रस्तुत किया गया है। इसमें भी चित्रित जिन्दगी के अनुरूप भाषा का निर्माण लेखिका की एक उपलब्धि मानी जा सकती है, यद्यपि उसमें सफाई की कुछ कमी अखरती है।

1977 ई. में मृणाल पांडेय (ज. 1946) का पहला उपन्यास *विरुद्ध* प्रकाशित हुआ। उनके अन्य दो उपन्यास हैं—*पटरंगपुर पुराण* (1983) और *रास्तों पर भटकते हुए* (2000)। *पटरंगपुर पुराण* में लगभग आठ पीढ़ियों में कुमायूँ-गढ़वाल के पहाड़ी क्षेत्र के जीवन में आए बदलाव का चित्रण मार्मिक रूप में किया गया है। इस इतिहास में काली कुमायूँ के राजा से लेकर देश को

आजादी मिलने तक का समय शामिल है। इस इतिहास के केन्द्र में पटरंगपुर नाम का गाँव है, जो बाद में कस्बे में परिवर्तित हो जाता है। इस उपन्यास की सबसे उल्लेखनीय विशेषता इसकी भाषा है, जो परिनिष्ठित हिन्दी में पहाड़ी शब्दों और लहजों के मिश्रण से निर्मित हुई है। इस मिश्रण से उपन्यास की भाषा पर्याप्त अबोधगम्य हो गयी है, जिसे दूर करने के लिए लेखिका को पादटिप्पणियों में शब्दों के अर्थ देने पड़े हैं। इस भाषा की सार्थकता कथा को प्रस्तुत करने की प्रविधि से, जो एक पहाड़ी भाषा बोलने वाली बूढ़ी औरत से सुनी कहानी के रूप में है, जुड़ी हुई है।

रास्तों पर भटकते हुए में आधुनिक उपभोक्तावादी युग में मानवीय सम्बन्धों की मृत्यु, सर्वव्यापी भ्रष्टाचार, धन और सत्ता की दौड़ में मानवीय मूल्यों को बिलकुल दरकिनार कर राक्षसी भूमिका में जीने वाले डॉक्टरों, उद्योगपतियों, राजनेताओं और पत्रकारों का उपन्यास-लेखिका ने तल्ख संवेदनशीलता के साथ चित्रण किया है। यह उपन्यास आधुनिक उपभोक्तावादी समाज के घिनौने रूप का यथार्थ अंकन है। वैसे, टीवी धारावाहिकों और फिल्मों का भी यह सुपरिचित विषय हो गया है; इस उपन्यास में आए अपराध के प्रसंग तो इस विषय के धारावाहिकों की कोटि के ही हैं। जो चीज उपन्यास को टीवी धारावाहिकों से अलग करती है, वह है लेखिका की संवेदनशीलता। यह संवेदनशीलता पात्रों के चरित्रांकन से लेकर पहाड़ी जीवन की अन्तरंग प्रस्तुति में दिखाई पड़ती है। उपन्यास की भाषा पहाड़ी बोली तथा बोलचाल के अनछुए शब्दों के मिश्रण से बहुत जीवन्त हो गयी है।

1977 ई. में रवीन्द्र वर्मा (ज.1936) का पहला उपन्यास *किस्सा तोता सिर्फ तोता* और उसके कुछ वर्ष बाद *गाथा शेखचिल्ली* (1981) तथा *माँ और अश्वत्थामा* (1984) प्रकाशित हुए थे जो कथ्य और संरचना की दृष्टि से अति सामान्य होने के कारण प्रायः अचर्चित रह गये थे। लगभग एक दशक के बाद 1995 ई. में उनका *जवाहर नगर* नामक उपन्यास प्रकाशित हुआ। *जवाहर नगर* कथ्य की दृष्टि से 1975-77 में लागू आपातकाल की राजनीतिक स्थिति पर आधारित उपन्यास है, पर इसमें आपातकाल में घटित जाने-सुने प्रसंगों का पिटा पिटाया वर्णन मात्र है जो उपन्यासकार की संवेदना या प्रखर राजनीतिक चेतना के अभाव में नितान्त बासी प्रतीत होता है। अपने कथ्य के बासीपन को दूर करने के लिए उपन्यासकार ने विनोद कुमार शुक्ल की तर्ज पर शब्दों का खिलवाड़ प्रस्तुत किया है। इसके साथ ही रति-व्यापारों का बार-बार वर्णन करके भी उपन्यासकार ने 'उत्तर आधुनिकता' का स्वाद पैदा करने की कोशिश की है।

अपने एक अन्य उपन्यास *निन्यानवे* (1998) में रवीन्द्र वर्मा ने एक कस्बाई मध्यवर्गीय परिवार की जिन्दगी और उसमें आयी गिरावट का, जिसके एक छोर पर पिता रामदयाल का आदर्शवाद है और दूसरे छोर पर बेटे हरिदयाल का भ्रष्ट चरित्र, विश्वसनीय अंकन किया है। उपन्यास का कथानक लगभग सत्तर-अस्सी वर्षों तक फैला हुआ है। इस बीच के राजनीतिक उतार-चढ़ाव, बदलाव और उथल-पुथल को उपन्यासकार ने चटकीले और व्यंग्यात्मक लहजे में प्रस्तुत किया है। *पत्थर ऊपर पानी* (2000) में रवीन्द्र वर्मा ने वृद्धावस्था की स्थितियों और अनुभूतियों का अंकन किया है। पर किसी विजन के अभाव में उपन्यासकार का प्रसंगों और शब्दों के साथ खेल इसे किसी महत्त्वपूर्ण उपन्यास में फलित नहीं होने देता।

1978 ई. में रमेशचन्द्र शाह का *गोबर गणेश* नामक उपन्यास प्रकाशित हुआ। *गोबर गणेश* मध्यवर्गीय आकांक्षाओं और सपनों के बनने और ध्वस्त होने की कहानी है। यह एक

ऐसे परिवार की गाथा है जहाँ सपने पलते हैं, सींचे जाते हैं पर उनका अन्त टूटन और निराशा में होता है, आदर्शों की अर्थी निकलती है और विश्वास तथा आस्था परिस्थितियों से टकराकर चूर-चूर हो जाते हैं। व्यक्ति और परिवेश की टकराहट और उसमें व्यक्ति की पराजय, उसकी आकांक्षाओं, सपनों और आदर्शों के ध्वस्त होने की प्रक्रिया का अंकन ही इस उपन्यास का लक्ष्य है।

उपन्यास का यह केन्द्रीय विषय मुख्यतः तीन पात्रों—विनायक, सरोज और जगन काका—की कहानी के माध्यम से प्रस्तुत किया गया है। उल्लेखनीय यह है कि पूरा औपन्यासिक संसार एक पात्र—विनायक—की चेतना में घटित होता है; यह उसके जिए हुए, भोगे हुए काल की गाथा है। इस कारण यह कथा एक मध्यवर्गीय परिवार की टूटन की कहानी तो बनती ही है, एक संवेदनशील व्यक्ति के जीवन-भोग और पीड़ा का दस्तावेज भी हो जाती है। विनायक की चेतना की खिड़की से हमें जिस औपन्यासिक संसार की झलक मिलती है, वह एक मध्यवर्गीय संसार है जहाँ घोर आर्थिक संघर्ष है और जीवन में सफलता की एकमात्र कसौटी आर्थिक मोर्चे पर सफल होना है। जगन काका जैसे पढ़े-लिखे, चरित्रवान, आदर्शवादी, देशभक्त, विवेकशील व्यक्ति इस कसौटी पर खरे नहीं उतरते और टूट जाते हैं।

उपन्यास में पारिवारिक, स्कूली और सामाजिक जीवन के कुछ बड़े ही मार्मिक प्रसंग उभरे हैं—विशेषकर जातिगत और सम्प्रदायगत पूर्वग्रहों से जन्मी मानसिकता के अन्तर्विरोधों को प्रस्तुत करने वाले प्रसंग जो संवेदनशील बालक विनायक की संवेदना से गुजरकर पैने तथा धारदार हो जाते हैं।

गोबर गणेश संवेदना के स्तर पर प्रभावित करने वाला एक सफल उपन्यास है। उपन्यास की भाषा सर्जनात्मक और पात्रों के मानसिक तनावों तथा सूक्ष्म भाव-स्तरों का उद्घाटन करने में पूर्ण समर्थ है।

रमेशचन्द्र शाह के अन्य प्रकाशित उपन्यास हैं—*किस्सा गुलाम* (1986) और *पूर्वापर* (1990)। *किस्सा गुलाम* में दलित जाति में जन्मे एक संवेदनशील पात्र कुन्दन की कुंठा और विद्रोह भावना का अंकन किया गया है। कुन्दन दलित समाज में पैदा हो रही राजनीतिक चेतना और सामाजिक विद्रोह का प्रतिनिधित्व करता है। वह उस सामाजिक व्यवस्था को नकारता है जिसमें एक शूद्र किसी ब्राह्मण लड़की से विवाह नहीं कर सकता; वह उस धर्म को, उस शास्त्र को नकारता है जो दलितों को अकारण अपमानित करता है। इस विद्रोही मानसिकता के कारण वह विदेश में जा बसता है और देश लौटता भी है तो एक विदेशी नागरिक के रूप में ताकि उसे समाज में सम्मान मिल सके। पर लेखकीय विजन में कुन्दन का विद्रोह एक प्रतिक्रियाजन्य विद्रोह है जिसका खोखलापन एलिस से उसके सम्बन्ध-विच्छेद द्वारा प्रकट हो जाता है। *पूर्वापर* में दो मित्रों के साथ-साथ जिए बचपन की कहानी, जिसमें बचपन को समझने की दो दृष्टियाँ हैं, कही गयी है।

1978 ई. में प्रणव कुमार वन्द्योपाध्याय (ज.1947) का पहला उपन्यास *खबर* प्रकाशित हुआ। यह निम्न और निम्नमध्यवर्गीय जीवन का चित्रण करने वाला एक बृहदाकार उपन्यास है, जिसके केन्द्रीय पात्र को नव वामपन्थी या नक्सलपन्थी चरित्र के रूप में विकसित करने की कोशिश की गयी है। पर सार्थक, संश्लिष्ट और प्रभावी विजन के अभाव में इसमें लेखक को सफलता नहीं मिली है।। यदि उपन्यासकार नक्सलवाद के दर्शन से—जो उपन्यास का केन्द्रीय

कथ्य है—ज्ञान और संवेदना के उच्च स्तर पर जुड़ा होता तो कदाचित् यह अपने ढंग की विशिष्ट रचना होता।

प्रणव का दूसरा उपन्यास *गोपीगंज संवाद* (1981) भी *खबर* की तरह विस्तृत देशकाल के फलक पर आधारित उपन्यास है, जिसमें ब्रिटिश औपनिवेशिक शासन के विरुद्ध लड़े जाने वाले उस स्वाधीनता संग्राम की कथा प्रस्तुत की गयी है जो महात्मा गाँधी के सत्य और अहिंसा पर आधारित आन्दोलन के समानान्तर चल रहा था। चूँकि यह युद्ध हिंसा के विकल्प को अस्वीकार नहीं करता था, अतः सरकार इसके दमन के प्रति विशेष सजग और क्रूर थी। सरकारी पुलिस ही नहीं, समकालीन जमींदार वर्ग भी स्वतन्त्रता के इन सिपाहियों पर अमानवीय अत्याचार करता था। इस लड़ाई में स्वतन्त्रता के पक्ष में लड़ने वालों में किसान, मिस्त्री, अवकाशप्राप्त सैनिक, साधु-संन्यासी और डाकाजनी का पेशा त्याग कर आत्मबलिदान पर उतारू कालू कसाई जैसे लोग हैं, जो अपने त्याग और संगठन-क्षमता से प्रशासन को परेशान कर देते हैं। यद्यपि इस लड़ाई में हार स्वतन्त्रता के पक्ष में लड़ने वालों की ही होती है, जो स्वाभाविक भी है, पर उपन्यास की परिणति विश्वसनीय नहीं बन पायी है।

1990 ई. में प्रणव का *अमृत पुत्र* नामक उपन्यास प्रकाशित हुआ, पर यह सर्जनात्मक दृष्टि से एक निराश करने वाला उपन्यास है।

1979 ई. में विनोद कुमार शुक्ल (ज. 1937) का पहला उपन्यास *नौकर की कमीज* और *फिर खिलेगा तो देखेंगे* (1996) और *दीवार में एक खिड़की रहती थी* (1997) प्रकाशित हुए। कथ्य की दृष्टि से विनोद कुमार शुक्ल निम्नमध्यवर्गीय जीवन के उपन्यासकार माने जा सकते हैं। *नौकर की कमीज* के केन्द्र में एक दफ्तर का परिवेश है, जिसमें कुछ बाबू, एक बड़ा बाबू, एक बड़ा अफसर और एक चपरासी है। विनोद कुमार शुक्ल ने दफ्तर की जिन्दगी—बाबुओं के दब्बूपन, बेचारगी, आपसी ईर्ष्या-द्वेष, खुशामदी मनोवृत्ति, अफसर की नौकरशाही मानसिकता और दफ्तर के जड़, हास्यास्पद नियमों आदि का प्रामाणिक अंकन किया है। बदीउज़्ज़माँ के *एक चूहे की मौत* के बाद दफ्तर की जिन्दगी के अंकन का यह दूसरा उल्लेखनीय प्रयास माना जा सकता है। इसके साथ ही केन्द्रीय पात्र—क्लर्क सन्तू बाबू—के पारिवारिक जीवन का भी विश्वसनीय चित्रण उपन्यास में मिलता है। उपन्यासकार यह बताना चाहता है कि निम्न-मध्यवर्गीय परिवार की नियति ही उच्च वर्ग द्वारा शोषित होने और उपयोग में लाए जाने की है। सन्तू बाबू यदि क्लर्क होने के नाते 'बड़े साहब' के घरेलू कामकाज करने को बाध्य हैं तो उसकी पत्नी 'बड़े डॉक्टर' की किरायेदार होने के कारण केवल 'चाय-नाश्ते' पर उसके घर के कामकाज निपटाती है। उच्च पदों पर अवस्थित लोग जिस 'सभ्य' तरीके से अपने अधीनस्थ या मजबूर लोगों का शोषण करते हैं, उसका विनोद कुमार शुक्ल ने बहुत विश्वसनीय अंकन किया है। बड़े साहब ने एक 'नौकर की कमीज' बनवा रखी है, जिसकी नाप का नौकर ही आदर्श नौकर हो सकता है। जब इस कमीज की नाप का नौकर नहीं मिलता तो सन्तू बाबू को ही यह कमीज जबरदस्ती पहना दी जाती है और मान लिया जाता है कि वे बड़े साहब के घर का कामकाज करने के लिए उपयुक्त व्यक्ति हैं। दफ्तर का चपरासी महँगू एक आदर्श चपरासी माना जाता है जो 'राम राम साहब' बोलते-बोलते अन्त में पागल हो जाता है और पागल हो जाने पर 'राम राम साहब' ही बोलता रहता है। उसके मरने के बाद उसका लड़का उसकी जगह लेता है तो उसका नाम भी महँगू ही रहता है। इस तरह *नौकर की कमीज* में दफ्तर और बाबुओं के घर

और बाहर की दयनीय, विवश जिन्दगी तथा अफसरशाही की क्रूर, संवेदनहीन मानसिकता के चित्रण में उपन्यासकार ने अपने गहरे अनुभव और संवेदनशीलता का परिचय दिया है।

विनोद कुमार शुक्ल के परवर्ती उपन्यासों, *खिलेगा तो देखेंगे* और *दीवार में एक खिड़की रहती थी*, का कथ्य भी मध्यवर्ग के जीवन से ही सम्बन्धित है पर इनमें कथाकार की अनुभव की पूँजी एकदम चुक गयी प्रतीत होती है। *खिलेगा तो देखेंगे* के केन्द्र में एक गाँव के स्कूल शिक्षक का परिवार है जो आँधी-पानी में स्कूल की छत के उड़ जाने पर एक थाने के उजाड़ मकान में रह रहा है। इस कथा संसार में एक बनिया और एक 'कोटवार' भी दिखाई पड़ते हैं। पर बहुत माथापच्ची करने पर भी इस जीवन की कोई 'वास्तविकता' पकड़ में नहीं आती। ये पात्र हमारे परिचित अनुभव जगत् के आदमी नहीं हैं। वस्तुतः ये 'आदमी' हैं ही नहीं, मात्र हिलने-डुलने वाली छायामूर्तियाँ हैं। इनका जीवन, इनकी दिनचर्या, इनके आपसी सम्बन्ध पाठक के लिए पहेली ही बने रहते हैं। उपन्यास के किसी भी प्रसंग में संवेदना, सोच या स्थितिविशेष का बोध नहीं होता। यदि यह सब प्रतीकात्मक है तो प्रतीक इतने निजी हैं कि उनका अर्थ पाठक तक नहीं पहुँचता। कविता और प्रतीक के नाम पर इसकी प्रशंसा नहीं की जा सकती।

दीवार में एक खिड़की रहती थी खिलेगा तो देखेंगे का विस्तार है। यह भी एक भाषिक क्रीड़ा या खिलवाड़ मात्र है। भाषिक क्रीड़ा की प्रवृत्ति *नौकर की कमीज* में भी है, पर उसमें थोड़ा सा कथ्य भी है, इसलिए वह क्रीड़ा काबिले-बर्दाश्त है; पर *खिलेगा तो देखेंगे* और *दीवार में एक खिड़की रहती थी* में केवल क्रीड़ा ही क्रीड़ा है, जो उपन्यास की दृष्टि से निरर्थक है। *दीवार में एक खिड़की रहती थी* में भी एक निम्नमध्यवर्गीय परिवार है; इसका केन्द्रीय पात्र एक इंटरमीडिएट कॉलेज का गणित का अध्यापक है। उसकी पत्नी उसके साथ रहती है और कभी-कभी उसके माँ-बाप भी उनके साथ रहने के लिए आ जाते हैं। उपन्यासकार ने उनकी जिन्दगी की 'सामान्यता' का बोध कराने की कोशिश की है। उसमें वह किंचित् सफल भी माना जा सकता है। पर मध्यवर्गीय जीवन की कोई सार्थक तसवीर उपन्यास में नहीं उभरती। इस चित्रण में कोई गहरी समझ या संवेदना नहीं है। जहाँ भी इस प्रकार के प्रसंग आये हैं, वहाँ निर्जीव वर्णनों की ही भरमार है। कतिपय आलोचकों ने इसे 'निम्नमध्यवर्गीय जीवन का जादू' कहा है। पर निम्नमध्यवर्गीय जीवन में 'जादू' केवल उन्हीं को दिखाई देता है जिन्हें उसकी भद्दगियों को देखने की दृष्टि या क्षमता नहीं होती। इससे केवल यही भान होता है कि कथाकार के पास कहने को कुछ बचा नहीं है और वह केवल शब्दों के इन्द्रजाल से जादुई प्रभाव पैदा करना चाहता है। इसमें वह सफल भी हुआ है, क्योंकि इस दशक के नगरबोध के आलोचक इससे चौंधिया गये हैं। इसकी भाषा की इन आलोचकों ने अतिरंजित प्रशंसा की है, पर वस्तुतः इसकी भाषा में कोई उल्लेखनीय सर्जनात्मक गुण नहीं है। वह केवल अपने ऊलजलूलपन से पाठक को भरमाती है।

कुछ समीक्षक इस उपन्यास में प्रयुक्त 'दीवार' और 'खिड़की' के प्रतीक से बहुत अभिभूत हैं। 'दीवार' आज की बँधी-घुटी, सामाजिकता से कटी और प्रदूषण से घिरी जिन्दगी का प्रतीक है, जबकि 'खिड़की' इस जिन्दगी को मुक्त आकाश, प्रकृति और समाज से जोड़ती है। पर कथाकार ने इन प्रतीकों का बहुत गलत स्थान पर इस्तेमाल किया है। मध्य प्रदेश के किसी जंगल-पहाड़ से घिरे कस्बे में प्रकृति के खुलेपन का स्वाद लेने के लिए खिड़की से निकलने की जरूरत नहीं है। इसके लिए दरवाजे से भी निकला जा सकता है। मध्य प्रदेश की किसी सत्तर हजार की आबादी वाली 'बस्ती' के एक किनारे पर, एक कमरे के 'घर' में—जिसमें मात्र एक

दरवाजा और एक खिड़की है, बाहर थोड़ी दूर पर पुराने ढंग का शौचालय है—रहने वाले निम्नमध्यवर्गीय दम्पति के लिए यह खिड़की का रोमांस कोई अर्थ नहीं रखता। आलोचक इस खिड़की के रोमांस से कुछ ज्यादा ही अभिभूत जान पड़ते हैं।

पूँजीवादी और अब बहुराष्ट्रीय बाजारवादी अर्थव्यवस्था साहित्य की निरर्थकता को प्रमाणित करने के लिए संचार माध्यमों का बहुत जोर-शोर से प्रयोग कर रही है। अनेक लेखक और आलोचक इस साजिश के जाने-अनजाने शिकार हो चुके हैं। ये लेखक यह सिद्ध करने पर तुले हुए हैं कि साहित्य शब्दों के खिलवाड़ से अधिक कुछ नहीं है; मानवीय ज्ञान और संवेदना से उसका कुछ लेना-देना नहीं है। विनोद कुमार शुक्ल हिन्दी के इन्हीं रचनाकारों में से हैं। *खिलेगा तो देखेंगे* और *दीवार में एक खिड़की रहती थी,* दोनों ही उपन्यास इसके प्रमाण हैं।

1979 ई. में ही श्रवण कुमार गोस्वामी का पहला उपन्यास *जंगल तन्त्रम* प्रकाशित हुआ। इसमें पच्चीस रातों की कहानियों के रूप में स्वाधीन भारत के पच्चीस वर्षों की राजनीति का चरित्र प्रतीकात्मक पद्धति पर प्रस्तुत किया गया है। इस उपन्यास में 'जंगल तन्त्र' लोकतन्त्र का तथा सिंह, मोर, नाग और चूहा क्रमशः राजनेता, प्रशासक, पूँजीपति और आम आदमी के प्रतीक हैं। इस प्रतीक कथा के द्वारा उपन्यासकार ने लोकतान्त्रिक प्रणाली के विकृत रूप का अंकन किया है, जिसमें चोरबाजारी, कालाबाजारी, जमाखोरी, मिलावट, बिक्री कर की चोरी, रिश्वतखोरी आदि का बोलबाला है। समाजवाद के नाम पर पूँजीवाद को बढ़ावा देने के छद्‌म का उपन्यासकार ने बहुत अच्छी तरह से भंडाफोड़ किया है और लोकतन्त्र को जंगल तन्त्र की संज्ञा देते हुए पूँजीवादी अर्थव्यवस्था में आम आदमी की व्यथा और छटपटाहट का अंकन किया है। उपन्यासकार ने इस जंगल तन्त्र में अपनी स्वार्थ-सिद्धि के लिए सिंह और नाग के आपस में मिल जाने का व्यंग्यपूर्ण चित्रण किया है। यद्यपि चूहे, अर्थात् सामान्य जन, इस षड्यन्त्र को समझ गये हैं, पर इससे मुक्ति का कोई रास्ता उनके पास नहीं है। सिंह के झूठे आश्वासनों ने उन्हें निष्क्रिय और कमजोर बना रखा है, साथ ही उनकी वर्गीय और परम्परागत दुर्बलताएँ उन्हें संघर्ष की ओर नहीं बढ़ने देतीं।

जंगल तन्त्रम के बाद श्रवण कुमार गोस्वामी के *सेतु* (1981), *भारत बनाम इंडिया* (1983), *दर्पण झूठ ना बोले* (1983), *राहु-केतु* (1984), *मेरे मरने के बाद* (1985), *चक्रव्यूह* (1988), *आदमखोर* (1992), *एक टुकड़ा सच* (1992) आदि उपन्यास प्रकाशित हुए। *भारत बनाम इंडिया* तथा *दर्पण झूठ ना बोले* में गोस्वामी जी ने प्रतीकों, रूपकों और फन्तासी के माध्यम से समकालीन यथार्थ के विविध पक्षों का उद्‌घाटन और उन पर व्यंग्य किया है। यद्यपि इस प्रकार की रचनाओं को उपन्यास की संज्ञा देना विवादास्पद है, पर इसमें सन्देह नहीं कि उपन्यासकार ने इनमें समकालीन यथार्थ का अंकन बड़े पैने ढंग से किया है। *भारत बनाम इंडिया* में पात्रों का प्रतीक के रूप में उपयोग करते हुए समकालीन भारत की उस पीड़ा को प्रस्तुत किया गया है, जिसे आजादी के बाद गाँव और नगर भोग रहे हैं। गाँवों में व्याप्त छुआछूत, अन्धविश्वास, लूटपाट, शोषण, भ्रष्टाचार, धाँधली आदि का अत्यन्त यथार्थ रूप सामने आता है। *दर्पण झूठ ना बोले* में एक रूपक कथा के माध्यम से समकालीन भारतीय समाज में व्याप्त आर्थिक-राजनीतिक भ्रष्टाचार का चित्रण किया गया है। *मेरे मरने के बाद* में फन्तासी पद्धति की सहायता से आज के हिन्दी लेखक की नियति का चित्रण किया गया है, जहाँ स्वतन्त्रचेता और विद्रोही लेखकों को अपने लेखन के पुरस्कार के रूप में गरीबी,

उपेक्षा और अपमान की स्थितियों से गुजरना पड़ता है।

सेतु, राहु-केतु और *चक्रव्यूह* में उपन्यास की स्वाभाविक पद्धति अपनायी गयी है। *सेतु* में फिल्मी दुनिया के कलाकारों के निजी और पारिवारिक जीवन का, उनके दाम्पत्य जीवन की विडम्बनाओं का, चित्रण किया गया है। *राहु-केतु* में व्यंग्यपूर्ण शैली में समकालीन भ्रष्ट राजनीति में ईमानदार और मानवीय मूल्यों के प्रति निष्ठावान व्यक्तियों की नियति का अंकन है। *चक्रव्यूह,* जो गोस्वामी जी का सर्वश्रेष्ठ उपन्यास है, विश्वविद्यालयीय परिसर जीवन से सम्बद्ध उपन्यास है। इसके पूर्व अनेक उपन्यासों में आनुषंगिक रूप में परिसर जीवन का चित्रण हुआ है पर इस विषय को पूर्ण रूप से समर्पित यह हिन्दी का पहला उपन्यास है। *चक्रव्यूह* में आज के विश्वविद्यालयीय जीवन को, उसमें लगे हुए घुन को, भ्रष्टाचार, षड्यन्त्र और गन्दी राजनीति से दूषित अशैक्षिक परिवेश को केन्द्रीय विषय के रूप में प्रस्तुत किया गया है। उपन्यास के केन्द्रीय पात्र कुलपति शैलेश की मनोव्यथा, अन्तर्द्वन्द्व, मानसिक ऊहापोह और संवेदना के अंकन में भी उपन्यासकार सफल है।

श्रवण कुमार गोस्वामी ने अपने उपन्यासों में प्रतीकों और रूपकों की योजना में अच्छी सूझबूझ का परिचय दिया है। दृश्यात्मक-परिदृश्यात्मक प्रविधि का सन्तुलित प्रयोग उनके सभी उपन्यासों में हुआ है। भाषा में व्यंग्य पैदा करने की कला भी गोस्वामी जी में भरपूर मात्रा में है।

1980 ई. में सूर्यबाला (ज. 1944) का और उसके कुछ पूर्व *सुबह के इन्तजार तक, मेरे सन्धि पत्र* प्रकाशित हुए। *सुबह के इन्तजार तक* में निम्नमध्य वर्ग की विद्रूपभरी नियति का सजीव चित्र प्रस्तुत किया गया है। इसके ग्यारह वर्ष बाद सूर्यबाला की *यामिनी कथा* (1991) नामक उपन्यासिका प्रकाशित हुई जिसमें एक विभक्त माँ और विभक्त पत्नी के मानसिक तनाव और बहुस्तरीय यातना का, वर्तमान पति और पूर्व पति से पुत्र की निष्ठाओं के बीच तनाव झेलती स्त्री का, बेहद झकझोरने वाला चित्रण मिलता है। इसके तुरत बाद प्रकाशित उपन्यास *जूझ* (1992) में सूर्यबाला ने परिसर जीवन की बीभत्स सच्चाई का चित्रण किया है। शैक्षिक जीवन की विसंगतियों, व्यवसायीकरण, शिक्षकों के अवमूल्यन और बेचारगी की जिन्दगी, अफसरशाही, भ्रष्टाचार आदि से नरक बने परिसर जीवन के बीच एक ईमानदार अध्यापक की हारती-टूटती जिन्दगी की त्रासदी का यह चित्रण संवेदनात्मक गहराई की दृष्टि से उल्लेखनीय है।

1980 ई. में मनोहर श्याम जोशी (ज. 1933) का *कुरु कुरु स्वाहा* नामक उपन्यास प्रकाशित हुआ। इस उपन्यास में कथ्य से ज्यादा महत्त्वपूर्ण उसका शिल्प है, जिसका संकेत उपन्यास की 'भूमिका' से भी मिलता है। उपन्यासकार ने इसे 'दृश्य और संवादप्रधान गप्प बायस्कोप' कहा है और अपने पाठकों से आग्रह किया है कि 'इसे पढ़ते हुए देखा सुना जाए।' एक और उल्लेखनीय बात उन्होंने यह कही है कि "वह पात्र जिसका जिक्र इसमें मनोहर श्याम जोशी संज्ञा और 'मैं' सर्वनाम से किया गया है वह सबसे अधिक कल्पित है।" इस कथन से उपन्यास विषयक यह तथ्य सामने आता है कि यहाँ भी एक नयेपन का आभास देते हुए 'कथाकार' या 'नरेटर' को नाटकीकृत करने का गुर अपनाया गया है। *मनोहर श्याम जोशी* को 'सबसे अधिक' काल्पनिक मान लेने पर भी हम *काल्पनिक* मनोहर श्याम जोशी और *वास्तविक* मनोहर श्याम जोशी की समानताओं को बिलकुल नजरअन्दाज नहीं कर सकते। जोशी जी ने शिल्प में नयापन लाने का प्रयास इस रूप में किया है कि उन्होंने **मैं** को अपना ही नाम दे दिया है। राही मासूम

रजा और मनोहर श्याम जोशी का अन्तर यह है कि राही खुद को खुद के रूप में पेश करते और पाठक से सीधा सम्बन्ध स्थापित करके कहानी सुनाते हैं, जबकि जोशी 'खुद' का नाटकीकरण या अप्रत्यक्षीकरण करने की कोशिश करते हैं। वे **मनोहर श्याम जोशी** के व्यक्तित्व को तीन टुकड़ों में बाँटते हैं—**मनोहर, जोशी** और **मैं** अथवा **मनोहर श्याम जोशी**। इनमें *मनोहर* सहज विश्वासी, भावुक, बालक मन है, **जोशी** बौद्धिक, गम्भीर साहित्यकार और थोड़ा बहुत विद्वान और **मैं** या **मनोहर श्याम जोशी** एक मध्यवर्गीय पत्रकार, वृत्तचित्रकार या फिल्मी दुनिया में ताकझाँक करने वाला मिडियॉकर है। 'नरेटर' के वजूद को तीन हिस्सों में विभक्त करने का औचित्य कदाचित् यह है कि उपन्यासकार तीन विभिन्न अवलोकन बिन्दुओं से अपने कथासंसार को प्रस्तुत कर सके और पाठक भी उस कथासंसार में उसी प्रकार अपनी साझेदारी निभाए।

कुरु कुरु स्वाहा में महानगरीय जीवन की—जिसका उदाहरण बम्बई है, जहाँ सिनेमा, अपराध, सेक्स आदि के अलग-अलग संसार हैं—विसंगतियों, अनिश्चितताओं, नैतिक मूल्यों तथा वहाँ के रहन-सहन, भागदौड़, रहस्यमयता, देहव्यापार, षड्यन्त्र आदि की प्रस्तुति ही उपन्यास का विषय है। इसके लिए दृश्य और संवाद-प्रधान गप्प बायस्कोप की जो प्रविधि घड़ी गयी है उसमें मनोहर श्याम जोशी गप्पी नरेटर की भूमिका अदा करता है, जबकि मनोहर और जोशी अपने कार्यव्यापारों, वार्तालापों और मस्तिष्क की हरकतों से दृश्य बायस्कोप की रचना करते हैं। कहीं-कहीं जोशी भी 'नरेटर' की भूमिका में आता दिखाई देता है। इस प्रविधि के द्वारा उपन्यासकार पारम्परिक कथानक, चरित्र-निर्माण, परिवेश-रचना आदि को तोड़ने में तो जरूर सफल हुआ है, पर यह सारा रचना-व्यापार एक कलाबाजी के अलावा कुछ नहीं है। उपन्यासकार के पास कोई सार्थक, मानस को झकझोरने वाला चमकदार विजन नहीं है। एक सतही अनुभव, एक खिलन्दड़ी सी मानसिकता तथा कदाचित् महानगरीय जीवन की विसंगतियों, फालतूपन, ऊलजलूलपन आदि का थोड़ा प्रामाणिक और सच्चा अनुभव ही उसकी गाँठ में है, जिसे उपन्यास का रूप देने के लिए शिल्पगत नट-कर्म या बाजीगरी का रास्ता अपनाया गया है।

मनोहर श्याम जोशी का दूसरा उपन्यास *कसप* (1982) मूलतः एक प्रेमकथा है, पर इसका रूप और अन्दाज इतना नया है कि सदियों का यह घिसापिटा विषय भी इस उपन्यास में एक नयी चमक से भर गया है। उपन्यासकार ने यह चमत्कार प्रेमकथा की पुरानी रूढ़ियों को तोड़ कर तथा कथा में पहाड़ी भाषा और लोकसंस्कृति की छौंक देकर, सम्भव असम्भव टटके प्रसंगों की योजना कर, संवादों में विदग्धता, बेतकल्लुफी और सावधान लापरवाही भर कर पैदा किया है। पर इस प्रेमकथा का पूर्वार्ध जितना रोचक है, उसका उत्तरार्ध उतना ही उबाऊ हो गया है। दरअसल जोशी जी की प्रकृति खिलन्दड़ी और प्रवृत्ति कामदी-लेखन की है। वे गम्भीर या त्रासद प्रसंगों के निर्माण में लड़खड़ा जाते हैं। *कसप* में भी जब नायक-नायिका का प्रेम संवेदनात्मक संकट से गुजरता है तो जोशी उसके अनुरूप प्रसंग-योजना में चूक जाते हैं।

पर *कसप* को मात्र प्रेमकथा मानकर उस पर निर्णय दे देना संगत नहीं है। यह पहाड़ी जीवन की संस्कृति, रीतिरिवाज तथा मध्यवर्गीय जीवन-यथार्थ का प्रामाणिक दस्तावेज भी है। उपन्यासकार ने कुमायूँनी भाषा के शब्दों और मुहावरों को हिन्दी में इस प्रकार मिला दिया है कि भाषा एक नयी दीप्ति और अर्थवत्ता से भर गयी है। उपन्यास में शिल्प की नवीनता किस्सागो की वापसी के रूप में है। किस्सागो की सुखद आसन्नवर्तमानता कथा में एक नया स्वाद पैदा करती है। यह किस्सागो दर्शनशात्र का एक बूढ़ा प्रोफेसर है, जो मृत्यु की अन्तिम घड़ियाँ गिनता

हुआ 'किसी सिरफिरे की संस्कृत में लिखी आधुनिक कादम्बरी' को नये सिरे से हिन्दी में रच रहा है। यह उपन्यासकार द्वारा एक प्रकार से 'अप्रत्यक्ष' होने का ही प्रयास है।

नवें दशक में, लगभग एक युग के बाद, जोशी जी के *ट-टा प्रोफेसर* (1995), *हरिया हरक्यूलीज़ की हैरानी* (1996) और *हमजाद* (1996) नामक लघु उपन्यास प्रकाशित हुए। संवेदना और विजन की दृष्टि से ये उपन्यास नाकारा हैं। *ट-टा प्रोफेसर* और *हरिया हरक्यूलीज़ की हैरानी* का परिवेश कुमायूँ-गढ़वाल का पहाड़ी क्षेत्र है, पर इनमें इस जीवन का कोई प्रभावी अंकन नहीं हुआ है। *ट-टा प्रोफेसर* में एक स्कूल शिक्षक का व्यंग्यचित्र प्रस्तुत किया गया है जो अपनी परिणति में थोड़ा करुण जरूर है, पर किसी भी अर्थ में इसे सर्जनात्मक नहीं माना जा सकता। *हरिया हरक्यूलीज़ की हैरानी* में भी कोई कथ्य नहीं है; यह एक प्रकार का शाब्दिक और कथात्मक खिलवाड़ है। यह 'गूमालिंग' नामक रहस्यपूर्ण जगह की रहस्य और कौतुकपूर्ण कथा है जिसमें लेखक की खिलन्दड़ी मनोवृत्ति खूब रमी है। इसे उत्तर-आधुनिकता से जोड़कर देखने का प्रयास, जैसा कुछ लोगों ने किया है, मनोरंजक है। पहाड़ी समाज की मानसिकता और भाषा का पुट देकर कहानी को कुछ प्रत्ययकारी बनाने का प्रयास किया गया है। इसका पूर्वार्ध दिल्ली नगरवासी पहाड़ी समाज की जिन्दगी से जुड़ा हुआ है, जिसमें अन्धविश्वास और झूठे आत्मसम्मान का भाव हास्यास्पद स्तर तक विद्यमान है, किन्तु इसका उत्तरार्ध रहस्य की भेंट चढ़ गया है। 'गूमालिंग' क्षेत्र के निवासी मानते हैं कि हर व्यक्ति-जैसा एक दूसरा व्यक्ति भी होता है, जो छाया की तरह उसके साथ चलता है। इसी 'विश्वास' पर यह कहानी घड़ी गयी है, जिसकी प्रतीक के रूप में कोई सार्थकता नहीं दिखाई पड़ती।

हमज़ाद एक भिन्न कोटि का उपन्यास है जो वैश्विक स्तर पर बढ़ते बाजारवाद की मनोवृत्ति की उपज है। यह बाजारवाद स्त्री-पुरुष, धर्म, नैतिकता, परम्परा, संस्कृति, मूल्य, सबकुछ को 'वस्तु' का रूप देने की ओर अग्रसर है। *हमजाद* में बाजारवाद की इस प्रवृत्ति में आकंठ निमग्न एक छोटे से समाज का अंकन किया गया है, जो अपने देह-सुख के लिए सारे नैतिक मूल्यों को नकारता हुआ कमीनी से कमीनी हरकतें करता है। आदमी इतना नीचे गिर सकता है, नैतिक मूल्य इस हद तक नकारे जा सकते हैं, इसकी कल्पना करना भी अभी मुश्किल मालूम होता है। इस उपन्यास में हैवानियत अपनी चरम सीमा पर है, स्त्री-पुरुष शुद्ध मादा-नर के रूप में हैं, धोखाधड़ी, हेराफेरी, लूटपाट, अपहरण, बलात्कार, अनियन्त्रित सेक्स का अपने पूरे नंगेपन में चित्रण हुआ है। उपन्यास का एक पात्र कहता है—"इस अफ़्सानः में यहाँ से वहाँ तक गन्दगी ही गन्दगी है।" यह बात बिलकुल सच है। इस उपन्यास को कमीनगी और हैवानियत का दस्तावेज कहा जा सकता है।

उपन्यास की भाषा अलग तरह की है। इसमें फारसी शब्दों का इतना अधिक प्रयोग किया गया है कि अनेक शब्दों के हिन्दी अर्थ पादटिप्पणियों में देने पड़े हैं। इसी से इनकी रचनात्मक सार्थकता असिद्ध है। इतना ही नहीं, फारसी के हिन्दी में घुलमिल गये शब्दों के भी फारसी रूप ही दिये गये हैं। उदाहरण के लिए मुआफ़ी, दरअस्ल, ओहदः, वादः, सुब्ह, *पर्दःफाश, अफ्साना, हमेशः* जैसे हजारों शब्द उपन्यास में प्रयुक्त हुए हैं, जिनका कोई सर्जनात्मक औचित्य नहीं है।

उपन्यास का केन्द्रीय पात्र स्वीकार करता है—"यह अफ्सानः दो कौड़ी का भी नहीं है।" यह बात पूरे उपन्यास पर भी लागू होती है।

1980 ई. में ही सुरेन्द्र वर्मा का पहला उपन्यास *अँधेरे से परे* और उसके कुछ बाद *बम्बई*

भित्तिलेख प्रकाशित हुआ। पर ये दोनों ही उपन्यास बहुत सामान्य होने के कारण लगभग अचर्चित रहे। लगभग एक दशक बाद, 1993 में, उनका *बहुचर्चित* उपन्यास *मुझे चाँद चाहिए* प्रकाशित हुआ। इस उपन्यास में हिन्दी पाठक को पहली बार रंगमंच और सिने-संसार का, जिसका लेखक को प्रामाणिक और गहरा अनुभव है, इतना विश्वसनीय, समृद्ध और संवेदना भरा चित्र देखने तथा अनुभव करने को मिलता है। इस कथा-संसार में कलाकार के संघर्ष के साथ-साथ स्त्री के संघर्ष की कथा भी गहरे पीड़ा-बोध, संजीदगी, और कलात्मक संयम के साथ प्रस्तुत की गयी है। कलाकार के रूप में वर्षा, हर्ष, चतुर्भुज आदि के संघर्ष ज्याँ क्रिस्ताफ के संघर्ष के सामने हल्के होने पर भी उपेक्षणीय नहीं हैं। वर्षा का कला-संघर्ष 'खुल जा सिमसिम' की तरह एक के बाद एक उपलब्धियों से जुड़ते रहने के कारण कोई तनाव पैदा नहीं करता, फिर भी वह सपाट नहीं है। उसका चरित्र एक मध्यवर्गीय रूढ़िवादी ब्राह्मण परिवार की लड़की के यशोदा पांडेय से सिने-तारिका वर्षा वशिष्ठ तक की यात्रा तथा स्त्री के संघर्ष और विद्रोह का असाधारण उदाहरण है। वह एक महत्त्वाकांक्षी लड़की है जो परम्परागत व्यवस्था की सारी संहिताओं को रौंदती और बाधाओं को पार करती आर्थिक आत्मनिर्भरता और शक्ति अर्जित करती है। उसका संघर्ष जितना बाहरी और व्यवस्था विरोधी है उतना ही निजी और आन्तरिक भी है। अनब्याही माँ के दायित्व को वह जिस गर्व और दायित्व के साथ स्वीकार करती है वह औपनिषदिक पात्र जाबाला का स्मरण दिलाता है। इस प्रकार यशोदा पांडेय या सिलबिल का वर्षा वशिष्ठ में रूपान्तरण मध्यवर्गीय भारतीय स्त्री के अत्याधुनिक स्त्री में रूपान्तरण की विश्वसनीय कहानी है।

मुझे चाँद चाहिए में संरचना सम्बन्धी त्रुटियों की कमी नहीं है, पर आद्यन्त नाटकीय शिल्प और तराशे हुए, व्यंजना से भरपूर, व्यंग्य-सम्बलित गद्य के कारण यह उपन्यास बहुत जोरदार बन गया है। चेखव के नाटकों से लेकर संस्कृत नाटकों, विशेषकर कालिदास के नाटकों के सन्दर्भ उपन्यास में अद्‌भुत विदग्धता की सृष्टि करने में सफल हुए हैं। वर्षा और हर्ष के प्रेम की त्रासदी को भी हास्य-व्यंग्य और क्रीड़ा-भाव से युक्त प्रसंग प्रभावी बनाते हैं। सुरेन्द्र वर्मा का एक उपन्यास *दो मुर्दों के लिए गुलदस्ता* (1998) भी प्रकाशित हुआ है। पर जिस उपन्यास के लिए उन्हें याद रखा जाएगा, वह *मुझे चाँद चाहिए* ही है।

1980 ई. में ही द्रोणवीर कोहली (ज.1932) का पहला उपन्यास *हवेलियों वाले*, और फिर, *चौखट* (1981), *आँगन कोठा* (1985), *कायास्पर्श* (1987), *तकसीम* (1994) और *वाह कैम्प* (1998) आदि उपन्यास प्रकाशित हुए। इनमें *हवेलियों वाले*, *आँगनकोठा* और *तकसीम* कथ्य की दृष्टि से ही नहीं, परिवेश और पात्रों की दृष्टि से भी, उपन्यास-त्रयी कहे जा सकते हैं। इनमें क्रमशः लगभग 1930 से 1946 की अवधि में पश्चिमी पंजाब के ठेठ ग्रामीण जीवन को उसकी समग्रता में प्रस्तुत करने का प्रयास किया गया है। ये सभी उपन्यास लेखक के अनुभव क्षेत्र, पश्चिमोत्तर पंजाब की जिन्दगी से जुड़े हुए हैं। इन उपन्यासों में चित्रित गाँवों की आबादी में बहुसंख्यक किसान मुसलमान और अल्पसंख्यक साहूकार हिन्दू हैं, जिनका किसानों की जमीनों पर भी अवैध अधिकार है। इन साहूकारों द्वारा किसानों के शोषण का, साथ ही उनके आपसी संघर्षों का भी उपन्यासकार ने विश्वसनीय अंकन किया है। आर्थिक दृष्टि से मध्यवर्गीय पर विचारों से सामन्ती दृष्टिकोण वाले, अक्खड़, मरने मारने के लिए हरदम तैयार पंजाबियों का व्यक्तित्व उपन्यास में बखूबी तौर पर उभरता है। यद्यपि हिन्दू साहूकार मुसलमान किसानों का

शोषण करते हैं, पर उनमें साम्प्रदायिक तनाव नहीं है। सामाजिक और आर्थिक स्तर पर एक सन्तुलन कायम है, भले ही वह परिस्थितिजन्य और अस्थायी हो।

तकसीम देश के विभाजन के पूर्व पंजाबी समाज के पारिवारिक विघटन की कहानी है। इसी बहाने पंजाबियों की जीवन-शैली, रुचियों-अभिरुचियों और संस्कारों का प्रामाणिक चित्र प्रस्तुत किया गया है। *तकसीम* में जहाँ एक परिवार के विभाजन की त्रासदी है, वहाँ *वाह कैम्प* में भारत-विभाजन के बाद शरणार्थियों के रूप में भारत पहुँचे हिन्दू-सिखों की तकलीफों, संघर्षों और संवेदनाओं का अंकन हुआ है। उपन्यासकार ने शरणार्थी जीवन और उसके बाद की संघर्ष कथा को अपनी पूरी संवेदना और सूक्ष्म अवलोकन क्षमता के साथ प्रस्तुत किया है।

चौखट और *काया-स्पर्श* विषय की दृष्टि से भिन्न प्रकार के उपन्यास हैं। *चौखट* में पश्चिमी सभ्यता, वहाँ के रीति-रिवाजों और स्त्री-पुरुष सम्बन्धों की नकल करने वाली भारतीय स्त्रियों की नियति का अंकन किया गया है। यह पाश्चात्य आधुनिकता से प्रभावित एक भारतीय युवती की दुस्साहसपूर्ण यात्रा का वृत्तान्त है। निश्चय ही लेखक की सोच पुरुषवादी है और इसलिए विवादास्पद भी। *काया-स्पर्श* धनार्जन के लिए अन्धी दौड़ लगाते एक परिवार की त्रासदी के साथ-साथ मनोवैज्ञानिक उपन्यास भी है।

अपने आरम्भिक उपन्यासों में लेखक ने यथार्थ की रक्षा के लिए हिन्दी में पंजाब की 'अवाणकी' बोली का मिश्रण किया है, पर बाद के उपन्यासों में उसने मानक हिन्दी का ही प्रयोग किया है। सर्जनात्मक स्तर कोहली के उपन्यास एक क्षेत्र विशेष के यथार्थ को प्रस्तुत करने की दृष्टि से उल्लेखनीय हैं।

1980 ई. में ही मिथिलेश्वर (ज.1948) का पहला लघु उपन्यास *झुनिया* प्रकाशित हुआ। उसके बाद उनके *युद्धस्थल* (1981), *प्रेम न बाड़ी ऊपजे* (1995), *यह अन्त नहीं* (2000) आदि उपन्यास प्रकाशित हुए हैं। मिथिलेश्वर के अधिकतर उपन्यासों का कथ्य बीसवीं शताब्दी के अन्तिम चरण में रूप लेता बिहार का ग्रामीण जीवन है। किसान मजदूरों और उच्च जाति-वर्ग के भूमिधरों के बीच छिड़े संघर्ष का चित्रण मिथिलश्वेर ने प्रमुखता के साथ किया है। *युद्धस्थल* में उन्होंने रामशरण बहू नामक एक उच्च जाति की स्त्री को केन्द्र में अवस्थित कर उन स्त्रियों की व्यथा-कथा प्रस्तुत की है जो अन्धविश्वास ग्रस्त पिछड़ी मानसिकता के ग्रामीणों द्वारा डायन घोषित की जाकर अपमान, भय, अलगाव और सन्त्रास की जिन्दगी जीती हैं। *प्रेम न बाड़ी ऊपजे* का केन्द्रीय विषय 'प्रेम' है, जिसका यथार्थ के स्तर पर एक आयाम यह है कि दाम्पत्य का रूप लेते ही वह अपना आकर्षण खो बैठता है और एक अप्रिय अनुभव में बदल जाता है। उपन्यासकार के विजन के अनुसार व्यक्ति के संस्कार और वर्गीय चरित्र प्रेम की मधुर संवेदना को त्रासदी में बदल देते हैं।

यह अन्त नहीं में मिथिलेश्वर ने समकालीन बिहार के गाँवों में जारी जातीय संघर्ष, अराजकता, हिंसा, अपहरण, बलात्कार आदि का बड़े पैमाने पर, समाज के पिछड़े और दलित वर्ग को पूरी सहानुभूति प्रदान करते हुए, चित्रण किया है। पर दो कारणों से यह उपन्यास स्तरीय नहीं बन सका है—एक कारण कथ्य का विजन के स्तर तक न पहुँचना तथा संवेदना का अभाव है। दूसरा कारण उपन्यास में आद्यन्त नरेटर की विद्यमानता है, जिससे कथा सपाट बन गयी है। कथ्य के अनुरूप शिल्प का आविष्कार कितना आवश्यक होता है, यह उपन्यास इसे प्रमाणित करता है।

आठवें दशक में कुछ ऐसे उल्लेखनीय उपन्यास भी प्रकाशित हुए, जिनके लेखक उपन्यासकार के रूप में अपनी कोई विशेष पहचान नहीं बना सके। इनमें प्रथम नाम सुरेश सिन्हा का है, जिनका *पत्थरों का शहर* नामक उपन्यास 1971 ई. में प्रकाशित हुआ। सुरेश सिन्हा का एक उपन्यास *सुबह अँधेरे पथ पर* 1967 में ही प्रकाशित हो चुका था, पर उसमें उनकी कोई विशेष पहचान नहीं बन पायी थी। पर *पत्थरों का शहर* में उन्होंने नगरीय नयी पीढ़ी के दिशाहीन भटकाव का प्रामाणिक और अनुभूतिपूर्ण अंकन किया है। कथा की पृष्ठभूमि लगभग 1960 से 1970 तक की है, जो व्यापक भ्रष्टाचार, नेताओं के नैतिक पतन, पूरे समाज में व्याप्त नैतिक गिरावट, युवा पीढ़ी में फैली बेकारी, अनास्था, मूल्यहीनता आदि से ग्रस्त थी। इस पृष्ठभूमि में उपन्यासकार ने एक उच्चमध्यवर्गीय परिवार का चित्रण किया है, जिसमें पुरानी और नयी पीढ़ी का संघर्ष छिड़ा हुआ है। नयी पीढ़ी के पैरों में ताकत नहीं है, उसके सामने कोई दिशा और लक्ष्य नहीं है, इस कारण उसका विद्रोह लिजलिजा और घिनौना रूप अख्तियार कर लेता है। वस्तुतः यह स्वतन्त्रता-प्राप्ति के बाद की वह पीढ़ी है, जो अँधेरे में चीख सकती है, नपुंसक नारे लगा सकती है, पर संघर्ष नहीं कर सकती। हमारी शिक्षा नीति, राजनीतिक पद्धति और आर्थिक व्यवस्था सब मिलकर युवा पीढ़ी को कुंठाग्रस्त, पराजित और नपुंसक बनाने में संलग्न हैं। अतः यदि यह पीढ़ी संघर्ष में पुरानी पीढ़ी से शिकस्त खा जाती है तो कोई आश्चर्य की बात नहीं है। यद्यपि उपन्यास के अन्त में यह पीढ़ी थोड़ी सँभलती हुई दिखाई देती है, पर कुल मिलाकर कोई आशाजनक तसवीर बनती नहीं दिखाई देती।

1972 ई. में राजीव सक्सेना (ज.1923) का *पणिपुत्री सोमा* नामक उपन्यास प्रकाशित हुआ। वैदिक काल में आर्यों और अनार्यों के संघर्ष को आधार बनाकर उपन्यास लिखने की परम्परा रांगेय राघव ने शुरू की थी। सम्भवतः उत्तर-ऋग्वैदिक काल में आर्यों के एक कबीले ने पणि जाति को परास्त कर दृशद्वती नदी के किनारे एक ऋषि-सभ्यता की नींव डाली थी। यह संघर्ष केवल दो शक्तियों का ही संघर्ष नहीं था बल्कि दो सभ्यताओं और संस्कृतियों का भी संघर्ष था। इस संघर्ष के बाद पणि जाति की स्त्रियों और पुरुषों पर आर्यों का अधिकार तो हो गया पर इसका आर्य संस्कृति के स्वरूप पर भी प्रभाव पड़े बिना न रहा। पणि जाति पराजित होकर भी आर्य जाति की जीवनदृष्टि और मूल्यों को परिवर्तित करने में सफल रही। लेखक का उद्देश्य इस संघर्षजन्य तनाव का ही चित्रण करना है। सोमा, असित, बृबु आदि के माध्यम से वह इस तनाव को चित्रित करने का प्रयास करता है। अयस्कशाला में पद और प्रतिष्ठा, उत्पादन में उचित अधिकार या पणियों द्वारा आर्य युवतियों से प्रेम और विवाह के प्रश्नों को लेकर तनाव पैदा होते हैं। आर्य नेता इस रक्तमिश्रण की समस्या को लेकर परेशान हैं। अन्तर्विरोध यह है कि आर्य नेता ईशान विष्णु स्वयं तो पणिपुत्री सोमा को अपनी अंकशायिनी बना सकता है, पर जब पणि जाति के असित और बृबु आर्य युवतियों से प्रेम करने लगते हैं तो सम्पूर्ण व्यवस्था में भूचाल आ जाता है। पर यह सामाजिक प्रक्रिया रुकती नहीं। जल्दी ही ऐसे युवकों और युवतियों का एक बड़ा वर्ग बन जाता है जो रूढ़ आर्यदृष्टि और संस्कारों से मुक्त होकर एक नये समाज के निर्माण का प्रयास करते हैं। इस रूप में पीढ़ियों का शाश्वत संघर्ष भी सामने आता है जिसमें पुरानी पीढ़ी को नयी पीढ़ी के सामने झुकना पड़ता है। इतना ही नहीं, विद्रोही युवा पीढ़ी आर्य और पणि जाति के भेदभाव को भुलाकर एक नये जनपद की भी स्थापना कर लेती है।

इस प्रकार राजीव सक्सेना ने मार्क्सवादी दृष्टि से आर्य-अनार्य संघर्ष की व्याख्या करने का

प्रयास किया है। यद्यपि सर्जनात्मक दृष्टि से उपन्यास में कमजोरियाँ हैं, पर संस्कृतियों के द्वन्द्व और समन्वय को लेखक ने विश्वसनीय रूप में प्रस्तुत किया है।

1972 ई. में ही इब्राहीम शरीफ का *अँधेरे के साथ* और काशीनाथ सिंह का *अपना मोर्चा* नामक उपन्यास प्रकाशित हुए। *अँधेरे के साथ* में एक साधारण आदमी के समाज की सम्पन्न और क्रूर शक्तियों से संघर्ष की कहानी कही गयी है। यह आम आदमी अपने आक्रोश में इन शक्तियों को समाप्त कर डालने का भ्रम पालता है, पर उसे जल्द ही अपनी दयनीय असमर्थता का बोध हो जाता है। इसे प्रस्तुत करने के लिए उपन्यासकार एक बेकार और आत्महत्या के लिए उद्यत युवक की प्रतीकात्मक हरकतों का अंकन करता है जो बालू पर अपने दुश्मनों का नाम लिखकर और उनकी पिटाई कर उन्हें मृत्युदंड दे डालने का सुख प्राप्त करता है। पर अन्त में वह स्वयं को ही एक ताबूत में रखे शव के रूप में देखता है और पूरे जोश से भागता है। इस कथा और फैंटेसी के माध्यम से उपन्यासकार ने यह बताना चाहा है कि आम आदमी इस क्रूर व्यवस्था में लाचार होने पर भी उससे संघर्ष करने के लिए संकल्पित है।

काशीनाथ सिंह (ज.1937) का *अपना मोर्चा* (1972) छात्र आन्दोलन को विषय बनाकर लिखा गया उपन्यास है। इसमें कोई शक नहीं कि उपन्यासकार विषय की पूरी जानकारी के साथ-साथ उसकी गहरी संवेदना से भी सम्पन्न है। यह उपन्यास छात्र समस्या से टकराने की एक ईमानदार कोशिश है। उपन्यासकार ने निस्संग भाव से अपने क्षुद्र स्वार्थों और सीमाओं में बद्ध अध्यापकों और अधिकारियों, दिशाहारा छात्रों और उनसे उदासीन व्यवस्था का चेहरा बेनकाब किया है।

पर उपन्यास के रूप में *अपना मोर्चा* कोई उपलब्धि या 'नयी शुरुआत' नहीं है, जिसका दावा इसके प्रकाशन के समय किया गया था। उपन्यास किसी समस्या को लेखकीय दृष्टिबिन्दु से प्रस्तुत करने का माध्यम मात्र नहीं है, वरन् एक जटिल रचना संसार है जहाँ जिन्दगी अपने संश्लिष्ट और गहन रूप में रूपायित होती है। काशीनाथ सिंह ने जो अनुभव किया है और जिसे उन्होंने उपन्यास के रूप में पाठकों को देने की कोशिश की है, वह एक सामयिक और गम्भीर समस्या है, पर उसकी गहराइयों में जाकर, उसके विविध पक्षों का अन्तरंग चित्रण करने में उन्हें पूरी सफलता नहीं मिली है।

1974 ई. में हरगुलाल का *भीतरा कुआँ* नामक उपन्यास प्रकाशित हुआ जो उत्तर प्रदेश के बुलन्द शहर अंचल पर आधारित उपन्यास है। आंचलिक उपन्यास की परम्परा का निर्वाह करते हुए इसके केन्द्र में भी कोई एक कथानायक नहीं, बल्कि ढेर सारे पात्रों का समूह है, जिनके माध्यम से उस अंचल की प्रथाओं, रीतिरिवाजों, अन्धविश्वासों आदि का चित्रण करते हुए बदलती ग्राम चेतना का दस्तावेज प्रस्तुत किया गया है। उपन्यास में गाँव की दो शक्तियों का संघर्ष बहुत विश्वसनीयता के साथ चित्रित हुआ है। एक वर्ग गाँव के मुखिया और उसके समर्थकों का है जो यथास्थिति में कोई परिवर्तन नहीं होने देना चाहता ताकि वह निर्धन, साधनरहित असहाय ग्रामीणों का निर्बाध शोषण करता रहे। इसके विपरीत दूसरा वर्ग परिवर्तन के आकांक्षी युवकों का है जो गाँव के जीवन में आर्थिक-सामाजिक बदलाव लाना चाहता है। उपन्यासकार ने इस संघर्ष के क्रम में करौरा गाँव की समस्याओं और उनसे जूझते चरित्रों के सुख-दुख, हँसी-खुशी, आशा-निराशा आदि का सजीव अंकन किया है। नये, स्वस्थ सामाजिक मूल्यों की प्रतिष्ठा करने वाले पात्रों के रूप में उपन्यासकार ने धन्नो, छिद्दा, महाराज और पंडित रामलाल

आदि बड़े ही जीवन्त पात्रों की सृष्टि की है। गाँव के निरन्तर टूटने के दर्द को भी उपन्यासकार ने गहरी संवेदना के साथ प्रस्तुत किया है। पात्रानुकूल भाषा और क्षेत्रीय शब्दों-मुहावरों के प्रयोग से उपन्यास जीवन्त हो गया है।

1974 ई. में ही वीरेन्द्र कुमार जैन (ज.1915) के बृहदाकार उपन्यास *अनुत्तर योगी* का पहला खंड और 1981 ई. में चौथा खंड प्रकाशित हुआ। इस उपन्यास में लेखक ने वर्धमान महावीर के सम्पूर्ण जीवन को, उनके विचारों के साथ, प्रस्तुत करने का प्रयास किया है। भारतीय इतिहास में वर्धमान महावीर का आध्यात्मिक और सांस्कृतिक अवदान गौतम बुद्ध के समान ही महान है। ऐसे महान व्यक्तित्व को उपन्यास का विषय बनाने का पहला खतरा उसे मनुष्य के रूप में प्रस्तुत करने का होता है, जो उपन्यास की प्रमुख शर्त है। महान व्यक्तियों के जीवन के साथ परम्परा से इतने अतिलौकिक तत्त्व जुड़ गये होते हैं जिनका तर्कसंगत समाधान मुश्किल होता है और धर्मविशेष के अनुयायियों की भावनाओं पर आघात करने वाला भी। उपन्यास अतिलौकिक तत्त्वों का बोझ सँभालने में असमर्थ होता है। इनके बीच से सम्बद्ध चरित्र के मानवीय सम्बन्धों और संवेदनाओं की कथा को विकसित करना बहुत कठिन होता है। दूसरा खतरा होता है सम्बद्ध चरित्र के आध्यात्मिक विचारों को सन्तुलित और प्रामाणिक रूप में प्रस्तुत करना। उपन्यास में विचार भी संवेदना से सिंचित होकर ही सार्थक होते हैं।

वीरेन्द्र कुमार जैन इन दोनों ही चुनौतियों का औपन्यासिक स्तर पर सामना करने में प्रायः असमर्थ रहे हैं। वे महावीर के जीवन से जुड़े परम्परागत अतिलौकिक तथ्यों के साथ समझौता करके ही उनका चरित्र प्रस्तुत करते हैं। यद्यपि उन्होंने ऐसे अनेक प्रसंगों की कल्पना की है जो महावीर के संवेदनशील मन को उजागर करते हुए भी जैन धर्मावलम्बियों के लिए अग्राह्य नहीं हैं, पर वे पाठक के समक्ष अधिकतर अतिमानवीय चरित्र के रूप में ही आते हैं, जिसके साथ आधुनिक पाठक का तादात्म्य सम्भव नहीं है। इसके साथ ही उपन्यास में महावीर के जीवन की घटनाओं से अधिक महत्त्व उनकी विचारधारा को दिया गया है, जो अधिकतर पाठकों के लिए गरिष्ठ हो गयी है। उपन्यासकार ने वाद और सम्प्रदाय से ऊपर उठने की भरसक कोशिश की है और महावीर को आज के जैन समाज की संकीर्णताओं से मुक्त रखने का प्रयास किया है। महावीर मानव वाणी में बोलते हैं, शास्त्रवाणी में नहीं। उपन्यास के महावीर कथाकार की उस निजी संवेदना से निर्मित हुए हैं, जिसका आधार व्यापक विश्वदृष्टि और मानवीय करुणा है। उपन्यासकार का उद्देश्य महावीर के चरित्र को आज के युग सन्दर्भ में प्रस्तुत करना है, इसलिए उसने उसे व्यक्तिगत उपासना से ऊपर उठाकर उसकी अनन्त सम्भावनाओं को उजागर करने का प्रयास किया है।

1975 ई. में गोपाल उपाध्याय (ज.1939) का *एक टुकड़ा इतिहास* नामक उपन्यास प्रकाशित हुआ जो दलित जीवन पर आधारित होने के कारण अपनी विशेष पहचान बनाता है। इसकी केन्द्रीय पात्र चनुली है जो एक ब्राह्मण युवक से प्रेम करती है और उसकी पत्नी बनकर दलित जाति के अभिशाप से मुक्ति पाना चाहती है। पर उसका सपना पूरा नहीं हो पाता और प्रताड़ित होकर पुनः दलित समाज में धकेल दी जाती है। फिर भी वह हार नहीं मानती और अपनी जिजीविषा तथा संघर्ष-क्षमता का परिचय देती हुई दुर्द्धर्ष दलित महिला 'चन्दा देवी' के रूप में रूपान्तरित होकर दलित समाज के उत्थान के लिए लड़ती हुई सवर्ण समाज के लिए चुनौती बन जाती है।

1976 ई. में महीप सिंह (ज. 1930) का यह भी नहीं शीर्षक उपन्यास प्रकाशित हुआ, जिसकी कथा बम्बई का महानगरीय परिवेश है। इसमें स्त्री-पुरुष के असफल और तनावपूर्ण सम्बन्ध को केन्द्रीय विषय बनाया गया है। महानगरीय जीवन की आवश्यकताएँ, अनियन्त्रित व्यक्ति-स्वातन्त्र्य की भावना, सम्बन्धों में संवेदनशीलता की कमी, ओछे स्वार्थ, अहं भाव आदि दाम्पत्य सम्बन्धों में ऐसी खटास पैदा कर देते हैं कि पूरा जीवन ही नरक बन जाता है। महानगरीय जीवन और संस्कृति ने पति-पत्नी के परम्परागत सम्बन्ध को, जिसमें वे एक दूसरे पर आश्रित होते थे, समाप्त कर दिया है; पति-पत्नी दोनों नौकरी करते हैं और उनकी रुचियाँ, स्वार्थ और सरोकार भिन्न-भिन्न हो जाते हैं। धीरे-धीरे उनके सम्बन्धों में दरार पड़ने लगती है। उनके तनावपूर्ण सम्बन्धों का प्रभाव उनकी सन्तान पर भी पड़ता है और वह अनेक ग्रन्थियों की शिकार बन जाती है। *यह भी नहीं* में सोहन और शान्ता के आचरण महानगरीय जीवन का प्रतिनिधित्व करने पर भी पूर्णतः विश्वसनीय और तर्कसंगत नहीं है।

इस मुख्य विषय के अतिरिक्त महीप सिंह ने बम्बई की शिक्षण-संस्थाओं में व्याप्त भ्रष्टाचार, षड्यन्त्र और धाँधली का भी विस्तार के साथ अंकन किया है। महीप सिंह ने महानगरीय जीवन की विसंगतियों, परम्परागत सम्बन्धों की टूटन, व्यक्ति-व्यक्ति के बीच अजनबीपन के प्रवेश, सेक्स स्वेच्छाचार की बढ़ती प्रवृत्ति, शिक्षण संस्थाओं में व्याप्त धाँधली और षड्यन्त्र तथा निजी सुख की तलाश में भटकते स्त्री-पुरुषों की त्रासद और दमघोंटू स्थिति का चित्रण किया है। सर्जनात्मक दृष्टि से *यह भी नहीं* एक औसत दर्जे का 'अच्छा' उपन्यास है।

1977 ई. में भीमसेन त्यागी का (ज.1935) एक उल्लेखनीय उपन्यास *नंगा शहर* प्रकाशित हुआ। इस उपन्यास में एक फन्तासी के माध्यम से आधुनिक पूँजीवादी तन्त्र की भयावहता, पूरे समाज पर उसकी दानवी जकड़, सत्ता पर अखंड अधिकार बनाए रखने की खूनी लिप्सा, विज्ञान और औद्योगिकी पर उसका सम्पूर्ण अधिकार तथा सम्पूर्ण मानव समाज के खिलाफ उसका इस्तेमाल करने की राक्षसी प्रवृत्ति और क्षमता का चित्रण किया गया है। इसके साथ-साथ सत्ता बनाए रखने के लिए इसके प्रचार माध्यमों, शोध संस्थानों, शिक्षण संस्थाओं, न्याय व्यवस्था, कला, साहित्य, प्रशासन, सेना आदि के कुशल उपयोग का बहुत सुन्दर अंकन हुआ है। इस उपन्यास को पढ़कर पूँजीवादी व्यवस्था की बहुत सही और प्रभावोत्पादक तसवीर मन में उभरती है। पूँजीवाद किस प्रकार विज्ञान और प्रौद्योगिकी का अपने हित में इस्तेमाल करके मनुष्य को छोटा, नगण्य, विवश और पशुतुल्य बना डालता है, उसकी इंसानियत छीन लेता है, उसमें निहित उदात्त तत्त्वों को सोख लेता है, उसे मनुष्य से जानवर और यन्त्र में बदल देता है, इसका बहुत ही प्रभावोत्पादक चित्रण भीमसेन त्यागी ने किया है। इसके साथ ही उपन्यासकार यह तथ्य भी सामने रखना चाहता है कि पूँजीवादी अर्थतन्त्र चाहे जितना भी शक्तिशाली दिखे, उसमें इतने अन्तर्विरोध हैं कि उसका अन्त निश्चित है।

उपन्यासकार ने अपनी कथा को मूर्त करने के लिए एक फन्तासी लोक का निर्माण किया है। प्रयोगात्मक उपन्यास होने पर भी *नंगा शहर* की रोचकता नष्ट नहीं हुई है। इसके कुछ प्रसंग बड़े ही मार्मिक हैं। उपन्यास की भाषा सर्वत्र कथ्य का साथ देती चलती है। प्रमुख पात्र के मन में पैदा होने वाले तनाव, दहशत, ऐंठन, विवशता, विद्रोह आदि को यह भाषा अपनी विभिन्न मुद्राओं में सफलतापूर्वक व्यक्त करती है।

1978 ई. में विपिन कुमार अग्रवाल का *बीती आप बीती आप* नामक उपन्यास प्रकाशित हुआ। यह यूरोप के मनोवैज्ञानिक उपन्यासों की प्रविधि में लिखा गया उपन्यास है। पर डोरोथी रिचार्डसन, वर्जीनिया वूल्फ, जेम्स जॉयस आदि उच्च कोटि की प्रतिभा वाले उपन्यासकार थे जिनका सफल अनुकरण भी साधारण प्रतिभा के उपन्यासकार के लिए सम्भव नहीं होता। जेम्स जॉयस ने *युलिसिस* में पैरोडी की है जिसकी नकल विपिन कुमार अग्रवाल ने *बीती आप बीती आप* में की है। पर *युलिसिस* की पैरोडी में एक गहन, जटिल, परत-दर-परत अर्थ है जिसका *बीती आप बीती आप* में सर्वथा अभाव है। इस उपन्यास की सबसे बड़ी कमजोरी यह है कि लेखक के पास कोई ऐसा विजन नहीं है जिसे *युलिसिस* की प्रविधि में प्रस्तुत करने की कलात्मक अनिवार्यता हो। उपन्यास का विषय है साहित्यकारों के जीवन की असंगतियों का उद्घाटन। पर इस सन्दर्भ में अग्रवाल के भाषाई प्रयोग शाब्दिक खिलवाड़ बन गये हैं।

1978 ई. में ही आशीष सिन्हा (ज.1943) का *बीता हुआ समय* नामक उपन्यास प्रकाशित हुआ। इस लघु उपन्यास में खान मजदूरों, विशेषकर आदिवासी मजदूरों के खान मालिकों और उनके कर्मचारियों द्वारा शोषण का चित्रण किया गया है। खान मालिक अधिक से अधिक नफा कमाने के लिए मजदूरों की नौकरी पक्की नहीं करते, उनकी सुरक्षा के लिए पर्याप्त प्रबन्ध नहीं करते तथा उन्हें सरकार द्वारा स्वीकृत सुविधाएँ प्रदान नहीं करते। वे मजदूर संघ के नेताओं को रिश्वत देकर मिला लेते हैं ताकि मजदूर अपनी माँगों के लिए आन्दोलन न कर सकें। कम्पनी के ही कुछ कर्मचारी महाजन बनकर मजदूरों का शोषण करते हैं। इस शोषण के विरुद्ध युवा श्रम कल्याण पदाधिकारी संघर्ष करता है जिसकी कहानी उपन्यासकार ने पर्याप्त रोचक रूप में प्रस्तुत की है। यह एक साधारण किन्तु पठनीय उपन्यास है। *कई लहरों के बीच* (1977), *अजनबी इन्द्रधनुष, सूर्योदय से पहले, कोई एक सपना* आदि आशीष सिन्हा के कुछ अन्य उपन्यास हैं।

1978 ई. में ही धर्मेन्द्र गुप्त (ज.1934) का *नगर पुत्र हँसता है* नामक उपन्यास प्रकाशित हुआ, जो महानगरीय जीवन की विसंगतियों तथा गाँव से महानगर में आए छुटभैये बुद्धिजीवियों के भटकाव की कहानी कहता है। उपन्यास का केन्द्रीय पात्र गुणाकर पत्रकार है, जिसकी भटकन से भरी अस्थिर जिन्दगी का चित्रण ही उपन्यास का केन्द्रीय विषय है। जीविकोपार्जन के लिए उसे बार-बार पेशा बदलना पड़ता है; कॉफी हाउस में मित्रों के साथ समकालीन राजनीतिक गतिविधिगों पर निरर्थक बहस करना, चाय-कॉफी और शराब में अपने जीवन की व्यर्थता को भुलाने का प्रयास करना, लड़कियों के साथ सुख की कतिपय घड़ियाँ काट लेना, यही सब उसकी दिनचर्या है। उपन्यास के अन्य पात्रों की भी यही नियति है; 'कंकरीट के जंगल' में भटकना, कुढ़ना तथा चाय-कॉफी या शराब के नशे में कुछ घड़ियाँ काट लेना। धर्मेन्द्र गुप्त के अन्य उपन्यासों–*नोन, तेल, लकड़ी* (1981), *गवाह है शेखपुरा* (1985), *रिश्ते शहर के* (1986), *रँगी हुई चिड़िया* (1990), *इसे विदा मत कहो* (1994) आदि में भी मध्यवर्ग के अपनी दैनिक जरूरतों के लिए संघर्ष करते और क्षतविक्षत होते दिखाया गया है।

1979 ई. में मणि मधुकर (ज.1942) का *पत्तों की बिरादरी* नामक उपन्यास प्रकाशित हुआ। यह एक ज्वलन्त सत्य है कि आर्थिक भ्रष्टाचार भारतीय व्यवस्था का अनिवार्य अंग बन गया है। बाढ़ और सूखे की विपत्तियों से आक्रान्त क्षेत्रों में सरकार की ओर से राहत शिविर स्थापित किये जाते हैं जहाँ भ्रष्टाचार हावी हो जाता है। इसके स्रोत संसद सदस्य, मन्त्री तथा दूसरे नेता

होते हैं। कैम्पों से राहत का सामान रातोरात काला बाजार में पहुँच जाता है, शरणार्थियों पर नाना प्रकार की ज्यादतियाँ की जाती हैं और ठीकेदारों-प्रबन्धकों की धाँधली चलती है। पत्तों की बिरादरी में राजस्थान और पाकिस्तान की सीमा पर स्थापित ऐसे ही राहत-शिविरों की जिन्दगी का चित्रण किया गया है। कथाकार ने इन शिविरों में फैले भ्रष्टाचार तथा शरणार्थियों की विवशता, उन पर किये जाने वाले अत्याचार और उनकी कीड़ों जैसी जिन्दगी तथा शरणार्थियों में पैदा होने वाले असन्तोष और विद्रोह का सफल चित्रण किया है। उपन्यासकार ने इस कथा के माध्यम से इस सत्य के उद्घाटन का भी प्रयास किया है कि राजनीतिक कारणों से किसी देश की धरती दो देशों में बँट जाती है, पर सीमा पर रहने वाले सामान्य आदमी के लिए यह बँटवारा बकवास लगता है। उपन्यास का केन्द्रीय पात्र शुबो इस कृत्रिम विभाजन को अस्वीकार करता हुआ बिलकुल सीमारेखा पर अपना घर बनाता है, जिसका एक हिस्सा भारत में और दूसरा हिस्सा पाकिस्तान में है। पर व्यवस्था उसकी इस 'गुस्ताखी' को बर्दाश्त नहीं करती और उसे एक दिन गोलियों से भून दिया जाता है। उपन्यास पाठकीय संवेदना को झकझोरने में समर्थ है। मणि मधुकर ने यत्रतत्र बड़ी ही शक्त, पैनी और व्यंजनापूर्ण भाषा का प्रयोग किया है।

1980 ई. में रमेशचन्द्र सिन्हा का *सोमा चरित* नामक उपन्यास प्रकाशित हुआ। यह एक स्वप्नचित्रात्मक उपन्यास है जिसमें कथाकार का उद्देश्य मानव समाज की पूँजीवाद से साम्यवाद की ओर यात्रा का अंकन किया गया है। इसके लिए उसने पंचतन्त्र, दशकुमारचरित, डेकामेरन, द गोल्डेन ऐश आदि में प्रयुक्त कथा-प्रविधियों की सहायता ली है। इस उपन्यास में सुबाहु पूँजीवाद का और उसके कौए बन गये पुत्र निर्धन सर्वहारावर्ग का प्रतिनिधित्व करते हैं। सोमा जिन द्वीपों में जाती है, वे क्रमशः आदिम समाज, सामन्तवाद, पूँजीवाद आदि का प्रतिनिधित्व करते हैं। काकद्वीप समाजवादी समाज है, जहाँ मनुष्य का उद्धार सम्भव है। इस कथा के द्वारा उपन्यासकार ने पूँजीपतियों, भूमिपतियों, भ्रष्ट नेताओं और दम्भी दफ्तरशाहों के शिकंजे में ग्रस्त भारतीय समाज के विभिन्न पक्षों की आलोचना के लिए अनेक अवसर निकाल लिए हैं। मार्क्सवादी विचारधारा के प्रति उपन्यासकार की प्रतिबद्धता स्पष्ट है, जो कथा पर बुरी तरह से हावी है। पर यह एक पठनीय उपन्यास है जो अपनी वर्णन शैली और गल्प रचना से पाठक को आश्वस्त करता है।

सन्दर्भ

1. कमल किशोर गोयनका, प्रेमचन्द विश्वकोश, खंड-1, पृ. 165

समकालीन परिदृश्य
[1981-2000]

1981-2000 की अवधि को 'समकालीन' परिदृश्य मानना विवादास्पद हो सकता है, पर विवेचन की सुविधा की दृष्टि से इसका कोई विकल्प भी नहीं है। इस परिच्छेद में हमने उन उपन्यासकारों का विवेचन करने का निर्णय किया है जिनका पहला उपन्यास 1981 ई. में या उसके बाद प्रकाशित हुआ। यद्यपि इस वर्ष को समकालीनता का आरम्भ मानने का कोई निर्विवाद औचित्य नहीं है, पर समय की कोई न कोई रेखा तो हमें निर्धारित करनी ही होगी, जहाँ से सभकालीनता का आरम्भ माना जा सके। इस अवधि के उपन्यासकारों में कई ऐसे हैं जो अच्छी शुरुआत के बावजूद रचनात्मक नैरन्तर्य नहीं बनाये रख सके हैं। सम्भव है, इनमें से कुछ आने वाली शताब्दी में अपनी थथमी हुई औपन्यासिक रचनाशीलता का परिचय दें। बीते हुए दशक में जो उपन्यासकार सामने आये हैं, उनकी औपन्यासिक सम्भावनाएँ अभी पूरी तरह से खुली हुई हैं।

1981 ई. में ही संजीव का पहला उपन्यास *किसनगढ़ के अहेरी* और तत्पश्चात् *सर्कस* (1984) और *सावधान! नीचे आग है* (1986) नामक उपन्यास प्रकाशित हुए। *किसनगढ़ के अहेरी* अवध की सामन्ती अहेर वृत्ति पर और *सर्कस* सर्कस-कर्मियों के जीवन पर आधारित उपन्यास हैं। *सावधान! नीचे आग है* में झरिया क्षेत्र की कोयला खान की एक दुर्घटना को केन्द्र में रखकर कोयला-माफियाओं, ठेकेदारों और उनके दलालों के स्वार्थी, शोषक और क्रूर रूप का अंकन किया गया है। खान के भीतर काम करने वाले मजदूरों और मिस्त्रियों की त्रासद नियति और जिजीविषा तथा सत्ता-व्यवस्था के निर्मम चेहरे का इतना सुच्चा अंकन हिन्दी के किसी दूसरे उपन्यास में नहीं हुआ है। कोयलरी दुर्घटना की दहशत और उसके जुगुप्साजनक यथार्थ का अंकन लेखक ने उसके सूक्ष्म ब्योरों के साथ किया है, जो सर्जनात्मक दृष्टि से उपन्यास की कमजोरी भी बन गया है। संजीव के अन्य उपन्यास हैं–*धार* (1990), *पाँव तले की दूब* और *जंगल जहाँ शुरू होता है* (2000)। संजीव के उपन्यासों का कथ्य झारखंड और बिहार के दूरदराज अंचलों के यथार्थ से जुड़ा हुआ है। ये उपन्यास इन अंचलों के समाजशास्त्रीय अध्ययन कहे जा सकते हैं। *सावधान! नीचे आग है* और *धार* में कोयलांचल के जीवन का कटु, नग्न यथार्थ अपनी पूरी तीव्रता में उजागर हुआ है। *धार* में कोयला के अवैध खनन से जुड़ा कथासंसार प्रस्तुत किया गया है, जिसमें उस क्षेत्र के आदिवासियों तथा बाहर से आकर बस गये गुलगुलिया, बाहुरी, मोची आदि दलित जनों पर कोयला-माफियाओं, ठेकेदारों और पुलिस के शोषण और अत्याचार की रोमांचक कहानी, गहरी संवेदना के साथ,

कही गयी है। इस उपन्यास में मैना के रूप में एक दलित नारी अपने पूरे स्वाभिमान और संघर्ष चेतना के साथ सामने आती है। मैना के चरित्र में दलित नारी की पीड़ा और मानवीय संवेदना भी पूरी तरह से उजागर हुई है। बाहर से घिनौनी जिन्दगी जीने वाली मैना भीतर से कितनी संवेदनशील, स्वाभिमानी और उदात्त है, इसका बहुत अच्छा अंकन उपन्यासकार ने किया है। वस्तुतः मैना का चरित्र ही इस उपन्यास की सबसे बड़ी उपलब्धि है। *पाँव तले की दूब* में भी झारखंड की जनजातियों तथा उनके आन्दोलन में आते हुए मोड़ों और मुकामों का अंकन किया गया है।

जंगल जहाँ शुरू होता है में नेपाल की सीमा से लगे बिहार के पश्चिमी चम्पारण जिले के 'मिनी चम्बल' के नाम से प्रसिद्ध, क्षेत्र में निवास करने वाली थारू जनजाति तथा उस क्षेत्र के डाकुओं, राजनीतिज्ञों, पुलिस और प्रशासन के बीच छिड़ी जंग का रोमांचक अंकन किया गया है। उपन्यासकार के विजन में यह एक ऐसा जंगल है, जिससे 'हम सभी अपने अपने स्तर पर..लड़ने चलते हैं और पाते हैं कि जंगल खुद हमारे अन्दर उगा आ रहा है।' यह उपन्यास भी एक समाजशास्त्रीय अध्ययन है, जिसके मूल में लेखक की यह भावना है कि कोई भी जाति जन्मना डाकू नहीं होती। वस्तुतः व्यवस्था ही किसी व्यक्ति या जाति को डाकू बनने पर मजबूर करती है। उपन्यासकार ने गहरी मानवीय संवेदना के साथ इस समस्या का चित्रण किया है। इस औपन्यासिक विजन में वास्तविक डाकुओं से बड़े डाकू तथाकथित राजनेता हैं जो सत्ता प्राप्त करने के लिए इनका उपयोग करते हैं। देश में राजनीति के अपराधीकरण और साथ ही अपराध के राजनीतिकरण की बढ़ती प्रवृत्ति को भी कथाकार ने एक अनुभव के रूप में प्रस्तुत किया है। अपने सभी उपन्यासों में उपन्यासकार ने यथार्थ चित्रण के आग्रह से पात्रों द्वारा उनकी बोली मिश्रित हिन्दी का प्रयोग कराया है। *सावधान नीचे आग है* और *जंगल जहाँ शुरू होता है* में जहाँ भोजपुरी प्रभावित हिन्दी प्रयुक्त हुई है, वहाँ धार में 'गुलगुलिया' प्रभावित हिन्दी का प्रयोग किया गया है।

1981 ई. में राजकृष्ण मिश्र (ज.1940) का *दारुल सफा* नामक उपन्यास प्रकाशित हुआ, जिसमें समकालीन राजनीतिक जीवन में व्याप्त भ्रष्टाचार और दाँवपेच का विश्वसनीय अंकन किया गया है। *दारुल सफा* में लेखक ने समकालीन सत्तालोलुप राजनीति और राजनीतिक मूल्यों की घिनौनी परिणति का विश्वसनीय चित्रण किया है। समकालीन राजनीति जिस हद तक विचारों और आदर्शों के शिखर से फिसलकर सत्ता पर अधिकार जमाने के लिए की जाने वाली क्रूर और घृणित जोड़तोड़ की कारगुजारी रह गयी है, यह उपन्यास इसका प्रामाणिक दस्तावेज है। राजनीतिज्ञों के अलग-अलग गुट हैं जो अपने स्वार्थ के लिए तस्करी, रिश्वत, नारी-शरीर, चरित्र हनन, अपहरण, हत्या, किसी भी घृणित साधन का इस्तेमाल करने में नहीं हिचकते। आजादी के बाद राजनीतिक ही नहीं, सामाजिक और नैतिक स्तर पर भी हमारा कितना पतन हुआ है, इसका चित्रण उपन्यासकार ने जीवन्त रूप में किया है।

1981 ई. में ही चन्द्रकान्ता (ज. 1938) के दो लघु उपन्यास *अर्थान्तर* और *अन्तिम साक्ष्य* एक ही जिल्द में प्रकाशित हुए। तत्पश्चात् उनके *बाकी सब खैरियत है* (1983), *ऐलान गली जिन्दा है* (1984), *यहाँ वितस्ता बहती है* (1992) और *अपने अपने कोणार्क* (1995) छपे हैं। *अर्थान्तर* एक संवेदनशील स्त्री की भावनात्मक भटकन और बेचैनी का विश्वसनीय अंकन है, पर *अन्तिम साक्ष्य* का कथ्य और कथासंसार, दोनों ही, बिखराव के शिकार हो गये

हैं। *बाकी सब खैरियत है* में चन्द्रकान्ता ने पारिवारिक सम्बन्धों की, जो मध्यवर्गीय मूल्यधर्मिता, परम्परावादिता, अन्धविश्वास और व्यक्तिगत स्वार्थ के कारण नारकीय अनुभव में बदल जाते हैं, कथा कही है। कुंठाग्रस्त मध्यवर्गीय और विदेशी मानसिकता ग्रस्त आधुनिक दृष्टियों के द्वन्द्व का भी लेखिका ने इस उपन्यास में अंकन किया है। *ऐलान गली जिन्दा है* और *यहाँ वितस्ता बहती है,* दोनों, कश्मीर की पृष्ठभूमि पर आधारित उपन्यास हैं। *ऐलान गली जिन्दा है* में श्रीनगर की ऐलान गली में कई पीढ़ियों के एक साथ रहते-जीते परिवेश को एक गहरे दर्द के साथ उकेरा गया है। यद्यपि जीविका की खोज में युवा पीढ़ी इस गली से पलायन कर रही है, पर गली अपनी सांस्कृतिक और राजनीतिक विशेषताओं में जिन्दा है और बाहर जाने वाले भी इसे भुला नहीं पाते। *यहाँ वितस्ता बहती है* में एक बुद्धिजीवी और संवेदनशील पात्र के चरित्र के माध्यम से कश्मीर के सम्पन्न हिन्दू समाज के सहज प्रवहमान जीवन का जीवन्त चित्रण किया गया है। *अपने अपने कोणार्क* में चन्द्रकान्ता ने केन्द्रीय पात्र कुनी के रूप में एक ऐसी स्त्री की नियति का चित्रण किया है जो पढ़ी-लिखी और आर्थिक दृष्टि से स्वावलम्बी होते हुए भी पारिवारिक मर्यादा के रूढ़ मूल्यों, तिलक-दहेज की बाधाओं, परिवार के प्रति स्वयं ओढ़ी जिम्मेदारियों आदि के कारण लगभग 32 वर्ष की उम्र तक एकाकीपन और अनिर्णय की मानसिकता में जी रही है। कोणार्क की यात्रा में सिद्धार्थ के साहचर्य से उसके मन की गाँठें खुलती हैं और उसे अपने स्त्री तथा एकाकी होने का अहसास होता है, पर अप्रत्याशित परिस्थितियों के कारण यह सम्बन्ध भी समाप्त हो जाता है। अन्ततः वह डॉ. अनिरुद्ध को अपने जीवन-साथी के रूप में स्वीकार कर अपने जीवन को सार्थकता प्रदान करती है।

1981 ई. में ही शरद पगारे का *गुलारा बेगम* और तत्पश्चात् *गन्धर्वसेन* (1987) और *बेगम जैनाबादी* (1996) नामक उपन्यास प्रकाशित हुए। इनमें प्रथम और अन्तिम मुगलकालीन इतिहास पर तथा *गन्धर्वसेन* प्राचीन भारतीय इतिहास पर आधारित उपन्यास हैं। *गुलारा बेगम* में शाहजादा खुर्रम और गुलारा बेगम तथा *बेगम जैनाबादी* में औरंगजेब और हीराबाई की प्रेमकथाएँ मुगलकालीन ऐतिहासिक परिवेश में प्रस्तुत की गयी हैं। इन दोनों उपन्यासों की प्रेमिकाएँ कोठेवालियाँ हैं, पर लेखक ने उन्हें अपनी पूरी सहानुभूति दी है और उनकी स्त्री संवेदना को भरसक अभिव्यक्त करने की कोशिश की है। पर दोनों ही उपन्यासों में इतिहास या कल्पना से निःसृत घटनाटांकुल कथा प्रमुख हो गयी है। गन्धर्वसेन में भी ई.पू. दूसरी शताब्दी में उज्जयिनी नरेश गन्धर्वसेन की रोमांस और शौर्य से भरी कथा प्रस्तुत की गयी है, जिसमें भी कथा तत्त्व की ही प्रधानता है, संवेदना पक्ष की नहीं।

1982 ई. में पंकज बिष्ट (ज. 1945) का *लेकिन दरवाजा* और उसके सात वर्ष बाद 1989 ई. में *उस चिड़िया का नाम* शीर्षक उपन्यास प्रकाशित हुआ। *लेकिन दरवाजा* दिल्ली के समकालीन लेखक-समाज की जिन्दगी का दस्तावेज है। आजादी के बाद विकसित हिन्दी लेखक समुदाय की आन्तरिक पहचान प्रस्तुत करने वाला यह उल्लेखनीय उपन्यास है। इसमें साहित्य रचना को भौतिक सुख सुविधाओं का साधन मानने वाली लेखकीय मानसिकता का अंकन हुआ है। इस मानसिकता की विडम्बना यह है कि वह साहित्यिक मूल्यों से प्रतिबद्ध होने का भ्रम भी पालती है। उपन्यास के केन्द्रीय पात्र की ट्रैजेडी यह है कि वह प्रतिभाशाली, अध्ययनशील और विदग्ध अध्यापक-साहित्यकार होने पर भी आत्मप्रवंचना का शिकार है।

वह अपने झूठ, धूर्तता, छलप्रपंच, यहाँ तक कि यौन कमजोरियों को भी गौरवान्वित करता है। वह साहित्य के लिए पैसा, खूबसूरत बीवी, सम्पादकों और टी.वी. प्रोड्यूसरों से सम्पर्क आदि को आवश्यक मानता है। इसका परिणाम यह होता है कि उसकी सर्जनशीलता निरन्तर छीजती जाती है। वह अपने को सामाजिक सरोकारों से काटकर झूठे साहित्यिक सरोकारों से जोड़ता चला जाता है। पंकज बिष्ट ने सामाजिक सरोकारों से कटे, कार-फ्रिज-टी.वी.-शराब-लड़की की संस्कृति के पीछे अन्धी दौड़ में शामिल, व्यक्ति स्वातन्त्र्य के नाम पर सांस्कृतिक मूल्यहीनता के शिकार, व्यक्तिपरक और समाजनिरपेक्ष जीवन-दर्शन के प्रवक्ता रचनाकारों की लेखकीय मूल्यान्धता का चित्रण किया है।

लेकिन दरवाजा में महानगरीय जिन्दगी के बरक्स पहाड़ी जिन्दगी को प्रस्तुत करने का प्रयास भी दिखाई पड़ता है। पर पहाड़ी जीवन के चित्रण की दृष्टि से *उस चिड़िया का नाम* अधिक उल्लेखनीय रचना है। इसमें लगभग जड़ बने, रुद्धप्रवाह, पहाड़ी जीवन के वर्तमान और अतीत को समझने की रचनात्मक कोशिश की गयी है। पहाड़ की स्त्रियों की दयनीय स्थिति, पुरुष समाज द्वारा उनके शोषण, उनकी करुण मृत्यु आदि के चित्रण में लेखक की गहरी संवेदनशीलता लक्षित होती है। पहाड़ी आबादी की आर्थिक स्थिति और उसके नगर-पलायन के विश्लेषण में भी लेखक ने अपनी सजगता का परिचय दिया है। पहाड़ी जीवन-संस्कृति की प्रस्तुति में भी उसकी गहरी रुचि है। पर इस सारे चित्रण में एक अध्यापक पिता के जटिल व्यक्तित्व का अंकन प्रमुख हो गया है। इस 'पिता' का व्यक्तित्व खुद को ही दंडित करने वाले अपराधी के रूप में है, जिसकी स्मृति उसकी सन्तानों का प्रेत की तरह पीछा करती है। पर पहाड़ी परिवेश के बीच 'पिता' जैसे चरित्र की सृष्टि की कोई सार्थकता नहीं प्रतीत होती। 'पिता' की कथा में बसन्ती, ब्रियोनी, सरुली, पार्वती आदि पहाड़ी स्त्रियों के यातनाप्रद अनुभव जुड़े हुए हैं। उपन्यास में चिड़ियों से जुड़ी लोककथाओं का, जो पहाड़ी समाज में स्त्री की त्रासद स्थितियों से जुड़ी हुई हैं, बहुत अधिक प्रयोग किया गया है। हरीश की माँ उसके पिता की उपेक्षा की शिकार होकर मरी है, जिसका हरीश के मन पर इतना गहरा असर पड़ा है कि वह पिता से घृणा करने लगा है। पिता की मृत्यु की खबर पाकर वह गाँव आता है, पर पूरे कर्मकांड से विरक्त रहकर एक चिड़िया की ही तलाश करता रहता है, शायद उस चिड़िया की, जो उसकी माँ है। इस प्रतीक ने कथा को एक विशेष प्रकार की मार्मिकता प्रदान की है।

1983 ई. में मॉरिशस के उपन्यासकार रामदेव धुरन्धर के *छोटी मछली बड़ी मछली* तथा *पूछो इस माटी से* नामक उपन्यास प्रकाशित हुए। ये दोनों ही उपन्यास मॉरिशस के परिवेश और जीवन-यथार्थ से, विशेषकर उन्नीसवीं सदी के पूर्वार्ध में भारतीय गिरमिटिया मजदूरों के मॉरिशस पहुँचने और 1968 ई. में मॉरिशस के आजाद होने तक के ऐतिहासिक यथार्थ से, जुड़े हुए हैं। इन उपन्यासों में *पूछो इस माटी से* विशेष उल्लेखनीय है, जिसमें उपन्यासकार ने अपने राष्ट्र की अकथनीय पीड़ा को गहरी संवेदना के साथ सर्जनात्मक रूप में प्रस्तुत किया है। धुरन्धर जी ने शोषण और दमन से पैदा होने वाली क्रान्ति के फैलने का भी विश्वसनीय और प्रभावी चित्रण किया है। एक उल्लेखनीय तथ्य यह है कि इस क्रान्ति के अग्रदूत के रूप में किसी चमत्कारी नायक की कल्पना न कर पूरे मॉरिशस को ही, जिसका प्रतिनिधित्व युवक, युवतियाँ, बूढ़े, बच्चे, यहाँ तक कि अपंग व्यक्ति भी कर रहे हैं, प्रतिरोध

की मुद्रा में खड़ा कर दिया है। इसके साथ ही *पूछो इस माटी से* में मानवीय रिश्तों का भी सजीव और मनोवैज्ञानिक चित्रण किया गया है। ऐसे संकटकालीन परिवेश में प्रेमी-प्रेमिका, पति-पत्नी आदि के कोमल सम्बन्ध भी कुंठित हो जाते हैं, पर उपन्यासकार ने शोषित मजदूरों के बन्धुत्व भाव और उनकी एकजुटता का बहुत मार्मिक अंकन किया है।

राजी सेठ (ज.1935) नवें दशक की एक उल्लेखनीय उपन्यास-लेखिका हैं, उनका एकमात्र उपन्यास *तत्-सम* 1983 ई. में प्रकाशित हुआ। 1995 ई. में 'उपन्यास' के ही नाम पर उनकी एक कथापुस्तक, निष्कवच, प्रकाशित हुई है, पर उसे उपन्यास मानना संगत नहीं है। वह दो लम्बी कहानियों का संग्रह है।

तत्-सम में राजी सेठ ने आधुनिक नारी के पुनर्विवाह की समस्या को गहरे संवेदनात्मक स्तर पर प्रस्तुत किया है। अब एक आधुनिक स्त्री के लिए, पति की मृत्यु हो जाने पर, पुनर्विवाह कोई समस्या नहीं है। पर एक संवेदनशील स्त्री के लिए द्वितीय सहयात्री या पति के चुनाव का प्रश्न मनोवैज्ञानिक दृष्टि से उतना आसान भी नहीं है। राजी सेठ ने पुनर्विवाह की समस्या को इसी मनोवैज्ञानिक परिप्रेक्ष्य में प्रस्तुत करने का प्रयास किया है। उपन्यास की केन्द्रीय पात्र वसुधा परम्परागत संस्कारों के दबाव और अपनी मानसिकता के भँवर में इस प्रकार दबी-उलझी है कि वह अपने भावी जीवन के बारे में कोई निर्णय नहीं ले पाती। अपने दिवंगत पति निखिल की स्मृतियों से अपने को पूरी तरह से काटकर किसी और के साथ जुड़ने की सम्भावना उसकी मानसिक बेचैनी और पीड़ा का प्रमुख कारण है। यह संघर्ष परम्परागत संस्कार और नैतिकता को लेकर उतना नहीं है जितना निखिल के साथ उसके गहरे भावनात्मक सम्बन्ध को लेकर है।

निखिल की मृत्यु के बाद वसुधा विवेक और आनन्द से भावनात्मक रूप में जुड़ती है और अन्ततः आनन्द को अपने जीवन साथी के रूप में ग्रहण करने का विकल्प चुनती है। इस निश्चय पर पहुँचने में वसुधा को जिस मानसिक संघर्ष और संवेदनात्मक उद्वेलन से गुजरना पड़ता है उसका बड़ा ही प्रभावोत्पादक अंकन *तत्-सम* में हुआ है। उपन्यास की कथा मुख्यतः वसुधा के अवलोकन बिन्दु से प्रस्तुत की गयी है, इस कारण वह अनुभूति की निजता से सराबोर है। बीच-बीच में आने वाले वर्णन, दृश्य और संवाद भी वसुधा की चेतना में ही घटित होते दिखाई देते हैं। लेखिका ने बड़े कौशल से ऐतिहासिक काल के स्थान पर मनोवैज्ञानिक काल का प्रयोग किया है। उपन्यास की भाषा भी वसुधा की चेतना का अंग बनकर एक अनोखी संवेदनशीलता से भर गई है।

1983 ई. में ही शत्रुघ्न (ज.1932) का पहला उपन्यास *सिद्धियों के खंडहर* और उसके 0बाद *शिप्रा साक्षी है* (1986), *हेमचन्द्र विक्रमादित्य* (1989), *सुनो भाई साधो* (1999) आदि उपन्यास प्रकाशित हुए। *सिद्धियों के खंडहर* में बारहवीं शताब्दी के उत्तरी भारत की सामाजिक, राजनीतिक और सांस्कृतिक स्थिति का चित्रण किया गया है। *शिप्रा साक्षी है* का कथ्य ई. पू. द्वितीय शताब्दी में उज्जयिनी के शासक गन्धर्वसेन और उसके बाद के इतिहास से सम्बन्धित है। उपन्यासकार की स्थापना के अनुसार गन्धर्वसेन के पुत्र ने शकों को पराजित कर विक्रमादित्य की उपाधि धारण की थी। *सुनो भाई साधो* कबीर के जीवन पर आधारित उपन्यास है, जिसमें पन्द्रहवीं शताब्दी की राजनीतिक और सामाजिक परिस्थितियों का भी अंकन किया गया है।

नासिरा शर्मा (ज.1948) का पहला उपन्यास *सात नदियाँ एक समुन्दर* 1984 ई. में प्रकाशित हुआ। यह आधुनिक ईरान की पृष्ठभूमि में अयातुल्ला खुमैनी की रक्तरंजित इस्लामी क्रान्ति पर आधारित उपन्यास है। नासिरा शर्मा प्रगतिशील विचारों की लेखिका हैं जो मनुष्यता को धर्म, सम्प्रदाय या विचारधारा से ऊपर मानती हैं। ईरान के राजनीतिक-सांस्कृतिक संकट को उन्होंने एक मानवीय संकट के रूप में देखा है। ईरान-इराक युद्ध में उन्हें अन्तरराष्ट्रीय राजनीति और धार्मिक उन्माद के चेहरे साफ-साफ नजर आते हैं। उन्होंने एक संवेदनशील रचनाकार के रूप में इसके विरुद्ध आवाज उठाई है और इस युद्ध के अमानवीय पहलू को संवेदनात्मक स्तर पर उजागर किया है। उन्होंने इस बात पर बल दिया है कि सारी दुनिया में, और सभी समाजों में, दमन का चेहरा एक जैसा होता है। व्यवस्था से बुद्धिजीवियों के संघर्ष और बलिदान की रोमांचक गाथा भी *सात नदियाँ एक समुन्दर* में प्रस्तुत की गयी है।

सात नदियाँ एक समुन्दर के बाद नासिरा शर्मा के *शाल्मली* (1987), *ठीकरे की मँगनी* (1989) और *ज़िन्दा मुहावरे* (1993) आदि उपन्यास प्रकाशित हुए जिनमें *शाल्मली* और *ठीकरे की मँगनी* मुख्यतः आधुनिक भारतीय नारी की स्थिति पर आधारित उपन्यास हैं। शाल्मली में उन्होंने हिन्दू परिवार को और *ठीकरे की मँगनी* में मुस्लिम परिवार को अपनी संवेदना, अनुभव और चिन्तन का विषय बनाया है। *शाल्मली* में आधुनिक परिस्थितियों में पति-पत्नी की समस्या को एक नये कोण से उभारने की कोशिश की गयी है। परम्परागत हिन्दू समाज में पत्नी का पति से अलग कोई व्यक्तित्व मान्य नहीं है। मनु द्वारा निर्मित और सदियों के व्यवहार से पुष्ट हिन्दू नारी संहिता ने आज भी नारी को अपनी जकड़न से मुक्त नहीं होने दिया है। समस्त संवैधानिक अधिकारों के बावजूद भारतीय स्त्री पारिवारिक और सामाजिक शोषण की शिकार बनी हुई है। औसत पति आज भी पत्नी को 'अपनी चीज' समझता है और पत्नी पति की अनुगता होना अपना धर्म मानती है। दाम्पत्य जीवन का यह सन्तुलन तब बिगड़ता है जब स्त्री अपने पति की तुलना में अधिक या समान योग्य और आर्थिक दृष्टि से स्वतन्त्र हो जाती है। नासिरा शर्मा ने इन्हीं परिस्थितियों में शाल्मली और नरेश के दाम्पत्य जीवन की कडुवाहट और घुटन का, नरेश की कमीनी मानसिकता और हरकतों तथा शाल्मली की ठंडी प्रतिक्रियाओं और पत्नी के परम्परागत समर्पण भाव का अंकन किया है।

प्रश्न यह है कि इस परिस्थिति में नारी की भूमिका क्या हो? वह अपने संवैधानिक अधिकारों का उपयोग करते हुए आततायी पति से छुटकारा प्राप्त कर ले या धैर्य और विवेक के साथ अपने अधिकारों की रक्षा करते हुए परिवार को टूटने से बचाने के लिए संघर्ष करे? नासिरा शर्मा दूसरे विकल्प की पक्षधर हैं। शाल्मली का चरित्र उनकी इस वैचारिक दृष्टि का उदाहरण है। वह कहती है, "मेरा विश्वास न घर छोड़ने पर है न अपने को किसी एक के लिए स्वाहा करने में है। मैं तो घर के साथ औरत के अधिकार की कल्पना भी करती हूँ और विश्वास भी।" यह वह नारी-दृष्टि है, जो नासिरा शर्मा के कथा-लेखन को परिचालित करती है।

ठीकरे की मँगनी का कथासंसार मुस्लिम समाज से जुड़ा हुआ है, जिसमें स्त्रियों की स्थिति और भी बदतर है, क्योंकि उनकी आचार-संहिता मुस्लिम व्यक्तिगत कानून द्वारा निर्धारित है। उपन्यास में लेखिका एक स्थान पर कहती है, "एक घर औरत का अपना भी तो हो सकता है, जो उसके बाद और शौहर के घर से अलग, उसकी मेहनत और पहचान

का हो। सवाल रास्ता चुनने का और उस पर दृढ़तापूर्वक चलने का है। इस प्रक्रिया में कुछ अपने को हालात के हवाले कर देते हैं, कुछ सर झुका देते हैं, कुछ अपने को मिटा देते हैं और कुछ इस टूटन को एक नया अर्थ देकर यह बताते हैं कि यही जीवन का अन्तिम चौराहा नहीं है, इस लम्बी जिन्दगी में बहुत सारे चौराहे आपको मिलेंगे और आप होंगे, अपने रास्ते को पहचानते नाक की सीध में चलते हुए अपनी मंजिल पर पहुँचेंगे।'' लेखिका की इन पंक्तियों से उसके औपन्यासिक विजन पर प्रकाश पड़ता है। यह विजन मुस्लिम समाज में स्त्री की स्थिति और रूढ़ियों से भरे माहौल की घुटन से निकलकर अपनी पहचान बनाने से सम्बद्ध है। उपन्यास का शीर्षक *ठीकरे की मँगनी* मुस्लिम समाज के एक रिवाज से जुड़ा है जिसके अनुसार जन्म लेते ही किसी लड़की की मँगनी किसी लड़के के साथ कर दी जाती है। केन्द्रीय पात्र महरुख की जिन्दगी इसी रूढ़ि से आरम्भ होती है और इसी की मनहूस छाया में उसके जीवन के पच्चीस वर्ष बीतते हैं। उसका मँगेतर रफ़त एक दुनियाबी, अवसरवादी और संवेदनशून्य युवक है जो भौतिक सफलताओं के लिए इंसानी भावनाओं को लहूलुहान करने में किसी संकोच का अनुभव नहीं करता। महरुख इसकी शिकार होती है। यह हादसा उसके अस्तित्व को हिला देता है, पर वह टूटती नहीं, बल्कि अपने लिए एक नया और स्वतन्त्र मार्ग चुनती है। रफ़त द्वारा दूसरी बार निकाह का प्रस्ताव लेकर आने पर वह बड़े ठंडेपन किन्तु दृढ़ता से उसे नकार देती है। वह एक छोटे से गाँव के लोगों की सहायता और सेवा को अपने जीवन का लक्ष्य बना लेती है।

इस प्रकार नासिरा शर्मा ने नारी की राह चुनने की आजादी की चेतना को सार्थक ढंग से रूपायित किया है। मुस्लिम परिवार की अन्दरूनी जिन्दगी, उनके रीतिरिवाज, सामाजिक समस्याओं तथा विश्वविद्यालयीय जीवन की विडम्बनाओं को भी लेखिका ने अच्छी तरह से उभारा है।

ज़िन्दा मुहावरे भारत विभाजन की त्रासदी पर आधारित उपन्यास है। विभाजन ने भारत में रह गये मुसलमानों के लिए अनेक समस्याएँ पैदा कीं जिनमें सबसे दुःखद उनका मुख्य धारा से अलगाव-बोध था। आज यह बात अनुभव की जा रही है कि देश का बँटवारा मुसलमानों के लिए भी विनाशकारी ही था। यहाँ तक कि पाकिस्तान जाने वाले युवकों को भी वहाँ की मुस्लिम आबादी ने हृदय से नहीं अपनाया। धर्मान्धता की तो जीत हुई, पर मनुष्यता का हनन हो गया। *ज़िन्दा मुहावरे* इसी मानव नियति का साक्षात्कार कराता है। नासिरा शर्मा ने विभाजन के बाद भारत में रह गए और पाकिस्तान चले गए दोनों तरह के मुसलमानों के दर्द को बहुत सहानुभूति और गहरी संवेदना के साथ अंकित किया है। इसमें उस मानसिकता का अंकन किया गया है जिसमें तत्कालीन मुस्लिम युवा पीढ़ी पाकिस्तान जाने को अपना अन्तिम मकसद मान बैठी थी। इस उपन्यास में भी भारतीय मुसलमानों की घरेलू जिन्दगी का विश्वसनीय अंकन किया गया है। यह भारतीय मुस्लिम समाज की जिन्दगी का प्रामाणिक दस्तावेज तो है ही, साथ ही मानवीय सम्बन्धों को धर्म के ऊपर देखने का संवेदनशील प्रयास भी है। तद्भव और बोलचाल के अरबी-फारसी शब्दों के मेल से बनी यह भाषा हिन्दी का स्वाभाविक रूप सामने रखती है। अवधी के मुहावरे और लोकोक्तियाँ मानक हिन्दी को मोहक देसी चरित्र प्रदान करते हैं।

1986 ई. में अब्दुल बिस्मिल्लाह का (ज.1949) *झीनी झीनी बीनी चदरिया* नामक

उपन्यास प्रकाशित हुआ। यह उपन्यास एक ओर जहाँ बनारस के बुनकर समाज का प्रामाणिक दस्तावेज है, वहीं उस जीवन का जीता जागता कलात्मक बिम्ब भी है। अब्दुल बिस्मिल्लाह ने बड़ी मेहनत से एकत्र किए हुए ब्योरों को अपनी संवेदना और चिन्तन से सिंचित कर एक सजीव संसार में परिणत कर दिया है। उपन्यासकार बुनकरों के जीवन-यथार्थ को पूरी संश्लिष्टता में प्रस्तुत करता है और न केवल उनकी अभावग्रस्त और नारकीय जिन्दगी को पूरी भयावहता के साथ खोलता है, वरनू उसमें फैली तमाम कुरीतियों, अन्धविश्वासों, मजहबी कट्टरपन और साम्प्रदायिक पूर्वग्रहों को आलोचनात्मक दृष्टि से सामने रखता है। वह बुनकरों की इस दशा के लिए 'गिरस्ता' और 'कोठीवाल' दोनों को उत्तरदायी मानता है और उनकी शोषण-प्रक्रिया को सूक्ष्मता के साथ उजागर करता है। इस शोषण से उत्पन्न बुनकरों की नारकीय जीवन स्थिति के चित्रण में कहीं भी उथली भावुकता नहीं दिखाई देती। महाजनी शोषण चक्र में पिसते हुए भी बुनकर संघर्ष का रास्ता नहीं छोड़ते, उनमें शोषण के विरुद्ध एकजुट होकर संघर्ष करने की चेतना जग चुकी है।

अब्दुल बिस्मिल्लाह ने *झीनी झीनी बीनी चदरिया* में धार्मिक संकीर्णता और सम्प्रदायवाद का जमकर विरोध किया है। उन्होंने जहाँ कहीं भी अनुभव किया है, मुसलमानों की राष्ट्रीय मुख्यधारा से बिलगाव की प्रवृत्ति पर प्रहार किया है और इस्लाम की रूढ़िवादी मान्यताओं को आलोचनात्मक दृष्टि से देखा है। यद्यपि *झीनी झीनी बीनी चदरिया* में यह विषय गौण रूप में ही आया है, पर इससे उपन्यासकार की संवेदनशील मानसिकता का पता चलता है।

झीनी झीनी बीनी चदरिया के कुछ पहले ही अब्दुल बिस्मिल्लाह का *समर शेष है* और उसके बाद *जहरबाद, दन्तकथा* (1990) *और मुखड़ा क्या देखे* (1996) प्रकाशित हुए। इनमें *समर शेष है* और *दन्तकथा* को 'उपन्यास' मानने का कोई औचित्य नहीं दीखता। *जहरबाद* में मिर्जापुर अंचल के एक गाँव में रहने वाले निम्नवर्गीय मुस्लिम परिवार की जिन्दगी का यथार्थ, पर सपाट, वर्णन किया गया है। आकार की दृष्टि से तनिक व्यापक फलक का उपन्यास होने पर भी *मुखड़ा क्या देखे* में न तो कोई विजन है और न उसे प्रस्तुत कर पाने की रचनात्मक क्षमता। इसमें भी एक निम्नवर्गीय या दलित मुस्लिम परिवार की कहानी प्रस्तुत की गयी है, जो जमींदार के अत्याचार के कारण गाँव छोड़ कर चला जाता है, पर कुछ वर्ष बाद वापस लौट आने को विवश होता है। लेखक ने गाँव में होने वाले दुःखद परिवर्तनों, विशेषकर साम्प्रदायिक दुर्भाव में वृद्धि का अंकन किया है। पर सर्जनात्मक दृष्टि से उपन्यास नितान्त साधारण है।

1986 ई. में ही कमल कुमार (ज. 1946) का पहला उपन्यास *अपार्थ* और उसके बाद *आवर्तन* (1992), *हैमबरगर* (1996), *यह ख़बर नहीं* (1999) आदि उपन्यास प्रकाशित हुए। *अपार्थ* में पारिवारिक परिवेश की उन अमानवीय स्थितियों का अंकन किया गया है जो मनुष्य को आत्महत्या की ओर ले जाती हैं। पर लेखिका की दृष्टि आस्था से भरपूर है जो आत्महत्या के जीवनदर्शन का निषेध करती है। *आवर्तन* में कॉलेज परिसर की पृष्ठभूमि में दाम्पत्य और दाम्पत्येतर सम्बन्धों के द्वन्द्व का चित्रण किया गया है। पर उपन्यास में कॉलेज परिसर और एक अध्यापक की मध्यवर्गीय घरेलू जिन्दगी का अंकन इतना प्रमुख हो गया है कि परकीया प्रेम की कथा उसमें टँकी हुई सी प्रतीत होती है। भारतीय और पाश्चात्य जीवनदृष्टि के अन्तर और भारतीय जीवनदृष्टि की श्रेष्ठता में लेखिका का विश्वास भी उपन्यास में व्यक्त हुआ

है। *हेमबरगर* में पाश्चात्य परिवेश में भारतीय स्त्री के संघर्ष, वहाँ की परिस्थितियों से अनुकूलन और अपनी पहचान को बनाए रखने की कोशिश का अंकन किया गया है। कमल कुमार के उपन्यासों की स्त्री पुरुषवादी व्यवस्था के शोषण और अत्याचार का विरोध करती हुई भी नारीवाद के उग्रवादी रूप को स्वीकार नहीं करती। अपने अन्तिम उपन्यास *यह ख़बर नहीं* में कमल ने समकालीन व्यवस्था में फैली सड़ाँध का अंकन किया है, जो राजनीति में अपराधीकरण, भ्रष्टाचार और षड्यन्त्र के रूप में, प्रशासन में रिश्वत, राजनीतिज्ञों की खुशामद और सार्वजनिक धन की लूट के रूप में, जनहित की संस्थाओं में कर्तव्य की उपेक्षा, लापरवाही और हेराफेरी के रूप में तथा सर्वत्र बलात्कार, हिंसा, बलप्रयोग, पाखंड, धोखाधड़ी आदि के रूप में व्याप्त है।

वीरेन्द्र सक्सेना (ज. 1941) की उपन्यास-त्रयी का पहला खंड *खंडित राग* 1989 ई. में, दूसरा खंड *खराब मौसम के बावजूद* 1991 ई. में और तीसरा खंड *खोजा तिन पाइयाँ* 1995 ई. में प्रकाशित हुआ। इनमें एक ही विषय, काम-सम्बन्धों का मनोवैज्ञानिक यथार्थ, समय और स्थान के आयाम में बदलते रूपों में प्रस्तुत किया गया है। यह विषय सारे संसार और सभी समय के साहित्य का सुपरिचित और चुनौती से भरा विषय रहा है। किसी आधुनिक कथाकार का इस चुनौती के रू-ब-रू होना सचमुच साहस का काम है। वीरेन्द्र सक्सेना ने यह साहस किया है और अपने कैशोर जीवन और कार्यालयी अनुभव की पृष्ठभूमि में प्रेम, विवाह और वैवाहिक जीवन में परकीया प्रेम की सम्भावनाओं, जरूरतों और उससे उत्पन्न जटिलताओं का अंकन किया है। कथाकार का मानना है कि विवाह के कुछ ही दिनों बाद 'प्रेम' समाप्त हो जाता है और दाम्पत्य जीवन एक तनाव बन जाता है। कथाकार मुक्त भोग का समर्थन करता प्रतीत होता है, यद्यपि 'त्रयी' के अन्त में एक सन्तुलित दृष्टि उभरकर सामने आती है। स्पष्ट है कि कथाकार का विजन बहुत साफ नहीं है और उसमें डी.एच. लारेंस जैसा साहस भी नहीं है।

प्रभा खेतान (ज.1942) का पहला उपन्यास *आओ पेपे घर चलें* 1990 ई. में प्रकाशित हुआ, जो प्रमुखतः नारी केन्द्रित उपन्यास है। उपन्यास की एक पात्र आइलिन कहती है, "औरत कहाँ नहीं रोती और कब नहीं रोती? वह जितना भी रोती है, उतनी ही औरत होती जाती है।" इस कथन में प्रभा खेतान की नारी विषयक संवेदना अभिव्यक्त हुई है। सदियों से स्त्री पुरुष-समाज के शोषण और दमन की शिकार रही है। प्रभा खेतान को उसका यह रूप, और उसका निरन्तर 'औरत होते जाना' बर्दाश्त नहीं है। हिन्दी उपन्यास में भारतीय नारी की पीड़ा का चित्रण तो प्रचुर और अनेक रूपों में हो चुका था पर अमरीकी औरत के जीवन के भयानक सच को प्रस्तुत करने वाला यह हिन्दी का पहला उपन्यास है। भोग विलास में डूबी अमरीकी औरत भीतर से कितनी अकेली, असहाय और पीड़ित है, इसका चित्रण इस उपन्यास में गहरी संवेदनशीलता के साथ किया गया है। इस प्रकार विश्व सन्दर्भ में नारी की नियति को पहचानने और उद्घाटित करने का यह एक उल्लेखनीय सर्जनात्मक प्रयास है। इसके साथ ही यह एक संवेदनशील भारतीय लेखिका की आँखों से देखी हुई अमरीकी जीवन की तसवीर भी है। यह वैश्विक स्तर पर पारिवारिक विघटन, उच्चवर्गीय जीवन के अन्तर्विरोध, बाहर और भीतर की जिन्दगी के तनाव, सम्बन्धहीनता, नकली जिन्दगी, पति-पत्नी की टकराहट में टूटते-पिसते बच्चे, भोगविलास के पीछे अन्धी दौड़, आर्थिक

समृद्धि के बीच सम्बन्धहीनता और संवेदनशून्यता की पीड़ा का, प्रामाणिक अनुभव और गहरी अनुभूति के साथ, अंकन करने वाला उपन्यास है। अमरीकी औरत के जीवन की विसंगतियों के साथ-साथ वहाँ के तूफानी जीवन-संघर्ष, यान्त्रिकता, सम्बन्धों के व्यवसायीकरण, टूटते-झरते और समाप्त होते रिश्ते, भोगवादी मानसिकता, नस्लवादी मनोवृत्ति आदि का भी उपन्यास में विश्वसनीय और सजीव अंकन किया गया है। इस उपन्यास की एक और उल्लेखनीय विशेषता है पशु पात्र--पेपे नामक कुत्ते--को केन्द्रीय पात्र के रूप में प्रस्तुत करने की नायाब़ कोशिश। पेपे उपन्यास में एक सजीव पात्र के रूप में आता है। पशु में मानवीय संवेदना को भर देने में लेखिका को अद्भुत सफलता मिली है।

आओ पेपे घर चलें के बाद प्रभा खेतान के *तालाबन्दी* (1991), *छिन्नमस्ता* (1993), *अपने अपने चेहरे* (1994), *पीली आँधी* (1996) आदि उपन्यास प्रकाशित हुए हैं। समग्र रूप में देखें तो स्त्री प्रभा खेतान के चिन्तन और संवेदना के केन्द्र में है। *छिन्नमस्ता* की प्रिया एक स्थान पर कहती है, "औरत कहाँ नहीं रोती? सड़क पर झाड़ू लगाते हुए, खेतों में काम करते हुए, एयरपोर्ट पर बाथरूम साफ करते हुए या फिर सारे भोग-ऐश्वर्य के बावजूद....पलंग पर रात रात भर अकेले करवटें बदलते हुए...हजारों सालों से इनके ये आँसू बहते आ रहे हैं।" पुरुष द्वारा नारी का शोषण, या कहें कि नारी के शोषण और दमन में पूरे समाज की हिस्सेदारी, तथाकथित सभ्य समाज की पहचान बनी हुई है। आधुनिक युग में नारी के प्रति समाज के दृष्टिकोण में बदलाव तो जरूर आया है, और स्त्री खुद भी अपनी लड़ाई लड़ने की संकल्प शक्ति से युक्त हो रही है, पर अभी यह जागरूकता और संघर्ष शुरुआती दौर में ही है और कुल मिलाकर आज भी, भारत में, नारी भोगने वाले छोर पर ही है। अपने अधिकार भी अभी उसे पुरुष से ही प्राप्त होते हैं। पर आज की स्त्री अपना अधिकार हासिल करने के लिए, अपना भाग्य स्वयं निर्मित करने के लिए, संघर्ष की राह पर है। यही *छिन्नमस्ता* का विषय है। यह आधुनिक नारी की त्रासदी और उसके संकल्प का एक प्रामाणिक दस्तावेज है। यह एक ऐसी स्त्री की संघर्ष कथा है जो एक रूढ़ बन्द समाज से टकराते और अपने को भावात्मक स्तर पर लहूलुहान करते हुए अपने अस्तित्व को नये सिरे से परिभाषित करने की कोशिश कर रही है। इस उपन्यास की पहचान बनती है प्रिया के चरित्र से जो अपने को सदियों से शोषित-पीड़ित नारी की पंक्ति से अलग करने में समर्थ होती है। वह समाज और परम्परा के जड़ मूल्यों को चुनौती देती हुई अपनी अलग पहचान बनाती है, पर कहीं भी असन्तुलित नहीं होती। 'छिन्नमस्ता' का मिथक प्रिया जैसी संवेदनशील आधुनिक नारी के लिए बहुत सार्थक है, जो इस मनःस्थिति में ही अपनी लहूलुहान जिन्दगी को दोबारा जीती है; वह अपना कटा सिर हाथ में लेकर, पुरुष समाज से संघर्ष कर रही है।

अपने अपने चेहरे में प्रभा खेतान ने स्त्री की नियति के एक दूसरे पहलू को परिभाषित करने की कोशिश की है। औरत को लेकर प्रभा के पास कुछ बोध, प्रश्न और निष्कर्ष हैं जो इस उपन्यास में गहरी संवेदनशीलता के साथ व्यक्त हुए हैं। प्रभा मानती हैं कि विवाह, पति, बच्चे आदि से परे भी औरत का अस्तित्व है। औरत की जिन्दगी सिर्फ 'पुरुष की तलाश' नहीं है, उसकी अपनी भी सार्थकता है। उपन्यास की रमा सोचती है, 'वह प्यार तो एक बार करती है। बस एक बार। एक ही पुरुष से। कभी शादी से पहले, कभी शादी के

बाद। इसके बाद तो वह अपने आपको झेलना सीखती है।' रमा एक विवाहित और बालबच्चों वाले पुरुष से प्रेम करती है। पर स्त्री के लिए किसी पुरुष का 'दोस्त' होना परम्परागत भारतीय समाज को स्वीकार्य नहीं है। यदि उसे समाज में स्वीकृति पानी है तो उसका 'पत्नी' होना अनिवार्य है। दोस्त के रूप में वह 'दूसरी औरत' होती है। 'पहली औरत' वह है जिसकी माँग में सिन्दूर होता है, उसे अर्द्धांगिनी होने का बल प्राप्त होता है, 'दूसरी औरत' इससे वंचित होती है। रमा के रूप में 'दूसरी औरत' की पीड़ा, अन्तर्द्वन्द्व और आत्ममन्थन ही इस उपन्यास का केन्द्रीय विषय है, जिसमें वह हारती, टूटती और तार-तार होती है।

पति के रूप में पुरुष स्त्री को उतनी ही स्वतन्त्रता देना चाहता है, जितना एक बड़े पिंजरे में किसी पक्षी को दिया जा सकता है। इसका अंकन *छिन्नमस्ता* और *अपने अपने चेहरे* में अलग-अलग रूपों में हुआ है। *छिन्नमस्ता* की प्रिया अपना स्वतन्त्र व्यवसाय शुरू कर आर्थिक दृष्टि से स्वतन्त्र होने का प्रयास करती है, जिसके कारण उसे घर छोड़ना पड़ता है। *अपने अपने चेहरे* में पति 'दूसरी औरत' को घर में लाना चाहता है, जिसका विरोध करने पर रीतू को यातना का शिकार बनना पड़ता है। प्रिया पुरुष की चुनौती को स्वीकार करती है, जबकि रीतू को ऐसा करने में विलम्ब होता है और उसे दकियानूस और असंवेदनशील परिवार की यातनाएँ झेलनी पड़ती हैं। प्रभा खेतान का मानना है कि स्त्री की मुक्ति उसके आर्थिक दृष्टि से स्वावलम्बी होने में है। रीतू की मुक्ति भी इसी मार्ग पर चलकर होती है। *पीली आंधी* में भी स्त्री का शोषण और विद्रोह चित्रित हुआ है, यद्यपि यह उसका मुख्य विषय नहीं है। उपन्यास की एक पात्र, सोमा, नपुंसक पति की भार्या होने पर भी पारिवारिक प्रतिष्ठा पर बलि होने को अभिशप्त है। पर वह विद्रोह करती है और परम्परागत नारी संहिता के सारे नियमों को अपने पैरों तले रौंदती हुई घर के बाहर निकल जाती है। *पीली आँधी* में सोमा और चित्रा के रूप में प्रभा ने आधुनिक नारी का जो उदाहरण पेश किया है, वह प्रीतिकर रूप में असाधारण और नया है। तीन पीढ़ियों की स्त्रियाँ, चाची, बड़ी माँ और सोमा अपनी-अपनी पीड़ा को अपने-अपने ढंग से भोगती हैं। मारवाड़ी समाज में नारी की व्यथा और पीड़ा को जिस मार्मिकता के साथ उद्घाटित किया गया है, वह अनुपम है।

छिन्नमस्ता और *अपने-अपने चेहरे* में सम्पन्न मारवाड़ी उद्योगपतियों के आन्तरिक जीवन का यथार्थ भी विश्वसनीय रूप में प्रस्तुत किया गया है। इस समाज में नारी की नियति, चाहे वह पुरानी पीढ़ी की हो या नयी पीढ़ी की, मूक बनकर पीड़ा भोगने या परपीड़न से जुड़ी हुई है। पुरानी पीढ़ी की स्त्रियाँ एक प्रकार की बीमार मानसिकता से युक्त हैं और नयी पीढ़ी की स्त्रियाँ पुरुष की भोग-वस्तुएँ बनने को ही उपलब्धि मानती हैं। दोनों ही उपन्यासों में मारवाड़ी उद्योगपतियों के पारिवारिक जीवन की घुटन, उनके मानसिक पिछड़ेपन, मध्यकालीन मानसिकता, मूल्यगत अन्तर्विरोध आदि का विश्वसनीय और सजीव अंकन किया गया है। इनमें समाज और व्यक्ति के संघर्ष का चित्रण हुआ है, जिसमें व्यक्ति पिस जाता है।

पीली आँधी प्रभा खेतान का अब तक का अन्तिम उपन्यास है जो अपने विस्तृत और वैविध्यपूर्ण कथाफलक के कारण मारवाड़ी समाज के संघर्ष और पीड़ा का महाकाव्य बन गया है। *छिन्नमस्ता* और *अपने-अपने चेहरे* में व्यक्ति स्त्री का दुःख *पीली आँधी* में एक बड़े समाज का दुःख बन गया है। 'पीली आँधी' प्रतीक है, सब कुछ उजड़ जाने का; इस पीली आँधी के बाद कैसे एक छोटा सा अंकुर फूटता है और वह फलने फूलने लगता है, यही

इस उपन्यास की केन्द्रीय वस्तु है। इस उपन्यास में एक परिवार नहीं, इसमें कुल हैं, संयुक्त परिवार हैं। यह राजस्थान के उन लोगों की जीवन कथा है जो प्रकृति की मार और सामन्ती शोषण की विभीषिका से बचने के लिए 'देसावर' में भटकने के लिए विवश हुए और अपने परिश्रम तथा बुद्धि से सम्पन्न बनने में सफल हुए। यह उस समय की कहानी है जब भारत ब्रिटिश उपनिवेशवाद का शिकार था और राजस्थान परिवहन, सिंचाई और आधुनिक शिक्षा से वंचित था। वहाँ की जनता सामन्ती निरंकुशता की शिकार थी और बनियों का परिवार उनके आतंक से बचने के लिए बार-बार विस्थापित होता रहता था। यह एक 'पीली आँधी' थी जिसमें मारवाड़ी परिवार, पत्तों की तरह उड़ते हुए बंगाल, बिहार आदि पहुँचकर अपना नया भाग्य गढ़ने का प्रयत्न करते थे। कठिन श्रम, पारिवारिक सहयोग तथा राजनीतिक-सामाजिक टकराहटों से बचते हुए अपने लिए सम्मानपूर्ण जगह बनाना उनका प्रमुख लक्ष्य था। इस ऐतिहासिक सच्चाई को प्रभा खेतान ने बहुत ही विश्वसनीय और तीन पीढ़ियों की संवेदना से भरी कथा रूप में प्रस्तुत किया है। मारवाड़ियों की शानशौकत के पीछे छिपे संघर्ष के साथ-साथ उनके जीवन के अन्तर्विरोधों को भी इस कथा में उभारा गया है। वस्तुतः यह राजस्थान की रेतीली जिन्दगी का, जो बंगाल पहुँचकर समृद्धि के साथ-साथ उमस और सीलन से भी युक्त हो गयी और अब उससे भी उबरने का प्रयास कर रही है, महागाथा है। जिन्दगी चाहे रेतीली हो या सीलन भरी, दोनों ही पीड़ादायक हैं और इनसे संघर्ष करना, मुक्त होने के लिए छटपटाना मनुष्य की नियति है। इस नियति की कथा कहना ही प्रभा खेतान का लक्ष्य है और इसमें उन्हें पूरी सफलता मिली है। हिन्दी उपन्यास में राजस्थान के मारवाड़ी समाज की व्यथा कथा प्रस्तुत करने वाला यह कदाचित् पहला उपन्यास है। मारवाड़ी समाज के दर्द, उनके अपनी जमीन से कट जाने के दुःख, जी-तोड़ परिश्रम आदि का प्रभा खेतान ने अत्यन्त प्रामाणिकता के साथ चित्रण किया है। उनके पास इस जीवन की गहरी संवेदना और विश्लेषण-क्षमता है, जिसके चलते वे इसका प्रभावशाली अंकन करने में समर्थ हुई हैं। मारवाड़ी समाज की अन्ध परम्पराओं, उनकी रूढ़ संस्कारों में जकड़ी, धुआँती, टूटती जिन्दगी के चित्रण में प्रभा को अद्भुत सफलता मिली है।

प्रभा खेतान का औपन्यासिक संसार अनेक प्रकार के सजीव पात्रों से जगरमगर है। मानवीय सम्बन्धों का ऐसा प्रीतिकर संसार उपन्यास में दुर्लभ होता है। ऐसा नहीं कि उपन्यास में ओछे पात्र और उनकी कमीनी हरकतें नहीं हैं, पर मानवीय करुणा और विवेक से भरे पात्र उन पर भारी हैं। इस कथा संसार में प्रेम की संवेदना एक अन्तर्धारा के रूप में बहती दिखाई देती है। ताई जैसे चट्टानी व्यक्तित्व के भीतर रिसती हुई प्रेम की संवेदना का अंकन तो अद्भुत है। सोमा और सुजीत का प्रेम आवेग और विवेक के मिश्रण की दृष्टि से बेजोड़ है।

तालाबन्दी में प्रभा खेतान ने निजी प्रबन्ध और मजदूरों के परस्परविरोधी हितों के टकराव और उससे उत्पन्न तनाव का रोचक और विश्वसनीय रूप में चित्रण किया है। इस टकराव में लेखिका की सहानुभूति मजदूरों के प्रति है, पर उसने बहुत तर्कसंगत और मानवीय सहानुभूति के साथ प्रबन्धन और मजदूर वर्ग के हितों के टकराव को समझने की कोशिश की है। इसके साथ ही इस उपन्यास में पारिवारिक सम्बन्धों के तनाव और पिता-पुत्र के संघर्ष के रूप में पीढ़ियों के संघर्ष का भी विश्वसनीय रूप में अंकन हुआ है।

शिल्प और भाषा की दृष्टि से प्रभा खेतान ने कोई चौंकाने वाला प्रयोग नहीं किया है, पर अपने विषय के अनुरूप शिल्प और भाषा के चुनाव में उन्होंने सर्जनात्मक सजगता का परिचय दिया है। *छिन्नमस्ता* की केन्द्रीय पात्र प्रिया अपने अतीत को संवेदना के स्तर पर जीती भी है और उसका तटस्थ ढंग से विश्लेषण भी करती है। इसके लिए विमान यात्रा, होटल और अपने मित्र-दम्पति के साथ गुजारे गए पन्द्रह दिनों के विश्राम के दौरान स्वगत-चिन्तन और संवाद की बेहद सटीक और सर्जनात्मक शिल्प प्रविधि अपनायी गयी है। *पीली आँधी* में भी दृश्यात्मक-परिदृश्यात्मक, अन्तरालाप और डायरी प्रविधि का सर्जनात्मक उपयोग किया गया है। अनुभूति की भाषा में प्राप्त होने वाली आन्तरिकता और गहनता प्रभा खेतान की भाषा की प्रमुख पहचान है। *पीली आँधी* में परिनिष्ठित हिन्दी में राजस्थानी का और *तालाबन्दी* में राजस्थानी के साथ बँगला का मिश्रण बहुत ही सन्तुलित और सर्जनात्मक रूप में किया गया है जो कथ्य को स्वाभाविकता प्रदान करने के साथ-साथ प्रभावशाली भी बनाता है।

मैत्रेयी पुष्पा (ज.1944) ने अपने उपन्यास-लेखन का आरम्भ *स्मृति दंश* (1990) नामक उपन्यासिका से किया था। उनका दूसरा लघु उपन्यास *बेतवा बहती रही* 1993 ई. में प्रकाशित हुआ। *स्मृति दंश* और *बेतवा बहती रही,* दोनों ही, 'कथा' की दृष्टि से बहुत 'मार्मिक' हैं; किसी भावुक पाठक की आँखों को अश्रुपूरित कर देने वाले ! दोनों ही उपन्यासों में परम्परागत पुरुष समाज द्वारा स्त्री पर होने वाले अत्याचार का अंकन किया गया है। पर औपन्यासिक विजन और यथार्थ की गहरी समझ की दृष्टि से इनका विशेष महत्त्व नहीं है। दरअसल उपन्यासकार के रूप में मैत्रेयी पुष्पा की पहचान उनके *इदन्नमम* (1994) नामक उपन्यास से निर्मित हुई। इस उपन्यास में एक विजन है जो लेखिका के बुन्देलखंडी जीवन के प्रामाणिक और अन्तरंग अनुभव, पहाड़ी अंचल की धरती और बीहड़ पहाड़ के जीवन के सामाजिक यथार्थ तथा गहरी मानवीय संवेदना से सम्पन्न है। अपने पूर्ववर्ती उपन्यासों में मैत्रेयी ने बुन्देलखंड की अहीर कन्याओं की करुण नियति कथा, जो किसी न किसी रूप में नारी मात्र की नियति कथा है, गहरी संवेदना के साथ प्रस्तुत की है, पर *इदन्नमम* में यह कथा करुणा की सीमा का अतिक्रमण करती हुई 'जुझारू' हो गयी है। *इदन्नमम* की मन्दाकिनी वास्तविक अर्थों में एक जुझारू युवती है जो केवल परिवार और समाज द्वारा स्त्री के लिए निर्मित बन्धनों को ही नहीं तोड़ती वरन् उस शोषण के विरुद्ध भी तनकर खड़ी होती है जो आज के नेताओं और माफिया ठेकेदारों द्वारा आदिवासियों और अन्य ग्रामीणों पर कहर के रूप में बरपा जा रहा है। मैत्रेयी बुन्देलखंड के परिवेश और ग्रामीण समाज को उसके पूरे खुरदरे यथार्थ के साथ वैसी ही खुरदरी भाषा के सहारे, जीवन्त रूप में प्रस्तुत कर देती हैं। चाहे मन्दाकिनी की 'बऊ जी' हो या उसके ममहर परिवार के अक्खड़ किसान, सभी अपने मौलिक, जीवन्त रूप में प्रस्तुत हैं। मन्दाकिनी की माँ प्रेम, और उसकी भाभी कुसुमा, की व्यथा नारी की परम्परागत नियति है, जो पर्याप्त संवेदनशीलता के साथ प्रस्तुत की गयी है। राजनीतिक नेताओं और माफिया ठेकेदारों के चरित्र भी उपन्यास में पर्याप्त विश्वसनीयता के साथ अंकित हैं।

इदन्नमम के बाद मैत्रेयी पुष्पा के *चाक* (1997), *झूला नट* (1999) और *अल्मा कबूतरी* (2000) नामक उपन्यास प्रकाशित हुए हैं। *चाक* में, और *झूला नट* में भी, खेती-किसानी से

जुड़े जाटों का ही चित्रण किया गया है और आज की बदली हुई परिस्थितियों में यह चित्रण पर्याप्त विश्वसनीय भी है; पर इन दोनों ही उपन्यासों का केन्द्रीय विषय ग्रामीण परिवेश में उभरती नयी नारी चेतना है। *चाक* में जाट समाज में नैतिक संहिताओं की रूढ़ियों में जकड़ी पुरानी पीढ़ी के क्रूरता भरे हठ का, जिसके तहत नारी संहिता का उल्लंघन करने वाली स्त्री से जीने का अधिकार छीन लेना एक बहुत मामूली बात है, चित्रण किया गया है। इस समाज में किसी स्त्री की हत्या कर दिए जाने पर भी एक हल्की सी सुगबुगाहट के अतिरिक्त कोई विशेष हलचल नहीं होती; इसके प्रतिरोध में कोई खड़ा नहीं होता। इस क्रूर परिवेश में मैत्रेयी पुष्पा ने नारी नियति का जो चित्र प्रस्तुत किया है, उसमें एक चौंकाने वाली ताजगी है। इस समाज में न केवल पिछड़ी जाति की स्त्री, वरन् दलित समाज की स्त्री भी प्रेम करने के अधिकार से वंचित है। इस 'अपराध' के लिए यदि रेशम की हत्या की जाती है, तो गुलबन्दी भी जिन्दा जला दी जाती है। कोई पुरुष इस अमानवीय कृत्य के विरोध में खड़ा होने की हिम्मत नहीं जुटा पाता। इसके विरोध में खड़ी होती है सारंग, जो बहुत पढ़ी-लिखी तो नहीं है, पर जिसमें संकल्प की गजब की दृढ़ता है और जिसके संकल्प को शान देता है श्रीधर प्रजापति। श्रीधर अपने आदर्श और प्रेम के चाक पर सारंग का नया चरित्र घड़ता है। सारंग में अन्याय से लड़ने, आततायियों का मुकाबला करने, नारी अधिकारों के लिए जान दे देने तक की हिम्मत और दृढ़ता है। इसके साथ ही उसमें गहरी संवेदनशीलता, विवेक और संगठन क्षमता भी है। पर यह सब उसमें कच्चे उपादान की तरह है। श्रीधर इस कच्चे उपादान को सही रूप देने के लिए कुम्भकार का काम करता है। और सारंग, नारी-संहिता की समस्त मान्यताओं को चुनौती देती हुई, न केवल श्रीधर से देह-सम्बन्ध स्थापित करती है, बल्कि पुरुष सत्ता को चुनौती देने के लिए ग्राम पंचायत के चुनाव में प्रधान पद के लिए खड़ी भी हो जाती है। पति से लेकर गाँव का सारा पुरुष समाज उसका विरोध करता है, पर वह अपने खुद के निर्मित नारी-संगठन के बल पर पुरुष सत्ता को चुनौती देने का साहस भरा कदम उठाती है। इससे यह विचार उभरता है कि जब तक सत्ता स्त्री के हाथ में नहीं आती, पुरुष-समाज द्वारा उसका शोषण और उस पर होने वाला अत्याचार समाप्त नहीं हो सकता।

पर उपन्यास के तीनों प्रमुख विषय—नवें दशक के बुन्देलखंड और व्रज क्षेत्र के एक पिछड़े गाँव के यथार्थ, स्त्री की अपने अधिकारों के प्रति सजगता और विद्रोह तथा विवाहित स्त्री का अपने पति के साथ किसी अन्य व्यक्ति से प्रेम का अधिकार—किसी एकल विजन का बोध कराने में असमर्थ हैं। कथा संसार की विश्वसनीयता और औचित्य भी कहीं-कहीं बाधित है।

झूला नट का विषय भी जाट समाज की एक पारिवारिक स्थिति है जिसमें सास-बहू, माँ-बेटे, पति-पत्नी और देवर-भाभी के सम्बन्धों की कहानी एक खास अन्दाज में कही गयी है। उपन्यास में कोई उल्लेखनीय विजन नहीं है; माँ और पत्नीवत् भौजाई के सम्बन्धों के पाट में पिसते एक भोले जाट युवक का मानसिक उद्वेग ही उपन्यास में प्रमुख है। सास-बहू के सम्बन्धों के चित्रण के साथ-साथ शीलो के रूप में एक जाट युवती के परम्परागत मूल्यों को चुनौती देने, स्त्री-संहिता को नकारने और विद्रोह की मुद्रा में तन कर खड़े होने का चित्रण भी किया गया है। शीलो का चरित्र अपनी प्रकृति में कुछ-कुछ कृष्णा सोबती की 'मित्रो' जैसा है। शीलो में सारंग की ही तरह अद्भुत जिजीविषा, अपना भाग्य स्वयं लिखने का संकल्प,

और समाज से अकेले ही लोहा लेने की क्षमता है। पर उसमें नारी-शक्ति का कोई भास्वर रूप नहीं लक्षित होता।

इन उपन्यासों की तुलना में *अल्मा कबूतरी* एक अधिक नयी और शक्त रचना है। भारतीय समाज इतना विशाल और वैविध्यपूर्ण है कि सजग और संवेदनशील उपन्यासकार के लिए कथ्य के अभाव में चमत्कारपूर्ण शिल्प और अचेतन-अवचेतन की भूलभुलैया में भटकने की कोई आवश्यकता नहीं है। मैत्रेयी पुष्पा ने इस तथ्य को अपने इस नये उपन्यास द्वारा सिद्ध कर दिया है। भारत में आज भी कुछ ऐसी अभागी जनजातियाँ हैं जो आजादी का अर्थ नहीं जानतीं। उनके पास न अपनी जमीन है, न ठिकाने का घर बार। औपनिवेशिक शासन ने इन्हें 'जरायमपेशा' जाति घोषित कर न केवल तथाकथित 'सभ्य' समाज की नजरों में उपेक्षा और घृणा का पात्र वरन् पुलिस के अत्याचार का सबसे नरम चारा भी बना दिया था। यद्यपि देश के आजाद होने के बाद इन जातियों को समान नागरिकता का अधिकार प्राप्त हो गया है, पर जीविकोपार्जन का कोई सम्मानजनक साधन न उपलब्ध होने के कारण इनके पुरुष अपराधकर्म और स्त्रियाँ देह-व्यापार के लिए विवश होती हैं। भारत की पचपन वर्षों की आजादी ने भी इनकी नयी पीढ़ी को सम्मानपूर्ण जीवन का कोई विकल्प नहीं दिया है। मैत्रेयी पुष्पा ने *अल्मा कबूतरी* में इस कटु यथार्थ को गहरी संवेदना और जबरदस्त सर्जनात्मकता के साथ प्रस्तुत किया है। इसके पहले रांगेय राघव ने *कब तक पुकारूँ* में इस जनजाति के एक विशेष समुदाय, नटों, के जीवन का चित्रण किया था। मैत्रेयी पुष्पा ने *अल्मा कबूतरी* में मुख्यतः बुन्देलखंड क्षेत्र में बसने वाली कबूतरा जाति के जीवन को उपन्यास का विषय बनाया है, जो अपनी वंश-परम्परा रानी पद्मिनी और झाँसी की रानी लक्ष्मीबाई की अंगरक्षिका झलकारी से जोड़ते हैं, और उनकी अपमान, विवशता और पीड़ा भरी जिन्दगी को जीवन्त पात्रों के अद्भुत कथासंसार में बदल दिया है। इसके साथ ही लेखिका ने समानान्तर 'सभ्य' समाज से, जिन्हें वे 'कज्जा' कहकर पुकारते हैं, उनके टकराव, संघर्ष और पराजय को भी अत्यन्त विश्वसनीय और मार्मिक रूप में प्रस्तुत किया है। 'कज्जा' और 'कबूतरा' समाज की मुठभेड़ और द्वन्द्व ही अल्मा कबूतरी का केन्द्रीय विषय है। भूरी, उसके बेटे रामसिंह और उसकी बेटी अल्मा की कहानी इसी टकराहट की कहानी है, जिसमें 'सभ्य' स0माज से संघर्ष करने और अपना सबकुछ दाँव पर लगा देने के बावजूद लहूलुहान 'कबूतरा' ही होते हैं। इसका कारण यह है कि पूरी व्यवस्था ही अपनी पूरी शक्ति के साथ उनके विरोध में खड़ी है। भूरी 'कज्जा' समाज से टक्कर लेती है। वह शरीर का सौदा करके भी अपने बेटे को पढ़ा-लिखा कर उसे इस योग्य बनाना चाहती है कि वह समाज में सम्मान की जिन्दगी जी सके। पर ऐसा नहीं हो पाता। वह 'कबूतरा' बनकर ही जीने को अभिशप्त है। वह धीरे-धीरे अपनी संघर्ष-क्षमता खोकर पुलिस का दलाल बन जाता है और अन्ततः डाकू बेटाराम के नाम पर पुलिस द्वारा प्रायोजित मुठभेड़ में मार डाला जाता है। एक 'कबूतरा' के 'सभ्य' बनने की कोशिश का यह अंजाम दिखाकर लेखिका ने यथार्थ को उसके नग्नतम रूप में पेश करने का प्रयास किया है।

अल्मा कबूतरी हारे हुए व्यक्तियों की कथा है, इसलिए इसे पढ़ते हुए पाठक को गहरी पीड़ा की अनुभूति होती है। यह 'सभ्य' कहे जाने वाले एक असभ्य और बर्बर समाज का तल्ख चित्रण है। अल्मा की कहानी इस स्थिति के प्रति नारी के विद्रोह की कहानी है। वह

अपने पिता के साथ रहती है, अपने साथ रहते राणा को 'बच्चे' से 'मर्द' बनाती है, कुमारी माँ बनने का साहस दिखाती है, आततायियों को साहस के साथ झेलती है, पशुओं से भी बदतर जिन्दगी जीने को बाध्य होती है, पर हार नहीं मानती। उसकी कहानी को एक आकस्मिक मोड़ देकर और उसे विधान सभा चुनाव का प्रत्याशी बनाकर, जिसकी जीत निश्चितप्राय है, लेखिका ने अपने नारीवाद को ही लहकाने का प्रयास किया है। पर यह प्रसंग आरोपित प्रतीत होता है। अल्मा की कहानी को रोमांचक और चटक बनाने के प्रयत्न में लेखिका का कला-संयम भी उसके हाथ से तनिक छूट गया है। इसमें एक स्त्री लेखक का 'बोल्डनेस' तो है, जो कृष्णा सोबती, मदुला गर्ग आदि के प्रसंग में कभी उछाला भी गया था, पर इसका कोई सौन्दर्यशास्त्रीय औचित्य भी है, यह सन्दिग्ध है। अधिक से अधिक इसे नारी संहिता के प्रति आधुनिक स्त्री का विद्रोह ही माना जा सकता है।

मैत्रेयी पुष्पा ने अपने उपन्यासों में विन्ध्य और व्रज-अंचलों के यथार्थ-चित्रण को विश्वसनीय बनाने के लिए उन अंचलों में प्रचलित बोलियों के ठेठ शब्दों, मुहावरों और लहजों का मानक हिन्दी में प्रचुर मात्रा में प्रयोग किया है जिसके फलस्वरूप उनके उपन्यासों की भाषा खुरदरी और यत्किंचित् ऊबड़खाबड़ भी हो गयी है। यह खुरदरापन मैत्रेयी की भाषा को एक ताजगी प्रदान करता है। मैत्रेयी की औपन्यासिक भाषा की एक उल्लेखनीय विशेषता ग्रामीण और निम्नवर्गीय स्त्रियों की भाषा को जस का तस प्रस्तुत कर देना भी है। पर उनकी भाषा में, और कथ्य में भी, वह संवेदनशीलता नहीं है, जो रेणु की भाषा में है। मैत्रेयी पुष्पा अपने उपन्यासों में शिल्प के प्रति सजग तो हैं, पर उन्होंने अवलोकन बिन्दुओं के परिवर्तन की जिस प्रविधि का उपयोग किया है, वह अनेकत्र उलझ गयी है। अल्मा कबूतरी में उनके कथाशिल्प और भाषा दोनों में निखार आया है, इसीलिए वह उनका अब तक का सर्वश्रेष्ठ उपन्यास है।

1990 ई. में ही चित्रा मुद्गल (ज. 1944) का *एक ज़मीन अपनी* नामक उपन्यास प्रकाशित हुआ, जिसका केन्द्रीय कथ्य बम्बई के महानगरीय परिवेश में विज्ञापन-जगत् के ग्लैमर, मूल्यहीन प्रतियोगिता, तिकड़म, देह-व्यापार आदि के बीच प्रस्तुत 'नारी-विमर्श' है। इस परिवेश में स्त्री चाहे कितनी भी योग्य हो, उसे भोग्य वस्तु के रूप में ही देखा जाता है। पत्नी और प्रेमिका के रूप में आधुनिक स्त्री की स्थिति कितनी त्रासद है, इसका अंकन चित्रा मुद्गल ने गहरी संवेदनशीलता के साथ किया है। स्त्री के अधिकारों के प्रति सजग एक पात्र कहती है, "पुरुष से स्वतन्त्र होना है तो पहले उन्हें सिन्दूर पोंछना होगा। बिछुए त्यागने होंगे ! दासीत्व के प्रतीक चिह्न !"(पृ. 95) वही पात्र अन्यत्र कहती है, "...मैं पत्नी नहीं, सहचरी बनना चाहती हूँ।...पत्नी शब्द में मुझे दासीत्व की बू आती है...इस शब्द ने हमारे समाज में अपनी गरिमा खो दी है।" (पृ. 161) "...औरत बोनसाई का पौधा नहीं है...जब जी चाहा उसकी जड़ें काटकर उसे वापस गमले में रोप लिया।" (पृ. 177) इन उद्धरणों से लेखिका का नारी-नियति के प्रति असन्तोष स्पष्ट है, पर वह नारीवाद के उग्र रूप की समर्थक नहीं है। वह 'घर' को तोड़ने और स्त्री-पुरुष के प्रतिद्वन्द्वी रूप की समर्थक नहीं है।

एक ज़मीन अपनी कथानक-योजना की दृष्टि से एक सुघटित और पठनीय रचना है। इसकी भाषा भी कथ्य के अनुरूप, साफ-सुथरी और सर्जनात्मक है, पर फिल्मी ढंग की भावुकता और कथा-योजना इसके प्रभाव को कम करती हैं।

चित्रा मुद्‌गल का दूसरा उपन्यास *आवाँ* सन् 2000 में प्रकाशित हुआ है। इसका केन्द्रीय विषय एक नौजवान लड़की, नमिता, का जीवन संघर्ष है, जो एक घुटन भरे मध्यवर्गीय परिवार में जन्मती-बढ़ती है और महानगर के जलते हुए परिवेश में तप कर अपने को संघर्ष के लिए तैयार करती है। इसीलिए उपन्यास का शीर्षक *आवाँ* रखा गया है। नमिता का एक संघर्ष पुरुष के साथ उसके देह सम्बन्ध को लेकर भी है। बचपन में वह अपने सगे मौसा के बलात्कार की शिकार होती है। युवा होने पर मजदूर संघ का सबसे बड़ा और प्रतिष्ठित नेता, अन्ना साहब, उसके साथ, उसकी इच्छा के विरुद्ध, रति-सम्बन्ध स्थापित करने में सफल होता है। कुछ दिनों के बाद वह एक करोड़पति आभूषण निर्माता के सम्पर्क में आती है और उसका अनचाहा गर्भ धारण करती है। इन सबकी परिणति उसके अपने पैरों पर खड़े होने के संकल्प में होती है। इसके साथ ही उपन्यास में पृष्ठभूमि के रूप में 'कामगार आघाड़ी' मजदूर संघों के कार्यकलापों, उनके पूँजीपतियों और उद्योगपतियों से मजदूरों के अधिकार दिलाने के निमित्त किये गये संघर्षों तथा उनकी आन्तरिक राजनीति, उठापटक आदि का चित्रण किया गया है। उपन्यास में मजदूर संघों की शक्ति, सम्भावनाओं और कमजोरियों को पूरी तटस्थता के साथ प्रस्तुत किया गया है। इस परिवेश में उभरती नारी-शक्ति को अंकित करने की भी कोशिश उपन्यासकार ने की है। ममता, गौतमी और स्मिता जैसे पात्रों के माध्यम से नारीवादी साहसी स्त्रियों का अंकन किया गया है जो परम्परागत नारी संहिता को जड़ से ठुकराते हुए स्वतन्त्र जिन्दगी जीती हैं। एक मजदूर नेता के पारिवारिक जीवन का चित्रण भी उपन्यास में किया गया है, जिसकी पत्नी पुरानी रूढ़ियों से जकड़ी, कुटिल, खल और परले दर्जे की स्वार्थी स्त्री है। पर इतने सारे विषयों और एक बड़े फलक के बावजूद चित्रा इन्हें किसी भास्वर विजन का रूप नहीं दे सकी हैं।

शिल्प की दृष्टि से भी उपन्यास आश्वस्त नहीं करता। अवलोकन बिन्दुओं का परिवर्तन और अतीत का पुनरवलोकन एक बहुत परिचित कथा-प्रविधि बन चुकी है, पर उपन्यासकार से उसका विश्वसनीय और सफल निर्वाह नहीं हो पाया है। भाषा में पात्रों के अनुरूप वैविध्य का सृजन किया गया है, और वह उनके चरित्र को पहचान देने में भी समर्थ है, पर नरेटर या वाचक की भाषा व्याकरण और रचना की दृष्टि से साफ-सुथरी, सहज और प्रवाहपूर्ण नहीं है।

1991 ई. में वीरेन्द्र जैन (ज. 1955) का *डूब* नामक उपन्यास प्रकाशित हुआ। इसके पूर्व उनके *सबसे बड़ा सिपहिया, शब्दवध, प्रतीक : एक जीवनी, अनातीत* और *सुरेखा* आदि उपन्यास प्रकाशित हो चुके थे, पर उपन्यासकार के रूप में उनकी विशेष पहचान *डूब* से ही निर्मित हुई। *डूब* मध्य प्रदेश के एक पिछड़े अंचल की पीड़ा को शक्त रूप में प्रस्तुत करने वाला उपन्यास है। अंचल चाहे पूर्णिया का हो, पूर्वी उत्तर प्रदेश का या मध्य प्रदेश का, सबकी एक ही कहानी है--पिछड़ेपन की, शोषण की और दमनचक्र की। यह उपन्यासकार की संवेदनशीलता और सर्जनशीलता पर निर्भर है कि वह इस शोषण से उत्पन्न मानवीय त्रासदी को किस रूप में प्रस्तुत करता है। वीरेन्द्र जैन ने उस पहाड़ी अंचल को अपने विजन का आधार बनाया है जो स्वतन्त्र भारत की विद्युत परियोजनाओं के तहत 'डूब' क्षेत्र के अन्तर्गत आ जाता है। यों तो ठाकुरों और साहूकारों द्वारा गरीब किसानों का शोषण पर्वतीय क्षेत्रों में भी होता रहा है, पर सिंचाई या बिजली उत्पादन की परियोजनाओं के तहत विस्थापित होने

वाले पहाड़ी ग्रामीणों के शोषण का तो कोई जवाब ही नहीं है। राजनीतिक नेताओं को अपना वोट-बैंक बनाने की चिन्ता होती है, बड़े पदाधिकारियों को अपनी कारगुजारी दिखाने की धुन होती है और गाँव-कस्बे के साहूकार छोटे पदाधिकारियों से मिलकर ग्रामीणों को प्राप्त मुआवजे की रकम पर गिद्धों की तरह टूट पड़ते हैं। वीरेन्द्र जैन की सर्जनात्मकता इस दृष्टि से उल्लेखनीय है कि उन्होंने ब्योरों के साथ संवेदनात्मक क्षणों और परिस्थितियों का अंकन अत्यन्त सावधानी के साथ किया है। भाषा की दृष्टि से भी *डूब* आंचलिक उपन्यासों की विशेषताओं से युक्त है। *डूब* की विशेषता यह है कि इसमें बुन्देलखंडी के मिश्रण से हिन्दी की प्रकृति को कोई क्षति नहीं हुई है और सर्जनात्मक दृष्टि से भाषा सजीव हो गयी है।

डूब के बाद वीरेन्द्र जैन का *पार* नामक उपन्यास 1994 ई. में प्रकाशित हुआ। पर *पार* कोई नया उपन्यास न होकर *डूब* का ही विस्तार है। *पार* की पूरी सामग्री *डूब* के विजन में समेटी जा सकती थी। *डूब* में केवल यह संकेत था कि नयी पीढ़ी 'डूब' क्षेत्र के शोषित और असहाय ग्रामीणों का नेतृत्व करेगी और उन्हें सरकार तथा साहूकारों के शोषण से मुक्ति दिलाएगी। इस कारण *डूब* का अन्त कलात्मक था। *पार* में कुछ पात्र सरकार और साहूकारों से ग्रामीणों और आदिवासियों के हक की लड़ाई शुरू करते हैं, पर हमले के पहले धक्के में ही चित्त हो जाते हैं और उपन्यास इस बोध के साथ समाप्त होता है कि 'कुछ नहीं हो सकता।' यह निराशाजनक सपाट अन्त उपन्यास को कमजोर कर देता है।

वीरेन्द्र जैन के अन्तिम उपन्यास *पंचनामा* (1996) में आश्रमों के छद्म और उनमें पनपते भ्रष्टाचार को उद्‌घाटित करने का प्रयास किया गया है। पर सार्थक विजन और संवेदना तथा वैचारिक समृद्धि के अभाव में यह उपन्यास लेखक की औपन्यासिक सम्भावनाओं पर प्रश्नचिह्न लगाता प्रतीत होता है।

1991 ई. में कमलाकान्त त्रिपाठी (ज. 1950) का पहला उपन्यास *पाही घर* प्रकाशित हुआ। इस उपन्यास का कथ्य 1857 ई. की प्रसिद्ध ऐतिहासिक घटना से सम्बद्ध है, जिसे अँगरेज इतिहासकारों ने 'सिपाही विद्रोह' और परवर्ती भारतीय इतिहासकारों ने 'प्रथम स्वाधीनता संग्राम' की संज्ञा दी है। इस त्रासकारी अनुभव की अनुगूँज अवधी, भोजपुरी आदि के लोकगीतों में सुनाई देती है, पर शिष्ट साहित्य में, इसकी समुचित अभिव्यक्ति नहीं हुई है। इस त्रासद राष्ट्रीय अनुभव पर आधारित उपन्यास लिखकर कमलाकान्त त्रिपाठी ने एक उल्लेखनीय सर्जनात्मक पहल की है। इस उपन्यास में इतिहास गौण ही है, यद्यपि कथाकार ने उसका अतिक्रमण नहीं किया है; मुख्य है वह सामूहिक अनुभव, जो उस समय के किसानों, विद्रोही सैनिकों, साधु-सन्तों, जमींदारों और अँगरेज अफसरों तथा उनके स्त्री-बच्चों के मानस से जुड़ा हुआ है। उपन्यासकार ने इस आन्दोलन के जनधर्मी पक्ष को उभारने का सफल प्रयास किया है। पूरी घटना एक व्यापक जनविद्रोह के रूप में प्रस्तुत की गयी है। अवध की मिट्टी से लेखक का गहरा भावनात्मक जुड़ाव है, जो परिवेश के अंकन, वहाँ के रीतिरिवाजों, सामाजिक सम्बन्धों और भाषा के रचाव में पूरी तरह व्यक्त हुआ है। आशंका, भय, आतंक, क्रोध, प्रतिशोध, विवशता आदि के तिक्त अनुभवों के साथ मानवीय संवेदना, सहानुभूति और प्रेम की अनुभूतियाँ इस प्रकार आपस में गुँथी हुई हैं कि उनके बीच से गुजरता हुआ पाठक अभिभूत हो जाता है। क्लारा का भारत प्रेम और दुर्बली नामक सैनिक से उसके भावनात्मक लगाव का प्रसंग मार्मिकता की दृष्टि से बेजोड़ है।

कमलाकान्त त्रिपाठी का दूसरा उपन्यास *बेदखल,* जो भारतीय स्वाधीनता आन्दोलन के एक अछूते पहलू से सम्बद्ध है, 1997 ई. में प्रकाशित हुआ। महात्मा गाँधी और कांग्रेस के नेतृत्व में चलने वाली आजादी की लड़ाई में, कदाचित् जानबूझकर ही, किसानों को वह सक्रिय भूमिका नहीं दी गयी जो सम्भवतः इस आन्दोलन के स्वरूप को ही बदल देती। गाँवों में 0जमींदारों और किसानों का सीधा संघर्ष था, जिसमें सरकार पूरी तरह से जमींदारों के साथ थी। गाँधी जी के नेतृत्व में जारी कांग्रेस का स्वाधीनता आन्दोलन किसानों को साथ लेकर चलने का आग्रही नहीं था जिसकी क्षतिपूर्ति अवध में बाबा रामचन्द्र और मदारी पासी तथा बिहार में स्वामी सहजानन्द सरस्वती के किसान आन्दोलनों के रूप में हुई थी।

कमलाकान्त त्रिपाठी ने बीसवीं शताब्दी के दूसरे-तीसरे दशक में अवध की ग्रामीण पृष्ठभूमि में बाबा रामचन्द्र के नेतृत्व में जारी किसान आन्दोलन का बहुत प्रामाणिक और सजीव अंकन किया है। किसान नेता उम्मीद करते थे कि जमींदारों और ताल्लुकेदारों के विरुद्ध उनके संघर्ष में गाँधी जी मदद करेंगे, परन्तु गाँधी जी किसानों को शान्ति और अहिंसा का पाठ पढ़ाते रहे और ताल्लुकेदार उनका शोषण करते रहे। अपेक्षित नेतृत्व के अभाव में किसान आन्दोलन एक प्रकार से असफल रहा। किसानों के आन्दोलन की असफलता और कांग्रेस द्वारा किसानों के आन्दोलन को समर्थन न देने का सच इस उपन्यास में भलीभाँति उजागर हुआ है। उपनिवेशवादी, सामन्तवादी और पूँजीवादी अर्थव्यवस्था के तहत किसानों की बेदखली का चित्रण उपन्यास का केन्द्रीय कथ्य है। द्वितीय विश्वयुद्ध की विभीषिका, उसकी अप्रासंगिकता, बढ़ती महँगाई, गरीबी और किसानों की बेदखली को उपन्यासकार ने विश्व स्तर पर हो रहे परिवर्तनों से जोड़ा है, जो एक सचाई है।

इस उपन्यास में अनेक घटनाएँ ही नहीं, पात्र भी इतिहास के पन्नों से उठा लिये गये हैं, पर इतिहास की भूमिका कथ्य को प्रामाणिक बनाने तक ही सीमित है। वास्तविक कथा-संसार उन अनाम किसानों के सामान्य आचरणों और भावनाओं से निर्मित हुआ है, जो इतिहास नहीं बनाते।

कमलाकान्त त्रिपाठी के दोनों ही उपन्यासों में ग्रामीण संस्कृति अपने पूरे सौन्दर्य के साथ मुखरित हुई है। अपनी जटिल सामाजिक सांस्कृतिक बुनावट के साथ अवध का समग्र लोकजीवन यहाँ उपस्थित है। दोनों ही उपन्यासों में अवध क्षेत्र की स्थानीय भाषा के शब्दों का सर्जनात्मक और सानुपात उपयोग किया गया है, जो परिनिष्ठित हिन्दी को, बिना कोई क्षति पहुँचाए, एक ताजगी से भर देता है। शैलीय उपकरणों के सर्जनात्मक उपयोग से कमलाकान्त की भाषा बहुत शक्त हो गयी है। प्रसंगों के बीच में अवधी लोकगीतों का भी बहुत सर्जनात्मक उपयोग किया गया है, जिनमें ठेठ ग्रामीण संवेदना पूरे सौन्दर्य के साथ अभिव्यक्त हुई है।

यद्यपि इन उपन्यासों में कथा प्रस्तुति की दृश्यात्मक-परिदृश्यात्मक प्रविधि ही अपनायी गयी है, और किस्सागो के रूप में उपन्यासकार की उपस्थिति का बोध हमेशा बना रहता है, पर किस्सागो की विश्वास पैदा करने वाली उपस्थिति ने इस प्रविधि को बहुत रोचक बना दिया है। दृश्यों के निर्माण में भी कमलाकान्त ने अपनी नाटकीय सजगता का परिचय दिया है।

1991 ई. में ही विजय (ज.1936) का *साकेत के युक्लिप्टस* और उसके बाद *सीमेंट नगर* (1995) और *लौटेगा अभिमन्यु* (1997) शीर्षक उपन्यास प्रकाशित हुए। इन उपन्यासों में

लेखक की प्रगतिशील यथार्थ-चेतना की अभिव्यक्ति हुई है। *साकेत के युक्लिप्टस* में 'भूटान के दरवाजे' पर चल रहे गोरखालैंड आन्दोलन की पृष्ठभूमि में एक चिन्तनशील युवक की मानसिक यात्रा का अंकन किया गया है, जिसमें, राजनीति, धर्म और नैतिकता के अपमूल्यन से सम्बद्ध प्रश्नों को उठाया गया है। इस सन्दर्भ में कथाकार ने समकालीन राजनीतिक और सामाजिक जीवन में निरन्तर बढ़ती मूल्यहीनता, भ्रष्टाचार, कालाबाजारी और उसके कारण लोगों में बढ़ते असन्तोष का चित्रण किया है। *सीमेंट नगर* में, राजस्थान की कस्बाई पृष्ठभूमि में नयी उदारतावादी अर्थनीति के तहत होने वाले औद्योगीकरण से जीवन में तेजी से छा जाने वाली मूल्यहीनता, राजनीति का अपराधीकरण, आर्थिक भ्रष्टाचार आदि का चित्रण किया गया है। *लौटेगा अभिमन्यु* में भी मध्य प्रदेश की कस्बाई पृष्ठभूमि में राजनीतिक प्रतिद्वन्द्विता के घिनौने चेहरे, राजनीति और साम्प्रदायिकता की कमीनगी की हद तक पहुँचने वाली साजिश और इनके खिलाफ लड़ने वाली शक्तियों के जीवट का चित्रण किया गया है। यद्यपि इस लड़ाई में जीत राजनीतिक सामन्तों और सम्प्रदायवादी पूँजीपतियों की ही होती है, पर जनजागरण के रूप में उत्पन्न होने वाली चिनगारियों का संकेत भी कथाकार ने दिया है। पर विजय का औपन्यासिक विजन बहुत साफ और चमकदार नहीं है, इस कारण उनके उपन्यास कोई स्थाई प्रभाव मन पर नहीं छोड़ते।

1992 ई. में क्षितिज शर्मा (ज.1952) का *उकाव* नामक उपन्यास प्रकाशित हुआ, जिसमें एक गरीब पहाड़ी स्त्री के संघर्ष की कहानी प्रस्तुत की गयी है। यह संघर्ष नीचे से ऊपर उठने का, मंजिल पर पहुँचने का संघर्ष है, इसलिए 'उकाव' है। उपन्यास की केन्द्रीय पात्र श्यामा परम्परागत सामाजिक व्यवस्था के अमानवीय दमन की शिकार है। पर वह कठोर संघर्ष का मार्ग अपनाकर अपने को इस स्थिति से बाहर निकालती है। पहाड़ी जीवन से सम्बन्धित अनेक उपन्यास हिन्दी में लिखे गये हैं, पर पहाड़ी स्त्री का इतना संघर्षशील रूप पहली बार सामने आता है। इसके साथ ही श्यामा की जिन्दगी से जुड़े गाँवों के रीति रिवाज, आपसी सम्बन्ध, मूल्य और मान्यताएँ, आर्थिक संघर्ष, सरकारी विकास योजनाओं के साथ आया बदलाव, भ्रष्टाचार, आपसी फूट और कलह आदि इस प्रकार प्रस्तुत किये गये हैं कि पूरा अंचल जीवन्त रूप में उपस्थित हो गया है।

1993 ई. में प्रकाश मनु (ज. 1950) का पहला उपन्यास *यह जो दिल्ली है* और उसके बाद *कथा सर्कस* (1995) तथा *पापा के जाने के बाद* (1998) प्रकाशित हुए। इन तीनों ही उपन्यासों का कथ्य दिल्ली के पत्रकारिता, लेखकीय और कला संसार से सम्बद्ध है। *यह जो दिल्ली है* में पत्रकारिता संसार की घिनौनी वास्तविकताओं का प्रामाणिक और संवेदनापूर्ण अंकन हुआ है। पत्रकारिता की दुनिया में व्याप्त मूल्यहीनता, नये पत्रकारों का क्रूर शोषण और एक ईमानदार पत्रकार का इस परिवेश की विरूपताओं से संघर्ष इस उपन्यास में बहुत संजीदगी के साथ सामने आता है। उपन्यासकार के विजन में एक आदर्श पत्रकार का सपना है, पर उस सपने को तोड़ने में उसे कोई हिचक नहीं होती, क्योंकि यही सच है। *कथा सर्कस यह जो दिल्ली है* का विस्तार ही है, यद्यपि सर्कस के इस तम्बू में तरह-तरह के लेखक, जो शुद्ध साहित्य के साथ-साथ मीडिया के अन्य माध्यमों से भी जुड़े हुए हैं, अपना करतब दिखाते दिखाए गये हैं। यह लेखकीय दुनिया भी पाखंड से भरी, मूल्यों से रहित, सुविधाओं के लिए समझौते करने वाली और बिकाऊ है। तीसरे उपन्यास *पापा के जाने के बाद* में एक घोर

ईमानदार और अपनी कला के प्रति पूरी तरह से समर्पित चित्रकार के संघर्ष की कहानी कही गयी है। अपने तीनों ही उपन्यासों में प्रकाश मनु ने ईमानदार और कला के प्रति समर्पित मध्यवर्गीय लेखकों की दयनीय घरेलू जिन्दगी का तीखा सच भी प्रस्तुत किया है।

शिल्प के प्रति सजगता प्रकाश मनु के उपन्यासों में भरपूर मात्रा में दिखाई पड़ती है, पर उसमें अनावश्यक उछल-कूद थोड़ी ज्यादा हो गयी है। उनकी भाषा भी अनावश्यक रूप में मुखर है। संवेदनाओं के अंकन में भाषा के मौन के महत्त्व को उनकी भाषा नकारती सी दिखाई पड़ती है।

1993 ई. में गीतांजलि श्री (ज. 1955) का एक लघु उपन्यास *माई* प्रकाशित हुआ जिसमें नयी पीढ़ी का पुरानी पीढ़ी से मोहभंग व्यक्त हुआ है। इस उपन्यास की एक पात्र सुनैना कहती है, "मुझे माई नहीं बनना, मैं माई वैसे भी नहीं बनूँगी...मैं चाहूँ भी तो माई नहीं बन सकती, वह सिफत नहीं मुझमें, मैं माई को झकझोर के झटक देती हूँ अलग, मुझे त्याग बुरा लगता है, क्योंकि वही माई का बोझिल इतिहास है...मुझे उसकी तरह नम्रता और उदारता को अपराध नहीं बना देना है, उसके इतिहास से लड़ना है, उसे नकारना है, और इसीलिए लेना है, ले के पाना है..." पर इस सोच को व्यक्त करने के लिए गीतांजलि श्री ने जो कथा संसार रचा है, वह अनुभव, चिन्तन और संवेदना सभी दृष्टियों से अपर्याप्त है।

गीतांजलि श्री का दूसरा उपन्यास *हमारा शहर उस बरस* 1998 ई. में प्रकाशित हुआ। इस उपन्यास में हिन्दू साम्प्रदायिकता का चित्रण किया गया है। उपन्यास में एक शहर है, जहाँ एक 'मठ' और एक विश्वविद्यालय है और ये दोनों ही संस्थाएँ साम्प्रदायिकता को हवा देती हैं। उपन्यास का 'मठ' हिन्दू साम्प्रदायिकता का प्रतीक है। यह साम्प्रदायिकता फासीवादी, रहस्यपूर्ण और आतंक से भरी दुनिया का सृजन करती है। उपन्यास का नाभिकेन्द्र साम्प्रदायिक तनाव की असामान्य स्थिति में एक मुस्लिम पात्र के अकेला होने और अलग-थलग पड़ते जाने की मानसिकता में निहित है। इस तनाव की आड़ में विश्वविद्यालय की राजनीति भी सक्रिय है। साम्प्रदायिकता के शिकार एक उदार बुद्धिजीवी का चित्रण बहुत प्रभावशाली रूप में प्रस्तुत किया गया है। पर गीतांजलि श्री का साम्प्रदायिकता सम्बन्धी विजन बहुत धुँधला और एकांगी है। इसी कारण वे उपन्यास में किसी जीवन्त कथा संसार की रचना नहीं कर पायी हैं। अपनी इस असमर्थता को छिपाने के लिए उन्होंने उत्तर-आधुनिकता वाद की शरण ली है और स्थितियों या प्रसंगों को टपके हुए असम्बद्ध लघु कथनों के रूप में प्रस्तुत किया है।

1994 में प्रियंवद (ज.1952) का प्रथम लघु उपन्यास *वे वहाँ कैद हैं* प्रकाशित हुआ। इस उपन्यास में लेखक ने बड़ी ही संवेदनशील भाषा में सम्प्रदायवाद और उसके भीतर से पनपते हुए फासीवाद के भयानक चेहरे को उभारने का प्रयास किया है। साम्प्रदायिक सोच और फासीवाद पर सर्जनात्मक विमर्श की दृष्टि से यह उपन्यास इस दशक की एक उपलब्धि है। यह विमर्श किसी राजनीतिक प्रतिबद्धता या फैशन के तहत नहीं बल्कि पीड़ा की गहरी अनुभूति से प्रेरित विमर्श है। इस विमर्श में एक ऐसी वैचारिक तटस्थता, ईमानदारी और संवेदनशीलता है, जो पाठक को तिलमिलाती और विचलित करती है। इसके लिए प्रियंवद ने जो कथा-संसार निर्मित किया है, उसमें घटित होती हुई घटनाएँ बहुत कम हैं; घटनाएँ प्रायः पीड़ा भरी स्मृतियों के रूप में आती हैं, और इस प्रकार रहस्य में लिपटी होती हैं कि पाठक

उनसे अभिभूत हो जाता है। चिन्तन और संवेदना की गहराई इस कथासंसार को अतिरिक्त समृद्धि प्रदान करने में समर्थ हुई है। उपन्यास की भाषा बिम्बनिर्माण की दृष्टि से बेजोड़ है, मानवीकरण की प्रविधि का प्रचुर उपयोग करते हुए लेखक ने प्राकृतिक दृश्यों, विवरणों और मनःस्थितियों को साकार कर दिया है।

प्रियंवद का दूसरा उपन्यास *परछाईं नाच* (2000) एक प्रतीकात्मक उपन्यास है। इसका केन्द्रीय पात्र अनहद आज के मध्यवर्गीय समाज का प्रतीक है जो अपनी लम्बी गुलामी के खिलाफ ऐतिहासिक लड़ाई की विरासत को भूलकर बहुराष्ट्रीय उद्योगपतियों और फासीवादियों के आकर्षक और रहस्यपूर्ण मकड़जाल की ओर मुग्ध भाव से बढ़ता जा रहा है। प्रियंवद के औपन्यासिक विजन में पिछली सदी के अन्तिम दशक में पनपने वाला बाजारवाद है, जिसके तहत देश विदेश के पूँजीपति और उद्योगपति देश की आम जनता को एक नयी गुलामी के पट्टे में जकड़ना चाहते हैं। उपन्यास के बौने पात्र इस नयी शक्ति के प्रतीक हैं जो वामन के मिथक की भाँति पूरे भूमंडल को अपने अधिकार में ले लेने की क्षमता रखते हैं। नुकीले दाँतवाला आदमी उस राजनीतिक व्यवस्था का प्रतीक है जो पूँजीपतियों-उद्योगपतियों के हितों की रक्षा कर रही है। इस विजन को प्रस्तुत करने के लिए प्रियंवद ने इतिहास, मिथक, प्रतीक, रहस्य, रोमांच से भरा एक जादुई संसार निर्मित किया है जो पाठकीय चेतना पर किंचित् भारी पड़ता है। शिल्प की अनावश्यक जटिलता और भाषा का खिलवाड़ प्रियंवद को उन उपन्यासकारों की पंक्ति में खड़ा कर देता है, जो कथ्य से अधिक 'रूप' को महत्त्व देते हैं।

वे वहाँ कैद हैं और *परछाईं नाच* प्रियंवद की दूरगामी औपन्यासिक सम्भावनाओं को संकेतित करते हैं। यह भविष्य ही बताएगा कि वे कितना दूर जाते हैं।

1994 ई. में ही स्वयं प्रकाश (ज. 1947) का *बीच में विनय* नामक उपन्यास प्रकाशित हुआ, जिसका कथ्य वामपन्थी राजनीति के अन्तर्विरोध से जुड़ा हुआ है। इस उपन्यास में गौण रूप में शिक्षा परिसर में व्याप्त भ्रष्टाचार, राजनीति और नैतिक अवमूल्यन का चित्रण भी बड़ी बेबाकी के साथ किया गया है। उपन्यास की समाप्ति एक फर्जी हाउसिंग सोसायटी के विरोध में किए जाने वाले वामपन्थी आन्दोलन से होती है, जो एक तरफ तो वामपन्थी नेतृत्व की कलई खोलता है और दूसरी तरफ मूल्यों के लिए अपने को अर्पित कर देने वाले युवा वर्ग की मानसिकता का संकेत देता है। पर कुल मिलाकर उपन्यास कोई सर्जनात्मक उपलब्धि में परिणत नहीं हो पाया है।

1996 ई. में असगर वज़ाहत (ज. 1946) का *सात आसमान* नामक उपन्यास प्रकाशित हुआ, जिसमें मुगल साम्राज्य के पतन के दिनों अस्तित्व में आए नवाब सामन्तों की शानशौकत, फिजूलखर्ची, सनक और दीवानगी की इतिहास-कथा से आरम्भ कर धीरे-धीरे उनके टूटने और पश्त होने की कथा कही गयी है। उपन्यास के आरम्भ में ही उपन्यासकार की 'गुमनाम लोगों' के प्रति 'अपना दर्द समर्पित करने' की आकांक्षा व्यक्त हुई है, जिससे अतीत के प्रति उसका मोह संकेतित होता है। वस्तुतः इस कहानी में जो मार्मिकता आयी है, वह अतीत के प्रति उसकी भावुकता का ही परिचायक है। इसमें कोई सन्देह नहीं कि दर्द और पीड़ा से लबालब यह कहानी बहुत ही अपनेपन के साथ प्रस्तुत की गयी है। इसके लिए 'नरेटर' के रूप में जिस पात्र के अवलोकन बिन्दु का इस्तेमाल किय गया है, वह कथ्य

की प्रस्तुति के लिए एकदम मौजू है। उसकी स्मृति में अतामुद्‌दौला जैसे शक्तिशाली नवाब से लेकर उसके अपने समय तक का इतिहास जीवन्त रूप में विद्यमान है। उसकी त्रासदी यह है कि वह अतीत से छुटकारा नहीं पाना चाहता, जबकि नयी पीढ़ी उससे तौबा कर चुकी है। यह नयी पीढ़ी इस अतीत को सर्वथा भूल जाना चाहती है। पुरानी हवेली को कितना भी रंग रोगन करके नया बनाया जाए, उसमें वह लौटना नहीं चाहती। यहीं आकर उपन्यास में नयी और पुरानी पीढ़ी का द्वन्द्व दिखाई पड़ता है, जिसमें लेखक की खुली दृष्टि और सन्तुलित सोच का पता चलता है। पर उपन्यास में इस द्वन्द्व को बहुत कम स्थान मिला है, जो इसे 'दर्द की कथा' से बहुत आगे नहीं बढ़ने देता।

1998 ई. में अलका सरावगी का उपन्यास *कलि-कथा वाया बाइपास* प्रकाशित हुआ। इसके पूर्व प्रभा खेतान ने *पीली आँधी* में मारवाड़ी समाज की तीन पीढ़ियों के जीवन संघर्ष और उस समाज में स्त्री की पीड़ा और विद्रोह की कथा कही थी। अलका सरावगी ने और आगे बढ़कर एक मारवाड़ी परिवार की पाँच पीढ़ियों की संघर्ष कथा प्रस्तुत की है। इस कथा में प्लासी युद्ध (1757) में अँगरेजों का साथ देने वाले अमीचन्द से लेकर बाबरी ढाँचा विध्वंस तक की कथा ही नहीं, लालू, राबड़ी, सोनिया और बहुराष्ट्रीय कम्पनियों तक के प्रसंग भी आ गये हैं। इतना ही नहीं, केन्द्रीय पात्र रामकिशोर बाबू की विक्षिप्तता-जन्य फैंटेसी के रूप में इक्कीसवीं सदी में पर्यावरण के प्रदूषण, पेट्रोल के खत्म हो जाने से मोटरों के बेकार होने, कल-कारखानों के बन्द होने, हाथ से काम करने वालों की हैसियत बढ़ने आदि की चर्चा भी आयी है। स्पष्टतः *पीली आँधी* की तुलना में *कलिकथा वाया बाइपास* में कथ्य का आयाम अधिक फैला हुआ है। पर इसी कारण इसमें बिखराव भी आ गया है और बहुत सारे प्रसंग आरोपित प्रतीत होते हैं। मुख्य कथा की पृष्ठभूमि में स्वाधीनता संघर्ष, बंगाल की दयनीय स्थिति, 1943 का अकाल, सुभाषचन्द्र बोस, महात्मा गाँधी की हत्या, साम्प्रदायिक हिंसा आदि के प्रसंग गहरी संवेदना के साथ अंकित होने पर भी अलग-अलग झलकियों जैसे प्रतीत होते हैं। मारवाड़ी औरत की पीड़ा भी उपन्यास में मार्मिक रूप में उभरती है, पर वह कहीं भी विद्रोह की मुद्रा में खड़ी नहीं दिखाई देती। बाजारवाद की भोगवादी मानसिकता से ग्रस्त मारवाड़ी समाज की नयी पीढ़ी की असंवेदनशीलता भी उपन्यास में उजागर हुई है।

इस व्यापक और वैविध्यपूर्ण कथ्य की प्रस्तुति के लिए अलका सरावगी ने रामकिशोर बाबू के बाइपास सर्जरी के कारण विक्षिप्त होकर अतीत को जीने लगने की जिस प्रविधि का आविष्कार किया है, वह चमत्कारपूर्ण है और उपन्यास की चर्चा का कारण भी। इस प्रविधि के साथ रामकिशोर बाबू की डायरी का उपयोग करके सरावगी ने अपने कथाशिल्प को चमत्कारपूर्ण ही नहीं, कथ्य के लिए आवश्यक भी बना दिया है।

1999 ई. में भगवानदास मोरवाल (ज. 1960) का *काला पहाड़* नामक उपन्यास प्रकाशित हुआ जो देश में बढ़ती हुई साम्प्रदायिकता पर गहरी संवेदना से भरा हुआ विमर्श है। सत्ता और सम्पत्ति हासिल करने के लिए राजनीतिक और सम्प्रदायवादी शक्तियाँ किस प्रकार आम आदमी को गुमराह कर उसकी शान्ति और सकून छीन लेती हैं तथा उसकी जिन्दगी को नरक में तब्दील कर देती हैं, यही इस उपन्यास का कथ्य है। इस कथ्य को प्रस्तुत करने के लिए मोरवाल ने हरियाणा, उत्तर प्रदेश और राजस्थान की सीमा पर स्थित मेवात को, विशेष रूप से वहाँ के एक गाँव नगीना को, अपने कथा संसार का आधार बनाया है, जहाँ इस्लाम धर्मी

मेव नाम की जनजाति अल्पसंख्यक हिन्दुओं के साथ शान्ति और सद्‌भाव के साथ जिन्दगी जीती है। इस जनजाति के पूर्वजों ने बाबर के खिलाफ राणा साँगा का साथ दिया था और देश के बँटवारे के समय पाकिस्तान जाने से इनकार कर दिया था। इस पूरे क्षेत्र में धर्म, मजहब और जाति के नाम पर कोई भेदभाव नहीं है और हिन्दू-मुसलमान एक दूसरे के पर्व-त्योहारों में सहज भाव से हिस्सा लेते हैं। पुत्र के जन्म पर हिन्दू 'दादा खानू और पचपीर पर गलेप' चढ़ाते हैं और मुसलमान औरतें हिन्दुओं की तरह वर वधू की आरती उतारती हैं तथा 'चाक पूजने' का रस्म करती हैं। राजनीति-व्यवसायी और धर्म के ठेकेदार इस शीतल और शान्त जीवन के तालाब में साम्प्रदायिकता का जहर घोलकर इसे दूषित बना देते हैं और एक मिली-जुली संस्कृति को नष्ट कर डालते हैं। साम्प्रदायिकता का भाव किस प्रकार सीधे-सादे लोगों के मन में भरा जाता है और अफवाहों के द्वारा अविश्वास, आतंक और भय पैदा कर उसे जुनून में बदल दिया जाता है, इसका बहुत प्रभावकारी अंकन उपन्यास में किया गया है। यही धार्मिक जुनून बावरी मस्जिद विध्वंस और उसके बाद हुए साम्प्रदायिक दंगों का रूप ले लेता है, जो अल्पसंख्यकों के पलायन, निरपराध व्यक्तियों की हत्या और अपराधी तत्त्वों द्वारा लूटपाट के रूप में प्रतिफलित होता है। उपन्यास का केन्द्रीय पात्र बूढ़ा और अनपढ़ सलेमी इस जहरीली मानसिकता के खिलाफ संघर्ष करता है, पर इस लड़ाई में अन्ततः उसकी हार होती है। पर हार जाने के बावजूद वह साम्प्रदायिकता की भावना के लिए एक चुनौती तो छोड़ ही जाता है। सलेमी और उसके युवक बेटे बाबू खाँ को एक दूसरे के सामने खड़ा कर और उनमें टकराहट दिखा कर उपन्यासकार ने मानवीय और साम्प्रदायिक शक्तियों का द्वन्द्व दिखाया है। इस विषय के साथ समकालीन सत्तालोलुप राजनीति और प्रशासन के छद्म, पाखंड, मूल्यहीनता और संवेदनशून्यता को भी उपन्यासकार ने गहरी समझ और यथार्थ बोध के साथ उजागर किया है। सत्ता के शीर्ष पर आसीन नेता आम जनता के लिए कितने दूर और दुर्लभ हो गये हैं, इसका भी व्यंग्यपूर्ण चित्रण उपन्यास में मिलता है।

काला पहाड़ की कथा अंचलविशेष से सम्बद्ध होने पर भी अपनी मूल प्रकृति में पूरे देश का प्रतिनिधित्व करती है। आज गाँवों से वहाँ के निवासियों का बड़े पैमाने पर नगरों की ओर रोजी रोटी के लिए पलायन हो रहा है। ग्रामीण अर्थव्यवस्था टूट रही है। खेती करने पर भूखों मरने की नौबत और शहर में जाकर मजदूरी करने पर खुशहाली नसीब होती है। साम्प्रदायिकता का जहर गाँवों में भी प्रवेश कर गया है। यह सारे भारत का सच है, जिसे कथाकार ने यथार्थ रूप में प्रस्तुत किया है।

और...अन्त में

औपनिवेशिक पराधीनता से देश की मुक्ति के बाद हिन्दी उपन्यास के सामने नव यथार्थ का एक ऐसा परिदृश्य उपस्थित हुआ, जिसमें उसके बहुमुखी विचरण की अनन्त सम्भावनाएँ थीं। उपन्यास अपने समय का साक्षी तो होता ही है, वह समय के साथ यात्रा भी करता है। अपनी लगभग पाँच दशकों की यात्रा में हिन्दी उपन्यास ने देश के बदलते हुए जीवन यथार्थ को उसके पूरे विस्तार और वैविध्य में गहरी संवेदनशीलता के साथ प्रस्तुत किया है। इस अवधि में परिमाण और प्रकार दोनों दृष्टियों से हिन्दी उपन्यास का अभूतपूर्व विकास हुआ है। शायद ही समकालीन यथार्थ का कोई ऐसा पक्ष हो, जो उपन्यास की संवेदनशील पकड़ से छूट गया हो। पिछली आधी सदी में गाँवों की वास्तविक जिन्दगी और उसमें आए बदलाव, स्त्री की परम्परागत दुःखभरी दास्तान, उसके रूपान्तरण तथा सबलीकरण की प्रक्रिया, दलितों की नरकतुल्य जिन्दगी और उनके उठ खड़े होने की सच्चाई, समाज के पिछड़े वर्ग का विद्रोह, मध्य वर्ग का बहुरंगी यथार्थ, परिसर जीवन की विकृतियाँ, राजनीति के क्षेत्र में आयी गिरावट, कला, साहित्य और पत्रकारिता के क्षेत्र की बदसूरत वास्तविकता आदि हिन्दी उपन्यास में अपने यथार्थ रूप में दिखाई देते हैं। इसके साथ ही भारतीय इतिहास और पुराण साहित्य भी उपन्यास का उपजीव्य बना है। इसके सम्यक् बोध के लिए इनका अलग-अलग शीर्षकों में विवेचन अपेक्षित है।

ग्रामीण सन्दर्भ

जनसंख्या और बसत की दृष्टि से भारत को मोटामोटी रूप से दो वर्गों में बाँटा जा सकता है—ग्राम भारत और ग्रामेतर भारत। देश की लगभग सत्तर प्रतिशत आबादी गाँवों में रहती है। ग्रामवासियों की प्रकृति और जीवन शैली में बहुत कम वैविध्य है। उनकी जीविका का प्रमुख जरिया खेतीबारी या जंगल, पहाड़, नदी, समुद्र आदि के गौण संसाधन होते हैं। आर्थिक दृष्टि से वह गरीब और सुख-सुविधाओं से वंचित होता है। शिक्षा, स्वास्थ्य, यातायात, रोजगार आदि के साधन बहुत निचले स्तर पर हैं। सामाजिक दृष्टि से स्तर-भेद बहुत अधिक है। संक्षेप में और मोटामोटी यही गाँव की तसवीर है। आजादी के बाद गाँवों की जीवन-स्थिति में थोड़ा बहुत बदलाव भी आया है। गाँव की आबादी का कस्बों और नगरों-महानगरों में निरन्तर पलायन हो रहा है, राजनीति के झटके गाँवों को भी लगने लगे हैं, मन्दिर-मस्जिद के झगड़े वहाँ भी पैदा होने लगे हैं, दलित और पिछड़ा वर्ग अपने अधिकारों के लिए उग्र संघर्ष की ओर बढ़ रहा है, स्त्री भी अपने अधिकारों के प्रति सजग हो रही है। गाँवों की जिन्दगी में भी, धीमी गति से ही सही, लगातार बदलाव आ रहा है।

ग्राम भारत के इस यथार्थ का चित्रण विगत पचास वर्ष के उपन्यास साहित्य का प्रमुख विषय रहा है। नागार्जुन (*रतिनाथ की चाची,* 1948) से लेकर भगवानदास मोरवाल (*काला पहाड़,* 2000) तक दर्जनों उपन्यासकारों ने नेपाल से लेकर केरल और असम से लेकर कश्मीर तक के व्यापक भूखंड में फैले ग्रामीण जीवन के विविध पक्षों का अंकन किया है। इन उपन्यासकारों में कालक्रमानुसार भैरव प्रसाद गुप्त, देवेन्द्र सत्यार्थी, फणीश्वरनाथ रेणु, उदयशंकर भट्ट, श्रीलाल शुक्ल, हिमांशु श्रीवास्तव, बलभद्र ठाकुर, शैलेश मटियानी, राजेन्द्र अवस्थी, रामदरश मिश्र, राही मासूम रजा, विवेकी राय, गोविन्द मिश्र, जगदीश चन्द्र, मिथिलेश्वर, द्रोणवीर कोहली, हरगुलाल, पंकज बिष्ट, प्रभा खेतान, वीरेन्द्र जैन, मैत्रेयी पुष्पा आदि के नाम उल्लेख्य हैं। आजादी के बाद इस विशाल भू-क्षेत्र में गाँवों के जीवन में जो बदलाव आया है उसे, इनके उपन्यासों में, उसकी समूची परम्परा और विरासत के साथ प्रस्तुत किया गया है। प्रेमचन्द और उनके समकालीन या तनिक बाद के उपन्यासकारों ने ब्रिटिश शासन के अन्तर्गत जीवनयापन करने वाले ग्रामीणों का, जो या तो छोटे किसान होते थे या कृषक मजदूर, अंकन किया था। गरीबी, जहालत और सभी प्रकार के पिछड़ेपन का जीता जागता प्रतीक था इनका जीवन। आजादी के तुरत बाद के उपन्यासकारों के सामने भी गाँव का लगभग यही रूप था। इस दशक में लिखित भैरव प्रसाद गुप्त, नागार्जुन, देवेन्द्र सत्यार्थी, फणीश्वरनाथ रेणु आदि के उपन्यासों में ग्रामीणों की दयनीय जीवनस्थिति--जमींदारों और भूमिपतियों द्वारा उनके शोषण, निर्धनता, अशिक्षा, अन्धविश्वास-ग्रस्तता, जातीय और पारिवारिक कलह, पुलिस के अत्याचार, स्त्रियों की दुर्दशा आदि--का प्रामाणिक अंकन किया गया है। इनमें मार्क्सवादी दर्शन से प्रभावित उपन्यासकारों, जैसे--भैरव प्रसाद गुप्त और नागार्जुन ने जमींदारों और किसानों के संघर्ष का चित्रण वर्गसंघर्ष के सिद्धान्त के ढाँचे पर किया है, जो अनेकत्र अविश्वसनीय भी हो गया है। पर जमींदारों और भूमिपतियों के विरुद्ध किसानों और खेतिहर मजदूरों में पनप रहे आक्रोश की उसकी अभिव्यक्ति इस काल के सभी ग्रामाधारित उपन्यासों में हुई है। इसके साथ ही गाँवों को उनकी सम्पूर्णता में प्रस्तुत करने की प्रवृत्ति भी इस काल के उपन्यासों में दिखाई देती है। देवेन्द्र सत्यार्थी ने अपने *ब्रह्मपुत्र, दूधगाँछ, कथा कहो उर्वशी* आदि उपन्यासों में भारत के सुदूर और अहिन्दीभाषी अंचलों, असम, उड़ीसा और केरल के गाँवों की पृष्ठभूमि में आदिवासियों, किसानों, पाथुरियों आदि की अभावग्रस्त पर चहकती हुई जिन्दगी का चित्रण किया। फणीश्वरनाथ रेणु ने तो उपन्यास में पिछड़े अंचल को इस प्रकार प्रतिष्ठित कर दिया कि उसकी अलग पहचान ही बन गयी। पिछड़े अंचल को साहित्य के केन्द्र में अवस्थित करने का यह अद्‌भुत प्रयास था। इस दृष्टि से *मैला आँचल* हिन्दी कथा साहित्य की अभूतपूर्व रचना है। मिथिलांचल की पृष्ठभूमि तो नागार्जुन के उपन्यासों में भी थी, पर उसे एक सर्वथा विशिष्ट व्यक्तित्व रेणु ने ही प्रदान किया, जिसमें अंचल पृष्ठभूमि न रहकर एक पात्र बन गया। रेणु के उपन्यासों की विशेषता यह है कि उनमें गाँव अपनी मजबूरियों के साथ ही नहीं, बल्कि सांस्कृतिक समृद्धि और राजनीतिक चेतना के साथ भी उपस्थित है। गाँव के यथार्थ के अनेक रूप, जैसे--जातिवाद, नैतिक स्खलन, नेताओं के नकली चेहरे और सत्ता की राजनीति आदि रेणु के उपन्यासों में पहली बार इतनी प्रमुखता के साथ उजागर हुए। इसके साथ ही रेणु ने उपन्यास की एक ऐसी भाषा का आविष्कार किया जो परिनिष्ठित हिन्दी होती हुई भी अपढ़ ग्रामीणों द्वारा बोले जाने वाले तद्‌भव और

अपभ्रष्ट शब्दों का यथार्थ और संवेदना के स्तर पर उपयोग करती है और उसे कहीं भी अग्राह्य नहीं बनने देती। इस प्रकार रेणु के उपन्यास स्वयं में एक औपन्यासिक विधा बन गये, जिनकी बिना पर 'आंचलिक' उपन्यास का एक वर्ग ही खड़ा हो गया। इसी दशक में उदयशंकर भट्ट और बलभद्र ठाकुर ने भी अपने उपन्यासों में समुद्र तटवासी मछुवारों तथा पर्वतीय किसानों के जीवन का-अत्यन्त विश्वसनीय चित्रण किया। उदयशंकर भट्ट का *सागर लहरें और मनुष्य* मछुआरों के जीवन पर आधारित अपने ढंग का अकेला उपन्यास है। बलभद्र ठाकुर ने अपने *नेपाल की बेटी* और *घने और बने* में दरिद्रता का दंश झेलती, जीवित रहने के लिए कठिन संघर्ष से गुजरती ईमानदारी के मूल्य से दृढ़तापूर्वक जुड़ी नेपाल की डटियाल जाति का चित्रण किया है। *देवताओं के देश में* में भट्ट जी ने कुलू अंचल के ग्रामीणों के संघर्षपूर्ण कठोर जीवन और संस्कृति का चित्रण किया है। इस प्रकार पाँचवें दशक में ग्रामाधारित आंचलिक उपन्यासों की एक नयी परम्परा ही निर्मित हो गयी। राजेन्द्र अवस्थी के मध्य प्रदेश की आंचलिक पृष्ठभूमि पर आधारित उपन्यास इसी परम्परा की कड़ी हैं, यद्यपि वे इसमें कुछ नया नहीं जोड़ते।

सातवें दशक में जिन उपन्यासकारों ने ग्रामीण अंचलों को अपने कथ्य के रूप में चुना, उनमें शैलेश मटियानी, रामदरश मिश्र, शिवप्रसाद सिंह, श्रीलाल शुक्ल आदि प्रमुख हैं। आजादी मिलने के बाद ग्रामीणों ने अपने सुखमय जीवन का एक स्वप्न देखा था, जिसकी अभिव्यक्ति भी छठे दशक के ग्रामभित्तिक उपन्यासों में हुई थी। ग्रामीण किसानों और खेतिहर मजदूरों ने समझा था कि आजादी के बाद जमींदारों और भूमिपतियों का शोषण और अत्याचार समाप्त हो जाएगा; उन्हें भी खेती और आवास के लिए जमीन प्राप्त होगी; शिक्षा, जीविका के साधन और स्वास्थ्य सुविधाएँ मिलेंगी; सरकारी कर्मचारी उनकी सेवा के लिए होंगे; आजादी की लड़ाई में उनका नेतृत्व करने वाले नेता देश के विकास कार्य में लग जाएँगे। पर ऐसा नहीं हुआ। दशक बीतते-बीतते यह सपना टूटने लगा था। विदेशी शासन और जमींदारी प्रथा का तो अन्त हो गया, पर किसानों का सामन्ती और महाजनी शोषण थोड़े बदले रूप में बना ही रहा। पुराने जमींदार, भूमिपति और महाजन वेश बदलकर राजनीति में शामिल हो गये और संसद, विधान सभाओं और सार्वजनिक संस्थाओं में प्रवेश कर आम जनता का पूर्ववत् शोषण करते रहे। 'सामुदायिक विकास योजना' सरकारी तन्त्र के भ्रष्टाचार के दलदल में डूब गयी और गाँव ज्यों के त्यों पिछड़े रह गये। कृषि, शिक्षा, स्वास्थ्य, यातायात के क्षेत्रों में विकास नाममात्र का ही हो पाया। गाँव पूर्ववत् 'वैतरणी' बने रहे। मैदानी हिस्सों में बाढ़ और सूखा का प्रकोप पहले जैसा ही बना रहा। पर्वतीय अंचलों में विकास के नाम पर कुछ भी नहीं हुआ। जीविका की तलाश में इन क्षेत्रों से युवकों का नगरों में पलायन होने लगा। राजनीतिक चुनावों से राजनीतिक चेतना उतनी नहीं जगी जितनी जातिवाद, सम्प्रदायवाद और क्षेत्रवाद की भावना पनपी। गाँवों का परम्परागत ढाँचा बिखर गया; प्रेम, सद्भाव और भाईचारे के मूल्य नष्ट हो गये, पुराने सम्बन्धों में दरार पड़ गयी। पूरी परम्परागत ग्राम-व्यवस्था जड़ से हिल गयी और उसका कोई स्वस्थ विकल्प निर्मित नहीं हो पाया। इस यथार्थ की विश्वसनीय और कलात्मक अभिव्यक्ति सातवें दशक के उपन्यासों में हुई। शैलेश मटियानी ने अपने उपन्यासों में कुमायूँ गढ़वाल के पहाड़ी क्षेत्र के ग्रामीणों के अभाव और कष्टपूर्ण जीवन का यथार्थ चित्र प्रस्तुत किया। पर मटियानी की उल्लेखनीय विशेषता पहाड़ी क्षेत्र की स्त्रियों और

दलितों की पीड़ा का अंकन है। पुरुषप्रधान व्यवस्था में स्त्री के अमानवीय देह-शोषण का इतना करुण चित्रण शायद ही और कहीं मिले। मटियानी पर रेणु का प्रभाव हलके नशे के रूप में विद्यमान है, पर उससे उनकी पहचान धूमिल नहीं हुई है। रामदरश मिश्र, शिवप्रसाद सिंह, श्रीलाल शुक्ल और विवेकी राय ने उत्तर प्रदेश के 'पूर्वांचल' क्षेत्र को अपने कथ्य के रूप में चुना और गाँवों के बदलते हुए यथार्थ का चित्रण किया। श्रीलाल शुक्ल ने *रागदरबारी* में आजादी के बाद कस्बे का रूप ले रहे गाँवों की मूल्यहीन जीवन-स्थितियों, शिक्षालयों के दूषित वातावरण तथा सहयोग समितियों से लेकर कचहरियों तक में फैले भ्रष्टाचार का व्यंग्यपूर्ण शैली में तल्ख चित्रण किया। विवेकी राय के उपन्यासों में, जिनका लेखन-काल मुख्यतः सातवें दशक से सदी के अन्तिम दशक तक फैला हुआ है, 1942 के 'भारत छोड़ो आन्दोलन' से लेकर लगभग 1992 तक का आधी सदी का समय पूर्वांचल की प्रत्येक धड़कन के साथ विद्यमान है। उनका *श्वेतपत्र* यदि सन् बयालीस की जनक्रान्ति का प्रामाणिक दस्तावेज है तो *लोकऋण, समर शेष है, मंगल भवन* आदि भारतीय ग्राम संस्कृति के सच्चे स्वरूप को ही नहीं बल्कि उसके विघटन को भी उद्घाटित करते हैं। *लोकऋण* का गाँव नये प्रकार का 'आधुनिक' गाँव है जो अपनी मानवीय मूल्यों पर आधारित परम्पराओं को त्याग कर आधुनिक अपसंस्कृति का शिकार हो गया है। *सोनामाटी* में पूर्वांचल के 'करइल' क्षेत्र की लहलहाती फसलों के सौन्दर्य के साथ-साथ वहाँ के ग्राम-समारोहों, पर्व-त्योहारों, लोक-परम्पराओं और सांस्कृतिक मूल्यों की बहुमूल्य धरोहर को गहरी संवेदनशीलता के साथ प्रस्तुत किया गया है। इसके साथ ही ग्रामीण मानस में पैदा हुए मूल्य संकट का, जो लोकतन्त्र और पूँजीवाद के घिनौने समीकरण तथा सामन्तवादी और पूँजीवादी मूल्य-संस्कृति की देन है, चित्रण भी लेखक ने गहरी संवेदना के साथ किया है। *समर शेष है* का कथ्य भी एक विक्षोभकारी विजन से युक्त है जिसमें दीर्घ काल तक शोषण और अन्याय सहते रहने वाले छोटे किसान अब संघर्ष की मुद्रा में तन कर खड़े हो रहे हैं। मध्य वर्ग के बुद्धिजीवी क्रान्तिकारियों के नेतृत्व में इन्होंने भूमिपतियों तथा शोषण और अन्याय पर आधारित व्यवस्था के खिलाफ संघर्ष छेड़ दिया है। इस विजन को गाँव की सड़क और जयन्ती के प्रतीकार्थ ने बहुत प्रभावशाली बना दिया है। *मंगल भवन* में विवेकी राय ने अपने आराध्य देवता गाँव के सूत्र से 'राष्ट्रदेवता' की पहचान कराने का प्रयास किया है। 1962 में भारत पर चीन का आक्रमण 1942 के 'भारत छोड़ो आन्दोलन' के बाद दूसरी महत्त्वपूर्ण घटना थी जिसने समस्त देश के मानस को झकझोर दिया था। इस आक्रमण की भारतीय मानस पर हुई प्रतिक्रिया का अंकन ही *मंगल भवन* का उद्देश्य है। *मंगल भवन* के ग्रामीण पात्रों के माध्यम से विवेकी राय ने राष्ट्रीय मानस के उस विक्षोभ, उत्साह, त्याग और बलिदान का अंकन किया है। इसके साथ ही *मंगल भवन* में आज के गाँवों में नष्ट होते परम्परागत रिश्तों, पुराने मूल्यों के प्रति आस्था की कमी, सत्तालोलुप राजनीति के हिंसक और घिनौने रूप यानी एक अस्त-व्यस्त दिशाहीन और मूल्यविरोधी जिन्दगी के सैलाब का अंकन भी हुआ है।

मिथिलेश्वर के उपन्यासों में बिहार के भोजपुर अंचल की गरीबी और पिछड़ेपन के साथ वहाँ चल रहे किसान-मजदूर और उच्च जाति-वर्ग के भूमिधरों के बीच संघर्ष का चित्रण देखने को मिलता है। जातीय संघर्ष, अराजकता, हिंसा, अपहरण, बलात्कार आदि से ग्रस्त भोजपुर अंचल का मिथिलेश्वर ने बहुत प्रामाणिक अंकन किया है। इधर राजेन्द्र झा ने अपने *उदास*

रस (1995), *मिट्‌टी की बाँसुरी* (1996), *पुनर्वास* (1996) आदि उपन्यासों में ग्रामीण जीवन में अभाव, दुःख, दैन्य, उठापटक, भीतरी राजनीति, षड्‌यन्त्र आदि की व्याप्ति का चित्र प्रस्तुत करते हुए भी इस जीवन में बची मानवीय प्रेम और विश्वास की सरसता की ओर संकेत किया है, जहाँ अन्दर का आदमी अभी भी जिन्दा है। वहीं रामदरश मिश्र ने *बीस बरस* (1996) में ग्राम जीवन में आधुनिकता के नाम पर प्रवेश करती घिनौनी विकृतियों का तल्ख चित्रण किया है। शायद ये दोनों ही बातें एक साथ सच हैं।

शैलेश मटियानी के बाद हिमांशु जोशी, गोपाल उपाध्याय, मनोहर श्याम जोशी, मृणाल पांडे, पंकज बिष्ट, वल्लभ डोभाल (*अतीत के ऊपर,* 1986), क्षितिज शर्मा, विद्यासागर नौटियाल, हरिसुमन बिष्ट (*आसमान झुक रहा है,* 1999) आदि ने पर्वतीय क्षेत्र को अपने उपन्यासों का विषय बनाया है। इनमें हिमांशु जोशी, गोपाल उपाध्याय, क्षितिज शर्मा आदि ने पर्वतीय क्षेत्र की कठोर जीवन स्थितियों, वहाँ की गरीबी, अशिक्षा, 'पधानों', पटवारियों, पेशकारों आदि द्वारा आम आदमियों के शोषण, नैतिक मूल्यों के ह्रास आदि के चित्रण में विशेष रुचि दिखाई है। इसके साथ ही इन्होंने इस क्षेत्र की स्त्री की पीड़ा को भी विशेष सहानुभूति के साथ चित्रित किया है। हिमांशु जोशी और क्षितिज शर्मा ने पर्वतीय स्त्रियों के अदमनीय साहस, धैर्य और संघर्ष क्षमता का बहुत प्रभावी अंकन किया है। मृणाल पांडे, पंकज बिष्ट और विद्यासागर नौटियाल ने कुमायूँ-गढ़वाल के इतिहास और संस्कृति को तथा वहाँ के जीवन में आए परिवर्तन को गर्व और पीड़ा के मिश्रित बोध के साथ प्रस्तुत किया है। मनोहर श्याम जोशी और पंकज बिष्ट ने इस क्षेत्र के मध्यवर्गीय जीवन और संस्कृति का चित्रण किया है। गोपाल उपाध्याय ने इस क्षेत्र के दलित वर्ग की पीड़ा और संघर्ष को अपनी संवेदना का विषय बनाया है।

सदी के आठवें दशक में जगदीशचन्द्र ने अपने *धरती धन न अपना, कभी न छोड़ें खेत, मुट्‌ठी भर काँकर, घास गोदाम* आदि उपन्यासों में पंजाब के गाँवों की पृष्ठभूमि में वहाँ के दलित वर्ग तथा जाट किसानों की जिन्दगी का चित्रण किया। जाट किसानों की सामन्ती और मध्ययुगीन प्रवृत्तियों, छोटी-छोटी बातों के लिए आपस में कट मरने और मुकदमेबाजी में सारी सम्पत्ति स्वाहा कर डालने की अक्खड़ता, पुश्तैनी विवादों को सुलगाए रखने की मूर्खतापूर्ण जिद, झूठी शान निभाने की मनोवृत्ति आदि का यथार्थ और व्यंग्यपूर्ण अंकन किया गया है। *मुट्‌ठी भर काँकर* में देश विभाजन के बाद पंजाबी शरणार्थियों के सैलाब के कारण दिल्ली के आसपास के जाट किसानों के बेघर होने और अपनी पुश्तैनी जमीन से उखड़ जाने की नियति का अंकन हुआ है। नवें दशक में कृष्णा सोबती और द्रोणवीर कोहली ने क्रमशः *जिन्दगीनामा* तथा *हवेलियों वाले, आँगन कोठा* और *तकसीम* में बीसवीं शताब्दी के प्रथम दो दशकों से लेकर आजादी मिलने के पूर्व तक ब्रिटिश शासन के अन्तर्गत जीवन यापन करने वाले पंजाब के किसानों की जिन्दगी का चित्रण किया। इस प्रकार पंजाब के ग्राम जीवन की सम्पूर्ण तसवीर सामने आ जाती है।

सातवें दशक के आरम्भ में राजेन्द्र अवस्थी ने मध्य प्रदेश के आदिवासी अंचल को अपने उपन्यासों का विषय बनाया था। नवें दशक में गोविन्द मिश्र ने बुन्देलखंड के अपसंस्कृति और हिंसक मानसिकता से ग्रस्त ग्रामीण और कस्बाई जीवन का चित्रण *लाल पीली जमीन* में किया। वीरेन्द्र जैन ने सदी के अन्तिम दशक में *डूब* और *पार* नामक उपन्यासो में मध्य

प्रदेश के उस अंचल का चित्रण किया है जो स्वतन्त्र भारत की बिजली परियोजनाओं के तहत 'डूब' क्षेत्र में आ जाता है। इसी दशक में मैत्रेयी पुष्पा ने अपने *इदन्नमम* और *अल्मा कबूतरी* में बुन्देलखंड और ब्रज क्षेत्र के ग्रामीण जीवन का चित्रण किया है। *इदन्नमम* में हमारा साक्षात्कार एक ऐसे जीवन से होता है जो मैत्रेयी के उस क्षेत्र के सामाजिक-आर्थिक यथार्थ के प्रामाणिक और अन्तरंग अनुभव तथा गहरी मानवीय संवेदना से सम्पन्न है। इन दोनों उपन्यासों का केन्द्रीय कथ्य ग्रामीण परिवेश में उभरती नारी चेतना है। *इदन्नमम* की केन्द्रीय पात्र मन्दाकिनी सही अर्थों में जुझारू स्त्री है जो केवल परिवार और समाज द्वारा स्त्री के लिए निर्मित बन्धनों को ही नहीं तोड़ती, बल्कि उस शोषण और भ्रष्टाचार के विरुद्ध भी खड़ी होती है जो नेताओं और माफिया ठेकेदारों द्वारा ग्रामीणों और आदिवासियों पर बरपा जाता है। *चाक* की सारंग *इदन्नमम* की मन्दाकिनी से आगे बढ़कर नारी संहिता की समस्त धाराओं को चुनौती देती हुई न केवल अपने प्रेमी से देह-सम्बन्ध स्थापित करती है, बल्कि पुरुष सत्ता को चुनौती देती हुई पंचायत के प्रधान पद के लिए चुनाव में खड़ी भी हो जाती है। *अल्मा कबूतरी* में भी मैत्रेयी ने बुन्देलखंड के गाँवों में रहने वाली 'कबूतरा' जनजाति की अपमान, विवशता और पीड़ाभरी जिन्दगी को तथा समानान्तर सभ्य समाज से उनके टकराव, संघर्ष और पराजय को अत्यन्त विश्वसनीय और मार्मिक रूप में प्रस्तुत किया है। अल्मा के रूप में लेखिका ने एक दलित स्त्री के साहस, संघर्ष और सत्ता की कुर्सी पर पहुँचने का भी चित्रण किया है, जो स्त्री के सबलीकरण की ओर एक संकेत है ।

यों तो विनोद कुमार शुक्ल ने भी *खिलेगा तो देखेंगे* और *दीवार में एक खिड़की रहती थी* में मध्य प्रदेश के ग्रामीण परिवेश को ही प्रस्तुत किया है, पर उनकी अमूर्तन की शिकार मनोवृत्ति के कारण इस जीवन का कोई विशेष पक्ष नहीं उभर सका है।

विश्वम्भरनाथ उपाध्याय ने *रीछ* (1967) में ब्रज क्षेत्र के गाँवों में नवोदित माफिया वर्ग की गुंडागर्दी और तिकड़म से भरी हरकतों तथा उसके विरुद्ध युवा वर्ग का संघर्ष चित्रित किया था। हरगुलाल, रूपसिंह चन्देल और मैत्रेयी पुष्पा ने भी क्रमशः *भीतरा कुआँ* (1974), *पाथर टीला* (1998) और *चाक* (1997) में ब्रज क्षेत्र के गाँवों में नये पैदा हुए शोषक, यथास्थितिवादी माफिया वर्ग के साथ परिवर्तनकामी युवा शक्तियों के संघर्ष का चित्रण किया है। इनमें से *चाक* की विशेषता यह है कि इसमें संघर्ष की नायक एक जुझारू स्त्री सारंग है जो परम्परागत नारी संहिता के साथ-साथ पुरुष वर्चस्व को भी चुनौती देती हुई पंचायत के प्रधान पद के चुनाव में प्रत्याशी बन जाती है।

प्रेमचन्द ने *प्रेमाश्रम* और *रंगभूमि* में गाँवों में रहनेवाले मुसलमानों की जिन्दगी का सच्चा और स्वाभाविक रूप प्रस्तुत किया था। किन्तु वह प्रसंगागत था। गाँवों में किसान और जमींदार के रूप में अपनी सारी धार्मिक-सांस्कृतिक विशेषताओं के साथ जीवनयापन करने वाले मुस्लिम समाज का सम्पूर्ण चित्र प्रस्तुत करने वाले प्रथम उपन्यासकार राही मासूम रज़ा हैं। उन्होंने *आधा गाँव* में पूर्वांचल के ही एक गाँव गंगौली में सदियों से रहते आ रहे मुसलमान जमींदारों और किसानों की बिखरती हुई जिन्दगी का अत्यन्त संवेदनापूर्ण अंकन किया है। देश की आजादी और विभाजन ने मुसलमानों के जीवन में ऐसा विक्षोभ पैदा कर दिया, जिससे वे फिर उबर नहीं पाये। अधिकतर मुसलमानों के पाकिस्तान चले जाने से बची हुई मुस्लिम आबादी की नियति के चित्रण में राही ने अद्भुत संवेदनशीलता और मनोवैज्ञानिक अन्तर्दृष्टि

का परिचय दिया है। आजादी के बाद विधायक और स्थानीय नेताओं के रूप में पैदा हुई कमीनी नस्ल का और मुसलमानों के साथ उनके व्यवहार का भी राही ने मर्मवेधी चित्रण किया है।

राही के बाद, बहुत दिनों तक, गाँवों में रहने वाले मुस्लिम समाज का चित्रण किसी और उपन्यास में नहीं मिलता। सदी के बिलकुल अन्त में प्रकाशित अपने *काला पहाड़* नामक उपन्यास में भगवानदास मोरवाल ने मेवात क्षेत्र के गाँवों में रहने वाले मुसलमानों की जिन्दगी का चित्रण गहरी समझ और संवेदनशीलता के साथ किया है। इस उपन्यास के गाँव में हिन्दू और मुसलमान अपने-अपने धर्म का पालन करते हुए भी अद्भुत सद्भाव के साथ जीवनयापन करते हैं। उनकी समस्याएँ एक जैसी हैं, क्योंकि सभी की जिन्दगी अभावग्रस्त है। उनके बहुत सारे रीतिरिवाज और विश्वास समान हैं। पूरा क्षेत्र मुस्लिमबहुल है और हिन्दू अल्पसंख्यक हैं। देश विभाजन के समय मेवात की मुस्लिम आबादी गाँधी जी के हस्तक्षेप से पाकिस्तान नहीं गयी थी। अल्पसंख्यक हिन्दू जनता के साथ उनका जीवन सहज रूप से व्यतीत हो रहा था। पर सत्ताकेन्द्रित राजनीति में धर्म के हस्तक्षेप और बढ़ते धार्मिक उन्माद के कारण दोनों समुदायों में अविश्वास, भय और विरोध का भाव बढ़ने लगता है और बाबरी मस्जिद प्रसंग के समय उसकी परिणति हिन्दुओं के गाँव से पलायन तथा 'ढाँचा' टूटने के बाद मुसलमानों द्वारा हिन्दुओं पर हमलों, लूटपाट और आगजनी में होती है। सम्बन्धों की इस त्रासदी का अंकन मोरवाल ने गहरी संवेदना के साथ किया है। इसके साथ ही मोरवाल ने ग्रामीण जनता से सत्ता के शीर्ष पर बैठे राजनीतिज्ञों निरन्तर बढ़ती दूरी और उनके केवल 'वोट बैंक' बन जाने की स्थिति का भी व्यंग्यपूर्ण अंकन किया है।

इस विवेचन से लक्षित होता है कि आजादी के बाद के हिन्दी उपन्यास में भारतीय ग्रामीण जीवन का अंकन उसके अनेक आयामों के साथ हुआ है। इस सन्दर्भ में जो विशेष बात सामने आती है, वह यह है कि गाँव का दलित और स्त्री वर्ग अपने अधिकारों और शक्तीकरण की लड़ाई में आगे बढ़ रहा है। मैत्रेयी पुष्पा, विवेकी राय, गोपाल उपाध्याय, मिथिलेश्वर आदि के उपन्यास इसके प्रमाण हैं।

ग्रामेतर प्रवर्ग : मध्य वर्ग

बसत की दृष्टि से भारतीय जनसंख्या का दूसरा प्रवर्ग कस्बों, छोटे शहरों, नगरों और महानगरों का है, जिसे सुविधा के लिए 'ग्रामेतर प्रवर्ग' की संज्ञा दी जा सकती है। यद्यपि इस प्रवर्ग में आय, पेशा, सामाजिक-राजनीतिक अधिकार, बौद्धिक क्षमता आदि दृष्टियों से बहुत वैविध्य है, पर मध्य वर्ग इसकी रीढ़ है जो कस्बों से लेकर महानगरों तक अपने विविध रूपों में अनेक उलझी हुई विशेषताओं के साथ विद्यमान है। भारत में इस वर्ग का उदय और विस्तार औपनिवेशिक शासन के साथ आरम्भ हुआ, जिसका बहुत ही प्रामाणिक चित्रण अमृतलाल नागर ने अपने *करवट* नामक उपन्यास में किया है। उपन्यास का इस मध्य वर्ग से बहुत घनिष्ठ सम्बन्ध है। यूरोप में तो उपन्यास का उदय ही मध्य वर्ग के उदय के साथ हुआ और उसे मध्य वर्ग के महाकाव्य के रूप में प्रतिष्ठा मिली। यद्यपि हिन्दी उपन्यास का उदय मध्य वर्ग की माँग के फलस्वरूप नहीं हुआ था, पर उसके विकास के साथ-साथ मध्य वर्ग उपन्यास

के केन्द्र की तरफ आता गया। प्रेमचन्द के उपन्यासों में मध्य वर्ग को केन्द्रीयता तो नहीं प्राप्त हुई, किन्तु वह बिलकुल हाशिये पर भी नहीं रहा। प्रेमचन्द के समय में ही, चौथे दशक में, जैनेन्द्र, भगवती चरण वर्मा, जयशंकर प्रसाद, निराला, भगवती प्रसाद वाजपेयी आदि के उपन्यासों में मध्य वर्ग हाशिये से उठकर केन्द्र में अवस्थित हो गया और शनैः-शनैः उपन्यास में उसकी स्थिति अपरिहार्य होती गयी। स्वतन्त्रता-प्राप्ति के बाद आर्थिक और सामाजिक विकास की गति में तेजी आयी जिसके फलस्वरूप मध्य वर्ग के साथ-साथ कस्बों, नगरों और महानगरों का भी विस्तार हुआ। 1947 में देश की जनसंख्या लगभग 35 करोड़ थी जिसका 35 प्रतिशत नगरवासी था। 2001 में जनसंख्या एक अरब को पार कर चुकी है और उसका लगभग तीस प्रतिशत नगरवासी है। अधिकांश मध्यवर्ग इन्हीं नगरों और कस्बों में रहता है। उपन्यास के लेखक और पाठक भी मुख्यतः इस वर्ग से आते हैं। स्वभावतः आजादी के बाद के हिन्दी उपन्यास में इस मध्य वर्ग का चित्रण विविध रूपों में और बड़े पैमाने पर हुआ है।

नगरों और कस्बों की पृष्ठभूमि पर रचित सभी उपन्यासों में, चाहे उनका केन्द्रीय कथ्य जो भी हो, मध्य वर्ग किसी न किसी रूप में अवश्य विद्यमान रहता है। पर मध्यवर्गीय जीवन के चित्रण के लिए जिन उपन्यासकारों को विशेष रूप से स्मरण किया जा सकता है उनमें कालक्रम की दृष्टि से उपेन्द्रनाथ अश्क, धर्मवीर भारती, अमृतलाल नागर, नरेश मेहता, लक्ष्मी नारायण लाल, राजेन्द्र यादव, कमलेश्वर, गिरिधर गोपाल, रामदरश मिश्र, मोहन राकेश, शानी, राही मासूम रजा, गिरिराज किशोर, भीष्म साहनी, कृष्णा सोबती, हृदयेश, ममता कालिया, देवेश ठाकुर, रमेशचन्द्र शाह, महीप सिंह, योगेश गुप्त, विनोद कुमार शुक्ल आदि उल्लेखनीय हैं। इनमें उपेन्द्रनाथ अश्क के लगभग सारे उपन्यास मध्य वर्ग से सम्बद्ध हैं। उनके *गिरती दीवारें* (1946) से लेकर *निमिषा* (1980) तक सभी उपन्यासों में शहरी या कस्बाई मध्यवर्ग के जीवन का चित्रण किया गया है। निम्न मध्यवर्ग के आर्थिक संघर्ष, इस वर्ग के युवकों की आकांक्षाओं, सपनों और नैतिक मूल्यों से पैदा हुई कुंठाओं, पुरानी पीढ़ी से उनके संघर्ष, भटकन, निराशा, प्रेम के क्षेत्र में असफलता, दाम्पत्य जीवन की कटुता और असन्तोष तथा समाज द्वारा निर्धारित मूल्यों की लक्ष्मणरेखा में घुटती और तड़पती स्त्रियों का चित्रण इन उपन्यासों की विशेषता है। इन उपन्यासों का केन्द्रीय पात्र चेतन अपने चारों ओर की विषम परिस्थितियों, पारिवारिक समस्याओं, शोषण की शक्तियों तथा अपनी महत्त्वाकांक्षाओं, सपनों और मानसिक कुंठाओं से लड़ता हुआ कश-म-कश की जिन्दगी व्यतीत करता है।

नगरीय परिवेश में मध्यवर्गीय जीवन के प्रामाणिक, वैविध्यपूर्ण और संवेदनशील अंकन की दृष्टि से अमृतलाल नागर का *बूँद और समुद्र* (1956) तथा *अमृत और विष* (1966) हिन्दी उपन्यास साहित्य की शिखर कृतियाँ हैं। *बूँद और समुद्र* स्वयं लेखक के अनुसार 'देश के मध्यवर्गीय नागरिक समाज का गुण-दोष भरा चित्र' (उपन्यास की भूमिका) है। मध्यवर्ग के बुद्धिजीवियों और पढ़े-लिखे लोगों की आर्थिक समस्याओं, उनके रूढ़िगत संस्कारों, उच्चवर्ग से ग्रहण किये गये मिथ्या मूल्यों, आस्था के संकट आदि का चित्रण उपन्यासकार का प्रमुख उद्देश्य है। उपन्यास के कथासंसार में गली-मुहल्लों में रहने वाले मध्यवर्गीय परिवारों की ही प्रमुखता है। इसमें एक ओर रूढ़ियों और अन्धविश्वासों से ग्रस्त मध्यवर्गीय पुरानी पीढ़ी है तो दूसरी ओर उसके विरोध में खड़ी युवा पीढ़ी भी है। चुनाव की राजनीति, राजनीतिक दलों

की आपसी खींचातानी, मन्दिरों में फैले प्रपंच और भ्रष्टाचार, संस्कृति के नाम पर जारी रीतिरिवाजों के पाखंड, झूठी शान और आडम्बर से ग्रस्त मध्यवर्ग की विवशता आदि का व्यापक चित्र इस उपन्यास में हुआ है। दूसरे उपन्यास *अमृत और विष* के विजन में भारतीय गणतन्त्र के प्रथम पन्द्रह वर्षों का पूरा परिदृश्य उपस्थित है जिसमें शहरी मध्यवर्ग की आर्थिक तंगदस्ती, संयुक्त परिवार की कड़वी विडम्बनाएँ, पुरुषप्रधान समाज में स्त्री की नियति, असमर्थ पुरानी पीढ़ी की सनकभरी मानसिकता, नैतिक मूल्यों की टकराहट और उससे धुआँती जिन्दगी की असहनीयता, अन्तरजातीय/अन्तरधर्मीय और विधवा से प्रेम विवाह की स्थितियों से उत्पन्न सामाजिक-नैतिक समस्याएँ, पुराने और नये विचारों के द्वन्द्व से पैदा हुई स्थितियाँ, राजनीतिक जीवन में बढ़ते भ्रष्टाचार और उससे उत्पन्न युवा पीढ़ी का आक्रोश और कुंठा, चुनावी भ्रष्टाचार, तिकड़म और चरित्रहनन, बुद्धिजीवियों का चारित्रिक खोखलापन, ईमानदारी का जीवन जीनेवाले व्यक्तियों की मुश्किलें, झूठ और प्रपंच से भरे राजनीतिक माहौल में एक संवेदनशील लेखक की स्थिति, पूँजीपतियों और अन्य स्वार्थी तत्त्वों द्वारा प्रायोजित साम्प्रदायिक दंगे आदि शामिल हैं। ये सभी चीजें किसी न किसी रूप में मध्यवर्गीय मानसिकता और चरित्र से जुड़ी हुई हैं।

करवट (1985) और *पीढ़ियाँ* (1990) भी मूलतः मध्यवर्ग से ही जुड़े हुए उपन्यास हैं। करवट में उस मध्यवर्ग के उदय का चित्रण किया गया है, जो आरम्भ में अँगरेजी शासन का स्वागत करता है, उसे अपनी आर्थिक उन्नति का साधन बनाता है, पर जल्दी ही उसका मोहभंग हो जाता है और वह देश की स्वतन्त्रता के लिए उठ खड़ा होता है। *करवट* और *पीढ़ियाँ* भारतीय मध्यवर्ग के विकास और सामाजिक बदलाव की प्रेरणा के रूप में नयी चेतना को स्वीकार करनेवाली पुनर्जागरणकालीन मध्यवर्गीय मानसिकता के चित्रण के उल्लेखनीय प्रयास हैं।

नागर जी से पहले ही, और साथ-साथ, लक्ष्मीनारायण लाल, धर्मवीर भारती, लक्ष्मीनारायण लाल, कृष्ण बलदेव वैद, राजेन्द्र यादव, कमलेश्वर, रमेश बक्षी आदि ने अपने उपन्यासों में मध्यवर्गीय जीवन के विविध पक्षों का अंकन किया। लक्ष्मीनारायण लाल के *बया का घोंसला और साँप, काले फूल का पौधा* (1951), *रूपाजीवा* (1959) आदि में मध्यवर्गीय नागरिक जीवन की विषमता, असन्तोष, अशान्ति और सूनेपन को दर्शाने का प्रयास किया गया है। धर्मवीर भारती के *सूरज का सातवाँ घोड़ा* (1952) में नगरीय निम्न मध्यवर्ग की जिन्दगी अपने कटु यथार्थ रूप में प्रस्तुत हुई है। इस उपन्यास में छोटे दूकानदार, दफ्तरों के बाबू, अदालत के मुंशी, पेशकार, बैंक के क्लर्क आदि अन्दर से हताश और निरन्तर टूटते हुए लोगों की जिन्दगी सामने आती है, जो स्वतन्त्रता-प्राप्ति के बाद पैदा हुई आशा की लहर के साथ गहरे मोहभंग का प्रभाव छोड़ती है। आजादी के साथ आशापूर्ण भविष्य का जो सपना जुड़ा था, वह उपन्यास में एक गहरी खामोशी में डूबता दिखाई देता है। कृष्ण बलदेव वैद ने *उसका बचपन* (1957) में एक बच्चे की संवेदना की आँखों से निम्नमध्यवर्गीय परिवार की तसवीर प्रस्तुत की है। गरीबी, अशिक्षा और संस्कारहीनता से जकड़े निम्न मध्यवर्गीय परिवार के नरक को उपन्यासकार ने काले धुएँ के प्रतीक के माध्यम से, जो उस समूचे परिवेश पर एक प्रेत की तरह छाया हुआ है, प्रस्तुत किया है। राजेन्द्र यादव के उपन्यासों में भी मध्यवर्गीय असन्तोष, निराशा, कुंठा और यथार्थ से पलायन की प्रवृत्ति का अंकन हुआ है। उनके *सारा*

आकाश (1960) में मध्यवर्गीय जीवन की विसंगतियाँ अपनी सारी कुरूपताओं के साथ चित्रित हुई हैं। इसमें एक ऐसे किशोर वय के युवक की घुटन और निराशा का चित्रण किया गया है, जिसके सारे सपने मध्यवर्गीय परिवार की आर्थिक तंगदस्ती और संकीर्ण मानसिकता की चक्की में चूर-चूर हो जाते हैं। कमलेश्वर ने भी अपने *डाकबँगला* (1959), *समुद्र में खोया हुआ आदमी* (1967), *काली आँधी* (1974), *आगामी अतीत* (1976), *तीसरा आदमी* (1976), *वही बात* (1980) आदि उपन्यासों में मध्यवर्गीय जीवन की विरोधाभासपूर्ण स्थितियों, विसंगतियों, जटिलताओं और भटकाव का ही चित्रण किया है। मध्यवर्गीय जन आधुनिक सभ्यता की अन्धी दौड़ में किस प्रकार जिन्दगी की अर्थवत्ता खोता जा रहा है, राजनीति की दुनिया में प्रवेश करने वाली मध्यवर्गीय स्त्री की क्या चुनौतियाँ होती हैं, मध्यवर्गीय दम्पति के बीच 'तीसरे आदमी' के प्रवेश से किस प्रकार दाम्पत्य जीवन चटकने लगता है और पति ही 'तीसरे आदमी' में परिणत होने लगता है जैसी स्थितियों का अंकन कमलेश्वर के उपन्यासों का मुख्य विषय है। मोहन राकेश ने भी *अँधेरे बन्द कमरे* (1961) में महानगर दिल्ली के मध्यवर्गीय कलाकारों, लेखकों और पत्रकारों की घुटनभरी जिन्दगी, महानगरीय परिवेश से उनके संघर्ष और समझौते तथा उससे उत्पन्न निराशा और कुंठा का अंकन किया है। रमेश बक्षी ने *अठारह सूरज के पौधे* (1965) में मध्य वर्ग के एक युवक के नपुंसक क्षोभ और विद्रोह का अंकन किया है। उसकी परिस्थितियाँ और समस्याएँ लगभग वही हैं जो *सारा आकाश* के समर की हैं। समर की ही तरह वह भी एक रीढ़रहित युवक है, जो केवल चीखना और रोना जानता है। भीष्म साहनी ने *झरोखे* (1967) और *कड़ियाँ* (1970) में रूढ़ि तथा संस्कार गत जड़ता से ग्रस्त मध्यवर्गीय परिवार के पात्रों के मन में व्याप्त, हीन भावना, ईर्ष्या, आशंका और कामग्रन्थियों का चित्रण किया है। *कड़ियाँ* का मुख्य कथ्य दाम्पत्य सम्बन्ध की कटुता और स्त्री की असहाय स्थिति से सम्बद्ध है। मध्यवर्गीय नैतिकता किस तरह पति-पत्नी के सम्बन्धों में दरार पैदा कर देती है और आर्थिक दृष्टि से असहाय होने के कारण स्त्री को नाना प्रकार की यातनाएँ झेलनी पड़ती हैं, इसी का अंकन भीष्म साहनी का उद्‌देश्य है। गिरीश अस्थाना के *धूपछाँही रंग* (1970) में भी एक कलाकार पात्र सुकान्त के मध्यवर्गीय परिवेश का, उसके घर के घुटनपूर्ण वातावरण का, तिलमिला देने वाला वर्णन हुआ है। सुरेश सिन्हा ने भी *पत्थरों का शहर* (1971) में एक उच्च मध्यवर्गीय परिवार का चित्रण किया है, जिसमें पुरानी और नयी पीढ़ी एक दूसरे के आमने सामने हैं। उपन्यासकार के विजन में नयी पीढ़ी रीढ़रहित है, उसके पैरों में ताकत नहीं है तथा उसके सामने कोई दिशा और लक्ष्य नहीं है। उसका विद्रोह खोखला है। यह आजादी के बाद की पीढ़ी है, जो अँधेरे में चीख सकती है, नपुंसक नारे जगा सकती है, पर संघर्ष नहीं कर सकती। हृदयेश के *सफेद घोड़ा काला सवार* (1976), *साँड़* (1981), *पुनर्जन्म* (1985) आदि उपन्यासों में कस्बाई मध्यवर्गीय समाज के जीवन में पड़े संस्कारों और नैतिक मूल्यों की ग्रन्थियों का अंकन किया गया है। रामदरश मिश्र ने *अपने लोग* (1976) में कस्बाई मानसिकता वाले मध्यवर्गीय अध्यापक, डॉक्टर, वकील, कवि और बुद्धिजीवी समुदाय का यथार्थ चित्रण किया है।

राजेन्द्र यादव ने *सारा आकाश* में और नरेश मेहता ने *यह पथ बन्धु था* (1962) में मध्यवर्गीय परिवार के सदस्यों की कमीनेपन की हद को छूती स्वार्थपरता और स्त्री के प्रति अमानवीय क्रूरता का बेहद दहला देने वाला चित्रण किया है। इस उपन्यासों के प्रमुख

नारी-पात्र, प्रभा और सरस्वती, मध्यवर्गीय परिवारों की उन बहुओं का प्रतिनिधित्व करती हैं जो किन्हीं कारणों से पति की उपेक्षा या अनुपस्थिति के कारण परिवार के सदस्यों द्वारा अनेक प्रकार से पीड़ित, अपमानित और शोषित होती हैं। कृष्णा सोबती ने *मित्रो मरजानी* (1967) में एक पुराने मूल्यों को जीते हुए मध्यवर्गीय पंजाबी परिवार का चित्रण किया, पर इसकी मुख्य विशेषता इस परिवार की एक स्त्री, मित्रो, का विद्रोह है। मित्रो नारी-संहिता की उन सारी धाराओं को ध्वस्त कर देती है, जिनके कारण किसी स्त्री का जीवन नरक हो जाता है। ममता कालिया ने भी *बेघर* (1971) में मध्यवर्गीय संस्कारों और मूल्यों की मार झेलती स्त्री की नियति का अंकन किया है। परम्परागत धार्मिक-नैतिक संहिताओं के चलते मध्यवर्गीय दाम्पत्य जीवन के नरक बन जाने के यथार्थ का अंकन इस उपन्यास में हुआ है।

गिरिधर गोपाल ने *कन्दील और कुहासे* (1969) में मध्य वर्ग के आर्थिक संघर्ष, विवशता, बेकारी जन्य निराशा आदि का किंचित् भावुकतापूर्ण चित्रण किया है। ममता कालिया ने भी *नरक दर नरक* (1975) में उस व्यवस्था का अंकन किया है, जिसमें मध्यवर्गीय शिक्षित युवकों को अपनी सारी ईमानदारी, प्रतिभा, मेहनत और प्रथम श्रेणी की डिग्री के बावजूद रोजगार के लिए दर-दर की ठोकरें खानी पड़ती हैं। मध्यवर्गीय जीवन की नारकीय विसंगतियों के चित्रण की दृष्टि से देवेश ठाकुर का *भ्रमभंग* (1975) एक बहुत ही उल्लेखनीय उपन्यास है। इस उपन्यास में एक मध्यवर्गीय युवक के अपने परिवेश से संघर्ष तथा पारिवारिक सम्बन्ध विषयक मूल्यों के भ्रमभंग का जीवन्त चित्रण किया गया है। आजादी के बाद देश में विकसित समाज व्यवस्था में मध्यवर्गीय युवक जिन त्रासद विसंगतियों का शिकार हो गया है, उन्हीं का चित्रण केन्द्रीय पात्र चन्दन के चरित्र के माध्यम से हुआ है। अपने दूसरे उपन्यास *प्रिय शबनम* में देवेश ने निम्न मध्यवर्ग के युवकों की उस मानसिकता का अंकन किया है, जो बौद्धिक दृष्टि से प्रबुद्ध होते हुए भी अपनी कुंठाओं से मुक्त नहीं हो पाते।

महीप सिंह ने *यह भी नहीं* (1976) में महानगरीय मध्यवर्गीय परिवेश में स्त्री-पुरुष के असफल और तनावपूर्ण दाम्पत्य सम्बन्ध कर अंकन किया है। योगेश गुप्त के *उनका फैसला* (1977) में भी आर्थिक अभाव और मध्यवर्गीय संस्कारों-कुंठाओं में आकंठ डूबे महानगरीय परिवार का चित्रण किया गया है, जिसमें पति-पत्नी एक दूसरे के प्रति अविश्वास, सन्देह, उपेक्षा और घृणा की छाया के नीचे जिन्दगी ढो रहे हैं। लगभग इसी समय प्रकाशित अपने *छोटे छोटे महायुद्ध* नामक उपन्यास में रमाकान्त ने निम्नमध्यवर्गीय जीवन के छोटे-छोटे अभावों और उनके लिए लड़ी जाने वाली लड़ाइयों का बड़ा मार्मिक अंकन किया है। रमेशचन्द्र शाह का *गोबरगणेश* (1978) मध्यवर्गीय आकांक्षाओं और सपनों के भंग होने की कहानी है। साथ ही यह मध्यवर्गीय परिवार के टूटने की भी कहानी है। यह मध्यवर्गीय संसार घोर आर्थिक संघर्ष के बीच से गुजर रहा है तथा जीवन में सफलता की एक मात्र कसौटी आर्थिक सफलता हो गयी है। ज्ञान चतुर्वेदी के *बारामासी* (1999) में बुन्देलखंड के एक कस्बे के मध्यवर्गीय परिवार की आकांक्षाओं, सपनों, विडम्बनाओं, विसंगतियों, पारिवारिक सम्बन्धों की विद्रूपताओं आदि का अंकन किया गया है।

अल्पसंख्यक समुदाय के मध्य वर्ग का चित्रण हिन्दी उपन्यास में न के बराबर मिलता है। यों तो प्रेमचन्द ने *रंगभूमि* में मुस्लिम और ईसाई दोनों समुदायों के मध्य वर्ग का अंकन किया था, पर बड़े पैमाने पर मुस्लिम मध्य वर्ग के अंकन का श्रेय गुलशेर खाँ शानी को

है। शानी ने *काला जल* (1965) में मुस्लिम मध्यवर्गीय समाज का अत्यन्त तिलमिला देने वाला चित्रण किया है। इसमें प्रामाणिक अनुभव और गहरी संवेदना के साथ देश की मुख्य धारा से लगभग कटे हुए बस्तर जिले की मुस्लिम मध्यवर्गीय जिन्दगी का चित्रण किया गया है। शानी मध्यवर्गीय मुस्लिम परिवार में जन्मे-पले थे, अतः उस जीवन का उन्हें प्रामाणिक और गहन अनुभव तो था ही, साथ ही एक रचनाकार की गहरी संवेदना और प्रतिभा भी थी। इसी का परिणाम था *काला जल,* जिसमें अनुभव, संवेदना और प्रतीकात्मक शिल्प के संयोग से भारतीय जीवन का एक नया यथार्थ अपनी सम्पूर्णता और गहनता में उद्घाटित हो गया है। मेहरुन्निसा परवेज ने भी *आँखों की दहलीज* (1969) और *कोरजा* (1977) में मुस्लिम मध्यवर्गीय समाज की तथा उसका घर (1972) में ईसाई मध्यवर्गीय परिवार की कहानी गहरी संवेदनशीलता के साथ प्रस्तुत की है। यशपाल ने *मेरी तेरी उसकी बात* (1974) में एक ईसाई मध्यवर्गीय परिवार की घरेलू समस्याओं का मार्मिक अंकन किया है। राही के *दिल एक सादा कागज और हिम्मत जौनपुरी* में भी मध्यवर्गीय मुस्लिम परिवारों की घरेलू जिन्दगी का प्रामाणिक और मार्मिक चित्रण मिलता है। बदीउज़्ज़मा के *छाको की वापसी* (1975) में बिहार के मध्यवर्गीय मुस्लिम परिवारों का अन्तरंग और विश्वसनीय चित्रण किया गया है, जो शानी और राही मासूम रजा की परम्परा को आगे बढ़ाता है। मंजूर एहतेशाम ने *सूखा बरगद* (1986) में तथा नासिरा शर्मा ने एक *ठीकरे की मँगनी* (1989) में मुसलमानों की मध्यवर्गीय घरेलू जिन्दगी, उनके रीतिरिवाजों, रहन-सहन के तौर-तरीकों, त्योहारों, आपसी सम्बन्धों की बारीकियों आदि का सजीव अंकन किया है। असगर वज़ाहत ने *सात आसमान* (1996) में सामन्त वर्ग से मध्यवर्ग में रूपान्तरित व्यक्ति की त्रासदी तथा पुरानी और नयी पीढ़ी का द्वन्द्व प्रभावशाली ढंग से प्रस्तुत किया है। इस प्रकार आजादी के बाद के मुस्लिम उपन्यासकारों ने एक लगभग अछूते विषय को अपनी संवेदना और सोच का विषय बनाकर हिन्दी उपन्यास को समृद्ध बनाया है।

आजादी के बाद के हिन्दी उपन्यास पर सरसरी नजर डालने पर यह तथ्य सामने आता है कि छठे दशक से लेकर नवें दशक तक मध्य वर्ग उपन्यास के केन्द्र में रहा है। पर उसके बाद अचानक यह विषय हाशिए पर आ जाता है। यों सदी के अन्तिम दशक के उपन्यासों में भी मध्य वर्ग आता है, पर वह प्रायः परिवेश के रूप में है, मुख्य कथ्य के रूप में नहीं। आठवें दशक के लगभग अन्त में विनोद कुमार शुक्ल ने *नौकर की कमीज* (1979) में मध्यवर्ग की विवशता का, शक्तिशाली उच्च वर्ग द्वारा मध्यवर्ग का कातिलाना शोषण, बड़ा ही तिलमिलाने वाला चित्रण किया। सन्तू बाबू यदि क्लर्क होने के नाते 'बड़े साहब' के घरेलू कामकाज करने को बाध्य हैं तो उनकी पत्नी 'बड़े डॉक्टर' की किराएदार होने के नाते चाय-नाश्ते पर उनके घर के कामकाज निपटाने को विवश है; और यह शोषण इतने बेमालूम, पर शातिर ढंग से होता है कि उसके खिलाफ आवाज भी नहीं उठाई जा सकती। बड़े साहब के पास एक नौकर की कमीज है, जिसे जिस किसी को भी पहनाकर नौकर में बदला जा सकता है। 'नौकर की कमीज' का प्रतीक के रूप में प्रयोग करके विनोद कुमार शुक्ल ने इस विषय को एक नया अर्थ दे दिया है। पर उनके परवर्ती उपन्यासों, *खिलेगा तो देखेंगे* (1996) और *दीवार में एक खिड़की रहती थी* (1997) में विषय मध्य वर्ग रहने पर भी प्रतीक और शब्द का खेल इतना प्रमुख हो गया है कि उससे मध्य वर्ग के जीवन के किसी नये

पक्ष का उद्घाटन नहीं होता। मनोहर श्याम जोशी, मंजूर एहतेशाम, गीतांजलि श्री आदि के इस दशक में प्रकाशित उपन्यासों से भी इसकी पुष्टि होती है। इससे यह प्रतीत होता है कि उत्तर-आधुनिकता के दर्शन से परिचालित लेखकों की रुचि मध्य या निम्न वर्ग में न रहकर शब्दक्रीड़ा में बदल गयी है। इससे सावधान करने के लिए ही मानो प्रियंवद ने *परछाईं नाच* (2000) में केन्द्रीय पात्र अनहद के माध्यम से उस मध्य वर्ग का चित्रण किया है, जो अपनी लम्बी गुलामी के खिलाफ ऐतिहासिक लड़ाई की विरासत को भूलकर बहुराष्ट्रीय उद्योगपतियों और फासीवादियों के आकर्षक और रहस्यपूर्ण जाल की ओर बढ़ता जा रहा है। प्रियंवद के औपन्यासिक विजन में पिछली सदी के अन्तिम दशक में पनपने वाला बाजारवाद है, जिसके तहत देश-विदेश के पूँजीपति और उद्योगपति मध्य वर्ग को एक नयी गुलामी के पट्टे में जकड़ना चाहते हैं। पर प्रियंवद रहस्यमय प्रतीकों और फन्तासियों के आकर्षण में इस प्रकार उलझ गये हैं कि कथ्य भी कुहरे में खो सा गया है। उपन्यास में प्रतीक और फन्तासी के प्रयोग के लिए यह एक चुनौती है।

ग्रामेतर प्रवर्ग : कस्बे से महानगर तक

आजादी के बाद कस्बों, छोटे शहरों, नगरों और महानगरों के परिवेश पर आधारित उपन्यासों की संख्या में जबरदस्त वृद्धि डुई है; यहाँ तक कि ग्रामीण परिवेश पर लिखने वाले उपन्यासकारों के नाम उँगलियों पर गिनाए जा सकते हैं, जबकि ग्रामेतर उपन्यासकारों की संख्या सैकड़ों में है। इसका प्रमुख कारण यह है कि अधिकतर लेखक कस्बों, शहरों, नगरों और महानगरों में रहते हैं और प्रायः इसी क्रम में उनका गाँवों से महानगरों में आव्रजन भी होता रहता है। जहाँ तक कस्बों से लेकर महानगरों तक के जीवन का प्रश्न है उसे बिलकुल अलग-अलग खानों में नहीं बाँटा जा सकता। जिन्दगी की बहुत सी स्थितियाँ और उनकी वास्तविकताएँ समान होती हैं। फिर भी कुछ ऐसे क्षेत्र हैं, जिन्हें अलग किया जा सकता है। मध्य वर्ग को ही लें। वह कस्बों से लेकर महानगरों तक फैला हुआ है। इसके साथ ही लेखकों, पत्रकारों, कलाकारों, बुद्धिजीवियों, राजनीतिज्ञों, दफ्तरशाहों, उद्योगपतियों, व्यवसायियों, निम्न वर्ग के कर्मचारियों और झुग्गीझोंपड़ी में रहनवालों आदि के समुदाय हैं, जो नगरों-महानगरों में रहते हैं।

भारतीय महानगरों में दिल्ली, मुम्बई और कलकत्ता हिन्दी उपन्यास में प्रमुख रूप से उपस्थित हैं। यह एक रोचक तथ्य है कि दिल्ली, मुम्बई और कलकता महानगरों से सम्बद्ध उपन्यासों में कथ्य विषयक तीखा वैविध्य है। इसका कारण कदाचित् यह है कि इन महानगरों के चरित्र एक जैसे नहीं हैं। दिल्ली के परिवेश पर आधारित उपन्यासों में अभिजात और पूँजीपति-उद्योगपति वर्ग का चित्रण न के बराबर मिलता है। कृष्णा सोबती ने *दिलोदानिश* (1993) में आज से लगभग सौ वर्ष पूर्व के दिल्ली के अभिजात समाज के पारिवारिक और नैतिक द्वन्द्व का और *समय सरगम* (2000) में उच्चमध्यवर्गीय वरिष्ठ नागरिकों की असुरक्षा, अकेलापन और सन्त्रास की छाया में जीने की नियति का अंकन किया है। इसके पूर्व अज्ञेय के *नदी के द्वीप* (1951) तथा भगवती चरण वर्मा के कतिपय उपन्यासों के कुछ प्रसंग दिल्ली से जुड़े हुए हैं, पर उनमें दिल्ली का कोई खास चरित्र नहीं उभरा है। जगदीश चन्द्र के मुट्ठी

भर काँकर (1976) और घासगोदाम (1985) में भी भवन-निर्माताओं और उनसे जुड़े राजनीति-व्यवसायियों के छल-प्रप्रंच और धोखाधड़ी से भरे कुछ प्रसंग आए हैं पर वे भी प्रसंगागत ही हैं। यशपाल के *झूठासच* के प्रथम भाग *(वतन और देश)* में आजादी मिलने के ठीक बाद के और दूसरे भाग *(देश का भविष्य)* में आजादी के बाद के प्रथम दशक की दिल्ली के परिवेश का चित्रण हुआ है, जो पहले के किसी उपन्यास में उपलब्ध नहीं है। *वतन और देश* में दिल्ली के नये उभरते हुए बुद्धिजीवी और दफ्तरशाह वर्ग का विश्वसनीय चित्रण मिलता है। काफी बाद में गोविन्द मिश्र ने *फूल इमारतें और बन्दर* (2000) में दिल्ली के परिवेश में दफ्तरशाहों और राजनेताओं के जीवन के छद्म और दफ्तर तथा राजनीति के खेल का विश्वसनीय चित्रण किया है। मृणाल पांडे के *रास्तों पर भटकते हुए* (2000) में दिल्ली के ही परिवेश में आधुनिक उपभोक्तावादी युग में मानवीय सम्बन्धों की मृत्यु, सर्वव्यापी भ्रष्टाचार, धन और सत्ता की दौड़ में मानवीय मूल्यों को बिलकुल दरकिनार कर राक्षसी भूमिका में जीने वाले डॉक्टरों, उद्योगपतियों, राजनेताओं और पत्रकारों का चित्रण किया गया है। पर सन् साठ से नब्बे के दशक के बीच में लिखित उपन्यासों में यह विषय उपेक्षितप्राय रहा है। इसके विपरीत दिल्ली के परिवेश पर आधारित अधिकतर उपन्यास कला, साहित्य और पत्रकारिता के जीवन से सम्बन्धित हैं, जिनका विवेचन हम अलग शीर्षक में करेंगे।

कुछ उपन्यासकारों ने दिल्ली के निम्नवर्गीय जीवन-परिवेश का चित्रण किया है। मोहन राकेश के *अँधेरे बन्द कमरे* (1961) में छठे दशक की दिल्ली की पृष्ठभूमि में कलाकारों, लेखकों और पत्रकारों की कनाट प्लेस और कॉफीहाउस में गहमागहमी तथा दूतावासों की पॉश जिन्दगी के साथ-साथ गरीब और गन्दी कालोनियों की बजबजाती जिन्दगी का भी चित्रण किया गया है। मौजूदा समाज में, विशेषकर भारत के बड़े नगरों में, ऐसे अनेक मनुष्य नामधारी प्राणी हैं जिनकी जिन्दगी आवारा कुत्तों या कीड़ों-मकोड़ों से बेहतर नहीं। वे अनचाहे बच्चों के रूप में जन्म लेते हैं, लावारिस कुत्तों की तरह पलते हैं और एक दिन भूख, ठंड, या रोग से मर जाते हैं; उनकी लाश ठेले या भैंसागाड़ी पर ढोकर किनारे लगा दी जाती है। ओमप्रकाश दीपक कृत *कुछ जिन्दगियाँ बेमतलब* (1968) में समाज के इस वर्ग की जिन्दगी का अंकन किया गया है। मंजुल भगत के *अनारो* (1977), *बेगाने घर में* (1978) और *गंजी* में भी शहरी निम्नवर्ग के जीवन का चित्रण हुआ है। *अनारो* में महानगर दिल्ली में मध्यवर्गीय परिवारों में चौका-बर्तन कर गुजर-बसर करने वाली स्त्रियों का चित्रण किया गया है। रामदरश मिश्र ने भी *बिना दरवाजे का मकान* (1984) में घरों में चौका बर्तन करने वाली एक स्त्री की आँखों से आज की महानगरीय जिन्दगी को पहचानने की कोशिश की है। *बसन्ती* (1980) में भीष्म साहनी ने महानगर दिल्ली में लगातार बनने वाली 'कालोनियों' या 'विहारों' के साथ साथ निर्मित झुग्गीझोंपड़ी वाली गन्दी बस्तियों के परिवेश तथा उसमें रहने वाले निम्नवर्गीय समाज के पारिवारिक सम्बन्धों, आर्थिक समस्याओं और नैतिक मूल्य-संकटों का अंकन किया है।

नारी विषयक विमर्श में भी अनेक उपन्यासकारों ने दिल्ली के महानगरीय परिवेश का उपयोग किया है। मन्नू भंडारी, मृदुला गर्ग, राजी सेठ, नासिरा शर्मा, सुरेन्द्र वर्मा, विष्णु प्रभाकर आदि के उपन्यासों में दिल्ली का परिवेश पूरी विश्वसनीयता के साथ प्रस्तुत है। मंजुल भगत के *लेडीज क्लब,* (1976) में महानगरों की अभिजातवर्गीय स्त्रियों के आत्मप्रदर्शन, झूठी जिन्दगी, कृत्रिम आचरण और उनके जीवन के अन्तर्विरोधों का अंकन किया गया है।

गीतांजलि श्री, सुनीता जैन और कमल कुमार के उपन्यास भी महानगरीय परिवेश में ही नारी की स्थिति और नियति का चित्रण करते हैं।

दिल्ली की तुलना में बम्बई को केन्द्र में रखकर महानगरीय जीवन के चरित्र को प्रस्तुत करने का प्रयास किंचित् अधिक हुआ है। मटियानी के आरम्भिक उपन्यासों में बम्बई की अपराध और गलाजत भरी जिन्दगी, अकूत वैभव के नीचे पलते हुए विलास और व्यभिचार, नारी की अतृप्ति और घुटन, महानगरीय जीवन के अन्तर्विरोध, महानगरी में पलने वाले आवारा समाज, बम्बई की रगों में पल रहे अत्याचार और शोषण, बम्बइया चालों की कबूतरखाने की जिन्दगी, सेठों के घरों से लेकर वेश्याओं के कोठों तक और आलीशान होटलों से लेकर चमकते चौराहों तक चलने वाले देह-व्यापार आदि का अंकन प्रामाणिक, पर प्राकृतिकवादी शैली में किया गया है। इसकी आवृत्ति सुरेन्द्र वर्मा के *दो मुर्दों के लिए गुलदस्ता* (1998) में भी हुई है जिसमें महानगर मुम्बई की बाजारवादी अर्थसंस्कृति में बढ़ते हुए अपराध और सेक्स का चित्रण किया गया है। मनोहर श्याम जोशी के *कुरु कुरु स्वाहा* (1980) में भी मुम्बई के परिवेश में महानगरीय जीवन की विसंगतियों, अनिश्चितताओं, नैतिक मूल्यों तथा वहाँ के रहन-सहन, भागदौड़, रहस्यमयता, देहव्यापार, षड्यन्त्र आदि का चित्रण किया गया है। मुम्बई के परिवेश की एक सच्चाई यह भी है कि वह प्रवासियों का शहर है। भारत के भिन्न-भिन्न हिस्सों से जीविका की तलाश में लोग यहाँ आते हैं जिनमें एक बहुत बड़ा भाग मध्य वर्ग का होता है। इस प्रवासी मध्यवर्गीय समाज की घुटनभरी विवशता तथा टूटन का चित्रण जगदम्बा प्रसाद दीक्षित के *कटा हुआ आसमान* (1971) में किया गया है। उपन्यासकार ने मुम्बई के परिसर जीवन का भी चित्रण किया है, जिसमें कॉलेजों के प्रबन्धन में सेठों के नाजायज हस्तक्षेप और छात्राओं के वेश में मुक्त जीवन का सुख प्राप्त करने वाली लड़कियों की हरकतों का वर्णन प्रमुख है। मुम्बई की भागदौड़, फुटपाथों पर बजबजाती जिन्दगी, मजदूर संघों के संघर्ष, सौन्दर्य-प्रतियोगिताओं और होटलों की रंगीन जिन्दगी आदि का चित्रण भी उपन्यास में हुआ है। ममता कालिया, जगदम्बा प्रसाद दीक्षित, महीप सिंह और देवेश ठाकुर ने बम्बई के शैक्षणिक वातावरण में व्याप्त शिक्षकों और अधिकारियों की गुटबन्दी, भ्रष्टाचार, अध्यापकों के प्रति अधिकारियों की साजिश, व्यवस्था के प्रति छात्रों के असन्तोष, अध्यापकों की घुटनभरी जिन्दगी आदि का भी प्रामाणिक चित्रण किया है।

चित्रा मुद्गल के *एक ज़मीन अपनी* (1990) में बम्बई के महानगरीय परिवेश में विज्ञापन-जगत् के ग्लैमर, मूल्यहीन प्रतियोगिता, तिकड़म, देह-व्यापार आदि का चित्रण किया गया है। उन्हीं के दूसरे उपन्यास *आवाँ* (2000) में एक नौजवान लड़की का जीवन-संघर्ष प्रस्तुत किया गया है, जो एक घुटन भरे मध्यवर्गीय परिवार में जन्मती-बढ़ती है और महानगर के जलते हुए परिवेश में अपने को संघर्ष के लिए तैयार करती है। इसके साथ ही उपन्यास में पृष्ठभूमि के रूप में मजदूर संघों के कार्यकलापों तथा उनकी आन्तरिक राजनीति, उठापटक आदि का चित्रण किया गया है। सुरेन्द्र वर्मा ने *मुझे चाँद चाहिए* में बम्बई के सिनेमा जगत् के ग्लैमर, संघर्ष और काम-सम्बन्धों का चित्रण किया है। जगदम्बा प्रसाद दीक्षित के *मुर्दाघर* (1974) में मुम्बई महानगर की उस जिन्दगी का चित्रण किया गया है, जो सड़कों के किनारे, पुलों पर, गटरों, सीलन और सड़ाँध से भरी झोंपड़ियों में दम तोड़ती है; जहाँ छुतहे रोगों से ग्रस्त आवारा औरतें, भीख माँगने वाले कोढ़ी और अपाहिज, जूठन पर पलने वाले असहाय

बच्चे, चोर, जुआरी आदि रहते हैं।

दिल्ली और मुम्बई की तरह कतिपय उपन्यासकारों ने कलकत्ता महानगर को अपने उपन्यासों की पृष्ठभूमि के रूप में चुना है। राजकमल चौधरी ने बम्बई के साथ साथ कलकत्ता की पृष्ठभूमि में शराब और सेक्स में डूबे पत्रकारों, लेखकों, ठेकेदारों, दलालों और नौकरशाहों, रति-कर्म से जीविकोपार्जन करने वाली यौन-रोग ग्रस्त लड़कियों, गलाकाटू प्रतियोगिता में रत उद्योगपतियों, फिल्मी दुनिया के सफल या पिटे लोगों का चित्रण किया है।

गिरीश अस्थाना ने भी *धूपछाँही रंग* में कलकत्ता के पूँजीपति-उद्योगपति समाज का चित्र प्रस्तुत किया है। भयंकर प्रतियोगिता और आपाधापी से भरे पूँजीपति समाज में बुद्धिजीवी शिक्षित वर्ग अपनी भावना, बुद्धि और संस्कार को गिरवी रखकर, अनेक प्रकार के तनावों को झेलता हुआ घोर मानसिक अशान्ति के मूल्य पर शामिल होता है और एक दिन अपनी सारी ऊर्जा गँवा कर ईख की सिट्ठी की तरह फेंक दिया जाता है। बुद्धिजीवी वर्ग के लिए यह चुनौती आज के बाजारवाद की दुनिया में कितनी कठिन होती जा रही है, इसकी तरफ कथाकार ने बिना अपनी ओर से कुछ कहे संकेत कर दिया है। माहेश्वर ने *तलघर* (1984) में कलकत्ता महानगर की पृष्ठभूमि में निम्नमध्यवर्गीय जीवन की मजबूरियों और त्रासद स्थितियों का तथा सुरेन्द्र तिवारी ने *अन्ततः* (1989) में एक निम्नमध्यवर्गीय युवक की भटकन और उत्पीड़न का यथार्थ अंकन किया है।

प्रभा खेतान ने *तालाबन्दी* (1991), *छिन्नमस्ता* (1993), *अपने अपने चेहरे* (1994), *पीली आँधी* (1996) आदि उपन्यासों में कलकत्ता के महानगरीय परिवेश का बहुत ही विश्वसनीय चित्रण किया है। मारवाड़ियों के राजस्थान से कलकत्ता आकर उद्योगपतियों में रूपान्तरित होने, उनके बनने और बिगड़ने, एक नये प्रकार की संस्कृति को जन्म देने आदि का अंकन उनके उपन्यासों में देखा जा सकता है। *'कलि-कथा वाया बाइपास'* (1998) में अलका सरावगी ने एक मारवाड़ी परिवार की पाँच पीढ़ियों की संघर्ष कथा प्रस्तुत करते हुए कलकत्ता का पूरा इतिवृत्त ही उपलब्ध करा दिया है जिसमें प्लासी युद्ध से लेकर बाबरी मस्जिद विध्वंस तक का इतिहास, जिसमें लालू, राबड़ी, सोनिया आदि भी सम्मिलित हैं, आ गया है।

महानगरों के साथ-साथ लखनऊ, कानपुर, इलाहाबाद, पटना, भोपाल, अहमदाबाद, लाहौर, जालन्धर जैसे औद्योगिक और राज्य-राजधानी स्तर के नगरों तथा काशी, आगरा, मथुरा, झाँसी, शाहजहाँपुर, गया, चम्पारण, झरिया जैसे छोटे-बड़े शहरों और कस्बों के परिवेश में भी भारतीय जीवन के बहु-आयामी यथार्थ का चित्रण किया गया है। शुद्ध मध्यवर्गीय जीवन और समाज के नाना रूपों और सच्चाइयों के अंकन की दृष्टि से ये उपन्यास अत्यन्त महत्त्वपूर्ण हैं। इनका विस्तृत विवरण देना यहाँ अपेक्षित नहीं है। पर कुछ ऐसे उपन्यासों का उल्लेख जरूरी जान पड़ता है, जिनमें नगरों का चरित्र अपनी विशिष्ट पहचान के साथ उपस्थित है।

यों तो लखनऊ अनेक उपन्यासों की कथाभूमि के रूप में उपस्थित हुआ है, पर उसे जैसा विशिष्ट चरित्र अमृतलाल नागर ने अपने उपन्यासों में प्रदान किया है, वह अद्वितीय है। उनके *बूँद और समुद्र* से लेकर *पीढ़ियाँ* तक के गैर-ऐतिहासिक उपन्यासों में लखनऊ केन्द्रीय रूप में, अपने अतीत और वर्तमान की समस्त विविधताओं, ऐतिहासिक परिवर्तनों और समकालीन सच्चाइयों के साथ उपस्थित है। लखनऊ के अतिरिक्त उन्होंने कानपुर,

अयोध्या, मथुरा-वृन्दावन, इलाहाबाद आदि छोटे-बड़े शहरों तथा दिल्ली और बम्बई महानगरों के परिवेश का भी चित्रण किया है, पर उनका मन लखनऊ में ही बसता है। लखनऊ को अपने उपन्यासों की पृष्ठभूमि चुनने वालों में अज्ञेय, डॉ. देवराज, यशपाल, भगवतीचरण वर्मा, गिरिधर गोपाल, राजी सेठ, सुरेन्द्र वर्मा, श्रीलाल शुक्ल आदि भी हैं।

यदि लखनऊ नागर जी के उपन्यासों का खास शहर है तो बनारस (वाराणसी) शिवप्रसाद मिश्र रुद्र और शिवप्रसाद सिंह का लाड़ला शहर है। रुद्र जी ने *बहती गंगा* (1952) में बनारस शहर को ही 'नायक' की भूमिका दे डाली है और शिवप्रसाद सिंह ने अपने तीन उपन्यासों–*वैश्वानर, नीला चाँद* और *गली आगे मुड़ती है* में काशी के वैदिककालीन अतीत से लेकर बीसवीं शताब्दी के सातवें दशक तक के विविध रूपों को प्रस्तुत करने का प्रयास किया है। काशीनाथ सिंह और अब्दुल बिस्मिल्लाह ने भी क्रमशः *अपना मोर्चा* (1972) और *झीनी झीनी बीनी चदरिया* (1986) में काशी को ही कथाक्षेत्र के रूप में प्रस्तुत किया है।

धर्मवीर भारती ने *गुनाहों का देवता* (1949) और *सूरज का सातवाँ घोड़ा* (1952) में इलाहाबाद के परिवेश का अंकन किया था। बाद में लक्ष्मी नारायण लाल, रवीन्द्र कालिया, राही मासूम रज़ा आदि ने भी अपने उपन्यासों के लिए इलाहाबाद के परिवेश का चयन किया। उपेन्द्रनाथ अश्क ने अपने अधिकतर उपन्यासों में अविभाजित और विभाजित पंजाब के लाहौर, जालन्धर आदि शहरों तथा छोटे कस्बों को मध्यवर्गीय जीवन के परिवेश के रूप में ग्रहण किया। रामदरश मिश्र ने *अपने लोग* (1976) में गोरखपुर के कस्बाई परिवेश का बहुत विश्वसनीय चित्रण किया है। अपने एक अन्य उपन्यास *दूसरा घर* में मिश्र जी ने अहमदाबाद का परिवेश लिया है, जहाँ गरीबी और बेरोजगारी की वजह से उत्तर प्रदेश की आबादी का एक बहुत बड़ा हिस्सा जीविका की तलाश में जाता है। इनमें मिलों में काम करने वाले मजदूर, फुटपाथ पर चाय-पान का धन्धा करने वाले दूकानदार, होटलों में चौका-बर्तन करने तथा नाश्ता-चाय देने वाले किशोर और बच्चे, घरों में काम करने वाले नौकर, माली, चपरासी आदि से लेकर स्कूलों और कॉलेजों में कार्यरत हिन्दी के अध्यापक, गुंडे, धन्धेबाज, हिन्दू-मुसलमान, ब्राह्मण-शूद्र सभी तरह के लोग होते हैं। इस चित्रण में उत्तर भारत की जिन्दगी की सारी भद्दगियाँ, सामाजिक अन्तर्विरोध, जातिवादी संकीर्णता, गरीबी और अशिक्षा से उपजी मानसिकता, पैसे के लोभ से पैदा हुई अमानवीयता और भ्रष्टाचार आदि सजीव हो उठे हैं। प्रियंवद के *परछाईं नाच* (2000) में कानपुर के औद्योगिक परिवेश में उस मध्यवर्गीय समाज का चित्रण किया गया है जो अपनी लम्बी गुलामी के खिलाफ ऐतिहासिक लड़ाई की विरासत को भूल कर बहुराष्ट्रीय उद्योगपतियों और फासीवादियों के आकर्षक और रहस्यपूर्ण मकड़जाल की ओर मुग्ध भाव से बढ़ता जा रहा है। यह एक सर्वथा नया विषय है जिसे प्रस्तुत करने के लिए प्रियंवद ने गूढ़ प्रतीकों और फन्तासियों का सहारा लिया है। हृदयेश ने भी अपने उपन्यासों की पृष्ठभूमि के रूप में कस्बों को ही चुना है। इसी प्रकार शानी ने बस्तर को, विवेकी राय और राही ने गाजीपुर को, संजीव ने झरिया और बेतिया को, श्रवणकुमार गोस्वामी ने राँची को, बदीउज़्ज़माँ ने गया को, रवीन्द्र वर्मा ने आगरा और झाँसी को तथा अन्य उपन्यासकारों ने अनेक छोटे शहरों और कस्बों को अपने उपन्यासों के परिवेश के रूप में चित्रित किया है। यह हिन्दी उपन्यास के व्यापक जनजीवन से जुड़े होने का परिचायक है।

ग्रामेतर प्रवर्ग : कला, साहित्य, पत्रकारिता

आजादी के बाद नगरीय परिवेश में कला, साहित्य और पत्रकारिता जगत् की वास्तविकताओं का उद्‌घाटन वाले अनेक उपन्यास हिन्दी में लिखे गये हैं। देवेन्द्र सत्यार्थी के तीन उपन्यास, *कठपुतली* (1954), *दूध गाछ* (1958) और *कथा कहो उर्वशी* (1961) कला जगत् से सम्बन्धित हैं। हिन्दी में कलाकार की साधना और कला की समस्याओं पर आधारित ये पहले उपन्यास हैं। *कठपुतली* में नाटक और रंगमंच से जुड़े कलाकारों की कला साधना को, *दूध गाछ* में संगीत और संगीतकार को तथा *कथा कहो उर्वशी* में मूर्तिकार की संवेदना और साधना को उपन्यास का विषय बनाया गया है। उपन्यासकार के विजन में कला की सबसे बड़ी समस्या है–उसकी निरपेक्ष साधना और व्यवसायीकरण का द्वन्द्व। अनेक कलाकार अपनी कला को बाजार की वस्तु बनाकर जीवन की सुख-सुविधाएँ प्राप्त कर लेते हैं, किन्तु समर्पित कलाकार अभाव की जिन्दगी जीता हुआ भी अपनी कला के साथ कोई समझौता नहीं करता। *कठपुतली* के केन्द्रीय पात्र सुनील, दीपाली, विमल, ज़ीनत, *दूध गाछ* के संगीतकार रुद्रपदम् और *कथा कहो उर्वशी* के मूर्तिकार चतुर्मुख कला के प्रति पूर्णतः समर्पित हैं और साधना की आँच में तप कर अपनी कला को निखारने का प्रयास करते हैं। ये उपन्यास देवेन्द्र सत्यार्थी के कलाविषयक विजन को भी अभिव्यक्त करने में सफल हैं।

मोहन राकेश के *अँधेरे बन्द कमरे* (1961) में नारी के कला की, विशेषकर नृत्य कला की दुनिया में प्रवेश करने की मुश्किलों का अंकन किया गया है। इस प्रयास में किस तरह दाम्पत्य जीवन में दरारें पैदा होती हैं और कला से जुड़ी स्त्री घुटन और अपमान की जिन्दगी जीने को विवश होती है इसी का चित्रण उपन्यासकार का लक्ष्य है। गिरीश अस्थाना के *धूपछाँही रंग* का केन्द्रीय पात्र सुकान्त भी मूलतः एक चित्रकार है, जिसे जीविकोपार्जन के लिए कभी युद्ध में भरती होना पड़ता है और कभी किसी औद्योगिक संस्थान में काम करना पड़ता है। सुकान्त के कला-संघर्ष का उपन्यासकार ने बहुत प्रभावशाली चित्रण किया है। बदीउज़्ज़मा ने *एक चूहे की मौत* (1971) में समसामयिक आधुनिक पूँजीवादी व्यवस्था में ईमानदार कलाकार की विवशता का चित्रण किया है, जो जीविकोपार्जन के लिए किसी कार्यालय में बाबू का काम करता है और एक घटिया, पर व्यवस्था से जुड़ा चालाक कलाकार उसकी कलाकृति को हड़पकर प्रसिद्धि प्राप्त कर लेता है। इस क्रूर परिवेश में कलाकार की कितनी दयनीय मौत होती है, इसका बदीउज्जमा ने प्रतीकात्मक प्रविधि में शक्तिशाली वर्णन किया है। रमेश उपाध्याय के उपन्यास *हरे फूल की खुशबू* (1991) में कला की दुनिया में व्याप्त झूठ, छद्‌म और व्यर्थता को उजागर किया गया है। सुरेन्द्र वर्मा ने *मुझे चाँद चाहिए* (1993) में अभिनय कला के लिए किए जाने वाले कलाकार के संघर्ष का गहरे पीड़ा-बोध और कलात्मक संयम के साथ अंकन किया है। यद्यपि कलाकार के रूप में वर्षा, हर्ष, चतुर्भुज आदि के संघर्ष ज्याँ क्रिस्ताफ के संघर्ष के समकक्ष नहीं हैं, पर वे उपेक्षणीय भी नहीं हैं। इनमें विशेष रूप से हर्षवर्धन का कला-संघर्ष तीखा और त्रासद प्रभाव पैदा करता है। प्रकाश मनु के *पापा के जाने के बाद* (1998) में भी एक ईमानदार और अपनी कला के प्रति पूरी तरह से समर्पित चित्रकार के संघर्ष की कहानी कही गयी है।

पत्रकारिता जगत् के यथार्थ के चित्रण में भी आजादी के बाद के उपन्यासकारों ने गहरी

रुचि प्रदर्शित की है। यशपाल ने *झूठा सच* के प्रथम भाग 'वतन और देश' (1958) में जयदेव पुरी के रूप में एक भ्रष्ट और अपने स्वार्थों के लिए हर तरह का समझौता करने वाले पत्रकार का चित्रण किया है। *बूँद और समुद्र* (1956) और *पीढ़ियाँ* (1990) में अमृतलाल नागर ने सजग पत्रकारों की समाज के प्रति सकारात्मक भूमिका पर प्रकाश डाला है। मोहन राकेश के *अँधेरे बन्द कमरे* में भी पत्रकारों की अन्दरूनी जिन्दगी, उनके परिवेश से संघर्ष, समझौते तथा तज्जन्य निराशा और कुंठा का अंकन किया गया है। धर्मेन्द्र गुप्त के *नगर पुत्र हँसता है* (1978) में केन्द्रीय पात्र गुणाकर के माध्यम से पत्रकार जीवन की भटकन और अस्थिर जिन्दगी का चित्रण किया गया है। इस उपन्यास के पत्रकार को जीविकोपार्जन के लिए बार बार पेशा बदलना पड़ता है; कॉफी हाउस में मित्रों के साथ समकालीन राजनीतिक गतिविधियों पर निरर्थक बहस करना, चाय-कॉफी और शराब में अपने जीवन की व्यर्थता को भुलाने का प्रयास करना, लड़कियों के साथ सुख की कतिपय घड़ियाँ काट लेना, यही सब उसकी दिनचर्या है, जो दिल्ली के आम पत्रकारों की जिन्दगी का सच है। शैलेश मटियानी के *आकाश कितना अनन्त है* (1979) में एक ईमानदार, निडर, सिद्धान्तों के प्रति समर्पित, आम जनता के दुख दर्द से जुड़े फाकेमस्त पत्रकार का व्यवस्था से संघर्ष चित्रित किया गया है। इस कथा संसार में एक भ्रष्ट पत्रकार भी है, जिसके रसूख सत्तासीन मन्त्रियों से हैं और जो उनके साथ अनेक भ्रष्ट कांडों में लिप्त है। विश्वम्भरनाथ उपाध्याय के *भूतनाथ* (1986) में एक जनहितैषी और लड़ाकू पत्रकार का चित्रण किया गया है, जो विचारों से व्यवस्थाविरोधी, क्रान्तिकारी तथा देवकीनन्दन खत्री के प्रसिद्ध पात्र 'भूतनाथ' की तरह छली-बली है और अमरीकी जासूसों के कारनामों का अपने 'कारनामों' से भंडाफोड़ करता है। जाहिर है कि इस चित्रण में यथार्थ कम, लेखक का इच्छित स्वप्न अधिक है। निर्मल वर्मा के *रात का रिपोर्टर* (1989) में आपात स्थिति (1975 ई.) के दौरान एक पत्रकार के मन में व्याप्त आतंक, अविश्वास, रहस्य और मानसिक यातना की भावदशाओं का अंकन हुआ है। प्रकाश मनु के *यह जो दिल्ली है* (1993) पत्रकारिता संसार की घिनौनी वास्तविकताओं का प्रामाणिक दस्तावेज है। पत्रकारिता की दुनिया में व्याप्त मूल्यहीनता, नये पत्रकारों का शोषण और एक ईमानदार पत्रकार का इस परिवेश की विरूपताओं से संघर्ष इस उपन्यास में बहुत संजीदगी के साथ सामने आता है। उपन्यासकार के विजन में एक आदर्श पत्रकार का सपना है, पर उस सपने को तोड़ने में उसे कोई हिचक नहीं होती, क्योंकि यही सच है। धीरेन्द्र अस्थाना के *हलाहल* (1988) और *गुजर क्यों नहीं जाता* (1997) तथा गिरीश पंकज के *मिठलबरा की आत्मकथा* (1999) में भी पत्रकारिता की दुनिया की विरांगतियों और पत्रकारों की मानसिक बेचैनी का चित्रण किया गया है। भीष्म साहनी के *नीलिमा नीलू नीलोफर* (2000) का भी केन्द्रीय पात्र एक पत्रकार है, जो एक मुसलमान लड़की से प्रेम और विवाह करने के कारण हिन्दू और मुस्लिम दोनों समाजों का कोपभाजन बनता है। मृणाल पांडेय के *रास्तों पर भटकते हुए* (2000) में समकालीन उपभोक्तावादी युग में धन और सत्ता की दौड़ में मानवीय मूल्यों को बिलकुल दरकिनार कर देने वाले पत्रकारों का चित्रण किया गया है।

आजादी के बाद के उपन्यासों में लेखक का सन्दर्भ पहली बार अमृतलाल नागर के उपन्यासों में आता है। *बूँद और समुद्र* में एक साहित्यकार की विवश जिन्दगी का अंकन किया गया है। उनके *अमृत और विष* (1966) का तो केन्द्रीय पात्र ही एक लेखक है जिसकी

संवेदनशील प्रतिक्रियाओं, समकालीन जीवन पर आलोचनात्मक टिप्पणियों और मध्यवर्गीय कठोर वास्तविकताओं से उपन्यास का कलेवर निर्मित होता है। विवेकी राय के *मंगल भवन* का केन्द्रीय पात्र भी एक लेखक ही है, जिसके ग्रामीण मध्यवर्गीय जीवन के अनुभवों से पूरा उपन्यास निर्मित हुआ है।

मोहन राकेश के *अँधेरे बन्द कमरे* में स्वतन्त्रता-प्राप्ति के बाद दिल्ली की पृष्ठभूमि में लेखकों की अन्दरूनी जिन्दगी, परिवेश से संघर्ष और समझौते तथा तज्जन्य निराशा और कुंठा का चित्रण किया गया है। नरेश मेहता के *यह पथ बन्धु था* (1962) में एक लेखक के स्वाभिमान को उसकी सारी तकलीफों के साथ चित्रित किया गया है। निर्मल वर्मा के *एक चिथड़ा सुख* (1979) में कतिपय बुद्धिजीवी लेखकों के एक साथ रहते हुए भी अलग-अलग जीने के अनुभव को, मानव सम्बन्धों की जटिलता और गहरी उदासीनता के बीच सुख की तलाश को, बहुत बारीक रूप में प्रस्तुत किया गया है। मृदुला गर्ग के *चित्तकोबरा* (1979) में एक संवेदनशील लेखिका के नीरस, प्रेरणारहित, पति और बच्चों वाली ऊब-भरी दुनिया में सर्जनात्मकता की प्रेरक शक्ति के रूप में एक व्यक्ति के प्रवेश से उत्पन्न आवेगात्मक, नैतिक और रचनात्मक तूफान का अंकन हुआ है। पंकज बिष्ट के *लेकिन दरवाजा* (1982) में दिल्ली के समकालीन लेखक-समाज की जिन्दगी का चित्र प्रस्तुत किया गया है। आजादी के बाद विकसित हिन्दी लेखक समुदाय की आन्तरिक पहचान प्रस्तुत करने वाला यह उल्लेखनीय उपन्यास है। इसमें साहित्य रचना को भौतिक सुख-सुविधाओं का साधन मानने वाली लेखकीय मानसिकता का अंकन हुआ है । पंकज बिष्ट ने सामाजिक सरोकारों से कटे, कार-फ्रिज-टी.वी.-शराब-लड़की की संस्कृति के पीछे अन्धी दौड़ में शामिल रचनाकारों की लेखकीय मूल्यान्धता का चित्रण किया है। मृदुला गर्ग के *मैं और मैं* (1984) में महानगरीय परिवेश में लेखक-समाज की चारित्रिक विकृतियों का उद्‌घाटन किया गया है। प्रकाश मनु के *कथा सर्कस* (1995) में तरह-तरह के लेखक, जो शुद्ध साहित्य के साथ-साथ मीडिया के अन्य माध्यमों से भी जुड़े हुए हैं, अपना करतब दिखाते प्रस्तुत किये गये हैं। यह लेखकीय दुनिया भी पाखंड से भरी, मूल्यों से रहित, सुविधाओं के लिए समझौते करने वाली और बिकाऊ है। जगदीश चतुर्वेदी के *कनाट प्लेस* (2000) में एक युवक के लेखक के रूप में स्थापित होने की कथा के माध्यम से दिल्ली के साहित्यिक जगत् के छद्‌म को उद्‌घाटित करने का प्रयास किया गया है।

इस तरह कला, साहित्य और पत्रकारिता जगत् की नंगी सच्चाइयों के उद्‌घाटन में हिन्दी के उपन्यासकारों ने अपने अनुभवों के प्रति ईमानदारी का परिचय दिया है।

स्त्री-विमर्श

यह एक रोचक तथ्य है कि हिन्दी उपन्यास का आरम्भ 'स्त्री-विमर्श' से हुआ तथा आजादी-पूर्व के उपन्यासों में किसानों के बाद स्त्री की समस्याओं को ही प्रमुख स्थान मिला। इसका कारण उपन्यासकारों का नवजागरण की चेतना से प्रभावित होना था। पर उस समय के पुरुष उपन्यासकारों ने परम्परागत नारी संहिता के चौखटे में ही स्त्री के 'उद्धार' की बात की। स्त्री के लिए उस घेरे के बाहर निकलने का कोई द्वार नहीं था। पर आजादी मिलने और विशेषकर

भारतीय संविधान लागू होने के बाद भारतीय समाज में स्त्री की स्थिति में जबरदस्त बदलाव आ गया। इसे नारी सम्बन्धी नवजागरण का दूसरा चरण कहा जा सकता है। इस दशक में स्त्री शिक्षा के प्रति अभूतपूर्व जागरूकता तो पैदा हुई ही, पर सबसे बड़ी घटना 'हिन्दू कोड बिल' के पारित होने के रूप में घटी। इस कानून ने भारतीय नारी को सदियों से चले आ रहे अनेक आर्थिक, सामाजिक और नैतिक पक्षपातों से मुक्त कर दिया। इसका यह अर्थ नहीं कि हिन्दू कोड बिल के पारित होते ही समाज में नारी की स्थिति रातोरात बदल गयी। पर यह नारी मुक्ति का पहला शंखनाद अवश्य था। इसकी अभिव्यक्ति आर्थिक, सामाजिक, शैक्षिक, सांस्कृतिक, राजनीतिक सभी क्षेत्रों में हुई। इसके बाद धीरे-धीरे न केवल नारी के प्रति पुरुष वर्ग की मानसिकता में बदलाव आया बल्कि नारी भी अपने अधिकारों के प्रति अधिकाधिक सजग होने लगी। यद्यपि बीसवीं सदी की समाप्ति पर भी नारी अपने अधिकारों के लिए संघर्ष ही कर रही है, पर वह संघर्ष अब काफी तेज हो चुका है।

हिन्दी उपन्यास में विगत पचास वर्षों में नारी की स्थिति में आए बदलाव का ग्राफ बहुत साफ तौर पर देखा जा सकता है। आजादी के बाद के दशक में प्रबुद्ध उपन्यासकारों द्वारा नारी की पीड़ा का संवेदनापूर्ण अंकन हुआ। यशपाल ने *मनुष्य के रूप* (1949) में पुरुषप्रधान व्यवस्था में नारी के मात्र भोग की वस्तु होने की नियति का चित्रण किया। *झूठा सच* (1958-60) में भी उन्होंने स्त्री की विवशता की कहानी बड़े शक्त रूप में प्रस्तुत की। नागार्जुन ने *रतिनाथ की चाची* (1948), *बलचनमा* (1952), *नयी पौध* (1953) आदि उपन्यासों में जीवितमृत होने की पीड़ा भुगतती विधवाओं, अशक्त बूढ़ों के साथ विवाह-बन्धन में बाँध दी जाने वाली आठ-आठ, दस-दस वर्ष की बालिकाओं और कौलीन्य के नाम पर किसी भी उम्र के पुरुष के साथ ब्याह दी जाने वाली दर्जनों कन्याओं की नियति का अंकन किया। भैरव प्रसाद गुप्त ने भी *गंगा मैया* (1952), *सत्ती मैया का चौरा* (1959) आदि उपन्यासों में सामन्ती व्यवस्था के अन्तर्विरोधों के बीच स्त्री की नियति तथा सभी वर्गों में समान रूप से नारकीय स्थितियों से गुजरती स्त्री की भाग्यगाथा प्रस्तुत की।

इसी दशक में रेणु ने *मैला आँचल* (1954) में लक्ष्मी के चरित्र के रूप में मठों में महन्तों द्वारा स्त्री के देह-शोषण का रोमांच पैदा करने वाला अंकन किया। लक्ष्मी के चरित्र में भी रूपान्तरण होता है, पर उसके पास कोई विकल्प नहीं है। गनेश की नानी के रूप में किसी असहाय स्त्री को 'डायन' पोषित कर उस पर किए जाने वाले अमानवीय अत्याचार का चित्रण भी बहुत मार्मिक है। मिथिलेश्वर ने भी युद्धस्थल (1981) में अन्धविश्वास के कारण किसी स्त्री को डायन घोषित कर उसे जीने के अधिकार से वंचित कर दिये जाने का संवेदनापूर्ण अंकन किया है। अमृतलाल नागर के *बूँद और समुद्र* (1956) तथा *अमृत और विष* (1966) में सामन्ती मूल्यों में जकड़ी नारी की विवशता, घुटन, कुंठा, उत्पीड़न और उससे मुक्ति के लिए उसके संघर्ष का चित्रण हुआ है। उन्हीं के *नाच्यो बहुत गोपाल* (1978) में स्त्री के देह-शोषण और दलित स्त्री की नारकीय जिन्दगी का चित्रण किया गया है।

सातवें दशक के कुछ उपन्यासकारों ने समाज में स्त्री के प्रति होने वाले अत्याचार और उत्पीड़न का गहरी संवेदनशीलता के साथ अंकन किया है। राजेन्द्र यादव ने *सारा आकाश* (1960) में मध्यवर्गीय परिवारों में नव वधुओं को दी जाने वाली यातना का चित्रण किया है। नरेश मेहता ने भी *यह पथबन्धु था* (1962) और *उत्तरकथा* (1979) में सरो और दुर्गा

की संघर्षपूर्ण जीवनगाथा के रूप में मध्यवर्गीय परिवारों में घुट-घुट कर जीवन व्यतीत करने वाली भारतीय स्त्री के पारिवारिक शोषण, अत्याचार और पीड़न का झकझोरने वाला अंकन किया है। पर भारतीय स्त्री के चरित्र में जो परिवर्तन आ रहा था उसकी झलक सरो और दुर्गा के चरित्रों में दिखाई पड़ती है। दुर्गा जीवन-संघर्ष में पराजित हो जाने वाली सरो से अलग विश्वास, धैर्य, सहनशीलता, सदाशयता और चट्टानी दृढ़ता की सजीव मूर्ति के रूप में सामने आती है।

सातवें दशक में ही शैलेश मटियानी ने *चिट्ठीरसैन* (1961), *चौथी मुट्ठी* (1961), *मुख सरोवर के हंस* (1962), *एक मूठ सरसों* (1962) आदि उपन्यासों में पहाड़ी अंचल की स्त्री की पीड़ा को, बहुत मार्मिक रूप में प्रस्तुत किया है। नारी की अभिशप्त नियति का मटियानी बहुत मार्मिक अंकन करते हैं। स्त्री का देह-शोषण केवल उसका पति ही नहीं करता, बल्कि धर्म-रक्षा के ठेकेदार और असामाजिक तत्त्व भी करते हैं। पंकज बिष्ट के *उस चिड़िया का नाम* (1989) और क्षितिज शर्मा के *उकाव* (1992) में पहाड़ की स्त्रियों की दयनीय स्थिति और पुरुष समाज द्वारा उनके शोषण का चित्रण किया गया है। पर *उकाव* की श्यामा का अपनी मुक्ति के लिए परिस्थितियों से संघर्ष, उसकी दुर्धर्ष जीवनी शक्ति और अपने लक्ष्य पर पहुँचने की जिद आज की उभरती नारी-शक्ति का परिचायक है।

स्त्री-शिक्षा के प्रसार और पढ़ी-लिखी स्त्रियों के स्वावलम्बी होने की प्रक्रिया के साथ उनके जीवन में अनेक नयी समस्याएँ भी पैदा हुईं। इसके पहले लड़कियों के विवाह की कोई समस्या नहीं थी। जैसे तैसे माता-पिता उनका विवाह कर ही देते थे चाहे उसके बाद उनके भाग्य में जो हो। पर शिक्षा और नौकरी की सुविधा मिलने पर लड़कियाँ बड़ी उम्र तक अविवाहित रहने लगीं। विवाहपूर्व प्रेम और काम-सम्बन्ध की स्थितियाँ भी पैदा होने लगीं। पर समाज के संस्कार, जाति-धर्म से सम्बद्ध रूढ़ियाँ और मान्यताएँ, तिलक-दहेज की प्रथा और परम्परागत नारी संहिता ज्यों की त्यों विद्यमान रही। इन परस्परविरोधी स्थितियों के द्वन्द्व से ग्रस्त पढ़ी-लिखी कन्याओं की मानसिकता का चित्रण सातवें दशक के उपन्यासों में दिखाई देता है। उषा प्रियंवदा के *पचपन खम्भे लाल दीवारें* (1961) में सीमित आय वाले मध्यवर्गीय परिवार की एक पढ़ी-लिखी, नौकरीपेशा, अधिक उम्र तक अविवाहित रह जाने वाली लड़की के मानसिक तनाओं और संघर्षों का अंकन हुआ है। परम्परागत नैतिक-सामाजिक मूल्यों के तड़कने की पीड़ा को भी लेखिका ने गहरी संवेदनशीलता के साथ व्यक्त किया है। इसके साथ जुड़ी प्रेमकथा में एक रूढ़िग्रस्त, नैतिक वर्जनाओं से ग्रस्त समाज में शिक्षित युवती की अपने कम उम्र के प्रेमी से विवाह न कर पाने की विवशता और तनाव का, जो जितना बाहरी है उतना ही आन्तरिक भी, प्रभावशाली चित्रण हुआ है।

उच्चतर शिक्षा ने स्त्रियों को स्वावलम्बी ही नहीं बनाया, बल्कि उन्हें अपनी अस्मिता और अधिकारों के प्रति जागरूक भी बनाया। उनमें परम्परागत नारी संहिता और संस्कारों के प्रति विद्रोह का भाव पैदा हुआ। इसके चलते वह भटकाव की भी शिकार हुई। उषा प्रियंवदा ने *रुकोगी नहीं राधिका* (1967) में आधुनिक नारी के भटकाव, पीड़ा और विद्रोह का चित्रण किया है। राधिका उस आधुनिक स्त्री का प्रतिनिधित्व करती है जो परम्परागत मूल्यों और नैतिक तथा आचरणगत विधान को स्वीकार नहीं करती। अविवाहित अवस्था में ही पुरुषों के साथ रहने, यहाँ तक कि उनसे देह सम्बन्ध स्थापित करने में भी वह किसी संकोच, कुंठा

या अपराध बोध से ग्रस्त नहीं होती। रुकोगी नहीं राधिका में अनेक बाधाओं के बीच निरन्तर मुक्ति के मार्ग पर अग्रसर हो रही आधुनिक नारी की कथा कहना ही लेखिका का उद्देश्य है। सुनीता जैन ने भी लगभग इसी समय प्रकाशित *बोज्यू* (1965), *सफर के साथी* (1966), *बिन्दु, अनुगूँज, मरणातीत* (1977) आदि उपन्यासिकाओं में विदेशी परिवेश में आधुनिक स्त्री के नैतिक संकट, दाम्पत्य जीवन में सामंजस्य की समस्या आदि का चित्रण किया है।

सातवें दशक से ही हिन्दी उपन्यास में ऐसी स्त्रियों का चित्रण होने लगता है जो शिक्षित और आर्थिक दृष्टि से स्वावलम्बी होने पर भी पुरुष की संस्कारजन्य कुंठाओं की शिकार होती है। पुरुष उसे अपनी 'वस्तु' समझता है और उसके चरित्र पर शक करना तथा उसे शारीरिक और मानसिक रूप से प्रताड़ित करना अपना अधिकार मानता है। यह स्त्री-शिक्षा के विकास और संस्कारजन्य मूल्यों के संघर्ष का अनिवार्य परिणाम था। राजेन्द्र यादव के प्रायः सभी लघु उपन्यासों में प्रेम और दाम्पत्य जीवन का द्वन्द्व किसी न किसी रूप में दिखाई देता है। इन उपन्यासों के प्रेमी-प्रेमिका बिना विवाह सम्बन्ध में बँधे एक साथ रहने का निश्चय करते हैं, पर इसकी अन्तिम परिणति क्या होगी, लेखक के पास इसका कोई उत्तर नहीं है। अमृत राय के *भटियाली* (1969) में प्रेम और रूढ़ संस्कारों के द्वन्द्व में अनिर्णय की पीड़ा झेलती हुई एक अविवाहित युवती के मनोभावों का अंकन हुआ है। शशिप्रभा शास्त्री के *अमलताश* (1968) में एक ऐसी शिक्षित स्त्री की कथा प्रस्तुत की गयी है जो परम्परागत भारतीय पत्नी की भूमिका ईमानदारी के साथ निभाने पर भी पति का प्रेम और सम्मान नहीं प्राप्त कर पाती और परित्यक्ता का जीवन व्यतीत करने को बाध्य है। मृदुला गर्ग के लगभग सभी उपन्यासों में आधुनिक नारी की जटिल मानसिकता और अस्मिता का संघर्ष देखा जा सकता है। *उसके हिस्से की धूप* (1975) में एक आधुनिक स्त्री के प्रेम का त्रिकोणात्मक संघर्ष बिलकुल नये रूप में, परम्परागत मूल्यों और भावुकता की मानसिकता को नकारते हुए, प्रस्तुत किया गया है। परम्परागत विवाह की एकरसता, पति की उदासीनता तथा सर्जनशील मन की निष्क्रिय बेचैनी से ऊब कर, भावुकता के प्रवाह में, प्रेम और विवाह के नये सम्बन्ध स्थापित करना और उससे भी ऊब कर प्रथम पति की ओर आकृष्ट होना 'आधुनिक' नारी की ही समस्या हो सकती है। इसी स्थिति का अंकन केन्द्रीय पात्र मनीषा के मनोभावों, अन्तर्द्वन्द्वों, सोचों, प्रतिक्रियाओं और अवचेतन में सुप्त कामनाओं के विश्लेषण द्वारा किया गया है। *चित्तकोबरा* (1979) में एक संवेदनशील लेखिका के नीरस, प्रेरणारहित, ऊब-भरी, पति और बच्चों वाली दुनिया में सर्जनात्मकता की प्रेरक शक्ति के रूप में एक व्यक्ति के प्रवेश के फलस्वरूप उत्पन्न आवेगात्मक, नैतिक और रचनात्मक तूफान का अंकन किया गया है। गोविन्द मिश्र ने *तुम्हारी रोशनी में* (1985) में स्त्री की अस्मिता से जुड़े सवालों को गहरी संवेदनशीलता और तर्क के साथ प्रस्तुत किया है। इस उपन्यास की केन्द्रीय पात्र सुवर्णा के लिए जीवन खुशी का पर्याय है जिसे पाने के लिए वह परम्परागत दाम्पत्य संहिता की परवाह नहीं करती। यौन शुचिता, कौमार्य और केवल पति से यौन सम्बन्ध नारी संहिता के अनुल्लंघ्य नियम हैं और जो भी स्त्री जाने-अनजाने इनका उल्लंघन करती है उसे समाज का कोपभाजन बनना पड़ता है। स्त्री को अपने भोग की वस्तु समझने वाला पुरुष इस बात को बर्दाश्त नहीं कर पाता कि विवाह के पूर्व कोई दूसरा उसके साथ शारीरिक सम्बन्ध स्थपित कर चुका है। शानी के *नदी और सीपियाँ* (1970) में उस पुरुष मानसिकता का अंकन हुआ है जिसमें नवविवाहिता

लड़की के चरित्र का मूल्यांकन उसके अक्षतयोनि होने की कसौटी पर किया जाता है और अन्यथा होने पर उसका जीवन नरक बना दिया जाता है। इसी समस्या को ममता कालिया ने *बेघर* (1971) में और भी तल्ख रूप में प्रस्तुत किया है।

हिन्दू कोड बिल पारित होने के बाद स्त्री को असफल दाम्पत्य की स्थिति में पति से सम्बन्ध-विच्छेद का अधिकार तो प्राप्त हो गया, पर इसके साथ अनेक प्रकार की समस्याएँ भी पैदा हुईं, जिनके चित्रण में महिला उपन्यासकारों ने अद्‌भुत संवेदनशीलता का परिचय दिया। मन्नू भंडारी ने *आपका बंटी* (1971) में तलाकशुदा पति-पत्नी और उनकी शिशु सन्तान को केन्द्र में रखकर आधुनिक स्त्री की जटिलता से भरी जिन्दगी का चित्रण किया है। दाम्पत्य सम्बन्ध का विघटन और नये सिरे से नये सम्बन्ध बनाकर जीने का आग्रह आधुनिक जीवन की एक सच्चाई है, पर इस स्थिति की जटिलता तब चुनौतीपूर्ण और त्रासद हो जाती है जब इसके बीच कोई संवेदनशील शिशु आ खड़ा हो जाता है। मन्नू भंडारी ने इस जटिल स्थिति को गहरी संवेदनशीलता और तीखे यथार्थबोध के साथ प्रस्तुत किया है। इसी प्रकार सूर्यबाला ने *यामिनी कथा* (1991) में पुनर्विवाह और सन्तान की समस्या को एक दूसरे कोण से प्रस्तुत किया है। उन्होंने इस उपन्यास में एक विभक्त माँ और विभक्त पत्नी के मानसिक तनाव और अनेकस्तरीय यातना तथा वर्तमान पति और पूर्व पति से उत्पन्न सन्तान के प्रति निष्ठाओं के बीच तनाव झेलती स्त्री का बेहद झकझोरने वाला चित्रण किया है। राजी सेठ ने पुनर्विवाह की समस्या के एक दूसरे पक्ष को लिया है। उन्होंने *तत्-सम* (1983) में एक पढ़ी-लिखी, युवा, आर्थिक दृष्टि से स्वावलम्बी स्त्री की नये सिरे से जीने की समस्या को गहरे संवेदनात्मक स्तर पर प्रस्तुत किया है। यद्यपि अब स्त्री के लिए, पति की मृत्यु हो जाने पर, पुनर्विवाह कोई समस्या नहीं है, पर एक संवेदनशील स्त्री के लिए द्वितीय सहयात्री या पति के चुनाव का प्रश्न भी भारतीय संस्कारों के परिप्रेक्ष्य में कम जटिल नहीं है। राजी सेठ ने इस समस्या को इसी मनोवैज्ञानिक परिप्रेक्ष्य में प्रस्तुत करने का प्रयास किया है। चन्द्रकान्ता के *अपने अपने कोणार्क* (1995) में भी एक ऐसी स्त्री की पीड़ा भरी स्थिति प्रस्तुत की गयी है, जो पढ़ी-लिखी और आर्थिक दृष्टि से स्वावलम्बी होने पर भी रूढ़िवादी संस्कारों से ग्रस्त परिवार, तिलक-दहेज की प्रथा, अपने स्वाभिमान और परिवार की स्वयं ओढ़ी जिम्मेदारियों के चलते बड़ी उम्र तक अविवाहित रह जाती है। उसके सामने भी अपनी जिन्दगी को व्यवस्थित करने की समस्या है, जो अन्ततः हल भी होती है, पर इस बीच उसे जिन असह्य पीड़ादायक स्थितियों से गुजरना पड़ता है, उनका अंकन चन्द्रकान्ता ने प्रभावशाली रूप में किया है।

नासिरा शर्मा ने *शाल्मली* (1987) में आधुनिक परिस्थितियों में पति-पत्नी की समस्या को एक नये कोण से उभारने की कोशिश की है। परम्परागत हिन्दू समाज में पत्नी का पति से अलग कोई व्यक्तित्व नहीं होता। समस्त संवैधानिक अधिकारों के बावजूद भारतीय स्त्री, चाहे वह शिक्षाप्राप्त और उच्च पदाधिकारी ही क्यों न हो, पारिवारिक और सामाजिक शोषण की शिकार बनी हुई है। औसत पति आज भी पत्नी को 'अपनी चीज' समझता है और पत्नी पति की अनुगता होना अपना धर्म मानती है। दाम्पत्य जीवन का यह सन्तुलन तब बिगड़ता है जब स्त्री अपने पति की तुलना में अधिक या समान योग्य और आर्थिक दृष्टि से स्वतन्त्र हो जाती है। नासिरा शर्मा ने इन्हीं परिस्थितियों में शाल्मली और नरेश के दाम्पत्य जीवन की

कडुवाहट और घुटन का, नरेश की कमीनी मानसिकता और हरकतों तथा शाल्मली की ठंडी प्रतिक्रियाओं और पत्नी के परम्परागत समर्पण भाव का अंकन किया है। गिरिराज किशोर ने *तीसरी सत्ता* (1982) में और मंजुल भगत ने *तिरछी बौछार* (1984) में स्त्री के शिक्षा-सम्पन्न और आर्थिक दृष्टि से स्वावलम्बी होने पर दाम्पत्य सम्बन्ध में आने वाली उन जटिलताओं का चित्रण किया है जहाँ पति पत्नी को अपनी 'वस्तु' समझता है और उसके चरित्र पर शक करना तथा उसे शारीरिक और मानसिक रूप से प्रताड़ित करना अपना अधिकार समझता है।

प्रश्न यह है कि इस परिस्थिति में नारी की भूमिका क्या हो? वह अपने संवैधानिक अधिकारों का उपयोग करते हुए आततायी पति से छुटकारा प्राप्त कर ले या धैर्य और विवेक के साथ अपने अधिकारों की रक्षा करते हुए परिवार को टूटने से बचाने के लिए संघर्ष करे? नासिरा शर्मा दूसरे विकल्प की पक्षधर हैं। शाल्मली का चरित्र उनकी इस वैचारिक दृष्टि का निदर्शन है। वह कहती है, "मेरा विश्वास न घर छोड़ने पर है न अपने को किसी एक के लिए स्वाहा करने में है। मैं तो घर के साथ औरत के अधिकार की कल्पना भी करती हूँ और विश्वास भी।" यह नारी-दृष्टि, जो किंचित् विवादास्पद है, नासिरा शर्मा के कथा-लेखन को परिचालित करती है। मंजुल भगत के *तिरछी बौछार* में पत्नी अपने प्रेम के अधिकार के प्रति सजग होते हुए भी दाम्पत्य जीवन की जिम्मेदारी को नजरअन्दाज नहीं करती। गिरिराज किशोर के *तीसरी सत्ता* की पत्नी रमा तो, जो डाक्टर है, नौकरी छोड़कर परम्परागत नारकीय जीवन को स्वीकार कर लेती है। यह ऐसा समझौता है जिसका कोई तर्क नहीं है।

कठगुलाब (1996) में मृदुला गर्ग का नारी विषयक निष्कर्ष यह है कि स्त्री चाहे भारत की हो या अमेरिका की, उच्च वर्ग की हो या निम्न वर्ग की, पुरुष द्वारा श्रम और सेक्स दोनों रूपों में देह-शोषण उसकी नियति है। फिर नारी-मुक्ति की दिशा क्या है? यह सवाल आज की समस्त महिला लेखकों के सामने है। क्या यह मुक्ति उग्र नारीवाद में है जहाँ स्त्री पुरुष को 'नर सूअर' के रूप में देखती है या नारी के उस स्वाभिमान और स्वावलम्बन के मार्ग में जहाँ वह आर्थिक और सामाजिक दृष्टि से अपने पैरों पर पूरी तरह से खड़ी रहकर भी अपना सन्तुलन नहीं खोती और उन मूल्यों की रक्षा करती है जो मनुष्य मात्र को सहज जीवन प्रदान करते हैं। लेखिका कदाचित् दूसरे विकल्प की ओर झुकी हुई है।

समाज कोई भी हो, स्त्री पुरुष के शोषण और दमन से मुक्त नहीं है। मेहरुन्निसा परवेज के *आँखों की दहलीज* (1969) और *कोरजा* (1977) में मुस्लिम समाज की तथा *उसका घर* (1972) में ईसाई परिवार की कहानी कही गयी है। मेहरुन्निसा की विशेष औपन्यासिक पहचान इन दोनों ही समाजों में पुरुष समाज द्वारा स्त्री के देह-शोषण के संवेदनापूर्ण अंकन में निहित है। *उसका घर* में एक पीड़ित स्त्री एक स्थान पर कहती है, "औरत तो जूठा खाने की आदी ही होती है, चाहे खाने के मामले में हो, चाहे शारीरिक सम्बन्ध में हो।" मेहरुन्निसा के सभी उपन्यासों में औरत लाचारी की जिन्दगी जीती दिखाई देती है। *आँखों की दहलीज* में मातृत्व-क्षमता से रहित, एक टूटी-हारी मुसलमान युवती अनचाही परिस्थितियों में एक विवाहित युवक से रति-सम्बन्ध स्थापित करती है, जो स्वयं तो बेदाग निकल जाता है, पर लड़की मानसिक कुंठा और अवसाद की शिकार होकर दुःखद अन्त को प्राप्त होती है। यह रति-सम्बन्ध वर्जित है तो केवल स्त्री के लिए, पुरुष के लिए नहीं। स्त्री की इस नियति को

उसका घर में और भी गहरी पीड़ा के साथ प्रस्तुत किया गया है। इस उपन्यास का परिवेश ईसाई समाज का है, पर वहाँ भी स्त्री की स्थिति मुस्लिम या हिन्दू समाज से भिन्न नहीं है। यहाँ सगा भाई अपनी तलाकशुदा बहन को अपने बॉस की भोग्या बनने को विवश करता है। भाई हो या बॉस, दोनों के लिए स्त्री भोग की वस्तु मात्र है। *कोरजा* में भी स्त्री भिन्न-भिन्न प्रकार से पति या अन्य पुरुषों के उत्पीड़न और यौन-शोषण की शिकार बनती है। निस्सन्देह, मेहरुन्निसा परवेज ने अपने उपन्यासों में नारी-शोषण के विभिन्न रूपों को गहरी संवेदना के साथ प्रस्तुत किया है।

नासिरा शर्मा के *ठीकरे की मँगनी* (1989) का कथासंसार मुस्लिम समाज से जुड़ा हुआ है। उपन्यास में लेखिका एक स्थान पर कहती है, "एक घर औरत का अपना भी तो हो सकता है, जो उसके बाप और शौहर के घर से अलग, उसकी मेहनत और पहचान का हो। सवाल रास्ता चुनने का और उस पर दृढ़तापूर्वक चलने का है। इस प्रक्रिया में कुछ अपने को हालात के हवाले कर देते हैं, कुछ सर झुका देते हैं, कुछ अपने को मिटा देते हैं और कुछ इस टूटन को एक नया अर्थ देकर यह बताते हैं कि यही जीवन का अन्तिम चौराहा नहीं है, इस लम्बी जिन्दगी में बहुत सारे चौराहे आपको मिलेंगे और आप होंगे, अपने रास्ते को पहचानते नाक की सीध में चलते हुए अपनी मंजिल पर पहुँचेंगे।" लेखिका की इन पंक्तियों से उसके औपन्यासिक विजन पर प्रकाश पड़ता है। यह विजन मुस्लिम समाज में स्त्री की स्थिति और रूढ़ियों से भरे माहौल की घुटन से निकलकर अपनी पहचान बनाने के उनके संकल्प से सम्बद्ध है।

आठवें दशक के समाप्त होते-होते नारी विमर्श हिन्दी उपन्यास का एक प्रमुख विषय बनता दिखाई देता है। पुरुष उपन्यासकार तो इस विषय को संजीदगी के साथ उठाते ही हैं स्वयं महिलाएँ भी उपन्यास-लेखन में आगे आकर इस कथ्य को केन्द्रीयता प्रदान करती हैं। विष्णु प्रभाकर के उपन्यासों में नारी नियति की त्रासदी बहुत शक्त रूप में अभिव्यक्त हुई है। उनके उपन्यासों में नारी कहीं परित्यक्ता होने की, कहीं विधवा होने की, कहीं तिलक-दहेज की प्रथा के कारण मनोनुकूल पति न पाने की, कहीं बचपन में हुए बलात्कार की मानसिक पीड़ा झेलने की, कहीं विवाह के बाद असामाजिक तत्त्वों द्वारा बलात्कार की शिकार हो जाने पर पूरे समाज की घृणा का पात्र बनने की, अपनी ही मानसिक कुंठा से ग्रस्त हो जाने और पति के मन में गाँठ पड़ जाने की त्रासदी की शिकार है। *कोई तो* (1980) और *अर्धनारीश्वर* (1993) में नारीनियति के प्रश्नों को गम्भीरता से उठाया गया है। *कोई तो* का केन्द्रीय विषय एक शिक्षित मध्यवर्गीय कन्या की नियति है जो धर्म, जाति, यौन-शुचिता, पुरुष की अनुदार और भोगवादी दृष्टि, स्त्री की शारीरिक कमजोरी, गर्भ-धारण की विवशता आदि से नियन्त्रित नारी संहिता से परिचालित होती है। इस उपन्यास का प्रमुख स्वर चुनौती का है कि आधुनिक नारी में पारम्परिक नारी संहिता को नकारने, आर्थिक स्वावलम्बन के साथ स्वतन्त्र जीवन जीने, अपना जीवन साथी स्वयं चुनने या अविवाहित जीवन व्यतीत करने तथा पुरुष मानसिकता को चुनौती देने का साहस होना चाहिए। *अर्धनारीश्वर* में विष्णु प्रभाकर ने बलात्कार की शिकार स्त्री की सामाजिक, मनोवैज्ञानिक और नैतिक समस्याओं तथा स्त्री-पुरुष सम्बन्धों की जटिलता का अंकन किया है। इसके साथ ही *अर्धनारीश्वर* में परम्परागत नारी संहिता से परिचालित सम्पूर्ण नारी नियति का विश्लेषण करने का भी प्रयास

किया गया है। उपन्यासकार का निष्कर्ष है कि "नर-नारी को न तो एक दूसरे की दासता करनी है, न एक दूसरे में खो जाना है, न एक दूसरे पर अपने को आरोपित करना है। बस अपना-अपना स्वतन्त्र अस्तित्व बनाए रखते हुए एक दूसरे से जुड़ना है, अर्धनारीश्वर की तरह।"

सातवें दशक में ही कृष्णा सोबती ने *मित्रो मरजानी* (1967) में मध्यवर्गीय पंजाबी परिवार की रूढ़ियों और नारी संहिता की धाराओं को छिन्न-भिन्न कर देने तथा उसे ठेंगा दिखाने वाली एक दुस्साहसी स्त्री का चित्रण किया। यह नीरस और बासी मध्यवर्गीय संस्कृति के विरुद्ध सबकुछ दाँव पर लगा देने वाली स्त्री का पहला विद्रोह था। इसके लगभग बीस वर्ष बाद विवेकी राय ने *समर शेष है* (1988) में जयन्ती के रूप में एक ऐसी पढ़ी-लिखी लड़की का चरित्र प्रस्तुत किया है जो सामाजिक मान्यताओं और रूढ़ियों को चुनौती देती हुई 'कुमारी सौभाग्यवती' बने रहने का विकल्प चुनती है तथा सदियों से पिछड़े, दबे और अपनी शक्ति से अपरिचित किसानों, मजदूरों और स्त्रियों में व्यवस्था से लड़ने की शक्ति पैदा करती है। मैत्रेयी पुष्पा के *इदन्नमम* (1994) की केन्द्रीय पात्र मन्दाकिनी और भी आगे बढ़कर न केवल परिवार और समाज द्वारा स्त्री के लिए निर्मित बन्धनों को तोड़ती है, वरन् उस शोषण के विरुद्ध भी तनकर खड़ी होती है जो आज के भ्रष्ट नेताओं और माफिया ठेकेदारों द्वारा आदिवासियों और ग्रामीणों पर कहर के रूप में बरपा जाता है। *चाक* (1997), *झूला नट* (1999) और *अल्मा कबूतरी* (2000) का भी केन्द्रीय विषय ग्रामीण परिवेश में उभरती नयी नारी चेतना है। *चाक* की केन्द्रीय पात्र सारंग न केवल स्त्रियों के प्रति पुरुषों के अत्याचार को चुनौती देती है, वरन् नारी संहिता की समस्त मान्यताओं को अस्वीकार करती हुई अपने प्रेमी से देह सम्बन्ध भी स्थापित करती है। इसके साथ ही पुरुष सत्ता को चुनौती देने के लिए वह ग्राम पंचायत के चुनाव में प्रधान पद के लिए परचा भी भर देती है। *अल्मा कबूतरी* की अल्मा भी अपने परिवेश से संघर्ष करती हुई सत्तापीठ पर पहुँचने में समर्थ होती है। मैत्रेयी के उपन्यासों की तीनों ही स्त्रियाँ आधुनिक स्त्री के सबलीकरण की विचारधारा को, उपन्यास की कला को कुछ हानि पहुँचाकर भी, प्रतिपादित करती हैं।

नारी विमर्श की दृष्टि से प्रभा खेतान का नाम हिन्दी उपन्यासकारों में शीर्ष पर है। प्रभा खेतान का एक उपन्यास *आओ पेपे घर चलें* 1990 ई. में प्रकाशित हुआ। इस उपन्यास की एक पात्र आइलिन कहती है, "औरत कहाँ नहीं रोती और कब नहीं रोती? वह जितना भी रोती है उतनी ही औरत होती जाती है।" इस कथन में प्रभा खेतान का नारी दर्शन मुखरित हुआ है। सदियों से स्त्री पुरुष-समाज के शोषण और दमन की शिकार रही है। प्रभा खेतान को उसका यह रूप, और उसका निरन्तर 'औरत होते जाना' बर्दाश्त नहीं है। हिन्दी उपन्यास में नारी की पीड़ा का चित्रण तो अब तक अनेक रूपों में हो चुका था पर अमरीकी औरत के जीवन के सच को प्रस्तुत करने वाला यह हिन्दी का पहला उपन्यास है। प्रभा के *छिन्नमस्ता* (1993), *अपने अपने चेहरे* (1994), *पीली आँधी* (1996) आदि उपन्यासों के केन्द्र में भी नारी ही है। छिन्नमस्ता की प्रिया एक स्थान पर कहती है, "औरत कहाँ नहीं रोती? सड़क पर झाड़ू लगाते हुए, खेतों में काम करते हुए, एयरपोर्ट पर बाथरूम साफ करते हुए या फिर सारे भोग ऐश्वर्य के बावजूद...पलंग पर रात-रात भर अकेले करवटें बदलते हुए ...हजारों सालों से इनके ये आँसू बहते आ रहे हैं।" आधुनिक युग में नारी के प्रति समाज

के दृष्टिकोण में बदलाव तो जरूर आया है, और स्त्री खुद भी अपनी लड़ाई लड़ने की संकल्प शक्ति से युक्त हो रही है, पर अभी भी यह जागरूकता और संघर्ष आरम्भिक दौर में ही है और कुल मिलाकर आज भी नारी भोगने वाले छोर पर ही है। फिर भी आज की नारी अपना अधिकार हासिल करने के लिए संघर्ष की राह पर है। यही *छिन्नमस्ता* का विषय है। यह आधुनिक नारी की त्रासदी और उसके संकल्प का एक प्रामाणिक दस्तावेज है। प्रिया अपनी प्रतिभा और संकल्प शक्ति से एक शक्ति और चुनौती के रूप में उभरती है। यह एक ऐसी स्त्री की कथा है जो एक रूढ़ समाज से टकराते और अपने को भावात्मक स्तर पर लहूलुहान करते हुए अपने अस्तित्व को नये सिरे से परिभाषित करती है। *अपने अपने चेहरे* में प्रभा खेतान ने स्त्री की नियति के एक दूसरे पहलू को उजागर करने की कोशिश की है। प्रभा मानती हैं कि विवाह, पति और बच्चे से अलग भी औरत का अस्तित्व है। औरत की जिन्दगी सिर्फ 'पुरुष की तलाश' नहीं है, उसकी अपनी भी सार्थकता है। *अपने अपने चेहरे* का यही मुख्य कथ्य है। *पीली आँधी* में भी स्त्री का शोषण और विद्रोह चित्रित हुआ है। इसकी एक पात्र सोमा परम्परागत नारी संहिता के सारे नियमों को पैरों तले रौंदती हुई घर के बाहर निकल जाती है। *पीली आँधी* में सोमा और चित्रा के रूप में प्रभा ने आधुनिक नारी का जो उदाहरण प्रस्तुत किया है, वह असाधारण और नया है।

चित्रा मुद्गल के उपन्यास *एक जमीन अपनी* (1990) और *आवाँ* (2000) मुख्यतः नारी विमर्श पर आधारित उपन्यास हैं। *एक जमीन अपनी* की एक पात्र कहती है, "पुरुष से स्वतन्त्र होना है तो पहले उन्हें सिन्दूर पोंछना होगा। बिछुए त्यागने होंगे। दासीत्व के प्रतीक चिह्न।" वही पात्र अन्यत्र कहती है, "मैं पत्नी नहीं, सहचरी बनना चाहती हूँ। पत्नी शब्द में मुझे दासीत्व की बू आती है।" लेखिका का नारी नियति के प्रति असन्तोष स्पष्ट है। ममता, गौतमी, स्मिता जैसे पात्रों के माध्यम से नारीवादी साहसी स्त्रियों का अंकन किया गया है जो परम्परागत नारी संहिता को जड़ से ठुकराते हुए स्वतन्त्र जिन्दगी जीती हैं। पर लेखिका नारीवाद के उग्र रूप की, 'घर' को तोड़ने और स्त्री-पुरुष के प्रतिद्वन्द्वी रूप की, समर्थक नहीं है। *आवाँ* का केन्द्रीय विषय एक नौजवान लड़की, नमिता, का जीवन संघर्ष है, जो एक घुटन भरे मध्यवर्गीय परिवार में जन्मती-बढ़ती है और महानगर के जलते हुए परिवेश में तप कर अपने को संघर्ष के लिए तैयार करती है। नमिता का एक संघर्ष पुरुष के साथ उसके देह सम्बन्ध को लेकर भी है। बचपन में वह बलात्कार की शिकार होती है। युवा होने पर मजदूर संघ का सबसे बड़ा और प्रतिष्ठित नेता उसके साथ, उसकी इच्छा के विरुद्ध, रति-सम्बन्ध स्थापित करने में सफल होता है। कुछ दिनों के बाद वह एक करोड़पति आभूषण निर्माता संजय कनोई के सम्पर्क में आती है और उसका गर्भ धारण करती है, पर शीघ्र ही उसे पता चल जाता है कि कनोई ने उसका उपयोग मात्र अपनी सन्तान की कोख के रूप में किया है। इन घटनाओं के बाद नमिता का रूपान्तरण एक स्वावलम्बी स्त्री के रूप में होता है, जो आधुनिक स्त्री का एक मात्र विकल्प है।

सुरेन्द्र वर्मा के *मुझे चाँद चाहिए* (1993) में भी स्त्री के संघर्ष की कथा भी गहरे पीड़ा-बोध, संजीदगी और कलात्मक संयम के साथ प्रस्तुत की गयी है। इसकी केन्द्रीय पात्र मध्यवर्गीय रूढ़िवादी ब्राह्मण परिवार की एक लड़की के 'यशोदा पांडेय' से वर्षा वशिष्ठ तक की यात्रा तथा स्त्री के संघर्ष और विद्रोह का असाधारण उदाहरण है। वह एक महत्त्वाकांक्षी

लड़की है जो परम्परागत व्यवस्था की सारी संहिताओं को रौंदती और बाधाओं को पार करती आर्थिक आत्मनिर्भरता और शक्ति अर्जित करती है। साथ ही उसका संघर्ष जितना बाहरी और व्यवस्था विरोधी है उतना ही निजी और आन्तरिक भी है। अनब्याही माँ के दायित्व को वह जिस गर्व और दायित्व के साथ स्वीकार करती है, अनोखा है। यशोदा पांडेय या सिलबिल का वर्षा वशिष्ठ में रूपान्तरण मध्यवर्गीय भारतीय स्त्री के अत्याधुनिक स्त्री में रूपान्तरण की विश्वसनीय कहानी है।

कृष्णा सोबती ने *दिलोदानिश* (1993) में स्त्री के सेक्स, सम्पत्ति, घर और सन्तान की समस्या को ऐतिहासिक परिप्रेक्ष्य में तलाशने की कोशिश की है। हवेली और फ़राशतखाना का द्वन्द्व मध्यकालीन सामन्ती मानसिकता से बहुत गहरे जुड़ा हुआ था। हवेली की अपनी संहिता होती थी जिसमें व्यक्ति की निजी भावनाओं के लिए कोई स्थान नहीं था। पुरुष के अपनी प्रेमिका के बच्चों का बाप बन जाने पर सम्पत्ति को लेकर पारिवारिक संघर्ष तो होता ही था फ़राशतखाने की औरत रईस के बच्चों की माँ होकर भी उसकी कानूनी पत्नी और हवेली का अंग नहीं हो पाती थी। *दिलोदानिश* में विवाहेतर काम-सम्बन्ध और सन्तान की स्वीकृति का प्रश्न अपनी सारी जटिलताओं और तीखेपन के साथ विद्यमान है।

इस प्रकार आजादी के बाद के हिन्दी उपन्यास में नारी के तीन रूप दिखाई पड़ते हैं। अपने पहले रूप में वह सदियों से चलती आ रही शोषण और अत्याचार की स्थितियों की शिकार है। दूसरे रूप में वह नयी परिस्थितियों से पैदा हुई समस्याओं से जूझ रही है और तीसरे रूप में आर्थिक दृष्टि से स्वावलम्बी होने, परम्परागत नारी संहिता की जकड़न को चुनौती देने और राजनीतिक दृष्टि से सबलीकरण की दिशा में अग्रसर होने के लिए संघर्षरत है। सदी के अन्तिम दो दशकों में प्रकाशित उपन्यासों में हमारा साक्षात्कार ऐसी स्त्री पात्रों से होता है जो अपने सामने उपस्थित चुनौतियों को दृढ़ता के साथ स्वीकार करती हैं और अपने किसी निर्णय के लिए किसी पुरुष का मुँह नहीं जोहतीं। राजी सेठ की वसुधा, नासिरा शर्मा की महरुख, चन्द्रकान्ता की कुनी, मैत्रेयी पुष्पा की मन्दाकिनी, सारंग और अल्मा, प्रभा खेतान की प्रिया और सोमा, सुरेन्द्र वर्मा की वर्षा, चित्रा मुद्गल की नमिता, उषा प्रियंवदा की वाना आदि अपनी खुशी, मुक्ति, अधिकारों की प्राप्ति या अस्मिता की रक्षा के लिए साहसपूर्ण कदम उठाने की पहल करती हैं। प्रश्न चाहे जीवन-साथी चुनने का हो या कार्यक्षेत्र चुनने का वे अपना निर्णय खुद लेती हैं। सजग आत्मचेतना और आत्मनिर्णय से लैस होकर वे न केवल सामन्ती परिवेश और रूढ़ मर्यादाओं के गढ़ को तोड़ती हैं बल्कि सकारात्मक ढंग से अपने व्यक्तित्व की रचना भी करती हैं।

दलित विमर्श

'दलित' पद निर्विवाद रूप में परिभाषित नहीं है, पर सामान्यतः परम्परागत वर्ण-व्यवस्था में शूद्र और पंचम वर्ण के अन्तर्गत आने वाले समुदाय को, जो सवर्णों द्वारा अस्पृश्य माना जाता रहा है, 'दलित' कहा जाता है। इनमें आदिवासी वर्ग भी शामिल है। इन जातियों के जिन लोगों ने इस्लाम या ईसाई धर्म कबूल कर लिया है, वे भी 'दलित' वर्ग में ही शुमार किये जाते हैं।

'नव जागरण' की अवधारणा में 'दलित' समुदाय के उत्थान का भाव भी शामिल था पर सनातनधर्मी वर्णाश्रम व्यवस्था के समर्थक इसके पक्ष में नहीं थे। इसी कारण किशोरीलाल गोस्वामी, महता लज्जाराम शर्मा आदि आर्यसमाज आन्दोलन के विरोधी हिन्दी उपन्यासकारों ने वर्ण-व्यवस्था, जातिगत भेदभाव, छुआछूत का समर्थन और शूद्रों तथा दलितों के प्रति अपना विरोध व्यक्त किया था। वस्तुतः हिन्दी में प्रेमचन्द के कथा-साहित्य से सहानुभूतिपूर्ण दलित-विमर्श आरम्भ हुआ और अनेक समकालीन तथा परवर्ती उपन्यासकारों ने दलितों का सहानुभूतिपूर्ण चित्रण किया। आजादी के बाद भैरव प्रसाद गुप्त और नागार्जुन ने अपने उपन्यासों में जमींदारों द्वारा दलित वर्ग के पात्रों के आर्थिक और दैहिक शोषण का, जिसमें उस वर्ग की स्त्रियों का यौन-शोषण भी था, गहरी सहानुभूति और वैचारिक प्रतिबद्धता के साथ अंकन किया। नागार्जुन के *बलचनमा* का बलचनमा और *वरुण के बेटे* के मछुआरे पात्र 'दलित' वर्ग का प्रतिनिधित्व करते हैं और अपने शोषकों के विरुद्ध विद्रोह का झंडा भी उठाते हैं। आजादी के बाद आदिवासियों के जीवन का चित्रण करने वाले प्रथम उपन्यासकार देवेन्द्र सत्यार्थी हैं, जिन्होंने *रथ के पहिए* (1952) में मध्य प्रदेश की गोंड जनजाति के जीवन-यथार्थ का प्रामाणिक और संवेदना सिंचित अंकन किया है। अपने दूसरे उपन्यास *ब्रह्मपुत्र* (1956) में सत्यार्थी जी ने असम में ब्रह्मपुत्र के पेट में बसे विशाल द्वीप माझुली और उसके तट पर स्थित दिसाँगमुख के दलितों की अभाव, यातना और संघर्ष से भरी कथा प्रस्तुत की है। फणीश्वरनाथ रेणु ने भी *मैला आँचल* (1954) में पूर्णिया अंचल के दलित जीवन के चित्रण में गहरी संवेदनशीलता का परिचय दिया है। *मैला आँचल* का मेरीगंज जातियों के आधार पर अनेक टोलों में बँटा हुआ है। इनमें से कुछ टोले दलित जातियों और आदिवासियों के हैं, जो निहायत गरीब, अशिक्षित, अन्धविश्वासी और बौद्धिक दृष्टि से पिछड़े हुए हैं। सवर्ण जातियों के लोग इनका शोषण करते हैं। रेणु ने इनके जीवन के सहानुभूतिपूर्ण अंकन के साथ-साथ उच्च जातियों के विरुद्ध इनके विद्रोह का भी चित्रण किया है। इसी प्रकार उदय शंकर भट्ट के *सागर, लहरें और मनुष्य* (1956) में मुम्बई महानगर के पश्चिमी तट पर स्थित बरसोवा के मछुआरों की जिन्दगी का मार्मिक चित्रण हुआ है। उपन्यासकार ने मछुआरों की सामूहिक जिन्दगी, समुद्र के साथ उनके संघर्ष और अभावों से लड़ती जिन्दगी का चित्र साकार कर दिया है। हिमांशु श्रीवास्तव के *लोहे के पंख* (1957) में भी दलित वर्ग के एक पात्र की कथा प्रस्तुत की गयी है जो कृषक मजदूर से किसान बनने की आकांक्षा से जूझता हुआ मिल मजदूर और अन्ततः रिक्शा चालक बनने को बाध्य होता है। उपन्यासकार ने गाँवों में रहने वाले दलित वर्ग की निर्धनता, निरक्षरता, अन्धविश्वासग्रस्तता आदि का तफसील के साथ वर्णन किया है।

सबसे पहले रांगेय राघव ने *कब तक पुकारूँ* (1957) में एक पूरी दलित जाति के जीवन-यथार्थ को उपन्यास का विषय बनाया। इस उपन्यास में करनट कबीलों के जीवन यथार्थ के अनेक पक्षों—उनकी निर्धनता, खानाबदोशी, जरायमपेशागीरी, स्वच्छन्द जीवनशैली, विशेष प्रकार के जीवन-मूल्य और संस्कृति, ब्रिटिश शासन में उपेक्षित जीवन जीने की विवशता, पुलिस के अत्याचार, स्त्रियों के यौनशोषण आदि—का मार्मिक अंकन किया गया है। उपन्यासकार ने नटों के साथ चमारों और भंगियों की कथा जोड़कर उसे और भी व्यापक आयाम दे दिया है, जिसमें पूरा दलित वर्ग उसके कथ्य की परिधि में आ गया है। उपन्यासकार

ने नटों की निर्धनता और विवशता का ही नहीं, व्यवस्था और शासन के प्रति पनपने वाले उनके विद्रोह का भी चित्रण किया है।

शैलेश मटियानी ने *कोई अजनबी नहीं* (1966) में दिल्ली की गन्दी बस्तियों में नारकीय जीवन बिताने वाले दलितों का चित्रण किया है। जगदम्बा प्रसाद दीक्षित के *मुर्दाघर* (1974) मुम्बई महानगर की उस जिन्दगी का चित्रण किया गया है, जो सड़कों के किनारे, पुलों पर, गटरों, सीलन और सड़ाँध से भरी झोंपड़ियों में दम तोड़ती है; जहाँ छुतहे रोगों से ग्रस्त आवारा औरतें, भीख माँगने वाले कोढ़ी और अपाहिज, जूठन पर पलने वाले असहाय बच्चे, चोर, जुआरी आदि रहते हैं। यह दुनिया पूँजीवादी अर्थ-व्यवस्था की अनिवार्य देन है जो ठीक उसकी आलीशान जिन्दगी के नीचे बिलबिलाती रहती है और एक तरफ अपने अस्तित्व के लिए भीख, चोरी, जुआ, अस्मतफरोशी आदि का सहारा लेती है और दूसरी तरफ सभ्य दुनिया के पहरेदार, पुलिस के अत्याचारों का शिकार बनती है। दीक्षित ने प्राकृतिकवादी शैली में, मुम्बई की इस घिनौनी जिन्दगी का चित्रण किया है।

जगदीशचन्द्र के *धरती धन न अपना* (1972) और *नरक कुंड में वास* (1994) में स्वाधीनता-पूर्व पंजाब की ग्रामीण पृष्ठभूमि में गहरी संवेदना और कलात्मक तटस्थता के साथ दलित जीवन की कथा प्रस्तुत की गयी है। इस उपन्यास में दलितों की नारकीय जीवन-स्थितियों और उच्चवर्गीय समाज द्वारा उनके शोषण और दमन का यथार्थ चित्र उपलब्ध होता है। उपन्यासकार ने सदियों की गुलामी से उत्पन्न दलितों की मानसिकता और हीनता से ग्रस्त चेतना का विश्वसनीय अंकन किया है। कथाकार के विजन के अनुसार आपसी द्वेष, पारस्परिक फूट और आन्तरिक विघटन के कारण दलितों की संघर्ष-क्षमता कुंठित हो गयी है। उपन्यासकार ने उनकी सामूहिक शक्ति का भी संकेत दिया है जो सही नेतृत्व पाकर समाज को बदल सकती है। गोपाल उपाध्याय का *एक टुकड़ा इतिहास* (1975) भी दलित जीवन पर आधारित उपन्यास है जिसकी केन्द्रीय पात्र चनुली एक ब्राह्मण युवक से प्रेम-विवाह कर दलित जाति के अभिशाप से मुक्ति पाना चाहती है, पर उसका सपना पूरा नहीं होता। इसके बावजूद वह हार नहीं मानती और अपनी संघर्ष-क्षमता का परिचय देती हुई 'चन्दा देवी' में रूपान्तरित होकर दलित समाज के उत्थान के लिए लड़ती और सवर्ण समाज को चुनौती देती है। शैलेश मटियानी कृत *सर्पगन्धा* (1979) का विषय पर्वतीय क्षेत्र का दलित समाज है जो अपने अधिकार की लड़ाई लड़ रहा है। मटियानी ने इस संघर्ष और इससे जुड़े आरक्षण के प्रश्न पर बहुत ही विवेक और निर्भीक चिन्तन का परिचय दिया है, आरक्षण के प्रश्न को मटियानी ने गहरी संवेदना के साथ प्रस्तुत किया है। ठाकुर जाति की एक प्रबुद्ध विधवा का दलित समाज के एक गम्भीर और विवेकशील शिक्षक से विवाह तथा घोर मानसिक और संस्कारगत संघर्ष से गुजरते हुए उसका अपने को वर्गमुक्त करने का प्रयास उपन्यास को कथ्य विषय नया आयाम प्रदान करता है।

शिवप्रसाद सिंह ने विन्ध्य क्षेत्र के नटों के कबीलाई जीवन को अपने उपन्यास *शैलूष* (1989) का विषय बनाया है। पर उपन्यासकार नटों को अपनी 'सहानुभूति' ही दे सका है, संवेदना नहीं। इस उपन्यास में एक पढ़ी-लिखी, लगभग करिश्माई व्यक्तित्व वाली ब्राह्मण युवती, सावित्री, एक नट युवक से प्रेम-विवाह कर लेती है और नट-पत्नी बनकर उच्च वर्ग के दमन और शोषण से नटों की मुक्ति का संघर्ष छेड़ देती है जिसमें वह आश्चर्यजनक रूप

में सफल भी होती है। इस संघर्ष में जीत नट-समाज की ही होती है, पर यह विजय यह प्रश्न भी टाँक जाती है कि क्या यह उपन्यासकार की सुहानी सोच नहीं है? संजीव के *धार* (1990) में छोटा नागपुर के आदिवासियों तथा बाहर से आकर बस गये गुलगुलिया, बाहुरी, मोची आदि दलित जनों पर कोयला-माफियाओं, ठेकेदारों और पुलिस के अत्याचार और शोषण की रोमांचक कहानी, गहरी संवेदना के साथ, कही गयी है। इस उपन्यास में मैना के रूप में एक दलित नारी अपने पूरे स्वाभिमान और संघर्ष चेतना के साथ सामने आती है जो बाहर से घिनौनी जिन्दगी जीने पर भी भीतर से अत्यन्त संवेदनशील, स्वाभिमानी और उदात्त है। उसके चरित्र में दलित नारी की पीड़ा और मानवीय संवेदना पूरी तरह से उजागर हुई है। *पाँव तले की दूब* में भी झारखंड की जनजातियों का अंकन किया गया है।

शिवप्रसाद सिंह के बाद मैत्रेयी पुष्पा ने *अल्मा कबूतरी* (2000) में बुन्देलखंड क्षेत्र में रहने वाली 'कबूतरा' जाति के जीवन-यथार्थ का चित्रण किया है, जिन्हें औपनिवेशिक शासन ने 'जरायमपेशा' जाति घोषित कर न केवल तथाकथित 'सभ्य' समाज की नजरों में उपेक्षा और घृणा का पात्र वरन् पुलिस के अत्याचार का नरम चारा भी बना दिया था। यद्यपि आजादी के बाद इन जातियों को समान नागरिकता का अधिकार प्राप्त हो गया है, पर जीविकोपार्जन का कोई सम्मानजनक साधन न उपलब्ध होने से इनके पुरुष अपराधकर्म और स्त्रियाँ देह-व्यापार के लिए विवश होती हैं। भारत की पचपन वर्षों की आजादी ने इनकी नयी पीढ़ी को सम्मानपूर्ण जीवन का कोई विकल्प नहीं दिया है। मैत्रेयी पुष्पा ने अपमान, विवशता और पीड़ा से लबालब उनकी जिन्दगी को जीवन्त पात्रों के अद्भुत कथासंसार में बदल दिया है। इसके साथ ही लेखिका ने समानान्तर 'सभ्य' समाज की जिन्दगी से उनके टकराव, संघर्ष और पराजय को भी अत्यन्त विश्वसनीय और मार्मिक रूप में प्रस्तुत किया है। वस्तुतः 'कज्जा' और 'कबूतरा' समाज की मुठभेड़ और द्वन्द्व ही *अल्मा कबूतरी* का केन्द्रीय विषय है। भूरी, उसके बेटे रामसिंह और उसकी बेटी अल्मा की कहानी इसी टकराहट की कहानी है, जिसमें 'सभ्य' समाज से संघर्ष करने और अपना सबकुछ दाँव पर लगा देने के बावजूद लहूलुहान 'कबूतरा' ही होते हैं। इसका कारण यह है कि पूरी व्यवस्था ही अपनी सारी शक्ति के साथ उनके विरोध में खड़ी है। भूरी शरीर का सौदा करके भी अपने बेटे को इस योग्य बनाना चाहती है कि वह सम्मान की जिन्दगी जी सके। पर ऐसा नहीं हो पाता। वह 'कबूतरा' बनकर ही जीने को अभिशप्त है। वह धीरे-धीरे अपनी संघर्ष-क्षमता खोकर पुलिस का दलाल बन जाता है और अन्ततः डाकू बेटाराम के नाम पर पुलिस द्वारा प्रायोजित मुठभेड़ में मार डाला जाता है। एक 'कबूतरा' के 'सभ्य' बनने की कोशिश का यह अंजाम दिखाकर लेखिका ने यथार्थ को उसके नग्नतम रूप में पेश करने का प्रयास किया है।

दलित जीवन के चित्रण की दृष्टि से अमृतलाल नागर का *नाच्यौ बहुत गोपाल* (1978) एक अत्यन्त उल्लेखनीय उपन्यास है जिसमें भंगी जीवन की नारकीय वास्तविकताओं का बहुत सटीक और संवेदनापूर्ण अंकन किया गया है। भंगी जाति की ऐतिहासिक वास्तविकता यह है कि युद्धों में विजयी जातियों ने पराजित जातियों को भंगी कर्म करने के लिए विवश किया था। इस विवशताजन्य नारकीय अनुभव के अंकन के लिए नागर जी ने निर्गुनिया की कथा कल्पित की है जो जन्मना ब्राह्मण कन्या होकर भी पारिवारिक-सामाजिक स्थितियों के कारण एक भंगी युवक से प्रेम कर बैठती है और उसके संग भाग जाती है। उसके ब्राह्मण से भंगी

बनने की प्रक्रिया-परिणति तथा सामाजिक शोषण और प्रताड़ना का, जो अत्यन्त बीभत्स, भयानक और अमानवीय है, सजीव वृत्त प्रस्तुत किया गया है। यह अनुभव इस कारण और भी तीखा हो गया है कि निर्गुनिया ब्राह्मण से रूपान्तरित दलित ही नहीं, बल्कि नारी भी है।

भंगी जीवन का इतने बड़े पैमाने पर, महाकाव्यात्मक विजन के साथ चित्रण इसके पहले नहीं हुआ था। प्रायः इस प्रकार के प्रयासों में अनुभव की प्रामाणिकता का सवाल उठा करता है और नागर जी के प्रसंग में भी यह प्रश्न उठाया गया है। नागर जी ने अपनी सीमाओं को स्वीकार करते हुए भी काव्यात्मक संवेदनशीलता के स्तर पर दलित जीवन से अपने तादात्म्य बोध का उल्लेख किया है। इसके लिए उन्होंने भंगी समाज के इतिहास का गम्भीर अध्ययन तो किया ही है, इस समाज के व्यक्तियों के इंटरव्यू लेकर और उनके निकट सम्पर्क में आकर उनसे भावनात्मक स्तर पर एकाकार होने की कोशिश भी की है। यही कारण है कि नागर जी ने इस समाज का ऐसा प्रामाणिक और मार्मिक चित्रण किया है जो हिन्दी उपन्यास में आज तक बेमिशाल है।

गिरिराज किशोर के *यथाप्रस्तावित* (1982) और *परिशिष्ट* (1984) में सामाजिक उत्पीड़न और क्रूरता के शिकार तथा प्रशासनिक और शैक्षणिक व्यवस्था के अमानवीय ढाँचे में पिसते छटपटाते दलित वर्ग का चित्रण किया गया है। सदियों से सवर्णों के शोषण, दमन और घृणा का शिकार यह वर्ग यद्यपि अपने अधिकारों के लिए संघर्ष कर रहा है, पर यह आज भी सामाजिक और आर्थिक शोषण तथा सवर्णों की उपेक्षा और उत्पीड़न का शिकार है। *यथाप्रस्तावित* में दलितों के प्रति सवर्ण समाज के क्रूर और अमानवीय व्यवहार तथा दफ्तरों के तिकड़मपूर्ण भ्रष्ट तन्त्र का बड़ा शक्त अंकन किया गया है। *परिशिष्ट* में भी यही विषय एक दूसरे परिप्रेक्ष्य में प्रस्तुत किया गया है। संविधान द्वारा शिक्षा में आरक्षण की सुविधा उपलब्ध होने से अनुसूचित जातियों के छात्रों का तकनीकी संस्थाओं में प्रवेश तो सम्भव हो गया है, पर उच्च वर्ग की परम्परागत मानसिकता, जातिगत दम्भ और दलित विरोधी प्रच्छन्न वातावरण के कारण उन्हें ऐसी त्रासद स्थितियों से गुजरना पड़ता है, जो नितान्त अमानवीय होती हैं। गिरिराज ने इन स्थितियों का अनुभवजन्य प्रामाणिकता और संवेदनशीलता के साथ अंकन किया है। व्यक्तिगत रूप से एक तकनीकी संस्थान से जुड़े होने तथा रचनात्मक संवेदनशीलता के कारण गिरिराज किशोर इस विषय को उल्लेखनीय गहराई और धार दे पाने में समर्थ हुए हैं।

रमेशचन्द्र शाह के *किस्सा गुलाम* (1986) में दलित जाति में जन्मे एक संवेदनशील पात्र कुन्दन की कुंठा और विद्रोह भावना का अंकन किया गया है। कुन्दन दलित समाज में पैदा हो रही राजनीतिक चेतना और सामाजिक विद्रोह का प्रतिनिधित्व करता है। वह उस सामाजिक व्यवस्था को नकारता है जिसमें एक शूद्र किसी ब्राह्मण लड़की से विवाह नहीं कर सकता; वह उस धर्म को, उस शास्त्र को नकारता है जो दलितों को अकारण अपमानित करता है। इस विद्रोही मानसिकता के कारण वह विदेश में जा बसता है और देश लौटता भी है तो एक विदेशी नागरिक के रूप में ताकि उसे समाज में सम्मान मिल सके। पर लेखकीय विजन में कुन्दन का विद्रोह प्रतिक्रियाजन्य है जिसका खोखलापन एलिस से उसके सम्बन्ध-विच्छेद द्वारा प्रकट हो जाता है। जय प्रकाश कर्दम कृत *छप्पर* (1994) सम्भवतः किसी दलित लेखक द्वारा दलित जीवन पर लिखित पहला उपन्यास है जिसमें अपने जीवन में भोगे हुए अनुभव के

आधार पर सवर्ण समाज द्वारा दलित समाज के उत्पीड़न तथा उसके विरुद्ध दलितों के उठ खड़े होने का चित्रण किया गया है। कथ्य की प्रामाणिकता की दृष्टि से *छप्पर* निश्चय ही एक उल्लेखनीय, पर सर्जनात्मक उपलब्धि की दृष्टि से सामान्य रचना है। सुबोध कुमार श्रीवास्तव के *हीरा परा बजार में* (1996) में उच्चवर्ग के पुरुषों द्वारा दलित वर्ग की स्त्रियों के यौन-शोषण के चित्रण के साथ-साथ एक ऐसे पात्र की सृष्टि की गयी है जो उच्च वर्ग का होकर भी समाज से विद्रोह कर अपनी दलित प्रेमिका से विवाह करता है। मदन दीक्षित के *मोरी की ईंट* (1996) में मेहतर समाज की निर्धनता, शोषण और अपमान भरी जिन्दगी का अंकन किया गया है। इस उपन्यास में विशेष रूप से इस तथ्य का उद्घाटन किया गया है कि धर्मान्तरण के बाद भी सामाजिक दृष्टि से मेहतर को वह सम्मान नहीं मिलता जिसकी उसे अपेक्षा होती है। तेजिन्दर के *उस शहर तक* (1997) में एक दलित जाति के शिक्षित युवक को दिल्ली में अपना नाम बदलकर रहना पड़ता है क्योंकि उसकी जाति का पता चल जाने पर उसे किराए का मकान नहीं मिल सकता।

साहित्यिक गोष्ठियों में यह प्रश्न चर्चा और विवाद का विषय बना हुआ है कि गैर-दलित लेखक दलितों के जीवन पर उपन्यास (या किसी अन्य विधा की पुस्तक) लिखने के अधिकारी हैं या नहीं? यह सही है कि दलित समाज जिस नारकीय जीवन का भोक्ता है, वह किसी गैर-दलित के लिए प्रत्यक्ष अनुभव का विषय नहीं हो सकता। 'दलित साहित्य' के प्रवक्ताओं का मानना है कि गैर-दलित लेखक दलित वर्ग को अधिक से अधिक सहानुभूति दे सकते हैं, उससे तादात्म्य का अनुभव नहीं कर सकते। पर हिन्दी के कुछ उपन्यासकारों, जैसे—प्रेमचन्द, फणीश्वरनाथ रेणु, शैलेश मटियानी, जगदीश चन्द्र, अमृतलाल नागर, गिरिराज किशोर, मैत्रेयी पुष्पा आदि ने मात्र सहानुभूति नहीं, बल्कि तीव्र संवेदना के साथ दलित जीवन का अंकन किया है। अपने निजी जीवन में भी ये लेखक किसी न किसी रूप में दलित संवेदना के निकट पहुँचे हैं और उसके साथ तादात्म्य स्थापित किया है। इसके बिना *नाच्यो बहुत गोपाल, धरती धन न अपना, अल्मा कबूतरी* और *परिशिष्ट* जैसे उपन्यास नहीं लिखे जा सकते थे। अतः गैर-दलितों द्वारा प्रस्तुत दलित विमर्श उपेक्षणीय नहीं है। हाँ, हमें उस दिन का स्वागत करना है। जब महिला उपन्यासकारों की तरह दलित उपन्यासकार भी उपन्यास-लेखन में अपनी पहचान बनाने में सफल होंगे।

साम्प्रदायिकता का सन्दर्भ

भारत अनेक धर्मों, जातियों और संस्कृतियों का देश है। यहाँ की बहुसंख्यक आबादी हिन्दुओं की है। उसके बाद मुसलमान हैं। ऐतिहासिक कारणों से हिन्दू और मुसलमान आरम्भ से ही प्रायः टकराव की स्थिति में रहे हैं। यद्यपि लगभग एक हजार वर्षों से एक साथ रहने से एक मिली-जुली संस्कृति का भी विकास होता रहा, पर मुसलमान अपनी आक्रामकता और हिन्दू अपनी कछुआधर्मिता के कारण दूध-पानी की तरह एक न हो सके। सत्ताधारियों और सत्ता-लोभियों ने अपने लाभ के लिए इन्हें टकराव की स्थिति में ही रखना बेहतर समझा। आजादी भारत के विभाजन की कीमत पर मिली और वह विभाजन मुसलमानों को अलग राष्ट्र मान कर हुआ। भारतीय नेताओं ने इस धर्माधारित राष्ट्रीयता के सिद्धान्त को नहीं

स्वीकार किया। भारतीय संविधान लागू होने के बाद भारत धर्म और जाति निरपेक्ष राष्ट्र बन गया, पर साम्प्रदायिक समस्या आज भी ज्यों की त्यों बनी हुई है और इसका कोई अन्त होता नहीं दिखाई देता। आजादी के बाद का उपन्यास साहित्य इस समस्या से निरन्तर जूझता रहा है।

1947 में भारत को ब्रिटिश उपनिवेशवाद से मुक्ति मिली। मुस्लिम लीग के 'दो राष्ट्र सिद्धान्त' के फलस्वरूप देश का बँटवारा ही नहीं हुआ, वरन् सारा उत्तर भारत साम्प्रदायिकता की ऐसी ज्वाला में दग्ध होने को अभिशप्त हुआ जिसकी दूसरी मिसाल भारतीय इतिहास में नहीं मिलती। इन साम्प्रदायिक दंगों में हजारों व्यक्ति मौत के घाट उतार डाले गये, लाखों विस्थापित हो गये, स्त्रियों और बच्चों के साथ अमानुषिक अत्याचार किये गये और पूरे देश की एक विशाल जनसंख्या को अपना वतन छोड़कर भारत या पाकिस्तान में नये सिरे से बसना पड़ा। यह एक अनहोनी और अमानवीय त्रासदी थी जिसे उपन्यास का विषय बनाने वाले प्रथम उपन्यासकार देवेन्द्र सत्यार्थी थे। उन्होंने *कठपुतली* (1954) में इन साम्प्रदायिक दंगों का बड़ा ही प्रामाणिक और संवेदनापूर्ण अंकन किया है। दंगों के बाद पाकिस्तान से भारत और भारत से पाकिस्तान जाने वाले शरणार्थियों के काफिलों के वर्णन से गुजरते हुए पाठक रोमांचित हो उठता है। हिन्दू-मुस्लिम प्रेम की जैसी सहज और अनोखी मिसाल इस उपन्यास में प्रस्तुत की गयी है वैसी किसी और उपन्यास में नहीं मिलती।

सत्यार्थी के बाद यशपाल ने *झूठा सच* (1958) में इस त्रासदी का बड़े पैमाने पर तथा बहुत ही सजीव और रोमांचक चित्रण किया है। विभाजन की भयोत्पादक आशंका, मुस्लिम लीग और सिख नेताओं के भड़काऊ भाषणों और बहुसंख्यक मुस्लिम समाज के आक्रामक तेवरों की छाया में लाहौर के गलीकूचों में कुलबुलाती, दहशत की मानसिकता में घुटती अल्पसंख्यकों की जिन्दगी का ऐसा यथार्थ और जीवन्त अंकन इसके पूर्व किसी उपन्यास में नहीं हुआ था। इस हादसे में प्रगतिशील युवकों के साहसपूर्ण प्रतिरोध की भूमिका अपना अलग महत्त्व रखती है, जिससे यशपाल के औपन्यासिक विजन की निर्मलता का बोध होता है। विस्थापितों के काफिलों तथा शरणार्थियों के शिविरों के चित्रण में उपन्यासकार के विजन की चमक पाठक को अभिभूत कर देती है। यशपाल ने इस राष्ट्रीय त्रासदी के कारणों का विश्लेषण भी किया है और वे इनके मूल में आर्थिक और राजनीतिक स्वार्थों-महत्त्वाकांक्षाओं को देखते हैं, जो सच्चाई भी है।

देश-विभाजन के समय हुए साम्प्रदायिक दंगों की छाया उपन्यासकारों के मस्तिष्क में लम्बे समय तक मँडराती रही, जिसकी अभिव्यक्ति अनेक उपन्यासों में हुई। कमलेश्वर ने *लौटे हुए मुसाफिर* (1961) में साम्प्रदायिक हिंसा के अमानवीय पक्षों और पाकिस्तान के नाम पर छले गये मुसलमानों के मोहभंग का अंकन किया। पर देदीप्यमान विजन के रूप में इस त्रासदी का अंकन भीष्म साहनी ने *तमस* (1973) में किया। भीष्म साहनी उस अमानवीय और दिल दहला देने वाले अनुभवों के भोक्ता थे, अतः उनकी प्रस्तुति में भोक्ता होने का दर्द भी शामिल है। 'तमस' उस अन्धकार का द्योतक है जो आदमी की इंसानियत और संवेदना को ढँक लेता है और उसे हैवान बना देता है। भीष्म साहनी ने उन स्थितियों और कारणों के विश्लेषण का प्रयत्न किया है जो देश के विभाजन और साम्प्रदायिकता के मूल में थे। उन्होंने इस बात पर विशेष बल दिया है कि साम्प्रदायिकता की आग फैलाने में ब्रिटिश शासन और उसके

पिट्ठुओं का हाथ था, और वह एक बनी बनाई योजना का अंग था। स्वतन्त्रता-प्राप्ति के पूर्व पंजाब में हिन्दू-मुसलमान एक साथ, एक मुहल्ले में, रहते थे और एक दूसरे के सुख दुख में बराबर के हिस्सेदार थे। उनके सामने सवाल हिन्दुस्तान की आजादी का था, जिसे अँगरेज नहीं चाहते थे। इसलिए ब्रिटिश शासन ने साम्प्रदायिकता का ऐसा माहौल पैदा कर दिया जिससे कि मुहल्ले का भाईचारा धरा रह गया और पड़ोसी दुश्मन में बदल गये। इस लड़ाई के शिकार हिन्दू और मुसलमान नेता नहीं होते, फतहचन्द की टाल पर काम करने वाला मजदूर कश्मीरी हत्तो होता है, गली-गली दूध बेचने वाला मियाँ होता है, बूढ़ा हरभजन सिंह होता है, इकबाल सिंह होता है और सैदपुर जैसे गाँवों के लोग होते हैं, जहाँ पुरुष मारे जाते हैं और औरतें बच्चों को लेकर कुएँ में कूद जाती हैं।

सदी के अन्तिम दशक में अमृतलाल मदान कृत *सिन्धुपुत्र* (1991), दीपचन्द निर्मोही कृत *और कितने अँधेरे* (1995), हरदर्शन सहगल कृत *टूटी हुई जमीन* (1996), द्रोणवीर कोहली कृत *वाह कैम्प* (1998), प्रताप सहगल कृत *अनहदनाद* (1999) आदि उपन्यासों में भी देश-विभाजन की त्रासदी और साम्प्रदायिक दंगों से बचकर आए शरणार्थी परिवारों की कथा कही गयी है। कुछ उपन्यासों में साम्प्रदायिक द्वेष के कारण बाद में होने वाले दंगों का भी चित्रण किया गया है, जिनमें विभूति नारायण राय कृत *शहर में कर्फ्यू* (1988) और चन्द्रकिशोर जायसवाल कृत *शीर्षक* (1996) उल्लेखनीय हैं।

स्वतन्त्रता-प्राप्ति के समय हुए दंगों का भारतीय मुसलमानों के जीवन पर दूरगामी असर हुआ था, जिसका अंकन अनेक उपन्यासों में हुआ है। राही मासूम रजा ने *आधा गाँव* (1966), *टोपी शुक्ला* (1969), *हिम्मत जौनपुरी* (1969), *ओस की बूँद* (1970), *दिल एक सादा कागज* (1973) आदि उपन्यासों में इन स्थितियों का विशद रूप में चित्रण किया है। आधा गाँव उत्तर प्रदेश के पूर्वांचल के गाँवों में रहने वाले मुसलमान जमींदारों और मध्यवर्गीय किसानों की जिन्दगी के एक हादसे का चित्रण करने वाला उपन्यास है। इस उपन्यास में राही ने गंगौली के मुसलमानों की स्वाधीनतापूर्व खुशहाल जिन्दगी से आरम्भ कर आजादी के बाद उनकी दयनीय स्थिति, अपने ही वतन में बेगाना बन जाने, सामान्य जीवन धारा से कट जाने और आर्थिक दृष्टि से विपन्न हो जाने का मार्मिक चित्रण किया है। सामन्ती ठसक, मूँछ की लड़ाई, मुकदमेबाजी और शादी-ब्याह में या अन्यत्र शानोशौकत के प्रदर्शन में हिन्दू-मुसलमान का कोई फर्क नहीं था। धर्म अलग-अलग थे, पर आम जिन्दगी में धर्म का कोई बेजा दखल न था। हिन्दू और मुसलमान एक-दूसरे के सामाजिक और धार्मिक समारोहों में प्रेम के साथ शामिल होते थे। आजादी की लड़ाई भी उन्होंने मिलकर ही लड़ी थी। पर आजादी मिलने की पूर्व सन्ध्या में धूर्त राजनीतिज्ञों और धार्मिक नेताओं ने मजहब को कौम का आधार घोषित कर हिन्दुओं और मुसलमानों को दो कौमों में बाँट दिया और देश का बँटवारा कर दिया। बहुत से मुसलमान पाकिस्तान चले गये और बहुत से दंगों में मारे गये। बहुत से हिन्दू भी मारे गये और अधिकतर हिन्दू पाकिस्तान से भारत आ गये। आजादी और देश के बँटवारे के बाद भारत में रह गये मुसलमानों के सामने अपने अस्तित्व की अनेक समस्याएँ पैदा हो गयीं। उनके परिवार टूट गये। जमींदारी चली जाने से ग्रामीण मुसलमानों की आर्थिक स्थिति बदतर हो गयी। चूँकि उन्होंने नासमझी में पाकिस्तान बनने के पक्ष में मतदान कर दिया था, अतः राष्ट्रीयता की दृष्टि से उनका पलरा भी कुछ कमजोर पड़ गया था। हिन्दू राजनीतिज्ञ

इसका फायदा उठाकर उन्हें राजनीति का मोहरा बनाने लगे। राही ने अपने *आधा गाँव* में मुसलमानों के जीवन में आये इस हादसे का बहुत ही मार्मिक अंकन किया है।

भारत के मुसलमान यह सोचकर कि हिन्दुस्तान में मुसलमानों की इज्जत आबरू महफूज नहीं है और पाकिस्तान में उन्हें जीविका के बेहतर साधन तथा सम्मानपूर्ण सामाजिक जिन्दगी मिलेगी, पाकिस्तान चले गये; पर उनका मोहभंग होने में पच्चीस साल भी नहीं लगे। अन्ततः उन्हें ज़लील होना पड़ा और एक भयानक विनाशलीला के बाद पूर्वी पाकिस्तान बँगला देश में बदल गया। इसके बाद भी पूर्वी पाकिस्तान गये मुसलमानों का दुःस्वप्न समाप्त नहीं हुआ और बिहार और उत्तर प्रदेश के मुसलमानों को अपनी आबरू, सम्पत्ति और सामाजिक जिन्दगी खोकर शरणार्थी और मुहाजिर बनना पड़ा। *दिल एक सादा कागज* में राही ने मुसलमानों के इस मोहभंग की कहानी मार्मिक रूप में प्रस्तुत की है। *टोपी शुक्ला* और *हिम्मत जौनपुरी* भी हिन्दू-मुस्लिम सम्बन्धों का मार्मिक रूप में चित्रण करते हैं। राही हिन्दू-मुस्लिम सम्बन्ध की वैसी स्थितियों के भोक्ता रहे हैं, जो किसी हिन्दू लेखक के लिए सम्भव नहीं था। हिम्मत जौनपुरी एक ऐसे मुसलमान की गाथा है जो भारत की मिट्टी से पैदा हुआ है और वहीं की मिट्टी में मिल जाता है। वह अपने गाजीपुर को उतना ही प्यार करता है जितना कोई हिन्दू कर सकता है।

ओस की बूँद में उस मानसिकता का अंकन किया गया है जब आदमी आदमी न रहकर हिन्दू या मुसलमान बन जाता है और मुल्लाओं-महन्तों तथा राजनीतिज्ञों द्वारा फैलाये गये धार्मिक उन्माद और झूठ के फलस्वरूप सारी मानवीय संवेदनाओं को तिलांजलि देकर वहशी बन जाता है। पर इनके बीच कुछ ऐसे पात्र भी होते हैं जो हिन्दू या मुसलमान न होकर निखालिस आदमी होते हैं। इस आशा की किरण को राही ने अपनी संवेदनशील आँखों से देखा है। बदीउज़्ज़माँ ने भी *छाको की वापसी* (1975) में देश के विभाजन के बाद बिहार से पूर्वी पाकिस्तान गये मुसलमानों के मोहभंग का चित्रण किया है। अपने वतन की कीमत उन्हें पराये मुल्क में जाकर मालूम होती है। 'बंगाली' और 'बिहारी' मुसलमान का भेद उन्हें वहाँ अजनबी बना देता है। कुछ ही दिनों में ये मुहाजिर भारत में छूट गए सम्बन्धियों और माहौल में जीने के लिए तड़पते, छटपटाते और सिर धुनते हैं। पर कानून उन्हें लौटने नहीं देता। इस विवशता की मनःस्थिति का उपन्यासकार ने बहुत मार्मिक अंकन किया है। मंजूर एहतेशाम ने भी *सूखा बरगद* (1986) में देश विभाजन के बाद सामूहिक मुस्लिम मनोभाव को गहरी संवेदनशीलता और तार्किक विचारशीलता के साथ प्रस्तुत किया है। हमारे देश में मजहब किस प्रकार व्यक्तिगत और सामाजिक सम्बन्धों में फाँक पैदा करता रहा है, इस विमर्श में लेखक ने अपनी सूक्ष्म अवलोकन और विश्लेषण क्षमता का परिचय दिया है। नासिरा शर्मा के *ज़िन्दा मुहावरे* (1993) में भी विभाजन के बाद भारत में रह गये मुसलमानों के मुख्य धारा से कटने, मुसलमानों के प्रति बहुसंख्यक समाज में अविश्वास का माहौल बनने और उनकी वतनपरस्ती के प्रति सन्देह करने आदि का चित्रण हुआ है। आज यह बात पूरी तरह से अनुभव की जा रही है कि यह बँटवारा मुसलमानों के लिए नुकसानदेह ही था। यहाँ तक कि पाकिस्तान जाने वाले युवकों को भी वहाँ की मुस्लिम आबादी ने हृदय से नहीं अपनाया। *ज़िन्दा मुहावरे* मुस्लिम समाज की इस नियति का साक्षात्कार कराता है।

यद्यपि अधिकतर उपन्यासकारों ने भारतीय मुसलमानों की जिन्दगी को साम्प्रदायिक

समस्याओं से ही जोड़कर देखा है, पर एक सचाई उनके अपने निजी जीवन की भी है। शानी के पहले प्रेमचन्द, यशपाल, वृन्दावनलाल वर्मा आदि ने अपने सीमित अनुभव के आधार पर उपन्यासों में मुस्लिम जीवन का अंकन किया था, पर यह विषय किसी ऐसे संवेदनशील और प्रतिभाशाली उपन्यासकार की प्रतीक्षा कर रहा था, जो खुद उस जीवन का अभिन्न अंग रहा हो। गुलशेर खाँ शानी ने इस बात को बहुत शिद्दत के साथ महसूस किया कि हिन्दी उपन्यास में मुस्लिम जीवन का चित्रण बहुत कम हुआ है। शानी ने इस अभाव को दूर करने की गौरवपूर्ण शुरुआत की। शानी बस्तर जिले के एक मध्यवर्गीय मुस्लिम परिवार में जन्मे-पले थे, अतः उस जीवन का उन्हें प्रामाणिक और गहन अनुभव तो था ही, साथ ही एक रचनाकार की गहरी संवेदना और प्रतिभा भी थी। इसी का परिणाम था *काला जल* (1965), जिसमें अनुभव, संवेदना और प्रतीकात्मक शिल्प के संयोग से भारतीय जीवन का एक नया यथार्थ अपनी सम्पूर्णता और गहनता में उद्घाटित हो गया है। *काला जल* निम्नमध्यवर्गीय मुस्लिम समाज का अत्यन्त प्रामाणिक दस्तावेज है, जिसमें बस्तर के जगदलपुर के दो मुस्लिम परिवारों की तीन पीढ़ियों की कहानी कही गयी है। मध्यवर्गीय मुस्लिम परिवारों की त्रासदी तथा मुस्लिम मानसिकता और संस्कृति का उद्घाटन करने वाला यह अद्भुत उपन्यास है। राही के *आधा गाँव, दिल एक सादा कागज* और *हिम्मत जौनपुरी* में भी मध्यवर्गीय मुस्लिम परिवारों की घरेलू जिन्दगी का प्रामाणिक और मार्मिक चित्रण हुआ है। इसी प्रकार बदीउज्जमा के *छाको की वापसी* (1975) में बिहार के मुस्लिम परिवारों का बहुत ही अन्तरंग और विश्वसनीय चित्रण किया गया है। यह चित्रण शानी और राही मासूम रजा की परम्परा को आगे बढ़ाता है। मंजूर एहतेशाम ने भी *सूखा बरगद* में मुसलमानों की घरेलू जिन्दगी, उनके रीतिरिवाजों, रहन-सहन के तौर तरीकों, त्योहारों, बोलीबानी, आपसी सम्बन्धों की बारीकियों आदि का सजीव अंकन किया है। आजादी के बाद भारत में मुसलमानों के अजनबी-बोध से ग्रस्त होने, विशाल संकट से गुजरने, राष्ट्रीय जीवन-धारा से कट जाने तथा पाकिस्तान में बसे मुजाहिरों के बँटे हुए व्यक्तित्व के चित्रण में भी उपन्यासकार ने गहरी समझ और संवेदनशीलता का परिचय दिया है।

मुस्लिम समाज को एक व्यापक और नये विजन के साथ प्रस्तुत करने का प्रयास बदीउज़्ज़मा के *सभा पर्व* (1994) में दिखाई पड़ता है। इसमें मुस्लिम जीवन को हजारों वर्षों के इतिहास और संस्कृति की पृष्ठभूमि में, उसकी सारी समकालीन समस्याओं के साथ, प्रस्तुत करने का प्रयास लक्षित होता है। एक ऐसा ही उल्लेखनीय प्रयास असगर वज़ाहत ने *सात आसमान* (1996) में किया है। इस उपन्यास में मुगल साम्राज्य के पतन के दिनों अस्तित्व में आए नवाब सामन्तों की शानशौकत, फिजूलखर्ची, सनक और दीवानगी की इतिहास-कथा से आरम्भ कर धीरे-धीरे उनके टूटने और पस्त होने की कथा कही गयी है। उपन्यास में मुस्लिम समाज की नयी और पुरानी पीढ़ी का द्वन्द्व भी चित्रित हुआ है, जो लेखक की खुली दृष्टि और सन्तुलित सोच का परिचय देता है।

नासिरा शर्मा ने भी *ठीकरे की मँगनी* (1989) में मुस्लिम परिवारों की अन्दरूनी जिन्दगी, उनके रीतिरिवाज, सामाजिक समस्याओं आदि का चित्रण किया है। उपन्यास का शीर्षक *ठीकरे की मँगनी* मुस्लिम समाज के एक प्रचलन से जुड़ा है जिसके अनुसार जन्म लेते ही किसी लड़की की मँगनी किसी लड़के के साथ कर दी जाती है। केन्द्रीय पात्र महरुख की जिन्दगी

के पचीस वर्ष इसी रूढ़ि की मनहूस छाया में बीतते हैं। उसका मँगेतर उसे धोखा देता है, पर वह टूटती नहीं, बल्कि अपने लिए एक नया और स्वतन्त्र मार्ग चुनती है और एक छोटे से गाँव के लोगों की सहायता और सेवा को अपने जीवन का लक्ष्य बना लेती है।

अब्दुल बिस्मिल्लाह के *झीनी झीनी बीनी चदरिया* (1986) में मुस्लिम समाज के उस वर्ग—बनारस के बुनकर समाज—के जीवन का चित्रण किया गया है जिसकी मुख्य समस्या रोजी रोटी और अस्तित्व की है। यह वर्ग 'गिरस्ता' और 'कोठीवालों' के शोषण का शिकार है और सर्वथा नारकीय जीवन व्यतीत करता है। उपन्यासकार बुनकरों के जीवन-यथार्थ को पूरी संश्लिष्टता में प्रस्तुत करता है और न केवल उनकी अभावग्रस्त और नारकीय जिन्दगी को उसकी समस्त भयावहता में प्रस्तुत करता है, वरन् उसमें फैली तमाम कुरीतियों, अन्धविश्वासों, मजहबी कट्टरपन और साम्प्रदायिक पूर्वग्रहों को आलोचनात्मक दृष्टि से सामने रखता है। *मुखड़ा क्या देखे* (1996) में निम्नवर्गीय या दलित मुस्लिम परिवार का यथार्थ प्रस्तुत करते हुए लेखक ने गाँव में होने वाले परिवर्तनों, विशेषकर साम्प्रदायिक दुर्भाव में वृद्धि, का संकेत दिया है जो आज की एक चिन्ताजनक सचाई है। ज्योतिष जोशी ने भी *सोनबरसा* (2000) में साम्प्रदायिक उन्माद से ग्रस्त होते एक गाँव की कथा प्रस्तुत की है। इस चिन्ता का तनिक बड़े पैमाने पर अंकन भगवानदास मोरवाल ने *काला पहाड़* (1999) में किया है, जो देश में बढ़ती हुई साम्प्रदायिकता पर गहरी संवेदना से भरा हुआ विमर्श है। साम्प्रदायिकता का भाव किस प्रकार सीधे-सादे लोगों के मन में भरा जाता है और अफवाहों के द्वारा अविश्वास, आतंक और भय पैदा कर उसे जुनून में बदल दिया जाता है, इसका बहुत प्रभावकारी अंकन उपन्यास में किया गया है। यही धार्मिक जुनून बाबरी मस्जिद विध्वंस और उसके बाद हुए साम्प्रदायिक दंगों का रूप ले लेता है, जो अल्पसंख्यक हिन्दुओं के पलायन, निरपराध व्यक्तियों की हत्या और अपराधी तत्त्वों द्वारा लूटपाट के रूप में प्रतिफलित होता है। उपन्यास का केन्द्रीय पात्र, बूढ़ा और अनपढ़ सलेमी, इस जहरीली मानसिकता के खिलाफ संघर्ष करता है, पर इस लड़ाई में अन्ततः उसकी हार होती है। पर हार जाने के बावजूद वह साम्प्रदायिकता की भावना के लिए एक चुनौती छोड़ जाता है। इसी प्रकार का पात्र मंजूर एहतेशाम के *सूखा बरगद* का अब्दुल बहीद खाँ अर्थात् अब्बू भी है, जो धार्मिक संकीर्णताओं से मुक्त, उदार, राष्ट्रप्रेमी और मजहब पर इंसानियत को तरजीह देने वाला बुद्धिजीवी है। उसे जिन्दगी भर कट्टरपन्थियों से जूझना पड़ता है, पर सामाजिक और आर्थिक दबावों के सामने वह घुटने नहीं टेकता। पर उसका धार्मिक विद्वेष रहित समाज की स्थापना का स्वप्न पूरा नहीं होता। उपन्यास उन शक्तियों की पड़ताल का प्रयत्न है जो इस सपने को पूरा नहीं होने देतीं।

सदी के अन्तिम दशक में उपन्यासकारों ने देश में बढ़ते साम्प्रदायिक उन्माद की परिस्थितियों और उनके कारणों की तलाश करने की कोशिश की है। गौरी शंकर कपूर कृत *उल्का साकेत* (1991) और राजीव कुमार कृत *टुकड़े में* साम्प्रदायिक नफरत और धर्मोन्माद पैदा करने वाले तत्त्वों का पर्दाफाश किया गया है। प्रियंवद ने *वे वहाँ कैद हैं* (1994) में बड़ी ही संवेदनशील भाषा में सम्प्रदायवाद और उसके भीतर से पनपते हुए फासीवाद के भयानक चेहरे को पहचानने का प्रयास किया है। साम्प्रदायिक सोच और फासीवाद पर सर्जनात्मक विमर्श की दृष्टि से यह उपन्यास इस दशक की एक उपलब्धि है। इस विमर्श में ऐसी वैचारिक तटस्थता, ईमानदारी और संवेदनशीलता है, जो पाठक को तिलमिलाती और

विचलित करती है। गीतांजलि श्री के *हमारा शहर उस बरस* (1998) ई. में हिन्दू साम्प्रदायिकता का चित्रण किया गया है। उपन्यास में एक शहर है, जहाँ एक 'मठ' और एक विश्वविद्यालय है और ये दोनों ही संस्थाएँ साम्प्रदायिकता को हवा देती हुई फासीवादी, रहस्यपूर्ण और आतंक से भरी दुनिया का सृजन करती हैं। उपन्यास का नाभिकेन्द्र साम्प्रदायिक तनाव की असामान्य स्थिति में एक मुस्लिम पात्र के अकेला होने और अलग-थलग पड़ते जाने की मानसिकता में निहित है। भगवान सिंह के *उन्माद* (1999) में भी साम्प्रदायिक उन्माद पर बहस की गयी है। उपन्यासकार की मान्यता है कि सत्ता और आर्थिक स्वार्थ की लड़ाई में साम्प्रदायिकता ईंधन का काम करती है और इसका शिकार केवल आम आदमी होता है। कमलेश्वर के *कितने पाकिस्तान* (2000) में भी एक साम्प्रदायिकता विरोधी विजन है जो धर्म, राजनीति, क्षेत्रीय महत्त्वाकांक्षा, भौतिक सुखों की होड़, प्रजातीय और बौद्धिक अहंकार आदि के तहत देश, दुनिया और मानवता को बाँटने, एक दूसरे से अलग और लहूलुहान करने की दानवी प्रवृत्ति के अंकन और उसके प्रतिरोध से युक्त है।

आजादी के बाद के मुस्लिम सन्दर्भ से जुड़े उपन्यासों को तीन चरणों में बाँटकर देखा जा सकता है। पहले चरण के उपन्यास देश के बँटवारे से पैदा हुए साम्प्रदायिक तनाव और उससे सम्बद्ध हिंसा, लूटपाट, आगजनी, पलायन और शरणार्थी जीवन आदि से सम्बन्धित हैं। इसका चित्रण देवेन्द्र सत्यार्थी, यशपाल, भीष्म साहनी, द्रोणवीर कोहली आदि ने पूरी विश्वसनीयता के साथ किया है। बाद में देश के भीतर होने वाले छिटफुट हिन्दू-मुस्लिम दंगों का चित्रण भी कुछ उपन्यासकारों ने किया है, पर संवेदनात्मक स्तर पर उनका विशेष महत्त्व नहीं है। दूसरे चरण में वे उपन्यास आते हैं जिनमें देश विभाजन के बाद भारत में रह गये अल्पसंख्यक मुसलमानों की जिन्दगी और नियति का चित्रण हुआ है। इन उपन्यासकारों में शानी, राही मासूम रज़ा, बदीउज़्ज़माँ, मंजूर एहतेशाम, नासिरा शर्मा, अब्दुल बिस्मिल्लाह, असगर वज़ाहत आदि उल्लेखनीय हैं, जिन्होंने मध्यवर्गीय तथा निम्नमध्यवर्गीय मुस्लिम समाज के हालात के विश्वसनीय अंकन के साथ-साथ भारतीय नागरिक के रूप में उनकी मुश्किलों और साम्प्रदायिक सोच के साथ उनके समझौतों और टकरावों का चित्रण किया है। तीसरे चरण के उपन्यास वे हैं जिनमें देश में साम्प्रदायिक सोच और भावना के प्रसार तथा उनके कारणों की पड़ताल की गयी है। प्रियंवद, गीतांजलि श्री, भगवानदास मोरवाल, भगवान सिंह, रवीन्द्र वर्मा आदि ने अपने उपन्यासों में साम्प्रदायिक विमर्श को अधिक महत्त्व दिया है। इस सम्बन्ध में उल्लेखनीय तथ्य यह है कि हिन्दी के उपन्यासकार साम्प्रदायिक सोच और भावना की दृष्टि से उदार, मानवीय और प्रजातान्त्रिक मूल्यों से परिचालित हैं।

राजनीतिक सन्दर्भ

बीसवीं शताब्दी के तीसरे दशक से भारतीय स्वाधीनता आन्दोलन तेज हुआ। इस आन्दोलन में प्रमुख भूमिका गाँधी जी के नेतृत्व में कांग्रेस पार्टी की रही पर गौण रूप में हिंसात्मक क्रान्तिकारी दलों, किसान आन्दोलनों और साम्यवादी पार्टी ने भी इसमें योगदान किया। फलस्वरूप 1947 ई. में देश को आजादी मिली। स्वतन्त्रता-प्राप्ति के बाद देश का शासन जनता के चुने हुए प्रतिनिधियों के हाथ में आ गया। ताकत भ्रष्टाचार को जन्म देती है, यह

एक सुपरिचित तथ्य है। सत्ता में आते ही कांगरेसी नेताओं के चरित्र के दुर्बल पक्ष उभर कर सामने आने लगे। यद्यपि संविधान में भारत को 'समाजवादी गणतन्त्र' कहा गया, पर सामन्ती और पूँजीवादी ताकतों ने राजनीति में प्रवेश कर अप्रत्यक्ष रूप में उस पर अपना कब्जा जमा लिया। समकालीन कांग्रेसी नेतृत्व इस प्रवृत्ति पर रोक लगाने में समर्थ नहीं हुआ अथवा अपना जनाधार कमजोर होते देख उसने इसके सामने घुटने टेक दिए। धीरे-धीरे संसद और विधान सभाओं में चुनाव जीतने के लिए पैसे का महत्त्व बढ़ता गया और इसके साथ-साथ सामन्तों, जमींदारों, भूमिपतियों और पूँजीपतियों का शासन-तन्त्र पर प्रभाव भी बढ़ता गया। इसी के अनुपात में आर्थिक भ्रष्टाचार में भी वृद्धि हुई। जातिवाद, सम्प्रदायवाद, क्षेत्रीयतावाद और इनसे जुड़े षड्यन्त्रों का तो प्रवेश राजनीति में हुआ ही, सत्ता बनाए रखने के लिए चरित्रहीन सांसदों को रिश्वत भी दी जाने लगी। आज तो रिश्वतखोर, तस्कर, डकैत, आर्थिक घोटाला करने वाले, सत्ता का दुरुपयोग करके धन जमा करने वाले, करोड़ों का आयकर हड़प जाने वाले सभी प्रकार के अपराधी राजनीति पर काबिज हो गये हैं। हिन्दी उपन्यास देश की इस बदलती हुई स्थिति के प्रति जागरूक रहा है।

भगवतीचरण वर्मा ने अपने उपन्यासों में उन्नीसवीं शताब्दी के अन्तिम दशक से लेकर बीसवीं शताब्दी के सातवें दशक तक के काल को उसके व्यापक और वैविध्यपूर्ण आयाम में प्रस्तुत करने का प्रयास किया। उनके *भूले बिसरे चित्र* (1959), *सीधी सच्ची बातें* (1968), *प्रश्न और मरीचिका* (1973) आदि उपन्यासों में 1890 से लेकर 1962 तक देश में होने वाले राजनीतिक, आर्थिक और सामाजिक उथल-पुथल का अंकन किया गया है। *सबहिं नचावत राम गोसाईं* (1970) और *सामर्थ्य और सीमा* (1962) का कथ्य भी स्वतन्त्र भारत के इतिहास से ही जुड़ा है, जबकि *टेढ़े मेढ़े रास्ते* (1946) का विषय स्वाधीनता संग्राम की पृष्ठभूमि से सम्बद्ध है। आजादी के बाद राजनीतिक जीवन में आयी विकृतियों का भगवतीचरण वर्मा ने प्रमुखता के साथ अंकन किया है। *सबहिं नचावत राम गोसाईं* में डकैत नाहर सिंह का पोता जबर सिंह आजादी की लड़ाई में गुंडागिरी से आरम्भ करके पहले विधानसभा का सदस्य और बाद में उपमन्त्री, गृहमन्त्री बनता है और तिकड़म तथा धन और गुंडा शक्ति के बल पर राजनीति के खेल खेलता है। देशव्यापी भ्रष्टाचार और नैतिक-राजनीतिक स्खलन का चित्रण भगवती बाबू के प्रायः सभी उपन्यासों में प्रमुखता के साथ हुआ है। रेणु ने भी *मैला आँचल* (1954) में नगरीय परिवेश से दूर गाँवों में राजनीतिक चेतना के सुगबुगाने का पर्याप्त विस्तार और समझ के साथ चित्रण किया है। गांधी जी के नमक सत्याग्रह से आरम्भ हुई राजनीतिक चेतना से आरम्भ करके रेणु ने समकालीन राजनीतिक दलों के नैतिक और सैद्धान्तिक खोखलेपन का बड़ी निस्संगता और ईमानदारी के साथ अंकन किया है। अमृत राय ने भी *हाथी दाँत* (1957) में आजादी-पूर्व के दो दशकों में जमींदारों द्वारा किसानों पर किये जाने वाले अत्याचारों और स्वतन्त्रता-प्राप्ति के बाद उनके नेता बनकर राजनीति में प्रवेश और हिंसा, पैसा तथा तिकड़म के बल पर सत्ता हथियाकर सरकारी धन की लूट और भ्रष्टाचार का चित्रण किया है। *झूठासच* (देश का भविष्य, 1960) में यशपाल ने स्वतन्त्रता-प्राप्ति के बाद के दशक में देश के निर्माण में बुद्धिजीवियों और नेताओं की प्रगतिशील और प्रतिगामी दोनो प्रकार की भूमिकाओं का चित्रण किया है। यशपाल की अन्तर्भेदी दृष्टि समाज की विकासशील और प्रतिगामी शक्तियों को पहचानने में कोई भूल नहीं करती। *झूठा सच* के

जयदेव पुरी और सूद प्रतिगामी शक्तियों का प्रतिनिधित्व करते हैं। सूद उस भ्रष्ट राजनीति-व्यवसायी का प्रतिनिधि है जो आज अपनी सारी नंगई और बेशर्मी के साथ सत्ता पर काबिज है। सूद, जयदेव और सोमराज जैसे शुद्ध राजनीति-व्यवसायियों, भ्रष्ट पत्रकारों और जनता की सम्पत्ति लूटने वाले लोगों के चित्रण में यशपाल ने गहरी सूझबूझ का परिचय दिया है। पर यशपाल केवल भ्रष्टाचार, बुराई और झूठ का पर्दाफाश करके ही सन्तोष नहीं करते, वरन् एक बेहतर जीवन का स्वप्न भी देखते हैं। यद्यपि, यशपाल का यह स्वप्न आज मिथ्या प्रतीत होता है, पर देश का भविष्य तारा, डा. नाथ, डा. श्यामा, पत्रकार कनक तथा गिल, इंजीनियर नरोत्तम और नर्स मर्सी जैसे लोगों द्वारा ही निर्मित होगा जो अपने देश और जनता को प्यार करते हैं तथा बेहतर भविष्य के लिए संघर्ष कर रहे हैं।

गिरिराज किशोर ने *लोग* (1966) में इतिहास के उस कालखंड का चित्रण किया है जब औपनिवेशिक शासन भारत में अन्तिम घड़ियाँ गिन रहा था और उसके साथ ही जमींदार वर्ग भी अपने अधिकारों से वंचित होने की आशंका से ग्रस्त अनिश्चय और आशंका की मानसिकता में जी रहा था। यह वर्ग 1857 के प्रथम स्वाधीनता संग्राम के बाद अँगरेजों की सोची समझी नीति के तहत पैदा किया गया था, जो अन्त तक ब्रिटिश साम्राज्य के प्रति वफादार और आजादी की लड़ाई का विरोधी बना रहा। *जुगलबन्दी* (1973) और *ढाईघर* (1991) में भी जमींदारों की इस पीढ़ी का अंकन हुआ है, पर इनमें उनकी अँगरेज परस्ती और शानशौकत की तुलना में उनके अन्तर्विरोधों का चित्रण अधिक हुआ है। यशपाल ने *मेरी तेरी उसकी बात* (1974) में स्वाधीनता आन्दोलन में गाँधी जी के प्रवेश से लेकर स्वतन्त्रता-प्राप्ति तक के उत्तर भारतीय समाज और राजनीतिक संघर्ष का चित्रण, अपने राजनीतिक पूर्वग्रहों के साथ किया है। मृदुला गर्ग ने *अनित्य* (1980) में 1930-60 की अवधि में भारतीय राजनीति की प्रमुख धाराओं का विश्लेषण करते हुए साम्यवादी और सशस्त्र क्रान्तिकारी धारा को अपनी सहानुभूति दी और यह विचार प्रस्तुत किया कि इस क्रान्ति की असफलता ही भारत के पिछड़ेपन और आर्थिक वैषम्य का कारण है। कामता नाथ ने *कालकथा* (1998) में 1918-1929 की कालावधि में उत्तर भारत की सामाजिक जिन्दगी को स्वाधीनता आन्दोलन से जोड़कर प्रस्तुत किया है।

अमृतलाल नागर ने *बूँद और समुद्र* (1956) में मुख्य रूप से पुरानी समाज व्यवस्था के अन्तर्विरोधों तथा उसके टूटने और बदलने का चित्रण किया है। बुद्धिजीवियों और मध्यवर्ग के पढ़े-लिखे लोगों की समस्याओं, रूढ़िगत संस्कारों, आस्था के संकट आदि का चित्रण भी उपन्यासकार का लक्ष्य है। उपन्यास का कथासंसार अत्यन्त व्यापक और वैविध्यपूर्ण है। चुनाव की राजनीति, राजनीतिक दलों की आपसी खींचातानी, पुलिस की धाँधली, न्यायालयों की न्याय देने में असमर्थता, मन्दिरों में फैले प्रपंच और भ्रष्टाचार, संस्कृति के नाम पर जारी रीतिरिवाजों के पाखंड आदि का व्यापक चित्रण उपन्यास में मिलता है। उपन्यासकार की आस्था भारत के भविष्य के प्रति बरकरार है। पर *अमृत और विष* (1966) में इस आस्था में दरार पड़ती दिखाई देती है। इस उपन्यास के विजन में भारतीय गणतन्त्र के पन्द्रह वर्षों का पूरा परिदृश्य साकार हो गया है। इस विजन में पूँजीपतियों की सुरसामुखी हड़प नीति, राजनीतिज्ञों और पूँजीपतियों की मिलीभगत से होने वाली लूट, चुनावी भ्रष्टाचार, राजनीति में धनशक्ति और गुंडाशक्ति का बढ़ता प्रभाव, बुद्धिजीवियों का चारित्रिक खोखलापन,

तत्कालीन प्रधानमंत्री जवाहरलाल नेहरू का स्वप्नदर्शी, पर यथार्थ से कटा दृष्टिकोण, नौकरशाही का संवेदनाशून्य, कठोर, खुशामदी और भ्रष्ट चरित्र आदि शामिल हैं। *पीढ़ियाँ* (1990) में केन्द्रीय पात्र जयन्त टंडन के माध्यम से 1905-42 की अवधि में पैदा हुई राजनीतिक जागृति और स्वाधीनता आन्दोलन का चित्रण किया गया है। इसके साथ ही इस उपन्यास में नागरजी ने नवें दशक के राजनीतिक यथार्थ को भी सफलतापूर्वक समेट लिया है।

समकालीन भारतीय राजनीति की विडम्बनाओं और विकृतियों का अंकन आजादी के बाद के उपन्यासों का प्रमुख विषय रहा है। रेणु ने *मैला आँचल* (1954) में बावनदास और बालदेव के माध्यम से भारतीय राजनीति के दो ध्रुवान्तों का प्रतीकात्मक रूप में अंकन किया है। बावनदास उन श्रेष्ठ राजनीतिक मूल्यों का प्रतीक है जो देशप्रेम और बलिदान की भावना से उद्‌भूत होते हैं। उसकी मृत्यु भारतीय राजनीतिक मूल्यों की मृत्यु है। बालदेव राष्ट्रीय स्तर पर गाँधीवाद के विद्रूप का प्रतीक है। उसका चरित्र एक तरफ गाँधी जी के अहिंसा सिद्धान्त के दुर्बल पक्ष का उद्‌घाटन है तो दूसरी तरफ गाँधीवाद को विकृत रूप में प्रस्तुत करने की आलोचना भी। बालदेव का चरित्र आजादी प्राप्त होने के ठीक पहले कांग्रेस पार्टी के तेजी से भ्रष्ट राजनीतिकरण की ओर बढ़ने का भी द्योतक है। राजेन्द्र यादव ने *उखड़े हुए लोग* (1956) में 'नेता भैया' के रूप में राजनीतिज्ञों की उस नस्ल का चित्रण किया है, जो आज देश में खूब फल-फूल रही है। ये 'नेता भैया' त्याग, तपस्या, सेवा, सज्जनता आदि की रामनामी चादर ओढ़कर जनता को लूट रहे हैं, प्रच्छन्न पूँजीपतियों के रूप में मजदूरों और बेकार युवकों का शोषण कर रहे हैं तथा भ्रष्टाचार में आकंठ निमग्न हैं। श्रीलाल शुक्ल ने *रागदरबारी* (1968) में आजादी के बाद कुकुरमुत्ते की तरह पनपे उन 'नेताओं' का अंकन किया है जो बड़े ही चालाक, स्वार्थी, गाँवों के विकास के सबसे बड़े शत्रु और सभी प्रकार के नैतिक और सांस्कृतिक मूल्यों के दुश्मन थे। ऊपर से सन्त दिखने वाले पर भीतर से शैतान ये नेता कांग्रेसी राजनीति की उपज थे। मन्नू भंडारी ने *महाभोज* (1979) में 'दा साहब' के रूप में और शैलेश मटियानी ने *सर्पगन्धा* (1979) में कल्याण ठाकुर के रूप में इस प्रकार के नेताओं का चरित्र प्रस्तुत किया। *महाभोज* में राजनीति में प्रविष्ट मूल्यहीनता, शैतानियत और नैतिक सड़ाँध का अत्यन्त यथार्थ और सजीव चित्रण किया है। आठवें दशक में सत्ता का हस्तान्तरण तो एक राजनीतिक दल से दूसरे राजनीतिक दल में जरूर हुआ, पर मूल्यभ्रष्टता और सड़ाँध में कोई फर्क नहीं पड़ा। इसका कारण यह था कि जिन राजनीतिक दलों के बीच सत्ता का हथफेर हुआ, वे सभी भ्रष्ट मूल्यों के शिकार थे। कांग्रेस के शासन में, समाजवादी शासन की स्थापना के दिखावे के बावजूद, पूँजीवादी और सामन्तवादी व्यवस्था ही राजनीति पर हावी रही। राजनीति में धन, बाहुबल, गुंडागर्दी और छलप्रपंच का बोलबाला हो गया, जिसकी आपूर्ति पूँजीवादी-सामन्तवादी शक्तियाँ मजे में करती रहीं। मन्नू भंडारी ने 'दा साहब', सुकुल जी, पांडेय जी, आपा साहब, राव आदि पात्रों के माध्यम से, जो तरह-तरह के मुखौटे लगाए, सत्ता की लड़ाई लड़ने वाले राजनीतिकर्मियों का प्रतिनिधित्व करते हैं, इस यथार्थ का उद्‌घाटन किया है। समकालीन राजनीति के इस घिनौने चेहरे को बेनकाब करने में मन्नू भंडारी को *महाभोज* में अद्‌भुत सफलता मिली है।

राजकृष्ण मिश्र ने भी *दारुल सफा* (1981) में समकालीन राजनीतिक जीवन में व्याप्त भ्रष्टाचार और दाँवपेच का विश्वसनीय अंकन किया है। सत्ता पर अधिकार जमाने के लिए

समकालीन राजनीति तस्करी, रिश्वत, नारी-शरीर, चरित्र हनन, अपहरण, हत्या, किसी भी घृणित साधन का इस्तेमाल करने में नहीं हिचकती। आजादी के बाद सामाजिक और नैतिक स्तर पर हुए पतन का भी उपन्यासकार ने सजीव चित्रण किया है। विभूतिनारायण राय ने भी अपने *किस्सा लोकतन्त्र* (1993) नामक उपन्यास में भ्रष्टाचार, लम्पटता, चुनावी तिकड़म, राजनीतिक हिंसा आदि से विकृत लोकतन्त्र के यथार्थ को प्रस्तुत करने का प्रयास किया है। *बिस्रामपुर का सन्त* (1998) में श्रीलाल शुक्ल ने एक ऐसे पाखंडी नेता का चरित्र प्रस्तुत किया है, जो बड़ी सावधानी से कदम बढ़ाते हुए एक बड़े राज्य के राज्यपाल की कुर्सी हासिल करता है और किसी कारण पद से हट जाने पर सन्त की छद्‌म भूमिका अपना लेता है। वह उन नेताओं का प्रतीक है जो पर्दे के पीछे से पद पाने के लिए जोड़-तोड़ करते हैं, पर ऊपर से निर्विकार बने रहने का नाटक करते हैं। संजीव के *जंगल जहाँ शुरू होता है* (2000) में नेपाल की सीमा से लगे बिहार के पश्चिमी चम्पारण जिले के जंगलों में निवास करने वाली थारू जनजाति तथा उस क्षेत्र के डाकुओं, राजनीतिज्ञों, पुलिस और प्रशासन के बीच छिड़ी जंग का चित्र प्रस्तुत किया गया है। इस औपन्यासिक विजन में वास्तविक डाकुओं से बड़े डाकू तथाकथित राजनेता हैं जो सत्ता प्राप्त करने के लिए इनका उपयोग करते हैं। देश में राजनीति के अपराधीकरण और साथ ही अपराध के राजनीतिकरण की बढ़ती प्रवृत्ति को भी कथाकार ने एक अनुभव के रूप में प्रस्तुत किया है।

आजादी के बाद के उपन्यासों में स्वाधीनता संग्राम के सक्रिय रूप ग्रहण करने से लेकर बीसवीं सदी के अन्त तक के व्यापक राजनीतिक सन्दर्भ का बहुत विश्वसनीय अंकन हुआ है। यह चित्रण देश की ईमानदार जनता की सोच और संवेदना का प्रतिनिधित्व करने के कारण भविष्य में ऐतिहासिक महत्त्व का होगा, इसमें दो मत नहीं हो सकते।

परिसर का नया सच

आजादी के बाद शैक्षिक परिसर जीवन का एक ऐसा यथार्थ सामने आया, जो पहले न के बराबर था। यद्यपि महात्मा गाँधी के सत्याग्रह आन्दोलन से ही परिसर जीवन में विक्षोभ की स्थितियाँ उत्पन्न हो गयी थीं, पर स्वाधीनतापूर्व हिन्दी उपन्यास में उनका चित्रण बहुत कम हुआ। आजादी प्राप्त होने के कुछ ही वर्ष पूर्व महात्मा गाँधी द्वारा छेड़े गए 'भारत छोड़ो आन्दोलन' में छात्रों की महत्त्वपूर्ण भूमिका रही थी, जिसका बड़े पैमाने पर अंकन यशपाल ने लगभग तीन दशक बाद *मेरी तेरी उसकी बात* (1974) में किया। पर यशपाल के विजन में यह आन्दोलन निरर्थक, हास्यास्पद और गैर-जरूरी था। स्पष्टतः यह विचार कम्युनिस्ट पार्टी की विचारधारा से प्रभावित था, जिसने द्वितीय विश्वयुद्ध में ब्रिटिश शासन को कमजोर करने वाले किसी भी आन्दोलन का विरोध किया था। स्वतन्त्रता-प्राप्ति के बाद छठे दशक में कांगरेसी सरकार की अनिच्छा के बावजूद विश्वविद्यालयी परिसर में छात्रों की राजनीतिक गतिविधियाँ कुछ तेज हुईं और छात्रसंघों की माँग जोर पकड़ने लगी। यह छात्रों की अपने अधिकारों के प्रति जागरूकता तथा राजनीतिक चेतना का परिचायक था। यह विषय भी बहुत दिनों तक किसी उपन्यासकार के विजन की वस्तु नहीं बना। सदी के अन्तिम दशक में रमाकान्त ने *जुलूस वाला आदमी* (1993) में आजादी के बाद के परिसर जीवन में आए

बदलाव और छात्र-आन्दोलन का बहुत ही सजीव अंकन किया। इस आन्दोलन में न केवल राजनीतिक दल रुचि लेने लगे थे वरन् पैसे के बल पर चुनाव जीतने की प्रवृत्ति भी आरम्भ हो चुकी थी। रमाकान्त की सहानुभूति वामपन्थी दल के साथ है और यह सही है कि उस दशक के छात्र-आन्दोलनों में वामपन्थी दल के छात्रों के दल की भूमिका सकारात्मक थी। फिर भी रमाकान्त ने जनवादी छात्र-आन्दोलन के अन्तर्विरोधों को अनदेखा नहीं किया है और इस आन्दोलन की विफलता का भी विश्वसनीय अंकन किया है। उपन्यासकार ने विश्वविद्यालयों में छात्रों के नामांकन से लेकर अध्यापकों और अधिकारियों की नियुक्ति तक में होने वाली रस्साकसी और धाँधलियों तथा शिक्षण संस्थाओं में शासन के बढ़ते हस्तक्षेप का भी यथार्थ अंकन किया है।

स्वाधीनता-प्राप्ति के बाद परिसर-जीवन में सकारात्मक परिवर्तन भी हुए, पर उनकी तुलना में कहीं ज्यादा नकारात्मक परिवर्तन हुए, जिनकी अनुगूँज हिन्दी उपन्यास में भी सुनाई पड़ती है। परिसर जीवन की गतिविधियों में राजनीतिक दलों का हस्तक्षेप छठे दशक में ही शुरू हो चुका था। सातवें दशक में तो परिसर राजनीतिक दलों का चरागाह बन गया। अपने राजनीतिक हितों की पूर्ति के लिए सभी राजनीतिक दल 'छात्रशक्ति' का दोहन करने में एक दूसरे से आगे बढ़ जाने की प्रतियोगिता में शामिल हो गये। डॉ. सत्यकेतु सांकृत के अनुसार, "इसी समय प्रजातान्त्रिक राजनीति ने छात्रशक्ति का दुरुपयोग करना आरम्भ किया और छात्र बड़ी संख्या में राजनीति प्रेरित आन्दोलनों में हिस्सा लेने लगे। बिना पढ़ाई किए ही डिग्री प्राप्त करने की आकांक्षा ने छात्रों को परीक्षाओं में नकल की छूट के लिए आन्दोलन करने के लिए प्रेरित किया। राजनीतिक दलों ने इस प्रवृत्ति को प्रच्छन्न रूप से बढ़ावा देकर छात्रों को और भी अध्ययन विमुख किया। बसों के किराये और सिनेमा के टिकटों में छूट के लिए भी छात्र आन्दोलन पर उतारू हो गये। ...छात्र संघों के साथ परिसर के बाहर की गन्दी राजनीति, जो जातिवाद, सम्प्रदायवाद और धन तथा गुंडागर्दी पर आधारित थी, परिसर में भी प्रविष्ट हो गयी। परिसर में शिक्षक अप्रासंगिक और छात्रनेता प्रमुख बन गये।[1] पाँचवें दशक के कई उपन्यासकारों ने अपनी रचनाओं में परिसर जीवन की संस्कृति में आ रहे इन परिवर्तनों का अंकन किया है। धर्मवीर भारती और राजेन्द्र यादव ने अपने-अपने ढंग से परिसर में उभरते नये यथार्थ का अंकन किया है। यदि डॉ. देवराज ने अपने कई उपन्यासों में विश्वविद्यालय जीवन में प्रवेश कर रही विकृतियों का चित्रण किया है तो यशपाल ने *झूठा सच* में परिसर में आ रही विकृतियों के साथ छात्रों की सकारात्मक भूमिका का भी अंकन किया है। दुष्यन्त कुमार ने अपने *छोटे छोटे सवाल* (1964) में कॉलेजों में पनप रहे भ्रष्टाचार, अनियमितता, अनुशासनहीनता आदि का चित्रण किया है। पर परिसर जीवन में आ रही विकृतियों का सर्वाधिक यथार्थ और तल्ख चित्रण श्रीलाल शुक्ल ने *राग दरबारी* (1968) में किया। इस समय तक छात्रों और शिक्षकों में अनुशासनहीनता चरम की ओर बढ़ने लगी थी। स्कूलों और कॉलेजों के प्रबन्धन में छुटभैये नेताओं की मनमानी आरम्भ हो गयी थी और शिक्षा सम्बन्धी सारे मूल्य अप्रासंगिक होने लगे थे। श्रीलाल शुक्ल ने इन स्थितियों के चित्रण में अद्भुत बेबाकी और व्यंग्यधर्मिता का परिचय दिया है।

विश्वविद्यालय परिसर को गम्भीर विमर्श का विषय बनाने वाले प्रथम उपन्यासकार काशीनाथ सिंह हैं, जिनका *अपना मोर्चा* (1972) छात्र आन्दोलन को विषय बनाकर लिखा

गया उपन्यास है। सातवें दशक में विभिन्न कारणों से पैदा हुए छात्र असन्तोष और 'अँगरेजी हटाओ' आन्दोलन से उत्तर भारत का शैक्षिक परिसर क्षुब्ध और अशान्त हो गया था। *अपना मोर्चा* छात्र समस्या से टकराने की एक ईमानदार कोशिश है। उपन्यासकार ने अत्यन्त निस्संग भाव से अपने क्षुद्र स्वार्थों और सीमाओं में बद्ध अध्यापकों और अधिकारियों, दिशाहारा छात्रों और उनसे उदासीन व्यवस्था का चेहरा बेनकाब किया है। शिवप्रसाद सिंह ने भी इस आक्रोश और अशान्ति का प्रामाणिक और सजीव अंकन *गली आगे मुड़ती है* (1973) में किया है। शिवप्रसाद सिंह ने ईमानदारी के साथ स्वीकार किया है कि इस असन्तोष और आक्रोश के मूल कारणों को ठीक से समझकर इन्हें सही मोड़ देने या उनका समाधान प्रस्तुत करने की कोशिश उन्होंने नहीं की है। वस्तुतः शिवप्रसाद सिंह के औपन्यासिक विजन में युवा आक्रोश का कोई सम्पूर्ण रूप परिलक्षित नहीं होता। उपन्यास का केन्द्रीय पात्र, रामानन्द तिवारी, अन्ततः इसी निष्कर्ष पर पहुँचता है कि मजदूर और किसान के बाद छात्र को तीसरी शक्ति के रूप में देखना भ्रम मात्र है। 'सम्पूर्ण क्रान्ति' के रूप में उभरी युवा शक्ति की जो निराशाजनक परिणति हुई है, उससे उपन्यासकार के निष्कर्ष की पुष्टि होती है।

रामदरश मिश्र ने *अपने लोग* (1976) में उत्तर प्रदेश के पूर्वांचल में परिसर जीवन के राजनीतिकरण, जातिवादीकरण और शिक्षा के क्षेत्र में व्याप्त मूल्यहीनता का चित्रण किया है। हृदयेश ने *साँढ़* (1981) में उत्तर प्रदेश की कस्बाई शिक्षण संस्थाओं में व्याप्त भ्रष्टाचार का अंकन किया है। विवेकी राय ने *समर शेष है* (1988) और शशिप्रभा शास्त्री ने *मीनारें* (1992) में शिक्षा जगत् में व्याप्त, भ्रष्टाचार, गुंडागर्दी, राजनीतिक हस्तक्षेप तथा परिसर जीवन में दिनोदिन बढ़ती विकृतियों का यथार्थ चित्र प्रस्तुत किया है। कॉलेजों में बढ़ती अनुशासनहीनता, परीक्षाओं में नकल की बढ़ती प्रवृत्ति, इस नकल-व्यापार में प्राचार्यों, कॉलेज-प्रबन्धकों और छात्र-नेताओं की भूमिका तथा उसे रोकने का प्रयत्न करने वाले ईमानदार शिक्षकों के अपमान और उन पर किए जाने वाले जानलेवा हमलों, छात्रों में नशीली दवाओं के सेवन और व्यापार तथा इससे जुड़े अपराध कर्म आदि का विवेकी राय ने गहरी प्रतिबद्धता के साथ चित्रण किया है। उषा यादव ने भी *एक और अहिल्या, धूप का टुकड़ा, कितने नीलकंठ* (1998) आदि उपन्यासों में परिसर जीवन में आई विकृतियों का चित्रण किया है।

गिरिराज किशोर का *परिशिष्ट* (1984) और श्रवण कुमार गोस्वामी का *चक्रव्यूह* (1988) विश्वविद्यालयीय परिसर के जीवन पर आधारित 'सम्पूर्ण' उपन्यास कहे जा सकते हैं। तकनीकी शिक्षण संस्थानों के यान्त्रिक, अमानवीय और आरक्षण विरोधी परिवेश में दलित वर्ग के छात्रों के अरमानों और सपनों की किस प्रकार हत्या कर दी जाती है, इसका दहला देने वाला चित्रण *परिशिष्ट* में हुआ है। इन संस्थाओं में रहन-सहन, बातचीत, वेशभूषा, खानपान आदि का ऐसा अभिजात वातावरण होता है कि यहाँ पहुँचकर औसत छात्र भौंचक रह जाता है। आरक्षण कोटे से आये दलित वर्ग के छात्र यहाँ की शिक्षा पद्धति के साथ चल नहीं पाते और कई तो मानसिक दबाव में आत्महत्या भी कर लेते हैं। इस यथार्थ को गहरी संवेदना के साथ प्रस्तुत करने में गिरिराज किशोर को उल्लेखनीय सफलता प्राप्त हुई है। *चक्रव्यूह* में आज के विश्वविद्यालयीय जीवन को, उसमें लगे हुए घुन को, भ्रष्टाचार, षड्यन्त्र और गन्दी राजनीति से दूषित अशैक्षिक परिवेश को केन्द्रीय विषय के रूप में प्रस्तुत किया गया है। उपन्यास के केन्द्रीय पात्र कुलपति शैलेश की मनोव्यथा, अन्तर्द्वन्द्व, मानसिक ऊहापोह और

संवेदना के अंकन में भी उपन्यासकार को अद्‌भुत सफलता मिली है। गिरिराज के दूसरे उपन्यास *यातना घर* (1997) में शिक्षण संस्थानों में व्याप्त भ्रष्टाचार, घिनौनी राजनीति, आन्तरिक कलह, अहं के टकराव, पश्चिमी जीवन की फूहड़ नकल आदि व्याधियों का सफल अंकन हुआ है।

परिसर जीवन की विकृति केवल उत्तर भारत की सच्चाई नहीं है। आठवें दशक में बम्बई और गुजरात जैसे राज्यों में भी परिसर जीवन में भ्रष्टाचार फैल गया, जिसकी झलक हिन्दी उपन्यासों में देखी जा सकती है। जगदम्बा प्रसाद दीक्षित ने *कटा हुआ आसमान* (1971) में, ममता कालिया ने *नरक दर नरक* (1975) में, महीप सिंह ने *यह भी नहीं* (1976) में और देवेश ठाकुर ने *गुरुकुल* (1989) में बम्बई की शिक्षण-संस्थाओं में व्याप्त आर्थिक-नैतिक भ्रष्टाचार, कॉलेजों के प्रबन्धन में सेठों के नाजायज हस्तक्षेप, शिक्षकों और अधिकारियों की गुटबन्दी और षड्‌यन्त्र, अध्यापकों के प्रति अधिकारियों की साजिश और धाँधली, व्यवस्था के प्रति छात्रों के असन्तोष, अध्यापकों की घुटनभरी जिन्दगी तथा शैक्षिक क्षेत्र में होने वाले अवमूल्यन का विस्तार के साथ अंकन किया है। *दूसरा घर* (1986) में रामदरश मिश्र ने गुजरात के शैक्षिक जीवन में व्याप्त व्यावसायिकता, हिन्दीभाषी शिक्षकों के साथ वहाँ की व्यवस्था द्वारा किये जाने वाले अमानवीय और प्रतिशोधपूर्ण व्यवहार, शिक्षकों की आपसी गुटबन्दी, प्राचार्यों और विभागाध्यक्षों की अफसरशाही आदि का प्रामाणिक अंकन किया है। गुजरात की ही पृष्ठभूमि पर सूर्यबाला ने *दीक्षान्त* (1992) में वहाँ के परिसर जीवन की बीभत्स सच्चाई का चित्रण किया है। परिसर जीवन की विसंगतियों, व्यवसायीकरण, शिक्षकों के अवमूल्यन और बेचारगी की जिन्दगी, अफसरशाही, भ्रष्टाचार आदि से नरक बने परिसर जीवन के बीच एक ईमानदार अध्यापक की हारती-टूटती जिन्दगी की त्रासदी का यह चित्रण संवेदनात्मक गहराई की दृष्टि से उल्लेखनीय है।

विदेशी परिवेश

यों तो सातवें दशक के आरम्भ में ही अज्ञेय और मोहन राकेश के उपन्यासों में प्रसंगतः विदेशी परिवेश आ चुका था, पर विदेशी पृष्ठभूमि पर आधारित हिन्दी का पहला उपन्यास निर्मल वर्मा का *वे दिन* (1964) ही है। *वे दिन* में एक संवेदनशील भारतीय पात्र के अवलोकन बिन्दु से विश्वयुद्धोत्तर चेकोस्लोवाकिया का हताशा और अवसाद से भरा परिवेश प्रस्तुत किया गया है। प्राग के सदा छाए रहने वाले कुहरे, आर्थिक तंगी और अभिव्यक्ति पर लगी पाबन्दी से उपजी घुटन की पृष्ठभूमि में अपने बाल आयु के पुत्र के साथ अकेली भटकती रायना के अवसाद और टूटन की हद तक पहुँची हुई मानसिकता को निर्मल वर्मा ने कविता के निकट पहुँचती हुई संवेदनशील भाषा में प्रस्तुत किया है। सुनीता जैन ने भी अपने *सफर के साथी* (1966), *बिन्दु* (1977) आदि उपन्यासिकाओं में विदेशी पृष्ठभूमि की झलक प्रस्तुत करने की कोशिश की है। उषा प्रियंवदा के *रुकोगी नहीं राधिका?* (1967) की राधिका अपने प्रेमी के साथ एक साल तक अमरीका में रहती है। पर इन उपन्यासों में विदेशी परिवेश 'कथित' रूप में ही उपस्थित हुआ है।

महेन्द्र भल्ला के *दूसरी तरफ* (1976), *उड़ने से पेश्तर* (1987) और *दो देश और तीसरी*

उदासी (1997) में जीविकोपार्जन के लिए भारत से इंगलैंड जाने वाले हिन्दुस्तानियों की भयावह, अपमान भरी और तनावपूर्ण जिन्दगी का अंकन किया गया है। नस्लवाद की भावना से ग्रस्त इंगलैंड की नयी पीढ़ी भारतीयों के साथ जिस रूप में पेश आती है, उसके व्यवहार में जो हिकारत, अमानवीय क्रूरता और वहशीपन होता है उसे महेन्द्र भल्ला ने सहज, पर तल्ख रूप में प्रस्तुत किया है। अभिमन्यु अनत शबनम और रामदेव धुरन्धर ने अपने उपन्यासों में मॉरिशस के अतीत और वर्तमान जीवन की मार्मिक तसवीर प्रस्तुत की है। अभिमन्यु अनत के अधिकतर उपन्यास मॉरिशस के स्वतन्त्रता प्राप्त करने के बाद की जीवन-स्थितियों पर आधारित हैं। अनत के *लाल पसीना* (1977) तथा रामदेव धुरन्धर के *पूछो इस माटी से* (1983) में उन्नीसवीं सदी के पूर्वार्ध में भारतीय गिरमिटिया मजदूरों के मॉरिशस पहुँचने और 1968 ई. में मॉरिशस के आजाद होने तक के ऐतिहासिक संघर्ष का चित्रण किया गया है। *पूछो इस माटी से* में उपन्यासकार ने अपने राष्ट्र की अकथनीय पीड़ा को गहरी संवेदना के साथ प्रस्तुत किया है। इसी प्रकार गिरिराज किशोर ने *पहला गिरमिटिया* (1999) में दक्षिण अफ्रीका में गोरे उपनिवेशवादियों की स्थानीय और भारतीय मूल के निवासियों के प्रति घृणा, रंगभेद और क्रूरता तथा गाँधी जी द्वारा चलाये गये सत्याग्रह आन्दोलन का चित्रण किया है।

नासिरा शर्मा ने *सात नदियाँ एक समुन्दर* (1984) में आधुनिक ईरान की पृष्ठभूमि पर अयातुल्ला खुमैनी की रक्तरंजित इस्लामी क्रान्ति का चित्रण किया है। नासिरा शर्मा प्रगतिशील विचारों की लेखिका हैं जो मनुष्यता को धर्म, सम्प्रदाय या विचारधारा से ऊपर मानती हैं। ईरान के दो दशक पूर्व के राजनीतिक-सांस्कृतिक संकट को उन्होंने एक मानवीय संकट के रूप में देखा है। ईरान-इराक युद्ध में उन्हें अन्तरराष्ट्रीय राजनीति और धार्मिक उन्माद के चेहरे साफ-साफ नजर आते हैं। उन्होंने एक संवेदनशील रचनाकार के रूप में इसके विरुद्ध आवाज उठाई है और इस युद्ध के अमानवीय पहलू को संवेदनात्मक स्तर पर उजागर किया है। उन्हीं के *ज़िन्दा मुहावरे* में देश के बँटवारे के बाद भारत छोड़कर पाकिस्तान चले जाने वाले मुसलमानों की जिन्दगी का बेहद मार्मिक चित्रण किया गया है।

प्रभा खेतान का *आओ पेपे घर चलें* (1990) अमरीकी औरत के जीवन के भयानक सच को प्रस्तुत करने वाला हिन्दी का पहला उपन्यास है। भोग विलास में डूबी अमरीकी औरत भीतर से कितनी अकेली, असहाय और पीड़ित है, इसका चित्रण इस उपन्यास में गहरी संवेदनशीलता के साथ हुआ है। विश्व सन्दर्भ में नारी की नियति को पहचानने और उद्घाटित करने का यह एक उल्लेखनीय सर्जनात्मक प्रयास है। इसके साथ ही यह एक संवेदनशील भारतीय लेखिका की आँखों से देखी हुई अमरीकी जीवन की तसवीर भी है। यह वैश्विक स्तर पर तूफानी जीवन-संघर्ष, सम्बन्धों के व्यवसायीकरण, भोगवादी मानसिकता, नस्लवादी मनोवृत्ति, पारिवारिक विघटन, उच्चवर्गीय जीवन के अन्तर्विरोध, बाहर और भीतर की जिन्दगी के तनाव, सम्बन्धहीनता, नकली जिन्दगी, पति-पत्नी की टकराहट में टूटते-पिसते बच्चे, भोगविलास के पीछे अन्धी दौड़, आर्थिक समृद्धि के बीच सम्बन्धहीनता और संवेदनशून्यता की पीड़ा का, प्रामाणिक अनुभव और गहरी अनुभूति के साथ, अंकन करने वाला उपन्यास है। उषा प्रियंवदा के *शेष यात्रा* (1984) और *अन्तर्वंशी* (2000) में अमरीकी समाज में स्त्री की, चाहे वह अमरीकी हो या भारतीय, विडम्बनापूर्ण नियति का चित्रण किया गया है। *अन्तर्वंशी* में उस आधुनिक भारतीय नारी की तस्वीर उरेही गयी है जो कठिन और विपरीत

परिस्थितियों में भी अपने लिए नया और सार्थक मार्ग चुन पाने में समर्थ हो रही है। *कठगुलाब* (1996) में मृदुला गर्ग ने अमरीका की पृष्ठभूमि में आधुनिक नारी की नियति के विभिन्न पक्षों को उद्घाटित करने का प्रयास किया है। कमल कुमार के *हैमबरगर* में भी पाश्चात्य परिवेश में भारतीय स्त्री के संघर्ष, वहाँ की परिस्थितियों से अनुकूलन और अपनी पहचान को बनाए रखने की कोशिश का चित्रण किया गया है।

विदेशी पृष्ठभूमि पर आधारित उपन्यासों से हिन्दी उपन्यास के बढ़ते हुए विषय-क्षेत्र का संकेत मिलता है।

युद्ध का सन्दर्भ

हिन्दी में युद्धविषयक उपन्यासों का लगभग अभाव है। इसे देखते हुए गिरीश अस्थाना का *धूपछाँही रंग* (1970) एक उल्लेखनीय प्रयास माना जा सकता है। इसके प्रथम खंड में द्वितीय महायुद्ध में जर्मनी और इटली की सेनाओं से लड़ती भारतीय फौज का बड़ा ही सजीव चित्रण किया गया है। उपन्यासकार ने चित्रकार सुकान्त के माध्यम से, जो इस युद्ध का चश्मदीद गवाह है, सैनिकों की भरती से लेकर युद्ध के अन्तिम परिणाम और सैनिकों की छटनी तक का, लगभग साढ़े तीन सौ पृष्ठों में, बहुत विस्तार के साथ अंकन किया है। इस युद्ध-वर्णन में मानवीय संवेदना का पक्ष शुरू से अन्त तक विद्यमान है। युद्ध से आहत होने वाली मानवीय भावनाओं के अंकन में लेखक ने अद्‌भुत संवेदनशीलता का परिचय दिया है। ब्रिटिश और भारतीय सैनिकों के बीच के सूक्ष्म तनाव, गोरों की धूर्तता और उनके जातीय दम्भ का संकेत देने में भी उपन्यासकार ने कलात्मक संयम दिखाया है।

युद्ध को उपन्यास का विषय बनाने वाले दूसरे उपन्यासकार जगदीश चन्द्र हैं, जिन्होंने *आधा पुल* (1973), *टुंडा लाट* (1978) और *लाट की वापसी* (2000) में युद्ध, प्रेम और संगीत कला के प्रति निष्ठा का समानान्तर रूप में चित्रण किया है। आधा पुल में यद्यपि इस बात का पता नहीं चलता कि किस समय, किस क्षेत्र में और किससे युद्ध लड़ा जा रहा है, पर इसमें भारतीय सेना और उसके युद्ध संचालन का विश्वसनीय रूप उपन्यस्त हुआ है। उपन्यास में युद्ध की तैयारी और मोर्चेबन्दी से लेकर निर्णायक युद्ध तक का क्रमिक चित्रण बहुत तेज नाटकीय गति में किया गया है। फौजी जीवन के समग्र वातावरण को उसकी सम्पूर्णता में प्रस्तुत करने का प्रयास भी प्रशंसनीय है। कैप्टन इलावत और सेमी की प्रेम कहानी इसी के बीच विकसित होती है, जो सेना मुख्यालय से युद्धभूमि तक बड़ी कुशलता से बुनी गयी है। 'आधा पुल' पर विजय के उल्लास के साथ कैप्टन इलावत के बलिदान और प्रेम की त्रासदी को जोड़कर उपन्यासकार ने एक बहुत ही मार्मिक प्रसंग की रचना की है। *टुंडा लाट* में जगदीशचन्द्र ने वायलिन और बन्दूक, संगीत और युद्ध के द्वन्द्व को अपना विषय बनाया है, पर इस विषय की सम्भावनाओं का कोई मौलिक और सार्थक उद्घाटन उपन्यास में नहीं हो पाया है। उपन्यास का नायक कैप्टन सुनील नियति के क्रूर परिहास से न सैनिक रह पाता है, न संगीतज्ञ। युद्ध में उसे अपने दाहिने हाथ की अँगुलियाँ गँवानी पड़ती हैं जिससे वह युद्ध तथा कला-साधना दोनों के लिए बेकार हो जाता है। उसकी प्रेमिका रोमिला भी उसका साथ छोड़ देती है। इस प्रकार उपन्यास में एक त्रासद स्थिति तो है, पर उसके

अंकन में अपेक्षित गहराई और विस्तार नहीं है जो उपन्यास को किसी उपलब्धि के स्तर पर ले जा सके। लाट की वापसी में सुनील के अजनबी होते जाने की नियति के साथ-साथ सरदारा सिंह और मौलाबख्श जैसे साधारण मेहनतकश इंसानों द्वारा उसकी जीवन में वापसी का संवेदनापूर्ण अंकन किया गया है। विवेकी राय ने *मंगल भवन* (1994) में 1962 में भारत पर चीनी आक्रमण और 1965 में भारत पाकिस्तान युद्ध के प्रसंगों में भारतीय सैनिकों की वीरता का बड़ा ही जीवन्त वर्णन किया है। इस आक्रमण की भारतीय मानस पर हुई प्रतिक्रिया का अनुभूतिपूर्ण अंकन तो *मंगल भवन* की उल्लेखनीय विशेषता है ही, साथ ही अवकाशप्राप्त मेजर जगदीश की जुबानी और युद्ध के मोर्चे से भेजे गये पत्रों के माध्यम से इन युद्धों का रोमांचक अंकन भी बेजोड़ है।

अतीत और उपन्यास

उपन्यास में अतीत का सार्थक उपयोग एक महत्त्वपूर्ण सर्जनात्मक समस्या है। कुछ आलोचक तो अतीत पर आधारित उपन्यास को सिरे से ही खारिज कर देते हैं। अतीत क्या है? एक क्षण पूर्व से लेकर करोड़ों, अरबों वर्ष पूर्व का समय अतीत के घेरे में आ जाता है। वर्तमान तो, तकनीकी रूप में, क्षण मात्र तक सीमित है। जो क्षण बीत गया वह अतीत है, और जो क्षण अभी आया नहीं वह भविष्य है। इस प्रकार तो वर्तमान कुछ है ही नहीं, जो है वह इतना क्षणिक और अस्थिर है कि उसके सम्बन्ध में अधिक विचार किया ही नहीं जा सकता। व्यावहारिक रूप में हम दस-बीस वर्षों के अतीत और दो-चार वर्षों के भविष्य को वर्तमान मान लेते हैं, पर वर्तमान का निर्धारण हमेशा अनिश्चित और विवादास्पद ही होगा। इतिहास के विद्वान तीस वर्षों के बीते हुए समय को 'समकालीन' मानते हुए उसे 'इतिहास' का विषय नहीं मानते। यह भी एक व्यावहारिक अवधारणा ही है, पर इसका कोई विकल्प नहीं है।

इतिहास अतीत का वह अंश है जो प्रमाण-आश्रित होता है। यह प्रमाण प्रत्यक्ष अनुभव पर आधारित होता है और प्रायः लिखित होता है। कभी-कभी धरती के नीचे दबे नगरों और सभ्यताओं के अवशेषों के रूप में भी इतिहास सुरक्षित होता है। विद्वान इन तथ्यों की व्याख्या और विश्लेषण करके अपने निष्कर्ष प्रस्तुत करते हैं, जिसे हम 'इतिहास' कहते हैं।

पुराण, साहित्य, परम्परा, किंवदन्तियाँ और लोकमत मानव स्मृतियों के अन्य रूप हैं, जिनमें अतीत किसी न किसी रूप में सुरक्षित रहता है, पर वह कितना प्रामाणिक होता है, इसका निर्णय करना बहुत मुश्किल होता है। फिर भी ये स्मृतियाँ मनुष्य जीवन के लिए बहुत सार्थक और मूल्यवान होती हैं, और आदमी इनके बिना जी नहीं सकता।

उपन्यास का अतीत से बहुत गहरा सम्बन्ध है। प्रस्तुत प्रसंग में इतिहास के विद्वानों की तरह तीस वर्षों के अतीत को 'समकालीन' मान लेना ही व्यावहारिक है। थोड़ी और सुविधा के लिए हम अनन्त अतीत को 'आधुनिक इतिहास', 'मध्यकालीन इतिहास', 'प्राचीन इतिहास' और 'पौराणिक अतीत' शीर्षकों में रखकर आजादी के बाद प्रकाशित अतीताश्रित उपन्यासों का विवेचन कर सकते हैं।

आजादी के बाद प्रकाशित अनेक उपन्यासों में व्यापक देशकाल के फलक पर राजनीतिक या सामाजिक स्थिति का चित्रण किया गया है। इनमें से कुछ उपन्यास 'इतिहास' की सीमा

में भी आते हैं। वस्तुतः 'अतीत' का 'इतिहास' में परिणत होना भी सापेक्ष होता है, जिसकी एक कसौटी अतीत का रचनाकार की अनुभव-सीमा से बाहर होना भी है। उदाहरण के लिए बीसवीं शताब्दी का चौथा दशक भगवती चरण वर्मा (ज.1903) के लिए इतिहास नहीं था, क्योंकि वह उनके अनुभव क्षेत्र का सच था, जबकि कमलाकान्त त्रिपाठी (ज.1950) के लिए वह इतिहास था। आजादी के बाद लिखित अनेक उपन्यास उन्नीसवीं शताब्दी के उत्तरार्ध से लेकर बीसवीं शताब्दी के पूर्वार्ध तक के समय का चित्रण करते हैं जो स्वातन्त्र्योत्तर भारत के अनेक उपन्यासकारों के लिए 'इतिहास' है। कमलाकान्त त्रिपाठी ने *पाहीघर* (1991) में प्रथम स्वाधीनता संग्राम का और *बेदखल* (1997) में तीसरे-चौथे दशकों का, अमृतलाल नागर ने *करवट* (1985) में उन्नीसवीं सदी के उत्तरार्ध का तथा कृष्णा सोबती ने *जिन्दगीनामा* (1979) में बीसवीं शताब्दी के प्रथम दशक का चित्रण किया है। इन्हें 'निकट इतिहास पर आधारित उपन्यास' कहा जा सकता है।

निकट अतीत पर आधारित उपन्यासों में प्रथमतः अमृतलाल नागर कृत *शतरंज के मोहरे* (1959) और *सात घूँघट वाला मुखड़ा* (1968) उल्लेखनीय हैं, जिनमें अवध के नवाबी सामन्तवाद के ऐतिहासिक यथार्थ का प्रामाणिक और रोचक चित्रण किया गया है। कृष्णा सोबती के *जिन्दगीनामा* (1979) में भी बीसवीं शताब्दी के आरम्भ में पंजाब के किसानों-जमींदारों और साहूकारों के जीवन का चित्रण किया गया है। *मय्यादास की माड़ी* (1988) में भीष्म साहनी ने उस काल का चित्रण किया है जब ब्रिटिश साम्राज्यशाही सिख अमलदारी को उखाड़ती हुई अपने पाँव फैला रही थी। भीष्म साहनी ने इस उपन्यास में लगभग तीन चौथाई सदी (1840-1920) में पंजाब के राजनीतिक-सामाजिक यथार्थ और उसमें आए परिवर्तनों को प्रखर इतिहासबोध के साथ प्रस्तुत किया है। कृष्णा सोबती के *दिलो-दानिश* (1993) में भी लगभग एक शताब्दी पूर्व के समय का चित्रण हुआ है जब हिन्दू-मुस्लिम सम्पर्क से पैदा हुई एक मिली-जुली संस्कृति का विकास हो चुका था। इस तबके का खानपान, वेशभूषा, रहन-सहन, बोलचाल की भाषा और लहजा सबकुछ मुस्लिम संस्कृति से प्रभावित था, पर इसकी पारिवारिक और अन्दरूनी जिन्दगी सनातनी और परम्परागत पारिवारिक संहिता द्वारा निर्देशित होती थी। सोबती ने इस ऐतिहासिक यथार्थ का विश्वसनीय अंकन किया है। कमलाकान्त त्रिपाठी ने *पाहीघर* में 1857 के प्रथम स्वतन्त्रता संग्राम को जनान्दोलन के रूप गें प्रस्तुत कर उसे 'इतिहास' के नए अर्थ से सम्बलित कर दिया है। अपने दूसरे उपन्यास *बेदखल* (1997) में उन्होंने भारतीय स्वाधीनता आन्दोलन के एक अछूते पक्ष का, अवध में बाबा रामचन्द्र के नेतृत्व में हुए किसान आन्दोलन का प्रामाणिक और सजीव चित्रण किया है। ये सभी उपन्यास सर्जनात्मक दृष्टि से भी उल्लेखनीय हैं, क्योंकि इनमें प्रस्तुत कथा-संसार मानवीय संवेदनाओं से भरपूर है।

मध्यकालीन भारतीय इतिहास पर आधारित उपन्यासों में वृन्दावनलाल वर्मा के *कचनार* (1947), *टूटे काँटे* (1954), *अहल्याबाई* (1955), *भुवनविक्रम* (1957), *महारानी दुर्गावती* (1964) आदि परिगणनीय हैं, पर इनमें उनके पूर्ववर्ती उपन्यासों की तुलना में कोई नयापन नहीं है। मध्यकालीन इतिहास को सर्जनात्मक रूप में उपन्यास का विषय बनाने का प्रयास हजारी प्रसाद द्विवेदी के *चारुचन्द्रलेख* (1963) में दिखाई देता है। ग्यारहवीं शताब्दी में भारत पर हुए तुर्कों के आक्रमणों ने देश को राजनीतिक और सांस्कृतिक दृष्टि से झकझोर कर रख

दिया था। यह एक महान् राजनीतिक संकट का काल था जिसका सजीव चित्रण *चारु चन्द्रलेख* में हुआ है। उपन्यासकार के अनुसार आर्यावर्त के विदेशियों द्वारा पादाक्रान्त होने के प्रमुख कारण सामान्य जनता की राजनीतिक उदासीनता, जातिभेद, वर्गभेद आदि थे। यह एक स्वीकृत ऐतिहासिक तथ्य है कि तत्कालीन भारतीय समाज नाना प्रकार की रूढ़ियों, अन्धविश्वासों, तर्कशून्य मान्यताओं आदि से ग्रस्त होकर क्षीणशक्ति हो रहा था। मन्त्र-तन्त्र, ग्रह-नक्षत्र और अनेक प्रकार की सिद्धियों में लोगों का विश्वास इतना बढ़ गया था कि कर्म और पौरुष की महिमा ही लुप्त हो चली थी। द्विवेदी जी के औपन्यासिक विजन में इस प्रकार की सिद्धियों के प्रति घोर अवज्ञा का भाव है जो उनके चिन्तन की आधुनिकता और वैज्ञानिकता का परिचायक है। विश्वम्भरनाथ उपाध्याय ने भी *जाग मछन्दर गोरख आया* (1983) और *जोगी मत जा* (1989) में मध्यकालीन तन्त्रसाधना तथा तत्कालीन समाज-व्यवस्था को प्रस्तुत करने का प्रयास किया है, पर किसी स्पष्ट विजन के अभाव में ये उपन्यास पाठक को आश्वस्त नहीं कर पाते। शिवप्रसाद सिंह ने *कुहरे में युद्ध* और *दिल्ली दूर है* (1993) में लगभग इसी काल को अपने ऐतिहासिक विजन का आधार बनाते हुए मुहम्मद गोरी द्वारा पृथ्वीराज और जयचन्द की पराजय के बाद जुझौती में तुर्क सेनाओं की असफलता और नसरुद्दीन शाह से लेकर अल्लाउद्दीन खिलजी तक की राजनीतिक, धार्मिक और सांस्कृतिक टकराहटों और यत्किंचित् हिन्दू और इस्लामी संस्कृति के समन्वय का चित्र प्रस्तुत किया है।

इकबाल बहादुर देवसरे के *नालन्दा* (1969), *बेगम हजरत महल* (1973), *नवाब बेमुल्क* (1976), *तानसेन* (1978), *गुलफाम मंजिल* (1980) आदि तथा शरद पगारे के *गुलारा बेगम* (1981) और *बेगम जैनाबादी* (1996) भी मध्यकालीन इतिहास पर आधारित उपन्यास हैं पर इनमें सर्जनात्मक दृष्टि से कुछ भी नया नहीं है। इनमें इतिहास की रूढ़ अवधारणा की ही प्रधानता है और वैज्ञानिक इतिहासबोध का सर्वथा अभाव है। शत्रुघ्न के *सिद्धियों के खंडहर* (1983) और *हेमचन्द्र विक्रमादित्य* (1989) भी इसी श्रेणी के उपन्यास हैं, जिनमें क्रमशः बारहवीं और सोलहवीं सदी के उत्तरी भारत की सामाजिक-राजनीतिक और सांस्कृतिक इतिहास की झलक प्रस्तुत की गयी है।

कमलेश्वर ने अपने उपन्यास *कितने पाकिस्तान* (2000) में मुगलकालीन इतिहास का किंचित् सर्जनात्मक उपयोग किया है। उनके औपन्यासिक विजन में औरंगजेब धर्म और इस्लामी मूल्यों का अपने हित में उपयोग करने वाला व्यावहारिक शासक तथा दाराशिकोह एक स्वप्नदर्शी, उदारतावादी और मानवीय मूल्यों को तरजीह देने वाला शाहजादा था। उपन्यासकार के विज़न में सत्ता के लिए हुए संघर्ष में दारा की पराजय, जिसके लिए हिन्दू सामन्त भी कम जिम्मेदार नहीं थे, उदार मानवीय मूल्यों की पराजय थी।

इस प्रसंग में उल्लेखनीय तथ्य यह है कि हजारी प्रसाद द्विवेदी, विश्वम्भरनाथ उपाध्याय और कमलेश्वर को छोड़कर मध्यकालीन इतिहास पर उपन्यास लिखने वाले अधिकतर लेखक मुसलमान विरोधी मानसिकता से ग्रस्त हैं। यह कदाचित् उस सामूहिक हिन्दू मानसिकता का परिचायक है, जो मानती है कि हिन्दुओं को मुसलमानों ने ही शासन से वंचित किया था और हिन्दू धर्म तथा संस्कृति को यथासम्भव नष्ट करने की कोशिश की थी।

प्राचीन भारतीय इतिहास पर आधारित उपन्यासों में चतुरसेन शास्त्री कृत *वैशाली की नगरवधू* (1947), राहुल सांकृत्यायन कृत *मधुर स्वप्न* (1950) और *विस्मृत यात्री*

(1954), यशपाल कृत *अमिता* (1956), रांगेय राघव कृत *चीवर* (1951), *अँधेरे के जुगनू* (1953) और *पक्षी और आकाश* (1957), आनन्द प्रकाश जैन कृत *कुणाल की आँखें* (1967), शत्रुघ्न कृत *शिप्रा साक्षी है* (1986), शरद पगारे कृत *गन्धर्वसेन* (1987), सुरेशकान्त कृत *धम्मं शरणम्* (1989) आदि परिगणनीय हैं। पर उपन्यास की दृष्टि से इनकी उल्लेखनीयता इतनी भर है कि इनमें सम्बद्ध ऐतिहासिक परिवेश की व्याख्या वैचारिक पूर्वग्रहों के साथ की गयी है।

कुछ आलोचकों के अनुसार प्राचीन इतिहास पर आधारित उपन्यास सर्जनात्मकता की दृष्टि से उल्लेखनीय नहीं होते। हजारी प्रसाद द्विवेदी का *पुनर्नवा* (1973) इस धारणा को खंडित करता है जिसमें समुद्रगुप्त के समय की सामाजिक, राजनीतिक और सांस्कृतिक चेतना को वैज्ञानिक इतिहास बोध के साथ प्रस्तुत किया गया है। इसका कथा संसार लोरिक-चन्दा की प्रसिद्ध लोकगाथा, शूद्रक कृत मृच्छकटिक की कथा और कालिदास की लोकश्रुत जीवनी और साहित्य से निर्मित है। कथा में गौण रूप में गुप्त सम्राट् समुद्रगुप्त का प्रसंग आया है। द्विवेदी जी ने उसके युद्ध अभियानों के साथ-साथ उसके चरित्र की जो झाँकी प्रस्तुत की है, वह इतिहाससम्मत है। समुद्रगुप्त के समकालीन मथुरा के कुषाण राजा धर्मघोष तथा उज्जयिनी के शक शासक पालक का विवरण ऐतिहासिक दृष्टि से कदाचित् विवादास्पद हो, पर उपलब्ध ऐतिहासिक प्रमाणों से उसका भी विरोध नहीं है। उपन्यासकार का अधिकतम बल उस काल की सामाजिक और सांस्कृतिक स्थिति तथा मानवीय सम्बन्धों से जुड़ी संवेदनाओं के अंकन पर है। यद्यपि समुद्रगुप्त ने अपनी सैन्य क्षमता से सारे देश में राजनीतिक स्थिरता कायम कर दी थी, पर सामाजिक स्थिरता और सन्तुलन इस समय की जरूरत थी। यह काल आर्य और यवन संस्कृतियों के संगम का काल था। विगत पाँच-छह शताब्दियों से अनेक विदेशी जातियाँ भारत में आकर बस रही थीं और उनके साथ उनके आचार-विचार, रीतिरिवाज, नैतिक-सामाजिक मूल्य और विचारधाराएँ भी भारतीय जीवन में घुल-मिल रही थीं। समाज की सुदृढ़ता और सन्तुलन के लिए इनमें सामंजस्य की स्थापना आवश्यक थी। पुनर्नवा का यही केन्द्रीय विषय या विजन है। उपन्यास का एक पात्र आचार्य पुरगोभिल कहता है कि "अगर निरन्तर व्यवस्थाओं का संस्कार और परिमार्जन नहीं होता रहेगा तो एक दिन व्यवस्थाएँ तो टूटेंगी ही, अपने साथ धर्म को भी तोड़ देंगी।" इस पूरे प्रसंग से द्विवेदी जी का आधुनिक, उदार, वैज्ञानिक और मानवतावादी दृष्टिकोण प्रकट हुआ है। ऐतिहासिक दृष्टि से भी यह दृष्टिकोण असंगत नहीं है।

पुनर्नवा के प्रकाशन के एक वर्ष पूर्व ही अमृतलाल नागर का *एकदा नैमिषारण्ये* (1972) प्रकाशित हुआ था जिसके औपन्यासिक विजन में भारतीय या हिन्दू संस्कृति के निर्माण का ऐतिहासिक आयोजन है जो नागर जी के अनुसार नैमिष आन्दोलन की देन है। इस आन्दोलन के द्वारा कर्मकांडवाद, उपासनावाद, ज्ञानमार्ग आदि विचारधाराओं का अन्तिम रूप से समन्वय हुआ था। इस समन्वय के मूल में राष्ट्रीय एकता का भाव था। ब्राह्मण और श्रमण संस्कृतियों का संघर्ष उस काल की एक राष्ट्रीय समस्या थी जिसके कारण देश छिन्न-भिन्न हो रहा था। ब्राह्मणों के ही एक प्रगतिकामी वर्ग ने श्रमण संस्कृति को वैदिक परम्परा से जोड़कर एक मिली-जुली संस्कृति का रूप दिया जो आज हिन्दू संस्कृति के नाम से जानी जाती है। इस सांस्कृतिक पुनर्जागरण के पुरोधा के रूप में भार्गव सोमाहुति जैसे महर्षि नेता की कल्पना कर

और उसे उपन्यास का केन्द्रीय पात्र बनाकर उपन्यासकार ने अपने विजन को सजीव बना दिया है।

आजादी के बाद अनेक उपन्यासकारों ने प्रागैतिहासिक अतीत पर आधारित उपन्यास लिखे हैं। इनमें दो तरह के उपन्यास हैं। कुछ उपन्यास पुरातात्त्विक अवशेषों और नृतत्त्वशास्त्रीय अनुसन्धानों पर और कुछ वैदिक और पौराणिक साहित्य में प्राप्त कथाओं और विचारों पर आधारित हैं। प्रथम प्रकार के उपन्यासों में रांगेय राघव कृत *मुर्दों का टीला* (1948), राजीव सक्सेना कृत *पणिपुत्री सोमा* (1972), सन्हैयालाल ओझा कृत *सम्भवामि* (1983) तथा मायानन्द मिश्र कृत *प्रथमं शैलपुत्री च, मन्त्रपुत्र* (1990) और *पुरोहित* (1999) आदि उल्लेखनीय हैं। *मुर्दों का टीला* मोहनजोदरो सभ्यता की पृष्ठभूमि पर आधारित उपन्यास है। लेखक के अनुसार उस समय वहाँ द्रविड़ सभ्यता थी, जो आर्यों की यायावरी और पशुपालन प्रधान सभ्यता की तुलना में अधिक विकसित थी। उपन्यास में आर्यों को आक्रमणकारी, संहारक और अत्याचारी रूप में चित्रित किया गया है। इसका कथासंसार इतिहास और पुरातत्त्व सम्बन्धी खोजों से उपलब्ध तथ्यों और कल्पना के आधार पर निर्मित है। उपन्यासकार की मार्क्सवादी दृष्टि का आभास पाठक को सर्वत्र मिलता है जो शोषक और शोषित तथा विलासी सामन्तों और दास वर्ग के बीच के सम्बन्ध को दर्शाती है। *पणिपुत्री सोमा* में व्यक्त राजीव सक्सेना के औपन्यासिक विजन के अनुसार उत्तर-ऋग्वैदिक काल में आर्यों के एक कबीले ने पणि जाति को परास्त कर दृशद्वती नदी के किनारे ऋषि-सभ्यता की नींव डाली थी। यह संघर्ष केवल दो शक्तियों का ही संघर्ष नहीं था बल्कि दो सभ्यताओं और संस्कृतियों का भी संघर्ष था। इस संघर्ष के बाद पणि जाति की स्त्रियों और पुरुषों पर आर्यों का अधिकार तो हो गया पर इसका आर्य संस्कृति के स्वरूप पर भी प्रभाव पड़े बिना न रहा। लेखक का उद्देश्य इस संघर्षजन्य तनाव का ही चित्रण करना है। स्पष्टतः राजीव सक्सेना ने मार्क्सवादी दृष्टि से आर्य-अनार्य संघर्ष की व्याख्या करने का प्रयास किया है। *सम्भवामि* में ओझा जी ने 'देव सभ्यता' का मानवीकरण और उसकी व्याख्या करते हुए उसमें लोकतान्त्रिक, समाजवादी और आधुनिक मानवीय दृष्टि से सम्पन्न समाज की कल्पना की है। उपन्यास का कथा संसार तीन स्तरों पर निर्मित है; एक स्तर पर देवों और अ-देवों की संघर्ष गाथा, दूसरे स्तर पर द्वितीय विश्वयुद्ध की कथा और तीसरे स्तर पर 'लेखक बनाम अँधेरे' की कहानी है, जिसके भीतर से पुरातत्त्व गाथा फूटती है। *प्रथमं शैलपुत्री च, मन्त्रपुत्र* और *पुरोहित* में भारतीय इतिहास और संस्कृति के आदि रूप को पहचानने की कोशिश की गयी है। *प्रथमं शैलपुत्री च* में ई.पू. 20-18 हजार वर्ष की कालावधि में भारत में मानव विकास की, *मन्त्रपुत्र* में ऋग्वैदिक काल में हुए आर्य-अनार्य संघर्ष, उनके सांस्कृतिक समन्वय और आर्यावर्त के जन्म की तथा *पुरोहित* में ई.पू. 1200-1000 के युग की कहानी प्रस्तुत की गयी है। इनमें से प्रथम का आधार नृतत्वशास्त्र के सिद्धान्त, दूसरे का आधार हड़प्पा और मोहनजोदरो की पुरातात्त्विक खुदाइयों से प्राप्त निष्कर्ष तथा तीसरे का आधार उपनिषदों से लेकर *महाभारत* तक का साहित्य है। उपन्यासकार ने इस सामग्री का गम्भीरता के साथ मनन किया है और उसके आधार पर एक पर्याप्त विश्वसनीय और मार्मिक कथासंसार का निर्माण किया है। इस प्रसंग में यह बात स्मरणीय है कि हड़प्पा-मोहनजोदरो सभ्यता की ऐतिहासिक गुत्थियाँ अभी सुलझी नहीं हैं और आर्य भारत के मूल निवासी हैं या बाहर से आक्रमणकारियों के रूप में

आए थे यह विवाद का विषय है। अतः इन उपन्यासों में आयी कथाओं का महत्त्व उनके संवेदनात्मक पक्ष को लेकर ही है।

वैदिक और पौराणिक साहित्य पर आधारित उपन्यासों में चतुरसेनशास्त्री कृत *वयं रक्षामः* (1955), लक्ष्मीकान्त वर्मा कृत *टेराकोटा* (1971), हजारी प्रसाद द्विवेदी कृत *अनामदास का पोथा* (1976), शिवप्रसाद सिंह कृत *वैश्वानर* (1996), नरेन्द्र कोहली कृत *अभ्युदय* (1975-79) और *महासमर* (1988-2000) तथा भगवान सिंह कृत *अपने अपने राम* (1992) अलग-अलग कारणों से उल्लेखनीय हैं। *वयं रक्षामः* में राम-रावण कथा को केन्द्र में रखकर आर्य, राक्षस, देव, दानव आदि संस्कृतियों के संघर्ष और समन्वय की कथा प्रस्तुत की गयी है। इन उपन्यासों में शास्त्री जी का प्राचीन भारतीय संस्कृति का अध्ययन प्रभावी रूप में प्रकट हुआ है, पर 'विचारों' की बहुलता और मार्मिक प्रसंगों की कमी उपन्यास को सर्जनात्मक दृष्टि से कमजोर बनाती है। *टेराकोटा* में *महाभारत* के अन्त की कथा को प्रतीक मानकर वर्तमान जीवन की यन्त्रणाओं को प्रस्तुत करने का प्रयास दिखाई पड़ता है। पर कथ्य की विशिष्टता और अर्थवत्ता की दृष्टि से इसका कोई विशेष महत्त्व नहीं है। इसकी क्षतिपूर्ति उपन्यासकार ने शिल्पविषयक अटपटे प्रयोगों से करने की असफल कोशिश की है।

वर्तमान किस प्रकार लेखक को अतीत में ले जाता है, इसका उदाहरण नरेन्द्र कोहली का रामकथा विषयक विजन है। 1971 ई. में पूर्वी पाकिस्तान (अब बँगला देश) में पाकिस्तानी सेनाओं के अमानवीय अत्याचारों से प्राप्त 'विजन' की अभिव्यक्ति नरेन्द्र कोहली के *दीक्षा, अवसर, संघर्ष की ओर, युद्ध* आदि उपन्यास-शृंखला (बाद में *अभ्युदय* शीर्षक से दो खंडों में प्रकाशित) में हुई। इस उपन्यास-शृंखला में नरेन्द्र कोहली ने परम्परागत रामकथा को अपने समय के अनुसार नया अर्थ और सर्जनात्मक रूप देने का प्रयत्न किया है। वस्तुतः यह उपन्यास के रूप में रामकथा की समकालीन और आधुनिक सन्दर्भयुक्त पुनःरचना है, जिसमें राम को आधुनिक सामन्ती-पूँजीवादी व्यवस्था के शोषण, अत्याचार और दमन से त्रस्त मानवता के उद्धारकर्ता जननायक के रूप में प्रस्तुत किया गया है। इसमें कोई सन्देह नहीं कि नरेन्द्र कोहली ने इस उपन्यास में समकालीन राष्ट्रीय-अन्तरराष्ट्रीय स्थितियों और सरोकारों को गहरी संवेदनशीलता और गहन चिन्तन के साथ प्रस्तुत किया है। उनका दूसरा उपन्यास *महासमर महाभारत* पर आधारित है। लेखक के अनुसार 'मानवता के शाश्वत प्रश्नों का साक्षात्कार' *महासमर* का प्रतिपाद्य है। लेखकीय विजन के अनुसार *महाभारत* में प्रतिपादित 'धर्म' का स्वरूप तो मानव जीवन का शाश्वत सत्य है ही, साथ ही, मानवीय सम्बन्धों से जुड़े सत्य, जो थोड़े बहुत परिवर्तन के साथ प्रत्येक युग में विद्यमान होते हैं, शाश्वत सत्य के रूप में स्वीकार किये जा सकते हैं। *महासमर* इसी का आख्यान है। यह *महाभारत* की पुनःप्रस्तुति या पौराणिक मानवेतर प्रसंगों की व्याख्या मात्र नहीं, वरन् एक जीवन्त रचना संसार है, जिसके प्राणी मानवीय संवेदनाओं से पूर्ण हैं। *अभ्युदय* और *महासमर* दोनों की सबसे बड़ी त्रुटि यह है कि उपन्यासकार परवर्ती खंडों में घटनाओं और चरित्रों की व्याख्या में अधिक रुचि लेने लगता है और भूल जाता है कि व्यंजना, संकेत और प्रतीक यान्त्रिक वर्णन की तुलना में अधिक कारगर भाषिक औजार होते हैं।

यों तो राम-कृष्ण और अन्य पौराणिक पात्रों पर आधारित अनेक उपन्यास इधर के कुछ वर्षों में लिखे गये हैं, पर उनका लक्ष्य शुद्ध व्यावसायिक या धार्मिक है, अतः उनकी चर्चा

अनपेक्षित है। कदाचित् इसी की प्रतिक्रिया में भगवान सिंह ने *अपने अपने राम* (1992) की रचना की है, जो रामकथा के मिथक को विकृत करने का एक दुस्साहसी प्रयास है। इसमें रामकथा को चौंकाने वाले असंगत अभिप्रायों से जोड़कर लेखक ने अपनी कुंठित प्रगतिशीलता का परिचय दिया है।

औपनिषदिक युग के परिवेश और जीवनपद्धति पर आधारित हजारी प्रसाद द्विवेदी का उपन्यास *अनामदास का पोथा* (1976) इस कोटि के उपन्यासों में शीर्षस्थ है। इसकी कथा तथा इसमें प्रस्तुत आध्यात्मिक विचार उपनिषदों से, विशेषकर *बृहदारण्यक* और *छान्दोग्य* से, लिये गये हैं। उपन्यास में प्रस्तुत रैक्व, जाबाला, जानश्रुति, अरुन्धती, भगवती ऋतम्भरा, ऋजुका, मामा, जटिल मुनि आदि की कथा, अपने औपनिषदिक आधार के बावजूद, कल्पित ही है, पर द्विवेदी जी ने उसे इस प्रकार प्रस्तुत किया है कि उसकी प्राचीनता बाधित नहीं होती। जहाँ तक उपन्यास में व्यक्त विचारों का प्रश्न है, वे निश्चित रूप से आधुनिक चिन्तन के अनुरूप हैं। प्राचीन काल के कुछ विचार आधुनिक युग में नयी अर्थवत्ता प्राप्त कर लेते हैं। द्विवेदी जी ने उपनिषदों में वर्णित आध्यात्मिक तत्त्ववाद की आधुनिक युगानुरूप व्याख्या की है, जो निराधार नहीं है। महर्षि औषस्तिपाद, भगवती ऋतम्भरा, रैक्व आदि पात्रों द्वारा जो विचार व्यक्त कराये गये हैं, वे आश्चर्यजनक रूप से हमारे अनुभव क्षेत्र से जुड़े हुए हैं। महर्षि औषस्तिपाद कहते हैं, "...समूचा विश्व एक पुरुषोत्तम का रूप है। यह जड़ धरित्री, सप्राण वनस्पति, जीवन्त जन्तु और बुद्धिमान मनुष्य उस एक की ही विभिन्न अभिव्यक्ति हैं...जो ऐसा समझकर सेवा में प्रवृत्त होता है उसमें 'अहंकार' नहीं होता। (पृ. 79) भगवती ऋतम्भरा रैक्व से कहती हैं, "...जो अपने आप की सुविधा का ध्यान न रखकर दूसरों के दुःख को दूर करने का प्रयत्न करता है, सत्य से च्युत नहीं होता, दूसरों का कष्ट दूर करने के लिए अपना प्राण तक त्याग सकता है, वही धार्मिक है।" इन उद्धरणों से स्पष्ट है कि उपन्यास का लक्ष्य औपनिषदिक ज्ञानचर्चा की आधुनिक व्याख्या है जिसे उपन्यासकार ने बहुत विश्वास के साथ सम्पन्न किया है। *वैश्वानर* रूप में प्राणतत्त्व की उपासना का सन्देश आज की युगभावना के अनुरूप है। पर *अनामदास का पोथा* की सबसे बड़ी विशेषता यह है कि इसके कथा संसार में मानवीय संवेदनाओं का स्पन्दन अद्भुत रूप से भावमग्न करने वाला है।

हजारी प्रसाद द्विवेदी और अमृतलाल नागर के उपन्यास इस तथ्य की पुष्टि करते हैं कि उपन्यास में अतीत का संवेदनात्मक स्तर पर सर्जनात्मक उपयोग सम्भव है। ये उपन्यास इस धारणा का खंडन करते हैं कि अतीताश्रित उपन्यास उच्च कोटि के उपन्यास नहीं हो सकते। पर जहाँ 'अतीत' अन्धविश्वास पर आधारित, इतिहास बोध से रहित, पुनरुत्थानवादी दृष्टि का पोषक और जैसी-तैसी कथा के रूप में आता है, वहाँ उसका कोई सर्जनात्मक महत्त्व नहीं होता।

ऐतिहासिक जीवनी और उपन्यास

ऐतिहासिक व्यक्तियों के जीवन पर आधारित उपन्यास वस्तुतः अतीताश्रित उपन्यास का ही एक प्रकार है। हिन्दी में इस उपन्यास-धारा की शुरुआत हजारी प्रसाद द्विवेदी कृत *बाणभट्ट*

की आत्मकथा (1946) से हुई। छठे दशक में रांगेय राघव ने ऐतिहासिक-पौराणिक पात्रों और कवियों की जीवनियों पर आधारित *देवकी का बेटा, यशोधरा जीत गयी, लोई का ताना, रत्ना की बात, भारती का सपूत* (सभी 1954 ई. में प्रकाशित), *लखिमा की आँखें* (1957), *जब आवेगी कालघटा* (1958), *धूनी का धुआँ* (1959), *मेरी भवबाधा हरो* (1960) आदि उपन्यास लिखे, जिनमें उन्होंने प्रायः अपने इतिहास ज्ञान की ही आवृत्ति की है। पात्रों से जुड़ी अतिलौकिक घटनाओं को तर्कसंगत बनाने के लिए उनकी व्याख्या की गयी है और उन्हें इतिहास से जोड़ने का प्रयास किया गया है।

जीवनीपरक उपन्यास की औपन्यासिक विधा के रूप में पुष्टि का श्रेय अमृतलाल नागर के *मानस का हंस* (1972) को है, जिसमें गोस्वामी तुलसीदास की जीवनी और व्यक्तित्व को आधार बनाकर उपन्यास-रचना का प्रयास किया गया है। यह एक ऐसा सृजनकर्म था जिसे सफलतापूर्वक सम्पन्न कर नागर जी अनायास ही हिन्दी उपन्यास साहित्य में विशिष्ट स्थान के अधिकारी बन गये हैं। यह काम दुस्साध्य इसलिए था कि एक ओर तो गोस्वामी जी की कोई प्रामाणिक जीवनी उपलब्ध नहीं है और दूसरी ओर उनके जैसे भक्त और महाकवि से तादात्म्य स्थापित करना, उनकी काया में प्रवेश कर उनकी आत्मा की ऊँचाई से बोलना किसी साधारण प्रतिभा के बूते की बात न थी। इतिहास और चमत्कारपूर्ण किंवदन्तियों से बचते हुए नागर जी ने परम्परा और तुलसी की रचनाओं में उपलब्ध संकेतों के आधार पर तुलसी का व्यक्तित्व घड़ने का प्रयास किया है। *मानस का हंस* गोस्वामी तुलसीदास की कल्पित, किन्तु यथार्थ, जीवनी ही नहीं, अपने समय का सांस्कृतिक इतिहास भी है। काशी का सांस्कृतिक परिवेश तो उपन्यास में इतना सजीव है कि उपन्यासकार की सर्जनात्मक प्रतिभा का कायल होना पड़ता है। सनातनधर्मी अमानवीय उद्दंडता और कट्टर ब्राह्मणवादी व्यवस्था से तुलसी का संघर्ष व्यवस्था से व्यक्ति के संघर्ष की मार्मिक कथा है।

खंजन नयन (1981) *मानस का हंस* की ही परम्परा का, महाकवि सूरदास के जीवन पर आधारित उपन्यास है, जिसमें सूरदास के भक्त और कवि व्यक्तित्व को उभारा गया है। प्रतिकूल परिस्थितियों से संघर्ष करते हुए जन्मान्ध बालक सूर के चरित्र का विकास बहुत मार्मिक है। यह संघर्ष सामाजिक, राजनीतिक, आर्थिक और नैतिक-मनोवैज्ञानिक स्तर पर उसके जीवन पर्यन्त चलता रहता है, जिसकी आँच में तपकर सूर परम भक्त कवि सूरदास बनता है। यद्यपि सर्जनात्मक दृष्टि से *खंजन नयन मानस का हंस* की ऊँचाई नहीं प्राप्त कर सका है पर नागर जी की औपन्यासिक प्रतिभा की चमक इसमें भी दिखाई पड़ती है।

वीरेन्द्र कुमार जैन ने *अनुत्तर योगी* (1974-1981) में वर्धमान महावीर के सम्पूर्ण जीवन को उनके विचारों के साथ प्रस्तुत करने का प्रयास किया है। भारतीय इतिहास में वर्धमान महावीर का आध्यात्मिक और सांस्कृत अवदान गौतम बुद्ध के समान ही महान है। ऐसे महान व्यक्तित्व को उपन्यास का विषय बनाने की पहली कठिनाई उसे मनुष्य के रूप में प्रस्तुत करने की होती है, जो उपन्यास की प्रमुख शर्त है। दूसरी कठिनाई सम्बद्ध चरित्र के आध्यात्मिक विचारों को सन्तुलित और प्रामाणिक रूप में प्रस्तुत करने को लेकर होती है। वीरेन्द्र कुमार जैन इन दोनों ही चुनौतियों का औपन्यासिक स्तर पर सामना करने में प्रायः असमर्थ रहे हैं। वे महावीर के जीवन से जुड़े परम्परागत अतिलौकिक

तथ्यों के साथ समझौता करके ही उनका चरित्र प्रस्तुत करते हैं। इसके साथ ही उपन्यास में महावीर के जीवन की घटनाओं से अधिक महत्त्व उनकी विचारधारा को दिया गया है, जो उपन्यास के लिए बहुत जरूरी नहीं होती।

अपेक्षाकृत आधुनिक व्यक्तित्व को उपन्यास का नायक बनाने का प्रयास बहुत चुनौतीपूर्ण होता है। यह कार्य नरेन्द्र कोहली ने *तोड़ो कारा तोड़ो* (प्रथम भाग, 1992; द्वितीय भाग, 1993) में और गिरिराज किशोर ने *पहला गिरमिटिया* (1999) में सम्पन्न किया है। *तोड़ो कारा तोड़ो* स्वामी विवेकानन्द की जीवनी पर आधारित एक उल्लेखनीय उपन्यास है, जिसमें चरित-नायक के अन्तर्द्वन्द्व, अदम्य आत्मविश्वास और लोकनिष्ठा की प्रखर अभिव्यक्ति हुई है। कोहली ने अपने कथानायक के विचारों की प्रस्तुति में संयम और संवेदनशीलता का परिचय दिया है। *पहला गिरमिटिया* में गिरिराज किशोर ने भी मोहनदास करमचन्द गाँधी के चरित्र को आधार बनाकर जीवनीपरक उपन्यास की परम्परा को आगे बढ़ाया है। इस उपन्यास में एक साधारण व्यक्तित्व वाले मोहनदास के 'महात्मा' में बदलने की पूरी चमत्कारपूर्ण प्रक्रिया साकार हो उठी है। बीसवीं शताब्दी के लगभग अन्त में, जबकि महात्मा गाँधी का व्यक्तित्व इतिहास की खोजी और विश्लेषणात्मक दृष्टि से गुजर चुका है, उस पर कुछ नया और सार्थक लिखना चुनौती भरा कार्य है। महात्मा गाँधी आज के इतिहास पुरुष भी हैं और जननायक 'राष्ट्रपिता' भी। इतिहास और लोकश्रद्धा को आघात न पहुँचाते हुए इस प्रकार के महानायकों को उपन्यास का विषय बनाना मुश्किल काम होता है। अमृतलाल नागर को भी इस चुनौती का सामना *मानस का हंस* में करना पड़ा था। नरेन्द्र कोहली और गिरिराज की चुनौती नागर जी से इस माने में बड़ी है कि विवेकानन्द और गाँधी इतिहास के जाने माने व्यक्ति हैं और उनके जीवन का वह अज्ञात पक्ष जो उपन्यास का विषय बन सकता है, बहुत थोड़ा है। इसलिए दोनों ने अपने कथा-नायकों के जीवन के उस पक्ष को उपन्यास का विषय बनाया है, जो संवेदना की आँखों से ही देखा जा सकता है। यद्यपि ऐतिहासिक तथ्यों की प्रस्तुति में गिरिराज ने औपन्यासिक कौशल का भरपूर उपयोग किया है पर उनकी उपलब्धि इस बात में है कि उन्होंने अपने गाँधी विषयक विजन को सजीव बिम्ब में बदल दिया है। उपन्यास का गाँधी, इतिहास का गाँधी होते हुए भी गिरिराज के विजन का गाँधी है, जो भारत का 'पहला गिरमिटिया' है। उपन्यासकार की दृष्टि में गाँधी जी के राजनीतिक व्यक्तित्व से अधिक उल्लेखनीय उनका निजी व्यक्तित्व है, जो उनके परिवार और परिजनों के सन्दर्भ में उभरता है। गाँधी जी का सम्पूर्ण जीवन पीड़ित मानवता को समर्पित था और, सही या गलत, उन्होंने अपने पूरे परिवार को अपने 'स्व' का अभिन्न अंग मान लिया था। गाँधी जी की पत्नी कस्तूरबा और उनके बच्चों को न चाहकर भी उनके महायज्ञ की समिधा बनना पड़ा था। गिरिराज किशोर ने कस्तूरबा की पीड़ा तथा पति और पिता के रूप में गाँधी जी के कठोर, संवेदनाशून्य, अनुशासनात्मक पक्ष का अंकन बड़े सधे हाथों से किया है। दाम्पत्य जीवन के सपनों को सँजोती स्त्री के रूप में कस्तूरबा की पीड़ा और अनुशासन में बँधे युद्धरत गाँधी का आत्मसंघर्ष बड़ा ही करुण है।

हिन्दी में जीवनीपरक उपन्यासों की संख्या अधिक नहीं है, पर जो हैं, वे भारतीय उपन्यास साहित्य में अपनी अलग पहचान रखते हैं।

अमूर्तन की ओर

परम्परागत रूप से उपन्यास का यथार्थ से अविच्छिन्न सम्बन्ध माना जाता है। चूँकि यथार्थ प्रत्यक्ष बोध से जुड़ा होता है, अतः उपन्यास का कथा-संसार प्रत्यक्षतः अमूर्त होते हुए भी पाठक के मानस में ठोस बिम्ब के रूप में निर्मित होता है। यथार्थ का एक मोटा विभाजन है—बाह्य और आन्तरिक। बाह्य यथार्थ मनुष्य की बाहरी जीवन-स्थितियों से जुड़ा होता है, जबकि आन्तरिक यथार्थ मस्तिष्क के विभिन्न कार्यकलापों का प्रतिनिधित्व करता है। परम्परागत उपन्यास मनुष्य को उसके समग्र रूप में, उसके बाह्य और आन्तरिक व्यापारों के साथ प्रस्तुत करने का आग्रही था। पर आधुनिक काल में मनोवैज्ञानिक आविष्कारों ने यह बोध पैदा किया कि मनुष्य का बाहरी जीवन नगण्य और आन्तरिक जीवन प्रमुख है। इसका उपन्यास पर बहुत भारी प्रभाव पड़ा। पश्चिम में इस नये बोध से प्रभावित 'मनोवैज्ञानिक' उपन्यास लिखे गये। हिन्दी में भी अज्ञेय और इलाचन्द्र जोशी ने उपन्यास में आधुनिक मनोविज्ञान का प्रवेश कराया। पर आजादी के बाद उनके द्वारा आरम्भ की गयी शुद्ध मनोवैज्ञानिक उपन्यास-धारा का विकास नहीं हुआ। स्वयं अज्ञेय और जोशी ने भी इसे आगे नहीं बढ़ाया। इनके स्थान पर ऐसे उपन्यास लिखे गये जिनमें संवेदना और चिन्तन की प्रमुखता है। इनमें 'कथा' तत्त्व को गौण बनाया गया, जिसके लिए ऐतिहासिक काल के स्थान पर आनुभविक काल का प्रयोग किया गया, जहाँ घटनाएँ भी संवेदनाओं का रूप ग्रहण कर लेती हैं। इस प्रकार हिन्दी उपन्यास की अमूर्तन की ओर की यात्रा आरम्भ हुई। प्रारम्भ में यह यात्रा 'बाहर' से 'भीतर' की ओर, प्रत्यक्षबोधी यथार्थ से मनोगत यथार्थ की ओर होने के कारण 'अमूर्त' बनी। इस कोटि के उपन्यासकारों में पहला नाम जैनेन्द्र का है। जैनेन्द्र के *सुखदा* (1952), *विवर्त* (1952), *व्यतीत* (1953), *जयवर्द्धन* (1956), *मुक्तिबोध* (1965), *अनन्तर* (1968), *अनाम स्वामी* (1974), *दशार्क* (1983) आदि उपन्यासों में वैचारिक ऊहापोह की ही प्रधानता है। जहाँ तक उनके औपन्यासिक संसार की बात है, प्रेम का एक त्रिकोण *सुनीता* से लेकर *अनाम स्वामी* तक में समान रूप से देखा जा सकता है। इस अपेक्षाकृत विरल कथानक द्वारा जैनेन्द्र अपने राजनीतिक, दार्शनिक, आध्यात्मिक और नैतिक प्रश्नों का समाधान ढूँढ़ने की कोशिश करते हैं। पर ये प्रश्न किसी जीवन्त कथा-संसार की उपज न होकर स्वयं कथा-संसार के ही जनक हो गये हैं। उपन्यास के पात्र पहेली बन गये हैं जिनके भीतर प्रवेश कर पाना, उनसे साधारणीकरण कर पाना अधिकतर कठिन होता है।

कथा-संसार की विरलता पात्रों और उनके कार्यकलापों की विरलता से उत्पन्न होती है। जैनेन्द्र के उपन्यासों का कथा-संसार विरल तो है, पर वह हवाई नहीं है। उसे विचारों और संवेदनाओं से भरने का प्रयास किया गया है। अज्ञेय के *नदी के द्वीप* (1951) और *अपने अपने अजनबी* (1961) में भी कथा-संसार बाहरी रूप में झीना किन्तु संवेदनात्मक दृष्टि से सघन है। इसके विपरीत पाँचवें-छठे दशकों में लिखे प्रभाकर माचवे के *परन्तु, द्वाभा, जो, किशोर* आदि उपन्यासों के कथा-संसार की अमूर्तता 'प्रयोग के लिए प्रयोग' की सनक के कारण है। वस्तुतः प्रभाकर माचवे उस दौर के लेखक हैं, जब कविता में प्रयोगवाद की हवा बह रही थी और कुछ लेखक उसमें उड़ रहे थे। प्रभाकर माचवे उन्हीं लेखकों में थे। वे अपने को 'नवतावादी' लेखकों की जमात का अगुआ मानते थे। वे प्रायः पात्रों के चरित्र और

क्रिया-व्यापार में निरर्थक असंगतियाँ पैदा कर कथा-संसार को बेतुका बनाते हैं। कथ्य की दृष्टि से उनके उपन्यासों में कोई संगति नहीं है। इसी प्रकार लक्ष्मीकान्त वर्मा के *खाली कुर्सी की आत्मा* (1958), *एक कटी हुई जिन्दगी : कटा हुआ कागज* (1965), *कोयला और आकृतियाँ* (1970) आदि उपन्यासों में भी शिल्पविषयक प्रयोगशीलता कथ्य पर हावी हो गयी है। परम्परा से सर्वथा असम्बद्ध प्रतीकों का अनावश्यक प्रयोग कथ्य की प्रस्तुति में कोई योगदान नहीं करता, बल्कि उसे अस्पष्ट ही बनाता है। माचवे और वर्मा दोनों के ही उपन्यासों में शिल्प और भाषा विषयक 'प्रयोग' पर बल होने के कारण अमूर्तन का प्रभाव प्रमुख हो गया है।

अमूर्तन-प्रक्रिया के दूसरे दौर में कथा संसार में दिक् और काल के आयाम को शून्य के निकट लाने का प्रयास किया गया है तथा पात्रों से उनके नाम छीन लिए गये हैं। यह स्थिति निर्मल वर्मा और मोहन राकेश के कुछ उपन्यासों में दिखाई पड़ती है। निर्मल वर्मा के *लाल टीन की छत* (1974), *एक चिथड़ा सुख* (1979), *रात का रिपोर्टर* (1989), *अन्तिम अरण्य* (2000) आदि उपन्यासों में कथ्य के रूप में अवसाद, निराशा, अलगाव, सन्त्रास, रहस्य, असुरक्षा बोध और मन की अन्धकार भरी गुफा में भटकने वाली चेतना आदि की प्रधानता है। ये मनःस्थितियाँ पात्रों के कार्यव्यापारों के रूप में नहीं, बल्कि अन्तरालाप के रूप में व्यक्त की गयी हैं। परिवेश के रूप में निर्जन प्रकृति, नगर का कोई बिना पहचान वाला रहस्यमय स्थान या कोई दो-चार पात्रों वाली पहाड़ी जगह होती है। *अन्तिम अरण्य* का कथा मंच कोई पहाड़ी जगह है जिसका नाम तक नक्शे में नहीं आता। 'नरेटर' के अनुसार इस जगह का नाम नक्शे में नहीं है, वह एक 'खोया हुआ शहर है', जिसमें उसने 'अपने को खोजा था।' इस कथा-संसार का काल 'विशेष' न होकर 'शाश्वत' है। पात्रों के नाम नहीं हैं; वे या तो अपने उपनामों से पहचाने जाते हैं या 'मैं', 'वह' 'वे', 'तुम' आदि सर्वनामों से। यह सुज्ञात तथ्य है कि किसी व्यक्ति को स्मृति में पहचानने के लिए उसके नाम के साथ-साथ काल और स्थान की जानकारी आवश्यक है। उपन्यास के कथा-संसार को बिम्ब के रूप में प्रस्तुत करने की पहली शर्त यह है कि उसमें दिक् और काल का स्पष्ट कथन हो और पात्र वास्तविक व्यक्तियों की तरह आचरण करें। निर्मल वर्मा अपने कथा संसार को पूरी तरह से बिना पहचान का तो नहीं बनाते, पर उसे धूमिल करने की कोशिश जरूर करते हैं। मोहन राकेश ने भी *न आने वाला कल* (1968) और *अन्तराल* (1972) में अमूर्तन वाला रास्ता ही अपनाया है। *न आने वाला कल* का परिवेश पहाड़ का कोई शहर, जिसका नाम नहीं लिया गया है, और वहाँ का मिशनरी स्कूल है। उपन्यास में कथा अत्यल्प है और 'एक निर्णय की अनेक प्रतिक्रियाएँ' अधिक। *अन्तराल* भी स्त्री-पुरुष के बीच पैदा हो जाने वाले अन्तराल और उससे मानसिक स्तर पर जूझते रहने की ही कहानी है। इन दोनों ही उपन्यासों में प्रतिक्रियाओं और स्मृतियों, प्रश्नों और उत्तरों के रूप में कथा का अमूर्त संसार निर्मित किया गया है।

हिन्दी में अमूर्तन की यह प्रवृत्ति काफ्का, कामू, सार्त्र आदि के प्रभाव से आयी थी। मोहन राकेश और निर्मल वर्मा अपने-अपने ढंग से इस प्रवृत्ति से प्रभावित हुए हैं, पर कतिपय उपन्यासकार इस प्रवाह में अपनी जमीन से ही उखड़ गये हैं। इसके सबसे दयनीय शिकार गंगा प्रसाद विमल हैं, जिन्होंने *अपने से अलग* (1969), *कहीं कुछ और* (1971), *मरीचिका*

(1973), *मृगान्तक* (1978) आदि उपन्यासों में मात्र नयेपन के आकर्षण से अमूर्तन का सहारा लिया। यह अमूर्तन अपने समय के किसी त्रासद दबाव तथा मनोवैज्ञानिक दृष्टि का परिणाम न होने से निरर्थक शब्दजाल बन गया है। कृष्ण बलदेव बैद ने फ्रांस के 'ऐन्टी नॉवेल' कथान्दोलन से प्रभावित होकर *विमल उर्फ जाएँ तो जाएँ कहाँ* (1974), *नसरीन* (1974), *दूसरा न कोई* (1978), *दर्द ला दवा* (1980), *गुजरा हुआ जमाना* (1981), *नर नारी* (1996), *मायालोक* (1999) आदि उपन्यासों में 'प्रयोग' के नाम पर ऊलजलूल, असंगत, बेसिरपैर के शब्द-संसार निर्मित किये हैं, जिनमें सामाजिक या सर्जनात्मक किसी भी प्रकार की प्रतिबद्धता नहीं दिखाई पड़ती। इनमें परिचित अर्थ में न कोई कथ्य है न कोई अनुभूत कथा-संसार, न पात्र हैं, न भाषा; उपन्यासकार सबकुछ को नकारता-तोड़ता दिखाई देता है, जिसका कोई भी सर्जनात्मक औचित्य नहीं है। बैद विचारधारा के निषेध के नाम पर अमूर्तन और ऊलजलूलपन को अपना रचनात्मक उद्देश्य मानकर चलते हैं। वे अपने उपन्यासों को 'अनुपन्यास' की संज्ञा देते हैं। पर जहाँ उपन्यासकार के पास कहने को कुछ नहीं होता और वह इस कमी को 'प्रयोग' के नाम पर छिपाने की कोशिश करता है, वहाँ अमूर्तन निरर्थक कसरत मात्र होता है। बैद के उपन्यासों में यही हुआ है। अनियन्त्रित काम, निराशा, अँधेरा, डर, ऊब, असुरक्षा, भटकन, मितली, अनिर्दिष्ट गुस्सा, नपुंसक प्रतिरोध आदि को व्यक्त करने के लिए वे असम्बद्ध प्रसंगों, बड़बड़ाहटों, स्वप्नों, मानस में बनते छायाचित्रों और फन्तासियों का सहारा लेते हैं, जिनमें न कोई तर्क है न कोई क्रम।

मनोहर श्याम जोशी के *कुरु कुरु स्वाहा* (1980) और *हरिया हरक्यूलीज की हैरानी* (1996) में भी अमूर्तन की प्रवृत्ति अपने चरम पर है। *कुरु कुरु स्वाहा* का अमूर्तन उसके शिल्प विषयक चमत्कार के कारण है। उपन्यासकार ने *कुरु कुरु स्वाहा* को 'दृश्य और संवादप्रधान गप्प बायस्कोप' कहा है और अपने पाठकों से आग्रह किया है कि इसे पढ़ते हुए देखें और सुनें। उन्होंने यह भी बताया है कि "वह पात्र जिसका जिक्र इसमें मनोहर श्याम जोशी संज्ञा और 'मैं' सर्वनाम से किया गया है वह सबसे अधिक कल्पित है।" वे मनोहर श्याम जोशी के व्यक्तित्व को तीन टुकड़ों में बाँटते हैं : मनोहर, जोशी और मैं अथवा मनोहर श्याम जोशी। इनमें मनोहर सहज विश्वासी, भावुक, बालक मन है, जोशी बौद्धिक, गम्भीर साहित्यकार और मैं या मनोहर श्याम जोशी एक मध्यवर्गीय पत्रकार या वृत्तचित्रकार है। यह मात्र कलाबाजी है। यहाँ नयेपन का आभास देते हुए 'कथाकार' या 'नरेटर' को नाटकीकृत करने का गुर ही अपनाया गया है। इस प्रविधि के द्वारा उपन्यासकार पारम्परिक कथानक, चरित्र-निर्माण, परिवेश-रचना आदि को तोड़ने में तो जरूर सफल हुआ है, इससे सर्जनात्मक दृष्टि से कुछ हासिल हुआ है, यह सन्दिग्ध है। *हरिया हरक्यूलीज़ की हैरानी* भी एक प्रकार का शाब्दिक और कथात्मक खिलवाड़ ही है। इन दोनों ही उपन्यासों में अमूर्तन की जो प्रविधि अपनायी गयी है, पर उसकी सार्थकता सन्दिग्ध है।

विनोद कुमार शुक्ल के *खिलेगा तो देखेंगे* (1996) और *दीवार में एक खिड़की रहती थी* (1997) में अमूर्तन की प्रवृत्ति अपने शिखर पर है। इन दोनों ही उपन्यासों में कथित तौर पर मध्यवर्ग का चित्रण किया गया है। पर इनके पात्र हमारे परिचित अनुभव जगत् के आदमी नहीं हैं। इनका जीवन, इनकी दिनचर्या, इनके आपसी सम्बन्ध पाठक के लिए पहेली ही बने रहते हैं। उपन्यास के किसी भी प्रसंग में संवेदना, सोच या स्थितिविशेष का बोध

नहीं होता। यदि यह सब प्रतीकात्मक है तो प्रतीक इतने निजी हैं कि उनका अर्थ पाठक तक नहीं पहुँचता। केवल शब्दों के इन्द्रजाल से जादुई प्रभाव पैदा करने की कोशिश की गयी है। उत्तर-आधुनिकतावाद से प्रभावित लेखक साहित्य की निरर्थकता को प्रमाणित करने के लिए यह सिद्ध करने पर तुले हुए हैं कि साहित्य शब्दों के खिलवाड़ से अधिक कुछ नहीं है। विनोद कुमार शुक्ल हिन्दी के इन्हीं रचनाकारों में से हैं।

अमूर्तन के प्रभाव की दृष्टि से प्रियंवद का *परछाईं नाच* (2000) एक उल्लेखनीय उपन्यास है। कहा जाता है कि जो व्यक्ति या व्यवस्था अपनी शक्ति के शिखर पर पहुँच जाती है, वह अदृश्य हो जाती है। *परछाईं नाच* में बहुराष्ट्रीय कम्पनियों की शक्ति का बोध कराने के लिए अदृश्य हो जाने वाले 'बौनों' और 'नुकीले दाँत वाले आदमी' के प्रतीक प्रस्तुत किये गये हैं। अपने विजन को प्रस्तुत करने के लिए प्रियंवद ने इतिहास, मिथक, प्रतीक, रहस्य, रोमांच से भरा एक जादुई संसार निर्मित किया है। पर यह कथा-संसार कहीं-कहीं इतना अमूर्त हो गया है कि पाठक कुछ भी ग्रहण नहीं कर पाता। इसे पाठकों की 'नासमझी' मान लेना पर्याप्त नहीं है। शिल्प की अनावश्यक जटिलता और भाषा का खिलवाड़ प्रियंवद को उन उपन्यासकारों की पंक्ति में खड़ा कर देता है, जो कथ्य से अधिक महत्त्व 'रूप' को देते हैं।

अमूर्तन की प्रवृत्ति का प्रभाव अलका सरावगी, गीतांजलि श्री, मंजूर एहतेशाम, रवीन्द्र वर्मा आदि पर भी दिखाई पड़ता है। जहाँ यह प्रभाव नकल या फैशन के रूप में है, उसका कोई सर्जनात्मक महत्त्व नहीं है। अलका सरावगी पूरी तरह से फैशन की शिकार नहीं हैं, इस कारण उनका अमूर्तन बहुत नहीं खटकता।

संरचना की दिशा

परीक्षा गुरु (1882) से लेकर *बाणभट्ट की आत्मकथा* (1946) तक हिन्दी उपन्यास शिल्प-प्रयोग की दिशा में एक लम्बी यात्रा तय कर चुका था और उपन्यास साहित्य में हुए शिल्प सम्बन्धी अनेक प्रयोगों को कमोबेश निपुणता के साथ पचा चुका था। कथाओं का यौगपतिक और समानान्तर संक्रमण, दृश्यात्मक-परिदृश्यात्मक प्रविधियों का सह-गमन, अवलोकन बिन्दुओं का मिश्रण और स्थानान्तरण, किस्सागोई का नाटकीकरण, कथानायक का किस्सागो या नरेटर में रूपान्तरण, पात्रों के मस्तिष्क का नाटकीकरण, ऐतिहासिक काल के स्थान पर आनुभविक काल का प्रयोग, काल की रैखिक गति के स्थान पर चक्रीय या अतीत-वर्तमान से मुक्त गति की योजना, नाटकीय अप्रत्यक्षता का अन्तिम बिन्दु तक उपयोग, प्रत्यग्दर्शन या पूर्वदीप्ति, अन्तरवलोकन, स्मृति-खंडों की काल-निरपेक्ष योजना आदि प्रविधियों से हिन्दी उपन्यास कमोबेश परिचित हो चुका था। आजादी के बाद के हिन्दी उपन्यास में इन सभी शिल्प प्रविधियों के बेहतर उपयोग के साथ-साथ शिल्प सम्बन्धी नये प्रयोग भी दिखाई देते हैं।

कला का स्वीकृत सिद्धान्त है कि प्रत्येक श्रेष्ठ रचनाकार अपनी कृति के लिए विशिष्ट शिल्प का आविष्कार या अन्वेषण करता है। यों तो उपन्यास-शिल्प की मूल प्रविधियाँ सीमित हैं पर उनके परस्पर मिश्रण और आरोपण से औपन्यासिक संरचना की असंख्य सम्भावनाएँ निर्मित हो जाती हैं। आजादी के बाद के उपन्यासकारों ने इन सम्भावनाओं का भरपूर दोहन

किया है। नागार्जुन से लेकर प्रियंवद तक दर्जनों लेखकों ने अपने उपन्यासों में शिल्प विषयक सजगता और प्रयोगशीलता का परिचय दिया है। *शेखर : एक जीवनी* (1940) में अज्ञेय ने हिन्दी उपन्यास के इतिहास में शिल्पविषयक प्रयोग का युगप्रवर्तक उदाहरण प्रस्तुत किया था। यद्यपि *नदी के द्वीप* (1951) और *अपने अपने अजनबी* (1961) में वे उसका अतिक्रमण नहीं कर सके हैं, पर इनमें भी उनकी शिल्पविषयक सजगता बरकरार है। *नदी के द्वीप* में उन्होंने 'दृश्यात्मक' और 'परिदृश्यात्मक' प्रविधियों के साथ 'प्रत्यग्दर्शन' प्रविधि का बेहद कलात्मक मिश्रण किया है। *अपने अपने अजनबी* में भी विषय के प्रस्तुतीकरण के लिए किस्सागोई की कई प्रविधियों का मिश्रण किया गया है तथा नाटकीय प्रविधि द्वारा तृतीय पुरुष की वर्णन प्रविधि को शक्त बनाकर शिल्प की समस्या का समाधान किया है। इसके साथ ही *नदी के द्वीप* में पत्रात्मक प्रविधि का और *अपने अपने अजनबी* में डायरी प्रविधि का जैसा सार्थक प्रयोग अज्ञेय ने किया है, वैसा उसके पूर्व, और बाद में भी, हिन्दी के किसी अन्य उपन्यासकार ने नहीं किया है।

कथा की मूल प्रकृति उसकी श्रव्यता तथा किस्सागो और कहानी सुननेवाले की सह-वर्तमानता में निहित है। अठारहवीं सदी के यूरोपीय उपन्यासकारों ने उपन्यास से किस्सागो के निष्कासन तथा कथाकार की आसन्नवर्तमानता को समाप्त करने के अनेक सफल प्रयोग किये। इन्हीं में से एक प्रयोग उपन्यास के केन्द्रीय या किसी दूसरे पात्र को किस्सागो की भूमिका प्रदान कर देना भी था। प्रेमचन्द ने अपने उपन्यासों में इस प्रविधि का उपयोग नहीं किया पर उनके परवर्ती उपन्यासों में कथाकार या नरेटर को मुख्य पात्र की भूमिका में अवस्थित करने का प्रयास दिखाई देता है। जैनेन्द्र, अज्ञेय, राहुल सांकृत्यायन, इलाचन्द्र जोशी, हजारी प्रसाद द्विवेदी आदि के उपन्यास इसके प्रमाण हैं। नागार्जुन के *बलचनमा* (1952) में भी उपन्यास के केन्द्रीय पात्र के अवलोकन-बिन्दु से कथा प्रस्तुत करने की प्रविधि अपनाई गयी है। शानी ने भी *काला जल* (1965) में केन्द्रीय पात्र के अवलोकन बिन्दु से कथा-संसार प्रस्तुत किया जिसमें उपन्यास का केन्द्रीय पात्र 'मैं' अपनी छोटी फूफी के यहाँ फातिहा पढ़ने जाता है और महरूम पूर्वजों की फेहरिश्त से एक-एक नाम लेकर उसकी कहानी सुनाता है। इन कहानियों में आए पात्रों से तीन पीढ़ियों में फैला हुआ विस्तृत जीवन-पट निर्मित हो जाता है।

इस प्रविधि को सार्थक रूप में चुनौती देने का उल्लेखनीय प्रयास राही मासूम रजा ने *आधा गाँव* (1966) में किया और बिना किसी हिचक के कथाकार को पाठक का सहयात्री बना दिया। इस प्रकार राही ने एक झटके के साथ लम्बे समय से प्रचलित अप्रत्यक्ष कथा-प्रविधि को चुनौती देते हुए उपन्यास को संस्कृत कथा-आख्यायिका और उर्दू की दास्तानों से जोड़ दिया। राही उपन्यास के आरम्भ में ही पाठकों से आत्मीयता स्थापित कर बिना किसी तकल्लुफ के उपन्यास में शामिल हो जाते हैं और जहाँ किसी पात्र का अवलोकन बिन्दु अपर्याप्त सिद्ध होने लगता है वहाँ वे कथा का सूत्र सँभाल लेते हैं। राही अपने उपन्यासों में न केवल पाठक को सम्बोधित करते हैं, वरन् उसे विश्वास में लेकर बहुत सी बातों का खुलासा भी करते हैं। पाठक के साथ कथाकार की यह अनौपचारिकता खटकने के बजाय प्रीतिकर प्रतीत होती है। राही ने बीच-बीच में अवलोकन बिन्दुओं का परिवर्तन भी किया है जिससे कथा संसार के पात्रों के जीवन के विभिन्न पक्षों का उद्‌घाटन स्वाभाविक रूप में होता चलता है। इस प्रकार राही बड़े सहज ढंग से अपने औपन्यासिक संसार को पाठकों

के समक्ष खोलने में समर्थ होते हैं।

इस प्रविधि में एक दूसरा मोड़ मनोहर श्याम जोशी के *कुरु कुरु स्वाहा* (1980) में आता है जहाँ इसे एक साथ श्रव्य-दृश्य बनाने का प्रयास किया गया है। उपन्यासकार ने *कुरु कुरु स्वाहा* को 'दृश्य और संवादप्रधान गप्प बायस्कोप' कहा है और अपने पाठकों से आग्रह किया है कि वे 'इसे पढ़ते हुए' देखें और सुनें। एक और उल्लेखनीय बात उन्होंने यह कही है कि "वह पात्र जिसका जिक्र इसमें 'मनोहर श्याम जोशी' संज्ञा और 'मैं' सर्वनाम से किया गया है वह सबसे अधिक कल्पित है।" वस्तुतः यहाँ भी 'कथाकार' या 'नरेटर' को नाटकीकृत करने का ही गुर अपनाया गया है। मनोहर श्याम जोशी को 'सबसे अधिक' काल्पनिक मान लेने पर भी हम काल्पनिक मनोहर श्याम जोशी और वास्तविक मनोहर श्याम जोशी की समानताओं को नजरअन्दाज नहीं कर सकते। जोशी जी ने शिल्प में नयापन लाने के लिए **मैं** को अपना ही नाम दे दिया है। राही मासूम रजा और मनोहर श्याम जोशी का अन्तर यह है कि राही खुद को खुद के रूप में पेश करते और पाठक से सीधा सम्बन्ध स्थापित करके कहानी सुनाते हैं, जबकि जोशी 'खुद' का नाटकीकरण या अप्रत्यक्षीकरण कर देते हैं। वे मनोहर श्याम जोशी के व्यक्तित्व को तीन टुकड़ों में बाँटते हैं : 'मनोहर', 'जोशी' और 'मैं' अथवा मनोहर श्याम जोशी। 'नरेटर' के वजूद को तीन हिस्सों में विभक्त करने का औचित्य कदाचित् यह है कि उपन्यासकार तीन विभिन्न अवलोकन बिन्दुओं से अपने कथासंसार को प्रस्तुत कर सके और पाठक भी उस कथासंसार में उसी प्रकार अपनी साझेदारी निभाए। इस प्रविधि के द्वारा उपन्यासकार पारम्परिक कथानक, चरित्र-निर्माण, परिवेश-रचना आदि को तोड़ने में तो सफल हुआ है, पर यह सारा रचना-व्यापार एक कलाबाजी प्रतीत होता है। उपन्यासकार के पास कोई सार्थक, मानस को झकझोरने वाला चमकदार विजन नहीं है; इस कारण यह शिल्प भी बेमानी हो गया है।

हिन्दी उपन्यास की एक उल्लेखनीय शिल्पगत प्रवृत्ति कथा-संरचना को तोड़ने के प्रयास के रूप में दिखाई पड़ती है। वस्तुतः कथा की संरचना को तोड़ने की प्रक्रिया उपन्यास के जन्म के साथ ही शुरू हो जाती है, यद्यपि लक्षित वह तब होती है, जब उपन्यास की पहचान ही खतरे में पड़ जाती है। कथा के दो ही मूल तत्त्व हैं—काल की ऐतिहासिक या रैखिक गति और कौतूहल पूर्ण घटनाएँ। वस्तुतः इन्हें तोड़ते हुए ही उपन्यास ने अपनी पहचान कायम की। हिन्दी उपन्यास में कथा संरचना को तोड़ने की प्रक्रिया *परीक्षागुरु* से आरम्भ हो जाती है। पर इसका बोध हमें तब होता है जब अज्ञेय *शेखर : एक जीवनी* में ऐतिहासिक काल की अवधारणा पर आधारित कथा-संरचना को तोड़ने का आक्रामक प्रयास करते हैं। रेणु का *मैला आँचल* भी कथा को तोड़ने की दिशा में अपने ढंग का उल्लेखनीय प्रयत्न है। पर एक ठोस यथार्थ से जुड़े होने के कारण यहाँ कथा का टूटना पाठक को आहत नहीं करता।

इस दिशा में एक उल्लेखनीय प्रयास धर्मवीर भारती ने भी *सूरज का सातवाँ घोड़ा* (1952) में किया था, जिसमें कहानी के भीतर से कहानी का विकास और कथाओं का अन्तर्ग्रथन *पंचतन्त्र, दशकुमार चरित* आदि के ढंग पर किया गया था। किन्तु इस प्रविधि का उपयोग और विकास परवर्ती उपन्यासों में नहीं दिखाई पड़ता। शिवप्रसाद मिश्र रुद्र के *बहती गंगा* (1952) में कई स्वतन्त्र कहानियों के योग से कथा संसार का निर्माण किया गया है। ये कहानियाँ परस्पर स्वतन्त्र होती हुई भी काशी के अतीत और वर्तमान से सम्बद्ध होने

के कारण एक समग्र विजन का निर्माण करती हैं। परवर्ती हिन्दी उपन्यास में इस कथाशिल्प का भी उपयोग प्रायः नहीं हुआ। लगभग चार दशक बाद कृष्ण बलदेव वैद ने *नर-नारी* (1996) में इस कथाशिल्प का नये रूप में उपयोग किया, जिसमें कथा-संसार कुछ पात्रों के अन्तरालाप के रूप में प्रस्तुत किया गया है और सभी पात्र एक दूसरे के अन्तरालाप में आते-जाते दिखाई देते हैं। मृदुला गर्ग ने भी *कठगुलाब* (1996) में कई पात्रों के अवलोकन बिन्दुओं से कथा प्रस्तुत करने की प्रविधि का उपयोग किया है।

मैला आँचल (1954) में फणीश्वरनाथ रेणु के सामने एक गाँव को उसकी समग्रता में प्रस्तुत करने की संरचनात्मक समस्या थी; यह एक ऐसा विजन था जिसे किसी कसी-कसाई कथा के माध्यम से प्रस्तुत नहीं किया जा सकता था। यों *मैला आँचल* की संरचना का मूल ढाँचा दृश्यात्मक-परिदृश्यात्मक ही है, पर परिदृश्यात्मक प्रविधि को, जिसमें नरेटर की भूमिका अहम होती है, एक साथ दृश्य और श्रव्य बना देने की अद्‌भुत क्षमता रेणु में है। उन्होंने परिदृश्यात्मक पद्धति में केवल नरेटर की आँखों का प्रयोग नहीं किया है, बल्कि उसके साथ-साथ उपन्यास के पात्रों का भी मिश्रण कर दिया है जो कथा को आगे बढ़ाने के साथ-साथ अपनी हरकतों और बातचीत से कथा के विकास में भी योगदान करते हैं। रेणु के किस्सा कहने का एक खास अन्दाज यह है कि उसमें उनके पात्र भी योग देते हैं। परिदृश्यात्मक प्रविधि में चल रही कथा को झटके के साथ दृश्य में परिवर्तित कर देना रेणु की खास विशेषता है। दृश्यों को ध्वन्यात्मक प्रभाव से युक्त करने में भी रेणु माहिर हैं। इसी प्रकार लोकगीतों और लोककथाओं की कड़ियों की सहायता से कथा को अग्रसर करने की प्रविधि का भी रेणु ने बहुत अच्छा इस्तेमाल किया है। *मैला आँचल* का शिल्प उसके कथ्य से इस तरह अभिन्न है कि बाद के उपन्यासकारों ने उसे क्षेत्रीय जीवन से जुड़े उपन्यास के लिए अपरिहार्य मान लिया और वे उसकी नकल करने से अपने को बचा नहीं सके। आलोचकों ने तो उसे 'आंचलिक शिल्प' की ही संज्ञा दे डाली, जो भ्रम का भी कारण बना।

शिल्पगत वैविध्य की दृष्टि से अमृतलाल नागर हिन्दी के सर्वाधिक उल्लेखनीय उपन्यासकार हैं। उनके औपन्यासिक विजन का फलक जितना व्यापक और वैविध्यपूर्ण है उतना आजादी के बाद के किसी और उपन्यासकार का नहीं है। विजन के अनुरूप ही शिल्पगत वैविध्य भी अपने पूरे औचित्य और सर्जनात्मकता के साथ उनके उपन्यासों में विद्यमान है। *बूँद और समुद्र* (1956) में तो उन्होंने उपन्यास की सुपरिचित प्रविधियों का ही प्रयोग किया था, पर *अमृत और विष* (1966) में उन्होंने उसके व्यापक आयाम वाले कथ्य के अनुरूप ही एक ढीलाढाला दिखने वाले शिल्प, 'उपन्यास के भीतर उपन्यास', की खोज की। यद्यपि यूरोप के फ्रांसीसी उपन्यासकार आँद्रे ज़ीद इस प्रविधि का प्रयोग पहले ही कर चुके थे, पर हिन्दी में इसके पूर्व किसी उपन्यासकार ने इसे आजमाने की कोशिश नहीं की थी। *अमृत और विष* का केन्द्रीय पात्र अरविन्द शंकर स्वयं एक उपन्यासकार है जिसकी संवेदना के संसार में उसका समय सैलाब की तरह उमड़ रहा है। नागर जी ने अरविन्द शंकर के चरित्र में अपने उपन्यासकार का कायाप्रवेश कराकर कथा-संसार को अद्‌भुत नाटकीय प्रभाव से संबलित कर दिया है। इस प्रविधि से कथा के ढेर सारे वर्णन और विचार आत्मकथा का संस्पर्श पाकर संवेदना-सिक्त हो गये हैं। अरविन्द शंकर के 'उपन्यास' के रूप में नगरीय मध्यवर्ग की जिन्दगी की जो तसवीर उभरती है, उसका अपना अलग प्रभाव है। *पीढ़ियाँ* (1990) में भी

नागर जी ने इस प्रविधि का उपयोग, उपन्यास के विजन के अनुरूप, किंचित् परिवर्तित रूप में किया है। इसके आरम्भिक अंश में केवल दृश्यात्मक प्रविधि काम में लायी गयी है, जिसमें कोई लम्बा वर्णन या कथन(नरेशन) नहीं है। *अमृत और विष* में चित्रणीय विषय वर्तमान से सम्बन्धित है, जबकि *पीढ़ियाँ* का विजन अतीत में अवस्थित है। इसे प्रभावी रूप में प्रस्तुत करने के लिए केन्द्रीय पात्र जयन्त टंडन की डायरियों, पत्रों, उसके सम्पर्क में रहे व्यक्तियों के संस्मरणों तथा युधिष्ठिर टंडन द्वारा लिये गये साक्षात्कारों की युक्ति भी काम में लायी गयी है। किन्तु इनका उपयोग अपेक्षाकृत गौण पात्र युधिष्ठिर टंडन से कराया गया है जो स्वाधीनता आन्दोलन पर आधारित एक उपन्यास लिखता है। इस प्रकार *पीढ़ियाँ* में भी नागर जी ने एक सर्जनात्मक शिल्प के द्वारा औपन्यासिक विजन को प्रभावशाली बनाने में सफलता प्राप्त की है।

मानस का हंस में नागर जी ने अपने तुलसीदास विषयक विजन को वर्तमान और अतीत दोनों काल-आयामों में अवस्थित करने का प्रयास किया है। उपन्यास खोलते ही पाठक अपने को एक अत्यन्त सजीव दृश्य के समक्ष पाता है जो वर्तमान में अवस्थित है। इसके बाद दृश्य पर दृश्य निर्मित होते चलते हैं जिन्हें 'नरेटर' के अवलोकन बिन्दु से किये गये वर्णनों से जोड़कर एक गतिशील दृश्य-श्रव्य शृंखला का निर्माण किया गया है। पर तुलसी के व्यक्तित्व के सम्पूर्ण विजन को प्रस्तुत करने के लिए यह प्रविधि अपर्याप्त थी। अतः इसे सक्षम बनाने के लिए नागर जी ने कथा को वर्तमान और अतीत दोनों काल धरातलों पर अवस्थित कर दिया है। यहाँ से तुलसी की कथा वर्तमान में आगे भी बढ़ती है और प्रत्यग्दर्शन प्रविधि द्वारा पीछे भी लौटती है। इसके साथ ही तुलसी के निकट सम्पर्क में रहे पात्रों के अवलोकन बिन्दुओं के उपयोग द्वारा औपन्यासिक विजन को सम्पूर्णता प्रदान की गयी है। जहाँ ये अवलोकन बिन्दु भी अपर्याप्त होते हैं वहाँ स्वयं गोस्वामी जी का अपने अतीत का स्मरण और पुनरवलोकन औपन्यासिक विजन को सम्पूर्णता प्रदान करता है। कहीं-कहीं गोस्वामी जी अपना संस्मरण सुनाने की मनःस्थिति में भी दिखाई देते हैं जिससे कथा में एक नया स्वाद आ जाता है। कुछ जीवन प्रसंग तुलसी की चेतना में पुनःस्मृत होते दिखाये गये हैं। यहाँ तुलसी का मस्तिष्क एक रंगमंच बन गया है जिस पर उनका अतीत मंचित होता जान पड़ता है। इस विधि से नागर जी ने विविध अवलोकन बिन्दुओं के मिश्रण से अपने औपन्यासिक विजन को सजीव रचना बिम्ब में बदल दिया है।

नाच्यो बहुत गोपाल में भी दलित समाज विषयक बहुआयामी विजन को प्रचलित दृश्यात्मक-परिदृश्यात्मक प्रविधि में प्रस्तुत करना सम्भव न था। एतदर्थ उपन्यासकार ने निर्गुनिया और अंशुधर शर्मा के रूप में दो प्रमुख अवलोकन बिन्दुओं की योजना की है। उपन्यास में 'नरेटर' के रूप में उपन्यासकार कहीं नहीं आता। वह अपनी भूमिका अंशुधर शर्मा को सौंपकर स्वयं नेपथ्य में ही बना रहता है, जिसके फलस्वरूप कथाकथन किस्सागोई की अनघड़ प्रविधि से छुटकारा पाकर नाटकीय तीव्रता के प्रभाव से युक्त हो जाता है। निर्गुनिया की कहानी की प्रस्तुति के लिए उपन्यासकार कई अवलोकन बिन्दुओं का प्रयोग करता है। कहीं निर्गुनिया अपनी कहानी अंशुधर शर्मा को सुनाती है, कहीं उसकी नोटबुक से, उसी की टूटी-फूटी भाषा में, उसकी कहानी सामने आती है; कहीं पाठक अपने को अंशुधर शर्मा के मस्तिष्क में अवस्थित पाता है, जहाँ वह उनकी प्रतिक्रियाओं का सहभोक्ता बनता है; कहीं

अंशुधर शर्मा निर्गुनिया की नोटबुक के अस्पष्ट विवरणों का उसी से खुलासा कराते हैं। इस प्रकार पाठक को अत्यन्त स्वाभाविक रूप में निर्गुनिया की कहानी प्राप्त होती है। कहानी एक साथ अतीत और वर्तमान में संचरण करती है। एक जगह अंशुधर शर्मा के अनुरोध पर निर्गुनिया अपनी आपबीती सुनाती है और अंशुधर शर्मा उसकी कहानी का निर्माण अपने ढंग से करते हैं। यह एक नया अवलोकन बिन्दु है जिसका अपना अलग स्वाद है। इस प्रविधि के भीतर दृश्यात्मक-परिदृश्यात्मक प्रविधि का प्रयोग तो हुआ ही है, पूर्वदीप्ति या फ्लैश बैक प्रविधि की सहायता भी ली गयी है। इसे 'अवलोकन बिन्दु के भीतर अवलोकन बिन्दु' की योजना कहा जा सकता है जो कहानी को ताजगी से भर देती है।

आजादी के बाद के उपन्यासों की एक उल्लेखनीय प्रवृत्ति विचारों और संवेदनाओं का संसार प्रस्तुत करना है। जैनेन्द्र, अज्ञेय, निर्मल वर्मा, मनोहर श्याम जोशी, विनोद कुमार शुक्ल आदि इस श्रेणी के उपन्यासकार हैं। इन उपन्यासकारों ने, अधिकतर, पात्रों की स्मृतियों, संवेदनाओं, प्रश्नों, शंकाओं और विचारों से ही अपने कथा संसार का निर्माण किया है। इनमें जहाँ जैनेन्द्र, अज्ञेय और निर्मल वर्मा के विचारों और संवेदनाओं का संसार समृद्ध है, वहाँ मनोहर श्याम जोशी और विनोद कुमार शुक्ल के कथा संसार में न कोई गहरी संवेदना है और न विचारों की ताजगी। इस कारण जैनेन्द्र, अज्ञेय और निर्मल के कथा-संसार अपनी अमूर्त प्रकृति के बावजूद पाठक को अपने साथ ले चलने में समर्थ हैं जबकि मनोहर श्याम जोशी और विनोद कुमार शुक्ल के उपन्यास पाठक के समय के साथ खिलवाड़ करते हैं।

उपन्यास की प्रविधि के रूप में फैंटेसी का प्रथम उपयोग नागार्जुन ने *बाबा बटेसरनाथ* (1954) में किया था। इसके बाद लक्ष्मीकान्त वर्मा ने *खाली कुर्सी की आत्मा* (1958) में एक मानवीकृत खाली कुर्सी के अवलोकन बिन्दु से मध्यवर्गीय यथार्थ की कथा प्रस्तुत की। बदीउज़्ज़मा ने *एक चूहे की मौत* (1971) और *छठा तन्त्र* (1977) में प्रतीकों और कायान्तरण के मिथक के माध्यम से आधुनिक तन्त्र या व्यवस्था के अमानवीय चेहरे को उद्‌घाटित किया। भीमसेन त्यागी ने *नंगा शहर* (1977) में, श्रवण कुमार गोस्वामी ने *मेरे मरने के बाद* (1985) में और गिरिराज किशोर ने *इन्द्र सुनें* (1978) में रूपकात्मक फन्तासी का प्रयोग किया है। लक्ष्मीकान्त वर्मा ने *कोयला और आकृतियाँ* (1970) तथा *टेराकोटा* (1971) में, श्रवण कुमार गोस्वामी जी ने *जंगल तन्त्र* (1979), *भारत बनाम इंडिया* (1983) और *दर्पण झूठ ना बोले* (1983) में तथा गिरिराज किशोर ने *असलाह* (1987) में प्रतीकों और प्रतीक कथा की प्रविधियों का उपयोग किया है। रमेशचन्द्र सिन्हा ने *सोमा चरित* (1980) में *पंचतन्त्र, दशकुमार चरित, डेकामेरन, द गोल्डेन ऐरा* आदि में प्रयुक्त स्वप्नचित्रात्मक कथा प्रविधियों का प्रयोग किया है। पर ये प्रयोग केवल इसलिए उल्लेखनीय हैं कि इनमें उपन्यासकारों की शिल्पविषक तलाश की बेचैनी दिखाई पड़ती है।

इनकी तुलना में प्रियंवद कृत *परछाईं नाच* (2000) में फन्तासियों का उपयोग अधिक सर्जनात्मक रूप में किया गया है। उपन्यास के 'बौने' बहुराष्ट्रीय कम्पनियों के और नुकीले दाँतवाला आदमी उद्योगपतियों के हितों की रक्षा करने वाली राजनीतिक व्यवस्था का प्रतीक है। अपने विजन को प्रस्तुत करने के लिए प्रियंवद ने इतिहास, मिथक, प्रतीक, रहस्य, रोमांच से भरा एक जादुई संसार निर्मित किया है। पर इस कथासंसार में ऐसे प्रतीक और फन्तासी भी प्रयुक्त हुए हैं जिनका कथ्य से कोई सम्बन्ध नहीं दीखता। प्रतीकों और फन्तासियों के

प्रयोग में सबसे अधिक अराजकता कृष्ण बलदेव वैद के उपन्यासों में दिखाई पड़ती है। *विमल उर्फ जाएँ तो जाएँ कहाँ* (1974) से लेकर *मायालोक* (1999) तक कृष्ण बलदेव वैद के उपन्यासों में प्रयोग के नाम पर ऊलजलूल, असंगत, बेसिरपैर का शब्द संसार निर्मित किया गया है। उन्होंने अपने उपन्यासों को 'अनुपन्यास' की संज्ञा दी है, जिसका अभिप्राय 'उपन्यास से उन तत्त्वों की अनुपस्थिति' है जिसे, वैद के अनुसार, 'कुछ लोग किसी भी उपन्यास के उपन्यास होने की शर्त ठहराते हैं।' पर सच पूछें तो उपन्यास के कोई 'निश्चित तत्त्व' नहीं होते। कथ्य या विजन के अनुरूप संरचना की तलाश या आविष्कार उपन्यासकार का विशेषाधिकार है। पर वैद के उपन्यासों में कथ्य का कुछ पता ही नहीं चलता। अधिकतर वे असम्बद्ध प्रसंगों और पात्रों के मानस में छायाचित्रों के रूप में बनते-बिगड़ते स्वप्नों और फन्तासियों से निर्मित होते हैं। विनोद कुमार शुक्ल ने भी *खिलेगा तो देखेंगे* और *दीवार में एक खिड़की रहती थी* में असम्बद्ध निजी प्रतीकों और ऊलजलूल प्रसंगों से अपने कथासंसार का निर्माण किया है, जिनका पाठक से किसी प्रकार का साधारणीकरण नहीं होता।

आजादी के बाद के हिन्दी उपन्यासकारों में उपन्यास की संरचना विषयक सजगता परिलक्षित होती है। सदी के अन्तिम दशक में कथा-संसार की रचना में फन्तासी के प्रति रुझान एक सामयिक चलन है या इक्कीसवीं सदी के उपन्यास की मुख्य पहचान, इस सम्बन्ध में अभी कुछ नहीं कहा जा सकता।

शब्द की यात्रा : जड़ से जादू तक

उपन्यास यदि यथार्थ और यथार्थवादी चेतना का विस्तार है तो भाषा उसकी प्रकृति और सम्भावनाओं को व्यक्त करने वाली एकमात्र शक्ति है। साहित्य विधाओं में उपन्यास की विशिष्ट स्थिति इस बात से बनती है कि वह अपने समय के यथार्थ और बदलाव का ग्राफ ही नहीं, बल्कि सामाजिक चेतना की धड़कन और विस्फोट का भूकम्प-प्रलेख भी होता है। भारत जैसे भौगोलिक दृष्टि से विशाल तथा आर्थिक, सामाजिक और सांस्कृतिक वैविध्य वाले देश में आधी सदी के दौरान पैदा हुई स्थितियों-परिस्थितियों, संघर्षों-उद्वेलनों, आकांक्षाओं-स्वप्नों, निराशाओं-हताशाओं का प्रलेखन उपन्यास द्वारा ही सम्भव था। इस व्यापक और गतिशील यथार्थ को व्यक्त करने के लिए वैसी ही व्यापक और गतिशील स्वभाव वाली भाषा भी अपेक्षित थी। इस अपेक्षा की पूर्ति हिन्दी जैसी ही भाषा से सम्भव थी, जिसका मानक रूप तो एक है, पर जो अपनी शक्ति अपने परिवार की विभिन्न भाषाओं से प्राप्त करती है और जिसमें समय के साथ बदलने की अद्भुत क्षमता भी है।

हिन्दी उपन्यास का एक बड़ा हिस्सा उन अंचलों की जिन्दगी से सम्बद्ध है जहाँ के लोग परिनिष्ठित हिन्दी नहीं बोलते। उनकी अपनी-अपनी कमोबेश समृद्ध भाषाएँ हैं जिनमें साहित्य की भी रचना होती है। इन अंचलों के यथार्थ का अंकन करते समय वहाँ की भाषा की उपेक्षा नहीं की जा सकती। सच तो यह है कि उन अंचलों को उनकी भाषा से अलग किया ही नहीं जा सकता। यही कारण है कि अंचलाधारित उपन्यासों की भाषा टकसाली या शुद्ध मानक हिन्दी न होकर अंचलविशेष की भाषा से रंजित होती है। जब नागार्जुन या फणीश्वरनाथ रेणु बिहार के मिथिलांचल के जीवन का चित्रण करते हैं तो वे परिनिष्ठित हिन्दी में मैथिली का

पात्रों की प्रकृति के अनुसार मिश्रण करते हैं; जब विवेकी राय, रामदरश मिश्र, शिवप्रसाद सिंह, राही मासूम रजा या अब्दुल बिस्मिल्लाह उत्तर प्रदेश के पूर्वांचल क्षेत्र को अपने उपन्यासों का विषय बनाते हैं तो वे टकसाली हिन्दी को भोजपुरी शब्दों, मुहावरों और लहजों से युक्त कर उसे एक नया अन्दाज प्रदान करते हैं; जब श्रीलाल शुक्ल, कामता नाथ, अमृतलाल नागर या कमलाकान्त त्रिपाठी अवध क्षेत्र की जिन्दगी से रू-ब-रू होते हैं तो वे हिन्दी को अवधी के प्रयोगों से संबलित करते हैं; जब मैत्रेयी पुष्पा ब्रज और बुन्देलखंड क्षेत्र की कहानी कहती हैं तो वे अपनी हिन्दी को ब्रजभाषा और बुन्देलखंडी से सम्पन्न करती हैं; जब शैलेश मटियानी, मनोहर श्याम जोशी, पंकज बिष्ट, मृणाल पांडेय, क्षितिज शर्मा या हिमांशु जोशी अपने उपन्यासों में पहाड़ी जीवन का अंकन करते हैं, तो पहाड़ी भाषा को छोड़ नहीं पाते; यशपाल, भीष्म साहनी, कृष्णा सोबती, जगदीशचन्द्र और द्रोणवीर कोहली को पंजाबी जीवन का चित्रण करते समय पंजाबी भाषा की अनिवार्यता का बोध होता है; शानी, राजेन्द्र अवस्थी, वीरेन्द्र जैन, और यहाँ तक कि विनोद कुमार शुक्ल जैसे उत्तर-आधुनिकतावादी उपन्यासकार भी परिनिष्ठित हिन्दी में मध्य प्रदेश की बोलियों का मिश्रण करना नहीं भूलते; प्रभा खेतान राजस्थान की जिन्दगी का चित्रण करते समय हिन्दी में राजस्थानी का मिश्रण करती हैं; भगवानदास मोरवाल हिन्दी में मेवाती का मिश्रण किए बिना मेवात के ग्रामीण क्षेत्र के जीवन-यथार्थ का अंकन नहीं कर पाते; चन्द्रकान्ता को कश्मीर के जीवन का चित्रण करते समय हिन्दी में कश्मीरी के मिश्रण की आवश्यकता का अनुभव होता है; शैलेश मटियानी, जगदम्बा प्रसाद दीक्षित, मनोहर श्याम जोशी आदि मुम्बई की जिन्दगी का चित्रण करते समय बम्बइया हिन्दी की अपरिहार्यता को अस्वीकार नहीं कर पाते; शानी, राही मासूम रजा, बदीउज़्ज़मा, मंजूर एहतेशाम, असगर वजाहत, अब्दुल बिस्मिल्लाह आदि कथाकार मुसलमानों की घरेलू जिन्दगी का चित्रण करते समय उनके घरों में बोली जाने वाली एक खास अन्दाज से लबरेज भाषा का उपयोग करना अपरिहार्य मानते हैं। यदि सूक्ष्मता से देखा जाए तो हिन्दी क्षेत्र की शायद ही कोई भाषा हो जो तत्तद् क्षेत्र के जीवन पर आधारित उपन्यासों में मानक हिन्दी के साथ मिश्रित न हुई हो। यह हिन्दी उपन्यास की ऐसी विशेषता है, जो किसी अन्य भारतीय भाषा में नहीं दिखाई पड़ती।

यह मिश्रण यान्त्रिक या यथार्थ चित्रण के निमित्त किसी रूढ़ि के रूप में नहीं होता। इसके पीछे एक अपरिहार्य अभिव्यक्तिगत मजबूरी होती है। उदाहरण के लिए फणीश्वरनाथ रेणु के *मैला आँचल* (1954) की भाषा को देखा जा सकता है जो परिनिष्ठित हिन्दी के व्याकरणिक ढाँचे को, विशेष रूप से उसके शब्दकोश को, तोड़ने और अतिक्रमित करने वाली एक गहन सर्जनात्मक भाषा है। एक पिछड़े अंचल के बहुमुखी यथार्थ के चित्रण के लिए रेणु ने जो कथा-संसार निर्मित किया है उसमें अनेक तरह के लोग हैं जिनकी मानसिकता, सोच, सांस्कृतिक स्तर आदि के अनुरूप भाषा में वैविध्य की सृष्टि आवश्यक थी। इसलिए जहाँ उपन्यासकार को सीधे कथा कहनी होती है वहाँ वह सरल परिनिष्ठित हिन्दी का प्रयोग करता है। पर जहाँ कथा के बीच में प्राकृतिक सौन्दर्य का अंकन करना होता है वहाँ उसकी भाषा तत्समप्रधान हो जाती है और जहाँ धुर निरक्षर ग्रामीणों का प्रसंग उपस्थित होता है वहाँ उसकी भाषा परिनिष्ठित साहित्यिक हिन्दी से खिसककर एकदम आम बोलचाल की परिनिष्ठित हिन्दी पर उतर आती है। कहीं-कहीं कथाकार अपने ग्रामीण पात्रों से इस प्रकार एकाकार हो जाता

है कि उनकी कथा प्रस्तुत करते समय वह उनके द्वारा बोले जाने वाले तद्‌भव ही नहीं, अपभ्रष्ट शब्दों का भी धड़ल्ले के साथ प्रयोग करता है। जहाँ कथाकार पात्रों की चेतना में प्रवेश करता है वहाँ इस अवलोकन बिन्दु से प्रस्तुत किये जाने वाले प्रसंग की भाषा भी बदल जाती है; भाषा का मूल रूप तो अन्य पुरुष की कथाशैली का ही रहता है, पर उसमें अपढ़ किसानों के आत्मालाप की शैली घुल-मिल जाती है, उनकी चेतना उनकी बोलचाल की भाषा के रूप में ही सामने आती है और कथा में एक नयी चमक पैदा हो जाती है। कहीं-कहीं कथाकार वाक्यों से क्रियापदों को हटाकर वर्णनों को गतिशील बनाने की कोशिश करता है। पात्रों की चेतना में घटित दृश्यों को प्रस्तुत करते समय उपन्यासकार अनेकत्र वाक्यों का काम शब्दों से ही ले लेता है। इस प्रकार कथा और उससे सम्बद्ध वर्णनों की प्रस्तुति में अनेक अवलोकन-बिन्दुओं का प्रयोग तथा उनके अनुरूप भाषा की योजना करके उपन्यासकार भाषा में सर्जनात्मक वैविध्य की सृष्टि करता है। रेणु ने अपढ़ ग्रामीण पात्रों से भी परिनिष्ठित हिन्दी का ही प्रयोग कराया है पर उन्हें छोटी मोटी व्याकरणिक भूलें करने और मनमाने शब्दों का प्रयोग करने की छूट दे दी है। इनमें से अनेक शब्द ऐसे हैं जो केवल अंचल विशेष में बोले जाते हैं और गैर-हिन्दीभाषी पाठकों की बात तो दूर, हिन्दीभाषी पाठकों के लिए भी बोधगम्य नहीं है। पादटिप्पणियों में उनके अर्थ देने का यही औचित्य है। तत्सम शब्दों के अपभ्रष्ट रूपों के इतने व्यापक स्तर पर प्रयोग का औचित्य क्षेत्रीय यथार्थ को उसकी वास्तविकता में प्रस्तुत करना ही है। ये शब्द पूर्णिया अंचल के गरीब और पिछड़े किसानों की पहचान कायम करते हैं। *मैला आंचल* की भाषा की एक उल्लेखनीय विशेषता यह भी है कि रेणु ने ग्रामीण पात्रों की भाषा में भी बेपनाह वैविध्य पैदा कर दिया है। जो ग्रामीण पात्र बौद्धिक और सामाजिक दृष्टि से अधिक पिछड़े हुए हैं उनमें शब्दों के अपभ्रष्टीकरण की प्रवृत्ति अधिक है। इस अपभ्रष्टीकरण की मात्रा विभिन्न वर्गों के पात्रों के साथ कम या ज्यादा होती रहती है। यहाँ तक कि पात्रों की मानसिकता के अनुसार भी उनकी भाषा बदल जाती है। इसके विपरीत शिक्षित पात्रों की भाषा शिष्ट, परिनिष्ठित हिन्दी है जो अलग-अलग पेशों और स्वभाव के अनुसार अपना रूप बदलती है।

मैला आँचल की भाषा में चित्रणीय जीवन के अनुरूप वैविध्य, नाटकीयता, वाक्यगठन, दृश्य बिम्बों की योजना आदि के द्वारा उपन्यास की भाषा का ऐसा प्रतिमान प्रस्तुत किया गया है जिसका अनुकरण प्रायः असम्भव है। इसके बावजूद शैलेश मटियानी, मैत्रेयी पुष्पा आदि ने रेणु की भाषाशैली को आदर्श मानकर सर्जनात्मक कथा-भाषा का बेहतरीन नमूना पेश किया है। विवेकी राय की भाषा इस अर्थ में विशिष्ट है कि वे न तो आंचलिकता का रंग पैदा करने के लिए आंचलिक शब्दों का प्रयोग करते हैं, न पात्रों को भोजपुरी बोलने के लिए बाध्य करते हैं। विवेकी राय में भोजपुरी और परिनिष्ठित हिन्दी के मिश्रण से उत्पन्न लहजों की अद्‌भुत पहचान है, जिनकी प्रस्तुति में उन्होंने सूक्ष्म अवलोकन क्षमता का परिचय दिया है। कमलाकान्त त्रिपाठी ने भी हिन्दी में अवधी का मिश्रण इस कुशलता से किया है कि दोनों दूध-पानी की तरह एक हो गयी हैं।

कथ्य के अनुरूप भाषिक वैविध्य की सृष्टि में अमृतलाल नागर हिन्दी उपन्यास में अकेले हैं। नागर जी हिन्दी के पहले उपन्यासकार हैं जिन्होंने नगरवासी पात्रों से उनके व्यक्तित्व के अनुरूप अवधी, ब्रजभाषा और लखनवी मिश्रित परिनिष्ठित हिन्दी का सर्जनात्मक धरातल पर

प्रयोग कराया और पाठकों ने उसे, बिना पादटिप्पणियों में दिए अर्थ के साथ, स्वीकार किया। *बूँद और समुद्र* से लेकर *पीढ़ियाँ* में इस भाषा के अनेक रंग और छवियाँ दिखाई पड़ती हैं। लखनऊ नागर जी के उपन्यासों का मुख्य शहर है; अयोध्या, काशी, कानपुर, इलाहाबाद आदि शहर भी उनके उपन्यासों में आते हैं। इन शहरों में विभिन्न जनपदों के निवासी अपनी बोली-बानी के साथ आते हैं और प्रायः वहीं के निवासी हो जाते हैं। कुछ पुराने घराने भी होते हैं। इसके साथ ही समाज के अनेक वर्गों के—साहूकारों, साधुओं, पंडों, भंगियों, बिगड़े नवाबों, वेश्याओं, स्त्रियों, बच्चों, भारत में नये-नये आए अँगरेजों आदि—पात्र हैं जिनकी बोलियों के अपने-अपने रंग हैं। कुछ अनोखे व्यक्तित्व-सम्पन्न पात्रों की भाषा का भी निजी स्वरूप है। भाषा के इतने रूप हिन्दी के किसी अन्य उपन्यासकार की झोली में, वह भी इतनी सर्जनात्मक शक्ति के साथ, नहीं हैं।

भाषिक प्रयोग की दृष्टि से कृष्णा सोबती के उपन्यास भी उल्लेखनीय हैं। उनके आरम्भिक लधु उपन्यासों की भाषा पंजाबीपन की गमक लिए एक यथार्थ और जानदार भाषा है, जो इसके पहले हिन्दी कथा साहित्य में प्रयुक्त नहीं हुई थी। हिन्दी का स्वभाव है कि उसमें सर्जनात्मक सजीवता उसकी विभिन्न बोलियों के माध्यम से आती है, पर पंजाबी के मिश्रण से हिन्दी को सजीव और समृद्ध बनाने का कृष्णा सोबती का प्रयास अनूठा है। पर *जिन्दगीनामा* में उनका भाषा सम्बन्धी यह प्रयोग असफल हो गया है। हर भाषा की तरह हिन्दी में भी अन्य भाषाओं का मिश्रण एक सीमा तक ही सर्जनात्मक होता है। *जिन्दगीनामा* में कृष्णा सोबती ने मानक हिन्दी को पंजाबी प्रयोगों से इतना आक्रान्त कर दिया है कि वह प्रायः अबोधगम्य, बोझिल और कृत्रिम हो गयी है। इसके विपरीत *दिलोदानिश* में सोबती ने एक ऐसी भाषा का सृजन किया है जिसमें हिन्दी और उर्दू का अन्तर बिलकुल समाप्त हो गया है। यह वह भाषा है, जिसे उन्नीसवीं सदी के हिन्दू और मुसलमान रईस समान रूप से बोलते थे। यद्यपि इसमें अनेक ऐसे फारसी शब्द भी प्रयुक्त हुए हैं, जिन्हें सामान्य हिन्दी पाठक बिना शब्दकोश की सहायता के नहीं समझ सकता, पर एक सदी पूर्व दिल्ली की जिन्दगी में ये शब्द अजनबी नहीं थे। इन शब्दों के साथ दिल्ली में बोले जाने वाले ठेठ शब्दों का मिश्रण कर सोबती ने भाषा को बहुत ही जानदार बना दिया है। अपने अन्तिम उपन्यास *समय सरगम* में सोबती ने 'शुद्ध साहित्यिक' हिन्दी का इस्तेमाल किया है तथा उसे वरिष्ठ नागरिकों की संवेदना और सोच से जोड़ कर सर्जनात्मक ऊँचाई पर पहुँचा दिया है।

औपन्यासिक भाषा का एक अन्य विशिष्ट रूप हमें उन उपन्यासों में दिखाई पड़ता है, जो जीवन के ठोस यथार्थ की अपेक्षा आन्तरिक यथार्थ से सम्बद्ध होते हैं। जैनेन्द्र, अज्ञेय और निर्मल वर्मा के उपन्यासों में चिन्तन और संवेदना के तत्त्व प्रमुख हैं और उनकी भाषा भी उसी के अनुरूप मन की गहराइयों में प्रवेश करने वाली तथा अमूर्त भावों और विचारों को उनके सूक्ष्मातिसूक्ष्म अन्तरों तथा छायाओं के साथ अभिव्यक्त करने वाली है। इधर सदी के अन्तिम दशक में हिन्दी उपन्यास की भाषा में एक नयी प्रवृत्ति विकसित होती दिखाई देती है। अब तक भाषा यथार्थ, यथार्थ की चेतना, पात्रों की संवेदना और चिन्तन को व्यक्त करने का काम करती थी। यदि उसमें कहीं बोधगम्यता बाधित होती जान पड़ती थी तो उसका कारण चिन्तन और अनुभूति की जटिलता या लेखक की अक्षमता होती थी। पर सदी के अन्त में कतिपय उपन्यासकार सैद्धान्तिक रूप में भाषा को शाब्दिक खिलवाड़ या इन्द्रजाल

मानने लगे हैं। वे उपन्यास के कथा-संसार को जादुई जगत् में और ठोस यथार्थ को जादुई यथार्थ में परिणत करने को अपना उद्देश्य मानते हैं। यद्यपि इसकी शुरुआत कृष्ण बलदेव वैद ने आठवें दशक में ही कर दी थी पर सदी के अन्तिम दशक में उनके साथ-साथ अन्य कई उपन्यासकारों ने भी भाषा को अभिव्यक्ति के माध्यम के रूप में नहीं, बल्कि शाब्दिक क्रीड़ा के रूप में रचना शुरू कर दिया है। कृष्ण बलदेव वैद के आरम्भिक उपन्यासों में भाषा के परम्परागत व्याकरण को भी तोड़ने का प्रयास किया गया है। यद्यपि *नर नारी* (1996), *मायालोक* (1999) आदि में उनका यह दुराग्रह कुछ कम हुआ है, पर वे भाषा को परम्परा से काटकर सर्वथा नये रूप में रखने का आग्रह छोड़ नहीं पाते। जुमलाबाजी और शब्दों के साथ खिलन्दरा अन्दाज वैद की भाषा की एक और विशेषता मानी जा सकती है, जिसका अनुकरण एक सीमा तक मनोहर श्याम जोशी और विनोद कुमार शुक्ल ने भी किया है। कतिपय आलोचक विनोद कुमार शुक्ल की भाषा को तथाकथित 'कविता की भाषा' की कसौटी पर खरा और सर्जनात्मक मानने-मनवाने का आग्रह करते हैं, पर गम्भीरतापूर्वक विचार करने पर इसमें कोई दम नहीं दिखाई पड़ता। वस्तुतः यह प्रवृत्ति उस उत्तर-आधुनिकतावाद की देन है जिसके अनुसार साहित्य मात्र शब्दों का खिलवाड़ है।

भाषिक सर्जनात्मकता की दृष्टि से हजारी प्रसाद द्विवेदी, मन्नू भंडारी, प्रभा खेतान, सुरेन्द्र वर्मा, प्रियंवद आदि प्रमुख हैं जिन्होंने विभिन्न शैलीय उपकरणों की सहायता से उपन्यास की भाषा को सर्जनात्मक उत्कर्ष पर पहुँचाया है।

सन्दर्भ

1. डॉ. सत्यकेतु सांकृत, *हिन्दी उपन्यास और परिसर-जीवन,* 2000, पृ. 66-67

ग्रन्थानुक्रमणिका

लेखकानुक्रमणिका

●●●